Lindner · Freude am Werken

GERT LINDNER

Freude am Werken

BERTELSMANN RATGEBERVERLAG

Für ihre freundliche Mithilfe
beim Zustandekommen des Buches
danken Verfasser und Verlag
der Bildhauerin
Frau Irmgard Kanold, Hamburg,
der Webmeisterin Frau Maria Lüdecke, Hamburg,
der Studienrätin a. G.
Frau Ursula Suhr, Hamburg,
der Dozentin am Fröbel-Seminar
Frau Else Tümmel, Hamburg,
und den Lehrern
Herrn Friedrich Engelmann, Hamburg,
und Herrn Ulrich Viering, Buxtehude.

Genehmigt als Schulbuch für Fach- und höhere Fachschulen,
laut Entscheidung
des Kultusministers des Landes Nordrhein-Westfalen,
II A 3, 82-2 L. Nr. 4 593 vom 16. 5. 1967

Zeichnungen Helmold Dehne
Umschlag- und Einbandgestaltung S. Kortemeier

Schrift: Petit Akzidenz-Grotesk Linotype
Gesamtherstellung Mohndruck Reinhard Mohn OHG, Gütersloh
Printed in Germany · ISBN 3 570 01296 4

Inhalt

Zur Einführung

Werkhaftes Gestalten

Werkform und Formgebung 21

Die gute Werkform 22 – Stufen der Formbildung 22 – Die objektive Formqualität 23 – Die schöne Form 24 – Modern oder modisch? 25
Elemente der Formgebung 26 – Punkt und Linie 28 – Verschiedene Linienarten und Punktformen 28 – Die Fläche 29 – Elementare Ordnungen im Ornamentalen 30 – Körper 31 – Maßordnungen 32 – Farben und Kontraste 33 – Der Formcharakter des Plastischen 34

Werken mit Holz

Werkstoff Holz 36

Natur und Charakter des Holzes 37 – Kern- oder Splintholz 37 – Die Jahresringe 38 – Das Zellengefüge 38 – Eigenschaften des Holzes 38
Holz arbeitet 40
Geschnittenes Holz und Plattenmaterial 41 – Baum- und Astholz 42 – Schnittholz 42 – Leisten und Rundholzstäbe 44 – Furniere 44 – Sperrholz 44 – Tischlerplatten 45
Lagerung und Pflege 46
Die wichtigsten Holzarten 47 – Einheimische Hölzer 47 – Ausländische Hölzer 49

Die Werkzeuge zur Holzbearbeitung 50

Werkzeuge zum Schneiden und Stechen 50 – Messer 51 – Stecheisen 51 – Hohleisen 51

Werkzeuge zum Hobeln, Schaben und Glätten 52 – Der Hobel 52 – Arbeiten mit dem Hobel 53 – Raspeln und Feilen 54 – Ziehklingen 54 – Klein- und Kombinationswerkzeuge 54
Die Bohrer 54 – Spiralbohrer 55 – Schlangenbohrer 55 – Zentrumsbohrer 55 – Krauskopf 55 – Die Bohrgeräte 55
Die Sägen 56 – Die Spannsäge 56 – Der Fuchsschwanz 57 – Die Stichsäge 57 – Die Feinsäge 57 – Die Laubsäge 57 – Der Umgang mit Sägen 57
Hilfswerkzeuge 58 – Hämmer 58 – Die Zange 58 – Schraubenzieher 59 – Der Versenkstift 59 – Meßwerkzeuge 59 – Das Streichmaß 59 – Die Schneidelade 59 – Die Stoßlade 60
Die Hobelbank 60 – Die normale Hobelbank 60 – Die Tischlerhobelbank 61 – Eine Behelfsarbeitsplatte 62
Schleifen und Schärfen der Werkzeuge 62 – Stumpfes Werkzeug? 62 – Fase schleifen! 63 – Das Abziehen 63 – Schränken und Schärfen der Sägen 64

Konstruktive Holzarbeit 64

Werkzeichnung und Stückliste 65 – Die Werkzeichnung 65 – Die Technik des Werkzeichnens 65 – Die Stückliste 65
Anreißen, Ausschneiden, Putzen und Schleifen 65 – Das Anreißen 66 – Das Zuschneiden 66 – Putzen und Glätten 66
Die typischen Holzverbindungen 67 – Grundregeln 67 – Nageln 68 – Verschrauben 68 – Leimen 69 – Verleimen von Brettern 70 – Auf Gehrung 71 – Gehrung mit Feder 71 – Die Holznagelverbindung 72 – Das Dübeln 72 – Die Rundzapfenverbindung 74 – Zapfen und Keil 74 – Das Überplatten 75 – Schlitz und Zapfen 75 – Nuten, Graten, Falzen 75 – Das Zinken 78
Bau einfacher Möbel 80 – Standregale 81 – Wandregale 82 – Spielmöbel 83 – Einbauschränke 83 – Ein Leiterregal 84 – Stabiler Tisch 85 – Couchtisch mit vorgefertigten Beinen 87 – Fensterschreibtisch 87 – Wandklapptisch 88 – Freistehendes Bord 88 – Gebrauchsmaße 89 – Bilderrahmen 90

Plastisches Formen 92

Spielzeug aus Brett- und Leistenholz 93 – Brettsägefiguren 93 – Tiere aus Leistenholz 94 – Stadtbausteine 95 – Zusammensetzbares Spielzeug 95 – Holzbaukasten 96
Figürliche Gebilde 96 – Tastspielzeuge 97 – Plastische Formen 97 – Belebung der Oberfläche 98 – Handpuppenköpfe 98
Hohlformen aus dem Klotz 98
Bildhauerische Arbeiten 100 – Die Bildhauerwerkzeuge 101 – Das Zurichten des Holzes 101 – Risse und Äste im Holz 102 – Maskenschnitzen 102 – Ornamentales Schnitzen 103 – Figürliche Reliefs 104 – Figürliche Vollplastiken 104

Das Drechseln 107

Die Drehbank 108
Die Drehwerkzeuge 109
Die Werktechnik 109 – Zurichten des Holzes 110 – Einspannen 111 – Führung der Werkzeuge 111 – Schleifen 111 – Formendrehen 112 – Querholzdrehen 112 – Hohlkörper 114

Die Behandlung der Holzoberfläche 114

Oberflächenschutz 115 – Zuerst Schleifen! 115 – Wässern und nochmals schleifen 115 – Wachsen 115 – Einlassen mit Leinöl 116 – Lakkieren mit Nitrolack 116 – Mattieren 116 – Polieren 116 – Allgemeine Hinweise 118 – Beizen 118 – Deckfarbenanstrich 120
Das Furnieren 121 – Allgemeine Hinweise 122 – Die Leime 122 – Der Arbeitsgang 123 – Glätten und Schleifen 124
Der Kunststoffbelag 124 – Die Leimtechnik 124 – Zuschnitt und weitere Verarbeitung 125

Holzgerechte Schmucktechniken 125

Bemalen mit Farbe 127
Schablonenmalerei 127 – Herstellen der Schablone 127 – Übertragen auf den Malgrund 128
Holzbrandtechnik 128
Kerbschnitzen 129 – Werkzeuge und Holzarten 130 – Die Schnittformen 130 – Farbige Kerbschnitte 131 – Schutzüberzug 132
Intarsien 132 – Material und Werkzeug 132 – Massiv-Einlagen 134 – Furnier-Intarsien 135 – Schachbrettmuster 135 – Messertechnik 136 – Die Sägetechnik 136 – Fertigstellung der Intarsie 138

Papierarbeiten

Papierwerkstoffe 139

Papiersorten und Überzugsmaterialien 140 – Schreibpapiere 141 – Druckpapiere 141 – Zeichenpapiere 141 – Tonpapiere 141 – Vorsatzpapiere 141 – Pack- und Einwickelpapiere 141 – Durchscheinende Papiere 141 – Buntpapiere 142 – Metallfolie 142 – Überzugsmaterialien 142
Kartons und Pappen 143 – Kartons 143 – Pappen 143
Eigenschaften der Papierwerkstoffe 144 – Sieb- oder Schönseite? 144 – Lauf- und Querrichtung 144 – Genormte Formate 145

Werkzeuge und Hilfsgeräte 146

Die Scheren 146 – Die Messer 146 – Das Falzbein 147 – Das Eisenlineal 147 – Die Zirkel 147 – Die Ahle 147 – Locheisen 147 – Ein Stecheisen 147 – Raspel und Feile 147 – Schneideunterlagen 147 – Preßgeräte 148 – Klebewerkzeuge 148

Die freie Verwendung der Papierwerkstoffe 148

Kontrastschnitte 149 – Material und Werkzeug 150 – Form und Kontrast 150 – Vorzeichnung – ja oder nein? 151 – Faltschnitte 151 – Das Aufkleben 152 – Flächengliederung 153
Schattenspielfiguren 154 – Formgebung 154 – Die Befestigung der Glieder 155 – Führung der Figuren 155
Falttechniken 156 – Die Faltbegriffe 156 – Besondere Faltformen 157
Faltspielzeuge 157 – Pfeil und Schwalbe 158 – Faltschiffchen 159 – Häuser 161 – Verschiedene Tierfaltungen 161 – Die Riesenschlange 165
Windspielzeuge 167 – Windkugel 168 – Windrad 168 – Windmühle 169 – Fledermausdrachen 169 – Faltdrachen 170 – Segelwagen 172
Faltbehälter 173 – Faltkasten 173 – Falttüte 174 – Geschenkkörbchen 175
Lampenschirme und Laternen 175 – Faltschirme 176 – Faltlaterne 178 – Viereckige Laterne 179 – Faltampeln 179
Weihnachtliche Faltarbeiten 180 – Weihnachtssonnen 181 – Sternrosen 181 – Achtstrahliger Stern 182 – Farbige Faltschnittsterne 182 – Flechtschirm 184
Papierplastiken 184 – Spannung beachten! 184 – Möglichkeiten der Verformung 185 – Plastische Gebilde 185
Farbig-transparente Papierarbeiten 186 – Transparente 187 – Farbige Laternen 187 – Fensterbilder 188
Papiermaché- und Kaschierarbeiten 189 – Herstellung der Papiermasse 189 – Handpuppenköpfe 189 – Klebetechnik 190

Die fachhandwerkliche Verarbeitung von Papier und Pappe 191

Die Werktechnik 192 – Die Klebstoffe 192 – Grundregeln 192
Das Beziehen einer Tabellentafel 194 – Zuschnitt 194 – Klebung 194
Fotoalbum oder Einbanddecke 195 – Die Blatteinlagen 195 – Decke mit offenem Rücken 196 – Decken mit geschlossenem Rücken 196 – Schnürungen 197
Kästen aus Pappe 197 – Zuschnitt und Zusammenbau 197 – Kantenverstärkung 198 – Beziehen 198 – Deckel 199
Mappen 199 – Mappe mit Zugband 199 – Mappen mit Geweberücken 200 – Mappe mit Klappen 200
Bucheinband 200 – Vorrichten der Lagen 200 – Das Vorsatz 201 – Das Heften 201 – Das Leimen des Rückens 202 – Das Beschneiden

der Ränder 202 – Rundklopfen des Rückens 202 – Das Abpressen des Rückens 202 – Die Einbanddecke 202
Farbige Bezugspapiere 203 – Kleisterpapiere 204 – Stempelpapiere 205 – Wachsmusterpapiere 206

Arbeiten aus Ton

Werkstoff Ton 207

Beschaffenheit und Eigenschaften 208 – Fett und mager 208 – Plastizität und Schwindung 209 – Trockengrade 210 – Verhalten beim Brennen 210 – Verschiedene Tone 211
Aufbereitung des Tonmaterials 212 – Ansetzen 212 – Trocknen 213 – Homogenisieren 213 – Aufbewahrung 213

Werkzeuge für die Tonarbeit 214

Tonabschneider 214 – Modellierstäbe 214 – Drahtschlingen 214 – Arbeitsbrett 214 – Die Modellierscheibe 215 – Roll- und Kantstäbe 215 – Weitere Hilfsmittel 216

Das Arbeiten mit Ton 216

Leitfaden durch die Keramik 216 – Geschichtlicher Überblick 217 – Irdenware 219 – Steinzeug 219 – Steingut 219
Handgebaute Gefäße 219 – Aufbauen aus Tonwülsten 220 – Aufbauen mit Tonbändern und Platten 222 – Gefäßformen 223 – Asymmetrische Gefäße 224
Oberflächenbelebung 224 – Werkspuren 224 – Materialspuren 225 – Glätten 225 – Rohpolieren 226 – Ritzmuster und Auflagen 226 – Durchbrüche 227 – Farbige Behandlung 227
Figürliches Formen 227 – Massive Plastiken 228 – Hohlplastiken 229 – Zusammengesetzte Figuren 231
Keramischer Schmuck 231
Keramische Platten 231 – Die Herstellung der Platten 231 – Stempeldekor 232 – Schnittreliefs 232 – Aufmodelliertes Relief 232 – Gipshohlschnitte 232 – Stegkeramik 233 – Glasurkeramik 233
Trocknen und Brennen 234 – Das Trocknen 234 – Reparaturen 234 – Der Brennofen 234 – Brennkontrolle 235 – Das Brennen 235 – Schrühbrand 236 – Abkühlen 236 – Glasur- und Glattbrand 237
Umgang mit Töpferfarben und Glasuren 237 – Beguß- und Schlickermalerei 238 – Unterglasurfarben 240 – Glasieren 240 – Majolikatechnik 241 – Kaltmalerei 242
Modellieren in Ton 242

Werkstoff Gips

Die Gipsarten 243

Natur und Aufbereitung des Materials 243 – Gebrannter Gips 243 – Verschiedene Gipsarten 244 – Das Abbinden 244 – Verzögerungszusätze 244 – Härtezusätze 245 – Weißer Gips 245 – Farbiger Gips 245 – Anrühren 245 – Haltbarkeit 246

Werkzeuge und Geräte 246

Werkweisen in Gips 246

Gipsplatten und Blöcke 247
Ritzarbeiten und Hohlschnitte 248 – Ritz- oder Rillenschnitte 248 – Hohlschnitte 248 – Ausformungen und Abgüsse 249
Gipssgraffitos 250 – Gipsradierung 251 – Schichtensgraffito 251 – Befestigung an der Wand 252
Gipsplastiken 253 – Modellieren 253 – »Bildhauen« in Gips 253
Abformungen und Abgüsse 253 – Reliefabguß 254 – Abguß einer Rundplastik 254 – Vervielfältigungsguß 255 – Naturabguß 256

Natur- und Kunststein

Die Werkstoffe 257

Natürliche Steinarten 257 – Gips 258 – Speckstein 258 – Serpentin 259 – Kalkstein 259 – Sandstein 259 – Tonschiefer 259 – Granit 259 – Porphyr, Diabas, Basalt 260
Kunststein 260 – Kalksandstein 260 – Leichtbeton 260

Steinbearbeitungswerkzeuge 261

Schabeisen 262 – Meißel 262 – Hämmer 262 – Festhaltevorrichtungen 262 – Das Glätten des Steins 263

Werkverfahren in Stein 263

Reliefplastische Arbeiten 263 – Material 264 – Werkzeuge 264 – Schnittweisen 265 – Schieferschnitte 265
Vollplastische Arbeiten 265 – Kleine Formate 265 – Skulpturen aus dem Block 266 – Gebrauch der Werkzeuge 267 – Themenwahl 268

Werkstoff Mörtel

Das Material 269

Verschiedene Mörtel 269 – Zusammensetzung 269 – Mischungsverhältnisse 270

Die Werkverfahren 270

Arbeiten mit Modellierbeton 271
Beton- und Kunststeinplatten 271 – Wegeplatten 271 – Make-up-Platten 273 – Betonwerkstein 273 – Gußbeton 273
Mörtel- und Putzsgraffito 274 – Die Technik 275 – Die Anbringung 275 – Entwurf und Formfindung 276 – Die Putzschichten 277 – Die Ausführung 279

Mosaiktechnik

Mosaikwerkstoffe 281

Das Material 281 – Glas 281 – Keramische Werkstoffe 282 – Kunststein 283 – Naturstein 283
Spalten des Werkmaterials 283 – Keil und Gegenkeil 284 – Plattenzerteilung 285 – Kantenzange 285 – Nutholz 285

Praktische Mosaikarbeiten 286

Formcharakter des Mosaiks 286 – Reihung, Schichtung, Fügung 286 – Musterung und Farbe 288
Entwurfstechnik 288 – Probelegen 289 – Pinselentwürfe 289 – Farbstempelentwürfe 289 – Papiermosaik 289 – Der Karton 289
Die Setzverfahren 289 – Direktsetzen an der Wand 290 – Direktsetzen auf einer Unterlage 291 – Negatives Setzen 293 – Umkehrverfahren 293
Abschließende Arbeiten 295 – Verfugen 295 – Rahmen 295 – Versetzen der Platte in die Wand 296 – Nachbehandlung 296

Arbeiten aus Glas

Werkstoff Glas 297

Die physikalischen Eigenschaften 298 – Spezifisches Gewicht 298 – Die Härte 298 – Die Druckfestigkeit 298 – Zugfestigkeit und Elastizität 298 – Lichtdurchlässigkeit 299 – Schmelzpunkt 299 – Empfindlichkeit 299
Handelsformen und Glasarten 299 – Tafelglas 299 – Gußglas 300 – Kristallspiegelglas 300

Werkzeuge und Arbeitsweisen 301

Der Diamant-Glasschneider 301 – Rädchenschneider 301 – Geradliniges Schneiden 302 – Kreis- und Kurvenschnitte 302 – Kantenschliff 303 – Bohrungen 303

Werk- und Kunsttechniken 304

Verglasungsarbeiten 304 – Einsetzen einer Fensterscheibe 304 – Bleiverglasungen 305
Glasmalerei 306 – Glasmalerei als Kunsttechnik 307 – Glasmalerei ohne Brennofen 307 – Flaschenbemalen 307
Schmelzverformung 309 – Grundsätzliche Hinweise 309 – Trennen der Röhren 310 – Rundschmelzen des Randes 310 – Ausziehen einer Spitze 310 – Ende verschließen 311 – Kugelblasen 311 – Aneinandersetzen zweier Röhren 312 – Seitliches Ansetzen 312 – Figurenblasen 312 – Christbaumschmuck 312 – Versilbern 313
Ätzarbeiten 314 – Schutzüberzug und Ätzung 314

Arbeiten aus Metall

Werkstoff Metall 315

Der »kristallische« Aufbau 316 – Legierungen 316 – Kalt- und Warmverformung 316
Die plastischen Eigenschaften 317 – Härte 317 – Festigkeit 317 – Elastizität 317 – Sprödigkeit und Zähigkeit 318 – Schmiedbarkeit 318
Physikalische Daten 319 – Das »spezifische« Gewicht 319 – Schmelzpunkte 319
Verschiedene Metalle 319 – Gold 319 – Silber 320 – Kupfer 320 – Kupferlegierungen 321 – Messing 321 – Bronze 322 – Zink 322 – Zinn 323 – Blei 323 – Aluminium 324 – Eisen 325
Wichtige Halbfabrikate 325 – Blech 326 – Draht 326 – Metallbänder 326

Werkzeuge für die Metallbearbeitung 326

Anreißen und Messen 327 – Reißnadel und Körner 327 – Metallzirkel 328 – Stahllineal 328 – Maßstäbe 328 – Taster 328 – Schieblehren 328 – Winkelmeßzeuge 328
Trennen, Schneiden, Feilen, Bohren 329 – Die Metallsäge 329 – Meißel 329 – Zangen 330 – Scheren 330 – Feilen 330 – Schaber 332 – Bohrer 332 – Reibahlen 332
Richten, Biegen, Schmieden, Treiben 333 – Flach- und Rundzangen 333 – Richt- und Biegevorrichtungen 333 – Hämmer 334 – Schlagunterlagen 335

Nieten und Löten 336 – Nietwerkzeuge 336 – Lötwerkzeuge 336
Einspanngeräte 337 – Parallelschraubstock 337 – Feilkloben 338

Werktechniken in Metall 338

Grundlegende Arbeitsverfahren 339 – Anreißen 340 – Blechschneiden 340 – Sägen 341 – Trennen, Spanen und Scheren 341 – Feilen 342 – Das Bohren 343
Biegen von Blech und Draht 343 – Abkanten 344 – Runden 344 – Umschlagen 344 – Bördeln 345 – Falzen 345 – Andere Biegearbeiten 346
Kaltschmieden oder Treiben 346 – Strecken und Stauchen 346 – Spannen 347 – Auftiefen 347 – Aufziehen 348 – Zwischenglühen und Beizen 349 – Planieren 350
Das Nieten 350 – Lochen und Nietenziehen 351 – Stauchen und Formen 352
Das Lötverfahren 352 – Weichlöten 353 – Hartlöten 355 – Lötmontagen 356

Arbeitsvorschläge für Metallarbeiten 358

Einfache Biegearbeiten aus Draht 359 – Kettenschmuck 359 – Brezelhalter 364 – Leuchter 364 – Drahtgrafik 364 – Drahtplastik 364
Schneide- und Biegearbeiten aus Blech 365 – Ausstechformen 365 – Kästen aus Silberblech 365 – Dosen 366 – Behälter aus Kupferblech 367 – Mobiles 367 – Stabiles 370
Säge- und Feilarbeiten 370 – Buchstützen 370 – Metallbuchstaben 371 – Broschen 372 – Stövchen 372
Treibarbeiten 372 – Messingschale 373 – Leuchter 373 – Löscher und Federschale 375

Metallgießen 375

Herstellung der Gießform 375 – Sandformen 376 – Wachsausschmelzverfahren 377 – Formen für Vervielfältigungsgüsse 379
Guß- und Nachbehandlung 380 – Gußlegierungen 380 – Schmelzen der Metalle 380 – Der Guß 380 – Überarbeiten der Gußhaut 381

Bearbeitung der Metalloberfläche 381

Nachbehandlung der Oberfläche 381 – Schleifen und Polieren 381 – Färben und Patinieren 382 – Konservieren und Lackieren 383
Oberflächengestaltung 384 – Ätzen 384 – Beizen und Patinieren 385 – Gravieren 385 – Ziselieren 387 – Punzieren 388 – Filigranarbeiten 388

Emailarbeiten 389

Die Zubereitung des Emails 390 – Farben und Sorten 390 – Zerkleinern und Schlämmen 391
Vorbereitung des Metallgrundes 391 – Ausglühen 392 – Beizen und Wässern 392 – Goldgrund 393 – Silbergrund 393 – Kupfergrund und Emailliertombak 394
Auftragen des Emailgutes 394 – Malen und Spachteln 394 – Sieben 395 – Ablegen und Trocknen 396
Aufschmelzen des Emails 396 – Bunsenbrenner 396 – Brennöfen 397
Schmuckemailtechniken 397 – Emailmalerei 397 – Stegemail 398 – Grubenschmelz 399 – Nachbehandlung 399
Kette aus emaillierten Kupferplättchen 400

Flechten, Knoten, Knüpfen

Material und Werkzeuge 402

Das Material 402 – Binsen 402 – Stroh 403 – Maisblatt 404 – Bast 404 – Peddigrohr 405 – Weiden 406 – Holzspan 406 – Palmblätter 407 – Andere Naturmaterialien 407
Werkzeuge zum Flechten 407 – Das Messer 407 – Der Pfriem 407 – Der Seitenschneider 407 – Der Weidenspalter 408 – Weidenhobel und Schmäler 408

Werkverfahren beim Knoten und Knüpfen 408

Knoten mit Maisblättern 408 – Material und Werkzeug 409 – Knotverfahren 409 – Knotenmuster 410
Wickeln über einem Strang 410 – Mit sichtbarer Einlage 410 – Mit verdeckter Einlage 411
Netzknüpfen 412 – Blumentopfnetz 412 – Einkaufsnetz 412 – Schulternetz 413 – Hängematte 413
Knoten und Spleißen 415 – Material und Begriffe 415 – Verbindung zweier Enden 415 – Befestigungsknoten 416 – Besondere Knoten 417 – Taklinge 418 – Spleiße 418

Werkverfahren beim Flechten 421

Zöpfe flechten 421 – Grundregeln 422 – Zöpfe aus Maisblättern 423 – Zöpfe aus Binsen 423 – Zöpfe aus Bast 423 – Zöpfe aus Stroh 423 – Verwendungsmöglichkeiten 424
Strohborten 424 – Material 425 – Das Flechten 425 – Verschiedene Borten 426 – Vernähen und Formgebung 426 – Bügeln und Füttern 427
Kordelflechten 427 – Material 427 – Flechten 427 – Kordelarten 428
Flechten mit Peddigrohr 428 – Flechten 428 – Bodenkreuz 429 – Ova-

ler Boden 430 — Flechten des Bodens 430 — Flechtwände 431 — Verschiedene Flechtarten 431 — Randabschlüsse 432 — Der Zopf 433
Flechten mit Weide 435 — Weidenkorb 435 — Zuschlag 436 — Henkel 437 — Griffe 437 — Schwingenkörbe 438

Das Weben

Das Material 439

Die Spinnstoffe 440 — Leinen 440 — Baumwolle 440 — Wolle 441 — Seide 441 — Kunstseide 441
Die Herstellung der Garne 441 — Das Spinnen 442 — Garndrehung 442 — Garnnumerierung 443

Die Webgeräte 443

Geräte zum Flechtweben 444 — Der Flechtwebrahmen 444 — Das Lesestäbchen 444 — Die Webnadel 445
Webrahmen und Webstuhl 445 — Der Webkamm 445 — Webrahmen 446 — Heimwebstühle 446
Hilfsgeräte zum Weben 448 — Garnwinde 448 — Haspeln 449 — Schärgeräte 449 — Schützen 449 — Der Spulapparat 449 — Das Spulgestell 449 — Weitere Hilfsgeräte 449

Die Werkverfahren 450

Grundbegriffe des Webens 450 — Fachbildung 450 — Bindung 451 — Leinenbindung 451 — Abarten der Leinenbindung 452 — Köperbindung 453 — Atlasbindung 453
Flechtweben 453 — Flechtwebtafeln 453 — Maisblattgewebe 454 — Bastgewebe 454 — Wollgewebe 455 — Rundweben 456 — Formweben 456
Weben mit dem Kamm 456

Handweben 458

Die Vorarbeiten zum Weben 458 — Was soll gewebt werden? 458 — Materialberechnung 459 — Vorrichtearbeiten 460 — Schären der Kette 461 — Aufbäumen auf Webrahmen 463 — Aufbäumen auf den Webstuhl 464 — Litzeneinzug 465 — Blattstechen 465 — Anbinden 466 — Anschnüren 466
Bindungspatrone und Litzenberechnung 467 — Musterzeichnen 467 — Litzeneinzüge 468 — Schnürung 469 — Trittfolge 469 — Litzenberechnung 469
Die Arbeitsweise beim Weben 470 — Weben auf Webrahmengeräten 470 — Weben auf Schaftgeräten 472 — Nachbehandlung des fertigen Stoffes 474

Verschiedene Webmuster 475 – Die Leinenbindung 475 – Panama 476 – Rips 476 – Die Köperbindungen 476 – Atlasbindungen 479

Teppichweben und -knüpfen 479

Gobelinweberei 479 – Material 480 – Entwurf 480 – Bindungstechnik 480
Kelimtechnik 481
Smyrnatechnik 481 – Material und Werkzeug 482 – Knüpftechnik 482

Textile Schmucktechniken

Die verschiedenen Techniken 484

Der Stoffdruck 485 – Druckfarben 485 – Stoffe 486 – Vorbehandlung der Stoffe 486 – Druckverfahren 486 – Kartoffelstempel 487 – Kork- und Gummistempel 488 – Linolstempel 489 – Holzmodel 491 – Mehrfarbendruck 491 – Nachbehandlung 491
Die Stoffmalerei 492 – Werkzeuge und Material 492 – Entwurf 492 – Schneiden der Schablone 493 – Bestoßen mit dem Pinsel 493 – Spritzen durch ein Sieb 493 – Nachbehandlung 494
Die Batik 494 – Stoffe 495 – Werkzeuge und Material 495 – Entwurf 496 – Arbeitsprobe und Wachsauftrag 497 – Färben 498 – Spülen 498 – Entwachsen 498 – Vereinfachtes Batikverfahren 499
Applikation 499 – Werkstoffe 499 – Entwurf 500 – Applizieren 501 – Sticharten 501 – Abschluß 502

Werkstoff Leder

Material und Werkzeuge 503

Die Lederarten 504 – Ziegenleder 504 – Schafleder 504 – Wildleder 505 – Schweinsleder 505 – Kalbleder 505 – Echsen- und Fischleder 505 – Lederbeschaffung und Verarbeitung 505
Die Werkzeuge 506 – Messer 506 – Führungslineal 506 – Das Stahlbandmaß 507 – Schere 507 – Locheisen 507 – Lochzange 507 – Einzack und Dreizack 507 – Riemchennadeln 507 – Pfriem oder Ahle 507 – Abziehstein 508 – Das Reifelholz 508 – Druckknopfgerät 508 – Die Ösenzange 508 – Das Falzbein 508 – Klebstoffe 508 – Ledernadeln und Nähmaterial 508

Praktische Lederarbeiten 509

Die Arbeitsvorgänge 509 – Das Schnittmuster 509 – Das Zuschneiden 509 – »Schärfen« des Leders 510 – Das Anbringen von Futter 510 –

Faltkanten 511 – Das Aufeinanderkleben 511 – Lochen und Vernähen 511 – Der Sattlerstich 512 – Umnähen mit Riemchen 512 – Verschlüsse 513 – Knöpfe 514 – Griffe und Henkel 515
Verschiedene Lederarbeiten 516 – Kleine Taschen und Hüllen 516 – Buchhülle und Brieftasche 519 – Schreibmappen 519 – Geldtaschen 520 – Die Kastentasche 521 – Beutel und größere Taschen 521 – Lederhandschuhe 525 – Hausschuhe 527 – Bezug von Papparbeiten 529

Materialgerechte Schmuckverfahren 529

Applikation 529 – Flechten und Sticken mit Riemchen 530 – Zierschnürungen 530 – Prägemuster 531

Grafische Techniken

Vorstufen und Zwischentechniken 533

Kreidezeichnungen 534
Papierschnitte 535 – Kollagen 535 – Transparente 536 – Scherenschnitte 536
Tuschtechniken 537 – Feuchter Auftrag 537 – Abtönungen 537 – Wachsbilder 537 – Absprengtechnik 538
Schabblattechnik 538
Wachsradierung 539
Sandsgraffito 539
Spritztechnik 540
Walzendruck 540
Monotypie 541
Schablonendruck 542
Materialdruck 543
Kordeldruck 543

Vervielfältigende Drucktechniken 545

Kartoffeldruck 546
Linolschnitt 547 – Material und Werkzeuge 547 – Die Schneidetechnik 547 – Die Schnittweisen 548 – Der Entwurf 549 – Der Druck 550 – Bronzedruck 552 – Der Tonplattenschnitt 552 – Farbiger Linoldruck 552 – Stoffdruck 553
Holzschnitt 553
Holzstich 554
Kupferstich 555
Radierung 555 – Kaltnadelradierung 555 – Strichätzung 556 – Behelfsmaterial 556
Steindruck 556

Register 558

Zur Einführung

Freizeit, freie Zeit – wozu? Noch vor wenigen Jahrzehnten wäre kein Mensch auf die Idee gekommen, diese Frage zu stellen. Der Arbeitstag war lang, und es fiel nicht schwer, die wenigen Mußestunden auszufüllen. Bis ins 19. Jahrhundert hinein diente überdies alles Tun weitgehend dazu, des Lebens Notdurft zu befriedigen. Der Mensch mußte für Wohnung, Kleidung und Nahrung sorgen. Dies brachte ihn schon in der Frühzeit aller Kultur dazu, Werkzeuge zu erfinden und urtümliche Techniken wie z. B. die des Flechtens, Webens und Töpferns zu entwickeln. So war er im wahren Sinn des Wortes »mit Leib und Seele« an jedem Schaffensprozeß beteiligt.

In der modernen Gesellschaft mit ihrer vielseitigen Arbeitsteilung dagegen dient die Berufsarbeit nicht mehr einer Anpassung des Lebens an die natürlichen Gegebenheiten, sondern ist eine fremde Verrichtung, um den Unterhalt zu verdienen. Der mechanisierte Beruf ist Teilwerk. Der Arbeitende sieht weder den Anfang noch das Ende des Werkvollzugs und hat selten die Befriedigung, dem fertigen Objekt gegenüberzustehen. Er schafft Zwischenprodukte, und seine Tätigkeit trägt die Belohnung nicht mehr in sich. Gegen eine derart »entseelte« Arbeit lehnt sich sein Inneres auf, und er ist auf der Suche nach einem Ausgleich für das, was ihm der Beruf nicht mehr bietet.

Dies ist die eine Seite unseres mechanisierten Berufslebens. Gleichzeitig bringt aber nun die schnell um sich greifende Automatisierung den schrittweisen Abbau der Arbeitszeit mit sich. Wir haben viel mehr freie Zeit als unsere Väter und Großväter. Vielleicht kommt es manchem paradox vor, in dieser wieder zum Handwerkszeug zu greifen, von dem ihn gerade die Maschine befreit hat. Aber Arbeit braucht nicht immer nur dem Broterwerb zu dienen! Gerade wenn uns das Werken Freude machen soll, muß es um seiner selbst willen betrieben werden: aus Liebe zum Material, aus der Lust, mit geeigneten Werkzeugen den Widerstand der Materie zu überwinden und aus dem Bewußtsein jener schöpferischen Kräfte, die in jedem Menschen schlummern und ihm im selbstgeschaffenen Ding eine Vorstellung seines eigenen Wesens geben.

Unter dem Begriff Werken verstehen wir das Gestalten in einem Werkmaterial – in Holz, Papier, Ton, Natur- und Kunststein, Metall, Stoff, Leder usw. –, kurz, in allem, was sich mit der Hand oder einem Werkzeug bearbeiten läßt. Zwar üben wir dabei Handarbeit, doch keinesfalls ein Handwerk aus! Was wir in

unserer Freizeit tun, soll eine Liebhaberei sein auf einem Gebiet, auf dem wir ganz persönliche Ausdrucksmöglichkeiten finden können. Dabei werden keine Kunstwerke entstehen, doch jedes sauber und materialgerecht gearbeitete Werkstück kann schön sein. Hüten wir uns nur vor Spielereien, wie sie als sogenanntes Kunstgewerbe in manchen Läden angepriesen werden!
Die Wahl unter den vielen verschiedenen Werkstoffen und Techniken ist nicht leicht. Darum versucht dieses Buch zunächst, den Leser mit dem Wesen des jeweiligen Materials vertraut zu machen. Er kann dann selbst entscheiden, was seinen Vorstellungen und Neigungen am besten entspricht. Und er lernt gleichzeitig, in welcher Weise er den Werkstoff bearbeiten darf, ohne daß er ihn vergewaltigt. Aus der Vielzahl der Werkzeuge wird ihm dann eine Auswahl der wichtigsten vorgestellt. Wer im Laufe der Arbeit zu größerer Fertigkeit gelangt ist, mag sich später noch spezielle Geräte zulegen. Den Anfänger würde dies nur verwirren. So vorbereitet, wird der zukünftige Heimwerker dann Schritt für Schritt in die verschiedenen Arbeitsverfahren eingeführt, so daß er endlich in der Lage ist, nicht nur die zahlreichen Arbeitsvorschläge, die er in diesem Buche findet, auszuführen, sondern auch eigene Ideen und Pläne zu verwirklichen.
Es heißt, daß jeder, der in das Land der tausend Wunder gelangen will, zuvor harte Proben bestehen muß. Viele kehren um, nur wenige kommen an. Der in diesem Buch gezeigte Weg soll uns über die gröbsten Schwierigkeiten hinweghelfen. Mut und Vertrauen in unsere eigenen Fähigkeiten tun das Ihrige. Wer über die ersten krummen Nägel und verschnittenen Platten nicht verzagt, wird im handwerklichen Tun eine tiefe Befriedigung finden, die ihn davor bewahrt, sich die neugewonnene Freizeit wieder aus den Händen gleiten zu lassen.

Werkform und Formgebung

Zeichnen und malen kann mehr oder weniger jeder. Die Frage ist, wie er sein Werkzeug führt, ob großzügig oder kleinlich, frei oder verkrampft, liebevoll oder nur routiniert. Entscheidend ist auch, ob er das innere Bild der Dinge zu erfassen trachtet, oder ob er am Äußerlichen hängenbleibt. Wer den bloßen Naturabklatsch sucht, sollte besser zum Fotoapparat greifen. Unter »Bilden« verstehen wir ein betontes Umsetzen der äußeren Erscheinungswerte in eine für das Wesenhafte durchsichtige Form. Ähnliches gilt für das plastische Gestalten und auch für die Werkarbeit, die wir hier anschließen können, da zwischen beiden eine Verwandtschaft im Bereiche des Körperlichen besteht.
Als erwachsene Menschen sind wir es gewohnt, uns vom Verstand leiten zu lassen. Daraus ergeben sich leicht Urteilsbegriffe wie »naturgetreu«, »richtig«, »ähnlich« u. a. Naturwissenschaftliche und literarische Einflüsse trüben das Formempfinden. Viele Vorbilder und zu hohe Maßstäbe hemmen uns. Im falschen Bestreben, fremde Arbeiten nachzuahmen (etwa, um daraus zu »lernen«), verlieren wir das Vertrauen zur eigenen Fähigkeit. Hier liegen die Ursachen, weshalb sich viele Menschen für »unbegabt« halten. Ohne Rückbesinnung auf uns selbst und ohne das Vertrauen auf das angeboren Schöpferische in uns, das ererbt und ursprünglich im Erwachsenen wie im Kinde erhalten ist, bleiben wir trotz allen Fleißes nur Nachahmer.
Der Weg, der uns zu eigenem Schaffen führen kann, beginnt in einer anderen Richtung: im Spiel! Nimm ein Stück Papier in die Hand und wickle es um deinen Finger. Rolle einen Streifen zur Spirale und dehne sie. Fällt dir nicht auf, daß sie in dieser Form schon einer Locke gleicht, die sich in anderem Material und sorgfältiger gearbeitet ohne weiteres etwa an den Kopf eines papierenen Weihnachtsengels hängen ließe? Versuche so auch festzustellen, was man sonst wohl mit dem Blatt noch machen kann, was es duldet, ohne gequält zu erscheinen. Nimm Schere und Klebstoff zu Hilfe! Spiele dich so auch an die Möglichkeiten anderer Werkstoffe heran und behalte diese Lockerheit bei, dieses ungezwungene Kommenlassen der Einfälle, auch wenn du dich einer bestimmten Arbeit zuwendest.
Wenn wir spielen, empfinden wir wieder die ursprüngliche Lust am zwecklosen Umgang mit Material und Werkzeug. Das Spiel lockert, regt an, vermittelt Entdeckungen, löst »Spielregeln« aus, deren Befolgung bereits zu ernsterem Tun

führen kann. Ihm entspringen Zufall, Intuition, Improvisation, die wiederum die Schaffenskraft beflügeln. Daher nehmen die zweckfreien Gestaltungsübungen in den führenden Kunstschulen einen so breiten Raum ein. Erst bei der endgültigen Ausführung einer bestimmten Arbeit wirken dann Gefühl und Verstand, Bewußtes und Unbewußtes zusammen.

Die gute Werkform

Formfragen sind zunächst keine »Geschmacksfragen«, sondern Sache einer inneren Wahrhaftigkeit. Daß sich über Geschmack streiten läßt, ist eine gefährliche Behauptung, wenn dort, wo »gestritten« wird, die Maßstäbe für das Echte und Gediegene fehlen.

Wo liegen aber diese Maßstäbe? Manch einer meint, die wahre Schönheit einer Werkform könne nur von ihrem Schmuckgehalt bestimmt werden. Wer von dieser Warte aus zu gestalten trachtet, verliert sehr bald den Sinn des Gegenstandes aus den Augen und kommt zu Werkgebilden, die vollständig mit Zierat überladen sind. In den Schaufenstern der Geschäfte, bei Freunden und Bekannten werden wir häufig mit Gegenständen konfrontiert, die einen ausgesprochen »modischen« Charakter haben. Dieses »Modische«, zu unterscheiden vom ursprünglich »Modernen«, aber eng verwandt mit dem »Kitsch« (der überall blüht), gedeiht nur dort, wo geeignete Maßstäbe zur Beurteilung einer Werkform fehlen. Es ist aber durchaus möglich, zu einer objektiven Unterscheidung zwischen guter und schlechter Werkform zu gelangen. Theoretiker haben sich mit der Frage der Formbildung und Formqualität beschäftigt. Wir sollten deren Gedanken zumindest andeutungsweise kennenlernen.

Stufen der Formbildung. Ein Werkstück muß verschiedene Grade der Fertigstellung durchlaufen, bevor es seine edelste Ausprägung erfährt. Diese stellt zugleich die Grenze des Erreichbaren dar, hinter der, sobald wir sie zu überschreiten versuchen, jede Werkform ihren Sinn verliert.

Das Werkvorhaben beginnt mit der »Urform«, in der die Idee des zu schaffenden Gegenstandes in unserer Vorstellung erscheint. Sie findet ihren Ausdruck im Entwurf. Greifen wir zu Material und Werkzeug, so leiten wir die Urform in die »Grundform« über. Sie ist sozusagen die Rohform der sichtbaren Verwirklichung unserer Idee durch die angewandten handwerklichen Techniken. Dabei erhält das Formgebilde zugleich die Zeichen unserer persönlichen Hervorbringung (individuelle Spuren unserer bildungsmäßigen, kulturellen, volklichen, landschaftlichen Zugehörigkeit usw). Die Grundform ist die Grundlage für alle anderen Erscheinungsformen.

In der »Feinform« wird all das, was schon im Gefüge der Grundform schlummert, zu höchster Reinheit der Proportion und Schönheit ausgeprägt (»handwerklich gehobene« Form). Sie dürfte in der Regel als Endform gelten, weil in ihr alle Möglichkeiten, mit den eigentlichen »werkzeugenden« Mitteln die ursprüngliche Werkidee zu vollenden, verwirklicht worden sind. Schmuckbedürfnis und andere Notwendigkeiten können aber über die Feinform hinaus noch zur »Zierform« führen. Der Schmuck muß die Grund- und Feinform unverzerrt lassen, damit die edle Werkgestalt gewahrt bleibt. In Sonderfällen jedoch ist durch ihn auch noch

Stufen der Formbildung. Wir erkennen die Grundform (oben) als die sichtbare Verwirklichung des Werkgedankens mit Hilfe einer Werktechnik. In der Feinform (unten) wird all das, was schon in der Grundform schlummert, zur höchsten Ausprägung gebracht

eine Steigerung möglich. Wir müssen aber im Auge behalten, daß die Zierform die gefährlichste Stufe der Formbildung ist, weil sich darin die Grenzen zwischen gut und schlecht schnell verwischen.
Jedes Zuviel an Schmuck zerstört die Grundform. Sie wird zur »Trugform«, die keinen Sinn mehr hat und ihre Herkunft aus einer ursprünglichen, klaren Vorstellung verleugnet. Dieser Stufe kann bereits die zwar edle, aber doch schon zweckentbundene »Schauform« angehören, erst recht die »Prachtform« oder die »Prunkform«. In der »Attrappe« dagegen ist nur noch die äußere Erscheinung wichtig, die körperhafte Grundform kann dabei vollständig negiert werden. – Wo über diese Tatsachen bewußt hinweggetäuscht wird, beginnt der »Kitsch«.

Die objektive Formqualität eines Gegenstandes bezeichnen wir im Unterschied zur »schönen« Form (siehe Seite 24) als »richtige« Form. Sie berücksichtigt auch Faktoren wie Zweck und Funktion, Material und Formgebung, Konstruktion und Verarbeitung usw. und ihr gegenseitiges Verhältnis zueinander. In den zwanziger Jahren wurden vom »Bauhaus«, einer in Weimar und später in Dessau ansässigen Werkkunstschule gültige Maßstäbe für eine gute Werkform aufgestellt. Seither hat man sie immer wieder durchdacht und überarbeitet. Für uns sind im wesentlichen drei Punkte – Zweck-, Material- und Werkzeugrichtigkeit – wichtig, die auf Gebrauch und Herstellung hinweisen.
1. Zweckrichtigkeit. Sie ist gleichzusetzen mit der richtigen »Funktion« der Dinge. Aber eine Werkform soll sich nicht nur im Gebrauch als nützlich und zweckmäßig erweisen, man soll es ihr auch ansehen können, daß sie den ihr zugrunde gelegten Zweck erfüllt. Das Nützliche und Zweckmäßige als Kriterium der Formqualität kann natürlich nicht auf reine Kunstgegenstände (Bilder oder Skulpturen) angewendet werden, weil diese frei von praktischen Bestimmungen sind und ihren Sinn in sich selbst tragen. Es bezieht sich vor allem auf die Gegenstände, die zu einfachem Gebrauch bestimmt sind oder zur Befriedigung unserer lebensnotwendigen Bedürfnisse dienen. Eine Kaffeekanne z. B. darf nicht tropfen; Bestecke müssen sich leicht reinigen lassen; Gelenk und Arme eines Nußknackers müssen den Druck beim Knacken der Nuß aushalten; an einem Schrank sollen die Türen ordentlich schließen; Kastendeckel müssen richtig schließen usw. Auch der Grundriß eines Hauses muß zweckmäßig sein, denn er ist das Ergebnis vieler prak-

tischer Überlegungen, die von der Größe der Familie, ihren Lebensgewohnheiten und Bedürfnissen ausgehen und in die »Funktion« des Hauses als Wohnstätte einmünden. Mitunter neigt ein Architekt dazu, die Planung eines Hauses mit der Außenansicht zu beginnen und den funktionalen Zweck des Inneren hintenanzusetzen. Auch in der Innenarchitektur kennt man den »Kult der guten Form«, der jeden Einrichtungsgegenstand zum Schaustück erhebt, so daß man mit den Dingen nicht mehr »leben« kann.

2. Materialrichtigkeit. Jeder Werkstoff spricht anders und will nach seiner Natur, seiner Härte, Sprödigkeit, Bildsamkeit, Struktur, Oberfläche, seinen tastbaren Eigenschaften usw. behandelt und beansprucht werden. Nur was das Material von sich aus duldet, soll man ihm zumuten – die Art und Weise, in der es sich uns freiwillig offenbart, soll den Formcharakter des Werkstücks bestimmen. So betonen Papier und Blech das Flächige, Ton und Gips das Amorphe, Holz das in seiner Struktur Gewachsene. Aus dem Verhalten des Holzes beim Spalten oder Schnitzen, dem Verhalten des Papiers beim Falten und Dehnen, des Tons beim Trocknen und Brennen z.B. sind die Regeln der Holz-, Papier- und Tonarbeit abgeleitet. Jedem Werkstoff wohnen solche Gesetze inne. Wer damit gestaltet, muß sie erfühlen und erfüllen. Sie erkennen und danach formen heißt »werkstoffgerecht« schaffen.

3. Werkzeugrichtigkeit. Ein Werkstück muß so entstehen, wie Werkzeug und Werkstoff es zulassen, und man soll es ihm auch ansehen können, wie es entstand. In unseren Werkzeugen stecken die Erfahrungen Jahrhunderte hindurch betriebener Werkarbeit. Sie sind trotz ihrer oft einfachen Form (oder gerade deshalb) hochentwickelte Geräte, die ihrem Sinn und Zweck entsprechend angesetzt werden müssen und bei Gebrauch im Material charakteristische Spuren hinterlassen. Daß ihre Handhabung eine gewisse Übung erfordert, steht außer Frage. Wir unterscheiden die Handarbeit von der Maschinenarbeit, zwei Werkformen, die, so verschieden sie sein mögen, dennoch in fruchtbarem Neben- und Miteinander existieren können. Nur dürfen wir weder versuchen, die von der Maschine geprägte Form mit handwerklichem Gerät zu erreichen, noch die aus der handwerklichen Bearbeitung resultierenden Formspuren in maschinelle Produktionsformen zu übertragen (z.B. Kristallschliffkerben in Preßglas)!

Die schöne Form. Aus zweckmäßiger Anlage, material- und werkzeuggerechter Verwirklichung ergibt sich sinnvoll und objektiv die »richtige« Form eines Gegenstandes, die aber im Hinblick auf Form-»Schönheit« noch eine Fülle von Möglichkeiten einschließt, zwischen denen wir zu wählen haben, und zwar durch unsere eigene persönliche Entscheidung. Es sei hier nur auf die Sitzmöbel hingewiesen, die trotz ihrer Verschiedenartigkeit alle die Merkmale guter Qualität haben können. Es gibt also neben richtigen stets auch mehrere »schöne« Lösungen, wobei »schön« und »richtig« nur zum Teil voneinander abhängen. Es erscheint uns einleuchtend zu sagen, daß eine Werkform nicht »schön« sein könne, wenn sie nicht zugleich »richtig« sei. In den meisten Fällen trifft das wohl auch zu. Auf der anderen Seite gibt es aber z.B. Vasen mit bestechend schönen Formen, die dauernd umfallen, weil ihre Standflächen zu klein sind. In der Bekleidungsmode begegnen uns ständig schöne »Unrichtigkeiten« (nageldünne Stockabsätze, Taschen- und

Als schön empfinden wir an einer Werkform: die harmonische Einheit von Material und Gebilde (Sprache des Werkstoffs, oben), Texturen, die urständig aus einem bestimmten Werkverfahren hervorgehen (Sprache der Werkspur, Mitte), ornamentale Dekors, die einen an sich neutralen Werkbestand beleben, gliedern usw. (Schmuck, unten)

Gürtelattrappen usw.). Daher haben wir das »Schaustück« in die erste Stufe der »Trugform« eingegliedert, mit der der absteigende Weg zur qualitätslosen Form beginnt.

Definitionen des Begriffes »schön« gehen weit über das Ziel dieses Buches hinaus. Es können hier nur einige Hinweise gegeben werden. Eine aus einem edlen Holz geschnitzte Schale kann trotz ihrer einfachen Form schön sein, wenn es dem, der sie hervorgebracht hat, gelungen ist, das innerste Wesen des Werkstoffs »Holz« und die Gebildeform »Schale« in harmonischer Einheit zum Ausdruck zu bringen. Als angenehm empfinden wir ferner, was urständig aus einem Werkverfahren hervorgeht, z. B. aus dem Flechten und Weben oder dem Rillen beim Drehen. Dabei entstehen Texturen, die als »materiale« Muster und nicht als schmückende »Zutat« eine Werkform kennzeichnen. Schön kann schließlich sein, was »ornamental« einen an sich neutralen Werkbestand für das Auge gliedert, belebt usw. (Dekor). Betont sei, daß hier an ein Ornamentieren gedacht ist, das sich direkt aus dem Wortsinn »ornare« – d. h. »würdigmachen« – herleitet und nicht etwa die Folge eines sich undiszipliniert und rücksichtslos gebärdenden Schmuckbedürfnisses ist. Nur was von Natur »würdelos«, banal, dürftig ist, bedarf der formalen Hebung mittels eines zusätzlichen Schmucks. Ein edles Material hat schon an sich »Würde«, die nur zur Sprache gebracht werden muß, wozu gute Formgebung und ordentliche Verarbeitung – eventuell mit Berücksichtigung des Schmuckwertes der Arbeitsspuren – genügen.

Modern oder modisch? Die einfachen Formen, die wir heute als »modern« bezeichnen, sind erst vor etwa fünfzig Jahren von einer kleinen namhaften Künstlergruppe (»Bauhaus«) gefunden worden. Den ganzen überkommenen »Verzierungsschwulst« der Großväterzeit über Bord werfend, konstruierte

man Stühle, auf denen man richtig sitzen konnte, Bestecke, die sich auch sauberhalten ließen usw. Zu dieser Besinnung auf die eigentliche »Funktion der Dinge« kam ein frischer Sinn für die bedingungslose Eigenschönheit der Werkstoffe sowie ein Streben nach Freiheit und Leichtigkeit in den Formen. Seither werden überall in der Welt Häuser gebaut, die sich auch in die Landschaft einfügen. Die Nähmaschine, einst auf ein gußeisernes Gestell montiert, ist formschön und kann in einem leichten Koffer weggestellt werden. Selbst das Tafelgeschirr bedarf heute keines zusätzlichen Dekors mehr, um für unser Auge festlich zu wirken.
Nicht alle Menschen haben diesen radikalen Wandel auch wirklich mitvollziehen können. Viele leben, obwohl sie sich nach außen hin »modern« zu geben versuchen, in ihrer geistigen Ausrichtung noch immer insgeheim in einer Welt, in der man Bahnhöfe wie Paläste baute, weil der äußere Schein, die gesellschaftliche Täuschung mehr galt als das ehrliche, wahre Sein. Wäre dem nicht so, so könnten in den Geschäften nicht massenhaft Gegenstände angeboten werden, die – obwohl mit modernsten Mitteln und von Menschen unserer Zeit hergestellt – vergangenen Zeiten entliehene Formen tragen: Polstermöbel im Stil der Renaissance, Tassen, Gläser und Bestecke mit dem charakteristischen Formengeschnörkel des Barock. Goethe sagt über das Wohnen im erborgten Stil: »Es ist immer eine Art Maskerade, die auf die Länge in keiner Hinsicht wohltun kann, vielmehr auf den Menschen einen nachteiligen Einfluß haben muß. Denn so etwas steht im Widerspruch mit dem lebendigen Tag, in welchen wir gesetzt sind, und wie es aus einer leeren und hohlen Gesinnungs- und Denkungsart hervorgeht, so wird es darin bestärken.«
Vom »Modernen« zu unterscheiden ist das »Modische« z. B. das flache Hausdach über einem Unterbau, der zusammen mit einem Satteldach weit besser eine Einheit bilden würde, der Nierentisch mit Goldbandumleimer, das Stromlinienmöbel mit Edelholzfurnier! Runde oder geschweifte Kanten finden wir nun nicht mehr nur noch dort, wo sie allein sinnvoll sind (zum Beispiel an der Sessellehne), sondern auch an Bücherborden, Blumentischen und Radiogehäusen. Der ursprüngliche Funktionsbezug der Formen ist vergessen. Äußerliche Formmerkmale werden schablonenhaft den Dingen angeklebt. So kehrt der Kitsch der »guten Stube« wieder in dem modischen Formengerümpel, das, hastig mit der Maschine hergestellt und augenfällig – wenn auch ohne Sinn – mit möglichst vielen Attributen des »Modernen« behaftet, Menschen angeboten wird, die ohne festes Urteil sind. Es beeinflußt, da wir es ständig vor Augen haben, unseren Geschmack und wirkt selbst in unser persönliches Werkschaffen hinein. Dagegen hilft nichts als eine eigene vernünftige Lebenseinstellung und ständige Selbstkontrolle. Die Liebe zu den Dingen, zu Material und Handwerkszeug sowie zum Tun als solchem ist eine weitere Voraussetzung für das nötige Fingerspitzengefühl, mit dem wir das Klischeehafte vom Echt-Handwerklichen unterscheiden.

Elemente der Formgebung

Elemente sind Grundbestandteile, Möglichkeiten zum Anfangen. Der Komponist hat seine Tonleiter, Taktzeichen und Notenschlüssel, der Maler die Farbenvielfalt der Palette, der Werkende Flächen, Linien, Körper,

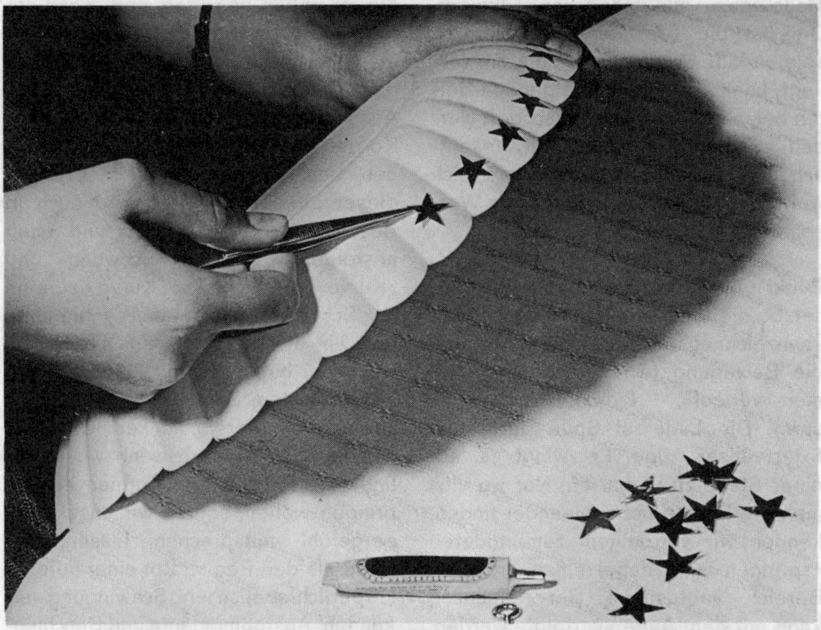

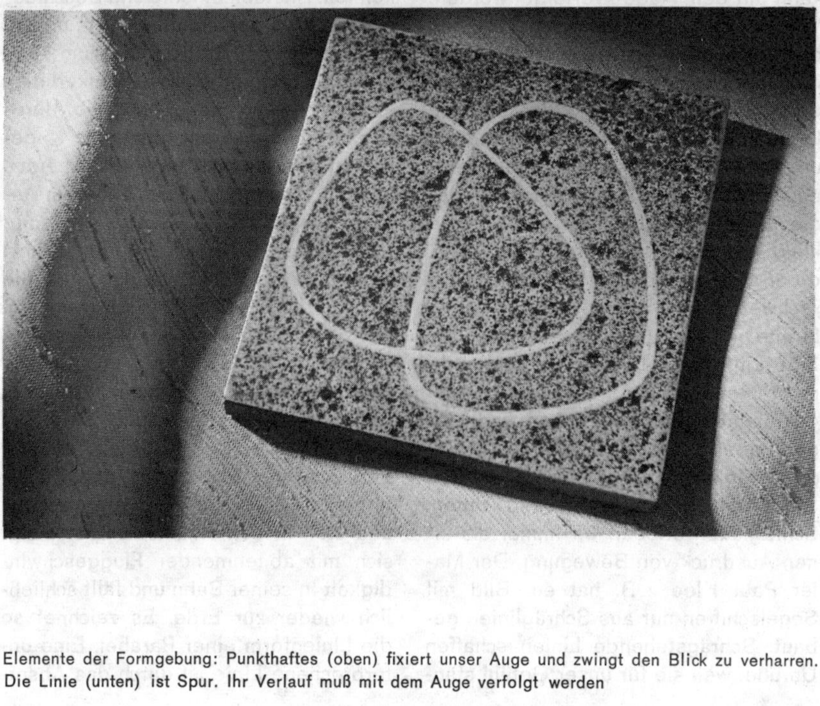

Elemente der Formgebung: Punkthaftes (oben) fixiert unser Auge und zwingt den Blick zu verharren. Die Linie (unten) ist Spur. Ihr Verlauf muß mit dem Auge verfolgt werden

Maße, dazu alle möglichen Texturen. Dies ist die Klaviatur, auf der sich spielen läßt. Was an Elementarem vorliegt, kann auf den nachfolgenden Seiten bei weitem nicht ausgeschöpft werden. Wir beschränken uns auf Wesentliches – in der Hoffnung, daß sich weitere Grunderfahrungen beim Werken selbst einstellen.

Punkt und Linie. Der Punkt wird »gesetzt«, die Linie »gezogen«. Der Punkt kennzeichnet das Ruhende, eine Linie die Bewegung (wir sprechen von Linien-»verlauf«, Linien-»schwingung« usw.). Die Linie ist Spur, der Punkt fixiert unser Auge. Er zwingt es, auf einer Stelle zu verharren. Nur wo sich mehrere Punkte nebeneinander finden, können wir von einem zum anderen »springen« und dabei einen größeren Bereich »abtasten«. Der Linienzug kann mit dem Auge »verfolgt« werden. Wir wandern gleichsam den Weg ab, den vor uns der Zeichenstift gegangen ist. Dabei erfahren wir, ob es sich um eine gerade, gekurvte oder krumme Linie handelt, und – rückschließend auf unsere eigenen Körperempfindungen – auch etwas über die Natur dessen, der die Linie gezogen hat, ob er eine »leichte« oder »schwere« Hand hatte, ob er sich »im Schwunge« befand oder »schwerfällig« und »angestrengt« formte.

Eine Linie kann für unser Auge senkrecht stehen, waagerecht liegen oder gekrümmt verlaufen. Stehen und Liegen haben – bezogen auf ihre Gleichgewichtigkeit – statischen Charakter. Sie bedingen ein Oben und Unten. Schräglinien erleben wir immer als einen Ausdruck von Bewegung. Der Maler Paul Klee z. B. hat ein Bild mit Segelschiffen nur aus Schräglinien gebaut. Schrägstehende Linien schaffen Unruhe, weil sie für unser Gefühl ständig im Fallen begriffen sind, wenn sie nicht gestützt werden. Versehen mit einem Schwerpunkt rufen sie jedoch den Eindruck des Aufrichtens oder Auspendelns hervor.

Körperliche und optische Empfindungen bestimmen also unser Erlebnis dieser Linienzüge. Dies wird auch in Bezeichnungen wie »sanft« und »steil ansteigend« oder in »Schwung« und »Kurve« deutlich. Die Kurve ist eine im Schwung erfahrene Wegbiegung, die wir als ausgeglichen empfinden, wenn bei ihrem Verlauf keine Störungen auftreten. Eine Kurve können wir »nehmen« – der Schlenker »wirft uns aus der Bahn«. Auch wenn wir selbst lineare oder gekurvte Formen hervorbringen wollen, sollten wir unser Körpergefühl mitsprechen lassen, die Hand als den Registrator einer tieferen körperlich-seelischen Schwingung erkennen, Anstoßmomente und Beschleunigungen körperlich miterleben, um sie in ihrer inneren Bewegtheit zum Ausdruck zu bringen. Die »Schlenkerlinie« entsteht, wenn der Formende durch andere Bindungen innerlich »gehemmt« ist, »nicht aus sich heraus kommt«, sondern nur aus äußerem Antrieb »angestrengt« arbeitet. In einer gut geführten Kurve dagegen drückt sich ein seelischer Gleichklang aus. Sie ist erst in zweiter Linie Berechnung, Konstruktion, Meßgenauigkeit. Sie könnte einen Mathematiker tagelang beanspruchen. Der Künstler zeichnet sie aus dem Handgelenk.

Verschiedene Linienarten und Punktformen. Ein Geschoß steigt schnell und steil in den Himmel empor, neigt sich mit abnehmender Fluggeschwindigkeit in seiner Bahn und fällt schließlich wieder zur Erde. Es zeichnet so die Linienform einer Parabel. Eine unterbrochene Linie ist durch das Absetzen der Bewegung charakterisiert. Die Zickzackform zwingt den Blick, in kurzen Abständen hart und unverbindlich die Richtung zu wechseln. Noch stärker drückt sich das Gewaltsam-Plötzliche in dem ungleichmäßigen Zucken des Blitzes aus. Eine gekurvte oder wellenförmig schwingende Bahn dagegen hat fließenden Charakter. Der mit gleichmäßigem Krümmungsverlauf von einem Punkt aus nach innen oder außen führende Weg kennzeichnet die Spirale. In der geschlossenen Kreisbahn endlich sind keine Überraschungen mehr möglich. Aber gekurvte Linien haben immer eine besondere Dynamik, selbst dann noch, wenn sie – wie eben der Kreis – sich in Anfang und Ende zusammenschließen. Hierbei kommt die richtungweisende Energie der Bewegung zur Ruhe, der Charakter des Spurhaften aber bleibt erhalten.

Linien können allein verlaufen (z. B. als Umriß, Profil, blickführende Spur in der Fläche), aber auch zu mehreren nebeneinander. In der Parallelität zweier Linien erscheint Gemeinsames, Begleitendes. Sie können außerdem eine schwingende Linie in ihre Mitte nehmen, wobei den Randparallelen auch weiterhin die Führungsrolle zukommt, deren Strenge aber durch den schweifenden Charakter der Wellenlinie gemildert wird. Der spannungsfreie Kontrast zwischen Richtungsbestimmtheit und Schweifung wird um so stärker, je weniger der richtungbestimmende Teil in Erscheinung tritt und je heftiger und üppiger die Krümmungen der Begleitlinie werden. Diese behält ihren schweifenden Charakter auch dann noch, wenn sie einen harten Zickzack- oder Winkelkurs annimmt. Schließlich kann sich die Richtungsgerade auch selbst an bestimmten Wegstellen »Seitensprünge« erlauben.

Der koordinierende Charakter in gleicher Richtung verlaufender Linien oder Linienpaare ermöglicht es, die Form eines Werkstückes optisch zu heben oder – in gewissen Grenzen – zu verändern, je nachdem, ob wir seine Gesamtrichtung oder Umrißkante mit blickführenden Linien begleiten oder überdecken. Formbegleitung ist z. B. durch eine Randintarsie in einem an sich neutralen Kastendeckel möglich. Eine Rillenspur, die sich an einer optischen »Reizstelle« rund um einen Gefäßkörper zieht, hebt diese Zone besonders hervor. An einem bauchigen Gefäß von unten nach oben laufende Streifen mindern den Eindruck der Bauchigkeit. Eine hohe Tür wirkt optisch durch eine den Längsrand begleitende Griffleiste noch höher, durch Querfugung jedoch kürzer und breiter. So können wir, indem wir durch den linearen Verlauf einer Schmuckform den Blick in eine bestimmte Richtung lenken, Schweres leichter, Gedrungenes schlanker, Langes kürzer oder Kurzes länger erscheinen lassen.

Der Punkt dagegen wirkt an jeder Stelle »blickfixierend«. Punktwirkung hat jedes richtungslose Zentrum, jeder Schnittpunkt von Linien, jeder Scheitelpunkt, in dem eine Bewegung sichtbar verharrt, um eine andere Richtung einzuschlagen.

Die Fläche. Der Eindruck von Fläche entsteht durch die Ausdehnung des Punktes zum »Fleck«, dem der gleiche »blickfixierende« Charakter wie dem Punkt zukommt. Aber auch durch eine dichte Folge linearer Strichlagen kann eine flächenhafte Wirkung hervorgerufen werden, beispielsweise bei engem Linienverlauf in gleicher Richtung im »Band«, bei der Überkreuzung von Linien im Netz, Gitter, Geflecht, am konsequentesten im Gewebe, in dem der Linienverlauf der Gewebefäden vor dem Flächenhaften des Stoffs kaum noch in Erscheinung tritt.

Die Fläche ist im bildnerischen Sinn »zweidimensional« (Länge und Breite), gleichgültig, ob sie als Feld innerhalb einer linearen Umrandung gesehen wird, in der sie real gar nicht existiert (z. B. der mit dem Bleistift gezogene Kreis auf einem Bogen Papier), oder als Farbfleck. Als Fläche empfinden wir sogar noch ein ausgeschnittenes Stück Buntpapier oder die zu bemusternde Tonplatte, deren tatsächliche Dreidimensionalität gleichzeitig auch optisch in Erscheinung tritt.

Primäre Flächenformen sind: Quadrat, Kreis und gleichseitiges Dreieck (ohne Betonung der Grundlinie) – sekundäre: Rechteck, Ellipse, Dreieck mit ungleicher Seitenlänge. Primäre Flächenformen sind richtungslos, sekundäre gerichtet (im Hinblick auf ihre Ausdehnung). Eine Flächenform mit bestimmter überschaubarer Gestalt bezeichnen wir als »Figur«.

Elementare Ordnungen im Ornamentalen. Ordnung ist Bindung, sowohl an eine Struktur als auch an das Ganze der Gestalt. Das Gegenteil ist Willkür. Die einfachste Ordnung ist die rhythmische Wiederkehr der ständig gleichen Formeinheit, wie wir sie z. B. in der Perlenschnur, aber auch in jedem Streifen- und Tupfenmuster vor Augen haben. Wir bezeichnen die ständige Wiederkehr des gleichen Formelements als »Reihung«, den Zwischenraum (die Pause) als »Intervall«. Die Reihung kann sich aus »linearen« (blickführenden) oder »fleckhaften« (blickfixierenden) Einzelheiten zusammensetzen, »einstimmig« oder »mehrstimmig« verlaufen und Bereicherungen innerhalb der Zwischenräume einschließen. Jede Reihung bedeutet für das Auge zugleich Richtung, auch dort, wo sie nicht als Zeile oder Streifen erscheint, sondern sich über die ganze Fläche ausbreitet.

Die »Reihung mit Intervall« findet ihre Bereicherung und Abwandlung in der

Ordnungen im Ornamentalen: a) perlenhaft reihend, b) in den Kontrasten wechselnd, c) linear verflechtend, d) betont musternd.

Der Begriff des Ornaments gilt sowohl für Gestaltungen mit straffer Gesetzmäßigkeit als auch für solche mit gelöster und bewegter Rhythmik. Allen ist eine sinnfällige Ordnung gemeinsam in ihrem Bau, ihrer Gliederung und den Beziehungen ihrer Elemente zueinander.

»Reihung mit Wechsel«, in dem Kontrast von Bewegung und Gegenbewegung, Hell und Dunkel, Positiv und Negativ (z. B. Zickzacklinie, Schachbrettmuster, Rautenfeld usw.). Eine dritte Möglichkeit, die »Reihung mit Überkreuzung«, ergibt sich unschwer als Synthese der beiden genannten Elementarordnungen. Hier ist der Gegensatz zweier Richtungen in sich verknüpft und ausgeglichen. Der Ausdruck ist der statischer Ruhe (während die durch den Kontrastwechsel aufgebaute Reihe ständig weiterschwingt). In der Flechttechnik z. B. ist ein abstraktes Gittermuster in den handwerklichen Vorgang eingegangen.

In diesen drei Grundordnungen der »Musterbildung« werden wieder Möglichkeiten sichtbar, die Form eines Gegenstandes zu betonen, zu gliedern, zu verändern. Wir sprechen von »werkhaften« Musterungen, wenn diese wie beim Flechten und Weben ursprünglich aus einer bestimmten Technik erwachsen. Andernfalls handelt es sich um Muster mit bildnerischer Funktion, ihrem geometrischen Sinne nach um »Ornamente«. Sie können so vielgestaltig sein, daß sie im künstlerischen Sinne »Selbstwert« bekommen. Ihre Bindung an das Ganze der Werkform muß dabei nicht verlorengehen, ihr praktischer Wert zeigt sich überhaupt nur in ihrer Verwendungsmöglichkeit am Werkstück. Ein Ornament kann eine Fläche von anderen abheben, als gemeinsamer Hintergrund ein aus Einzelheiten bestehendes Gebilde zusammenhalten, als Blickfang eine bestimmte Stelle betonen usw. Ein umlaufender Fries z. B. betont die Einheit eines vielgestaltigen Baukörpers. Durch Ornamentierung kann man einen Werkteil nicht nur hervorheben, sondern auch leichter und aufgelöster erscheinen lassen. – Dies alles läßt sich aber auch mit anderen Mitteln bewerkstelligen. An Stelle von Ornamenten bevorzugt unsere heutige Zeit vielfach mehr die Wirkungen der Farbe, der Materialunterschiede oder der Hell-Dunkel-Kontraste.

Unter »Streuung« verstehen wir die scheinbar zufällige Verteilung verschieden großer Formeinheiten auf einer Fläche. Es ist verständlich, daß der formbildnerische Sinn einer solchen Anordnung ebenfalls auf bestimmten Ordnungsprinzipien beruhen muß. Hierzu gehören: Die spielerische Abwandlung ein und derselben Grundform; das Einstreuen wechselnd großer Flächen in einem ruhigen linearen Verlauf; das Verteilen ungleich großer Quadrate oder Rechtecke über eine Fläche in der Weise, daß mindestens eine Kante des einen Quadrats mit der eines anderen »fluchtet« (d. h. ihre Verlängerung bildet) oder daß sich lineare Quadratformen zum Teil überschneiden usw. Derartige Streumusterordnungen gehen meist aus spielerischen Versuchen hervor, während das auf »Reihung« aufgebaute Ornament streng geometrischen Charakter hat und konstruiert werden muß.

Körper sind im Gegensatz zur Fläche dreidimensional, da zu Länge und Breite noch die Höhe hinzukommt. Die Fläche wird hier zur »Oberfläche«, zum Mantel. Der Körper selbst hat eine »Licht-« und eine »Schattenseite«. Wer schon einmal eine Plastik zu fotografieren versuchte, weiß, welche Bedeutung die Lichtführung hat. Ein Körper muß »ins rechte Licht« gerückt werden. Die einfachsten Grundformen der Körper (Kugel, Quader, Würfel, Walze, Pyramide usw.) finden wir schon in der Natur (z. B. Früchte, mineralische Kristalle usw.). Ihre Regelmäßigkeit, die den Eindruck von Ordnung vermittelt, läßt uns ein verborgenes Ordnungsprinzip in der Natur ahnen. Sie hat den Menschen schon immer angezogen und zum Nachdenken und Nachbilden angeregt. Entsprechendes gilt auch von den regellosen Formgebilden (vom Wasser rundgeschliffene Steine, Feuersteinknollen, Wurzelgebilde usw.). In ihrer Vielseitigkeit regen sie unsere Phantasie an. Wir können etwas aus ihnen herauslesen und in sie hineinlegen. Vielleicht ist das der Grund dafür, daß wir von Zeit zu Zeit das Geordnete, Ausgewogene, Ausgeglichene als langweilig empfinden. Dennoch suchen wir die Ordnung. Ein Körper, der sich von seiner mittleren Schnittfläche aus nach beiden Seiten gleichmäßig aufbaut, ist »symmetrisch«. Der »asymmetrische« Körper kann formlos sein. Wenn uns aber eine »asymmetrische« Form in Spannung versetzt, so ist trotz ihrer »Ungleichmäßigkeit« in der Verteilung der Formmassen eine bestimmte Ausgewogenheit vorhanden.

Maßordnungen. Wir rechnen heute nach dem metrischen Dezimalsystem (1 m = der 40millionste Teil des Erdumfangs), während man früher in der Natur nur annähernd gültige Beziehungen miteinander verknüpfte (z. B. 1 Elle = 7 Handbreit = 28 Finger). Es hat (mit Ausnahme der angelsächsischen Welt, die noch immer nach »Fuß« und »Zoll« rechnet) die alten Naturmaße verdrängt und ersetzt, ist aber im Grunde eine willkürlich gesetzte Ordnung. Elle und Fuß waren, obwohl relativ, doch zumindest »menschliche Maße«. Der Ausgangspunkt des metrischen Dezimalsystems ist eine »abstrakte Ziffer«.

Im künstlerischen Schaffen wird aber seit der Antike vielfach ein Zahlenverhältnis angewandt, das aus den Proportionen des menschlichen Körpers (Kopf-Rumpf-Verhältnis) herausgelesen werden kann, nämlich der »Goldene Schnitt« (oder die »Goldene Teilung«, wie Plato es nennt). Eine Strekke wird so in zwei ungleich große Abschnitte geteilt, daß sich der kleinere zum größeren verhält wie dieser zur ganzen Strecke (z. B. 5 : 8 wie 8 : 13).

Das einfachste regulierende Ordnungssystem, dessen wir uns für unsere Arbeiten laufend bedienen können, ist das Liniengitter (Raster), in das wir unsere Entwürfe in einem bestimmten Maßstab einzeichnen. Wir können es als »Millimeterpapier« kaufen oder mit größeren Quadraten (für einfachere Entwürfe und Planzeichnungen) einem gewöhnlichen Schulrechenheft entnehmen. Architekten gehen

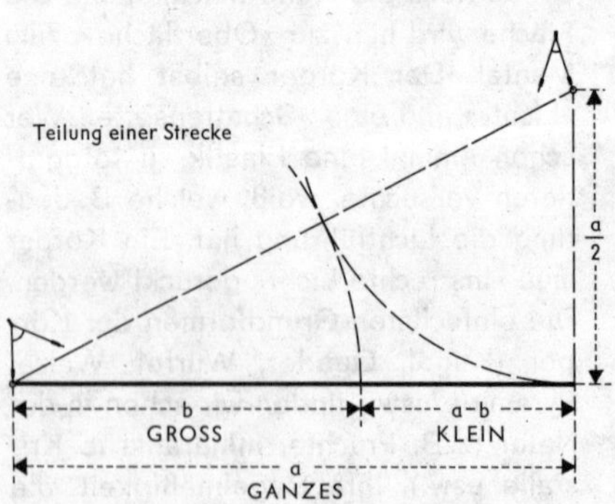

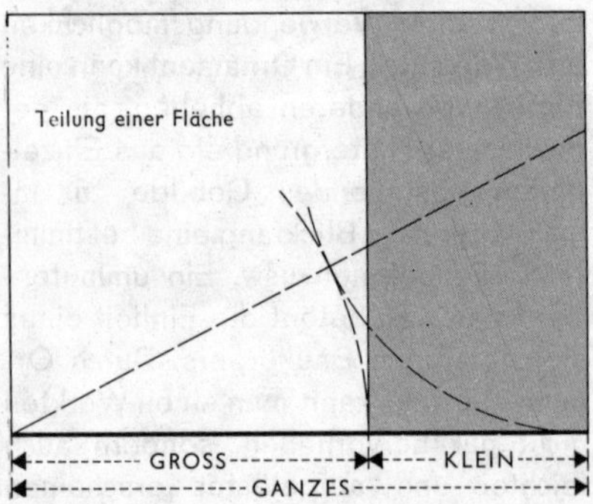

Wir begegnen der Maßteilung des »Goldenen Schnitts« in vielen Dingen unserer Umgebung

bei ihren Entwürfen für Wohnbauten vielfach von einem Grundraster aus, dessen Quadratseite dem Maßwert von 75 cm entspricht. Darin läßt sich auch das Mauerziegelformat unterbringen. Außerdem stimmt es mit den Industrienormzahlen (DIN) des Deutschen Normenausschusses überein. – Die Maßordnung der DIN-Normen beruht auf dem metrischen Maß, macht aber den Versuch, Meter und Zoll zu vereinen (1,25 m = 50 Zoll). Bei seinem Zustandekommen haben technische und wirtschaftliche Erwägungen eine Rolle gespielt.

Farben und Kontraste. Das für unser Auge weiße Licht der Sonne spaltet sich unter bestimmten Bedingungen in verschiedene Farben auf (Rot, Orange, Gelb, Grün, Blau, Violett). Dies ist sein Spektrum, das wir z. B. am Regenbogen beobachten können.
Die Spektralfarben lassen sich wieder zu weißem Licht zusammenführen, wenn man sie mit Hilfe eines Projektors auf einer weißen Leinwand übereinanderfallen läßt. Dabei stellt sich heraus, daß Gelb, Rot und Blau (die Grund- oder Primärfarben) genügen, um weißfarbiges Licht zu bekommen. Fallen nur zwei dieser drei Farben übereinander, so entstehen die Misch- oder Sekundärfarben Orange (aus Gelb und Rot), Violett (aus Rot und Blau) und Grün (aus Blau und Gelb). Im sechsteiligen sog. »Farbenkreis« sind alle sechs Farben in ihrer richtigen Reihenfolge um einen gemeinsamen Mittelpunkt geordnet. Dabei steht jeder Grundfarbe die sie zu Weiß ergänzende Mischfarbe (daher auch Komplementär- = Ergänzungs- oder Gegenfarbe genannt) gegenüber, z. B. dem Rot das Grün (bestehend aus Blau und Gelb). In der Gegenüberstellung ist also immer der ursprüngliche

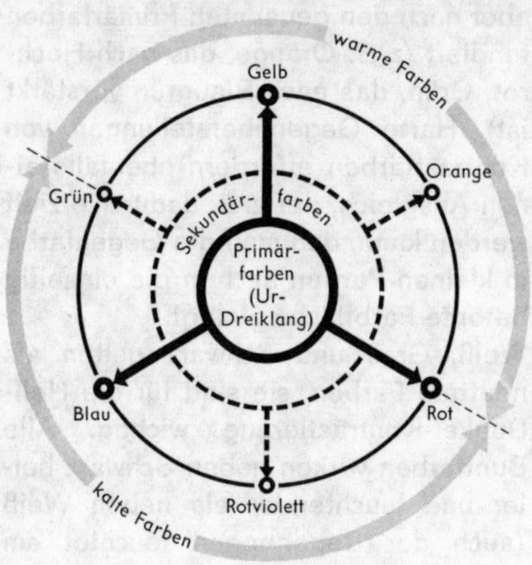

Der Farbenkreis

Dreiklang der Grundfarben (Gelb, Rot, Blau) enthalten.
Was hier an den Lichtfarben erläutert wurde, ist in gewissen Grenzen auch mit Pigmentfarben (das ist unser gebräuchliches Farbenmaterial) möglich. Auch hier erzielen wir Grün aus Blau und Gelb. – Nur die Mischung der Grundfarben führt nicht wie beim Licht zu Weiß, sondern zu einem undefinierbaren grauen Schmutzton.
Bei unserer Werkarbeit befolgen wir oft ohne lange nachzudenken diese Gesetze der Farbenlehre, denn ein farbiges Stück befriedigt erst, wenn sich darin gegensätzliche Farben in harmonischer Abstimmung finden. Mitunter kann uns dabei auch ein Blick auf den Farbenkreis helfen. Herrscht in einer Arbeit beispielsweise das Gelb in unbefriedigendem Maße vor, so schafft man den Ausgleich, indem an einer anderen Stelle das Violett stärker hervorgehoben wird. Man kann dieses Violett jedoch auch durch seine zugrunde liegenden Primärfarben (Rot und Blau) ersetzen. Geringe Spuren Violett können in ihrer Wirkung gesteigert werden durch andere Mischfarben, die zwar Gelb enthalten, deren Tönung

aber nach den genannten Primärfarben tendiert (z. B. Orange, das nach Hochrot, Grün, das nach Blaugrün verstärkt ist). Harte Gegenüberstellungen von Kontrastfarben erfordern ebenfalls einen Ausgleich, der z. B. dadurch erzielt werden kann, daß man die Gegenfarbe in kleinen Partien auch in die einseitig betonte Farbfläche einlegt.

Weiß, Grau und Schwarz gelten als neutrale Farben, sie sind für die Hell-Dunkel-Kontrastierung wichtig. Alle Buntfarben wirken neben Schwarz heller und leuchtender als neben Weiß (auch der Regenbogen leuchtet am schönsten vor einer dunklen Wolkenwand). Grau hat eine ähnliche farbsteigernde Wirkung, dazu die Eigenart, nach unserem Empfinden neben jeder kräftigen Buntfarbe den Schimmer der Gegenfarbe anzunehmen. Als Steigerungsmittel für Buntfarben haben alle Grautöne eine große Bedeutung. Besonders kleine farbige Inseln beginnen in einem grauen Grund zu leuchten.

Die Farbtöne von Rotviolett bis Blaugrün bezeichnet man als »kalte« (der »Farbe des Eises« näherstehend), von Gelbgrün bis Rotorange als »warme« (der »Farbe des Feuers« entgegenkommende) Farben. Die einander im Farbenkreis genau an der Grenze zwischen »Warm« und »Kalt« gegenüberliegenden Farben reines Rot und reines Grün erscheinen in dieser Hinsicht ebenfalls als »neutral«.

Es gibt von jeder Farbe viele Nuancen und Variationen, die wir zu umschreiben versuchen mit Bezeichnungen wie »warmes« oder »kaltes« Gelb, »warmes« oder »kaltes« Blau, »stumpfes« oder »leuchtendes« Rot, »rötliches« Braun, »grünliches« Grau usw. Als »Nuancen« bezeichnet man auch die kleinen Unterschiede einer Farbe gegenüber den Nachbarn im Farbenkreis. Diese Mannigfaltigkeit der Töne zwingt uns, auf die Harmonie der Übereinstimmung zu achten. Man kann die Vielfalt der Farben, die in einer Arbeit erscheinen sollen, z. B. dadurch bändigen, daß man allen etwas von einem gemeinsamen Grundton beimischt.

Übrigens ist »farbig« nicht ohne weiteres dasselbe wie »bunt«, worunter wir ein nicht-durchgeistigtes, nicht einheitliches Durcheinander, ein »Kunterbunt« verstehen. Eine Mosaikarbeit, ein Teppich mit starken, reinen Farben muß nicht bunt sein, wenn die Farbzusammenstellung den angedeuteten Gesetzen folgt und entsprechend geordnet ist.

Der Formcharakter des Plastischen. Wir unterscheiden das aus weichem Material (Ton oder Gips) im aufbauenden Verfahren geformte Gebilde von der aus hartem Material (Holz oder Stein) geschlagenen Form. Arbeitstechnisch gehören beide Richtungen in den Bereich des »plastischen Gestaltens«. Es ist eine körperbildende Kunst, in der eigene, andere Gesetze als etwa beim Zeichnen und Malen die Arbeitsweise bestimmen. Neben das Auge, das schon in den Flächenkünsten die Aufgabe hat, dirigierend und korrigierend zu wirken, tritt jetzt als ein weiteres formbestimmendes Element die Hand, die den Körper und seine Stofflichkeit abtastend und prüfend »begreift«.

Die ursprünglichste Werkweise des plastischen Gestaltens ist das Arbeiten aus dem »Block«. Noch heute stellen wir uns den Bildner hauptsächlich als Bild-»Hauer« vor, der die angestrebte Figur aus dem Stein- oder Holzklotz herausschlägt. Der Block ist eine gültige Ausgangsform. Andererseits hat aber auch jeder am Flußufer aufgenommene Geröllstein oder auch der mit der Hand gerundete Tonkloß eine

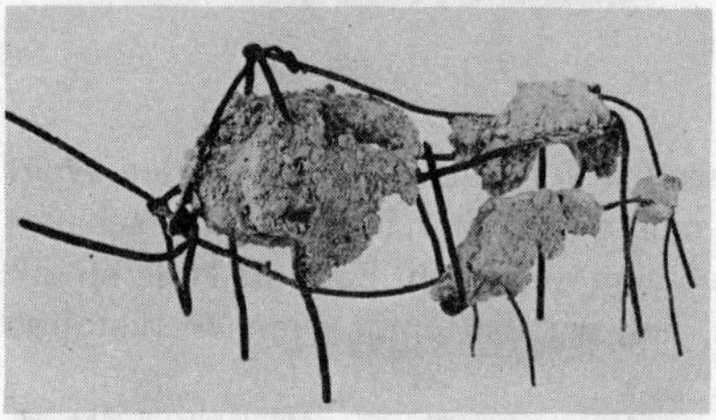

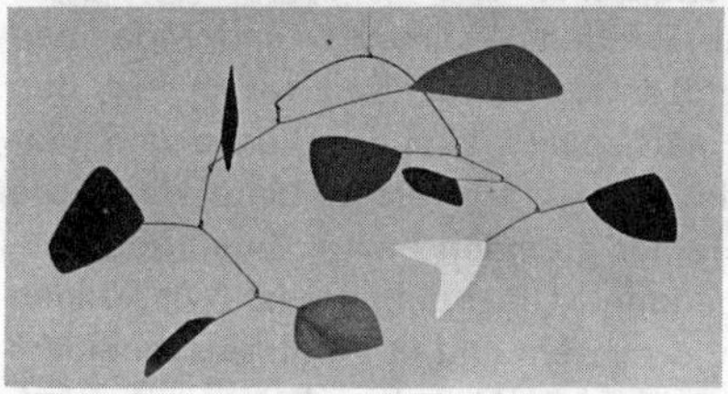

Formstufen des Plastischen. Vollplastik (oben): Ein aus einem trockenen Tonklumpen geschabter Stier. Die Übergänge sind weich und fließend. Die Oberfläche ist vom häufigen Anfassen glänzend geworden. – Zum Teil entkörperlichte Form (Mitte): Stier mit seinen Jungen. Die Körper sind mit Zement verklebt. Der Kontrast von Gerüst und Körper ist besonders deutlich. Materialmäßig passen Eisen und Beton gut zusammen, der Aufbau ist ähnlich einer Stahlbetonkonstruktion. – Bewegliche Plastik (Mobile, unten): Durch die Ausladungen des Drahtes und die schrägen Metallscheiben wird Raum suggeriert. Durch die Bewegung wandeln sich fortwährend die Beziehungen der Teile zueinander und zum Raum

elementare Form, die durch Einfügen von Höhlungen und Wölbungen der Idee entsprechend plastisch-körperlich verwandelt und wesenhaft in Form und Aussage zu einem Werkganzen verbunden werden kann.

Die Wölbung hinterläßt beim Betrachter den Eindruck geschlossener Körperlichkeit. Die Kugel erscheint uns harmonisch gerundet. Wandeln wir sie ab, indem weite Wölbungsstrecken gedehnt und nur mit den notwendigsten Vertiefungen versehen werden, so wirkt die Werkform ungleich massiver, plumper. Manche Gebilde, aber auch manche Werkstoffe (Granit, Basalt, Beton, Ytong) verlangen solch eine betont verkörperlichende Bearbeitung, weil sie von Natur aus schwer, in ihrer Materialstruktur »amorph« (ohne Wuchs und Richtung) sind.

Jede Höhlung entkörperlicht, d. h. sie schafft Raum. Dieser Vorgang kann bis zum Durchbruch geführt, beziehungsweise folgerichtig so weit getrieben werden, daß von der ganzen Körpernatur eines Gegenstandes nur noch die Konturen oder ein Gerüst von Achsen und inneren Beziehungen übrigbleiben. Dies hat die Künstler dazu geführt, ähnliche Wirkungen auch mit Draht, Blech oder Metallstäben zu erzielen, die gleichsam leere Räume umschreiben.

Der amerikanische Bildhauer Alexander Calder nennt seine Blechkonstruktionen (die Rieseninsekten, Säugetiere, Signale, Zeichen usw. darstellen) »Stabiles«. Sie stehen zwar fest auf dem Boden wie andere Plastiken auch, aber ihre betonte Stabilität ist hier zu verstehen als »innere Gründung« und darf nicht mit »Standfestigkeit« verwechselt werden. Ihr Gegenpol ist das bewegte Bildwerk als freies, teils von der Konstruktion und teils vom Zufall bestimmtes Formenspiel innerhalb eines Werkganzen. Das »Mobile« ist das modernste Element in der bildenden Kunst. Es wurde ebenfalls von Calder eingeführt und hat bereits eine eigene Kunstrichtung (Kinetische Kunst) hervorgerufen.

Werken mit Holz

Werkstoff Holz

Wer die Natur des Werkstoffs Holz verstehen will, braucht sich nur in den Wald zu begeben. Papier ist ein Kunststoff, Ton muß aufbereitet, Metall muß erschmolzen werden. Das Holz aber wächst uns im Baum entgegen. Es lebt! Holz strahlt daher auch so viel natürliche Wärme aus, daß wir ihm unter allen Werkstoffen besonders liebevoll begegnen.
Schon früh lernte der Mensch das Holz zu formen und zu gebrauchen. Noch heute werden unübersehbare Holzmengen für den Wohnungs- und Möbelbau verwendet. Wir umgeben uns gern mit hölzernem Gerät, weil wir in ihm den Strukturen des Gewachsenen unmittelbar nachspüren können. Bleche und Plastics lassen sich leichter sauberhalten, aber sie sind in erster Linie künstliche Werkstoffe, die in unseren Lebensbereich einen fremden Faktor hineintragen.
Die Duldsamkeit des Holzes bei der Bearbeitung ist fast unbegrenzt. Wir können es spalten, sägen, hobeln, feilen, schleifen, drechseln und in Furniere schneiden, ohne daß es auch nur im geringsten darunter leidet. Wer aber daraus entnimmt, Holz sei ein bequemer Werkstoff, muß sich sehr bald eines Besseren belehren lassen. Kein anderes Material zeigt so viel Eigenwilligkeit und verlangt vom Bearbeitenden einen so hohen Grad der Einfühlung wie dieses.
Holz ist ein von Natur aus edles Material, das als solches zur Sprache kommen muß. Das wird leider bei seiner Bearbeitung oft nicht genügend beachtet. Man sollte sich hüten, ohne zwingenden Grund die Eigenschönheit der durch den Schnitt erzeugten Oberfläche durch täuschende Überzüge, Verfärbungen, Beizen, Lackaufträge, Polituren usw. zu verderben. Es gibt unendlich viele Holzarten, jede hat ihre eigene Farbe, Struktur und charaktervolle Eigentümlichkeit. So weisen die heimischen Nadelhölzer oft sehr schöne Maserungen auf. Lärchenholz leuchtet uns in einem warmen rötlichen Naturton entgegen. Die schlichte Schönheit unseres Birnbaumholzes kann auch von ausländischen Hölzern nur schwer übertroffen werden. Beachten müssen wir aber auch die Eigentümlichkeiten, die jedes Holz auf Grund seines unterschiedlichen Aufbaus hat. Es gibt leichte und schwere, weiche und harte, leichtspaltige und schwerspaltige Hölzer, deren Eigenart und Brauchbarkeit behutsam erforscht und erfahren werden müssen. Vor dem barbarischen Draufgänger verschließt sich Holz. Wer es aber mit Achtung und Verständnis behandelt, wird ihm letzten Endes auch immer gerecht werden können.

Natur und Charakter des Holzes

Als organischer Stoff besitzt jede Holzart ein Gefüge von Zellen, das schon im jungen Baumsprößling als artbezeichnendes System angelegt ist. Grobe Unterschiede bestehen zwischen den Laub- und Nadelhölzern. Wir müssen wissen, ob ein verfügbares Holz lang- oder kurzfaserig ist, ob es sich schnitzen und biegen läßt, ob es einen möglichen Zug oder Druck auszuhalten vermag. Auch die Farbe und Zeichnung des Holzes ist wichtig. Wer hat nicht schon eine schön gemaserte Schale oder das schmucke Nebeneinander von hellerem und dunklerem Holz in einer Arbeit mit Wohlgefallen betrachtet? Ausschlaggebend für die Verwendung einer bestimmten Holzart kann auch ihr Härtegrad sein. Es gibt vom ganz harten bis zum weichsten Holz viele Übergänge, die wir beachten müssen.

In älteren Zeiten hatte man dafür einen weit aufgeschlosseneren Sinn als heute. Man zimmerte die Fußböden aus Tanne, baute Kästen aus Lärche, den Tisch aus Kirschbaumholz. Der Bauer kannte die Eigenschaften weiterer Holzarten wie Pflaume, Birke, Ulme, Esche. Auch wir müssen diesen Unterschieden mit offenen Sinnen nachspüren. Wenn wir erst einmal erfahren haben, daß man Nadelholz zu dünnen Spänen spalten kann, während sich ein Birnbaumholz dagegen z. B. vortrefflich zum Schneiden von Druckstöcken für Holzschnitte, Stoffdruck- und Kuchenmodeln eignet, sind wir auch bald in der Lage, die Natur anderer Holzarten zu beurteilen und werkrichtig mit unserer Gestaltungsabsicht in Beziehung zu bringen. Zu diesem Zweck sollten wir auch einmal den organischen Aufbau des Werkstoffes »Holz« an einem Stammaufschnitt studieren.

Kern- oder Splintholz? Der Blick auf den Stammquerschnitt ist wichtig. Da sehen wir in der Mitte das »Mark«, das auch »Herz« genannt wird und ein markähnliches, weiches Gewebe enthält. Um diese Mitte herum liegt das festere, durch Holzfarbstoffe und andere Einlagerungen bereits dunkler gefärbte »Kernholz«. Es ist das ältere, und, wie man sagt, »ausgereifte« Holz des Stammes, das – schon mehr oder weniger abgestorben und in seinen Zellwänden verhärtet – die dauerhaftesten und daher wertvollsten Holzteile enthält. Nach außen wird das Kernholz von dem hellfarbigen »Splintholz« umschlossen. Dieses besteht aus den jüngeren und jüngsten Holzschichten, die noch weitgehend an der Wasserversorgung des Baumes teilnehmen und daher auch noch nicht die Festigkeit des Kernholzes haben. Splintholz wird vielfach zu Unrecht als minderwertiges Holz betrachtet. In der Eiche ist es so weich, daß man es nicht verwenden kann, einige Nadelhölzer haben aber ein durchaus vollwertiges Splintholz, das sich gerade wegen seines lockeren Aufbaus gut verarbeiten läßt (Kistenherstellung).

Grundsätzlich sieht der Holzfachmann in der Befähigung des Baumes zur Kernholzbildung ein Qualitätsmerkmal. Er spricht von Kernholzbäumen (Eiche, Akazie, Apfel, Edelkastanie, Eibe, Kiefer, Kirsche, Lärche, Pappel, Platane, Pflaume, Walnuß, Weide) im Gegensatz zu den reinen Splintholzbäumen (Aspe, Ahorn, Birke, Buchsbaum, Erle, Espe, Weißbuche), deren Mittelholz bis in das Mark hinein gleichfarbig ist. Viele Bäume können nämlich kein Kernholz bilden. Verhärtet, doch ebenfalls nicht besonders verfärbt und dadurch auch nicht vom hellen Splintholz unterschieden ist das Mittelholz der sogenannten Reifkernholzbäume (Fichte,

Linde, Rüster, Tanne). Die Esche ist ein Reifholzbaum, da sie unter ihrem Splint Reifholz und Kernholz gleichzeitig hervorbringt.

Die Jahresringe. Ein anderes Unterscheidungsmerkmal sind die Jahresringe. An diesen wechselnd hellen und dunklen, konzentrisch von der Stammmitte nach außen gehenden Ringen können wir sehr schön das Wachstum des Baumes ablesen. In unserem Klima vollzieht es sich im Frühjahr und Vorsommer am stärksten, daher bilden sich zu dieser Zeit größere und saftreichere Zellen als im trockenen Sommer und Herbst, in denen die Zellen weniger feuchte Substanz und daher härtere und dickere Zellwände bekommen. Ein heller, großporiger Frühholzring und ein dunkler, festerer Spätholzring sind das Holz, das dem Baum im Laufe eines Jahres zuwächst.
Es leuchtet ein, daß engporige Hölzer, besonders solche mit starkem Spätwuchs (bei denen die dunklen Jahresringe enger liegen), auch mehr Masse im Gefüge haben müssen und daher schwerer sind als weitporige Hölzer oder solche mit starkem Frühwuchs. Der Holzfachmann achtet auf derartige Unterschiede und ermittelt, indem er die Porigkeit feststellt, Gewicht und Güte eines Holzes. Hierbei spielt auch eine Rolle, ob der Baum zu seinen Lebzeiten auf trockenem oder nassem Boden, in einem trockenen oder feuchten Klima gestanden hat. Feuchter Boden und nasse Sommer zeitigen größere Wachstumsperioden und lockereren Holzaufbau als trockenes Wetter und trockener Grund. Eine auf feuchtem Standort gewachsene Kiefer bezeichnet man als »grobjährig«, d. h., ihre Jahresringe liegen weit auseinander und schließen viel weitporiges, weiches Holz ein. Kurze Wachstumsperioden liefern »feinjähriges«, festeres Holz, wie es zum Beispiel die nordischen oder die vom trockenen Sandboden kommenden märkischen Kiefern haben. Ebenso unterscheidet man das Holz von Eichen, die auf trockenem oder nassem Grund gewachsen sind.

Das Zellengefüge. Schneidet man den Stamm in seiner Längsrichtung mitten durch die Markröhre auf (Radialschnitt), dann sieht man die Jahresringe als senkrechte nebeneinanderlaufende Streifen, die in der Querrichtung von den »Markstrahlen« durchschossen werden. Markstrahlen sind Speicherzellen. Sie speichern die im lebenden Baum gelösten organischen Stoffe und leiten sie von der Rinde aus radial in den Holzkörper hinein. Im Eichenholz heben sie sich sehr deutlich als kleine glänzende Flecken (»Spiegel«) hervor.
In dem in der Wuchsrichtung des Holzes stehenden Zellengefüge unterscheidet man je nach Art der Aufgaben Stütz- oder Festigkeitszellen, die der Verfestigung des Stammes dienen, und Leitzellen, die mit den eben genannten Markstrahlen Verbindung haben und den vertikalen Transport von Wasser und Aufbaustoffen ermöglichen. Auch die Leitzellen sind in manchen Hölzern mit bloßem Auge erkennbar, z. B. als längliche Poren im Eichenholz.
Diese Zellen finden sich im Holz zu einem festen Zellengefüge verbunden, dessen Struktur und Dichte bei jeder Holzart verschieden ist.

Eigenschaften des Holzes. Wir sprechen von langfaserigem und kurzfaserigem Holz oder von Holz mit geradem und unregelmäßigem Faserverlauf. Fichten- und Tannenholz ist langfaserig, leicht, weich und gut zu spalten.

harte Hölzer	mittelhart: Birke, Lärche, Kirsche, Walnuß hart: Apfel, Birne, Eiche, Esche, Rotbuche, Rüster (Ulme), Robinie, Vogelbeere sehr hart: Ahorn, Buchsbaum, Pflaume, Weißbuche	dichter und fein strukturierter Zellverband	gute Schnitz- und Gründelhölzer, Geräteholz, das der Verwitterung standhält
weiche Hölzer	Erle, Linde, Pappel, Roßkastanie, Fichte und Tanne	grobes, lockeres, manchmal schwammiges Zellengefüge	unterschiedliche Verwendbarkeit
spaltbare Hölzer	Erle, Fichte, Kiefer, Lärche, Linde, Roßkastanie, Tanne	lockerer Querverband, spaltbar im senkrechten Faserverlauf	für Laienarbeiten, gut zum Bauen und Konstruieren
schwere Hölzer	Apfel, Birne, Buchsbaum, Eibe, Eiche, Esche, Pflaume, Rot- und Weißbuche, Walnuß	dickwandige Zellen mit dichtem Zellengefüge	geeignet zum Bauen, Schnitzen und Gründeln
leichte Hölzer	Erle, Fichte, Linde, Pappel, Tanne	dünnwandige Zellen mit losem Zellengefüge	
feste Hölzer	Apfel, Birne Eiche, Esche, Platane, Rüster (Ulme), Weißbuche	dicht und eng strukturiert	widerstandsfähig gegen Druck, Zug und Drehung
zähe Hölzer	Birke, Buche, Eibe, Esche, Rüster (Ulme), Weide	langfaserig	biegsam
brüchige Hölzer	Erle, Pappel, Pflaume	kurzfaserig	
elastische Hölzer	Eibe, Esche, Rüster (Ulme), Tanne	langfaserig	biegsam, schnellen nach der Entspannung wieder in ihre alte Lage zurück

Tannenholz ist außerdem elastisch. In alter Zeit wurden die Masten der Segelschiffe aus Tannenholz gezimmert. Eichen- und Buchenholz ist hart und schwer, widerstandsfähig gegen Verwitterung.
Die Härte eines Holzes richtet sich natürlich auch nach dem Grad seiner

Trockenheit. Eschen- und Eichenholz kann bei jahrelanger Lagerung in trokkenen Räumen so fest werden, daß es sich zum Schnitzen nicht mehr eignet. Das weiche Lindenholz ist das geeignetste Anfängermaterial, mit dem auch wir unsere ersten Schnitzversuche unternehmen sollten. Später wenden wir uns den ausgesprochen harten Hölzern zu, die haltbarer und schöner gefärbt sind. Das langfaserige, weiche Nadelholz der Fichte und Tanne ist zum Schnitzen nur bedingt geeignet. Die Heimschnitzer in den Gebirgsgegenden verwenden es jedoch. Sehr hart ist das Holz der Weißbuche. Aus dem lokkeren Pappelholz kann man bestenfalls Kisten zimmern. Elastische Hölzer mit geringer Bruchgefahr liefern Esche und Eibe. Die Eigenschaften des Holzes bedingen somit jeweils seine Verwendbarkeit für den besonderen Zweck.

Holz arbeitet

Mit dem Begriff »Arbeiten« bezeichnen wir gewisse Formveränderungen, die durch den ständigen Feuchtigkeitsaustausch des Holzes mit der umgebenden Luft eintreten und je nach der früheren Lage im Stamm unterschiedlich sind.
Holz gibt beim Trocknen so lange Feuchtigkeit an die umgebende Luft ab, bis es dieser seinen eigenen Feuchtigkeitsgehalt angeglichen hat. Dabei verengen sich die Zellzwischenräume, was zur Folge hat, daß die gesamte Holzmasse zusammenschrumpft, das Holz »schwindet«. Steigt der Feuchtigkeitsgehalt der Luft, oder bringen wir ein Stück Holz, das lange in der Sonne gelegen hat und zu trokken geworden ist (z. B. einen Axtstiel) ins Wasser, so nimmt es entsprechend Feuchtigkeit auf. Die Zellzwischenräume weiten sich wieder – das Holz »quillt«.

Es ist nun wichtig zu wissen, daß sich dieses Arbeiten nicht in allen Holzlagen gleichmäßig auswirkt, sondern daß der Schwund im jungen Holz, dessen Zellengefüge weit mehr Feuchtigkeit als die älteren Holzschichten enthält, weitaus größer als im Mittelholz ist. Wo solche unterschiedlichen Holzteile fest nebeneinander liegen, besteht die Gefahr, daß das Holz reißt. Ganze Stämme, die ungeschützt in der Sonne trocknen, sind am stärksten gefährdet. Zu Bohlen und Brettern aufgeschnittenes Holz reißt nicht so leicht ein. Es ist jedoch zu beobachten, daß sich beim trocknenden Schnittholz der Splint vom Kernholz »absetzt« (d. h., daß der Splintholzteil gegenüber dem Kernholzteil auffallend dünner wird). Derartige Schwierigkeiten, die sich auch später aus solchen Formveränderungen ergeben, lassen sich jedoch durch sachgemäße Verarbeitung in Grenzen halten.
Das »Werfen« ist zweifellos die übelste Angewohnheit des trocknenden Schnittholzes, die sich darin äußert, daß sich ein Brett jeweils nach der Seite hin krümmt, die früher der Rinde zugekehrt war. Auch dieser Vorgang wird daraus verständlich, daß sich auf der stammäußeren Seite des Brettes jüngeres Holz mit einem naturgemäß höheren Schrumpfungsgrad befindet als auf der stamminneren. Die Tischler wissen das und bezeichnen nach altem Zunftbrauch die schon hohle oder voraussichtlich hohl werdende Seite eines Brettes als »linke«, die gewölbte als »rechte«. Man erkennt die frühere Seitenlage eines Holzes im Stamm am Verlauf der Jahresringe an der Hirnholzkante. Grün geschnittene Bretter werfen sich besonders leicht, daher sollte das Stammholz bis zum Einschnitt immer schon weitmöglichst trokken sein. Seitenholz ist gleichfalls ge-

fährdeter als Mittelholz. Nur das »Herzbrett«, das zwei nach außen weisende – linke – Seiten hat, bleibt bei sich absetzendem Splint in der Ebene.
Ähnliche Verformungen meint man, wenn man vom »Verwerfen« oder »Windschiefwerden« spricht. Ein Brett dreht sich um seine eigene Achse, wenn es ungleichmäßig trocknet oder nachträglich wieder befeuchtet wird.
Natürlich soll unser Holz möglichst wenig arbeiten. Wir werden uns daher für jede Arbeit immer schon sorgfältig vorgetrocknetes Holz aussuchen und auch das fertige Werkstück, soweit wir es stärkeren Feuchtigkeitsschwankungen aussetzen wollen, durch einen künstlichen Porenverschluß (Imprägnierung oder Anstrich) schützen. Holz, das wir aus dem Sägewerk oder aus der Holzhandlung beziehen, dürfte in den seltensten Fällen trocken genug sein. Da diese Handlungen im allgemeinen auch kein Holz im Ausschnitt abgeben, werden wir unseren Bedarf bei einem Tischler oder in einer Bastlerzentrale decken müssen. Reelle Händler bedienen uns immer mit ausreichend vorgetrocknetem Holz. Wenn möglich, trocknen wir die Stücke im Hause noch zehn bis vierzehn Tage nach, ehe wir sie verarbeiten. Dabei müssen sie in einem trockenen Raum so lagern, daß die Luft ungehindert alle Schnittflächen erreichen kann.
Mit eventuellen Veränderungen des Holzes bei der Verarbeitung müssen wir ebenfalls rechnen (siehe Seite 67, 76). Bretter aus drehwüchsigen Bäumen lassen sich gar nicht bändigen.

Geschnittenes Holz und Plattenmaterial

Das Schneiden des Holzes beginnt in der Regel mit dem Holzeinschlag im Winter, wenn das Holz den geringsten Saftgehalt hat und langsam trocknen kann. Anschließend wird der Baum von allen Ästen und Zweigen befreit und als Rund- oder Langholz zum Sägewerk gebracht. Dort muß es bis zum Einschnitt gelagert werden. Beim Vertikalgatter bewegen sich zehn bis vierzehn parallellaufende Sägeblätter auf und ab. Sie schneiden den Stamm innerhalb eines Arbeitsganges in die gewünschten Stärken. So entstehen die Bohlen (über 40 mm), Dielen (40 bis 30 mm), Bretter (30–12 mm), Dickten (12–14 mm) und Furniere. Schwarten sind der Abfall von der Baumkante.
Nach dem Aufschneiden wird das Holz sortiert und in Güteklassen eingeteilt. Man unterscheidet Kantholz, Balken und Breitenschnittholz. Bretter und Dickten handelt man nach Quadratmetern. Die Güte wird auch davon bestimmt, ob das Holz fein- oder grobjährig ist, ob es fehlerfrei ist oder Störungen, (Äste, Harznester, Risse usw.) aufweist.
In unserer Zeit, in der der Holzverbrauch ständig steigt, spielt auch das Stückholz (Krummholz, Äste, Baumspitzen) als verwendbares Material eine Rolle. Besonders die Plattenindustrie hat sich dieses früheren Abfalls angenommen. Das Holz wird gewaschen, entrindet und in Zerspanungsmaschinen automatisch in überaus dünne Späne zerschnitten. Diese Holzspäne durchlaufen eine Mühle, werden hinterher bis auf eine Restfeuchtigkeit von 4 % getrocknet und in speziellen Anlagen gleichmäßig mit Kunstharzbindemitteln und besonderen Zusätzen besprüht. So vorbereitet, fällt dieser Rohstoff im Schüttungsvorgang auf ein endloses Band, wird gewogen, zur Rohform vorgepreßt und unter Druck und Hitze auf eine beabsichtigte Plattenstärke, -dichte, -festigkeit und -gleichmäßigkeit gebracht.

Nach einer Reifezeit von mehreren Tagen erfolgt die Endbehandlung: Schleifen der Oberfläche und Besäumen der Kanten.
Die so gefertigte Holzstoffplatte, die praktisch in jeder Länge und Breite (bis zu 5 qm) hergestellt werden kann, ist nicht mehr und nicht weniger als ein »gebändigtes« Brett. Sie arbeitet nicht wie Holz, hat keine Jahresringe, läßt sich in jeder Richtung gleich sauber und schnell bearbeiten, ist in genormten Maßen lieferbar, hat winkelgenaue Kanten und eine feinkörnig geschliffene, absolut plane Oberfläche, die nicht mehr gehobelt oder geschliffen zu werden braucht. Die Dickengenauigkeit toleriert zwischen + und – 0,3 mm (»Triangel«-Spanplatte).

Baum- und Astholz. Das schönste Holz, das wir wegen seiner besonderen Farbigkeit, seiner Maserung und seiner starken Kern-Splint-Kontraste zum Schnitzen, Gründeln und Drechseln zahlreicher Dinge dringend benötigen, ist in der Holzhandlung sündhaft teuer, während es andernorts oft nur als Brennmaterial dient. Gemeint sind die stärkeren Ast- und Stammstücke geputzter oder ausgejäteter Obstbäume (Pflaume, Birne, Kirsche, Apfel), gefällter Straßenbäume (Ahorn, Linde, Esche, Platane), von Bäumen auf Baugrundstücken, die aus irgendeinem Grunde herausgenommen wurden, usw. Beim Tischler sind solche Hölzer nicht zu bekommen, weil dieser hauptsächlich mit Furnieren arbeitet. Doch dem Besitzer ist das anfallende Stamm- und Astholz oft nur eine Belastung, es liegt im Wege und muß zerkleinert werden. Wenn man sich umhört, findet man immer wieder Gelegenheit, edles Holz gegen ein geringes Entgelt, oft nur gegen den Preis des Wegholens, zu erstehen.
Auch wenn man im Augenblick keine konkreten Arbeitspläne hat, sollte man jede Möglichkeit, die sich in dieser Hinsicht bietet, nutzen. Vielfach kommt einem ein guter Einfall erst bei der Betrachtung eines schönen Klobens. Auch braucht das Holz ja seine Zeit zum Trocknen (siehe Seite 46). Eine Ecke im trockenen Keller oder auf dem Boden ist der rechte Ort für ein kleines Holzlager, dem man die Stücke bei Bedarf entnehmen und das man immer wieder ergänzen kann.

Schnittholz. Trotz möglicher »Selbstversorgung« wird die Tischlerei oder die Bastlerzentrale doch die eigentliche Quelle zur Holzbeschaffung bleiben. Mitunter werden wir auch einmal einer Holzhandlung einen Besuch abstatten müssen. Was uns da wie dort – und wenn wir Glück haben, sogar in den gewünschten Ausschnitten – angeboten wird, fassen wir unter dem Sammelnamen Schnittholz zusammen. Jeder sollte die charakteristischen Unterschiede und Qualitätsmerkmale des geschnittenen Holzes kennen, bevor er sich zum Einkauf entschließt. Holzeinkauf ist Vertrauenssache!
Man kann Schnittholz ungesäumt oder gesäumt, d. h. mit oder ohne Rindenkante kaufen. Gesäumte Bretter werden aber nur von billigen Nadelhölzern geschnitten, weil mit der Säumung immer auch ein Holzverlust durch die abfallenden Schwarten entsteht.
Beim Aufsägen des Stammes unterscheidet man Mittel- und Seitenbretter. Das mittelste Brett, durch welches das Mark läuft, heißt »Herzbrett«. Nur dieses hat zwei linke Seiten. Sonst muß man auf die Unterscheidung von rechter und linker Seite achten, die beim Vernageln und Zusammenleimen von Brettern wichtig ist.
Herz- und Mittelbretter »stehen« bes-

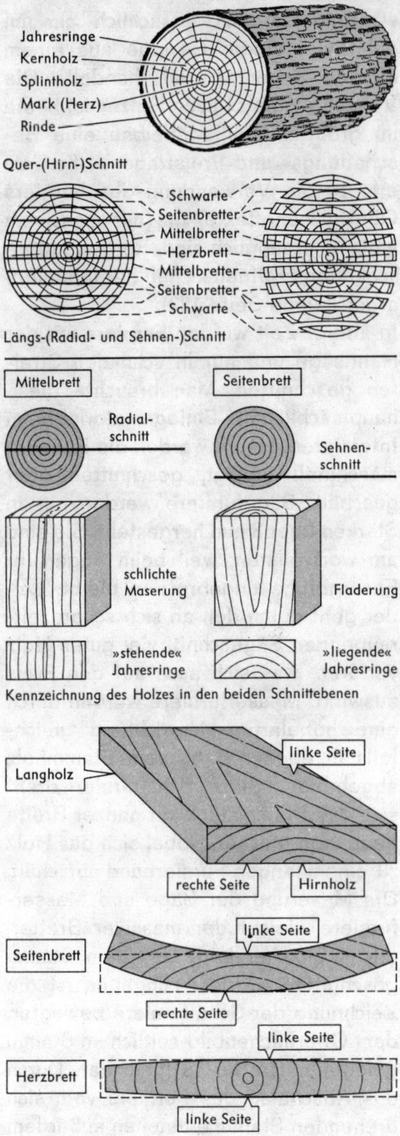

Die Bezeichnungen des Schnittholzes weisen auf charakteristische Unterschiede und Qualitätsmerkmale des Holzes hin

ser, d. h., sie werfen und verziehen sich beim Trocknen nicht so stark, verlieren aber nach der Rindenkante zu etwas an Stärke. Die Langholzseite eines Brettes entspricht der Wuchsrichtung des Stammes, während im Hirnholz wie bei einem Stammdurchschnitt die Holzfasern quer durchschnitten werden.

Beim Aufsägen des Stammes werden die Jahresringe in verschiedenen Winkeln angeschnitten. Die Zeichnung, die sich dabei an den Schnittflächen bildet, verrät deutlich, wie das Holz im Stamm gelegen hat. Mittelbretter haben »stehende« Jahresringe, d. h., die Ringe stehen an der Hirnkante ungefähr im rechten Winkel zur Schnittfläche. Im Langholz zeigt sich eine »ruhige« Maserung. Das Maserbild wird um so bewegter, je weiter die Schnittlage vom Baummittelpunkt abweicht. Die breitlappige Maserung der Seitenbretter nennt man »Fladerung«.

Wer Holz kauft, nehme sich die Freiheit und suche sich im Lager selbst das entsprechende Stück aus. Jeder Händler ist gelegentlich bestrebt, auch seine weniger schöne und gute Ware mit loszuwerden. Drehwüchsig (korkenzieherartig) gewachsenes Holz oder solches mit Frost- und Kernrissen ist auf alle Fälle zurückzuweisen. Ästiges Holz muß billiger als astfreies abgegeben werden (was kein Händler gern wahrhaben möchte). Kleinere Aststellen müssen natürlich in Kauf genommen werden, also versuche man, aus dem vorhandenen Angebot ein möglichst sauberes Stück herauszufinden. Es gibt auch »überständiges« Holz, das von überalterten Bäumen stammt und auffallend kurzbrüchig ist. Ausgesprochene Holzkrankheiten sind die »Braun- oder Weißfäule« (durch Pilze hervorgerufen), »Roststreifigkeit«, »Rot- oder Nagelhärte« (in Fichtenholz). Man erkennt ein krankes Holz vielfach schon an seiner unnatürlichen Schwere. Oft ist es widernatürlich verfärbt, durch Streifen und Flecken gekennzeichnet.

Es klingt dumpf, wenn man mit dem Knöchel dagegenpocht, oder es ist so weich, daß man es schon mit dem Fingernagel eindrücken kann.
Die Einschnittstärken der handelsüblichen Nadelholzbretter betragen in der Regel ½, ¾ und 1 Zoll, also 12, 18 und 24 mm. Die Breiten schwanken zwischen 22 und 32 cm (gesäumt!). Laubholzstärken beginnen erst bei 30 mm, weiter sind 36, 40, 45, 50 und 60 mm üblich. Einzelne Holzarten werden noch stärker gehandelt.

Leisten und Rundholzstäbe. Im allgemeinen beziehen wir Leisten verschiedener Abmessungen und Profile (Winkel, Halbrund, Viertelrund, Abdeckleisten sowie Vierkantprofile und -pfosten bis zu 6 x 6 cm) vom Händler. In größeren Städten gibt es Fachgeschäfte, in denen man Leistenholz in allen Formen bis zu 2 m Länge billig kaufen kann.
Selbstherstellen mit Säge und Hobel ist mühsam und kostspielig, weil man die aufgewandte Zeit und den Verschnitt mit berechnen muß. Im Fachgeschäft kaufen wir auch Rundholzstäbe (Dübelholz) ab 3 mm Durchmesser in fertigen Längen, von denen wir zu Hause die jeweils benötigten Stücke abschneiden.

Furniere sind ganz dünne Blätter aus wertvollem Holz, die in der Regel über ein »Blindholz« geleimt werden (Deckfurniere) und so dem Werkstück das Aussehen eines durch und durch edlen Holzes geben sollen.
Diese Art der Holzveredelung mag den wahrheitsliebenden Menschen befremden, aber ganz ablehnen kann man sie vielleicht doch nicht. Wir haben uns seit langem daran gewöhnt, in unseren Wohnungen Möbel in Nußbaum oder Birne stehen zu haben, während es sich tatsächlich nur um dünn verkleidete Gerippe aus einem billigen Innenmaterial handelt. Die Verwendung massiven Holzes ist heute im großräumigen Möbelbau eine Beschaffungs- und Preisfrage. Außerdem erlaubt die Verwendung des Furniers Oberflächeneffekte, die mit massivem Holz nicht möglich sind. Reichste Möglichkeiten eröffnen sich in der Intarsienarbeit (siehe Seite 132).
In älterer Zeit wurden Furniere mit der Handsäge und nur in schmalen Streifen geschnitten. Man brauchte diese hauptsächlich als Einlegematerial beim Intarsieren. Heute werden die Furniere maschinell gesägt, geschnitten oder geschält. Sägefurniere werden nur in Stärken über 3 mm hergestellt. Sie sind am wertvollsten, weil beim Sägen ihr Fasergefüge ungebrochen bleibt. Leider geht durch den an sich schon zeitraubenden Sägeschnitt viel gutes Holz verloren, was sich auch auf den Preis auswirkt. Messerfurniere werden durch eine hobelartige Vorrichtung gleichfalls in ebener Bahn vom Stammholz abgehoben. Beim Schälfurnier dreht sich das Stammstück mit ganzer Breite gegen ein Messer, wobei sich das Holz zu einem langen Furnierband aufschält. Die Maserung der Säge und Messerfurniere gleicht der massiver Bretter, die in gleicher Lage aus dem Stamm geschnitten werden. Hingegen ist die Zeichnung der Schälfurniere bewegter, dem Oberflächenbild seitlich im Stamm gelegener Bretter vergleichbar. Durch das Abschälen des Furniers vom sich drehenden Stamm entstehen außerdem regelmäßig wiederkehrende Oberflächenmuster.

Sperrholz ist für uns ein Zwischenfabrikat. Bei der Herstellung werden drei oder mehrere billige Furnierschichten (meist Buchenfurnier) so übereinandergeleimt, daß sich ihre Faserrichtungen kreuzen. Die Kraft des Leimes verhindert, daß diese dünnen Holzschichten zu arbeiten beginnen. Sie sind, wie die technische Bezeichnung dafür lautet, »abgesperrt«. Darin liegt auch der Sinn des Sperrholzes, daß es seinem Gefüge nach ein »totes« Holz ist, obwohl es die Oberflächenzeichnung einer lebenden Holzart trägt. Wir können es in jeder Richtung verwenden, sozusagen »vom Meter weg«, ohne daß wir den naturgewachsenen Urzustand des Holzes weiter beachten müßten.

Sperrholzplatten sind kein ausgesprochenes »Schönmaterial«. Während zum Beispiel ein massives Brett nach seiner Bearbeitung ungeniert seine Hirnholzkanten zeigen darf, muß die Sperrholzkante von vornherein durch irgendeine Einfassung verdeckt werden. Man wird auch ein Sperrholzmöbel nicht gern als körperhafte Form mitten in einen Raum stellen. Sperrholz ist seinem Sinne nach ein Wand- und Flächenbildner, und wir sollten es nur dort verwenden, wo die Betonung auf dem Herzeigen der Vorderseite liegt, als Frontverkleidung eines Wandschrankes, als Türverkleidung usw.

Tischlerplatten (je nach Fabrikat in den Stärken 8, 10, 13, 16, 19, 22, 25 bis 30 und 35–40 mm) unterscheiden sich vom dünneren Sperrholz durch eine stärkere Blindholzeinlage, die ebenfalls in gekreuzter Faserrichtung beiderseitig mit Deckfurnieren überleimt, also »gesperrt« ist. Schichtenplatten, die als Möbelrückwände oder Füllflächen dienen, werden aus mehreren Sperrschichten (bis zu sieben Furnieren) aufgebaut.

Bei diesen oberseitig furnierten Platten ist noch die natürliche Zeichnung des geschnittenen Holzes im Oberflächenbild erkennbar. Bei den andersartigen Faserplatten ist sie es nicht mehr. Entsprechend dem Grundverfahren bei der Papierherstellung wird bei der Fabrikation dieses Materials der Ausgangsstoff bis auf die »Faser« zerrieben und unter starker Hitze mit einem Zusatz von Bindemitteln zur Plattenform gepreßt (»Preßplatten«). Ihr Vorzug liegt in ihrer großen Widerstandsfähigkeit gegen alle möglichen Beanspruchungen (»Hartfaserplatte«) und ihrem richtungslosen Aufbau, der den Bearbeiter vor keine weiteren Probleme stellt.

Die in gleicher Weise aus Spänen gepreßten Spanplatten sind ebenfalls wesentlich härter als das naturgewachsene Schnittholz, aber vielseitiger und leichter verwendbar. Wir können sie wie jedes normale Brett sägen, hobeln, stemmen, bohren, furnieren, leimen, streichen. Die Biegefestigkeit der sog. »Triangel«-Spanplatte »S« beträgt 220 kg/cm². Als Ausreißkraft für einen Nagel muß man pro cm² Mantelfläche 23 kg aufwenden. – Diese Platten (Triangel »S«) gibt es in folgenden Stärken: 8, 10, 12, 13, 15, 16, 18, 19, 22, 25, 30 mm. Sie werden im Vollformat 125 x 343 cm, aber auch in zahlreichen Kleinformaten von 125 x 57,5 bis 125 x 12,5 cm gehandelt.

Plattenmaterial ist für den Heimwerker ein idealer Holzwerkstoff. Kaufen wir beispielsweise in einem Werkzeuggeschäft oder in einer Bastlerzentrale ein Spanplattenstück, 125 x 92,5 cm, 25 mm stark, so können wir dieses Stück sofort ohne weitere Bearbeitung (z. B. als Tischplatte) furnieren, lackieren, mit Kunststoff-Folie oder Kunstleder beziehen oder mit einer Schichtstoff-Platte (Formica, Resopal) bekleben. Für Deckenverkleidungen haben sich 13–16 mm starke Platten bewährt, für Wandverkleidungen und Wandregale 16–19 mm starke, für Möbel 16–25 mm. Platten bis zu 30 mm benötigen wir für Teile, die tragende Funktionen haben, oder für Fensterbänke mit Kunststoff-Oberflächen. Weitere Möglichkeiten: Heizungsverkleidungen, Einbaumöbel, Türverkleidungen, Zwischenwände usw.

Lagerung und Pflege

Die Tatsachen, die sich aus der Natur des gewachsenen Holzes herleiten, machen verständlich, daß wir nur gut getrocknetes Holz richtig verarbeiten können. Wann aber ist Holz wirklich trocken? Wie kommen wir dazu, und was läßt sich tun, um den Feuchtigkeitsgrad nassen Holzes zu senken?

Kauft man Holz »ab Wald«, oder muß man es sich im Sonderfall einmal selbst schlagen (z. B. Obstbaumholz), so erledigt man das am besten in den Monaten November bis Januar, da in dieser Zeit die Saftbewegung ruht und die Säfte, die sich noch im Baum befinden, wässeriger sind und leichter heraustrocknen. Fällen wir den Baum im Sommer, dann muß er sofort entrindet werden, weil die Wärme die Säfte zur Gärung treiben und Fäulnis hervorrufen kann.

Schnittholz muß nach dem Einschnitt gestapelt werden. Im Holzlager kennt man unterschiedliche Stapelformen, die wir uns einmal ansehen sollten. Im »Blockstapel« z. B. werden die aus dem Stamm geschnittenen Bretter so übereinandergelegt, daß die Stammform wieder erkennbar ist. Die Durchlüftung eines solchen Stapels wird durch zwischengelegte Stapelleisten möglich. Sie müssen gleiche Länge und Dicke haben und zwischen den Brettern oder Bohlen genau übereinanderliegen. Außerdem behandelt man die Hirnseiten des gestapelten Holzes, die schneller austrocknen und leicht reißen, mit Schutzanstrichen.

Frisches Holz enthält 40–60 % Wasser, das ihm durch einen lange währenden Trocknungsprozeß entzogen werden muß. Schon beim langsamen Trocknen an der Luft verliert es nahezu 30 % seines Gewichtes. Richtig lufttrocken sind Nadelhölzer aber erst in einem, Harthölzer in zwei bis drei Jahren.

Das macht verständlich, daß die Holzhändler mitunter auch Schnelltrocknungsverfahren anwenden, wobei die Holzsäfte in sogenannten Trockenkammern mit regulierbarer Wärme und Luftfeuchtigkeit vorsichtig herausgedämpft werden. Auch wir können im Hause die Trockenzeit unseres Holzes abkürzen, indem wir die aufgespaltenen Kloben und Aststücke über dem Ofen in einem Hängeboden oder im Heizungskeller aufbewahren. Als Regulator nehmen wir Sägespäne, mit denen wir die Stücke vorsorglich in Kisten verpacken. Dieses Bett ist luftig genug, um die Wärme hindurchzulassen. Andererseits geben die Späne die aus dem Holz austretende Feuchtigkeit nur langsam nach außen weiter.

Ein gleichmäßig trockener Lagerraum ist auch für die Aufbewahrung unseres Schnittholzes nötig. Direkte Heizungsluft oder Ofennähe sind gefährlich, weil sich frische Bretter darin werfen. Waagerecht lagernde Bretter dürfen auch nicht durchhängen. Sie trocknen sonst krumm und werden nie wieder gerade! Brettstücke, die sich nur wenig geworfen haben, legen wir eine Zeitlang mit der Hohlseite nach unten auf einen Tisch.

Holz will atmen, braucht frische Luft. Grau angelaufenes, schimmliges Holz läßt auf mangelhafte Lüftung des Lagerraums schließen. Bei Sperrholz lösen sich die Leimschichten.

Die wichtigsten Holzarten

(Farbe, Zeichnung und Struktur unterscheiden sich vielfach nach der Stammlage. »Spiegel« nennt man die glänzenden breiten Flecken der Markstrahlen).

Einheimische Hölzer

Holzart	Farbe und Zeichnung	Gefüge	Härte	Schwund
Ahorn (Feld-, Berg-, Spitzahorn)	Splintholzbaum: bis in die Stammitte gleichfarbig – rötlichgelb, gelblichweiß oder weiß, Maser wenig hervortretend	fein, dicht	mäßig hart	wenig
Akazie (Robine)	Splint gelbgrünlich, Kern gelbbraun	grob, dicht	hart	mäßig
Apfel (auch Holzapfel)	Splint rötlichweiß, Kern hellrotbraun, ungleichmäßig und stärker gemasert	fein, dicht	hart	ziemlich stark
Birke	Splintholzbaum, jung weiß, später gelblich oder rötlich	langfaserig, dicht	mittelhart	ziemlich stark
Birne	Splint- und Reifholz rötlichbraun, Maser wenig hervortretend	fein, dicht	mäßig hart	ziemlich stark
Buche (Rotbuche)	Splint weiß, altes Kernholz braun, mit rötlichem Anflug, Maser wenig hervortretend, Spiegel	fein, dicht	hart	ziemlich stark
Buchsbaum	Splintholzbaum, gelblich oder gelb, Maser wenig hervortretend	fein, dicht	sehr hart	sehr stark
Eibe (Taxus)	Splint schmal, weiß und gelblich, Kern bräunlichrot mit Adern und Schattierungen	gleichmäßig, dicht	hart	fast gar nicht
Eiche (Stiel-, Sommer-, Stein-, Winter-, Zerreiche)	Splint und jungstämmiges Holz weiß, Kern bräunlich, feine Maserung tritt deutlich hervor, Spiegel	fein, dicht	hart	mäßig

Holzart	Farbe und Zeichnung	Gefüge	Härte	Schwund
Erle (Schwarzerle)	Splintholzbaum, gelb- bis braunrötlich, gleichmäßig gemasert	grob, locker	weich	mäßig
Esche	Splint- und Reifholz weiß, Kern bräunlich, grob gemasert	grob bis fein	hart	mäßig
Espe (Aspe, Zitterpappel)	Splintholzbaum, gelblichweiß oder weiß, manchmal bräunlich	grob, fest	weich	mäßig
Fichte	Splintholzbaum, gelblich- bis rötlichweiß	langfaserig, locker	weich	mäßig
Haselnuß	lichtbraun oder rötlich, Wurzelstöcke gemasert	fein, dicht	weich	mäßig
Kastanie (Edelkastanie)	Splint weiß, Kern hellbraun	fein, dicht	mittelhart	stark
Kiefer (Föhre)	Splint gelblich oder rötlichweiß, Kern braunrot, stärker gemasert als Fichte	fein bis grob, langfaserig	weich	wenig
Kirsche	Splint rötlichweiß, Kern rotbraun oder rotgelb, stark gemasert	fein, dicht	hart	stark
Kreuzdorn	junges Splintholz weiß, Kern rötlich, seidig geflammt	fein, dicht	hart	sehr wenig
Lärche	Splint gelblichweiß, Kern gelbrot, rot, grob gemasert	fein, langfaserig	weich	sehr wenig
Linde	Splint weiß, Reifholz rötlichweiß, Masern wenig hervortretend	dicht, locker	sehr weich	mäßig
Pappel	Splint weiß, gelblichweiß, gelb, Kern gelbbraun, braun, – gemasert, geflammt	grob, locker	sehr weich	ziemlich stark

Holzart	Farbe und Zeichnung	Gefüge	Härte	Schwund
Pflaume	Splint gelb- bis rötlichweiß, Kern rötlichbraun-violett geflammt	fein, dicht	hart	mäßig
Platane	bis in die Stammitte braun	fein, dicht	hart	stark
Roßkastanie	weiß, schön geflammt oder gemasert	grob, locker	weich	mäßig
Tanne	Splintholzbaum, gelb bis rötlichweiß, nicht so hell und gleichmäßig wie bei der Fichte	langfaserig, locker	weich	sehr wenig
Ulme (Feldulme, Rüster, Flatterulme)	Splint weiß oder gelblich, Reifholz fleischrot, Kern braunrot oder braun, gemasert, gefleckt, geadert	grob, fest, porig	hart	sehr wenig
Walnuß	Splint grauweiß, Kern hell- bis dunkelbraun, oft gemasert und geflammt	fein, dicht	mittel hart	sehr stark
Weißbuche (Stein-, Hainbuche)	Splintholzbaum, gelbweiß, später grauweiß, Maserung tritt nur wenig hervor	fein, dicht	sehr hart	sehr stark
Zirbelkiefer (Arve)	Splint gelblichweiß, Kern rotbraun	fein bis grob	weich	sehr wenig
Ausländische Hölzer				
Ebenholz (schwarzes)	Splint weiß, Kern schwarz	fest, dicht	sehr hart	sehr stark
Ebenholz (braunes, gelbes oder grünes)	frisch: bräunlich mit grüngelben Punkten, dunkelt auf schwarz nach	sehr dicht	sehr hart	fast nicht
Mahagoni	feurig gelbrot, dunkelt nach, fein geflammt, gefleckt, auch gemasert	fest, dicht	hart	sehr wenig

Holzart	Farbe und Zeichnung	Gefüge	Härte	Schwund
Olive	Kernholz gelbbraun, Splint gelbgrün	sehr dicht	sehr hart	wenig
Palisander	schokoladenbraun mit violettem Anflug, schwarze Adern und Bänder	sehr dicht	sehr hart	fast nicht
Palme	gelb bis braun, geflammt oder geadert, auch gestrichelt	fest, porig	sehr hart	wenig
Pockholz (Guajakholz)	Splint gelb, Kern dunkelschwarzgrün, schwarzblau, schwarzbraun	fest, dicht	sehr hart	mäßig
Rosenholz	Kern hell- bis dunkelrot, Splint gelblich	dicht, streifig	sehr hart	mäßig
Sandelholz	weiß bis gelblich	sehr dicht	sehr hart	wenig
Teakholz	hellbraun, dunkelt nach, gemasert	fest, dicht	hart	sehr wenig

Die Werkzeuge zur Holzbearbeitung

Wir bedienen uns der gleichen Werkzeuge, die auch der Tischler, Stellmacher, Drechsler oder der Bild- und Kerbschnitzer braucht. In diesen Geräten steckt jahrhundertealte Handwerkserfahrung, die sich auch in der großen Formenvielfalt niedergeschlagen hat. Was die Industrie laufend an praktischen Neuerungen in den Handel bringt, ändert an den Grundprinzipien wenig.
Beim Einkauf achten wir unbedingt auf Qualität, denn saubere Arbeit gelingt nur mit gutem und handlichem Werkzeug. Wir richten uns auch nicht nach dem vorhandenen Angebot, besonders nicht, wenn uns das Werkzeug summa summarum in vollen und kostspieligen Werkzeugschränken gezeigt wird! Es ist viel sinnvoller, wenn wir nach und nach die für eine von uns geplante Arbeit erforderliche Ausrüstung anschaffen.

Werkzeuge zum Schneiden und Stechen

Das Urwerkzeug dieser Gattung ist die Axt, die wir schon von der Steinzeit her kennen und noch immer benötigen, um ein Holz in der Stammrichtung zu spalten oder quer zur Holzfaser zu kerben. Mit der Axt werden die Späne abgeschlagen und rauhe Holzoberflächen geglättet. Sie ist ein ausgesprochenes Grobwerkzeug für die Hand des Zimmermanns. Durch technische Verfeinerung sind aus ihr die Messer, Stecheisen (Beitel) und Hobel hervorgegangen.

Messer. Ein Schnitzmesser aus gutem Stahl, mit festsitzendem Griff, dient als Universalwerkzeug. Vielfach können wir uns mit dem Taschenmesser oder dem qualitativ meist vorzüglichen Gartenmesser behelfen. Universal und billig ist auch ein Buchbindermesser.
Wir brauchen das Messer zum Abtrennen, Abschneiden, Spalten, Schnitzen und für viele andere Arbeiten, für die der Fachmann meist schon speziellere Geräte benutzt. (Schnitzeisen, Kerbschnittmesser siehe Seite 101, 130.)
Wichtig ist, daß man beim Schneiden mit dem einfachen Messer den Schnitt vom Körper wegführt. Bearbeiten wir ein gegen den Daumen gelegtes Holz, so darf das Messer nur flach angesetzt werden.
(Messerschärfen siehe Seite 62.)

Stecheisen (oder Beitel) brauchen wir hauptsächlich zum Ausstemmen von ebenflächigen Vertiefungen verschiedener Art wie Zapfenlöcher, Zinken, Nuten usw. Im allgemeinen genügen die Breiten 4, 8, 10 und 16 mm. Die ausgesprochenen Stemmeisen des Zimmermanns sind stärker und noch breiter. Ein Locheisen mit 4 oder 6 mm Schneidenbreite kann beim Ausstemmen schmaler Schlitze gute Dienste leisten.
In der Regel müssen neue Stecheisen erst geschliffen werden (siehe Seite 63). Für den Umgang mit ihnen gilt der Grundsatz: Arbeite langsam! Nimm immer nur wenig Holz auf, sonst verkeilt sich das Eisen. Ein Stecheisen wird mit der Hand vorwärts getrieben, wobei

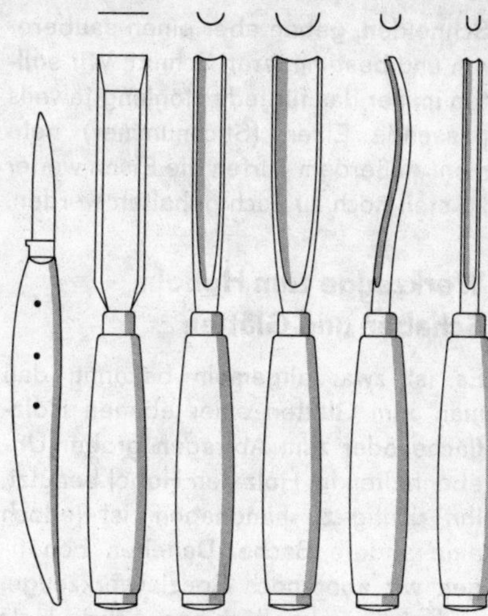

Werkzeuge zum Schneiden und Stechen

die linke fest führt und die rechte den erforderlichen Druck ausübt. Nur notfalls nimmt man den Knüppel oder einen Hammer zu Hilfe.

Hohleisen sind die gegebenen Werkzeuge zum Ausstechen aller möglichen Hohlformen (Holzlöffel, Holzschaufeln, Schalen, Dosen). Der Tischler braucht starke Eisen mit zwingengefaßtem Heft und rundem Schlagknopf, weil er hauptsächlich mit dem Knüppel arbeitet. Die für uns in Frage kommenden feineren Eisen (mit kantigem Heft) werden mit der Hand geführt. Normalerweise sind sie mit Nummern versehen, die die jeweilige Krümmung ihrer Schneide, den »Stich«, angeben. Wir brauchen fürs erste möglichst breite Eisen, mit 15 bis 30 mm Schneidenbreite. Für Schalen- und Dosenarbeiten, beispielsweise um die scharfen Übergänge zwischen den Wand- und Bodenflächen bewältigen zu können, benötigen wir »gekröpfte« Hohleisen.
Breite Eisen erfordern mehr Kraft beim

Schneiden, geben aber einen saubereren und bestimmteren Schnitt. Wir sollten immer das für jede Höhlung jeweils passende Eisen (Stichnummer) nehmen. Außerdem dürfen die Eisen weder zu steil noch zu flach gehalten werden.

Werkzeuge zum Hobeln, Schaben und Glätten

Es ist zwar allgemein bekannt, daß man zum Glätten einer ebenen Holzfläche oder zum Abtragen grober Unebenheiten im Holz den Hobel benutzt. Ihn richtig zu handhaben, ist jedoch eine andere Sache. Daneben benötigen wir aber noch Spezialwerkzeuge, um einem ebenflächigen Stück Holz eine Wölbung zu geben oder eine Stabkante in ganzer Länge abzurunden. Der Schnitt des Messers verläuft zu schmalspurig und zu bewegt. Hier geht es darum, das Material breitflächig abzuheben und ein Werkzeug zu wählen, das auch eine »wiegende« Strichführung erlaubt. Das ist bei den Raspeln und Feilen der Fall. In geringem Maße tut es auch gröberes und feineres Sandpapier.
Natürlich greifen diese materialabtragenden Werkzeuge das Holz hart an, so daß es anschließend geglättet werden muß. Wir arbeiten mit dem Grobwerkzeug stets nur so weit, daß noch ein geringer Rest des abzutragenden Holzes für die Feinbehandlung stehenbleibt.

Der Hobel besteht aus Eisen, Keil und Kasten mit Hobelsohle, Nase, Handschoner, Span- und Keilloch. Die Stelle, auf die der Hammer zielt, wenn wir das eingekeilte Eisen lockern möchten, hat einen Schlagknopf. Diese Bezeichnungen sind aus sich heraus verständlich.
Die empfindlichste Stelle des Hobels liegt dort, wo das Hobeleisen aus der Hobelsohle hervorragt. Man nennt sie das »Maul«. Die Breite dieses Schlitzes steht mit der richtigen Einstellung des Eisens in enger Beziehung und ist für die Funktion des Hobels sehr wichtig. Normalerweise soll der Abstand zwischen der Vorderkante des Mauls und der Schneidekante des Eisens 2 mm betragen. Schlagen wir das Eisen weiter heraus, so vergrößert sich wohl der Abstand bis zur Schneidekante, aber der Abstand zwischen Maulkante und Eisen bleibt gleich. Die Folge ist, daß der zu stark abgehobene Span die Verengung nicht mehr passieren kann. Das Maul verstopft, und der Hobel muß gereinigt werden, was eine unliebsame Arbeitsunterbrechung mit sich bringt.
Man kann die Wirkung des Hobelmauls dadurch unterstützen, daß man dem Eisen eine sogenannte »Klappe« anfügt

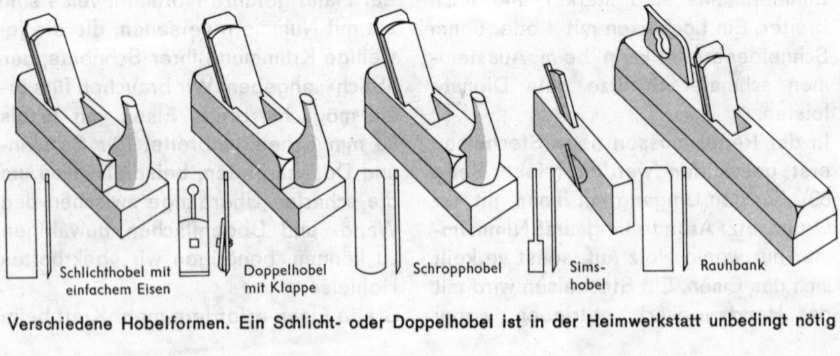

Verschiedene Hobelformen. Ein Schlicht- oder Doppelhobel ist in der Heimwerkstatt unbedingt nötig

(Doppelhobel). Das ist ein vierkantiges, mit einem schlitzartigen Durchbruch (zum Anschrauben) und einer abgeschrägten Vorderkante versehenes zweites Eisen, das dem eigentlichen Hobeleisen vorderseitig aufgeschraubt wird und den Zweck hat, den Span unmittelbar nach dem Abheben vom Werkholz abzubrechen und so am Einreißen zu hindern. Die Hobeleisenklappe soll bei richtiger Einstellung ein wenig von der Schneidekante des Eisens zurückstehen. Der Abstand differiert je nach der Beschaffenheit des Holzes und beträgt bei Hartholz 0,5 bis 1 mm, bei Weichholz 1,5 mm.

Ein Doppelhobel mit nicht zu engem Maul genügt für die normale Hobelarbeit. Wenn wir die Klappe herausnehmen, können wir diesen Hobel als einen gewöhnlichen Schlichthobel benutzen. Andere Hobelformen: der Putzhobel, das ist ein Doppelhobel mit besonders steil stehendem Eisen und sehr engem Maul (daher auch mit einer Schneidekante, die nur einen Bruchteil von einem Millimeter hervorsteht), der Schropphobel, ein Grobwerkzeug mit gerundetem Eisen zum »Abschroppen« des Holzes (in der Heimwerkstatt entbehrlich), und die Rauhbank, die einen so langen Hobelkasten hat, daß sie über die geringen Unebenheiten der Holzfläche elegant hinweggleitet. Die Rauhbank dient zum Abrichten großer Flächen und ist für den Ungeübten nicht einfach zu handhaben.

Spezialhobelformen sind: Grundhobel, Simshobel und Nuthobel.

Beim richtigen Einstellen des Hobels verfahren wir am besten so: Wir lokkern das Eisen durch ein paar kräftige gezielte Schläge mit dem Hammer auf den Schlagknopf, der sich auf der Rückseite des Hobelkastens befindet, nehmen dann den Hobel kopfüber in die linke Hand und bringen, indem wir von vorn über die Hobelsohle hinwegpeilen und von unten leicht gegen die Schlagkante des Eisens schlagen, die Schneidekante in den richtigen Abstand zur Kante des Hobelmauls (siehe oben). Das Eisen muß aber auch »gerade« sitzen, d. h. mit seiner Schneidekante und der Hobelsohle eine Parallele bilden. Sitzt das Eisen richtig, wird es durch ein paar Schläge auf den Keil festgestellt. Span- und Keilloch müssen nun für den Durchgang des Spans frei sein.

Arbeiten mit dem Hobel. Das Holz ist so einzuspannen, daß der Hobelstrich mit den aufsteigenden Jahresringen und nicht gegen diese geführt werden kann. Beachten wir das nicht, reißt das Holz ein. Wir stehen außerdem so weit wie möglich hinter dem Werkstück, nicht daneben, und hobeln vom Körper weg.

Nun wird der Hobel mit beiden Händen, die fest an Nase und Kasten angreifen, über die Holzfläche gestoßen. Wir wollen eine horizontale Ebene erzielen, was gleichmäßigen Druck auf die gesamte zu hobelnde Fläche voraussetzt. Führt man den Hobel beim Ansetzen schräg nach oben, ergibt das eine schiefe Anfangskante. Leicht kippt man ihn aber auch einmal über das Ende des Brettes hinunter, anstatt den Strich in der Waagerechten auslaufen zu lassen.

Verstopft das Maul einmal, dann stochern wir nicht etwa mit einem metallischen Gegenstand darin herum, sondern lösen das Eisen und reinigen den Hobel. Müssen wir die Arbeit kurzfristig unterbrechen, stellen wir den Hobel nicht mit der Schneide nach unten hin, sondern legen ihn auf eine Seite. Nach der Arbeit soll das Eisen in den Kasten zurückgenommen und festgestellt werden.

(Schleifen siehe Seite 63.)

Raspeln und Feilen. Die gröbsten dieser ausgesprochenen Schabewerkzeuge mit »gehauenen« Zähnen heißen Raspeln. Die feiner arbeitenden Feilen haben dicht nebeneinanderliegende Schneidekanten. Der »Hieb«. beider Werkzeugarten ist gleichbedeutend mit der Tiefe ihrer Zähne und Rillen.

Man unterscheidet Bastardraspeln und Bastardfeilen mit grobem, Halbschlichtraspeln und -feilen mit mittelgrobem und Schlichtwerkzeug mit feinem Hieb. Unterschiedliche Formen sind: rund, halbrund, flach, vierkant, dreikant, flach-halbrund. Die flach-halbrunde Form wird als »Kabinettform« bezeichnet. Für unsere Heimwerkstatt kommen am ehesten Kabinettraspeln und -feilen von 25 cm Länge und grobem Hieb in Frage. Feinere Schleifarbeiten lassen sich nämlich besser und schneller mit Sandpapier machen. Es ist am zweckmäßigsten, wenn wir uns gleich ein paar Bogen groben, mittleren und feinsten Materials besorgen. Eine Sandpapierfeile können wir uns rasch herstellen, indem wir ein Stück Sandpapier mit Heftzwecken um eine Holzleiste spannen. Ein Bogen, auf den glatten Tisch gelegt, ergibt die einfachste und auch billigste Vorrichtung, um ebene Holzflächen einer körperhaften Form sauber abzutragen und zu glätten.

Wie beim Hobeln, so arbeiten wir auch beim Feilen und Schleifen mit Sandpapier immer mit und nie gegen die Holzfaser, wenn wir eine wirklich saubere und glatte Oberfläche bekommen wollen. Holzfeilen sind von den Feilen für Metallarbeiten zu trennen. Holzreste, die sich in den Rillen festgesetzt haben, entfernen wir mit der Feilenbürste. Am leichtesten geht das, wenn wir die Feile zuvor in heißes Wasser tauchen.

Ziehklingen, die der allerfeinsten Spanabnahme dienen, können wir in rechteckiger und gekrümmter Form (als »Schwanenhals« für Höhlungen) kaufen. Besonders nötig haben wir sie aber nicht, da sich Holz ebensogut mit einer scharfen Glaskante und feinstem Sandpapier schleifen läßt. Am besten eignet sich Fensterglas. Wenn man keinen Glasschneider hat, feilt man den Scherben mit einer alten Dreikantfeile an und bricht ihn über der Tischkante auseinander.

Klein- und Kombinationswerkzeuge. Unter den spanabhebenden Hobel- und Schleifwerkzeugen gibt es patentierte Neuheiten, auf die zumindest hingewiesen werden soll: ein Taschenhobel, nicht größer als eine Zigarettenschachtel und mit einem Eisen, das wie eine Rasierklinge aussieht. Man kann dieses einfache Gerät in verschiedener Hinsicht benutzen. Ebenso praktisch sind die vielseitigen, zeit- und kraftsparenden Raspel-, Feil- und Hobelkombinationen mit auswechselbaren Blättern.

Die Bohrer

Bohrer brauchen wir nicht nur zum An- und Durchbohren des Holzes, sondern auch zum Vorarbeiten aller möglichen Nuten, Vertiefungen und Höhlungen. Breite Bohrerdurchmesser nehmen schon eine Menge Material weg und schaffen Platz zum Ansetzen der Stech- und Hohleisen.

Der Laie kennt meist nur den einfachen Nagelbohrer (auch Fritt- oder Schneckenbohrer genannt) aus dem Handwerkskasten. Es ist ein primitives Bohrwerkzeug, das schmale Holzteile unerbittlich auseinandertreibt und unsaubere Bohrlöcher hinterläßt. Sein Vorteil ist, daß er mit der Hand ge-

dreht werden kann. Unter Umständen bewährt er sich auch dort, wo wir mit der Handbohrmaschine oder Bohrwinde nicht hinkommen. Sonst nehmen wir ihn nur zum Vorbohren von Holzschraubenlöchern.
Saubere Durchbohrungen erzielt man nur mit Spiral- und Schlangenbohrern, die wir möglichst – um ein Ausreißen des Bohrloches zu vermeiden – von beiden Seiten ansetzen. Zuerst bohren wir von der einen Seite, bis die Spitze des Bohrers eben durch das Holz tritt, dann von der anderen. Um dem anfänglichen Verlaufen des Bohrers vorzubeugen, sollten wir die Bohrmitte zuvor mit dem Spitzbohrer markieren, einer einfachen Stahlspitze, die in einem Heft sitzt.

Spiralbohrer. Wir kaufen sie einzeln oder als Satz in verschiedenen Stärken, am besten für Bohrlöcher von 1–12 mm Durchmesser, wobei zu beachten ist, daß die dünneren Bohrer leicht abbrechen, wenn man das Bohrgerät verkantet. Spiralbohrer können nämlich nur mit einer Handbohrmaschine betrieben werden.

Schlangenbohrer benötigen wir für Bohrungen über 12 mm Durchmesser. Sie haben an der Spitze ein zentrales Einzugsgewinde, das sich wie eine Holzschraube in die Mitte des Bohrgrundes einfrißt, und zwei Arme, die sowohl als Vorschneider als auch als Spanschaufel dienen. Für Harthölzer brauchen wir Bohrer mit kleinerem Schnittwinkel und feinerer Einzugsspitze, während sich bei Weichholz Bohrer mit größerem Spangang und gröberem Einzugsgewinde bewähren.

Zentrumsbohrer sind billiger, haben aber, da ihnen der Schneckengang mangelt, bei tieferen Bohrungen wenig

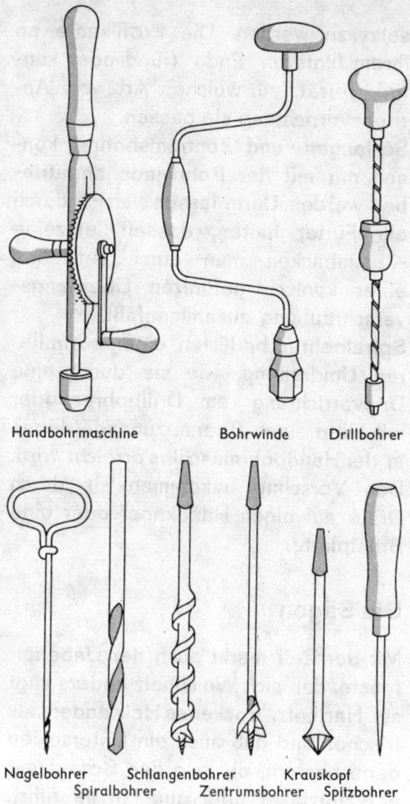

Bohrer und Bohrgeräte

Führung. Es gibt sie mit Einzugsgewinde oder mit einfacher Zentrierspitze, die beim Bohren angedrückt werden muß. Bei seichten Bohrungen größerer Durchmesser eignen sich diese Bohrer gut.

Krauskopf heißt ein Bohrer zum Versenken von Holzschrauben. Mit seinen kegelförmig angeordneten Schneiden können wir den Eingang des vorgebohrten Schraubenloches erweitern.

Die Bohrgeräte. Alle Bohrer, mit Ausnahme des eingangs erwähnten Nagelbohrers, bedürfen eines besonderen Antriebsgerätes, um in Drehung ver-

setzt zu werden. Die Profilkante an ihrem hinteren Ende (rund oder kantig) verrät, zu welcher Art von Antriebsvorrichtung sie passen.
Schlangen- und Zentrumsbohrer können nur mit der Bohrwinde angetrieben werden. Darin lassen sie sich durch ein Futter halten, dessen einzelne Klemmbacken man durch Anziehen einer konisch geführten Übergangsverschraubung zusammenfaßt.
Spiralbohrer bedürfen einer schnelleren Umdrehung, wie sie durch eine Drillvorrichtung am Drillbohrer oder mit Hilfe eines Übersetzungsgetriebes in der Handbohrmaschine erreicht wird. Den Vorschub bekommen sie durch Druck auf einen Handknopf oder eine Brustplatte.

Die Sägen

Mit der Zeit merkt auch der Unbeholfenste, daß sich Weichholz anders sägt als Hartholz, trockenes Holz anders als frisches und daß auch ein Unterschied darin besteht, ob man den Schnitt mit der Holzfaser oder quer zu ihr führt. Der Schreiner hat für all diese Möglichkeiten besondere Sägen, die sich hauptsächlich in der Stellung ihrer Zähne voneinander unterscheiden.
Eine Säge mit starker Zahnung für gröbere Schnitte und eine zweite mit feinerer Zahnung sollten auch wir haben. Außerdem brauchen wir einen Fuchsschwanz und eine Feinsäge. Eine Schweifsäge zum Kurvenschneiden ist wünschenswert, wenn wir merken, daß wir mit der Laubsäge nicht mehr zurechtkommen. Bis dahin lassen sich auch stärkere Blätter in die Laubsäge einsetzen.
Die Zähne einer Säge stehen entweder »stark auf Stoß«, »auf Stoß«, »schwach auf Stoß« oder »gleichschenkelig«. Im letzten Fall sind sie beiderseits scharf (»Wolfszähne«) und können »auf Stoß« und »auf Zug« arbeiten (Beispiel: einfache Bügelsäge zum Brennholzsägen). Sonst arbeitet man mit einer Säge immer »auf Stoß«, wobei man das Werkzeug so hält, daß die Zahnspitzen bei jedem Schub vorwärts unter die Holzfaser greifen und diese aufreißen können. Die »Brustkante« des Zahns (im Gegensatz zum »Zahnrücken«, der nach der anderen Seite abfällt) schneidet das Holz seitlich ab. Die Stoßstellung einer Säge erkennen wir an ihrem »Schnittwinkel« (Neigung der Zahnbrust zur Zahnspitzenlinie). Sägen mit einem Schnittwinkel unter 90° (mit nach vorn fallenden Zähnen) haben einen rauhen Schnitt, während Sägen mit stumpfem Winkel (über 90°) sauberer arbeiten.
Ob eine Säge leicht klemmt (sie tut es um so mehr, je frischer das zu sägende Holz ist), hängt von ihrer »Schränkung« ab. Jedes Sägeblatt muß geschränkt sein. Dabei werden die einzelnen Zähne wechselseitig nach links und rechts ein wenig herausgebogen, wodurch der Schnitt der Säge breiter wird, als das Sägeblatt stark ist. Eine Säge kann man stark oder schwach schränken. Die Spurbreite muß natürlich beim Ansetzen neben dem Markierungsstrich an der Schnittstelle beachtet werden. (Schärfen und Schränken der Sägen siehe Seite 64.)

Die Spannsäge. Ihre Kennzeichen sind das Holzgestell, das durch einen Seilzug in Spannung gehalten wird, sowie das seitlich abgewinkelte Sägeblatt. Es gibt diese Sägen in verschiedenen Blattlängen und -breiten und mit unterschiedlicher Zahnung. »Stark auf Stoß« dienen sie zum groben Vorschneiden (als Faust- und Trennsäge), »schwach auf Stoß« für feinere Arbeiten (Schlicht- und Absetzsäge).

Mit ganz schmalem Blatt eignet sich solch eine Säge zum Kurvenschneiden (Schweifsäge). Spannsägen sollten nach Gebrauch entspannt werden! Unberechtigterweise scheut mancher den Gebrauch dieser hochentwickelten Sägen, die der im Werken Fortgeschrittene nach kurzer Übung für die meisten Arbeiten bevorzugt (siehe Seite 66).

Der Fuchsschwanz mit seinem freistehenden, nach der Spitze zu etwas verjüngten Blatt wird vielfach als Standardsäge angesehen. Sicher ist sie in vielen Fällen, in denen man mit der Rahmensäge nicht mehr weiterkommt (z.B. beim Durchschneiden großer Platten), unentbehrlich. Wir kaufen uns den Fuchsschwanz ohne Rückenversteifung. Seine Zähne dürfen nur schwach auf Stoß stehen, weil er sich sonst beim Sägen festfrißt und im Blatt wegknickt.

Die Stichsäge hat ein starkes, aber schmales und spitzes Blatt und eignet sich zum Aussägen großer Löcher in Brettern.

Die Feinsäge ist eine Rückensäge mit rechteckigem Blatt und schwach auf Stoß stehenden Zähnen. Sie arbeitet sehr sauber, man nimmt sie daher für Gehrungsschnitte, Verzapfungen und zum Sägen in der Schneidelade (siehe Seite 59).

Die Laubsäge. Mit mittleren und starken Blatteinsätzen können wir mit dieser Säge getrost noch Holzstärken bis zu 1,5 cm zu Leibe rücken. Für geringere Holzstärken gibt es feinere Blätter. Praktisch sind die sogenannten Blitzsägen mit den weit auseinanderstehenden »Haifischzähnen«.
Die Laubsäge hat den Vorteil eines

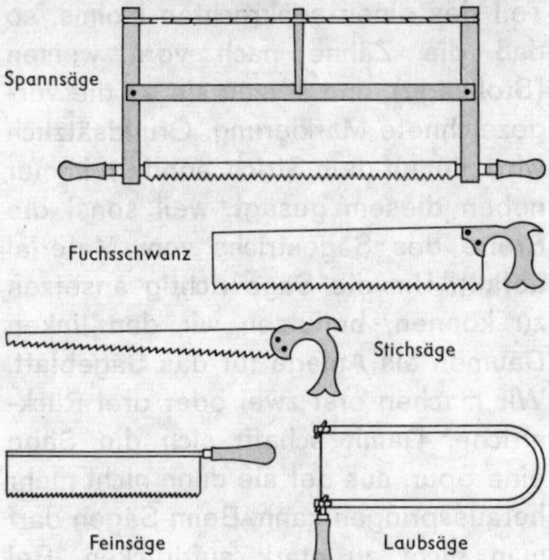

Sägen für mancherlei Zwecke. Die Spann- und Feinsäge sind am wichtigsten

außerordentlich feinen Schnittes. Man kann mit ihr jede Rundung im Holz bewältigen. Beim Einsetzen des Blattes sollten wir die Flügelmuttern immer nur mit der Hand anziehen, weil durch eine Zange die Gewinde verdorben werden. Die Zähne eines richtig eingesetzten Laubsägeblattes weisen nach unten.

Der Umgang mit Sägen. Ob wir ein Stück Holz in seiner Längsrichtung anschneiden (»trennen«) oder ob wir es quer zur Holzfaser »sägen«, stets ist ordentliches Arbeiten nur möglich, wenn das Holz fest aufliegt. Am besten spannen wir es in die Hobelbank, oder wir drücken es mit dem Knie oder der Hand gegen eine feste Unterlage.
Die Spannsäge muß für den Gebrauch gespannt und gerichtet werden. Der Knebel im Seil wird angezogen und hinter den Mittelholm gelegt. Das Blatt ist ein wenig aus der Rahmenebene herauszuwinkeln, so daß der Rahmen nach rechts zeigt und den Blick auf die Schnittstelle freigibt. Keinesfalls darf das Blatt in sich verdreht werden.
Dann packen wir die Säge am unteren

Teil des einen senkrechten Holms, so daß die Zähne nach vorn weisen (Stoßsäge), und setzen sie an die vorgezeichnete Markierung. Grundsätzlich wird nie auf dem Strich, sondern immer neben diesem gesägt, weil sonst die Breite des Sägestrichs vom Material abfällt. Um die Säge richtig ansetzen zu können, benutzen wir den linken Daumen als Anlage für das Sägeblatt. Wir machen erst zwei oder drei Rückstriche. Damit schafft sich die Säge eine Spur, aus der sie dann nicht mehr herausspringen kann. Beim Sägen darf man nicht zu stark aufdrücken. Bei Spannsägen genügt sogar das eigene Gewicht als Sägedruck.

Der Umgang mit der Laubsäge ist weitaus schwieriger: Der Bogen muß waagerecht und in gleicher Richtung wie der sägende Unterarm gehalten werden. Man bedenke, daß mit dem Laubsägebügel wohl leicht die Lage zu ändern ist, daß aber das im Holz sitzende Sägeblatt die Wendung nicht mit vollzieht. Es kann nur senkrecht sauber arbeiten und soll wie eine Maschine immer gleichmäßig auf und ab gehen. Sägen wir schief, so verklemmt es sich im Holz und bricht. Wie bei einer Maschine gilt auch, daß das Blatt nur in der Vorwärtsrichtung sägen kann. Wollen wir eine Biegung machen, wird nicht die Säge, sondern das Werkstück langsam nach der Richtung bewegt, die das Sägeblatt nehmen soll. Zum Heraussägen einzelner Teile aus einer Form muß das Blatt gelöst und durch ein vorgebohrtes Loch gesteckt werden.

Hilfswerkzeuge

Außer den Werkzeugen, die der direkten Holzbearbeitung dienen, benötigen wir noch eine Anzahl von Hilfswerkzeugen wie Hämmer und Zangen, den Holzhammer (besonders den Knüppel), Versenkstifte, Schraubenzieher, Meßwerkzeuge (Maßstab, Anschlagwinkel, Schmiege, Streichmaß) und ein paar gute Führungs- und Einspannvorrichtungen (Schneide- und Stoßladen, Schraubzwingen, Klemmen).

Hämmer. Es gibt zahlreiche Sonderformen speziell für die einzelnen Handwerkszweige. Für die Holzarbeit kommt allein der Tischlerhammer in Frage. Er hat eine fast ebene Schlagfläche (»Bahn«), die verhindert, daß der Hammer beim Nageln vom Nagelkopf abrutscht. Mit dem schmalen Kinn (der »Finne«) schlägt man kleine Nägel zwischen den Fingern so weit in das Holz ein, bis sie sich mit der Spitze selbst halten. Mit umgedrehtem Hammer wird bahnseitig weitergeschlagen. Gebrauchsgrößen: 500 Gramm für den Allgemeingebrauch, 150 Gramm zusätzlich für kleinere Arbeiten. Die Gewichtszahl ist in den Hammerkopf eingestanzt.

Auf den außerordentlich dienstbaren Knüppel wurde schon bei den Stemm- und Hohleisen hingewiesen. Er hat im Unterschied zum Holzhammer einen faßförmigen Schlagkörper in der Stielrichtung und ist in dieser Form schlagsicherer.

Die Zange. Bestenfalls können wir bei der Holzarbeit eine Kneifzange zum Ausziehen von Nägeln gebrauchen. Wir fassen den Nagel am Grund und lassen die Zange mit ihrer Backenfläche auf dem Holz abrollen. Dadurch entsteht ein starker Hebeldruck, der den Nagel aus dem Holz zieht. Bei längeren Nägeln fassen wir öfter nach. Damit sich in gutem Holz keine Druckstellen bilden, legen wir ein kleines Brettchen unter die aufliegende Zangenbacke.

Die Zange ist kein Meißel, sondern ein

Greifwerkzeug! Zum Durchkneifen langer Nägel ist sie nur dann verwendbar, wenn der Handdruck für diesen Zweck genügt.

Schraubenzieher braucht man zum Anziehen und Lösen von Holzschrauben, am besten in den Breiten 3,5 und 8 mm. Die Schneide muß kantig sein und so breit, daß sie den Schraubenschlitz ausfüllt. Auf »Schärfe« geschliffene Schraubenzieher verfehlen ihren Zweck, weil sie sich beim Drehen verbiegen.

Der Versenkstift ist ein Walzenstück aus Stahl mit einem Schlagkopf und einer kegelförmig zulaufenden, stumpfen Spitze. Er dient zum Tieftreiben der Nägel, wo das Holz durch den Hammer nicht beschädigt werden darf.

Meßwerkzeuge. Der gute Zimmermannzollstock in Längen von 1 m und 2 m und mit Gelenken, die in der Geraden einrasten (der Tischlerzollstock tut das nicht), hat – wie die Erfahrung lehrt – dem stählernen Bandmaß gegenüber noch immer seine Vorzüge, obwohl er nicht so bequem in die Tasche zu stecken ist.
Zum Einhalten des rechten Winkels bei Holzaufrissen bedarf es eines Anschlagwinkels mit einem stärkeren »Anschlagschenkel« aus Holz (zum Anlegen an die Langholzkante) und einer stählernen »Anreißzunge« (zum Anreißen der Markierung mit dem Spitzbohrer). Wollen wir Gehrungsschnitte (45°) markieren, nehmen wir das Gehrmaß. Die Schmiege ist ein ähnliches Anreißgerät, das man mit Hilfe einer Stellschraube in jede Winkelstellung bringen kann.

Das Streichmaß besteht aus einem zweifach durchbohrten »Anschlagklotz«, in dem zwei verschiebbare Stäbe sitzen, die sich in jeder Stellung feststellen lassen. Die Enden der Stäbe sind mit kleinen spitzen Stahlstiften (Anreißnadeln) bewehrt. Wir können mit dem Streichmaß bis zu zwei beliebige Linien in gewünschtem Abstand nebeneinander parallel zur Holzkante anreißen.

Die Schneidelade ist zugleich ein Meß- und Führungsgerät. Es handelt sich um einen brückenförmigen Kasten, in dessen Wände Führungsschlitze für die Gehrungssäge (Feinsäge) eingeschnitten sind.

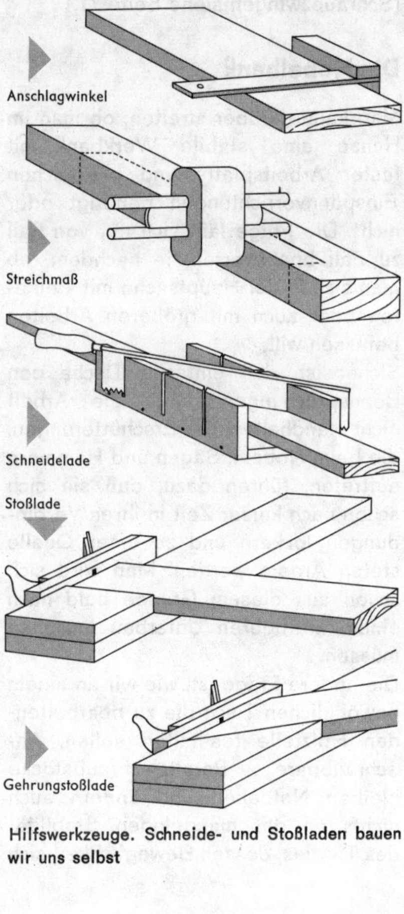

Hilfswerkzeuge. Schneide- und Stoßladen bauen wir uns selbst

Wir legen das zu schneidende Leistenstück in die Lade ein, drücken es fest gegen die hintere Seitenwand und schneiden dann beliebig viele Stücke in guter Winkelhaltung (90° oder 45°) ab.

Die Stoßlade zum rechtwinkeligen »Bestoßen« (Behobeln) von Hirnholzkanten basteln wir uns selbst: Auf ein etwa 1 m langes Buchenbrett (3x20 cm im Schnitt) wird ein kürzeres Brettstück vom gleichen Holz mit rechtem Schnittwinkel aufgeleimt. Mit einem Anschlag von 45° kann man Gehrungsschnitte (siehe Seite 71) bestoßen. (Schraubzwingen siehe Seite 71.)

Die Hobelbank

Man kann darüber streiten, ob man im Hause eine stabile Werkbank mit fester Arbeitsplatte und praktischen Einspannvorrichtungen benötigt oder nicht. Die Frage läßt sich nur von Fall zu Fall beantworten, je nachdem, ob man sich in der Hauptsache mit kleineren oder auch mit größeren Arbeiten befassen will.
Sicher ist, daß einfache Tische den Beanspruchungen durch die Arbeit nicht standhalten. Die Erschütterungen, die beim Hobeln, Sägen und Hämmern auftreten, führen dazu, daß sie sich schon nach kurzer Zeit in ihren Verbindungen lockern und zu einer Quelle steten Ärgers werden. Man wird sich schon aus diesem Grunde bald nach einem kräftigeren Unterbau umsehen müssen.
Die andere Frage ist, wie wir an einem gewöhnlichen Tisch die zu bearbeitenden Holzteile festhalten sollen. Anschraubbare Parallelschraubstöcke bleiben Notbehelf und ändern auch nichts an der mangelnden Stabilität des Tisches, dessen Beweglichkeit sich

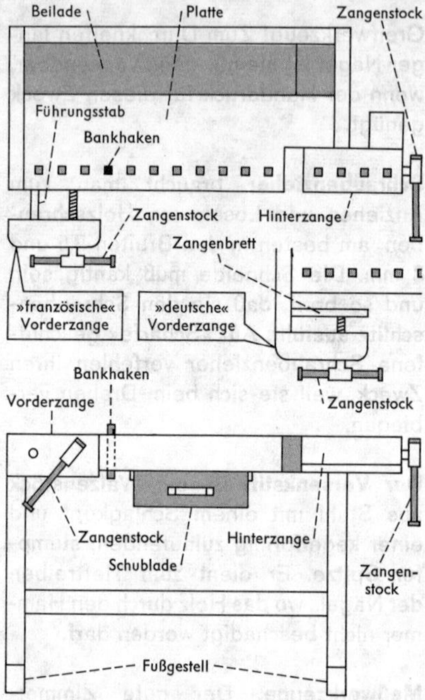

Die Hobelbank

auf den Schraubstock überträgt. Die von vornherein stabile und schwere Hobelbank ist mit einer ganzen Reihe höchst sinnvoll und zweckmäßig angebrachter Einspannvorrichtungen ausgestattet, die einem das Sägen, Hobeln und Stemmen zum Kinderspiel machen.

Die normale Hobelbank besteht aus einem stabilen Untergestell aus schwerem Buchenholz und einer ebenfalls schweren, sehr starken Bankplatte, die mittels Zapfen lose auf dem Fußgestell aufliegt. Die Einspannvorrichtungen, »Zangen« genannt, sind unterschiedlich angeordnet.
In der Vorderzange, die – wenn sie nach »deutschem« Prinzip gebaut ist – einer starken Schraubzwinge gleicht, wird ein Zangenbrett mit einer Druckspindel gegen die Vorderkante der

Bankplatte gedrückt. Darin lassen sich auch breite Bretter zum Einsägen oder Bestoßen senkrecht einspannen. Vielfach sind die Bänke jedoch mit »französischen« Vorderzangen ausgerüstet, bei denen die Druckspindel durch den Treibklotz der Zange hindurchführt. Eine zweite Durchführung, die »Führungsstange«, hält den Treibklotz in der Waagerechten. Das Werkstück spannen wir neben der Spindel ein. Es wird von dem kurzen Klemmbereich oft nur zum Teil erfaßt. Dafür haben aber diese Zangen den Vorteil, daß man darin auch langliegende Bretter hochkantig einspannen kann.
Eine zweite Zange, die Hinterzange, liegt in der Linie mehrerer in die Bankplatte wie auch in den Zangenblock eingestemmter quadratischer Banklöcher, zwischen denen mit Hilfe der Bankhaken flachliegende Bretter in unterschiedlichen Längen eingespannt werden können. Die Druckspindeln sind bei beiden Zangen mit den Zangenstöcken drehbar. Eine praktische, an der hinteren Plattenkante vertieft angebrachte Beilade soll bei länger währenden Arbeiten die Werkzeuge (nicht die Späne!) aufnehmen, deren Umherliegen auf der Bank stören würde.
Vor der Anschaffung einer Hobelbank mag mancher zurückschrecken. Ein Blick auf die Preislagen belehrt aber, daß sie kaum teurer als manches andere komplizierte Hilfswerkzeug sind. Die Preise bewegen sich zwischen 100 und 300 DM.
Wir sollten solch eine Bank – wenn wir sie erst einmal haben – pfleglich behandeln, nicht unnötig beim Arbeiten beschädigen oder beschmutzen. Bevor wir die neue Bank in Gebrauch nehmen, ist sie mehrmals mit heißem Leinöl einzulassen, das in die Poren des Holzes eindringt und dessen innere Widerstandskraft erhöht. Feuchte Leimflecke sind sofort zu entfernen. Beim Bohren ist ein altes Brett unter die Arbeit zu legen, damit die durchdringende Bohrerspitze nicht in die Bankplatte gerät. Vorsicht auch beim Arbeiten mit Stecheisen! Eisenteile sollten wir nicht auf der Bank bearbeiten, schon gar nicht in die weichen Bankzangen einspannen, da sie darin Eindrücke hinterlassen, die sich später wieder in den Holzflächen der eingespannten Werkstücke abzeichnen. Von Zeit zu Zeit können wir die Plattenfläche mit einer Ziehklinge abziehen. Hinterher gilt wieder: Einlassen mit heißem Leinöl!

Die Tischhobelbank. Dem, der sich nicht von vornherein zur Anschaffung einer vollständigen Hobelbank entschließen kann, bietet eine von der Industrie bereitgestellte lose Bankplatte einen guten Hobelbankersatz. Sie genügt für die Bearbeitung kleinerer Werkstücke.
Bei der Tischhobelbank handelt es sich ebenfalls um eine starke Buchenbohle, die wie jede andere Bankplatte mit Vorder- und Hinterzange sowie den erforderlichen Banklöchern ausgerüstet ist und sich mittels Schraubzwingen auf jede einfache Tischplatte aufklemmen läßt. Damit tritt natürlich die Frage nach der Stabilität und Standfestigkeit des Tisches wieder in den Vordergrund.
Wir sollten den Tisch so stabil wie nur irgend möglich wählen. Haben wir einen alten Tisch, so können wir ihn noch zusätzlich mit Leisten umspannen und auch zwischen den Beinen diagonal und kreuzweise versteifen, eventuell sogar mit schweren Schienenstükken oder Feldsteinen belasten. Der Aufwand lohnt sich aber nur bei Vorhandensein eines genügend festen

Tisches. Es gibt diese Arbeitsplatten nämlich auch schon mit einem stabilen Untergestell zu einem Mehrpreis, der geringer ist als die Neuanschaffung eines guten Arbeitstisches.

Eine Behelfsarbeitsplatte. Für den Fall, daß wir im Hause keine andere geeignete Arbeitsauflage haben und gewillt sind, etwas Mühe und Zeit daranzugeben, sollten wir uns wenigstens eine Arbeitsplatte, die sich auf ein vorhandenes Untergestell oder einen gewöhnlichen Arbeitstisch auflegen läßt, selbst herstellen.
Als Kernstück dient eine besonders gut getrocknete Buchenholzbohle in genügender Abmessung (50 cm breit, 1–1,50 m lang). Vor allem ist auf ausreichende Holzstärke Wert zu legen, denn die Stärke bedingt auch das Gewicht, was wiederum beim Arbeiten die Unterlage stabilisiert.
Die Platte ist ausbaufähig. So kann z. B. eine Reihe eingebohrter Banklöcher verschiedene Klemm- und Hilfsvorrichtungen wie die Stoß- und Schneidelade, ein Klemmholz, das Laubsägetischchen usw. aufnehmen. Es bleibt unserem Geschmack überlassen, diese Hilfsgeräte an die Platte anzuschrauben (Schloßschrauben mit Flügelmuttern) oder mit Rundeisenzapfen zum Einstecken zu versehen. Auch eine Art »Vorderzange« läßt sich einrichten mit Hilfe einer starken Schraubzwinge, deren abgewinkelten Arm man in eine passend vorgearbeitete Aushebung in der linken Bohlenstirnseite stecken kann. Werkstücke, die flach aufliegen, muß man sowieso mittels Schraubzwingen festhalten. Die Werkzeugindustrie hält Schraubstöcke mit Holzbalken bereit, die sich für Holzarbeiten eignen und an eine solche Platte anschrauben lassen.
Weitere Werkzeuge und Geräte wie Schnitzeisen, Drehbank usw. werden zugleich mit den entsprechenden Arbeitstechniken beschrieben (siehe Seite 101, 109.)

Schleifen und Schärfen der Werkzeuge

Messer, Stecheisen, Hohleisen, Hobeleisen verlangen ein ständiges Nachschleifen. Dazu ist die Aufstellung einer Schleifmaschine unerläßlich. Sägen werden in den Schraubstock eingespannt und mit der Dreikantfeile geschärft.
Es gibt im Handel billige kleine Schleifmaschinen mit rundlaufenden Sandstein- und Schmirgel-(Karborundum-)Scheiben. Wir sollten die Scheibe nicht zu klein wählen, weil die Eisen sonst zu »hohl« geschliffen werden. Die Körnung wählen wir »mittelfein«.
Sandsteinscheiben sind günstiger, weil sie den Stahl nicht so stark angreifen. Ist bei einem Sandstein die ständige Befeuchtung mit Wasser nötig, so muß das Werkzeug von der Schmirgelscheibe nach kurzem Auflegen immer gleich wieder abgehoben werden, weil sonst der Stahl blau anläuft und weich wird.
Für das Anschleifen der Fasen (siehe unten) ist an jeder Schleifmaschine eine Auflage vorhanden, an der man die Werkzeuge im richtigen Winkel halten kann. Geschliffen wird nur die Fase, nie die Spiegelseite (Rückseite) des Eisens. Die Drehrichtung der Schleifscheibe muß gegen das Eisen verlaufen.

Stumpfes Werkzeug? Wirklich scharfe Schneidewerkzeuge sind Vorbedingung für gute Holzarbeit. Aber ein gut schneidendes Werkzeug von einem stumpfen zu unterscheiden, ist durchaus nicht so einfach, wie wir meinen möchten. Unerfahrene quälen sich oft viel zu lange mit stumpfen Werkzeugen ab. Wir schauen uns einmal unsere Eisen genau von vorn an: Eine wirklich scharfe Schneide sieht man nicht! Erkennen wir die Schneide als einen feinen, silberhellen Strich, so ist das Werkzeug stumpf und muß geschliffen werden.

Fase schleifen! Das Eisen arbeitet nicht nur mit seiner Schneide, sondern auch mit der durch den Schliff angeschrägten Rutschfläche, der »Fase«. Halten wir das Eisen an der Schleifmaschine hinten mit dem Heft zu hoch, so wird die Fase zu kurz. Die Wirkung: Das Eisen gleitet nicht mehr, sondern keilt sich im Holz fest. Halten wir das Heft zu niedrig, so wird die Fase zu lang. Eisen mit zu langer Fase schneiden zwar, brechen aber leicht aus. Der gute Mittelweg ist auch hier der beste und liegt bei einem Fasenwinkel von etwa 30°.
Ein häufiger Anfängerfehler ist es auch, die Fase bucklig zu schleifen. Auf solch einem Buckel rutscht das Eisen wie auf einer Schlittenkufe über das Holz hinweg, ohne richtig zum Schnitt zu kommen. Am besten ist leichter Hohlschliff, wie er durch die Rundung der Scheibe von selbst erzeugt wird.
Wir schleifen so lange, bis auf der Spiegelseite des Eisens an der Schneidekante ein feiner Grat entsteht, den wir nachher beim Abziehen auf dem Abziehstein wegnehmen.
Messer halten wir frei gegen die runde Schleifscheibe, wobei die richtige Winkelhaltung ein wenig Gefühl verlangt. Rundschliff oder starker Hohlschliff dürfen auch hier nicht vorkommen. Nach jedem kurzen Entlangziehen an der Scheibe betrachten wir uns den Schliff.
Zum Schleifen der Hobel- und Stecheisen stellen wir die Werkzeugauflage an der Maschine so ein, daß die Fase des daraufgelegten Werkzeugs die Scheibe voll berührt. Beim Schleifen wird das Eisen hin- und herbewegt, bis die Fase in ihrer vollen Breite gleichmäßig geschliffen ist.
Hohleisen müssen wir bei guter Winkelhaltung drehen, damit die Fase in ihrer ganzen Rundung gleichmäßig breit wird.

Das Abziehen erfolgt auf einem Abziehstein. Das ist ein nicht zu harter, feiner und gleichmäßig strukturierter Naturstein (Sandstein, Tonschiefer), der zum Gebrauch mit Wasser – einige Steine sprechen auch besser auf Öl oder Petroleum an – befeuchtet werden muß. Niemals trocken abziehen!
Zunächst legen wir das Eisen mit seiner Spiegelseite auf den flachen Stein und bewegen es kreisend hin und her. Dann folgt die Fasenseite mit geradem Strich gegen die Schneide vor und zurück. So arbeiten wir bei ständigem Wechsel der Seiten, bis der Schleifgrat (siehe oben) verschwunden ist. Wer ein übriges tun will und eine rasiermesserscharfe Schneide erzielen möchte, bestreicht sich einen Lederriemen mit feinstkörnigem Schmirgel (erhältlich als Einschleifschmirgel für Ventile in jeder Autowerkstatt) und zieht das Eisen auch darauf noch ab. Viele Bildhauer benutzen an Stelle des Lederriemens ein Stück Hirnholz.
Messer bewegen wir beim Abziehen auf dem flachliegenden Stein kreisend. Hobeleisenschneiden müssen außerdem nach den Enden zu leicht abgeschrägt werden. Die Innenseiten der Hohleisen werden auf einem Stein mit runden Kanten abgezogen.
Nicht jedes stumpf gewordene Eisen muß immer gleich auf die Schmirgel-

scheibe. Wir können uns einen groben Karborundumstein nebenbeihalten und die Eisen während längerer Arbeiten auch darauf immer wieder einmal abziehen. Abziehsteine mit ausgeschliffenen Mittelpartien sind unbrauchbar.

Schränken und Schärfen der Sägen. Wenn in der Aufsicht auf die Zahnlinie die Säge weiße Spitzen zeigt, ist sie stumpf und muß mit einer Dreikantfeile, deren Größe der Stärke der Zähne entspricht, geschärft werden. Mit jedem Feilstrich wird ein Stück der Zahnspitze weggenommen, während sich der Zahnwinkel tiefer in die Breite des Sägeblattes einfrißt. Dadurch geht mit der Zeit auch die Schränkung verloren. Erst muß also geschränkt, dann erst geschärft werden! Wir spannen das Sägeblatt mit Hilfe einer sogenannten Feilkluppe (man kann auch zwei schmale Brettstücke nehmen) waagerecht in den Schraubstock ein. Geschränkt wird mit dem Schränkeisen. Zunächst bearbeiten wir alle nach links, dann alle nach rechts kommenden Zähne. Wenn wir kein Schränkeisen haben, helfen wir uns mit einem Schraubenzieher, den wir, damit er nicht abgleitet, senkrecht in jeweils einen Zahnwinkel hineindrücken müssen. Indem wir ihn ein wenig drehen, weichen die anstehenden Zähne nach links und rechts aus. Beim Schränken mit dem Schraubenzieher ist natürlich jeder zweite Zahnwinkel zu überspringen.

Beim Schärfen wird die Feile rechtwinkelig zum eingespannten Sägeblatt gehalten. Wir fassen sie an Griff und Spitze und führen sie so mit kurzem Feilstoß durch die einzelnen Zahnwinkel, daß Brust und Rücken zweier nebeneinanderstehender Zähne gleichzeitig geschärft werden. Wirklich sicher können wir nur über dem eingespannten Blatteil arbeiten, woraus abzuleiten ist, daß wir mit dem Blatt partienweise immer wieder nachrücken müssen.

Konstruktive Holzarbeit

Reine Konstruktion ist Sache unseres Verstandes. Es geht dabei um die genaue Berechnung ebener Flächen und gerader Kanten. Sie beginnt im Grunde schon dort, wo wir eine Brettkante zu einer anderen in Beziehung setzen. Das charakteristische Merkmal dieser Arbeit ist Genauigkeit – die Einhaltung genauer Maße, genauer Winkel und die Bereitstellung genau übereinstimmender Teile. Selbst das Putzen und Glätten des Holzes zielt darauf ab, die Maß- und Winkelgenauigkeit der Teile auf das Präziseste zum Ausdruck zu bringen.

Wir beginnen am besten mit dem Zeichnen eines exakten Bauplans. Die darin festgelegten Maße sind auf das Werkholz zu übertragen, dann folgt der Zuschnitt und die weitere Bearbeitung, wobei die genaue Beachtung der Bearbeitungsregeln und auch ein gewisses Maß handwerklichen Könnens entscheidend mitsprechen. Schließlich erfolgt der Zusammenbau mit Kenntnis der typischen Holzverbindungen.

Die im folgenden mitgeteilten Entwurfs- und Bearbeitungsvorschläge helfen uns sowohl beim Bau einfacher Möbel und möbelähnlicher Gegenstände als auch bei der Herstellung von Holzmodellen und dauerhaften Spielsachen, also überall dort, wo wir Holzteile ebenflächig und geradkantig montieren und kombinieren. Frei sind wir in gewissem Maße in der Wahl der Verbindungsweisen, worauf an den entsprechenden Stellen noch hingewiesen wird.

Werkzeichnung und Stückliste

Wir sollten uns von jedem anzufertigenden Werkstück eine Werkzeichnung machen. Dadurch kommen wir erst zu detaillierten Vorstellungen hinsichtlich Aussehen und Maßhaltigkeit der geplanten Arbeit. Auch Überlegungen über Einzelheiten der Verbindung und Montage müssen vorher getroffen werden. Später läßt sich so etwas nur schwer nachholen, und es hat unliebsame Arbeitsunterbrechungen, wenn nicht gar Abänderungen schon fertiggestellter Teilstücke zur Folge.

Die Werkzeichnung. In der Regel beginnen wir mit einer rasch auf das Papier geworfenen Faustskizze (Vorder- und Seitenansicht), wobei schon Fragen der Form und des Umrisses grob geklärt werden. Eine genaue Arbeitsgrundlage liefert aber erst die maßstäbliche Zeichnung. Wir fertigen sie als Aufriß (Vorderansicht), Seitenriß (Seitenansicht) und Grundriß (Blick von oben) an und versehen sie mit den entsprechenden Maßeintragungen. In den meisten Fällen wird es sich um eine Verkleinerung handeln im Maßstab 1:2 (für kleinere Gegenstände) oder 1:10 (für Möbel). Die Maßangabe 1:10 besagt, daß ein Maßteil der Zeichnung zehn solchen Maßteilen in der Natur entspricht.
Vielfach werden solche Zeichnungen (auch als Detailzeichnungen) im Maßstab 1:1 (d. h. in der natürlichen Größe) ausgeführt, wobei man auf die bildhafte Darstellung des ganzen Gegenstandes verzichtet und nur noch Einzelheiten (Brettstärken, Konstruktionszusammenhänge) in Form von Schnittzeichnungen wiedergibt. Der Seitenschnitt entspricht der Vorder-, der Höhenschnitt der Seitenansicht, der Querschnitt dem Blick von oben. Durch Schraffuren innerhalb der Brettschnitte können wir die Brettlagen so kennzeichnen, daß ersichtlich wird, ob ein Brett lang oder quer, mit linker oder rechter Brettseite nach außen oder nach innen liegen soll.

Die Technik des Werkzeichnens setzt nicht mehr voraus, als daß wir ein genügend langes Lineal, ein Zeichendreieck, Winkelmesser und Zirkel haben und zu gebrauchen verstehen. Wir zeichnen mit einem gutgespitzten Bleistift auf weißem Zeichenpapier, karierten Rechenbogen oder Millimeterpapier. Praktisch sind die aus glasklarem Kunststoff bestehenden technischen Zeichendreiecke, die eine waagerechte und senkrechte Maßeinteilung, Winkelmesser und ein 1 cm-Gitternetz in sich vereinigen.
Wir zeichnen alle in Frage kommenden Linien zunächst dünn vor (verdeckte Kanten mit unterbrochenem Linienzug). Zum Schluß werden die sichtbaren Begrenzungen stark nachgezogen.

Die Stückliste, die man am besten nach einer genauen Werkzeichnung zusammenstellt, gibt einen raschen Überblick über das erforderliche Material und die bereitzustellenden Teile. Wir notieren darin Stückzahl, Benennung, Werkstoffe, Maße.

Anreißen, Ausschneiden, Putzen und Schleifen

Nach den Angaben der Werkzeichnung müssen die Umrisse der einzelnen Werkteile sorgfältig auf das Werkholz aufgezeichnet werden, was nach altem Handwerksbrauch mit dem Spitzbohrer geschieht. Das Ausschneiden mit der Säge dürfte keine Schwierigkeiten mehr bereiten. An sämtlichen Teilen sind Unsauberkeiten und Arbeitsspuren noch vor dem Zusammenbau zu entfernen.

Das Anreißen. Der Spitzbohrer hat den Nachteil, daß er wertvolleres Material stark in Mitleidenschaft zieht, besonders wenn es sich um Linien handelt, die vorerst durchgezogen werden, nachher aber in Teilen auf dem Holz stehenbleiben. Ein mittelharter Bleistift leistet vielfach bessere Dienste. Wichtig ist, daß wir die Spitze unmittelbar an der Winkel- oder Linealkante entlangführen. Rißlinien, die parallel zur Holzkante verlaufen, führen wir mit dem Streichmaß aus, wobei wir aber den Stift nicht senkrecht in das Holz drükken, sondern mit leichter Neigung nach vorn über die Fläche ziehen. Der Anschlagklotz muß natürlich in ständiger Berührung mit der Holzkante bleiben.

Das Zuschneiden. Zum Abtrennen eines Brett- oder Bohlenstückes vom Langmaterial nehmen wir die Absetzsäge (Spannsäge mit gröberer Zahnung und schnellem Schnitt). Das Abtrennen von Leisten und Rundholzstäben geschieht am besten in der Schneidelade, das Anschneiden von Gehrungen in der Gehrlade (siehe Seite 59).
Auch beim Auftrennen ist es notwendig, daß das Holz festliegt. Entweder pressen wir es mit dem Knie auf einen Schemel, oder wir spannen es senkrecht in die Vorderzange der Hobelbank ein. Längere Trennschnitte führen wir mit dem Fuchsschwanz oder der stark nach der Seite ausgewinkelten Spannsäge aus. Da die Zähne der Säge »auf Stoß« (siehe Seite 56) stehen, dürfen wir höchstens beim Vorstoßen ein wenig aufdrücken. Der Rückzug erfolgt ohne Druck. Anfänger, die das nicht beachten, ermüden rasch, ohne schneller zu arbeiten.
Ein weiterer wesentlicher Punkt beim Zuschneiden der Werkteile ist, daß wir die Säge stets neben der Rißlinie ansetzen, so daß die Schnittspur nicht vom Gebrauchsholz abfällt. Soll die Kante später behobelt werden, müssen wir sogar noch etwas zugeben. Wichtig ist, daß das Sägeblatt beim Schneiden senkrecht zur Brettfläche steht, weil sonst die Schnittkante schief wird.

Putzen und Glätten. Wir können die Einzelteile noch so fachgerecht vorbereiten, es schadet dem Gesamtbild des Werkstückes, wenn wir die Putz- und Glättarbeiten mangelhaft ausführen. Erst wenn sich die rohe, aber fertigbearbeitete Holzfläche im Griff seidig weich anfühlt und alle Kanten klar profiliert und sauber sind, kann der Zusammenbau erfolgen.
Der Hobel (siehe Seite 52) wird mit der rechten Hand am hinteren Ende und mit der linken Hand an der Nase gefaßt und mit gleichmäßigem Druck über die Holzfläche geführt. Dabei immer mit der aufsteigenden Faser hobeln!
Beim Bestoßen der schmalen Hirnholzkanten ist Vorsicht geboten. Eigentlich dürfte man mit dem Hobel immer nur die vordere Hälfte des zu bestoßenden Holzes überfahren, dann das Holz umdrehen usw. Gleitet man über die ungeschützte Brettkante hinaus, die Brettkante hinaus, splittert das Holz. Am besten spannt man daher ein Beilageholz mit dem zu bestoßenden Werkstück gemeinsam in die Bank ein. Auch mit einer Stoßlade können wir

uns das Bestoßen der Hirnholzflächen erleichtern. Die Lade wird in die Bank eingespannt. Während wir nun den Hobel mit der rechten Hand kräftig an der langen Gleitkante der Lade entlangstoßen, drücken wir das Werkholz mit der linken fest gegen das linkerhand angebrachte Winkelstück. Natürlich dürfen wir das zu bestoßende Holz immer nur um das Stück über den Rand der Lade hinausschieben, das der Hobel auch abtragen kann.

Zum Abputzen einer Holzfläche nehmen wir einen Putzhobel. Das steilstehende Eisen dieses Hobels hat einen schlanken Schliff und ist an den Ecken leicht gebrochen. Selbstverständlich muß das Eisen überaus scharf sein. In kürzeren Zeitabständen schärfen wir es immer wieder einmal am Abziehstein nach. Da der Putzhobel nur ganz feine Späne abnehmen soll, muß man ihn »fein« einstellen. Die Schneide darf nur knapp über die Hobelsohle hinausragen.

Letzten Schliff bekommen wir durch Abziehen der Flächen mit einer Ziehklinge oder einer Glasscherbe (siehe Seite 54) und Schleifen zunächst mit grobem, dann mit feinem Sandpapier. Wir arbeiten auch hierbei stets in Faserrichtung. Nur bei Werkteilen, die wir später deckend streichen wollen, dürfen wir auch quer zur Holzfaser schleifen.

Weitere Angaben über die Oberflächenbehandlung siehe Seite 114.

Die typischen Holzverbindungen

Holzverbindungen werden überall dort nötig, wo wir einzelne Werkteile zu einem festen Verband zusammenfügen wollen. Wir können sie als reine Zweckverbindungen betrachten und so anbringen, daß sie nach außen kaum in Erscheinung treten. Andererseits lassen sie sich aber auch gut als werkhafter Schmuck in das Gesamtbild einbeziehen.

Nageln, Schrauben und Leimen sind, allein genommen, einfache Verbindungsarten, bei denen die Holzteile lediglich mit Hilfe fremder Verbindungsmittel zusammengefügt werden. Sicher kann man schon damit alle möglichen Gegenstände, selbst Möbel, herstellen, denen man bei sauberer Ausführung und guter Oberflächenbehandlung nicht ansehen muß, daß sie in einer Heimwerkstatt entstanden sind. Um aber die Festigkeit dieser Verbindungen zu erhöhen und zum Teil auch mit der Absicht, die beim Beizen und Polieren störenden Hirnholzkanten zu verbergen, wendet der Fortgeschrittene komplizierte Fügungen an, die neben den genannten Wirkungen auch noch einen gewissen handwerklichen Schmuck- und Schönheitswert haben, sofern sie sinnvoll angewendet und sauber ausgeführt werden. Die ineinandergreifenden Teile solcher Verbindungen sollen stets so exakt gearbeitet werden, daß sie schon ohne bindenden Leim einen festen Verband abgeben.

Grundregeln. Dem Werfen und Schwinden des Holzes ist Rechnung zu tragen (siehe Seite 41). Beim Vernageln eines Brettes legen wir stets die rechte Seite nach oben. Wirft sich das Brett später, so liegen wenigstens die Seitenkanten fest auf. Sinngemäß verfahren wir auch beim Verleimen. Dabei kommen die beiden rechten Seiten aufeinander, wodurch die Spannungen in den beiden Stücken aufgehoben werden.

Dem Schwinden des Holzes begegnen wir durch »gleichlaufendes« (siehe Faserrichtung!) Verarbeiten. Da jedes Holz in der Querrichtung (Dicken-

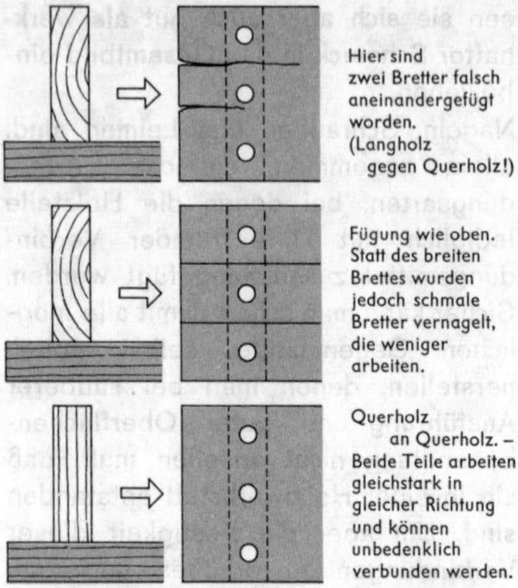

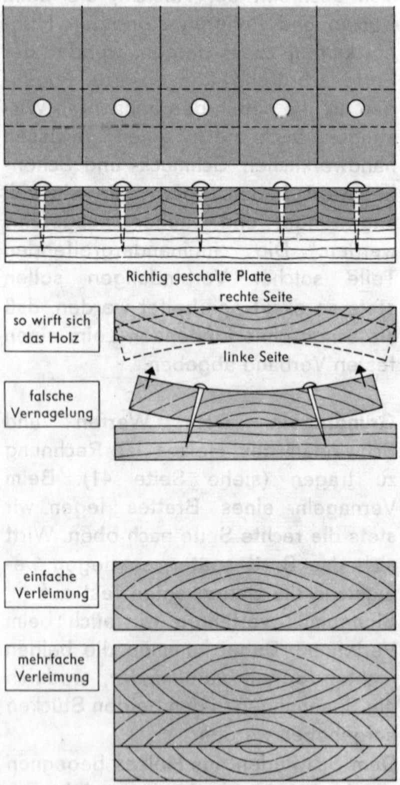

Bei jeder Art von Holzbearbeitung muß dem Werfen und Schwinden des Holzes Rechnung getragen werden

wachstum des Stammes) stärker als in der Längsrichtung (Wuchsrichtung) arbeitet, würde eine kreuzweise Verleimung stärkerer Hölzer nicht halten. Falsch vernageltes Holz reißt! Auch sollten wir beim Zusammenfügen mehrerer Holzteile darauf achten, daß alles Holz gleich lange und in dem gleichen Raume gelagert hat.

Nageln. Wirklich »genagelt« werden im allgemeinen nur Splinthölzer, beispielsweise bei der Kistenherstellung. Schon in einem Kernholzbrett müssen wir das Nagelloch mit einem feinen Drillbohrer vorbohren, da das Holz andernfalls leicht spaltet. Spitz zulaufende Nägel wirken keilend und treiben das Holz auseinander. Das ist besonders leicht der Fall, wenn wir dünne Bretter verarbeiten oder nahe am Rand nageln. Wir können die Gefahr vermindern, indem wir die Spitzen der Nägel durch einen Schlag mit dem Hammer stauchen. Schräg in das Holz getriebene Nägel halten besser. Damit wertvolleres Holz durch den Hammer nicht beschädigt wird, schlagen wir das letzte Ende des Nagels mit dem Versenkstift ein. »Holzkitt« zum Verkitten des Nagelloches ist im Handel erhältlich. Durchdringende Nagelspitzen müssen wir so umschlagen, daß sie wieder in das Holz eindringen können. Am besten machen wir das über der Spitze des Versenkstiftes.

Verschrauben. Holzschrauben halten fester als Nägel. Es gibt sie mit flachem, rundem oder linsenförmigem Kopf aus Eisen, Aluminium, Messing, verzinnt, vernickelt, verchromt. Es ist wichtig, daß wir das Schraubenloch bis zu etwa zwei Dritteln der Schraubenlänge vorbohren und daß das Bohrloch dem Durchmesser des Schraubenschaftes entspricht. Flachkopf- und Linsenkopfschrauben sind »Versenkschrauben«, für die wir das Bohrloch am Eingang mit dem Krauskopf kegelförmig erweitern. Der Schraubenzieher muß den Schraubenschlitz ausfüllen und darf auch seitlich nicht über den Rand des Schraubenkopfes hinausragen.

Leimen. Durch Verleimen der Holzteile miteinander bekommen wir eine wesentlich festere Verbindung als durch Nageln oder Schrauben. Außerdem ist sie unsichtbar.

Früher wurde meist warmer Leim (Knochen-, Leder- oder Hautleim) verwendet. Er hat noch immer den Vorteil, daß er billig ist, die Leimfuge gut ausfüllt und bei richtiger Verarbeitung außerordentlich sichere Verbindungen schafft. Die Kaltleime, die heute hauptsächlich benutzt werden, sind zwar oft auch nicht feuchtigkeitsbeständiger als dieser althergekommene Hausleim, aber wesentlich einfacher in der Verarbeitung. Man kauft sie als Pulver oder weiße Klebemilch in Dosen. Neuerdings wird auch viel mit Kontaktklebern (Spezialleimen) gearbeitet.

Wenn wir Warmleim verwenden wollen, benötigen wir einen doppelbödigen Leimtopf. Der Leim darf nämlich nur im Wasserbad erhitzt werden.

Leim ist als Tafel-, Würfel- oder Perlleim (in Körnern) erhältlich und muß, bevor wir ihn erhitzen können, in kaltem Wasser quellen. Quelldauer für kleingeschlagenen Tafelleim 10 Stunden, für Würfel- und Perlleim 6–8 Stunden. Das nicht aufgesogene Wasser wird abgegossen und die zurückgebliebene gequollene Masse zum Schmelzen gebracht. Das geschieht dadurch, daß wir Wasser in dem größeren der beiden Gefäße unseres Patentleimtopfes erhitzen. Der Leim selbst darf nicht kochen, um seine Bindekraft zu behalten.

Damit Warmleim nicht schon vor dem Eindringen in die Holzporen erstarrt, wärmen wir die zu leimenden Flächen durch kurzes Auflegen auf eine Ofenplatte an. Der Leim muß dünnflüssig und heiß sein. Wir streichen ihn dünn auf beide zu verbindende Holzflächen, setzen diese in der richtigen Lage aufeinander und pressen sie mit Schraubzwingen zusammen. Damit diese keine Druckstellen im guten Holz hinterlassen, legen wir Brettchen als Zulagen dazwischen. An der Fuge austretenden Leim beseitigen wir sofort, da er nach dem Trocknen nur noch schlecht zu entfernen ist. So eingespannt müssen die Werkstücke bis zum vollständigen Erhärten des Leims (am besten einen Tag) verbleiben.

Das Bestreichen beider Klebeflächen und Einspannen des geleimten Werkstücks bis zum folgenden Tag gilt auch bei der Verwendung der handelsüblichen Kaltleime, die wir zum Gebrauch anrühren oder gebrauchsfertig aus der Dose entnehmen. Kaltleime werden synthetisch hergestellt und dürfen nicht in Metallgefäßen aufbewahrt werden. In einem verschließbaren Marmeladeglas, dessen Schraubrand wir bei der Leimentnahme sorgfältig sauberhalten, können wir sie auch in abgefüllter Menge lange aufbewahren.

Der wasserfeste Kaseinleim (den sich die Tischler früher aus Käsequark und gelöschtem Kalk selbst zubereiteten) wird in einem Glas- oder Porzellangefäß im Mischungsverhältnis 1:1 aus käuflichem Kaseinleimpulver und Wasser angerührt und ist nach etwa einer halben Stunde gebrauchsfertig. Er muß dann bald verarbeitet werden. Am besten rührt man sich jeweils nur eine geringe Menge (1 Teelöffel Leimpulver und 1 Teelöffel Wasser) in einem Eierbecher an. Kaseinleim färbt die Leimfuge ein wenig.

Ein Pulverleim von besonderer Güte, der glasharte und auch bei Feuchtigkeit unlösbare Verbindungen schafft und sich für alle möglichen Holzarbeiten gut eignet, ist der auf Kunstharzbasis hergestellte Kauritleim. Bootsbauer und Bautischler bevorzugen ihn. Er wird mit kaltem Wasser dickflüssig angerührt und kann in einem verschließbaren Glasgefäß längere Zeit gebrauchsfertig gehalten werden. Vor dem Auftragen müssen wir die zu leimenden Holzflächen mit einem besonderen Härtemittel bestreichen, das der Leimpackung in flüssiger Form beigegeben wird.

Kontaktkleber bezeichnet man allgemein als »Alleskleber«. Sie liegen für den Fall eines Falles schon meist in der Küchenschublade, sind aber auch in der Holzarbeit interessant. Die Tischler verwenden ihn eimerweise zum Furnieren von Kanten und Rundungen, Verkleben von Holzteilen, Belegen mit Kunststoffplatten, Verbinden von Holz mit Porzellan, Glas, Metall, Filz usw. Der Klebstoff wird auf beide Klebeflächen dünn aufgetragen. Man wartet 10 bis 20 Minuten, bis die Leimflächen trocken sind, und drückt dann die beiden Teile einige Sekunden lang fest aufeinander. Für solche Spezialkleber gilt, daß sie zwar schnell arbeiten, aber nur dann dauerhafte Verbindungen schaffen, wenn sie nach der Kontaktgabe nicht mehr gestört werden. Sie erfordern große Zielsicherheit beim Aufeinanderlegen der zu klebenden Werkteile, besonders wenn es sich um große Flächen handelt. Schon nach der ersten Kontaktberührung lassen sie sich weder verschieben noch wieder trennen.

Verleimen von Brettern. Verleimte Verbindungen können nur halten, wenn sie faserrichtig und fugendicht aufeinanderliegen. Das ist vor allem wichtig für den Fall, daß wir zwei oder mehrere Bretter zur Vergrößerung der Brettbreite aneinanderleimen müssen, wobei die zu verleimenden Flächen nur schmal sind und bei schlechter Fügung wenige Berührungspunkte haben. Wir halten die beiden Brettkanten aneinander und richten sie gegen das Licht, um festzustellen, ob die Fuge dicht ist. Stimmt sie nicht, dann müssen wir

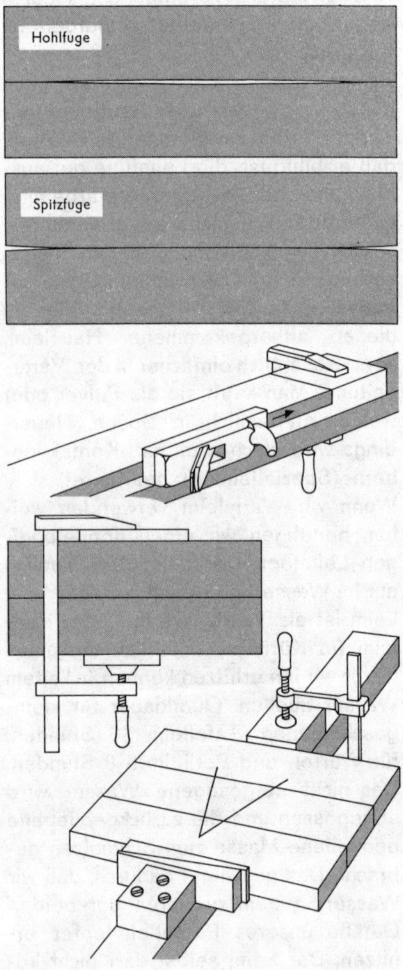

Nur fugendichte Leimungen halten

beide Kanten noch einmal in der Stoßlade gemeinsam behobeln.
Heißer Leim – dünner Auftrag – dichte Fuge, das ist eine der Hauptvoraussetzungen für eine Leimung, die fester als das natürliche Holz ist. Die andere gilt für alle Leimarten schlechthin und heißt: Gutes Trocknen unter starkem Druck! Warmleim braucht 24 Stunden zum einwandfreien Trocknen.
Zwei oder mehrere genügend große Schraubzwingen sind unentbehrliche Requisiten. In Fällen, in denen sie nicht ausreichen, können wir uns mit einer einfachen Einspannvorrichtung behelfen: Auf die Enden zweier genügend langer Bretter werden Halteklötze geschraubt. Die Bretter kommen unter die zu leimende Fläche. Spannung erzielen wir, indem wir zwischen die Halteklötze und den Rand der eingespannten Arbeit je zwei Holzkeile, Spitze gegen Spitze, treiben. Die eingespannte Fläche darf dem Druck nicht nach oben ausweichen.

Auf Gehrung gearbeitet wird die bei Bilderrahmen übliche Eckverbindung, bei der die Enden zweier Leisten rechtwinkelig aneinanderstoßen. Die Verbindungsfuge solch einer Rahmenecke ist von außen kaum zu sehen, weil sie genau an der Kante verläuft.
Das Zuschneiden der Leistenwinkel geschieht in der Schneide- oder Gehrlade (siehe Seite 59) mit genauer Winkelhaltung von 45°. Beim Verleimen der Ecken arbeiten wir diagonal, d. h. wir setzen erst zwei einander gegenüberliegende Rahmenecken unter genauer Kontrolle mit einem Winkelmaß sorgfältig zusammen, verbinden sie und lassen die Verleimungen trocknen. In einem weiteren Arbeitsgang werden dann die beiden anderen Ecken gleichzeitig zusammengesetzt. Zuverlässige Hilfsmittel zum Abpressen ver-

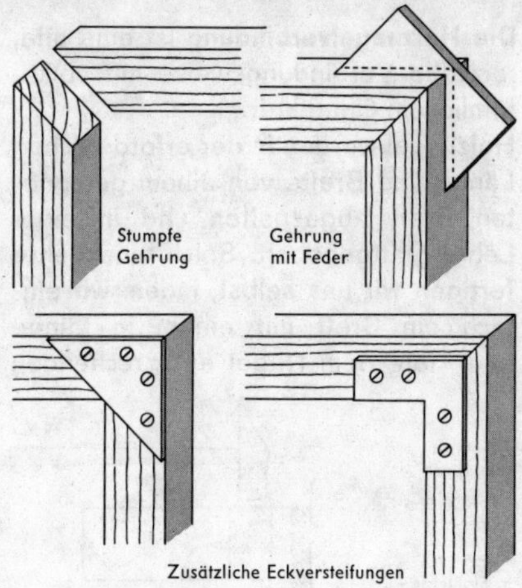

Eckverbindung »auf Gehrung« gearbeitet

leimter Gehrungen sind Federklammern aus Stahl, die mit einer speziellen Spreizzange geöffnet und von außen an die Rahmenecken angesetzt werden. Nachträgliches Stiften erhöht die Haltbarkeit. Die Festigkeit der Leimung kann auch durch hinten angebrachte Eckversteifungen (Aufleimer) bedeutend gesteigert werden.

Gehrung mit Feder. Eine absolut feste Eckverbindung erzielen wir bei größeren Rahmen durch eine in die Gehrung eingesetzte Querholzfeder. Das ist praktisch nur ein kleines Brettchen aus dünnem Sperrholz, das in eine von außen parallel zur Leiste in die Rahmenecke gesägte Nut eingeleimt und an den Kanten bündig geschnitten wird. Zum Einsägen der Nut müssen wir die geleimte Ecke fest in die Bank einspannen. Die Nut braucht nicht tief zu sein. Am besten sägen wir mit einer Feinsäge oder dem starken Blatt der Lochsäge. Die Feder soll so stark sein, daß sie sich, mit Leim bestrichen, leicht in die Nut eindrücken läßt. Ist die Leimung trocken, schneiden wir die überstehenden Teile der Feder ab.

Die Holznagelverbindung ist eine alte, reizvolle Verbindungsweise mit volkstümlichem Charakter.

Holznägel werden in der erforderlichen Länge und Breite von einem geeigneten Brett abgespalten und in einer Lehre glattgehobelt. Solch eine Lehre fertigen wir uns selbst, indem wir einfach ein Brett mit einem in Länge und Tiefe dem Nagel entsprechenden Langloch versehen. Die Nägel spitzen wir am unteren Ende ein wenig an. Ihre Kopfkanten schrägen wir ab.

Das Nagelloch muß in einem der Nagelstärke entsprechenden Durchmesser in beiden zu verbindenden Werkteilen vorgebohrt werden. Am besten spannen wir die beiden Teile in der richtigen Lage mit einer Zwinge zusammen und durchbohren sie gemeinsam. Dann schlagen wir die Nägel mit Leimzugabe ein. Schön ist es, wenn die Nagelenden nicht ganz im Holz verschwinden, sondern etwas herausstehen. Wir bekommen gleichmäßige Überstände, wenn wir beim Einschlagen ein entsprechend starkes Brettchen an jeden Nagel legen. Natürlich müssen auch die Nagelkanten in gemeinsamer Richtung liegen, sonst wirkt die Verbindung nur unordentlich.

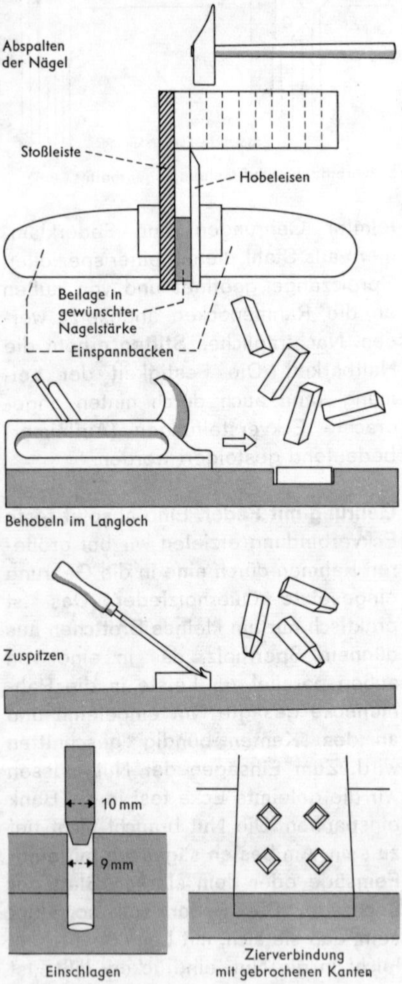

Die Holznagelverbindung hat volkstümlichen Charakter

Das Dübeln. Zwei Hölzer werden stumpf gegeneinandergelegt und mittels Rundzapfen unter Leimzugabe unsichtbar verbunden. Buchene Dübelholzstäbe, 1 m lang und beliebig stark, gibt es in jedem Leisten- und Werkzeuggeschäft.

Wichtig ist, daß die Dübellöcher in beiden Werkteilen übereinander sitzen. Entweder richten wir uns beim Einbohren nach einer Bohrschablone (aus Pappe mit eingezeichneten Dübeldurchmessern und durchstochenen Mittelpunkten), oder wir schlagen einen kleinen Nagel in den Mittelpunkt des zu bohrenden Dübelloches in einem Werkteil ein, kneifen den Kopf ab (so daß der Nagel nur noch 1 bis 2 mm heraussteht) und drücken dann beide Teile in der richtigen Lage gegeneinander, damit sich der Bohrmittelpunkt auch im anderen Holz abzeichnet. Nachher wird der Nagelstumpf wieder herausgezogen.

Gebohrt wird mit einem Schlangen-

oder Spiralbohrer, dessen Durchmesser genau dem Dübeldurchmesser entspricht. Besonders tief müssen die Bohrungen im Hirnholz sein, da hier die Bohrerspitze leicht von den harten Jahresringen abgleitet.
Die Bohrlöcher füllen wir mit Leim aus. Ebenso werden die aneinanderstoßenden Holzflächen mit Leim bestrichen. Dann schlagen wir den vorher in richtige Länge geschnittenen und an den Hirnkanten etwas angeschrägten Dübel in den einen Werkteil ein, setzen

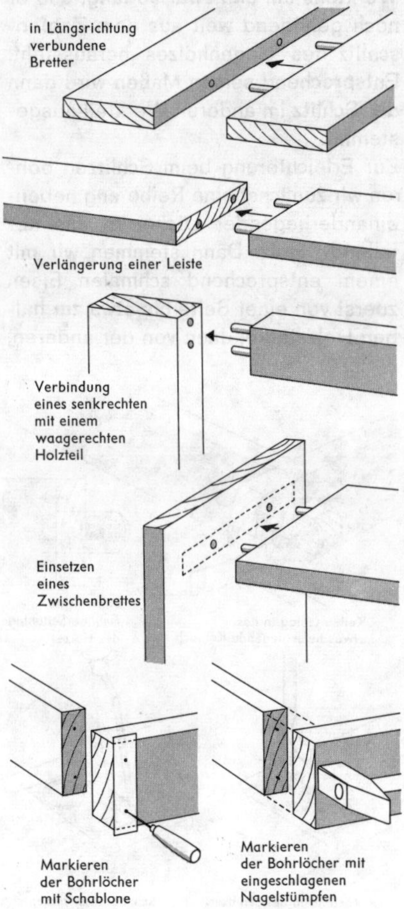

Verbindung zweier Holzteile durch Dübel

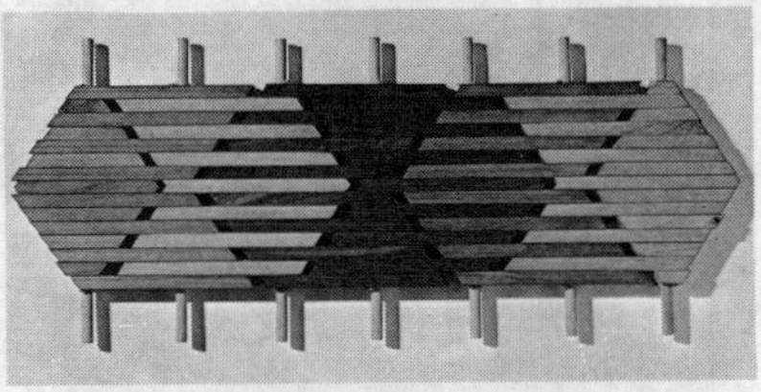

In diesen Spielplastiken sind die Dübel ein wesentliches Formelement. Außerdem dienen sie als Achsen, um die verschiedenformige Leistenzuschnitte drehbar lagern

den anderen darüber und lassen den verbindenden Leim trocknen.
Wollen wir die Hölzer durchdübeln, dann durchbohren wir wieder beide Werkteile gemeinsam (siehe Holznagelverbindung), schlagen die Dübel ein und schneiden die nach dem Zusammenfügen allenfalls noch herausstehenden Dübelenden mit der Feinsäge ab. Hinterher wird mit Schleifpapier glattgeschliffen.
Je nach der Stärke und Breite des zu verbindenden Holzes können die Teile mit einem oder mit mehreren Dübeln verbunden werden.

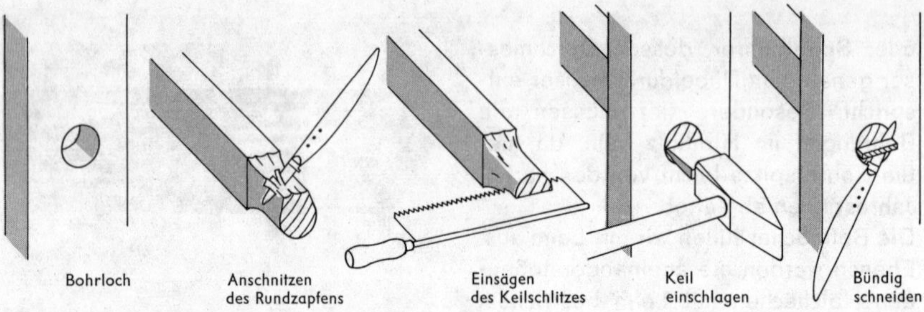

Die Rundzapfenverbindung

Die Rundzapfenverbindung. Der fest in den einen Werkteil eingeleimte Rundholzdübel kann als Beispiel dienen. Aber der Unterschied besteht jetzt darin, daß der Rundzapfen an dem einen der zu verbindenden Holzteile angeschnitzt wird.

Wir beginnen mit dem Bohren des Rundzapfenloches. Dünne Leisten spannen wir besser ein. Dann zeichnen wir den gleichen Kreis als Zapfendurchmesser auf die Hirnseite des Gegenstückes und schnitzen den Zapfen an. Seine Vorderfront versehen wir mit einer leichten Wölbung, zugleich mit einem zu drei Vierteln der Zapfenlänge in den Zapfen reichenden Keilschlitz, der für die feste Verbindung wichtig ist. Der Schlitz wird eingesägt, (und zwar quer!) zum Faserverlauf des Lochholzes, damit der Keil, den wir gesondert anfertigen, beim Eintreiben später keine unliebsame Sprengwirkung ausüben kann. Zapfen wie Keil sind einzuleimen. Abschließend wird der Keil mit dem Zapfen bündig geschnitten.

Zapfen und Keil. Diese Verbindung besteht in ihrer Konstruktion aus Schlitz und Zapfen, wobei der das Gegenholz durchdringende Zapfen von außen durch einen quergetriebenen Keil am Zurückgleiten gehindert wird. Ein zusätzliches Bindemittel benötigen wir nicht, daher ist diese Verbindung auch jederzeit wieder lösbar.

Zuerst schneiden wir den zungenförmigen Zapfen an dem Ende des einen Werkteils an, und zwar so lang, daß er noch genügend weit aus dem Zapfenschlitz des Gegenholzes heraussteht. Entsprechend seinen Maßen wird dann der Schlitz im anderen Werkteil ausgestemmt.

Zur Erleichterung beim Schlitzen bohren wir zunächst eine Reihe eng nebeneinanderliegender Löcher in das abfallende Holz. Dann stemmen wir mit einem entsprechend schmalen Eisen zuerst von einer Seite bis etwa zur halben Holzstärke, dann von der anderen,

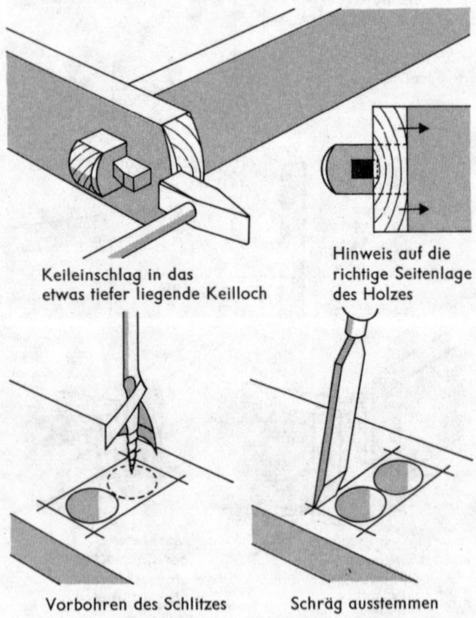

Zapfen und Keil

wobei die schräge Fase des Eisens gegen das abfallende Holz zu stellen ist. Der Zapfenschlitz soll nach innen etwas auseinanderlaufen. Das Keilloch im Zapfen müssen wir so tief ansetzen, daß er noch von der Fläche des Schlitzholzes angeschnitten wird. Nur so können wir den Zapfen ankeilen.

Das Überplatten ermöglicht End- und Kreuzverbindungen von Pfosten, Leisten und Rundholzstäben, bei denen die verbundenen Teile bündig ineinanderliegen.
Jeder Werkteil wird an der Verbindungsstelle bis zur Hälfte seiner Stärke abgetragen. Die Endverbindung stellen wir her durch einen Einschnitt ins Querholz und Wegnehmen des hängenden Teiles in der Längsrichtung. Bei der Kreuzverbindung

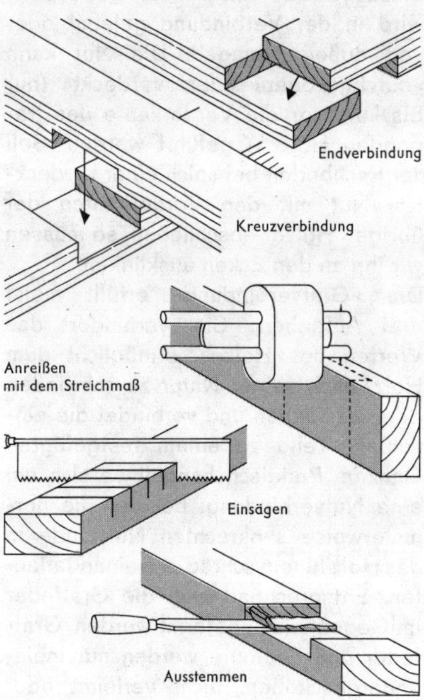

Das Überplatten zweier Teile ermöglicht End- und Kreuzverbindungen in bündiger Lage

vollziehen wir zwei Begrenzungsschnitte im Abstand der Breite des Gegenholzes und entfernen das dazwischenliegende Teil (das zuvor durch mehrere Einschnitte in kleinere Partien zerlegt wird) mit dem Stecheisen.

Schlitz und Zapfen. Wir wenden diese überaus haltbare Verbindung als Eckverbindung oder an beliebiger Stelle innerhalb einer bestimmten Holzlänge an, beispielsweise beim Einsetzen von Leitersprossen in die Holme, beim Befestigen der Zargen an Stuhl- und Tischgestellen oder bei den Trägerrahmen, die zur Befestigung von Sperrholzplatten an Möbelrückwänden dienen.
Dringt der Zapfen durch die schlitztragende Leiste, so sprechen wir von einem Lochzapfen. Er wird verleimt und wie ein Rundzapfen (siehe oben) von außen im Hirnholz verkeilt. Unsichtbare Zapfenverbindungen sind durch sogenannte »Brustzapfen« möglich. Der Schlitz wird etwa bis zur Hälfte in die senkrechte Leiste eingestemmt. Der dazugehörige Zapfen muß natürlich der Schlitztiefe entsprechen.
Grundsätzlich besteht die Forderung, daß Schlitz und Zapfen fugenlos ineinanderpassen und in ihrer Breite mindestens ein Drittel der verwendeten Leistenstärke betragen. Wir lassen die senkrechten Leisten »durchlaufen« und setzen die Querleisten dazwischen. Die senkrechten Leisten bekommen also die Schlitze, die waagerechten die Zapfen (siehe Seite 76).

Nuten, Graten, Falzen. Diese drei Verbindungen unterscheiden sich nur wenig voneinander, sind aber insofern etwas schwierig auszuführen, als das Holz langlaufend zu bearbeiten ist, wozu der Tischler heute entsprechende Maschinen verwendet. Wir müssen uns

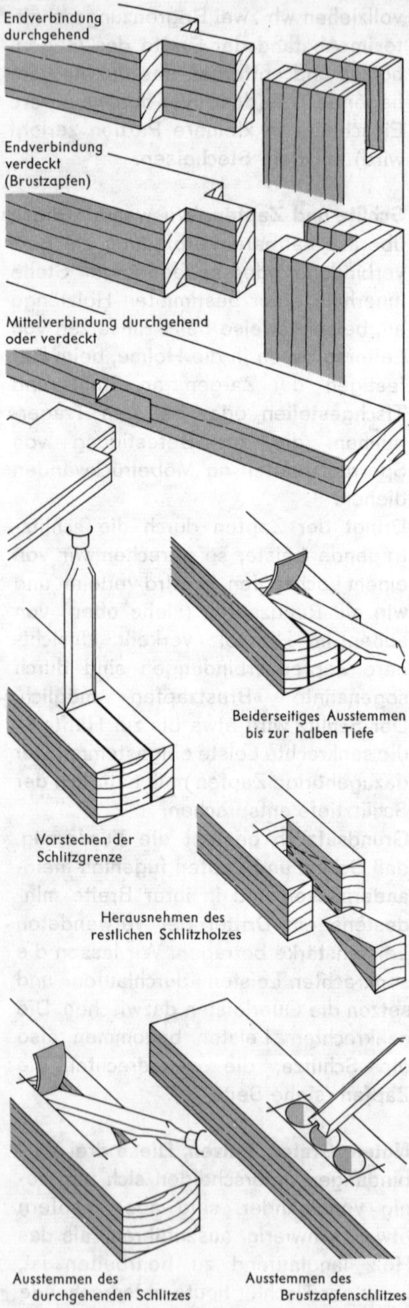

Verbindung mittels Schlitz und Zapfen

zumindest einen Simshobel zum Anstoßen der Falze, einen Nuthobel zum Ausputzen des Nutengrundes und einen schräg arbeitenden Grathobel anschaffen. Die Wirkungsweise des Grathobels ergibt sich aus dem Bild einer gegrateten Holzkante.

Unter einer »Nut« verstehen wir eine längliche Vertiefung im Holz, das der Aufnahme eines Gegenstückes (»Ansatz« oder »Feder«) dient. Eine solche Verbindungsweise benötigen wir beispielsweise beim Einsetzen von Zwischenböden und Regalfachbrettern. Zuerst versehen wir die senkrechten, tragenden Werkteile mit zwei über die Breite laufenden Einschnitten bis zur Tiefe der beabsichtigten Nut (etwa ein Drittel der Holzstärke), dann stechen wir die Zwischenlage heraus und glätten den Grund mit dem Nuthobel. Das einzusetzende Fach- oder Bodenbrett wird in der Verbindung geleimt oder von außen genagelt. Die Nut kann »durchgezogen« oder »verdeckt« (nur bis kurz vor die Vorderkante des tragenden Holzes) geführt werden. Soll der Fachboden bei solch einer verdeckten Nut mit den Vorderkanten der übrigen Hölzer abschließen, so müssen wir ihn an den Ecken ausklinken.

Die »Gratverbindung« erfüllt meist drei Aufgaben: Sie verhindert das Werfen des Holzes, ermöglicht dem Holz, nach seiner Natur zu schwinden oder zu quellen und verbindet die einzelnen Teile zu einem festgefügten Ganzen. Praktisch handelt es sich um eine Nutverbindung, bei der die normalerweise senkrechten Nutwände in das Holz hinein schräg auseinanderlaufen. Entsprechend muß die Gratfeder im Gegenholz angeformt werden. Gratfeder und Gratnute werden nur ineinandergeschoben, nicht verleimt oder genagelt. Wichtig ist, daß bei dieser Verbindung die Holzfasern aller ver-

arbeiteten Teile in gleicher Richtung laufen.
Zunächst schneiden wir die Gratfeder an, wobei uns der verstellbare Grathobel gute Dienste leistet. Wir beachten, daß die Kante auf der einen Seite mit der Fläche des Gratholzes in einer Ebene bleibt. Die andere Kante verjüngen wir (damit sich das Holz leichter in die Gratnute einschieben läßt) nach hinten um 2 mm. Beim Einarbeiten der Gratnute müssen wir sehr sorgfältig vorgehen: Zunächst reißen wir die Außenkante der Gratleiste an, dann markieren wir die Schmalbreite. Als Anlage für das Sägeblatt arbeiten wir uns ein Führungsholz mit gleicher Schräge wie bei der Gratfeder. Dieses Führungsholz klemmen wir auf das Nutholz auf (wir können es auch mit Nägeln festheften). Nun wird die Nute bis zur Tiefe der Gratfederlänge eingesägt und mit dem Stecheisen ausgehoben. Der Nutgrund läßt sich mit dem auf die bestimmte Tiefe eingestellten Nuthobel glätten. Die Gratfederleiste ist dann einfach einzuschieben.
Ein »Falz« ist im Grunde eine normale Nute mit senkrechten Wänden, die an die Brettkante gerückt ist, so daß die nach außen gelegene Begrenzungswand fortfällt. Der Konstruktion nach ist es also ein Einschnitt in die Brettkante, in den der Gegenfalz gelegt wird. Wir brauchen eine solche Verbindung beispielsweise, um eine Rückwand unsichtbar an einem Regal oder Schrank zu befestigen, einen Boden in ein Kästchen einzulegen und zu dem gleichen Kästchen einen passend aufliegenden Deckel zu arbeiten.
Wir schneiden den Falz mit der Fein-

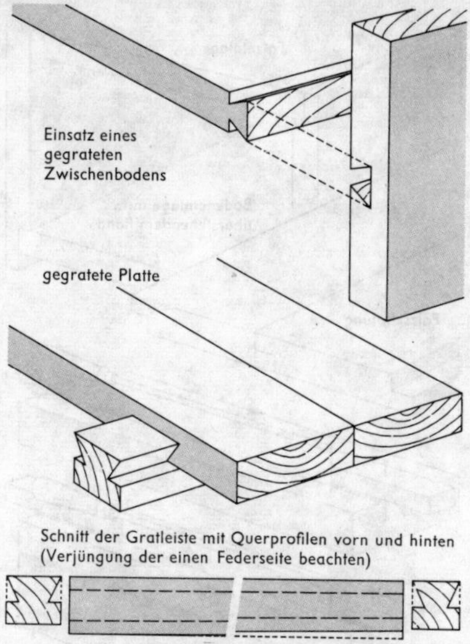

Die Gratung

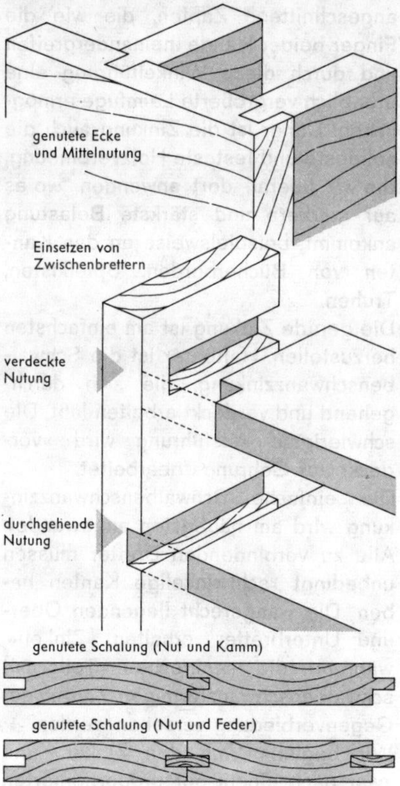

Verschiedene Anwendungen der Nutverbindung

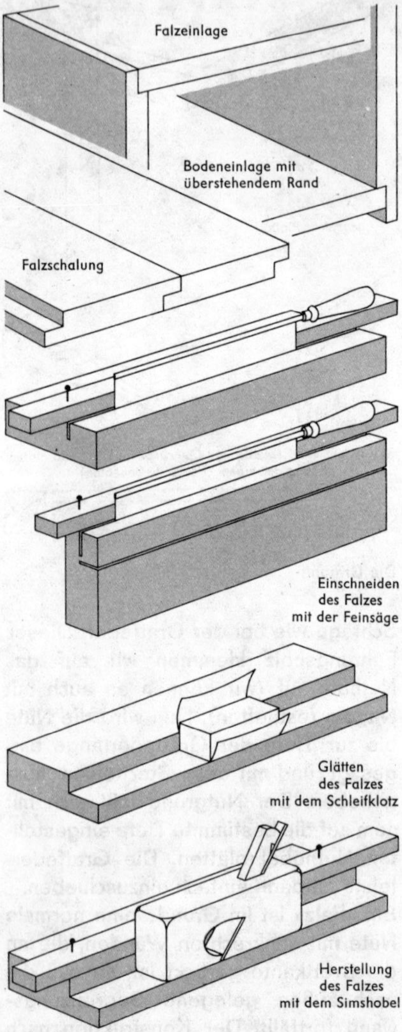

Der Falz ist eine an die Brettkante gerückte Nute

säge ein, und zwar bis zu einer Tiefe, die der Stärke der Einlage entspricht. Der Grund kann mit dem Simshobel herausgeholt werden. Es gibt aber auch ausgesprochene Falzhobel mit verstellbaren Anschlägen für Breite und Tiefe.

Beim Einarbeiten umlaufender Falze (beispielsweise in Kastenrahmen) dürfen wir die Falze nur dann bis an die Enden der einzelnen Werkteile durchlaufen lassen, wenn die Eckverbindung mittels Gehrung gelöst werden soll (Beispiel: Bilderrahmen). Würden wir die Querseiten einfach zwischen die Langseiten setzen, so entständen bei durchlaufenden Falzen an den Ecken Löcher. Am besten führen wir in einem solchen Fall den Falz nur bis zum Anfang der Querseite und stechen den Rest nach dem Zusammenbau des Kastenrahmens aus.

Das Zinken. Im Prinzip handelt es sich bei dieser Verbindung um an das Holz angeschnittene Zapfen, die wie die Finger beider Hände ineinandergreifen und durch diese Winkelführung eine erheblich vergrößerte Leimfuge ermöglichen. Daher ist die Zinkung auch die solideste und festeste Holzverbindung, die wir überall dort anwenden, wo es auf stärkere und stärkste Belastung ankommt, beispielsweise an den Kanten von Bücherborden, Spielkisten, Truhen.

Die gerade Zinkung ist am einfachsten herzustellen. Haltbarer ist die Schwalbenschwanzzinkung, die sich durchgehend und verdeckt arbeiten läßt. Die schwierigste Ausführung wird »verdeckt auf Gehrung« gearbeitet.

Die einfache Schwalbenschwanzzinkung wird am häufigsten angewendet. Alle zu verbindenden Bretter müssen unbedingt rechtwinkelige Kanten haben. Die waagerecht liegenden Ober- und Unterbretter erhalten »Zinken«, während die senkrechten Teile mit schwalbenschwanzförmigen Zapfen der Gegenverbindung versehen werden.

Wir beginnen mit den Zinken, und zwar nach einem gut proportionierten Schema. Die Stärke des Gegenholzes wird mit dem Streichmaß auf allen Endseiten angerissen (1). Die Zinken werden auf die Hirnholzkante aufgetragen und senkrecht auf die Langholzflächen abgewinkelt. In der Regel sind die Zinken schmäler als die Schwalben. Zu beachten ist auch, daß die Schmalseiten der Zinken an der Außenkante des Brettes liegen.

Zum Ausschneiden spannen wir das Brett senkrecht ein. Die Säge ist neben der schrägen Rißlinie im abfallenden Holzteil anzusetzen. Wir schneiden senkrecht bis auf die Streichmaßlinie (2). Dann folgt das Ausstemmen der Zwischenräume: Das eingesägte Brett muß waagerecht liegen. Damit wir einen sauberen Ansatz bekommen, schneiden wir den Streichmaßriß im abfallenden Holzteil mit der Stecheisenkante vor. Wir stemmen zuerst bis zur halben Tiefe und arbeiten dann von der Rückseite des Brettes aus weiter (3–6).

Den Umrissen der Zinken müssen die Schwalbenschwänze im Gegenholz entsprechen. Damit wir diese Übereinstimmung erreichen, stellen wir das fertiggezinkte Brett senkrecht auf die Langholzkante des Gegenbrettes und umfahren die Zinken mit einem Spitzbohrer oder gutgespitzten Bleistift (7). Nun werden die Endlinien über die Hirnholzkante abgewinkelt und die Sägeschnitte auf der Hirnholzfläche winkelrichtig zur Brettkante geführt. Dabei sägen wir schräg nach unten, abermals bis zur Streichmaßgrenze und im abfallenden Holzteil, so daß der Riß an der Schwalbenkante gerade noch sichtbar bleibt (8).

Nach dem Ausstemmen stecken wir die beiden Teile der Verbindung schon einmal probeweise zusammen. Sie sollten bei sorgfältiger Arbeit ineinan-

So entsteht eine Schwalbenschwanzzinkung ▶

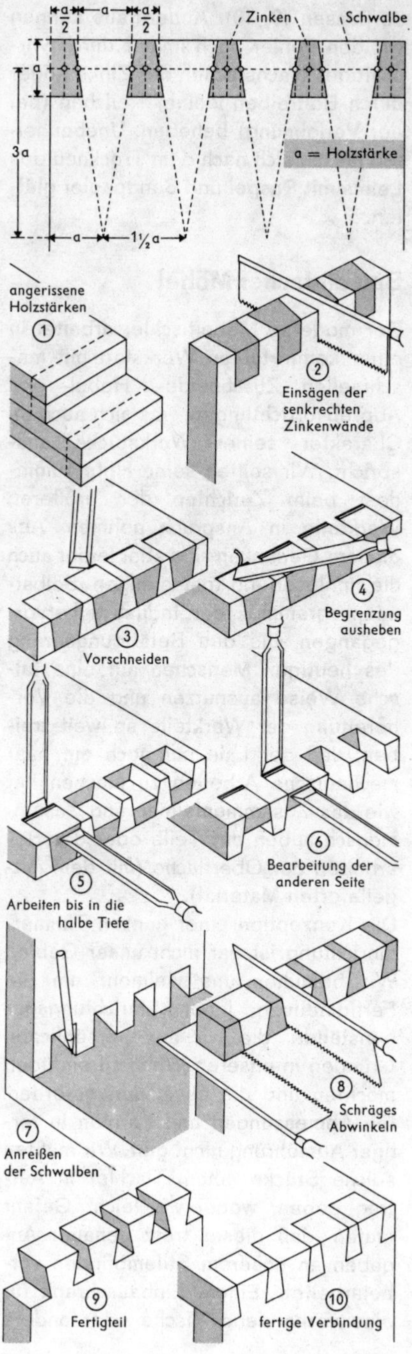

derpassen (9, 10). Andernfalls können wir den Fehler noch immer durch vorsichtiges Nachstechen der Zinken oder durch Beitreiben kleiner Keilchen (bei der Verleimung) beheben. Unebenheiten lassen sich nach dem Trocknen des Leims mit Raspel und Sandpapier glätten.

Bau einfacher Möbel

Der moderne Möbeltischler arbeitet in einer komfortablen Werkstatt mit maschinellen Zuschneide-, Hobel- und Abpreßvorrichtungen, was sich auch im Charakter seiner Werkstücke ausspricht. Wir sollten seine Hilfe zumindest beim Zurichten der größeren Werkteile in Anspruch nehmen. Aus diesem Gedanken sind aber leider auch die sinnlosen und kostspieligen »Selbstbauprogramme« der Industrie hervorgegangen, die den Betätigungsdrang des heutigen Menschen auf eine falsche Weise ausnutzen und die Vorbereitung der Werkteile so weit treiben, daß der Laie nur noch ein paar mechanische Arbeiten zu machen hat wie das Zusammenleimen und Zusammenschrauben der Teile oder das Bearbeiten der Oberfläche (mit dem mitgelieferten Material).

Die Konzeption einer ganzen Zimmereinrichtung ist gar nicht unser Gebiet. Wir bemühen uns vielmehr um die Fertigstellung jener Einrichtungsgegenstände, die wir aus persönlichen Gründen in unseren Wohnstil einfügen möchten und die es in den geforderten Abmessungen und Formen in fertiger Ausführung nicht gibt. Wir müßten solche Stücke einem Tischler in Auftrag geben, wobei wir leicht Gefahr laufen, daß dieser trotz genauer Angaben an unserem Stilempfinden vorbeiarbeitet. Einen Einbauschrank für eine vorhandene Nische oder andere einfache Schrankkörper können wir gut selbst in Angriff nehmen, ebenso die gewünschte Zimmertrennwand, das Bücherregal im Türrahmen, das Wandregal, die Eckbank, den Fußteil für die in eine bestimmte Wandnische passende Liege und selbstverständlich auch alle kleineren Tische: niedrige Blumentische, Blumenhocker, einen geeigneten Couchtisch mit Platte. Ganz besonders diese Tischplatten, die wir als Tischlerplatten fix und fertig einkaufen und unterseits auf einfachste Weise mit vorgearbeiteten Tischbeinen versehen, sind ein dankbares Feld für alle möglichen Schmucktechniken, von denen noch im weiteren die Rede sein wird: Belegen mit keramischen Platten, Furnier, Intarsie, Mosaik.

Dabei steht uns auch ein reiches Angebot von Halbfabrikaten zur Verfügung wie Rundstäbe, Leisten mit verschiedenen Querschnitten, genutete Bahnen für Glasschiebetüren, Span- und Hartfaserplatten, Tischlerplatten auch in kleineren Ausmaßen, Furniere, runde, eckige oder sich verjüngende Beine in verschiedenen Längen und mit den entsprechenden Verbindungsstücken zum Einschrauben usw.

Auch mit Halbfabrikaten aus Metall läßt sich Holz gut kombinieren. Eisenrohr, beispielsweise als Träger für ein freistehendes Bord, gibt es in verschiedenen Durchmessern und Längen. Verchromung wird aber bei zunehmender Meterlänge und Rohrstärke rasch unbezahlbar, Anstrich dagegen ist billiger. Runde Tischbeine kann man sich auch aus Gasrohr machen lassen. Für jede Rohrstärke gibt es passende Muffen mit angeflanschter Scheibe, so daß man die Beine an der Tischunterseite oder an Zimmerdecke und Fußboden befestigen kann. Es ist aber auch nicht schwierig, das eckige, sogenannte Vierkantrohr oder einfaches Winkel-

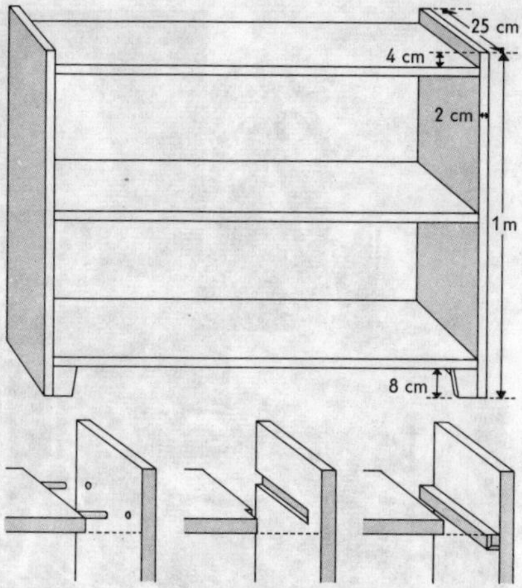

Solche einfachen Standregale lassen sich vielfältig verwenden. Unten die verschiedenen Verbindungsmöglichkeiten beim Einfügen der Borde

eisen zu allen möglichen Fuß- und Tragegestellen zu verschweißen. Mit matter schwarzer Farbe gestrichenes Metall sieht gleich gut bei hellem wie bei dunklem Holz aus. Zur Befestigung an den Platten stecken wir Holzschrauben von unten durch in das Rahmenwerk gebohrte Löcher.

In den nachfolgenden Bauvorschlägen werden wir die bereits beschriebenen Holzverbindungen in ihrer Anwendung kennenlernen. Die Reihenfolge dieser Vorschläge richtet sich weniger nach Zweckgesichtspunkten als nach der Vorbildlichkeit bestimmter Werkvorgänge, die auch bei anderen Möbelbauten immer wieder zur Anwendung kommen können, beispielsweise bei der Verbindung von Rand- und Querbrettern, beim Einsetzen einer Rückwand oder Anbringen von Türen, bei der Verwendung vorgearbeiteter Werkteile aus Holz sowie bei der Kombination von Holz und Metall. In weiteren Vorschlägen machen wir uns mit den Möglichkeiten fester Wandbefestigungen vertraut. Mehrfach werden besondere Fragen nach einer stabilen Bauweise beantwortet.

Standregale. Fünf oder mehr Bretter gilt es in senkrechter und waagerechter Lage miteinander zu verbinden. Wir wählen am besten Bretter aus Kiefernholz oder Hartspanplatten, 20 mm stark, 250 mm breit, und schneiden sie in die entsprechenden Längen. Die günstigste Höhe solcher Regale beträgt 1 m.

Das oberste Fachbrett sollte mit seiner Oberkante 4 cm unterhalb der des Seitenbrettes liegen, der Bodenabstand des unteren Fachbrettes 8 cm betragen. Damit das Regal eine stabilere Winkelverbindung erhält, setzen wir schräg zugeschnittene Blendstücke in die vorderen Ecken unter das Bodenbrett. Folgende Verbindungsmöglichkeiten kommen in Frage: 1. Dübeln, wobei der Breite der Fachbretter entsprechend mindestens zwei, besser drei Dübel durchgehend oder verdeckt in jede Brettkante eingesetzt werden (siehe Seite 72). 2. Nuten, am schönsten verdeckt, mit Ausklinken der vorderen Fachbrettecken in Nuttiefe (siehe Seite 76). 3. Auflegen auf Leisten. Hierbei werden quadratische Leistenstücke in die Länge der Fachbrettbreite geschnitten und in den entsprechenden Abständen an die Innenseiten der Regalwangen angesetzt (leimen und verschrauben oder nageln von innen nach außen). Auf diese Leisten, deren Kopfkanten etwas gebrochen werden, können die Fachbretter aufgelegt werden (ebenfalls mit Leimung und Stiftung von innen schräg zur Fachbrettkante). Oberflächenbehandlung: Bei Naturholz farblos mattieren (siehe Seite 116), mit oder ohne vorherige Beizung (siehe Seite 118). Bei Verwendung von Spanplatten anstreichen (siehe Seite 120).

Einfache Standregale in schöner und gediegener Ausführung

Wandregale. Hierbei handelt es sich im Prinzip um einen geschlossenen Holzrahmen, der in beliebigen Abständen durch mehrere Fachbretter unterteilt ist. Da Bücher das Regal stark belasten, muß es stabil gebaut werden. Zu große Fachlängen sind ebenfalls gefährlich, weil sie sich unter der Bücherlast durchbiegen. Es kommt natürlich auf die Größe der eingestellten Bücher an. Damit das Regal aber allen Beanspruchungen standhält, unterteilen wir es durch eine oder mehrere senkrechte Mittelstreben.

Wir verwenden 2 cm starkes und 22 cm breites Brettholz, mit dem sich Fachlängen bis zu 1 m ohne weiteres ausführen lassen. Die senkrechten Teile können durchlaufen. Die Fachbretter fügen wir ein (siehe oben).

Als solide Eckverbindung für solch ein meist schwer zu belastendes Regal kann nur die einfache oder die Schwalbenschwanzzinkung (siehe Seite 78) vorgeschlagen werden. Mittelstreben befestigen wir am oberen und unteren Rahmenbrett mit Hilfe der Gratung (siehe Seite 76) oder Nutung (siehe Seite 76), dann aber mit zusätzlicher Sicherung durch Verschrauben, besser noch durch durchgehendes Dübeln ins Hirnholz von außen nach innen.

Das Wandregal wird mit angeschraubten Metallösen (an möglichst vielen Punkten!) an fest in die Wand eingedübelte Bilderhaken gehängt. Ösen können wir nur an den senkrechten Rahmenkanten und an den Mittelstreben anbringen.

Es ist auch nicht weiter schwierig, solche Regale nach dem Prinzip der Anbaumöbel in Teilen anzufertigen und nach und nach zu großen wandfüllenden Regalformen zu kombinieren. Dabei halte man sich aber immer vor Augen, welche Zentnerlasten an Büchern solch ein Regalwerk tragen muß. Wir sichern uns vor unliebsamen Überraschungen dadurch, daß wir jeden Regalteil einzeln – auch wenn er auf einem darunterhängenden lastet – wie ein Stück für sich an der Wand befestigen. Vom Boden aus läßt sich dann das Ganze noch zusätzlich durch untergeklemmte »Beine« aus verchromtem Gasrohr stützen. Solche abgeschnittenen Rohrstücke stecken wir, damit wir den Fußbodenbelag nicht verletzen und nach unten eine saubere Begrenzung haben, in handelsübliche Gummistollen (Gleitschutzstollen). Unterhalb des Regalbodens werden die Stützen mit angeflanschten Muffen befestigt. Oberflächenbehandlung: Am schönsten wirkt weißer Anstrich (siehe Seite 120) vor einer einfarbig, etwa rot oder dunkelgrün, gestrichenen Wand.

Spielmöbel. Praktisch sind einfache Würfel- und Quaderkästen, die das Kind mit Hilfe loser Brettzuschnitte zu verschiedenen Gebrauchsformen (Regale, Kaufladen oder Kasperltheater) zusammenstellen kann.
Maße: Würfel 35 x 35 x 35 cm, großer Kasten 35 x 35 x 70 cm, halber Kasten 17,5 x 35 x 70 cm, kleiner Kasten 17,5 x 35 x 35 cm, großes Brett 140 x 35 cm, kleines Brett 105 x 35 cm. Es ist ratsam, alle Teile doppelt anzufertigen.
Für solche stabilen Möbel, die auch stärkeren Beanspruchungen beim Spielen standhalten, kommt als Eckverbindung zwischen den Kastenwänden nur die Zinkung (siehe Seite 78) in Frage. Den Kastenboden wollen wir in einen umlaufenden Randfalz (siehe Seite 77), wie er sich auch für die Aufnahme unsichtbar anzubringender Möbelrückwände eignet, bündig einlegen. Das ist als Volleinlage, aber auch als Kombination von Falz und Gegenfalz möglich. Die empfindlichen Kanten des Holzes können wir zusätzlich mit Hartholzleisten umleimen, deren Stärke aber mit in die Maßberechnung einbezogen werden muß.

Oberflächenbehandlung: Da Farbanstriche bei solchen Spielmöbeln meist sehr schnell ihren Glanz verlieren, lassen wir dem Holz besser sein natürliches Aussehen und überziehen es nur mit Mattine oder Hartlack.

Einbauschränke. Die Formen solcher Schränke sind zweckbedingt. Als Material kommen in Frage: Span-, Tischler- oder Sperrholzplatten; außerdem Leisten.
Zuerst konstruieren wir das Schrankinnere wie ein leicht auszuführendes Wandregal. Als rückwärtiges Futter zum Mauerwerk dient eine große Preßstoffplatte. Für alle senkrechten Wände, die auch hier tragende Funktionen ausüben müssen, nehmen wir starke Span- oder Tischlerplatten. Eckverbindungen sind kaum nötig, weil die Begrenzungs-

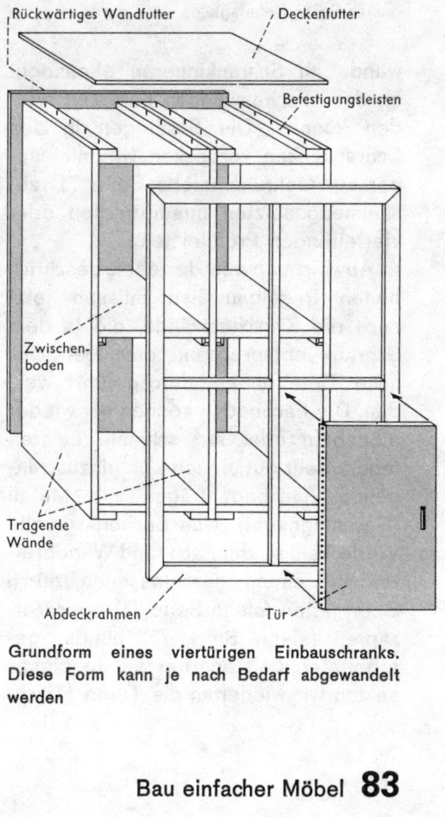

Grundform eines viertürigen Einbauschranks. Diese Form kann je nach Bedarf abgewandelt werden

Die Art der Unterteilung dieses Einbauschranks ist aus der vorderen Leistenabdeckung erkennbar. Das Rahmenwerk ist weiß. Die Farbgebung der großen Türen hell- und dunkelgrau, der beiden kleinen dunkelrot (korrespondierend mit der hellrostroten Zimmerdecke und einem mittelgrauen Fußbodenbelag)

wände im Schrankinneren ebensogut an den Nischenwänden befestigt werden können. Die Stoßfugen in den Schrankecken verdecken wir mit sauber auf Gehrung (siehe Seite 71) zusammengesetzten quadratischen oder viertelrunden Profilleisten.
In Abweichung von der oben beschriebenen Regalbauweise müssen jetzt auch die Zwischenwände, die ja dem Schrank entsprechend eine beträchtliche Tiefe haben, durchgeführt werden. Die Fachböden können wir wieder eindübeln oder auf schmale Leisten legen. Sehr gut eignen sich einzuschlagende Fachbodenträger aus Metall (Beschlagnägel). Nun decken wir alle Vorderkanten der Fach- und Wandbretter mit einem geschlossenen, durch Überplatten (siehe Seite 75) oder Verzapfen (siehe Seite 75) bündig gearbeiteten Leistengitter ab. In dieses setzen wir wiederum die Türen (Tischler- oder Spanplattenzuschnitte in Stärke der für den Rahmen verwendeten Leisten). Für die Befestigung der Türen nehmen wir entweder das praktische Scharnierband oder die paarweise anzusetzenden Einzelscharniere. Zwei Arten der Anbringung sind möglich: Wenn der Schrank nach vorn eine bündig geschlossene Fläche zeigen soll, legen wir die Türen in Leistenrahmen ein. Das Türblatt wird im Format der Rahmenöffnung abzüglich der Stärke des geschlossenen Scharnierbandes zugeschnitten und an die in Frage kommende Rahmenseite angeschraubt. Auf solche Weise eingelegte Türen bedürfen natürlich noch einer schmalen umlaufenden Anschlagleiste im Schrankinneren, deren Anbringung (mit auf Gehrung aneinandergesetzten Ecken) keine Schwierigkeiten mehr bereitet. Wir können die Türen aber auch vorsetzen, sie finden dann ihren Anschlag an der vorderen Rahmenfläche. Wir schneiden sie so zu, daß sie den Rahmen an drei, beziehungsweise allen vier Seiten (das richtet sich nach der Art des verwendeten Scharniers) um ein Weniges überragen. Die Befestigungslaschen stärkerer Scharniere müssen wir natürlich in das Holz einlegen, weil sonst das Türblatt nicht gleichmäßig auf dem Rahmen aufliegt. In beiden Fällen können sowohl Schlösser als auch die praktischen Schnappverschlüsse angebracht werden. Über die geeigneten Beschlagarten gibt uns der zuständige Händler Auskunft.

Ein Leiterregal. Für solch ein Abstellregal, das wir im Werkraum oder Keller benötigen, haben wir ein lebendiges Beispiel in den Leitergerüsten, die die Handwerker bei Außenarbeiten an den Hauswänden errichten. Auch unser Regal besteht aus mehreren »Leitern«, in

die die Fachbretter einfach eingelegt werden.
Für die Leitern verwenden wir Leistenholz im Profil 4 x 2,5 cm. Die Fachbretter werden in breiter Bahn aus 2 cm starken Tischlerplatten oder aus Einzelbrettern zugeschnitten. Für den Zusammenbau empfiehlt sich vor allem die Schlitz-Zapfen-Verbindung (siehe Seite 75). Die Arbeit gliedert sich in den Zuschnitt der erforderlichen Längen, das Anschneiden der Zapfen an die Querhölzer und das Einarbeiten der Zapfenschlitze in die Holme, und zwar in gleichmäßigen Abständen. Wie viele Leitern benötigt werden, hängt von der erforderlichen Regallänge ab. Auch hier sollten wir über Fachlängen von 80 cm (wegen der stärkeren Belastung) nicht hinausgehen.
Um das Ganze zusammenzubauen, stellen wir die Leitern an ihren vorgesehenen Platz und führen die Fachbretter, mit dem untersten beginnend, in die entsprechenden Abteilungen ein. An den Querleisten werden sie vernagelt. Die letzten Schwankungsmöglichkeiten nehmen wir dem Regal, wenn wir es an wenigen Stellen mit Bandeisen in der Wand verankern oder indem wir die Länge so bemessen, daß es die gesamte Fläche ausfüllt und zwischen den Seitenwänden festsitzt. Stoßfugen beim Aneinandersetzen von Brettern müssen natürlich auf den Querleisten liegen.

Stabiler Tisch. Es kommt auf den Verwendungszweck an, ob wir solch einen Tisch als Wohnzimmermöbel, Gartentisch oder einfachen Gebrauchstisch in der Heimwerkstatt bauen wollen. Die gewählte Form soll uns die Möglichkeit bieten, noch zwei weitere Verbindungsweisen, die Plattengratung (siehe Seite 77) und die Zapfen-Keil-Verbindung (siehe Seite 74) anwenden zu lernen. Als Platte wählen wir normalerweise als sicherste Grundlage für einen schönen Mosaik-, Linoleum- oder Kunststoffbelag eine Spanplatte in entsprechender Abmessung. Für viele Zwecke eignet sich aber eine starke Naturholzplatte trotz ihres komplizierten Holzcharakters (siehe Seite 40) besser, besonders wenn ihre Oberfläche von vornherein keine schonende Behandlung erwarten darf, wie das bei einem Garten- oder Werkraumtisch der Fall ist.

Ein solcher Tisch kann bereits von einem Anfänger gebaut werden

Das Problem steckt in der Plattenbreite. Leider können wir nicht einfach ein paar möglichst breite Bretter oder Bohlenabschnitte beliebig aneinanderfügen. Breites Material wird aus ganzen Stammdicken geschnitten und arbeitet unterschiedlich in seinen Kern- und Splintholzzonen. Leimfugen zwischen hartem Kern und jungem Splint halten nicht. Auch muß bei der Verarbeitung die Seitenlage des Holzes (siehe Seite 40) beachtet werden. (Leimarbeit beim Fügen s. Seite 70.)
Dann muß die Platte gegratet (siehe Seite 77) werden. Das hat einerseits den Zweck, das starke Wölbungsbedürfnis des verbundenen Brettholzes, das sich in seinen Folgen ungünstig auf die Ebene der Plattenfläche auswirkt, aufzufangen, andererseits die durch Leimung gefügte Platte am Fuß-

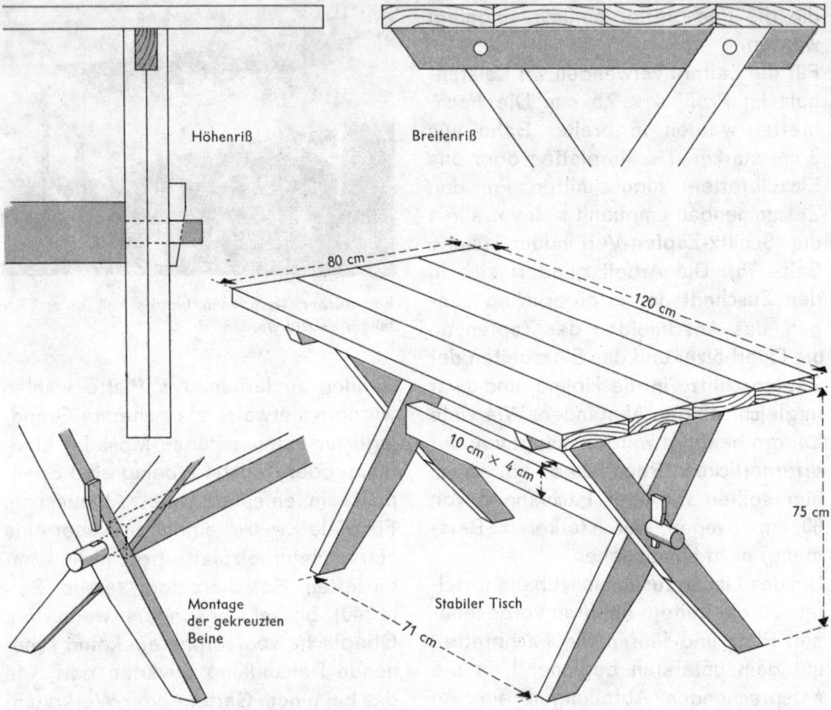

Stabiler Tisch. Es kommt auf den Verwendungszweck an, ob wir so einen Tisch als Wohnzimmermöbel, Gartentisch oder einfachen Gebrauchstisch bauen

gestell des Tisches festzubekommen. Daß diese Verbindung nicht starr sein darf, liegt auf der Hand. Wir müssen uns eine entsprechend lange Querleiste aus Langholz schneiden, während die Platte in die Breite arbeitet. (In dieser Lage verschraubtes oder vernageltes Querholz würde dagegen an den Verbindungsstellen reißen!) Wir versehen nun die Unterseite der Platte in ihrer Breite mit zwei querlaufenden Gratnuten (wobei wir die Plattenenden möglichst weit überkragen lassen), dann ziehen wir sie auf zwei starke Gratfederleisten, an denen wir das Fußgestell des Tisches bequem befestigen können.

Wer diese im ganzen etwas schwierige Verarbeitung umgehen möchte, entschließt sich vielleicht dazu, auf die stumpfe Verleimung der Plattenbretter zu verzichten und Fugen, in denen sich das Arbeiten des Holzes ungestört auswirken kann, in Kauf zu nehmen. Damit entfällt dann auch die Notwendigkeit der Gratung. Zu breite Bretter sollte man allerdings auch da nicht verwenden. Der Tischler unterteilt diese von vornherein in schmalere Stücke. Die Bretter schrauben wir (wieder lagerichtig nebeneinander) mit jeweils einer Schraube in der Brettmitte auf die Querleisten des Tragegestells auf. Für Gartentische, die ihr Leben im Freien verbringen, verwenden wir Messingschrauben (Versenkschrauben). Im Grunde handelt es sich um das gleiche Bauprinzip wie oben, nur umgekehrt:

Der Bewegungsspielraum für das Arbeiten des Holzes liegt jetzt in den Plattenfugen.

Die Konstruktion des Fußgestells bietet mehrere Möglichkeiten. Wir können die Beine kreuzweise oder parallellaufend sowohl an die Querleisten der Platte als auch an in diese eingezapfte »Zargen« (die Querleisten verbindende Langhölzer) ansetzen. Sehr schön ist eine kräftige Holznagelverbindung (siehe Seite 72). Sich kreuzende Beine falzen wir oben jeweils bis zur halben Querleistenstärke, damit sie gemeinsam – das eine von außen und das andere von innen – die Querleiste der Platte umfassen können, im Kreuzungspunkt aber flächig aneinanderliegen. Eine dritte Möglichkeit zeigt sich in der Fertigung geschweifter Seitenbretter, die wir oben in die Querleisten einzapfen und unten fußförmig ausschneiden. Zur Verbindung der beiden Gestellhälften miteinander brauchen wir in allen Fällen kräftige Stege, die bei gekreuzten Beinen und Seitenbrettern mittels Zapfen und Keil (siehe Seite 74), bei parallellaufenden Beinen durch Einzapfung in Querzargen eingesetzt werden können.

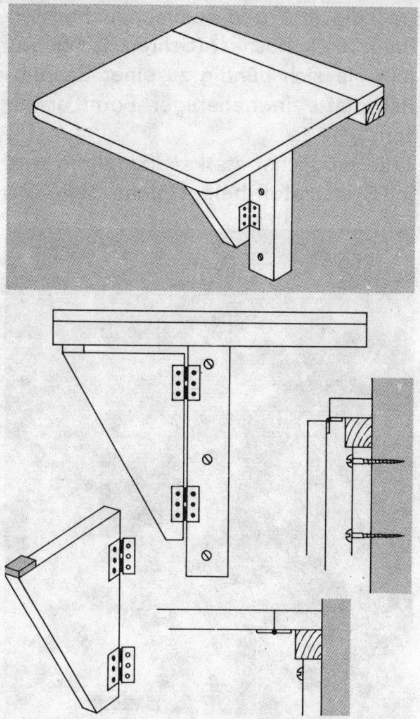

Konstruktionsdetails zum Wandklapptisch

Fensterschreibtisch. Die zur Form geschnittene Spanplatte liegt auf einem in der Wand verankerten Rahmen aus verschweißten Winkeleisen. Sie ist mit einem hellgrauen Kunststoffbelag abgedeckt und die Vorderkante mit einem Kunststoffumleimer versehen

Couchtisch mit vorgefertigten Beinen. Als Platte verwenden wir eine Hartspanplatte. Auf verschiedene Möglichkeiten des Belags ist bereits einleitend hingewiesen worden (siehe Seite 45). Vorgearbeitete Beine erhalten wir in den einschlägigen Geschäften und Bastlerzentralen zum Einleimen sowie zum Einschrauben in die dazugehörigen Befestigungsklötze. Diese werden unterhalb der Tischplatte montiert (Holzschrauben und Leimung).

Fensterschreibtisch. Vorausgesetzt,

daß die in Frage kommende Fensterbank 75 cm hoch ist (Schreibtischhöhe), läßt sie sich bündig zu einer Schreibtischplatte in beliebiger Form erweitern.

Eine möglichst starke Spanplatte wird mit Schichtstoff belegt (siehe Seite 124)

Dieses freistehende Bord teilt den Raum in ein Arbeitszimmer und eine gemütliche Sitzecke. Die Eisenrohre in Zimmerhöhe haben 4 cm Durchmesser und wurden in entsprechenden Abständen durchbohrt. Die Fachbretter sind 2 cm stark und liegen auf Rundeisendübeln (Länge der Bretter 1,60 m, Breite 22 cm)

und in die Fensternische eingeschoben. Große Platten legen wir auf einen in der Wand verankerten Rahmen aus Winkeleisen, für kleinere genügen ein paar an die Wand geschraubte Holzleisten als Auflage. Wir bohren die Löcher mit einem Mauerbohrer sauber vor, verdübeln sie mit Holz- oder käuflichen Patentdübeln und setzen die Leisten an. In starke Dübel lassen sich ohne weiteres auch starke und lange Holzschrauben eindrehen.

Die Vorderkante der Schreibtischplatte kann mit einem Fuß aus verchromtem Gasrohr abgestützt werden. Die Kantenabdeckung der Platte erfolgt durch einen Umleimer oder eine Kunststoffleiste.

Wandklapptisch. Eine mit Schichtstoff oder Linoleum belegte Spanplatte befestigen wir mittels Scharnierband an einem mit gleichem Material belegten und an der Wand festsitzenden Leistenstück. Beim Gebrauch wird sie durch einen senkrecht schwenkbaren Dreieckrahmen abgestützt, der in Ruhestellung unter dem festen Leistenteil Platz findet. Die Verankerung in der Wand geschieht mit Hilfe eines T-förmig verzapften Trägers aus Brettholz. (Siehe Seite 87.)

Freistehendes Bord. Zwei Eisenrohre in Länge der Zimmerhöhe werden zum Durchstecken der Rundeisendübel (7–8 mm ∅), die die Fachbretter tragen sollen, in den gewünschten Fachabständen waagerecht durchbohrt. Die Durchbohrung der Fachbretter muß wiederum der Trägerrohrstärke genau entsprechen. Es folgt der Zusammenbau und die Verankerung der Träger an Boden und Zimmerdecke mittels geflanschter Muffen.

Bessere Kantenwirkung bekommen wir, wenn wir die freischwebenden

Fachbretter mit auf Gehrung gesetzten Hartholzleisten umleimen und ober- sowie unterseits bündig hobeln.
Mit 4 bis 5 Eisenrohren als Träger können wir solch ein Bord beliebig erweitern und als schmuckes Wandregal, weiß gestrichen, vor eine farbige Wand stellen. Auch schwerpunktbildende Schrankelemente lassen sich einfügen.

Gebrauchsmaße. Möbel müssen in ihrer Größe den menschlichen Maßen entsprechen. Nur so können sie ihre Aufgabe innerhalb der Wohnung richtig erfüllen. Die verschiedenen Formen der Sitzmöbel werden bedingt durch die unterschiedlichen Sitzhaltungen. Deren Kenntnis ist beim Bau Voraussetzung. Die Sitzhaltungen unterscheiden sich durch die Winkelveränderungen zwischen Rumpf und Oberschenkel und Ober- und Unterschenkel. Die Sitzhöhe muß der Tischhöhe angepaßt sein und umgekehrt. Liegemöbel sollen sich häufig, da sie in der Regel viel Platz beanspruchen, möglichst auch zum Sitzen eignen. Zwischen Liegen und Sitzen besteht ein Unterschied in der benötigten Raumtiefe (zum Sitzen 50 cm, zum Liegen zwischen 80 und 100 cm). Die Tiefe des Liegemöbels soll also veränderlich sein, was auf gewisse Schwierigkeiten stößt. Auf einem Couchbett wird es sich gut liegen, auf dem durch Herunterklappen der Sofalehne entstehenden Sofabett dagegen besser sitzen als liegen lassen. Überlegungen zur richtigen Nutzung von Schrankraum führen zu übersichtlicher und platzsparender Unterbringung. Schränke sollen zur Aufbewahrung der verschiedenen Gegenstände, Bücher, Wäsche, Bestecke, Geschirr usw., entsprechend ausgebildete Schubladen und Fächer besitzen.
Man muß also im Einzelfall den Zweck des betreffenden Möbels im Auge behalten. Dann brauchen wir freilich keine umständlichen Berechnungen mehr anstellen, sondern können uns an sogenannte Gebrauchsmaße halten, die sich als sinnvolle Normen herausgebildet haben. Hierbei wird die Gesamtkörperlänge in sieben Kopflängen ausgedrückt. Danach bestimmen sich Kniegelenk-, Ellbogenstütz-, Augen-, Scheitel-, Greif- und Reich-

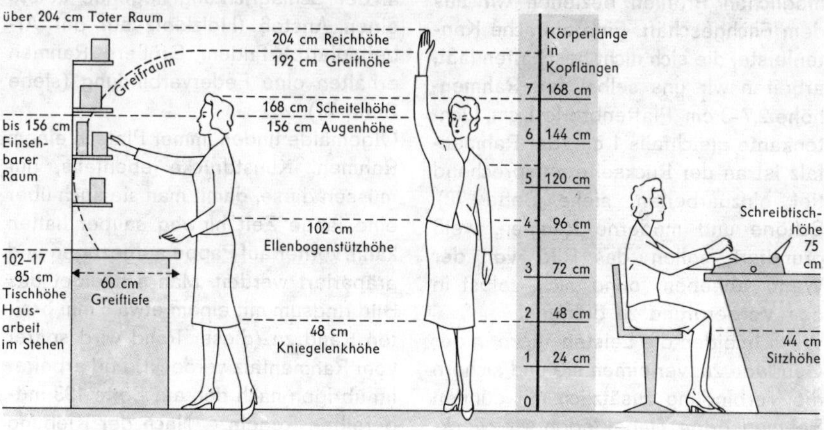

Alle Gebrauchsmaße im Möbelbau müssen vom menschlichen Körper ausgehen

höhe. Von diesen Maßen werden die Höhen für die verschiedenen Arten des Arbeitens und aufrechten sowie ruhenden Sitzens abgeleitet. Da diese Normen nicht allgemein bekannt sind, seien die wichtigsten genannt:

Sitz- und Arbeitshöhen:

Sitzhöhe	44 cm
Arbeitshöhe (bei sitzender Arbeitshaltung)	65 cm
Schreibtischhöhe	75 cm
Arbeitshöhe (bei stehender Arbeitshaltung)	80–85 cm
	(oder Ellenbogenhöhe minus 10 cm)
höchstmögliche Arbeitshöhe	1,60 m
Höhe der Kleiderbügelaufhängung	1,75 m
höchstes erreichbares Maß	2,00 m

Tischlängen und Tischbreiten:

Der Platzbedarf einer Person beträgt an der Tischlänge	65 cm
Tischbreite ohne Sitz an der Stirnkante	70–75 cm
Tischbreite mit Sitz	85 cm

Den Durchmesser runder Tische berechnen wir nach der Formel

$$\frac{\text{Kopfzahl} \times 65\ (\text{cm})}{3{,}14}$$

Kindertische:

Alter	Höhe	(Sitzhöhen)
6– 8	56 cm	32 cm
8–10	60 cm	35 cm
10–12	68 cm	39 cm
12–14	75 cm	44 cm

Bilderrahmen. Rahmenleisten mit allen möglichen Profilen beziehen wir aus dem Fachgeschäft. Eine einfache Kantenleiste, die sich nicht beschaffen läßt, arbeiten wir uns selbst (a): Rahmenhöhe 2,7–3 cm, Plattenbreite 1 cm, Lichtenkante gleichfalls 1 cm (der Rahmenfalz ist an der Rückseite entsprechend tief einzuarbeiten, siehe Seite 78). Schöne und moderne Rahmen, weiß grundiert, sollen das Bild von der Wand abheben, ohne sich selbst in den Vordergrund zu drängen.

Wir schneiden die Leistenstücke in der Gehrlade zu, verleimen sie und sichern die Verbindung zusätzlich mit dünnen Rahmenstiften. Dabei legen wir zweckmäßigerweise einen Eisenwinkel in die Rahmenecke. Beim Schlagen muß die in der Schlagrichtung liegende Leiste einen Anstoß (Holzklotz auf der Arbeitsplatte) finden. Größere Rahmen erhalten eine Federverbindung (siehe Seite 71).

Ölgemälde finden immer Platz in einem Rahmen. Kunstdrucke ebenfalls, nur müssen diese, damit man sie auch über eine lange Zeit hinweg sauber halten kann, vorher auf Pappe aufgezogen und präpariert werden. Man schneidet das Bild ringsum mit einem etwa 5 mm breiten Rand zu (dieser Rand wird später vom Rahmenfalz verdeckt) und arbeitet im übrigen nach den auf Seite 193 mitgeteilten Regeln. – Nach der Klebung bekommt die Bildoberfläche einen

Überstrich mit farbloser Gelatine (aus dem Lebensmittelgeschäft), die das Eindringen des Schutzlackes in den Druckkarton verhindert. Die Gelatine (in Blattform oder gemahlen) wird in etwas warmem Wasser aufgelöst und mit dem Pinsel als feiner Leim über die Oberfläche gestrichen. Nach dem Trocknen kann ein zweiter Aufstrich erfolgen. Der Schlußüberzug besteht aus Gemäldelack oder Firnis, den wir mit der Fixativspritze überstäuben.

Aquarelle, Kunstblätter und dergleichen gehören in ein Passepartout und unter Glas, wo sie nicht nur gegen Verletzungen, sondern auch gegen den andringenden Staub geschützt sind. Das Passepartout ist ein mappenartig gefalteter Karton, etwa in der Größe des Rahmeninneren, mit einem passenden Fensterausschnitt im Deckblatt. Wir überschlagen die eigentliche Bildgröße, legen danach die Ränder auf dem Passepartoutkarton fest und zeichnen die Schnittlinien vor. Dann schneiden wir das Bildfenster mit einem scharfen Buchbindermesser am Lineal über einer glatten Pappunterlage aus. Das Bild wird in das Passepartout eingelegt und in richtiger Lage unter dem Fenster fixiert. Zur Einglasung benötigen wir noch ein Stück Rückenpappe, etwas Glaserdraht (oder dünne, geköpfte Stifte) und Klebestreifen.

Das Glas soll wirklich farblos (»weiß«) und auch luftbläschenfrei sein und ringsum mit mindestens 2 mm Abstand im Rahmenfalz liegen. Ebensogroß schneiden wir die Rückenpappe zu, das Passepartout jedoch wieder 2–3 mm kleiner, damit es sich bei den Feuchtigkeitsschwankungen der Luft dehnen kann (Papier arbeitet!). Eventuell müssen wir die Passepartoutränder jetzt noch einmal nachschneiden.

Nun werden die Teile folgendermaßen übereinandergelegt: Zuunterst die Rückenpappe, darauf das Passepartout mit der Bildseite nach oben und darüber die sorgfältig gereinigte Glasscheibe (b). Wir beschweren den Block (c), ziehen eine Seite, die wir bearbeiten wollen, über den Tischrand, tauchen einen kleineren Klebestreifenab-

Bilder einrahmen – aber richtig!

schnitt in eine Schüssel mit Wasser, spritzen ihn ab und kleben ihn in der Scheibenmitte, indem wir Glas und Rückenpappe mit der linken Hand fest zusammendrücken, mit einem oberen Überstand von nur wenigen Millimetern um die Blockkante herum (d). Die Klebung wird mit einem trockenen Tuch angerieben. Der schmale Streifenüberstand auf der Glasoberseite verschwindet unter dem Rahmenfalz.

Haben wir uns so um die vier Blockmitten herumgearbeitet, dann wenden wir uns den Ecken zu. Hier drücken wir das Streifenstück am besten zunächst als Winkel gegen die Glaskante, schneiden die Überstände am Bruch ein und reiben sie in gleicher Weise wie oben an den Blockflächen fest. Die restlichen offenen Stellen lassen sich nun schnell verkleben (e).

Schließlich soll der Block im Rahmenfalz befestigt werden, und zwar mit Glaserdraht, den wir an mehreren Stellen dicht über der Pappoberfläche ansetzen. Wir knicken den Draht im Winkel, treiben ihn mit einem kleinen Hammer in den Rahmen ein und brechen ihn ab (f). Block und Rahmen bilden jetzt eine Einheit, die nur noch von der Rückseite her gegen den eindringenden Staub geschützt werden muß. Am besten legt man ein genau passendes Stück billiger Strohpappe in den Falz ein und verklebt es, ebenfalls mit Klebestreifen, von oben fugendicht mit dem umlaufenden Rahmen (g).

Die Bildöse nageln wir genau auf Mitte. Wer aber eine unsichtbare Aufhängung vorzieht, dreht zwei kleine Schraubösen an einander genau gegenüberliegenden Stellen etwas oberhalb der Bildmitte in das Rahmenholz ein und verbindet sie mit einer Bilderkette. Durch seitliches Verschieben am Haken wird das Bild gerade gehängt (h).

Plastisches Formen

Die plastische Form lebt von der Begegnung mit den Sinnen, der tastenden Hand und dem suchenden Auge, die das Wechselspiel der Höhlungen und Wölbungen (konkaver und konvexer Flächen) im Gebilde mit einem gewissen Wohlgefühl wahrnehmen möchten. Plastische Formung beginnt also dort, wo wir eine Kante runden, um einen Gegenstand »griffiger«, d. h. der tastenden Hand angenehmer zu machen. So kennen die Chinesen, deren Tastsinn höher als der unsrige entwickelt sein soll, kleine Gegenstände (sogenannte »Handschmeichler«), die so geformt sind, daß man sie gern in die Hand nimmt. Größere plastische Gebilde erfreuen vor allem das Auge durch den ausgeglichenen Schwung ihrer Linien.

Die plastische Form stellt sich am konstruktiven Werkstück zunächst durch den Gefühlsbezug ein. So soll sich ein Sessel der Körperform des Sitzenden anpassen, man muß ihm aber auch ansehen, daß man gut darin sitzt. Dementsprechend kennt auch die reine plastische Formung Vorstufen, die in der Verwendung konstruktiven »Baumaterials« liegen. In Brettsägefiguren und Bausteinformen z. B. ist der ebene Flächencharakter noch weitgehend erhalten. Solche Figuren können dann auch noch plastisch weiterbearbeitet werden. Wir stellen sie daher an den Ausgangspunkt einiger Werkformen, von denen wir am besten den Weg zur plastischen Gestaltung finden.

Spielzeug aus Brett- und Leistenholz

Mit dem bereitgestellten Spielzeug soll sich das Kind vielseitig betätigen können. Es muß ihm die Möglichkeit bieten, sich mit der Welt der Formen, die sich ihm auf Schritt und Tritt aufdrängt, tätig auseinanderzusetzen, und zwar durch schöpferisches Mittun aus seinen eigenen Möglichkeiten. Schon das Aneinanderreihen von Einzelteilen zu einem Ganzen, wie wir es beobachten, wenn kleine Kinder Bauklötze oder Stäbchen zu einer Umzäunung aneinanderlegen, bedeutet einen Anfang gestalterischen Tuns. In gleicher Weise schafft das Kind, wenn es für sein Tier einen Stall oder für sein Püppchen ein Haus errichtet. Nicht das naturalistisch am weitesten ausgearbeitete Spielzeug ist für ein gesundes Kind das beste und schönste, sondern das von uns am wenigsten vorgedachte, zu dem es aus der Fülle seiner eigenen Phantasie das meiste oder zumindest noch sehr viel selbst hinzufügen kann.

Wir basteln in erster Linie für die jüngeren Kinder, die sich ihre Spielwelt noch mit ungebrochener Phantasie aus elementaren Formen aufbauen und die sich von den älteren dadurch unterscheiden, daß sie noch nicht das sachlich richtige Spielzeug fordern. Als vorgearbeitetes Material verwenden wir Brett- und Leistenholz verschiedener Stärken und Querschnitte, dazu Holzabfälle, Besenstielabschnitte, Dübelrundholz, Gardinenkugeln usw.

Brettsägefiguren. Wesentlich sind klare Formen, die auch ohne Bemalen (siehe Seite 36) einen lebendigen Ausdruck haben. Wir finden diese im ehrlichen Bemühen leichter als die oft nur durch ihre naturalistische Bema-

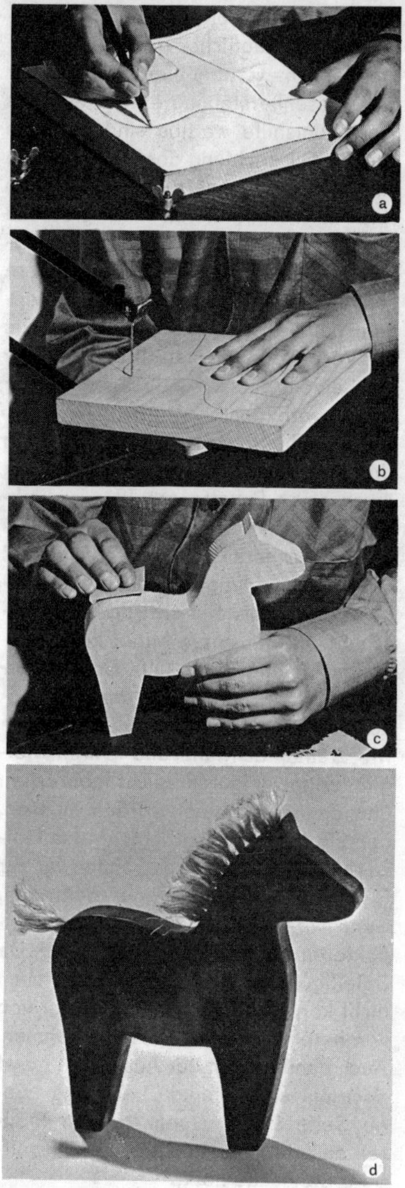

a) Die Umrißzeichnung wird auf das Holz übertragen und b) mit einem starken Laubsägeblatt ausgesägt; c) die Schnittgrate werden mit Sandpapier abgeschliffen; d) die Oberfläche über der Gasflamme wird gebrannt, Schwanz und Mähne aus gedrehter Hanfschnur werden eingefügt

lung wirkenden und modisch infizierten Formen käuflicher Brettspielzeuge, die vielfach – von geübten Grafikern für die Massenherstellung entworfen – als Wachstumshilfe wertlos sind, weil sie aus der Blickrichtung des Erwachsenen stammen. Grundsätzlich abzulehnen sind auch Karikaturen und groteske Gestalten. Zwar sind heute die Schöpfungen Walt Disneys auch bei Kindern sehr beliebt. Wir müssen aber bedenken, daß Figuren, die wesentlich aus der Verzerrung des Natürlichen »witzig« erscheinen, das gesunde Schauen der Kinder verbilden.

Brettsägefiguren sprechen durch ihren Umriß, dessen Wirkung wir am besten durch einen Schattenschnitt aus dunklem Papier kontrollieren. Anders als der gezeichnete Entwurf, der sich leicht in Überschneidungen und Vereinzelungen verliert, erweist sich der Scherenschnitt als ein gutes Mittel zur Formfindung (siehe Seite 150). Beim Übertragen des Schnittes auf das Holz beachten wir, daß schmale Teilstücke wie Beine, Schwanz und Ohren vielgliederiger Figuren leicht abbrechen und daher so gelegt werden müssen, daß sie mit der Faserrichtung des Holzes laufen. Ein weiteres können wir zur Spieltauglichkeit der Figur beitragen, wenn wir einzelne Gliedteile zu kompakteren Formen zusammenziehen. Da Spielfiguren aus dünnen Brettchen nicht körperhaft wirken, sollten wir von vornherein stärkeres Holz nehmen. Auch dann gelingt der Ausschnitt meist noch mit einer starken Laubsäge (siehe Seite 57). Bei sehr großen Figuren aus starkem Holz ist eine Schweif- oder Bandsäge nötig.

Tiere aus Leistenholz. Geeignet ist ein Leistenprofil 1 x 7 cm. Für jede Tierart ist eine Schattenrißvorlage anzufertigen und mit Kohlepapier mehrmals auf das Holz zu übertragen. Nach dem Ausschneiden werden die Tiere mit Sandpapier geglättet und mit farblosem Lack überzogen.

Bei Pferden ziehen wir Vorder- und

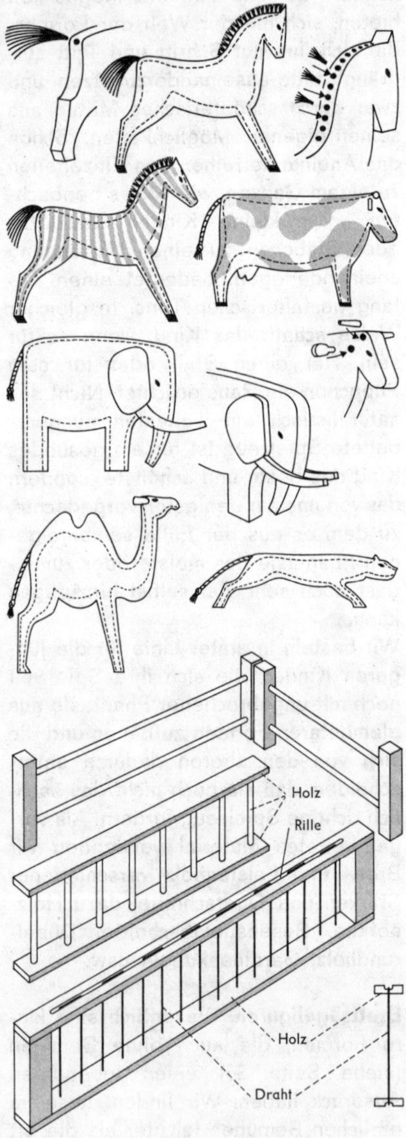

Selbstgearbeitete Zootiere samt Käfig

Hinterbeine zu festen Standbeinen zusammen. Die Mähne läuft in einem schönen Bogen vom Rücken her mit den Ohren zu einer kleinen Spitze zusammen. Dieser Pferdeumriß kann auch für das Zebra gelten. Ähnlich arbeiten wir Kamele, Giraffen, Nashörner, Tiger usw. Auch die Körperform von Elefanten schneiden wir aus dem gleichen Leistenholz wie oben. Ohren und Stoßzähne lassen sich aber besser gesondert aus dünnerem Material herstellen und beiderseitig anleimen.
Durch geschicktes Beschnitzen der Kanten können wir solchen Sägetieren auch körperhaftere Formen geben.
Die Schwänze der Tiere schneiden wir aus einem Stückchen Schnur zu und leimen sie in eine kleine Einbohrung am Hinterende des Tieres ein. Für kurze Pferdeschwänze nehmen wir grobe Hanfschnur, die sich nach dem Stutzen borstig auseinanderspreizt. Elefanten, Giraffen, Kamele bekommen Schwänze aus Baumwollfäden.
Gatter und Käfige stellen wir aus quadratischen Leistenstücken (1 x 1 cm) her, die in entsprechenden Längen geschnitten, mit dem Spiralbohrer angebohrt und mit dünnem Dübelholz verbunden werden.

Stadtbausteine. Wir besorgen uns starke Holzleisten mit rechteckigen, dreieckigen und solchen Querschnitten, in denen schon die Giebelseiten von Häusern sichtbar werden. Die einzelnen Hausformen können mit der Feinsäge oder dem Fuchsschwanz in beliebiger Menge abgetrennt werden. Ebenso leicht lassen sich durch Abwandlung der Profilquerschnitte hoch- und flachgiebelige Häuser, Tore, Türme und Stadtmauern schaffen.
Wir streichen nur die Dächer rot oder blau. Im übrigen behalten die Häuser ihre natürliche Holzfarbe.

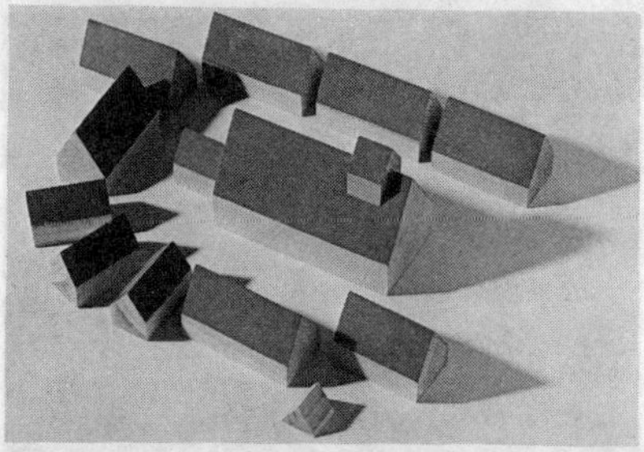

Oben: Stadtbausteine. Die Häuser wurden von vorgearbeiteten Profilleisten abgeschnitten. Unten: Schiffe. Die Teile der Aufbauten sind durch Dübel nur lose miteinander verbunden

Zusammensetzbares Spielzeug. In dieser Form können wir besonders gut Fahrzeuge herstellen. Dabei werden die einzelnen Teile weder miteinander verleimt noch vernagelt, so daß das Kind die Möglichkeit hat, sie jederzeit auseinanderzunehmen und – auch zu abwegigen Gebilden – neu zusammenzusetzen. Nur die Räder kann man drehbar fest anbringen, unter Umständen mit starken Tapeziernägeln, oder aber auch montierbar halten. Dann nimmt man als Achsen dünnere Dübelstücke, die mit einem Ende in stärkere Rundholzstücke eingepfropft werden.
Man halte die Spielzeuge übersichtlich und verarbeite nicht zu viele Einzelteile! Die Verbindungsdübel sollten wir so stark wählen, daß sie beim Spielen nicht abbrechen. Farbiges Beizen (siehe Seite 119) der einzelnen Holzteile erhöht die Spielfreude.

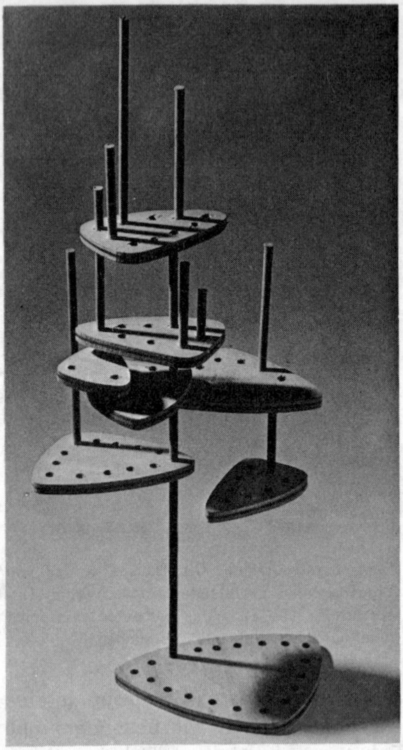

Die Formteile dieses Zusammensteckspiels wurden aus starkem Sperrholz geschnitten und an den Rändern mehrfach durchbohrt. Sie werden von entsprechend starken Dübelholzstäben zusammengehalten. Das Formgebilde kann immer wieder verändert werden

Holzbaukasten. Wir denken an einen »Baukasten«, der in seiner Zusammenstellung verschieden geformter Einzelteile enthält und viele Baumöglichkeiten gestattet. Gerade die ungewöhnlich gestalteten Klötze sind wichtig, denn sie geben dem Kinde größere Anregung als die im überkommenen Sinne genormten Bauteile. Entscheidend ist auch, daß gleiche Formteile mehrfach vorhanden sind. Wir geben sie dem Kinde unbezeichnet und ohne jeden Aufdruck in die Hand, am besten gesammelt in einem großen Sack. Das Material suchen wir in allen Winkeln unserer Heimwerkstatt, auch in der Abfallkiste, zusammen. Wer an weiteren Überlegungen Spaß findet, kann die einzelnen Bauteile so zuschneiden, daß sie, richtig geordnet, einen großen Würfel ergeben.

Figürliche Gebilde

Über die Arbeitsgänge, die zur plastisch-figürlichen Formung des Holzes hinführen, ist nicht viel zu sagen. Die Anforderungen an das Handwerkliche sind gering. Die Arbeit gliedert sich in zwei Abschnitte: das grobe Zurichten des Materials mit der Hand- oder Bandsäge und die feinere Ausarbeitung mit dem Messer oder einem anderen geeigneten Werkzeug (Raspel, Feile, Hohleisen) und Sandpapier.
Wie schon einleitend erwähnt wurde, können wir von einer Brettsägefigur ausgehen. Solch eine Figur ähnelt einer ausgeschnittenen Profilzeichnung, wie wir sie bei der Herstellung eines Handpuppenkopfes verwenden (siehe Seite 98). Mehr an Entwurfsarbeit zu leisten oder gar eine genaue Werkzeichnung herzustellen, ist bei plastischen Arbeiten weder nötig noch möglich, weil man die Form dem Charakter des Holzes entsprechend gestalten muß und auch während der Arbeit die Bildidee noch abändern und verbessern kann. Die zu bildende Form muß ständig in das Holz hineingesehen werden, unter Beobachtung der Möglichkeiten, die dieses zuläßt. Wenn wir hierin einige Übung erlangt haben, brauchen wir uns überhaupt nicht mehr von vornherein auf eine genaue Endgestalt festzulegen. Plastische Arbeiten, wie sie auf den folgenden Seiten vorgeschlagen werden, zeichnen sich dadurch aus, daß sie dem Werkstoff Holz in einer besonderen Weise gerecht

werden. Im Endergebnis sollen sie ihre eigene geschlossene Form aufweisen, auch dann, wenn wir mit dem Gebilde einen Bestandteil der natürlichen Welt in seinem eigensten Wesen zu erfassen suchten. Mit Absicht bemühen wir uns um die knappe, auf das Wesentliche gerichtete Aussage und verzichten auf das Ausschnitzen feinster Details. Unser Streben sollte an dieser Stelle nicht dahin gehen, »hohe Kunst« zu üben, sondern aus dem Stande unseres bescheidenen Könnens etwas Annehmbares zu leisten.

Tastspielzeuge. Die Tastfreude des Kleinkindes kennt keine Grenzen. Sein geistiges Wachstum beruht gerade auf der Möglichkeit, seine Umwelt »begreifen« und damit auch im Sinne des Verstehens »erfassen« zu können. Gutes Greifspielzeug finden wir selten. Die Spielzeughersteller sind zu stark in der erkennbaren Form befangen, obwohl es auf »Erkennbarkeit« noch gar nicht ankommt. Ein Tastspielzeug muß sich gut in die kindliche Hand einfügen. Ein altes Tastspielzeug ist beispielsweise Mutters Stopfei. Wir können eine solche rundliche Form auch flacher halten, mit Durchbrüchen oder klaren Kanten versehen. Vögel und einfache Tierfiguren sind ebenfalls möglich. Als Regel gilt: Immer nur soviel Material wegnehmen, wie unbedingt erforderlich ist, und sich nicht in Einzelheiten verlieren!

Plastische Formen. Als Ausgangsmaterial dienen der grob zugerichtete Klotz, eine Brettsägefigur (siehe Seite 93) oder auch in der Natur auffindbare Wuchsformen (gekrümmte Wurzel- oder Aststücke), die nur einer geringen Nachbearbeitung bedürfen, um sich in eigenlebige Formgebilde zu verwandeln. Bearbeitung wie oben.

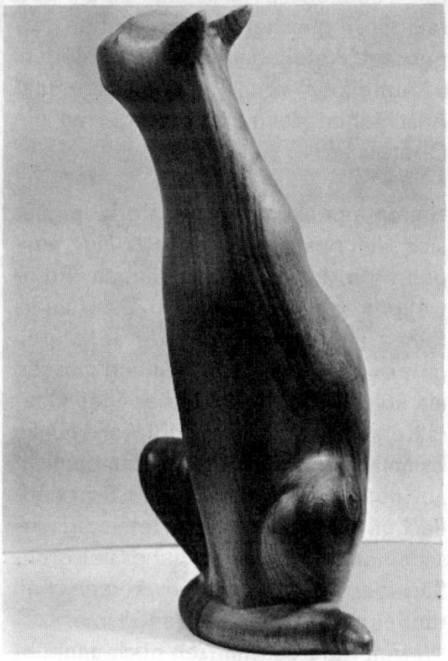

Für plastische Figuren dieser Art nimmt man am besten ein dunkles und schön gezeichnetes Edelholz

Belebung der Oberfläche. Hier haben wir verschiedene Möglichkeiten:

1. Brennen der bearbeiteten Oberfläche über der Gasflamme oder mit der Lötlampe und Abreiben mit einem Lappen. Besonders geeignet bei Lindenholz.
2. Bearbeitung der Oberfläche mit dem Sandstrahl, wodurch ebenfalls das weiche Frühholz der Jahresrinde stärker angegriffen wird (beispielsweise, um die Struktur eines Nadelholzes zu unterstreichen).
3. Bereicherung des über der Gasflamme geschwärzten Lindenholzes durch nachträglich mit dem Messer eingeschnittene Linien und Kerben. Auch durch Abschleifen einzelner Stellen des gebrannten Holzes kann man einen interessanten Wechsel heller oder dunkler Flächen erzielen.
4. Einlegen der Augen oder einer punktierten Körperzeichnung mit Hilfe andersfarbiger Dübelholzabschnitte.
Die Dübellöcher werden mit einem Spiralbohrer gleicher Stärke sauber vorgebohrt. Abfeilen und Bündigschleifen.
5. Aufleimen von Furnierstücken und Anschleifen der harten Ränder an die Oberfläche.

Handpuppenköpfe. Als Material eignet sich am besten Lindenholz. Nur ausgeprägte, klare Formen haben Fernwirkung bis in die letzte Zuschauerreihe. Handpuppen sind Karikaturen guter und böser Menschen und müssen als solche das Wesentliche eines Charakters vereinfacht ausdrücken. Hinzu kommt, daß die Köpfe im Rampenlicht nur durch betonte Licht- und Schattenflächen körperhaft und lebendig erscheinen. Wir arbeiten daher mit großflächigen Schnitten. Auf keinen Fall runden wir Kanten mit Sandpapier.

Wer im Figurenschnitzen noch ungeübt ist, mag sich zunächst einen Profilentwurf zeichnen. Die Zeichnung ist auf den entsprechend großen Holzklotz zu übertragen und durch mehrere Tangentenschnitte mit der Säge auszuschneiden. Auf die rohe Profilform zeichnen wir in einer weiteren Übertragung die Vorder- und Rückansicht des Kopfes sowie die Draufsicht. Alle drei Projektionen verbinden wir durch ein paar Hilfslinien.

Vielleicht können wir uns auch jetzt noch durch ein paar Sägeschnitte die grobe Abtragungsarbeit vereinfachen. Sonst stechen wir mit dem Hohleisen. Die restlichen Arbeiten werden mit dem Schnitzmesser frei aus der Hand ausgeführt.

Der Hals des Kopfes muß unten in einem Wulst enden, an dem später der Anzug befestigt werden kann. Das Fingerloch im Hals ist mit entsprechendem Durchmesser auszubohren.

Bemalung: Am schönsten sind Temperafarben. Bei Lampenlicht malen wir kräftiger und damit auch bühnenwirksamer. Weiße Glanzlichter in den Pupillen beleben die Augen. Während der Bemalung sollten wir uns den Kopf immer wieder einmal aus der nötigen Entfernung betrachten. Zum Schluß lackieren wir mit Zaponlack.

Hohlformen aus dem Klotz

Wir schnitzen Schalen, Schaufeln, Löffel und andere Hohlformen. Der Hohlraum ist dabei das formbestimmende Element. Daraus ergibt sich als Formprinzip, daß wir solche Geräte grundsätzlich von der Höhlung her aufbauen. Erst wird die Innenform hergestellt und nach dieser muß sich die Außenform richten. Diese Arbeitsfolge hat auch den Vorteil, daß wir das Werkstück zum Ausheben des Inneren, wozu wir beide Hände benötigen, besser einspannen können.

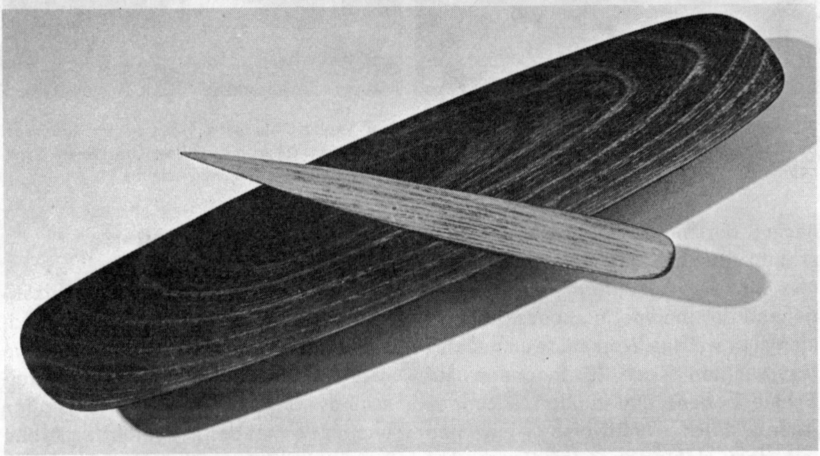

Oben: Die Form der Schale ergibt sich aus ihrer Funktion des Fassens, Umfassens, Beinhaltens. Unten: Eine besonders schöne und kontrastreich gezeichnete Federschale mit sehr flacher Wölbung und dünner Wandung. Der Brieföffner wurde in einem zu den hellen Wachstumslinien passenden Holzton gearbeitet

Der zu bearbeitende Klotz muß waagerecht und fest liegen. Am besten klemmen wir ihn mit einer Schraubzwinge an die Kante des Arbeitstisches. Dann wird die Umrißlinie der Hohlform auf die Holzoberfläche aufgezeichnet – entweder aus freier Hand oder mit Hilfe einer Schnittschablone – und mit dem Aushöhlen (Gründeln) begonnen. Als Werkzeug verwenden wir nur ein scharfgeschliffenes Hohleisen (siehe Seite 51). Auch grobe Schnittspuren stechen wir noch mit dem Hohleisen ab. Zum Schleifpapier greifen wir erst, wenn die Wände keine Unebenheiten mehr zeigen.

Ist die Innenform sauber und glatt, können wir mit der Bearbeitung des Äußeren beginnen. Wir lösen den Klotz aus der Verspannung und tragen zu-

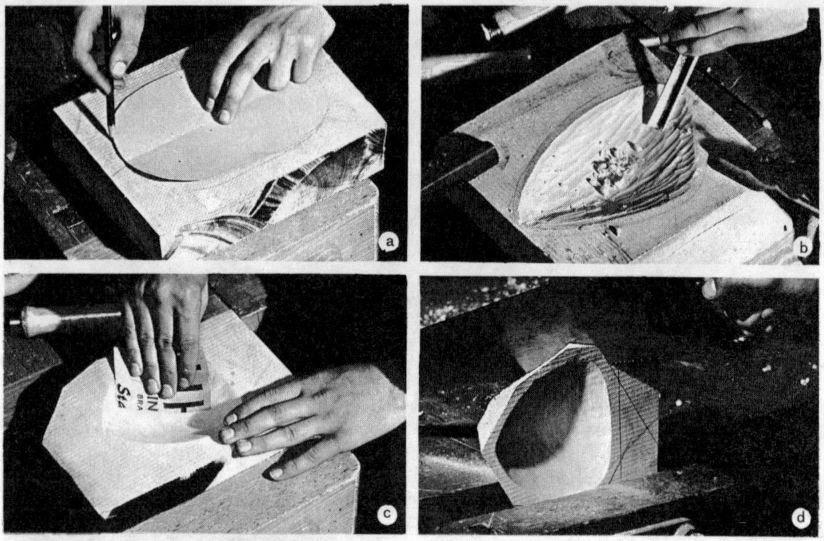

Schalenschnitzen: a) Die Schalenform wird nach einer Papierschablone auf das Holz aufgerissen. b) Ausheben des Forminneren mit einem Hohleisen. c) Ausschleifen mit grobem und feinem Sandpapier. d) Wegnahme des umgebenden Holzes durch schräg geführte Tangentenschnitte

nächst durch ein paar grobe Sägeschnitte seine Kanten ab. Dabei können wir die Außenform schon weitgehend der Innenform anpassen. Dann klemmen wir das Werkstück umgekehrt fest auf den Tisch (Zwingenarm auf Schalenboden) und runden auch das Äußere durch schnittweises Abstechen mit dem Hohleisen oder Bearbeiten mit der groben Raspel. Anzustreben sind möglichst dünnwandige Formgebilde. Gleichmäßigkeit der Wandstärke erreichen wir durch wiederholtes Betasten und Visieren. Die Schlußbearbeitung erfolgt mit Sandpapier.

Gutes Gründelmaterial finden wir unter den etwas härteren Hölzern, die zugleich eine schöne Zeichnung haben, wie Rüster, Birne, Esche, Kirsche, Walnuß und Eiche. Ausgesprochene Weichhölzer (Linde, Erle, Pappel) sowie die meisten Nadelhölzer (mit Ausnahme der feinjährigen nordischen Kiefer) scheiden aus.

Bildhauerische Arbeiten

Von der bisher geübten holzplastischen Formtechnik ist ernsthafte bildhauerische Arbeit nur schwer zu trennen. Der Übergang ist fließend. Unterschiede bestehen in der Konzeption und im Format der ausgeführten Arbeiten sowie in der technischen Verfeinerung und präzisen Schnittführung. Wer aber auf diesem Gebiet Gutes leisten möchte, bedarf noch einer Summe weiterer Erfahrungen, die sich nur durch Übung und durch ein sorgfältiges Formenstudium erwerben lassen. Mehr als ein paar zweckmäßige Ratschläge können die nachfolgenden Seiten nicht geben. Das Fehlende muß sich jeder selbst aneignen durch fleißiges Formenzeichnen, Modellieren in Ton, vielseitiges Probieren, aufmerksames Betrachten guter Bildhauerarbeiten, eventuell durch ein paar praktische Gehilfenwochen in einer guten Bildhauerwerkstatt. Es gibt auch Holzschnitzschulen, in denen man sich weiterbilden kann.

Die Bildhauerwerkzeuge. Natürlich kann man schon mit einem gewöhnlichen Taschenmesser eine kleinere Figur aus geeignetem Holz schnitzen. Der zünftige Bildhauer arbeitet jedoch mit sogenannten »Schnitzeisen«. Dies sind kleinere Hohl- oder Stecheisen, die den gröberen Stechwerkzeugen (siehe Seite 51) ähneln und auch in ähnlicher Weise gehandhabt werden.
Blicken wir in ein Bildhaueratelier, so sehen wir dort vielleicht fünfzig und mehr verschiedene Eisen. Es sind Spezialwerkzeuge, die jeweils nur für bestimmte Arbeiten verwendet werden. Meist ist es jedoch so, daß der Künstler nur drei oder vier davon wirklich ständig handhabt. Das sind die Eisen, an die er sich im Laufe der Zeit gewöhnt hat und die seiner Hand bzw. seiner Schnittführung am besten entsprechen. Wir ziehen daraus eine Lehre und kaufen uns für den Anfang nur einen kleineren Satz, statt uns von vornherein mit einem Riesensortiment verschiedener Eisen zu belasten, deren Einsatzmöglichkeiten wir zunächst noch gar nicht kennen und so schnell auch nicht erfahren werden. Zu Hause nehmen wir dann einmal dieses und einmal jenes Eisen zur Hand und sehen zu, wie wir damit vorwärtskommen. Wir merken bald, daß sich die gröberen Werkzeuge (mit kurzen Anschliffen) besser zum Abtragen starker Holzmassen und die schlankeren (mit langer Faser) besser zum Ausarbeiten feinerer Formen eignen. Beim Stechen darf das Eisen weder zu steil noch zu flach gehalten werden. In der Regel wird es locker angefaßt und mit der Hand vorwärts getrieben. Nimmt man aber einen Knüppel zu Hilfe, so bekommt der

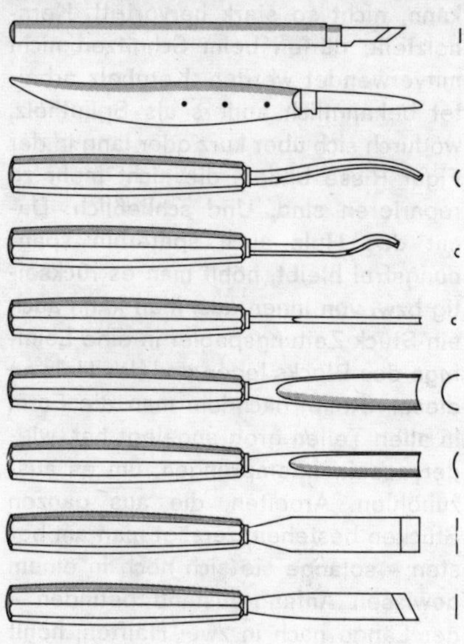

Schnitzwerkzeuge

Schnitt jenen lebhaften Zug, der für viele Schnitzarbeiten charakteristisch ist.

Das Zurichten des Holzes. Das wegen seiner Haltbarkeit und Widerstandskraft zum Schnitzen bevorzugte Material ist Eiche. Natürlich können wir auch Linde, Nußbaum, Birne und andere kurzfaserige Hölzer verwenden, soweit sie gesund, astfrei und auch trocken sind. Starke Bohlenstücke sind erst nach jahrelanger Lagerung richtig trokken und im Handel nur schwer zu bekommen. Man kann daher auch möglichst starke Brettstücke fugendicht und lagerichtig (siehe Seite 68) zum Block aufeinanderleimen. In solchen Blöcken werden die Figuren später so angesetzt, daß die Leimfugen seitlich liegen, wo sie weniger stören.
Beim Einplanen einer Figur in das Holz ist darauf zu achten, daß die Holzfaser senkrecht verläuft und die Maserung des Holzes, die feinere Linien und Formen im Bildwerk empfindlich stören

kann, nicht so stark hervortritt. Kernholzteile dürfen beim Schnitzen nicht mitverwendet werden. Kernholz arbeitet bekanntlich anders als Splintholz, wodurch sich über kurz oder lang in der Figur Risse bilden, die nicht mehr zu reparieren sind. Und schließlich: Damit das Holz auch späterhin spannungsfrei bleibt, höhlt man es rückseitig bzw. von innen aus. Man kann auch ein Stück Zeitungspapier in eine Leimfuge des Blocks legen und das Holz an dieser Stelle, nachdem man die Form in allen Teilen grob angelegt hat, wieder auseinandersprengen, um es auszuhöhlen. Arbeiten, die aus ganzen Stücken bestehen, zersägt man am besten – solange sie sich noch in einem gewissen Anfangszustand befinden – der Länge nach in zwei Hälften, höhlt diese von innen aus und leimt sie hinterher wieder zusammen. Die Arbeit beim Aushöhlen ist ähnlich der beim Schalenschnitzen (siehe Seite 98).

Bisher ist nur von der Verwendung trockenen Holzes gesprochen worden. Größere Figuren kann man aber auch aus ganzen oder halben frisch gefällten Stammstücken herausschlagen. Man spricht von »Vollstamm-« und »Halbstammarbeiten«. Das grüne Holz ist weich und läßt sich gut bearbeiten, muß aber nach dem Herausarbeiten der Rohform ebenfalls – und zwar bis auf eine wenige Zentimeter dicke Wand – ausgehöhlt werden. In einer so dünnen Holzschicht haben dann die Jahresringe keinen Zusammenhang mehr. Das Holz arbeitet nicht mehr und kann bis zur Ausarbeitung in der Sonne oder in Ofennähe getrocknet werden.

Risse und Äste im Holz. Im überheizten Raum kann auch ein gut getrocknetes Stück Holz sehr leicht Risse bekommen. Diese müssen wir dann mit passend zugeschnittenen Stücken des gleichen – und gleich gemaserten – Holzes bis in die Tiefe hinein ausspanen, und zwar vor Beginn der Arbeit oder wenn sie weitgehend vollendet ist. Äste stören im Holz meist schon durch den starken Kontrast, den sie zu der umgebenden helleren Holzfläche bilden. Am besten bohrt man sie mit einem entsprechend breiten Bohrer heraus und verdübelt das Loch wieder. An größeren Stellen muß man den Bohrer mehrmals nebeneinander ansetzen und den Lochrand mit dem Stecheisen glattschneiden. Dann überträgt man die Lochform mittels einer Randschablone (Lochrand in Papier abdrücken!) auf dein gleichfarbiges Stück Füllholz, schneidet dieses zurecht und leimt es intarsienartig in die Aushebung ein. Auch dabei muß auf den gleichen Verlauf der Maserung geachtet werden. Harznester sind ebenso zu behandeln, weil über diesen Lacküberzüge nicht trocknen.

Maskenschnitzen. Die Maske birgt das Rätselhafte und Unbekannte. Unser wahres Gesicht als Ausdruck des Persönlichen soll überdeckt werden durch das Fremdartige, Zauberhafte, das überrascht und erschreckt. Obwohl wir heute außer bei den großen Fastnachts- und Karnevalsumzügen kaum noch Masken tragen, stellen wir sie gern als dekorativen Wandschmuck her.

Beim Schnitzen der Maske kommt es lediglich auf das Herausarbeiten eines bestimmten seelischen Ausdrucks an. Bei einem lachenden Gesicht werden Mund- und Augenwinkel hochgezogen, bei einem traurigen weisen die Mundwinkel nach unten. Grimmige Dämonen müssen die Zähne fletschen und die Augen rollen, in denen die Pupillen für den Durchblick des Maskenträgers offenbleiben. Welche Bewegtheit bei einer geschnitzten Gesichtsform mög-

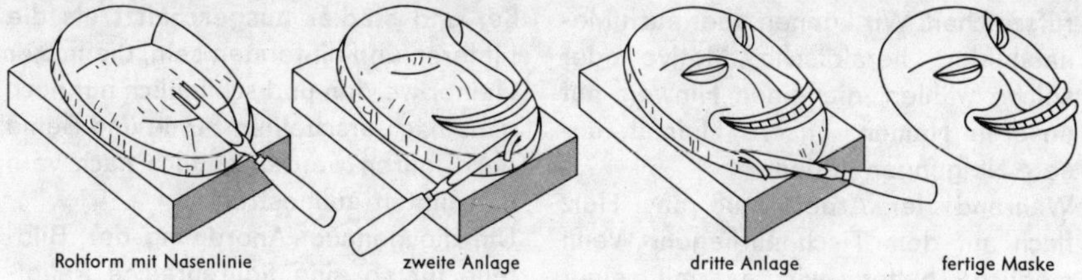

Die verschiedenen Entstehungsstadien einer Holzmaske

lich ist, können wir an Eingeborenenmasken oder alpenländischen Perchtenmasken studieren.
Am leichtesten schnitzt man in Lindenholz. Brauchbar ist ein Klotz von etwa 30 cm Länge und 20 cm Breite, nach Möglichkeit 12–15 cm stark. Die runde Gesichtsform kann nach einer Schnittschablone aufgerissen und in großen Zügen umstochen werden, wobei jedoch die Nasenlinie noch in voller Höhe stehenbleibt. Dann markieren wir bedachtsam die Stellen für die Augen, Backenknochen, Nase und Mund, und bringen schließlich auch die feineren Partien an: Lippen, Zähne, Nasenflügel, das Spiel der Falten, die Lid- und Wangenwülste. Wir arbeiten uns also in mehreren Etappen von der Grobform zur Feinform hin, wobei jeder Arbeitsgang schon einen vorläufigen Endergebnis gleichkommen soll. Zum Schluß muß die Maske geglättet und von hinten bis auf eine sehr geringe Wandstärke ausgehöhlt werden.
Die Bemalung erfolgt am besten mit verdünnter Ölfarbe auf einer Leimwassergrundierung (1 Teil gekochter Leim und 4 Teile Wasser). Durch ein Kopftuch oder eine Hanfperücke läßt sich das fremdartige Bild vervollständigen.

Ornamentales Schnitzen. Seit jeher waren schmückende Schnitzerei und konstruktives Zimmerhandwerk, Bildhauerei und Architektur untrennbar miteinander verbunden. So finden wir noch an manchem alten Fachwerkhaus kunstvoll geschnitzte und reich profilierte Balkenköpfe und Schwellenbalken. Heute läßt sich natürlich nicht jedes Wohnhaus oder Möbel ohne weiteres auf diese Weise sinnvoll und stilgerecht mit Schnitzereien versehen. Ältere Häuser und Einrichtungsgegenstände scheiden meist schon deshalb aus, weil ein derartiger zusätzlicher Schmuck von vornherein eingeplant werden muß. Diese Möglichkeit hat man also nur bei neuen Bauten. Vielfach gelingt es aber doch noch, eine Schmucktafel oder -leiste sinnvoll anzubringen. Geeignete Stellen dazu können sein: ein Platz über oder neben dem Hauseingang, Erker- und Balkonvorbauten, Türen, Flächen an Giebel- oder Traufwänden, große Möbelflächen, Schrankfüllungen, Griffleisten, Gartenpforten, Tore usw. Wer keine derartige Möglichkeit findet, schnitze eine Schautafel, die sich vielleicht irgendwo in der Wohnung an die Wand oder auf einen niedrigen Schrank stellen läßt, auch innerhalb eines Bücherbordes kann man sie anbringen.
Wählen wir für den Anfang eine aus zwei Bohlen gefügte Tafel, etwa im Format 50 mal 60 cm. Auf dieses Werkholz pausen wir die Umrisse einer ornamentalen Entwurfszeichnung. Dabei kann es sich um eine Darstellung aus der Tier- und Pflanzenwelt handeln, irgendein Symbol oder ein geschickt gestaltetes und gut angeordnetes Be-

rufszeichen. Wir können aber auch Monatsbilder, heraldische Motive oder solche wählen, die einen Hinweis auf unseren Namen, unsere Heimat, unsere Neigungen geben.
Während der Arbeit muß das Holz flach auf dem Tisch aufliegen. Wenn möglich, halten wir es mit einer Schraubzwinge fest.
Die Umrißlinien der Zeichnung werden mit einem mittleren Hohleisen vertieft und mit einem Flacheisen entlang der Figurenränder zurückgeschnitten, damit sie erhaben aus einem tieferen Grund hervortreten. Erst wenn so die Hauptform der Schnitzarbeit festgelegt ist, denken wir – zunächst noch in groben Andeutungen – auch an die Einzelheiten, an Partien, die mehr oder weniger stark emporstehen sollen, und solche, die tiefer zurückliegen. Nun folgt die Feinarbeit, das plastische Ausarbeiten der Details, wobei Einzelheiten die letzte Form erhalten und scharfe Kanten gerundet, rauhe Stellen geglättet werden. Rundliche Formen lassen sich mit einem flachen Hohleisen gut bearbeiten. Abschließend ebnen wir den umgebenden Grund ein. Leichte Schnitzspuren lassen wir stehen, weil sie eine gewisse Struktur in die Fläche bringen und gerade den Reiz eines handgearbeiteten Stückes ausmachen.

Figürliche Reliefs. Die Arbeitsweise unterscheidet sich nicht wesentlich von der einer ornamentalen Schnitzarbeit. Der Charakter eines Reliefs wird von der Fläche bestimmt. Daraus ergibt sich, daß starke Ausladungen oder Vertiefungen vermieden werden müssen. Es dominiert die Seitenansicht. Frontale Darstellungen sollten nur selten vorkommen. Die Perspektive des Hintergrundes bauen wir kulissenhaft auf: Die Figuren im Vordergrund müssen größer und stärker ausgeschnitzt als die hinteren und hintersten sein, die immer kleiner werden und schließlich nur noch ganz flach erscheinen. Arme und Beine der Figuren werden seitlich nach vorn und hinten ausgestreckt.
Um die genaue Anordnung der Bildteile für so eine figurenreiche Reliefschnitzerei zu finden, ist wieder eine exakte Entwurfszeichnung nötig. Wir müssen darauf achten, daß innerhalb des Bildes nicht allzu große leere Flächen entstehen und daß die Formen im Bildraum mit einem Gefühl für Ordnung und Gleichgewicht verteilt werden. Bildteile im Hintergrund sollen die Zwischenräume der vorderen ausfüllen.
Reliefarbeiten werden am Werkplatz senkrecht eingespannt, weil man nur so die Wirkung des Ganzen sehen und beurteilen kann. Nach dem Einschneiden der Umrißlinien deuten wir die emporstehenden und tiefer liegenden Partien zunächst nur leicht an, damit wir solange wie möglich Verbesserungen anbringen können und uns nicht so schnell festlegen. (Ausarbeitung siehe ›Ornamentales Schnitzen‹.)

Figürliche Vollplastiken. Bildschnitzerei und Bildhauerei haben im Laufe der Jahrhunderte immer wieder besondere Blütezeiten erlebt. Im Mittelpunkt des Schaffens stand dabei aber stets die menschliche Vollfigur. Auch ein Laienbildhauer darf sich gern an diese Aufgabe wagen, wenn er einige Übung mit dem Schnitzmesser erlangt hat.
Eine Vollplastik in bescheidener Größe kann man sowohl aus einem verleimten Block als auch aus einem ganzen oder halbierten Stammstück schnitzen. Die Verarbeitung verleimter Blöcke ist neueren Datums und aus der Not geboren, um auf schnellste Weise zu genügend durchgetrocknetem Holz in

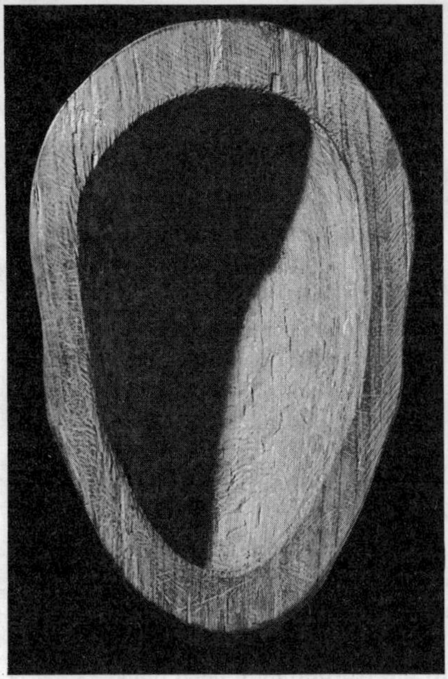 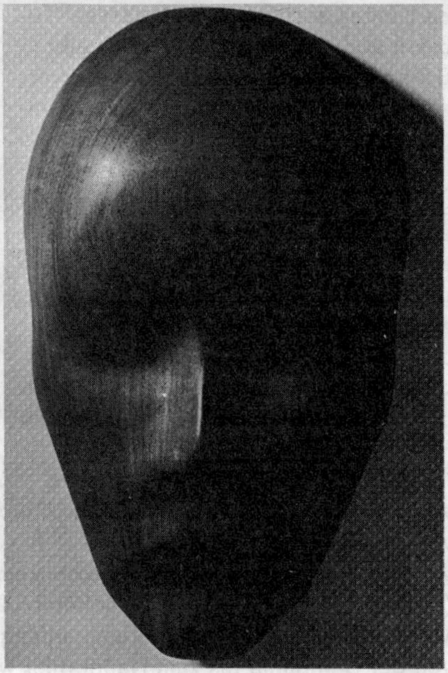

Damit das Holz nicht reißt, müssen aus dem Block geschlagene Plastiken vorsichtig von der Rückseite her ausgehöhlt werden

brauchbarer Stärke zu kommen. Welches Material man bevorzugen soll, hängt von den Beschaffungsmöglichkeiten und natürlich von dem jeweiligen Zweck der Arbeit ab. Starke Lindenholzbohlen zum Verleimen bekommt man in einer Holzhandlung. Stammholz dürfte sich nur nach Absprache mit einem Händler beschaffen lassen. Runde Stammstücke passen sich mancher plastischen Form besonders gut an, während die flächigen Blöcke besser gefügt werden können, wenn es darum geht, vorspringende Teile und Ausladungen wie Nasen, Gewandfalten oder Hände gesondert anzusetzen. Größere Arbeiten müssen in jedem Fall ausgehöhlt werden. Ebenso ist das Kernholz zu entfernen.

Zum Befestigen des Werkholzes am Arbeitstisch dienen Figurenschrauben mit griffiger Flügelmutter. Diese Schrauben werden von unten durch eine Beilage und die Arbeitsplatte des Tisches hindurch in das Werkstück eingedreht. Kleinere Arbeiten bringen wir durch einen stabilen Galgen, den wir in die Hinterzange der Hobelbank einspannen, in eine bequeme Arbeitshöhe. Mancher Künstler schafft frei nach dem Gefühl, ohne Modell oder Vorlage, selbst ohne Zeichnung. Dies ist aber wohlgemerkt die schwierigste Arbeitsweise, die zudem ein hohes Maß an Begabung voraussetzt. Einem Anfänger ist dringend zu raten, sich von der anzufertigenden Plastik ein Tonmodell herzustellen. Das weiche Material gibt ihm die Möglichkeit, Bewegungen und Körperlagen so lange zu variieren, bis sie seinem Gefühl für ihre Richtigkeit entsprechen. Man nimmt dazu den gewöhnlichen Töpferton, den man auch zum Gefäßformen braucht und bei Arbeitsunterbrechungen mit nassen Tüchern abdeckt, damit er feucht bleibt. Schon im Altertum haben Künstler versucht, die Maßverhältnisse des wohlproportionierten menschlichen Körpers in einer brauchbaren Formel festzulegen. Diese Versuche wurden im Mittelalter bis hin zu Albrecht Dürer fortgesetzt. Das Ergebnis gilt bis zu einem gewissen Grad noch heute. Dürer ging, alle individuellen Abweichungen außer acht lassend, von der Vorstellung aus, daß jeder menschliche Körper nach den Maßverhältnissen des »goldenen Schnitts« (siehe Seite 32) gebaut sei. Es gibt zahlreiche Proportionen, die diesem Goldenen Schnitt entsprechen. Nach der Teilung 3 : 5, die einen Gesamtstreckenwert (das »Ganze«) von 8 voraussetzt, verfährt man am leichtesten. Die Schnitt-Teilung 3 : 5 : 8 wurde daher von alters her von den Bildhauern und Malern zum Festlegen körperlicher Teilstrecken immer wieder angewendet. Sie bewahrt auch uns davor, Figuren mit zu großen Köpfen oder zu kleinen Händen bzw. zu kleinen Unterlängen zu bilden.

Im Vergleich zur vollen Figurenhöhe (Körperlänge) beträgt die Entfernung:

von der Standlinie bis zum halben Unterschenkel	1/8
von der Standlinie bis zum Knie	2/8
von der Standlinie bis zur Oberschenkelmitte (= Fingerspitzen der am Körper herabhängenden Hand)	3/8
von der Standlinie bis zum Rumpfanfang	4/8
von der Standlinie bis zum Nabel (hier wird die Körperlänge nach dem Goldenen Schnitt geteilt)	5/8
von der Standlinie bis zum Brustansatz	6/8
von der Standlinie bis zum Kinn	7/8
die Länge des Kopfes beträgt	1/8
die Länge der gestreckten Hand beträgt (etwas weniger als 1/8)	1/10

Der Schulteranfang liegt etwa einen halben Achtelteil unterhalb des Kinns. Die Entfernung der beiden Brusthälften voneinander beträgt 1/8 der Körperlänge.

Ebenso wichtig sind auch einige Kenntnisse der Anatomie. Zumindest müssen wir wissen, welche vorspringenden Knochen- und Gelenkteile in der äußeren Körperform sichtbar werden und welche Muskelstränge sich in Form und Wölbung an der Körperoberfläche abzeichnen. Ein Blick auf eine anatomische Schautafel und auf das Spiegelbild des eigenen Körpers sagt hier mehr als erklärende Worte.

Nach der Fertigstellung des Tonmodells (nur in groben Zügen!) werden die Umrisse der Figur mit kräftigen Strichen auf die Holzoberfläche aufgezeichnet und mit einem starken Stecheisen nach außen abgestochen. Die plastische Ausarbeitung beginnt mit der »Anlage« (so nennen wir das Herausarbeiten der großen Form), wobei wir uns an Kleinigkeiten wie Augen, Mund und Nase noch nicht verlieren. Erst werden die am stärksten hervortretenden Stellen grob umschnitten und dabei in der Hauptsache Lage und Bewegung des ganzen Körpers festgelegt. Hochliegende Stellen müssen schon jetzt hervortreten, tiefe werden mit einem Hohleisen zunächst nur schwach angedeutet. Alle Einzelheiten sind auf ihre Richtigkeit zu prüfen und in ihrer Lage aufeinander abzustimmen. Nur langsam und mit reichlicher Überle-

gung arbeiten wir uns weiter in die Tiefe des Holzes hinein, wobei wir die Arbeit auch ständig in ihrer Seitenansicht kontrollieren. Wer schon am Anfang gedankenlos Holz abträgt, das er hinterher bei der feineren Ausarbeitung wieder braucht, wird nicht zum Ziele kommen.
Nach Festlegen der großen Form und seitlicher Kontrolle, ob die Höhen und Tiefen stimmen, wenden wir uns auch dem »Hinterschnitt« zu, wie wir die Bearbeitung der hinteren Bildhälfte nennen. Bis jetzt arbeiteten wir gleichsam wie an einem plastisch stark aus der Holzfläche herausgehobenen Relief und bewahrten uns damit so lange wie möglich die Gelegenheit, mit einzelnen Partien tiefer in das Holz hineingehen zu können. Der Hinterschnitt kommt also ganz zum Schluß, wenn alle Bildteile und auch die gewünschte Bewegung festliegen.
Erfahrungsgemäß ist das Ausarbeiten der letzten Feinheiten weniger schwierig. Grobe Kanten müssen abgetragen werden, Wölbungen gut herauskommen. Daß jetzt die nötigen Erhebungen noch da sind, ist bei der Anlage schon berücksichtigt worden. Das Glätten der Form sollten wir nicht so weit treiben, daß auch die letzten Schnittspuren verschwinden. Sie lassen die Handschrift des Schnitzenden erkennen und geben dem Werk besondere Lebendigkeit.
Auch bei geschnitzten Figuren sollten wir die Naturfarbe des Holzes der dekkenden Bemalung vorziehen. Schöne Harthölzer wie Buchsbaum, Birne, Nußbaum, Eiche können wir mit Leinöl tränken (wenn dadurch die Maserung nicht zu stark hervortritt!). Ein dauerhafter Schutzüberzug ist der Überstrich mit farbloser Zellulosemattine (siehe Seite 116).

Das Drechseln

Beim Drechseln oder Drehen rotiert das Werkstück um seine eigene Achse, während ein Drehmeißel gleichzeitig an ihm entlang oder in dieses hinein bewegt wird und einen Span abschält. Durch diese Bearbeitungsweise bekommen die Gegenstände jene eigentümliche Gleichmäßigkeit, welche für gedrechselte Formen charakteristisch ist, die früher vielfach auch als Schmuckelemente an Möbeln, Treppengeländern usw. verwendet wurden. Heute sehen wir im Drechseln weit mehr eine reine Formtechnik, die der Herstellung eigenwertiger Gegenstände wie Schalen, Dosen, Lampenfüße und anderer rundformiger Werkteile vorbehalten ist.
Die Ausübung dieser schönen Werktechnik beruht auf jahrhundertealter Überlieferung. Neuere Grabfunde verraten, daß das Drechseln schon in der Bronzezeit, vor 2700 Jahren, in Europa bekannt war. Niemand weiß aber, wie die urzeitliche Drehbank ausgesehen hat. In Ägypten ist noch heute die »Fitzelbank« in Gebrauch. Das ist eine urtümliche Vorrichtung, bei der das Werkstück mit Hilfe der umschlungenen Sehne eines Spannbogens drehend bewegt wird. Im Mittelalter gehörte die Kunst des Drechselns zur »höheren Bildung«. Zahlreiche bedeutende Maler und Bildhauer – wie Albrecht Dürer und Veit Stoß – betrieben sie in ihren Mußestunden. Leonardo da Vinci soll die rotierende Spindel erfunden und damit den Grundstock für die heutige Drehbank geschaffen haben.

Die Anschaffung einer gebrauchstüchtigen Drechslerausrüstung war für den Heimwerker noch bis vor wenigen Jahren mit hohen Anschaffungskosten, Antriebs- und Platzschwierigkeiten verbunden. Diese Probleme sind von der Werkzeugindustrie gelöst worden. Heute kann sich schon der Besitzer einer strombetriebenen Handbohrmaschine mit Hilfe praktischer Zusatzteile (Elektro-Kombinationswerkzeug) eine kleine Holzdrehbank für den Heimbetrieb zusammenbauen. Wir sollten diese Möglichkeit schon bei der Anschaffung des Grundgerätes mit ins Auge fassen.

Die Drehbank

Eine moderne Drehbank besteht aus Spindelkasten, Handauflage und Reitstock. Diese drei Hauptteile sind auf einer Schiene montiert und die beiden letzten bei feststehendem Spindelkasten verschiebbar, so daß sich unterschiedlich lange Werkteile in die Bank einspannen und bearbeiten lassen.
Im Spindelkasten rotiert die Arbeitswelle (Spindel), deren Drehung mit Hilfe eines auswechselbaren Futters auf das Werkstück übertragen werden kann. Man braucht zum Drehen verschiedene Futter: Dreizack, Vierkant, Schrauben- und Backenfutter – je nachdem, ob es sich um ein schmales oder breites Werkstück handelt, das man einspannen möchte, und ob es sich durch die Futterbefestigung allein hält oder mit Hilfe der körnerartigen Reitstockspitze in die Klemme genommen werden muß. Auf einer verschieb- und schwenkbar angebrachten Handauflage wird das Drehwerkzeug gehal-

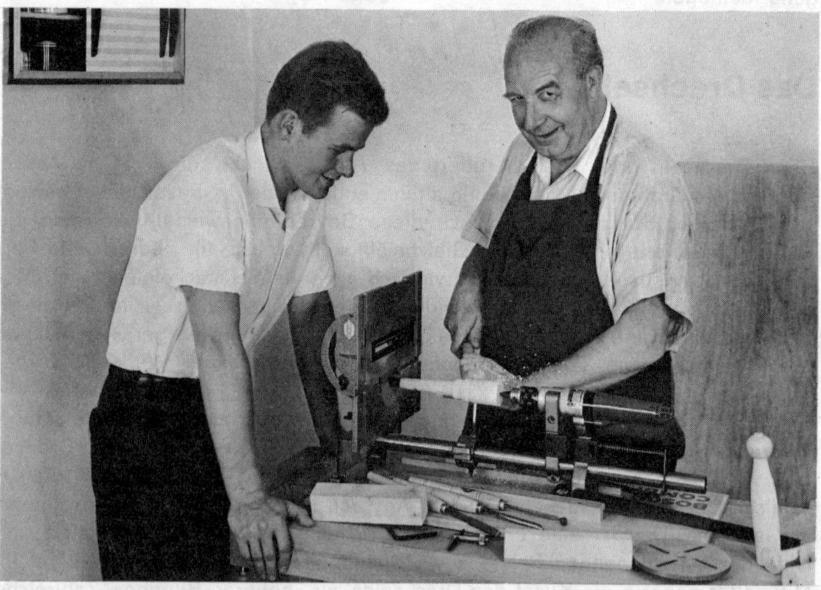

Das Drechseln erschließt uns die Schönheit des Holzes in ganz besonderer Weise. Verwendet werden Weich- und Harthölzer je nach Eignung. Hier die Arbeit mit einem Elektro-Kombinationswerkzeug in seiner Zusammenstellung als Drehbank. Mit diesem Gerät kann Holz bis zu 18 cm Durchmesser und 35 cm Länge, mit Zusatzeinrichtung sogar bis 88 cm Länge bearbeitet werden

ten. Der Reitstock kann im richtigen Abstand arretiert werden. Spitzenhöhe nennt man den Abstand zwischen der Schienenkante und der Arbeitsspindel. Unter Drehlänge (Arbeitslänge) verstehen wir den Abstand zwischen dem Spindelfutter und der Reitstockspitze.

Die Drehwerkzeuge

Die wichtigsten Werkzeuge zum Drechseln sind Drehstähle, sogenannte »Röhren«, und »Meißel« in verschiedenen Breiten. Mit ihnen werden die meisten Drechselarbeiten ausgeführt.
Die Formröhre ist im Prinzip ein Hohleisen und wie dieses auch nur von außen angeschliffen. Je nach ihrer Schneidenbreite dient sie zum Schruppen (siehe unten), Schlichten und zum Drehen fast aller geschweiften Formen in Weich- und Hartholz. Die »Schruppröhre« ist 20–30 mm breit, die »Schlichtröhre« 5–20 mm.
Die Drehmeißel, die aus 3–4 mm starkem Vierkantstahl hergestellt werden, dienen zum Ein- und Abstechen, aber auch zum Schlichten und Sauberdrehen, besonders wenn man gewölbte Drehformen vor sich hat, denen sich die Schneideform der Röhre nicht so gut anpaßt. Die Schneide des Meißels läuft schräg. Sie hat daher eine obere Spitze (brauchbar zum Ein- und Abstechen) und eine untere stumpfwinkelige Kante, die hauptsächlich zum Schlichten bzw. Fertigdrehen angesetzt wird. Im Aufblick auf die schmale Seite des Meißels muß die Schneide ein gleichschenkeliges Dreieck bilden; sie ist also von beiden Seiten angeschliffen. Für weiche Hölzer benutzt man langgeschliffene, »schlanke« Meißel, für Harthölzer kurze. Zum Eindrehen kleiner Hohlkehlen und zum Abstechen des Holzes braucht man Hohlkehlen- und Stichstähle mit keilförmigen Querschnitten. Hakenstähle, Krummstähle und Bodeneisen dienen zum Ausdrehen von Hohlkörpern (Schalen, Dosen).

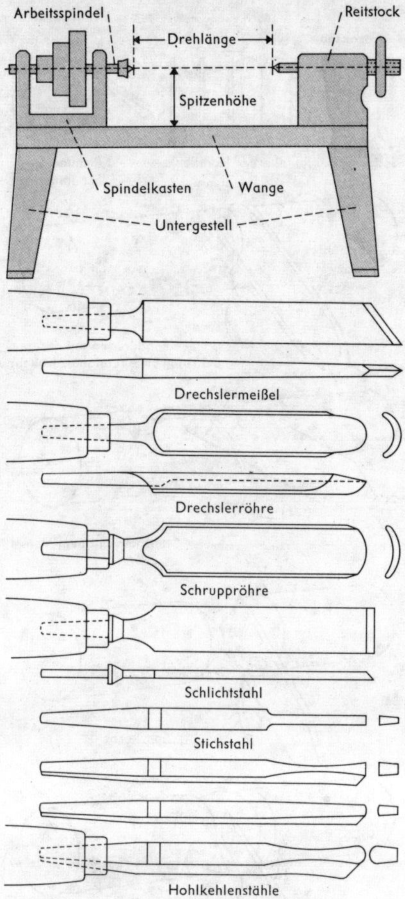

Drehbank und Drechslerwerkzeug

Die Werktechnik

Das Werkstück kann an seiner Peripherie (Außendrehen) und von innen her (Innendrehen oder »Ausdrehen«) bearbeitet werden. Letzteres ist zum Beispiel bei der Herstellung von Hohlkörpern nötig. Den Druck, den man in jedem Fall auf den Drehmeißel ausüben muß, um ihn zu einem gleich-

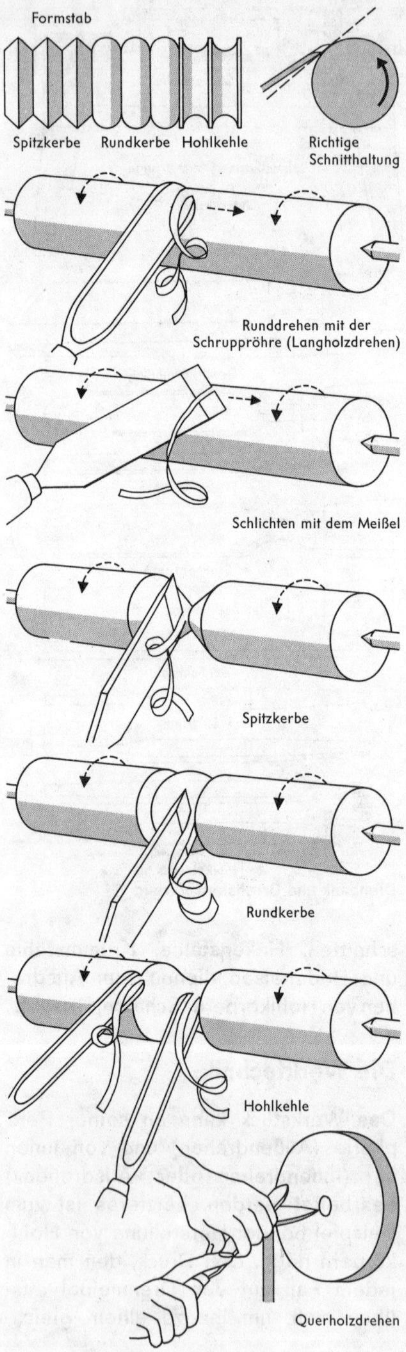

mäßig andauernden Schnitt zu bringen, nennt man »Vorschub«.
Nach der Richtung, die von der Meißelspitze am rotierenden Holz eingeschlagen wird, spricht der Fachmann von Langdrehen, Plandrehen und Abstechen. Dabei ist entscheidend, ob der Vorschub parallel zur Drehachse (zum Beispiel bei der Bearbeitung einer zylindrischen Mantelfläche) oder senkrecht zu ihr (bei der Bearbeitung von Stirnflächen) erfolgt. Unter »Abstechen« versteht man das Abtrennen eines kleineren Holzstücks mittels Drehmeißel von der rotierenden Stange.
Schließlich unterscheidet man noch nach der Stärke des abgeschälten Spans zwischen dem Schruppen, der rauhen Vorbearbeitung des Werkstükkes, und dem Schlichten, der glättenden Nachbearbeitung, an die sich in der Regel noch das Schleifen und Polieren anschließen.
Außer den drei Schnittrichtungen ist das Formendrehen interessant. Im Grunde hat man es nur mit einigen wenigen Grundformen zu tun, auf die sich alle anderen Figuren des Drechselns zurückführen lassen: Kerbe, Rundstab, Hohlkehle. Hinzu kommen einige Abwandlungen dieser Formen wie unterschiedliche Kehlungen und die besonders reizvollen Karniese (Verbindung von Hohlkehle und Rundstab). Kerbe, Rundstab und Hohlkehle müssen vom Anfänger gründlich geübt werden. Beherrscht er sie, fallen ihm die abgeleiteten Drehformen (die »Kugel« ist z. B. nur ein entsprechend gekurvter und durchgedrehter Rundstab) nicht mehr schwer.

Zurichten des Holzes. Es darf nur trokkenes, astfreies und gesundes Holz verwendet werden. Für den Anfang ist

◀ **Die Führung der Werkzeuge beim Drechseln**

es günstiger, wenn der zu bearbeitende Rohling schon etwas Walzenform hat. Das ist in den meisten Fällen bei den natürlichen Ast- und Stammstücken der Fall. Brett- und Bohlenholz muß zugerichtet werden. Vierkantige Langholzstücke hobeln wir achtkantig. Oder wir zeichnen die Formrundung auf der Brettfläche auf und schneiden diese mit der Säge so weit wie möglich aus. Beim Aufreißen von Scheiben markieren wir auch immer gleich den Mittelpunkt des zu schlagenden Kreises mit einem Bleistiftkreuz. Er ist für die Befestigung am Spindelfutter wichtig und ohne vorherige Kennzeichnung schwer zu finden.

Einspannen. Der Mittelpunkt auf der linken Hirnseite des Holzes muß festliegen. Wir setzen diesen Punkt auf die Spitze des Dreibackenfutters und schlagen das Holz an, damit Spitze und Mitnehmer eindringen. Das Werkstück muß geradesitzen. Dann schieben wir den Reitstock heran. Die Spitze wird zunächst in das Holz eingedreht, dann wieder etwas gelockert. Nun kann der Reitstock arretiert werden.

Führung der Werkzeuge. Wir rücken die Werkzeugauflage möglichst dicht an das Werkstück heran und bringen sie in eine geeignete Höhe. Wenn wir nun mit dem Drechseln beginnen, beachten wir folgende Haltung: Die rechte Hand faßt das Werkzeug am Heft, die linke am Stahl knapp unterhalb der Werkzeugauflage, auf der zugleich ein Teil der Hand ruhen kann. Durch diese Haltung bekommt das Werkzeug die Wirkung eines Hebels mit einem langen Führungs- und einem kurzen Arbeitsarm. Die Rotation des Werkholzes ist gegenläufig. Wichtig ist die gute Schnittstellung. Wir müssen das Eisen so halten, daß es eine schälende Wirkung ausübt (Vergleiche die Lage des Messers in einem Bleistiftspitzer!).

Drechseln in Langholz. Oben: Langdrehen mit der Formröhre. Unten: Rundstabdrehen mit dem Drehmeißel (Sauberdrehen der vorgeschnittenen Rundstäbe)

Als erste Arbeit sollte man sich eine zylindrische Walze vornehmen. Der Rohling rotiert. Wir nehmen eine Schrupppröhre zur Hand, legen den Schaft fest auf die Werkzeugauflage und führen die Schneide, damit sie nicht einhakt, von oben gegen das Holz. Auch beim Drechseln soll man stets mit der Holzfaser und nicht gegen diese arbeiten, also nie das Eisen senkrecht zur Achsrichtung, sondern immer schräg – entweder von rechts nach links oder umgekehrt – ansetzen und bewegen. Die Höhlung der Röhre zeigt nach oben, die Schneide in die Arbeitsrichtung. Auf diese Weise werden zunächst alle Unebenheiten und Kanten des ungleichmäßigen Rohlings weggenommen, so daß eine glatt umlaufende Walze entsteht.

Zu dem feineren Nacharbeiten, dem

»Schlichten«, nehmen wir den Meißel. Wir setzen ihn so an das Werkstück, daß seine Schneide nur in der Mitte angreift. Nie darf die Spitze in das Holz eindringen, weil sie sich darin sofort verfangen würde. Bei einer Arbeit, die fast fertig ist, wäre das mit dem Verlust des Materials verbunden.

Schleifen. Die fertiggedrehte Form bekommt ihre letzte Glätte durch Andrücken eines dreimal gefalteten Schleifpapiers an das rotierende Holz. Zunächst wird mit Körnung 60, dann mit 100–120 gearbeitet. Beim Ansetzen des groben Papiers müssen wir aber darauf achten, daß die Rundungen und Kanten der Form nicht etwa »verschliffen« werden.

Formendrehen. Kerbe, Rundstab und Hohlkehle sind, wie gesagt, die drei Grundformen des Drechselns, die wir üben und beherrschen müssen, bevor wir an die Arbeit gehen können.
Die Kerbe beginnen wir mit der Spitze des Meißels. Zunächst drücken wir den Meißel senkrecht gegen die rotierende Walze, bis der Einschnitt die gewünschte Tiefe hat. Dann halten wir den Meißel schräg und tragen die Talböschungen mit der Schneidenmitte nach links und rechts gleichmäßig ab.
Um einen Rundstab zu drehen, stechen wir mit der Spitze des Meißels zwei Begrenzungseinschnitte vor. Die Bewegung, die der Meißel ausführen muß, um die Rundung zu erzielen, ist – von der Mitte zwischen den Markierungen ausgehend – je eine Viertelkreisdrehung sowohl nach links als auch nach rechts. Zunächst setzen wir den Meißel so flach an, als ob wir mit ihm schlichten wollten. Dann bewegen wir ihn kreisförmig auf die Tiefe des Einschnittes zu. In der Fachsprache heißt das, »den Meißel kippen«. Das gleiche erfolgt links, damit aus den beiden Viertelkreisdrehungen der Halbkreis entstehen kann.
Wenn wir eine Hohlkehle arbeiten wollen, nehmen wir eine schmale Röhre. Das Werkzeug wird mit seiner Höhlung nach rechts zeigend auf die Kante gestellt, die auf der Werkzeugauflage liegt. Nun drücken wir die Schneide gegen das Holz und drehen mit einer leichten Aufwärtsbewegung der Hand die Röhre so nach unten, daß die Schneide eine Schwenkung vollzieht und die Höhlung nach oben zeigt. Von der anderen Seite muß nun die Hohlkehle ergänzt werden.

Querholzdrehen. Grundsätzlich sollte man sich erst an die Herstellung von Schalen, Dosen, Lampenfüßen usw. wagen, wenn man im Langholzdrehen schon eine gewisse Übung erlangt hat.

Oben: Querholzdrehen. Aufsetzen der Scheibe auf das Schraubenfutter. Unten: Plandrehen vom Querholz. Hierfür nimmt man einen möglichst kurzen Meißel. Gedrechselt wird nur auf der ablaufenden Seite des Werkstücks

Der Leuchter (rechts) wurde aus dem Querholz gedreht und mit einem aus Langholz gedrechselten Dorn versehen. Das Ausdrechseln des kleinen Döschens (links) gehört schon einer schwierigeren Werkstufe an

Fangen wir vorsichtshalber erst einmal mit einer einfachen Schale an. Da es sich um Querholz handelt, bei dem die flachen Seiten bearbeitet werden, können wir den Reitstock nicht benutzen. Das Werkstück – im Umriß aufgezeichnet und bereits rund ausgeschnitten – wird im Blindteil (spätere Oberseite) bis etwa in die Mitte der Holzstärke angebohrt und auf das Schraubenfutter genommen. Wenn die Futterschraube zu lang ist, legen wir einige durchbohrte Holzscheiben (solche muß man immer parat haben) zwischen Futter und Werkholz. Die Werkzeugauflage wird parallel zur Scheibenfläche gestellt: Die Oberkante reicht knapp bis zur Werkstückmitte. Während wir also beim Langholzdrehen das Eisen stets in der oberen Hälfte des Werkstücks (Schnittstellung) angreifen lassen, setzen wir im Querholz die Schneide genau auf die Linie des Durchmessers. Beim Querholzdrehen liegt die Holzfaser quer zur Drehachse. An der umlaufenden Kante des Werkstücks begegnen sich Hirn- und Langholz im Wechsel. An der Flachseite liegt Querholz. Gedrechselt wird nur auf der ablaufenden Werkstückseite.

Zuerst drehen wir nun in die frei rotierende Hirnfläche einen Falz, der später zum Bearbeiten der Vorderseite des Werkgegenstandes auf das Dreibackenfutter gesteckt werden kann. Der gewünschte Radius wird angezeichnet. Dann nehmen wir eine etwa 12 mm breite Röhre, stellen sie hochkant (Höhlung abgewendet) und markieren die nötige Falztiefe (6–8 mm). Nach diesem Markierungsschnitt halten wir die Röhre so, daß wir in ihre Höhlung hineinblicken können und heben das Kreisinnere aus. Die ganze Falztiefe läßt sich natürlich nicht mit einemmal ausschroten. Das Schlichten kann mit der gleichen Röhre geschehen, indem wir sie fast waagerecht halten und die Schneide von der Mitte gegen den Falzrand führen.

Nach dem Eindrehen des Falzes wird die Werkstückunterseite fertiggedreht und geschlichtet. Die äußere Scheibenkante wird leicht gebrochen. Dann entfernen wir mit Schleifpapier die letzten Unebenheiten und drehen das Werkstück um.

Zum Bearbeiten der Oberseite (Ausdrehen des Inneren) wird das Werkstück auf das Dreibackenfutter genommen. Wir setzen es mit dem Falz auf die Backen und ziehen diese mit dem Schlüssel nach außen, bis sie sich von innen gegen den Falzrand pressen und das Holz festhalten. Zum Ausschroten nehmen wir eine breitere Röhre. Wir setzen sie in der Nähe der Mitte an und führen sie beim Schneiden zum Rand hin, so oft, bis eine gleichmäßige Wandstärke erreicht ist. Der kegelförmige Holzrest in der Formmitte hat zunächst noch stabilisierende Funktion. Er wird zum Schluß abgetragen. Zum Schlichten nehmen wir eine schmalere Röhre.

Hohlkörper. Tiefe Schalen, Büchsen, Dosen usw. können wir erst in Angriff nehmen, wenn wir die übrigen Drehformen beherrschen. Die auszudrehenden Hohlkörper werden mit großen Bohrerdurchmessern bis in die entsprechende Tiefe ausgebohrt. Zum Ausdrehen benutzen wir Hakenstähle, Krummstähle und Bodeneisen, deren Arbeitsweise sich schon aus der Form dieser Werkzeuge ablesen läßt. Der Holzwiderstand ist beim Innendrehen größer als beim Außendrehen! Das hierfür notwendige Geschick erwerben wir erst durch lange Übung.

Die Behandlung der Holzoberfläche

Die zahlreichen Möglichkeiten des Oberflächenschutzes unterscheiden sich durch die verschiedene Oberflächenwirkung und eine mehr oder weniger große Widerstandsfähigkeit gegen äußere Einflüsse wie Wasser- und Alkoholspritzer, Abrieb usw. voneinander. Der einfache Wachsauftrag gibt der Holzfläche zwar einen schönen Seidenglanz, ist aber nur wenig kratz- und wasserfest. Mit heißem Leinöl eingelassene Flächen wirken stumpf, Mattierungen glänzen. Ob man sich dazu entscheidet, eine Fläche auf »Spiegelglanz« zu polieren, ist nicht nur eine Frage des Mutes und der Ausdauer, sondern auch des persönlichen Geschmacks. Vielfach überzieht man Holzarbeiten auch mit einem farblosen Zapon- oder Nitrolack. Mattierungen und Lacke »stehen« besser, wenn man vorher ein porenschließendes Grundiermittel (Hart- oder Einlaßgrund) auf das Holz streicht.

Wenn es unbedingt erforderlich ist, kann man die Holzoberfläche auch farbig tönen (beizen). Das gelingt aber mit Erfolg nur dann, wenn wir sie nicht schon vorher mit irgendwelchen porenverschließenden Mitteln (Grundierungen, Mattinen, Lacken) bearbeitet haben. Die schöne Naturfärbung vieler Holzarten erübrigt ein Beizen. Besonders die Nadelhölzer bekommen mit der Zeit sehr schnell von selbst einen dunkleren Ton.

An die natürliche Schönheit des Holzes sollten wir auch denken, bevor wir uns zu einem Farbanstrich entschließen und damit das Oberflächenbild des lebenden Holzes endgültig zudecken. In der Regel sollte man eine Holzfläche nur dann deckend bemalen, wenn dafür von anderer Seite ein besonderer Grund vorliegt. Der Maler unterscheidet zwischen »matt«, »halbmatt« und »glänzend«. Matte (z. B. Plakat-)Farben reflektieren das auffallende Licht von der Oberfläche. Sie wirken hell. Überstreichen wir sie mit einem in die Poren dringenden durchscheinenden Lack (z. B. mit einem Klarlack), so wird das Licht auch in die Porentiefen gelenkt, wodurch alle Farbtöne dunkler erscheinen und an Leuchtkraft verlieren.

Oberflächenschutz

Daß das fertige Werkstück einen künstlichen Oberflächenschutz braucht, ist verständlich. Holz ist porös. Staub und Fingerspuren haften auf der rauhen Oberfläche. Auf hellem Holz sieht man den Schmutz leichter als auf dunklem. Je heller das Holz ist, um so unansehnlicher erscheint uns letzten Endes auch das Werkstück. Unabgedeckte Holzflächen sind ferner sehr empfindlich gegen jede Art von Feuchtigkeit sowie gegen mechanische Verletzungen (Verkratzen). Als weiterer Punkt kommt hinzu, daß die gegen die Unbill ihrer Umgebung verdichtete Holzoberfläche das auffallende Licht anders spiegelt: Der Naturton des Holzes erscheint dunkler, die Färbung tritt intensiver hervor, was man als »Anfeuern« bezeichnet. Der schützende Überzug bringt also die Schönheit des Holzes erst voll zur Geltung.

Für alle Arten des Oberflächenschutzes gilt die Forderung nach einer einwandfreien Vorbehandlung des Holzes. Nur Farbanstriche gehen mit dem Holz um so festere Verbindungen ein, je rauher und poröser die Oberflächen sind (Schleifrichtung quer zur Faser).

Zuerst Schleifen! Eine gut geschliffene Oberfläche ist Vorbedingung für jede Art von Oberflächenbehandlung. Erst wird geflickt, dann geschliffen. Größere Fehlerstellen im Holz (Löcher, Harzgänge) leimen wir mit Holz aus, kleinere können wir kitten, aber niemals vor dem Beizen, weil der beste Holzkitt anders als das Holz beizt. Leimreste dürfen niemals verschliffen werden, sie sind mit dem Messer zu beseitigen.

Wir beginnen mit einem Sandpapier mittlerer Körnung und nehmen dann immer feinere Nummern (zuletzt Körnung 80 bis 100). Ein Abschnitt des Papiers wird jeweils um einen glatten Schleifkorken gelegt und in der Faserrichtung des Holzes bewegt. Hinterher bürsten wir den Staub aus den Flächenporen, wofür es im Handel Spezialbürsten gibt.

Wässern und nochmals schleifen. Nach dem Schleifen ist die Holzoberfläche zwar glatt, aber noch nicht fertig. Schon bei dem nächsten Gang der Oberflächenbehandlung – beispielsweise beim Beizen – würden die beim Schleifen nur niedergedrückten Holzteilchen wieder hochquellen und die ganze Arbeit verderben. Das verhindern wir, indem wir das Quellen der Poren schon vorher absichtlich hervorrufen. Wir tragen mit einem sattgefüllten Schwamm heißes Wasser auf die Oberfläche auf. Sofort wird diese wieder rauh und muß daher, nachdem sie restlos ausgetrocknet ist – am besten läßt man ihr dafür vierundzwanzig Stunden Zeit –, durch einen letzten leichten Feinschliff endgültig geglättet werden. Soll die Fläche besonders glatt werden, ist dieser Vorgang zu wiederholen. Bei Deckanstrichen können wir auf das Wässern verzichten.

Wachsen. Wir verdünnen zwei Teile flüssiges Bienenwachs mit einem Teil Terpentin und reiben diese Paste mit einem Lappen kräftig in die vorher gut geglättete Holzoberfläche ein. Nach dem Trocknen bürsten wir mit einer Roßhaarbürste, bis der gewünschte Glanz da ist. Ersatzweise lassen sich auch helles Bohnerwachs und weiße Schuhcreme verwenden.

Durch den Wachsauftrag erhält die Holzoberfläche einen angenehmen, seidigen Glanz. Leider ist dieser Überzug weder kratz- noch auf die Dauer wasserfest und setzt leicht Schmutz an.

Einlassen mit Leinöl. Wenn man Leinöl offen stehen läßt, bildet sich an seiner Oberfläche eine Haut und nach und nach dickt es immer mehr ein. Entsprechendes vollzieht sich, wenn Holz damit behandelt wird. Der Trockenvorgang dauert natürlich seine Zeit. Er läßt sich aber durch Zusatz von bestimmten Trockenmitteln zum Öl (Leinölfirnis) bis auf einen Tag verkürzen. Reines Leinöl wird heiß aufgetragen, und zwar durch mehrmaliges dünnes Aufreiben mit einem weichen Lappen. Wenn die geölte Oberfläche trocken ist, kann sie mit feinstem Sandpapier vorsichtig nachgeschliffen werden.
Die Behandlung eignet sich beispielsweise für Schnitzarbeiten aus weichem Holz. Aber auch die Werkbank, Arbeitsplatten, hölzerne Werkzeuge usw. sollten wir durch eine derartige Imprägnierung schützen.

Lackieren mit Nitrolack. Für die sauber geschliffene Holzoberfläche empfiehlt sich ein Überzug aus reinem Nitrozellulose-Überzugslack. Dieser schnelltrocknende Lack wird mit einem breiten Haarpinsel über eine gleichartige Grundierung gestrichen und gibt dem Holz einen dauerhaften Überzug mit gleichmäßigem Glanz.
Die Grundierung (Zellulosehart- oder -einlaßgrund) tragen wir gleichfalls mit einem Pinsel satt auf. Weiche Hölzer, die stark saugen, bedürfen nach frühestens einer Stunde eines zweiten Anstrichs. Ist der Grund endgültig erhärtet, folgt ein leichter Durchschliff mit feinem Schleifpapier (etwa Körnung 150), wobei die in der Fläche vorhandenen Prickel verschwinden. Nach sorgfältigem Abbürsten kann dann der Lack aufgetragen werden. Mit Zellulosematerialien muß man flott arbeiten, weil die aufgetragenen Schichten durch Verdunstung des Lösungsmittels sofort antrocknen. Man arbeitet Strich für Strich und streicht mit schrägem Pinsel immer nur in eine Richtung. Hin- und Herpinseln wie mit Ölfarbe ist nicht möglich! Jedes zweite Überstreichen reißt die eben aufgetragene Schicht wieder auf, wobei Unsauberkeiten entstehen, die nachher nicht mehr zu beseitigen sind.

Mattieren. Bei Mattinen handelt es sich um Verbindungen von Lacksubstanzen mit Wachs. Sie machen die Oberfläche kratzfest, schmutzabweisend und gegen Feuchtigkeitseinwirkung unempfindlich. Die früher viel verwendete Schellackmattine ist auf die Dauer nicht wasserbeständig. Außerdem gibt sie hellen Holzarbeiten leicht einen unangenehm gelblichen Ton. Heute stehen den Lackfabriken Stoffe zur Verfügung (z. B. die Nitrozellulose), aus denen sich wesentlich dauerhaftere und schönere Überzugspräparate herstellen lassen.
Die Vorbehandlung des Holzes mit Zellulosehartgrund erfolgt wie eben beschrieben. Nachdem wir den Schleifstaub abgebürstet haben, können wir die Mattine auftragen. Wir streichen nur in Faserrichtung. Nach dem Trocknen wird mit feinstem Sandpapier oder mit feiner Stahlwolle übergeschliffen, sauber abgebürstet und noch einmal mit verdünnter Mattine (Verdünnungsmittel!) übermattiert.
Vielfach trägt man die Mattine auch mit einem Ballen auf, der aus einem sehr saugfähigen Trikotlappen oder einem Bausch Putzwolle bestehen muß, um den ein ganz grobes Leinen geschlagen wird.

Polieren. Man kann darüber streiten, ob die Hochglanzpolitur der Natur des Holzes gemäß ist. Holz ist ein weicher und in seinen angeschnittenen Zellen wenig dichter Werkstoff, der außerdem dazu neigt, bei Wechsel der Luftfeuchtigkeit zu arbeiten. Daher erfordert eine dauerhafte spiegelblanke Oberfläche fünf bis acht verhältnismäßig mühselige und zeitraubende Arbeitsgänge, die noch durch eine gute Portion Handwerkserfahrung unterstützt werden müssen. Andererseits ist das kein Grund, ganz darauf zu verzichten. Intarsienarbeiten zum Beispiel bekommen nur unter einer einwandfreien Hochglanzschicht letzte Kraft und Deutlichkeit.

Beim Polieren soll in mehreren aufbauenden Arbeitsgängen eine feste Politurschicht mit gewünschter Stärke über die Holzoberfläche gelegt werden. Dem früher viel gebrauchten Schellack ist Nitrozellulose-Politur vorzuziehen. Sie wird mit Polierspiritus auf das jeweils richtige Maß verdünnt und mit Ballen aufgerieben. Zunächst dringt die Politur in die Poren des Holzes ein und schafft so eine sichere Verbindung für die weiteren Aufträge. Dank der Flüchtigkeit des Alkohols lüften diese stets so schnell ab, daß man sie ohne Schaden mehrmals überfahren kann. Außer den schon genannten Materialien benötigen wir noch feinstgemahlenes Bimssteinmehl als Porenfüller, etwas Polieröl und für jeden Arbeitsgang einen anderen Polierballen aus grob- bis feinfädigem Polierleinen, das eine Einlage aus saugfähiger grauer Strumpfwolle oder weichem Trikot umschließt. Das Verfahren besteht grundsätzlich aus drei Arbeitsabschnitten: Grund-, Deck- und Auspolieren.

1. Zunächst müssen die Poren der Holzoberfläche geschlossen werden. Wir geben eine geringe Menge Bimssteinmehl auf die grobleinene Ballenfläche und tragen sie mit der Grundpolitur (verdünnte, etwa 10prozentige Politurlösung) in kreisender Bewegung auf. Politur wird immer in die Balleneinlage hineingegossen und unter kräftigem Druck verrieben. Wir arbeiten so lange, bis sich über der gesamten Fläche eine gleichmäßige Glätte ausbreitet. Glänzen darf sie jedoch noch nicht. Sollte dies vorzeitig der Fall sein, so überreiben wir den Auftrag oberflächlich mit reinem Polierspiritus (Extraballen!), der die Grundierung wieder etwas auflöst. Auch Polieröl darf man beim Grundieren noch nicht verwenden. Da die Qualität der Politur von der Grundierung abhängt, sollte man nach einigen Tagen noch einmal grundieren.

2. Während die Grundierung eine gute Verbindung mit dem Holz und damit eine feste Unterlage schafft, soll beim Deckpolieren eine Politurschicht in der gewünschten Stärke aufgebaut werden. Wir überschleifen zunächst die getrocknete Fläche leicht mit feinstem Sandpapier, arbeiten dann etwas Polierspiritus, dem wir eine geringe Dosis Bimssteinpulver beimengen, darüber und weichen auf diese Weise die Grundierung oberflächlich wieder so weit auf, daß sich der nun folgende Politurauftrag mit dieser innig verbindet. Sonst haftet die Auflage später nicht fest.

Der zum Deckpolieren benötigte Ballen besteht aus mittelfädigem Leinen. In der Regel wird mit etwas stärkerer, aber noch immer verdünnter Politur unter Verwendung einer geringen Menge Bims weitergearbeitet. Wir polieren so lange, bis der Ballen trokken ist. Auch kann jetzt, damit der Ballen nicht klebt, schon sparsam ein wenig Polieröl auf die Fläche gebracht werden. Von Zeit zu Zeit benetzen wir die arbeitende Stelle des Ballenleinens mit etwas reinem Polierspiritus. Wer Pech hat, reißt dabei die aufgebaute Deckschicht wieder auf und muß nun erst die ganze Arbeit gut durchtrocknen lassen, ehe er weiterpolieren kann. Je nach dem gewünschten Hochglanz bringen wir nach und nach mindestens zwei bis drei Deckschichten auf, wobei immer wieder die nötigen Trockenzeiten (bis 6 Stunden!) einzuschalten sind. Es ist immer besser, mehrere bescheidene Schichten nach und nach übereinanderzulegen als ungeduldig die Arbeit mit einem dicken Auftrag zu überkrusten. Bei jedem neuen Poliergang ist zuerst – wie oben beschrieben – mit feinem Papier zu schleifen und mit einem ölfreien Ballen und einer Spur Bimsmehl anzuarbeiten. Erst dann können wir mit stärkerer Politur und etwas Öl weiterpolieren.

3. Der letzte Arbeitsgang erfolgt schließlich mit feinstem Leinenbezug, wenig Polieröl und sogenannter Abziehpolitur, einer Politur, die gegen Ende der Behandlung mehr und mehr mit Polierspiritus verdünnt wird.

Erst wenn sich über der gesamten Fläche ein einwandfreier Hochglanz zeigt (was wir bei schrägem Überblicken kontrollieren) darf abpoliert werden. Dazu gießen wir stark verdünnte Politur in einen frischen, sehr weichen Ballen und arbeiten diesen unter starkem Druck auf. Auch hierbei reiben wir wieder so lange, bis der Ballen vollständig trocken ist. Zum Schluß wischen wir das restliche Öl mit einem sauberen weichen Lappen von der Fläche ab.

Allgemeine Hinweise. Der Werkraum soll warm, trocken und völlig staubfrei sein. Werkstücke und Überzugsmaterialien müssen Werkraumtemperatur haben. Wichtig ist, daß die Werkstücke vor und während der Behandlung durch und durch trocken sind. Alle zu behandelnden Flächen sind nach dem Schleifen stets sorgfältig abzubürsten, da sich auch kleinste Staubkörnchen im Oberflächenbezug festsetzen und Prickel verursachen. Es ist auch ratsam, alle zu verarbeitenden Materialien (Lack und Lackverdünnung, Einlaßgrund, Mattine und Politur) vom gleichen Hersteller zu beziehen, damit wir nicht Gefahr laufen, artfremde Materialien übereinanderzubringen (Gebrauchsanweisung studieren!). Besonders wichtig sind die Angaben der Firma über den Grad der Verdünnung und die Trockenzeiten.

Klare flüchtige Lacke und Mattinen werden aufgestrichen. Wir benutzen dazu einen breiten Flachpinsel mit langen, weichen Haaren. Neue Lackpinsel werden zunächst gereinigt. Wir waschen sie in lauem Seifenwasser, spülen sie kalt aus und lassen sie gut trocknen. Streichen wir dann damit über den Handrücken, zeigen sich die losen Borsten, die wir ausziehen müssen. Vorsichtige Leute verwenden neue Pinsel zunächst nur zum Auftragen von Einlaßgrund und erst später, wenn sie eingearbeitet sind, für bessere Arbeiten. Nach dem Gebrauch wird der Pinsel mit der Lackverdünnung, die zu dem verarbeiteten Material gehört, gereinigt.

Polierballen werden nach dem Gebrauch mit Polierspiritus ausgewaschen und in einer geschlossenen Büchse verwahrt. Praktisch sind solche mit Abteilungen für die verschiedenen Ballen.

Beizen ist für den Anfänger nicht leicht und oft mit unliebsamen Überraschungen verbunden. Beim Auftragen saugt sich die Beizflüssigkeit tief in die Poren des Holzes ein, was verständlich macht, daß sich einmal fehlgebeizte Flächen nur noch schwer verändern lassen. Zu beachten ist auch, daß sich die weicheren Partien des Holzes satter mit Beizflüssigkeit füllen als die harten. Das weiche Frühholz der Jahresringe wird also stärker gefärbt als das harte Spätholz, wodurch eine Umkehrung des Strukturbildes der Holzfläche eintreten kann. Die Tonveränderung des Holzes verwischt sehr oft die gewohnten Beziehungen zwischen Licht und Schatten und kann so die Form einer schönen Werkarbeit selbst bei geglückter Beizung bis zur Unkenntlichkeit entstellen. Dennoch wäre es falsch, diese Art der Holzbehandlung grundsätzlich abzulehnen. Mitunter wirkt nun einmal ein dunkles Möbel besser als ein helles. Hat man Sperrholz verarbeitet, ist Beizen sogar unumgänglich. Oft braucht man auch einen künstlich geschaffenen dunklen Grund zum Herausarbeiten hell kontrastierender Schmuckformen (siehe Seite 132). Von Vorteil ist es, Kinderspielsachen farbig zu beizen, weil ein oberflächlicher Farbauftrag beim Spielen leicht abgerieben oder abgestoßen wird.

Wir unterscheiden chemische Beizen und Farbbeizen. Die ersteren erzielen den Farbton durch eine Verbindung der im Holz vorhandenen Gerbsäure mit in Lösung aufgebrachten Metallsalzen (Kupferchlorid, Eisenchlorid usw.). Farbbeizen erhalten wir in Pulver- oder Körnerform. In der Regel sind es starkfarbige Substanzen, die zum Gebrauch in heißem Wasser oder in Spiritus gelöst werden müssen. Letztere trocknen schneller. Wasserlösliche sind erst nach dem Erkalten gebrauchsfertig.

Zum Auflösen von Beizen dürfen nur Glas- oder Tongefäße verwendet werden. Eisenspuren verfärben die Beizflüssigkeit. Auch bei den Pinseln müssen wir darauf achten, daß sie nicht mit eisernen Zwingen gebunden sind. Das Beizen selbst erfordert Erfahrung, Geschick und Fingerspitzengefühl. Ansätze und Querstriche, die sich später bemerkbar machen würden, müssen vermieden werden. Am sichersten arbeitet man, wenn man die Fläche vor dem Beizen mit lauwarmem Wasser benetzt, dieses einziehen (aber nicht trocknen) läßt und die feuchte Fläche mit einem farbkräftigen Auftrag beizt, wobei Läufe, Ansätze und Querstriche ohne Nachwirkung bleiben. Die Beizflüssigkeit tragen wir mit einem Schwamm oder einem weichen Flachpinsel satt auf, am besten in Faserrichtung. Überschüssige Beize kann durch Querreiben verteilt oder abgesaugt werden.

Beizflüssigkeit wird von jeder Holzart verschieden aufgenommen. Auch sieht die benetzte Holzfläche im feuchten Zustand wesentlich dunkler aus als nach dem Trocknen. Wir sollten daher immer, um die endgültige Wirkung beurteilen zu können, vor dem endgültigen Auftrag auf gleichem Holz eine Beizprobe machen und diese trocknen lassen. Zu beachten ist ferner, daß Hirnholzflächen Flüssigkeit gieriger einsaugen als Langholz, also gebeizte Hirnholzflächen unverhältnismäßig dunkler werden. Durch vorheriges Tränken dieser Teile mit Wasser läßt sich ein Ausgleich schaffen.

Nach dem gründlichen Trocknen des gebeizten Holzes, was bis zu vierundzwanzig Stunden dauert, bürsten oder reiben wir die Fläche mit einem Roßhaarballen kräftig ab. Nicht schleifen! Einzelne stark hochgequollene Stellen können wir mit einem Falzbein oder dergleichen niederreiben.

Durch »chemische Beizen« erzielen wir hell- bis dunkelbraune Töne, die dem natürlichen Nachdunkeln des Holzes bei Licht entsprechen und insofern den Beizfarben vorzuziehen sind, als hierbei keine Umkehrung des Strukturbildes in den Jahresringen eintritt

(Gebrauchsanweisungen studieren!) Gerbsäurearmen Hölzern setzen wir die nötige Gerbsäure in einer sogenannten »Vorbeize« zu.
Eine dem chemischen Beizen verwandte Behandlungsart ist das »Räuchern«. Es kommt nur bei Eichenholz in Frage, dessen natürlicher Gerbsäuregehalt Salmiakdämpfen ausgesetzt wird. Wir gießen Salmiakgeist in ein flaches Schälchen und stellen dieses zusammen mit dem Werkstück in eine dichte Holzkiste oder in einen Pappkarton. Die Salmiakdämpfe bewirken eine Umkehrung des natürlichen Eichenholztones ins Graubräunliche, und zwar um so mehr, je länger wir das Werkstück den Dämpfen aussetzen. Durch das Räuchern wird die Holzoberfläche nicht aufgerauht, wie das bei den Wasser- und Spiritusbeizen der Fall ist.
Eine weitere Behandlung des gebeizten Holzes durch Einlassen mit Einlaßgrund, Lackieren, Mattieren oder Polieren nach den oben beschriebenen Verfahrensweisen ist möglich. Wachsbeize (mit Zusätzen von Ammoniak, Bienenwachs und Pottasche) ist ein Zwischenmaterial, das wir gebrauchsfertig kaufen und leicht angewärmt auftragen. Nach dem Trocknen bürsten wir die Fläche so lange mit einer Roßhaarbürste, bis sich matter Glanz einstellt.

Deckfarbenanstrich. Die verschiedenen Farbmaterialien unterscheiden sich voneinander durch die Art und Menge des dem Farbpigment zugesetzten Bindemittels, das den Farbkörper auf der Unterlage festklebt. Jeder dekkende Farbanstrich haftet auf rauhem Grund besser als auf glattem. Dünne Anstriche haften besser als pastose. Stark saugende Gründe werden mit Leimwasser oder einem anderen stark verdünnten Bindemittel vorgestrichen. Praktisch gehen wir folgendermaßen vor: Haben wir Nadelholz verarbeitet, müssen wir zunächst die harzigen Stellen aufspüren, mit Terpentin auswaschen oder mit einem glühenden Eisen ausbrennen. Harzige Aststellen isolieren wir mit Schellacklösung, bestehend aus gebleichtem Schellack und Brennspiritus. Harz läßt den Farbauftrag nicht trocknen und führt zu Blasenbildung.
Als Grundierung eignet sich reiner Leinölfirnis (1 Teil Firnis, 2 Teile Leinöl), dem etwas Lithoponeweiß untergerührt wird. Damit der Auftrag schneller trocknet und möglichst »mager« bleibt, kann dem Ganzen noch ein Schuß Terpentinöl beigegeben werden. Für Kunstharzlacke gibt es auch artverwandte Grundierungsmittel.
Wenn wir eine vorbildlich glatte Oberfläche erzielen wollen, kommen wir um das Auskitten der Fehlerstellen (mit Ölkitt oder »flüssiger Holzmasse«) und Spachteln der Fläche nicht herum. Spachtelmasse gibt es gebrauchsfertig in Dosen. Sie wird mit einem breiten Spachtel dünn verstrichen, und zwar mehrmals, unter Beachtung der Trokkenzeiten, so daß die Masse schließlich die Talpartien der Maserung vollkommen ausfüllt und mit den hochliegenden Stellen eine Ebene bildet. Die endgültig gespachtelte Fläche braucht vierundzwanzig Stunden zum Durchtrocknen und kann dann fein übergeschliffen, staubfrei gebürstet und mit dem ersten Farbaufstrich versehen werden.
Zum Schleifen nehmen wir einen sogenannten »Schleifklotz«, d. h. ein viereckiges Holz- oder Korkstück, um das wir feines Sandpapier legen.
Lack nimmt weniger Farbpigment auf als Öl. Um dennoch einen genügend farbkräftigen Lackanstrich zu bekommen, grundiert man in der Regel die

Fläche vorher mit einer auf den Farbton des Lacks abgestimmten Ölfarbe. Der Lack soll dann die Oberfläche nur noch glätten und härter machen. Es gibt sehr unterschiedliche Lacke. Ein guter Emaillack z. B. enthält schon selbst so viel Farbpigment, daß man zur Not auf einen besonderen Grundanstrich verzichten kann. Allerdings deckt ein einziger Anstrich meist schlecht, so daß wir auch da um einen zweimaligen Farbauftrag nicht herumkommen. Farblack ist außerdem wesentlich teurer, als wenn wir eine Grundierung mit Ölfarbe vornehmen.

Wichtig ist, daß wir den Voranstrich dünn auftragen und vor jeder Weiterbehandlung gründlich durchtrocknen lassen. Ölfarbe braucht dazu mindestens vierundzwanzig Stunden. Mitunter müssen wir mehrmals grundieren. Wieviel Voranstriche nötig sind, hängt von der Deckkraft der verwendeten Farbe ab. Nach jedem Zwischenanstrich empfiehlt es sich, die Fläche fein überzuschleifen (um die Pinselspuren einzuebnen!) und sorgfältig abzustauben. Die letzte Farbschicht vor dem Lackieren wird besonders gut geschliffen. Öllacke nimmt man »fett« für Außen-, »halbfett« und »mager« für Innenanstriche. Die Unterscheidung zwischen »Emaillack« und »Klarlack« besagt nur, daß der eine Lack Farbe enthält und der andere nicht. Klarlack hat selbst eine gelbliche Tönung, was beim Überstreichen heller Farbgründe Farbveränderungen zur Folge haben kann. Besonders Blautöne bekommen leicht einen unerwünschten Grünstich. Kunstharzlacke sind zwar teuer, dafür aber auch sehr widerstandsfähig (»schlagfest«), dazu wetterbeständig. Man kann sie für Innen- und Außenanstriche verwenden. Mit Nitrolack darf man keine Ölfarbengrundierungen überstreichen. Bei den Grund- und Lackfarben müssen wir auf die fabrikationsbedingte Artzugehörigkeit der Materialien achten. Die Farbenhändler geben darüber Auskunft.

Die zu lackierende Fläche legen wir möglichst waagerecht und arbeiten in einem staubfreien Raum und in staubfreier Kleidung. Auch der zum Lackieren vorbereitete Untergrund muß noch einmal äußerst sorgfältig entstaubt werden (Schleifstaub!). Lack liebt Wärme. Je wärmer es im Raume ist, um so leichter fließt er, um so schöner läßt er sich verstreichen. Der Auftrag muß dünn und gleichmäßig erfolgen. Am besten arbeiten wir mit einem 4 bis 5 cm breiten Flachpinsel.

Matte Anstriche bekommen wir durch Überstreichen der Grundierung mit einem speziellen Matt- oder Seidenglanzlack oder durch Verwendung der auf Kunstharzbasis hergestellten Spezialfarben. Die schneller trocknenden Kaseinfarben (Tempera) sind einfacher zu verarbeiten und sind vor allem für kleinere Holzgegenstände, Spielsachen usw. geeignet. Wir können sie mischen, mit Wasser verdünnen und auch mit einem dünnen Haarpinsel feinstrichig auftragen. Plakatfarbe ist eine Wachs enthaltende Kaseinemulsionstemperafarbe, die einen besonders schönen matten Glanz bekommt, wenn wir sie bürsten. Billigste Anstriche erhalten wir mit Leimfarben. Matt auftrocknende Farben können jederzeit mit Kunstharzbindern überzogen werden.

Das Furnieren

Furniere (siehe Seite 44) gibt es von einer großen Zahl von Holzarten und in verschiedenen Maserungen. Normalerweise werden sie in Paketen zu 16, 24 bis 48 Blatt, 100 bis 250 cm lang, 10 bis 40 cm breit, gehandelt, worin sie so übereinanderliegen, wie sie aus dem Stamm geschnitten sind. Der Händler teilt nur ungern solch ein Paket, weil dadurch die Lage paralleler Oberflächenmuster gestört wird und er die Reste nur noch schwer verwerten kann. Wegen des anfallenden Verschnitts berechnen wir etwa ein Drittel mehr, als wir wirklich brauchen.

An sich ist das Furnieren ein technisch ziemlich aufwendiger Klebevorgang, den der Tischler mit Hilfe umfangreicher Furnierklebepressen bewältigt, die ihm den für die Haltbarkeit notwendigen gleichmäßigen Druck über große Flächen garantieren. Für diese Pressen gibt es schwerlich einen billigen Ersatz. Günstiger ist es, von vornherein nur fertig furnierte Platten (eventuell beim Tischler furnieren lassen!) zu verarbeiten oder sich weise auf kleinere Flächen zu beschränken, denen man mit den hausüblichen Abpreßmöglichkeiten (Schraubzwingen, Preßzulagen usw.) auch tatsächlich gewachsen ist.

Allgemeine Hinweise. Die Faserrichtung des Furniers muß bei Massivholz mit der Faser des Untergrundes gleichlaufen. Bei Sperrholz soll die Furnierfaser den Faserlauf des Untergrundes kreuzen. Bei dem richtungslosen Plattenmaterial ist es gleichgültig, in welcher Richtung das Furnier aufgelegt wird. Furniere klebt man nur mit der linken Seite auf. Diese ist glatt – im Gegensatz zur rechten Seite, die leicht aufgequollene Streifen zeigt.

Da sich bei einseitigem Bekleben des Untergrundes in der Blindholzlage Spannungen einstellen, die ein Werfen zur Folge haben können, muß jede Platte beiderseitig furniert werden. Natürlich ist es möglich, als Gegenklebung billigeres Furnier zu verwenden, sofern dadurch nicht der harmonische Kontrast von Außen und Innen oder von Vorder- und Rückseite gestört wird.

Zum Schneiden des Furniers genügt ein scharfes Messer und eine entsprechend lange, gerade Holzleiste. Besser arbeiten wir aber mit einer Furniersäge und einem Lineal.

Beim Zusammensetzen einzelner Furnierstreifen muß gefügt werden. Dabei ist das Maserbild zu beachten. Wir nehmen ein genügend großes Brett als Unterlage, stoßen darauf die sorgfältig auf Fuge geschnittenen Furnierkanten (rechte Seite nach oben!) aneinander, heften sie mit Furniernadeln (oder Stecknadeln mit großen Köpfen) fest und überkleben die Fuge mit Furnierklebestreifen. Das ist ein spezieller Klebestreifen mit säurefreiem, wasserlöslichem Leimauftrag, der mit einem Schwamm befeuchtet wird und nach dem Trocknen des aufgeleimten Furniers wieder abgelöst werden kann.

Schließlich benötigen wir zum Abpressen nach der Leimung Zwischenlagen: unbedrucktes, saugfähiges Papier, am besten auch ein paar Schaumstoffbahnen, 8–12 mm stark und so groß, daß wir die gesamte Furnierfläche damit überdecken können. In den meisten Fällen werden wir doch jeweils zwei gleichartige Stücke zu furnieren haben. Wenn wir diese randgenau übereinanderlegen, ersparen wir uns eine besondere Preßplatte. Den Preßdruck erzeugen wir durch Ansetzen möglichst vieler Schraubzwingen mit weiter Ausladung bei Zulage von Preßhölzern (am besten aus Hartholz).

Die Leime spielen beim Furnieren eine große Rolle. Sie müssen säurefrei sein und dürfen das Furnier nicht färben. Zu empfehlen sind nach wie vor der gute alte Tischlerleim in seiner besseren

Qualität als Hautleim, der speziell für Furnierzwecke gedachte Kauritleim »F« (flüssig) oder die auf Neoprenbasis hergestellten Kontaktkleber (»Pattex«, »Nobelux« usw.). Zu dicker Leim läßt sich schlecht auftragen, zu dünner kann durchschlagen, weshalb wir ihn von vornherein mit einem Füllmittel strecken.

Bei warmem Tischlerleim nehmen wir als Streckmittel pulverisierte Kreide. Warmleim muß flink verarbeitet werden. Wir tragen ihn gleichmäßig auf das vorher durch Schmirgeln quer zur Faser etwas angerauhte Blindholz auf. Das Furnier selbst wird nicht bestrichen.

Wählen wir Kauritleim »F« (flüssig), so werden etwa 100 Gewichtsteile mit 10 bis 20 Gewichtsteilen Wasser vermengt und mit 20 Gewichtsteilen Roggen- oder Weizenmehl gestreckt. Das für diesen Leim notwendige Härtemittel (Kalthärter braun) streichen wir mit einem Pinsel auf die Furnierrückseite und lassen es vollständig eintrocknen. Der Kauritleim selbst wird mit einem gezahnten Spachtel gleichmäßig dünn auf den Blindholzgrund aufgetragen. Dieses Verfahren hat den Vorteil, daß wir beim Auftragen des Leims ohne allzu große Eile arbeiten können.

Der Aufstrich von Kontaktkleber erfolgt ebenfalls mit einem gezahnten Spachtel, und zwar dünn auf beide zu vereinende Flächen. Nach einer Ablüftezeit – je nach Raumtemperatur 15–20 Minuten – legen wir das Furnier auf das Blindholz und pressen es kurz fest.

Der Arbeitsgang. 1. Bereitstellung des Leims und der zu furnierenden Platten. Sie sollten schon möglichst weitgehend für den späteren Zusammenbau vorbereitet sein, da wir das empfindliche Furnier bei weiterer Bearbeitung der Platte leicht beschädigen. 2. Zuschneiden des Furniers mit genügendem Überstand nach allen Seiten. Die linke Seite (Leimseite) kennzeichnen wir mit dem Bleistift. 3. Fügen der Furnierteile, um größere Furnierflächen zu erzielen. Bei Verwendung von Kauritleim wird das Härtemittel schon vor dem Fügen aufgestrichen. 4. Auftragen des Leims oder Klebers. Normalerweise furnieren wir erst die Rück- oder Innenseiten der in Frage kommenden Platten, da die Blickseiten noch durch das Auflegen der Preßhölzer in Mitleidenschaft gezogen werden. Kontrolle, ob der Leim gleichmäßig verteilt ist. Zuviel Leim erhöht die Gefahr des Durchschlagens, zuwenig Leim kann Blasen erzeugen. 5. Auflegen der Furniere. Bei Verwendung wasserhaltiger Leime wellt sich das Furnier, weil es Feuchtigkeit aufnimmt. Die Unebenheiten verschwinden aber während des Pressens wieder. 6. Schichten der Zwischenlagen: Platte mit Furnier nach oben, Deckpapier, Schaumstoff, Abpreßplatte, oder bei Vorhandensein eines zweiten gleich großen furnierten Stücks dieses mit Papierzwischenlage und Furnier nach unten. Der Preßdruck muß bis zum Rand gewährleistet sein. 7. Das Ansetzen der Schraubenzwingen geschieht unter Benutzung möglichst dicker Zwischenlagen (Preßhölzer). Man kann nicht genug Zwingen ansetzen. Der Preßdruck soll von der Mitte aus an den Rand gelenkt werden, damit innerhalb der Fläche keine partiellen Leimansammlungen stehenbleiben und Unsauberkeiten im Furnier verursachen. Entsprechend sind die Zwingen in der Flächenmitte zuerst festzuziehen. 8. Genügend lange trocknen lassen. Bei Leim 10–24 Stunden. Kontaktkleber binden schon nach wenigen Sekunden, doch ist auch hier ein genügend langer Preßdruck günstig.

9. Ausspannen und vorsichtiges Abschneiden des überstehenden Furniers. Feinbearbeitung der Kanten mit dem Schleifklotz.
Das Furnieren der anderen Seiten geschieht in der gleichen Reihenfolge. Damit die bereits furnierten Flächen durch das Auflegen der Preßhölzer nicht beschädigt werden, empfiehlt es sich, möglichst dicke Papierlagen zur Schonung unterzulegen Die Kanten werden abschließend furniert. Der Arbeitsgang entspricht dem bei der Bearbeitung liegender Flächen.

Glätten und Schleifen. Selbstverständlich müssen auch furnierte Flächen vor der endgültigen Oberflächenbehandlung geglättet und geschliffen werden. Da die aufgebrachten Furniere im allgemeinen sehr dünn sind, ist vorsichtig zu verfahren. Zum Abputzen nehmen wir Sandpapier. Wir schleifen wie beim Bearbeiten einer massiven Holzfläche in Faserrichtung, wässern nach dem Schleifen lauwarm und schleifen nochmals.

Der Kunststoffbelag

Das Belegen größerer Flächen mit Kunststoffplatten (aus besonderen Kunstharzen und Edelzellulose unter Hitze und hohem Druck verpreßt), die im Fachhandel und in den Bastlerzentralen in vielen Farben und Dekors erhältlich sind, ist weniger problematisch, zumal diese von Natur aus spröden Platten mit schnellbindenden Kontaktklebern aufgelegt werden und auch während der Verarbeitung ihre Tafelform beibehalten. Diese Platten haben eine ganz spezielle Oberflächenwirkung. Wir brauchen mitunter eine solche Beschichtung, um eine Oberfläche abwaschbar, hitzebeständig und korrosionsfest zu machen. Außerdem widersteht das Material den meisten Lösungsmitteln wie Spiritus, Benzin, Tetrachlorkohlenstoff, Azeton und ähnlichen im Haushalt oder im Fotolabor gebräuchlichen Substanzen.
Wir müssen uns aber darüber im klaren sein, daß wir hierbei ein im Vergleich zum Holz vollkommen totes Material verarbeiten, das weder quellen noch sich verziehen kann und folgerichtig auch nur auf völlig spannungsfreies und kaum arbeitendes Trägermaterial aufgebracht werden darf.
Am besten eignen sich Spanplatten, Tischlerplatten nur mit stäbchenverleimter Zwischenlage und Furnierplatten mit Deckfurnieren aus Limba, Apachi und Gaboon. Auch Dämmplatten ergeben eine ruhige Unterlage, sind aber auf Grund ihres lockeren Aufbaus nur für wenig beanspruchte Flächen (Decken- und Wandverkleidungen) zu verwenden. Auf Massivholz oder Tischlerplatten mit blockverleimter Mittellage können wir Kunststoffplatten nicht auflegen.

Die Leimtechnik. Zur Verleimung ist der schon oben genannte Lösungsmittelkleber auf Neoprenbasis (Kontaktkleber) zu empfehlen. Leime, die glashart abbinden, sind ungeeignet, andere sogenannte PVA-Leime (Polyvenylacetat) kommen eher für den Großverbrauch in Frage. Der Kleber wird wiederum mit einem gezahnten Spachtel, der gleichmäßigen Aufstrich gewährleistet, auf beide Klebeflächen dünn aufgetragen, und zwar erst auf die Kunststoffplatte, dann auf das Trägermaterial in sich kreuzender Strichführung. Nach der bekannten Ablüftezeit, während der das Lösungsmittel verdunstet, fügen wir die beiden Teile zusammen. Wir legen die Kunststoffplatte von einer Seite aus auf, damit sich keine Lufteinschlüsse bilden. Kräf-

tiges und sorgfältiges Aufreiben der gesamten Fläche, das sofort vorgenommen werden muß, gibt im allgemeinen einen genügenden Aufpreßdruck und ausreichende Festigkeit der Klebefuge. Dabei leistet uns eine Gummiwalze oder ein Filzklotz gute Dienste. Haben wir nur kleine Flächen zu belegen, dann ist auch das übliche Aufpressen mit Schraubzwingen und Preßhölzern über einer dicken Papierlage (Oberflächenschonung) ratsam.
Auch bei der Verarbeitung von Kunststoffplatten ist beiderseitiges Belegen – besonders bei freistehenden Plattenkörpern wie Schiebetüren, Schranktüren, Tischplatten usw. – unbedingt notwendig. Dabei ist zu beachten, daß die rückseitige Aufrauhung (Schleifrichtung) beider Plattenstücke parallel läuft. Bei konstruktiv verarbeiteten Holzflächen sind auch Gegenfurniere aus Holz möglich, nur müssen diese in einem Schutzanstrich mit wasserabstoßendem Lack versehen werden.
Besonders die Verarbeitung mit Kontaktklebern zwingt zu zielsicherer Arbeit. Um größere Platten sofort in die richtige Lage bringen zu können, drükken wir zwei Reißbrettstifte oder kurze Tapeziernägel in die eine Unterlagenkante, stellen die zur Klebung vorbereitete Kunststoffplatte hochkant darauf und lassen sie von diesen Sicherungspunkten aus durchhängend auf die Fläche niedergleiten. Danach sind keine Korrekturen mehr möglich.

Zuschnitt und weitere Verarbeitung. Natürlich können wir Kunststoffplatten mit einem feingezahnten Fuchsschwanz sägen. Einfacher ist es aber, solch eine Platte nach Auflegen einer geraden Leiste auf die Dekorseite mit einem Stech- oder Ritzeisen einzukerben und das überhängende Stück zur eingeritzten Stelle hin einfach abzubrechen. Sicherheitshalber schneiden wir auch Kunststoffplatten stets etwas größer zu, damit sich leichte Verschiebungen beim Auflegen noch von selbst ausgleichen können.
Überstehende Teile werden nach der Verleimung mit einer Feile sauber abgetragen. Dafür eignen sich besonders gut Spezialfeilen mit auswechselbaren Blättern, wie sie heute im Handel überall erhältlich sind. Die Kanten des belegten Trägermaterials können wir nach Wunsch und Zweck ebenfalls mit Kunststoff, PVC- und Metallumleimern, Profilkanten aus Holz usw. versehen.

Holzgerechte Schmucktechniken

Haben wir ein Gefühl für die Eigenfunktion von Flächen und Kanten, für die Sprache von Werkstoffstrukturen und überhaupt für natürliche Materialschönheit, so genügt es uns zumeist, wenn ein aus schönem Holz gefertigter Gegenstand gute Proportionen und saubere Verarbeitung zeigt. Weitere »Verschönerung« wirkt für unser Empfinden leicht aufdringlich und störend.
Dennoch gibt es Fälle, in denen ein gewisser Flächenschmuck berechtigt ist, z. B. wenn wir ein strukturarmes Weichholz verarbeitet haben. Hüten wir uns aber davor, beim Schmücken unbekümmert zu verfahren und die Fläche so stark zu überladen, daß sie ihre Eigenrolle verliert und nur noch als Schmuckträger erscheint. Aufgabe des Schmuckes ist es, das Wesenhafte der Form hervorzuheben, er darf aber niemals den freien Flächenraum selbstwertig überdecken.

In unserer modernen Zeit sind Schmuckmotive, die unabgewandelt der Volkskunst entnommen wurden, fragwürdig geworden. Ein intarsierter Brautstuhl oder ein bemalter Bauernschrank aus dem vorigen Jahrhundert ist als Einzelstück schön und wertvoll, ihn nachzubilden wäre aber eine Sünde wider den Schaffensgeist unserer Tage, der aus ganz anderen kulturellen Wurzeln gespeist wird. Der moderne Mensch denkt individuell, kritisch. Er übernimmt nur das, was seinem persönlichen, weitgehend von der modernen Zeitkultur geprägten oder beeinflußten Formempfinden entspricht. Statt stilisierter Ranken, Blatt- und Blumenformen, mit denen der Bauernmaler ganze Schranktüren heiterfarbig überdecken konnte, bevorzugen wir daher heute klare Linienzüge, die lediglich den Flächenrand umfassen (z. B. an Möbeltüren oder an den Rändern kleiner Holzkästchen) oder sogar nur an einer Kante, diese wiederholend und ins Flächeninnere hineinspiegelnd (z. B. an den Griffkanten hoher Türen), abwärtslaufen. Begrenzte Vignetten lassen sich sowohl in der Flächenmitte als auch außerhalb dieser unterbringen. Die zentrale Setzung solch eines oft auch ornamentalen Schmuckmittels bereitet keine Schwierigkeiten. Die kreisförmige Rosette und ähnliche aus der Unterteilung des Kreises hervorgehende Schmuckformen fügen sich sehr gut in runde (z. B. Deckelschmuck auf Spanschachteln) und quadratische Felder ein, lassen sich aber auch noch in der Mitte rechteckiger Flächenformen unterbringen. Erfahrungsgemäß ist die asymmetrische Aufteilung des Flächenraumes sehr viel schwerer. Sie verlangt ein gutes Gefühl für Flächengewichte und -schwerpunkte und sollte nur in großen Feldern, die gut im Blickfeld liegen, zur Anwendung kommen. Die Schulung dieses Flächengefühls geht natürlich weit über den Sinn dieses Buches hinaus. Als Übung können wir z. B. einmal versuchen, ein größeres Foto außerhalb der Seitenmitte in die freie Seite eines Fotoalbums einzukleben. Dabei finden wir durch ständiges Verschieben des Bildes unter Beachtung der Wechselwirkung von dunkler und heller Fläche die günstigste Anordnung. Dementsprechend bedienen wir uns auch bei der Schmuckverteilung auf der Holzfläche eines der Schmuckform entsprechenden Papierfaltschnittes oder ausgeschnittener Papierteile, die hin und her geschoben werden können. Haben wir eine zufriedenstellende Aufteilung gefunden, markieren wir sie und gehen nun erst an die Ausführung des endgültigen Schmuckes.
Entgegen diesen im Grunde ruhig wirkenden örtlich begrenzten Schmucksetzungen hat die bis auf einen schmalen Randstreifen durchgeführte rhythmisch-strenge Flächengliederung, wie wir sie in ständiger Abwandlung des Ornamentalen beim spielerischen Umgang mit dem Material oder durch überlegte Versuche mit Abfallstücken finden, eine stark belebende Wirkung. Am schönsten wirkt sie als Kontrastmittel neben großen ruhigen Flächen, also wiederum an Möbeln und Türen, aber auch an kleineren, konstruktiv gearbeiteten Werkstücken, soweit diese eines zusätzlichen Schmuckes bedürfen, an Kästchen, Schachteln aus Spanholz, auf Spielsachen usw.
Wir können Schmuckarten mit flächigem und mit reliefplastischem Charakter unterscheiden. Eine mit dem Messer in das weiche Holz gegrabene Linie kann man auch tastend wahrnehmen. Füllt man sie dagegen mit farbigem Wachs oder einem anderen kontrastierenden Füllmittel und schleift sie nach dem Trocknen bündig, so ist sie lediglich mit dem Auge wahrnehmbar. Flächig erscheinen alle mit dem Pinsel aufgetragenen oder in das Holz eingelegten Schmuckelemente. Aber

schon der einfache Linienschnitt schafft fühlbare Plastik. Dabei bietet er viele Möglichkeiten, von der randparallelen Kerbleiste bis zum konturierenden Bildschnitt. Der Kerbschnitt selbst wirkt ungemein wuchtiger. Da leicht kleine, die Fläche zerstückelnde Formen entstehen, kann er nicht vorsichtig genug angewendet werden. Plastisch wirken außerdem kantongerundete Einlagen ausgeschnittener Flächenteile. Die eigentliche Intarsie oder Einlegearbeit unterbricht die farbige Geschlossenheit der Fläche durch bündig eingefügte andersfarbige Hölzer und Furniere.

Bemalen mit Farbe

Holz ist duldsam. Jedes Farbmaterial eignet sich (vergleiche auch Seite 120). Die geringsten Schwierigkeiten bereiten die Tempera- und Plakatfarben, die auch ohne Grundierung direkt auf das Holz aufgetragen werden können. Deckfarben aus dem Schulfarbenkasten müssen mit ziemlich trockenem Pinsel aufgesetzt werden, da sie sonst im Holz »verlaufen«. Aquarellfarben und Tusche (mit der Schreibfeder) kann man nur auf das Holz bringen, wenn seine Zellgänge vorher mit einem Grundiermittel (Hartgrund) abgeschlossen werden.
Plakatfarben sind abrieb- und wasserfest. Farbige Beizen, die man mit einem Schwämmchen oder einem flachen Pinsel aufträgt, dringen in das Holz ein, so daß dieses weiterhin eines schützenden Überzuges bedarf. Wasserlösliche Deckfarben müssen wir auf alle Fälle mit einem farblosen Lack oder Firnis (Dammarfirnis) überstreichen.
Für größere Arbeiten nehmen wir Ölfarben. Es gibt solche, die auch schon bei dünnem Anstrich deckend wirken, andere lassen den Untergrund durchschimmern (Lasurfarben). Spezielle Eiweißlasurfarben werden wie Tusche in kleinen Fläschchen verkauft. Wir können sie mit Wasser verdünnen, gegenseitig mischen, sowohl auf Holz als auch auf Papier verwenden. Auch Aquarellwasserfarben wirken lasierend. Sie benötigen einen Hartgrundvorstrich, weil sie sonst im Holz verlaufen.

Mit Plakatfarben bemalte Spanschachtel. Schutzüberzug mit farblosem Firnis

Überstreichen wir das bemalte Holz mit Mattine oder einem anderen farblosen Lack (siehe oben), so ist die Farbveränderung, die durch solch einen Überzug eintritt, zu beachten.

Schablonenmalerei

Unter Schablonenmalerei verstehen wir ein Verfahren zum sicheren Aufbringen ornamentaler, meist einfarbiger Flächenverzierungen auf geeignete Holzflächen. Als Form dient eine Schablone, deren geltende Teile entweder ausgeschnitten oder ausgespart sind. Trotz mangelnder Lebendigkeit besitzt die Technik eigene Reize und Werte.

Herstellen der Schablone. Grundsätz-

lich könnten wir hierfür jedes Papier verwenden. Wir müssen aber bedenken, daß sich feinere Papierteile beim Auftupfen der Farbe leicht verschieben und eine feinere Faser der Durchfeuchtung nicht standhält.
Zu unterscheiden sind positive und negative Schablonen. Im ersten Fall wird die Form fensterartig aus dem Papier geschnitten, sie erscheint infolgedessen farbig auf dem Malgrund. Bei negativen Schablonen dagegen werden die Zwischenräume farbig angelegt. Positive Abdrucke wirken wie frei auf das Holz gesetzte Vignetten. Die negative Form bedarf immer einer Randbegrenzung, gleichgültig, ob wir sie nur als kleines Schmuckbild aufsetzen oder über die gesamte Fläche legen.
Schablonen stellen wir als ein- oder mehrfache Faltschnitte her (siehe Seite 151). Aus technischen Gründen werden wir die einfachere Schnittweise vorziehen. Wir beachten, daß Einzelteile des Schablonenornaments auch unter sich soweit wie möglich verbunden werden müssen, was durch einfache Verankerung mit dem Bildrand oder durch sogenannte Stege (stehengebliebene Streifen), die hinterher auf dem Holz mit dem Pinsel übermalt werden, geschehen kann.
Wollen wir eine Schablone mehrfach verwenden, empfiehlt es sich, das Papier vor dem Schneiden mit Einlaßgrund, Mattine, Leinöl u. a. zu tränken oder gleich ein entsprechendes Material zu nehmen, das die Farbfeuchtigkeit nicht aufnimmt.

Übertragung auf den Malgrund. Geeignete Schablonierpinsel gibt es im Fachgeschäft. Notfalls schneiden wir einen runden Borstenpinsel mit der Schere zu. Ferner benötigen wir außerdem ein Messer zum Niederhalten der nicht fest aufliegenden Papierteile während des Auftupfens der Farbe sowie einige Stecknadeln mit großen Köpfen zum Befestigen der Schablone.
Am besten arbeiten wir mit dickflüssiger Deck- oder Plakatfarbe. Ölfarbe ist weniger geeignet. Die Farbe wird in einem flachen Blechdeckel oder auf einer Glasscheibe ausgestrichen und durch senkrechtes Einstoßen mit dem Pinsel aufgenommen. Den gefüllten Pinsel stoßen wir so lange auf ein Stück Papier, bis er nur noch wenig Farbe abgibt. Nun drücken wir einen Schablonenteil mit dem Messer nieder und bestoßen seine Ausschnitte, wobei wir den Pinsel wieder senkrecht halten. So arbeiten wir uns von Stelle zu Stelle weiter, immer mit frisch gefülltem und gut ausgestoßenem Pinsel, bis alle Teile des Schmuckbildes vollständig auf das Holz übertragen sind.
Abschließend heben wir die Schablone vorsichtig ab. Ausbesserungen können wir noch mit spitzem Pinsel und verdünnter Farbe vornehmen, wo es nötig erscheint. Vor allem müssen die Stege übermalt werden.

Holzbrandtechnik

Die Tatsache, daß Holz unter der Einwirkung starker Hitze zu verkohlen beginnt und eine dunklere Färbung annimmt, verlockt dazu, helle bis mittlere Holzflächen durch Brennen mit Linienzügen, Bildzeichnungen und Mustern zu versehen. Der Schmuckwert dieser Technik entspricht etwa der einer dunkel aufgetragenen Strichzeichnung. Im Jugendstil wurden sogar erfolgreich Möbel geschmückt, indem die damals üblichen, farbig aufgetragenen Schmuckelemente mit dunklen Brandlinien konturiert wurden.
Das ursprüngliche Handwerkszeug zum Brennen ist ein einfacher Nagel, der

über einer Gas- oder Spiritusflamme glühend gemacht und leicht über die Holzfläche hinweggezogen wird. Er hinterläßt je nach der Stärke des Aufdrucks und der Dauer der Brandeinwirkung anfangs kräftigere und beim Erkalten am Ende schwach auslaufende Spuren. Statt eines Nagels können wir natürlich auch eine Stricknadel nehmen. Um die Hand vor Verbrennungen zu schützen und auch wegen der besseren Führungsmöglichkeit, stecken wir das Metall in einen Holzklotz oder in mehrere übereinandergereihte Korkpfropfen.

Der Linienzug, der durch die Aneinanderreihung der kurzen Brennstriche zustande kommt, hat einen auffallend handschriftlichen, rhythmisch unterbrochenen Charakter. Zwei solche Linien, parallel gesetzt und mit Zickzackzügen oder Kreisen gefüllt, ergeben bereits ein breiteres, ornamentales Schmuckband. Daß man mit Hilfe der Brandtechnik in der Lage ist, auf Holz auch bildhaft zu malen, ergibt sich von selbst, ebenso, daß wir damit farbig bemalte Flächen, auch Bildteile, ornamentale Zeichnungen und abstrakte Farbkompositionen konturieren können.

Drehen wir den Nagel um, so haben wir im Nagelkopf einen vorzüglichen Stempel, der – wiederum glühend gemacht und senkrecht mit voller Fläche auf das Holz gesetzt – einen punkthaft-flächigen Abdruck hinterläßt. Mehrere solcher Abdrücke lassen sich gut zu Mustern zusammensetzen. Reicht die eine Stempelform nicht aus, so können wir uns leicht aus weiteren Nagel- und Schraubenköpfen (Versenkschrauben eignen sich sehr gut dazu), auch aus vierkantigen und dreikantigen Profileisenstäben noch andere elementare Stempelformen zurechtfeilen: Halbkreise, Dreiecke, Winkel, Keile. Figürliche Bilder aus solchen Stempelabdrücken zusammenzusetzen, sollten wir aber vermeiden.

Entscheidend für eine saubere Arbeit ist dreierlei: daß wir das Metall gleichmäßig lange und mit gleichmäßig starkem Druck aufsetzen und daß wir es nach jedem Erkalten wieder gleich stark erhitzen. Ein sicheres Kennzeichen für den jeweiligen Hitzegrad des Eisens ist die Glutfarbe (Rotglut ist kälter als Weißglut).

Die ständige Unsicherheit über den vorhandenen Hitzegrad und das rasche Erkalten des Eisens sind natürlich Mängel, die dem primitiven Werkzeug anhaften und sich leicht in helleren und dunkleren, stärkeren und schwächeren Brennspuren niederschlagen. Aus diesem Grunde hat die Werkzeugindustrie für diese Technik spezielle, elektrisch heizbare Brennapparate entwickelt, die aus einem Griff und verschieden profilierten Einsätzen (spitz, rund, dreieckig, flach, auch zum Ziehen von Doppellinien usw.) bestehen und in ihrem Hitzegrad der zu bearbeitenden Holzart entsprechend eingestellt werden können. Der Strich, den solch ein Werkzeug hinterläßt, ist in beliebiger Länge gleichmäßig. Die Gefahr, daß durch dieses technische Hilfsmittel die Ursprünglichkeit und der handschriftliche Charakter der Brandlinie verlorengehen könnte, besteht aber nicht, da es immer noch von uns abhängt, ob wir mit gleichmäßigem Druck und Tempo über das Holz hinweggleiten oder nicht.

Kerbschnitzen

Unter einer Einkerbung verstehen wir eine Vertiefung, die mit schräg geneigten, scharfkantig aufeinandertreffenden Schnittflächen in den Werkstoff hineingeschnitten wird. Die Kunst, mit diesem

Mittel Werkstücke zu verzieren, beherrschte in früheren Jahrhunderten nahezu jeder Stein oder Holz bearbeitende Handwerker. Ihre höchste Ausprägung erfuhr sie zur Zeit der Gotik. Wie so viele Schmucktechniken war auch das Kerbschnitzen um die Jahrhundertwende besonders beliebt, zumal es bastelfreudigen »Kunst«-Liebhabern viele Möglichkeiten bot, kleine oder auch sogar große Möbelstücke damit zu überziehen.

Sinnvoll angewendet kann der Kerbschnitt durchaus auch dem Formempfinden der Gegenwart entsprechen, beispielsweise als Kontrastmittel innerhalb oder am Rande betont ruhiger Flächen. Die etwas derbe und unbekümmerte Sprache läßt sich durch zuchtvolle Reihung der geschnittenen Formen zu lebendigen Flächenrhythmen bändigen. Am schönsten wirken streng gegliederte Dreischnittreihen, deren linearer Charaker der Werkweise des Schneidens wie auch der klaren Kantenführung des Holzes am besten gerecht wird.

Es lassen sich in dieser Technik sowohl einfache Linienzüge als auch bildhafte und ornamentale Vignetten neben bewegten Flächengliederungen ausführen (siehe Seite 126). Mit dem normalen kleinschnittigen Gerät beschränken wir uns vorerst auf kleine Flächenformate wie Schmuckkastenwände und -deckel, gedrechselte Flächen an Dosen und Schalen, Brettchen und Leisten (z. B. Dominosteine), die eines solchen Beschnittes bedürfen oder dazu herausfordern. Tiefere und größere Kerbschnitzereien an Schrankwänden und Türflächen, Holzverkleidungen und Gebäudefassaden oder Balkeninschriften werden mit größeren Werkzeugen, zum Teil auch mit dem Stemmeisen, gestochen und setzen schon eine gewisse Übung voraus.

Werkzeuge und Holzarten. Es gibt im Handel sogenannte Kerbschnitt-Garnituren, deren Zusammenstellung sich seit eh und je nicht verändert hat. Wir brauchen aber wirklich nur das bekannte kurzklingige Kerbschnittmesser, eventuell noch ein schrägschneidendes Stecheisen zum Einstechen der senkrechten, schräggrundigen Wände in den Dreischnittkerben. Man kann jedoch auch diese Arbeit ebensogut mit dem Schneidemesser ausführen. Das gleiche gilt für den Gebrauch von Geißfüßen und Rillenziehern.

Das Messer wird so in die Hand genommen, daß der Daumen für seine Eigentätigkeit als Stütze, Zirkelschenkel und Zangenhebel frei bleibt. Für anfängliche Übungsarbeiten nehmen wir Linde. Sonst eignet sich besser ein härteres Holz: Apfel, Birne, Nußbaum, Ahorn.

Die Schnittformen. Das Muster ist vor dem Schneiden mit Bleistift und Lineal

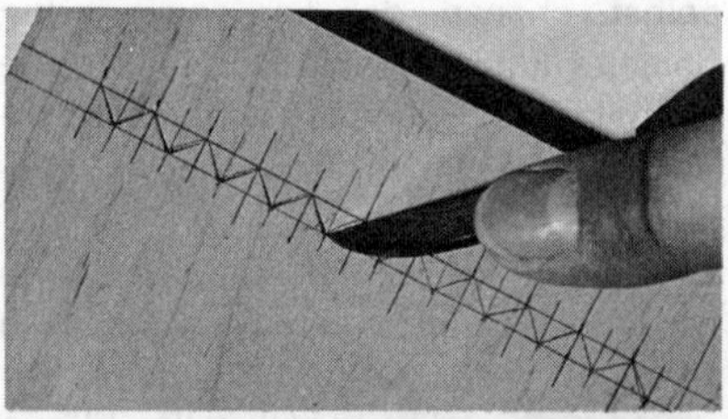

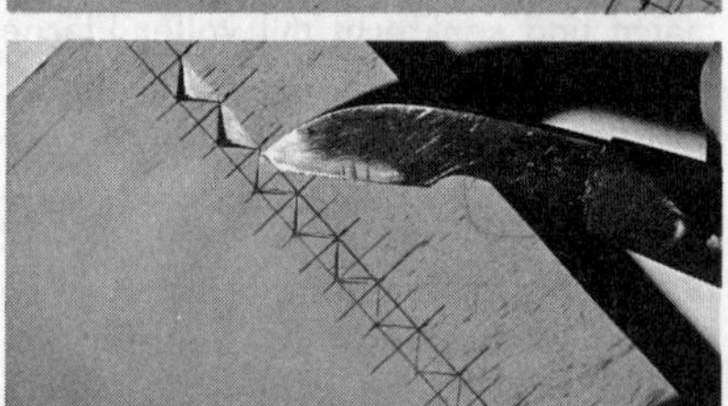

Der »Dreischnitt« wird mit zwei senkrechten Einstichen (oben) und einem grundschaffenden Aushebeschnitt (unten) ausgeführt. Die Quadrate der Vorzeichnung haben eine Seitenlänge von 4 mm

bei genauer Maßfestlegung auf das Werkholz aufzuzeichnen. Sternformen und andere rosettenförmige Ornamente, die zu dem herkömmlichen Motivbestand gehören, konstruieren wir mit dem Zirkel.
Der »Dreischnitt« setzt sich zusammen aus zwei senkrechten Einstichen mit der griffaufwärts schräg gehaltenen Messerspitze und einem grundschaffenden Aushebeschnitt. Die Einstiche müssen in allen Kerben gleichmäßig tief ausgeführt werden. Am besten erledigen wir bei gleicher Handhaltung erst die ganze Einstichreihe einer Seite, drehen dann das Holz und bringen die Schnitte der anderen Seite an. Beim Aushebeschnitt wird das Messer mit der Spitze am auslaufenden Schenkel des einen Einstichs angesetzt. Es folgt nun durch leichten Druck dem schräg abwärts führenden Stichgrund, wobei sich die Schneide – bei rechtwinkeliger Haltung zur ersten Stichlinie – der Bleistiftlinie folgend auf den zweiten Stichschnitt zubewegt. In dem Moment, wo die Schneide auf die zweite Stichgrenze trifft, muß das lose Holzstück leicht aus der entstandenen Kerbe herausspringen.
Die sauber ausgeführte Dreischnittreihe ist gewissermaßen ein Schmuckelement, das sich mit weiteren Dreischnittreihen, deren Spitzen in die entgegengesetzte Richtung weisen, zu Folgen von Doppeldreischnitten und ornamentalen Schmuckbändern zusammensetzen läßt. Weitere Kombinationsmöglichkeiten ergeben sich aus Versetzung, Winkeländerung, Gegeneinanderstellen vertiefter und erhabener Formteile usw.
Der »Rillenschnitt« ist ein schräggeführter paralleler Doppelschnitt ohne Anfang- und Endbegrenzung. Er wird häufig zu flach ausgeführt, wodurch unscharfe Kanten entstehen. Beim Ziehen halte man das Messer griffaufwärts wenig steil, so daß ein längerer Teil der Schneide in das Holz eindringen kann. Dadurch wird die Gefahr des Abweichens von der geraden Linie verringert. Die Breite der Rillen im Abstand von 1–2 mm sollten wir uns mit dem Lineal vorzeichnen.

Zu einem ornamentalen Schmuckband kombinierte Dreischnittreihe (oben) und schmuckhafte Anwendung des Rillenschnittes (unten)

»Bogenschnitte« erfordern, daß das Messer steil gehalten wird. Der Daumen stützt sich auf das Brett, so daß der Abstand zwischen ihm und der in das Holz eindringenden Messerspitze ungefähr dem Bogenradius entspricht. Bogenschnitte können mit gekrümmter und gerader Sohle, dünn und breit angesetzt werden. Stets handelt es sich um Doppelschnitte, die am Anfang und Ende in einer Linie zusammentreffen.

Farbige Kerbschnitte. Bei einfachen Kerbzeichnungen schneiden wir die Linienstriche einer bildhaften Schmuck-

zeichnung als Rillen heraus. Innerhalb dieser Umrißrillen können wir die Flächen farbig gestalten.
Wenn wir die gesamte Holzfläche vor dem Kerben durch Brennen, Beizen oder Farbanstrich einfärben, hebt sich die Rillenzeichnung im hellen, natürlichen Holzton vom dunkleren Grund ab. Umgekehrt können wir auch die in die Fläche geschnittenen Kerbrillen mit einer farbigen Masse ausfüllen und nach dem Trocknen überschleifen. Ein Vorstrich mit Hartgrund ist zu empfehlen, damit der Füllstoff nicht in die Poren des Holzes abwandert.
Sehr gut eignet sich das weniger spröde Bienenwachs, das in geschmolzenem Zustand mit Wachsfarben vermischt und noch vor dem Erkalten in die Kerben gestrichen wird. Wachs verliert natürlich auch als Füllmaterial seine Empfindlichkeit nicht. Anders ist es mit einer lackartigen harten Masse, die wir uns aus dem auf Kunstharzbasis hergestellten wasserfesten Kauritleim (siehe Seite 70) und Temperafarben bereiten. Der Einstrich erfolgt mit dem Spachtel. Hinterher muß die gesamte Fläche mit einer scharfen Glaskante abgezogen und mit feinem Sandpapier übergeschliffen werden. Die farbige Einlage kann Intarsien ersetzen.

Schutzüberzug. Mit Kerbschnitten gezierte Flächen haben trotz ihrer Bearbeitung noch immer den Charakter rohen Holzes und müssen wie solches behandelt werden (siehe Seite 114). Natürlich werden wir von farbigen Anstrichen absehen.

Intarsien

Intarsien oder »Einlegearbeiten« sind hauptsächlich in Holzoberflächen eingepaßte Zierate aus andersfarbigem Holz, Perlmutt, Elfenbein, Horn usw. in Form von Ornamenten und Figuren. Für uns kommt nur die Verwendung von Holz in Frage. Bei der »echten« Intarsie wird die andersfarbige Holzart – meist handelt es sich um dünne Brettchen von 4 bis 6 mm Stärke – in passend ausgearbeitete Vertiefungen der massiven Grundplatte eingelegt. Hauptsächlich werden aber heute verschiedenfarbige Furniere verwendet, die man mit dem Messer oder der Laubsäge zu Musterteilen schneidet und als gefügte Furnierfläche auf Sperrholz oder eine Tischlerplatte als Unterlage klebt (Furnierintarsie). Das Messerschnittverfahren eignet sich vorzüglich für geradlinige Formteile, während der wendigere Sägeschnitt von vornherein zu freierer Linienführung verlockt. Furnierintarsien setzen voraus, daß die Fläche, die man schmükken will, ganz furniert wird.
Gegen Ende des Mittelalters gelang es den damaligen Meistern mit erstaunlicher Geschicklichkeit, verschiedene Werkstoffe zu einer Einheit zu verbinden. Heute sind wir darin vorsichtiger geworden. Unser Sinn für Materialechtheit spricht sich sogar gegen eine Verwendung gefärbter oder gebeizter Hölzer und durch Brennen erzeugter Holzschattierungen aus. Innerhalb der natürlichen Textur von Holztönen finden wir eine genügend reiche Farbskala. Auch sollten wir nie vergessen, daß das zeitgemäße Intarsieren von sich aus eine strenge Ausrichtung auf Fläche und Linie erfordert und uns damit auch in der Wahl farblicher Abstufungen heilsame Beschränkung auferlegt.

Material und Werkzeug. Die dünnen Brettchen (Dickten), die wir für die sogenannten »Massiveinlagen« (also die »echten« Intarsien) benötigen, können wir von unterschiedlichen Holzarten im Handel gar nicht bekommen. Da wir nur geringe Mengen benötigen, besorgt sie uns auch niemand. Am besten sehen wir uns daher bei Tischlern und Holzhändlern nach Abschnitten und Resten stärkerer Edelholzbohlen um und schaffen uns davon ein kleines Lager an. Von diesen Bohlen sägen wir uns dann nach Bedarf die nötigen Stücke herunter.

Furniere (Handelsformen siehe auf Seite 121) gibt es nicht nur von ausländischen, sondern auch von einheimischen Hölzern in genügender Farbenvielfalt, so daß wir selbst mit schmalerem Geldbeutel zu befriedigenden Arbeiten kommen können. Es ist übrigens gar nicht ratsam, beim Intarsieren hauptsächlich ausländische Hölzer zu verwenden, etwa in der Meinung, daß diese schon wegen ihrer fremden Herkunft etwas Besonderes seien. Gerade die starkfarbigen »Ausländer« kontrastieren untereinander oft viel zu stark, während die weicher nuancierten heimischen Hölzer meist besser miteinander harmonieren. Solche Arbeiten wirken dann auch im ganzen geschlossener.

Bei der Furnierbeschaffung sollten wir uns stets um die besseren Sägefurniere bemühen, die im Gegensatz zu den preiswerteren Messer- und Schälfurnieren eine dichtere Oberfläche aufweisen (daher auch keine Risse haben, durch die hinterher der Leim schlägt) und bedeutend widerstandsfähiger sind (Sägefurniere werden erst ab 1 mm Stärke gehandelt), nicht so leicht brechen und splittern und sich später nach der Verarbeitung auch noch anstandslos überschleifen lassen. Übrigens stimmen sie auch in ihrer Zeichnung entsprechend ihrer Schnittlänge viel besser mit dem Oberflächenbild des Grundholzes überein.

Nur ebene Furniere können wir einwandfrei verarbeiten. Haben sie Wellen und Buckel, so müssen wir sie vorher strecken. Das geschieht durch Befeuchten einer Furnierseite mit klarem Wasser und Einspannen unter Beilegung saugkräftigen Papiers in eine Presse oder zwischen Schraubzwingen und Preßplatten, wo sie bis zum Trocknen bleiben. (Zu langes Verweilen in der Presse kann Stockflecke geben!) Wenn das einfache Benetzen mit Wasser nicht hilft, greifen wir zu einer sehr dünnen Leimtränke. Die Furniere werden dann aber erst an der Luft vorgetrocknet und in der Presse am besten zwischen zwei vorher angewärmte Metallplatten gelegt. Die Papierlagen zwischen den einzelnen Furnierblättern sollte man pudern. Gestreckte Furniere werfen sich in der feuchten Luft wieder und müssen daher unter leichtem Preßdruck (z. B. zwischen starken Pappstücken) aufbewahrt werden.

Der Werkzeugbedarf beim Intarsieren ist je nach der Technik verschieden. Vieles besitzen wir schon in unserer normalen Ausrüstung. Dringend nötig ist ein scharfes, spitzes Messer und ein Stahllineal, ebenso eine Laubsäge mit feinsten Blättern. Es gibt im Handel spezielle Furnierschneidemesser mit auswechselbaren Klingen und Furniersägen, die einer Feinsäge mit gerundetem Sägeblatt gleichen. Beim Einkauf der Laubsägeblättchen wähle man solche mit quadratischem Querschnitt. Als Materialauflage (Sägebrett) basteln wir uns eine Knagge in bequemer Arbeitshöhe zum Festschrauben oder Einspannen in die Werkbank. (Arbeiten in normaler Tischhöhe ist nicht ratsam!) Die Löcher zum Durchstecken des Sägeblattes durch die Furnierlagen stechen wir mit einer spitzen Ahle vor. Solche Einstiche können später von der Rückseite des Furniers aus wieder zugeklopft werden. Zum Ausheben der Massivholzteile braucht man breitarbeitende Bohrer (Forstnerbohrer), einen Grundhobel, Stech- und Hohleisen.

Die Klebemittel dürfen wie beim Furnieren keine Säure enthalten. Es werden drei Arten verwendet: Alleskleber (zum Einsetzen kleiner Teile), Tischlerleim als Hautleim und Kontaktkleber (Uhu-Flecke lassen sich mit Azeton beseitigen).

Arbeiten wir mit Kontaktklebern, so müssen die Werkteile sofort passend aufgelegt werden, weil sie hinterher nicht mehr zu verschieben sind.

Kitt zum Ausflicken kleiner Lochstellen und zum Verfugen schafft man sich selbst, indem man etwas dünnen Leim auf die Hirnholzfläche der betreffenden Holzart tropft und mit einem scharfen Stecheisen so lange verschabt, bis die nötige Menge »Paste« vorhanden ist.

Schließlich brauchen wir noch einige möglichst dünne Stecknadeln, ein paar Bogen wenig geleimtes Papier (bedrucktes Zeitungspapier dürfen wir nicht verwenden!) und verschieden breite Klebestreifen. Für Heftungen, die nur kurz halten sollen, läßt sich auch selbstklebendes Material (z. B. transparenter Foliefilm) verwenden.

Zwei Grundregeln, die wir schon beim Furnieren kennengelernt haben, gelten auch für die Intarsie. Der Faserverlauf soll bei allen Furnier- oder Einlageteilen weitmöglichst mit dem des massiven Grundholzes übereinstimmen. Bei Sperrholz sollen sich die Faserläufe kreuzen. Freizügigkeit besteht lediglich, wenn wir mit einem richtungslosen Plattenmaterial arbeiten. Hier können wir auch die Faserrichtung des Furniers als zusätzliches Gestaltungsmittel anwenden. Stets ist ein Furnier mit der linken Seite (die man an ihrem geschlosseneren Aussehen erkennt) auf das Grundholz zu kleben.

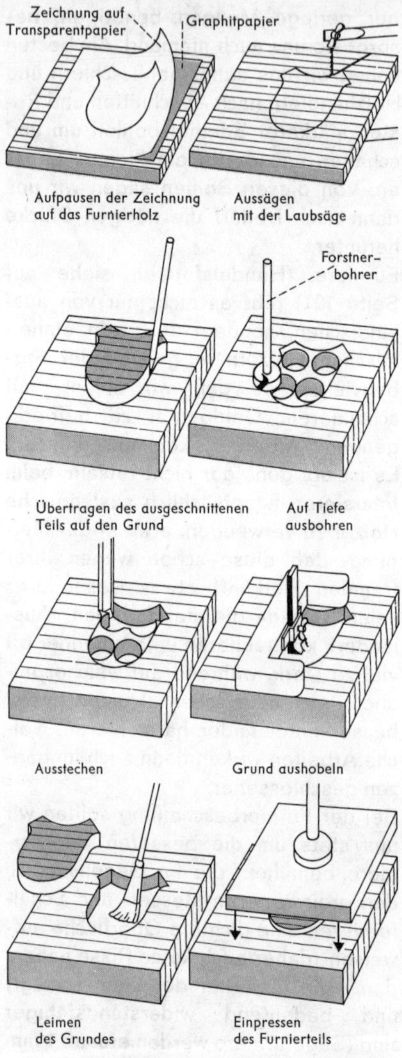

Die ursprüngliche Art der Intarsie ist die Massiv-Einlage, bei der jedoch nur einfache Formen möglich sind

Massiv-Einlagen. Aus einer Pause der Entwurfszeichnung schneiden wir ein Teilstück aus. Das entstandene Loch benutzen wir als Fenster, durch das wir auf dem Einlegeholz die geeignetste Partie zu finden suchen. Diese wird markiert, indem wir das ausgeschnittene Papierstück darauflegen und mit dem Bleistift umfahren. Das Stück schneiden wir mit der Laubsäge aus, säubern seine Kanten mit Sandpapier und übertragen den Umriß abermals durch Umfahren mit dem Bleistift auf das Grundholz. Es empfiehlt sich, auf diesem schon vorher durch Aufpausen der Entwurfszeichnung die ungefähre Lage der Teile zu markieren.

In einem weiteren Arbeitsgang muß der für die Aufnahme des ausgeschnittenen Formteils gekennzeichnete Grund ausgehoben werden, was durch Anbohren mit einem breitarbeitenden Bohrer und Ausstechen mit einem Stech- und Hohleisen geschieht. Das sorgfältige Ebnen des Grundes erleichtert man sich mit einem Grundhobel. Abschließend ist die Übereinstimmung der Formen zu prüfen, ein wenig Leim hinzuzufügen, der Formteil in die Vertiefung einzudrücken und unter Preßdruck bis zum vollständigen Trocknen des Klebemittels ruhen zu lassen.

Furnier-Intarsien. Gerade laufende Furnierteile werden mit dem Furniermesser an der Linealkante geschnitten und über einer Papierunterlage kantenseitig aneinandergeleimt. Das ist die einfachste Methode, bei der auch die Fugen gleich ihren Verbund bekommen, was sich aber nicht immer bis zur letzten Konsequenz durchführen läßt. Im anderen Falle arbeiten wir wie beim Fügen der Furnierstreifen (siehe Seite 136). Die Paßfuge wird über einer Holzunterlage mit Nadeln festgesteckt und auf der Schauseite mit Furnierklebestreifen gebunden. Nach dem Auflegen des Furniers auf das Grundholz muß dieses Hilfsmaterial wieder abgeweicht werden. Als Unterlage beim Schneiden des Furniers mit dem Messer genügt ein Hartholzbrett, das wir mit seiner Faser in die Schnittrichtung legen. Eckzusammenstöße und Gehrungen schneiden wir, indem wir einen einzigen Schnitt mit dem Messer am Lineal entlang durch beide überlappt liegende Streifenenden hindurch führen.

Schachbrettmuster sind ein beliebtes Dekorationsmotiv. In erster Linie fertigen wir aber natürlich Spielbretter. Hierfür benötigt man 64 Felder, also 8

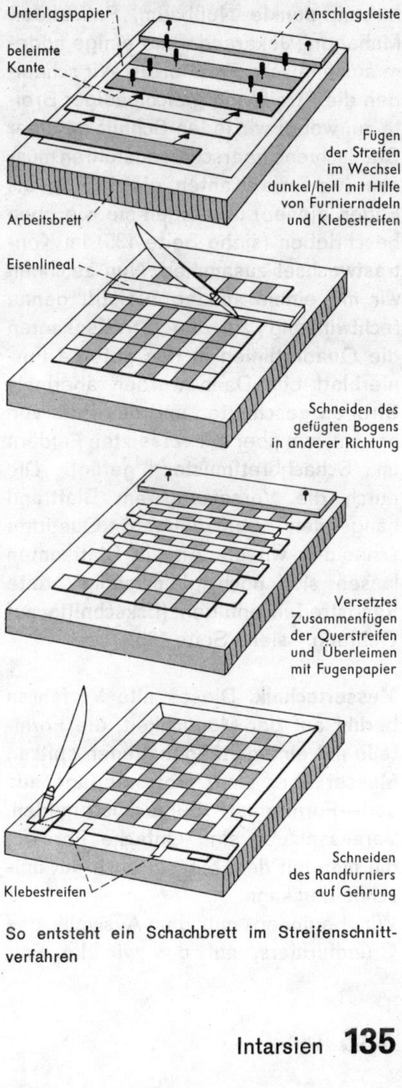

So entsteht ein Schachbrett im Streifenschnittverfahren

Quadrate am Rand nach jeder Seite. Bei einer Quadratseitenlänge von 4 cm braucht man demnach 32 cm lange Streifen. Es empfiehlt sich jedoch, zu jedem Streifen noch ein neuntes Quadratfeld hinzuzuberechnen und die Streifen 36 cm lang zu schneiden, damit man später die Versetzung der Felder im Kontrastwechsel unbeschwert ausführen kann.
Zuerst müssen die Furnierkontraste festgelegt werden. Ahorn, Birke, Birne, Buchsbaum, Zitrone haben helle Holzfarben, dunkle Nußbaum, Palisander, Mahagoni, Jakaranda und einige andere ausländische Farbhölzer. Wir schneiden die Streifen in gleichmäßiger Breite zu, wobei wir jeden Schnitt an einer Stahlschiene haarscharf ausführen müssen (weil die Kanten gleichzeitig als Fugen dienen) und fügen sie wie oben beschrieben (siehe Seite 135) im Kontrastwechsel zusammen. Nun zeichnen wir mit einem spitzen Bleistift genau rechtwinkelig zu den Streifenkanten die Quadratlinien in das gefügte Furnierblatt ein. Dann werden abermals Streifen geschnitten und das Blatt von neuem, nun aber mit versetzten Feldern im Schachbrettmuster, gefügt. Die durch die Versetzung am Blattrand hängenden überzähligen Quadrate schneiden wir ab. An die Blattkanten lassen sich noch gleichmäßig breite Randstreifen anfügen (Eckschnitte auf Gehrung – siehe Seite 135).

Messertechnik. Dieses alte Verfahren beruht auf der Möglichkeit, die Formteile mit einem steilgehaltenen spitzen Messer über einer Holzunterlage aus dem Furnierblatt herauszuschneiden. Voraussetzung sind einfache Formen, die man mit dem Messer auch gut umschneiden kann.
Wir beginnen mit der Auswahl des Grundfurniers, auf das wir die Entwurfszeichnung spiegelbildlich aufpausen. Dann wird die Stelle eines einzulegenden Formteils herausgeschnitten und das Loch, wie schon oben beschrieben, als Suchfenster für eine passende Einlage benutzt. Zum Umzeichnen des Einlegeteils kann man das ausgeschnittene Teilstück des Grundfurniers benutzen. Nun wird die Einlage ausgeschnitten und mit Klebestreifen in das Grundfurnier eingefügt. Feinere Zusammenhänge kann man auch gesondert zusammensetzen und als größeres Stück in das Grundfurnier einlegen. Ein paar Gewichte beschweren die fertige Arbeit.

Die Sägetechnik. Mit einer feinen Laubsäge können auch zierliche und feingliedrige Schnittformen sauber aus dem dünnen Furnierholz herausgeschnitten werden. Die einfachste Methode bietet das Doppelschnittverfahren, wobei zwei oder drei verschiedenfarbige Furniere übereinandergelegt, gemeinsam ausgeschnitten und nachher im Austausch der positiven mit den negativen Formteilen (Schnittfigur und Lochfigur) ineinandergepaßt werden. Da alle Teile doppelt vorliegen, besteht auch die Möglichkeit, die helle Einlage mit einem dunklen und die dunkle mit einem hellen Grundfurnier zusammenzufügen und auf diese Weise zwei parallele Kontrastmuster zu erhalten.
Das Sägen bedarf einiger Umsicht. Zunächst legen wir, damit das dünne Holz nicht nach unten wegsplittert, den übereinandergepackten Furnierblättern ein Stück Blindfurnier unter. Dazu kann man ein in seiner Färbung unschönes und daher wertloseres Furnierblatt nehmen. Das Ganze verkleben wir am Rand mit Klebestreifen zu einem festen Paket, in dem die einzelnen Schichten bündig übereinanderliegen

müssen. Die Blätter dürfen nicht wellig sein. Es empfiehlt sich, die Lagen geschlossen einen oder zwei Tage lang zwischen zwei dicken Holzplatten in einer Presse (Schraubzwingen!) zusammenzudrücken. Sicherer verfahren wir, wenn wir die Blätter vorher leicht beleimen (siehe Seite 133). – Die Entwurfszeichnung wird auf die oberste Furnierschicht aufgepaust. Das Aussägen der Teile geschieht dann von der Mitte aus zum Rand hin (damit die ausgeschnittenen Formen so lange wie möglich zusammenhalten) genau auf dem Strich und mit möglichst senkrechter Sägehaltung. Vom sorgfältigen Arbeiten hängt es ab, ob sich die Teile später gut ineinanderfügen lassen. Stücke, die vorzeitig herausfallen, ordnen wir auf einer Pappe, auf die man sich am besten vorher zur Orientierung auch die Entwurfszeichnung aufpaust.

Die Sägefuge, die beim Sägen in der Breite des Sägeblattes entsteht, ist unbedeutend und quillt später, wenn das Holz beim Furnieren feucht wird, weitgehend zu. Gegebenenfalls können wir sie aber auch durch eine entsprechende Kittfüllung hervorheben. Falls wir die Arbeit später polieren wollen, ist sorgfältiges Auskitten und Einebnen der Fugen sowieso unerläßlich. Sollen die Fugen jedoch überhaupt nicht in Erscheinung treten, so sägen wir die Teile einfach schräg aus. Das geschieht nicht etwa auf die Weise, daß wir die Säge verkanten, sondern indem wir unsere Arbeitsauflage ein wenig schräg stellen. Gesägt wird senkrecht! Durch den Schrägschnitt ergibt sich aber leider nur eine Übereinstimmung zweier Schnittformen, da wohl der unterliegende Furnierteil in den oberen Ausschnitt paßt, das obere ausfallende Stück aber als Einlage für das untere zu klein ist.

Nach dem Ausschneiden lösen wir die Teile behutsam voneinander und fügen sie über einer sauberen Linkspause, die uns noch einmal die richtige Lage der Schnittformen vor Augen hält, mit Leim an den Kanten zusammen. Nach

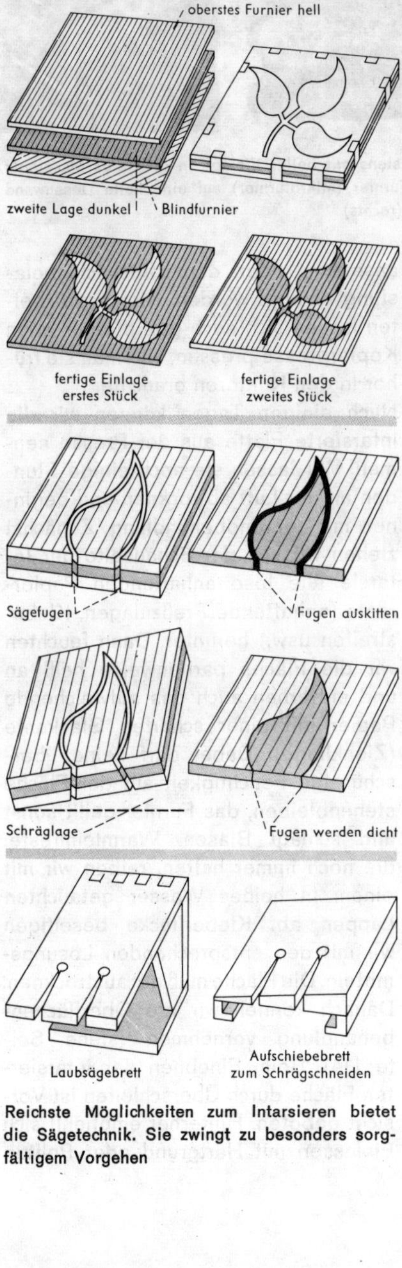

Reichste Möglichkeiten zum Intarsieren bietet die Sägetechnik. Sie zwingt zu besonders sorgfältigem Vorgehen

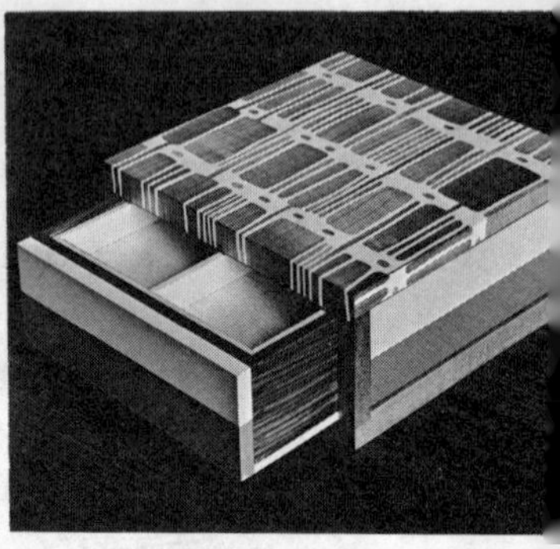

Furnierintarsien: Deckelschmuck eines furnierten Kastens mit heller Einlage in dunkleres Maserholz (links). Furnierklebearbeit, bei der das dunklere Furnier (Mikrofurnier) auf eine helle Dosenwand aufgeklebt wurde (Mitte). Kasten mit Furnierintarsie (rechts)

dem Trocknen müssen auch die Fugen tadellos ausgekittet werden.

Fertigstellung der Intarsie. Die intarsierten Furniere werden in gleicher Weise aufgeleimt und oberflächlich weiterbehandelt wie einfache Furniere (siehe Seite 121). Die Faserrichtung (es genügt die der wichtigsten Furnierteile) muß mit der im Grundholz übereinstimmen. Auch die Gegenklebung auf der Rückseite der furnierten Platte muß gleichzeitig angesetzt werden, weil sonst einseitige Spannungen auftreten und die Platte verziehen. Am besten arbeitet man mit Warmleim, der noch immer geringe Korrekturen gestattet. Wer sichere Hände hat, kann auch einen Kontaktkleber nehmen. Nach dem Auflegen deckt man die Furnierblätter oberseitig mit mehreren Schichten sauberen, weichen und saugkräftigen Papiers ab, legt starke Pappen darüber und bringt das Ganze in die Presse. Das Pressen ist zugleich ein Trockenvorgang. Das viele Papier soll die Unebenheiten des frischen Furniers ausgleichen und der Klebung Feuchtigkeit entziehen. Gepreßt wird zwischen dicken Brettern. Der Druck kann durch viele starke Schraubzwingen, die wir an verschiedenen Punkten ansetzen, oder durch Gewichtsbelastung erzeugt werden. Kleinere Arbeiten lassen sich auch gut in einer alten Kopierpresse pressen, wie man sie früher in den Kontoren brauchte.

Nach einigen Tagen können wir die intarsierte Platte aus der Presse nehmen. Wir lassen sie noch einige Stunden an der Luft abtrocknen und beginnen mit der Endbehandlung. Zunächst ziehen wir von der Schauseite der Intarsie alle lose anhaftenden Papierreste (anhaftende Preßzulagen, Klebestreifen usw.) herunter. Dann feuchten wir die Fläche partienweise heiß an und entfernen auch das aufweichende Papier mit einer scharfen Glaskante (Ziehklinge). Dabei darf keine überschüssige Feuchtigkeit auf der Fläche stehenbleiben, das Furnier quillt sonst und schlägt Blasen. Warmleimreste, die noch immer haften, reiben wir mit einem in heißes Wasser getauchten Lappen ab. Kleberflecke beseitigen wir mit den entsprechenden Lösungsmitteln. Die Fläche muß gut austrocknen. Danach können wir die Oberflächenbehandlung vornehmen (siehe Seite 114). Beim Einebnen der intarsierten Fläche durch Überschleifen ist Vorsicht geboten. Hinterher empfiehlt sich Einlassen mit Hartgrund oder Politur.

Papierarbeiten

Papierwerkstoffe

Die älteste Weise der Papierherstellung ist die der Hadernpapiere. Das aus zerriebenen Hadern (= Lumpen) gewonnene feine Faserzeug (Leinen-, Hanf- und Baumwollfasern) wurde in »Bütten« mit Wasser verrührt und mit viereckigen Schöpfformen, die unterseitig mit feinen Metalldrahtgeweben bespannt waren, »geschöpft«. Leichtes Schütteln der Rahmen verfilzte die Fasern, während das Wasser durch die Gewebemaschen abtropfte. Anschließend wurden die gewonnenen Bogen zwischen Wollfilzen abgedrückt, gepreßt und an der Luft getrocknet. Das gebrauchsfertige Papier mußte dann noch durch Eintauchen in Leimwasser tintenfest gemacht werden. Noch heute stellt man nach diesem Grundverfahren die wertvollen Büttenpapiere her.
Der durch den schnell anwachsenden Papierbedarf um die Wende des 18. zum 19. Jahrhundert entstandene Engpaß zwang auch die Papierhersteller, rationellere Methoden zu ersinnen. 1799 erfand der Franzose Louis Robert die mechanisch bewegte Langsiebmaschine, die das Bereiten endloser Papierbahnen in Rollenform ermöglichte. 1844 konnte der inzwischen ebenfalls fühlbar gewordene Mangel an geeigneten Hadern durch Entdeckung des Holzschliffs ausgeglichen werden. Holzschliff gewinnt man auf mechanische Weise, indem entrindete Baumstammstücke gegen rotierende Schleifwalzen gepreßt und aufgearbeitet werden. Die so gewonnene Faser ist ihrer Kürze wegen für die Papierherstellung allein unbrauchbar und läßt sich lediglich als Zusatz zu langfaserigen Materialien verwenden. Holzschliffhaltige Papiere haben nur geringe Festigkeit und vergilben im Licht sehr schnell.
In den Jahren 1855 und 1866 glückte die Herstellung der Zellulose (der Hauptbestandteil der pflanzlichen Zellwände). Man gewinnt den Zellstoff durch Kochen des zuvor mechanisch zerriebenen Holzes unter Zusatz von Chemikalien, durch die auch die Lignine, die das Vergilben der holzhaltigen Papiere verursachen, ausgeschieden werden. Holz enthält 50–60 % Zellstoff. Die Zellulosefaser ist lang, fest und lichtbeständig.
In neuerer Zeit fügt man dem Papierbrei noch mehr oder weniger große Mengen von Füllstoffen (Gips, Kaolin und andere Erden) zu, die als weiße, feinst zermahlene Substanzen die Räume zwischen den Fasern ausfüllen und dem Papier größere Geschmeidigkeit und glattere Oberfläche geben, wie sie z. B. für bestimmte Druck- und Kunstdruckverfahren nötig sind. Solche Füllstoffe können bis

zu einem Drittel des gesamten Papiergewichts ausmachen. Ein weiterer wichtiger Zusatz ist auch der Leim, der das Papier fest und beschreibbar macht. Lösch- und Filterpapiere erhalten überhaupt keinen Leimzusatz. Weniger geleimt sind Druckpapiere und am stärksten natürlich Schreibpapiere. Den letzten Zusatz zur Papiermasse bilden die Farbstoffe.
Heute werden brauchbare Papierfasern auf mechanischem wie auf chemischem Wege auch aus bestimmten Grassorten, z. B. dem nordafrikanischen Alfagras (Esparto) oder heimischem Roggen- und Weizenstroh hergestellt. Die neuzeitliche Papierfabrikation gleicht im Prinzip dem alten Verfahren, sie ist aber ein komplizierter Vorgang, der hier nicht weiter verfolgt zu werden braucht.

Papiersorten und Überzugsmaterialien

Vor uns liegt eine unübersehbare Vielfalt unterschiedlichster Gebrauchs-, Spezial- und Werkpapiere. Der Qualität nach unterscheiden wir zwischen Lumpen- (= Hadern-) Papieren, holzfreien Zellstoffpapieren und holzhaltigen »mittelfeinen« Papieren.
Hadernpapiere, denen wir ihre hervorragende Qualität auf den ersten Blick ansehen, werden in geringer Menge auch heute noch hergestellt – z. B. als Aquarellpapier, für wertvolle Buchausgaben, Urkunden, Geldscheine usw. Solche Papiere sind nicht nur ausgesprochen fest, sondern in Folge ihrer speziellen Herstellung auch verhältnismäßig teuer. Holzfreies Papier besteht hauptsächlich aus der auf chemischem Wege von den schädlichen Holzfarbstoffen befreiten Zellulose, gegebenenfalls mit Zusätzen von Lumpenfasern, wodurch ihre Festigkeit noch erheblich gesteigert werden kann, z. B. bei Zeichenpapieren. Holzschliffpapiere werden nur mit Zusätzen von Zellulosefasern (damit sich der Holzschliff überhaupt verfilzen läßt) in unterschiedlichen Mischungsverhältnissen bereitet. Sie machen die Hauptmasse der Papierfabrikation aus. Die Qualität dieser Papiere wird durch den Zelluloseanteil bestimmt, der auch die Weiße und Festigkeit reguliert.
Innerhalb dieser drei großen Sammelgruppen entfaltet sich der ganze Artenreichtum des Papiers, wiederum unterschieden durch verschieden starke Leimung, Färbung, Stärke, Dichte und Oberflächenbehandlung. Satinierte Papiere werden in einer besonderen Maschine nachträglich geglättet – im Gegensatz zu den nichtsatinierten »maschinenglatten«, die eben nur soweit glatt oder rauh sind, wie sie aus der Maschine kommen. Größte Geschlossenheit der Oberfläche haben die Kunstdruckpapiere, die auch feinste Rasterdrucke sauber wiedergeben müssen und zu diesem Zweck mit einer kaseingebundenen und nachträglich geglätteten Kreideschicht versehen werden.
Als Werkstoff sind satinierte Papiere wenig geeignet. Neben den eigentlichen Werkpapieren (Ton-, Vorsatz-, Kraft- und Wachspapier) kommen vor allem die festen, holzfreien Schreib- und Zeichenpapiere in Betracht, die leim- und radierfest sind, sich scharf knicken lassen und je nach Stärke auch größeren räumlichen Gebilden noch genügende Festigkeit in Stand und Fläche geben können. Je kleiner ein Papiergebilde ist, um so feiner darf natürlich auch das verwendete Papier sein. Bei transparenten Farbpapieren (Seidenpapier, Pergamin) spielt auch die Lichtbeständigkeit eine Rolle. Eine ganz besondere Materialgruppe mit

einer Mittelstellung zwischen Papier und Blech bilden die auf eine dünne Papierschicht kaschierten Metallfolien. (Überzugsmaterialien siehe Seite 142.)

Schreibpapiere gibt es in verschiedenen Güteklassen, »mittelfein« als Konzept-, »holzfrei« als gutes Brief- und Dokumentenpapier. Sie müssen eine glatte Oberfläche und eine gute Leimung aufweisen, damit die Tinte beim Beschreiben nicht ausläuft oder durchschlägt. Schreibmaschinenpapier ist ein ungeglättetes Papier mit mittlerer Leimung.

Druckpapiere. In ihren Eigenschaften variieren solche Papiere sehr stark nach den Druckverfahren, für die sie gedacht sind. Billigstes Druckpapier ist Zeitungspapier. Es enthält bis zu 90 % Holzschliff, vergilbt daher sehr stark und ist beim Werken bestenfalls als »Makulatur« zu verwenden (zum Unterlegen beim Kleistern, Leimen usw.). Die holzfreien Dickdruckpapiere sind bei geringem Gewicht sehr voluminös (damit die daraus hergestellten Druckwerke dick erscheinen). Im Gegensatz dazu sind Dünndruck- oder Bibeldruckpapiere ihrer geringen Stärke entsprechend sehr fest. Als Werkstoff sind diese Papiere nur für besondere Arbeiten verwendbar. (Kunstdruckpapiere siehe Seite 140.)

Zeichenpapiere müssen lichtbeständig und daher holzfrei sein. Nur schlechte Qualitäten enthalten Holzschliff. Außerdem müssen sie sich gut radieren lassen, ohne daß die Tusche hinterher ausläuft. Gute starke Sorten werden mit Lumpenfasern bereitet. Allgemein kennzeichnend ist die geringe Glätte, Leim- und Schabefestigkeit, auch die steife Natur, die sie für viele Papierarbeiten brauchbar macht.

Tonpapiere sind Farbpapiere, die man in allen Farbgruppen in unterschiedlicher Nuancierung erhält, so daß man sie gut aufeinander abstimmen kann. Charakteristikum: in der Masse gefärbt, verschieden stark, rauhe Oberfläche, in Sonderqualität »gehämmert«. Tonpapiere sind regelrechte Werkpapiere. Wir brauchen sie zur freien Papiergestaltung, zum Falten wie zum Beziehen von Pappkästen, Buch- und Mappendecken.

Vorsatzpapiere benötigt der Buchbinder für die inneren Teile des Bucheinbandes oder zum Füttern von Pappkästen und Mappen, wofür sie sich auf Grund ihrer Zähigkeit und Dichte besonders eignen. In den meisten Fällen sind diese Papiere maschinenglatt. Der Farbton muß zur Tönung des Druckpapiers und zum äußeren Bezug passend ausgewählt werden.

Pack- und Einwickelpapiere werden hauptsächlich aus Altpapier bereitet und zeigen daher meist schmutziggraue bis braune Tönungen. Die Färbung kann zusammen mit anderen Werkstoffen interessant werden. Von diesen Papieren gibt es viele Arten, minderwertige und besonders feste, maschinenglatte und einseitig satinierte, mit und ohne Markierung der Oberfläche. Ihrer trivialen Bestimmung entsprechend benutzen wir sie hauptsächlich für Hinter- und Unterklebungen, aber auch als eigentliches Werkmaterial (je nach Eignung). Das beste und festeste Kraftpapier (und das Seidenpapier, siehe unten) betrachten wir von vornherein als vollwertigen Werkstoff.

Durchscheinende Papiere. Ein stark durchscheinendes, farbloses Papier ist das transparente Zeichenpapier (Pauspapier), das in den Zeichenbüros in verschiedenen Stärken zum Anfertigen technischer Zeichnungen gebraucht wird. Pergamentpapier ist ebenfalls durchscheinend, dazu vollkommen fettdicht. Es wird zur Erhaltung seiner Geschmeidigkeit mit Glyzerin und anderen wasseranziehenden Substanzen behandelt. Ein sehr dünnes, folienartiges, ebenfalls fettdichtes Pergamentersatzpapier ist das durch eine besonders scharfe Satinage hochtransparent gemachte Pergamin. Wir bekommen es in vielen leuchtenden Farbtönen (Drachenpapier) und verwenden es daher mit Vorliebe für transparente Fensterbilder, Leuchtbilder usw. Farbige Transparentpapiere sind auf die Dauer nicht lichtecht. Das gilt sowohl für das Pergamin, weit mehr aber für das extrem dünne, auch intensiver gefärbte Seidenpapier, das daher nicht ständig dem Licht ausgesetzt werden darf. Das Farbenspiel der Seidenpapiere ist reicher und leuchtender als das des Pergamins. Die speziellen Lampenschirmpapiere haben einen kräftigen Aufbau und werden durch Imprägnierung mit Wachs oder Paraffin durchscheinend gemacht.

Buntpapiere. Das in der Masse gefärbte Tonpapier ist als besonderer Werkstoff schon genannt worden. Bekannt sind auch die einseitig mit Farbe versehenen hochglänzenden Buntpapiere, die es in losen Bogen oder gut sortiert in kleinen Heftchen für »Buntpapierklebearbeiten« mit oder ohne Kleberaufstrich auf der Rückseite zu kaufen gibt. Besonders starke Farbauflagen (Gold und Silber) verbieten, daß solche Papiere gefaltet oder gebrochen werden, weil sonst die Farbschicht an der Bruchkante aufplatzt. Zu den Buntpapieren gehören auch die in der Masse gefärbten Faltpapiere. Wir kaufen sie zu Quadraten geschnitten und nach Farben sortiert in kleinen Paketen. Die intensiv gefärbten, elastischen Krepppapiere (in Rollenform) gebrauchen wir zu Dekorationszwecken.

Metallfolie ist eine feingewalzte und mit papierner Rückseite versehene (kaschierte) Aluminiumschicht (Alu-Folie), die man in mehreren metallisch schimmernden Farben – einseitig oder doppelseitig, mit weißem, rotem und blauem Papierhintergrund, auch mit oder ohne besondere Oberflächenprägung – in der Papierhandlung erhält. Das metallische Farbenspiel unterscheidet die Folien vom gewöhnlichen Goldpapier (mit Farbaufdruck). In ihrer Fügsamkeit erinnern sie schon an das Blech, mit dem sie die gleiche Herkunft haben. Es gibt auch stärkere Folien, die keine Kaschierung mehr benötigen und folgerichtig zu den Blechen zu rechnen sind.

Überzugsmaterialien. Bezüglich dieser Werkstoffe sollten wir besonders wählerisch sein, weil sie den Geschmack und das äußere Bild unserer Arbeiten mitbestimmen.
Überzugspapiere werden einfarbig oder gemustert angeboten, wir können sie aber auch selbst herstellen (Kleisterpapiere). Kratz-, radier- und abriebfest ist beispielsweise »Elefantenhaut«. Auch Tonpapiere (siehe Seite 141) und saubere Tapetenreste lassen sich verwenden. Sehr schön ist das tapetenartig (auch mit wiederkehrenden Zeichnungen) bedruckte bessere Packpapier, das wir in den guten Schreibwarengeschäften bogenweise einkaufen.
Für Kantenverstärkungen, Buchrücken und Buchdecken bekommen wir ein appretiertes Einbandgewebe (Kaliko, Buchleinen, Mattgewebe, Kunstleder);

die Appretur verhindert, daß der Klebstoff durchschlägt. Selbstklebefolien (z. B. »Decofix«) lassen sich nur großflächig verwenden (nicht für Buchrükken und bewegliche Teile!).

Kartons und Pappen

Diese Materialien bestehen aus den gleichen Grundstoffen wie die Papiere. Für Pappen werden allerdings auch billigere und unreine Fasern verwendet, was bei ihrer Verarbeitung für uns keine Rolle spielt, weil sie hierbei nur als tragendes Gerippe dienen und abschließend doch mit einer augenfälligen Bekleidung überzogen werden. Die Grenze zwischen Papier, Karton und Pappe ist schwer zu ziehen, letzten Endes handelt es sich nur um Stärkevariationen. Es gibt verschiedene Gütegruppen, die durch die verwendeten Grundstoffe und deren Verarbeitung bestimmt werden. Eine Pappe oder ein Karton kann fest oder lose, aus gebundener Fasermasse oder mehrschichtig aufgebaut werden und wie Papier eine glänzende oder maschinenglatte Oberfläche bekommen.

Kartons liegen stärkemäßig zwischen Papier und Pappe. Schon die besonders guten starken Zeichenpapiere sind im Grunde als Karton (Zeichenkarton) zu bezeichnen. Bekannt ist auch der Fotoalbenkarton in verschiedenen Weißtönen oder Schwarzbraun und Grau. Wir brauchen ihn außer für den einschlägigen Zweck als »Baumaterial«, für Umschläge und als Passepartoutkarton zur Bilderrahmung. Aktendekkelkarton, verschieden stark und in nie ganz reinen Farbtönen, kauft man in fabrikgeschnittenen großen Bogen. Legen wir Wert auf leuchtend farbiges Material, so beschaffen wir uns den intensiv gefärbten farbigen Karton, der wiederum nicht mit dem für Werkarbeiten nur bedingt brauchbaren, einseitig beschichteten farbigen Plakatkarton zu verwechseln ist, den es ebenfalls in leuchtenden Farben gibt. Plakatkarton besteht vorwiegend aus Holzschliff. Er ist brüchig, klebt schlecht und hat eine matte, sehr empfindliche Oberfläche.

Pappen gibt es als Hand- oder Maschinenpappen. Hand- oder Wickelpappen werden auf der Rundsiebmaschine aus dünnen, feuchten Papierlagen durch Aufwickeln auf eine Formatwalze mehrschichtig bereitet. Ist die gewollte Dicke erreicht, wird die ganze Bahn abgeschnitten, abgenommen, gepreßt und getrocknet. Maschinenpappen lassen sich wie Papier in endloser Bahn herstellen. Die wichtigsten Sorten sind Graupappen (aus billigem Altpapier), weiße Holzschliffpappen und braune Strohpappen.
Als vollwertiger Werkstoff kommen im Grunde nur die festen, zähen, überaus haltbaren Graupappen (Buchbinderpappen) in Frage. Sie lassen sich biegen und knicken, außerdem sind sie in verschiedenen Stärken erhältlich. – Die leichte, brüchige weiße Holzpappe verträgt nur eine flächige Verarbeitung (z. B. Kastenwände, Bilderrückwände). Sie hat den Vorteil, daß sie bei der Durchfeuchtung beständiger ist und sich nicht so leicht wirft. Die sog. »braunen Pappen« sind in ihrem Materialaufbau und damit auch in ihren Qualitätsgraden sehr unterschiedlich. Die eigentliche »braune Pappe« (Lederpappe) wird aus dem sog. »Braunschliff« (gedämpftes Nadelholz) bereitet. Sie ist sehr fest und zäh. Der Buchbinder verwendet sie trotzdem ungern, weil sie mit den andern Materialien, die zur Verarbeitung kommen, schlecht harmoniert. Ebensowenig brauchbar ist die imitierte Lederpappe

(aus Pappabfällen und Altpapier). Die gelbbraune Strohpappe ist ein ausgesprochen minderwertiges Material, das nur dadurch Festigkeit erhält, daß es einseitig mit Papier überzogen wird.

Eigenschaften der Papierwerkstoffe

Papierwerkstoffe haben einige spezifische Eigenschaften, die wir kennen müssen, wenn wir bei ihrer Verarbeitung nicht Schiffbruch erleiden wollen. Als »Kunststoffe« behalten sie natürlich in ihrer jeweiligen Erscheinungsform die immer gleichartige Beschaffenheit. Auch sind sie in genormten Maßen und Stärken im Handel, daher leicht zu berechnen und zu teilen. Ihre wesentlichen Merkmale und Eigenschaften sind herstellungsbedingt. Wir müssen uns mit ihnen vertraut machen, bevor wir das Material seinen verschiedenen Verwendungszwecken zuführen.

Sieb- oder Schönseite? Betrachten wir ein (nicht satiniertes!) Blatt Papier aufmerksam, so finden wir auf seiner Rückseite feine, rasterartige Eindrücke, die von dem Siebgeflecht herrühren, auf dem sich die Papierschicht gebildet hat. Die Seite, die von den Anpreßfilzen bedeckt war, hat eine geschlossenere Oberfläche. Nach diesen Markierungen wird die Rückseite jedes Papiers oder Kartons als Siebseite, die Vorderseite als Filz- oder Schönseite bezeichnet. Die Schönseite spielt bei Schreibpapieren, Zeichenpapieren und exquisiten Kartons für Anzeigen, Einladungen und Glückwünsche als »Schauseite« eine ganz besondere Rolle. Feinere Schreibpapiere erhalten oft noch eine künstliche Oberflächenprägung. Bei Zeichenpapieren wird die Schönseite durch den Prägestempel gekennzeichnet.

Lauf- und Querrichtung. Pappe, Karton, Papier, auch Einbandgewebe sind gewissermaßen »lebendige« Materialien, die »arbeiten«, d. h. sie dehnen sich schon bei geringster Befeuchtung (z. B. beim Bestreichen mit Kleister) und ziehen sich beim Trocknen wieder zusammen. Der Längenzuwachs zeigt sich wesentlich stärker in der Querrichtung (Dehnrichtung) ihres Faserfilzes als in der »Laufrichtung«. So heißt die Richtung, in der das Material bei der Herstellung über Sieb und Walzen durch die Maschine »gelaufen« ist, wobei die Faser schon von vornherein sehr stark gestreckt wurde. Beim Buchleinen, das mit den Papierwerkstoffen »gleichlaufend« verarbeitet werden muß, entspricht die Laufrichtung der gespannten Kette des Gewebes. Die Querrichtung des Papiers liegt in der Rollenbreite, die des Gewebes im sichtbar lose angeschlagenen Schuß. Die Beachtung der Laufrichtung ist unter verschiedenen Umständen wichtig, beispielsweise beim Mappenkleben und Bucheinbinden, wo sie parallel zum Rücken liegen muß, auch bei der Aufrichtung von Pappkastenwänden, beim Beziehen der Pappen mit Bezugsmaterial. Bei ungleicher Montage treten unterschiedliche Spannungsverhältnisse auf, wobei sich die Unterlage verzieht. Karteikarten stehen nur dann senkrecht in ihrem Kasten, wenn sie »breitbahnig«, d. h. mit senkrechter Laufrichtung zugeschnitten wurden. Papierwerkstoffe lassen sich nur in der Laufrichtung wirklich sauber und mühelos kniffen oder knicken, was z. B. beim Zuschneiden doppelter Einladungs- oder Glückwunschkarten von Bedeutung ist. In der Laufrichtung ist die Festigkeit eines Papiers größer, weil sich in dieser Richtung die Fasern stärker verfilzt haben, was wiederum beim Durchreißen eines Blattes spürbar

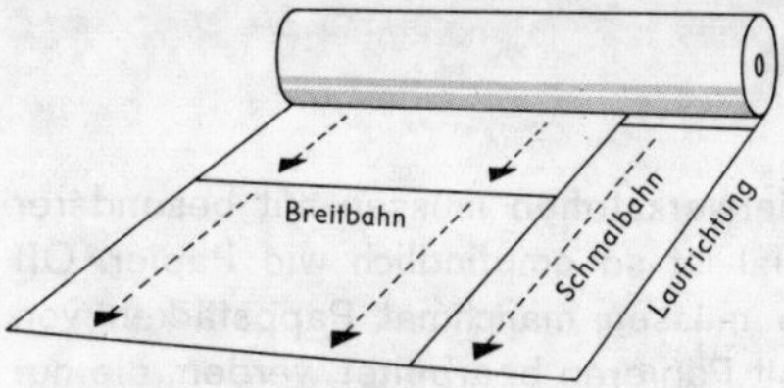

● Laufrichtung: Richtung des Papierlaufes in der Papiermaschine.

● Breitbahn: Papier, das mit der breiten Seite quer zur Laufrichtung geschnitten wurde.

● Schmalbahn: Papier, das mit der schmalen Seite quer zur Laufrichtung geschnitten wurde.

Laufrichtung der Papierwerkstoffe

wird: Parallel zur Laufrichtung geht der Riß gerade, während er in der Querrichtung immer wieder von der geraden Linie abzukommen strebt. Außerdem ist die Rißkante in der Querrichtung faseriger. Die Laufrichtung können wir auf verschiedene Weise feststellen:

1. Wir ziehen eine Blattkante über den Daumennagel. Wellt sich die Kante, so haben wir die dehnbare Querrichtung gefunden. In der Laufrichtung bleibt das Papier unverändert.

2. Durch die Zerreißprobe.

3. Befeuchten wir ein Stück des gleichen Materials an einer Kante, so wellt es sich in der Dehnrichtung, während die Laufkante gerade bleibt. Befeuchten wir die gesamte Papierfläche auf einer Seite, so wölbt sich das Papier in der Dehnrichtung.

4. Bei Pappen ist der Biegewiderstand quer zur Laufrichtung bedeutend größer als parallel zu dieser, was besonders bei kleineren quadratischen Abschnitten spürbar ist.

Genormte Formate. Die Grundform der 1922 vom Deutschen Normenausschuß eingeführten DIN-Formate für Papier ist das Format A 0 = 84,1 cm x 118,9 cm = 1 qm. Jedes nächstkleinere Format einer Reihe geht aus der Halbierung des nächstgrößeren Formats hervor:

Klasse	Formatbenennung	Reihe A mm	Reihe B mm	Reihe C mm
0	Vierfachbogen	841 x 1189	1000 x 1414	917 x 1297
1	Doppelbogen	594 x 841	707 x 1000	648 x 917
2	Bogen	420 x 594	500 x 707	458 x 648
3	Halbbogen	297 x 420	353 x 500	324 x 458
4	Viertelbogen (Blatt)	210 x 297	250 x 353	229 x 324
5	Halbblatt	148 x 210	176 x 250	162 x 229
6	Viertelblatt (Postkarte)	105 x 148	125 x 176	114 x 162
7	Achtelblatt	74 x 105	88 x 125	81 x 114
8	–	52 x 74	62 x 88	57 x 81

Die Formate der »A«-Reihe gelten als Fertigformate für Druckpapiere, Akten, Briefe, Zeichnungen usw., die Reihen »B« und »C« als von »A« abhängig (Briefumschläge, Verpackungshüllen). DIN A 0 bis DIN A 3 bezeichnet man als Bogen, die darunterliegenden Teilungen als Blätter. Neben den DIN-Formaten gibt es noch andere Maßverhältnisse: Kanzleiformat (33 cm mal 42 cm), Folio (21 cm x 33 cm) und solche, bei deren Festsetzung ästhetische Gesichtspunkte mitsprechen.

Papierstärken werden in Gewichtszahlen (g/qm) wiedergegeben. Leichte Zeichenpapiere haben Gewichte von 90–120 g/qm. Papierwerkstoffe mit höherem Gewicht als 200 g/qm bezeichnet man als Karton, solche mit über 600 g/qm als Pappen.

Werkzeuge und Hilfsgeräte

Werkzeuge für die Bearbeitung von Papierwerkstoffen müssen mit besonderer Sorgfalt ausgewählt werden. Kein Material ist so empfindlich wie Papier. Oft wechseln grobe Arbeiten mit feinen. So müssen manchmal Pappstärken von mehreren Millimetern Dicke gleichzeitig mit Papieren bearbeitet werden, die nur Bruchteile eines Millimeters stark sind. Die Tatsache, daß man bei Papier- und Papparbeiten mit wenigen Werkzeugen auskommt, verführt dazu, die Frage der Werkzeugbeschaffung zu vernachlässigen und mit dem Allerweltsgerät loszuwerken, das sich von vornherein im Hause findet – z. B. mit der Haushaltsschere, die sich als viel zu grob für feine und zu schwach für starke Schnittleistungen erweist, oder mit dem Taschenmesser, das zu vielerlei Zwecken herhalten muß und auch nicht sicher und fest genug in der Hand liegt. Ein Kammrücken ist nur ein kümmerlicher Ersatz für ein fehlendes Falzbein, und an Stelle der großen Heftnadel kann man nicht immer die Stopfnadel verwenden.
Zu unserer Ausrüstung gehören in der Hauptsache Werkzeuge zum Schneiden, Stechen und Kleben. Daneben müssen wir für ein geeignetes Meßwerkzeug und einige starke Abpreßmöglichkeiten Sorge tragen.

Die Scheren. Wir brauchen eine mittelgroße Schere für einfache Papierarbeiten, eine stabile Pappschere zum Schneiden von Karton und Pappe und eine besondere Scherenschnittschere mit kurzer Schneide und langen Griffschenkeln für feinste und feine Schneidearbeiten in einfachen bis (höchstens!) doppelt gefalteten Papieren.
Die mittelgroße dürfte als die Normalschere anzusehen sein. Wir kaufen sie uns etwa 13 cm lang, spitz und so stabil, daß wir auch stärkere Papierfaltungen damit bewältigen können. Die Erfahrung lehrt, daß die Pappschere für die meisten anfallenden Arbeiten – beispielsweise zum Schneiden doppelt liegender Zeichenpapiere – zu grob ist, während man eine Scherenschnittschere dabei verbiegen kann. Letztere ist ein ausgesprochenes Feinstwerkzeug, das nur zum Schneiden ganz dünner Papierlagen verwendet werden darf.

Die Messer. Es gibt im Handel ausgesprochene Buchbindermesser mit festem Holzgriff und guter Stahlklinge, die sich zum Schneiden wie zum Ritzen von Papier und Pappe gleichermaßen gut eignen. Solch ein Messer ist neben der Schere und dem Falzbein (siehe unten) wichtigstes Werkzeug, dessen wahren Gebrauchsumfang man erst durch Erfahrung kennenlernt.
Der Ritzer ist ein Spezialmesser zum Schneiden und Ritzen starker Pappen. Er hat eine verstellbare Klinge und einen massiven Griff, so daß man damit beim Schneiden auch einen sehr starken Druck auf das Material ausüben kann.
Für feinere Schneidearbeiten besorgen wir uns am besten ein paar Papierschneidefedern (lanzenförmig oder mit gerader Schneide), die wir in einen besonderen Klemmgriff, aber auch in jeden kräftigen Holzfederhalter stekken können. Diese Federn sind in der Anschaffung so billig, daß sich Basteleien mit Rasierklingensplittern nicht lohnen. Wenn sie einmal stumpf geworden sind, werden sie auf einem besonderen Abziehstein nachgeschliffen.

Das Falzbein ist ein messerähnliches, spitzes, an den Kanten stumpfes Hilfswerkzeug aus Knochen oder Kunststoff, das wir – wie schon der Name sagt – zum Falzen, aber auch zum Knikken, Nuten, Niederreiben geschnittener Kanten und Anreiben des Bezugsmaterials beim Kleben laufend benötigen.

Das Eisenlineal dient als Führungsleiste beim Schneiden und Ritzen. Holzlineale lassen sich schon deshalb nicht verwenden, weil die Messer beim Entlanggleiten dünne Späne von der Kante abtragen und dadurch dem Lineal seine Gerade nehmen. Außerdem liegen Holzlineale bei Arbeiten, die mit größerem Kraftaufwand ausgeführt werden müssen, nicht genügend fest. – Eine Ergänzung zum Eisenlineal ist der Eisenwinkel.

Die Zirkel. In den meisten Fällen werden wir mit einem Zeichenzirkel auskommen. Es gibt aber auch besondere Stellzirkel, die verhindern, daß der eingestellte Winkel beim Arbeiten verschoben wird. Beim Schlagen großer Kreise behelfen wir uns mit einem Pappstreifen, Ahle und Bleistift.

Die Ahle ist unentbehrlich zum Vorstechen von Löchern. Außerdem brauchen wir sie, wie eben gesagt, zum behelfsmäßigen Schlagen großer Kreise mittels eines Pappstreifens.

Locheisen gibt es in verschiedenen Durchmessern. Wir schlagen damit über einer Holzunterlage runde Löcher in Karton, Pappen oder stärkere Papierlagen. Vielfach eignet sich auch ein Bürolocher oder eine Lochzange (siehe Seite 507).

Ein Stecheisen (siehe Seite 51) ist auch in der Papparbeit zum Einbringen länglicher Schlitze in stärkere Pappdecken nötig. Die Breite des normalen Leinenbandes, das wir durch solche Schlitze ziehen, beträgt 12 mm.

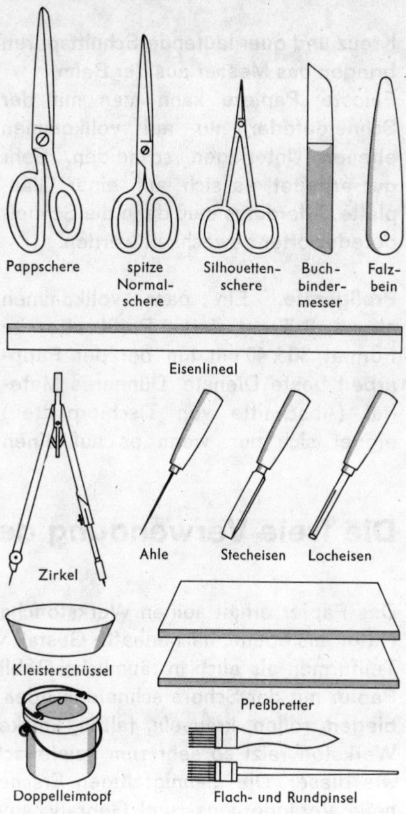

Werkzeuge und Hilfsgeräte für die Papier- und Papparbeit

Raspel und Feile (siehe Seite 54) brauchen wir gelegentlich zum Anformen runder Pappkanten.

Schneideunterlagen. Der Buchbinder verwendet als Arbeitsunterlagen dicke Platten aus Buchenholz. Wir nehmen am besten größere Pappstücke, die für andere Zwecke nicht mehr taugen. Dabei ist zu beachten, daß sich solche Pappen nicht ewig verwenden lassen.

Kreuz und quer laufende Schnittspuren bringen das Messer aus der Bahn.
Feinste Papiere kann man mit der Schneidefeder nur auf vollkommen ebenen Unterlagen schneiden. Sehr gut arbeitet es sich auf einer Glasplatte. Allerdings muß dann die Schneidefeder öfter gewechselt werden.

Preßgeräte. Ein paar vollkommen ebene, 3–5 cm starke Preßbretter im Format 30 x 40 cm tun bei der Papparbeit beste Dienste. Dünneres Material (Abschnitte von Tischlerplatten) eignet sich nur, wenn es auf einen ebenen Grund gelegt und von oben her belastet werden kann.
In der Regel pressen wir zwischen je zwei Preßbrettern mit Hilfe von großen Schraubzwingen (siehe Seite 71) oder mit speziellen hölzernen Hand- und Klotzpressen, die man sich ersatzweise aus je zwei starken Buchenbohlen und starken Schloßschrauben mit Flügelmuttern selbst basteln kann.

Klebewerkzeuge. Wir brauchen eine Kleisterschüssel, einen Doppelleimtopf und einige Rundpinsel.
Buchbindearbeiten siehe Seite 200.

Die freie Verwendung der Papierwerkstoffe

Das Papier erhält seinen Werkstoffcharakter durch die Tatsache, daß seine von Natur aus ebene, flächenhafte Gestalt veränderlich ist und sich sowohl in flächige Teilformen als auch in räumliche Gebilde umwandeln läßt. Wir können ein Blatt Papier mit der Schere schneiden oder mit der Hand reißen – aber auch dehnen, biegen, rollen, kräuseln, falten, knicken, knäulen und verwinden. Kein anderer Werkstoff reizt so sehr zum spielerischen Erkunden seiner formalen Qualitäten wie dieser. Die mannigfaltigen Erscheinungsformen des Papiers lassen immer neue Veränderungs- und Gebrauchsmöglichkeiten ahnen, die es zu entdecken, zu versuchen und dem gezielten Schaffen zuzuführen gilt.
Welche Möglichkeiten haben wir allein in der Art, ein Blatt Papier zu falten oder zu zerschneiden! Wir können von einem Quadrat, einem Rechteck oder Kreis ausgehen, dieses doppelt und vierfach legen und es auf solcher Unterteilung aufbauend in durchdachten Faltgängen neuen Formgestalten zuführen. Wir können das Blatt bildmäßig beschneiden, aber auch durch randparallele, diagonale oder gekurvte Schnitte in beliebig viele Teilstücke zerlegen und daraus wiederum eigene, sachlich oder rhythmisch gegliederte, flächige oder köperliche Formen zusammensetzen.
Plastisch wirkende Papiergebilde schaffen wir unter Zuhilfenahme des Biegens, Rollens und Dehnens – also der formalen Möglichkeiten, die sich auf die Nutzbarkeit der natürlichen Materialspannung zurückführen lassen. Die wenigen dabei notwendigen Griffe sind schnell gefunden, ebenso die elementaren Möglichkeiten, körperliche Formgestalten auf dem Umweg über das Zusammenfügen vorgearbeiteter Einzelteile aufzubauen.
Natürlich gehört es zur Natur der aus Papier geschaffenen Dinge, daß sie innen hohl sind. Dadurch unterscheidet sich ja gerade das Papier von anderen »Massivwerkstoffen«, daß es eine körperhafte Form nur aus dem Mantel bildet. Wir sollten uns auch darüber nicht hinwegtäuschen, daß papierene Gebilde nur eine

kurze Lebensdauer haben, daß sie kommen und vergehen wie die Lust am Spiel oder wie das Fest, zu dessen Ausschmückung sie meist geschaffen werden.
Papier ist durchscheinend. Zugleich mildert es das harte Licht. Halten wir ein Stück farbiges Seidenpapier gegen das Fenster, so sehen wir die Farben der Papierfaser aufleuchten. Durch einfaches Übereinanderschichten gleicher und andersfarbiger Stücke erhalten wir dunklere und abgeänderte Farbtöne. Der leiseste Lufthauch kann einen dünnen Papierstreifen bewegen und mit sich führen. Papier ist leicht – der gegebene Werkstoff für lustiges Windspielzeug. Zur U- und Winkelform gefaltete Blätter eignen sich ausgezeichnet zum Bauen.
Bunte Papiere haben eine andere Oberflächenwirkung als weiße, glänzende eine andere als matte, glatte Papiere eine andere als geprägte. Da die Oberfläche eines Papiers als Gestaltungsmittel ebenfalls eine Rolle spielt, wenden wir ihr große Aufmerksamkeit zu. Nicht alle Sorten lassen sich gleich gut verarbeiten. Ihr Kontrastreichtum kann durch Verwandeln ins Reliefplastische beliebig erweitert werden.

Kontrastschnitte

Dem Vernehmen nach wurde das Schneiden papierener Schattenformen zuerst in China geübt. Es kam dann zusammen mit dem Schattenspiel im 17. Jahrhundert über Indien, Java und Persien nach Europa, wo man Schattenbilder zunächst als »Chinesische Schatten« bezeichnete. Später nannte man sie »Silhouettes« nach dem Finanzminister Ludwigs XV., Etienne de Silhouette, der um 1757 im Zuge harter Sparmaßnahmen an Stelle der teuren Miniaturporträts die Anfertigung wohlfeiler Umrißschnitte propagierte. In der Goethezeit ist das Porträt-Silhouettieren besonders gepflegt worden. Auch im 19. Jahrhundert beschäftigten sich damit einige hervorragende Künstler (P. Konewka, F. v. Pocci). Die Blütezeit währte bis zum Aufkommen der Fotografie, durch die die Silhouette dann bald mehr und mehr verdrängt wurde.
Anfänge des bildmäßigen Scherenschnitts zeigen sich ebenfalls schon im 17. Jahrhundert. Später haben auch namhafte Künstler wie Moritz v. Schwindt, Philipp Otto Runge, Adolf v. Menzel reizvolle Schnitte geschaffen. Vor allem wurde aber der bildmäßige Scherenschnitt im volkstümlichen Kunstschaffen liebevoll gepflegt. Bekannt sind die Schnitte des Schweizers Johann Jakob Hauswirth (ein wandernder Riese mit so dicken Fingern, daß er die Schere mit eigenen Drahtringen halten mußte), dessen Arbeiten bis in die neueste Zeit anregend wirkten.

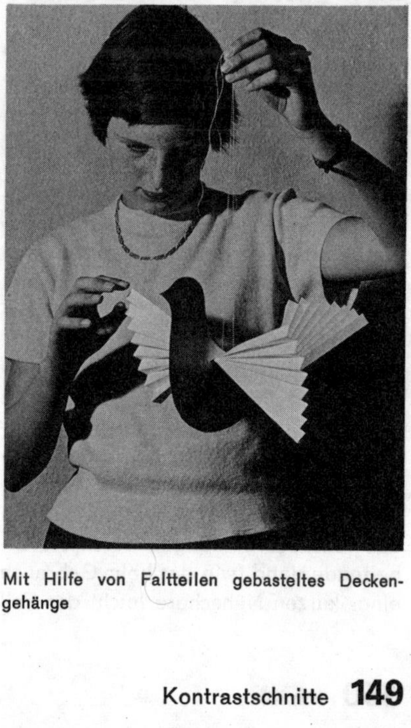

Mit Hilfe von Faltteilen gebasteltes Deckengehänge

Heute beschäftigen sich zahlreiche Menschen mit der alten Kunsttechnik, darunter auch solche, die durchaus nicht nur im bildnerischen Schaffensbereich beheimatet sind (z. B. der Schriftsteller K.-H. Waggerl).
Wir verwenden den Papierschnitt vor allem seiner grafischen Kontraste wegen als Bildkunst, aber auch als ein technisches Hilfsmittel zum Auffinden klarer Umrisse und anderer grafischer Effekte, wie wir sie in den verschiedenen Werkbereichen (Holz, Metall, Stoffdruck) anstreben. – Kleine, vignettenartige Einzelschnitte eignen sich zum Schmücken von Glückwunschbriefen, persönlichen Anzeigen, festlichen Einladungen, Erinnerungsblättern, Tischkarten usw., oder sie dienen als Druckplattenentwürfe, wenn wir es nicht vorziehen, sie direkt nach Art der Materialdrucke (siehe Seite 543) zum Abdruck auf das Papier zu bringen.

Material und Werkzeug. Der »klassische« Werkstoff für Scherenschnittarbeiten ist das schwarze Silhouettenpapier, besser das ungummierte, da dies beim Falten an der Kniffkante weniger leicht aufplatzt. Wir müssen aber nicht unbedingt mit einer so harten Kontrastfarbe arbeiten. Sehr schöne Schnitte erhalten wir auch mit farbigen Papieren (Faltpapiere, Tonpapiere) oder mit gewöhnlichem weißen Schreibmaschinenpapier. Es kommt immer darauf an, ob der Aufklebegrund hell oder dunkel ist.
Wir schneiden mit der Scherenschnittschere und Papierschneidefedern. Die langen Griffschenkel der Scherenschnittschere ermöglichen es, auch umfangreichere Schnitte in den beweglichen Mittelpartien auszuführen, ohne daß feine Verbindungen durch die arbeitende Hand (wie das beim Gebrauch einer kurzen Nähschere leicht der Fall ist) zerrissen werden. Die Schere liegt beim Schneiden ruhig in der Hand und macht nur die Auf- und Abbewegung, ohne ihre Richtung zu ändern. Mit der anderen Hand drehen wir das Papier und lenken so den Schnitt. (Nie umgekehrt!) Feinere Teilschnitte müssen mit der Schneidefeder ausgeführt werden.

Form und Kontrast. Die Schönheit eines Scherenschnittes beruht auf einem guten Zusammenspiel von Form und Kontrast, d. h. auf eindeutigen Bildumrissen und einer ausgewogenen Verteilung dunkler und heller Bildelemente (Schnitt- und Untergrund).
In der Regel sollte man für jeden Teil des Dargestellten eine erkennbar typische Umrißform zu finden trachten. Das dürfte bei den meisten gegenständlichen Gebilden die Vorder- und Seitenansicht sein. Körperhafte, räumliche Darstellungen, Schrägansichten und ähnliche perspektivisch gesehene Körperhaltungen widersprechen der Natur des Scherenschnitts, dessen Wesen die Ausbreitung in der Fläche ist.
Wir richten unser Augenmerk zunächst ganz auf den klaren Umriß, verzichten auch auf eine Innenzeichnung linearer Art. Später können wir den Schattenriß durchbrechen, indem wir gewisse sachliche Innenformen und Begrenzungslinien innerhalb der Schattenfläche andeuten und zur Bereicherung und Durchgliederung hinzunehmen.
Dem Flächenhaft-Ausgebreiteten entspricht der Weg des Bildaufbaus in die Breite und Höhe. Die Formen stellen wir so nebeneinander, daß sie sich nicht in Teilen überdecken oder überschneiden. Kulissenhafte Abstufungen in Vorder-, Mittel- und Hintergrund, wie wir sie von gemalten Bildern her kennen, sind im Scherenschnitt nicht möglich.

Vorzeichnung – ja oder nein? Wer geübt ist, schneidet ohne jede Vorzeichnung nach einem inneren Plan, entwirft und schneidet also in einem Zug. Das führt zu sehr lebendigen Schnitten, in denen noch die Spuren des ursprünglichen Schaffens sichtbar sind, dürfte aber für Menschen ohne geschultes Vorstellungsvermögen und ohne Gefühl dafür, in welchem Teil des Schnittraums sie sich gerade bewegen, etwas schwierig sein.

Für einen Anfänger ist es von vornherein besser, sich die Formen mit einigen zarten Bleistiftstrichen auf der Papierrückseite anzudeuten. Wo es sich nicht um geschlossene Umrisse, sondern um mit Hilfe des Papiers zu lösende grafische Aufgaben, Kompositionen dunklerer und hellerer Formteile in überlegter Ausgewogenheit handelt, ist ein leichtes Vorskizzieren sogar unerläßlich. Solche Formen können dann mit der Schere während des Schneidens oder nach den ersten Anschnitten weiter ausgearbeitet werden.

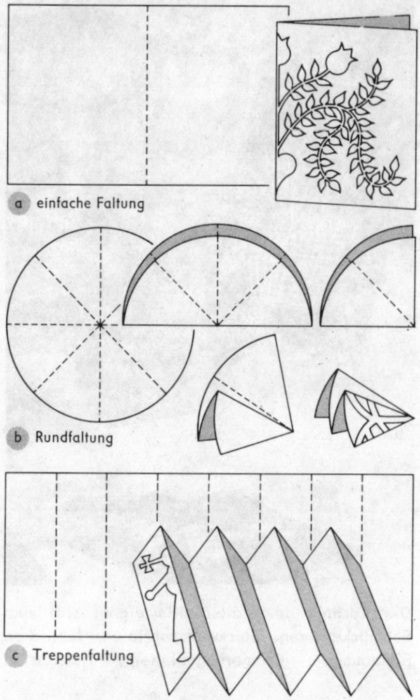

Verschiedene Formen des Faltschnittes

Faltschnitte. Faltschnitte bestechen durch die Regelmäßigkeit der innerhalb ihrer Begrenzung mehrfach wiederkehrenden Formteile.

Am leichtesten ist der einfache Faltschnitt auszuführen. Wir falten das Papier einmal zusammen (schöne Seite nach innen!) und zeichnen entlang der Kniffkante den halben Bildentwurf vor (a). Die andere Hälfte kommt dann beim Schneiden von selbst mit. Solche Faltschnitte dienen uns zur schnellen Bereitstellung hübscher symmetrischer Schmuckformen, zugleich aber auch als Hilfstechnik beim Zurichten von Umrißentwürfen, in denen es auf ein symmetrisches Ebenmaß ankommt.

Faltschnittformen, die sich aus der Rundfaltung ergeben

Die Technik des Faltschnitts eignet sich zum Schmücken von Glückwunschbriefen, festlichen Einladungen, Erinnerungsblättern, Tischkarten

Stärkere Unterteilungen ermöglicht die Rundfaltung. Wir falten kreisrunde Scheiben über ihren Mittelpunkt hinweg zur Hälfte, zum Viertel, zum Achtel. Bei der Achtelfaltung legen wir ein Teilstück nach oben und eins nach unten. Dadurch bekommen wir eine gleichmäßigere Papierverteilung, was sich an den Falträndern zeigt und auf das Gleichmaß der Durchbrüche auswirkt. Wollen wir auch noch zu einer Sechzehntelteilung gelangen, so müssen wir die Achtelfaltung nach deren Beschnitt wieder öffnen und noch einmal in die andere Richtung zusammenlegen, wobei die bestehenden Bruchwinkel geteilt werden. – Wir können mit Hilfe der Rundfaltung Blütenformen, Rosetten, Sterne usw. schneiden (b). Die Treppen- oder Fächerfaltung bietet Möglichkeiten, lange Schmuckstreifen herzustellen, in denen ein und derselbe Formteil immer wiederkehrt. So starke Faltungen müssen wir natürlich in Einzelschichten schneiden (c).

Das Aufkleben. Zum Aufkleben mit der Schere geschnittener Papierformen nehmen wir ausschließlich dünnen Kleister, der spurlos abtrocknet, auf keinen Fall Alleskleber. Ein derart vielseitig verwendbares Klebemittel bindet unter der dünnen Papierschicht viel zu schnell und hart ab. Kleinere, kompakte Schnittformen bestreichen wir über einem Stück Zeitungspapier rückseitig mit Hilfe eines weichen Pinsels. Sie lassen sich dann bequem mit einer Pinzette an die vorgesehene Stelle bringen. Feingliedrige Arbeiten wer-

Feingliedrige Schnitte werden in Teilen aufgeklebt und nur mit wenig Klebstoff befeuchtet

den in Teilen aufgeklebt: Dabei legen wir den Schnitt gleich richtig auf den zu bedeckenden Papiergrund, befeuchten das Ende eines schmalen Kartonstreifens mit Kleister und bringen diesen nach und nach, indem wir uns von der Mitte aus zu den Rändern weiterarbeiten, unter alle aufzuklebenden Teile. Freihängende Formen können zurückgebogen und über einem untergeschobenen Kartonstück mit Kleister bestrichen werden. Stets nur wenig Kleister auftragen, er soll nicht unter den Rändern hervorquellen! Den Schnitt mit einem weichen Tuch andrücken.

Flächengliederung. Unserem Gefühl für abstrakte Flächenformen und Kontrastrhythmen kommt das in der modernen Kunsterziehung zur Schulung des Formempfindens geübte Verfahren entgegen, ein Stück schwarzes Papier durch Zerschneiden mit der Schere oder dem Messer in mehrere Teile zu zerlegen und durch einfaches Verschieben oder Verlegen dieser Teile, nach der Regel »nichts entfernen und nichts hinzufügen«, nach neuen ausgeglichenen und rhythmisch wirkenden Formeinheiten zu suchen.

Dieses Spiel kann mit allen möglichen Ausgangsformen (Rechtecken, Quadraten, Dreiecken, Kreisen, beliebigen Formstücken) und Schnittführungen (gerade, gekrümmt, senkrecht, waagrecht, schräg) getrieben werden, dabei zeigt sich auch hier der Meister in zunächst heilsamer Beschränkung auf nur wenige Mittel, entweder nur auf die waagrechten oder senkrechten, oder auf die gekrümmten Schnitte. Später können mehrere solcher Schnittführungen kombiniert werden.

Diese Art der Formsuche trägt ihren Wert in sich. Wer aber praktisch überlegt, wird auch dafür bald einen

Kontrastwirkungen, die sich aus dem Zusammenspiel positiver und negativer Formteile ergeben. Die obere Schnittform ist aus der Schnittfläche seitlich herausgeklappt worden. Durch Verschieben der Schnitteile gegeneinander ergeben sich andere Wirkungen

Verwendungszweck finden: Entwürfe für Intarsien, Stoffdruck, abstrakte Schmuckformen oder Formeinheiten, die sich in andere Werkstoffe übertragen lassen.

Schattenspielfiguren

Im Schattenspiel, in dem Figuren und szenische Aufbauten, von hinten beleuchtet, ihre dunklen Umrißschatten auf eine vorgespannte weiße Leinwand werfen, findet der Scherenschnitt wieder in die alte Heimstatt zurück, aus der er einmal herausgewachsen ist. Im Grunde gleicht die Bildwirkung einer Schattenspielbühne mit ihrem umrandenden Kulissenschatten und den sich darin traumhaft bewegenden Figuren einem großen Bildschnitt. Alle Wesensmerkmale, die für einen guten Scherenschnitt gelten, sind auch für die Ausgestaltung eines Schattenbühnenbildes wichtig. Da die Fülle dieser Ausgestaltung nur noch von unserer eigenen Phantasie abhängt und weiter keine Schwierigkeiten bereitet, sei hier lediglich die Herstellung der Figuren beschrieben.

Formgebung. Die Schattenspielfigur, die allein durch ihre im Umriß wandelbare Form zu uns sprechen kann, wird am besten in ganz einfacher Weise als schwarze Silhouette aus einem festen schwarzen Kartonpapier geschnitten. Dabei soll die Grundfigur schon einer wesentlichen Sicht (in der Regel der Seitenansicht) des Dargestellten endsprechen. Durch Einschnitte und Einstiche in die dunkle Schattenform kann die Figur bereichert werden. Zu viele Durchbrüche beeinträchtigen aber die geschlossene Formwirkung wieder. Von den Chinesen und Javanern können wir lernen, Durchbrucharbeiten mit Transparentpapier farbig zu hinterkleben.

Wollen wir die Figur beweglich machen, so müssen wir zunächst die sich partienweise überdeckenden Teile

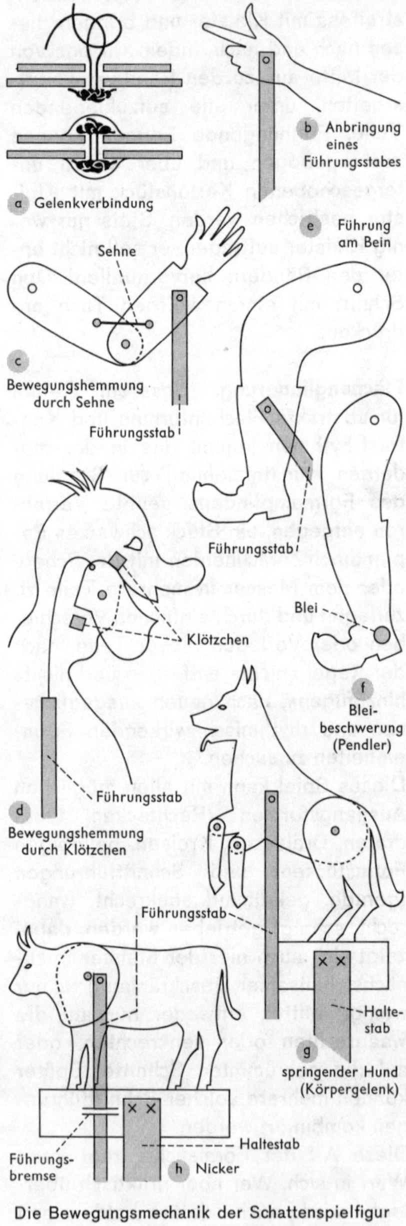

Die Bewegungsmechanik der Schattenspielfigur

(etwa wie die Rumpf- und Gliedteile eines Hampelmanns) einzeln zuschneiden. Die geeignetste Bewegungsrichtung liegt schon durch den Spielablauf fest. Nun suchen wir nach einer brauchbaren Möglichkeit, die Glieder miteinander zu verbinden und die Gelenke in Funktion zu setzen. An den chinesischen und javanischen Schattenspielfiguren können wir sehen, wie so etwas gemacht wird. Schließlich darf auch der Führungsstab nicht zu stark sichtbar werden. Diese Überlegungen zielen auf einen Mechanismus ab, der in jeder Figur anders ist und für den wir feinste Verbindungen und alle möglichen Tricks ersinnen können.

Die Befestigung der Glieder geschieht entweder mit Leinenfäden oder mit dünnem Draht. Die beiden übereinanderliegenden Gelenkteile werden durchstochen und mit einem vorher abgeknoteten Doppelfaden durchfahren. Dicht an der äußeren Kartonoberfläche wird abermals abgeknotet. So liegen die beiden verbundenen Kartonteile beweglich zwischen zwei eng geknüpften Knoten, die selbst größer als die Durchstiche sind. Damit das Gelenk nicht nach der falschen Seite klappt, kann es oberhalb des Knotens durch eine kurze Spannsehne gesichert werden. Gliedteile, die auch ohne besondere Führung immer wieder in eine hängende Lage zurückfallen sollen, werden mit einem kleinen Bleiklümpchen beschwert. Manchmal ersparen wir uns durch solche »Pendelglieder«, die auch bei Richtungsverlagerungen des ganzen Körpers in Bewegung kommen, einen zusätzlichen Führungsstab (siehe unten). Draht wird an den beiden Gelenkseiten zu kleinen Spiralen gedreht. Garnknoten sowie Drahtspiralen überdecken wir mit einem hartabbindenden Tropfen Alleskleber, der zugleich die Fläche einebnet und verhindert, daß die Verdickungen beim Spielen stören.

Führung der Figuren. Die erforderlichen Führungsstäbe schneiden wir uns mit einem Messer etwa 40 cm lang aus dünnem, farblosem Zelluloid zurecht. Dieses durchsichtige Material, das wir in einem Gummiwarengeschäft ab 1 mm Stärke kaufen, wirft nur geringe zusätzliche Schatten, läßt sich leicht durchstechen und ermöglicht eine elastische Führung der Figuren. Die Befestigung an den zu bewegenden Gliedteilen erfolgt ebenso wie die der Gelenke. Wir dürfen die Stäbe nicht zu schmal zuschneiden, weil sonst die Schatten der Stabkanten übereinanderfallen und dann dunkle Striche auf die Leinwand werfen.

Figuren, die längere Zeit unbeweglich im Schattenbild verharren sollen, werden mit Hilfe eines etwa 20 cm langen Haltestabes (ebenfalls aus Zelluloid) in eine Schiebeleiste unterhalb des Bühnenrandes eingeklemmt. So eine Leiste besteht aus zwei an ihren Enden mit Gummiringen aneinandergepreßten Pappstreifen, zwischen denen die Figuren hin und her geschoben, auf und ab gezogen werden können, ohne den Spielenden durch ihren An- und Abtransport weiter zu belasten. Wer in einem Spiel mehrere Figuren gleichzeitig zu bedienen hat, klemmt sie sich am besten schon vor Spielbeginn seitlich der Bühne in eine solche Leiste ein. Mehrere Pappstreifen übereinander ergeben parallele Zwischenräume, in denen die Figuren auch »aneinander vorbeigehen« können. Die Führung der beweglicheren Figuren, die außerhalb einer solchen Führungsleiste in Aktion treten und daher auch keinen Haltestab benötigen, geschieht von hinten aus einem Stand unterhalb des Bühnenrandes, damit der Spielende einerseits keine zusätzlichen Schatten auf die Bühnenleinwand wirft, andererseits beim Spielen nach allen Seiten freie Bahn hat. Zugleich mit der Bewegungsführung drükken wir die Figur fest gegen die Leinwand. Alle Figuren brauchen am Bühnenrand eine Art »Laufsteg«, auf dem sie einen Widerstand finden und unterschiedliche Bewegungen wie Liegen, Knien, Hocken, Laufen usw. ausführen können. Damit uns die Führungsstäbe beim Spielen nicht entgleiten, stecken wir sie vorsorglich mit ihren unteren Enden in eine lockere Gummischlinge.

Falttechniken

Das Falten beruht auf der Wiederholung ständig wiederkehrender gleicher Faltgänge und fortschreitender Unterteilungen, unterliegt also einem gewissen Zwang zur Gleichmäßigkeit und geraden Kantenführung, was sich auch in den Faltergebnissen wiederfindet.
Verwendbar ist jedes nicht zu dünne Papier (Schreibpapier, Zeichenpapier, Tonpapier, Packpapier usw.), sofern es sauber und winkelrichtig zugeschnitten ist. Kindern wird man mit Vorteil die schon auf Format geschnittenen farbigen Faltblätter (siehe Seite 142) in die Hand geben. Bevorzugt werden quadratische und rechteckige Formate. Möglich sind aber auch Streifen und kreisförmige Papierzuschnitte.
Die nachfolgend erklärten Faltbegriffe dienen der allgemeinen Verständigung. Außer den gezielten Faltverfahren benötigen wir noch besondere Faltformen als Hilfstechniken zur Herstellung von Lampenschirmen, Faltlaternen, Rauschgoldengeln usw.

Die Faltbegriffe. Der sichtbare Ausdruck des gefalteten Papiers ist die

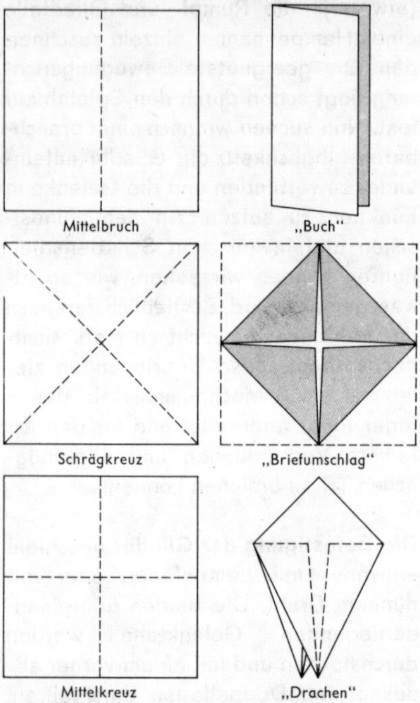

Faltbegriffe

Faltkante, die wir auch als »geschlossene« Kante bezeichnen im Gegensatz zur »offenen« oder »scharfen« Kante des geschnittenen Papierrandes. Die Spur, die ein einmaliger Faltgang in der planen Papierfläche hinterläßt, bezeichnen wir als »Kniff« oder »Bruch«. Wenn wir von »kniffen« sprechen, meinen wir, daß wir auf dem Faltwege Markierungslinien für weitere Unterteilungen in die Fläche bringen.
Je nachdem, ob wir die Ränder oder die Ecken eines quadratischen Faltpapiers zur Deckung bringen, bekommen wir einen Mittelkniff oder einen Diagonal- (auch Schräg-)Kniff. Wird das Papier in beiden Richtungen gefaltet, so bildet sich in der Mitte ein Kniffkreuz: Mittel- oder Schrägkreuz. Das Einfalten solcher Kniffkreuze soll immer nacheinander (also nicht durch

Weiterfalten des zur Hälfte gelegten Papiers zum Viertel usw.) erfolgen, damit sich in der ganzen Knifflinie eine eindeutige Richtung – »Berg« oder »Tal« – einstellt.
Kindern werden wir Faltbilder, die ja immer zugleich Zwischenpositionen in längeren Faltgängen darstellen und so den gesamten Faltvorgang überschaubarer machen, durch lebendige Vergleiche näherbringen. So falten wir mit ihnen ein Blatt zum »Buch«, zum großen oder kleinen »Briefumschlag«, auch zum »Tischtuch«, zum »Drachen«. Solche Faltbilder kommen in den nachfolgenden Faltvorschlägen vor, müssen also hier nicht näher erklärt werden.

Besondere Faltformen. Da wir nur in gerader Richtung falten können, wird die ebene Fläche durch jeden Faltgang in winkelig zueinanderstehende Teilflächen zerlegt. Wir können das nutzen, wenn wir einmal in einem größeren Papier genaue Unterteilungen vornehmen und dabei auf das Ausmessen jeder einzelnen Teilform verzichten wollen, z. B. beim Treppen- oder Fächerfalten (für Lampenschirme, Weihnachtssterne usw.). Dann unterteilen wir den Streifen durch Anlegen an vorhandene Schnittkanten und Kniffe zunächst in zwei, dann in vier, acht, sechzehn usw. Felder, wobei die Kniffe noch alle nach der einen Richtung liegen. Dann drehen wir den Streifen um und bringen auf die gleiche Weise (Kniff auf Kniff) die Gegenfalten an.
Das Strahlenfalten einer runden Scheibe auf den Mittelpunkt zu kann ebenso vorgenommen werden. Die Scheibe wird zu diesem Zweck an einem Radius bis zum Mittelpunkt hin eingeschnitten. Wünschen wir so einen Einschnitt nicht, dann unterteilen wir eben die ganze Scheibe jeweils im Verlauf der Durchmesser, wobei wir aber in Kauf nehmen müssen, daß die Scheibenmitte durch die Beanspruchung beim Falten weich wird.
In der »Hexentreppe« werden die Enden zweier gleich langer und breiter Streifen rechtwinkelig übereinandergelegt. Dann falten wir fortlaufend den unteren über den oberen, wobei ein treppenähnliches Zickzackgebilde entsteht, mit dem wir verschiedene lustige Figuren herstellen können (Papiermarionette, Krokodil für die Kasperbude usw.).

Faltspielzeuge

Das Falten gehört zu den Techniken, die bei den Kindern zu gewissen Zeiten und in einem bestimmten Alter sehr beliebt sind. Natürlich hat es, wie alles Zeitgemäße, nur einen beschränkten Wert, auch deshalb, weil die sehr mechanischen Faltvorgänge kaum eine schöpferische Eigenwilligkeit zulassen. Aber wenn wir sehen, mit welcher Leidenschaft sich Kinder oft in das Faltabenteuer stürzen, wie sie sich im Wohlgefühl ihres Könnens berauschen und immer noch ein Stück fabrizieren, bis der letzte Papierrest aufgebraucht ist und sich die Ergebnisse häufen, so fragen wir uns doch, ob nicht in diesem Vollgefühl des gekonnten Tuns Kräfte verborgen liegen, die für das innere Wachstum des Kindes vorteilhaft sind. Nicht ohne Grund zeigen wir besonders gehemmten Kindern gern solche leicht beherrschbaren Techniken, die die kleinen Hervorbringer mit Sicherheit und Selbstvertrauen erfüllen.
Das Falten zwingt zu Sorgfalt und Genauigkeit. Wir haben kaum ein besseres Mittel, um ein Kind so unmittelbar zu diesen Tugenden zu bringen, die wir nicht voraussetzen dürfen. Wenn ein Kind gleich schief oder unsauber fal-

tet, so daß die Kanten nicht stimmen, dann kommt es gar nicht oder nur schwer ans Ziel. Die Arbeit mit dem sich fortwährend verkleinernden Faltformat zwingt zu reger Fingertätigkeit, insbesondere zu einer Beanspruchung der Kleinmuskulatur, was ganz nebenbei den Schreibanfängern zugute kommt. Viele der bei uns bekannten Papierfaltspiele hat man den Japanern abgesehen. Andere sind heimischen Ursprungs und werden ähnlich wie Märchen und Sagen von Generation zu Generation weitervererbt.

Pfeil und Schwalbe. So wird aus einem Heftblatt der »Pfeil« gefaltet: Senkrechter Mittelkniff (a), die beiden oberen Ecken zur Mitte (b), noch einmal zur Mitte (c). Das Ganze drehen wir um (d), legen die Ränder an die Mitte (e) und den Pfeil im Faltbruch von a zusammen (f). Nun können wir ihn ergreifen und mit schönem Gleitflug durch die Luft schießen lassen. Für die »Schwalbe« falten wir die obere Ecke eines Heftblattes randgerade nach links (a) und wieder zurück – die andere Ecke nach rechts (b) und wieder zurück. – Nun führen wir die beiden äußeren Kantenmitten der eingefalteten Seitendreiecke über dem Blatt aufeinander zu, drücken sie nach unten nieder und legen das obere Kniffdreieck flach darüber (c). Der überstehende Teil des Blattes wird mit der Schere abgeschnitten, er liefert den Schwanz. Er wird einmal in der Längsrichtung geknifft, auseinandergelegt, und die beiden Ecken einer Schmalseite zur Mitte gefaltet. – Jetzt nehmen wir beim Schwalbenkörper den linken und rechten obenaufliegenden Eckzipfel des Dreiecks und führen ihn zur Spitze nach oben (d). Die vier Kanten der im Faltteil obenauf sichtbaren Quadratform werden nacheinander zur Mitte und wieder zurück gelegt. In den dabei entstandenen Faltlinien lassen sich die beiden jeweils benachbarten Quadratkanten gemeinsam zur Mitte drücken, wobei sich in den Ecken zwei aufrechtstehende Dreiecke oder kleine »Schnäbel« bilden (e). Der Schwanz wird von hinten bis zur Spitze eingeschoben und diese Spitze bis zum Ansatz der beiden Schnäbel nach hinten umgelegt (f). Wir drehen das Ganze um, falten es in der Längsachse und legen es wieder zurück, damit das Flugspiel nur

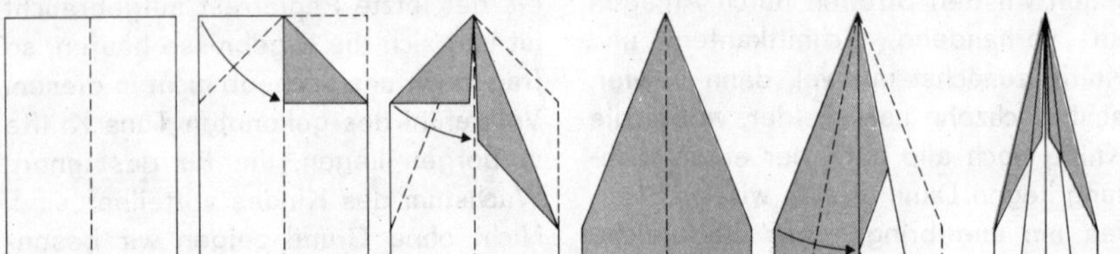

Faltgänge für »Pfeil« und »Schwalbe«

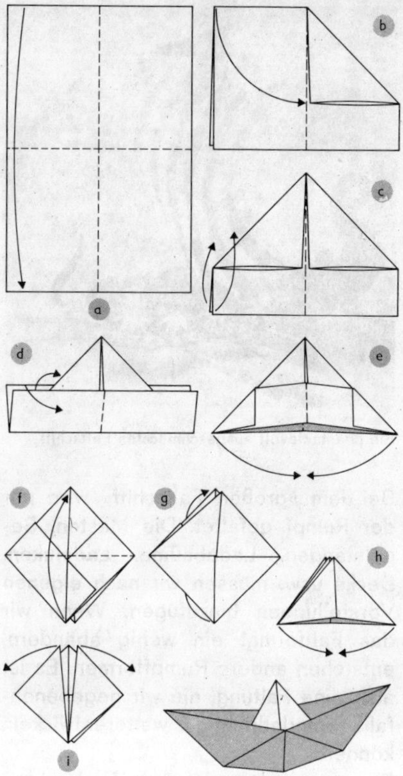

Das »Segelschiff«

eine leichte V-Form gewinnt. Beim Werfen halten wir die Schwalbe an den beiden Schnabelansätzen. Die Flugeigenschaften der Schwalbe lassen sich verbessern, wenn die Schwanzecken ein klein wenig hochgeknickt werden.

Faltschiffchen. In ein Rechteck, das etwa eineinhalbmal so lang wie breit ist, kniffen wir das Mittelkreuz (a). Wir falten das hochstehende Blatt in der Hälfte herunter und legen die beiden oberen Ecken an den Mittelbruch (b und c). Die unten überstehenden Ränder werden nach vorn und hinten hochgeschlagen (d) und seitlich um das Dreieck herumgelegt (»Soldatenhut«). Wir führen seine unteren Spitzen nach unten aufeinander zu (e), wodurch sich die Faltform weitet und quadratisch wird (f). Jetzt nehmen wir die unteren Ecken und decken sie nach vorn (g) und rückwärts über die Spitze. Ein kleines Dreieck entsteht, dessen untere Ecken wir wieder – indem wir es weiten – nach unten aufeinander zuführen können (h). Noch einmal legt sich die Faltung zu einem Quadrat zusammen. Wir fassen die oberen Ecken, ziehen sie auseinander (i) – das Schiff erscheint. Es schwimmt besser, wenn wir das Segel von unten ein wenig auseinanderdrücken.

Für den »Flußdampfer« kniffen wir in ein Quadrat ein Schrägkreuz (a) und

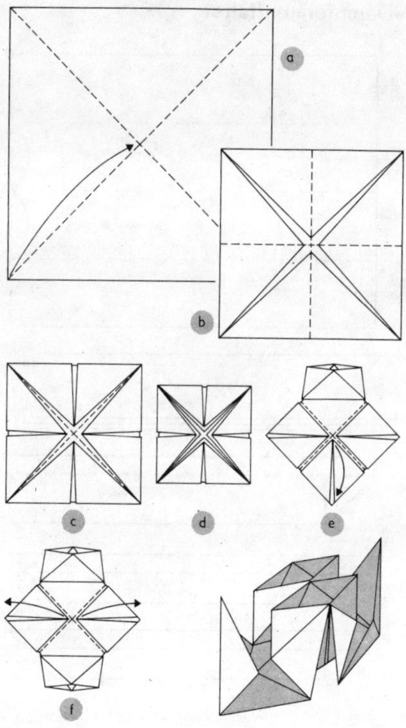

Der »Flußdampfer«

führen alle vier Ecken sorgfältig zur Mitte, so daß der große »Briefumschlag« (b) entsteht. Wir wenden um und falten auf die gleiche Weise nach der anderen Seite einen kleineren Briefumschlag (c), wenden noch einmal um und falten einen ganz kleinen Briefumschlag (d). Abermals wenden wir das Faltgebilde. Obenauf sehen wir vier kleine, in der Schräglinie geschlitzte Eckquadrate, deren zur Mitte weisende Ecken sich nach außen schlagen lassen. Wir machen das bei zwei einander gegenüberliegenden Quadraten (e und f), wobei sich die scharfen Ränder der Mittelschlitze zu rechteckigen Schornsteinformen nach außen legen müssen (f). Nun ziehen wir auch die beiden anderen Quadratecken nach außen, wodurch sich das Gebilde zum »Dampfer« entfaltet.

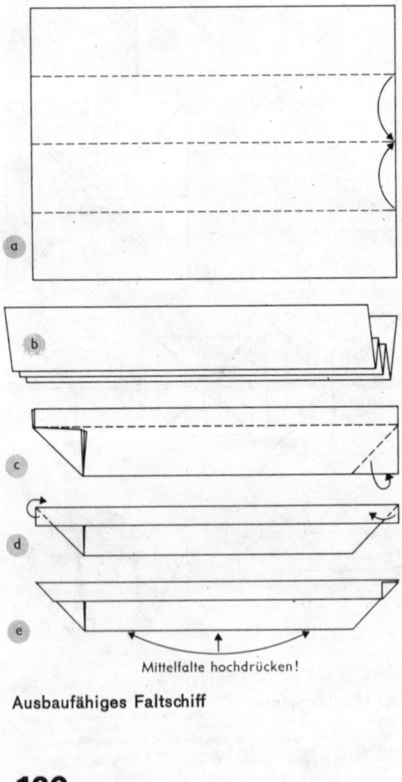

Ausbaufähiges Faltschiff

Ein phantasievoll ausgeschmücktes Faltschiff

Bei dem »großen Faltschiff« wird nur der Rumpf gefaltet. Die Masten, Segelstangen, Ladebäume, Ladeluken, Decks usw. müssen wir nach eigenen Vorstellungen hinzufügen. Wenn wir das Faltformat ein wenig abändern, entstehen andere Rumpfformen. Es ist also eine Faltung, die wir gegebenenfalls »modellrichtig« weiterentwickeln können.
Ein nur wenig gekürztes Zeichenblatt wird der Länge nach in vier Teile gefaltet; einmal zur Hälfte, dann jede Hälfte noch einmal zur Hälfte (a). Die beiden inneren Kniffbahnen unterteilen wir in anderer Faltrichtung noch einmal Kniff auf Kniff, so daß wir hier eine Art »Ziehharmonika« bekommen (b). Nun werden die unteren Ecken der Faltung bis auf den überstehenden Rand kräftig umgebogen, eine nach vorn, die andere nach hinten (c). Die beiden oberen Randstreifen falten wir ebenfalls nach vorn und hinten herunter, biegen sie auch an den Ecken um und kleben sie fest (d). – Jetzt können wir die oberen Schiffsränder seitlich auseinanderziehen und die mittlere Falte im Schiffsboden mit dem Finger nach innen hochstülpen. Dabei drücken wir

das Schiff in seine richtige Form (e). Oben setzen wir einen Deckstreifen in den Schiffsrumpf ein. Der Mast wird durch dieses Deck hindurchgeführt und unter dem Schiffsboden mit einem Kartonbügel festgehalten. Es ist ein richtiges »Bastelschiff«, das die Jungen auch noch schwimmfähig machen können, wenn sie den offenen Schiffsboden mit einer weiteren Kartoneinlage abdichten.

Häuser. Als Ausgangsform dienen Quadrate und Rechtecke. Verwendbar ist farbiger Karton und starkes Zeichenpapier; ferner brauchen wir Alleskleber.
Am besten falten wir so ein Haus erst einmal aus dünnem Papier. In Karton müssen wir die Faltlinien mit einem Falzbein an der Linealkante vordrükken, nur dann bekommen wir saubere und scharfe Kanten. Je nachdem wie wir das Faltstück aufteilen, wird sich die Form des Hauses ändern. Wir können hoch- oder flachgiebelige, schmale und breite, hohe und niedrige Häuser falten. Giebelseiten werden nach dem Zusammenkleben des Hauskörpers gesondert zugeschnitten und angesetzt. Ebenfalls das Dach, das eine andere Farbe erhält. Weitere Möglichkeiten der Ausgestaltung bieten sich in Fenstern und Türen, Vortreppen, Schornsteinen, Fachwerk usw.

Verschiedene Tierfaltungen. Wenn die Kinder im Sommer im Freien ihre Spielgärten und Sandburgen errichten und ihnen dabei Tiere und Reiter fehlen, zeigen wir ihnen, wie sie sich solche rasch aus farbigem Papier falten können. Papiervögel eignen sich für einen lustigen Deckenbehang im Kin-

Alle diese Hausformen lassen sich auf eine einfache Grundfaltung zurückführen

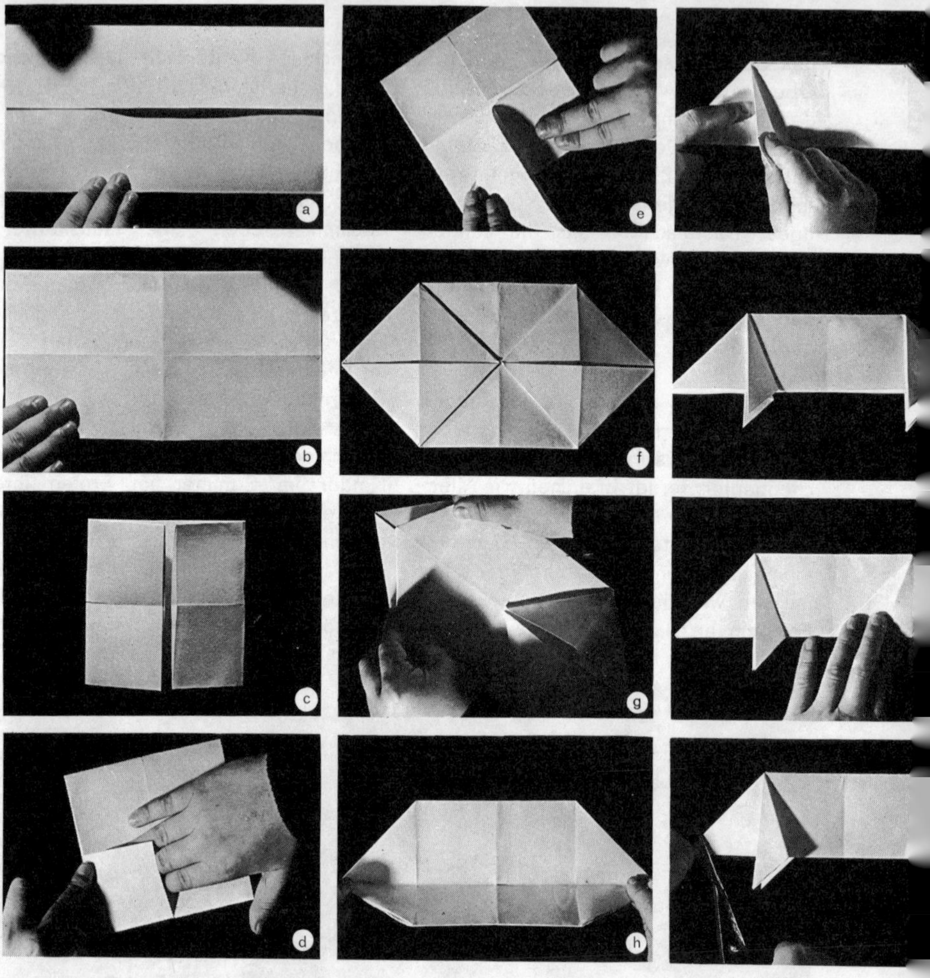

So wird das »Schweinchen« gefaltet

derzimmer. Auch ein Mobile läßt sich damit ausstatten.

Das »Schwein« falten wir aus einem quadratischen Blatt. Dieses wird zur Hälfte gelegt, wieder auseinandergenommen und jede Hälfte nochmals unterteilt (a). Wir unterteilen das Ganze noch einmal quer durch Übereinanderlegen der kurzen Ränder, öffnen wieder, wenden um (b) und legen die beiden kurzen Ränder zur Mitte (c). Dann fassen wir mit den Fingern unter ein Eckquadrat (d) und spalten es durch Hochheben und seitliches Wegdrücken in der Diagonalen (e). So machen wir es mit allen vier Eckquadraten (f). Jetzt legen wir die zur Mitte zeigenden Quadratecken nach außen, wobei die beiden Endquadrate der Faltform f »zusammengelegt« werden (g). Schließlich legen wir die beiden Hälften dieser symmetrischen Faltform entlang ihrer Längsachse zusammen (h). Die gewonnene Trapezform hat an jedem Ende drei Zipfel. Der linke obere wird zurückgeschlagen und weist nun in die gleiche Richtung wie der rechte. Beide werden an den Faltbruch gelegt, und auf diese Weise die Beine des Schweinchens gefaltet (i, k). Das machen wir im ganzen viermal (zweimal auf jeder Seite). Das Schwanzende des Schweinchens wird durch zweimaliges Umknicken »eingeringelt« (l). Die Schnauzenspitze wird schräg abgeschnitten (m).

»Scholle, Ente, Pferd und Reiter«, diese vier miteinander verwandten Faltformen beginnen mit der gleichen Ausgangsfaltung und stellen nur Variationen ein und desselben Faltgangs dar.

Die Ausgangsfaltung: Wir kniffen in ein quadratisches Blatt das Schrägkreuz, drehen um und kniffen nach der andern Seite das Mittelkreuz. Wieder wenden wir das Blatt und falten durch Umlegen der vier Ecken zur Blattmitte einen »Briefumschlag«. Diesen drehen wir abermals um und falten nun nach der andern Seite einen kleinen Briefumschlag (dabei legen wir noch einmal die Ecken auf die Mitte). Wichtig ist, daß wir bei der Schrägfaltung beginnen und das Blatt vor jedem Faltgang erneut umwenden, daß alle Faltgänge exakt erfolgen, da sonst die Unterteilung nicht stimmt, und daß alle Faltkniffe kräftig nachgerieben werden, da sich alle weiteren Faltungen in diesen Kniffen vollziehen! Nun öffnen wir das Ganze wieder und haben ein vielfach unterteiltes Feld vor uns.

Die »Scholle«. Das Blatt legen wir so vor uns hin, daß sich das innere, eingefaltete Quadratbild wie eine Plattform erhaben emporhebt (a). Dann drücken wir die Diagonalkniffe von dreien der kleinen Eckquadrate in die andere Richtung, so daß ein tischtuchartiges Gebilde entsteht, und schlagen eine Quadratecke im alten Faltkniff wieder zur Quadratmitte zurück (b). Wir legen das Gebilde auf den Rücken und drücken alle vier Randmitten den vorhandenen Kniffen entsprechend zur Mitte (c). Die drei hochstehenden Zipfel (d, e) legen wir um, die beiden gegenüberliegenden nach hinten, sie ergeben die Flossen der Scholle, den Schwanzzipfel unterteilen wir noch einmal, indem wir ihn an den Diagonalbruch des Quadrats zurücklegen (f). Die Scholle ist fertig, sie kann umgedreht und vielfarbig bemalt werden (g).

Die »Ente«. Um von der Scholle zur Ente zu kommen, erfassen wir das Faltbild (d) an den beiden gegenüberliegenden Zipfeln und schlagen es entlang des Diagonalkniffs nach hinten zusammen (h). Dabei ziehen wir die anfänglich (bei b) umgelegte Ecke als Kopfform heraus (i). Die beiden Haltezipfel werden nach unten gelegt und beidseitig durch zweimaliges Aufknikken zu Schwimmbeinen gefaltet (k, l). Wir können die Ente bemalen oder mit Buntpapier bekleben. Sie ist sehr stabil und vermag, ins ruhige Wasser gesetzt, sogar zu schwimmen.

Das »Pferd«. Abermals beginnen wir bei der Ausgangsfaltung (a). Nun legen wir zwei einander gegenüberliegende Quadratecken im alten Faltkniff zur Quadratmitte zurück (b), wenden das Blatt (c) und holen auch hier durch Aufrichten und Einwärtsfalten der Ränder die innere Quadratform heraus (d, e). Wir fassen die beiden gegenüberliegenden Eckzipfel und legen das Quadrat entlang der Diagonale nach hinten zusammen (f). Sollten dabei die beiden »Schnäbel« nicht herauskommen, so müssen wir mit den Fingern nachhelfen (g). In den meisten Fällen wird sich sofort die Faltform (h) ergeben. Wir falten nun auf beiden Seiten die mit ihrem Rand seitlich an der Mitte hängenden Dreiecksformen an

Der Faltgang für »Scholle« und »Ente«

den Mittelbruch zurück (i) und erhalten so die Beine des Pferdchens (k). Dann fassen wir das vordere Dreieck, das den Kopf ergeben soll, an der »Wange« und drücken es ein wenig nach oben, damit ein kurzer Hals entsteht (l). Zum Schluß muß hier die Schnauzenspitze schräg abgeschnitten werden (m).

Der »Reiter«. Hierfür wiederholen wir zunächst die »Enten«-Faltung bis zu Form k (= a). Nun führen wir aber die beiden Fußzipfel nach hinten (b) und decken sie beidseitig, Spitze auf Spitze, mit dem Schwanz (c), wobei in den Mittelteil zwei neue Kniffe einzufügen sind. Dies ist die Grundform des Reiters. Wir müssen noch die Haubenspitze helmartig nach oben brechen (d, e) und

Der Faltgang für das »Pferd«

den Mittelteil ein wenig hochstauchen (f, g), damit sich die Brust hervorwölbt. Zum Aufsetzen auf das Pferd biegen wir die Spitze des Mittelteils ein Stückchen um (h). So können wir Roß und Reiter zusammenfügen (i, k). Ein Tropfen Alleskleber festigt das Ganze, ist aber nicht unbedingt nötig. Durch noch höheres Hochkrempeln des Helmes kann der Reiter zum Araber umgearbeitet werden (l). (Siehe Seite 166.)

Die Riesenschlange. Wir benötigen zwei sehr lange Streifen (mindestens 2–3 m lang), die am Anfang etwa 4 cm breit sind und zum Ende hin spitz zulaufen. Hieraus falten wir nach Art der Hexentreppe den Schlangenkörper.

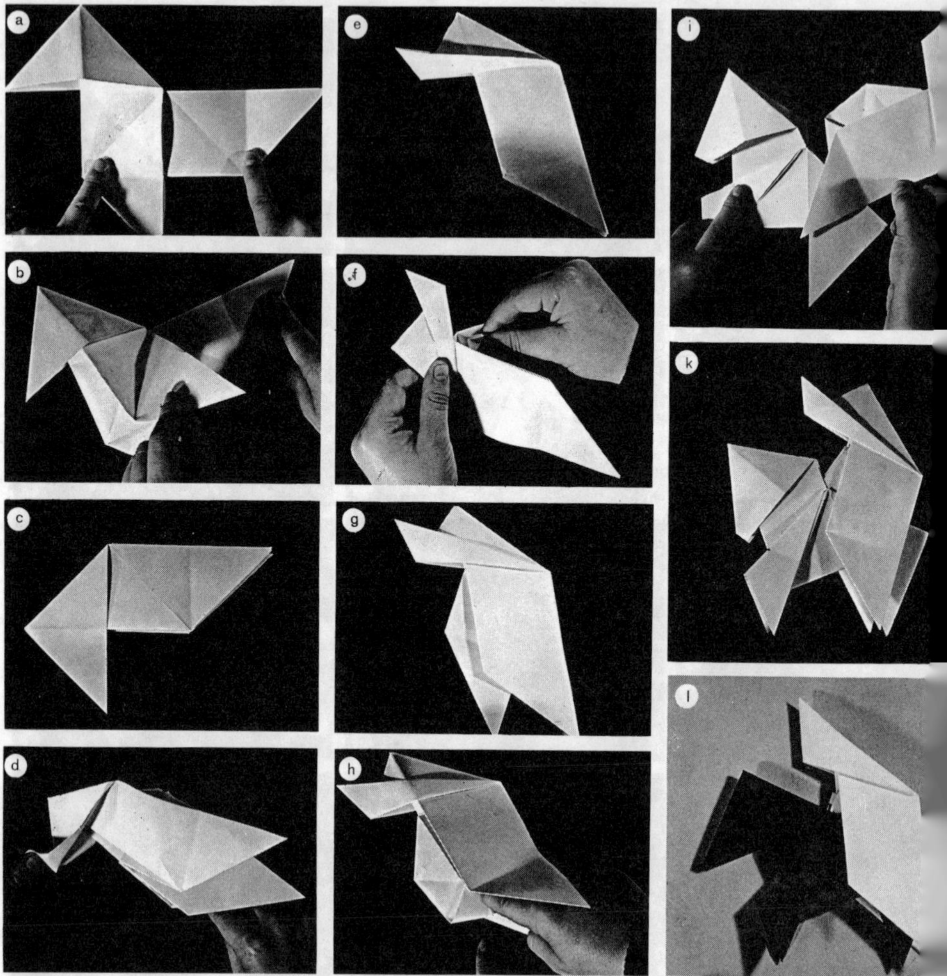

Aus der gleichen Grundform wie das Pferd wird auch der »Reiter« gefaltet

Als Kopf kann ein sog. »Schnapper« aufgesetzt werden: In einem Quadrat von 15 cm Seitenlänge das Mittelkreuz falten (a), das Blatt von links nach rechts zum »Buch« legen, die obenaufliegende Buchhälfte noch einmal nach links falten (b) und wieder nach rechts schlagen, so daß in der Blattmitte der Faltkniff sichtbar ist. Das gleiche mit der unteren Buchhälfte nach der anderen Seite. Wir falten die vier Buchecken randgerade an den Mittelbruch, dürfen aber nur die beiden linken Ekken (der geschlossenen Faltkante) doppelt nehmen, rechts werden nur die des obenaufliegenden Buchblattes gefaltet (c). Die rechten Ecken der unteren Blattlage falten wir nach hinten (d). Nun legen wir dieses symmetrische Faltgebilde der Länge nach zu-

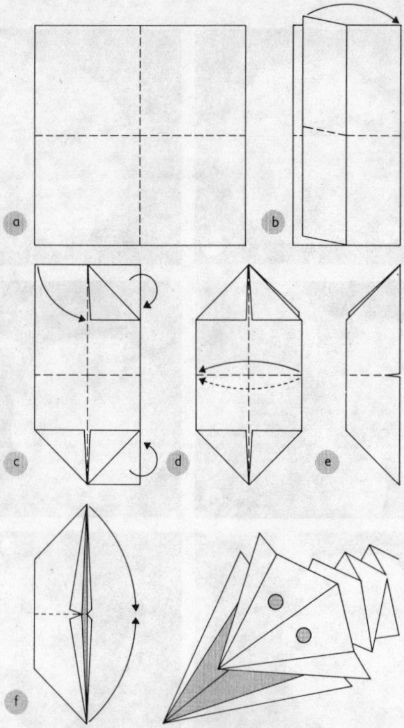

So wird ein »Schnapper« gefaltet

sammen, und zwar mit der rechten obenaufliegenden Seite obenherum, mit der rechten unteren Seite nach unten (d). Die Faltung hat die Form eines Schiffchens bekommen, dessen beide Bordkanten wir in der Mitte ein Stück einschneiden (e) und von den eingeschnittenen Stellen aus beidseitig schräg auf die Bugspitzen zu nach außen falten (f). Die Bordränder seitlich auseinanderziehen und die Bugspitzen aufeinander drücken. Der Schnapper ist geschlossen. Er öffnet sich, sobald der Druck auf die Kanten nachläßt.
In gleicher Weise falten wir aus grünem Papier den Kopf des »Krokodils« für die Kasperbude. Wir können so einen Kopf mit Augen versehen, die Mauländer mit rotem Papier bekleben, eine lange Zunge aus einem roten Papierstreifen einsetzen usw.

Windspielzeuge

Bei manchen Erwachsenen ist hinsichtlich dieser Spielkonstruktionen, die der Fachmann unter die »funktionalen« Papierarbeiten einordnet (bei deren Herstellung es also schlicht und einfach um »Technik« geht), eine Gedächtnisauffrischung nötig. Pfeil und Schwalbe (siehe Seite 158) sind die beiden klassischen Beispiele für solche funktionierenden Papierfaltungen. Jetzt war-

Spiel mit Windkugeln

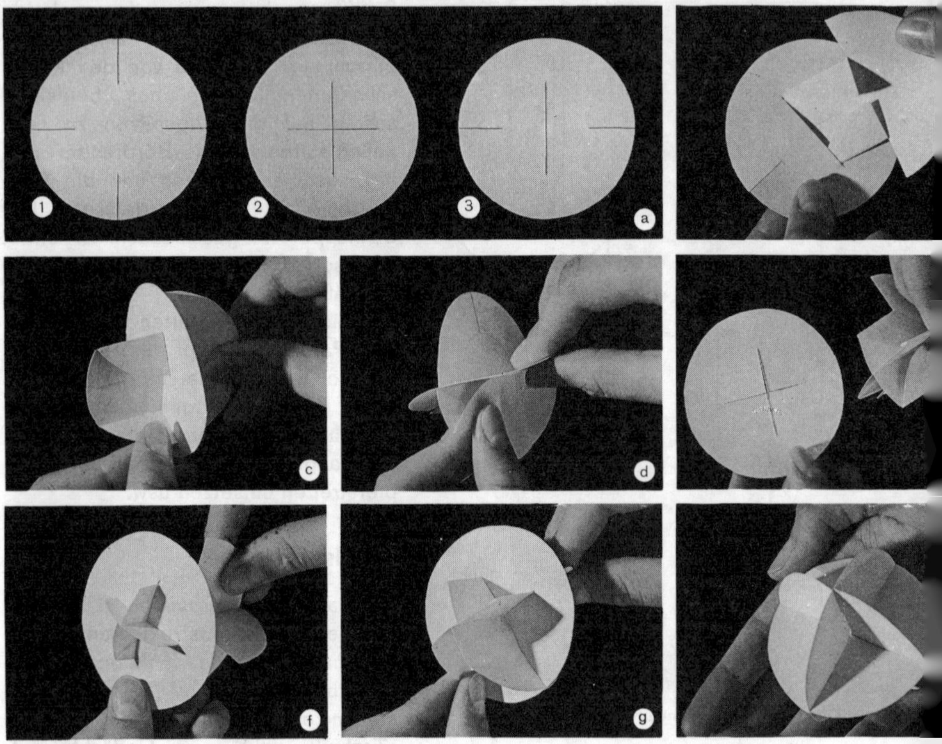

So wird eine Windkugel zusammengesteckt

ten wir auf einen windigen Tag, um mit den Kindern Windkugeln und Windräder laufen zu lassen. Eine Windmühle basteln wir für die Kleinen, auch Drachen, die wir schon von einer Nähgarnrolle aus steigen lassen können. Der Windvogel ist ein schönes Laufspielzeug für die ganz Kleinen, der Segelwagen für Stadtkinder, die über weite Asphaltflächen verfügen.

Windkugel. Hierfür brauchen wir drei kreisrunde Scheiben (ungefähr 6 cm im Durchmesser) aus farbigem Karton oder weißem Zeichenpapier, die wir genau nach den Abbildungen 1, 2, 3 einschneiden (a). Dann werden zwei Ecken der Scheibe 1 zur Mitte umgelegt und durch den mittleren Schlitz der Scheibe 3 gesteckt (b). Nun müssen wir die umgelegten Ecken wieder aufbiegen (c) und andere parallel zur Schnittebene der beiden sich durchdringenden Kreisscheiben so nach innen knicken, daß ein Kreuz entsteht, das sich in den Kreuzschlitz der Scheibe 2 stecken läßt (d, e, f). Abermals werden die Ecken aufgebogen (g, h), der Windball ist fertig. Er rollt, wohin der Wind ihn treibt, die Kinder laufen ihm nach und versuchen, ihn wieder einzufangen.

Windrad. Die Herstellung ist sehr einfach. Auf eine Kreisscheibe von ungefähr 10 cm Durchmesser zeichnen wir mit dem Zirkel (oder mit Hilfe einer

Untertasse) einen kleineren Kreis. Dann unterteilen wir das Innere der Scheibe in vier Felder, diese halbieren wir noch einmal, so daß der ganze Kreis in acht gleich große Stücke aufgeteilt ist (a). Die Schnittlinien werden mit der Schere durchgeschnitten (b). Jetzt müssen wir noch abwechselnd je eine Zacke nach vorn und nach hinten biegen, aber so, daß sie waagerecht vom Rad abstehen (c und d). Das Rad wird auf die glatte Straße gelegt. Der Wind kommt und treibt es wirbelnd davon.

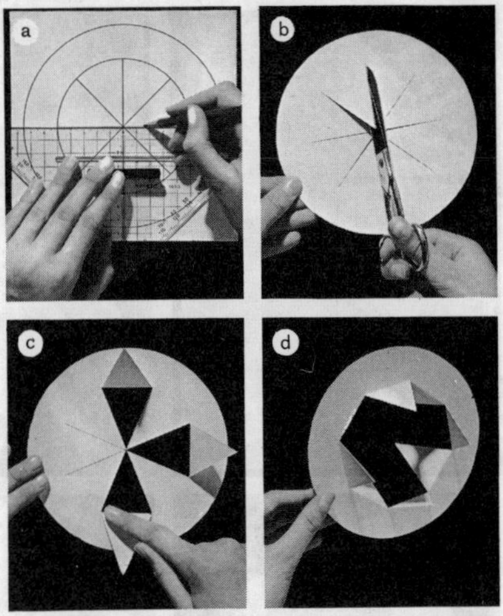

Das Windrad entsteht aus der Kreisteilung

Windmühle. Wir nehmen ein Quadrat aus farbigem Papier und falten das Schrägkreuz. Dann schneiden wir entlang der Schräglinien etwas über den halben Weg in Richtung Mitte ein (a). Auf dem Papier sind nun vier Dreiecke ersichtlich, von denen jeweils eine Ecke reihum zur Mitte umgebogen wird, wo wir sie mit einer Stecknadel (am besten einer Glaskopfnadel) an einem Stock befestigen (b). Zwischen Stock und Mühle fügen wir noch eine runde Glasperle ein, damit das Rädchen etwas mehr Spielraum gewinnt und sich ungehemmt im Winde drehen kann (c). Mehrere kleine Mühlen an einem Stock wirken lustiger. Zur Abwechslung können wir auch einmal einen Gabelast suchen, mit weißer Farbe bestreichen und mit vielen kleinen, bunten Mühlenrädchen besetzen. Die Kinder müssen die Mühlen nicht unbedingt immer in der Hand halten, wir können sie auch in einem Blumentopf oder in das Gartenbeet stecken, wo sie sich gleichfalls munter drehen und beobachtet werden können.

Fledermausdrachen. Dieses lustige Drachenspiel falten wir aus einem stärkeren DIN A 4-Schreibblatt. Als Steigschnur nehmen wir festes Nähmaschi-

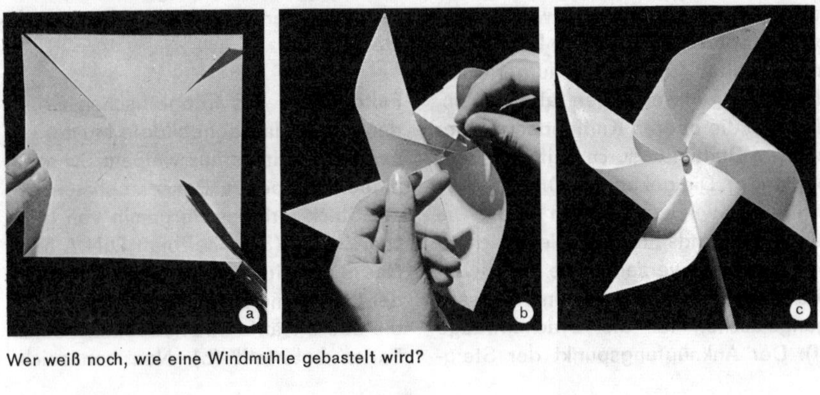

Wer weiß noch, wie eine Windmühle gebastelt wird?

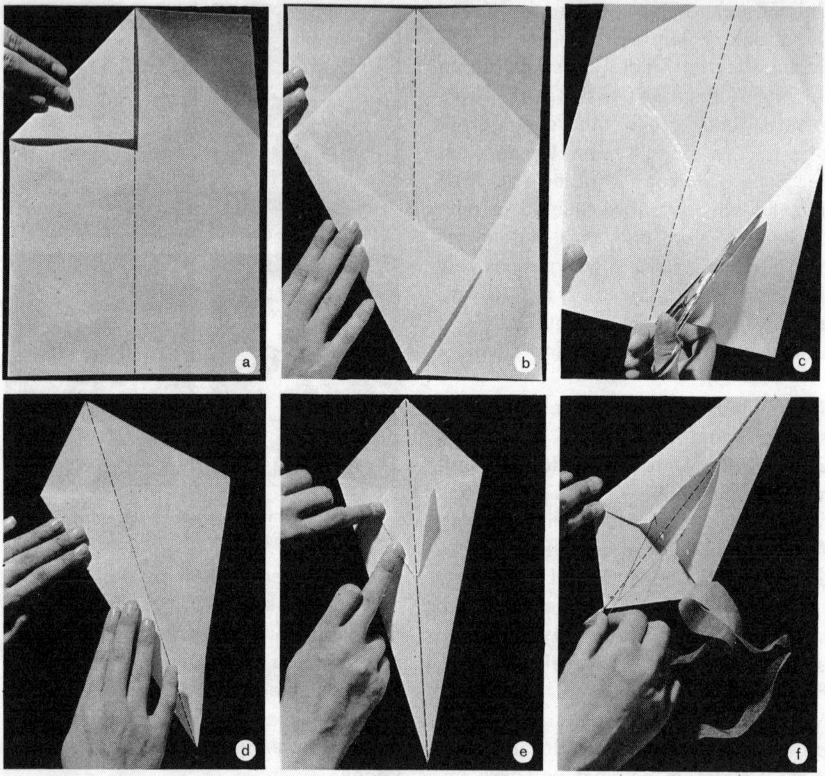

Der Fledermausdrachen ist ein ernstzunehmendes Windspielzeug

nengarn, Stärke 40, zur Waage weiche Wolle.
Zunächst wird das Blatt durch einen Linealstrich in der Längsrichtung geteilt (nicht kniffen!), dann werden die beiden oberen Ecken zum »Dach« heruntergefaltet (a), wieder aufgerichtet, die beiden unteren Ecken falten wir so, daß sich die oberen Kniffenden mit der unteren Blattmitte durch Knifflinien verbinden (b). Die gekniffene Drachenform schneiden wir aus (c). Wir falten die längeren Randseiten an die Drachenmitte (d) und versehen sie durch Zurückfalten der Ecken (e) mit Befestigungslaschen für die Drachenwaage (f). Der Anknüpfungspunkt der Steigleine muß über dem anfangs gezogenen Mittelstrich des Drachens liegen. Schwanz aus farbigem Pergamin, 2,5 cm breit und so lang, daß der steigende Fledermausdrachen nicht kopfsteht.

Faltdrachen. Aus fotografischen Gründen wurde das abgebildete Muster eines Faltdrachens aus weißem Schreibpapier gearbeitet. Besser nehmen wir ein Stück farbiges Pergamin von gleicher Größe (Schulheftblatt DIN A 5). Das Blatt wird jeweils Rand auf Rand der Länge und Breite nach gefaltet (a), die obere Hälfte wird noch einmal durch Falten unterteilt (b). Nun kennzeich-

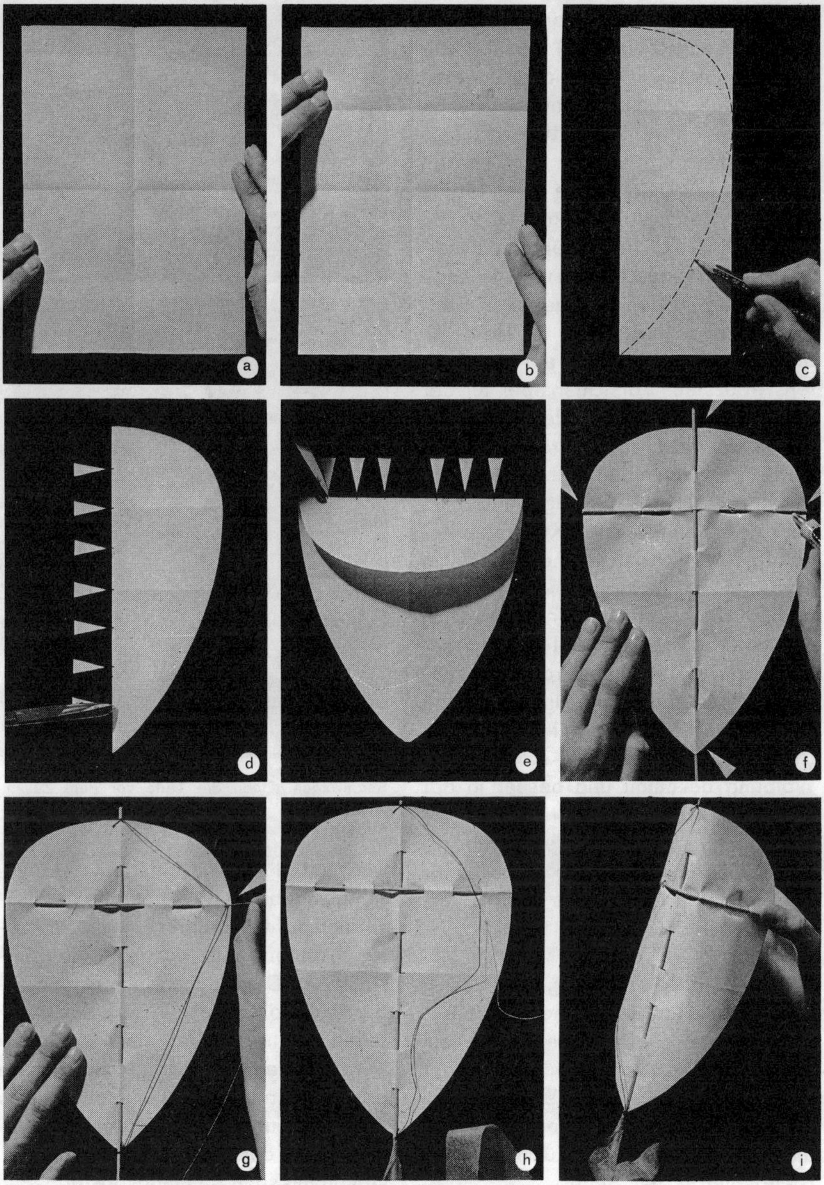

Diesen Faltdrachen kann man von einer Nähgarnrolle aus steigen lassen

nen wir die Umrißlinie des Drachens auf der Längsfaltung (c) und schneiden sie aus. Den Faltbruch schneiden wir an den gekennzeichneten Stellen (d) jeweils etwa 2 mm tief ein. Das gleiche machen wir an der oberen Knifflinie (e). Durch diese Ösen fädeln wir zwei Peddigrohrstücke (1,5–2 mm stark). Die seitlichen Überstände werden randglatt geschnitten und die losen Papierteile an den angegebenen Stellen mit dem Peddigrohr verklebt (f). Die Waage befestigt man am senkrechten Kreuzstab. Vorsichtshalber an der vom Drachenpapier überdeckten Seite, damit sie nicht an der rauhen Holzkante hängenbleiben kann. Der Anknüpfungspunkt der Steigschnur muß über dem waagerechten Kreuzstab liegen (g). Der Schwanz aus einem 2,5 cm breiten Pergaminstreifen (h) muß unbedingt die zehnfache Länge des Drachenkörpers haben (Streifenstücke aneinanderkleben). Dann wird der waagerechte Kreuzstab – wie die Abbildung zeigt – kräftig nach hinten gebogen (i), damit der Drachen eine leichte Wölbung bekommt und besser in der Luft liegt. Als Steigschnur nehmen wir Nähmaschinengarn, Stärke 40. Bei gutem Wind können wir die halbe Garnrolle ablaufen lassen, das sind immerhin 100 m.

Segelwagen. Hierfür begeistern sich kleinere und größere Kinder. Wir benötigen zwei gleich große Garnrollen, zwei Stückchen stärkeres Peddigrohr (2–3 mm), ein Blumenstäbchen, etwas Pappe, Bindegarn, farbiges Papier für die Fähnchen und ein Stückchen Zeichenpapier für das Segel.

Die Abmessungen werden durch die Größe der Garnrollen bestimmt. Am besten nehmen wir die etwa 6 cm breiten Großrollen, die eine gute Straßenlage gewährleisten. Das Wagengestell

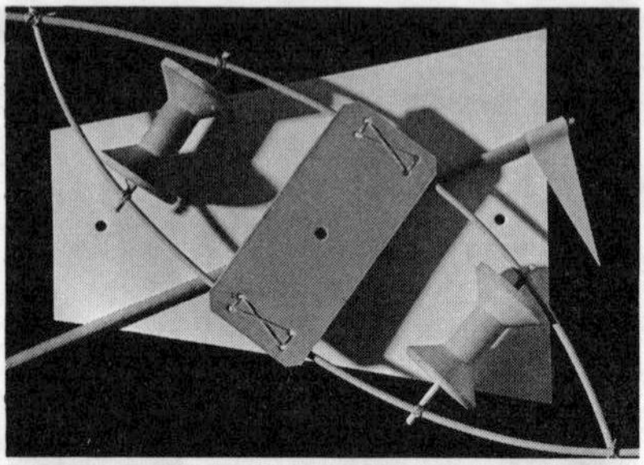

Segelwagen. Oben die Teile vor dem Zusammenbau

wird mit dünnem Bindegarn fest zusammengebunden, Klebstoff und Nägel sind nicht erforderlich. Auch die Achsen bestehen aus kurzen Peddigrohrstückchen. Die Biegung der Wagenränder muß so stark sein, daß die Garnrollen in ihrem Lauf nicht gehindert werden. Kleine Reibungen durch seitliches Verrutschen der Rollen sind ohne Bedeutung. Wir bauen den Wagen nach der Abbildung zusammen, stellen ihn so in Ausgangsposition, daß der Wind voll in das Segel fallen kann, und lassen ihn auf ebener Straße rollen. Viele andere Segelstellungen können natürlich auch noch ausprobiert werden.

Faltbehälter

Die hier vorgeschlagenen Grundformen für vielseitig verwendbare Geschenkbehältnisse sind nur eine bevorzugte Auswahl aus der Fülle ähnlicher Faltmöglichkeiten. Wir falten sie beliebig groß aus mittlerem bis starkem Zeichenpapier, farbigem Tonpapier, eventuell auch aus doppelseitig kaschierter Metallfolie. Ihr besonderer Wert liegt darin, daß wir sie in individueller Weise schmücken können, wodurch sie dem Beschenkten auch im Geringen die Hingabe verraten, mit der das Geschenk bereitet wurde.
Gefüllt mit süßen Bonbons, Schokoladeeiern, kleinen Spielzeugen usw. eignen sie sich gut als kleine Tischgeschenke bei Kindergeburtstagen und anderen häuslichen Festen, ebenso als Mitbringsel für die Kinder unserer Gastgeber. Aber auch wertvollere Sachen lassen sich darin unterbringen.

Faltkasten. Wir benötigen ein quadratisches Ausgangsformat von ungefähr dreifacher Seitenlänge des gewünschten Kastendurchmessers, also für einen 10-cm-Kasten ein Blatt von 30 x 30 cm.
Die Faltung: Schrägkreuz (a), Ecken auf Mitte zum »Briefumschlag« (b), Ekken rundum auf die Seitenmitten des eingefalteten Kniffquadrats (c), Ecken rundum auf die Mitten der nächstliegenden Kniffe (d). Das so vorbereitete Blatt legen wir mit den Kniffrücken nach unten vor uns hin.
Nun schlagen wir zwei einander gegenüberliegende Ecken um, schneiden links und rechts davon das Papier auf der Knifflinie zwei Felder tief ein (e), schlagen die Ecken wieder zurück, »wikkeln« dafür die beiden anderen durch zweimaliges Umlegen nach innen ein (f), richten diese zur Schachtelwand auf und biegen sie an den Einschnittgrenzen nach innen um (g). Da diese Faltungen sauber und sehr kräftig ausgeführt werden müssen, reiben wir sie mit Hilfe eines Falzbeins nach. – Abschließend sind die beiden anderen Ecken nach vorn umzulegen, im eingeschnittenen Teil hochzustellen und über die beiden losen Wandteile hinweg ins Schachtelinnere hineinzuschlagen (h).

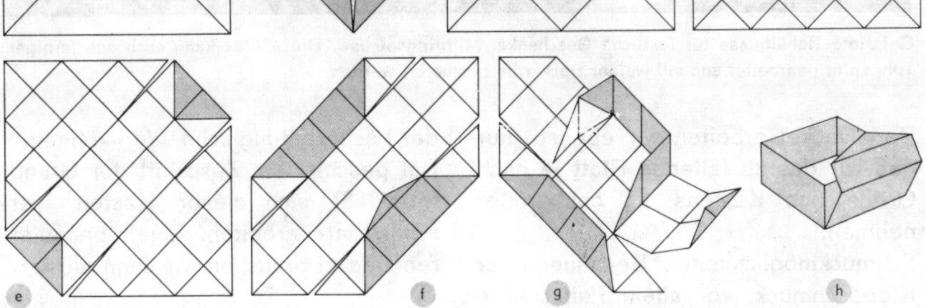

Die Arbeitsgänge zum Faltkasten

Gefaltete Behältnisse für festliche Geschenke, Mitbringsel usw. Die »Tüte« kann auch aus farbigem Tonpapier gearbeitet und mit weißer Deckfarbe bemustert werden

Den Deckel arbeiten wir ebenso, nur daß wir das zu faltende Blatt je nach Größe des Kastens 1–2 cm größer nehmen.
Schmuckmöglichkeiten: Bemalung oder Klebeschmuck, vor allem Faltschnitte und umlaufende Motive, die wir aus der Fächerfaltung schneiden können. Bei geschicktem Zuschnitt der Grundform läßt sich dieser Kasten »verschließbar« arbeiten. Einen besonderen Deckel brauchen wir dann nicht.

Falttüte. Wir benötigen ein quadrati-

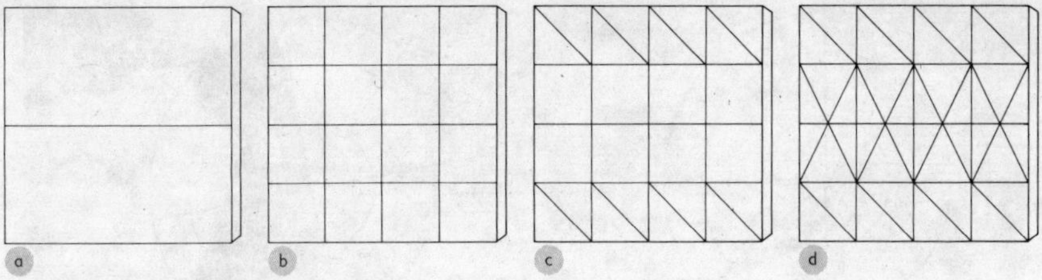

Die Falttüte

sches Ausgangsformat, dessen halbe Seitenlänge im Endergebnis der Tütenhöhe entspricht. An der einen Seitenkante muß zusätzlich ein etwa 5 mm breiter Kleberand angeschnitten werden.
Kleberand abfalten (am besten mit Hilfe eines Falzbeines an der Linealkante). In entgegengesetzter Faltlage den oberen Rand nach oben legen und einen waagerechten Mittelkniff drükken (a). Blatt umwenden. Das Blatt nach oben und seitlich weiter zur Hälfte und zum Viertel unterteilen, so daß auf der ganzen Fläche 16 gleichmäßige Kniffquadrate entstehen (b). Blatt umwenden. In die oberen und unteren Randquadrate gleichlaufende Schrägbrüche kniffen (c). Blatt umwenden. In die mittleren Kniffrechtecke (bestehend aus je zwei Quadraten) Schrägkreuze kniffen (d). Den Faltmantel bemalen oder bekleben. Den Tütenmantel zur Röhre kleben, wobei die bereits eingefalteten Kantenbrüche die Richtung weisen. Die untere Quadratrose zusammenlegen und verkleben (Tütenboden). Beim Legen der Rose möglichst gleichzeitig alle oberen rechten Quadratkanten in den Schrägbrüchen auf die unteren linken drücken. Tüte mit Geschenkinhalt füllen, die oberen Randquadrate ebenfalls zur Rose zusammenlegen. Der Verschluß hält von selbst.

Geschenkkörbchen. Dieses hübsche Körbchen ist keine reine Faltarbeit. Die Grundform muß aufgezeichnet und ausgeschnitten werden. Am schönsten wirkt farbiger Karton (rot, blau, gelb) oder weißes Zeichenpapier.
Die Kreise werden mit dem Zirkel vorgezogen und mit einer im Faltschnitt hergestellten Herzblattschablone ausgezeichnet. Das Formblatt wird ausgeschnitten, gelocht, geknickt und nach Einführung eines schmucken Baumwollfadens zur Körbchenform abgebunden (siehe Seite 176).

Lampenschirme und Laternen

Lampenschirme und Laternen haben die Aufgabe, das grelle Licht der Glühbirne zu dämpfen, angenehm zu streuen und dadurch Stimmung und Behaglichkeit im Raum zu verbreiten. Das gilt sowohl für das Arbeits- und Wohnzimmer als auch für den Balkon oder die Terrasse, die wir an schönen Sommerabenden mit einer großen Faltlaterne (ohne aufgedruckte Mondfratze!) erhellen.
Daß die Industrie papierne Beleuchtungskörper im Schnellverfahren und auch sehr preisgünstig herstellt, darf uns nicht verblüffen. Für uns gilt, daß sich die gute Form des selbstentworfenen Einzelstücks nicht durch ein gezahntes Räderwerk drehen läßt. Die Faltleuchte muß ganz aus den Möglichkeiten des verwendeten Werkstoffs heraus geschaffen werden.

Der Arbeitsgang für ein Geschenkkörbchen

Zum Falten eignet sich ein festes, weißes oder farbiges, auf alle Fälle aber holzfreies Papier mit ausreichender Transparenz (Zeichenpapier, Pauspapier, Lampenschirmpapier). Die Form ergibt sich im wesentlichen aus der angewendeten Faltweise, wobei veränderte Winkel, in die Faltung eingeschnittene Durchbrüche, auch Einlagen in den doppelt gelegten transparenten Faltstreifen einen großen Spielraum für formale Abänderungen bieten.

Faltschirme. Am einfachsten ist ein schlichter Faltschirm zu arbeiten, für den das erforderliche Schirmgestell aus Draht vorhanden sein muß. Man kann ein altes Gestell verwenden, ein neues bekommen wir in der erforderlichen Größe und Ausführung im Lampengeschäft. Für kleine Schirmchen gibt es auch Gestelle, die in der Mitte zwei federnde Drahtringe haben, mit denen sie auf die Birne aufgeklemmt werden können. Birne und Fassung stellt man in eine kleine kugelbauchige Vase mit genügend weiter Öffnung, der Leerraum wird mit Papierwülsten ausgestopft, wobei auch die Lampenfassung verklemmt wird und die Birne geradesteht. Für das Stromkabel – mit Druckschalter – läßt sich die Vase an der Seite anbohren. Für größere Vasen oder Flaschen gibt es im Handel Installationsteile, mit denen man Fassung und Schirmhalterung im Gefäßinnern befestigen kann.

Die Bahn schneiden wir etwa doppelt so lang wie den Schirmumfang (Berechnung: größter Schirmdurchmesser mal 3,14) zu. Die erforderliche Breite des Faltstreifens ergibt sich aus dem Abstand zwischen den beiden Gestellringen plus einer Zugabe für den oberen und unteren Überstand. Wir falten den Schirm im Treppenfaltverfahren und bei sorgfältigem Übereinanderlegen der unteren Schnittkante erst zur Hälfte, dann zu Vierteln usw., bis alle erhabenen Brüche gefaltet sind. Die Gegenfalten erhalten wir, indem wir die Bahn umdrehen und die Kniffe noch einmal übereinanderfalten. Im Endergebnis sollten die Schirmfalten 1,5 cm nicht unterschreiten.

Eine besonders schöne Lichtwirkung bekommt der Schirm, wenn wir seine Faltung (im Wechsel jede zweite nach außen weisende Falte) mit mehreren paarweise parallellaufenden Einschnitten versehen und die dazwischenliegenden Stege in die entgegengesetzte Faltrichtung (also nach innen) drücken. Andere Möglichkeit: Wir falten den Schirm aus doppelt gelegtem transparentem Zeichenpapier, öffnen ihn nach der Faltung wieder und kleben zierliche, gepreßte Gräser dazwischen. Solch eine randverklebte Doppellage muß oben und unten durch geeignetes Stoffband locker (nicht spannen!) abgedeckt werden, wobei wir das obere Band über den Rand hinweg nach innen schlagen und das untere breitliegend nach unten abstehen lassen. Befestigung durch Aufsteppen oder Kleben. Nachher müssen die Falten wieder nachgedrückt werden.

In die Schirmfaltung drücken wir mit der Lochzange oder einem Bürolocher zwei Lochreihen: Eine, die den inneren Faltenstoß etwas unterhalb des oberen Randes zur Hälfte anschneidet – mit diesen Einschnitten soll sich der Schirm am oberen Gestellrand fest-

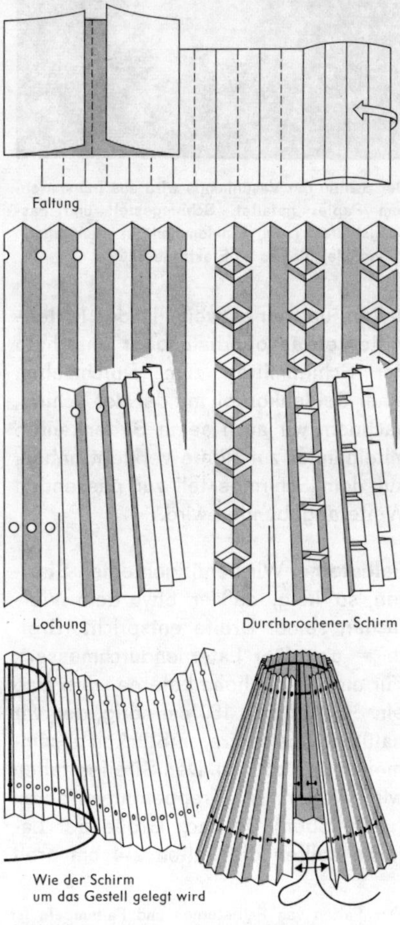

Möglichkeiten der Lampenschirmfaltung

Der Schirm der Vasenlampe wird aus transparentem Papier gefaltet. Schirmgestell und Fassungshalter (zum Einklemmen in den engen Vasenhals) gibt es im Elektrogeschäft

halten, und eine zweite in der Faltenmitte (etwas oberhalb oder unterhalb der Schirmmitte) zum Durchziehen einer Seidenkordel, mit der der Schirm, nachdem wir auch seine Seitenkanten miteinander zur Röhre verklebt haben, auf dem Schirmgestell zur passenden Weite abgebunden wird.

Faltlaterne. Wir benötigen einen Streifen, so lang, daß er etwa dem Vierfachen seiner Breite entspricht (Breite = ungefähr Laternendurchmesser). Für eine 40 cm hohe Laterne wäre also ein Streifen von 160 cm nötig, den wir natürlich aus mehreren Stücken zusammenkleben können. Den Streifen falten wir wieder im Treppenfaltverfahren (siehe oben). Je nach Größe der Laterne sollten die Falten 2–4 cm breit

Das Falten von Faltlaternen und Faltampeln ist nicht ganz leicht ▶

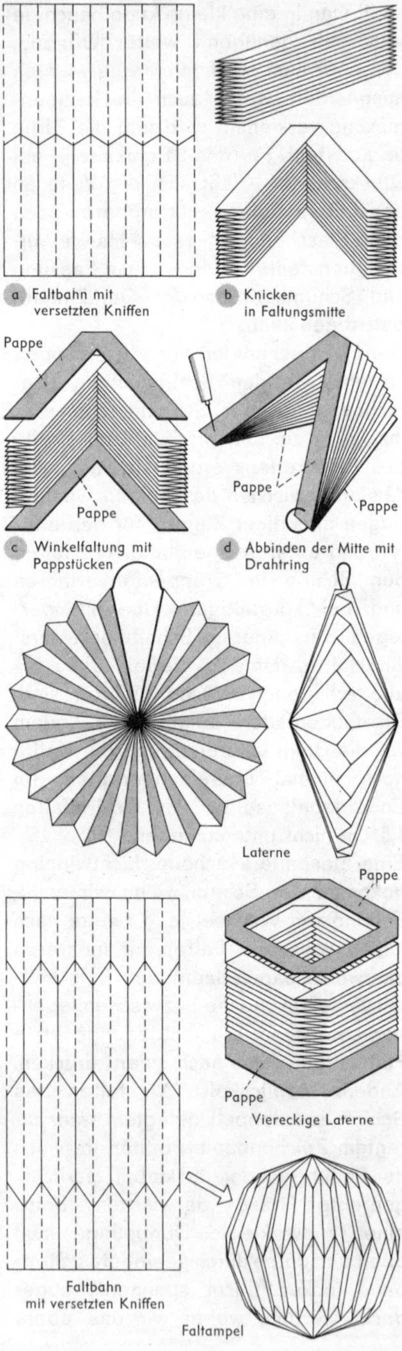

sein (a). Das gefaltete Bündel wird fest zusammengepreßt. Dann knicken wir es in der Mitte zu dem Winkel um, den wir für die Laterne wünschen. Es ist natürlich nicht möglich, solch ein dickes Bündel im ganzen randgenau zu knikken. Wer genau verfahren will, knifft sich auf diese Weise nur ein kurzes Formstück, in dem die genaue Winkellage der Zwischenbrüche sichtbar wird, und überträgt diese sorgfältig auf die Materialbahn. Die Knifflinien werden dann Strich um Strich mit dem Falzbein an der Linealkante nachgedrückt, und zwar so, daß alle Kniffe im Gegensatz zur Faltung die gleiche Richtung bekommen. Hingegen müssen die Kniffrichtungen der Parallelfaltbrüche links und rechts der Zickzacklinie wechseln. Auch hier ist eine Nachbearbeitung mit dem Falzbein (jeweils von der Seite des Faltrückens aus) nötig (b).

Das Zusammenlegen der vorgefalteten Bahn zum Winkel ist nur anfangs schwierig. Wir erleichtern uns die Arbeit, wenn wir den flachliegenden Streifen seiner ganzen Länge nach in den Winkel legen, den die Faltung erhalten soll. Dabei streben die vorgearbeiteten Knifflinien schon ein wenig ihrer beabsichtigten Lage zu. Sind die ersten Faltungen eingebracht, folgen die übrigen leicht nach.

Für den Zusammenschluß des runden Laternenmantels kleben wir zwei Winkel aus Pappe gegen die äußeren Faltenenden (c). Dann durchbohren wir die Schenkelenden des so eingefaßten Faltbündels mit einer Ahle und ziehen zwei Drahtringe hindurch, die wir uns vorher über einem Rundholz zurechtbiegen können. Durch diese Ringe wird die Laternenmitte schwenkbar abgebunden (d). Oben wird der Laternenkörper durch einen Draht, wie er auch bei käuflichen Laternen üblich ist, offengehalten.

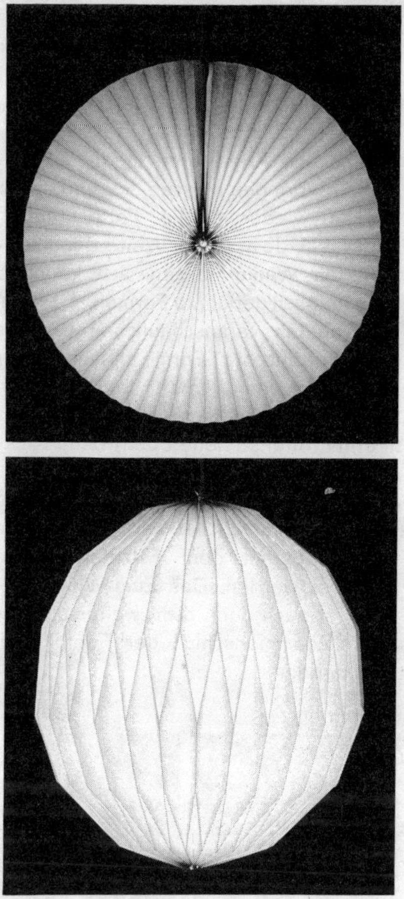

Faltlaterne und Faltampel

Eine viereckige Laterne muß viermal im rechten Winkel geknickt und an den übereinandergelegten Endseiten des gefalteten Streifens zum »Balg« zusammengeleimt werden. Die Arbeit ist die gleiche wie oben.

Faltampeln. Diese Faltkörper wirken besonders schön durch ihre großen, klar überschaubaren Winkelfalten. Verwendbar ist wiederum festes, weißes oder farbiges, genügend transparentes Papier.

Gefaltet wird nach dem gleichen Verfahren, wie es bei der Herstellung der Faltlaternen beschrieben ist, nur mit dem Unterschied, daß wir jetzt drei langlaufende Zickzacklinien (für die geschlossene Kugelform) in die Papierbahn einbringen müssen, vor und hinter denen wiederum die Faltrichtungen wechseln. Je nach der Weite der eingefalteten Winkel lassen sich kugelige und länglich gedehnte Formen erzielen. Am besten veranschaulichen wir uns die gewünschte Form anhand einer Schnittzeichnung, nach der sich auch eine Pappscheibe zum Anlegen des Formstreifens (siehe oben) beim Knikken zuschneiden läßt.
Bei so einer komplizierten Faltung müssen natürlich die Kniffe besonders sorgfältig mit dem Falzbein vorgearbeitet werden. Das Zum-Winkel-Legen ist auch dann nicht weiter schwierig. Zusammenschluß der Form durch Verkleben.

Weihnachtliche Faltarbeiten

In der Vorweihnachtszeit basteln wir besonders gern Weihnachtssterne. Es gibt heute unzählige Werkformen dieses schönen Festsymbols, die teils die Volkskunst, teils das Kunsthandwerk oder der häusliche Eifer hervorgebracht haben. Nicht alle entsprechen unserem modernen Geschmacksempfinden. Wir wählen nur die klaren Formen mit eindeutigem Sterncharakter, die sich auch durch eine übersichtliche Technik auszeichnen.
Selbstgearbeitete Sterne hängen wir an den Adventszweig oder farbig leuchtend ins Fenster. Wir brauchen sie als Tischschmuck, zum Behängen des Weihnachtsbaumes und als persönliche Beigaben zu unseren weihnachtlichen Geschenkpäckchen.
Ein Flechtschirm (siehe Seite 184) hat eine besonders festliche Lichtwirkung. Er läßt sich auch zusammenfalten und

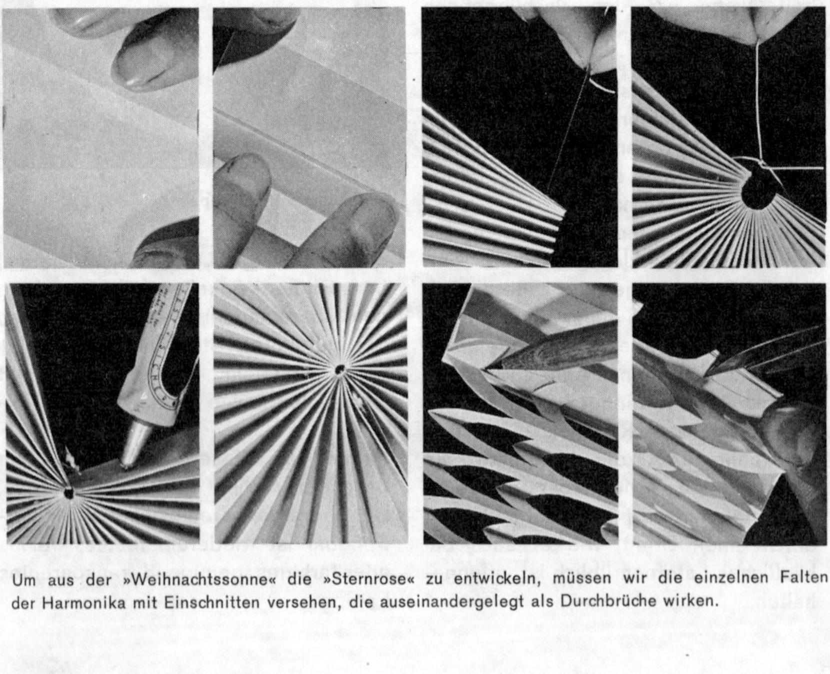

Um aus der »Weihnachtssonne« die »Sternrose« zu entwickeln, müssen wir die einzelnen Falten der Harmonika mit Einschnitten versehen, die auseinandergelegt als Durchbrüche wirken.

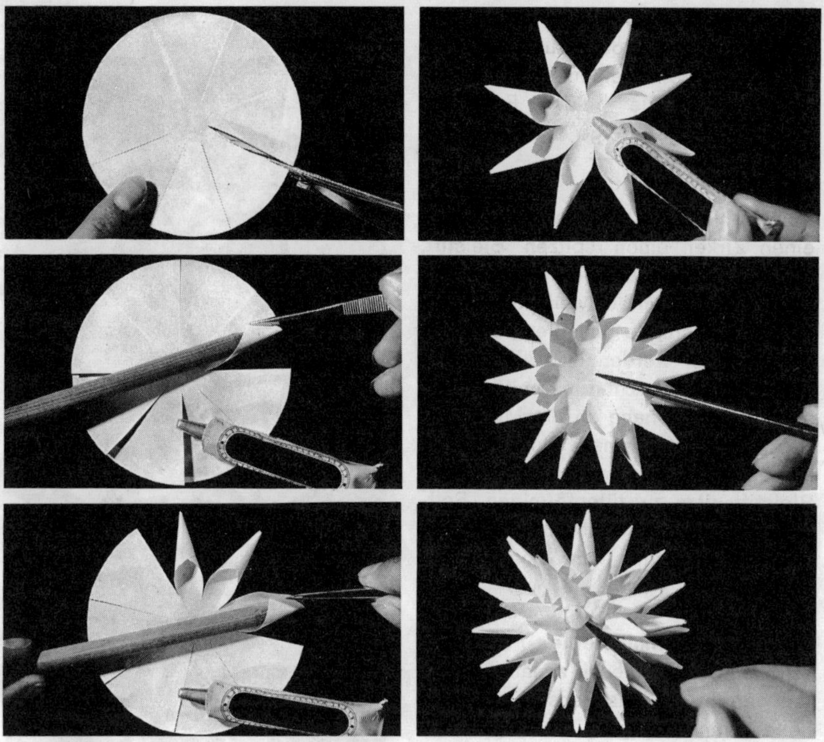

Der »achtstrahlige Stern« kann auch doppelt (sechzehnstrahlig) sowie mehrfach übereinandergeklebt und zur Sternkugel weitergeformt werden

verschicken. Für alle diese Arbeiten verwenden wir ein gutes, weißes Schreibpapier, Schreibmaschinenpapier oder Metallfolie. Die farbigen Faltsterne werden aus dunklem Silhouettenpapier und farbigem Seidenpapier geschnitten. (Strohsterne siehe Seite 425.)

Weihnachtssonnen. Zunächst muß ein etwa 30 cm langer und 5 cm breiter Streifen treppenartig gefaltet werden. Das geschieht durch fortschreitendes sorgfältiges Unterteilen (siehe Seite 177). Wenn die erhabenen Brüche 1,5–2 cm Breite haben, legen wir Kniff auf Kniff die Gegenfalten. Die eine Seite des geschlossenen Treppenbündels wird zu einem halben Spitzbogen abgeschrägt, durch die andere ziehen wir mit der Nadel einen Faden. Diesen verknoten wir etwas lose, damit er sich beim Herumführen der »Sonne« zum Kreis legen kann. Die erste und letzte Falte müssen übereinandergeklebt werden. Als Material dienen Metallfolie und Alleskleber.

Sternrosen. Am besten eignet sich weißes Schreibpapier oder verhalten schimmerndes Goldpapier (wenn es die Faltung ohne Schaden übersteht!). Zunächst verfahren wir ebenso wie bei der Weihnachtssonne, schneiden aber dann von der Seite her in das fertig gefaltete Treppenbündel Kerben, die nach der Entfaltung als Durchbrüche wirken. Schicht für Schicht schneiden, nicht im ganzen Block! Auch hier wird die Sternmitte mit einem Faden locker abgebunden. Die beiden Endfalten sind in richtiger Folge aneinanderzukleben.

Achtstrahliger Stern. Wir brauchen einen Zirkel, einen spitzen Bleistift, Schere, Pinzette und Alleskleber. Den Stern arbeiten wir aus weißem Schreibpapier. Kreisrunde Scheiben von 8 cm Durchmesser werden in gleichen Abständen mit je acht Einschnitten versehen, die bis nahe an die Mitte führen. Mit Hilfe einer Pinzette verkleben wir nun die Lappen über der Bleistiftspitze zu tütenförmigen Spitzen. Der einfache Achtzackenstern besticht durch seine klare Form (siehe Seite 181).

Farbige Faltschnittsterne. Für diese schönen Sterne, die wir zu langen Ketten gereiht vor das Fenster oder die helle Wand hängen, benötigen wir schwarzes Papier oder dünnen Karton, farbiges Seidenpapier und Kleister.

So werden Faltsterne geschnitten

Mit farbigem Seidenpapier hinterklebte Faltsterne schmücken die helle Wand. Vor das Fenster gehängt, leuchten sie wie Edelsteine

Zunächst schneiden wir aus dem schwarzen Papier kreisrunde Scheiben. Wir falten diese über ihren Mittelpunkt hinweg zur Hälfte, zum Viertel, zum Achtel. Bei der Achtelfaltung kniffen wir abwechselnd ein Stück nach oben, das nächste nach unten – so bekommen wir eine gleichmäßigere Papierverteilung, was sich an den Falträndern zeigt

und auf das Gleichmaß der Sterndurchbrüche auswirkt.
Nun schneiden wir von Kante zu Kante den runden Rücken als Ecke heraus. Auch an der Spitze und an den gefalteten Seiten bringen wir Einschnitte an. Die Fotos zeigen, welche Schnitte nötig sind, um in der Faltmitte ein offenes oder geschlossenes Sternbild entstehen zu lassen. Die seitlichen Einschnitte sollen so tief wie möglich geführt werden. Dabei ist wichtig, daß immer auch ein Schnippelchen herausfällt. Nur so kann der Stern später Leuchtkraft gewinnen. Zum Schluß erhalten wir ein sehr dünnrandiges Papiergerippe. Wir entfalten es vorsichtig, bestreichen es rückseitig mit Kleister und hinterkleben es mit farbigem Seidenpapier. Nach dem Trocknen,

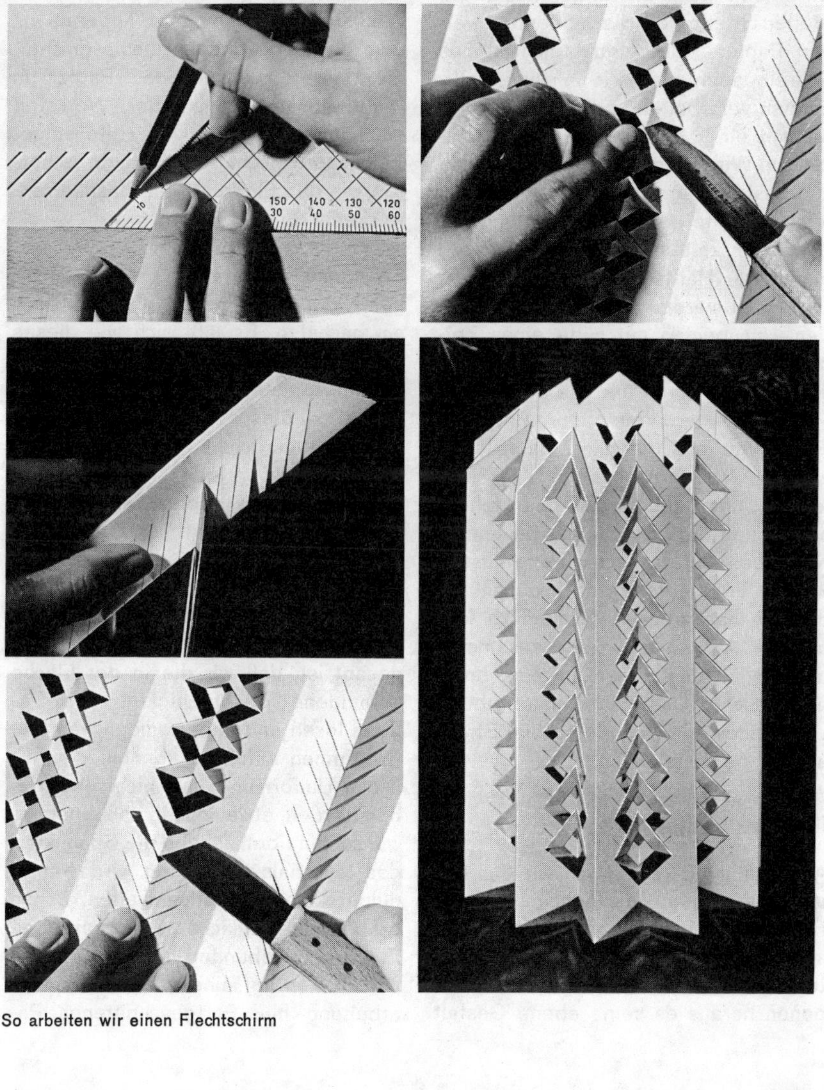

So arbeiten wir einen Flechtschirm

was in Ofennähe geschehen kann, überbügeln wir den Stern mit warmem Eisen zwischen einigen Lagen Zeitungspapier. Dann schneiden wir die Sternform aus ihrer Seidenpapierunterlage aus (siehe Seite 181).

Flechtschirm. Für diesen schönen Schirm, den wir auch leicht in einem Brief verschicken können, benötigen wir einen etwa 60 cm langen und 20 cm breiten Streifen durchscheinenden weißen Papiers. Gut eignet sich weißes Schreibpapier, das wir in zwei Halbbahnen verarbeiten und nach dem Falten mit einer Klebelasche zusammenkleben. Wir unterteilen diesen Streifen zunächst in 5 cm breite Felder, wobei alle Faltkniffe nach einer Richtung liegen, dann kniffen wir jedes Feld noch einmal zur Hälfte in die andere Richtung. Nun werden in gleichen Abständen – am besten mit Hilfe eines Zeichendreiecks – Schräglinien (etwa 45°) vorgezeichnet und mit der Schere nachgeschnitten. Vom oberen Ende des Faltschirms aus falten wir dann jeden zweiten Winkel nach oben – er wird jeweils hinter die Spitze des stehenbleibenden Zwischenwinkels geklemmt. Nach beendeter Flechtarbeit müssen wir die Treppenfalten noch einmal ordentlich nachdrücken. Schließlich kleben wir Anfang und Ende zusammen und stellen das Ganze um eine brennende Kerze. Das Flechtmuster gibt im Lampenlicht eine wunderschöne Streuung (siehe Seite 183).

Papierplastiken

Am häufigsten verwenden wir das Papier zum Malen, Zeichnen, Falten und Formenschneiden, wobei uns allenfalls seine Saugkraft, Stärke und Farbe interessieren. Andere Eigenschaften, aus denen heraus es seine ebene Gestalt verläßt, sich aufbiegt, rollt usw., erscheinen hinderlich und bleiben ungenutzt. Wenn wir aber in der Beschäftigung mit dem Papier nicht vorgefaßte Ziele ansteuern, sondern bereit sind, in einer Art von schöpferischem Spiel das Zumut- und Ausnutzbare der diesem Material innewohnenden Eigenschaften zu erproben und dabei unsere Ziele zu finden, dann stoßen wir sehr bald auf Möglichkeiten, die uns diesen Werkstoff in einem ganz anderen als dem bisher gesehenen Lichte erscheinen lassen. Obwohl das Papier in Wahrheit kein plastischer Werkstoff ist, können wir doch mit Hilfe seiner Flächeneigenschaften Gebilde schaffen, die den Eindruck von Plastiken erwecken.

Spannung beachten! In seiner flächigen Natur kommt das Papier dem Blech am nächsten. Es läßt sich wie dieses willig zu allen möglichen Kegel- und Zylinderformen einrollen, doch im Gegensatz zu diesem nur soweit, wie seine eigene natürliche Spannung reicht. Blech verharrt in jeder ihm einmal gegebenen Lage. Papier will – unter Ausnutzung der Kraft im Zusammenhalt des Papierfilzes – in Spannung gehalten werden, was wir einerseits durch Verkleben, andererseits durch Verformen erreichen, womit zugleich gesagt ist, daß wir die in der Fläche gebundene Spannfähigkeit des Papiers lösen und andern möglichen Gestaltformen zuführen können.
Diese Umformung darf nicht übertrieben werden, etwa soweit, daß einer gewünschten Form zuliebe die Spannkraft des Materials gebrochen wird. Papier duldet keine Gewaltsamkeiten. Schon grobe Zugriffe machen es unbrauchbar. Zu viele Klebungen sind verdächtig und deuten auf eine gewaltsame Verarbeitung hin. Fortgeschnittenes Pa-

pier rächt sich auf der Stelle, weil es einem Loch in der Hülle und damit im Spannungsgefüge der papierenen Fläche gleichkommt. Wir sollten beim Gestalten mit Papier von der zweckmäßig gewählten Ausgangsform nichts wegschneiden, dürfen aber wohl Einschnitte anbringen und die so gekennzeichneten Teile als anhängende und gesondert verformbare Nebenflächen behandeln. Im Gegensatz zur guten Papierform, in der die ungestörten Materialspannungen zum Tragen kommen, steht die mühsam gearbeitete, »verquälte« Form, die sich nicht mehr auf die Auswirkung natürlicher Materialeigenschaften stützt und als nicht werkstoffgerecht gearbeitet angesehen werden muß.

Möglichkeiten der Verformung. Ziehen wir einen schmalen Papierstreifen zwischen dem Daumen und einem scharfkantigen Messerrücken hindurch, so rollt er sich ein, und zwar stärker oder schwächer, je nachdem, ob wir mit starkem oder schwachem Druck verfahren und wie lang und stark der Streifen selbst ist. Er formt sich zum Bogen, zum Kreis, zur Spirale. Eine »Schnekke« (Kräuselform) erhalten wir, wenn wir den Streifen schräg, d. h. mehr oder minder abgewinkelt über den Messerrücken ziehen, eine »Welle«, wenn wir in der Folge wechselnd Ober- und Unterseite behandeln. Alle Formen verbleiben kräftig und federnd in der ihnen gegebenen Spannung und stellen sich immer wieder her, wenn sie durch einen mäßigen Zug oder Druck darin gestört werden.

Wenn wir den Papierstreifen breiter nehmen, läßt er sich schon nicht mehr so leicht verformen. Wir können ihn der Länge nach falten, beidseitig in Fransen schneiden und auf diese Weise zu zusätzlichen Möglichkeiten der Belebung kommen. Rechteckige und kreisförmige Zuschnitte lassen nur noch einfachste Biegungen zu, Zylinder, Röhren, Kegel, Kegelstümpfe, die mit anderen Formteilen zusammengesetzt oder ebenfalls durch Einschnitte unterteilt und so mit den reicheren Möglichkeiten des Streifens kombiniert werden können. Das Kräuseln langer Streifen ist ein ausgezeichnetes Mittel, um Kontrastformen zu größeren Flächen zu schaffen (z. B. Bart und Haar bei Masken). Durch Einschneiden und Herausklappen größerer einzelner oder kleinerer rhythmisch verstreuter Schnittflächen (Augen mit Augenwimpern, Schuppenmuster auf einem Fischkörper) lösen wir größere, eintönig wirkende Partien auch von der Fläche her auf.

Plastische Gebilde ergeben sich zwanglos aus den schon einleitend beschriebenen Verformungsmöglichkeiten, wobei zu beachten ist, daß sich bei größeren Werken nur einfachste Formen zusammensetzen lassen. Ein bißchen Abstraktionsfähigkeit und Phantasie muß also mit im Spiele sein, ebenso die Lust am Improvisieren und Konstruieren, besonders wo es darum geht, möglichst werkgerechte (wenig geklebte!) und aus dem Papier heraus wirksame Verbindungen zu finden. Bindende Anweisungen sind für solches Tun fehl am Platze. Es können nur Anregungen gegeben werden. Was nicht gelingt, werfen wir in den Papierkorb.

Beginnen wir spaßeshalber mit der Gestaltung eines phantastischen Baumes: Zu groß darf er nicht sein, weil sonst die Spannungsfähigkeit des Papiers überfordert wird. Nehmen wir ein einfaches Blatt Schreibpapier. Von diesem schneiden wir die eine Langseite von der Mitte der schmalen Kante aus

Plastische Papiergebilde

auf eine Ecke der gegenüberliegenden Seite zu schräg ab. Das größere Stück versehen wir an der schrägen Kante, parallel zu den Schmalseiten mit Einschnitten, deren Abstand und Tiefe variabel sind, auch zum breiteren Teil hin länger werden können. Wenn wir das Papier nun, mit der breiteren Schmalseite beginnend, über einen Rundstab wickeln und diesen hinterher wieder herausziehen, so erhalten wir ein baumartiges Gebilde, an dem wir die Tatsache, daß es keine Blätter trägt, nicht bemängeln werden. Die einzelnen Streifen können wir durch Dehnen zwischen Daumen und Messerrücken noch verschieden stark nach außen biegen.

Manche Gebilde lassen sich schon aus einfachen, parallel- oder spitzzulaufend geschnittenen Streifen schaffen. Dagegen für andere, mehr geschlossenere Formgebilde (Menschen- und Tierfiguren) wählen wir kräftigeres Material, am besten weißes Zeichenpapier. Elemente für den Zusammenbau mehrgliedriger Formkörper sind Hohlzylinder (Tonnen und Röhren mit verschiedenen Durchmessern), Kegel und Kegelstümpfe, die wir an den Verbindungsstellen durchbrechen, ineinanderstekken und mit Alleskleber befestigen. Streifen, die wir verbiegen und kräuseln wollen, um sie der Figur als Mähne, Haare oder sonstigen Zierrat anzufügen, müssen wir schon beim Zuschnitt der Formmäntel bedenken.

Farbig-transparente Papierarbeiten

Am einfachsten ist das Hinter- und Auskleben dunkler Silhouettenschnitte mit farbigem Seidenpapier oder Pergamin, wie es die Kinder beim Basteln weihnachtlicher Transparente, bunter

Laternen, farbig leuchtender Fenstersterne usw. üben (siehe Seite 182). Erwünscht sind ruhige geschlossene Farbflächen ohne Neuansätze und Doppellagen, die darin unsauber und störend wirken. In solchen Klebearbeiten rechnen wir nur mit der einfachsten Materialwirkung des farbig-transparenten Papiers, der im durchfallenden Licht ungestört aufleuchtenden Papierfarbe.

Legen wir so ein Papier in Falten, so stellen sich in den Doppellagen Farbabweichungen (dunklere Farbtöne) ein, die mit den ungefalteten Flächenteilen lebhaft kontrastieren und sich auch in der Fläche sinnvoll ordnen und gliedern lassen. Mit etwas Gefühl für Kontraste, Ähnlichkeitswerte und formale Abwandlungsmöglichkeiten sind solche Flächenwirkungen sowohl für abstrakt-rhythmische als auch für figürliche Aussagen zu verwenden (kleine und große Fensterbilder).

Transparente. Ein Bild, das erst im durchfallenden Licht seine volle Schönheit erlangt, nennen wir »Transparent«. Schmale, farbfeldtrennende Verbindungsstege erinnern an die Verstrebungen in den Glasfenstern mittelalterlicher Kathedralen, nur daß wir statt des Glases farbiges Seidenpapier nehmen, das mit Kleister hinter die dunklen Stege geklebt wird. Als Träger des transparenten Schmuckbildes eignen sich alle dunkelfarbigen Kartonarten, besonders schwarzer Karton, der die Farbenpracht des Bildes erhöht. Wer davor zurückschreckt, auf dunklem Karton zu zeichnen, entwirft das Bild auf einem gleich großen Stück weißem Zeichenpapier und überträgt es im Pausverfahren auf den dunklen Grund.

Jeder Strich der Zeichnung muß doppelt ausgeführt werden. So entstehen die Stege, zwischen denen wir den Teil, der später farbig erscheinen soll, als Loch herausschneiden. Dieses benutzen wir auch als Fenster beim Zuschneiden des gewünschten Farbpapiers, wobei wir den inneren Lochrand über dem untergelegten Papier mit einem spitzen Bleistift umfahren und beim Ausschneiden des farbigen Stückchens ringsum einen Kleberand stehen lassen, der aber nicht breiter als der vorhandene Verbindungssteg sein darf. Kleister dürfen wir nur dünn auftragen, weil sonst die Arbeit durchfeuchtet.

Farbige Laternen. Einfache Laternen können schon Kinder arbeiten. Sie schneiden einfach ein rundes Loch in den Karton und hinterkleben es mit einem farbig-transparenten Papierstückchen. Mehrere solcher Löcher in einen Karton geschnitten und farbig hinterklebt, geben einen schönen Laternenmantel. Ebenso naiv kann weitergestaltet werden: ein Schiff, ein Haus, der Turm neben einem Tannenbaum. Sonne, Mond und Sterne sind eigentlich der schönste Laternenschmuck. Größere Kinder mögen sich an einem farbigen Bild versuchen, vielleicht einer Darstellung aus einem Märchen. Erwachsene finden eigene Motive und Formen.

Die Form der Bodenfläche (Quadrat, Dreieck, Fünfeck, Kreis) bestimmt die Grundform des Laternenkörpers. Die Kanten können parallel oder trapezförmig verlaufen. Außerdem besteht die Möglichkeit, Laternen als Hänge-, Steh- oder Stocklaterne zu bauen, wobei die Art der Befestigung keine Schwierigkeiten bereitet. Vielfach müssen Versteifungen (stärkere Kartonwinkel) in die Laternenkanten eingeklebt werden. Für den Boden verwenden wir auf alle Fälle ein kräftigeres Kartonstück, in das wir seitlich der

Kerzenbefestigung – aus einem Blechstreifen gebogen und mit Zungen im Boden verankert – zwei Löcher bohren, um beim Abbrennen der Kerze einen ruhigeren Luftstrom zu haben. Als Aufhänger dienen wie üblich Drahtbügel.

Fensterbilder. Ein Stück farbiges Seidenpapier oder Pergamin wird gegen das Fenster gehalten und die Farbwirkung geprüft. Wir schlagen eine Ecke um, vergleichen das nun doppelt liegende Stück mit dem einfachen Papierteil, prüfen die Kontraststärke, falten abermals zur dreifachen oder sogar vierfachen Lage und versuchen auch festzustellen, wie viele Papierschichten wir so übereinanderlegen können, ohne daß ihre Transparenz verlorengeht. Dann nehmen wir auch andersfarbige Papiere mit hinzu. Solche Vorversuche sind nötig, um einen Überblick über die Möglichkeiten des transparenten Werkstoffs zu gewinnen.

Farbige Laternen

Bei der Arbeit dient ein farbloses Stück transparentes Zeichenpapier als Untergrund. Es empfiehlt sich, das Papier doppelt zu legen, damit wir das Ergebnis in jeder Phase gegen das Licht halten und auf seine Wirkung hin kontrollieren können. Befriedigt das Ergebnis, so wird die Faltung an wenigen Stellen in diese Doppellage eingeklebt.

Das Falten bestimmt die Formgestaltung. Wieder sollten wir nach der Regel »Nichts hinzufügen und nichts entfernen« verfahren. Einschnitte sind erlaubt. Einmal arbeiten wir nur mit Streifen, ein anderes Mal mit kleineren und größeren rechteckigen oder trapezförmigen Papierzuschnitten, ein drittes Mal nur mit Dreiecken in verschiedenen Formen und Größen. Das Festhalten an solchen Spielregeln erzieht nicht nur zu zuchtvollem Gestalten, sondern gibt auch der Arbeit einen geschlosseneren Charakter. Versuchen wir uns zunächst mit einem gegenstandslosen Formgebilde, an das wir weiter keine Forderung stellen, als daß es so ausfallen soll, »daß man es gern ansieht«. Später entscheiden wir uns für eine gegenständliche Figur, »Blumenstrauß«, »Mann mit langem Mantel«, »Hahn« usw. Außer dem Falten haben wir Mög-

Fensterbild aus farbigem Pergamin. Die Form wurde aus mehreren dreieckigen Zuschnitten aufgebaut durch Umknicken, Einschneiden, Übereinanderlegen usw.

lichkeiten des Übereinanderschichtens geschnittener oder gerissener Formstücke, einfarbig oder mehrfarbig, zart abgestuft oder mit starken Kontrasten. Reißen schafft verlaufende Umrisse, wobei die Form zugunsten der Farbwirkung zurücktritt.

Papiermaché- und Kaschierarbeiten

Der Gedanke, den zur Papierherstellung verwendeten Faserbrei selbst als plastische Formmasse zu verwenden, liegt nahe. Die Brüchigkeit der dicken Schicht kann durch Leimzugaben, die geringe Raumbeständigkeit der Masse beim Trocknen durch Füllzusätze behoben werden.
Widerstandsfähiger und obendrein auch leichter ist ein plastischer Papierüberzug, den wir durch vielschichtiges kreuzweises Übereinanderkleben (»Kaschieren«) gerissener Papierschnitzel über einem Tonmodell erhalten.

Während sich die Papiermasse sehr gut für vollplastische Arbeiten (auch zum Ausformen und Gießen) verwenden läßt, können mit Hilfe der Klebetechnik Hohlformen (hohle Handpuppenköpfe, Masken usw.) aufgebaut werden.

Herstellung der Papiermasse. Altes Zeitungspapier, Seidenpapier, Krepppapier – vorzüglich eignen sich auch die Preßeinlagen leerer Eierkartons – werden in kleine Stückchen gerissen und mit kochendem Wasser übergossen oder selbst zum Kochen gebracht. In einem Eimer stampfen oder schlagen wir den Brei zu einer gleichmäßigen plastischen Masse, die nach Abguß des überschüssigen Wassers (über einem Sieb) mit Binde- und Füllzusätzen versehen und kräftig durchgeknetet werden muß.
Vielfach wird als Bindemittel Roggenmehl (etwa 20 %) empfohlen. Günstiger ist der preiswerte Zellstoffkleister (Tapetenkleister), den man vorher in Wasser auflöst und als dickflüssigen Brei zugibt. Dem starken Schwund, dem die so vorbereitete Papiermasse beim Trocknen unterliegt, kann auf verschiedene Weise abgeholfen werden. Zu empfehlen ist ein tüchtiger Zusatz feingeriebener Kreide, die das Hartwerden des Formmaterials nicht weiter beeinflußt und uns Zeit zum geruhsamen Arbeiten läßt. Ebensogut können wir den Brei vor Arbeitsbeginn mit Zement (etwa 1 Teelöffel pro Viertelliter) oder Gips durchkneten (vorausgesetzt, daß die Papiermasse noch genügend feucht ist). Solche Zusätze beschleunigen die Verfestigung der Arbeiten und machen die Formmasse härter.

Handpuppenköpfe haben durchweg eine Gesichtshöhe von 9 cm. Sehr gut

Marionette (Affe) aus Papiermaché

formt es sich über einem runden Formstab (20 cm lang, 2 cm stark, nach oben konisch zulaufend), den wir in ein Standbrett einsetzen oder in die Bankzwinge einklemmen.
Wir beginnen mit der Herstellung der Führungsröhre für das Fingerloch aus Karton oder Pappe, die wir über den Formstab stecken. Diese Röhre kann hinterher mit Zeitungspapier ausgeklebt und auf das rechte Maß gebracht werden. Dann erarbeiten wir die grobe Kopfform, das Eirund, formen die Nase an, drücken die Augenhöhlen ein und gestalten so die wesentlichen Züge, ohne uns weiter in Einzelheiten und naturalistische Nebensächlichkeiten zu verlieren. Vorspringende Teile (Nase, Ohren) müssen aus kräftig mit Kleister durchsetzter Masse aufgebaut werden, sonst besteht die Gefahr, daß sie nach dem Trocknen abbrechen. Am Hals darf der Wulst für die Kleiderbefestigung nicht vergessen werden.

Den fertigen Kopf legen wir zum Trocknen in die Sonne oder bei geringer Hitze in den Backofen. Nach kurzem Abtrocknen ziehen wir den Formstab heraus, so daß die Restfeuchte auch durch das Fingerloch abziehen kann. Das graue Aussehen der Papieroberfläche stört uns nicht. Auftretende Falten und Runzeln werden nach dem Trocknen mit feinem Sandpapier abgeschliffen. Hinterher können wir den Kopf mit Seidenpapier (in Stückchen »gerissen«, nicht geschnitten!) überkleben, wodurch er wieder eine glatte Oberfläche bekommt.
Die Bemalung muß matt ausgeführt werden (siehe Seite 98). Glänzende Lacküberzüge rufen im Bühnenlicht störende Reflexe hervor und sollten vermieden werden.

Klebetechnik. Darunter verstehen wir ein einfaches Kaschierverfahren, das wir in mehreren Schichten – etwa acht

bis zehn – über einer modellierten Tonform ausführen.
Zuerst muß das Tonmodell geformt werden. Bei der Herstellung von Handpuppenköpfen benutzen wir den gleichen Formstab wie oben, umwickeln sein Ende aber mit mehreren Papierlagen, damit die Spitze nicht durch das weiche Material dringt. Das oben zur Formtechnik allgemein Gesagte bedarf hier keiner Wiederholung. Den Wulst am Halsende formen wir bereits im Tonmodell mit an. Die fertige Tonform braucht einige Zeit zum Trocknen. Lufttrocken genügt. Vor dem Bekleben ist ein Überstreichen der Oberfläche mit Schellack erforderlich.
Wiederum reißen wir faserige Papiere (Zeitungs-, Seiden-, Kreppapier) in kleine Stückchen. Die erste Schicht darf nur mit Wasser auf das Tonmodell gelegt werden, damit sich die Klebung später auch wieder ablösen läßt. Die Schnippel für die weiteren Schichten durchfeuchten wir gut mit Kleister, noch besser mit Tischlerleim, der im Wasserbad heiß gehalten wird. Die Schichten werden kreuz und quer aufgelegt, wobei besonders auf die Falten und Vertiefungen der Form zu achten ist, in die wir das Papier mit einem Formhölzchen eindrücken. Nach jeder Schicht empfiehlt sich ein geschlossener Leimüberstrich, bei größeren Formteilen (z. B. großen Masken) auch eine Zwischenlage von Mull. Damit uns beim Schichtenkleben die Kontrolle nicht verlorengeht, arbeiten wir umschichtig mit zwei Papierfarben oder mit bedrucktem und unbedrucktem Papier.
Ist die Klebung gut durchtrocknet, muß der Ton herausgenommen werden. Bei einer Maske mit offener Rückseite ist das verhältnismäßig einfach, wenn wir mit einem Hammer von hinten gegen den Ton klopfen, worauf sich dieser von der Papierschicht löst. Handpuppenköpfe schneiden wir mit einer Feinsäge oder einem scharfen Messer in einer hinter den Ohren seitlich über den Kopf laufenden Linie auf. Beim Wiederzusammenfügen der beiden Teile setzen wir Kartonstreifenstückchen von innen gegen den Schnittrand. Die äußere Naht überkleben wir mit weiteren Papierschichten. Vor dem Zusammensetzen denken wir jedoch wieder an das Einkleben einer Führungsröhre, die dem Finger beim Spielen Halt geben soll und diesmal gleich in passender Stärke hergestellt werden kann. Dann folgt Überschliff mit feinem Sandpapier, Seidenpapierüberzug und Bemalung.

Die fachhandwerkliche Verarbeitung von Papier und Pappe

Der fachhandwerkliche Umgang mit Papier und Pappe ist im eigentlichen Sinne die Arbeit des Buchbinders. Sie hat in der Hauptsache montierenden Charakter und muß sich diszipliniert exakt, nach Maßgenauigkeiten und überkommenen Verarbeitungsregeln vollziehen, wobei sie dem eigenen Formwillen nur einen geringen Spielraum läßt. Fachhandwerkliche Papier- und Papparbeiten sind aber gerade im Laienwerken sehr beliebt, weil man mit ihrer Hilfe Dinge für den praktischen Gebrauch herstellen kann. Wir denken dabei nicht an die früher so gern gearbeiteten Kragen- und Handschuhkästen, Zigarettendosen und Schmuckkassetten aus Pappe und Bezugspapier, sondern an hübsche und zugleich maßgerechte feste Kästen für Sammlungen und Karteien, zum Unterbringen unserer fotografischen Negative, für Zettel, Briefmarken und die vielen kleinen Dinge, die wir von Wanderungen und Reisen mitbringen. Ebenso brauchen wir ansprechende Mappen zum Aufbewahren schöner Drucke, wichtiger Schriften, interessanter Zeitungsausschnitte usw. Die aus dem Leim gegangenen Bücher sollen repariert und die gestapelten Jahrgänge der Fach- und Steckenpferdzeitschriften eingebunden werden. Auch ein maßgerechtes Fotoalbum können wir uns selbst herstellen.

Die Werktechnik

Nötig sind eine starke Schere und ein scharfes, spitzes Messer mit festem Griff (Buchbindermesser, Ritzer), Eisenlineal, Winkel, Falzbein, je ein größerer und ein kleinerer Pinsel (möglichst ohne Metallzwinge) zum Auftragen des Klebers. Sehr wichtig ist eine Preßvorrichtung (Buchbinderpresse, Kopierpresse); notfalls behelfen wir uns mit starken Schraubzwingen und einigen dicken, glattgehobelten und genügend großen Brettern. (Werkzeuge siehe Seite 147; Papp- und Überzugsmaterialien siehe Seite 142, 143.)

Die Klebstoffe. Für viele Papier- und Papparbeiten, bei denen nur verhältnismäßig kleine Flächen miteinander zu verbinden sind, kann mit Alleskleber oder weißer Klebepaste gearbeitet werden. Für großflächige Bindungen müssen wir jedoch Leim und Kleister nehmen.
Warmleim (siehe Seite 69) hat den Vorteil, daß er schnell eintrocknet und daher das Material nur wenig durchfeuchtet. In der Regel verdünnen wir ihn so stark, daß er von selbst vom Pinsel »läuft«. Für das Aneinandersetzen geschnittener Pappkanten brauchen wir ihn kräftiger. Der Buchbinder hat aus diesem Grunde einen Doppelleimtopf mit zwei Abteilungen, in denen sich die beiden Ansätze nebeneinander befinden. Mit Warmleim muß flott gearbeitet werden. Falsch übereinandergebrachte Flächen lassen sich nicht mehr korrigieren.
Kleister kaufen wir als Zellulosekleister in Flocken- oder Grießform. Er wird in einer Schüssel angerührt. Erst gießen wir die gewünschte Wassermenge ein, dann fügen wir unter Rühren die Kleistersubstanz hinzu. Für den Anfang gilt die Regel: Besser wenig als viel, da die eingeschüttete Menge stark quillt und wir erst hinterher feststellen können, ob wir zuviel Kleister hinzugetan haben. Nach einer Quellzeit (bis zu einer Stunde), während der wir immer wieder einmal umrühren müssen, ist der Kleister gebrauchsfertig. Er soll etwa wie dicker Honig fließen. Guten Zellulosekleister (z. B. »Glutofix«) können wir in einem Schraubglas unbegrenzte Zeit aufbewahren. Gewöhnlicher Stärkekleister verdirbt schnell.
Die Verarbeitung des Kleisters ist unproblematisch, wenn wir davon absehen, daß er das Material sehr stark durchfeuchtet. Bei richtiger Arbeitstechnik wird darauf Rücksicht genommen. Kleisterflecke trocknen spurlos weg.

Grundregeln (siehe auch Seite 144). Bei der Handhabung der Werkzeuge und der Klebetechnik ist folgendes zu beachten:
1. Zum Schneiden von Papier und Pappe sind stets ein scharfes Messer und ein Eisenlineal zu verwenden. Bei

Papier halten wir das Messer flach, schneiden also mit der Klinge, und zwar über einer glatten Schneideunterlage (siehe Seite 147). Pappe dagegen wird bei senkrechter Werkzeughaltung mit der Messerspitze über einem Holzbrett geschnitten.

Bevor wir das Messer ansetzen, muß das auszuschneidende Stück genau vorgezeichnet werden. Die Kante des Lineals legen wir nicht direkt auf die Linie, sondern ein wenig daneben, damit beim Schneiden die Messerspitze auf der Linie laufen kann. Beim ersten Schnitt drücken wir nur wenig auf, weil wir noch leicht aus der Bahn geraten. Die folgenden Schnitte können wir dann kräftiger ausführen. Das Messer ist in allen Fällen gerade zu halten, sonst bekommen wir schiefe Schnittkanten!

Geschnittene Kanten, die durch das Messer aufgetrieben worden sind, müssen mit einem Falzbein niedergestrichen, eventuell mit feinem Sandpapier abgeschliffen werden.

2. Unter »Falzen« verstehen wir das Zusammenfalten eines Bogens zum gewünschten Format. Dabei wird die Bruchkante mit dem Falzbein niedergestrichen. Beim Abfalten kleiner Fälzchen, Kleberänder usw. arbeiten wir nach folgender Methode: Wir legen das Lineal an die zu knickende Linie und fahren mit dem Falzbein unter dem Papier an der Linealkante entlang, wobei wir das Papier von unten gegen die Kante drücken. Der so vorbereitete Faltbruch kann dann leicht mit dem Falzbein niedergerieben werden.

3. Knicken von Karton und Pappe: Beim Knicken von Karton drücken wir die zu knickende Linie mit dem Falzbein an der Linealkante vor. In der entstehenden Nute läßt sich der Karton dann leicht umbiegen, und zwar erfolgt dies immer in der entgegengesetzten Richtung. Zum Knicken stärkerer Pappen muß das Material mit einem scharfen Messer an der Linealkante geritzt werden. Die Tiefe dieses Einschnitts kann bis zur halben Pappstärke gehen. Das Knicken erfolgt wiederum nach der entgegengesetzten Seite.

4. Pappe, Karton, Papier, Gewebe sind lebendige Materialien, sie »arbeiten«, d. h. sie dehnen sich bei der Durchfeuchtung. Der Längenzuwachs zeigt sich nur in der Querrichtung (Dehnrichtung) ihres Faserverlaufs (Laufrichtung), weshalb wir die Materialien nur »gleichlaufend« verarbeiten können (siehe Seite 144).

5. Bekleben wir ein Stück Pappe nur auf einer Seite, so wirft (krümmt) sie sich auf Grund der einseitigen Befeuchtung. Um das zu verhindern, geben wir ihr einen Gegenzug, indem wir sie auch auf der anderen Seite mit einem gleichermaßen saugkräftigen Papier, dem »Spiegel«, verkleben.

Diese Klebungen werden bei fast allen Buchbinderarbeiten (Bucheinband, Schachtel- und Mappenarbeiten usw.) außen mit Leim, innen mit Kleister ausgeführt. Da Kleister mehr Feuchtigkeit als Leim enthält, dehnt sich das Papier beim Bestreichen mit ersterem mehr aus, was zur Folge hat, daß auch die Spannung beim Eintrocknen stärker und der Zug auf dieser Seite größer als auf der anderen ist. Kleister ist also immer da zu verwenden, wo ein starker Gegenzug nötig ist. Das ist in der Regel überall dort der Fall, wo Ränder über einen Deckel geschlagen worden sind und es darum geht, den Deckel wieder geradezuziehen. Wo wir eine Tafel mit einem nach beiden Seiten gleich weit übergreifenden Randstreifen eingefaßt haben und Bezug wie Spiegel von beiden Seiten dagegensetzen, können wir auch mit einem Kleber allein arbeiten.

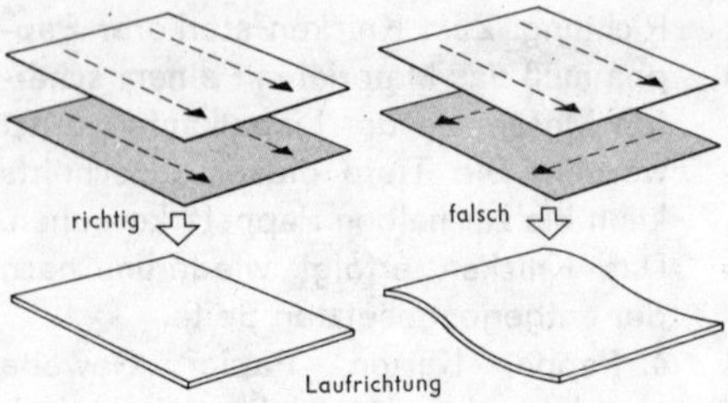

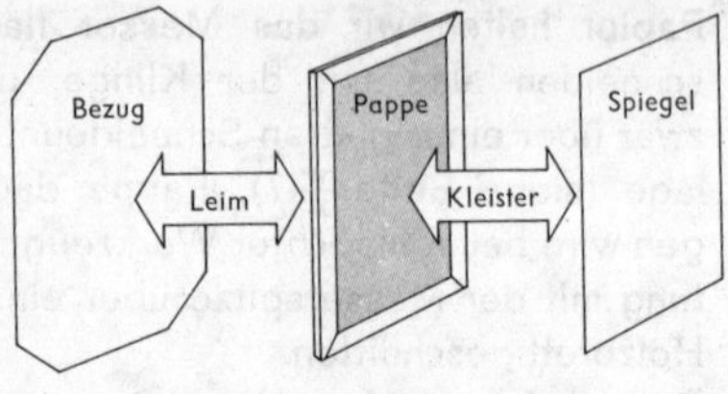

Richtige Aufeinanderfolge der Kleber

Wenn eine Pappe bezogen wird, müssen Laufrichtung und Dehnung der Werkstoffe beachtet werden

6. Beim Bestreichen eines Papiers mit Leim oder Kleister müssen wir dem Material genügend Zeit zum Ausdehnen lassen. Erst wenn es sich nicht mehr krümmt, darf es auf den zu beziehenden Grund aufgebracht werden. Andernfalls arbeitet das Papier nach dem Auflegen weiter und schlägt unliebsame Falten.
7. Das Einschlagen der Ecken und Zuschneiden der Bezugsmaterialien kommt in den nachfolgenden Beispielen zur Sprache.
8. Alle ebenen Teile wie Papptafeln, Buchdeckel usw. müssen nach dem Beziehen bis zum vollständigen Trocknen gepreßt werden.

Das Beziehen einer Tabellentafel

Diese einfachste Papparbeit kann als Schulbeispiel dienen, da hier schon alle grundsätzlichen Handgriffe der Papier- und Pappmontage zur Anwendung kommen. Erst wenn wir eine solche Arbeit einwandfrei zu Ende gebracht haben, wenden wir uns auch den schwierigeren Dingen zu. Die Tafel eignet sich zum Aufziehen eines Stundenplans, einer fotografischen Entwicklungstabelle (für die Dunkelkammer), als Übersichtstafel über die hauptsächlich gebrauchten Postleitzahlen usw. In der gleichen Weise können auch großflächigere Schautafeln hergestellt werden.

Zuschnitt. Wir benötigen ein entsprechend großes Stück Pappe, das Überzugsmaterial (farbiges Papier) für die Rückwand und die aufzuziehende Tabelle als »Spiegel«.
Zuerst muß die Laufrichtung der zu verarbeitenden Werkstoffe geprüft werden. Die Ausrichtung erfolgt nach der aufzuziehenden Tabelle, deren Format nicht willkürlich verändert werden kann. Dann zeichnen wir das auszuschneidende Pappstück mit einem Bleistift rechtwinkelig und in der vorgesehenen Größe (Tabellengröße plus 5–8 mm umlaufender Rand) vor. Zugeschnitten wird am Eisenlineal bei senkrechter Messerhaltung (siehe oben). Schnittkanten niederreiben bzw. glattschleifen!
Nun wird das Bezugspapier zugeschnitten, nach allen Seiten etwa 2 cm länger als die Pappe (Messerhaltung siehe oben).

Klebung. Das zugeschnittene Papier ist rückseitig über einer Makulaturunterlage mit Leim zu bestreichen. Wir halten das Papier mit den Fingern fest, zunächst unten, dann oben, und führen die Pinselstriche jeweils von der Mitte zu den Rändern (niemals umgekehrt!). Jetzt drücken wir die Pappe vorsichtig, den gleichen Randabstand beachtend, auf die bestrichene Fläche auf, schneiden die vier Umschlagecken mit der Schere so weit schräg ab, daß

noch zwei Pappstärken vom Papier neben jeder Ecke stehenbleiben.
Das Umschlagen der Ränder erfolgt zuerst oben und unten. Dann biegen wir die überstehenden Papierecken mit dem Falzbein um die Pappecken herum (wodurch auch diese bezogen und geschützt werden) und schlagen auch die beiden anderen Seiten ein. Damit sich keine Luftblasen bilden, reiben wir das aufgezogene Papier mit einem sauberen Lappen an. Die Arbeit muß flott verlaufen, weil der Leim im Gegensatz zum Kleister schnell eintrocknet.
Haben die Einschläge rundum die gleiche Breite, so können wir das Tabellenblatt (als »Spiegel«) gleich aufkleben. Andernfalls ist ein Beschneiden der Einschlagstreifen erforderlich, was wir mit dem Messer an der Linealkante erledigen. Die Tabelle wird mit Kleister aufgeklebt (siehe oben). Die bezogene Tafel muß zwischen sauberem Papier und einigen Lagen Zeitung bis zum nächsten Tag gepreßt werden.

Fotoalbum oder Einbanddecke

Es ist annähernd gleich, ob wir uns ein Fotoalbum oder eine geschmackvolle Einbanddecke für eine Schreibarbeit herstellen wollen. Ein Unterschied besteht lediglich in der Größe und im Format des Einbandes. In beiden Fällen sollen lose Blatteinlagen nach einem besonderen Verfahren (Kordelschnürung) gebunden werden.

Die Blatteinlagen. Fotokarton erhalten wir in verschiedenen Farbtönen. Wenn die Größe des Albums festliegt, schneiden wir die Blätter einzeln zu. Die Laufrichtung muß parallel zum Rücken führen, weil sich sonst das Album schlecht öffnen läßt. 30 bis 40 Blatt dürften genügen. Vom gleichen Karton sind noch eine Anzahl (etwa für jedes zweite Blatt) 2–3 cm breite Streifen zu schneiden, die wir als Zwischenlagen mit in den Rücken einlegen, damit die Fotos nachher im Buch gleichmäßig auftragen. Die Blätter selbst müssen in der Gelenkgegend »genutet«, d. h. gebrochen werden. Das machen wir am besten auf einer selbstgefertigten Nutunterlage: Wir kleben vier 6–8 mm breite Pappstreifen so auf ein stärkeres Pappstück, daß zwischen ihnen 4–5 mm breite Rillen entstehen. Auf diese legen wir den zu nutenden Karton und drücken mit dem stumpfen Falzbeinende oder einem schwächeren Scherengriff die Nuten ein.
Beim Vorbereiten der Blätter dürfen

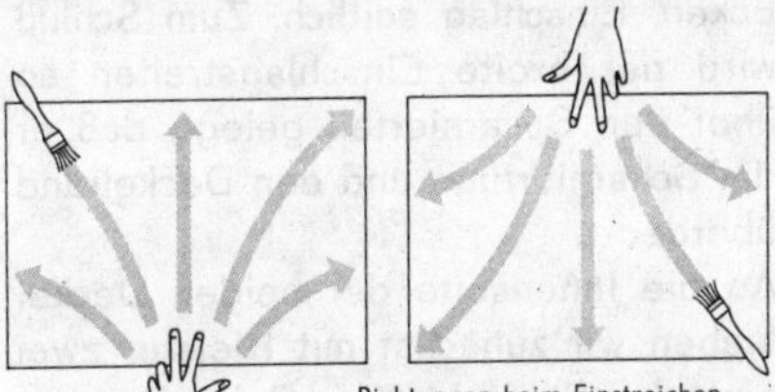

Richtungen beim Einstreichen nach oben und nach unten!

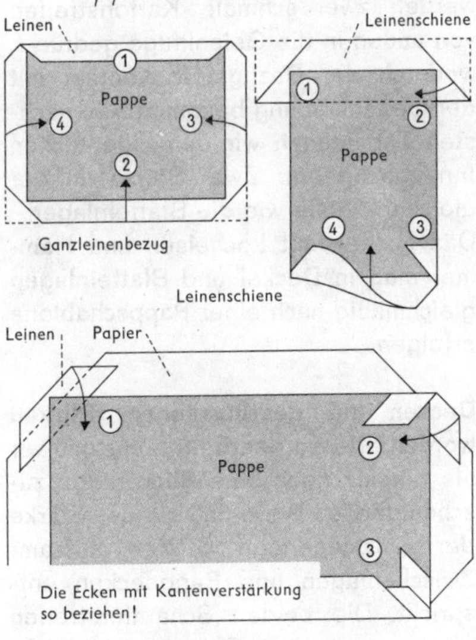

Die Möglichkeiten des Kantenbezuges

wir die transparenten Schutzzwischenlagen nicht vergessen.

Decke mit offenem Rücken. Es werden zwei einzelne Deckel hergestellt, die wir durch eine Seidenkordel mit den Blättern verbinden, am reizvollsten, wenn wir die Schnürung über den Rücken führen (japanisch), wodurch das Ganze fester zusammengehalten wird.

Nehmen wir an, wir wollen die Deckel ganz mit Buchleinen (siehe Seite 142) beziehen. Die Deckel schneiden wir in Blattgröße zu: Überstand nach oben etwa 5 mm. Der seitliche Überstand entsteht später durch das Scharnier zum Bewegen der Deckel. Das Einbandgewebe schneiden wir 3 cm länger und 8 cm breiter zu. Diese Überstände ergeben die Einschläge.

Nun wird von jedem Deckel ein 2–3 cm breiter Streifen (gleiche Breite wie die

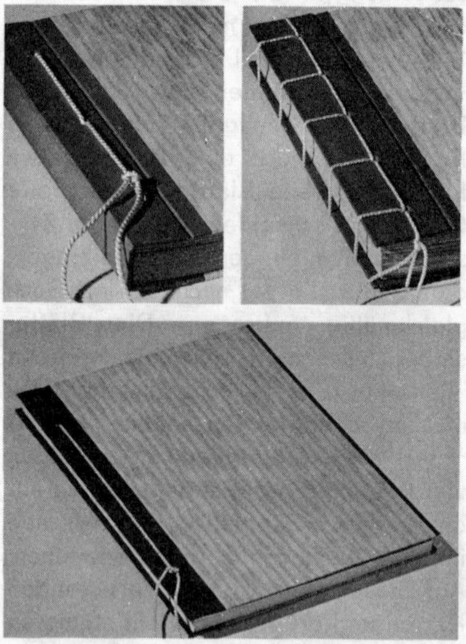

Oben: Einbanddecke mit geschlossenem und offenem Rücken (Schnürung japanisch). Unten: Einfache Decke für eine Schreibarbeit

Zwischenlagen, siehe oben) abgeschnitten. Deckel und Streifen werden so auf das mit Leim bestrichene Einbandgewebe gelegt, daß zwischen beiden ein 5 mm breiter Zwischenraum (Scharnier) bleibt und der größere Teil des Einschlagrandes an der Streifenseite übersteht. Nun arbeiten wir so, wie wir es beim Beziehen der Papptafel gelernt haben: Schrägschnitt an den vorderen Ecken. Der breitere Überstand für den Scharniereinschlag muß in Deckelhöhe zugeschnitten werden, wobei wir aber nicht ganz bis an die Ecken des Scharnierstreifens schneiden, damit wir auch hier noch den üblichen Schrägschnitt für den Eckbezug ausführen können. Umlegen der Einschläge oben und unten, Umkleben der Ecken, Einschlag seitlich. Zum Schluß wird der breite Einschlagstreifen so über den Scharnierteil gelegt, daß er die Scharnierfuge und den Deckelrand überdeckt.

An die Innenseite der beiden Deckel kleben wir zunächst mit Kleister zwei einfache Papierblätter. Beim Pressen werden zwei schmale Kartonstreifen von außen in die Gelenkfuge gedrückt, wodurch der Bezugstoff Kontakt mit der Gegenklebung bekommt. Am nächsten Tag leimen wir den eigentlichen Innenbezug ein: Zwei Stücke in der gleichen Größe wie die Blatteinlagen.

Das Lochen mit Locheisen und Hammer muß in Deckel und Blatteinlagen gleichmäßig nach einer Pappschablone erfolgen.

Decken mit geschlossenem Rücken werden ebenso gearbeitet, nur daß wir als Einsatz noch eine Rückenlage zuschneiden, so breit, daß sie der Stärke der einzulegenden Blätter mitsamt Zwischenlagen und Pappdecken entspricht. Die beiden Scharnierstreifen müssen von dieser Einlage so weit ab-

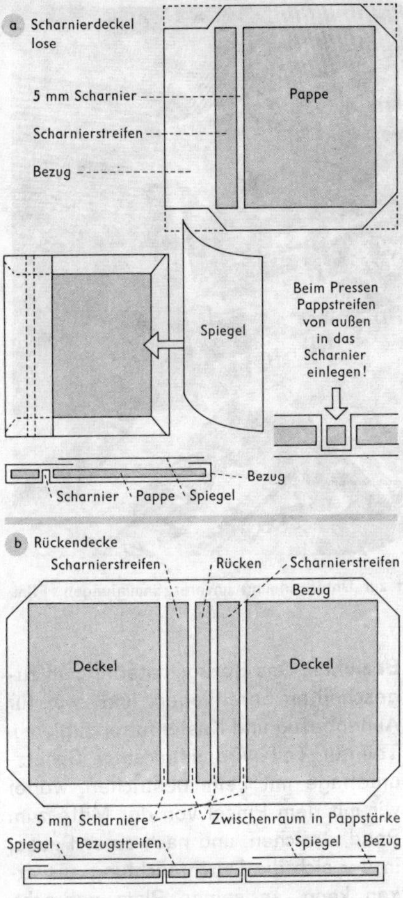

Decken mit offenem und geschlossenem Rücken

gesetzt werden, wie die verwendete Pappe stark ist. Das Einbandgewebe des Rückens hält alle Teile zusammen. Über die Rückeneinlage und die beiden Scharnierstreifen kleben wir von innen einen Gewebestreifen in genauer Rückenhöhe. Er soll noch mindestens 1 cm auf die beiden Deckel übergreifen. Gepreßt wird die volle Fläche. Pappstreifen legen wir nur in die Scharnierfugen. Die Deckel beziehen wir mit Bezugspapier. Aber auch ein Ganzleinenbezug ist möglich.

Schnürungen. Die »japanische Bindung« fordert mehrere Löcher, wobei die Kordel durch jedes Loch dreimal gezogen werden muß: Wir führen die Kordel durch das erste Loch, um den Rücken herum und durch das gleiche Loch zurück, nach oben zum nächsten Loch, um den Rücken, usw. Sind wir beim letzten Loch angekommen, wird die Kordel um den Seitenrand herumgeführt, wodurch wir den anderen Flechtweg nach unten gewinnen, auf dem wir die randparallele Kordellinie beidseitig schließen.
Decken mit geschlossenem Rücken werden dreimal gelocht und so geschnürt, daß sich die Kordel in der Mitte kreuzt.

Kästen aus Pappe

Die Arbeitsfolge ist für alle Kästen gleich: Pappe zuschneiden, Zusammenkleben, Einfassen, Beziehen und Ausfüttern.

Zuschnitt und Zusammenbau. Die Frage ist, ob wir den Kastenmantel in einer zusammenhängenden Fläche zuschneiden und an den Kanten ritzen, oder ob wir die Rohform des Kastens aus starken einzelnen Pappwänden zusammenbauen wollen.
Skizze Seite 199 zeigt das Schnittmuster für geritzte Kästchen. Die Teile werden mit dem Bleistift vorgezeichnet, im Zusammenhang ausgeschnitten und mit dem Messer an den Bruchlinien eingeritzt, schließlich nach der andern Seite gebrochen und mit Hilfe der Einschlaglaschen zur Kastenform zusammengeklebt (a).
Festere Kästen bauen wir aus stärkerer Pappe nach den Abbildungen (b–h). Wir prüfen die Laufrichtung der Pappfaser (siehe Seite 144) und zeichnen den Kastenboden samt den

Solche nach Maß gebauten Kästen eignen sich gut zur Unterbringung unserer Sammlungen, Filmnegative usw.

vier Seitenteilen in ihrer richtigen Lage auf. Die Langseiten schneiden wir um zwei Pappstärken länger als die Bodenkante. Die Pappfaser muß immer in der Längsrichtung des Bodens laufen.
Für den Zusammenbau brauchen wir einen etwas kräftigeren Leim. Am besten arbeiten wir auf einer steifen Unterlage (Pappe, Brett). Probeweise wird der Kasten erst einmal ohne Leim zusammengestellt; dabei sehen wir, ob die Teile passen und wohin der Leim gestrichen werden muß.

Kantenverstärkung. Vor dem Beziehen müssen die Kanten verstärkt werden (d–g). Sie sollen farblich mit dem Bezug der Seitenflächen zusammenstimmen. Empfehlenswert ist ein fester Bezug (außen und innen) aus farbigem Einbandgewebe, doch eignet sich auch festeres, einfarbiges Bezugspapier (siehe Seite 199).

Beziehen. Das Bezugsmaterial muß zugeschnitten bereitliegen, und zwar für Außenbezug und Kastenfutter zugleich. Teil für Teil wird über einer Schutzunterlage mit Leim bestrichen, wobei wir mit dem Pinsel von der Mitte zum Rand streichen, und nach einer Pause, in der sich die Durchfeuchtung auswirken kann, an seinen Platz gebracht. Jede Außenseite bekommt sofort die dazugehörige Innenklebung. Da das Futter auch den Kastenboden mit bedecken soll, muß dieser auf der Unterseite noch einen Außenspiegel erhalten. Dafür nehmen wir festeres Packpapier.
Die Abbildung (h) zeigt, wie ein Kasten ohne farbige Kantenverstärkung von außen bezogen wird. Wir streichen die vorbereitete Bezugslänge mit einem breiten Pinsel ein, beachten die Zeit, die das Papier zur Durchfeuchtung benötigt, und legen es Seite für Seite um den Kasten. Jede Seite wird sofort

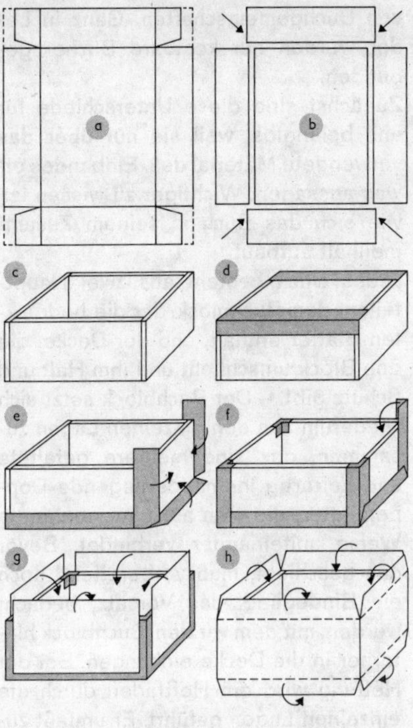

So wird ein stabiler Pappkarton gebaut

mit einem Lappen angerieben. Die Einschläge werden hinterher umgelegt und mit dem vorbereiteten Kastenfutter überklebt.

Deckel bauen wir ebenso, nur daß wir die Bodenfläche rundum ein wenig größer und die Seitenteile niedriger bemessen.

Mappen

Wir befassen uns mit unterschiedlichen Mappenformen, da sie für den jeweiligen Zweck eingerichtet sein müssen. Eine Mappe mit Zugband hat den Vorteil, daß wir die Rückenbreite nach Bedarf verstellen können. Mappen mit Geweberücken umschließen den eingelegten Inhalt wie eine Buchdecke. Den sichersten Schutz bietet eine Mappe mit Klappen.

Mappe mit Zugband. Wir fassen zwei gleich große, rechtwinkelig zugeschnittene Pappstücke an den Kanten mit Gewebestreifen ein und belegen die Flächen laufrichtig mit einfarbigem oder bemustertem Papier. Der umlaufende Randstreifen kann in einer zusammenhängenden Bahn (mit schrägen Einschnitten an den Ecken), aber auch in Teilen (unten, oben und seitlich) angesetzt werden. (Umkleben der Ecken siehe Seite 195.) Für die Innenklebung sollten wir eine hellere

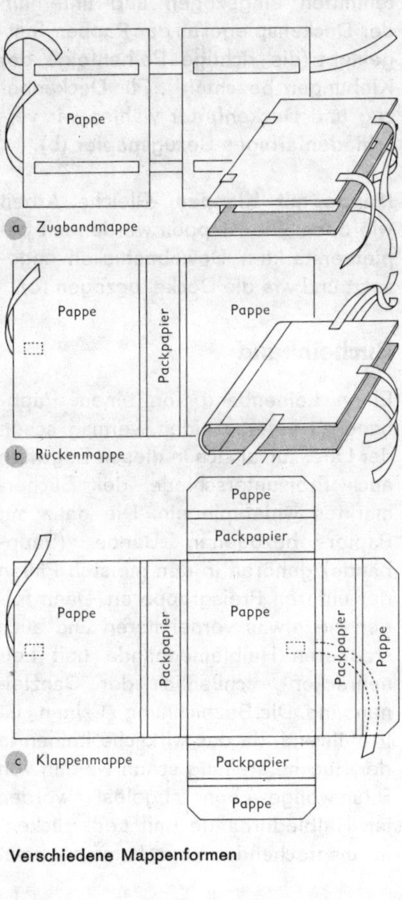

Verschiedene Mappenformen

Farbe wählen. Die frischgeklebten Deckel müssen bis zum nächsten Tag unter Druck trocknen.
Die vier Einschnitte für das Mappenband werden in jedem Deckel mit dem Stemmeisen mindestens 1 mm breit eingeschlagen und dürfen nicht näher als 2 cm am Papprand liegen (a).

Mappen mit Geweberücken müssen eine feste Deckelverbindung mit einer Einlage aus starkem Packpapier erhalten. Statt der üblichen Gewebeecken sind auch langlaufende Gewebestreifen an den vorderen Deckelrändern möglich. Die Bänder werden in die Seitenmitten eingezogen und unterhalb der Deckenspiegel an den Pappen festgeklebt (die richtige Reihenfolge der Klebungen beachten!). Für Deckenbezug und Deckenfutter wählen wir verschiedenfarbiges Bezugspapier (b).

Mappe mit Klappen. Gleiche Arbeit wie oben. Die Klappen werden mit papierverstärkten Gewebestücken angesetzt und wie die Deckel bezogen (c).

Bucheinband

Einen Leinenband von einem Pappband zu unterscheiden, vermag schon der Laie, zumal sich in diesen Begriffen auch Preisunterschiede des Büchermarktes widerspiegeln. Die ganz mit Papier bezogenen Bände (Pappbände) gehören in den meisten Fällen der unteren Preisgruppe an. Dann folgen die etwas vornehmeren und auch stabileren Halbleinenbände (mit Leinenrücken), schließlich der Ganzleinenband. Die Bezeichnung »Leinen« ist irreführend, da das wirkliche Leinen in der Buchherstellung schon weithin von Baumwollgeweben abgelöst worden ist. Halblederbände (mit Lederrücken) in ansprechender Form kommen meist von Buchgemeinschaften. Ganz in Leder werden nur kostbare Bücher gebunden.
Zunächst sind diese Unterschiede für uns belanglos, weil sie nur über das verwendete Material des Einbandes etwas aussagen. Wichtiger zu wissen ist, wie sich das Buch in seinem Zusammenhalt aufbaut.
Jedes Buch besteht aus zwei Hauptteilen, dem Buchblock, der die bedruckten Blätter enthält, und der Decke, die den Block umschließt und ihm Halt und Schutz gibt. – Der Buchblock setzt sich wiederum aus den einzelnen Lagen zusammen, das sind mehrere gefaltete und heftartig ineinanderliegende Doppelblätter, die man auf eine geeignete Weise miteinander verbindet. Bevor das geschieht, muß vorbereitend noch ein Bindeglied, das Vorsatz, bedacht werden, mit dem wir den Buchblock hinterher in die Decke einhängen. Bei der Heftung wird ein Heftfaden durch die einzelnen Lagen geführt. Er umfaßt zugleich die Bünde (eingelegte Kordeln oder Leinenbänder), die ihrerseits ebenfalls dem festeren Zusammenhalt des Buchblocks und seiner Verbindung mit der Decke dienen. Ebenso wird bei der ersten und letzten Lage der schmale Falz des Vorsatzes miterfaßt.

Vorrichten der Lagen. Am besten beginnen wir zunächst einmal mit dem Einbinden von Zeitschriften. Hier haben wir die »Lagen« bereits in Form von einzelnen Heften vor uns. Inhalts- und Stichwortverzeichnis gehören dazu. Die Heftklammern werden aufgebogen und entfernt und die Hefte in der richtigen Reihenfolge gestapelt. Heft 1 liegt oben.
Da die erste und die letzte Lage des Buchblocks beim späteren Hantieren mit dem Buche am stärksten beansprucht werden, müssen wir sie verstär-

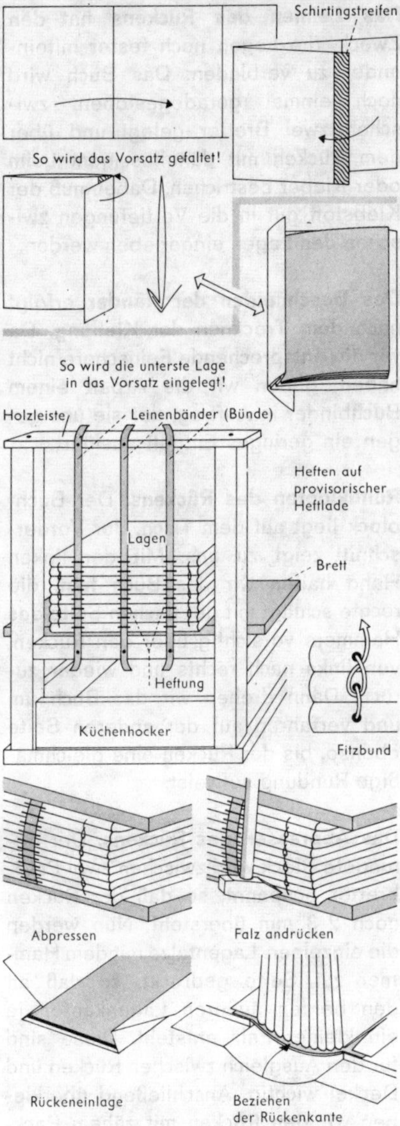

Die Technik des Bucheinbindens

ken. Dabei kleben wir einen Schirtingstreifen (appretiertes Buchbindergewebe), 8 bis 10 mm breit, mit der Mitte genau über den Faltbruch des jeweils äußersten Bogens. Nach dem Trocknen werden die überstehenden Teile abgeschnitten und die Lagen wieder geschlossen.

Wichtig ist jetzt das Einpressen (Behelfspresse). Wir stoßen die Lagen am Bruch und Querschnitt gerade und spannen sie in die zu erwartende Blockform zwischen die Preßbretter. Der Druck muß verhältnismäßig lange einwirken können.

Das Vorsatz. Das Buch hat zwei Vorsätze, eines vorn und eines hinten am Buchblock. Dabei handelt es sich um die leeren Blätter, die zwischen dem Buchblock und den Deckeln liegen. Wer ein Buch zur Hand nimmt, sieht, daß jeweils ein Blatt des Vorsatzes als Spiegel in die inneren Seiten der Buchdeckel eingeklebt ist.

Als Vorsatz eignet sich jedes stärkere Papier (Vorsatzpapier), das sich im Farbton etwa dem Buchblock anpaßt. Wir müssen es zuschneiden und falten. Die Höhe entspricht der Buchhöhe (Laufrichtung gleich Buchrücken), die Breite der zweieinhalbfachen Buchbreite. Ein Teil von etwas mehr als Buchseitenbreite wird nach rechts über die Bahn gefaltet und am aufliegenden Ende mit einem etwa 2 cm breiten Schirtingstreifen beklebt. Nach dem Trocknen wird das sichtbare Reststück des unteren Teils hart an der Kante des Oberblattes nach links geschlagen. Dieser Überschlag ergibt den großen Ansatzfalz, von dem wiederum (samt der Blatteinlage) das sogenannte Fälzchen (6 mm breit), das später die erste bzw. letzte Lage des Buchblocks umfassen soll, nach hinten umgebrochen werden muß. Diese Bruchlinie drücken wir am besten vorher mit dem Falzbein an der Linealkante vor.

Das Heften. Zum Heften nehmen wir kräftigen, nicht zu dünnen Leinen-

zwirn, eine Heftnadel, Heftband und eine Heftlade (man kann sich mit einem Küchenhocker behelfen). Entsprechend der Zahl der Bünde, die wir gleichmäßig über den Buchrücken verteilen, werden die Heftbänder an der Lade befestigt. Auch die Fitzbünde (Knotenstellen, an denen der Heftfaden von einer Lage in die andere übergeht und dabei mit dem bereits gezogenen Teil »verfitzt« wird) sollen genau übereinanderliegen.
Die Heftung beginnt mit der untersten Lage, die – vom Fälzchen des hinteren Vorsatzes umfaßt – auf dem Arbeitsbrett der Lade hart an den gespannten Heftbändern liegt.
Wir öffnen die Lage in der Mitte und stechen (möglichst 2 cm vom rechten Lagenrand entfernt) mit der Nadel von innen nach außen das Fadenloch vor. Grundsätzlich stechen wir jeden rückläufigen Stich zunächst von innen nach außen vor, damit der Durchstich auch wirklich auf dem Rücken liegt. Die Bänder dürfen nicht angestochen werden.
Ist die erste Lage geheftet, wird sie mit dem Falzbein niedergestrichen und mit der zweiten überdeckt. Jetzt läuft der Heftgang von links nach rechts. Am Ende verknüpfen wir den Fadenanfang der ersten Heftung mit dem Ende der zweiten. Ist die dritte Lage geheftet, verfitzen wir den Faden mit dem, der die erste und zweite Lage zusammenhält. Jede Lage wird nach der Heftung niedergestrichen. Das wiederholt sich, bis das ganze Buch geheftet ist. Das Fadenende müssen wir mehrfach verknoten.
Nach der Heftung nehmen wir den Buchblock aus der Lade. Die Bünde schneiden wir unten und oben bis auf etwa 2 cm Überstand ab. Die Fälzchen zwischen den beiden ersten und letzten Lagen sind mit den nachfolgenden Lagen zu verkleben.

Das Leimen des Rückens hat den Zweck, die Lagen noch fester miteinander zu verbinden. Das Buch wird noch einmal geradegestoßen, zwischen zwei Bretter gelegt und über dem Rücken mit dünnflüssigem Leim oder Kleber bestrichen. Dabei muß der Klebstoff gut in die Vertiefungen zwischen den Lagen eingerieben werden.

Das Beschneiden der Ränder erfolgt nach dem Trocknen der Klebung. Da wir die entsprechende Feinschere nicht haben, geben wir die Arbeit einem Buchbinder in Auftrag, der sie uns gegen ein geringes Entgelt ausführt.

Rundklopfen des Rückens. Der Buchblock liegt auf dem Tisch, der Vorderschnitt zeigt zu uns. Mit der linken Hand halten wir das Buch fest, die rechte schlägt mit der flachen Seite des Hammers vorsichtig über den Rücken, von links nach rechts und wieder zurück. Dann drehen wir das Buch um und verfahren auf der anderen Seite ebenso, bis der Rücken eine gleichmäßige Rundung aufweist.

Das Abpressen des Rückens. Der gerundete Block wird zwischen zwei Preßbretter bespannt, so daß der Rücken noch 2–3 mm übersteht. Nun werden die einzelnen Lagenfalze mit dem Hammer zur Seite gedrückt, so daß an den beiden äußeren Lagenkanten je ein kleiner Falz entsteht. Diese sind für den Ausgleich zwischen Rücken und Deckel wichtig. Anschließend überkleben wir den Rücken mit zähem Packpapier. Der so bearbeitete Buchblock bleibt bis zum nächsten Tag in der Presse.

Die Einbanddecke. Für die Deckel eignet sich nur die graue Buchbinderpappe (siehe Seite 143). Die Stücke

werden so zugeschnitten, daß ihre Laufrichtung mit dem Buchrücken übereinstimmt und ihre Länge den Ober- und Unterschnitt des Buchblocks um je 3 mm überragt. Die Breite legen wir erst nach dem Einhängen des Buches in den Deckel fest.
Die Rückeneinlage schneiden wir aus Aktendeckelkarton so hoch wie den Buchdeckel und so breit wie den Buchrücken. Gleichzeitig ist ein Streifen aus zähem Packpapier (Laufrichtung beachten!) vorzubereiten, ebenso hoch wie die Einlage, aber 5–6 cm breiter als diese. Die Einlage wird in die Mitte dieses Papiers geklebt, dasselbe wird umgedreht, mit dem Falzbein an den unterliegenden Kanten der Einlage entlang niedergedrückt und nach etwa 4 mm Zwischenraum links und rechts noch einmal gefaltet. Noch bevor die Klebung der Einlage trocken ist, muß diese dem Buchrücken entsprechend gerundet werden.
Um die Deckel anzusetzen, bestreichen wir die Papierränder der Rückeneinlage an ihren Innenseiten bis zum ersten Falz (die Einlage selbst sowie die 4-mm-Falze nicht bestreichen!) mit Kleber und umgreifen damit den Buchblock, wobei die Ansatzfalze und die Enden der Bünde erfaßt werden. Das Papier muß straff über dem Rücken sitzen! Ist die Klebung trocken, werden die Ansatzstellen der Buchdeckel ebenfalls mit Kleber bestrichen und angelegt. Wichtig ist, daß die Deckel genau an den Fälzen der Rückeneinlage sitzen und oben wie unten gleich weit über den Buchblock hinausragen. Zum Trocknen kommt das Buch in die Presse.
Dann wird der Einband bezogen (siehe Seite 195). Zunächst korrigieren wir die Deckelbreite an den Vorderrändern, Überstand wie oben und unten. Schwierig erscheint das Umschlagen der Bezugsüberstände am Buchrücken. Man schafft sich freie Bahn, indem man die Ansatzfalze des Buchblocks unten wie oben 2 cm tief einschneidet (das Papier der Rückeneinlage darf dabei nicht zerschnitten werden!). Nun setzt man das Buch in die Mitte des mit Kleber bestrichenen Bezugsstückes, bringt es an den Tischrand und reibt den Rükken an. Dann werden die links und rechts überstehenden Bezugsstücke in den Gelenkfalz eingerieben und an den Deckeln festgeklebt. Jetzt legt man das Buch mit aufgeschlagenen Deckeln auf den Tisch, hebt den Buchblock – indem man mit Daumen und Zeigefinger die Deckel niederdrückt – ein wenig an und schlägt die Bezugsüberstände ein, erst in den Rücken, dann in die Deckel. Dabei dürfen keine Falten entstehen! – Die Ober- und Unterkanten (»Kapitale«) sind mit dem Falzbein zu formen. (Bezug der Ecken siehe Seite 195).
Die Spiegel für die Gegenklebung zum Außenbezug der Deckel liegen bereits in den anstehenden Vorsatzblättern bereit. Sie werden über einer Schutzzwischenlage mit Kleber bestrichen und durch einfaches Schließen der Deckel angelegt. Schlußtrocknung des Buches in der Presse bis zum nächsten Tag.
Als abschließende Verschönerung kleben wir farbige Kapitelbändchen (käuflich) an die noch sichtbaren Rückenkanten des Buchblocks an. Eine Beschriftung erfolgt am besten mit weißer Tusche. Auch Aufkleben beschrifteter Felder ist möglich.

Farbige Bezugspapiere

Maschinenbedruckte Bezugspapiere gibt es in großer Auswahl (siehe Seite 142). Wenn sie mit unseren gestalterischen Überlegungen korrespon-

Farbige Bezugspapiere: a) mit dem Pappkamm bemustert (Strich in einer Richtung); b) Strich in zwei Richtungen; c) Strichspur eines Holzspans; d) Wachsmuster; e) mit dem Papierknäuel getupft; f) Kartoffeldruck

dieren, verwenden wir sie. Oft bleibt jedoch das Bedürfnis nach einem entsprechenden Farbpapier für besondere Zwecke. Die zum Teil sehr alten Verfahren zur Herstellung solcher Papiere mit der Hand geben uns die Möglichkeit, Farbwirkung und Charakter des Bezuges in weiten Grenzen zu bestimmen. Wir können mit selbstgefertigtem Bezugspapier den Sachinhalt einer Manuskriptarbeit oder die Grundstimmung eines Buches schon im Einband kennzeichnen und dadurch den, der das Buch zur Hand nimmt, schon durch Farbe und Zeichnung des Äußeren auf den Inhalt vorbereiten. Auch für Mappen- und Kastenbezüge läßt sich selbstgefertigtes Bezugspapier vorteilhaft verwenden.
Die drei vorgeschlagenen Techniken geben dem individuellen Schaffen einen besonders großen Spielraum. Wir sollten sie grundsätzlich einmal erproben, um uns der verschiedenen Mittel bewußt zu werden, deren wir uns nach Bedarf bedienen können.

Kleisterpapiere: Wir benötigen ein festes, gut geleimtes, also wenig saugfähiges Papier, das sich auch beim Feuchtwerden nicht allzusehr dehnt, dazu Kleister (siehe Seite 192) und farbige Holzbeizen (siehe Seite 119). Einfacher Tapetenkleister genügt. Die billigen Beizen sind ergiebig, haben eine große Leuchtkraft und lassen sich gut mischen. Wir lösen sie heiß nach der auf den Tütchen aufgedruckten Vorschrift und bewahren sie in Flaschen auf. Zum Mischen können wir sie in einer Tasse zusammenschütten. Vor jeder neuen Verwendung müssen sie umgerührt werden.
Wir brauchen drei Pinsel, einen breiten Flachpinsel zum Kleisteraufstreichen, einen Borstenpinsel zum Einfärben und einen dicken Haarpinsel für diesen und jenen Zweck. Für den Kleister sollten wir stets einen besonderen Pinsel verwenden, damit wir keine Farbe in die Kleisterschüssel einschleppen und damit alle weitere Arbeit verderben. Außerdem besorgen wir uns ein paar Holzspäne zum »Zeichnen«, einen Kamm aus Pappe zum »Gitterziehen«, ein paar Papierknäuel und eine Handvoll roher Kartoffeln, aus denen wir uns je nach Zweck Tupfer und Druckstempel herstellen können. Andere Werkzeuge erfinden wir noch selbst hinzu.
Wir arbeiten auf Zeitungspapier oder

altem Wachstuch. Zu große Formate sind schwer zu bewältigen, weil sie stellenweise oft schon während der Arbeit eintrocknen. Es empfiehlt sich, das Blatt auf ein Brettchen oder auf eine Glasscheibe zu legen. Wir haben dann auch die Kleisterschüssel und die Farbtöpfe dicht beieinanderstehen.

Bei der »Streichtechnik« bestreichen wir mit dem Flachpinsel das Papier gleichmäßig dick mit Kleister. Am besten kreuzweise, einmal von oben nach unten und dann von links nach rechts, damit die Durchfeuchtung gleichmäßig geschieht und sich keine Kleistermeere und trockene Papierinseln nebeneinander ergeben. Nun tauchen wir den Farbpinsel in die Farbe (es ist ratsam, vorher etwas von der Hauptmenge in eine Tasse abzugießen) und bestreichen damit das nasse Kleisterblatt mit leichten langen gleichmäßigen Strichen (von oben nach unten). Durch die steifen Borsten des Pinsels bekommen wir schon eine Art »Zeichnung«.

Um ein gemustertes Papier herzustellen, bestreichen wir wieder die Fläche mit Kleister und Farbe. Zeichnungen und Muster erhalten wir, wenn wir beispielsweise mit einem Holzspan hieroglyphenartige Zeichen gut verteilt in die Fläche setzen, mit dem Papierknüller die ganze Fläche gleichmäßig betupfen, mit dem Pappkamm von oben nach unten, von links nach rechts oder mit kühnen Schwüngen das eingefärbte Papier begittern oder Kartoffelstempel schneiden und Druck auf Druck in gleichmäßiger oder ungleichmäßiger Reihenfolge in den nassen Farbkleister hineindrücken, wodurch dieser verdrängt wird und die Stempelfläche heller hervortritt.

Nach dem Trocknen müssen die Bogen, die durch das Anfeuchten Glanz und Glätte verloren haben, gebügelt und gewachst werden. Zum Wachsen nimmt man am einfachsten farbloses Bohnerwachs. Man kann auch Bienenwachs verwenden, muß es aber vorher schmelzen und auf ein Leinenläppchen tropfen, damit sich eine gute Wischfläche ergibt.

Stempelpapiere. Wir schneiden aus einer rohen Kartoffel gleichmäßige viereckige Stücke mit glatter Druckfläche und schnitzen hier schöne Formen ein, bestreichen sie mit Deckfarbe und ordnen sie auf dem Papier zu gleichmäßigen Druckmustern. Deckfarben geben dem Kartoffeldruck eine bessere Leuchtkraft als Wasserfarben. Die Farbe wird unverdünnt auf den von Natur feuchten Kartoffelstempel aufgetragen, und zwar nach jedem Druck neu, da wir sonst ein ungleichmäßiges Druckbild bekommen. Die Farbe muß auf dem Papier glatt und leuchtend stehen. Wenn der Abdruck dunkle und hellere Wellen zeigt, dann ist der Farbaufstrich auf der Kartoffel zu »naß« gewesen.

Zuerst schneiden wir aus der Kartoffel einen Block, dessen Druckfläche z. B. ein Quadrat ist. Zur Probe bestreichen wir die Fläche mit Farbe und drucken sie auf ein saugfähiges Papier, am besten ein Stück Zeitung. Zeigt der Druck Wolken oder weiße Stellen, dann war die Druckfläche nicht eben und muß nachgeschnitten werden.

Nun überlegen wir, wie wir dieses Quadrat verändern können. Von den Seiten her läßt sich mit dem Messer leicht etwas herausheben: Linien, Flächen, Punkte. Alles Herausgehobene bleibt beim Druck hell stehen. Dabei werden wir auch feststellen, daß der Druck am schönsten wirkt, wenn die Form recht flächig bleibt, wenn wir sie also nicht zu sehr zerstückeln.

Während ein einzelner Druck ausdruckslos wirkt, erhalten wir durch das

regelmäßige Aneinanderreihen der Formen zu Reihen und Flächen reizvolle Hell-Dunkel-Wirkungen. Dabei setzen wir am besten die Seiten des Stempelquadrats oder -rechtecks parallel zu den Seiten des Druckblattes. Auf diese Weise können wir auch mit zwei oder mehreren verschiedenen Stempeln arbeiten, wenn sie in der Form und Aufteilung zueinander passen. Damit haben wir auch die Möglichkeit, im Wechsel mit zwei oder mehreren Farben zu drucken.

Schlußbehandlung der bedruckten Papiere durch Bügeln und Wachsen (siehe oben).

Wachsmusterpapiere. Die Technik ist auch unter der Bezeichnung »Papierbatik« bekannt. Wir brauchen ein feines, weißes, festes, nicht zu glattes Papier (ähnlich dem Schreibmaschinenpapier). Mit einem weißen Kerzenstück malen wir wie mit einem Ölstift Bildzeichen oder Muster auf das Papier und überstreichen es mit Wasser- oder Deckfarbe. Da die unsichtbare Wachszeichnung keine Farbe annimmt, tritt sie beim Überstreichen weiß aus dem farbigen Grund hervor.

Der Kartoffeldruck: a) Den Druckstock schneiden wir uns aus einer rohen Kartoffel. b) Am besten eignet sich eine vierkantige Form. Den Rücken glätten wir nicht. Je größer er ist, um so besser können wir ihn anfassen. c) Bei Vertiefungsschnitten in der Druckfläche führen wir das Messer schräg, und zwar von beiden Seiten. So ergeben sich nach unten zulaufende Gräben und keilartige Schnittreste, die sich leicht herausheben lassen. d) Nach jedem Abdruck muß die Druckfläche neu eingefärbt werden. Wir streichen die Farbe möglichst trocken auf die Kartoffel, da diese von selbst schon genügend Feuchtigkeit enthält. e) Durch überlegtes Aneinanderreihen des Einzelabdrucks lassen sich zusammenhängende Musterungen von beliebiger Größe ◄ erzielen

Werkstoff Ton

Es gibt unzählige Tonarten, die sich durch ihre Zusammensetzung, Farbe, Körnigkeit und die dadurch bedingte Plastizität und Eignung für bestimmte Zwecke unterscheiden. Auch Bezeichnungen wie »Lehm« und »Ton« meinen keine arteigenen Stoffe, sondern nur einen unterschiedlichen Vermengungszustand reiner Tonsubstanz mit anderen mitgespülten Verwitterungsprodukten. So ist Lehm ein stark mit Gesteinsresten verunreinigter Ton.
Die unterschiedliche Färbung der Tone kann durch kleinste organische Bestandteile (die beim Brennen spurlos verschwinden) wie auch durch das Vorhandensein von Metalloxyden verursacht werden. Viele Tone haben (nach ihrem geologischen Alter und den örtlichen Verhältnissen) auch eisenhaltige Gesteinsreste mit aufgenommen. Dieser Eisengehalt ist es, der den natürlichen Ton gelb bis gelbrot färbt und beim Brennen durch die Verbindung mit dem Luftsauerstoff die rote Farbe (Eisenoxyd) liefert. Stärkere Beimengungen von Manganoxyd ergeben einen schwarzen und auch schwarzbrennenden Ton. Die reinsten Tone sind die weißfarbigen Kaoline, die als Grundstoffe bei der Porzellanherstellung verwendet werden. Der Töpfer unterscheidet auch jungen und alten Ton. Jungen Ton verwendet er nur ungern, weil er zu viele Verunreinigungen, Steinchen, Pflanzenreste usw. enthält. Gefährlich ist das Vorhandensein größerer Gips- und Kalkbestandteile im Ton. Beide Minerale nehmen die Luftfeuchtigkeit auf und geben sie erst beim Brennen ab, wobei der geformte Tongegenstand zersprengt wird.
Ton entsteht durch die Verwitterung aluminiumhaltiger Mineralien, hauptsächlich der Feldspate, die sich in vielen eruptiven Urgesteinen (Granit, Syenit, Porphyr, Gneis usw.) befinden. Diese Gesteine zerfallen unter der Einwirkung der Naturkräfte in ihre mineralischen Bestandteile, die dann auf gleiche Weise weiter zerkleinert und abgerieben werden, bis nur noch eine sehr feinteilige Masse übrigbleibt, die vom Wasser fortgetragen wird. Der Feldspat gibt daneben noch lösliche Substanzen an das Wasser ab. Das wasserunlösliche Aluminiumsilikat, das schließlich übrigbleibt, ist der Ton.
Wir können die Verwitterung der Gesteine besonders gut in höheren Gebirgslagen beobachten, wo die Felsen zutage treten und den Verwitterungskräften (Sonne, Frost, Regen, Wind) am lebhaftesten ausgesetzt sind. Schnee und Regen, Gebirgsbäche und Flüsse spülen die Trümmer zu Tal. Je größer die Was-

sermengen und das Gefälle sind, desto stärker ist auch ihre Transportfähigkeit. Während Sand und Staub schwimmend fortgeführt werden, rollt das Wasser die größeren Gesteinsstücke auf dem Boden und rundet sie durch fortwährendes Aneinanderreiben ab. Verfolgen wir den Fluß abwärts, so finden wir in seinem Bett zunächst noch viele größere Gesteinsbrocken, die das Wasser nicht mehr fortzuwälzen imstande war. Sie zerfallen nach und nach zu kleineren Stücken. Dort, wo das Wasser langsamer fließt, liegt das Geröll, und weiter unten, wo die Schwemmkraft nur noch gering ist, auch der gröbere und feinere Sand. Die leichtesten – tonigen – Bestandteile werden am weitesten mitgetragen. Sie lagern sich erst ab, wenn das Wasser vollständig zur Ruhe kommt, in den Seen und Teichen der Niederungen.
Die Verwitterung der Gesteine geht nur sehr langsam vor sich, aber im Verlauf vieler Jahrtausende sind überall auf der Erde zahlreiche Tonlager entstanden. Wir finden sie in Deutschland hauptsächlich an den Rändern der bekannten Mittelgebirge – z. B. im Südwestzipfel des Westerwaldes (»Kannenbäckerland«), in Oberfranken, Nordhessen, Thüringen, Sachsen, Schlesien. Ausgesprochene Lehm- und Tonerden gibt es auch in der norddeutschen Tiefebene, wo die Gletschermassen der Eiszeit eine starke Mahlwirkung auf den Boden ausübten und Sand und Gesteinsmehl den abfließenden Schmelzwässern mitgegeben haben.

Beschaffenheit und Eigenschaften

Die besonderen Eigenschaften des Tons sind seine leichte Formbarkeit im natürlichen Zustand und die Festigkeit und Beständigkeit nach dem Brennen. Trockener Ton zerfällt im Wasser zu einem weichen Schlamm, der sich, wie einst auf dem Grunde des Sees, jetzt auf dem Boden unseres Gefäßes ablagert und, nachdem wir das Wasser abgegossen und den Rückstand vorgetrocknet haben, durch kräftiges Kneten zu einer plastischen Masse verdichten läßt. Man nennt das »homogenisieren«. So kann der Ton zum Formen und Modellieren verwendet werden. Beim Trocknen an der Luft erhärtet er. Getrockneter Ton kann aber jederzeit zerstoßen und mit Hilfe von Wasser wieder geschmeidig gemacht werden.
Beim Brennen verliert der Ton seine Schlämmbarkeit und die damit verbundene Plastizität und wird praktisch zu Stein. Dabei wechselt er die Farbe. Je nach der Beimengung von Mineralstoffen unterscheidet man gelblich, rot bis dunkel brennende Tone. Nur die reinen oder nahezu reinen Kaolin-Tone brennen weiß. Der »Scherben« – so nennt man die einmal gebrannte Tonform – bleibt, wie wir an jedem Blumentopf feststellen können, zunächst noch porös (luft- und wasserdurchlässig). Erst bei Brenntemperaturen über 1 000 Grad »sintert« der Ton, d. h., daß dann auch andere mineralische Bestandteile (z. B. die feinen Quarzteilchen, die in der Tonmasse enthalten sind) in Fluß geraten, in die Poren dringen und dort miteinander verschmelzen. Nur auf diese Weise »scharf« gebrannte Gefäße sind ohne verdichtenden Überzug wasserdicht (Blumenvasen!).

Fett und mager. Die Unterscheidung der Tone in »fett« und »mager« betrifft den Feinheitsgrad der Tonbestandteile und deren engen Zusammenhalt. Speckiger Glanz kennzeichnet die plastischen Tone, die aus besonders feinen und dicht gelagerten Schlemmteilchen bestehen.

Ein Ton kann fein- aber auch grobkörnig sein und Beimengungen von Sand haben. Fetter Ton fühlt sich glatt an, ist geschmeidig, läßt sich ziehen (langer Ton), magerer Ton ist rauh und reißt leicht ab (kurzer Ton). Daß grobkörnige Beimengungen die Formbarkeit (Plastizität) des Tons herabsetzen, ist ein Mangel, der durch die größere Raumbeständigkeit beim Trocknen und Brennen wieder ausgeglichen wird. Vielfach bekommt der Ton erst durch eine mittlere Beschaffenheit zwischen fett und mager die für seine Bearbeitung günstigsten Eigenschaften. Fette Tone können jederzeit durch Beimengungen von Scherbenmehl (Schamottemehl – das ist gemahlener hochgebrannter Ton) nachträglich gemagert werden. Etwa ab 15 cm Höhe ist bei Gefäßen und Plastiken ein solcher Magerungszusatz, der je nach Tonart 5 bis 30% des trockenen Tons betragen kann, unbedingt nötig. Für noch größere Figuren, Gartengefäße usw. empfiehlt sich die Verwendung grober Schamotte oder feineren und gröberen Sandes, der auch die Oberfläche körniger erscheinen läßt und größeren Werkformen einen guten Effekt verleiht. Zementfein sowie fein- oder grobgemahlene Schamotte (in Körnungen von 0,5 bis 5 mm) erhalten wir von den gleichen Firmen, die uns auch den Ton liefern.

Plastizität und Schwindung stehen im Zusammenhang mit der Frage, wieviel Wasser ein Ton aufnehmen muß, um formbar zu werden. Fette (plastische) Tone brauchen viel, magere (unplastische) weniger Feuchtigkeit. Beim Aufnehmen des Wassers quillt der Ton, beim Trocknen zieht er sich wieder zusammen. Da wir den Ton nur feucht – also in gequollenem Zustand – verarbeiten können und vor dem Brennen trocknen müssen, spielt die »Schwindung« (der Verlust an Rauminhalt beim Trocknen und Ursache vieler Fehler) eine Rolle.

Ton gibt beim Trocknen Wasser ab. Dabei legen sich seine Teilchen enger aneinander, was zur Folge hat, daß das Formganze in sich zusammensinkt. Schwindungsunterschiede zwischen dünnwandigeren (schneller trocknenden) und dickwandigeren (langsamer trocknenden) Werkteilen erzeugen Absprünge. Die Schwindung ist bei dem gut formbaren, sogenannten plastischen oder fetten Ton größer als bei den weniger plastischen, den mageren, die sich demnach schlechter formen, aber um so besser trocknen und brennen lassen.

Die Schwindung eines Tons hängt auch ab von der Art, in der er das Wasser in seiner Masse festhält. Infolge ihrer Dichte und relativen Wasserundurchlässigkeit nehmen fette Tone das Wasser bedeutend langsamer auf, geben es aber auch beim Trocknen wesentlich schwerer wieder ab als die mageren. Das führt dazu, daß sich im fetten Ton – besonders in den kompakteren Teilen – die von außen trocknenden und schwindenden Schichten nicht um die innere feuchte und noch nicht geschwundene Masse zusammenziehen können und Risse bekommen, oder daß sich einseitig trocknende Stücke werfen. Das ungleichmäßige Trocknen des Tons in seiner Masse kann durch Magerungszusätze gemildert werden.

Das Schwinden des Tons beim Trocknen an der Luft wird fortgesetzt durch ein Schwinden beim Brennen. Der Gesamtvorgang erklärt sich aus der Doppelartigkeit des in jedem Ton »mechanisch« und »chemisch« gebundenen Wassers. Während sich beim Lufttrocknen das Wasser, das dem Ton beim

Lagern in der Erde oder beim Schlemmen zugeflossen ist, verflüchtigt, wird beim Brennen auch das Wasser frei, das selbst im trockenen Ton noch in chemischer Gebundenheit enthalten ist. Wir können also trocken gewordenen Naturton durch Vermengen mit Wasser jederzeit wieder in seine frühere Formbarkeit zurückversetzen, was beim gebrannten Scherben nicht mehr möglich ist. Trockenschwindung + Brennschwindung ergeben die »Gesamtschwindung« des Tons, die im allgemeinen je nach Tonart zwischen 8 und 15 % liegt und bei den fetten Tonen größer ist als bei den mageren. Beim Auftragen der Engoben (siehe Seite 238) muß die Schwindung des Farbtons mit der des Grundtons übereinstimmen, da sich andernfalls der Überzug beim Brennen löst.

In den meisten Fällen wird uns der Schwindungsgrad eines bestimmten Tons schon von der Lieferfirma angegeben. Der Händler berät uns auch bei der Wahl der Engoben. Verarbeiten wir einen Naturton, dessen Schwindungsgrad uns unbekannt ist, müssen wir es auf einen Versuch ankommen lassen oder die Schwindung selbst festzustellen versuchen. Die Schwindung wird »linear« gemessen. Nach der Art der Töpfer formen wir uns einen etwa 15 cm langen plattenförmigen Tonkörper, bringen darauf parallel zur langen Seitenkante eine Linie und auf dieser mit einem feinen Messer im Abstand von genau 100 mm zwei Markierungen an, die dann beim Trocknen der Tonmasse, die wir durch sorgfältiges Nachmessen leicht feststellen können, bis zu einem gewissen Grade aufeinander zu rücken. Hat sich z. B. der Abstand der beiden Marken nach dem Trocknen um 6 mm verringert, so hat eine Trockenschwindung des Tons um »6 von Hundert«, d. h. also 6 % stattgefunden. Beim Brennen des Körpers dürfte sich der Abstand abermals verändern, woraus wir schließlich die Brennschwindung und durch Addition der beiden Werte die Gesamtschwindung des Tons errechnen können. Solche Prüfungen sind aber nur dann zuverlässig, wenn wir sie an mehreren Proben gleichzeitig vornehmen (die Platten auch im gleichen Feuer brennen). Aus den Differenzen errechnen wir den Durchschnittswert.

Trockengrade. Ton trocknet feuchthart, lederhart und hart. Im lederharten Zustand kann der Ton mit dem Messer geschnitten, geschabt, mit dem Klopfholz geschlagen und dadurch verdichtet werden. Auch andere Nachbehandlungen sind im lederharten Ton möglich (siehe Seite 226, 232). Gefäße und Hohlplastiken, die im feuchten Zustand nicht unmittelbar bis zur gewünschten Vollendung gebracht werden konnten, lassen sich im lederharten oder ganz harten Zustand weiter bearbeiten. Nur vollkommen trockener Ton kann gebrannt werden.

Verhalten beim Brennen. Die chemische Umwandlung des Tons zum Scherben beginnt bei etwa 650 °. Unterhalb dieser Temperatur bleibt der Ton porös und brüchig. Bei höherem Brennen verdichten sich die Poren mehr und mehr. Der Ton wird härter. Sind die Poren ganz geschlossen (Sinterung), so hat der Scherben seinen höchsten Härtegrad erreicht und ist wasserdicht. Bei noch höherem Brand beginnt er zu verglasen, schließlich sinkt die Form zusammen (Schmelzen).

Reine Tonsubstanz ist unschmelzbar. Das Sintern und Schmelzen wird vielmehr durch die natürlichen Verunreinigungen und Beimengungen des Tons (Kalk, Eisen, Quarz) ausgelöst, die je nach Art des Tons beim Brennen früher oder später in Fluß geraten. Kalkhaltige Tone sintern schon ab 1050 °, eisenhaltige Töpfertone zwischen 1100 bis 1300 °, Kaoline und Steinguttone erst bei 1400 °. Diese reineren, weißbrennenden Tone enthalten keine natürlichen »Flußmittel« oder nur geringe Mengen davon. Sie sind unschmelzbar (feuerfest). In der Regel werden ihnen fließende Substanzen (Quarzpulver, Basaltstaub, Feldspat) beigemengt. Da sie selbst mager und nur wenig plastisch sind, werden sie vielfach auch als Gießton verarbeitet. Porzellan z. B. ist bei hoher Temperatur (bis 1450 °) mit Feldspat und anderen Zusätzen gesinterte und in Gipsformen erstarrte Tonware.

Der Sinterungsgrad eines Tons wird uns von der Lieferfirma angegeben. Da er kurz vor dem Schmelzpunkt liegt, bei dem die Form weich wird und zusammensinkt, muß das Sintern im richtigen Moment abgestoppt werden.

Beim Brennen unterscheiden wir den Vor- oder Schrühbrand (zwischen 800 und 900 °), durch den der Scherben so hart wird, daß er beim Glasieren durch den flüssigen Glasurbrei nicht mehr aufgeweicht werden kann, und den Zweitbrand, auch Glatt- oder Glasurbrand, (zwischen 960 bis 1100 °), der das Ausschmelzen der aufgetragenen Glasur bewirkt. Heute wird in der Regel elektrisch gebrannt. Eine Unterscheidung im Verhalten des Brennguts bei »reduzierendem« und »oydierendem« Feuer kommt praktisch nur bei Öfen, die mit Holz oder Kohle beheizt werden, in Frage. Oxydierend brennt man bei reichlicher Luftzufuhr, so daß beim Brennen noch etwas freier Sauerstoff übrigbleibt und auf den glühenden Scherben einwirken kann, reduzierend, wenn bei geringer Luftzufuhr ein Sauerstoffmangel eintritt, dadurch unverbrannter Brennstoff in den Brennraum gerät und den im glühenden Ton enthaltenen Oxyden Sauerstoff entreißt.

Verschiedene Tone. Wir unterscheiden zwischen dem gewöhnlichen niedrig brennenden Lehm- und Ziegelton, der im Rohzustand eine gelbbräunliche Farbe hat und beim Brennen rot wird, dem graugrünlichen, gelblichweißen oder auch rötlichbraunen, kalkhaltigen Mergelton, dem Töpferton (Letten) und den weißen, weißbrennenden, sogenannten feuerfesten Tonen: Pfeifenton, Porzellanerden (Kaoline).

Normaler Töpferton, der weder zu fett noch zu mager ist, hat einen Schwindungsgrad von 8 bis 10 %, brennt gelblich oder rot und ist, wie wir an jedem gewöhnlichen Blumentopf feststellen können, nach dem ersten Brand, dem Schrühbrand, porös und wasserdurchlässig (siehe Seite 236). Der Scherben kann durch schärferes Brennen gesintert (verdichtet), aber auch durch oberflächliches Aufschmelzen einer glasartigen Masse (Glasur) in einem zweiten Brand, dem Glasur- oder Glattbrand, wasserdicht gemacht und verschönert werden.

Mergelton brennt infolge seines hohen Kalkgehalts niedriger als der Töpferton, mit dem er in gewisser Weise verwandt ist. In der Natur geht der jüngere Mergelton oft in den Töpferton über.

Die feuerfesten, weißbrennenden Steingut-Tone (Kaoline) erfordern von vornherein höhere Brenntemperaturen. Steingutton ist weißer oder grauer magerer Ton, dem als Flußmittel quarz- und feldspathaltige Substanzen beigemengt werden. Man verwendet ihn für feinkeramische Erzeugnisse, die nach einem ersten scharfen Schrühbrand oberflächlich mit Steingut-Glasuren versehen werden.

Steinzeugtone, die für die naturbraunen bis grauen Steinzeugwaren verwendet werden, sind Töpfertone, deren Scherbenverdichtung durch hohes, glashartes Brennen (Sintern) bewirkt wird. Die nötigen Flußmittel können in einem solchen Ton schon von Natur enthalten sein, aber auch künstlich beigemengt werden.
Heute verwendet kein keramischer Betrieb den Ton mehr so, wie er sich in der Natur findet. In der Regel wird er nach einem »Masse-Versatz« zu einer keramischen Masse künstlich zusammengesetzt. Die Gießtone mancher Steingutfabriken enthalten bis zu 16 verschiedene Substanzen.

Aufbereitung des Tonmaterials

Selbstgegrabener Naturton enthält meistens neben reiner Tonsubstanz noch viele grobe Verunreinigungen, so daß wir ihn in dieser Form nicht unvorbereitet verwenden können. Das Reinigen geschieht durch eine Schlemmauslese. Trockene Tonbrocken werden mit einem Hammer in kleine Stücke zerschlagen, Steine und Wurzelreste herausgesammelt. Die Tonmasse verrühren wir in einer Schüssel mit Wasser zu einem gleichmäßig dünnen Schlamm, der sich über Nacht absetzt, wobei die gröberen Teile (Sand und Steinchen) zuerst zu Boden sinken und sich auf diese Weise aus dem brauchbaren Ton aussondern. Das oben anstehende Wasser gießen wir ab und schütten den Tonschlamm durch ein feinmaschiges Haarsieb in ein anderes Gefäß. Er muß hinterher getrocknet und tüchtig durchgeknetet werden, um die nötige Plastizität zu erhalten.
Ähnlich verfahren auch die Töpfer und Fachhändler für Werkbedarf, die uns den Ton oft schon gebrauchsfertig liefern. Sie zerkleinern die feuchten Tonklumpen, trocknen sie bei einer bestimmten Temperatur und treiben sie durch eine feingestellte Mühle. Dieses Tonpulver wird dann auf eine bestimmte Gebrauchsqualität hin mit anderen Tonzusätzen (als Modellierton, Töpferton, Schamotteton usw.) gemischt, mit Wasser verrührt und durch spezielle Knet- und Preßanlagen geführt, wobei die Luftteilchen entweichen und das Material die zum Formen nötige Dichte erhält. In Formstücke gepreßt, können wir diesen Ton schließlich in einer Plastikumhüllung kiloweise kaufen und über ein halbes Jahr und länger gut formbar halten.

Ansetzen. Vom Großlieferant erhalten wir Ton oft in trockenem Zustand als Tonpulver, aus dem wir selbst eine formbare Tonmasse bereiten müssen. Eine verzinkte Wanne oder ein ähnlicher wasserdichter Behälter ist das geeignetste Gefäß zum »Anmachen«. Im allgemeinen wird der Ton mit 25 bis 30 % (etwa 1 : 4) zementfein vermahlener oder fein gekörnter Schamotte vermischt. Auch wenn wir den Ton und die Schamotte »zusammen gewogen« in einem Sack bezogen haben sollten, müssen wir sie erst gründlich mit der Hand durchmengen. Anschließend wird der Ton »eingesumpft«. Dabei verfahren wir am besten ähnlich wie beim Anrühren von Gips, indem wir in eine knapp bis zur Hälfte mit Wasser gefüllte Schüssel oder Zinkwanne soviel von dem Ton-Schamotte-Gemenge einlaufen lassen, wie das Wasser gerade noch aufnehmen kann. Plastischer Ton braucht immerhin 25 bis 30 % Feuchtigkeit; man sollte besser zuviel als zuwenig Wasser nehmen. Anschließend wird der dicke Schlamm kräftig umgerührt und einen bis zwei Tage stehengelassen. Wir warten, bis der Ton »maukt«, wie der Töpfer sagt, d. h., sich zur Aufnahme des Wassers öffnet. Das überstehende Wasser können wir abgießen.

Trocknen. Nun muß der feuchte Ton aus der Wanne herausgestochen und bis zu einem gewissen Grade getrocknet werden – am besten an der Luft und an einem zugigen Ort. Der Töpfer breitet den Tonschlamm auf großen, etwa 5 cm starken Gipsplatten aus, die das Wasser aus der Masse absaugen und den Trockenvorgang beschleunigen. Wir können sie uns selbst gießen (siehe Seite 247), aber auch große Pappen nehmen. Runde Platten sind griffiger und haltbarer als eckige. Zum Abdämmen des Gipsbreis können wir einen zum Reif gebogenen Blechstreifen nehmen.
Der vorgetrocknete Ton ist richtig, wenn er sich beim Kneten gut von der Handfläche löst. Zu feuchter Ton klebt! Zu trockener Ton läßt sich nicht gut kneten und reißt beim Biegen einer Tonnudel. In diesem Falle haften auch die Teilchen nicht mehr gut aneinander und lösen sich später beim Trocknen oder Brennen. Für den Anfang ist es günstiger, den Ton um ein geringes Maß feuchter und weicher als nötig zu halten, weil er beim Kneten selbst bald trockener und fester wird.

Homogenisieren. Bevor wir den Ton, der seine überschüssige Feuchtigkeit an die Gipsplatten und an die Luft abgegeben hat, verwenden können, muß er kräftig durchgearbeitet (geschlagen) werden, damit die Teilchen dichter aneinanderrücken und die Masse durch und durch geschmeidig und plastisch wird. Auch Lufteinschlüsse, die beim Brennen wie Sprengladungen wirken würden, müssen entfernt werden.
Wir formen aus der Tonmenge zunächst einen quadratischen Block, etwa so groß, daß wir ihn mit beiden Händen nicht ganz umfassen können, durchschneiden ihn mit Hilfe eines Drahtes (siehe Seite 214) und schlagen die eine Hälfte kräftig über die andere, formen aus dem Klumpen abermals ein kantiges Tonbrot, durchteilen es und schlagen wieder die Hälften aufeinander usw. – bis wir schon beim Durchschneiden der Tonmasse mit dem Draht spüren, daß keine Ungleichmäßigkeiten mehr darin enthalten sind. Ein anderes Verfahren beschränkt sich auf das Ausdrücken der Masse mit dem Handballen zu einem Fladen, Aufrollen desselben zu einem Wulst, der abermals ausgedrückt, aufgerollt usw. wird, bis die Masse auch auf diese Weise durch und durch gleichmäßig und gleichartig geworden ist.

Aufbewahrung. Der gebrauchsfertige Ton wird am besten in einer mit Zinkblech ausgeschlagenen Deckelkiste aufbewahrt. Breitet man über den eingelegten Ton noch feuchte Tücher, so kann man das Material darin beliebig lange plastisch halten. Auch halbfertige Stücke, deren verfrühtes Trocknen jede weitere Bearbeitung ausschließen würde, kann man in solch einer Tonkiste verwahren. Ersatzweise eignen sich auch Zinkwannen oder Kunststoffeimer sowie große Steinzeugtöpfe. Wir stellen diese Gefäße in den feuchten Keller und decken sie gleichfalls mit feuchten Tüchern ab. Diese Tücher müssen selbstverständlich in geeigneten Zeitabständen immer wieder angefeuchtet werden, was auf die Dauer lästig fallen mag, aber unerläßlich ist, solange wir der Feuchtigkeitsverdunstung nicht auf andere Weise Einhalt gebieten. Kleinere Tonmengen lassen sich in verschlossenen Marmelade- oder Einweckgläsern längere Zeit plastisch erhalten.

Werkzeuge für die Tonarbeit

Ein Brett kann mit dem Hobel geebnet, ein Stück Karton an der Linealkante geknickt werden – zum Formen und Modellieren in Ton nimmt man aber in erster Linie die Hand, deren Tastempfinden von keinem noch so ausgeklügelten Hilfswerkzeug ersetzt werden kann. An zusätzlichen Gerätschaften benötigen wir bestenfalls einen Schneidedraht, Schlingen, das Rollholz und ein paar Kantstäbe in verschiedenen Stärken. Eine drehbare Modellierscheibe (Ränderscheibe) können wir kaufen oder selbst bauen. Vor der Anschaffung einer Töpferscheibe, die wir im allgemeinen in unserer Vorstellung mit dem Töpfern verbinden und die heute im Rahmen der Do-it-yourself-Bewegung vielfach auch Laien angeboten wird, kann nicht genug gewarnt werden. Die Arbeit mit solch einer Scheibe erfordert nicht nur einen besonderen Raum, in dem sich Wasser und Tonschlamm ungehindert nach allen Richtungen hin ausbreiten dürfen, sondern auch eine langjährige Übung (früher lernte ein Töpfer 7 Jahre!), ohne die es sehr schwierig ist, einen Klumpen Ton richtig ins Zentrum zu bringen, geschweige denn zu einer Gefäßform in bescheidener Höhe hochzuziehen. Auch entsprechen die von einem Laien auf der Scheibe erzielten Gebilde nicht entfernt den edlen Formen, die ihm im freien Aufbau möglich sind.

Tonabschneider. Zum Abschneiden größerer und kleinerer Tonstücke bedient man sich eines Drahtes, der an den Enden kleine Holzgriffe haben kann. Der Draht hat den Vorteil, daß an ihm der Ton nicht wie an einer Messerfläche klebt.

Modellierstäbe dienen der feineren Bearbeitung der Form, besonders an den Stellen, an denen die Finger zu grobe Instrumente sind. Es gibt solche Stäbchen mit runden oder länglichen Querschnitten, löffelartigen, lanzenförmig oder schräg auslaufenden Enden aus Holz oder Kunststoff zu kaufen. Wir können sie aber auch aus einem härteren Holz (am besten Buchsbaum) selbst schnitzen. Sie sollten eine Länge von etwa 20 cm haben, müssen mit Sandpapier abgerieben und vor Gebrauch in heißem Leinöl getränkt werden.

Drahtschlingen. Es gibt diese unentbehrlichen Holzgriffel, die an beiden Enden Messingdrähte haben, in verschiedenen Größen und Formen. Der Draht solch einer Schlinge soll einen halbrunden Querschnitt haben und so stark sein, daß er sich nicht verbiegt. Für kleinere Arbeiten eignen sich auch längere Schlingen aus Stahldraht. Diese Werkzeuge dienen dazu, überflüssige Tonmassen abzutragen, Werkstücke auszuhöhlen, einzuebnen, mit Kerben zu versehen usw. Während wir uns den Schneidedraht selbst herrichten können, sollten wir uns einen Satz guter Schlingen als Qualitätswerkzeug kaufen.

Arbeitsbrett. Am besten eignet sich eine mit Öl imprägnierte Hartfaser- oder Spanholzplatte im Format 30 mal 40 cm.
Solch eine Platte wirft sich nicht und kann auch jederzeit abgewaschen werden, was bei Sperrholz nur bedingt möglich ist, weil sich bei zu starker Befeuchtung die Leimschichten lösen. Das Brett paßt gut auf den Arbeits-

tisch und kann mit dem noch nicht vollendeten Werkstück leicht beiseitegestellt werden.

Die Modellierscheibe besteht aus einem Grundbrett mit darübergelagerter drehbarer Platte, die wir auf den Tisch stellen und bei der Arbeit langsam weiterdrehen können. Sehr praktisch und nahezu unentbehrlich ist eine solche Scheibe beim Aufbauen von Gefäßformen sowie beim Bearbeiten von Rundplastiken.
Wir können die Scheibe kaufen (Ränderscheibe), aber auch selbst basteln. Ein passend großes quadratisches Grundbrett wird unterseitig mit zwei gleich starken Randleisten versehen und in der Mitte so weit durchbohrt, daß wir einen Besenstil oder ein entsprechend starkes Dübelholz locker hineinstecken können. Nun schlagen wir um das Loch herum in gleichmäßigen Abständen einige Gleitnägel ein. Solche Nägel mit großen glatten Köpfen gibt es als Möbelbeschläge (z. B. für Sesselbeine). Die drehbare Platte wird aus einem gleichformatigen Brettstück rund ausgeschnitten und ebenfalls in der Mitte durchbohrt. In dieses Loch dübeln wir die Achse in Form eines kurzen Zapfens ein. Sie muß genau in das Loch des Grundbrettes passen und sich darin drehen lassen. Die Platte wird auf das Grundbrett aufgesetzt und oberseits mit einigen Kreislinien versehen.

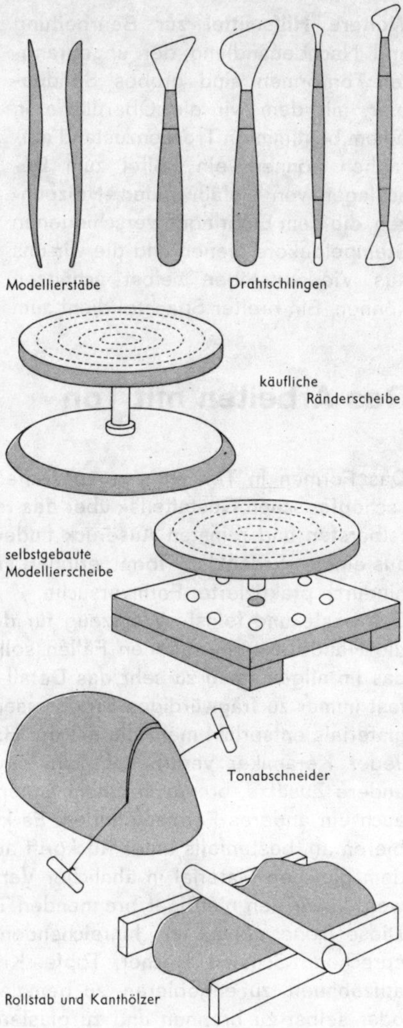

Werkzeuge für die Tonarbeit

Roll- und Kantstäbe. Zum gleichmäßigen Ausrollen dünner Tonfladen, aus denen wir kleine Platten und Steinchen schneiden können, eignet sich schon ein Nudelholz. Gut läßt sich aber auch ein etwa 3 cm starker und 30 cm langer Rundholzstab verwenden.
Benötigen wir Tonplatten in genauer Dicke oder mit geraden Kanten, so rollen wir den Ton zwischen zwei entsprechend hochkant gestellten oder flach gelegten Kantstäben aus, wobei das Rundholz auf den oberen Kantenseiten dieser Leisten abläuft. Ziehen wir den Schneidedraht über den Leistenoberkanten durch den Ton, so können wir auch Tonplatten in gleichmäßiger Stärke schneiden.

Weitere Hilfsmittel zur Bearbeitung und Nachbehandlung der ungebrannten Tonformen sind grobes Sandpapier, mit dem wir die Oberfläche in einem bestimmten Trockenzustand aufrauhen können, ein Löffel zum Beschlagen von Gefäßwänden, Holzpunzen, die dem Einbringen verschiedenen Stempeldekors dienen und die wir uns aus Vierkantstäben selbst schnitzen können. Ein breiter Spachtel dient zum Zusammenschaben des Tons am Arbeitsplatz, ein spitzes Messer zum Plattenschneiden, ein Pinsel zum Wiederbefeuchten vorzeitig getrockneter Formteile, ein Schwammlappen zum Ränderglätten wie zum Aufnehmen von Feuchtigkeit.
Geräte zum Zubereiten und Auftragen von Tonfarben sowie der Brennofen und die Kontrollgeräte beim Brennen von Tonsachen siehe Seite 235 und 238.

Das Arbeiten mit Ton

Das Formen in Ton ist eine sehr alte Technik, in der die besondere Art des »schöpferischen Gestaltens« über das rein zweckmäßige Tun hinaus ihren unmittelbarsten und reinsten Ausdruck findet. Im Bilde von Gott, der den Menschen aus einem »Erdenkloß« formt, erinnert sich die Menschheit eigener, Jahrtausende hindurch praktizierter Formversuche.
Das beste und feinste Werkzeug für den werkgerechten Umgang mit Ton sind die Hände. Nur in seltenen Fällen sollten wir auch zum Modellierholz greifen, das im allgemeinen zu sehr das Detail begünstigt und bei ständigem Gebrauch fast immer zu fragwürdigen Ergebnissen führt. Der erdhaften Schwere des Tonmaterials entspricht mehr die mit der Hand erreichbare einfache, große Form.
Jeder Keramiker verarbeitet Tone anderer Herkunft und Zusammensetzung, andere Zusätze, brennt in einem anders konstruierten Ofen und hat schließlich auch ein anderes Formempfinden. Es kommt also auch immer auf eigenes Probieren an, bestenfalls unter Rückgriff auf die Erfahrungen, die andere schon mit dem gleichen Material in ähnlicher Verarbeitung gemacht haben. Hauptsächlich werden wir den niedriger brennenden Ton (Mergel- und Töpferton) verarbeiten. Diese Tone geben uns hinreichenden Spielraum, unseren Bedürfnissen entsprechend Schalen, Becher, Töpfe, Krüge, Vasen und figürliche Gegenstände aufzubauen, zu engobieren, zu bemalen, bei einem Töpfer brennen zu lassen oder selbst zu brennen und zu glasieren. Die benötigten Materialien und Einrichtungen lassen sich beschaffen; dafür hält die keramische Industrie leicht zu handhabende Materialprodukte (Tonmischungen, Farb- und Glasurstoffe) und Geräte bereit. Auch das Selbstbrennen der Werkstücke in einem kleineren elektrisch beheizbaren Brennofen ist möglich. Für den Materialbezug sei auf die örtlichen Töpfereien, Geschäfte für Werkbedarf, Kunstgewerbe usw. hingewiesen.

Leitfaden durch die Keramik

Es ist nicht leicht, ohne zumindest einen knappen Überblick über den Gesamtbereich der Keramik zu haben, von sich aus Maßstäbe zu finden, nach denen man sich richten kann, wenn einem das schematische Befolgen der landläufigen Regeln nicht mehr genügen will. Einige Beispiele sollen andeuten, wie sich die Kulturen im Laufe der Zeiten mit dem Tonwerkstoff auseinandergesetzt und die Technik vervollkommnet haben.

Geschichtlicher Überblick. Die ältesten gebrannten Tongegenstände sind 10 000 bis 12 000 Jahre alt. Der vorzeitliche Mensch formte Behältnisse aus Ton frei mit der Hand, wobei ihm natürliche Vorbilder wie die Schale einer Frucht oder die zum Trinken zusammengelegten Hände angeregt haben mögen. Noch heute schaffen die Naturvölker ihre Tongefäße ohne Töpferscheibe, indem sie Tonklumpen zu langen Wülsten ausrollen und spiralig übereinanderfügen. Diese »Wulsttechnik« spielt in der Freihandtechnik noch immer eine Rolle. In einem anderen ursprünglichen Verfahren wird der Tonklumpen durch Eindrücken eines Steines von oben oder durch seitliches Beschlagen mittels eines Brettes verformt (»Treibtechnik«). Moderne kunsterzieherische Versuche zielen auf eine Art Stabkeramik hin, wobei ein gut durchgekneteter Tonkloß über einen runden Stab (Besenstiel) gesteckt, um diesen bis zur geplanten Länge heruntergedrückt und über einer Unterlage zu gleichmäßiger Wandstärke ausgerollt wird. Durch überlegtes Wälzen und Schleudern kann das Gefäß weiter ausgeformt werden. – Schließlich läßt sich eine große Tonform auch aus flachen Tonfladen (»Lappentechnik«) zusammensetzen. Große Garten- und Bodenvasen werden z. B. nach diesem ursprünglichen Verfahren aufgebaut. – In den noch ungebrannten Gefäßen konnte der vorzeitliche Mensch Früchte und Körner aufbewahren. Gebrannt hielten diese Gefäße auch der Befeuchtung mit Flüssigkeiten stand. Die Veränderung, die beim Brennen in der Materialnatur des Tons eintrat, war Grund genug, Tongegenstände auch weiterhin zu brennen.

Die Herkunft der den Scherben verdichtenden »Glasur«. ist unbekannt. Sicher ist, daß schon die alten Ägypter ihre Gefäße mit einer glänzenden Glasschicht zu überdecken verstanden. Die Assyrer und Babylonier, denen die Baukeramik besonders nahestand, erzielten Glasuren, die an den alten Wandverkleidungen noch heute farbkräftig wie am ersten Tag erstrahlen. Den Assyrern wird die Erfindung der Töpferscheibe zugeschrieben.

Die auffallend gleichmäßigen Formen sowie der Schmuck, der sich auf den Gefäßwänden findet (Daumennageleindrücke, Kratzspuren, aufgelegte Bandornamente usw.) lassen erkennen, daß schon die vorzeitlichen Töpfer einen ausgeprägten Schönheitssinn besaßen. Die Griechen und Römer gaben der Töpferkunst eine besondere Note, indem sie ihre Gefäße mit Ornamenten und Figuren schmückten. Die Griechen zeichneten auf den roten Tongrund schwarztonige Verzierungen und umgekehrt – die Römer versahen ihre Gefäße mit feinen Reliefs. Eine Besonderheit der altrömischen Töpferware ist die »Terra sigillata« (d. h. »gesiegelte Erde«). Die Bezeichnung rührt von den eingeprägten Handwerkerzeichen her, die sich in den gleichfalls mit feingeschlemmtem Eisenoxydton überzogenen (und daher roten), mattglänzenden Scherben finden.

Hohe Vollendung sowohl in der Feinheit der Tonmassen als auch in der Schönheit farbiger Glasuren erreichten die Chinesen zur Sung-Zeit (900 bis 1300), als mehrere sogenannte »Akademien« – das waren Zusammenschlüsse gleichgesinnter Künstler – das gesamte chinesische Kunstschaffen beflügelten und auch in die gewerbliche Produktion hineinwirkten.

Die Chinesen bemühten sich von vornherein darum, ihre Keramiken in so großer Hitze zu brennen, daß die Gefäßwände allein durch die Sinterung dicht wurden. So kamen sie schon früh zur Erfindung des Steinzeugs, einer seiner Struktur nach (bis auf die fehlende Transparenz) dem Porzellan verwandten Tonware mit einfachen, geschlossenen, uns noch heute angenehm erscheinenden Gefäßformen. Eine weitere Eigenart der chinesischen Keramik war die Verwendung reiner Schmuckglasuren in wunderbar weichen Tönungen und Nuancen, wobei die Farbzusätze im Brennofen vielfach frei spielen durften. Da die Gefäßwände schon durch den hohen Brand dicht waren, mußte die Glasur nun auch nicht mehr das ganze Gefäß überziehen, konnte Tropfen und Verläufe zeigen, ohne daß das Behältnis dadurch in seinem Gebrauchswert beeinträchtigt worden wäre.

Bei der typischen chinesischen (reduzierenden) Art des Brennens muß immer eine starke Rauchentwicklung (s. Seite 211) mitgespielt haben. Indem der Rauch die im Brande glühenden Gefäße umstrich, entzog er den Glasuren den Sauerstoff und reduzierte dabei die darin enthaltenen Metalloxyde zu farbenprächtigen sauerstoffärmeren metallischen Verbindungen.

Vermutlich um 600 n. Chr. gelang den Chinesen die Erfindung des Porzellans. Als Rohstoff diente ein Gemisch weißbrennenden, nahezu feuerfesten Kaolintons (dem es seine Formbarkeit verdankt) und gemahlenen, leicht schmelzbaren Feldspats. Der Feldspat diente als Flußmittel, da er beim Brennen der Masse der einzige schmelzbare Bestandteil war. Es entstand ein glatter, milchigweißer Scherben, der einen geeigneten Untergrund zu farbigen Schmuckversuchen bot, was wiederum zur Erprobung hitzebeständiger Farben (z. B. des Kobaltblaus) und zu Versuchen mit geeigneten Aufglasurfarben führte.

Das erste chinesische Porzellan brachte Marco Polo gegen Ende des 13. Jahrhunderts von seiner Asienreise mit nach Europa. Importiertes Chinaporzellan erreichte in der Folgezeit hohen Wert. Die heimischen Töpfer, die die verwendeten Rohstoffe nicht kannten, fühlten sich veranlaßt, dem Geheimnis dieses kostbaren Stoffes auf die Spur zu kommen, der wegen seiner Glätte und seines milchighellen Glanzes den Namen der »porzellana« bekam, einer so benannten, einem Schweinchen (lat. »porcellus) ähnelnden Schnecke (weil man annahm, daß das Porzellan daraus verfertigt wurde). Erst im Jahre 1709 glückte Johann Friedrich Böttger in Meißen die Herstellung eines eigentlichen europäischen Porzellans. Ein bleibendes Ergebnis früherer Versuche zur Porzellanimitation ist auch die »Fayence« (nach der italienischen Stadt Faenza), die von der vergleichbaren, aus der islamischen Kunst über Spanien und die Insel Mallorca nach Europa gekommenen »Majolika« beeinflußt wurde.

(Über die Fayence- oder Majolikatechnik siehe Seite 241.)

Das westliche Abendland kannte bis in das frühe Mittelalter hinein nur eine grobe, meist frei mit der Hand geformte Töpferware. Erst seit dem 11. Jahrhundert begann man am Niederrhein mit der Herstellung eines verhältnismäßig hartgebrannten Steinzeugs. In Süddeutschland, Österreich, Frankreich und England blühte vom 14. Jahrhundert an die sogenannte »Hafnerkeramik« in Form buntglasierter, mit Reliefverzierungen reich überdeckter Gefäße. Angeregt durch die ersten über die Alpen kommenden Fayencen ersann schließlich die Bauerntöpferei die Anwendung farbiger Engoben. Das sind andersfarbig, meist weiß brennende Tone, die zu einem dünnen Schlicker angerührt auf das noch ungebrannte Werkstück aufgebracht werden und nach dem Brand den mißfarbenen Scherben mit ihrer anderen Farbwirkung überdecken.

Irdenware. Wir unterscheiden die poröse oder glasierte Irdenware (Erdware) vom gesinterten Steinzeug, das feinkeramische Steingut vom feinstkeramischen Porzellan. Unter das poröse Tongut (die Irdenware) fallen Ziegelsteine, Blumentöpfe, Butterdosen für Glaseinsätze usw. Diese Gegenstände werden nur einmal gebrannt (geschrüht) und bekommen je nach der verwendeten Tonart eine gelbliche bis ziegelrote Farbe. Das Mitbrennen andersfarbiger Tonüberzüge (Engoben) ist möglich. Da der poröse, unglasierte Scherben das Wasser durchläßt, wurde er in den alten Töpfereien durch Ausschwenken mit saurer Milch (fett- und kaseinhaltigen Substanzen) oder geschmolzenem Bienenwachs verdichtet. Auch die Glasur dient weniger dem Schmuck als dem Porenverschluß. Bei glasierter Irdenware wird erst durch einen zweiten Brand (Glasur- oder Glattbrand) die Glasur aufgeschmolzen. Rotgebrannte figürliche Darstellungen werden als Terrakotta (= gekochte Erde) bezeichnet.

Steinzeug. So bezeichnen wir die naturbraunen oder grauen Tongegenstände, deren Scherben allein durch ein glashartes Brennen (Sintern) verschlossen wird und dabei eine große, »steinähnliche« Härte erlangt. Der Steinzeugscherben kann wie beim porösen Tongut mit Engoben, Unterglasurfarben und Glasuren überzogen werden. Bekannt ist das graublaue Steinzeug aus dem »Kannenbäckerland« (Westerwald).

Steingut. Im 18. Jahrhundert versuchten englische Töpfer (z. B. Josuah Wedgwood) an Stelle des bisher gebrauchten gewöhnlichen Töpfertons neue, weißfarbige und weniger leicht schmelzbare Tonmischungen in die Hand zu bekommen. Als Ergebnis dieser Bemühungen haben wir das Steingut, einen keramischen Stoff mit nichtverglastem, undurchscheinendem Scherben, der in seiner Dichte und Weiße, der Glasurwirkung und den Möglichkeiten der Bemalung mit Unter- und Überglasurfarben schon fast an das Porzellan herankommt. Glasiert wird meist mit blei- und borhaltigen Glasuren, die dem Scherben bei geringer Hitze aufgeschmolzen werden.

Handgebaute Gefäße

Das weite Gebiet der Gefäßkeramik erschließt sich uns in einer vorhandwerklichen Technik, die noch aus der Anfangszeit des Töpferns stammt. Wir legen einen Tonwulst zur Spirale, streichen ihn in den Windungen glatt und wickeln ihn vom Rand dieses Bodens aus in die Höhe. Dieser Weg, auf dem schon der primitive Mensch seine Gefäße geformt haben mag, sollte uns heute nicht weniger geläufig sein, zumal wir über ihn auch ohne spezielle Vorrichtungen einen direkten Zugang zum keramischen Werken finden können.
Zunächst befassen wir uns mit dem Aufbau einfacherer Gefäßformen wie flacher Schalen, niedriger Aschenbecher, Leuchter usw. Mit wachsender Übung und Geschicklichkeit wagen wir uns an größere Objekte, bauchige Töpfe, Krüge und Vasen, wobei wir

getrost – da wir ja nicht wie der Töpfer an die umlaufende Drehscheibe gebunden sind – von der runden Form abweichen und flache, ovale, kantige, auch asymmetrische Formen anstreben können. Henkel sind so anzusetzen, daß sie organisch aus dem Gefäß herauswachsen. Die Oberflächen handgebauter Gefäße haben nicht die selbstgefällige Glätte der gedrehten Töpferscheibenware. Geringe Unregelmäßigkeiten beleben sie. Überarbeitungen können auf verschiedene Weise vorgenommen werden – sowohl im lederharten Trockenzustand als auch am Scherben. Für den täglichen Gebrauch ist es angenehmer, wenn wir die rauhe und poröse Natur des gebrannten Tons mit einer glatten, wasserundurchlässigen Glasur überdecken. Farbigkeit ist oft erwünscht. Dekors müssen im Einklang mit der Gefäßform stehen.

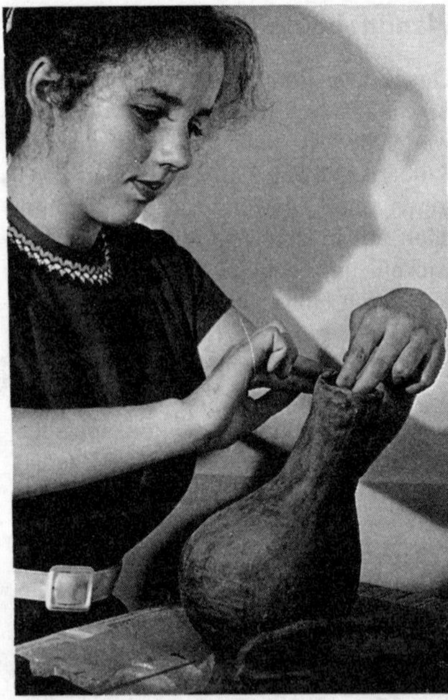

Töpfern ohne Töpferscheibe. Jede Gefäßform wird im freien Aufbauverfahren vollendet

Aufbauen aus Tonwülsten. Wir benötigen den Ton in seiner Konsistenz als »Bauton«. Naturton oder die fü. die Töpferscheibe besonders zubereiteten »Drehtone« sind zu fett und müssen aus den bereits genannten Gründen mit Schamotte gemagert werden. Anzustreben ist ein Verhältnis von 1:4 bis (bei sehr fetten Tonen!) 1:3 (25 bis 30 %). Dabei ist aber zu beachten, daß mit der Magerung auch die Porösität des Scherbens zunimmt, daß man also bei zu starker Magerung im normalen Brand selbst mit Glasur keine hundertprozentig wasserdichten Gefäße mehr erzielen kann. Der Aufbau großer Gefäße verlangt einen besonders stark gemagerten Ton (aber auch stärkere Gefäßwände!). Solche Gefäße vertragen sich auch gut mit grobkörniger Schamotte, die beim Verstreichen eine reizvolle Oberflächenwirkung liefert (siehe Seite 209).

Ein Klumpen Ton wird zuerst zur Kugel, dann zur Walze und schließlich zu einem gleichmäßig starken Wulst ausgerollt. Wir legen ihn auf dem Formbrett (oder auf der Modellierscheibe) von innen nach außen zur Spirale und streichen die Windungen zur Fläche glatt. Dies ergibt die Bodenplatte, deren Größe sich nach Umfang und Art des Gefäßes, das wir aufbauen wollen, richtet. Beim Verstreichen der Rillen darf nicht – wie es der Töpfer auf der Töpferscheibe tut – mit Wasser gearbeitet werden. Das Wasser würde zwischen die Wulstrollen dringen, dort den Ton zum Quellen bringen und beim Trocknen Hohlräume verursachen, die ein Zerspringen des Gefäßes beim Brennen zur Folge haben könnten.

Vom Rand dieses Tonbodens aus führen wir nun die Gefäßwand in die Höhe. Der Aufbau kann in zweierlei Weise vorgenommen werden: 1. indem

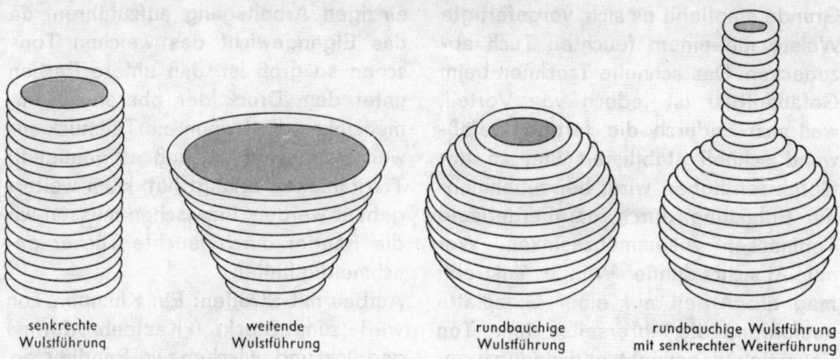

Derartige Gefäßformen ergeben sich aus den verschiedenen Möglichkeiten des Wulstaufbaus

wir auch weiterhin mit der Spirale arbeiten (einen neuen Wulst einfach am Ende des alten ansetzen); 2. indem wir die Wülste zu Ringen zusammenschließen und diese zur Gefäßwand übereinanderbauen. Dabei dürfen die Ringzusammenschlüsse nicht übereinanderliegen sondern müssen wechseln.

Die Form des Gefäßes ergibt sich aus der Art des Aufbaus. Legen wir Wulstschleifen oder Ringe mit gleicher Weite übereinander, so entsteht ein zylindrisches Gefäß mit senkrechten Wänden. Die Gefäßform weitet sich, sobald wir die Schleifen größer werden lassen und mehr nach außen verlegen. Umgekehrt verengt sich das Gefäß, wenn wir die Ringdurchmesser wieder kleiner wählen und nach innen verlagern. Das Gefäß würde sich zu einer kugeligen Hohlform schließen, wenn wir nicht vorher die Ringe wieder senkrecht übereinanderfügen und so aus der bauchigen Form organisch einen aufragenden Hals oder abschließenden Rand herauswachsen ließen.

Im Verfolgen dieser drei Richtungen – der senkrechten und der nach außen oder nach innen geneigten – können wir alle nur erdenkbaren Hohlkörperformen (schalig, kugelig, flaschenartig usw.) aufbauen. Weite und Höhe dieser Gefäße läßt sich durch die Größe und Zahl der übereinandergelegten Wulstringe variieren.

Hinterher muß die Wandung innen und außen glatt verstrichen werden. Am besten verfahren wir so, daß wir erst drei oder vier Ringe übereinanderlegen, beim Aufsetzen gut anpressen, mit den Fingern etwas flach drücken und sodann den Ton von den Rundungen aus in die Rillen streichen, wobei die Wandung dünner wird. Während des gesamten Aufbaus ist zu beachten, daß in der Wand kein noch so kleiner Hohlraum oder Lufteinschluß entsteht, durch den die Form beim Brennen unweigerlich zu Bruch gehen würde. Nochmals: Bei dieser Arbeit haben nasse Finger oder der Schwamm nichts zu suchen!

Zu feuchter Ton läßt sich nur mühsam mit der Hand ausrollen, weil er klebt. Zu trockener Ton reißt an den Außenflächen der Windungen und verbindet sich beim Auflegen nur schlecht mit den unten liegenden Tonteilen (siehe Seite 213). Da der Ton um so schneller trocknet, je mehr Außenfläche er hat, sollten wir ungebrauchte Mengen stets in einem geschlossenen Klumpen beisammenhalten. Aus dem gleichen

Grunde empfiehlt es sich, vorgefertigte Wülste mit einem feuchten Tuch abzudecken. Das schnelle Trocknen beim Gefäßaufbau ist jedoch von Vorteil, weil sich dadurch die fertige Gefäßwand schnell stabilisiert und so der Gefahr enthoben wird, bei zunehmender Belastung durch darübergebaute Tonmassen zusammenzusinken. Wer mit Absicht dünne Wände anstrebt, mag die Arbeit auf einer Gipsplatte ausführen, die ihrerseits dem Ton Feuchtigkeit entzieht und dadurch zur schnellen Erhärtung der unteren Tonlagen beiträgt. Bei großen Gefäßen werden wir ohnehin in Etappen arbeiten müssen (siehe unten). Wer es eilig hat, läßt die wachsende Form in einem heißen Sandbad (in einer Schüssel auf dem Ofen erhitzter Sand) zwischentrocknen. Die Tonfeuchtigkeit im oberen Gefäßrand muß jedoch für die Weiterarbeit mit einem nassen Tuch festgehalten werden.

Aufbauen mit Tonbändern und Platten. Große und dickwandige Boden- und Gartenvasen (von 70 cm an) lassen sich nicht mehr aus Tonwülsten aufführen. Wir verwenden dafür kantige Streifen und Platten, die wir in der gewünschten Stärke und Größe aus vorgeformten Tonblöcken schneiden. Der hierfür verwendete Bauton muß erheblich stärker gemagert werden. Soweit es seine Brauchbarkeit zuläßt, versetzen wir ihn mit einer Schamotte gröberer Körnung (2 bis 5 mm), wobei die Zusatzmenge von Fall zu Fall bestimmt werden muß und je nach Ton 25 bis 60 % betragen kann. Schamotte mit sehr grobem Korn gibt dem Gefäß eine lebendige, der großen Form gemäßere Oberflächenwirkung.
Beim Aufbauen müssen wir grundsätzlich in Etappen arbeiten. Es ist nicht möglich, ein schweres Gefäß in einem einzigen Arbeitsgang aufzuführen, da das Eigengewicht des weichen Tons schon so groß ist, daß untere Partien unter dem Druck der oberen zusammensinken. Erst wenn ein Teilstück soweit getrocknet ist, daß es genügend Tragfähigkeit erlangt hat, kann weitergebaut werden. Inzwischen müssen wir die Ränder durch feuchte Tücher geschmeidig halten.
Aufbau mit Streifen: Ein Klumpen Ton wird zum Block (»Kastenbrotform«) gedrückt und zwischen zwei Randleisten, die beim Schneiden als Stärkemaß dienen sollen, auf den Tisch gelegt. Dann ziehen wir den straff gespannten Schneidedraht über die Leistenoberkanten hinweg durch den Ton und schneiden so ein flaches Blatt von der Tonmasse herunter. Wir können solche Tonblätter noch einmal mit einer Schmalseite zwischen die gleichen

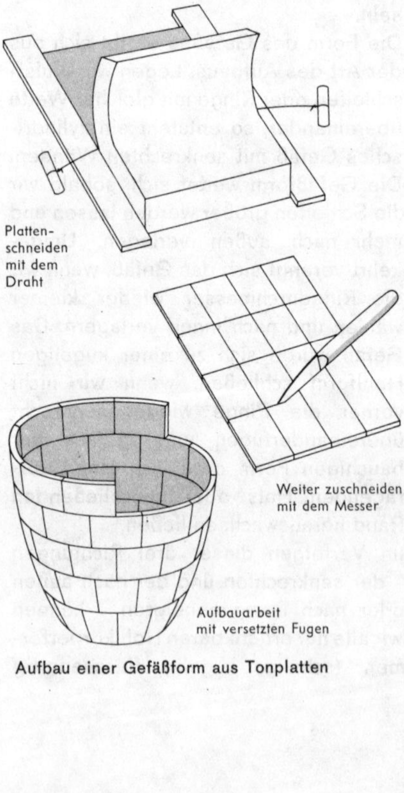

Aufbau einer Gefäßform aus Tonplatten

Randleisten stellen und zu Bändern mit quadratischem Profil aufschneiden. Im allgemeinen werden wir aber mit Bändern von 1 bis 2 cm Stärke und 2 bis 4 cm und mehr Breite ausgezeichnet bauen können. Die Stücke werden an den Ansatzflächen mit einer Gabel aufgerauht, mit feuchtem Tonbrei beschmiert, in die Formrundung gebogen und übereinander gelegt oder gestellt, wobei wir Streifenenden und Neuansätze nach gegenseitigem Anschrägen fest aneinanderdrücken müssen.

Aufbau mit Platten: Tonplatten können wir auf verschiedene Weise anfertigen. 1. mit dem Rollholz, indem wir einen Tonklumpen zwischen zwei Randleisten zu Fladen (0,5 bis 0,75 cm stark) ausrollen. 2. mit dem Schneidedraht (siehe oben). Die aus dem vorgeformten Tonbrot geschnittenen Blätter schneiden wir mit Messer und Winkel in das gewünschte Plattenformat. 3. mit Hand und Ziehklinge. Der formfertige Ton wird auf dem Tisch von einer Seite aus mit dem Handballen zu einem flachen Kuchen ausgeschlagen, oberflächlich geglättet und mit einer Ziehklinge eingeebnet. Der so vorbereitete Plattenton ist besonders dicht. Mit Messer und Winkel kann die Platte zugeschnitten werden.

Beim Aufbauen der Gefäße aus Tonplatten lassen sich auch verhältnismäßig dünne Wände erzielen. Wir arbeiten wie mit Mauersteinen im Verband, rauhen die Stücke an den Ansatzflächen mit einer alten Gabel auf, beschmieren sie mit feuchtem Tonbrei und setzen sie schmalseitig an- und übereinander, wobei wir beachten, daß die Stoßfugen in jeder Reihe versetzt werden, also nicht übereinanderliegen.

Eckige Tongefäße aus Platten, also kastenähnliche Behältnisformen, eignen sich für verschiedene Zwecke (z. B. als Zigarettendosen). Der Aufbau ähnelt dem stumpf verleimter Holz- und Pappkästen. Die Aufbaumaße ergeben sich aus der gewünschten Grundfläche und der Höhe des Gefäßes. Die Herstellung der Platten ist eben beschrieben worden. – Einen Deckel formen wir aus einer etwas größeren Tonplatte, an die wir (damit sie einen guten Sitz bekommt) einen umlaufenden und in das Kasteninnere passenden Steg aus schmalen, im Querschnitt rechteckigen Tonstreifen ansetzen.

Gefäßformen. Nur wenige Keramiken, die wir in den Schaufenstern der kunstgewerblichen Geschäfte sehen, haben eine echte, gültige Form. Viele dieser Erzeugnisse sind modisch aufgeputzt, in ihrer Kontur verzogen und mit sinnfällig dekorativen Glasuren verkrustet. Dem Einfluß solcher Modeformen kann man sich nur schwer entziehen, zumal das Erkennen ihrer Verlogenheit schon ein feineres Empfinden für Formunterschiede voraussetzt.

Die beanstandeten Gebilde kommen in der Regel auf der Töpferscheibe zustande, deren Drehimpuls den Formwillen des gelernten Drehtöpfers von vornherein für alle möglichen Formvariationen frei macht, wobei ihm der bildsame Drehton willig in alle Richtungen folgt. Die Aufbautechnik ist härteren Bedingungen unterworfen. Der verwendete »Bauton« ist mager. Die mit der Hand sorgfältig nach Art der Gewölbetechnik gebauten Gefäße sind dickwandiger, sie wirken auch im ganzen robuster. Die Folge ist, daß auch ihre Konturen einfacher sein müssen. Wer sich das vor Augen hält, kommt gar nicht erst in die Gefahr, bewußt oder unbewußt Formen nachbilden zu wollen, die unter anderen technischen Voraussetzungen entstanden sind.

Ausschlaggebend für eine gute Aufbauform ist die Konzentration auf den zugrunde liegenden Zweck. Ein Gefäß soll glatt und gespannt einen Hohlraum umschließen. Schalen von Früchten, Nüssen oder auch von bestimmten Tieren (Schnecken, Muscheln) z. B. können uns zeigen, wie die Natur klare, einen inneren Kern umgebende Formen schafft. Wenn wir an diesen Dingen erkannte Formzusammenhänge in das eigene Tun zu übertragen versuchen, erfahren wir, daß schon die Form eines einfachen Schälchens viele Gestaltungsmöglichkeiten zuläßt.

Aus einer echten Grundform können wir Schritt für Schritt z. B. einen Topf oder einen Krug entwickeln. Die notwendige Standfestigkeit bedingt den flachen Gefäßboden, das Fassungsvermögen den Bauch, die Funktion des Gießens Hals und Tülle, die Nutzbarkeit des Gefäßes als Vase oder Flasche eine möglichst weite oder enge Öffnung, Verschließbarkeit und Griffigkeit. Die Bedeutung seiner Funktion darf aber für das geschlossene, mit formalem Eigenleben erfüllte Gebilde auch nicht überschätzt werden. Die Funktion verlangt nach technisch einwandfreien Lösungen. Der Eigenrhythmus des vollendeten Gefäßkörpers, seine formale Gelöstheit und Spannung, Klarheit und Strenge setzen Maßstäbe voraus, die aus der menschlichen Empfindungssphäre stammen und unserer persönlichen Gestaltungskraft anheimgegeben sind.

Asymmetrische Gefäße. Man gewinnt die asymmetrische Gefäßform nicht dadurch, daß man einfach die Seitenwände eines rundgeformten Gefäßes eindrückt. Das asymmetrische Gefäß steht von vornherein in einem formalen Gegenspiel zu einem solchen, das sich zentrifugal um eine senkrechte Achse aufbaut. Asymmetrisch heißt »ohne Gleichheit in den Schnitthälften«. Während wir das achsentreue Gefäß nie in eine neue Blickrichtung drehen können, zeigt sich die asymmetrische Form in ständiger Bewegung. Diese wird durch das Ausweichen eines Formteils aus der zentrifugalen Lage eingeleitet, wodurch sich sofort der formale Schwerpunkt des Ganzen verschiebt, was den Formenden in eine innere Unruhe versetzt und dahin führt, durch weitere Formverlagerung, nun nach der anderen Seite, wieder einen Ausgleich zu suchen. Dreht man solch eine Gefäßform nur ein wenig, so ergeben sich sofort wieder neue Probleme der Massenverteilung. Diese der Asymmetrie immanente »Ungehörigkeit« erscheint deshalb reizvoll, weil sich darin die Formproblematik des eigenen menschlichen Lebens widerspiegelt.

Oberflächenbelebung

In der Aufbautechnik geht es in erster Linie um die Form. Nachträgliche Schmuckaufsätze haben zweitrangige Bedeutung. Der Schmuck muß sich der Form anpassen, diese betonen und sinnvoll gliedern. In den meisten Fällen wird eine Oberfläche, in der die Materialstruktur zur Sprache kommen kann, der Form dienlicher sein als jede nachträglich aufgesetzte Verzierung.

Werkspuren. Eine eindrucksvolle Belebung erhalten Aufbaugefäße bereits durch unser Bemühen, die Form auch oberflächlich sauber zu gestalten. Dabei rufen die feinen Fingerspuren auf der Oberfläche ein reizvolles Licht- und Schattenspiel hervor. Der Werdegang eines Gefäßes wird am Unverhülltesten in der zur Form gelegten Spirale deutlich. Diese Rundungen dürfen, wenn das Gefäß innen gut verstrichen wird, ungestört nach außen

Frei aufgebaute Gefäße. Links: Vase, an der der werkhafte Charakter der übereinandergelegten Wulstringe dekorativ zur Sprache kommt. Rechts oben: Die Außenwand des Gefäßkörpers wurde in lederhartem Zustand aufgerauht. Rechts unten: Blumenübertopf mit Kratzdekor

sichtbar bleiben. Wir können sie verformen, indem wir sie mit der Hand leicht andrücken oder die Rillen sanft ausstreichen. Unregelmäßigkeiten in der Dicke der Wulstringe steigern die Lebendigkeit.
Die Werkspur der klaren Aufbauarbeit spricht auch dann noch mit, wenn wir die Wulstfugen außenseitig so verformen, daß in der Mitte jeder Wulstrundung ein Grat entsteht, zu dessen Seiten sich die Rillen in waagrecht umlaufende Hohlkehlen wandeln. Weitere Überlegungen führen dazu, die eingeebnete Gefäßoberfläche in ganzen oder nur in einzelnen Partien durch Verdrücken und Verschieben der Tonmassen mit Papp- oder Holzstückchen zu bestempeln, wobei unserer Erfindungsgabe keine Grenzen mehr gesetzt sind.

Materialspuren. Um größeren Gefäßformen durch die Materialnatur des Bautons Geltung zu verschaffen, sollten wir einen möglichst grobkörnigen Magerungszusatz nehmen. Die Oberflächenwirkung solchen Tons ähnelt dem Rauhputz einer Hauswand. Umreiben wir das Gefäß (das wir auch auf der Ränderscheibe in Drehung versetzen können) mit einer Holzleiste, so ziehen die aus ihrem Bett gerissenen Schamottekörner kleine Rillen in die weiche Oberfläche, die jeweils ihre Richtungen ändern, sobald wir das Holz waagrecht, kreuz und quer oder kreisend bewegen.

Glätten. Feinere Tone (solche mit zementfeinem oder feinkörnigem Magerungszusatz) lassen sich im lederharten Trockenzustand glätten. Schon das einfache Beschneiden mit dem Messer hinterläßt eine blanke, edel wirkende Werkspur, die gebrannt einen feinen Glanz annimmt. Ein anderes Verfahren besteht darin, die Gefäßfläche rundum mit der konvexen Seite eines flachen Löffels oder mit einer Hartholzleiste (dem »Klopfholz«) abzuklopfen. Dabei werden die kleinen Sand- und Magerungskörnchen in den Ton zurückgeschlagen, die Tonoberfläche wird nicht nur feiner, sondern auch dichter – was man schon an dem nach und nach heller werdenden Klang hören kann – und bekommt in diesem Zustand auch beim Brennen eine andere Farbtönung. Partienweises Aufrauhen (Beschaben) und Verdichten (Klopfen) gibt ein und demselben Gefäß beim Brennen verschiedene Tönungen.

Schließlich haben wir noch die Möglichkeit, die getrocknete Gefäßoberfläche mit einem feuchten Lappen leicht zu überreiben, so daß sie Glanz bekommt. Geglättete Oberflächen lassen sich leichter glasieren (!), während die Glasur über rauhen Stellen schlecht fließt und unter Umständen matte Inseln zurückläßt.

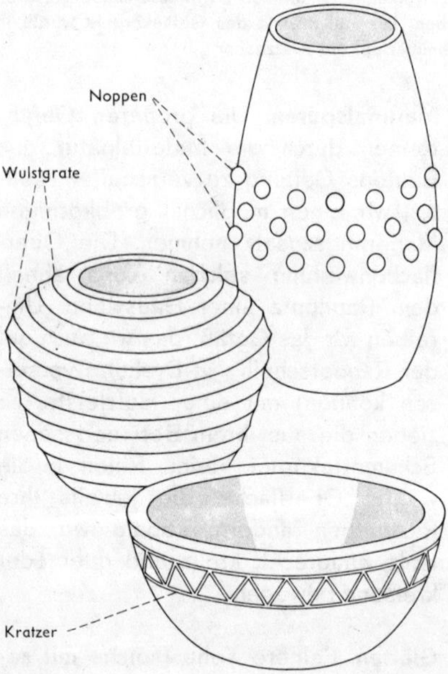

Möglichkeiten werkhafter Oberflächenbelebung. Schmuck muß sich der Gefäßform anpassen, diese betonen und sinnvoll gliedern

Rohpolieren. Der Fachmann poliert den lederharten Ton, ohne ihn vorher anzufeuchten, indem er ihn mit einem glatten Knochenstück (wir können auch ein Falzbein nehmen!) kräftig überreibt Er erzielt damit eine feinglänzende Oberfläche, die sich auch beim Brennen nicht wesentlich verändert. Das so behandelte Gefäß wird dann nicht mehr glasiert.

Ritzmuster und Auflagen. Mit einem Nagel oder Modellierholz kratzen wir eine Zierlinie oder Zeichnung in das lederharte Gefäß. Die eingekratzte Zeichnung kann ohne weitere Behandlung mitgebrannt werden. Wenn wir die angefeuchteten Rillen mit weiß- oder schwarzbrennendem Tonpulver ausdrücken, treten sie noch kräftiger hervor.

Runde Noppen und schmale Tonwülste lassen sich auf das noch feuchte oder vorlederhart getrocknete Gefäß aufsetzen. Tonkügelchen und Wülste werden auf die Gefäßoberfläche aufgedrückt und verstrichen. Die Auflagen haften besser, wenn man den Grundton vorher anfeuchtet. Auf dem vorlederharten Grund sind sie mit feuchtem Tonbrei (Tonschlicker) aufzukleben, wobei der seitlich hervorquetschende Ton mit einem trockenen Schwamm weggenommen werden muß. Die Fugen werden anschließend sauber verstrichen. Angesetzte Tonklümpchen lassen sich flach drücken und mit weiteren Schmuckelementen (Kratzzeichen und Stempeleindrücken usw.) versehen.

Grundsätzlich sollten wir solche Montagen möglichst bald vornehmen, damit zu große Feuchtigkeitsunterschiede zwischen Grundton und Auflagen und dadurch auftretende Schwindungsdifferenzen vermieden werden.

Durchbrüche. Lederhart getrocknete Tonflächen dulden auch ein Herausschneiden schmückender Durchbrüche, die aber nicht größer als die stehenbleibenden Teile sein dürfen, weil der Ton sonst reißt.

Die Wand dieses Leuchters wurde in lederhartem Zustand durch umlaufende Ausschnitte dekorativ durchbrochen. Man beachte die gleichmäßigen Steg- und Randbreiten, durch die starke Schwindungsunterschiede in diesen Partien vermieden wurden

Farbige Behandlung. Beim Bemalen handgebauter Gefäßwände mit Engoben, Töpferfarben und Glasuren (siehe Seite 237) müssen wir uns vor Augen halten, daß auch ein Ornament aus der aufgebauten Form heraus entwickelt werden muß, daß ein Dekor die Formzüge eines Gefäßes betonen, sowohl in der horizontalen als auch in der vertikalen Bewegung steigern muß, nie aber als bloße Hinzugabe (womöglich noch, um unklare Formverhältnisse zu vertuschen) aufgefaßt werden darf. Ein Tellerinneres will von der Kreisform her gelöst werden. Äußere Schalenwandungen verlocken zu schwingenden Bindungen zwischen Ober- und Unterrand. Auch das formale Gegenspiel von Teilformen (Fuß, Bauch, Hals, Henkel) kann durch Farbe und Ornament verstärkt werden. Es versteht sich von selbst, daß auf einfache Formen auch ein großzügiger Dekor zu setzen ist.

Figürliches Formen

Leicht denken wir an zarte Bildformen, jagende Hunde, flüchtende Rehe, den schlanken Körper einer Tänzerin. – Wenn wir dann einen Klumpen Ton in die Hand nehmen, merken wir, daß der gemagerte Ton im Grunde doch ein wenig schmiegsames Material ist, das feineren Ausformungen nicht gut folgt, auch sehr schnell trocknet und uns trotz seiner großen Bildsamkeit Grenzen spüren läßt, die wir nicht schadlos überschreiten können. Zur anfänglichen Tonerfahrung gehört auch, daß sich hohe, dünne Beine unter dem Materialgewicht des Körpers durchbiegen, daß ein Pferd, wenn es zu schlank gebaut ist, seinen Reiter nicht trägt, daß allzu dünne, ausladende Teile abbrechen. Andere Erfahrungen kommen beim Trocknen und Brennen hinzu. Kompaktere Tonmassen trocknen selten durch, ohne daß sich Risse bilden. Sie lassen sich ohnehin nicht brennen, reagieren aber auch im harttrockenen Zustand noch auf Veränderungen der Luftfeuchtigkeit und sind, wenn wir sie ohne Oberflächenschutz aufbewahren wollen, über kurz oder lang zerbrochen und zerbröckelt. Feingliedrige Teile springen spätestens beim Brennen ab, weil sich infolge der großen Massenunterschiede Schwingungsdifferenzen einstellen, die der Ton von sich aus nicht überbrücken kann. Dies alles mag die keramisch arbeitenden Plasti-

Plastische Formen, die ihr Herkommen aus dem Tonwulst nicht verleugnen

ker schon früh bewogen haben, ihre Gestaltungsabsichten mit den soliden Handwerkserfahrungen des Töpfers zu verbinden. Das aus der Gefäßtechnik bekannte Formprinzip des Wulstaufbaus (der stämmige Formen und gleichmäßige Massenverteilung erleichtert) kehrt als brauchbare Technik auch in der figürlichen Formarbeit wieder. Sicherheitshalber beschränken wir uns auf einfachere, geschlossene Formen, die den Forderungen beim Brennen entgegenkommen. Das »Wulstige und Dickengleiche«, nicht das »Modellierte« bestimmt den Charakter der keramischen Figur.

Massive Plastiken. Kleine Figuren können aus gewöhnlichem Töpferton geformt werden. Für größere (ab 10 cm Höhe) sind Beimischungen von 20 bis 30% fein gemahlener Schamotte unerläßlich.

Vorschläge: Tiere, Reiter, Märchen-, Krippen- und Schachfiguren, Leuchterengel usw.

Wir formen, wie es Kinder mit Knetmasse machen – fügen vom Rumpf ausgehend Arme, Beine, Hals und Kopf aus einzelnen nicht zu dünnen Tonwalzen aneinander, verstreichen die Verbindungsstellen sorgfältig (ohne Lufteinschlüsse!) und fügen die nötigen Einzelheiten an, ohne uns in allzu viele Kleinigkeiten, die dem wulstigen Gesamtaufbau widersprechen würden, zu verlieren. Das beste Werkzeug ist wiederum die Hand, die von sich aus schon zur Bildung großer Formen hinführt. Das Modellierholz dagegen lenkt ins Detail. Anzustreben sind kompakte Formen (ohne stark ausladende Teile) mit möglichst durchgehend gleichen Teilstärken. Ein Pferdchen muß stäm-

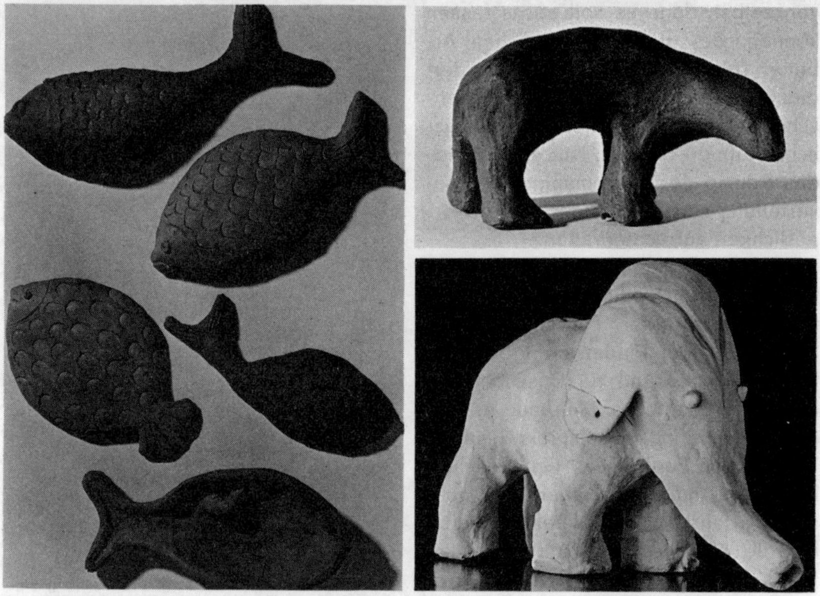

Der beim Trocknen an der Oberfläche stärker schwindende Ton zwingt den Formenden zum Einhalten möglichst dünner und gleicher Wandstärken! Links: Reliefartig aufgebaute Fische mit werkhafter Oberflächenzeichnung, rückseitig hohl. Rechts oben: Eine vollplastische Figur, in der der Charakter des Tonwulstes noch weitgehend sichtbar ist. Rechts unten: Figuren mit solch unterschiedlicher Verteilung der Massen müssen hohl aufgebaut werden. Dieser Elefant dient als Spardose

mige Wulstbeine bekommen, die etwa der Körperdicke entsprechen. Kopf und Hals lassen sich ebenfalls aus der gleichen Wulststärke formen. Einzelheiten werden in Form fadenfeiner Tonnudeln (Mähne), Kügelchen (Augen) oder Scheibchen aufgesetzt. Wo die Sache kompliziert ist, verbinden wir die Teile im lederharten Zustand mit Tonbrei.

Nachbehandlung: Tonfiguren müssen nicht unbedingt gebrannt werden. Wir lassen sie trocknen und können sie dann auch mit Tempera- oder Plakatfarben bemalen, falls wir die natürliche Tonfarbe der Bemalung nicht vorziehen. Bemalt oder unbemalt werden sie durch Eintauchen in heißes Wachs oder Stearin haltbar gemacht, wodurch die Oberfläche außerdem einen schönen matten Glanz bekommt, der Farbe und Form für die ganze Figur vorteilhaft verbindet. Auf diese Weise geschützte Krippenfiguren z. B. lassen sich jahrelang verwenden, ohne daß sie zu Schaden kommen. Rotbrennende Tonfiguren belassen wir in ihrer natürlichen Brandfarbe. Wir können sie aber auch vor dem Brennen weiß engobieren und später mit Unterglasurfarbe bemalen bzw. mit farbloser Glasur überziehen. Auch einfarbige Glasuren sind möglich. Wer den Glasurbrand scheut, kann sich damit behelfen, daß er die weißgebrannten Figuren mit Plakatfarbe bemalt und mit Fingernagellack überzieht.

Hohlplastiken. Daß man ein Gefäß hohlplastisch aufbaut, versteht sich von selbst, denn es soll etwas fassen können. Bei größeren figürlichen Arbeiten (nicht nur Spardosen!) erfordert dieser Aufbau, der uns von den Eigenschaften des Tons diktiert wird, zusätzliche Aufmerksamkeit. Nur so läßt sich das Prinzip der gleichmäßigen Masseverteilung auch bei umfangreicher Körperlichkeit aufrechterhalten.

Beginnen wir beim Hohlaufbau. Das übliche Verfahren durch Übereinanderfügen gleichstarker Tonwülste (siehe Seite 220) oder Fladen zwingt zu einfachen Formen und zur Beschränkung auf das Wesentliche. Man mag es vorerst seltsam finden, beispielsweise ein Tier in der Form eines Gefäßes aufbauen zu müssen. Haben wir aber schon erfahren, wie flexibel und dehnbar die Wände solcher Aufbaukeramiken sind, so mag es uns reizen, durch Verformung daraus auch andere Dinge zu biegen. Drücken wir beispielsweise die gegenüberliegenden Randhälften einer frisch gebauten Schale über der Gefäßmitte zusammen, so rundet sich die Form von selbst zum Rücken etwa eines sitzenden Vogels, einer Taube, einer Ente – je nachdem, wie wir die Einzelheiten, Kopf und Schwanz hinzubestimmen. Die fehlenden Details werden ebenso aus Wülsten oder Fladen hohl aufgebaut und der fertigen Körperform angefügt. Große, gedrungene Formen mit rundlich voluminöser Körperlichkeit eignen sich besonders für solche Aufgaben, doch ist es ohne weiteres auch möglich, Tiere, die von Natur aus schmal, beweglich, schlank und geschmeidig sind, überzeugend in die Gefäßform zu bringen.

Beim Aufbau geschlossener Hohlkörper sind an unsichtbarer Stelle ein oder mehrere kleine Löcher in die Form einzufügen, damit die beim Brennen entstehenden Verdunstungs- und Ausdehnungsdämpfe eine Möglichkeit

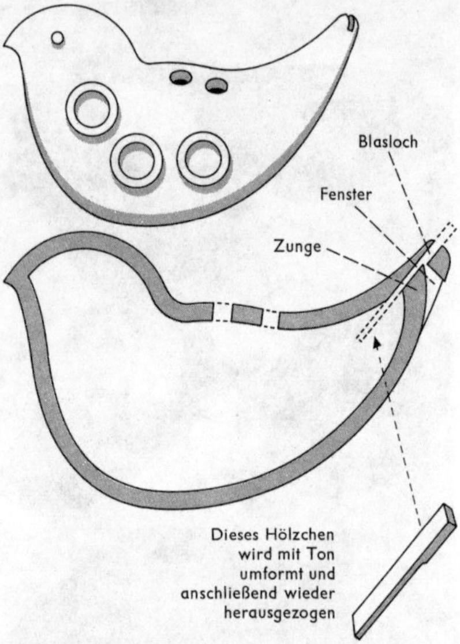

Tonkuckuck. Das Detail zeigt die Formung einer Tonflöte

zum Abzug finden. Wer das vergißt, bezahlt diese Nachlässigkeit mit dem Verlust der Arbeit (eventuell auch mit dem anderer im Ofen befindlicher Stücke)!

In einem anderen Verfahren, das natürlich nur bei einfachen Vorwürfen anwendbar ist, wird die Figur zunächst vollplastisch aufgebaut, kurz vor der Fertigstellung mit dem Schneidedraht durchgeschnitten und in beiden Hälften mit einem Löffel oder einer geeigneten Drahtschlinge gleichmäßig ausgehöhlt. Dicker als 1 cm dürfen die Wände nicht bleiben. Anschließend kratzen wir die Schnittflächen der beiden Hälften mit einer alten Gabel auf, beschmieren sie mit feuchtem Tonbrei und fügen sie wieder passend zusammen. Die Lochöffnung für die Brenngase kann in den feuchten Ton auch hinterher noch eingestochen werden.

Vorschläge: Figurenvasen, Spardosen, Kuckuckspfeifen. Diese formen wir mit auslaufendem Vogelschwanz und arbeiten mit Hilfe eines zugeschnittenen Holzspans Schlitz und Zunge ein (vgl. Skizze). Der Klang entsteht dadurch, daß sich der durch den Schlitz eingeblasene Luftstrom an der scharfen Zunge spaltet. Mit einem oder zwei Löchern, die wir am Rücken des Vogels einbohren und mit den Fingern zeitweilig abdecken, läßt sich der Klang variieren. Man vergesse nicht, die Standflächen der Figuren noch vor dem Brennen einzuebnen (Sandpapier!)

Zusammengesetzte Figuren. Die Teile einer zusammengebauten Formarbeit, die bei sofortiger Verbindung des feuchten Tons beim Trocknen oder Brennen abspringen würden, können im lederharten Zustand mit dünnem Tonbrei aneinandergefügt werden. Wir feuchten die beiden zusammengehörigen Ansatzstellen nicht zu naß an, tragen den dünnen Tonschlicker auf und drücken die beiden Teile eine Weile zusammen.

Keramischer Schmuck

Schmuck aus gebranntem, farbig engobiertem, bemaltem und glasiertem Ton trägt sich gut über kräftigen Leinen- oder Wollstoffen. Seine Wirkung ist ähnlich wie bei den zu Schmuck verarbeiteten Naturdingen (durchbohrten Nüssen, Muschel- und Schneckenschalen usw.), übertrifft diese jedoch an Farbigkeit und Glanz.
Am besten beginnen wir mit einer einfachen Kugelkette. Die einzelnen Kugeln, die nicht zu groß geraten dürfen, weil die Kette sonst zum Tragen zu schwer wird, runden wir sorgfältig durch Rollen zwischen den Handflächen oder auf einer ebenen Unterlage. Wir können sie auch zu den Enden der Kette hin kleiner werden lassen. Später formen wir scheibchenförmige, zylindrische und muschelige Schmuckteile, überarbeiten sie sorgfältig und stellen sie reizvoll zusammen. Ein bißchen Geschmack muß dabei mit im Spiele sein. Teile, die zur Kette aufgezogen werden sollen, durchbohren wir, solange sie weich sind, mit einer Nadel. Zur Anbringung von Clips und anderen Halterungen, die ja nicht mitgebrannt werden dürfen, bohren wir am besten kleine, sich nach innen weitende Vertiefungen in die Rückseiten der Stücke. Kugeln und ähnliches fädeln wir zum Glasieren auf einen rostfreien Draht, der beim Brennen keine Verfärbungen verursacht. Schließen zementieren wir nach dem Brennen mit Zahnzement (vom Zahnarzt!) ein.

Keramische Platten

Ihrer Verwendung nach dient die keramische Platte als Wandschmuck. Wir können sie als Einzelplatte bemalt oder plastisch modelliert an geeigneter Stelle in eine Wand einfügen oder mit weiteren gleichartigen Stücken zu einem größeren Plattenfries zusammensetzen. Am Kachelofen, am Kamin, an der Wand über dem Wasserbecken oder im Flur läßt sich so ein Plattenwerk gut anbringen. Die Verwendung bemalter Platten für kleine Blumen- und Couchtische ist bekannt.

Die Herstellung der Platten setzt mehr Handwerkserfahrung als andere Tonarbeiten voraus. Die nach den Maßstäben des Werkganzen vorausbestimmten Formate müssen auch nach dem Brand noch stimmen. Es ist also wichtig, daß die Platte beim Brennen nicht wesentlich schwindet, daß sie sich aber auch nicht verzieht, und daß Flächen oder Stegsprünge vermieden werden. Um die Schwindung des Tons in Grenzen zu halten, sollte man ihm jetzt besonders viel (bis zur Hälfte seines Trockengewichts) gemahlene Schamotte beimengen. Ein so stark gemagerter Ton muß gut durchgeknetet werden. Das Einebnen erfolgt am besten mit dem Rollholz. Abschneiden mit dem Draht (siehe Seite 214). Beim Festlegen des Plattenformats ist auch die Größe des vorhandenen Brennraums im Elektroofen zu bedenken sowie die Tatsache, daß mit Glasur überzogene Platten (siehe Seite 233) liegend gebrannt werden müssen.

Stempeldekor. Das handwerkliche Bemustern der Platten mit Stempeleindrücken bietet eine Fülle reizvoller Möglichkeiten. Die benötigten Punzen stellen wir uns aus Holz oder Gips her. Nur im lederharten Ton werden deutliche und klare Abdrücke erzielt!

Schnittreliefs. Das Verfahren entspricht der normalen Reliefarbeit in einem härteren Material (Stein oder Holz) insofern, als der lederharte Tongrund mit einem Messer oder der Schlinge an der Kontur des stehenbleibenden Bildteiles zurückgeschnitten und abgetragen wird. Für manche Ornamente und vor allem für das Herausarbeiten plastisch erhabener Schriftzeichen ist diese Art des Vorgehens praktischer als das Modellieren, weil wir damit größere Genauigkeit und Schärfe in den Konturen erreichen.
Einfache Kerblinien werden am besten mit einer Geißfußfeder (siehe Seite 547) entlang der vormarkierten Bildlinie ausgeführt. Im Grunde kommt nur der »Rillenschnitt« in Frage. Ist die Platte vorher mit einem farbig brennenden Guß überzogen worden (siehe Seite 239), hebt sich der Grund nach dem Brennen andersfarbig daraus hervor, z. B. bei rotbrennendem Ton rot aus einem vielleicht schwarz gebrannten Plattenüberzug (Sgraffito).
Von einem »versenkten« Relief sprechen wir, wenn wir innerhalb einer solchen eingekerbten Zeichnung die Bildkörper plastisch durcharbeiten, ohne aber gleichzeitig auch den umgebenden Grund zurückzuschneiden. Während der Arbeit vertiefen wir die Konturlinie senkrecht in den Ton hinein bei langsamer Rundung nach innen. Dabei entsteht eine körperhaft-plastische Wirkung mit einer Reliefhöhe, die von der Tiefe der eingeschnittenen Konturlinie abhängt.

Aufmodelliertes Relief. Bei der modellierten Wandplatte handelt es sich um eine einfache Variante des Reliefs, in der auch Lösungen zur Geltung kommen, bei denen die plastische Qualität des Reliefs hinter der einer reizvollen und phantasievollen Erfindung zurücktritt. Die technische Problematik solcher Arbeiten liegt in der Dünnwandigkeit der Platte, die keinen stärkeren Tonauftrag erlaubt, weil sie sich sonst beim Trocknen verziehen würde. Die wiederzugebenden Körpervolumen müssen auf eine äußerst geringe Höhe reduziert werden. Weist eine Arbeit beträchtlichere Reliefunterschiede auf, so müssen wir die am stärksten hervorspringenden Stellen rückseitig aushöhlen.
Die plastischen Formteile werden aus kleinen Tonstückchen auf die Platte aufgedrückt. Dabei können wir gut von einer Flachfigur – das ist eine aus einem dünnen Tonblatt herausgeschnittene Flachform – ausgehen, die wir auf die Grundplatte montieren und plastisch verfeinern.

Gipshohlschnitte. Wie man einen Negativschnitt mit Gips herstellt, lesen wir auf Seite 249. In der Tonarbeit dient er uns lediglich als Prägeform, um ein reliefplastisches Gebilde, z. B. eine Plakette oder eine Wandplatte, zu vervielfältigen, oder um schwierige Formteile der Reliefarbeit, die sich nur sehr schwer aufbauend modellieren lassen (exakte Linienzüge, geringe plastische Rundungen, Schrift usw.), sauber herzustellen. Diese Formen werden zunächst negativ und seitenverkehrt in Gips geschnitten und hinterher durch Ausformung in den Ton übertragen. Wir benutzen also die Gipsform wie ein Backmodel, nur mit dem Unterschied, daß wir nicht den Model in den Ton, sondern den Ton mit den Fingern sorgfältig in alle Vertiefungen der Gipsform eindrücken. Da Gips stark Wasser anzieht, muß der Ton etwas feuchter als gewöhnlich gehalten werden. Er haftet nicht am Gips.

Stegkeramik. Auf einer Tonplatte werden, den Umriß- und Unterteilungslinien einer sehr einfachen Zeichnung folgend, langlaufende Dämme (»Stege«) plastisch aufmodelliert, so daß auf der Plattenoberfläche einzelne Abteilungen, die »Zellen«, entstehen, in die sich später beim Brennen die Flut der farbigen Glasurschmelze ungehindert ergießen kann. Das Ganze erinnert an eine Deichlandschaft im kleinen, wobei die Stege den Deichlinien, die Zellen den Kögen, und die Farben darin dem Widerschein der Felder und Wiesen entsprechen.
Beim Formen der Platte müssen einige Regeln beachtet werden, die ganz allgemein für die Herstellung keramischer Platten gelten (siehe Seite 231). Die Stege können wir entweder mit Hilfe eines Gipshohlschnittes oder durch Handmontage aufführen. So gibt z. B. der positive Ablauf einer vorher im Verlauf der Bildkonturen breit in den Gips gegrabenen Geißfußlinie schon ein für kleinere Platten genügend hohes Steggefüge, das sich durch seine besonders saubere Kantenwirkung auszeichnet. Beim Aufmodellieren der Stege mit der Hand verfahren wir folgendermaßen: Auf die noch formfeuchte Platte werden etwa 5 mm dicke Tonnudeln aufgelegt und seitlich angedrückt, so daß in der Mitte ein scharfer Grat entsteht, den wir schließlich noch ein wenig flachdrücken. Auf lederharten Grundton müssen die Stege (am besten aus geschnittenen Tonbändern) nach vorherigem Aufrauhen des Plattengrundes mit feuchtem Tonbrei aufmontiert werden.
Die Zellen können wir farbig engobieren oder auch nur glasieren, wobei wir reine Farbglasuren möglichst füllig auftragen (da die Stege ja als Dämme wirken). Über dunkel (schwarz-braun) engobierten Tongründen entfalten so dicke Farbglasurenauflagen ein besonders schönes Farbenspiel. Das Kunstgewerbe verwendet auch gern »vorgeschmolzene« Glasuren, die mit dem Hammer zerschlagen, ausgesiebt und als Grus von 2–5 mm Korngröße zwischen die Stege geschichtet werden, wo sie beim Brennen nur grob zusammensintern.

Glasurkeramik. Wie witterungsbeständig keramische Glasuren sein können, sehen wir an den altorientalischen Bauwerken, wo die glasierten Tonziegel noch heute die gleiche Farbenpracht entfalten wie um 600 v. Chr.
Bei der Herstellung keramischen Mosaikmaterials zerschneiden wir dünne Tonplatten nach den in der Entwurfzeichnung in natürlicher Größe vorliegenden Umrißlinien in größere und kleinere Teilformen, die wir einzeln mit Engoben und farbigen Glasuren behandeln, brennen und bei der Montage zum Bildganzen zusammensetzen.

Trocknen und Brennen

Der Höhepunkt jeder Tonarbeit ist das Brennen. Dabei soll es sich zeigen, ob technisch einwandfrei gearbeitet worden ist hinsichtlich Vermeidung von Lufteinschlüssen, gleichmäßiger Massenverteilung und Spannungsgleichheit zwischen Ton und Überzug (Engobe, Glasur; siehe Seite 239). Bevor wir aber das verletzliche Tongebilde unwiderruflich in harten Stein verwandeln können, muß es sorgfältig getrocknet werden.

Das Trocknen bereitet bei stark gemagerten Tonarbeiten keine Schwierigkeiten. Im allgemeinen sollten wir aber bei allen Tonen grundsätzlich mit großer Vorsicht verfahren. Nie bringen wir die zu trocknenden Gegenstände in die Nähe des Ofens oder in die Sonne! Zu empfehlen ist ein kühler Raum, in dem die Luft zirkuliert und der Ton langsam trocknen kann. Schnelles oder einseitiges Trocknen (bei Sonnenbestrahlung oder in der Zugluft) führt unweigerlich zum Verziehen und Reißen. Am stärksten sind die Gefäßböden oder Stellen gefährdet, an denen massivere Teile (z.B. Henkel) ansetzen. Wenn wir die Stücke anfangs eine Zeitlang mit nassen Tüchern abdecken, bleiben die massiveren Teile oberflächlich elastisch und können der Schrumpfung des auch von innen heraus trocknenden Tons nachgeben. Nach einiger Zeit drehen wir die Gegenstände um, damit auch die Bodenstücke und Unterteile nachkommen können. Im übrigen stellen wir die trocknenden Gefäße auf Gips oder Holz. Keramische Platten oder flache Tonarbeiten müssen wir auf ein Siebgitter legen, das auch von unten her Luft bekommt. Die Trockendauer ist sehr unterschiedlich und hängt ab von Lufttemperatur und -feuchtigkeit sowie von der Größe und Stärke der Stücke. Der Töpfer erkennt schon am Aussehen, Gewicht und Klang, ob das Stück in den Brennofen eingesetzt werden darf oder nicht. Zur Sicherheit prüft er die Trockenhärte mit dem Fingernagel (Nagelprobe). Lederharter Ton ist noch dunkel (»grün«), hat seine Plastizität schon verloren, kann aber noch immer bearbeitet werden (siehe Seite 226, 232). Mit fortschreitendem Trockenprozeß wird der Ton heller und härter, auch leichter und klingend (wenn wir mit dem Knöchel dagegenklopfen).

Reparaturen. Arbeiten, die beim Trocknen zerbrochen sind, können wir unter Umständen wieder verbinden, wenn wir die Bruchstelle vorher gründlich anfeuchten, ein wenig feuchten Tonschlamm auftragen und die Teile zusammendrücken. Die Prozedur ähnelt der beim Zusammensetzen mehrteiliger Figuren (siehe Seite 231).

Der Brennofen. Große Werkstücke werden wir immer bei einem Töpfer oder in einer Ziegelei brennen lassen. Bei kleineren ist solch ein Lohnbrennen auf die Dauer zu umständlich. Wir sehen uns bald nach einem eigenen Brennofen um, der zwar nicht billig ist, aber auch nicht mehr kostet als z.B. eine vollständige Campingausrüstung oder ein umfangreiches Angelbesteck für einen passionierten Angler. Kleinere Typen elektrisch beheizter Kammeröfen mit guter Isolierung, geringem Wärmeverlust und genügend großem Brennraum werden von verschiedenen Firmen hergestellt. Die erreichbare Höchsttemperatur eines solchen Ofens sollte nicht unter 1100° liegen (Glasurbrände!). Der Rauminhalt der Brennkammer darf nicht zu klein sein, da bei Glasurbränden Platz für Einsatzplatten und Stützen verlorengeht.

Brennkontrolle. Wünschenswert ist ein Pyrometer (Thermoelement mit Schaltregelung), das die Temperatur des Ofens auf elektrischem Wege anzeigt und auf eine gewünschte Zwischentemperatur eingestellt werden kann. Ist sie erreicht, wird der Strom automatisch abgeschaltet.
Ein einfaches und sehr zuverlässiges Mittel zur Feststellung der im Ofen herrschenden Temperatur bilden die »Seger-Kegel«. Das sind kleine, aus unterschiedlichen keramischen Massegemischen bestehende Pyramiden, die den gleichen chemisch-physikalischen Veränderungen wie das Brenngut unterliegen und in einem bestimmten Temperaturbereich schmelzen. Der Kegel SK 011 a schmilzt bei 880 °, SK 010 a bei 900 ° usw. Stellen wir so einen Kegel vor uns auf den Tisch, so sehen wir, daß er ein wenig schräg steht. In diesem Stand drücken wir ihn etwa einen halben Zentimeter tief in ein Stückchen Ton. Das Ganze stellen wir dicht hinter das Guckloch des Ofens mit in den Brennraum, so daß wir durch die Glimmerscheibe während des Brandes beobachten können, wie der Kegel umsinkt. Dann muß der Ofen ausgeschaltet werden.
Solche Kegel sind für verschiedene Temperaturbereiche erhältlich:

Nr.	Temperaturbereich	Nr.	Temperaturbereich
011 a	880 ° C	005 a	1000 ° C
010 a	900 ° C	004 a	1020 ° C
009 a	920 ° C	003 a	1040 ° C
008 a	940 ° C	002 a	1060 ° C
007 a	960 ° C	001 a	1080 ° C
006 a	980 ° C	1 a	1100 ° C

Für den einfachen Schrühbrand kommt der Kegel SK 010 a in Frage, der bei etwa 900 ° zusammensinkt. Den Kegel SK 011 a, der bei 880 ° schmilzt, stellen wir als Vorwarnung daneben.
Leider haben diese Kegel den Nachteil, nur bestimmte Endtemperaturen anzuzeigen. Für das langsame Ansteigenlassen der Temperaturen beim Anheizen sind wir ohne anzeigendes Thermoelement auf die angegebene Schaltregelung (Stufenschaltung), im übrigen auf unsere Erfahrung angewiesen.

Das Brennen ist zunächst nur ein fortgesetzter und beschleunigter Trockenvorgang, wobei Reste des mechanisch gebundenen Wassers aus dem Ton oder der Glasur ausgetrieben werden. Das spielt sich bei Temperaturen zwischen 120 ° und 400 ° ab. Die Austreibung des restlichen Wassers darf nicht zu schnell vonstatten gehen. Der Wasserdampf muß durch die Poren des Tons entweichen können, es darf in derselben Zeit nicht mehr Wasser verdunsten, als die Poren durchlassen können. Die Gefahr, daß das Brenngut zerspringt, besteht so lange, wie ein Glasscheibchen, das wir vor den Abzugsstutzen des Ofens halten, beschlägt. Ist das Wasser verdampft, kann die Erhitzung eine Zeitlang schneller erfolgen (bis etwa 550 °). Ab 600 ° setzt die Zersetzung der Tonsubstanz ein. Jetzt wird das chemisch gebundene Wasser abgespalten. Auch dabei kann die Form zerspringen, wenn der Vorgang zu rasant verläuft und der Dampf nicht schnell genug durch die Poren entweichen kann. Es

Blick in einen elektrischen Brennofen. Die Heizspiralen befinden sich an der Innenseite des Schamottefutters. Für den Rohbrand können die Werkstücke in- und übereinandergestapelt werden. Beim Glasurbrand dagegen darf kein Stück das andere berühren.

gibt Tonarten, bei denen das trotz großer Vorsicht immer wieder vorkommt (sie müssen daher mit einem großen Zusatz gemahlener Schamotte gemagert werden). Die chemische Abspaltung des Wassers kann sich bis über die helle Rotglut hinausziehen.
Ab etwa 1000 ° beginnt der Ton zu sintern. Der Vorgang verläuft sehr langsam. Das Brenngut muß daher lange Zeit in hoher Temperatur gehalten werden. Eine Beschleunigung erfährt das Sintern durch Flußmittelzusätze, die dem Ton schon bei der Massebereitung beigegeben werden.

Schrühbrand. Beim Schrühen bekommt der Scherben seine Steinnatur. Gleichzeitig brennen Engoben fest auf den Scherben auf. Zum bloßen Schrühen können wir die Gegenstände bedenkenlos in- und übereinanderstapeln, da keine Gefahr besteht, daß sie zusammenkleben. Wir stellen die stärksten und größten Stücke nach unten und möglichst dicht zusammen. Schwere einseitige Belastungen müssen vermieden werden. Bei engobierten Stücken ist Stapeln dagegen nicht möglich!
Nehmen wir an, wir arbeiten mit einem Elektroofen. Das Anheizen muß bei offenem Entlüftungsschieber geschehen und kann nicht vorsichtig genug erfolgen. Zunächst schalten wir auf Stufe »1«, bei 80 ° wieder kurz aus, wieder ein bis 120 °, wieder aus, lassen die Temperatur etwas zurückgehen, wieder ein, usw. Das ständige Ein- und Ausschalten des Ofens hat den Zweck, das Anheizen bis 200 ° auf zwei bis drei Stunden auszudehnen. Dann gehen wir langsam auf 400 °. Ließe man die Temperatur stetig ansteigen, würden die eingesetzten Werkstücke durch die Dampfentwicklung platzen. Besser langsam anheizen als zu schnell!
Während des Anheizens bleibt der Abzugsschieber oben offen, damit der frei werdende Wasserdampf aus dem Brennraum abziehen kann. Der untere Schieber muß geschlossen werden, Zugluft ist gefährlich! Erst bei 600 ° machen wir auch die obere Klappe zu. Nun kann der Ofen mit voller Leistung brennen, jedoch ist auch zwischen 400 ° und 650 ° Vorsicht nötig, da sich dann die Umwandlung des Tons in den Scherben vollzieht. Nach etwa neun Stunden dürften wir die für den Schrühbrand notwendige Endtemperatur (zwischen 880 ° und 900 °) erreicht haben. Wenn man also morgens mit dem Brennen beginnt, kann man abends den Ofen abschalten. Ein Blick durch das Guckloch in der Ofentür zeigt uns dann alle Formen in hellroter Glut.

Abkühlen. Wenn der Brennofen die nötige Endtemperatur erreicht hat, lassen wir ihn langsam abkühlen. Der Ofen kann abgeschaltet werden, Tür und Schieber bleiben geschlossen. Das Abkühlen des Brennguts muß genau so langsam wie das Erhitzen erfolgen. Würden die gebrannten Gegenstände zu früh der Luft ausgesetzt, bekämen sie Kühlrisse. Erst unter 400° können wir vorsichtig und nur zum Teil den oberen Schieber öffnen. Nie sofort ganz und nie zugleich auch den unteren Schieber, da die entstehende Zugluft den gesamten Ofeninhalt zerstören würde! Erst wenn die Temperatur bis auf 100° abgesunken ist, dürfen wir die Tür vorsichtig öffnen. Mit etwas Bruch müssen wir in einem vollgepackten Ofen immer rechnen. Neben manchen Enttäuschungen bereitet aber das Herausnehmen der gebrannten Tongegenstände auch viel Freude.

Glasur- und Glattbrand. Die auf dem Gegenstand staubförmig aufgetrocknete Glasur wird beim Brennen zähflüssig und verschmilzt dann mit dem Scherben, leider aber auch mit allen Gegenständen, die ihr zu nahe kommen. Deshalb dürfen sich glasierte Gegenstände im Ofen nicht berühren. Praktisch sollten sie überhaupt nirgends anstoßen und auch mit ihren Standflächen nur allerkleinste Berührungspunkte finden. Man baut aus diesem Grunde zunächst einmal waagerechte Gestelle in den Ofen ein, aus dicken Schamotteplatten und kegelförmigen Stützen, die die hohe Temperatur aushalten. Die Gegenstände selbst werden – damit sie beim Herunterlaufen der Glasuren nicht an der Stapelplatte festkleben – auf dreikantige Tonprismen oder tönerne Dreifüße gestellt, die nach oben kleine Spitzen haben, womit sie die Standflächen der Gegenstände (auch solche, die unterseits glasiert werden) nur an kleinsten Punkten berühren. Nach dem Brennen können die Gegenstände leicht davon abgenommen oder abgeschlagen werden. Sicherheitshalber kann man die Schamotteplatten, auf denen das glasierte Brenngut steht, auch noch mit dünnem Kaolinbrei bestreichen, der die ablaufende Glasur auffängt. Diese Hilfsmittel nehmen an sich schon viel Brennraum in Anspruch (weshalb man sich den Ofen nie zu klein kaufen sollte!), so daß die einzusetzenden Stücke möglichst dicht aneinandergestellt werden müssen. Es genügen Zwischenräume von 2 mm. Außerdem ist zu beachten, daß man die staubförmig aufgetrocknete Glasur beim Einsetzen der Gegenstände nicht abgreift, da Nachbesserungen unschöne Stellen und Ränder verursachen.

Der zweite Brand verläuft in ähnlicher Weise wie der erste mit langsamem Anheizen – da auch in den angetrockneten Glasuren noch mit Feuchtigkeit zu rechnen ist –, langsam steigender Hitze bis zur Endtemperatur, die je nach Glasur um 1020° liegt.

Umgang mit Töpferfarben und Glasuren

Wenn der gebrannte Gegenstand den Ofen verläßt, fühlt er sich rauh an und hat oft eine unangenehme Brandfarbe. Außerdem ist er wasserdurchlässig. Es ist daher nicht verwunderlich, daß wir den »geschrühten« Scherben als etwas Halbfertiges betrachten, das noch eines verdichtenden, den Gegenstand veredelnden und die Wirkung der Form unterstreichenden Kleides bedarf. Grundsätzlich verlangt jede keramisch-plastische Form über den elementaren, d. h. aus den Gegebenheiten und aus der Verarbeitung des Werkstoffs (siehe Seite 224) entwickelten Dekor hinaus eine angemessene Oberflächenbehandlung. Sie kann auf verschiedene Weise erfolgen, entweder mit farbigen Engoben, Glasuren oder Unterglasur-

Der Teller ist mit Aufglasurfarben bemalt, die nachträglich aufgebrannt wurden

und Aufglasurfarben (hitzebeständige Metalloxydfarben, die sich beim Brennen mit dem Ton- oder Glasurgrund verbinden).

Beguß- und Schlickermalerei. Tongegenstände, deren rohe Brennfarbe unserem Geschmack widersprechen würde oder die glasiert werden sollen, überzieht man im lederharten Trockenzustand mit einem andersfarbig brennenden Ton, der Engobe. Die pulvrige Tonsubstanz wird mit Wasser zu einem feinen Schlamm angerührt und entweder über den Gegenstand gegossen, mit Hilfe eines Spritzbällchens in Punkten und Linien oder mit dem Pinsel auch flächig aufgetragen.

Wir wissen, daß die natürliche Brandfarbe des Tons durch die im Ton enthaltenen Metalloxyde hervorgerufen wird. Es gibt in der Natur weiß-, gelb-, rot-, auch schwarzbrennende Tone. Versetzen wir einen weißbrennenden Ton mit Metalloxyden, so können wir ihm alle möglichen Farben geben. Kobaltoxyd färbt den Ton blau, Kupferoxyd grün, Eisenoxyd rot. Einige Metalloxyde ergeben aber erst im Zusammenwirken mit Glasurbestandteilen die gewünschte Farbe.

Das Selbstherstellen der Engoben erfordert viel Erfahrung und versetzt uns in die Zeit zurück, in der sich auch die Maler ihre Farben selbst anrieben. Man braucht dazu einen Glasreiber und eine Glaspalette, einen Stahl- oder Hornspachtel, Reibschale und Stampfer aus starkem Porzellan und eine gewöhnliche Feinwaage zum Abwiegen der Mengen. Die mühevolle Arbeit des Oxyd- und Tonreibens kann man sich mit einer Kugelmühle erleichtern. Sie besteht aus einem zylindrischen Porzellangefäß, das bis zu einem Drittel mit Porzellan- oder Steinkugeln gefüllt ist und durch einen Motor in rotierende Bewegung versetzt werden kann. Das Mahlgut (Oxyd und Ton) wird abgewogen, eingefüllt, mit Wasser verdünnt und durch die schnelle Umdrehung des Zylinders zwischen den Kugeln aufs feinste zerschlagen und verrieben.

Für die gelegentliche Beschäftigung mit keramischen Werkstoffen lohnt sich die Anschaffung so einer Mühle nicht. Auch ist es für einen Laien schwierig, einen richtigen Engobeton, der ungefähr die gleiche Schwindungsziffer wie der verarbeitete Grundton haben soll, zu finden. Aus diesem und anderen Gründen ist es praktischer, die industriell hergestellten und auf einen durchschnittlichen Masseton abgestimmten Engoben zu verwenden, die wir beim Tonlieferanten kaufen und nur noch anrühren müssen. Hierbei wird ein Kilogramm Engobeton mit 1,5 bis 1,8 l Wasser zu einem rahmdicken Schlamm verührt und nach 24 Stunden Quellzeit mit einem Borstenpinsel oder einer Hornrakel durch ein feinmaschiges Metallsieb (1500 bis 2000 Maschen pro qcm) gerieben. Der entstehende »Schlicker« ist gebrauchsfertig.

Die Schwierigkeit beim Engobieren liegt im Abpassen des richtigen Zeitpunktes für den Auftrag, der grundsätzlich bei »Lederhärte«, also auf den feuchttrockenen Grundton und vor dem ersten Brand erfolgen muß. Vollständig trockene Gegenstände kann man nicht mehr engobieren, weil diese die Trockenschwindung schon hinter sich haben, die flüssigen Engoben aber noch nicht. Es entstünden Schwindungsdifferenzen, die später zum Abblättern der aufgetragenen Farbschicht führen würden.
Am einfachsten ist das Begießen. Die dünnflüssige Engobe wird in einer großen Schüssel gesammelt und derart mit einer Schöpfkelle über den Gegenstand gegossen, daß die ablaufende Engobe wieder in die Schüssel zurückfließt. Kleinere Gegenstände können auch eingetaucht werden. Anhängende Tropfen schleudern wir ab, Fingerstellen lassen sich noch nachträglich mit Engobe ausbessern, da sich diese späteren Aufträge schnell mit der übrigen nassen Schicht verbinden. Die so überzogenen Gegenstände müssen trocknen, bis auch der Beguß lederhart ist. Dann kann noch mit andersfarbigen Engoben darauf gemalt werden. In den meisten Fällen wird aber die einfarbig behandelte Fläche wirksamer sein.

Manche Töpfer verwenden noch heute das »Malhorn«, ein etwa faustgroßes Tongefäß mit einer schnabelförmigen Tülle, in der ein Federkiel steckt. Die Engobe wird eingefüllt und läuft bei schräger Haltung am Ende des Federkiels heraus. Einfacher und auch praktischer ist die Verwendung kleiner Spritzbällchen aus Gummi, die man in der Drogerie kaufen kann. Wir probieren zunächst die Handhabung auf einem Stück Pappe. Auch die richtige Konsistenz der Engobe muß ausprobiert werden. Ist der Schlamm zu dick, so tritt er nur tropfenweise aus und widersetzt sich einer sauberen Strichführung, ist er zu dünn, so läuft er. Nach einiger Übung werden wir mit dem ungewohnten Gerät gut malen können. Am reinsten stehen die Farben auf einem weißen oder schwarzen Grundauftrag.
Durch »Kratztechnik« entsteht ein Sgraffito. Hierbei wird eine obere Farbschicht soweit abgetragen, daß eine andere darunterliegende zum Vorschein kommt. In die mit Engobe begossene Tonoberfläche läßt sich nach dem Trocknen des Begusses mit einem Holz- oder Kunststoffstäbchen, auch mit einem Messer, ein sauberes Muster einkratzen oder einschaben. Besonders schön heben sich solche

Keramische Leuchter mit Kratzdekor. Nach Art eines Sgraffitos wurden nach dem Brand aus der dunkel engobierten Oberfläche einzelne Partien mit einem spitzen Gegenstand bis auf den rotgebrannten Tongrund herausgeschabt

Kratzspuren in dem rotbrennenden Ton aus einem weiß- oder schwarzengobierten Grund hervor.
Die mit Engoben behandelten Gegenstände werden anschließend gebrannt (siehe Seit 236). Sie können – müssen aber nicht – hinterher noch in einem zweiten Brand transparent glasiert werden.

Unterglasurfarben bestehen aus den gleichen staubfein vermahlenen hitzebeständigen Metalloxydfarben, die auch in den farbigen Engoben enthalten sind. Sie werden durch ein Bindemittel zusammengehalten und müssen naß gelöst und mit dem Pinsel auf die getrocknete (am besten weiße) Engobe aufgetragen werden.

Glasieren dient in erster Linie dem Zweck, den porösen Scherben wasserdicht zu machen, was indes nur selten vollständig gelingt, weil sich in der Glasur immer wieder Haarrisse bilden. In zweiter Linie ist die Glasur ein Verschönerungsverfahren. Es läßt sich nicht leugnen, daß der glatte, glasglänzende Überzug den Scherben sowohl für das Auge als auch für die Hand angenehmer macht.
Heute können sämtliche Glasurmaterialien, deren Aufbereitung früher Sache des Fachmanns war, gebrauchsfertig bezogen werden.
Die Glasur ist ihrer Natur nach eine Art Glas und hat auch eine ähnliche Zusammensetzung wie dieses. Die einfachste Töpferglasur besteht aus Quarzsand (Kieselsäure), Bleioxyd und einer geringen Menge reiner Tonerde, meist Kaolin. Da der Schmelzpunkt von Quarz sehr hoch liegt (bei 1600 °), muß er mit leichter schmelzenden Substanzen (Bleiglätte, Mennige) versetzt werden. In der Glut verbinden sich das Bleioxyd und die Kieselsäure miteinander, und es entsteht Bleisilikat, das nach dem Brennen den Gegenstand als glasige Schicht überzieht. Der geringe Zusatz von Tonerde erhöht die Haftfähigkeit der Glasur auf dem Scherben.
Leider hat das genannte Bleisilikat (wie alles Bleihaltige) die unerwünschte Eigenschaft, giftig zu sein. Es ist zwar als Glasur in Wasser unlöslich, kann aber schon von einer schwachen Frucht- oder Essigsäure gelöst werden und daher, mit Lebensmitteln in Berührung gebracht, leicht unliebsame Vergiftungen hervorrufen. Daher ist diese einfachste Töpferglasur nur begrenzt anwendbar.
Im allgemeinen werden heute von der Industrie »gefrittete«, das sind vorgeschmolzene und wieder fein gemahlene Glasuren, angeboten, die so gut wie ungiftig sind und unbedenklich verwendet werden können. Durch das Fritten wird der Schmelzpunkt der Glasur herabgesetzt, außerdem geht dabei die Giftigkeit der Bleiverbindung verloren.
Durch verhältnismäßig geringe Zusätze von Zinnoxyd und anderen Mineraloxyden und Abänderungen der Glasurmischungen lassen sich Glasuren verschiedenen Aussehens, für jede Temperatur und Technik, entwickeln. Borsäurehaltige sind klar durchsichtig und haben spiegelnden Glanz. Zusätze von Feldspat und Zinnoxyd machen die Glasur matt. Mit Zinnoxyd erzielt man weißdeckende, undurchsichtige Schmelzglasuren, wie sie als Kennzeichen der Fayence- oder Majolikatechnik gelten. Farbige Glasuren erhält man, wenn der gefritteten Grundglasur Metalloxyde zugesetzt werden. Die Leuchtkraft der Farbe steigt mit dem Oxydanteil, der aber nur bis höchstens 8 % der Grundglasur betragen darf. Die beigegebenen Metalloxyde setzen

den Schmelzpunkt der Glasur herab, was wiederum durch Quarzzusätze ausgeglichen werden kann. Farbglasuren behalten immer eine gewisse Transparenz, sie stehen am reinsten auf weißer Engobe. In der modernen kunsthandwerklichen Keramik werden auch vielfach Erdglasuren verarbeitet, die einen besonders hohen Tonerdegehalt haben und daher gedämpfte Farbtöne und matte Oberflächen hervorbringen.

Wir beziehen die Glasuren wie die Engoben in trockenem und gemahlenem Zustand. Die Pulver werden im Verhältnis 1:1 bis zu 1:1,5 mit Wasser angesetzt, gut durchgerührt und einen Tag lang stehen gelassen. Nachher reiben wir die Glasur durch ein 2000-Maschensieb, wie wir es auch beim Aufbereiten der Engoben gebraucht haben. Die durchgeriebene Glasur verdünnen wir mit Wasser, bis eine nicht zu dick fließende Suppe entsteht.

Erst nach dem Schrühbrand (bei dem auch die Engobe mitgebrannt worden ist) tragen wir die Glasur auf. Da die schwereren Glasurbestandteile das Bestreben haben, sich abzusetzen, müssen sie ständig aufgerührt werden. Wir tauchen kleinere Gegenstände in den Glasurschlamm ein, größere werden mit der Kelle begossen, wobei wir die Glasur unter Drehen der Form vom oberen Rand aus an der Außenwand herunterlaufen lassen. Der geschrühte Scherben saugt das Wasser begierig auf, die Glasurbestandteile bleiben als feiner Staubschlamm an der Oberfläche haften. Wir müssen beim Glasieren schnell arbeiten, damit die Schicht dünn bleibt (1/2 mm). Sollen Gefäße innen glasiert werden, gießen wir eine kleine Menge Glasurflüssigkeit in die Höhlung, schwenken das Gefäß hin und her und kippen den Rest wieder aus. Glasurflüssigkeit, die über den »Fuß« des Gegenstandes gelaufen ist, muß mit einem feuchten Schwammlappen sorgfältig abgerieben werden, sonst brennt das Werkstück im Ofen fest. Stellen, die keine Glasur abbekommen haben, können nachträglich damit betupft werden.

Majolikatechnik. Ihr Kennzeichen ist die dichte, weiße Zinnglasur (Glasur mit Zusatz von 8 bis 15 % Zinnoxyd), die den Zweck hat, den rotgebrannten Scherbengrund zu überdecken und dem Gegenstand ein porzellanähnliches Aussehen zu geben. Majolikafarben bestehen aus oxydhaltigem staubfein vermahlenem Glaspulver, das mit einem wasserlöslichen Klebemittel versetzt wird und mit nassem Pinsel auf den pulverförmigen Malgrund, der den Scherben nach dem Trocknen des Glasurauftrags wie eine dicke Mehlschicht überdeckt, aufgetragen werden muß. Wir bekommen die Farbe gebrauchsfertig im Handel. Der Auftrag muß schnell aus der Hand (ohne Vorzeichnung!) erfolgen, weil der angetrocknete Glasurstaub dem Pinsel rasch das Wasser entzieht. Praktisch darf man die Oberfläche nur ganz leicht überfahren. Jeder Strich muß sofort »sitzen«, weil Korrekturen nicht möglich sind. Auch dieser großzügige, flotte Pinselstrich ist für die Majolikamalerei charakteristisch. Es ist zwar nicht ganz leicht, doch die erforderliche Gewandtheit im Umgang mit dem Pinsel stellt sich nach einiger Übung und Vorversuchen auf Papier ein. Wer die Schwierigkeit des flotten Pinselstrichs umgehen will und einen Zwischenbrand in Kauf nehmen möchte, kann (wie das auch in manchen Töpfereien geschieht) die aufgetragene Grundglasur bei niedriger Temperatur soweit einbrennen, daß sie auf dem Scherben haftet und einen festen Grund bildet, auf dem man dann leichter malen kann als auf der angetrockneten Staubschicht. Dabei besteht aber die Gefahr, daß der flotte Charakter der Majolikatechnik verlorengeht.

Kaltmalerei ist ein gewissermaßen vorhandwerkliches Verfahren, wobei die einmal gebrannte und möglichst weiß engobierte Form mit Plakat- oder Wasserfarben bemalt wird, was natürlich ein späteres Glasieren ausschließt. Eine ähnliche Technik hat es schon zur Zeit der Gotik gegeben.
Die Farbe wird mit dem Pinsel auf dem hellgrundigen Scherben aufgetragen und nach dem Trocknen mit einem transparenten Lack überzogen. Praktisch sind Einbrennlacke, die man im Küchenbackofen erhitzen kann. Die Technik kann Wirkungen (zarte Pastelltöne) vermitteln, die mit keramischen Farben nur schwer zu erzielen sind, und ist z. B. für Tier-, Krippen- und Märchenfiguren geeignet.

Modellieren in Ton

Unter Modellieren verstehen wir die Kunst des plastischen Gestaltens mit einem weichen, bildsamen Material (Wachs, Knetmasse, Ton), genauer ein »Modell« herstellen, von dem nachher eine Negativform abgenommen wird, die wiederum als Gußform für ein Positiv aus härteren, erstarrenden Stoffen (z. B. Gips) dient. In den meisten Fällen wird das Modell aus Ton gearbeitet. Und zwar nimmt man einen ungemagerten, ausgesprochen plastischen »fetten« Ton, der sich gut formen läßt. Da das Modell hinterher nicht gebrannt wird, brauchen auch die Eigenschaften, die der Ton beim Trocknen zeigt, beim Modellieren nicht beachtet werden. Wird das Modell nicht gleich abgeformt (siehe Seite 253), muß es feucht abgedeckt bleiben.
Kleinere Modelle oder solche, die fest auf der Grundfläche ruhen, können massiv gearbeitet werden. Größere erfordern ein Gerüst z. B. aus Holzlatten oder Draht. Um dieses Skelett herum klebt man den Ton Stückchen für Stückchen, möglicherweise unter ständiger Orientierung nach einer Vorzeichnung.
Grundsätzlich müssen immer zwei Arbeitsgänge unterschieden werden: 1. Festlegen der groben Umrißform und 2. die modulierende Durchbildung. Es gelingt selten, die Einzelheiten einer Figur immer sofort bis in die Details auszuarbeiten. Ein solcher Versuch hat oft Unstimmigkeiten in den Beziehungen zur Gesamtform zur Folge. Der erfahrene Plastiker beginnt daher von vornherein beim Ganzen. Wenn der grobe Umriß sitzt, können Unstimmigkeiten praktisch nur noch partiell auftreten und dort auch leichter korrigiert werden. Erst dann wird die Form durchgearbeitet und verfeinert.
Übrigens werden auch massive Plastiken Stück für Stück aufgebaut, nicht etwa aus einem großen Klumpen herausgegraben. Das entstehende Gebilde muß durch Drehen immmer wieder von allen Seiten kontrolliert werden.
Formcharakter des Plastischen siehe Seite 34; Abformung des Tonmodells und Umguß in Gips siehe Seite 253.

Die Gipsarten

Der strukturlose Gips gewinnt seine plastischen Eigenschaften durch die Fähigkeit, nach dem Brennen und Vermahlen durch Beigabe von Wasser ohne Veränderung in jeder gewünschten Form zu erstarren. Wir nehmen ihn zum Gießen wie zum Antragen (Modellieren). Sein normalerweise schnell verlaufender Abbindeprozeß kann durch geeignete Verzögerungsmittel verlangsamt werden. An ein Formgerüst angetragener Ton muß ständig feucht gehalten werden, – Gips darf daran ohne weiteres erstarren. Er ist das geeignetste Umkleidematerial, das uns auch längere Arbeitsunterbrechungen nicht übelnimmt, weil sich Neuanträge jederzeit mit den schon hart gewordenen Teilen verbinden. Zum Block gegossener und erstarrter Gips ist ein brauchbarer Stein für einfache Bildhauerarbeiten. In den Gipsblock geschnittene Hohlformen lassen sich ausgießen und ausformen (Plaketten, Gebäckmodel, Schmuck). Beim Übereinandergießen verschieden gefärbten Gipses zu dickeren Platten schaffen wir uns die Möglichkeiten für farbenprächtige Gipssgraffitos. – Gips war als gutes Bindemittel schon lange bekannt. Die Cheopspyramide in Ägypten wurde z. B. mit Gipsmörtel gebaut, ebenso der Palast von Knossos auf Kreta und viele Bauten des Mittelalters.

Natur und Aufbereitung des Materials

Das Ausgangsmaterial für den handelsüblichen Gips ist der mineralische Gipsstein, ein kristallwasserhaltiges Kalziumsulfat (schwefelsaurer Kalk mit zwei Molekülen chemisch gebundenem Wasser), das seine technische Brauchbarkeit erst durch das Brennen und anschließende Feinmahlen erhält. Er bildet am Südrand des Harzes große Lager, kommt aber auch in weniger mächtigen Lagen im südlichen Mainfranken und in der Schwäbischen Alb vor.

Gebrannter Gips. Durch das Brennen, das bei etwa 110 ° beginnt, wird aus dem natürlichen Dihydrat (dem mineralischen Gips) das chemisch gebundene Wasser ausgetrieben. Erhitzt man Gips bis auf 180 °, so werden etwa dreiviertel des in der Verbindung enthaltenen Kristallwassers frei, es entsteht ein »Halbhydrat« (gebrannter Gips), das fortan bestrebt ist, die ursprüngliche Dihydratform zurückzugewinnen. Gebrannter Gips zieht daher Wasser an, er ist »hygroskopisch«. Bei Aufnahme von Wasser erstarrt er ohne Formveränderung (plastisch). Bei Erhitzung bis auf 320 ° verliert er auch das letzte halbe Wassermolekül. Vollständig entwässerter Gips bindet von sich aus nicht mehr ab, er ist »tot«.

Verschiedene Gipsarten. Hochgebrannter (»toter«) wasserfreier Gips (Anhydrit) ist nur in Mischung mit niedriger gebranntem verwendbar. Solche Gipsmischungen haben je nach der Brennhöhe des Anhydrits verschiedene Eigenschaften.
Bekannt ist der im Baugewerbe für Stuck- und Rabitzarbeiten sowie als Zusatz zum Kalkputzmörtel gebrauchte »Stuckgips« (Brennhöhe zwischen 300 bis 320 °), der auch für Abgüsse verwendet werden kann, an die wir durchschnittliche (normale) Feinheitsansprüche stellen. Der teuere »Modellgips« ist reiner. Für exklusive Arbeiten sollte man nur den sogenannten »Marmorgips« verwenden, ein ganz feines, bei Alaunzusatz doppelt gebranntes Material, mit hervorragenden Eigenschaften. Vielfach wird Marmorgips auch als »Alabastergips« bezeichnet.
Stuckgips wird im Baustoffhandel vielfach von dem höher gebrannten (zwischen 480 ° bis 780 °) und langsam abbindenden »Putzgips« nicht unterschieden. Gipsmischungen mit Bindezeiten von weniger als einer Stunde sind auch im Bau- und Ofengips enthalten. Ein besonders hartes und festes Material mit mindestens sechsstündiger Bindezeit ist »Estrichgips«, der bis zu 1000 ° gebranntes Anhydrit enthält.

Das Abbinden beruht auf der Fähigkeit des gebrannten Gipses, bei Aufnahme von Wasser die ursprüngliche harte Dihydratform wieder anzunehmen. Dies geht bei Wärmeentwicklung (!) und einer Volumenvergrößerung von 1 % vor sich und kann nur bei ziemlichem Wasserüberschuß in einer »übersättigten Lösung« erfolgen, in der sich solange Gipskristalle ausscheiden, bis der gesamte gebrannte Gips wieder in die chemische Natur des Gipssteins übergegangen ist. Die dabei entwickelte Wärme entspricht praktisch derjenigen, die für das Austreiben des chemisch gebundenen Wassers beim Brennen aufgewendet werden muß.
Gips nimmt nur so viel Wasser wieder auf, wie er als Kristallwasser chemisch binden kann. Das überschüssige Wasser muß beim Trocknen durch Verdunsten entweichen, was sich leider auch auf die Porösität und Festigkeit des vergossenen Gipses auswirkt. Je dünner die Gipslösung ist, um so mehr Wasser muß verdunstet werden, um so poröser und weniger fest wird der abgebundene Gips. Eine erhöhte Wassermenge verzögert das Abbinden des Gipses.
Die Folge der durch das Brennen bewirkten Entwässerung ist, daß der Gips auch aus der Luft ständig Feuchtigkeit anzieht, wobei er seine Bindekraft langsam verliert. Gebrannter Gips muß sobald wie möglich verarbeitet werden. Lagernder Gips ist vor Feuchtigkeit zu schützen und von der Luft abzuschließen. Frischer Gips bindet verhältnismäßig langsam ab, wird dabei ausgesprochen warm und nach dem Erstarren relativ hart. Alter Gips bindet schnell, erwärmt sich wenig und bleibt weich.

Verzögerungszusätze. Zu rasches Abbinden des Gipses kann durch verschiedene Zusätze verzögert werden, am einfachsten durch Knochenleimwasser oder dünn angesetzten Kleister. Allerdings läßt sich der Zusatz nicht beliebig steigern. Zuletzt »zieht« der Gips nicht mehr an. Das richtige Maß muß durch Versuche festgestellt werden. Als Richtmaß kann aber gelten, daß auf je fünf Tassen des Anmachwassers eine Tasse schlank angerührter Kleister beigegeben wird. Andere Mittel sind: Magermilch, Zitronensäure, Essigsäure, Borax und handelsübliche Verzögerungsmittel. Zitronensäure bekommt man in Drogerien und Apotheken billig als Pulver. Eine Messerspitze davon verzögert das Abbinden von einem Liter Gipsbrei um etwa eine Stunde. Bei Borax stellt sich die gleiche Verzögerung durch eine Zugabe im Verhältnis von 1:8 (ein Teil Borax auf acht Teile Wasser) ein. Die Verzögerung bei einem Verhältnis von 1:4 beträgt 3–5 Stunden.

Härtezusätze. Das Verzögern des Abbindens durch solche Zusätze erhöht auch die Gipsfestigkeit. Verzögerungsmittel sind zugleich Härtemittel. Wir müssen nur darauf achten, daß trotz der Zugaben für eine zusätzliche Erhärtung auch die Gipsmenge im Verhältnis zur Wassermenge etwas erhöht wird. Eine nachträgliche Härtung des erstarrten Gipses läßt sich durch Einlegen des Werkstücks in eine achtprozentige Alaunlösung erreichen. Anpinseln ist ebenfalls möglich.
Einen sehr harten, dichten und zugleich gießbaren »Marmorzement« erhalten wir, wenn wir (für sog. »Stuccogüsse«) etwa 180 Gewichtsteile alaunisierten und doppelt gebrannten Marmorgips mit 100 Gewichtsteilen Wasser anrühren.

Weißer Gips. Am besten verwenden wir Marmorgips. Er wird aus reinsten Gipssteinen hergestellt, ist rein weiß, wird außerordentlich hart und hat nach dem Abbinden ein dichtes, porenfreies Gefüge. Die Abbindezeit beträgt je nachdem, ob es sich um schnell oder langsam bindende Gemische handelt, zwei bis zwanzig Stunden. Verlängerung durch Leimwasserzusatz ist möglich. Härte und Festigkeit sind von der Menge des Anmachwassers abhängig. In 100 ccm können bis zu 300 g Gipspulver gelöst werden.

Farbiger Gips. Gips läßt sich färben. Man nimmt dazu nur feingemahlene, licht- und kalkfeste Erd- und Oxydfarben, keinesfalls Anilinfarben. Um die gleichmäßige Durchfärbung der Masse zu erzielen, fügt man die Farbe schon dem trockenen Gipspulver bei, durchmengt beide gründlich und siebt die Mischung in das Lösungswasser ein. Es ist zu beachten, daß starke Farbbeigaben die Bindungskraft des Gipses herabsetzen. Gewöhnlicher Gips kann daher nur »pastelltonig« gefärbt werden. Bei Marmorgips sind größere Farbzugaben, bis zu einem Verhältnis von 1 : 1, möglich. Um die durch solche Farben erheblich herabgesetzte Festigkeit des Gipses wieder zu erhöhen, setzen wir dem Lösungswasser Kleister zu. Gefärbter Marmorgips eignet sich gut für Mosaikarbeiten (siehe Seite 283).

Anrühren. Gips wird stets in das Wasser gestreut (nie umgekehrt!). Am besten nimmt man eine flache Plastikschale, füllt sie zur Hälfte mit Wasser und schüttet soviel Material hinein, bis kleine Hügel aus dem Wasser herausragen (Gips muß »ersaufen«). Nun wartet man, bis sich die Hügel vollgesogen haben und rührt das Ganze mit einem Spachtel kurz und kräftig um. Es muß eine klumpenfreie, gleichmäßig sämige Masse entstehen. Zu langes Rühren macht den Gips »tot«. Nach einer kurzen Standzeit, während der der Gips allmählich abzubinden beginnt, können wir ihn verarbeiten.
Das Ansatzverhältnis einer normalen Gipslösung berechnen wir am einfach-

sten nach Raumvolumen. 1 Becher Wasser und 1 Becher Gips ergeben die doppelte Gipsmenge. Wir müssen also das Gefäß zur Hälfte mit Wasser füllen, wenn wir eine volle Schale Gipsbrei benötigen. Eine Ausnahme bildet das Ansetzen härteren Gipses. Gießgips muß dünner angerührt werden.

Haltbarkeit. Gips ist nicht wasserfest. Formgebilde aus diesem Material dürfen wir also nicht im Freien aufstellen oder an Außenwänden anbringen. Unter einem Vordach oder an Stellen, die vor Regen und Feuchtigkeit geschützt sind, ist Gips jedoch haltbar. Nägel, Schrauben, Mauerhaken usw. rosten im Gips; sie müssen deshalb verzinkt oder mit einem rostschützenden Anstrich versehen sein. Auf keinen Fall dürfen wir Gips mit Zement in enge Berührung bringen!

Werkzeuge und Geräte

Über die beim Arbeiten mit Gips benötigten Werkzeuge und Geräte ist nicht viel zu sagen. Einen nicht zu breiten Spachtel kaufen wir uns in einem Werkzeuggeschäft. Die zum Anrühren des weichen Gipsbreis verwendete Plastikschale ist schon genannt worden. Handwerker arbeiten mit Gummibechern, von deren biegsamen Wänden hart gewordene Gipsreste leicht abspringen.
Zum Gießen von Gipsplatten und Blöcken benötigen wir ein paar starke Glasscheiben oder Marmorplatten (für besonders starke Blöcke, bei deren Guß sich während des Abbindens ziemlich viel Wärme entwickelt). Um den Gipsbrei zur Seite hin abzudämmen, verwenden wir Holzleisten oder Blechband und etwas weichen Ton zum Verstreichen der Ränder, damit der flüssige Gips nicht unter dem Rahmen hervorquillt.
Die zum Ritzen und Schaben gegossener Gipsflächen benötigten Werkzeuge fertigen wir uns selbst. Ein etwa 5 cm langes Stricknadelende wird in einen genügend starken Rundholzgriff gesteckt. Ebensogut kann man auch einen Nagel oder die kantigspitzen Enden alter Feilen nehmen. Gipsplatten lassen sich auch mit Linolschneidefedern bearbeiten. Zum Ritzen paralleler Doppellinien eignen sich die zugefeilten Teile von Regenschirmrippen, die einen U-förmigen Querschnitt haben. Zum Auskratzen von Hohlformen nehmen wir scharfkantige Kaffeelöffel. Löcher und kegelförmige Vertiefungen lassen sich durch Hin- und Herdrehen verschieden großer Spiralbohrer erzeugen (Schabeisen siehe Seite 262).

Werkweisen in Gips

Gips ist nicht nur ein billiges, sondern auch ein vielseitig und einfach zu handhabendes Material. Es bietet keinen großen Materialwiderstand wie andere Werkstoffe. Durch seine Strukturlosigkeit werden wir nicht gezwungen, unsere Formidee mit irgendeinem bestimmten Materialcharakter in Einklang zu bringen. In Gips ist alles möglich, das antragende Formen und Modellieren wie mit Ton, das abtragende Behauen des hart gewordenen Blocks wie bei Holz oder Stein.

Zudem erlaubt die Tatsache, daß sich neue Materialaufträge ohne weiteres mit älteren schon erhärteten Gipsmassen verbinden lassen, einen Wechsel der Formtechnik und damit Korrekturmöglichkeiten, wie sie bei anderen Werkstoffen undenkbar sind. Gips läßt sich schneiden, schaben, hauen, sägen, glätten und sogar polieren. In einem anderen technischen Zusammenhang steht seine Verwendung als Gießmasse. Starke Gipsplatten und Blöcke benötigen wir zur Ausführung einfacher Ritz- und Schabearbeiten, sogenannter »negativer Reliefs«, für Abgüsse und Ausformungen.

Gipsplatten und Blöcke

Kleinere Gipsplatten für vignettenartige Reliefhohlschnitte bekommen wir schon, wenn wir einen tiefen Teller mit Gipsbrei ausgießen. Damit sich der erstarrte Gips gut aus dem Teller löst, muß die Tellerfläche vor dem Eingießen mit einem öligen oder seifigen Lappen (Kernseifenlösung) ausgewischt werden.

Für größere glattflächige Platten gießen wir den Gips auf Glasscheiben, für dickere Blöcke auf Marmor- oder Kunststein, die gleichfalls mit Seifenwasser oder Öl isoliert werden. Sie müssen einen Rahmen aus hochkant gestellten eingeölten Leisten oder Blechbändern erhalten. Die Leistenfugen verstreichen wir von außen mit Ton. Normaler Gips bindet nach einer guten Stunde. Danach können wir den Rahmen abbauen und die Platte von der Unterlage lösen.

Frische Platten sind zum Schneiden zu feucht. Sie stauben zwar nicht, aber der Schnitt »schmiert«. Zweckmäßigerweise gießen wir Platten eine Woche vor dem Gebrauch. 30 x 40 cm große Platten sollten mindestens 2 cm stark sein. Große Blöcke lassen sich mit der Säge teilen.

Um farbige Mosaiksteinchen herzustellen, setzen wir dem Gips Farbpulver zu (siehe Seite 245). Im übrigen verfahren wir wie bei dem Guß von Platten, nur daß der Brei mit einem Spachtel zu etwa 5 bis 10 mm dünnen Schichten auseinandergestrichen werden muß. Bevor der Gips völlig erhärtet, zerschneiden wir ihn mit einem Messer in

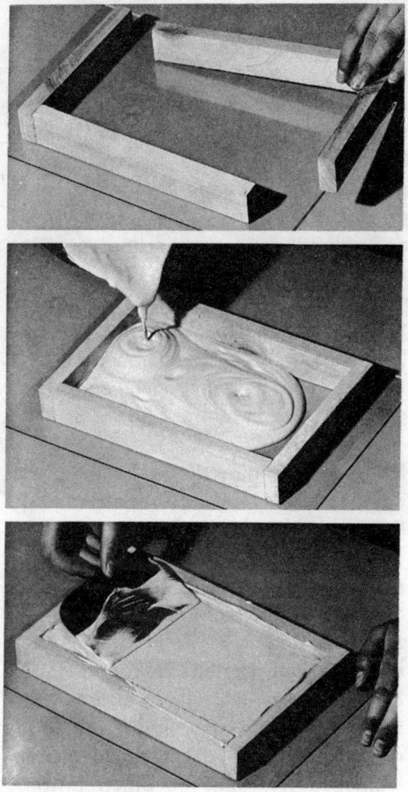

So wird ein Gipsblock gegossen: Die beiden Schalungshälften werden auf eine Glasplatte gelegt und mit Nägeln oder Holzschrauben leicht miteinander verbunden (oben). Beim Eingießen des Gipsbreies dürfen keine Luftblasen mit eingeschlossen werden (Mitte). Abziehen der Plattenrückseite mit einem Spachtel (unten)

die gewünschten (1 bis 2 qcm großen) Steinchen. Oberflächlich angeritzt können die Platten auch nach dem Trocknen mit einer Zange in kleine Stücke gebrochen werden. (Über Mosaiktechniken siehe Seite 281.)

Ritzarbeiten und Hohlschnitte

Das Verfahren des Negativ-Schneidens ist eine unumgängliche Ergänzungstechnik sowohl zur Vervielfältigung als auch zum direkten Erreichen einer bildnerischen Form. Feine und kleine Formen, die nur schwer in einem anderen Material aufbauend modelliert werden können, lassen sich negativ und spiegelbildlich in Gips schneiden. Der Abguß erscheint dann positiv. So können wir z. B. Prägeformen für Plaketten, Schmuck, Gebäckmodel usw. herstellen. Auch größere Negativschnitte sind möglich und eignen sich zum Umgießen in Beton (siehe Seite 273).

Ritz- oder Rillenschnitte kommen zur Herstellung einfacher Prägeformen in Frage, für den Abdruck im Kuchenteig (bei der Weihnachtsbäckerei) oder zur Umsetzung in Ton (siehe Seite 233). Feinste Bild- und Schriftzeichen können mit Ton oder Metall ausgegossen werden (Plaketten).
Selbstverständlich eignen sich nur einfache und möglichst eindeutige Figurenwiedergaben mit geschlossenen Umrissen. Wir machen einen Entwurf auf Papier und ziehen die Konturen über einem mit der Farbseite nach oben liegenden Kohlepapier nach. Das Papier zeigt danach auch auf der Rückseite die (spiegelbildliche) Zeichnung. Diese verwenden wir, um in einem normalen Pausverfahren die Darstellung auf Gips zu übertragen.
Wir ritzen, indem wir die Linien der Bildzeichnung mit der Ritzahle oder

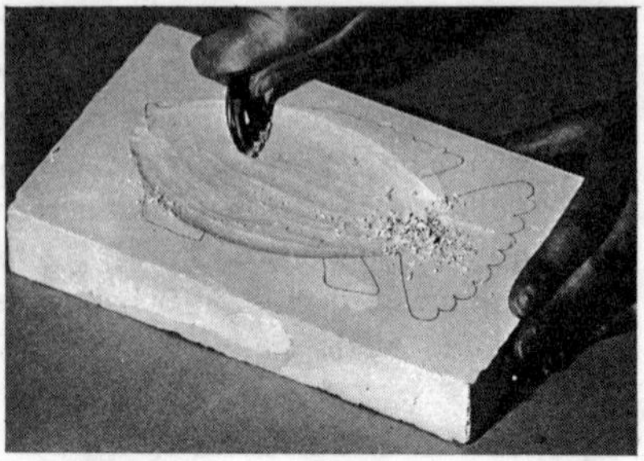

Gipshohlschnitte im Kratzverfahren. Die Form kann mit einer scharfen Löffelkante ausgeschabt werden

(bei größeren Arbeiten) mit einer Geißfußfeder nachziehen. Die Rillen müssen in allen Bildteilen gleichmäßig tief und breit ausfallen. Mit einem Stückchen Ton, das wir ab und zu auf die Platte drücken, können wir die positive Wirkung der Arbeit überprüfen. Brechen die Schnittränder aus oder werden sie schartig, so ist der Gips zu trocken geworden. Der Mißstand kann mit Schwamm und Wasser behoben werden.

Hohlschnitte sind »negative« Reliefs, die nach ihrer Umformung ins Positive einen gänzlich anderen Charakter zeigen, als wenn sie von vornherein aus Ton oder Wachs erhaben modelliert worden wären. Das erklärt sich aus den anderen Voraussetzungen, mit denen wir so eine Arbeit in Angriff nehmen: Die Dinge unserer Umwelt leben in unserer Vorstellung als positive Formen, so daß wir uns die negative Bildform erst durch Umdenken entwickeln müssen. Da uns im Negativen die augenscheinliche Kontrolle an den natürlichen Formen fehlt, wir uns also alle Einzelheiten und Beziehungen bei der Arbeit ständig neu vorstellen müssen, wird Unwesentliches und Beiläufiges von vornherein ausgesondert, gewollt Detailliertes unbe-

wußt überbetont. Die Formensprache des negativen Schnittes ist karg, aber klar und frisch und drückt unverkennbar einen eigenen Werkstil aus.
Werktechnisch ist ein Hohlschnitt leichter herzustellen als ein positives Relief. Das Ausschaben konkaver Formen geschieht in etwas angefeuchtetem Gips mühelos mit Werkzeugen, die von sich aus schon muldige oder rillenhafte Schab- und Ritzspuren hinterlassen. Zum Schaben breiterer Mulden nehmen wir einen scharfkantigen Löffel. Erst arbeiten wir die große Grundform kantenscharf heraus, z. B. die Körperform eines Vogels oder Fisches, dann können auch Einzelheiten – Federn, Augen, Flossen, Kiemen –, eingeritzt werden. Um die Positivwirkung eines Details kontrollieren zu können, drücken wir die Stelle mit Plastilin oder weichem Ton aus. Das soll man aber nicht zu oft machen, weil bei frischen Gipsplatten mit jedem Abdruck der Schnitt an Klarheit verliert.

Rollstempel mit Hohlschnittgravierung. Er läßt sich am einfachsten herstellen durch Ausgießen einer geeigneten Glasflasche mit flüssigem Gipsbrei. Nach dem Erstarren der Masse wird das umgebende Glas abgeschlagen und die Ritzzeichnung angebracht

Ausformungen und Abgüsse. Gipshohlschnitte können ohne weiteres als Prägestempel, Model und Abgußformen benutzt werden. In bestimmten Fällen müssen wir sie – damit ihre Oberfläche fester wird und die Formstücke nicht in der Hohlform hängen bleiben – mit einer Isolierschicht versehen. Am einfachsten ist das mehrfache Ausstreichen mit Schellacklösung. So vorbereitet, kann der Model z. B. direkt in den weichen Kuchenteig gedrückt werden.
Ausformungen mit Ton gelingen besser mit einer unpräparierten Gipsform,

Abdruck des obigen Rollstempels in weichem Ton. (Bronzezeitliches Motiv)

Negativschnitt und positiver Abguß. Man beachte, daß das Negativ seitenverkehrt geschnitten werden muß

aus der sich der Ton, dem der Gips Feuchtigkeit entzieht, leicht ablöst. Tonformen, die hinterher gebrannt werden sollen, dürfen aber nicht mit Gipsstaub durchsetzt sein!

Für Wachsabgüsse gibt es im Handel besonderes Gießwachs zu kaufen. Sein hauptsächlicher Bestandteil ist Bienenwachs. Wir können aber auch gewöhnliche Kerzenreste einschmelzen und, nachdem wir die Dochte entfernt haben, vergießen. Die Gipsform wird vor dem Ausgießen mit Wachs naß gemacht.

Will man die Gipsform mit Gips ausgießen, ist vorher eine besonders gründliche Isolierung nötig, da sich sonst der Guß mit der Form verbindet. Empfohlen wird ein mehrfacher Schellackausstrich und anschließendes Ölen. Man kann aber auch den sogenannten Wasserguß anwenden, die Form in Wasser tauchen, dann mit Seifenschaum, dem ein paar Tropfen Öl zugesetzt sind, auspinseln, stehen lassen und hinterher die Schaumblasen entfernen. Der Abguß wird bei Hartwerden von selbst losgetrieben.

Auch mit Papiermasse (siehe Seite 189) lassen sich Abformungen herstellen. Wir drücken die plastische Masse vorsichtig in die Gipsform ein und lassen sie darin trocknen. Das Positiv löst sich leicht aus der Form, kann überlackiert oder auch bemalt werden. Wiederholtes Ausformen mit Papier beansprucht die Gipsform allerdings sehr stark.

Zur Herstellung von Metallabgüssen muß die auszugießende Gipsoberfläche mit einer Kerzenflamme berußt werden, damit beim Zusammentreffen mit dem heißen Metall keine Gasblasen entstehen, die sich hinterher im Guß abzeichnen würden. Am besten versuchen wir es anfangs mit Zinn. Wir schmelzen das Metall in einer flachen Dose, schöpfen schlackige Teile von der Oberfläche ab und gießen das flüssige Metall in die Form, die wir zu diesem Zweck waagerecht in ein Sandbett (große flache Konservendose) legen. Betongüsse siehe Seite 273.

Gipssgraffitos

Dem hier beschriebenen Gipssgraffito, das in seiner Technik zum widerstandsfähigeren Mörtel- oder Putzsgraffito (siehe Seite 274) überleitet, liegt ein reizvolles Spiel mit in die Gipsoberfläche geritzten oder eingeschnittenen und mit ihrer Umgebung farbig kontrastierenden Linien und Flächen zugrunde. Arbeiten dieser Art können wegen der Empfindlichkeit des Gipses gegen Wasser nur innerhalb des Hauses angebracht werden.

Gipsradierung. Wir überstreichen eine große Gipsplatte auf ihrer glatten Auflageseite mit Plakatfarbe. Die Farbe sitzt besser, wenn der Aufstrich sofort nach dem Abbinden (solange der Gips feucht ist) erfolgt. Nach dem Trocknen kratzen und schaben wir eine ornamentale oder figürliche Darstellung vorwiegend flächig in die aufgetragene Farbschicht ein. Dabei wird der weiße Gipsgrund neben den stehenbleibenden Farbteilen kontrastierend zum Vorschein gebracht. Am schönsten wirken dunkle Oberflächenfarben. Auch mehrere Farben nebeneinander lassen sich aufbringen.

Gipsradierung: Die Plattenoberseite wurde nach dem Guß mit dunkelroter Plakatfarbe überstrichen. Nun wird der weiße Gipsgrund durch Abtragen des Farbaufstrichs wieder freigelegt

Schichtensgraffito. Eine weiße und eine farbige Gipsschicht werden übereinander gegossen. Die unterste Schicht, die später die Oberfläche des Sgraffitos bildet, soll (je nach Größe der Platte) nicht stärker als 2 bis 3 mm sein. Sofort nach dem Abbinden wird auch die zweite Schicht aufgegossen. Ob wir die Farbschicht darüber- oder darunterlegen, ist technisch gleichgültig, spielt aber für die Gesamtwirkung und Oberflächenfestigkeit der Arbeit eine große Rolle. Farbgips ist weniger widerstandsfähig und bröckelt leichter als reiner Gips. Außerdem können wir die weiße Oberfläche mit Farbe dunkel (auch schwarz!) streichen, was noch einen zusätzlichen Kontrast ermöglicht. Die letzte Schicht, die Rückwand, sollte wieder aus weißem Gips und in entsprechender Stärke angesetzt werden. Mit dem Rückenguß sind also insgesamt drei Schichten nötig, wobei nur eine (die mittlere!) in der Masse gefärbt wird.

Zum Trocknen legen wir die Platte auf vier parallele Holzleisten, damit sie sich nicht krümmt und die Luft auch die Unterseite bestreichen kann. Die Platte braucht einige Tage, ehe sie vollständig trocken ist.

Die Technik ist der Gipsradierung ähnlich, nur daß die Einschnitte der Schichtenstärke entsprechend tiefer erfolgen müssen. Schmale Stege sollten vermieden werden, weil sie leicht ausbrechen. Linienschnitte hingegen sind möglich. Das Thema sollte weniger illustrativ als dekorativ und graphisch reizvoll gestaltet werden. Ein Entwurf, möglichst farbig auf weißem Grund

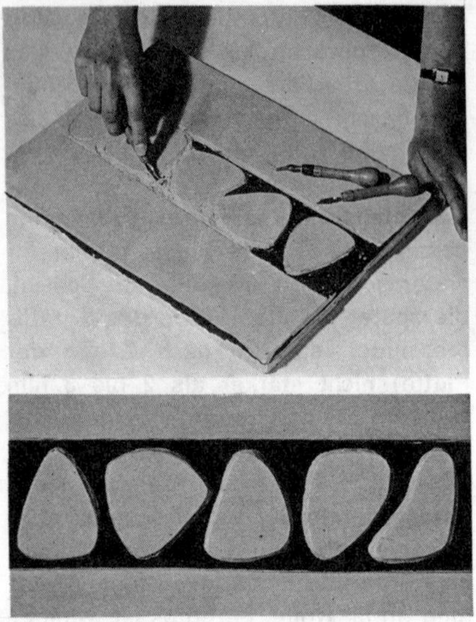

Gipssgraffito: Bei diesem der Gipsradierung ähnlichen Verfahren wird die zwischen zwei weißen Deckschichten liegende Farbgipsschicht wieder zum Vorschein gebracht

oder umgekehrt, muß vorliegen und kann mit seinen Umrissen auf die Gipsfläche aufgepaust werden.

Wir ziehen zuerst mit einem spitzen Gegenstand die Umrißlinien der Zeichnung sorgfältig nach, schneiden dann vorsichtig – damit die Kante nicht ausbricht – die Decklage der Platte bis auf die Farbschicht durch und heben die wegfallenden Partien der Zeichnung heraus. Zum Schneiden können wir ein scharfes Messer, zum Abheben ein Stecheisen nehmen. Die Schnittkanten sollen etwas schräg abfallen. Es arbeitet sich besser, wenn der Gips nicht stäubt (Anfeuchten der trockenen Arbeitsfläche). In der Regel wird die Decke jeweils bis zur gewünschten Farbschicht abgetragen, doch sind auch »Blindschnitte« möglich, die die Unterschicht nicht freilegen, aber durch ihre Tieflage eine weitere Schattentönung in den Schnitt bringen. Wenn wir das Ende einer alten Metallsäge mit seiner Zahnung über den Gips ziehen, lassen sich auch interessante Rauhkontraste erzielen.

Befestigung an der Wand. Wie schon eingangs gesagt wurde, können wir die feuchtigkeitsempfindliche Gipsplatte nur in Innenräumen (Wohnzimmer, Flur, Treppenhaus, Garderobe) anbringen. Der Plattenumriß wird auf die verputzte Wand übertragen und der Putz innerhalb des Umrisses sauber abgeschlagen. Innenputz ist in der Regel 1,5 cm stark. Da wir auch ein ebenso tiefes Mörtelbett brauchen, wird die Platte nach ihrer Befestigung aus der Wand vorspringen. Wir nässen die Wand und versehen sie mit einem Spritzbewurf aus einem Teil Zement und drei Teilen scharfem Sand. Dieser Bewurf soll nur eine rauhe Fläche schaffen und dafür sorgen, daß die Platte später nicht abfällt. Den Bewurf lassen wir gut abbinden. – Eine kleinere Platte wird vom Mörtel allein gehalten, ist sie jedoch größer, schlagen wir vorsorglich zwei starke Nägel an den unteren Rand des Plattenfeldes. Sie sollen die Platte stützen, bis der Mörtel abgebunden hat, und werden später entfernt.

Zum Ansetzen eignet sich nur ein Gips-Kalk-Mörtel (ein Teil Gips, ein Teil Kalk, drei Teile Sand), der nicht zu weich sein darf, weil er sonst wegfließt. Wir dürfen wegen der Zementempfindlichkeit des Gipses auf keinen Fall Zementmörtel verwenden! Das Gemisch wird auf die vorher aufgerauhte Plattenrückseite aufgetragen (in der Mitte etwas seichter als an den Rändern!) und an den Kanten schräg angestrichen. Jetzt setzen wir die Platte mit ihrer unteren Kante auf die Nägel, kippen sie gegen die Wand und drücken sie in die richtige Lage. Seitlich herausquellenden Mörtel streifen wir ab. Die Randfugen werden sauber ausgekratzt und nach einigen Tagen mit Gips-Kalk-Mörtel ausgestrichen.

Gipsplastiken

Freie plastische Versuche in Gips sind besonders für den Anfänger reizvoll. Das Material ist billig und unkompliziert. Außer daß man sich eine brauchbare Formmasse anrühren kann, sind keine weiteren Voraussetzungen nötig. Im Grunde braucht man nur so wie beim Modellieren in Ton (siehe Seite 242) ein Gerüst aus Holz, Draht, Kaschierleinen usw. zusammenzubasteln. Gehen wir dagegen vom erstarrten Gipsblock aus, so werden wir in den Verfahrensbereich der Steinbearbeitung verwiesen. Gips bietet einen »mittleren« Widerstand. Das Abtragen ist weniger schwierig als bei Holz und Stein und kann mit einfachsten Schabe- und Schneidewerkzeugen – Messern, Stech- und Hohleisen, Feilen und Raspeln – ausgeführt werden. (siehe Seite 165).

Modellieren. Das Gerüst soll so angelegt werden, daß voluminöse Teile der Arbeit hohl bleiben. Da gewöhnlicher Gips beim Antragen sehr schnell erstarrt, verzögern wir das Abbinden durch einen Lehmzusatz (siehe Seite 244). Die materialhärtende Wirkung dieses Zusatzes, die sich bei einer Nachbearbeitung der erstarrten Form als abträglich erweist, muß anderweitig ausgeglichen werden. Erfahrene Plastiker vermengen aus diesem Grunde den Gips zusätzlich mit lockernden Füllstoffen (Sägespänen, Holzmehl u. dgl.). Solche Holz-Gips-Gemenge lassen sich nicht nur besser bearbeiten, sie geben dem Werkstück auch eine reizvollere Oberfläche.

»Bildhauen« in Gips. Das abgetragene Herausarbeiten einer plastischen Form aus dem gegossenen Gipsblock geschieht ähnlich wie beim Bildhauen in Holz oder Stein, nur daß wir jetzt nicht so sehr auf strukturelle Eigentümlichkeiten des Werkstoffs achten müssen und auch nicht so stark auf bestimmte Werkweisen festgelegt sind. Wir können unsere gesamte Aufmerksamkeit der zu bildenden Form zuwenden.
Die Ausdehnung der Plastik soll ungefähr der Quaderform des Gipsblocks entsprechen (siehe Seite 263). Bevor wir mit Hammer und Meißel oder Raspel und Feile an die Arbeit gehen, sind einige Skizzen nötig. Bei der Ausführung erfahren wir, wie sehr wir uns im Wegnehmen der Masse beschränken müssen, weil ausladende Teile, herausragende Glieder, abstehende Hörner und Rüssel (bei Tierfiguren) Schwierigkeiten bereiten, die nur schwer zu überwinden sind. Insofern führt uns das Arbeiten in Gips schon gut in das Wesen der Steinplastik ein (siehe Seite 263).

Abformungen und Abgüsse

Tonmodelle, die nicht für den Brand bestimmt sind, müssen noch im feuchten Zustand mit Gips abgeformt und umgegossen werden. Auch sonst finden wir immer wieder Gelegenheit, Gegenstände in Gips abzuformen und durch Umgießen zu vervielfältigen. Am einfachsten ist das Verfahren der »verlorenen« Form, das auch bei Naturabgüssen Verwendung findet. Dabei ist jedoch nur ein Abguß möglich, denn die Gipsform muß hinterher abgeschlagen werden.
Bei nicht unterschnittenen Formteilen läßt sich der Guß so durchführen, daß die Form nicht verlorengeht (Vervielfältigungsgüsse).

Reliefabguß. Das abzuformende Tonrelief wird leicht mit Wasser angespritzt, damit es von sich aus feucht ist und dem aufzutragenden Gips nicht das Wasser entzieht, das dieser zum Abbinden braucht. Ein Leistenrahmen um das Relief verhütet, daß der Brei nach den Seiten auseinanderfließt. Der Gips wird in zwei Schichten aufgetragen, von denen die unterste – kaum 0,5 cm stark – schwach gefärbt sein soll. Die Farbe dient als Warnung und soll uns beim Abschlagen der Form nach dem Abguß darauf aufmerksam machen, daß wir uns in der Nähe des Gußkerns befinden.

Mit einem breiten Pinsel (Schlepper) tragen wir nun den dünnbreiigen Formgips in alle Vertiefungen des Tonreliefs ein. Ist die erste – farbige – Schicht erhärtet, wird die zweite Schicht stärker aufgetragen. Das vollständige Abbinden erkennt man daran, daß sich der Gips nicht mehr warm anfühlt. Nun kann die Gußform mit Wasser übergossen (um das Abheben zu erleichtern) und abgenommen werden. Tonreste waschen wir vorsichtig heraus. Das Ausgießen erfolgt wie beim Ausgießen der Gipshohlschnitte (siehe Seite 249), nachdem wir die Form in Wasser getaucht, sorgfältig ausgespült und mit Seifenlösung und Öl ausgepinselt haben. Nach dem Erhärten des Gusses drehen wir das Ganze um und schlagen die Gußform, die nun oben liegt und sich infolge der mitausgegossenen Unterschneidungen und Unterhöhlungen im Relief von selbst nicht lösen kann, vorsichtig mit einem stumpfen Meißel ab.

Abguß einer Rundplastik. Wir benötigen je nach Größe des Gegenstandes 10 bis 20 Pfund Gips (er ist billig), dazu ein paar Stücke Aluminiumblech. Diese werden mit einer alten Schere in 5 cm lange und 4 cm breite Streifen geschnitten und so in den weichen Ton gesteckt, daß sich die Streifen mit den Rändern jeweils ein Stückchen überdecken und eine Trennwand entsteht, die das Modell in eine rechte und eine linke Hälfte oder einen Vorder- und einen Hinterteil scheidet. Die Bleche lassen sich gut zu einem Drittel ihrer Höhe in den Ton einstecken. Hinterher reiben wir sie mit Fett oder Seife ein und besprengen auch das Tonmodell noch einmal mit Wasser.

Das Auftragen des Gipses auf das Modell geschieht durch Angießen und zielkräftiges Bewerfen mit der Hand. Wichtig ist, daß der schlanke Gipsbrei gut in alle Vertiefungen verteilt wird. Nach der ersten geschlossenen Schicht kann sorgloser gearbeitet werden. Der Gipsmantel soll etwa 3 cm dick werden. Die Trennbleche müssen immer sichtbar bleiben. Nach etwa einer Stunde ist der Gips hart. Wir lösen die beiden Formhälften vom Tonkern. Bei Schwierigkeiten helfen wir mit einem schmalen Holzkeil nach, oder wir gießen unter vorsichtigem Auseinanderziehen Wasser über die Naht, wobei zu beachten ist, daß dieses auch wirklich in die Naht einsickert. Die gelösten Formhälften werden gebadet, mit einem feuchten Pinsel oder Schwamm gereinigt, unter der Wasserleitung ausgespült und getrocknet. Damit sich der Gips dabei nicht verzieht, passen wir die beiden Formhälften sorgfältig aufeinander und umwickeln sie fest mit Draht.

Zunächst kann die hohle Form von unten her (wo das Modell auf dem Arbeitsbrett aufstand) mehrmals mit einer 2 cm dicken Tonschicht ausgedrückt werden. Die so erhaltenen Hohlplastiken sind »brennbar«. – Soll die Form mit Gips ausgegossen werden, so ist sie vorher abermals gründlich zu baden und mit Pottaschelösung oder Seifenschaum, dem man einige Tropfen Salatöl zusetzt, auszupinseln. Für den Guß muß die Form naß sein. Die Formteile werden zusammengesetzt und mit Gipsbinden (Sackleinen in flüssigen Gips getaucht) umwickelt. Kleinere Arbeiten können voll ausgegossen werden, größere schwenkt man mit flüssigem Gips aus, der so in alle Vertiefungen eindringen kann. Im übrigen beläßt man es bei der Hohlform. Nach dem Guß muß die Form einige Zeit ruhen, damit der Gips hart werden und abbinden kann. Hinterher sprengt man sie mit einem stumpfen Meißel vorsichtig ab. Sollte dabei der Guß beschädigt werden, so läßt sich das mit angerührtem Gips reparieren.

Größere und mehrteilige Figuren können mit zwei Formhälften allein nicht abgegossen werden. Wie viele Formstücke man braucht, ist unterschiedlich. Abstehende Teile werden schon vom Tonmodell abgeschnitten (dabei müssen unter Umständen Gerüstteile durchsägt werden) und gesondert abgeformt. Nach dem Guß kann man sie durch Dübel wieder mit der Figur verbinden.

Das harte Weiß des Gipses ist an einer Plastik unschön. Ein leichter Anstrich mit sehr wässerigem Tonschlamm wirkt sich schon angenehmer aus, ist aber nicht wischfest. Für dauernde Anstriche muß die Plastik mit Schellack-Spiritus oder Leinölfirnis behandelt werden. Auf diese Grundierung können dann alle möglichen Pigmentfarbstoffe (Bronzefarben, Metallfarben usw.) aufgetragen werden.

Vervielfältigungsguß. Tonmodelle und Figuren, die keine Unterschneidungen aufweisen, können so abgeformt werden, daß die Gußform dabei nicht zerschlagen werden muß. Die Gußseiten werden mit Firnis imprägniert, mit Schellack überzogen und obendrein vor jedem Abguß mit Seifenlösung ausgepinselt, wodurch ein leichtes Abheben der Formhälften nach dem Erstarren der Gußmasse möglich wird. Für den Guß werden die beiden Formteile zusammengebunden.

Das Abformen gebrannter Tonfiguren oder anderer harter Gegenstände erfordert ein anderes Vorgehen bei der Herstellung der Formhälften, weil wir hier ja nicht wie im weichen Ton eine Trennwand aus Blechstreifen errichten können. Wir unterscheiden 1. Einbettungs- und 2. Trennverfahren.

1. Die Tonform, die keine Unterschneidungen aufweisen darf, wird mit Öl oder Seife imprägniert und zur Hälfte in den weichen Gipsbrei eingedrückt. Wir warten, bis der Gips gebunden hat, isolieren die Oberfläche mit Öl oder dünnem Tonschlicker und gießen die zweite Gipslage, die der Herstellung der zweiten Formhälfte dient, darüber. Damit der Gips nicht seitlich abfließen kann, sollte der ganze Abguß innerhalb eines Holzrahmens ausgeführt werden. Nach etwa einer halben Stunde können wir die Formteile auseinandernehmen und die eingebettete Figur herausheben.

2. An der Trennlinie wird ein dünner mit Wachs oder Öl imprägnierter Faden um die Form gelegt und darauf diese in den Gips gebettet. Wenn der Gips hart zu werden beginnt, ziehen wir den Faden so heraus, daß dabei die Form in zwei Hälften zerschnitten wird. Man muß nur bei diesem Vorgehen den richtigen Zeitpunkt abpassen. Trennen wir zu früh, so ist der Gips noch zu weich und die Form wird beschädigt. Ziehen wir zu spät, kann die Schnur den erstarrten Gips nicht mehr durchschneiden.

Die beiden Hälften der gewonnenen

Hohlform lassen sich gut mit feuchtem Ton ausdrücken (dürfen aber nicht imprägniert sein). Bevor wir den Ton aus der Form nehmen, rauhen wir seine Verbindungswände ein wenig auf und pressen die beiden Hälften richtig gegeneinander. Nach einer halben Stunde können wir die Form auseinandernehmen und die Nahtstelle der nun rundplastischen Tonfigur überarbeiten. Solche Hohlfiguren können auch gebrannt werden. (Abzugsloch nicht vergessen! Siehe Seite 230.)
Für Gipsabgüsse muß ein genügend großer Eingußkanal an günstiger Stelle in die Form eingearbeitet werden. Abzugskanäle sind an mehreren Stellen nötig, damit die im Forminnern eingeschlossene Luft beim Eindringen der Gießmasse entweichen kann. Auf gute Imprägnierung auch dieser Kanäle ist zu achten.

Naturabguß. In den eben beschriebenen Verfahrensweisen sind auch Abformungen natürlicher Gegenstände, von Händen, Füßen und Gesichtszügen möglich. Behaarte Teile müssen ausgespart oder abrasiert werden. Die Haut wird mit einem Pinsel kräftig eingeölt (man bedient sich dabei eines leichtflüssigen Öls). Der Gips wird wie beim Abformen eines Reliefs aufgetragen (nicht aufgegossen). Auch hierbei arbeiten wir in zwei Schichten, – einer ersten dünn aufgetragenen, damit das Eigengewicht des nassen Gipses keine Formentstellungen verursacht, und einer zweiten stärkeren, die der Verfestigung der Form dient.
Gesichtsabgüsse lebender Personen sind etwas schwierig auszuführen, denn dabei müssen bestimmte Vorsichtsmaßregeln beachtet werden. Augenbrauen, Wimpern, Bart und Haaransätze sind besonders dick mit Fett (Vaseline) zu überdecken. Zum Atmen müssen zwei Pappröllchen in die Nasenlöcher eingeführt und mit in Öl getränkter Watte leicht festgestopft werden. Die Umgebung ist mit Papier und Tüchern abzudecken. Am besten umgibt man das Gesicht mit einem Pappring, den man auf eine in Gesichtsform durchbrochene Pappscheibe aufsetzt. Der Gipsbrei wird mit einem Löffel eingetragen. Wegen der beim Erstarren des Gipses auftretenden Wärme und der Abgeschlossenheit ist das Ganze für den Abzugießenden unangenehm, aber doch erträglich. Bekannt sind die in zahllosen Abgüssen verbreiteten Lebendmasken Washingtons, Goethes und Beethovens.
Totenmasken: Es ist wichtig, daß bald nach Eintritt des Todes der Unterkiefer mit einem Tuch hochgebunden und die Augen geschlossen werden. Nach Eintreten der Totenstarre kann das Tuch wieder abgenommen werden. In Nasen- und Ohrlöcher stopfen wir mit Öl getränkte Wattepfropfen.

Die Werkstoffe

Werkverfahren im festen Stein setzen ein anderes Vorgehen als beim aufbauenden Modellieren in Ton oder Gips voraus. Während der knetsame Ton dem Druck der bloßen Hand leicht nachgibt, benötigen wir zur Steinbearbeitung Ritz- und Schabewerkzeuge, Hammer und Meißel. Das Arbeitsverfahren beim Modellieren ist ein »Antragen«. Das Formgebilde entwickelt sich durch ständiges Hinzufügen immer neuer verformbarer Masseteilchen montagemäßig von innen nach außen. Hingegen wird die »Skulptur« aus dem Block durch Schneiden, Schaben, Wegschlagen und Weghauen gewonnen. Während beim Arbeiten in Ton dem Improvisieren und Verwirklichen momentaner Einfälle auch in einem späteren Arbeitszustand noch Raum gegeben ist, sind wesentliche Veränderungen der Gesamtanlage während der Arbeit in Stein nicht möglich. Eine feste innere Vorstellung der geplanten Form ist in der Bildhauerei Voraussetzung.
Als Material eignen sich alle natürlichen Steinarten (Sandstein, Kalkstein, Marmor, Granit, Diabas, Basalt usw.) sowie Kunststein, die durch sinnvolles Beklopfen mit Hammer und Meißel zu einfachen Formen bearbeitet werden können. Tonschiefer läßt sich mit einem stumpfspitzen Gegenstand oder mit einem Messer ritzen und schaben, Diabas und Granit obendrein mit Sand und Wasser schleifen. Ein leicht zu bearbeitender und für bildhauerische Versuche viel benutzter Kunststein ist Porenbeton. Welchen Stein wir verwenden können, hängt nicht zuletzt von den örtlichen Gegebenheiten ab. In Baustoffhandlungen, beim Steinmetz, auch in den Steinbrüchen selbst wird sich Brauchbares finden lassen. Gipsblöcke und Betonwerksteine gießen wir uns selbst (siehe Seite 247 und 273). Schieferplatten bekommen wir beim Dachdecker.

Natürliche Steinarten

Wer im bildhauerischen Schaffen von »Stein« spricht, meint in der Regel ein »Gestein«. Wir unterscheiden hier zwei Hauptarten: Erstarrungs- und Sedimentgesteine (d. h. »Absatzgesteine«). Die ersten stammen aus den heißen Bereichen des Erdinneren. Als geschmolzene Gesteinsmassen durchdrangen sie die weicheren Stellen der Erdrinde, erreichten die Oberfläche (Ergußgestein, z. B. Lava) oder blieben darunter stecken (Tiefengestein, z. B. Granit), kühlten ab und bildeten Felsgestein oder unterirdische Gesteinsmassen, die je nach den Verhältnissen, die bei ihrer Erstarrung mit-

gewirkt haben (Druck, schnelle oder langsame Abkühlung, Lagerung), eine andere Struktur aufweisen. Die Sedimentgesteine dagegen sind aus Ablagerungen entstanden, die auf Verwitterung zurückzuführen sind. Alles Gestein, das an der Erdoberfläche hervortritt, ist ständig der Einwirkung von Wind, Frost, Eis, Wasser, Flugsand und Sonnenhitze ausgesetzt. Es setzt diesen Naturkräften nur einen gewissen Widerstand entgegen, wird abgetragen und verwandelt sich in Sand oder Gesteinsmehl, das sich im Meer, in Seen und langsam fließenden Gewässern absetzt, aufschichtet und im Laufe von Jahrmillionen unter Druck zu festem Gestein verdichtet. Vielfach wurden die Absatzgesteine durch die Bewegungen der Erdrinde gehoben, gefaltet, zu Gebirgen aufgetürmt. So kommt es, daß sie heute viele Meter über dem Meeresspiegel liegen. – Granit setzt sich aus drei verschiedenen mineralischen Bestandteilen (Feldspat, Quarz und Glimmer) zusammen. Tonschiefer ist eine im Laufe von Jahrmillionen verfestigte Tonablagerung, Sandstein dagegen verkitteter Sand. Kalk, der in allen Meeren überreichlich vorhanden ist, kann sich in großen Zeiträumen im Wasser immer wieder auflösen und niederschlagen.
Steine können hart oder weich, dicht oder porös, fest oder brüchig sein. Zum Behauen eines Granitblocks aus dem Erz- und Fichtelgebirge bedarf es schon eines gehörigen Einsatzes an Kraft und Ausdauer. Wo aber ein Stück urzeitlichen Meeresbodens zutage tritt, und das ist heute in verschiedenen Gegenden Deutschlands der Fall, finden wir ein weicheres, bearbeitungswilligeres Absatzgestein. Nicht jede Steinart eignet sich für alle Zwecke gleich gut. Der voluminöse Sand- oder Kalkstein fordert geradezu zu vollplastischer Verarbeitung auf, während im flachgeschichteten Schiefer nur sehr schwache Ritz- und Schabereliefs möglich sind.

Gips. Der weichste in der Bildhauerei gebräuchliche Stein und zugleich die reinste Art des Gipses ist der Alabaster (nach der früheren ägyptischen Stadt Alabastron), reinweiß, feinkörnig und dem Marmor ähnlich. Im Mittelalter wurden Reliefs und Plastiken aus diesem Material geschaffen. Er kommt z. B. im Harz vor (»Harzer Stein«). Alabaster ist so weich, daß man ihn noch mit dem Fingernagel ritzen kann (in der Skala der zehn mineralischen Härtegrade liegt Gips zwischen 1 und 2). Er ist daher leicht zu bearbeiten und kann mit Wiener Kalk und Seife poliert werden.
Für viele Arbeiten, deren äußeres Aussehen wenig interessiert (Hohlformen, Gußformen, Model) schaffen wir uns selbst einen dichten Gipsstein (siehe Seite 247).

Speckstein (Steatit) ist ein Magnesiumsilikat, eine dichte Abart des Talgs. Der weiche, grob- bis feinkörnige Stein, der außerdem ein beträchtliches Eigengewicht aufweist, fühlt sich fett an, ist stoßempfindlich und neigt zur Rißbildung. Im Mittelalter war er ein beliebter Elfenbeinersatz. Ungefüge Brocken lassen sich mit einer alten Handsäge zuschneiden. Man sollte den Stein nur schabend bearbeiten (Messer, Feile und Raspel). Die Oberfläche des geglätteten Steins zeigt eine marmorähnliche weißliche bis grünlich-graue Farbe und beginnt nach mehrmaligem Reiben mit dem Finger zu glänzen. Um das Wechselspiel der Farbe zu erhöhen, kann man den Stein einfetten. Der fettige Glanz wird nach einigen Tagen vollständig aufgesogen. Speckstein kommt z. B. im Fichtelgebirge vor und ist durch Steatit-Vertriebsfirmen zu beziehen (Härtegrad 1).

Serpentin ist ein wegen seiner schönen hell- bis dunkelgrünen oder gelb- bis rotbraunen, einer Schlangenhaut ähnlichen Farbe beliebter Stein (Härtebereich 3 bis 4). Er kommt im Osten Deutschlands vor.

Kalkstein ist, wie schon erwähnt, durch Kalkablagerungen im Wasser entstanden. Die Sedimentnatur des zu gewissen Zeiten im Meer ausgeschiedenen kohlensauren Kalks bringt es mit sich, daß der Stein auch mit tonigen und sandigen Anteilen durchsetzt ist. Die meisten Kalksteinarten sind weich, in ihrer Struktur (Zusammensetzung, Körnung) und Festigkeit aber so unterschiedlich, daß ihre Verwendbarkeit in jedem Fall erst ausprobiert werden muß. Man unterscheidet dichte, poröse und kristalline Kalke. Letztere werden als Marmor bezeichnet. Kalkstein ist ein weit verbreiteter und sehr beliebter Werkstein, der in Süd- und Mitteldeutschland, in Norddeutschland auch häufig im eiszeitlichen Moränengeröll, zu finden ist.

Sandstein ist ein Sedimentgestein, entstanden aus der Verfestigung harter Quarz- (Sand-)körnchen durch ein Bindemittel, das tonig, kalkig, kieselig oder eisenhaltig sein kann und sowohl die Festigkeit als auch die Farbe des Steins bestimmt. Die gelbe bis braune Farbe wird durch Eisenhydroxyd, die rote und violette durch Eisenoxyd, die grüne durch Glaukonit hervorgerufen (Buntsandstein). Wegen seiner leichten Bearbeitbarkeit und seines warmen Farbtons wird Sandstein gern als Baustein und viele Sorten auch für Skulpturen verwendet. Besonders gut verarbeiten sich tonige Sandsteine. Kennzeichnend ist die immer rauhe Oberfläche. In Richtung der alten Schichtenlage läßt sich der Sandstein spalten.

Tonschiefer. Schiefer ist ein Gestein, bei dessen Entstehung tektonische Vorgänge (starker Druck und hohe Temperatur) mitgewirkt haben. Tonablagerungen bildeten sich um zu Tonschiefer, Kalk- und Urgestein zu anderen Schieferarten. Das gemeinsame Merkmal aller Schiefer ist die Parallelanordnung ihrer Teile und Spaltbarkeit in ebene und dünne Platten (»Schieferung«). Eine werktechnisch wichtige Eigenschaft des Tonschiefers besteht auch darin, daß er sich schneiden und schaben läßt.
Am leichtesten bekommen wir Tonschiefer dort, wo eine Kirche oder ein Haus mit den dunklen, bläulich-grauen, schwarzen, rotbraunen bis violetten Schieferplatten gedeckt wird – oder direkt beim Dachdecker. Stärkere Stücke muß man aus dem Steinbruch holen, sie lassen sich leicht zu dünneren Platten aufspalten. Schiefer ist für Reliefarbeiten zu verwenden.

Granit ist ein eruptives Tiefengestein, das unter einer mächtigen und schwer durchlässigen Gesteinsdecke aus dem heißen Schmelzfluß langsam erstarrte und durch die hierdurch bedingte langsame Wärmeabgabe bei gleichzeitig hohem Druck eine kristalline, mittel- bis grobkörnige Struktur bekommen hat. Als Hartgestein ist Granit nur für groß aufgefaßte (nicht im Sinne von »räumlicher« Größe!) Arbeiten verwendbar, bei denen auf eine minutiöse Durcharbeitung verzichtet werden kann. Er kommt in den durch Verwitterung bis auf den »Kern« abgetragenen Gebirgsgegenden, z. B. im Harz und Fichtelgebirge vor, in Norddeutschland nur in Gestalt von »Findlingen«, den durch die Gletscherströme während der Eiszeit aus dem Norden heruntertransportierten Gesteinsbrocken.

Porphyr, Diabas, Basalt sind »Ergußgesteine«, die sich bei schnellerer Abkühlung des Schmelzflusses (der in diesem Falle die Erdoberfläche erreichte) und unter geringerem Druck gebildet haben. Sie unterscheiden sich vom gleichmäßiger strukturierten Granit durch das Vorhandensein größerer (früher gebildeter) Mineralkristalle (sogenannter »Einsprenglinge«) in einer später erstarrten und daher nur noch aus kleineren und kleinsten Kristallen bestehenden Grundmasse. Während des Erstarrens konnten auch gasförmige Beimengungen entweichen und Blasenräume im Gestein bilden.
Der grüne Diabas (»Grünstein«) wurde neben dem amorphen mineralischen Flint schon in der jüngeren Steinzeit als Werkstoff (Steinäxte) verwendet. Die Findlinge Norddeutschlands bestehen nicht selten auch aus Porphyren, deren Herkunftsland in diesem Falle Schweden ist. Basalt ist ein jüngeres, verhältnismäßig dichtes Ergußgestein, das je nach Zusammensetzung dunkelgraue bis schwarze Farbe zeigt.

Kunststein

Unter diesem Begriff werden alle künstlich hergestellten Steinmassen zusammengefaßt, deren räumliche Bestandteile (in der Regel Sand oder Kies) durch ein Bindemittel (Zement, Kalk) zusammengehalten werden. Man bezeichnet solche Massen daher auch richtiger als Betonwerkstein, obwohl sie je nach den verwendeten Zuschlagstoffen oft einem Naturgestein sehr ähnlich sehen. Wir können uns Betonwerkstein selbst gießen (siehe Seite 273). Für bildhauerische Arbeiten kommen außerdem zwei handelsübliche Kunststeinformen – Kalksandstein und Leichtbeton – in Frage.

Kalksandstein ist ein weißer, unter hohem Druck und hoher Temperatur aus Sand und Kalk zur Form gepreßter Mauerstein, daher an das Ziegelformat gebunden und nur für kleine Arbeiten verwendbar. Es ist der ideale Werkstein für Kinder! Wegen seiner geringen Festigkeit und Unberechenbarkeit beim Abspringen muß er vorsichtig behandelt werden.

Leichtbeton. Die Baustoffindustrie hat verschiedene Arten eines künstlichen, im Rohzustand wenig sympathischen Baumaterials in den Handel gebracht, die aber wegen ihres gleichmäßigen Gefüges und der größeren Formate auch für bildhauerische Arbeiten verwendet werden können. Der Sammelbegriff für diese Baustoffe ist »Leichtbeton«.
In der Regel besteht Leichtbeton aus gemahlener Schaumlava, Schlacke, Bims, Trümmerschutt und anderen Grundsubstanzen, die mit Kalk, Zement und anderen Bindemitteln vermischt und unter starkem Druck zu verhältnismäßig leichten, oft recht großporigen Formmassen zusammengepreßt werden. Werden diesen Bestandteilen gas- oder schaumbildende Stoffe beigemischt, so entsteht der Gas- oder Schaumbeton, bei dem die treibenden Gasbläschen unzählige kleine bleibende Hohlräume bilden.
Sehr gut läßt sich der nach schwedischem Patent auch in Westdeutschland aus verschiedenen Grundmischungen (meist Produktionsrückständen) hergestellte Baustoff »Ytong« (Porenbeton) bearbeiten. Zuschlagstoffe für

Ytong sind Schwefelrückstände des Ölschiefers, Steinkohlenfilterasche, Hochofenschlacke, Quarzsand und gebrannter Kalk. Sie werden zementfein vermahlen, mit Aluminiumpulver (als Treibmittel) und Wasser zu Brei verrührt und in große Blockformen gegossen, worin die Gießmasse durch die in ihrem Inneren stattfindende chemische Umsetzung und Gasbildung zu einer Substanz mit bestimmter Porösität auftreibt. Je nach dem verwendeten Zuschlag ist die Farbe des »Ytongs« hellgrau, blaugrau oder blauviolett. Nach dem Erstarren wird der Baustoff in normierte Block- und Plattenformate zersägt und unter Dampf gehärtet. Seine Maße (entsprechend den DIN-Normen für Hochbautechnik): Blöcke 49 cm lang und 20, 24 und 30 cm breit (Quaderförmig). — Platten Grundfläche 49 mal 24 cm, 5, 7,5, 10, 12,5 und 15 cm stark. Unterschiede bestehen in Gewicht und Porengröße.

Ytong hat bei weitem nicht die Härte des üblichen zementgebundenen Kunststeins. Er läßt sich mit einer alten Säge teilen (zum Zerlegen größerer Blöcke nimmt man einen Steinmeißel!) und zur Not mit einem festen Taschenmesser oder einem abgenutzten Stecheisen bearbeiten. Man verwende aber dazu die alten Stücke aus dem Werkzeugkasten, die guten würde man sich verderben. Größere Oberflächen werden mit der Raspel angegangen, unter Umständen auch mit Sandpapier. Der Schleifstaub muß mit einer Drahtbürste aus den Poren entfernt werden. Die nicht absolute Bruchfestigkeit des Materials fordert die große geschlossene Form. Da Leichtbeton ein Baustein ist und trotz seiner Porigkeit kaum Wasser aufnimmt, können wir die daraus geschaffenen Plastiken auch im Freien aufstellen, ohne befürchten zu müssen, daß sie durch Frost zerstört werden.

Alles über den Ytong-Porenbeton Gesagte gilt auch für den unter der Bezeichnung »Siporex« hergestellten Gasbeton, der eine angenehm weißgraue Farbe hat.

Steinbearbeitungswerkzeuge

Ein Bildhauer muß bei jedem Schlag die gesamte Körperlichkeit der zu hauenden Form in seiner Vorstellung vor Augen haben. Um sie über eine lange Arbeitszeit hinaus in dem harten Werkstoff verwirklichen zu können, benötigt er praktisch nur einen Hammer und ein paar verschieden große Meißel. Für ihn ist die Arbeit auch heute noch Handwerk. Die Maschine kann ihm wohl behilflich sein, indem sie die großen Steinblöcke zu handlicheren Formaten aufsägt, die eigentliche plastische Form des Bildwerks aber muß wie seit eh und je mit der Hand aus dem Stein gehauen oder in die ebene Fläche geritzt und geschabt werden.

Die Griechen verwendeten in ihrer frühesten Zeit nur zwei Werkzeuge: Spitzhammer und Spitzmeißel, die sie dem Wachstum des Steines entsprechend ansetzten, um größere oder kleinere Stücke abzusprengen. An diesen einfachen Ausgangsgeräten hat sich im Prinzip bis heute nichts geändert. Einfach sind auch die zum Ritzen und Schaben der weichen Absatzgesteine verwendeten Werkzeuge geblieben. Wir finden brauchbares Gerät meist schon im Hause oder richten es uns selbst zu. Zum Bearbeiten des weichen Porenbetons dienen alte Stecheisen, Raspeln, Feilen.

Schabeisen. Geritzt, geschnitten und geschabt werden hauptsächlich weichere Werkstoffe, wie Gips, Tonschiefer, Sand- und Kalkstein, in gewisser Hinsicht auch Speckstein und Leichtbeton, die beim Beschlagen mit dem Hammer zerspringen würden.

Alte Flach- und Dreikantfeilen brechen wir knapp unterhalb der Angel ab. Der Hieb (siehe Seite 54) muß fortgeschliffen werden. Die scharfen Bruchkanten des Feilenstahls lassen sich gut zum Schaben benutzen. Wir brauchen schmalere und breitere Schabeisen, auch solche, die wir aus durchgebrochenen Metallsägeblättern herstellen.

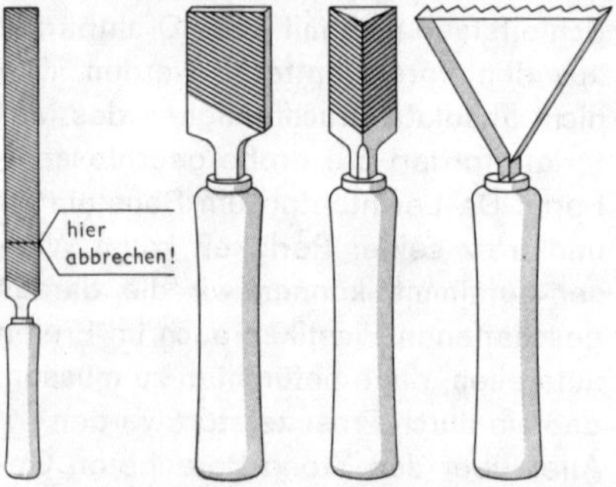

Schabeisen (selbsthergestellt aus alten Feilen und Blechband)

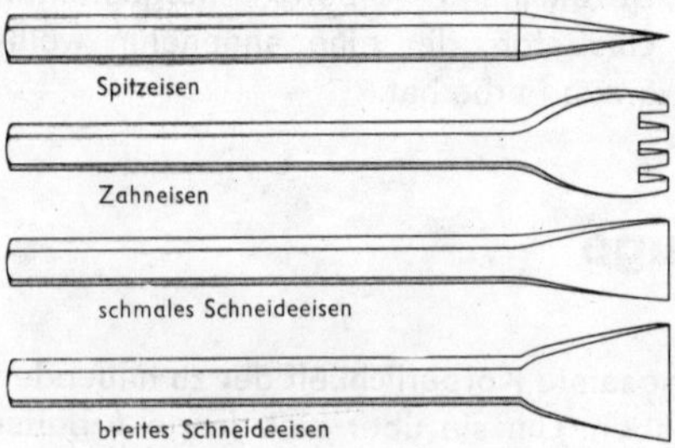

Meißel

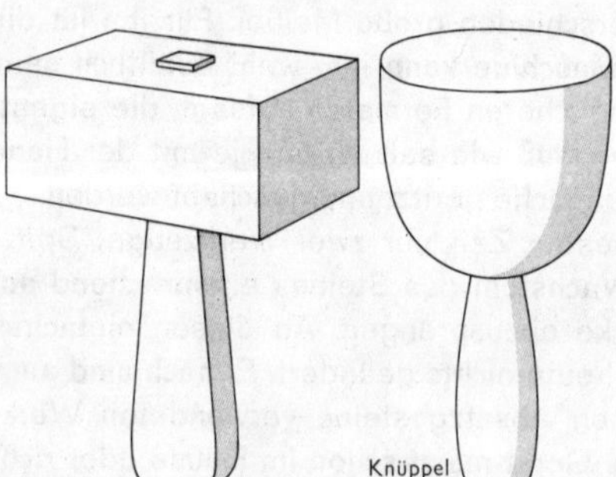

Werkzeuge zur Steinbearbeitung

Meißel. Mit dem »Spitzeisen«, das in seiner Form einem großen angespitzten Bleistift ähnelt, werden größere Gesteinsstücke weggeschlagen. Das »Zahneisen« ist ein großer Meißel mit zahnartig unterbrochener Schneide. Man benötigt es zum Überarbeiten der grob zugeschlagenen Formen. Es hat den Vorteil, daß es nicht den ganzen Stein angreift und das Absprengen auch kleinerer Stücke ermöglicht. Das scharfkantige »Schneideeisen« dient zum abschließenden Überschlagen der gesamten Oberfläche.

Stumpf gewordene Meißel können zur Not an einer Karborundumscheibe (siehe Seite 62) nachgeschliffen werden. Für harte Gesteine werden besonders gehärtete Meißel benötigt, die man nicht nachschleifen kann, sondern vom Schmied neu anschlagen und wieder härten lassen muß.

Hämmer. Brauchbar ist ein zweibahniger Eisenhammer mit kurzem Stiel (Schlägel), zum Bearbeiten weicheren Materials (Sandstein, weicher Kalk), auch der schon aus der Holzarbeit bekannte, leichtere und weicher schlagende Knüppel aus Holz. Spezielle Profilhämmer (Flachhammer, Stockhammer), wie sie der Steinmetz benötigt, brauchen wir kaum.

Festhaltevorrichtungen. Der Stein liegt schon durch sein eigenes Gewicht fest. Besonderer Vorrichtungen zum Festhalten des Werkstücks bedarf es daher nicht. Kopfgroße Stücke legt man auf die Erde oder in Sand, kleinere auf einen Sandsack (ein stramm mit feinem Sand gefüllter Leinenbeutel, in den sich der Stein eindrückt).

Das Glätten des Steins. Sehr weiches Material im Härtebereich 1 bis 2 (Gips, Speckstein) wird schon durch ständiges Betasten mit dem Finger glatt. Durch Abschleifen mit feinem Sandpapier und häufiges Durch-die-Hand-gleiten-Lassen entsteht z. B. auf der Oberfläche einer Gipsplastik ein seidiger Glanz. (Alabaster und Speckstein siehe Seite 258.)
Beim Schleifen härteren Gesteins auf Steinunterlage oder mit Sandstein und Wasser fühlen wir uns unwillkürlich in die Tätigkeit des jüngeren Steinzeitmenschen zurückversetzt, der mittels Sand und Wasser in mühevoller Arbeit Äxte und Speerspitzen oberflächlich glättete und formte. Mit einem in Drehung versetzten Holzstab, Sand und Wasser kann auch ein harter Stein glatt durchbohrt werden. Granit, Porphyr, Diabas schleifen wir auf der Karborundumscheibe oder mit dem üblichen Schleifstein glatt. Feinschliff erzielen wir mit mehreren Sorten Karborundum (bis zum feinsten Korn) und Nachbehandlung mit einem Schmirgelstein. Der matte Glanz, der sich bei kristallinen Gesteinen zeigt, kann abschließend durch Polieren mit Zinnasche oder einem anderen Poliermittel erhöht werden (siehe Seite 382).

Werkverfahren in Stein

Es liegt im Wesen des Handwerklichen der Steinbildnerei, daß die Arbeit mit kleinstem Materialverbrauch, geringem Abfall und geringstem Arbeitsaufwand ausgeführt wird. Der Widerstand, den der harte Stein der Bearbeitung entgegensetzt, zwingt den Bildhauer auch dazu, sich auf eine möglichst geringe Veränderung der Ausgangsform zu beschränken. Ein erfahrener Bildhauer entwirft das Gebilde entsprechend der Ausdehnung des vorhandenen Materials, oder er sucht einen Stein zu finden, den er dem geplanten Bildwerk anpassen kann, ohne am Volumen viel ändern zu müssen. Mitunter ist es möglich, den Stein so zu legen, daß trotz Bearbeitung ein Maximum an Masse erhalten bleibt. Es ist erstaunlich, wie sehr das Material dem geformten Gebilde seine ureigentliche Steinform aufzwingt, wie über die rohe Form der Platte, des Blocks oder Rundlings hinaus auch seine Härte, Dichte, Spaltbarkeit, Porösität usw. die Gestalt des Bildwerks mitbestimmen.

Reliefplastische Arbeiten

Das Schabrelief bietet eine verhältnismäßig einfache Möglichkeit, eine bestimmte Körper- und Raumvorstellung plastisch zu verwirklichen. Vorbildlich können für uns noch heute die altägyptischen Darstellungen an den Wänden der königlichen Totentempel sein. Sie dienten einst einem kultischen Zwecke und mußten, um ihrer Aufgabe gerecht zu werden, die gegenständliche Wirklichkeit »wesenhaft« und in ihrem unveränderlichen Sein, d. h. nicht von den Zufälligkeiten oder der Wandelbarkeit des Werdens abhängig, darstellen. Der ägyptische Bildhauer vermied schräge Ansichten und Überschneidungen, Schlag- und Raumschatten. Er breitete die Körper unter

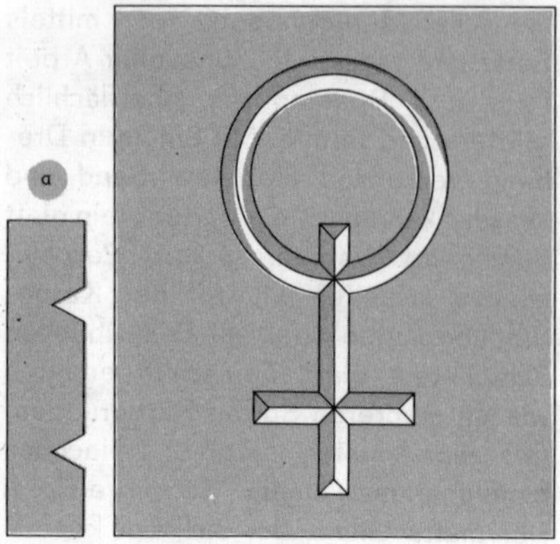

Kerblinie

Reliefplastische Durchformung innerhalb einer Umrißkerbe

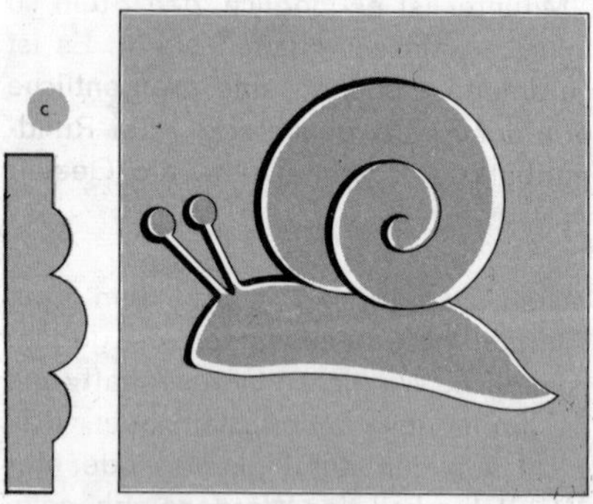

Reliefplastische Durchformung und Zurücknehmen des umgebenden Grundes

Möglichkeiten der Reliefarbeit. Das Reliefbild kann auf verschiedene Weise vom umgebenden Grund abgesetzt werden

völligem Verzicht auf Räumliches klar voneinander getrennt in der Fläche aus, in Haltungen, in denen alle charakteristischen Wesenszüge des Dargestellten sogar gleichzeitig im Bilde erscheinen konnten.

Technisch interessiert uns an den altägyptischen Bildern die Art der Konturierung, durch die sich die Gegenstände von der umgebenden Fläche abgrenzen. Es sind Tiefreliefs, bei denen zunächst die Umrißkerbe in den Kalk gegraben und dann der Figurenumriß von innen zur Kontur hin abgeflacht (mitlaufend gerundet) wurde. Den äußeren Kerbrand ließ man steil stehen, wodurch die Einzelfigur im umgebenden flächigen Grund besonders stark zur Wirkung kam. Bemerkenswert ist, daß trotz der Isolierung zwischen Darstellung und Grund durch die Umrißkerbe Einzelheiten nie ohne Beziehung nebeneinanderstehen und in den Linien rhythmisch schön zusammenklingen. Selbst die Zwischenräume sind für das Gesamtbild bedeutsam.

Material. Kalkstein (z. B. die ägyptischen Flachreliefs), Sandstein, Schiefer sind besonders geeignet für Ritz- und Schabearbeiten, auch der oberrheinische Tonschiefer, den wir für anfängliche Versuche in Abfallstücken vom Dachdecker bekommen. Später werden wir uns nach größeren Platten umsehen. Man suche sich die stärkeren Platten aus, weil diese den Druck beim Schneiden und Schaben besser aushalten.

Werkzeuge. Neben selbstgefertigten Schabeisen (siehe Seite 262) verwenden wir beim Arbeiten mit Tonschiefer das Taschenmesser, Nägel, Schraubenzieher und andere brauchbare Gegenstände, mit denen geritzt, geschnitten und geschabt werden kann. Packpapier als Unterlage nimmt den Staub auf und verhütet eine Beschädigung der Arbeitsfläche.

Schnittweisen. Wir unterscheiden hier die einfache Kerblinie (in Linol der Geißfußschnitt), die in der Bildhauerei vielfach zum Einmeißeln von Buchstaben, Steinmetzzeichen oder einfachen Bildlinien verwendet wird (a) die eben beschriebene (ägyptische) Schnittführung bei reliefplastischer Formbearbeitung nur innerhalb einer Umrißkerbe. (Das Relief liegt hierbei tief und erhält durch den stark hervortretenden Konturenrand reizvolle Schatten) (b); das Herausheben des Gegenstandes aus der Fläche bei gleichzeitigem Zurücknehmen des ganzen Grundes, wobei dieser rauh bleiben und starke Spuren der Bearbeitung zeigen kann (c).

Schieferschnitte. Das Schaben und Schneiden bereitet in diesem weicheren und zugleich feinkörnigen Material weniger Schwierigkeiten als in Kalk- oder Sandstein, weshalb Tonschiefer für den Anfang zu empfehlen ist. Zunächst wird eine Bleistiftvorzeichnung auf den Schiefer übertragen. Das Einritzen der Kerblinie ist dann gewissermaßen nur ein Tieferlegen dieser Konturzeichnung mit einem harten Gegenstand. Die Umrißkerbe muß gleichmäßig tief verlaufen. Dann halten wir das Werkzeug flacher und tragen je nach der gewählten Schnittweise die Umrißkante nach innen oder außen ab. Die tiefsten Stellen der flachplastischen Form müssen am Rand, die höchsten in der Mitte liegen. Sie sind so hoch wie die Plattenoberfläche, die auch in anderen Bildteilen noch zum Vorschein kommt oder als Umgebung unbearbeitet bleibt.
Den beim Schneiden sich bildenden Schieferstaub bürsten wir laufend mit einem kräftigen Staubpinsel ab. Bearbeitete Stellen erscheinen heller und erschweren die Beurteilung der plastischen Form. Hier hilft anfeuchten!
Bildoberflächen nach der 3. Schnittweise können vollkommen eben bleiben und anschließend mit einem angefeuchteten Korken poliert werden. Sie heben sich dann besonders schön vom roh gelassenen Grund der Schieferfläche ab.
Schließlich sei noch erwähnt, daß sich breitflächige Bildformen für die reliefplastische Darstellung besser eignen als feingliedrige. Z. B. sind die dünn verästelten Stiele und Zweige von Blumen und Sträuchern, die beim Negativschnitt in Gips noch möglich waren, in Stein nicht zu empfehlen.

Vollplastische Arbeiten

Mitunter finden wir in der Natur Steine, die in uns den Verdacht aufkommen lassen, die Natur selbst hätte sie schon in spielerischer Laune zu Nachbildungen ihrer großen Schöpfungen benutzt. Besonders an den Geröllhalden der Bäche und an den Flußufern liegen massenhaft vom Wasser rundgeschliffene Steine (Kalk, Granit, Quarz) und »vorgearbeitete« Formen, die wir mit wenig Phantasie zu allem möglichen ergänzen können. Oft fehlen nur ein paar kleine Korrekturen mit einem Werkzeug, um solchen Formgebilden einen neuen phantastischen Sinn zu geben. Mit diesen kleinen Arbeiten erschließen wir uns den harten Werkstoff »Stein«.

Kleine Formate. Man muß auf einem kleinen Sandsack arbeiten, der, stramm mit feinem Sand gefüllt, die harten Stöße auffängt, mit denen der Hammer (etwa 100 g schwer) den kleinen Meißel (aus Widia-Stahl) vorwärts

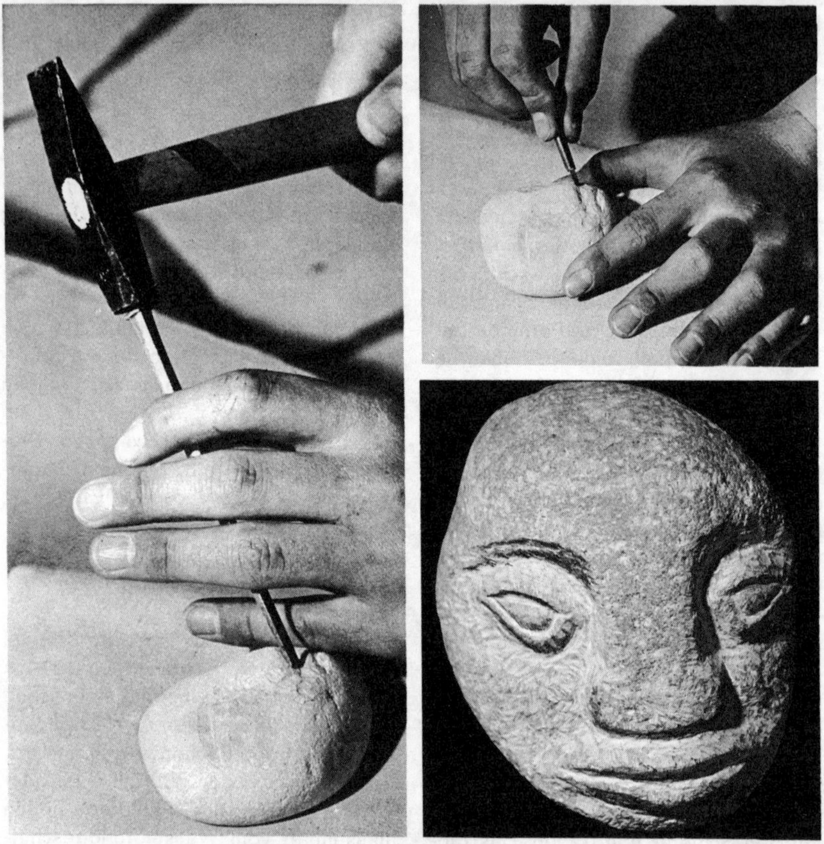

Bildhauerische Versuche in Kleinformat. Hier wird ein von der Natur vorgeformter Stein mit Meißel und Stichel weiter ausgearbeitet. Als Unterlage dient ein Sandsack

treibt. Der runde Stein drückt sich im Sandsack eine Vertiefung und liegt darin fest. Für die Feinarbeit eignet sich auch ein Graveurstichel. Geglättet wird die Form durch Überschlagen mit dem Meißel. Die Härte des Steins muß natürlich beachtet werden.

Skulpturen aus dem Block. Die Hilfsmittel, die die Bildhauer beim Herausmeißeln einer Form aus dem Stein anwenden, sind verschieden. Die Griechen hatten dafür ein einfaches, aber verhältnismäßig sicheres Proportionsmeßverfahren. Im Mittelalter fixierte man die zu hauende Form in der Art eines Architekturaufrisses. Seit der Renaissance kennt man die Punktiermethode, die ein in Ton oder Gips geformtes – und folgerichtig auch in diesen Materialien vorgedachtes – Modell voraussetzt, das auf mechanischem Wege mit einem Tastzirkel oder der Punktiermaschine in Stein übertragen wird. Der Bildhauer schlägt zunächst zahlreiche Punkte in den Stein, deren Lage den gleichen Punkten im Modell entspricht, kopiert dann die Form im

nächsten Umkreis dieser Stellen, so daß schon dort das Modell partienweise seine Wiederholung findet, und verbindet abschließend die auf diese Weise gewonnenen Teilformen miteinander. Es ist verständlich, daß dieses im werktechnischen Sinne »fragwürdige« Verfahren ein direktes Eingehen auf die Sprache des Steins ausschließt.
Bevor man eine Figur in den Stein zu schlagen beginnt, muß man sich eine klare Vorstellung der körperlichen und räumlichen Beziehungen verschaffen. Man kann sich ein Tonmodell herstellen, um in diesem bildsameren Material Lagen und Teilvorstellungen für die einheitliche Komposition zu klären. Auch zeichnerische Skizzen, die man nach der Phantasie oder der Natur anfertigt, vermitteln das fehlende Formerlebnis. Die Steinbildnerei verlangt aber ein grundsätzlich anderes Arbeiten als das Modellieren in Ton. Der Stein kann nur bis auf eine bestimmte gültige Form von außen abgetragen werden, während sich die Formen bei den aufbauenden Techniken von innen nach außen entwikkeln. Man muß die Figur in den Block hineinprojizieren und als »inneres Bild« für die gesamte Dauer der Arbeit vor Augen behalten können. Diese Forderung schließt alles momentane Improvisieren grundsätzlich aus.
Zunächst wird der Block von vorn angeschlagen, der Umriß festgelegt, die Konturen der Form abgetragen. Treten an der Oberfläche Materialstörungen auf, setzt man die Figur erneut an, nun aber etwas tiefer. In der Blocktiefe liegen noch Möglichkeiten des Neubeginns, weshalb man sich davor hüten muß, zu früh die Rückseite schon anzuschlagen. Auch die Stellen, die im fertigen Gebilde am weitesten hervorragen sollen, werden vorerst stehen gelassen, da sie als Orientierungspunkte dienen. Daneben und zwischen ihnen arbeiten wir uns, immer wieder wegschlagend, höhlend und buckelnd in die Tiefe, so lange, bis die großen Hauptmassen gesichert sind. Erst wenn die Einheitlichkeit der Anlage als Ganzes klar zu erkennen ist, wenden wir uns den Einzelheiten zu. Detailformen können immer erst dann herausgearbeitet werden, wenn die Gesamtform schon ausgebildet ist. Nun kann nichts Unvorhergesehenes mehr eintreten. Die Arbeit bleibt im Fluß, wobei das Gewonnene immer wieder in Frage gestellt und aufgegeben wird, damit es in verfeinerter Form neu erstehen kann.
Dieses überlegte langsame Vorgehen gibt uns die Sicherheit, daß wir uns nicht verschlagen und sich die Proportionen zwischen den Teilformen nicht mehr verschieben können, auch wenn wir die Details herausarbeiten. Es ist selbstverständlich, daß dieser Formwandel bei der unerbittlichen Härte des Materials nur sehr langsam vor sich geht. Wir haben also Zeit, das vorgestellte Gebilde immer wieder zu durchdenken und in seiner Anlage bildhaft zu ordnen.

Gebrauch der Werkzeuge. In den ersten Stadien der Arbeit benutzt man ausschließlich das Spitzeisen, das der inneren Struktur des Steins entsprechend anzusetzen ist, so daß große Stücke abgesprengt werden können. Zum Herausarbeiten konvexer und konkaver Wölbungen nimmt man das Zahneisen. Das scharfkantige Schneideisen dient dem abschließenden Überarbeiten der gesamten Oberfläche, wobei vor allem auch die »Prellungen« (die durch das Ansetzen der vorausgegangenen Werkzeuge entstandenen helleren Schlagspuren in den roh bearbeiteten Partien), beseitigt werden. »Stocken« nennt man das punktartige

Aufschlagen des Werkzeugs auf den Stein, wodurch das Material ein grobkörniges Aussehen erhält.

Themenwahl. Für Ritz- und Schabearbeiten kommen Bildvorlagen in Frage, die im geeigneten Format die Wand schmücken können. Kleinere Arbeiten sind als Schautafeln zu betrachten. Konturbetonte Zeichnungen, auch Grafiken, lassen sich gut ins Reliefplastische übertragen.
Eine schöne Arbeit für den angehenden Vollplastiker könnte beispielsweise das Einhauen einer schaligen Mulde in einen größeren schöngeformten oder -gezeichneten Natursteinblock sein. Ständig mit Wasser gefüllt und zwischen die Blütenstauden in den Garten gelegt, bekommt man auf diese Weise eine ansprechende Vogeltränke. Aber natürlich ist das Hochziel des bildhauenden Laien die »Figur«, nicht der Gebrauchsgegenstand. Man kann sich von einem Kunstwerk anregen lassen. Die besten Werkideen gewinnt man aber beim aufmerksamen Betrachten der Steine im Steinbruch. Da liegt ein Block, dessen eine Kante bereits die Proportionen eines menschlichen Gesichtes erkennen läßt. Es schadet nicht, wenn wir nur diese Kante ausarbeiten und den übrigen Steinkörper unbearbeitet lassen! Ein anderer Block deutet bereits im groben die Körperlichkeiten einer sitzenden Katze an. Viele Künstler lassen sich von der Naturform des unbehauenen Brockens inspirieren. Auch wir sollten die Themen so wählen, daß sie der Blockform entsprechen.
Eine andere Frage ist, was wir mit unseren Werkergebnissen anfangen können. Kunstwerke im hohen Sinne können und sollen beim Laienschaffen gar nicht entstehen. Wir arbeiten zu unserer eigenen Freude und behalten die Stücke daher auch gern in unserem näheren Umkreis. Vor allem im Garten oder auf einer Terrasse werden wir manche reizvolle Aufstellungsmöglichkeit entdecken können.

Werkstoff Mörtel

Das Material

Nach ihrer besonderen Verwendbarkeit zum bildnerischen Gestalten gehören auch die Mörtel mit zu den plastischen Werkstoffen, obwohl sie an sich bautechnische Bindemittel sind. Der Plastiker kennt einen sehr widerstandsfähigen Modellierbeton, den er wie Ton oder Gips zum Umformen aus Draht gebauter Figurengerüste verwendet. Solche Gebilde können im Gegensatz zu den feuchtigkeitsempfindlichen Gipsplastiken auch im Freien aufgestellt werden. In den gleichen Werkbereich gehören das Gießen von Kunststeinplatten und größeren Werksteinblöcken (für bildhauerische Bearbeitung) sowie das Herstellen »echter« Sgraffitos.

Verschiedene Mörtel

Mörtel ist ein Gemenge aus einem Bindemittel (Zement, Kalk, Gips), Sand und Wasser. Je nachdem, wie man diese Stoffe miteinander vermischt, erhält man Zement-, Kalk-, Kalkzement- oder Kalkgipsmörtel. Reinen Zementmörtel nennt man Beton.

Zusammensetzung. Der am meisten verwendete Zement (Portland-Zement) entsteht durch Brennen einer Mischung von fein gemahlenem Kalkstein und Ton bis über die Sinterungsgrenze von 1450 ° hinaus. Je feiner die Aufbereitung, um so größer die Erhärtungsfestigkeit. Es gibt einen besonderen (eisenoxydfreien) weißen Portlandzement (Dyckerhoff-Weiß), der Zusätze enthält, die auch einer späteren Salzbildung bei Metallberührung entgegenwirken. Dyckerhoff-Weiß wird für Putzarbeiten und zur Herstellung hellfarbiger Betonwerksteine verwendet, ferner für plastische Arbeiten, zum Vergießen von Mosaiken usw.

Nur frisch gebrannter Zement ist brauchbar. Er muß trocken gelagert und schnell verarbeitet werden, denn er verliert durch Feuchtigkeitsaufnahme aus der Luft fortwährend an Bindekraft. Wenn man einen Sack Zement länger als ein halbes Jahr liegenläßt, kann man ihn praktisch wegwerfen. Am besten schaffen wir uns immer nur soviel an, wie wir für die beabsichtigte Arbeit benötigen. Kleinere Mengen lassen sich in einem verschlossen Konservenglas aufbewahren.

Kalk ist in der Art, wie er aus dem Kalkofen kommt, für die Mörtelbereitung unbrauchbar. Er muß »gelöscht« und in einer Grube abgelagert werden. Da das Löschen schwierig ist, beziehen wir den Kalk schon im gelöschten und pulverisierten Zustand als Sack-, Grau- oder Weißkalk. Hydraulischer Kalk (Wasserkalk) enthält Magnesia- und Tonzusätze. Er ist ausgesprochen brauchbar für Arbeiten, die starker Feuchtigkeit (z. B. an der Wetterseite) ausgesetzt sind. Normaler Sackkalk muß vor der Mörtelbereitung etwa 24 Stunden lang »eingesumpft« – d. h. durchfeuchtet – werden. Wasserkalk kann man sofort verwenden.

Sand ist im Mörtel ein »Zuschlagstoff«, ebenso grober Kies und Schotter bei Beton. Nicht jeder Sand ist für die Mörtelbereitung geeignet. Dünensand z. B. ist unbrauchbar, weil er aus glatt gerundeten Sandkörnchen besteht, an denen das Bindemittel nur schwer angreifen kann. Der Maurer braucht »scharfen« Sand (Fluß- oder Grubensand), der als »Bausand« zu kaufen ist. Wichtig ist auch, daß diese Zuschläge »rein« sind und keine humosen oder lehmigen Beimengungen enthalten, die ebenfalls die Bindungskraft des Mörtels stören würden. Unreiner Sand oder Kies muß vor der Mörtelbereitung gewaschen werden.

Mischungsverhältnisse. Die Menge der Bindemittel im Verhältnis zu den Zuschlagstoffen und dem Wasser werden durch das für jeden Mörtel andere »Mischungsverhältnis« angegeben. Ein normaler Kalkmörtel besteht aus einem Gemenge von Kalk (Sack- oder Wasserkalk) und Sand im Verhältnis 1:3, wobei es sich um Raumteile handelt, die der Maurer nach »Schaufeln« oder »Kellen« abzählt. Nach gründlicher Trockenvermengung kommt Wasser hinzu. Für die erforderliche Wassermenge ist eine Norm nicht anzugeben, weil sie sich nach der Zähigkeit des Mörtels richtet, die man erreichen will. Die Masse soll geschmeidig sein, aber nicht wegfließen. Oft wird der Mörtel zu steif angerührt.

Viel fester als Kalkmörtel ist reiner Zementmörtel, den man im gleichen Mischungsverfahren 1:3 (ein Teil Portlandzement und drei Teile Bausand) bei unterschiedlicher Wasserzugabe gewinnt. Zementmörtel erhärtet relativ schnell, und zwar um so schneller, je mehr Zement er enthält.

Zement und Gips vertragen sich nicht miteinander. Zement und Kalk sowie Kalk und Gips dagegen können vermengt werden. Kalkzementmörtel zeichnet sich ebenfalls durch besondere Festigkeit aus. Das Mischungsverhältnis schwankt und liegt bei einem Teil Zement, zwei bis drei Teilen Kalk sowie sechs bis neun Teilen Sand. Ein Kalkzementmörtel mit dem Verhältnis 1:3:6 entspricht etwa der Festigkeit reinen Zementmörtels 1:3. Der Kalkzusatz macht den Zementmörtel geschmeidiger. Außerdem ist Kalk billiger als Zement. (Gipskalkmörtel siehe Seite 252.)

Die Werkverfahren

Die Werkverfahren, die sich aus der Verwendung von Mörtel herleiten, sind sehr unterschiedlich und nur aus dem jeweiligen Zweckzusammenhang heraus zu verstehen. So kann man sich z. B. für bildhauerische Zwecke Betonwerksteinblöcke selbst gießen. Das aufbauende Arbeitsverfahren mit Beton dagegen entspricht dem bereits beschriebenen mit Ton und Gips (siehe Seite 242 und 253).

Ein wesentliches Merkmal moderner Gartengestaltung ist ferner der Plattenweg,

der noch nach dem größten Regenguß den Garten begehbar macht, wenig Pflege erfordert und sich natürlich in die Umgebung von Rasen und Staudenpflanzen einfügt. Natursteinplatten sind aber teuer und nicht immer wetterfest (noch teurer als die Platten selbst ist der Transport!). Billiger werden dagegen selbstgestampfte Betonplatten, deren tristes Aussehen auf mancherlei Weise verschönert werden kann.
Nicht immer läßt sich moderne Sachlichkeit mit unserem angeborenen Schmuckbedürfnis vereinbaren. Aber eine Hauswand oder Mauerfläche, die an sich strukturarm ist, wirkt oft ernüchternd. Hier ist zu überlegen, ob sich nicht durch ein farbenfreudiges Sgraffito, das den Bedingungen der Umgebung und der Art des Baues entsprechend angebracht wird, etwas bessern ließe. Gerade hier ergeben sich oft reizvolle Möglichkeiten für das Laienschaffen.

Arbeiten mit Modellierbeton

Die Zusammensetzung eines geeigneten Modellierbetons wird mit einem Teil weißem Portlandzement (Dyckerhoff-Weiß) und drei Teilen scharfem Bausand feinerer bis mittlerer Korngröße angegeben. Der Zusatz eines handelsüblichen Schnellhärters (z. B. Ceresit) verkürzt die Abbindezeit. Ohne Härtemittel braucht der Beton länger. Der Trockenmischung dieses Modellierbetons können auch Zementfarben zugesetzt werden.
Zum Anmengen wird eine Flüssigkeit aus einem Teil Wasser und dreiviertel Teil (0,75) sogenannter Betonemulsion (Kunstharzemulsion: z. B. Albitol, PCT-Betonemulsion) hergestellt. Trockenmischung und Feuchtansatz verrühren wir so, daß die Masse die zum Modellieren beste Konsistenz (zwischen steif und fließend) erhält.
Man soll nie mehr Beton anrühren, als man in einer knappen halben Stunde verarbeiten kann, da die Masse schnell hart wird. Auch die mit Schnellhärter versetzte Trockenmischung darf nicht länger als einen Tag liegen, da jener bei Feuchtigkeitsaufnahme aus der Luft unbrauchbar wird.
Das Material wird um ein Gerüst modelliert, das man zweckmäßigerweise aus Eisendraht zusammenbaut. Erhärtete Stellen, an die frische Betonmasse angesetzt werden soll, müssen aufgerauht und angefeuchtet werden.

Beton- und Kunststeinplatten

Platten kann man schon aus einer einfachen Betonmischung gießen. Nimmt man als Zuschlagstoff feiner und grober gemahlenes Naturgestein (Basalt, Muschelkalk, Marmor, farbiges Naturgestein), so bekommt man einen Kunststein, der natürlichem Gestein ähnlich ist und sich auch wie dieses bearbeiten läßt. Das Mischungsverhältnis schwankt bei Kunststein zwischen 1:2 und 1:4. »Betongranit«, »Betonsandstein« usw. sind Sonderbezeichnungen, die auf den jeweils verwendeten Natursteinzuschlag hinweisen. Die Zuschlagstoffe sind beim Steinmetzen zu haben.

Wegeplatten. Wir können die Platten rechteckig oder quadratisch gießen. Gebräuchliche Größen sind 30 x 30 cm, 50 x 50 cm, 25 x 50 cm, 35 x 70 cm – 6 bzw. 7 cm stark.
Die zum Einstampfen des Betons benötigte Schalung besteht aus einem Rahmen aus 4 x 6 cm, bei größeren Platten 4 x 7 cm starken Leisten. Zwei diagonal gegenüberliegende Ecken dieses Rahmens werden fest verzinkt

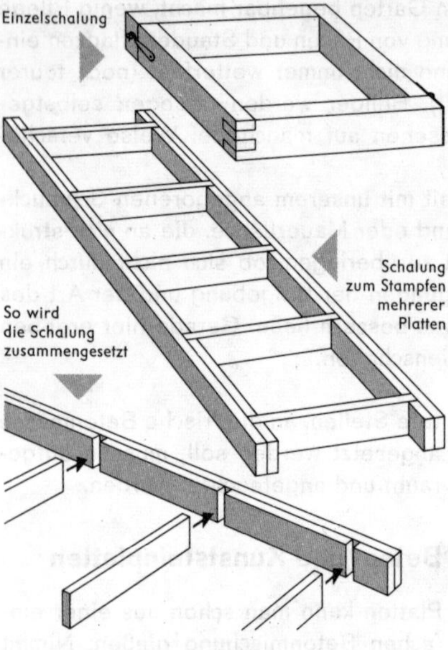

Schalungen zum Plattengießen

(siehe Seite 78), die dritte bekommt ein kräftiges Scharnier, die vierte einen Haken-Öse-Verschluß.

Gemischt wird auf einem Schaufelblech oder einer schon mit Zementplatten belegten Fläche (die hinterher sorgfältig abgespritzt werden muß) – niemals auf dem Erdboden!

Zunächst bestimmen wir die erforderliche Menge Sand und Zement durch Berechnung des Plattenvolumens (Länge x Breite x Stärke), das an einem Tage gestampft werden soll. Das Mischungsverhältnis beträgt 1:4. Für 1 cbm Betonmasse (reichend für 40 bis 50 Platten der Größe 50 x 50 x 6 cm) brauchen wir 8 Sack Zement zu 50 kg und etwas mehr als 1 cbm Bausand (20 % Zuschlag inbegriffen).

Da wir nicht die ganze Menge auf einmal mischen können, rechnen wir in Teilen nach Schaufeln: Auf 40 Schaufeln Sand werden 10 Schaufeln Zement zugegeben (1:4). Die richtige Vermischung bekommen wir, wenn wir den Sand samt dem Zement zunächst dreimal trocken umschaufeln. Die Zugabe von Wasser muß dann sehr sparsam und in geringen Dosen erfolgen. Gießt man es einfach darüber, so wird der Zement aus der Mischung herausgeschwemmt. Am besten schaufelt man die Trockenmischung erst zu einem Berg, formt oben einen Krater und gießt das Wasser vorsichtig hinein. Dann läßt man das Gemenge »ziehen«. Schließlich schaufelt man die Mischung noch ein paarmal kräftig um, damit der Beton überall gleichmäßig durchfeuchtet wird. Er soll nicht etwa naß, sondern nur erdfeucht sein. Er ist richtig, wenn man ihn zu einem Kloß zusammendrücken kann, die Hand sich aber dabei nur leicht anfeuchtet.

Jetzt setzen wir den geschlossenen

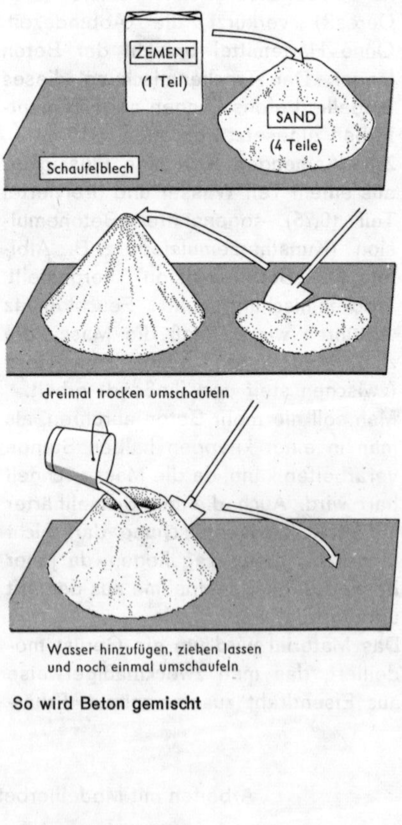

So wird Beton gemischt

Formrahmen auf eine ebene und mit Papier bedeckte Unterlage (Brett), füllen den Beton ein und stampfen ihn mit einem Stampfer oder Pfostenstück gut fest. Besonders die Ecken müssen gut ausgefüllt und festgestampft werden. Wenn der Rahmen voll ist, wird die Oberfläche, die später die Plattenunterseite abgibt, mit einer Latte abgestrichen. Die »Schönseite« liegt unten.

Nach einigen Stunden öffnen wir den Rahmen vorsichtig, heben ihn ab und verwenden ihn auf einer anderen Unterlage für einen neuen Guß. Drei bis vier Tage später stellen wir die Platten zum gleichmäßigeren Trocknen irgendwo im Schatten auf. In der ersten Zeit sind sie täglich sanft abzuspritzen, damit sie oberflächlich nicht zu schnell trocknen und Risse bekommen. Nach drei Wochen sind sie so hart, daß wir sie verlegen können.

Make-up-Platten. In die Schalung kommt zuerst eine 1 bis 2 cm starke Schicht aus weißem Feinbeton (Dyckerhoff-Weiß und feiner Sand im Mischungsverhältnis 1:2), darauf Normalbeton. Verarbeitung wie oben.

Man kann dem Zuschlagstoff auch Muschelkalkmehl beifügen und erhält dann eine natursteinähnliche Oberfläche. Schließlich kann man den Formrahmen mit unterschiedlich starken Natursteinplatten-Bruchstücken auslegen und den Beton darüber gießen.

Für die Herstellung farbiger Platten werden der Mischung Zementfarben beigemengt.

Betonwerkstein. Die möglichen Zuschlagstoffe sind oben angegeben. Solch ein Kunststeingemenge kann man auch zum Ausgießen großer Gips- oder Erdformen verwenden (siehe unten). Der größere Wassergehalt der gießbaren Betonmasse wirkt sich auf die Festigkeit des Gusses aus und muß durch erhöhten Zementzusatz (1:2) ausgeglichen werden. Die Trockenzeit beträgt etwa eine Woche. Die Beseitigung der Schwimmhaut mit Raspel oder Schneidemeißel bringt das Naturgesteinkorn wieder hervor. Die Bearbeitung entspricht der des Naturgesteins. Blockgüsse sind in entsprechenden Schalungen möglich (siehe oben).

Gußbeton. Wir wählen zu diesem Zweck wieder die etwas bessere Mischung 1:2, vermengt mit sehr feinem Sand (allerdings nur, wenn wir eine besonders glatte Oberfläche erzielen wollen). Portlandzement ergibt eine graue, Dyckerhoff-Weiß eine weiße Gießmasse, die außerdem durch Zugaben von Farbpulver zur trockenen Masse gefärbt werden kann. Besonders wichtig ist das gute Mischen des trockenen Ansatzes, damit das Gußstück nachher nicht scheckig ausfällt. Auch sind sämtliche für Betonwerksteine gebräuchlichen Zusatzstoffe verwendbar. Die Wasserzugabe erfolgt in dem Maße, daß ein »schlanker« Brei entsteht, der sich willig in alle Vertiefungen ergießt. Durch vorsichtiges Durchstochern und Drücken der Masse erreichen wir, daß keine Luftblasen eingeschlossen werden. Der angerührte Brei bleibt wenigstens eine Stunde lang plastisch. Wir haben also Zeit, den Guß in Ruhe durchzuführen.

Aus dieser Masse können wir z. B. Vogeltränken, Hauswappen, Plastiken, große Pflanzgefäße (in der Erdform) usw. herstellen. – Größere Platten erhalten gegebenenfalls eine »Bewehrung« aus eingelegtem Stahlgitter. Soll das Gußstück später hängen, betonieren wir auch die erforderlichen Ösen (aus verzinktem Draht) mit ein. Reliefabgüsse, die wir mit Zementmörtel an die Wand setzen wollen, sollen eine möglichst rauhe Rückenoberfläche haben. Zu diesem Zweck ritzen wir mit einem Spachtel kreuz und quer Rillen in den noch feuchten Beton ein.

Nach einem Tag können wir den Guß ausschalen und vorsichtig umdrehen. Kleine Schäden lassen sich nun noch oberflächlich ausbessern. Wenn wir das geschickt machen, ist die Reparatur später kaum zu sehen. (Trocknen des Gußstücks siehe Seite 273.)

Mörtel- und Putzsgraffito

Wie man schon aus dem Namen (sgraffiare = kratzen) schließen kann, stammt das Sgraffito aus Italien und war früher unter der Bezeichnung »Kratzputz« als Wandschmuck an Gebäudewänden, besonders zwischen den Balken von Fachwerkhäusern, sehr verbreitet. Heute entstehen überall Bauten, deren Wände durch Sgraffitos eine freundlichere Note bekommen.

Wie bei jeder Kunsttechnik, die es im Laufe der Zeit zur Eigenständigkeit gebracht hat, ist auch bei der Sgraffitotechnik eine Entwicklung festzustellen. Sie führt von der bloßen Nachahmung einfacher Strichzeichnungen bis zum überlegten Spiel mit Flächen- und Farbkontrasten. Bei den ältesten in Deutschland auffindbaren Arbeiten (z. B. im Kreuzgang des Magdeburger Doms, 13. Jahrhundert) handelt es sich noch um einfache Ritzzeichnungen, die nachträglich mit dem Pinsel farbig ausgemalt wurden. Auch das besonders in der Frührenaissance verbreitete Rußmörtelsgraffito war hauptsächlich Stricharbeit, aber im technischen Sinne doch schon »echtes« Sgraffito, bestehend aus einer rußgeschwärzten Unterschicht und einer weißen Decklage, aus der die mit der Ausführung beauftragten Maurer die Linien der Zeichnung herauskratzten. Verhältnismäßig spät erscheint das Sgraffito in der Art, wie wir es heute kennen, aufgebaut aus einer

»Kratzputz« an einem alten Bauernhaus in den Vierlanden bei Hamburg

»Reifengymnastik«, Sgraffito an einer Turnhalle in Hameln (150 x 450 cm). Farbschichten: Anthrazitgrau, Rot, heller Oberputz, über einem Sockel aus gelbem Backstein

oder mehreren farbigen Putzschichten und einer dünnen Deckschicht, aus der sich breitere Bildteile, die dunkel erscheinen sollen, als zusammenhängende Flächen herausheben. Da das Sgraffito in all seinen Spielarten einen auf Einfachheit und Geschlossenheit der Darstellung beruhenden »graphischen« Charakter besitzt, kommt es unserem modernen Formempfinden sehr entgegen.

Die Technik. Die rohe Wandfläche wird vorbereitend mit einer Schicht gefärbten Putzes und dieser mit einer weiteren Putzschicht – dem Oberputz – überzogen, aus dem dann, solange er noch feucht ist, die Linien und Flächen der Darstellung bis auf den darunterliegenden Farbputz herausgekratzt werden. Man kann ein Sgraffito ein- und mehrfarbig aufbauen, doch sollte man sich schon aus technischen Gründen mit wenigen Farben begnügen. Die meisten Künstler arbeiten nur mit zwei Farben. Ein Sgraffito gleicht also weniger einem gemalten Bild als einer Graphik, die sich aus sehr bestimmten Linien und Flächen aufbaut, mit Konturen, die wie die Uferlinien einer Steilküstenlandschaft hart in der Wand stehen. Weiche Übergänge und rundliche Überarbeitungen der Flächenformen (wie im Relief) sind im Sgraffito nicht möglich. Es ergibt sich jedoch, daß die von der Sonne schräg beschienenen Putzkanten ihre Schatten in die Flächen werfen und dann ebenfalls in der Darstellung mitsprechen, was sich geschickt einplanen läßt.

Die Anbringung. Ein Sgraffito wird aus Bauwerkstoffen hergestellt. Es gehört seiner Natur und seinem technischen Charakter nach wesentlich zum Haus, ist Teil seiner Architektur und muß sich, auch wenn wir es nachträglich an der Wand anbringen, willig in den Gesamtcharakter des Hauses einfügen. Das Problem, einen geeigneten Platz zur Unterbringung eines Sgraffitofeldes zu finden, läßt sich auf einfache Weise nicht lösen. Es genügt keineswegs, daß »leere Wand« vorhanden ist. Diese Flächen sind oft so groß, daß wir uns eine begrenzte Bildfläche schaffen müssen, die in Beziehung zu anderen vorhandenen Nebenflächen (Türen, Fenstern) oder auch zum Flächenganzen (z. B. der schon architektonisch gegliederten Giebel- oder Frontseite des Hauses) steht. Auf keinen Fall darf das architektonische Gleichgewicht des Gebäudes gestört werden, was leicht möglich ist, wenn nicht vom Architekten von vornherein ein entsprechender Platz für ein Sgraffito vorgesehen war. Ein Wandschmuck, der nicht bewußt die Gliederung einer Architektur unterstreicht und in ihrer Gesamtwirkung fördert, ist fehl am Platze. Innenwände, Treppenaufgänge, Flurwände usw., die sonst bemalt oder tapeziert werden müßten, eignen sich oft zur Aufnahme eines Sgraffitos besser als Außenwände, deren Gliederung schon festliegt. Auch an Gartenmauern lassen sich Sgraffitos anbringen.

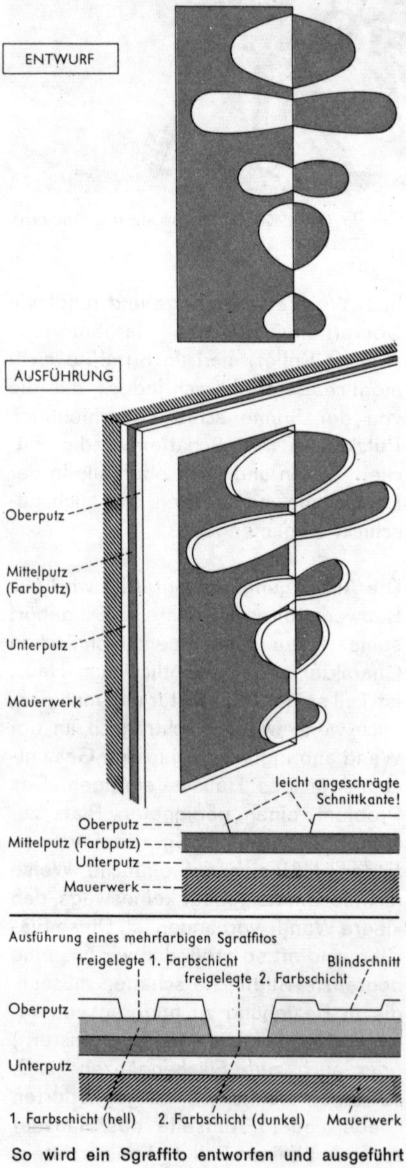

So wird ein Sgraffito entworfen und ausgeführt

Entwurf und Formfindung. Ein detaillierter Entwurf muß vorliegen. Nach Skizzen können wir die Arbeit nicht in Angriff nehmen, weil bei der Ausführung des Sgraffitos flott verfahren werden muß und sich auch nachträglich am Ergebnis nichts mehr ändern läßt. Hinzu kommt, daß wir beim Arbeiten auf einem Gerüst stehen und dicht vor der Wand die Proportionen nicht überblikken können. Am besten beginnen wir mit einem Vorentwurf, einer kleinen Handzeichnung im Maßstab 1 : 10, die wir durch mehrfaches Umzeichnen allmählich in eine gültige Form (Maßstab 1 : 1) bringen. Dabei versuchen wir auch schon, die Eigenart der Technik zu berücksichtigen. Wir arbeiten beim Sgraffito mit farbigen Linien und Flächen. Eingeschnittene Linienzüge sind möglich, nicht aber schmale Stege, weil diese leicht ausbrechen. Die technische Ausführung mit Spachtel und Kratzeisen bedingt Vorlagen mit nur wenigen Details und vorwiegend geraden oder nur sanft gekurvten Linien- und Flächenkonturen. Es kommt also der gewählten Technik entgegen, wenn wir uns von vornherein auf einfache Wiedergaben beschränken, unwichtige Einzelheiten weglassen usw. Da gerade das für den in der graphischen Kunst weniger Bewanderten leichter gesagt als getan ist, vertauschen wir gleich nach dem ersten festlegenden Skizzie-

ren den Zeichenstift mit der Schere, die von sich aus schon das Abgleiten in unsichere Details verhindert (siehe Seite 150), und schneiden uns das beabsichtigte Bild nach unserer Vorstellung aus farbigem Tonpapier zurecht. Auch beim Betrachten gut gestalteter Plakate und Werbeschriften können wir in der schweren Kunst des Weglassens und Auffindens einfacher und klarer Linienzüge und Flächenformen bei zugleich graphisch reizvoller Lösung viel lernen.
Die Entwurfszeichnung übertragen wir dann mit Hilfe des Gitternetzverfahrens in den Maßstab 1 : 1. Die kleine Zeichnung wird mit einem kleinen Gitternetz von 1 cm Quadratseitenlänge über-, zogen, der Originalentwurfbogen (am besten ein widerstandsfähiges, transparentes technisches Zeichenpapier) mit einem Netz, dessen Quadrate 10 cm Seitenlänge haben. Da jedem Quadrat der kleinen Zeichnung ein solches im Originalentwurf entspricht, läßt sich der Verlauf der Zeichnung leicht verfolgen und vergrößert übertragen. An Stellen, an denen beim Umzeichnen die Frische und Lebendigkeit der kleinen Zeichnung verlorengeht, müssen wir den Originalentwurf noch einmal überarbeiten. Den fertigen Entwurf befestigen wir probeweise an der vorgesehenen Wandstelle. Dann überprüfen wir das Ganze aus der richtigen Entfernung und im richtigen Blickwinkel. Vielleicht sind auch jetzt noch einige Überarbeitungen nötig. Nach dem Aufbringen der Putzschichten übertragen wir die Zeichnung auf der vorgesehenen Stelle, indem wir die Konturen mit einem spitzen Gegenstand durchdrücken, oder mit dem Stoffrädchen perforieren und mit Farbstaub, der in einem durchlässigen Beutel (Seidenstrumpf) gesammelt ist, tamponieren (siehe auch Seite 280).

Die Putzschichten. Im allgemeinen wird ein Sgraffito aus drei verschiedenen Mörtelaufträgen aufgebaut: dem etwa 1,5 cm dicken Unterputz, der die Verbindung zur Mauer herstellt, Unebenheiten der Wand ausgleicht und nach oben einen rauhen Haftgrund schafft, – dem Mittelputz, dem die Aufgabe des Farbträgers zukommt, und der aus einer oder zwei verschiedenen Farbschichten, je 5 mm stark, aufgebracht werden kann, – und dem Oberputz, der in der gewählten Farbe und Struktur die gesamte Wand bekleidet und das Sgraffito in die umgebende Fläche einbindet. Diese Deckschicht sollte nicht stärker als 1 cm aufgetragen werden. Zu tiefe Schnittkanten wirken an der Wand unschön. Außerdem halten dicke Sgraffitoschichten nicht gut. Vor dem Anwerfen jeder neuen Schicht muß die darunterliegende immer wieder gründlich angefeuchtet werden, weil trockenes Putz- und Mauerwerk dem frisch angetragenen Mörtel das zum Abbinden nötige Wasser entzieht. Jeder Auftrag soll mindestens vier Stunden trocknen.

Welche Zuschlagmengen und Bindemittel man zum Anmengen des Sgraffitomörtels benutzt, hängt von Zweck, Wirtschaftlichkeit und der künstlerischen Absicht ab. Für die unteren Putzlagen empfiehlt sich ein normaler feinsandiger Zementkalkmörtel im Verhältnis 1 : 3 : 6 (ein Teil Zement, drei Teile Kalk, sechs Teile Sand, siehe Seite 270), dem man für die mittleren Schichten kalkbeständige Erdfarben beimengen kann. Für den Unterputz sollte der Mörtel etwas grobkörniger gehalten werden. Das Färben des Mörtels mit Pulverfarben ist nicht einfach und setzt etliche Trockenproben voraus. Die Farben sind teuer und starke Zusätze beeinträchtigen die Bindekraft. Es wird billiger, wenn man für die farbigen Mit-

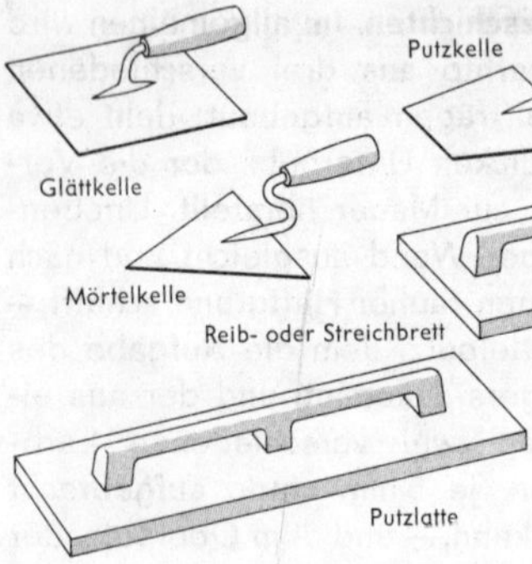

Verschiedene Putzwerkzeuge

telschichten den im Baustoffhandel in verschiedenen Farbtönen erhältlichen »Edelputz« verwendet. Das ist ein Trockenmörtel, der fabriksmäßig aus erprobten Zuschlagstoffen und Bindemitteln hergestellt wird und an Ort und Stelle nur noch mit Wasser angerührt werden muß. Die Bestellung erfolgt nach einer Farbprobe und der betreffenden Farbnummer. Ebenso muß die Körnung angegeben werden. Beim Anmachen richtet man sich nach den vom Werk beigegebenen Verarbeitungsvorschriften. Edelputz ist nicht nur billiger, sondern auch haltbarer. Weil er naturfarbige Sandzuschläge enthält, können kräftigere Farbtöne schon durch geringe Farbzugaben erzielt werden. Für ein 1 qm großes Sgraffitofeld benötigt man etwa 10 kg farbigen Edelputz.

Wenden wir uns nun dem Putzauftrag zu. Der Unterputzmörtel soll so weich sein, daß er sich auf der Kelle ausbreitet. Man wirft ihn mit einer normalen Maurerkelle in schräg noch oben zielendem Wurf an die Wand, und zwar so viel, daß die gesamte Fläche mit einem unebenen Spritzrelief überdeckt ist. Den Bewurf lassen wir mindestens 24 Stunden trocknen. Die verbleibenden Unebenheiten verbessern die Haftung der folgenden Putzaufträge.

Vor dem Auftragen des Mittelputzes feuchten wir den trockenen Unterputz wieder tüchtig an. Dann wiederholen wir den Spritzwurf auf der gesamten Fläche, nun aber mit einem entsprechenden Farbputzmörtel. Wenn mit zwei Farbschichten gearbeitet werden soll, nehmen wir den dunkleren zuerst. Dieser Bewurf wird mit einem angefeuchteten Streichbrett, das wir leicht gekantet und mit kurzen Strichen senkrecht von unten nach oben und horizontal von links nach rechts über die Fläche reiben, grob eingeebnet. Verbleibende Vertiefungen füllt man nachträglich mit Mörtel aus. Diese Arbeit wiederholt man solange, bis die Putzfläche einigermaßen eben und in sich geschlossen ist. Zum Schluß wird das ganze Feld noch einmal mit einer 1,50 m langen und 15 cm breiten Putzlatte, die gehobelte Kanten haben muß, abgezogen.

Dieses Aufbringen des Mittelputzes mag manchem zunächst einfach erscheinen, ist aber doch etwas schwierig auszuführen, weil besonders dem Anfänger die Wahrung der Senkrechten und die Beachtung einer in der ganzen Fläche gleichmäßigen Putzdicke schwerfallen. Der Maurer bedient sich dabei sogenannter Putzstege. Das sind mit der Kelle links und rechts des Arbeitsfeldes im Abstand von etwa 1 m gut handbreit angeworfene lotrechte Putzstreifen in gewünschter Putzdicke, die mit dem Handbrett oberflächlich eingeebnet und mit Latte und Wasserwaage senkrecht ausgerichtet werden. Diese Putzstege sind dann für die gesamte zu putzende Fläche maßgebend. Nachdem sie einigermaßen trocken sind, wird der Farbmörtel – wie oben beschrieben – in die Fläche geworfen, mit dem Streichbrett eingeebnet und mit der Putzlatte abgezogen, wobei wir diese links und rechts auf je einen

Putzsteg auflegen und mit kurzen Bewegungen nach rechts und links und von unten nach oben führen. Die Arbeit muß flott vonstatten gehen, weil der Mörtel schnell hart wird. Er bleibt umso plastischer, je feuchter das Mauerwerk darunter ist.
Zum Schluß nässen wir den so eingeebneten Putzauftrag noch einmal oberflächlich gut ein und reiben ihn mit einem angefeuchteten Streichbrett vollends glatt. Es empfiehlt sich, das Brett dabei kreisend zu handhaben. Der Putz darf weder zu trocken noch zu naß sein. Lösen sich kleine Sandkörnchen und wird der Putz aufgerauht, so muß man mit dem Pinsel Wasser nachspritzen. Zu feuchter Mörtel wiederum schmiert beim Reiben. Man darf das Glätten des Putzes auch zeitlich nicht übertreiben, weil sonst der Mörtel im Abbinden gestört und »tot gerieben« wird.
Bei der Schlußbehandlung (Oberputz) werden wir auf eine möglichst grobe Struktur Wert legen, die sich der umgebenden Wand besser anpaßt und zu den feinkörniger aufgebauten Mittelputzschichten gut kontrastiert. Bei grobkörnigem Oberputz wird man allerdings kaum saubere Konturen schneiden können. Wir stehen also auch hier wieder vor dem Problem, die Materialien nach den Bedürfnissen der Technik auszuwählen. Rauhe Putzkanten lassen sich aber auch durch unterschiedliche Bearbeitungsweisen (Reibeputz, Kratzputz, Spritzputz) erzielen.

Die Ausführung. Sind die Putzschichten einmal aufgetragen, so müssen wir auch schon mit dem Schneiden beginnen. Die Zeit ist kurz. Praktisch haben wir – einen genügend feuchten Putzuntergrund vorausgesetzt – nur einen Nachmittag, bei feuchtem Wetter ein paar Stunden mehr, bei Sonne dagegen bedeutend weniger, um alles bewerkstelligen zu können. Teile, die liegenbleiben, können am nächsten Morgen nicht mehr weiterbearbeitet werden, es sei denn, wir wollten dann mit Hammer und Meißel hantieren, was wenig werkgerecht ist und außerdem im Putz helle »Prellungen« hinterläßt, die uns das ganze Sgraffito verderben. Im Grunde sollte man sich die Arbeit für einen trüben Tag vorbehalten. Man hat dann weit weniger Schwierigkeiten und muß vor allem auch kein Gerüst errichten, um die Arbeitsfläche schattig zu halten.
Um den Entwurf auf die nasse Deckschicht zu übertragen, gibt es mehrere Möglichkeiten: 1. Wir befestigen das Entwurfsblatt über der feuchten Putzoberfläche und stechen mit einem

Aufbringen und Ausrichten der Putzstege

Abziehen des Unterputzanwurfs mit der Putzlatte

Das Anbringen des Unterputzes bei der Putzarbeit

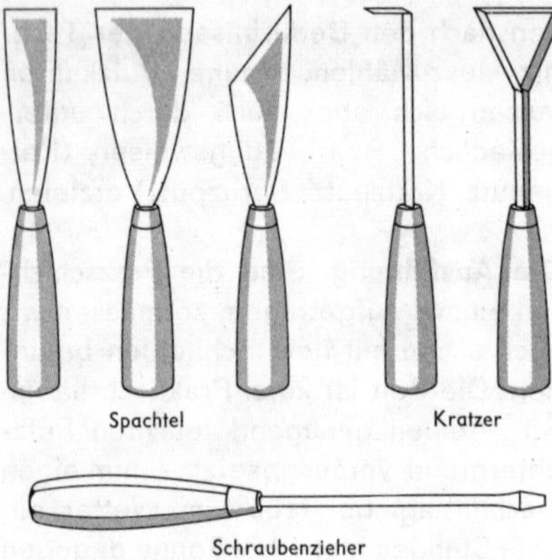

Zum Schneiden, Schaben und Kratzen eines Sgraffitos braucht man in der Hauptsache Spachtel und Schraubenzieher. Besondere Kratzer kann man sich selbst herstellen

spitzen Gegenstand, den Linien der Darstellung folgend, Löcher in Papier und Putzdecke, die dann mit dem Griffel leicht durch Ritzlinien verbunden werden können. Das Verfahren ist aber nur bei einfachen und hauptsächlich geradlinigen Darstellungen anwendbar. – 2. Das Entwurfsblatt wird, waagerecht auf dem Tisch oder Fußboden liegend, an den Motivkonturen entlang mit einem Zahnrädchen perforiert. Dann bringen wir es über dem Putz an und betupfen es entlang der perforierten Linien mit einem Staubbeutel (ein mit Zeichenkohle gefüllter Tampon). Der Staub dringt durch den Beutel und die Perforation hindurch und wird vom feuchten Putz aufgenommen. Dieses Vorgehen setzt voraus, daß die Putzoberfläche nach dem Trocknen noch in anderer Weise bearbeitet, aufgerauht oder sonstwie behandelt wird (z. B. bei Kratzputz). – 3. Gespritzte Putzoberflächen (Spritzputz) sind außerordentlich berührungsempfindlich. Wir fertigen uns für diesen Fall einen Leistenrahmen in der Größe des Arbeitsfeldes, spannen darüber das Quadratnetz aus Schnur und befestigen den Rahmen so vor der Wand, daß dieses Schnurnetz beinahe auf dem Putz aufliegt. Dann übertragen wir die Zeichnung frei aus der Hand nach dem Entwurfsblatt in das Gitter.

Zum Schneiden und Abheben des Oberputzes nehmen wir einige gut angeschliffene Schraubenzieher, dazu ein paar Spachtel in verschiedenen Breiten, auch solche mit abgeschrägtem Blatt. Besondere Kratzer kann man sich selbst herstellen. Mit dem Schrägblattspachtel schneiden wir den Oberputz an den Konturen entlang bis auf die Farbschicht ein (die Schnittkanten sollen etwas schräg verlaufen, damit das Regenwasser nach außen abfließen kann). Mit dem normalen Spachtel heben wir die Flächen heraus. Zum Rillenauskratzen nehmen wir den Schraubenzieher. Man beginnt natürlich oben, damit der abfallende Putz nicht auf die unteren schon scharf profilierten Putzkanten trifft und daran festklebt. Auf saubere Ecken und Winkel richten wir unser besonderes Augenmerk. Beim Abheben der Flächen halten wir den Spachtel flach und nehmen den Putz zunächst in allen Partien nur so weit, daß die darunterliegende Farbschicht eben sichtbar wird. Würden wir gleich durcharbeiten, so gerieten wir in den noch nassen Farbputz hinein. Feuchter Putz schmiert aber beim Freilegen. Wir geben ihm daher, während wir jetzt vom Gerüst steigen und uns die Arbeit schon einmal aus der Ferne betrachten (sie ist ja nun in ihrer Gesamtheit bereits sichtbar), Zeit, um abzulüften. Den richtigen Moment zum Weiterarbeiten erkennen wir daran, daß beim Abkratzen mit steilgehaltenem Spachtel die letzten Mörtelbestandteile der Deckschicht sandartig abrieseln.

Mosaiktechnik

Mosaikwerkstoffe

Die Kunst des Mosaiklegens war lange in Vergessenheit geraten. Das älteste bekannte Mosaik aus Uruk in Kaldea entstand etwa 5 000 v. Chr. Später schenkten uns Ägypten, Griechenland, Byzanz, Rom, Ravenna, Venedig, Sizilien und Pompeji einzigartige Arbeiten in höchster technischer Vollkommenheit. Sie dienten als Schmuck von Fußböden, Wänden und Gewölben. Heute bringen wir ein Mosaik auch gern an kleinen Flächen an (auf Tischplatten, Brunnen- und Fensterbankverkleidungen), wobei es oft mehr um die reizvolle Bedeckung als um das »Bild« geht. Neue Materialien und vereinfachte Techniken werden benutzt, um Mosaik»effekte« zu erzielen.

Das Material

Die Bezeichnung »echtes« Mosaik ist ein relativer Begriff. Im Grunde läßt sich jede bildnerische Darstellung, die wir aus harten, kontrastierenden Einzelteilchen in einen bindenden Grund eindrücken oder auf irgendeine Fläche kleben, als »Mosaik« bezeichnen. Um aber nicht ins Uferlose zu geraten, wollen wir uns (farbige Kunststoffe, Folien, Linol- und Fußbodenplatten, Holz usw. ausschließend) auf die klassischen oder wenigstens als klassisch geltenden Materialien beschränken, die noch immer die schönsten Arbeiten ergeben: Glas, Keramik und Stein.

Glas. Die antiken Mosaike sind meist aus flachen farbigen Glasflußplättchen hergestellt, die annähernd quadratische oder rechteckige Form haben. Die zeitlose Schönheit dieser Arbeiten bewog die Industrie, farbige Glas-Mosaiksteinchen (Format 2 x 2 cm) industriell zu fabrizieren und über den Do-it-yourself-Handel anzubieten. Die Farbauswahl ist enorm, die Bestellung erfolgt nach einer Musterkarte oder den in einem Probebeutel befindlichen Farbnummern. Die Preise richten sich nach Farbgruppen und sind sehr unterschiedlich. Je Quadratmeter werden etwa 8 kg benötigt.
Neben diesen Fließbandsteinchen, die trotz ihrer Glätte und leuchtenden Farbigkeit klischeehaften Charakter haben, gibt es auch das »klassische« Mosaikmaterial, den opakgefärbten Glasfluß, in mehr als hundert verschiedenen Farbtönen, in Glaskuchenform gepreßt (etwa 8 mm stark) zum Selbstschneiden oder nach Wunsch in Würfel aufgespalten. Dieses Material wird hauptsächlich von den Künstlern und den großen Mosaikateliers verwendet

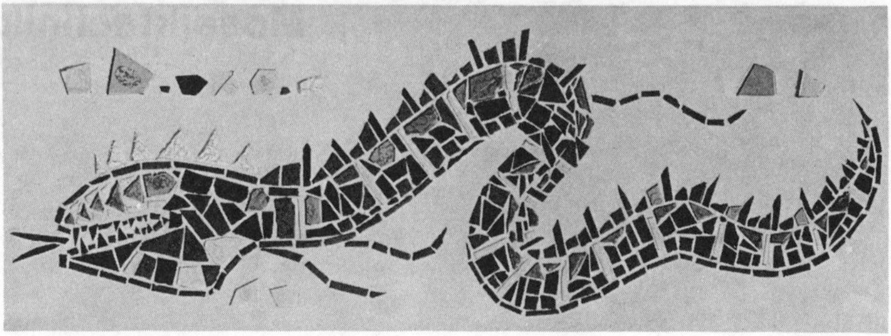

Glasmosaik (25 x 70 cm). Farbiger Glasabfall aus der Kunstglaserei wurde mit dem Glasschneider zu Formen geschnitten und in weiße Gipsmasse eingebettet. Den Rand der Platte bildet ein schwarzer Kunststoffumleimer

und kilogrammweise verkauft. Das dünnere Flächenmosaikglas (dünnes Mosaikglas) liegt preislich günstiger. Die Lieferung erfolgt nach Quadratmetern. Beide Glassorten sind unterseitig rauh und mattglänzend, oberseitig glatt und lassen sich daher zweifach verwenden.

Billiger verfahren wir, wenn wir farbiges Tafelglas (Abfallstücke aus Kunstglasereien) oder die Scherben farbiger Flaschen aufschneiden und verarbeiten. Zum Zerkleinern brauchen wir einen Glasschneider und ein Nutholz (siehe Seite 285). Zwischen- und Mischtöne schaffen wir uns, indem wir zwei oder drei Glasstücke mit Alleskleber übereinanderkleben. Die Wirkung ist schön, aber nicht ganz so prächtig und perfekt wie oben – außerdem (weil diese Gläser meist klar und nur selten opakgefärbt sind) von einem hell durchscheinenden Grund abhängig.

Eine dritte Möglichkeit besteht darin, Klarglas einseitig mit Farbe zu bestreichen. In den Schulen wird vielfach so gearbeitet. Die Scheibe wird in Streifen geschnitten und in den erforderlichen Abständen mit dem Glasschneider vorgeritzt, einseitig mit Plakatfarbe bestrichen und nach dem Trocknen im Nutklotz (Farbseite nach oben, damit sie nicht beschädigt wird) in Stücke gebrochen. Wir können diese »Steinchen« wie andere in Zement betten (Farbseite nach unten). Zum Aufkleben dagegen eignet sich »Movikol«, ein milchig-weißer Kaltleim, der auch auf Plakatfarbe haftet, ohne diese zu zersetzen.

Keramische Werkstoffe. Zunächst sei auf das spezielle »Majolika«-Mosaikmaterial hingewiesen, das es in den keramischen Werkstätten oder im Werkmittelgeschäft zu kaufen gibt: Tonplättchen in den Formaten 2 x 2 oder 2 x 4 cm, mit schönen widerstandsfähigen Glasuren. Es werden hundert und mehr verschiedene Farben angeboten. Keramische Plättchen sind teurer als die oben genannten Glasmosaiksteine. Pro Quadratmeter braucht man je nach Dichte und erzeugtem Bruch 7 bis 9 kg. (Selbstherstellung siehe Seite 233.)

Ein billiges Mosaikmaterial, das glatte und leicht sauberzuhaltende Oberflächen bildet, schaffen wir uns aus farbigen Wandfliesen. Zuerst unterteilen wir die Platten mit dem Glasschneider in Streifen, dann halbieren oder dritteln wir sie in der Querrichtung, weil beim

Abbrechen schmaler Streifen von der ganzen Plattenbreite leicht Bruch entsteht. Die Streifen kneifen wir im Nutholz in der gewünschten Länge mit einer scharfen Kneifzange (siehe Seite 285) ab. Auch unregelmäßige Bruchstücke, trapezförmige und dreieckige Steinchen lassen sich noch verarbeiten (z. B. in den Kurven). Die Auswahl der Platten treffen wir nach den uns im Verkaufslager vorgelegten Farbproben.
Fußbodenplatten aus Klinker- und Hartsteingut sind spröde und hart, schwer zu bearbeiten und nur in geringer Farbauswahl zu haben. Am günstigsten erhalten wir sie als Reststücke in einem Fliesenlegergeschäft.
Aber auch aus Scherben von Porzellan, Steingut, Töpferware, mit und ohne farbige Bemalung und Glasur, oder den Bruchstücken alter Wandfliesen und Ofenplatten oder Kathedralgläsern (gepreßtes Formglas) lassen sich mit Geschick und Phantasie zauberhafte Arbeiten schaffen!

Kunststein ist billig und überaus schön! Farbige Zementgüsse werden in flachen Schalungen hergestellt (siehe Seite 273). Verwendung finden Dyckerhoff-Weiß mit Farbzugaben, farbiger »Edelputz« (siehe Seite 277) oder »Color-Zement«. Farbiger Gips ist nur für Mosaikarbeiten im Trockenen verwendbar und kann nicht in Zement eingebettet werden. Der Hinterguß muß daher mit Gips oder Gipskalkmörtel und die Verfugung mit Marmorgips erfolgen.

Naturstein ist Beginn und Krönung jeder Mosaikarbeit! Das Material sammeln wir uns selbst – an den Geröllhalden und Schotterbänken der Bäche und Flüsse, an Seeufern, auf Äckern, in Steinbrüchen und Kiesgruben. Wir bevorzugen die kleinen, linsenförmigen Kiesel, die sich ihrer Form nach leicht halbieren lassen, ihrer Art nach aber nicht immer echte Kiesel (das sind eisenhaltige Quarzitrundlinge) sind, sondern vom Wasser abgeschliffene farbenprächtige Granite, rote Porphyre, grüne Glaukonite, schwarze Schiefer und Basalte, auch Gneise, Diorite, Diabase, Kalke und weiße, gelbe, graue, rote, grüne, braune Sandsteinlinsen (Buntsandstein) usw. Die wahre Farbenpracht und Farbenvielfalt zeigt sich meist nur, solange der Stein feucht ist. Im Trockenen erscheint er oft unscheinbar grau. Die Farbe muß durch eine besondere Behandlung wieder zum Vorschein gebracht werden.
Bestimmte Natursteine kann man sich auch im Betonsteinwerk beschaffen. Andere Bezugsquellen sind Terrazzofirmen, Steinmetze, Bildhauerwerkstätten, Firmen, die Gartenkies liefern usw. Für die bequeme Würfelgewinnung suchen wir uns ein spaltbares Material, und zwar in handlichen, plattenförmigen Stücken (Natursteinplatten für die Gartengestaltung; Bruch genügt!). Die süddeutschen Jurakalke spielen in gelben, ockerfarbigen bis braunen Tönen. Marmorbruch beziehen wir aus dem Steinsägewerk. Über den Do-it-yourself-Handel werden für Mosaikzwecke auch Marmorriemchen in unterschiedlicher Größe, bruchrauh und farbig angeboten.

Spalten des Werkmaterials

Es ist eine dem Laienschaffen entgegenkommende Ausnahme, das gewisse Mosaikmaterialien schon in einem brauchbaren Format geliefert werden. Damit bekommt manche Laienarbeit von vornherein die nötige Ordnung in gleicher Steingröße, sauberer Fugenrichtung usw. Der zünftige Mosaikkünstler lehnt diese uniformierten

Steine jedoch ab, die oft zu recht bunten, aber in ihrem Charakter leblosen Arbeiten führen. Größere Mosaikwerkstätten gießen meist die benötigten Glasflüsse selbst. Private Künstler beziehen sie in Form der schon oben genannten gepreßten Glaskuchen, teilen sie mit Hammer und Meißel und zerschlagen sie in einem besonderen handwerklichen Verfahren in kleine Stückchen, die »Smalten«.

Keil und Gegenkeil. Zum Zerteilen benötigt man im Prinzip zwei Keile, einen senkrecht eingespannten Unterlagekeil und einen von oben Schneide auf Schneide wirkenden Gegenkeil, der auch ein Schlagkeil sein kann – praktisch also einen senkrecht mit der Schneide nach oben eingespannten Meißel und einen schmalfinnigen Hammer. Das Ganze läuft auf eine kräftige Kneifzangenwirkung hinaus, wobei der Druck der beiden entgegengesetzt wirkenden Schneiden den dazwischenliegenden Stein in seinem Gefüge lokkert und zum Spalten bringt. Vom dikken Glasfluß bis zum harten Kiesel kann so jedes Material zuerst in Streifen, dann in Würfel und weiter in Halbe, Viertel, Achtel bis zur kleinsten Gebrauchsgröße aufgeschlagen werden. Zum Einspannen des Meißels kann man den Schraubstock nehmen. Sehr gut eignet sich aber auch ein Dengeleisen, wie es der Bauer irgendwo im Hof in seinem Dengelblock hat. Die flache Kante wird oben meißelförmig zugeschliffen. Das Eisen schlagen wir mit seiner Angel in die Hirnholzmitte eines starken Hauklotzes.
Die Richtung, in die wir das Material spalten, diktiert uns der Verwendungszweck. Es gibt vom Würfel bis zur halbrunden, ovalen Form oder bis zum Splitter zahlreiche Möglichkeiten. Die runden Kiesellinsen können wir halbieren, vierteln, in Bänder und Würfel schlagen und später seitlich, mit der Bruchseite oder Rundung nach oben legen usw.

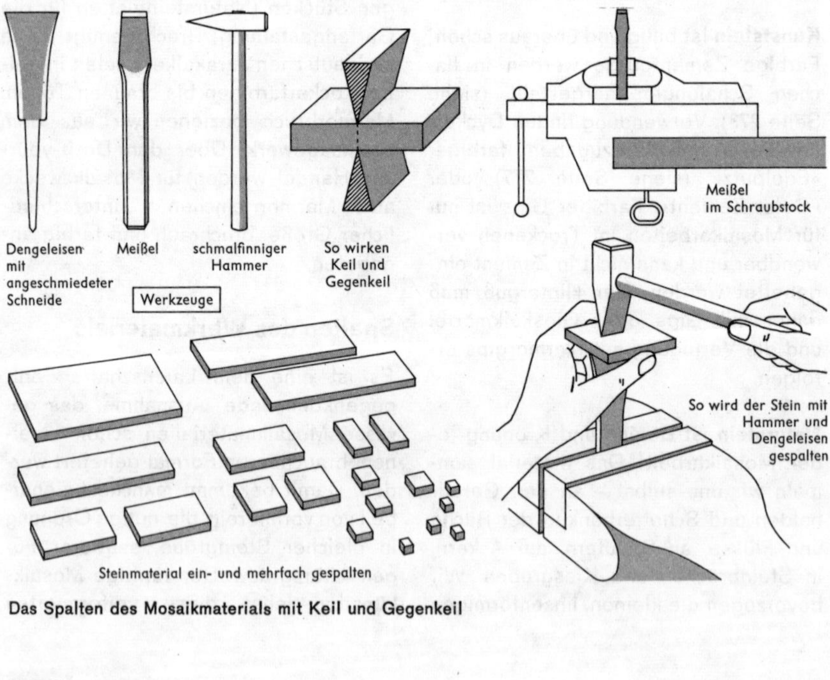

Das Spalten des Mosaikmaterials mit Keil und Gegenkeil

Plattenzerteilung. Kleinere flachlinsige Natursteinrundlinge spalten wir meist schon bei einem einzigen Schlag. Platten und plattenförmige Bruchsteine müssen zuvor mit Hammer und Meißel in der gewünschten Bruchlinie eingekerbt werden. Große Platten teilt man ebenso. Man legt die gekerbte Fläche hohl (mit den Rändern auf zwei parallele Holzunterlagen) und übergeht die Kerblinie mit ein paar leichten Schlägen, worauf die Platte in der gewünschten Linie spaltet. Geschieferte Gesteine lassen sich auch in Richtung der Schichtlagen auftrennen. Meist genügen ein paar Schläge auf die schmale Seite der hochkant gestellten Platte. Kleinere Stücke können in gleicher Richtung auch über dem Unterlagekeil gespalten werden.

Kantenzange. Das Schlagspalten mit Hammer und Keil findet seine Fortsetzung im Klemmspalten mit der »Kantenzange« (Mosaik-Brechzange), die einer langarmigen Kneifzange ähnelt und auch durch eine solche ersetzt werden kann. Die Zange hilft beim Begradigen abweichender Kanten, unsauberer Ecken, beim Anformen von Rundungen usw. Beim Spalten fassen wir nur etwa 3 bis 4 mm über die Kante der Steinchen, nicht über die ganze Breite! Die Steine springen so besser nach Wunsch und ohne besonderen Kraftaufwand.

Nutholz. Gläser und Wandfliesen werden am besten mit dem Glasschneider vorgeschnitten und über einer harten Tischkante oder im Nutholz abgebrochen. Das Nutholz ist ein praktisches Hilfsgerät: Es besteht aus einem stabilen Hartholzklotz mit zwei etwas mehr als 2 cm tiefen querlaufenden Nuteinschnitten (Breite für Glas- und Wandfliesen). Das mit dem Glasschneider vorgeritzte Material wird senkrecht in die Nute eingesteckt und über die obere Holzkante hinweg abgebrochen. So lassen sich nicht nur die vorgeschnittenen Streifen von der Platte, sondern auch von den Streifen selbst schnell und sicher die kleinen Steinchen abbrechen, ohne daß das Material dabei an den Kanten splittert oder sonstwie beschädigt wird. Die Nuten sollten etwas breiter als die entsprechende Materialstärke sein.

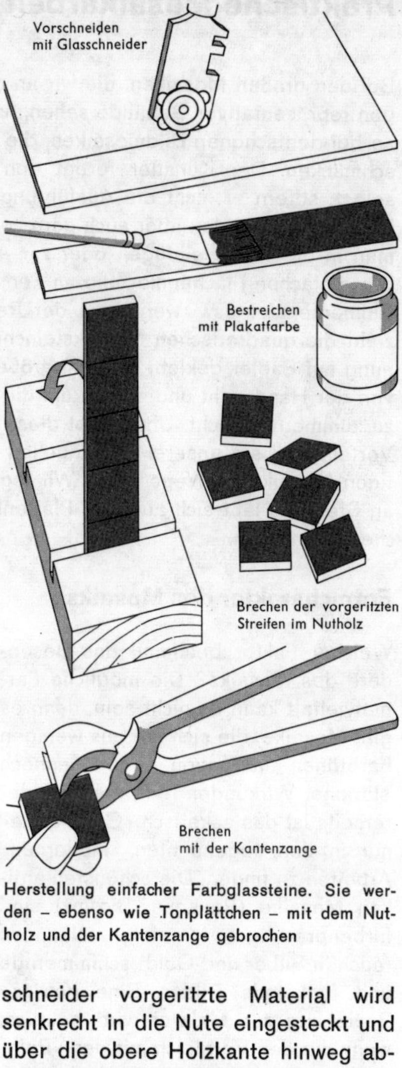

Herstellung einfacher Farbglassteine. Sie werden – ebenso wie Tonplättchen – mit dem Nutholz und der Kantenzange gebrochen

Praktische Mosaikarbeit

Bei den großen Mosaiken, die wir an den Fassaden und in den Treppenaufgängen repräsentativer Gebäude sehen, hat natürlich der Künstler mitgewirkt, ebenso bei den schönen Bildmosaiken, die gerahmt die Wände mancher Wohnungen schmücken. Der Künstler fertigt den Entwurf an und legt auch das Mosaik selbst, sofern er nicht die Ausführung einer großen Mosaikwerkstatt überträgt. Bildmosaike werden aber auch gern von Laien ausgeführt. Schöne Arbeiten kann man in die Wand einfügen oder zur Aufhängung mit einem Rahmen einfassen. Die einfachen Flächenmosaike an Fensterbänken, in Hausportalen, in Windfang, Blumenfenster usw. werden in der Regel vom Plattenleger ausgeführt. Er bezieht die quadratischen Mosaiksteinchen schon in fester Sortierung und Anordnung auf Papier geklebt in Form größerer Platten, so daß ihm die Arbeit schnell von der Hand geht und er sich um die Anordnung der kleinen Steine nicht mehr zu kümmern braucht. Uns bietet diese routinemäßige Art des Vorgehens keinen Vorteil, weil sie unserer individuellen Einflußnahme auf das Aussehen des fertigen Mosaiks im Wege steht. Wir legen auch das Flächenmosaik einzeln Stein an Stein. Es läßt sich auch als Plattenbelag für Blumenhocker und kleine Tischchen verwenden.

Formcharakter des Mosaiks

Welcher Faktor bestimmt das Besondere des Mosaiks? Die mögliche Farbenvielfalt kann es nicht sein, denn es gibt Mosaike, die sich nur aus wenigen Farbtönen aufbauen und dennoch stärkste Wirkungen entfalten. Andererseits ist das asketisch »Graphische« nur in den sogenannten »modernen« Arbeiten zu finden. Die schönsten antiken Mosaike (Ravenna, Byzanz) sind farbenprächtige, in vielen Nuancen (auch in Silber und Gold) schimmernde und funkelnde Bilder. Eine gewisse Beziehung zur Malerei wird deutlich, wenn wir den Vergleich mit den »Pointillisten« (einer Schule des Impressionismus) ziehen, die, indem sie mit dem Pinsel kleinste Farbflächen ohne scharfe Umrisse und Übergänge auf der Leinwand nebeneinandersetzten, mit gänzlich anderen Mitteln und auf anderem Wege zu einer ähnlichen Wirkung gelangten.
Dennoch können wir die jahrtausendealte Mosaikkunst nicht als einen direkten Abkömmling der Malerei bezeichnen. Wie wenig Zeichenstift und Pinsel beim Zustandekommen eines Mosaiks mitspielen, erfahren wir, wenn wir die Steine einmal direkt nach einem gezeichneten Entwurf zu legen versuchen. Dann merken wir, wie sehr der Stein seinen eigenen bildnerischen Gesetzen gehorcht, und daß gezeichnete Entwürfe nicht mehr als Hilfen sein können.

Reihung, Schichtung, Fügung. Der Stein begegnet uns im Mosaik als stoffliches Bildelement in seiner anderen Gestaltungsform, dem additiven Zueinander von Reihung, Schichtung, Fügung. Dabei ist die Materialbezeichnung »Stein« ein weitgespannter Begriff. Im Grunde ist es gleichgültig, ob wir das Mosaik aus Kieseln, Bruchsteinen, farbigem Glas, Fliesenabfällen, Topfscherben oder anderem zusammensetzen. Die aneinandergereihten Einzelteile bedingen die Fuge, die beim Verstreichen

Ein Blumenhocker wird mit Mosaik belegt: a) Probelegen des Plattenmusters mit den quadratischen Mosaiksteinchen. b) Aufkleben der Steine auf die Spanplatte mittels eines Kontaktklebers. c) Der Kunststoffumleimer wird umgelegt. d) Ausgießen der Fugen mit Weißzement. e) Nach dem Abbinden muß die Mosaikoberfläche sofort gereinigt werden. f) Anschrauben der Beine aus Vierkantrohr (vorgefertigte Werkteile)

sowohl bündig als auch vertieft gehalten werden kann und dem Mosaik Reliefcharakter gibt.

Am härtesten und klarsten lernen wir die formalen Bindungsgesetze eines Mosaiks bei der Betrachtung einer Mauer kennen. Ihre bildhafte Struktur wird bestimmt durch die Ordnung des gefestigten Gefüges. Andere Prinzipien lassen sich entdecken, wenn wir quadratische Würfel zu langen parallellaufenden Bahnen, linear oder kurvig aneinanderreihen, (die Pflasterleger in den Städten machen uns so etwas im Großen vor), oder runde, unregelmäßig geformte Kiesel nach Art von Feldsteinmauern fügen, wobei das ausgleichende Nebeneinander kleinerer und größerer Steinformen Gelöstheit und Lebendigkeit in die Fläche bringen kann. Der lineare, kurvige oder unregelmäßige Verlauf der Fugen wirkt bildbestimmend. Das Fugennetz erscheint als eine zeichnerische Struktur, die jeden einzelnen Stein umschließt und in das Ganze einbindet.

Musterung und Farbe. Man kann flache Kiesel spalten und halbiert sowohl mit der Bruchfläche als auch mit der Rundung nach oben verlegen, durch Quer- und Schräglagen die horizontale oder vertikale Ordnung gleichlaufender Reihen und Schichten durchbrechen, ornamentale Musterungen und naturalistische Imitationen anstreben – ohne dabei auf starke Farbigkeit angewiesen zu sein. Zunächst sind ein paar klare Kontraste wichtig. Die Farbe bewirkt dort, wo sie zur Sprache kommt, eine enorme Ausdruckssteigerung. Ihre Anwendung richtet sich nach den Gesetzen der Farbenlehre (die hier nicht weniger als in anderen künstlerischen Bereichen gelten) und nach unserem persönlichen Farbgefühl.
Gelb, Rot, Grün, Blau usw. sind Farbtöne, die wegen ihrer starken Leuchtkraft besonders von Kindern häufig bevorzugt werden. Daneben gibt es unendlich viele Variationen auch in gedämpfteren Tönungen, die sich durch gegenseitiges Vermengen der reinen Farben oder ihre Vermischung mit Weiß und Schwarz ergeben. Legen wir nun eine klare Intensivfarbe in eine neutrale (siehe Seite 34), graue oder auch schwarze Grundmasse ein, so können wir beobachten, wie sich darin die Leuchtkraft dieser Farbe hebt. Aus dieser Einsicht erschließt sich die alte Werkstattregel, klare Farbtöne stets nur sparsam und in zurückhaltender Umgebung zu verwenden und dadurch in ihrer Wirkung zu steigern.
Es ist durch die Art des Mosaikmaterials bedingt, daß wir einen farbigen Zusammenhang nicht verfließend (wie in der Pinseltechnik), sondern aus vielen nebeneinandergelegten Einzelfarbplättchen aufbauen müssen (Tontrennung). Dabei stehen uns helle, dunkle und mittlere Farbtöne zur Verfügung. Die Erfahrung lehrt, daß man aus starken Kontrasten allein ein Mosaik nicht bauen kann, sondern daß vielmehr eine breite, mittlere Farbtonlage (Grundton) nötig ist, der die Aufgabe des Verbindenden und Kontrastmildernden zukommt. Mittlere Farbwerte trennen helle und dunkle, wobei die Harmonie der Übereinstimmung in den Nuancen gewahrt bleiben muß. Ausnahmen bestehen dort, wo komplementäre Gegenüberstellungen beabsichtigt sind.

Entwurfstechnik

Dem handwerklichen Charakter des Mosaiks entspricht eine Entwurfstechnik, die die Schwierigkeiten, die bei der Umsetzung einer Vorzeichnung in Stein entstehen, schon vorher berücksichtigt. Sie sollte möglichst auch bereits die beabsichtigte Steinlage und Farbgebung erkennen lassen. Entscheidend ist, daß wir uns dabei auf die Möglichkeiten des neuen Gestaltungsmittels, auf Komposition und Farbenspiel besinnen, nicht aber jeden einzelnen Steinumriß bereits endgültig festlegen. Bei der Ausführung später können wir noch immer variieren.
Man kann ein Bildmosaik schon in sauberer Waagerecht-Senkrecht-Bauordung durchführen. Reizvoller ist es aber, innerhalb der so gestalteten Fläche einen gegenständlichen Umriß festzulegen und die Innenform der Darstellung durch parallel geführte Kurvenzüge allmählich zu füllen. Man beginnt dabei stets mit dem kleinsten Formelement (z. B. dem Auge) und baut um dieses herum in schönen klaren, den Umriß der größeren Motiveinheit begleitenden Bahnen den größeren Formteil auf. Der Hintergrund wird abschließend behandelt. Er soll sich auch in

der Farbe dem Dargestellten dezent unterordnen. Zu beachten ist, daß Grenzen, die durch unterschiedliche Steinlagen entstehen, linearen Wert haben und den Linien einer Innenzeichnung entsprechen.

Probelegen ist die einfachste Entwurfstechnik und mit quadratischem Material ohne weiteres möglich. Bei Tischplatten- oder Fensterbankverkleidungen kommt man dabei am ehesten zum Originaleindruck. Die Fugenwirkung muß noch hinzugedacht werden.

Pinselentwürfe. Wir benutzen einen flachen Borstenpinsel und zeichnen, anstatt Steine zu setzen, mit kurzen Strichzügen quadratische Farbflecke auf den Karton. Als Grund empfiehlt sich ein neutraler Grauton, der die Farben gut zur Wirkung kommen läßt und sie gleichzeitig bindet. Die wasserlöslichen Deckfarben genügen, wenn wir sie etwas dicker anmischen. Mit Deckweiß versetzt, lassen sich schöne Farbkombinationen entwickeln.

Farbstempelentwürfe. Eine leicht zu leistende Vorarbeit für ein Steinmosaik gelingt auch mit Kartoffelstempeln (siehe Seite 206). Die Eigenart der Stempeltechnik bringt Wirkungen hervor, die dem Aufbau des Bildes aus einzelnen klar umgrenzten und nicht ineinander übergehenden Farbflecken entsprechen. Die Töne lassen sich so viel sicherer als beim Malen mit dem Pinsel abwägen.

Papiermosaik. Zeichenpapier wird entsprechend eingefärbt, in kleine Stückchen geschnitten und mit Kleister auf Papier zum Mosaik geklebt.

Der Karton. So bezeichnet man den bis ins Detail genau ausgearbeiteten Mosaikentwurf (Maßstab 1 : 1), der beim Legen umfangreicher Arbeiten als Vorlage dient. Wir fertigen ihn erst an, nachdem wir alle vorbereitenden Überlegungen über den Gang der Arbeit abgeschlossen haben. Sämtliche Linienzüge werden darauf eindeutig festgelegt, die Farbgebung angedeutet und die Reihung der Steine markiert.
Sobald wir uns über das Thema und die Größe des Mosaiks klargeworden sind, zeichnen wir eine Ideenskizze – zunächst klein, damit sich bei der Vergrößerung von selbst eine gewisse Großzügigkeit und Einfachheit einstellen können – und übertragen diese in den Maßstab 1 : 2. Hierbei legen wir bereits zusammenhängende Farbflächen fest und deuten stellenweise auch Fugenstrukturen an. Sind wir grundsätzlich mit dieser Darstellung einverstanden, so bringen wir den Entwurf auf einem transparenten Zeichenpapier in die vorgesehene Originalgröße (1 : 1). Nun überstreichen wir einen starken Zeichenkarton in der gewünschten Fugenfarbe und übertragen die Konturen der Entwurfszeichnung hierauf. Auf diesem Karton werden die Farben und Eigentümlichkeiten der Steinsetzung genau festgelegt. Am besten eignen sich für diese Arbeit ein flacher Borstenpinsel und Plakat- oder Deckfarben.

Die Setzverfahren

Wir unterscheiden drei Setzverfahren. Beim »Direktsetzen« werden die Steine sofort endgültig in den Mörtel gedrückt. Ein Entwurf muß vorliegen, der sich aber wegen des nur stellenweise erfolgenden Mörtelauftrags und dessen Feuchtigkeit nur schwer auf den Setzgrund übertragen läßt. Am besten arbeitet man nach Augenmaß, zeichnet die Umrisse mit einem Griffel in den weichen Mörtel ein und kontrolliert sie mit einer übergehaltenen Klarsichtfolie. Auf Tischplatten, Fensterbänke usw. werden die Steine mit einem Spezialklebemittel direkt aufgeklebt. Bei ungleich starken Steinen ist in gewissen Grenzen ein Ausgleich durch Zwischenlagen oder durch ein tieferes Kleberbett möglich. Das »Negativverfahren« wird oft fälschlich als Umkehrverfahren bezeichnet. Es unterscheidet sich von diesem jedoch durch die negative Setzlage der Steine (Bildseite nach unten und seitenverkehrt) und dürfte der Verwendung des fabrikmäßig vorbereiteten quadratischen Steinmaterials vorbehalten bleiben. Sobald wir aber von der auch rückseitig kontrollierbaren Quadratform der Steine abgehen, kommt nur noch das echte »Umkehrverfahren« in Frage, das durch seine provisorische Zwischenbettung dem Direktverfahren entspricht und bis zum letzten Augenblick Verbesserungen zuläßt. Das Umkehrverfahren ist fraglos die idealste Art der Mosaiktechnik, die uns zwar etwas umständlich erscheinen mag, letzten Endes aber doch die größere Sicherheit bietet.

Direktsetzen an der Wand. Zuerst muß ein geeigneter Unterputz (siehe Seite 277) mit rauher, aber vollkommen ebener Oberfläche aufgebracht werden. Auf diesen kommt der Setzmörtel, der ausgesprochen feinkörnig sein muß (nur feinstgesiebten Sand verwenden!), weil sich sonst die Steinchen nicht mit enger Fugenlage setzen lassen. Am besten eignet sich wiederum der normale Kalkzementmörtel im Verhältnis 1 : 3 : 6 (siehe Seite 270), den wir im gewünschten Fugenton färben. Da sich die Arbeit in Etappen hinzieht, mischen wir zunächst Kalk und Sand und verrühren das Gemenge mit Wasser zu einem dünnflüssigen Kalkmörtel, der sich lange hält, wenn wir das Gefäß mit einem feuchten Tuch abdecken. Den Zement fügen wir stets erst vor Arbeitsbeginn zu.

Vermuten wir, daß unser Steinmaterial nicht absolut fettfrei ist, so baden wir es besser vor Gebrauch in einer warmen Seifenlösung. Wichtig ist auch die sorgfältige Durchfeuchtung der Steine. Gerade die keramischen Werkstoffe sowie gewisse Natursteine sind sehr porös und würden, trocken in den Setzgrund gelegt, dem Mörtel sofort die zum Abbinden nötige Feuchte entziehen. Am besten werfen wir kurz vor Gebrauch das gesamte Material in eine Schüssel voll Wasser und lassen es so lange darin liegen, bis es sich gründlich vollgesogen hat. Unterdessen schlagen wir seitlich des Arbeitsfeldes zwei Putzlatten an. An den unteren Rand gehört ebenfalls eine Leiste. Der Mörtelauftrag richtet sich nach der Gleichartigkeit der Steine und braucht bei gleichmäßig starkem Material nicht so dick zu sein.

Nun feuchten wir (siehe Seite 278) den Unterputz gehörig an und tragen über der unteren Begrenzungsleiste ein überschaubar großes Setzmörtelfeld auf. In dieses drücken wir die Steine der Reihe nach vorsichtig ein. Die untersten zwei bis drei Steinlagen sollte man in der Horizontalen vollständig ausführen. Später kann man diese gleichartige Schichtordnung verlassen und in die Einzelheiten gehen, jedoch nur soweit, als sie sich vom festen Grund aus sicher aufführen lassen. Man sollte nie zuviel Setzmörtel auf einmal auftragen, weil dieser schnell hart wird und seine Bindekraft verliert.

Korrekturen bei Fehlsetzungen werden folgendermaßen ausgeführt: Wir nehmen den falschen Stein aus dem Setzgrund heraus, vertiefen das Bett ein wenig, befeuchten es mit Wasser und

fügen eine geringe Menge frischen Setzmörtel ein. Dann drücken wir den neuen Stein vorsichtig in seine Lage. Mit solchen Änderungen sollte man aber nicht zu lange warten, sie werden immer schwieriger, je stärker der alte Setzmörtel schon abgebunden hat.
Ist ein größeres Teilstück fertig geworden, ebnen wir diese Fläche mit einem Streichbrett ein, das wir vorher unterseitig mit weichem Filz beklebt haben. Wir dürfen dabei die Steine aber nur leicht andrücken, auch ist von Teilstück zu Teilstück die gleiche Tieflage zu beachten.
Das Einebnen muß ebenfalls noch vor dem Abbinden des Mörtels erfolgen und darf nicht etwa in Abständen wiederholt werden. Während wir diese Arbeiten ausführen, brauchen wir uns nicht zu beunruhigen, wenn etwas nicht ganz korrekt aussieht. Die Lebendigkeit des handgebauten Mosaiks hängt gerade von den geringen handwerklichen Unregelmäßigkeiten (verschobenen Fugenbreiten, unterschiedlichen Tieflagen usw.) der Steinsetzung ab, die sich ganz von selbst einstellen.

Direktsetzen auf einer Unterlage empfiehlt sich besonders für kleinere oder waagerechte Arbeiten, auch für solche, für die wir mehr Ruhe benötigen oder deren endgültige Unterbringung noch nicht festliegt. Wir brauchen eine stabile Unterlage, die sich beim Feuchtwerden nicht verzieht und so rauh ist, daß der Setzmörtel gut daran haftet. Am besten eignet sich 1 cm starker Asbest-Zement (Eternit) oder eine Isolierplatte aus Holzzement (mit Zement verklebte Holzspäne). Damit das Mosaik saubere Kanten bekommt, wird auf diese Unterlage als eine Art Rahmen eine Leistenschalung montiert. (Bei Eternit müssen Nagellöcher vorgebohrt werden!) Sie begrenzt den Mörtelauftrag, schützt aber das Mosaik auch gegen Transportschäden und bleibt so lange drum, bis es an seinen endgültigen Platz versetzt werden kann. Der Rahmen soll die Grundplatte etwa 1,5 cm (Nivellierungshöhe für Mörtel und Steinbettung) überragen. Man kann in ihn auch eine Betongrundlage eingießen. Die Leisten müssen etwa 4 cm hoch sein. Die Platten sollen etwa 2,5 cm stark werden (Zementmischung 1:3, siehe Seite 272). Zur Bruchsicherung kann eine Bewehrung aus 2 mm starkem Maschendraht oder Stahldrahtgitter mit eingegossen werden. Beton muß festgestampft werden (nicht glatt streichen!) und hinterher gut trocknen.
Das Verfahren beim Setzen unterscheidet sich nicht wesentlich vom Direktsetzen an der Wand, obwohl uns jetzt

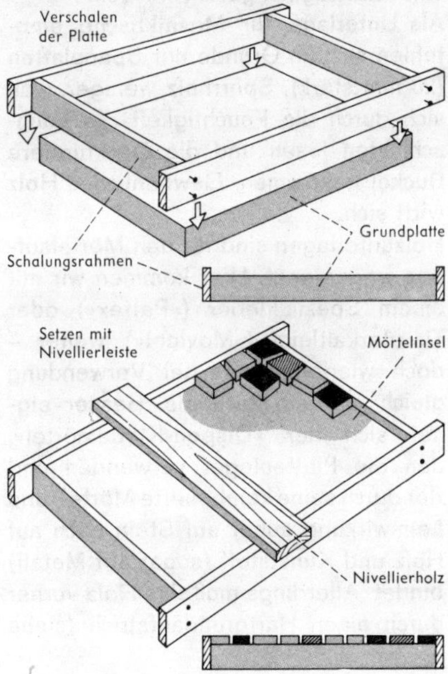

Direktes Setzen eines Mosaiks auf waagerechter Unterlage empfiehlt sich nur für kleinere Arbeiten, deren endgültige Unterbringung noch nicht festliegt die waagerechte Arbeitslage von Vorteil ist. Die Unterlage muß wieder gründlich angefeuchtet werden. Dann tragen wir dort, wo wir beginnen wollen, eine geringe Menge Setzmörtel auf, so hoch, daß sie die Rahmenkante nicht ganz erreicht (wir können das mit einer übergelegten Leiste nachprüfen!). Die Steine setzen wir so, daß sie die Rahmenkante etwas überragen. Massiveres Material drücken wir tiefer ein, dünneres weniger. Noch bevor der Mörtel hart zu werden beginnt, muß nivelliert werden. Wir legen ein Brett quer über den Rahmen und drücken die Steinlage (die bei richtiger Verlegung ja nun etwas übersteht) flächig tiefer. Dabei wird sich nicht vermeiden lassen, daß der Mörtel zum Teil über die Fugen quillt. Überschüssigen Mörtel tragen wir ab, leerbleibende Fugen müssen nachträglich gefüllt werden.

Als Unterlage für Mosaiktische empfehlen sich im Grunde nur Spanplatten (20 mm stark), Sperrholz weniger, weil sich durch die Feuchtigkeit die Leimschichten lösen und die Deckfurniere Buckel bekommen. Gewöhnliches Holz wirft sich.

Holzunterlagen sind für den Mörtelauftrag ungeeignet. Hier kommen wir mit einem Spezialkleber (»Pattex«) oder Tischlerkaltleim (»Movicol«) weiter – doch wiederum nur bei Verwendung gleich starken Materials. Besser eignet sich der »Dispon-Klebemörtel«, den die Plattenleger verwenden und der durch seine kombinierte Mörtel- und Leimwirkung außer auf Stein auch auf Holz und Kunststoff (sogar auf Metall) bindet. Allerdings muß das Holz vorher durch einen Hartgrundaufstrich (siehe

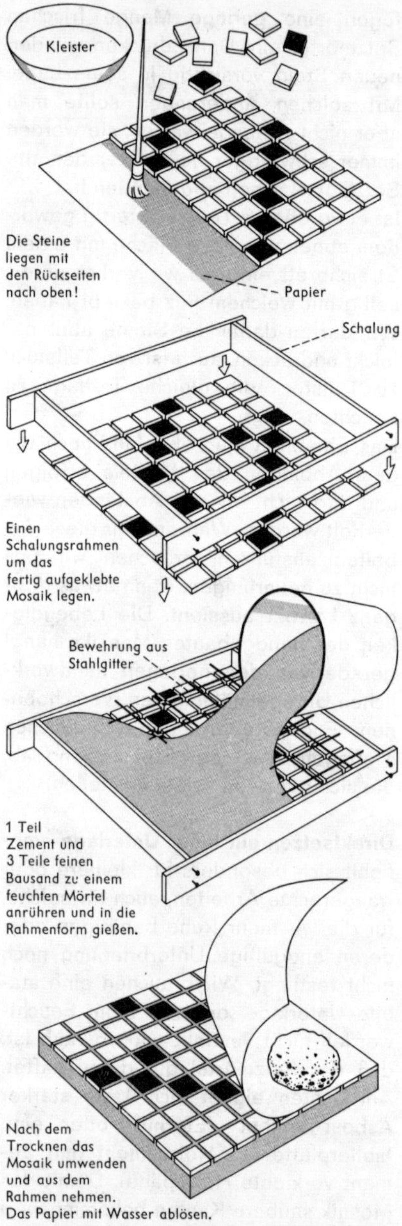

Schnitt durch eine Mosaik-Tischplatte

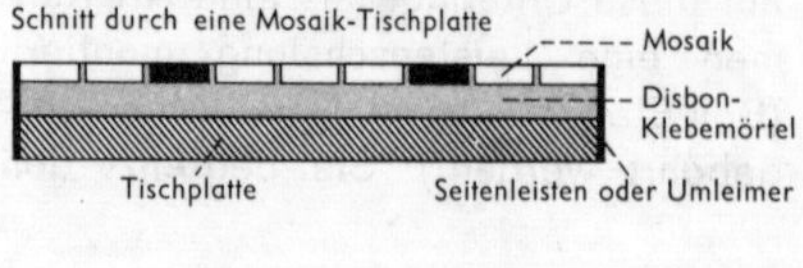

Beim »negativen« Setzen werden die Mosaiksteine mit ihrer schönen Seite nach unten auf eine Glasscheibe oder einen weichen Papiergrund geklebt und die Fugen rückseitig ausgegossen. Der Kleber muß wasserlöslich sein ▶

Seite 116) gegen das Eindringen der Feuchtigkeit geschützt werden. Dispon-Klebemörtel wird mit einem Spachtel oder Pappstreifen dünn aufgetragen (je nach Gleichmäßigkeit des Setzmaterials 5–10 mm), und zwar ebenfalls partienweise, weil er sonst vorzeitig trocken wird. Einebnen durch Plandrükken wie oben. Nach ein bis zwei Tagen Trockendauer kann verfugt werden, entweder ebenfalls mit »Dispon«, dem man Dyckerhoff-Weiß zusetzen kann, oder mit Weißzementbrei.

Negatives Setzen. Dieses Verfahren wird besonders bei glatten Flächen angewendet. Wir zeichnen die gewünschte Mosaikeinteilung spiegelbildlich auf leichtes Packpapier und kleben das Mosaikmaterial – die schöne Seite nach unten – mit wasserlöslichem Klebstoff (Kleister) auf das Papier auf. Das Ganze kann später mit einer Schalung umgeben und mit Dispon-Klebemörtel oder dem üblichen Zementmörtel hintergossen werden (Bewehrung, Plattenstärke usw. wie oben). Nachdem der Mörtel abgebunden hat, wird die nun der Vorderseite anhaftende Packpapierabdeckung mit Wasser abgelöst. Die Schwierigkeit bei diesem auf den ersten Blick praktisch erscheinenden Verfahren besteht darin, daß das Mosaik 1. spiegelbildlich und 2. mit der Bildseite nach unten gesetzt werden muß. Die Schauseite des Mosaiks entzieht sich also unserer ständigen Kontrolle.

Umkehrverfahren. Hierbei legen wir die Steine seitenrichtig, mit der Bildseite nach oben in einen vorläufigen Setzgrund (am besten eignet sich dafür Plastilin!). Die Oberseite fertiger Teilstücke oder der ganzen Arbeit wird mit einem groben Gewebe überleimt, aus dem Bett gehoben und wie beim nega-

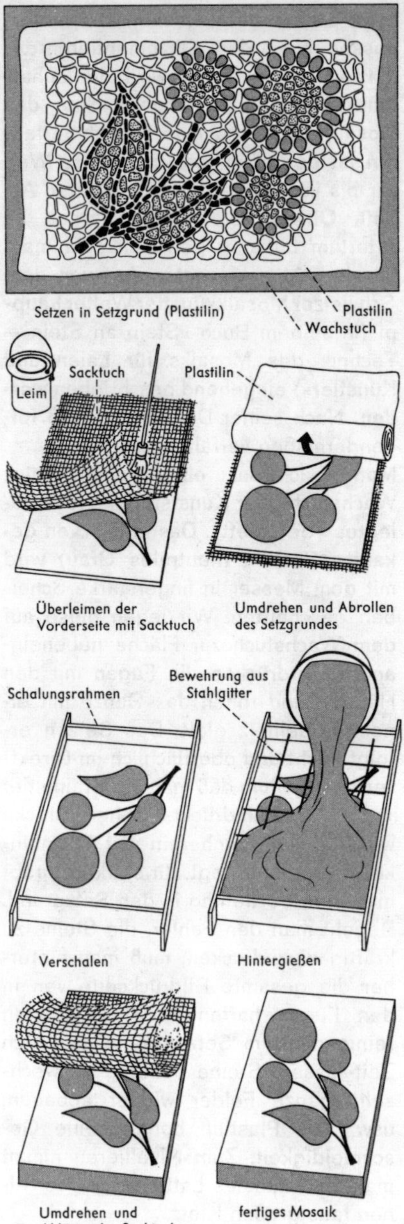

Beim Umkehrverfahren legen wir die Steine seitenrichtig in einen provisorischen Setzgrund. Es ist die sicherste Art, das Mosaik zu gestalten und einwandfrei an die vorgesehene Stelle zu bringen.

tiven Setzen mit Zementmörtel hintergossen. Nach dem Einzementieren der Platten in die Wand wird die anhaftende Überklebung abgewaschen, das Mosaik ist fertig. Das Umkehrverfahren ist der gängigste und beste Weg zur bis ins Letzte durchgestalteten Arbeit. Obwohl die Technik schon im Altertum bekannt gewesen sein mag, ist sie erst in neuester Zeit von dem Schweizer Mosaikkünstler Walter Läuppi (in seinem Buch »Stein an Stein – Technik des Mosaiks für Laien und Künstler«) eingehend beschrieben worden. Nach seiner Darstellung muß folgendermaßen verfahren werden:

Man braucht dazu ein mit einem Stück Wachstuch oder Kunststoffolie lose belegtes »Setzbrett«. Das in Blöcken gekaufte Pastilin (neutrales Grau) wird mit dem Messer in fingerstarke Scheiben geschnitten. Wir legen diese auf dem Wachstuch zur Fläche nebeneinander, verdrücken die Fugen mit den Händen und rollen das Ganze mit einem Nudelholz glatt. Das Setzen erfolgt leicht und oberflächlich im Direktverfahren, ohne daß man die Steine tief in die Masse eindrückt. Flachere Stücke werden von vornherein mit Plastilinklümpchen unterlegt, für stärkere gräbt man eine Vertiefung in den Setzgrund. Begeht man den Fehler, die Steine zu kräftig einzudrücken, muß man hinterher die gesamte Bildrückseite von in den Fugen haftenden Plastilinresten reinigen. Beim Setzen kann man sich Zeit lassen, Steine beliebig auswechseln, ganze Felder wieder abbauen, usw. Das Plastilin behält seine Geschmeidigkeit. Zum Nivellieren nimmt man ein schmales Lattenstück oder einen faustgroßen Klotz.

Zum Kleben braucht man heißen, nicht zu dünnflüssigen Knochenleim, grobes Sacktuch (Jute) oder Stramin und einen dicken Leimpinsel. Das Tuch wird über die Bildseite des Mosaiks gelegt, glattgestrichen und von oben her durch die Gewebemaschen hindurch auf das Mosaik aufgeleimt. Dabei führt man den Pinsel nicht wie beim Streichen hin und her sondern tupfend und pressend, damit das Gewebe auch in den Vertiefungen den richtigen Kontakt mit der Steinunterlage bekommt. Zu dünner Leim dringt in die Fugen, zu dicker oder kalter Leim bleibt oberflächlich auf dem Gewebe sitzen und erreicht die Steinunterlage nicht, zu starker Leimauftrag erschwert das Ablösen!

Nach einigen Stunden ist die Leimung so weit trocken, daß man ein Deckbrett überlegen und das Ganze umdrehen kann. Das Unterlagebrett wird abgehoben, das Wachstuch oder die Kunststoffolie nach hinten abgezogen und die Plastilindecke vorsichtig von der verleimten Steinlage abgerollt. Lösen sich dabei Steine, setzt man sie sofort an ihren Platz zurück.

Vor dem Hintergießen muß die Steinrückseite von Plastilinresten gesäubert werden. Lockere Steine leimt man wieder fest. Dann übersprüht man das Ganze gründlich mit Wasser (damit der Leim wieder elastisch werden kann und die Steine sich besser mit dem Zement verbinden), zieht das Gewebe straff, befestigt es faltenlos mit Reißzwecken auf dem jetzt unten liegenden Deckbrett und legt einen vorbereiteten Schalungsrahmen darum.

Nun wird die Arbeit erst mit dünnflüssigem Fugenmörtel, dann mit einer Zementmischung (Verhältnis 1:3) hintergossen. Bei Bildmosaiken darf die Aufhängung nicht vergessen werden! Eine Bewehrung mit Maschendraht oder (je nach Größe) verschweißtem Stahldraht, wie ihn die Betonarbeiter zur Armierung größerer Betonflächen verwenden, ist anzuraten.

Nach zwei bis vier Tagen kann die

Platte umgedreht und das anhaftende Sacktuch abgezogen werden. Es löst sich leicht, weil der Leim durch die aufgenommene Betonfeuchtigkeit erneut gequollen ist. Hartnäckige Stellen können immer noch genäßt werden. Beim Abbürsten mit warmem Wasser lösen sich auch die letzten Leimreste. Wenn sich kein Schaum mehr bildet, ist aller Leim entfernt. Abschließend werden die Fugen mit Mörtel nachgegossen.

Abschließende Arbeiten

Zur Endbehandlung gehören das Verfugen der Steinlagen von vorn, die Rahmung bei einem transportablen Mosaik oder sein endgültiges Versetzen an eine Wand. Eine abschließende Behandlung der Oberfläche soll das Mosaik vor Witterungseinflüssen schützen und den Steinen ihre farbige Frische wiedergeben.

Verfugen. Durch das Einbetten der Steine in den Setzmörtel oder Kleber ist das Mosaik nur rückseitig verfestigt worden. Die Fugen an der Vorderseite sind zum Teil noch offen und müssen nachträglich geschlossen werden. Das kann mit dem gleichen Binde- oder Klebemörtel geschehen, der schon zum Setzen diente. In der Regel verwendet man aber einen widerstandsfähigen Brei aus Grauzement, Farbzement oder Dyckerhoff-Weiß (das sich ebenfalls färben läßt). Am günstigsten ist eine Verfugung, die etwa der Farbe des Setzmörtels entspricht. Weiße Fugen wirken sauber (solange sie neu sind!), drängen sich aber optisch so stark in den Vordergrund, daß die Darstellung dadurch ihre Geschlossenheit verlieren kann. Man sollte die Fugen auch nie bis zur oberen Steingrenze ausfüllen. Das Mosaik bekommt seinen eigentlichen Werkcharakter erst durch eine pflasterartige Oberfläche, in der die Schatten lebendig mitsprechen können.

Verfugt kann erst nach 2–4 Tagen werden, wenn der Setzmörtel vollständig abgebunden hat (früher reißen wir nur die Steine wieder aus ihrem Lager!). Wir überstreichen das Mosaik partienweise mit dem angerührten Mörtel und reiben ihn mit einem Lappen in die Fugen ein. Danach wischen wir die Oberfläche sofort wieder trocken. Hat der Fugenmörtel leicht abgebunden, so überwaschen wir noch einmal das ganze Mosaik, dabei vertiefen sich die Fugen leicht, die Steine treten etwas hervor, und das Mosaik bekommt den ihm eigenen Reliefcharakter. Hinterher wird jeder Stein einzeln mit einem Lappen abgerieben. Anhaftende Mörtelspuren werden entfernt, unter Umständen unter Verwendung einer leichten Säure (verdünnter Salzsäure 1:10). In diesem Fall muß gründlich nachgespült werden.

Rahmen. Versetzen wir das fertige Mosaik in die Wand, so können wir auf eine besondere Rahmung verzichten. In vielen Fällen wird das aber nicht möglich sein, wir müssen es dann als Schautafel wie ein Bild an einen starken Haken hängen. Dazu suchen wir uns nicht gerade eine tapezierte Wand aus, sondern eine ruhige, vielleicht sogar dunkel gestrichene Fläche.

Ein reich modellierter Bilderrahmen paßt nicht zum Mosaik. Am besten wäre es, ganz ohne Rahmen auszukommen, die Schalungsleisten zu entfernen, die Blockkanten noch einmal gründlich anzufeuchten und an den allzu rauhen Stellen mit dem gleichen grauen Zementmörtel nachzustreichen, der schon als Setzmörtel diente. Auf diese Weise bliebe der Steincharakter der Platte auch an den Kanten gewahrt. Wer starke Staubablagerungen fürchtet, kann die Platte aber auch mit einem dünnen Kunststoffumleimer umkleben, der als Rahmen ebenfalls nicht in Erscheinung tritt. Holzrahmungen sollten wir stets so unauffällig wie nur möglich anbringen – am besten mit einfachen Leisten, die wir an den Ecken auf Gehrung fügen (siehe Seite 71) und in der Farbe des Fugenmörtels streichen. Liegt das Mosaik auf einer Holzunterlage, so ist die Befestigung am Holzrahmen mit Winkelnägeln denkbar einfach. Bei Baustoff- oder Betonplattenunterlagen müssen wir uns entsprechende Befestigungsmöglichkeiten ersinnen. Eternit kann gelocht und genagelt werden, Baustoffplatten können im Rahmen verkeilt werden.

Versetzen der Platte in die Wand (siehe auch Seite 252). Der Putz an der Wand muß ringsum 2 cm breiter abgeschlagen werden als das Mosaik groß ist, in der Tiefe der Plattenstärke entsprechend, plus 2–3 cm für den Setzmörtel. Es ist die Frage, ob wir das Mosaik so in die Wand einfügen wollen, daß es mit seiner Oberfläche bündig abschneidet, ob es etwas aus der Wand herausragen oder vertieft liegen soll. Die beiden letztgenannten Lagen können das Mosaik als Bildwerk betonen, unterbrechen aber den ruhigen Verlauf der Wandfläche. Die ausgeschlagenen Ränder müssen anschließend in der Farbe der umgebenden Wand zugeputzt werden.

Nachbehandlung. Die abschließende Behandlung der Mosaikoberfläche soll erst vorgenommen werden, wenn die gesamte Mörtelarbeit (Verfugung, Einsetzen) abgebunden hat, damit wir nicht Gefahr laufen, daß sich noch irgend etwas in dem Gefüge lockert. Nun geht es darum, den Steinen ihre farbige Frische wiederzugeben. Besonders Natursteine sehen im trockenen Zustand grau und unscheinbar aus. Im Freien angebrachte Mosaike brauchen einen Schutz gegen Einflüsse der Witterung, in Innenräumen gegen den Staub, der sich in die feinen Poren des Stein- und Mörtelmaterials setzt.
Am einfachsten und sichersten ist die Behandlung mit farblosem Bohnerwachs oder einer Hartwachsemulsion (wie sie zum Schutz der Lackflächen an Kraftfahrzeugen verwendet wird). Zwei- bis dreimal muß die Fläche eingerieben werden. Dann läßt man den Auftrag trocknen und poliert hinterher mit einem weichen Wollappen oder einer weichen Bürste über. Solch ein Überzug ist relativ wetterfest und in der Regel jahrelang haltbar. Nur an Wetterwänden sollte er halbjährlich erneuert werden.
Wir können das Mosaik aber auch mit Klinkeröl tränken (weiße Steine dunkeln ölig nach), mit farblosem Kunstharzlack (aufdringlicher Glanz, weiße Steine erscheinen gelblich!) oder mit Zellulose- oder Spirituslack überstreichen (nur für Mosaike in Innenräumen).

Arbeiten aus Glas

Werkstoff Glas

Glas gilt als der älteste künstlich erzeugte Werkstoff. Als Erfinder werden die Ägypter genannt, deren jahrhundertelange Beschäftigung mit keramischen Glasuren (siehe Seite 217) und den dafür nötigen Rohstoffen schon um 5 000 v. Chr. zu einer selbständigen Glaserzeugung führte. Anfangs wurde die geschmolzene, zähflüssige Glasmasse in kleine Formen gedrückt (Schmuckglas) oder über einem Tonkern zu Hohlkörpern geformt (sog. Balsamerien), die zur Aufbewahrung von Salben und Ölen dienten. Später lernte man auch das Glasblasen. Die Glasbläserpfeife soll kurz vor Beginn der christlichen Zeitrechnung ebenfalls von Ägyptern erfunden worden sein.
Die älteste, im Mittelalter einzige, heute aber nur noch wenig ausgeübte Technik zur Formung des flüssigen Glases war das Glasblasen mit der Glasbläserpfeife. Diese besteht aus einem 100 bis 150 cm langen Eisenrohr mit Mundstück und Holzhandgriff, mit deren unterem Ende ein Tropfen zähflüssiger Glasmasse aus dem Schmelzhafen genommen und unter Drehen und Schwenken – oder auch Wälzen auf einer Holz- oder Steinplatte – zu einem birnenförmigen »Külbel« aufgeblasen wird. Mit verschiedenen Werkzeugen (Zangen, Scheren und dergl.) und unter mehrfachem Nachwärmen im Ofen muß dann der Gegenstand fertig gearbeitet werden. Schon früh bekannt war auch das Formblasen, wobei Külbel in hölzerne oder eiserne Formen eingeblasen wurden (z. B. bei der Flaschenherstellung).
Fensterglas stellte man in alter Zeit auf zweierlei Weise her: der Glaser holte mit seinem Blasrohr geschmolzene Glasmasse aus dem Ofen, drehte diese und blies sie zur Kugel auf. Diese wurde dann mit einem Hefteisen von der Pfeite abgenommen, im Ofen erneut erwärmt und durch rasches Drehen zu einem runden »Butzen« ausgeschleudert. Von dieser kreisförmigen Scheibe (die bis zu 1 m Durchmesser hergestellt werden konnte) ist der Begriff an unserer geradkantigen »Fensterscheibe« hängengeblieben. – Bei der anderen Fertigungsart wurde das Glas zunächst zu einem länglichen Hohlkörper aufgeblasen, dann zur Röhre geformt, seitlich aufgeschnitten und im Streckofen durch Bügeln mit einer Eisenstange »gestreckt«. – Im 17. Jahrhundert entwickelte sich in Frankreich ein besonderes Gießverfahren, wobei flüssige Glasschmelze auf einem Gießtisch flach ausgegossen wurde. Die maschinelle Fertigung des Fensterglases begann erst mit der Erfindung der Zylinder- oder Walzenmaschine im 19. Jahrhundert.

Glas läßt sich durch Zusatz von Metalloxyden in der Masse färben, oberflächlich ätzen, schleifen, bemalen, zerschneiden und zu bunten Farbglasfenstern zusammensetzen. Wenn man Glas durch Erwärmung in den zähflüssigen Schmelzzustand zurückführt, kann es auch plastisch geformt werden. In all diesen Bereichen liegt das Betätigungsfeld des schöpferisch gestaltenden Glaskünstlers.

Die physikalischen Eigenschaften

Glas ist ein Gemisch aus Kieselsäure und Metalloxyden, das durch Unterkühlung aus einem zähflüssigen in einen festen Zustand überführt worden ist. Seine Gestalt ist amorph, d. h. formlos. Die Physiker bezeichnen Glas als eine »Flüssigkeit von unendlich großer Zähigkeit«, wobei sie die Zähigkeit des Glases zur Dünnflüssigkeit des Wassers (= Wert 1) in Beziehung setzen.

Unser gewöhnliches Fensterglas besteht aus Kieselsäure (Quarzsand), Natriumoxyd (Soda) und Kalziumoxyd (Kalk). – Kristallglas, wie es zumeist für den Glasschliff verwendet wird, setzt sich aus Kieselsäure, Kali (Pottasche), Natron und Kalzium zusammen. – Bleiglas, ein Glas mit hoher Lichtbrechung, wird aus Quarz, Natron, Kali und Bleioxyd erschmolzen. Dies sind die drei hauptsächlichen Glasarten. Die prozentualen Anteile der Schmelzzuschläge variieren bei den einzelnen Glashütten.

Will man reines Glas bekommen, müssen zunächst die grün- und gelbfärbenden Eisenoxyd- und Tonbestandteile, die stets im Quarzsand enthalten sind, durch Beischmelzen verschiedener Bindestoffe entfernt werden. Glas soll aber nicht nur rein, sondern auch schlierenfrei sein, keine Blasen einschließen und später nicht ausblühen (eine Entglasungserscheinung, die auf zu weiche Schmelze und Stoffe, die durch den Kalk und Sand nur ungenügend gebunden wurden, zurückzuführen ist).

Schmilzt man ein Glasgemenge ohne Kalk, so entsteht Wasserglas (Glas aus Sand und Soda), das wir als Imprägnierungs- und Konservierungsmittel kennen. Reiner, mit hoher Hitze geschmolzener Quarzsand ergibt Quarzglas, das schroffe Temperaturwechsel aushält und die ultravioletten Strahlen des Lichtes, die gewöhnliches Glas absorbiert, hindurchläßt (Lampen für Höhensonnenbestrahlung).

Spezifisches Gewicht. Glas ist rund zweieinhalbmal so schwer wie Wasser. 1 m² Glas von 1 mm Dicke wiegt (wenn man das normale Natronglas zugrunde legt) 2,5 kg. Bei einigen Gerätegläsern ist das Gewicht geringer, bei Kristall- und optischen Gläsern erheblich größer.

Die Härte des Glases wird nach der mineralischen Härteskala gemessen und liegt mit 5 – 7 im Härtebereich des Quarzes. Glas kann mit Diamant, Korund (Schmirgel) und Sonderstählen geritzt werden. Innerhalb der herrschenden Unterschiede lassen sich auch weichere Gläser mit härteren ritzen.

Die Druckfestigkeit beträgt je nach Zusammensetzung der Glasmasse 60 bis 120 kg (dieses Gewicht ist nötig, um einen Glaswürfel von 1 mm Seitenlänge zu zerdrücken).

Zugfestigkeit und Elastizität sind gering. Glas ist spröde. Eine Ausnahme bildet »vorgespanntes« Glas. Dieses wird durch Erwärmen und Abschrecken in Öl oder Gebläseluft rasch abgekühlt und auf diese Weise gehärtet. Solches Glas ist in starkem Maße unempfindlich gegen Stoß und Schlag und wird daher auch als »unzerbrechlich« bezeichnet (Auto- oder D-Zug-Scheibenglas, Sekuritglas). Wenn man es zerschlägt, zerspringt es in kleine Kristallkörner.

Lichtdurchlässigkeit. Bei gewöhnlichem Fensterglas kann mit einer Lichtdurchlässigkeit von 77 – 92 % des senkrecht auffallenden Lichtstroms gerechnet werden. Sie ist bei Farb- und Trübgläsern geringer, bei optischen Gläsern höher. Der Rest geht durch Absorption und Reflexion verloren. Kristallglas reflektiert stärker.

Schmelzpunkt. Glas erweicht je nach seiner Zusammensetzung bei 500 bis 700 Grad. Bei 1000 Grad wird es wieder flüssig.

Empfindlichkeit gegen Säuren, Feuchtigkeit usw. Praktisch ist Glas gegen Säuren, Laugen usw. unempfindlich. Eine Ausnahme bilden die Flußsäure (Fluor) und ihre Verbindungen, die auf Glas ätzend wirken. Auch silikonhaltige Stoffe greifen Glas an. Wenn Glas feucht gelagert wird, treten vielfach »Entglasungserscheinungen« auf: Alkalien werden aus der Oberfläche des Glases herausgelöst und durch die Kohlensäure der Luft wieder in kohlensaures Natron bzw. in Kali umgewandelt. Man erkennt diesen Vorgang an einem weißen Belag, der sich auf der Glasoberfläche bildet. Anfangs läßt er sich mühelos entfernen, später führt er jedoch zur Erblindung des Glases. Eine ähnliche Art der Oberflächenzerstörung wird durch das Irisieren (das Glas schimmert in allen Regenbogenfarben) angezeigt. Die Erscheinung tritt besonders bei Gläsern auf, die unter Luftabschluß (im Stapel) feucht gelagert werden, und ist auf die unterschiedliche Lichtbrechung zwischen durch Entglasung zerstörten und gesunden Glasteilen zurückzuführen.

Handelsformen und Glasarten

Wir unterscheiden Hohl-, Stangen- und Flachglas. Hohlglasröhren und das auch farbig hergestellte Stangenglas dienen speziellen Zwecken. Die am meisten gebrauchte Form ist Flachglas, das je nach dem technischen Herstellungsverfahren unterschieden wird (siehe unten). Auch die farbigen Glaskuchen (siehe Seite 281), die für Mosaikarbeiten zu sogenannten Smalten geschlagen werden, gehören hierzu. Wir beziehen Glas entweder direkt von der Glashütte (bzw. der mit dem Vertrieb beauftragten Handelsvertretung), über den Glasgroßhandel oder aus einer Glaserwerkstatt. Echtes Antikglas, Farbglas, Mosaikglas usw. bekommt man nur im Direkteinkauf bei einer Firma, die sich auf die Herstellung und den Vertrieb solcher Glasarten spezialisiert hat. Der Verkauf erfolgt meist nach Lagergrößen. Die Beschaffung der verschiedenen Tafel- und Bauglasformen ist weniger schwierig. Sie sind auch im Zuschnitt erhältlich.

Tafelglas. Der Begriff umfaßt alle hauptsächlich maschinell im Ziehverfahren hergestellten Gläser mit beidseitig glatter (»feuerblanker«) Oberfläche (Bildgläser, Fensterglas, Objektträgerplatten usw.). Das ursprüngliche Blasen und Strecken des Tafelglases wird nur noch für solche Glasarten angewendet, für die sich die Massenanfertigung nicht lohnt: Farbglas, opakgefärbte Gläser, »echtes« Antikglas usw.

Im maschinellen Ziehverfahren können genaue Glasdicken eingehalten werden, die in den sogenannten Dickenkategorien zum Ausdruck kommen. Man unterscheidet drei Dickenbereiche: bis 1,8 mm, 1,8–4 mm und über 4 mm. Dem mittleren Bereich kommt die größte, vor allem bautechnische Bedeutung zu (Bauglas). Hier gelten seit dem Jahre 1942 für Fensterglas die Dickenbezeichnungen ED (einfache Dicke), MD (mittlere Dicke), DD (doppelte Dicke). Der untere Bereich wird unter dem Begriff »Dünnglas«, der obere unter »Dickglas« zusammengefaßt. Dieses Dickensystem bietet eine klare Übersicht beim Glaseinkauf und bei der Verwendung des Glases.

Dünnglas	Dickglas	Fensterglas
0,5 – 1,2 mm	4 – 5 mm	ED 1,8 – 2,0 mm
1,2 – 1,5 mm	5 – 6 mm	MD 2,8 – 3,0 mm
1,5 – 1,8 mm	6 – 7 mm	DD 3,6 – 4,0 mm

Die Sortierung des Tafelglases unterliegt den Vorschriften nach DIN 1249, wonach Fehler, die die Durchsicht der Scheiben beeinträchtigen (Blaseneinschlüsse, Unregelmäßigkeiten in der Oberfläche), weitgehend auszuschalten sind. Man unterscheidet die Güteklassen I, II und III, wobei zu bedenken ist, daß sich die Wahrscheinlichkeit des Auftretens von Fehlern nach den größeren Dicken hin – weil diese mehr Glassubstanz enthalten – steigert. – Tafelglas kann klar, farbig und opak (in der Masse gefärbt und undurchsichtig) geliefert werden.

Gußglas. Das Gießen flachen (evtl. auch farbigen) Glases bleibt solchen Glasarten vorbehalten, die eine genarbte oder ornamental strukturierte Oberfläche haben (Ornamentglas). Durch ein kombiniertes Guß-Walz-Verfahren (Fließbandherstellung) werden heute über 50 verschiedene Oberflächenmuster (Linien, Streifen, Rippen, Wellen, Karos, Rauten, Kreise, Tropfenformen, Punkte usw.) gegossen. Gußglas ist ein ausgesprochenes Bauglas (Raumbildner). Es wirkt elegant, sauber, lichtstreuend und lichtdurchlässig – dabei jedoch sichtverwehrend, so daß man damit helle Räume ohne unerwünschte Ein- und Ausblicke schaffen kann. Tiefe Prägungen mit kleinem Muster behindern den Durchblick stärker als seichte Prägungen mit großem Muster. Man verwendet dieses Glas auch gern für Türverglasungen, Trennwände, Auflageplatten und im Möbelbau (Schranktüren, Einlegeplatten, Tischplatten usw.).
»Drahtglas« ist Gußglas mit einer Drahtgeflechteinlage, wodurch das Glas widerstandsfähig gegen Stoß, Schlag und gleichmäßig verteilte Lasten (Schnee, Wind usw.) wird. »Gußantikglas« soll die Oberflächenstruktur des alten mundgeblasenen Flächenglases imitieren. »Kathedralglas« zeigt eine wellige Oberflächenstruktur mit körnigen Vertiefungen und wird einem der ältesten Gußgläser nachgebildet, mit dem man früher vielfach Kirchenfenster verglaste.

Kristallspiegelglas ist ein maschinengezogenes oder gegossenes und gewalztes »Rohglas«, das auf beiden Seiten plangeschliffen und anschließend poliert wird. Hauptmerkmale sind klare Durchsicht und geringe Reflexion. Man verwendet es hauptsächlich für Außenverglasungen (Schaufenster), aber auch im Möbelbau für Tischplatten, Vitrinen, Aquarien, Auflage- und Zwischenplatten usw. – Glasperlen entstehen, indem man einen spitzen Eisenstab in geschmolzenes Glas taucht und so lange dreht, bis die anhaftende Glasmasse vollkommen runde Gestalt angenommen hat.

Werkzeuge und Arbeitsweisen

Tafelglas ist in der Praxis nur verwendbar, wenn man es in den erforderlichen Scheibenmaßen herrichten kann. Man spricht von Glas»schneiden« und »Schneide«werkzeugen, obgleich dies eigentlich irreführende Begriffe sind, da Glas zum Schneiden viel zu spröde ist. Es kann nur angeritzt (geschwächt) und entlang der Ritzspur gebrochen werden.
Werkzeuge, die der Bearbeitung von Glas dienen, müssen härter als dieses und so beschaffen sein, daß sie die glatte Oberfläche angreifen. Zum Ritzen eignen sich der Diamant mit seinen natürlichen Kristallkanten (Härte 12) oder besonders geformte Stahlrädchen. Zum Schleifen können Korund (Karborundum) und weicher Sandstein genommen werden. Bohrerspitzen, die in Glas eindringen sollen, bedürfen eines die Reibung vergrößernden Haft- und Schleifmittels.

Der Diamant-Glasschneider besteht aus einem Schaft und einem hammerförmigen Kopf, in dessen Stirnseite der Diamantkristall mit einer zum Ritzen geeigneten Kristallkante nach oben eingezinnt ist. Da sie sich schnell abnutzt, weist ein guter Diamant bis zu 10 brauchbare Schneidkanten auf, die durch Wenden des Steins in der Fassung nacheinander Verwendung finden. (Das Zinnbett über einer Spiritusflamme erweichen, den Stein drehen und erneut einzinnen.) Nur wenige Glaser wenden jedoch ihre Steine selbst.
Beim Schneiden muß das Werkzeug je nach der Stellung des Steins in der Facette eine ganz bestimmte Haltung einnehmen, die obendrein subjektiv ist, weshalb man beim Glasschneiden auch von einer persönlichen »Handschrift« spricht. Entsprechend der Werkzeughaltung nutzt sich der Diamant ab. Er wird wie eine Füllerfeder »eingeschrieben«, und man leiht ihn daher auch nicht gern an fremde Hände aus.

Rädchenschneider, die in jedem Eisenwarengeschäft erhältlich sind, bestehen aus einer besonders harten Stahllegierung. Sie laufen zur Schneide hin keilförmig zu und tragen am äußersten Rand eine fein angeschliffene Schneidekante mit beidseitig schräg zur Kante laufenden Schleifriefen. Indem sie unter Druck abrollen, wird eine Keilwirkung auf das Glas ausgeübt und der Schneidevorgang durch feinste Schwingungen im Werkstoff ausgelöst. Stahlrädchen sind wesentlich billiger als Diamanten. In der am meisten gebrauchten Form haben sie am Kopf einen revolverartig angeordneten Satz

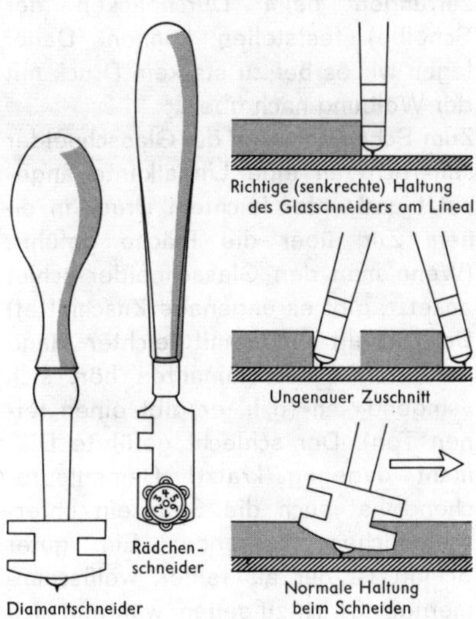

Der Gebrauch des Glasschneiders

mit 6 auswechselbaren Rädchen, die nach Abnutzung leicht weitergedreht werden können. Die Handhabung ist einfacher als die des Glaserdiamanten, weil sie an keine besondere Schaftstellung gebunden ist. Leider nutzen sich die Schneidekanten sehr schnell ab. Die Schleifriefen verschwinden, das Rädchen faßt nicht mehr. Leicht bricht auch beim Schneiden ein Partikel aus der Schneidekante heraus, so daß der Schnitt in gleichmäßigen Abständen unterbrochen wird und das Rädchen »steppt«.

Geradliniges Schneiden. Die Scheibe muß auf einer ebenen, aber nicht zu harten Unterlage mit ganzer Fläche aufliegen (am besten eignet sich ein Stück Holzpappe auf einer Tischplatte).
Mitunter weist normales Fensterglas (besonders das der Güteklasse III und altes Glas, das noch im Streckverfahren hergestellt worden ist) Störungen seiner Ebenflächigkeit auf, wie wir schon an seiner starken »Optik« (den Verzerrungen beim Durchblicken der Scheibe) feststellen können. Daher legen wir es bei zu starkem Druck mit der Wölbung nach oben.
Zum Schneiden wird der Glasschneider senkrecht an eine Linealkante angesetzt und unter leichtem Druck in einem Zug über die Fläche geführt. (Wenn man den Glasschneider schief ansetzt, gibt es ungenaue Zuschnitte!) Der Schnitt eines mit leichter Hand geführten Glaserdiamanten hört sich »singend« an (d. h. er gibt einen feinen Ton). Der schlecht geführte Diamant dagegen kratzt! Dementsprechend hat auch die Spur ein unterschiedliches Aussehen: Ein guter Schnitt ist nur als feiner, weißschimmernder Strich zu sehen, während sich ein schlecht geführter Schnitt ausnimmt wie die Rille beim Schreiben auf der Schiefertafel. Die kleine Perlmutteinlage in der Schaftmitte zeigt die richtige Seitenlage des Diamanten an und soll beim Schneiden immer links, dem Lineal zugewendet, liegen.
Von der richtigen Handhabung des Werkzeugs hängt auch seine Lebensdauer ab. Man vermeide, den Rädchenschneider beim Ansetzen immer erst mehrmals in der angefangenen Schnittspur hin- und herzurollen, ehe man den Schnitt zügig zu Ende führt. Dadurch, daß das Rädchen das Schnittbett mehrmals durchläuft, wird es von den rauhen Kanten stark abgerieben. Beim Ansetzen und Auslaufenlassen des Schnittes sollte man das Rädchen grundsätzlich nie über die Glaskante springen lassen. Der Schnitt mit dem Diamanten verläuft zügiger und werkzeugschonender, wenn man den Diamanten in Petroleum taucht oder die Schnittstelle damit überstreicht.
Zum Abbrechen schiebt man die Glasplatte so weit über die Tischkante, daß die geritzte Kante knapp daneben und parallel zu dieser verläuft. Mit der einen Hand drückt man das Glas auf den Tisch, mit der anderen bricht man den Überstand nach unten ab. Bei dickem Glas ist es günstig, den Beginn des Bruches durch Abklopfen der Ritzspur mit dem hammerförmigen Kopf des Glasschneiders einzuleiten. Schmale Streifen bricht man mit zwei Fingern am Ende der Schnittlinie ab. Sollte das Glas einmal nicht genau entlang der geritzten Linie brechen, so kann man versuchen, die außerhalb der Linie verbliebenen Teile mit einer Flachzange oder den Nuten, die seitlich im Kopf des Schneiders sitzen, abzunehmen.

Kreis- und Kurvenschnitte. Zum Schneiden kreisförmiger Scheiben bedient sich der Glaser einer Vorrichtung,

Rundschneider

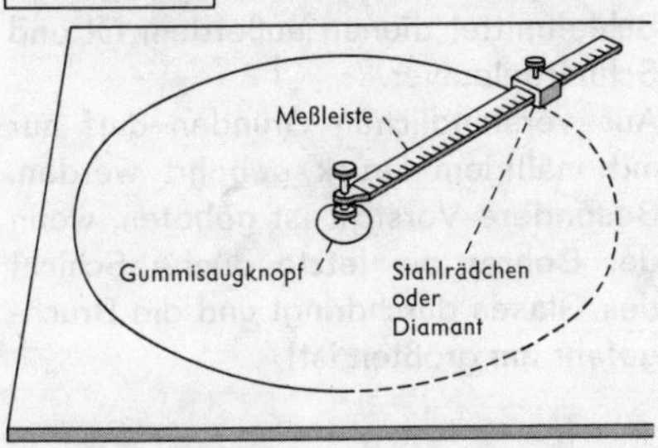

Ausbrechen von Rundschnitten

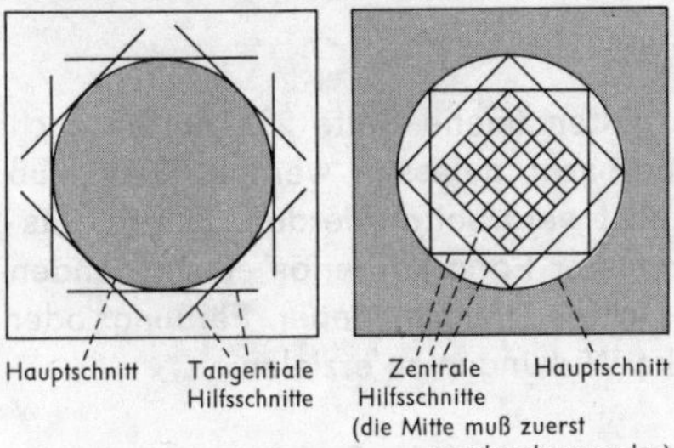

Kurvenschnitte

die es ihm gestattet, den Schnitt mit einer Kurbel auszuführen. Es gibt jedoch auch noch ein einfacheres Gerät: eine Meßleiste, die mit dem einen Ende drehbar in einem Saugknopfgummi sitzt. Man braucht diesen Knopf nur im Zentrum der zu schneidenden Kreisbahn an die glatte Glasoberfläche anzudrücken, um dort dem Schneidezirkel einen festen Halt zu geben. Das Schneidewerkzeug sitzt an einem verstellbaren Schieber und muß wie bei einem Fadenzirkel im Kreis über das Glas geführt werden. Manchmal ist es notwendig, einen Kurvenschnitt abweichend von der Kreisbahn auszuführen. Das ist aber nur möglich, wenn wir uns vorher aus einem geeigneten Stück Sperrholz eine entsprechende Kurvenschablone (Kurvenlineal) anfertigen. Ihre Größe muß den Schnittabstand von der Linealkante berücksichtigen. Die Kanten sollen glatt und so stark sein, daß das Schneidewerkzeug sicher angelegt werden kann.

Kurvenscheiben können aus quadratischen oder auch aus rechteckigen Glasstücken herausgeschnitten werden. Es sollte dabei aber rundum immer noch so viel Rand stehenbleiben, daß man beim Abbrechen des Überstandes noch sicher zufassen kann. Der Bruch selbst vermag einer gekurvten Bahn nur in gewissem Grade zu folgen, bei kleineren Krümmungsradien trennt man daher den Rand stückweise ab, indem man ihn durch vom Rand weggezogene und mit dem Glasschneider angeklopfte Ritzungen in einzelne Abschnitte zerlegt und dem umgebenden Rahmen dadurch die Spannung nimmt, die das Abbrechen des gewünschten Schnittes im Ganzen erschwert. Hat man erst ein Teilstück abgebrochen, folgen die weiteren leicht nach.

Kantenschliff. In manchen Fällen kommt es darauf an, der Schnittkante des Tafelglases die gefährliche Schärfe zu nehmen. Wir können die Kanten schon mit einem groben Karborundumstein, der dabei feucht gehalten werden muß und mit der Hand über die Glaskante geführt wird, abschleifen. Für ausgesprochene Facettenschliffe sind rotierende, wassergenetzte Sandsteinschleifscheiben nötig.

Bohrungen. Das Bohren von Glas ist im Grunde nur ein verstärktes Schleifen an immer der gleichen Stelle über einer Unterlage von Kork, Holz, Filz, Linoleum oder dergleichen. Nur kleinere Löcher bohren wir voll (»mit ganzem Kern«) heraus. Man kann dazu einen gewöhnlichen Metallbohrer (in der Bohrmaschine) verwenden, wenn man rings um die Bohrstelle einen Damm aus Knetgummi errichtet und Terpentin einfüllt. Normalerweise bohrt man mit Dreikantbohrern (aus Widia oder einem anderen Hartmetall), die laufend mit Terpentin befeuchtet werden müssen. Für große Löcher nimmt man entsprechend weite Bohrzylinder (Kreisschneider) aus Kupfer oder Messing. Bei richtiger Terpentinzufuhr wird nur ein Ring aus der Glasfläche herausgeschliffen und der Kern als kleines Scheibchen freigelegt. Als Schleifmittel dienen außerdem Öl und Schmirgelpulver.

Aus verständlichen Gründen darf nur mit mäßigem Druck gebohrt werden. Besondere Vorsicht ist geboten, wenn der Bohrer die letzte dünne Schicht des Glases durchdringt und die Bruchgefahr am größten ist!

Werk- und Kunsttechniken

Die Gesetze, die in allen Werkbereichen gelten (siehe Seite 23), dürfen auch bei der Verarbeitung von Glas nicht außer acht gelassen werden. Glas muß als Material wirken können und werkgerecht verarbeitet werden. Echte Glastechnik nutzt die Durchsichtigkeit des in reinster Form körperlos erscheinenden Materials, um mit Hilfe durchfallenden Lichtes, verschiedener Färbung oder Schattierung und leuchtender Reflexe starke Wirkungen zu erzielen.

Verglasungsarbeiten

Ein Fenster erfüllt neben der architektonischen immer zugleich auch eine funktionale Aufgabe, wobei sich die Art, wie es in Aktion gebracht wird, jeweils aus dem geistigen Anliegen seiner Zeit herleitet. Die Kunst, Fenster aus farbigem Glas zusammenzusetzen, ist seit dem 11. Jahrhundert verbreitet. Die ältesten erhalten gebliebenen Glasfenster schmücken Dome und Kathedralen – der mittelalterliche Mensch empfand die vom Licht des Himmels durchflutete Materie als ein geeignetes Mittel, um seiner Sehnsucht nach einer überirdischen Welt Ausdruck zu verleihen. Aber auch unsere modernen Baukörper erschienen uns wie dauerhafte Gefängnisse aus Beton und Stahl, öffnete das Glas nicht ihre Wände und ließe Licht und Sonnenwärme eindringen. Dabei hat auch das Farbglasfenster in der heutigen Architektur seinen festen Platz als Schmuck an großen und kleinen Gebäuden.

Einsetzen einer Fensterscheibe. Die einfachste Verglasungsarbeit ist das Einsetzen einer Klarglasscheibe in einen vorhandenen Rahmen, wozu man außer Glas ein wenig Glaserkitt, Glaserstifte, ein altes Messer und den Glasschneider benötigt.

Nehmen wir an, die Fensterscheibe sei zerbrochen und müßte erneuert werden. Wir hängen den Fensterflügel aus, legen ihn auf einen größeren Tisch und lösen die alten Kittreste an den Scheibenrändern mit einem Stemmeisen. Die größeren Scheibenstücke entfernen wir mit der Hand (mit Hilfe eines feuchten Tuches als Schutz), die kleineren mit der Flachzange. Dann ziehen wir auch die alten Glaserstifte, die die Scheibe festgehalten haben und unter dem Kitt zutagetreten, aus dem Rahmenholz heraus. Bevor wir die neue Scheibe einsetzen, muß der Kittfalz sauber sein.

Nun messen wir die Scheibe der lichten Weite des inneren Rahmens entsprechend mit dem Zollstock aus und

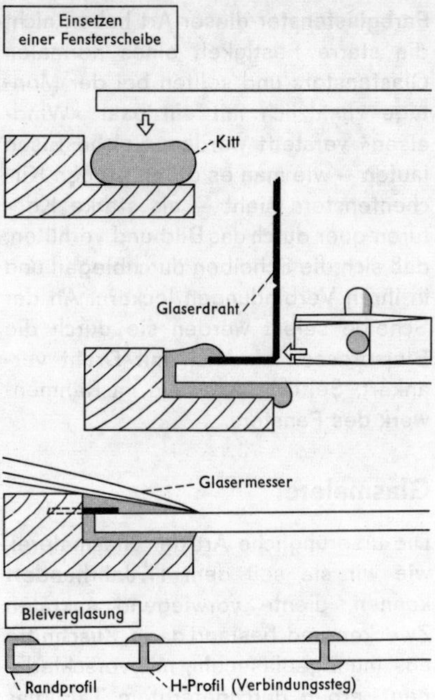

Das Einsetzen einer Fensterscheibe

schneiden das Glas zu, wobei die Scheibe jedoch 2–3 mm kleiner sein soll, damit sie nach dem Einsetzen bei einem etwaigen Arbeiten oder Verziehen des Holzes Spielraum hat. Stimmen die inneren Rahmenecken nicht mehr ganz mit dem rechten Winkel überein, schneiden wir uns besser eine Pappschablone zu, die wir probeweise in den Rahmen einlegen und als Unterlage beim Zuschnitt benutzen.

Kitt bekommt man in der Drogerie oder beim Glaser. Man kann ihn aber auch selbst herstellen: 15 Teile Leinöl und 85 Teile Kreide werden teigartig durchknetet. Damit der Kitt nicht austrocknet, muß man ihn unter Wasser aufbewahren. Sollte er einmal krümelig geworden sein, kann man ihn durch einen Leinölzusatz und tüchtiges Durchkneten wieder geschmeidig machen. Das Einsetzen der Scheibe ist nicht weiter schwierig. Der Kitt wird mit der Hand weich geknetet und in Form einer etwa bleistiftdicken Nudel ringsum in den Kittfalz des Rahmens eingedrückt. Dann setzen wir die Scheibe, mit der unteren Kante beginnend, in den Rahmenfalz ein, drücken sie allseitig fest an den Kitt an und streifen den auf der Unterseite aus der Fuge herausquellenden Kitt mit dem Messer sauber ab. Nun werden in Abständen von 10 – 20 cm dicht an der Glasoberfläche die kopflosen Glaserstifte in das Rahmenholz eingeschlagen (dabei gleitet der kleine Hammer sanft über die Glasoberfläche). Zum Schluß füllen wir den Rahmenfalz auch von der Glasoberseite her ganz mit Kitt aus und ziehen ihn mit dem Messer glatt, so daß eine saubere schräge Kante entsteht. Kittspuren, die noch an der Scheibe haften, lassen sich hinterher leicht mit Schlemmkreide entfernen. Der Kitt braucht einige Zeit zum Trocknen und sollte beim Putzen zunächst noch nicht berührt werden.

Türscheiben werden nicht eingekittet, sondern durch aufgenagelte Glasleisten, die aus dem gleichen Holz wie der Türrahmen bestehen, festgehalten. Beim Einsetzen einer neuen Scheibe nehmen wir sie ab.

Bildverglasung siehe Seite 91.

Bleiverglasungen. Farbglasfenster müssen mit Bleistegen mosaikartig zusammengesetzt werden. Die beidseitig genuteten Stege (H-Profil) werden den verschiedenen Glasdicken entsprechend und in verschiedenen Breiten vom Glaser gezogen. Die schönste Farbwirkung ergibt das in einer Spezialhütte handwerklich hergestellte echte Antikglas.

Wer keine Möglichkeit hat, so ein Fenster fest in den Rahmen einzusetzen, aber dennoch auf die warme Licht-

strahlung und gedämpfte Stimmung, die das farbige Glas dem Raum vermittelt, nicht verzichten möchte, kann sich eine kleinere Arbeit in Tafelform vor die Klarglasscheibe hängen. Hierzu müssen zwei Ringe an die oberen Ecken der Bleiumrahmung gelötet und das Ganze mit einer Messingkette am oberen Rahmenholz befestigt werden.
Es lassen sich verschiedenfarbige, geradkantige Flächenstücke aneinandersetzen oder einfache Bilder entwerfen, etwa ein brauner Zweig mit großen unterschiedlich grünen Blättern, ein roter Vogel vor ruhigem Hintergrund, verschiedene Blütenformen usw. Je strenger solche Arbeiten wirken, um so werkgerechter sind sie, da Glasfenster ja nur aus Teilstücken geschnitten und zusammengesetzt werden können. Hinzu treten außerdem die harten Linien der Bleistege, die alle Konturen bestimmen.
Der Zuschnitt und die Zusammensetzung der farbigen Tafelglasstücke muß nach einem Entwurf erfolgen. Wir schneiden uns die einzelnen Teile im Maßstab 1 : 1 aus farbigem Karton und heften sie unter Berücksichtigung der Zwischenräume, die die Mittelstege der Bleisprossen später einnehmen werden, auf eine Arbeitsplatte. Hiernach können wir die einzelnen Flächenelemente, die gut ineinanderpassen müssen, genau zuschneiden.
Die Bleisprossen werden entsprechend der Länge der Konturen (Hauptlinien und Teilumrisse), die sie bilden sollen, zugeschnitten, um die Glasränder gelegt und, wenn die einzelnen Scheibchen richtig in den Nuten sitzen, mit einem rundlichen Griffel (am besten einem Feilenheft) angerieben. Wo zwei Abschnitte aufeinanderstoßen, werden sie miteinander verlötet (Lötkolben 150 – 250 Watt, Lötzinn 65 bis 70 % Zinn-Mindestgehalt).

Farbglasfenster dieser Art haben nicht die starre Festigkeit eines normalen Glasfensters und sollten bei der Montage zusätzlich mit ein paar »Windeisen« versteift werden. Solche Eisen laufen – wie man es oft an großen Kirchenfenstern sieht – als starke Konturen quer durch das Bild und verhüten, daß sich die Scheiben durchbiegen und in ihren Verbindungen lockern. An der Scheibe selbst werden sie durch die Bleisprossen hindurch mit Draht verankert. Seitlich sitzen sie im Rahmenwerk des Fensters.

Glasmalerei

Die ursprüngliche Art der Glasmalerei, wie wir sie seit dem 11. Jahrhundert kennen, diente vorwiegend sakralen Zwecken und bestand darin, Zuschnitte aus mundgeblasenem, mit verschiedenen Farben durchgefärbtem Tafelglas mittels Bleistegen zur Fensterfläche zu vereinigen (siehe oben) und in feinen Linien und Schattierungen mit pulverisierter Glasschmelze zu übermalen. Die frühen Meister verwendeten hauptsächlich nur eine Farbe – das sogenannte »Schwarzlot«, ein schwarzgraues oder braunes Glaspulver, das sich schmelzen läßt und den Scheiben im Ofen aufgebrannt wurde. Im 14. Jahrhundert kam noch eine zweite Farbe, das Gelbsilber, hinzu. Die Erfindung weiterer Farben, die nach dem Aufschmelzen durchscheinend blieben, förderte die Kabinettglasmalerei, die vorwiegend für kleinere Räume bestimmt war und mit Lasurenfarben (durchscheinenden Farben) auf farblosem Glas ausgeführt wurde.
Soweit wir die Möglichkeit haben, Glasfarben auf kleinere Scheibenstükke aufzuschmelzen, wozu im Brennofen Temperaturen über 500° nötig sind (siehe Seite 234), lassen sich die klas-

sischen Techniken anwenden. Die Industrie hat aber in den letzten Jahren auch neue Spezialfarben entwickelt, die auf Glas (und Porzellan) sehr schnell auftrocknen und schon bei mittlerer Hitze im Küchenbackofen aufgebrannt werden können. Diese gelten als das eigentliche Laienmaterial, mit dem wir auch farblose Gegenstände, Trinkgläser, Schalen usw., vergnüglich und geschmackvoll bemustern können.

Glasmalerei als Kunsttechnik. Der Künstler bezieht das »Antikglas« in verschiedenen Farben aus der Glashütte, schneidet die Scheiben dem Entwurf entsprechend zu und trägt die Farbe mit dem Pinsel auf. Schwarzlot wird mit etwas Essig und Wasser und Zusatz von Gummiarabikum angerührt. Man hält das Glas beim Bemalen schräg gegen das Licht. Die weitere Arbeit erfolgt nach dem Trocknen des Farbüberzugs: Feinere Schattierungen werden mit den Fingerspitzen, andere mit Handballen und Filzstangen herausgewischt. Ganz helle Stellen »vertreibt« man mit einem flachen Pinsel. Das Brennen der Stücke erfolgt heute meist im elektrischen Brennofen (bei 710 – 750 °).

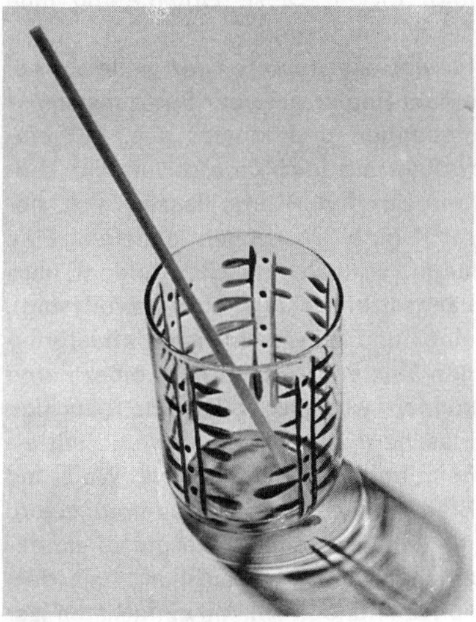

Mit Glasfarben bemaltes Trinkglas

Die zweite noch heute gebrauchte Transparentfarbe, die ein guter Glasmaler bei der Fenstermalerei benutzt, ist das Gelbsilber. Silbersalz wird mit Ocker, im übrigen mit den gleichen Zusätzen wie Schwarzlot, zusammengerührt und dünn auf das Glas aufgetragen und im Ofen auf 550° erhitzt. Nach dem Brand wischt man die Ockerfarbe ab, das aufgetragene Gelbsilber leuchtet nun glasig-transparent in schöner goldgelber Farbe. Anschließend werden die einzelnen Scheiben mit Bleistegen zur ganzen Fläche zusammengesetzt (siehe Seite 305).

Glasmalerei ohne Brennofen. Die erforderlichen Spezialfarben sind unter der Bezeichnung »Pla-Farben« im Handel und können sowohl auf Glas als auf Porzellan mit dem Pinsel aufgetragen werden. Um ein schnelleres Trocknen und noch größere Haltbarkeit zu erzielen, stellt man die bemalten Werkstücke in den kalten Küchenbackofen, schaltet diesen für etwa 45 Minuten auf Mittelhitze und läßt die Gegenstände ebenso langsam darin abkühlen. Natürlich sind auf diese Weise auch Flächenbemalungen möglich. Bei Schalen und Gläsern aus dünnem Klarglas sollte die Farbe sehr flüssig und mit zarter Linienführung aufgetragen werden. Solch eine Bemalung erhöht die Brillanz des Werkstoffes Glas und läßt diesen besonders zart und dünnwandig erscheinen.

Flaschenbemalen. Was hier vorgeschlagen wird, ist wohl nur etwas für Menschen, die sich einen Sinn für das Heitere und Lockere bewahrt haben. Gerade für häusliche Feste sollte man

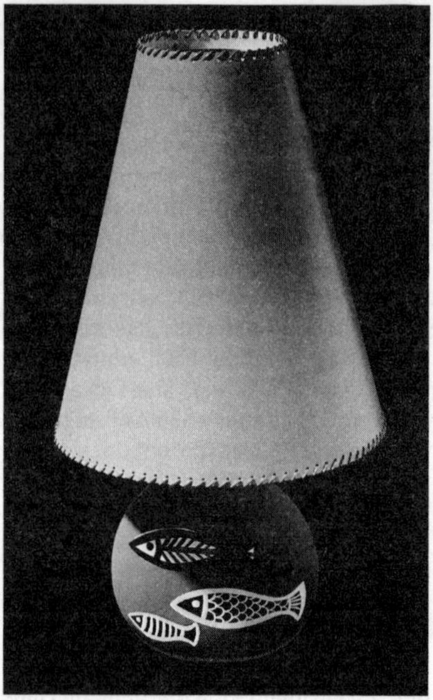

Die Bocksbeutelflasche wurde mit Plakatfarben bemalt und dient jetzt als Lampenfuß

aber einmal einen Versuch machen. Sicher stehen im Keller noch ein paar leere Flaschen, die wir schon lange wegwerfen wollten. Wir suchen uns die schönsten aus, rundliche, dicke, bauchige, eckige, große und kleine Flaschen, ganz gleich, ob sie einmal mit Wein oder Likör oder auch nur mit Essig gefüllt waren. Originelle Formen haben die »Bocksbeutel« der deutschen Frankenweine und Tokajer-Flaschen. Chiantiflaschen haben keine Standfläche, wenn man sie aus dem Korbgeflecht herausnimmt. Aber solch ein Kolben läßt sich ebenfalls gut bemalen und als lustige Wandvase mit einem Bastfaden an die Wand hängen. Wir können uns auf diese Weise auch hübsche Vasen und Füße für Tischlampen schaffen. Als Tischleuchter für eine heitere Feier oder für ein sommerliches Gartenfest sind bemalte Flaschen ebenfalls gut geeignet. Die Kerze wird unten mit etwas Papier umwickelt und in den Flaschenhals eingesteckt. (Auf Blumentöpfen, leeren Keks- und Teedosen kann man übrigens das gleiche Malverfahren anwenden.)

Wir brauchen wasserfeste Farben (am besten sind solche, wie sie der Plakatmaler verwendet) und einen Firnis des gleichen Fabrikats (weil wir sonst Gefahr laufen, daß er sich nicht mit der Farbe verbindet) – dazu einige flache Haarpinsel in unterschiedlichen Breiten und einen runden Wasserfarbenpinsel. Sämtliches Material bekommen wir im Fachgeschäft für Malutensilien.

Bevor wir mit dem Malen beginnen, reinigen wir die Flasche in einer warmen Geschirrspüllösung. Dann wird sie mit dünn angerührter Plakatfarbe (z. B. Weiß) zweimal sorgfältig angestrichen (evtl. mit Wasser verdünnen). Bei zu dünnem Auftrag kann es passieren, daß die Farbe an manchen Stellen nicht deckt. Der zweite Aufstrich erfolgt dicker. Diese Grundierung muß gut durchtrocknen.

Inzwischen probieren wir vielleicht auf einem Papier ein paar Farbzusammenstellungen und Muster aus. Mit einfachen und leichten Motiven wie Tupfen, Streifen, Karos lassen sich bereits gute Wirkungen erzielen. Eine lange, schmale Flasche verlangt nach Längsstreifen (vielleicht zweifarbig), eine rundliche nach einem kreisförmigen Muster. Statt mit reinweißer Farbe können wir auch z. B. eine bauchige Flasche dunkel grundieren und mit einem hellen Farbton (etwa Weiß auf Blau) bemustern. Die Grundierung wird mit einem breiten Flachpinsel aufgestrichen, die Feinzeichnung mit dem spitzen Rundpinsel. Am einfachsten lassen sich die flachen Bocksbeutel und

kantige Flaschen bemalen, weil diese von vornherein ebenere Flächen haben. Die Motive müssen sich den Flaschenformen anpassen, und alle Muster in Art und Farbe harmonieren. Runde Flaschen bemalen wir umlaufend, wobei wir aufpassen, daß hinterher der Zusammenstoß von Malanfang und Malende nicht zu bemerken ist.
Für mehrfarbige Bemalung gilt folgender Arbeitsgang: Grundieren, Auftragen der flächigen Formbestandteile, und auf diese mit spitzem Pinsel die feinen Konturen aufzeichnen.
Abschließend, wenn alles trocken ist, wird mit breitem Flachpinsel der Firnis aufgetragen. Er schützt die etwas rauhe Farboberfläche vor Verschmutzung. Für diese Arbeit brauchen wir einen sorgfältig ausgewaschenen und absolut staubfreien Pinsel.

Schmelzverformung

Unter Schmelzverformung verstehen wir hier natürlich nicht die Arbeit des berufsmäßigen Glasbläsers, der in der Glashütte mit schweißnassem Oberkörper vor dem Arbeitsloch des großen Glasofens steht und mit seiner langen Glasbläserpfeife Tropfen glühender Glasmasse unter raschen, geschickten und kraftvollen Bewegungen zu jenen graziösen und leichtbeschwingten Glasgebilden ausbläst, denen man später nicht mehr ansehen kann, unter welch schweren Bedingungen sie geschaffen wurden.
Wir müssen uns beschränken auf die Herstellung einfacher Geräte für unsere chemischen, physikalischen und sonstigen Hobbys sowie auf das Formen phantasievoller Figuren und die Herstellung glitzernden Christbaumschmucks. Als Ausgangsmaterial dienen das billigste, leicht schmelzbare Rohglas (Natronglas) in verschiedenen Durchmessern und farbige Glasstäbe. Die Erweichungstemperatur liegt bei 800 °. Sie läßt sich für einfache Biege- und Auszieharbeiten zur Not schon mit einem gewöhnlichen Bunsenbrenner erzielen. Praktischer ist ein im Fachhandel erhältlicher Gebläsebrenner (Gasstichflamme), mit dem man die erforderlichen Hitzegrade schneller erzielt und auch größere Blasarbeiten sauber ausführen kann.

Grundsätzliche Hinweise. Folgende Teilverformungen kehren beim Rohrglasblasen immer wieder: 1. Das Ausziehen des weichen Glases zu einer Spitze; 2. Das Stauchen, um eine größere Glasmasse an einem Punkt der Röhre anzusammeln (etwa, um das Glas zu einer Kugel mit entsprechender Wandstärke auszublasen); 3. Das Ausblasen des Glases zur Kugel oder einer Zylinderform am Ende bzw. in der Mitte der Röhre; 4. Das Verbiegen des weichen Glases in jede gewünschte Richtung.
Glas muß langsam erhitzt und auch langsam wieder abgekühlt werden. Zum langsamen Erwärmen (gleichzeitig als Kühlflamme) dient die helle, leuchtende Rauschflamme (viel Gas und wenig Luft). Größte Hitze entwickelt die blaue, kaum sichtbare Flamme, in der neben Gas reichlich Sauerstoff verbrannt wird. Die Flammenspitze ist am heißesten. Beim Anzünden des Gebläsebrenners entzündet man das ausströmende Gas an der Düse, wobei eine helle, lodernde Flamme entsteht, öffnet dann den Lufthahn und reguliert die Flamme so, daß man eine schwachleuchtende Stichflamme erhält. Um eine Kühlflamme zu erhalten, muß man den Lufthahn drosseln.
Bei allen Schmelzformungsarbeiten ist das Werkstück, damit die Erhitzung gleichmäßig erfolgt, in der Flamme

fortwährend zu drehen. Wenn sich diese gelb färbt und der Gegenstand sichtbar glüht, ist das Glas so weich, daß es geblasen werden kann. Es dürfte selbstverständlich sein, daß man den noch heißen Glasgegenstand nicht auf eine kalte Metall- oder Steinunterlage legt.

Trennen der Röhren. Bleistiftdicke Glasröhren lassen sich von einem längeren Stück abtrennen, indem man das Rohr auf den Tischrand legt, die scharfe Kante einer Dreikantfeile mit sanftem Druck daraufhält und das Glasrohr der Feile entgegendreht. Die Einkerbung braucht nicht tief zu sein (Ritzen genügt) und nur bis zu einem Drittel des Umfangs um das Rohr herum reichen. Hat das Rohr beim Schneiden deutlich geknirscht, so nimmt man es in beide Hände und bricht es über dem unter die Schnittfläche gelegten Daumen ein wenig ziehend auseinander. Größere Rohrdurchmesser sprengt man besser, indem man die Ritzstelle mit dem Ende eines in der Flammenspitze glühend gemachten Glasstäbchens betupft. – Springt das Rohr nicht leicht und völlig gerade, so war die Feile nicht scharf genug oder der Schnitt nicht ordentlich. Schiefe Trennflächen können mit der Flachzange »abgekröselt« werden, wobei man geduldig millimetergroße Stückchen Glas abbricht. Die Ränder der abgeschnittenen Glasröhren sind scharf und können, wenn man das Glas nicht weiterverarbeiten will, mit einem nassen, weichen Sandstein abgeschliffen werden.

Rundschmelzen des Randes. Noch besser ist es, wenn wir die Ränder rund schmelzen. Dabei halten wir das Rohr waagerecht oder mit dem angefaßten Ende nach unten geneigt zunächst hoch über die Flamme, damit es anwärmt,

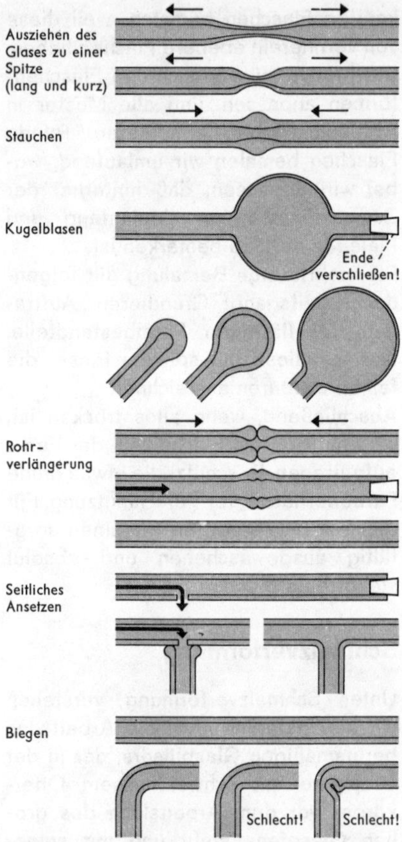

Teilverformungen beim Rohrglasblasen

nähern es dann dem oberen heißen Teil der Flamme und drehen es mehrmals langsam, wobei es sich stark erhitzt. Sobald der Rand glüht, ist das Rundschmelzen beendet.

Ausziehen einer Spitze. Wie schon eingangs erwähnt wurde, ist das Ausziehen ein grundlegender Verformungsakt, der als Teilverformung immer wieder angewendet werden muß. Soll z. B. eine Glasröhre zu einer feinen Spitze (Pipette) geformt werden, so erhitzt man ein längeres Rohrstück etwa in der Mitte so lange unter ständigem

Drehen in der Flamme, bis es sich bei mäßiger Kraftanstrengung auseinanderziehen läßt. Je größer die Hitze ist und je rascher wir ziehen, um so feiner wird der Glasfaden, der die beiden Teile schließlich noch verbindet und den wir an geeigneter Stelle durchbrechen. Ziehen wir die Röhre innerhalb der Flamme aus, so wird die Spitze kurz, weil das Glas durchschmilzt. Will man eine schlanke Spitze erhalten, muß man einen größeren Teil der Röhre erwärmen.

Ende verschließen. Wenn eine Röhre am Ende verschlossen werden soll, erwärmt man ein längeres Rohrstück irgendwo in der Mitte, zieht die beiden Teile auseinander, trennt sie und dreht die Spitze des einen so lange in der Flamme, bis die Wände zusammensinken. Beim Zuschmelzen starker Röhren bildet sich in der Regel ein Glastropfen, der beim Abkühlen leicht zerspringt und das fertige Stück gefährden würde. Man entfernt ihn, indem man ein erhitztes Glasstück mehrmals an den weichen Tropfen heranführt und die Glasmasse in einem langen Faden abnimmt. Wünscht man eine runde Kuppe, so bläst man vorsichtig am offenen Ende in die Röhre hinein, bis sich das noch weiche, aber schon zugeschmolzene Ende rund wölbt.

Kugelblasen. Man erhitzt das Ende eines Rohrabschnitts unter ständigem Drehen in der Flamme, bis die Glaswände glühend werden und sich die Öffnung geschlossen hat. Nun hält man das Rohr so gegen die Flamme, daß nur der zugeschmolzene Rohrboden von der Hitze getroffen wird, dreht aber das Rohr dabei fortwährend weiter. Wenn das Glas glüht und die Flamme eine gelbe Färbung annimmt, ist das Material so weich, daß man es durch Hineinblasen auftreiben kann. Gelingt es nicht sogleich, eine genügend große Kugel zu formen, bringt man das Rohr ohne Verzug wieder in die Flamme und wärmt es unter ständigem Drehen noch einmal nach. Um eine größere Kugel zu erhalten, darf man nicht etwa gleich zu Anfang stärker blasen, sondern muß die Kugel

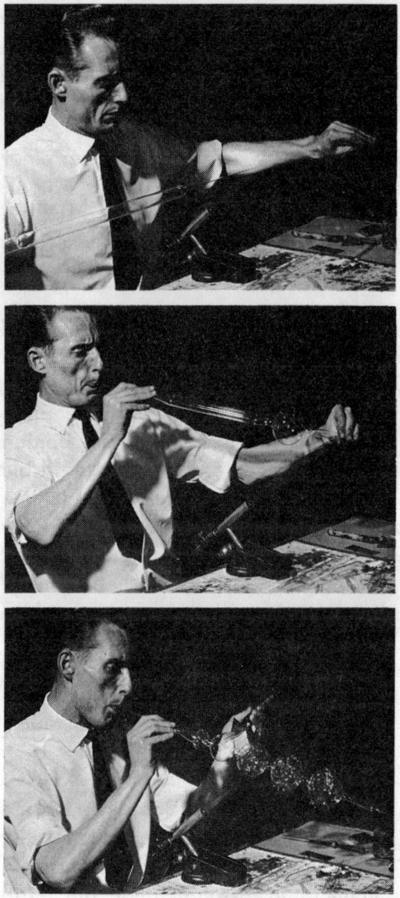

Glasblasen: Ausziehen der Glasröhre zur Spitze (oben); Kugelblasen (Mitte); Blasen einer Christbaumspitze. Der Glasbläser drückt mit einem spatenähnlichen Gerät Höhlungen in die noch weiche Wand der zuletzt geblasenen Kugel ein (unten)

mehrmals drehend in der Flamme nachwärmen und langsam weiter ausblasen, bis die gewünschte Größe erreicht ist. Wenn eine Kugel in der Röhrenmitte aufgeblasen werden soll, verschließt man das eine Ende zunächst durch Ausziehen und Zuschmelzen, erhitzt dann die gewünschte Stelle unter ständigem Drehen und verfährt im übrigen wie oben. Durch leichtes Stauchen des erweichten Materials kann man an einem bestimmten Punkt so viel Glasmasse ansammeln, daß diese beim Aufblasen auch eine Kugel in der erforderlichen Wandstärke liefert.
Gießtrichter lassen sich leicht aus einer Endkugel bilden. Die untere Kugelhälfte wird erneut erwärmt, rasch bis zum Platzen aufgeblasen und am Rand gleichmäßig zurückgeschmolzen.

Aneinandersetzen zweier Röhren. Will man ein Rohrstück durch Verschmelzen mit einem anderen verlängern, so verschließt man zunächst das eine Ende durch Ausziehen, erwärmt die beiden zu verbindenden Enden gleichzeitig, bis sie glühen, und paßt sie in der Flamme aneinander. Dann nimmt man das Rohr rasch aus der Flamme heraus und bläst am offenen Ende schwach hinein, so daß die weiche Stelle ein wenig aufgeblasen wird. Durch wiederholtes Nachwärmen, Stauchen, Ausziehen und Verblasen kann man die Verbindungsstelle so ausgleichen, daß die Naht nicht mehr zu erkennen ist.

Seitliches Ansetzen. Benötigt man ein T-Rohr, so verschließt man zunächst die beiden zu verbindenden Röhren an einem Ende, erwärmt dann die Mitte des einen mit einer spitzen Stichflamme an möglichst kleiner Stelle und bläst in das Rohr hinein, bis in dem erweichten Teil ein 3–5 mm weites Loch entsteht. Dann bringt man die beiden aneinanderzusetzenden Stücke zum Glühen und paßt sie wie oben in der Flamme ineinander. Die Verbindung muß von außen sorgfältig verschmolzen werden. Abschließend werden die verschlossenen Enden abgeschnitten und die Kanten rund geschmolzen.

Figurenblasen. Bekannt sind die kleinen Glasfiguren, die von den Glasbläsern sozusagen »am Küchentisch« aus glühend gemachtem Rohr- und Stabglas liebevoll montiert werden. Erst bläst man unter fortwährendem Drehen in der Flamme ein Rohrstück zur Körperform auf, die durch Stauchen und

Vor der Glasbläserlampe geformte und montierte Figuren aus farbigem Glas

Ausziehen immer wieder neu erwärmter Partien durchmodelliert werden kann. Gliedmaßen, Flügel und sonstige Teile werden glühend angeklebt, an den Ansatzpunkten sauber verschmolzen und ebenfalls durch Stauchen, Ausziehen, Verdrehen, Biegen usw. durchgeformt. Für solche Arbeiten sind auch farbige Glasstäbe im Handel.

Christbaumschmuck. Die oberfränkischen und thüringischen Heimglasbläser versenden diesen hauchdünnen, blitzenden Glasschmuck in alle Welt. Ein Stück Rohrglas (2 cm Durchmesser) und eine Gasstichflamme mit 800° Hitze sind alles, was an Material und Werkzeug benötigt wird.

Der Glasbläser teilt sich zunächst die ganze Rohrlänge in kleinere Stücke auf, indem er das Rohr an der Trennstelle in der Flamme erwärmt und die beiden Teile rasch auseinanderzieht, wobei sich die Enden zu Spitzen ausformen.
Das Blasen einer Kugel ist schon oben beschrieben worden. Für eine Christbaumspitze wird ein längeres Rohrstück am Ende lang ausgezogen und dabei gleichzeitig verschlossen. Wenn man diese Spitze erneut in ganzer Länge anwärmt und leicht aufbläst, kann man sie von der normalen Rohrstärke absetzen. Dann wird ein Teil unterhalb des Spitzenanfangs erhitzt, zur Kugel aufgeblasen, das Rohr nach einem kurzen Zwischenstück abermals erhitzt und zu einer zweiten Kugel ausgeformt usw. Das untere Rohrende schmilzt man ab, die Öffnung kann mit einem eisernen Griffel etwas geweitet werden.
Auch eine Weihnachtsglocke läßt sich auf einfache Weise formen. Zunächst muß eine längere Partie des Rohrstücks erwärmt und zu einem gleichmäßigen Hohlzylinder aufgeblasen werden. Folgende Arbeitsgänge schließen sich an: Das zur Spitze ausgezogene Vorderende wird abgeschmolzen und die Öffnung mit auftreffender Flamme geschlossen. Dann erwärmen wir den vorderen Zylinderrand erneut und blasen ihn leicht zu einer Kugel auf. Die untere Kugelhälfte wird abermals erwärmt und durch Ansaugen der Luft nach innen gezogen. So bildet sich die geschwungene Form der Glocke am unteren Ende des Hohlzylinders mit einem glatten Rand und nach innen eingeschlagenem Boden.
Die berufsmäßigen Glasbläser pflegen ihrem geblasenen Christbaumschmuck noch mit Hilfe tönerner Stempel oder anderer Werkzeuge allerlei Verzierungen, Höhlungen usw. einzudrücken. Wir sollten es bei der klaren, allein durch die Blastechnik erzielten Form belassen. Eine Kugel soll als Kugel, eine Spitze als Spitze wirken. Die blitzende Kugel symbolisiert den Weihnachtsstern, die Spitze deutet den Lichtstrahl an, der von dem weihnachtlichen Erdgeschehen zum Himmel weist. In diesem symbolischen Zusammenhang sind die geblasenen Glasgebilde sinnvoll. Das gilt auch dann noch, wenn sie nachträglich mit Farbe bemalt, mit Blüten und Blättern, den Wunderzeichen der Weihnachtszeit, verziert werden. Wo man sie jedoch mit weißem Kristallstaub (um Eis und Schnee anzudeuten) überklebt, beginnt der Kitsch.

Versilbern. Gläserner Christbaumschmuck soll funkeln und blitzen, wenn die Weihnachtskerzen entzündet werden. Daher bringt man auf einfache Weise an den Innenwänden der geblasenen Hohlformen eine Spiegelversilberung an.
Die Zusammensetzung der Mixtur mutet etwas geheimnisvoll an. Wir brauchen zwei voneinander getrennte Flüssigkeiten, die kurz vor dem Gebrauch gemischt und kalt oder warm in die Hohlform eingegossen werden, wobei das Silber eine feine kontinuierliche Haut bildet.
1. Wir lösen unter Rühren 15 g Silbernitrat in 0,5 l destilliertem Wasser und in einem anderen Glas 3 g Ätznatron in einer geringeren Wassermenge (am besten heiß). Nun gießen wir in die Flasche mit der Silbernitratlösung eine geringe Menge Salmiakgeist, schütteln die Lösung, bis sich ein Niederschlag bildet, fügen noch ein wenig Salmiakgeist hinzu, worauf sich die Lösung wieder klärt, gießen dann die Ätznatronlösung hinzu, wodurch sich die Mi-

schung wieder trübt und abermals mit etwas Salmiakgeist zu klären ist. Anschließend füllen wir die Flasche mit destilliertem Wasser auf 1 l auf.
2. In einem Glaskolben oder einem anderen feuer- und säurefesten Topfgefäß bringen wir 1 l destilliertes Wasser, in dem vorher 200 g Zucker gelöst worden sind, zum Kochen, fügen 20 Tropfen rauchende Salpetersäure hinzu, kochen dies etwa 10 Minuten lang und lassen die Lösung kalt werden.
Zur Versilberung gießen wir etwas von der Silbernitratlösung in die Hohlform ein, fügen 3 – 5 Tropfen der Zuckerwasserlösung hinzu, schwenken die Form, damit sich die Lösung überallhin verteilt, und halten das Glas kurz vor die Flamme. Sofort schlägt sich im Innern des Glases eine klare Silberschicht nieder.

Ätzarbeiten

An sich ist Glas säurebeständig, aber von der Flußsäure wird es angegriffen. Das gibt uns die Möglichkeit, ein einfaches Ätzverfahren anzuwenden, um einen Glasteller, eine flache Schale oder eine Vase mit einer Zeichnung zu versehen. Die geätzte Strichoberfläche ist matt. An den eingetieften Wänden bricht sich das Licht ebenso wie an einem Einschliff. Da uns die Kerbschlifftechnik, die große Kunstfertigkeit und langjährige Übung voraussetzt, unzugänglich bleiben muß, erzielen wir mit dem Ätzverfahren ähnliche Wirkungen auf einfachere Weise.

Flußsäure ist eine der aktivsten Säuren, die wir in einer säurefesten Spezialflasche kaufen und aufbewahren müssen. Wir brauchen etwa 1 Liter 40prozentiger Säure, die wir, da sie sich nicht verbraucht, nach der Arbeit wieder in die Flasche zurückgießen können.

Schutzüberzug und Ätzung. Als abdeckender Grund (Schutzüberzug für die Flächenteile, die von der Säure nicht angegriffen werden sollen) eignet sich Bienenwachs, das nicht so spröde wie Kerzenstearin ist und sich daher auch leichter gravieren läßt. Wir schmelzen das Wachs am besten in einem kleinen Stielgefäß über der Kochplatte oder dem Ofen und gießen es rasch auf das gut vorgewärmte Werkstück. Es braucht nur eine dünne Wachsschicht übrigzubleiben. Stellen, an die kein Wachs hingekommen ist, tupfen wir vorsichtig mit dem Pinsel aus.
Nun gravieren wir mit einem spitzkantigen Gegenstand (Nagel, Linolschneidefeder) Zug um Zug die Linien der beabsichtigten Zeichnung in das Wachs ein. Da schon die geringste Wachsschicht die Säure an ihrer Wirksamkeit hindert, müssen wir darauf achten, daß das Wachs bis auf den Glasgrund abgetragen wird.
Die Ätzzeit beträgt je nach der Glaszusammensetzung 10 bis 30 Minuten. Bei großen Gefäßen ätzen wir erst den Gefäßgrund, spülen das Gefäß sorgfältig aus und schützen die Bodenzeichnung vor weiteren Säureangriffen erneut mit einem Wachsüberzug. Dann können wir auch die Randzeichnungen gravieren und ätzen.
Nachdem wir die Flußsäure wieder in die Spezialflasche zurückgegossen haben, legen wir das Werkstück in Wasser, damit sich die anhaftende Säure so stark verdünnt, daß sie unschädlich wird, und spülen es anschließend sorgfältig ab. Die Wachsschicht läßt sich leicht entfernen. Reste lösen sich in heißem Wasser.

Arbeiten aus Metall

Werkstoff Metall

Metalle sind Grundstoffe (chemische Elemente). Sie unterscheiden sich von den Nichtmetallen durch ihren starken, auf hoher Reflexionsfähigkeit beruhenden Glanz (Metallglanz), ihre ausgeprägte Fähigkeit, den elektrischen Strom und die Wärme zu leiten sowie durch ihre plastische Verformbarkeit durch Walzen, Schmieden, Pressen, Ziehen usw. Von den zur Zeit bekannten 98 chemischen Elementen sind etwa 72 Metalle. Aber nicht jede der oben genannten Eigenschaften ist ihnen allen gleichermaßen eigen. Die Kenntnis der speziellen Besonderheiten der verschiedenen Metalle ist daher unerläßliche Voraussetzung für ihre Verarbeitung. Uns interessieren bei der Werkarbeit vor allem die plastischen Eigenschaften: Schmiedbarkeit, Zähigkeit, Festigkeit, Elastizität usw. Nur wenige Metalle kommen in der Natur in gediegener (reiner) Form vor, wie z. B. das Gold. Die meisten müssen durch komplizierte Aufbereitungsverfahren (Rösten, Schmelzen u. a.) aus Erzen gewonnen werden. Diese sind zum Teil »Oxyde« (Verbindungen der Elemente mit Sauerstoff), denen man beim Schmelzen im Hochofen durch Kohle oder Koks den Sauerstoff entzieht (Reduktionsverfahren). In weiteren Schmelzprozessen wird das so gewonnene Rohmetall von seinen Verunreinigungen befreit. Einige Metalle gewinnt man auch auf elektrolytischem Wege (Elektrolyteisen, Elektrolytkupfer usw.), wobei der elektrische Strom durch wässerige Metallsalzlösungen geschickt wird. Er reduziert die chemischen Verbindungen (Chloride, Sulfate) und transportiert die frei werdenden Metallbestandteile an eine bestimmte Stelle, wo sie sich anlagern. Aluminium kann nur durch Elektrolyse im heißen Schmelzfluß gewonnen werden, wobei der Ausgangsstoff durch Strom zum Schmelzen gebracht wird.

Von der großen Zahl reiner Metalle kommen nur wenige als Werkstoff in Frage. Hauptsächlich bedienen wir uns ihrer »Legierungen«, das sind besonders fein verteilte Gemenge unterschiedlicher Metalle, die im geschmolzenen Zustand miteinander vermischt werden (z. B. Messing, siehe Seite 321). Man kann die Ausgangsmetalle in beliebigen Gewichtsverhältnissen mischen und dadurch einer Legierung Sondereigenschaften verleihen oder bestehende Metalleigenschaften besonders steigern. Es gibt nur wenige Metalle, die sich untereinander nicht vermischen lassen (z. B. Kupfer mit Blei, Aluminium mit Chrom). In den meisten Legierungen wirken die Metalle durch Veränderung ihrer Metallgefüge aufeinander ein.

Der »kristallische« Aufbau

Metalle sind »kristallische« Stoffe, deren Atome nach einem bestimmten Bauplan (»Kristallgitter«) angeordnet sind, der für jedes Element anders aussieht (Kochsalzkristalle haben z. B. Würfelform). Wenn ein flüssig gelöstes oder geschmolzenes Metall aus dem Schmelzfluß erstarrt, bilden sich zahllose kleine Kristalle gleichzeitig. Sie lagern sich an irgendwelchen mikroskopischen kleinen Unreinheiten der Lösung an und »wachsen«, indem sich immer neue Teilchen in der diesem speziellen Element eigenen Bauordnung ansetzen. Dieses Wachstum erfolgt so, als ob jeder Kristall für sich allein bestünde, die Richtung seiner Hauptachsen ist also nur vom Zufall des Anfanges abhängig. Wenn diese Kristalle schließlich zusammengeraten, verbacken sie zwar miteinander, aber es bleibt noch immer das einzelne Kristallkorn erkennbar. Dieses enthält im Innern die strenge Ordnung des ihm von der Natur vorgeschriebenen »Kristallgitters« und ist vom Nachbarkorn, bei dem die Kristallkanten in anderer Richtung liegen, deutlich abgegrenzt. Die Kornstruktur eines Metalls kann man durch Ätzen mit bestimmten Säuren unter dem Mikroskop sichtbar machen, im groben aber auch schon durch die Lupe an jedem abgebrochenen Meißel oder Gußeisenstück sehen. Da die Atome in den Kristallkörnern fest zusammenhalten, so zerbricht oder »springt« das Material gewöhnlich an den Korngrenzen, wo auch die Zerstörungen durch Oxydation (Verbindung mit Luftsauerstoff) zuerst einsetzen.

Legierungen. Während der Schmelzfluß einer Legierung erstarrt, können die darin enthaltenen Metalle verschieden aufeinander einwirken. Häufig ist es so, daß sich Atome des einen Metalls zusätzlich in das Kristallgefüge des anderen einlagern oder hier abwandernde Atome ersetzen. Es bildet sich auf diese Weise eine neue Kristalleinheit, der sogenannte »Mischkristall«. Vielfach bleiben aber auch die beiden Partner einander fremd. Beim Erstarren entsteht dann ein mehr oder minder feinkörniges Gemenge der beiden Metalle, oder sie setzen sich in einzelnen Schichten ab. Im günstigsten Fall kommt es zur Verbindungsbildung.
Dies ist ein intensiver Vorgang, bei dem durch die Vereinigung neue chemische Stoffe (Verbindungen) entstehen, deren Kristallgefüge sich von denen der Legierungspartner vollständig unterscheidet. Die Legierungen erhalten dabei Eigenschaften, die von denen der Ausgangsstoffe erheblich abweichen. Das ist z. B. bei der Bronze der Fall, die ausgesprochen »hart« ist, obwohl sie aus der Vermischung zweier Weichmetalle (Kupfer und Zinn) hervorgegangen ist.

Kalt- und Warmverformung. Daß man einem Metall gewünschte Eigenschaften verleihen kann, indem man es mit anderen Metallen oder Grundstoffen legiert, ist noch einigermaßen verständlich. Erstaunlicher ist es für den Unbefangenen, wenn er beobachtet, daß das gleiche Metall durch unterschiedliche Behandlung seine Eigenschaften wechseln, hart oder weich, zäh oder brüchig werden kann. Glüht man einen Messingstreifen aus, so läßt er sich auch nach dem Erkalten biegen und beharrt in der ihm gegebenen Form. Schmiedet man ihn dagegen im kalten Zustand bis auf etwa die Hälfte seiner Stärke auseinander und stellt dann den gleichen Biegeversuch an, so ist dies nur schwer zu bewerkstelligen, er federt sogar mitunter zurück.

Glüht man ihn aber aus, wird er wieder weich und schmiegsam. Diese Eigenschaftsveränderungen sind ebenfalls durch die kristallische Natur des Metalls erklärlich. Bei der Kaltverformung werden die Kristallkörner zertrümmert. Übrig bleibt ein Haufen von Kornüberresten, die durch das Schlagen oder Pressen in eine ihnen fremde Lage gezwungen werden, in der sie auf weitere mechanische Einwirkungen von außen anders als in ihrer Normallage reagieren. In diesem Zustand kann der Werkstoff nicht mehr bearbeitet werden. Er ist zwar in seiner Struktur »dichter« und dadurch härter (»Schlaghärtung«), aber auch zugleich spröder geworden. Glüht man das verformte Werkstück aus, so können die in die Zwangslage gepreßten Teilchen wieder in Bewegung kommen (spannungsfrei glühen). Sie gruppieren sich um und bilden neue Kristallkörner mit einem sogar ausgeglicheneren Spannungsgefüge als es das Metall im Gußzustand besaß. Der Vorgang wird als »Rekristallisation« bezeichnet und praktisch in der Metall-»Veredlung« angewendet.

Die plastischen Eigenschaften

Metalle haben chemische und physikalische (mechanische) Eigenschaften. Während über die chemischen (z. B. das Verhalten gegen Säuren, das »Anlaufen«, die »Korrosion« usw.) nur von Fall zu Fall zu sprechen sein wird, interessieren den Werkenden vor allem die physikalischen Eigenschaften und hier besonders die, aus denen eine mehr oder weniger gute Bearbeitbarkeit (Plastizität) des Metalls abzuleiten ist. (Wärmeausdehnung, Wärmeleitfähigkeit, elektrische Leitfähigkeit usw. sind für die Bearbeitung nur von geringem Interesse.) Die Bildsamkeit der Metalle wird durch Begriffe der Härte, Festigkeit, Dehnbarkeit (Sprödigkeit), Elastizität usw. ausgedrückt.

Härte. Wir verstehen darunter den Widerstand eines Metalls gegen Eindringlinge. Der Bleiklotz läßt sich zur Not noch mit einem Nagel durchschlagen, die Richtplatte auf unserer Werkbank nicht mehr. Für Härteprüfungen verwendet man Eindringkörper, die einen viel größeren Härtegrad aufweisen als der zu prüfende Werkstoff und unter einer bestimmten Belastung einen berechenbaren Eindruck auf der Oberfläche des Prüfstücks hinterlassen. Vielfach genügt es jedoch schon herauszubekommen, welches Metall das andere »ritzt«. So eine einfache Feststellung kann unter Umständen wichtig sein, z. B. beim Gebrauch unserer Werkzeuge. Eine feine Feile muß immer härter sein als das zu bearbeitende Metall, sonst wird sie abgerieben.

Festigkeit. Ein Seil aus Kupferdraht würde bei einer bestimmten Belastung reißen, während ein Stahlseil das gleiche Gewicht ohne weiteres trägt. Wird ein Metallstück durch Hammerschlag oder in einer starken Presse zusammengedrückt, so muß seine Masse nach der Seite hin ausweichen und treibt bei übermäßiger Beanspruchung auseinander. Der entsprechende Grenzwert (in kg/mm^2 gemessen) ist seine Druckfestigkeit. Je nach der Art des Kraftansatzes spricht man auch von Zug- und Zerreißfestigkeit, Biege- und Verdrehfestigkeit. Gemeint ist in allen Fällen der Widerstand, den das Metall seiner gewaltsamen Teilung entgegensetzt. Der Unterschied zur Härte besteht also grundsätzlich nur in der Form des Nachweises.

Elastizität. Elastisch bedeutet spannkräftig, federnd, widerstandsfähig. Wir meinen damit die Eigenschaft eines festen Stoffes, Formänderungen, die durch äußere Krafteinwirkung entstanden sind, von sich aus wieder rückgängig machen zu können. Setzt man z. B. ein Stahlseil einer zunehmenden Belastung aus, so kann man beobachten, daß es sich zunächst etwas ausdehnt, sich aber sofort wieder auf das alte Maß zurückzieht, sobald der Zug aufhört. Ebenso verhält sich eine Metallprobe in der Zerreißmaschine. Steigert man die einwirkende Kraft, so nimmt die Deformierung weiter zu, der Körper beginnt zu »fließen« (länger zu werden), er wird plastisch. Wird er noch stärker belastet, kommt es zum Bruch. Die mittlere Fließgrenze ist die Elastizitätsgrenze. Wo das eine beginnt, hört das andere auf. Harte Metalle sind meist elastisch, weiche hingegen plastisch. Das merken wir auch dann, wenn uns einmal die gehärteten Kugeln aus dem Fahrradkugellager auf den Steinfußboden fallen und in hohem Bogen umherspringen. Bleiklümpchen würden sich an der Aufschlagfläche einebnen und liegenbleiben. Durch Schlaghärtung ist es möglich, an sich weiche Metalle härter und spröder und somit elastischer zu machen.

Sprödigkeit und Zähigkeit. Versuchen wir, ein geeignetes Stück Gußmetall, z. B. einen Kleiderhaken, von der Wand abzubiegen, so bricht er unweigerlich ab (das ist das Schicksal vieler Kleiderhaken bei zu starker Belastung!). Ein gleich starker Nagel dagegen kann, in hartes Holz getrieben, mehrmals hin- und hergebogen werden, ehe auch er an der Biegestelle zu brechen beginnt. Das Metall des Kleiderhakens ist »spröde«, der weiche Nageldraht »zäh«. Diese Eigenschaften bedingen die Fähigkeit eines Metalls, Formveränderungen mit oder ohne Bruch zu ertragen.

Schmiedbarkeit. Auf der Zähigkeit des Metalls beruht auch der Umstand, daß man es »schmieden« kann. Grob gesehen treiben wir dabei das vielfach glühend gemachte Metall durch kräftige Hammerschläge auseinander. Durch das Schmieden wandelt sich die innere Metallstruktur, die Masse verdichtet sich, das grobkörnige Gefüge wird in ein feinkörniges übergeführt, die Streck- und Bruchgrenze hinausgeschoben. Nicht alle Metalle lassen sich gleich gut schmieden. Spröde Metalle z. B. sind nur wenig oder gar nicht schmiedbar. Ein Stück Gußmetall zerspringt unter dem Hammer in tausend Stücke, auch wenn wir es zuvor in die gleiche Glut versetzt haben wie ein ähnliches Stück Schmiedestahl. Das den atomaren Zusammenhalt der Kristallkörner lockernde Erhitzen ist also nicht die Ursache der Schmiedbarkeit eines Metalls. Es ist zwar schwerer, aber man kann ein schmiedbares Metall auch kalt bearbeiten. Hierdurch wird es härter und spröder, durch Glühen weicher und dehnungsfähig.

Die Tatsache der Schmiedbarkeit läßt sich daraus erklären, daß es innerhalb der metallischen Kristallgefüge Ebenen gibt, auf denen das Ausweichen der durch den Druck verformten oder zertrümmerten Kristallkörner stattfindet. Dem Kaltschmieden vergleichbare Formtechniken sind das Walzen, Ziehen, Biegen usw. Die Richtung, in der das Metall angegriffen wird, erkennt man an gewissen Gefügespuren (der »Textur«). Kaltverformtes Metall läßt sich, wenn wir es zwischendurch nicht wieder spannungsfrei glühen, nicht weiterbearbeiten.

Den Grad der Schmiedbarkeit eines Metalls erkennt man durch probeweises Ausschmieden. Am leichtesten ist dies möglich mit Gold, das zu dünnen Blättern von 0,2 μ Stärke (1 μ = 1/1000 mm) ausgeschlagen werden kann (Blattgold). Dem Gold kommt das Zinn nahe, das sich ebenfalls zu dünnen Folien austreiben läßt (Silberpapier).

Physikalische Daten

Wir beschränken uns hier auf Angaben über Gewicht, Schmelz- und Siedepunkte, die für die Werkarbeit besondere Bedeutung haben.

Das »spezifische« Gewicht. Wir merken schon durch unser Gewohnheitsempfinden, ob ein Metall leicht oder schwer ist. Nach dem Gewicht unterteilt man die Metalle in »Leicht- und Schwermetalle«. Das »spezifische Gewicht« gibt an, wie schwer das Volumen von 1 Kubikzentimeter (cm^3) eines bestimmten Stoffes ist. Es wird gemessen im Verhältnis zu einer gleich großen Menge Wasser (1 cm^3 Wasser wiegt 1 g). Das Gesamtgewicht erhalten wir also, wenn wir das Volumen (ausgedrückt in cm^3) eines Körpers mit dem (auf 1 cm^3 bezogenen) spezifischen Gewicht multiplizieren.

Schmelzpunkte sind zugleich »Erstarrungspunkte«. Erhitzen wir ein Metall bis zu einem bestimmten Grad, geraten seine Einzelteilchen in so starke Schwingungen, daß ihr Zusammenhang innerhalb des Kristallgitters verlorengeht. Das harte Metall beginnt flüssig« zu werden (Schmelzfluß). Weiteres Erhitzen bringt das Metall zum Sieden und Verdampfen. Kühlen wir es wieder ab, so erstarrt es bei der gleichen Temperatur, bei der es vorher flüssig wurde. Die Schmelz- und Erstarrungspunkte der reinen Metalle liegen fest. Läßt man jedoch eine geschmolzene Legierung erkalten, so scheiden sich zunächst einige wenige Kristalle bestimmter Zusammensetzung im Schmelzfluß aus. Diese vermehren sich bei weiterer Abkühlung, bis die gesamte Legierung fest geworden ist. Der Temperaturunterschied zwischen der ersten Auskristallisation und dem vollständigen Erstarren kann mehrere hundert Grad betragen. Bei reinen Metallen dagegen wird der gesamte Stoff auf einmal fest. Wichtig ist auch zu wissen, daß eine Legierung bei niedrigerer Temperatur schmelzen kann als sie für ihre Partner nötig ist. So schmilzt eine Gold-Kupfer-Legierung schon bei 883 °, während die Schmelzpunkte für Gold und Kupfer jeweils über 1 000 ° liegen.

Verschiedene Metalle

Die Wirtschaft unterscheidet die Metalle nach ihrer technischen Nutzbarkeit in Eisen- und Nichteisenmetalle. Der Wissenschaftler kennt Leichtmetalle und Schwermetalle, geordnet nach Schmelzpunkten. Der Goldschmied trennt Edelmetalle von Nichtedelmetallen. Für das Werken haben die Edelmetalle ihres hohen Preises wegen (außer Silberdraht und Silberblech) geringere Bedeutung. Um so wichtiger sind die »Buntmetalle« (Kupfer und Kupferlegierungen) sowie die leicht schmelzbaren Metalle zum Gießen.

Gold. Spez. Gewicht: 19,3 – Schmelzpunkt: 1063° – Siedepunkt: 2710°.
Die Scheideanstalt liefert drei Grundformen: Draht, Blech und Granüle (Korn). In reiner Form als »Feingold« ist das Metall so weich, daß sich daraus geformte Gegenstände im Gebrauch verformen würden. Der Goldschmied verwendet es darum meist nur in Legierungen mit Kupfer und Sil-

ber. Ihren Feingoldgehalt drückt man in »Karat« aus. Der Name leitet sich von der Frucht des Johannisbrotbaumes (Ceratonia siliqua) her, deren Same etwa 0,2 g wiegt und von den arabischen Händlern als Gewichtseinheit im Goldhandel benutzt wurde. Die üblichen Feingoldgehalte betragen: 24-karätiges Gold = 750 : 1000; 14karätiges Gold = 585 : 1000; 8karätiges Gold = 333 : 1000 (darf im Handel nicht mehr als Gold bezeichnet werden).
Gold ist das dehnbarste aller Metalle (1 g läßt sich zu einem 2 km langen Draht ausziehen. Blattgold siehe Seite 319). Es wird weder von Laugen noch von Säuren angegriffen (Korrosionsbeständigkeit!) und ist nur in »Königswasser« (3 Teile Salzsäure und 1 Teil Salpetersäure) löslich. Durch galvanische oder mechanische Vergoldung (Doublé) können unedle Metalle oberflächlich überzogen und geschützt werden.

Silber. Spez. Gewicht 10,5 – Schmelzpunkt 961° – Siedepunkt 1927°.
Wir beziehen das Metall in Form von Blech und Draht. Reines Silber ist wie Gold zum Gebrauch ungeeignet. Beimengungen von Kupfer machen es härter. Die üblichen Feingehalte betragen 935 : 1000; 835 : 1000; 800 : 1000. Zum Versilbern von Bestecken wird vielfach die Legierung mit 800 % Silber verwendet, wobei sich Farbe und Widerstandskraft der Oberfläche gegen chemische Angriffe verbessern. Legierungen mit weniger als 80 % Silber werden nicht gestempelt.
Silber ist weich und dehnbar, daher wie Gold außerordentlich leicht zu verarbeiten. In kaltem Zustand kann man es zu dünnen Blättchen bis zu 2 μ Stärke auswalzen.
Geschmolzenes Feinsilber löst etwa das Zwanzigfache seines Volumens an Luftsauerstoff. Das Gas wird beim Erkalten unter auffallenden Erscheinungen wieder abgegeben. Wird Silber dagegen mit unedlen Metallen legiert, so gehen diese mit dem gelösten Sauerstoff Verbindungen ein, der Erstarrungsprozeß verläuft ruhiger. An der Luft bedeckt sich Silber wie ein Nichtedelmetall mit einer Oxydschicht. In schwefeldioxydhaltiger Luft oder durch Berührung mit schwefelhaltigen Staubteilchen läuft es gelb, braun, violett bis schwarz an (Sulfid). Hochglänzende Silberoberflächen sind gegen das Anlaufen wesentlich beständiger als matte. Feuchte Luft sowie helles Licht begünstigen das Anlaufen.
Salpetersäure und heiße, konzentrierte Schwefelsäure lösen Silber. In Salzsäure oder Königswasser bildet sich auf der Oberfläche Silberchlorid, welches das Metall vor weiteren Säureangriffen schützt (Passivierung). Bei der galvanischen Versilberung werden die Doppelsalze des in Zyankali oder Zyannatron gelösten Silbers verwendet.

Kupfer. Spez. Gewicht 8,93 – Schmelzpunkt 1083° – Siedepunkt 2336°.
Das Metall hat seinen Namen von der Insel Zypern, einem Fundort im Altertum. Man unterscheidet nach der Gewinnung Hüttenkupfer und Elektrolytkupfer. Die üblichen Handelssorten sind: Hüttenkupfer »A« (99prozentiges Kupfer mit geringem Nickel- und Arsengehalt); Hüttenkupfer »B« (99-prozentiges Kupfer mit wenig Arsen für Legierungen und Gußerzeugnisse sowie für schmiedbare Kupferlegierungen, die weniger als 60 % Kupfer enthalten); Hüttenkupfer »C« (99,4prozentiges Kupfer für Kupferbleche, Kupferrohre usw.); Hüttenkupfer »D« (99,6-prozentiges Kupfer für schmelzbare Legierungen, die mehr als 60 % Kupfer enthalten). – »E«-Kupfer (Elektro-

lytkupfer) ist reinstes Kupfer mit mindestens 99,9 % Kupfergehalt. Für hochwertige Legierungen kommt nur dieses Material in Frage.
Reines Kupfer ist hart und sehr zäh (dehnbar). Außer Gold ist es das einzige »farbige« Metall (andere Buntmetalle sind Kupferlegierungen). In reiner Form ist es rot. In der Glut leuchtet es blaugrün. Im Laufe der Zeit schützt sich das der Außenluft ausgesetzte Metall gegen die Korrosion durch einen schönen grünen Überzug, die »Patina«, die auf Kohlensäureverbindungen zurückzuführen ist. Rotbraune bis braune Patina bildet sich in schwefeldioxydhaltiger Luft. Leider verbindet sich das Kupfer auch mit organischen Säuren wie Essigsäure, Fruchtsäure und Körperschweiß zu dem ebenfalls grünen, aber im Gegensatz zur ungiftigen Kohlensäurepatina sehr giftigen »Grünspan«. Kupfergefäße, die mit Speisen in Berührung kommen, müssen innen verzinnt werden. Auf der Ansprechbarkeit des Kupfers auf verschiedene Chemikalien beruht das »Metallfärben« (siehe Seite 382).
Soll die rote Farbe metallisch reinen Kupfers erhalten bleiben, so konserviert man die Oberfläche mit Zaponlack. Bei der Verarbeitung sollte Kupfer möglichst nicht gelötet, sondern genietet oder gebördelt werden (siehe Seite 345 und 350). Lötfugen wirken infolge der Farbveränderungen unschön. – Das beste Lösungsmittel für Kupfer ist Salpetersäure. (Die dabei frei werdenden Dämpfe sind giftig!)

Kupferlegierungen lassen sich mit fast allen Metallen und in fast jedem Verhältnis herstellen, jedoch nur beschränkt mit Chrom, Eisen und Blei. Kupfer-Zink-Legierungen kann man besonders gut gießen und bearbeiten. Bekannt sind »Tombak« (bis 20 % Zink), »Gelbguß« (20–50 % Zink), »Weißguß« (über 50 % Zink). Alle Kupfer-Zink-Legierungen werden unter dem Namen »Messing« zusammengefaßt, praktisch pflegt man aber nur den Gelbguß so zu nennen (siehe unten). Eine zinnhaltige Kupfer-Zink-Legierung trägt die Bezeichnung »Cuivre poli«. Legierungen von Kupfer mit Zinn allein nennt man »Bronzen«. Sie lassen sich im Gegensatz zu reinem Kupfer »blasenfrei« gießen (Glockenguß). Aluminium-Kupfer-Legierungen heißen »Aluminium-Bronzen«. Sie verfärben sich an der Luft und sind nicht so schön wie Zinnbronzen, haben aber den Vorteil besonderer Härte und großer Korrosionsbeständigkeit. Kupferlegierungen mit 25 % Nickel werden als »Münzmetall« hergestellt. »Neusilber« (Alpaka) besteht aus 60 % Kupfer, 20 % Zink und 20 % Nickel. Edelmetalle sollen durch Kupferzugaben härter und widerstandsfähiger gemacht werden. Münzgold und Münzsilber setzen sich in der Regel aus 90 % Edelmetall und 10 % Kupfer zusammen. Andere Kupferlegierungen dienen ausschließlich technischen Zwecken und sind für uns daher uninteressant.

Messing (Kupfer-Zink-Legierung). Wir beziehen das goldgelbe Metall (in Form von Blech, Rohr, Draht) hart, halbhart und weich. Man unterscheidet drei große Gruppen: Gußmessing (verwendet in Gelbgießereien), Knetmessing (für plastische Verarbeitung) und Messinglot.
Die DIN-Bezeichnungen geben den Kupfergehalt in Prozentzahlen an: »Ms 63« enthält 63 % Kupfer. Der Rest ist Zink. Eigentümlich sind die Farbveränderungen, die auftreten, wenn sich der Kupfergehalt allmählich erhöht. Messing ist um so weißer, je mehr

Zink es enthält. Hartmessing (bis 60 %) ist gelb, Gußmessing (bis 67 %) rötlichgelb, (bis 72 %) grünlichgelb oder (gegen 80 %) goldrot.
Messingsorten unterhalb der 63%-Grenze unterscheiden sich von den kupferreicheren durch die Eigenart, beim Erstarren zwei Mischkristallarten zu bilden. Das wirkt sich praktisch in geringerer Korrosionsbeständigkeit und weniger guter Verformbarkeit im Kaltzustand aus. Die Zinkzugabe macht das Metall gießbarer, zugleich aber auch härter. Im Unterschied zur noch härteren Bronze (Kupfer-Zinn-Legierung) behält es jedoch seine Dehnbarkeit und läßt sich treiben und walzen. Zinkreiche Legierungen werden hauptsächlich zum Gießen (Gußmessing) oder zur Herstellung von Schrauben, Nieten, Uhrrädchen, Hartblechen usw. verwendet (Hart- oder Schraubenmessing). Warm schmiedbares Messing mit etwa 60 % Kupfer bezeichnet man als Schmiedemessing oder »Muntzmetall«.
Messingsorten mit mehr als 63 % Kupfergehalt lassen sich auch kalt schmieden, drücken, prägen usw. Festigkeit und Härte werden durch die Bearbeitung gesteigert (Schlaghärtung). Zum Spannungsfreiglühen genügen schon Temperaturen zwischen 200–300°. Wegen ihres goldenen Farbtons, ihrer geschmeidigeren Natur und inneren Homogenität (sie enthalten nur eine Mischkristallsorte!) werden sie für kunstgewerbliche Arbeiten bevorzugt. Messingsorten mit über 80 % Kupfergehalt nennt man »Tombak«. Vorstufen sind Ms 76 = »Halbtombak« (Lötmessing) und Ms 72 = »Gelbtombak« (Schaufelmessing). Nach ihrer Farbe heißen Ms 80 »Hellrot-Tombak«, Ms 85 »Goldtombak«, Ms 90 »Rot-Tombak«. – »Emaille-Tombak« soll nicht mehr als 8 % Zink enthalten.

Bronze ist eine Kupfer-Zinn-Legierung mit einem Kupfermindestgehalt von 78 %. Je mehr Zinn zugefügt wird, um so größer ist die Härte. Bei 6 % Zinngehalt ist die Bronze noch relativ verformbar. Die Plastizitätsgrenze liegt bei etwa 10 %, deshalb werden Legierungen mit 10–20 % Zinngehalt ausschließlich als Gußbronzen verwendet. Die von den Bildhauern für Bronzeabgüsse viel verwendete »Kunstgußbronze« besteht aus 75–90 % Kupfer und 25–10 % Zinn. Der Glockengießer braucht eine besondere Glockenbronze aus Kupfer, Zinn und einer geringen Menge Blei. »Münz- und Medaillenbronzen« bestehen aus 90–96 % Kupfer und 10–4 % Zinn. Der sogenannte »Rotguß« ist eine technische Gußlegierung aus Kupfer, Zinn und Zink. Auch Bronzeoberflächen erhalten in feuchter Luft eine schöne schützende Patina.

Zink. Spez. Gewicht 7,12 – Schmelzpunkt 419° – Siedepunkt 907°.
Dieses Metall ist das bevorzugte Klempnermaterial für Dachrinnen, Regenrohre, Dachabdeckungen usw., weil es gegen Witterungseinflüsse hervorragend beständig ist. Wie Blei und Kupfer bildet auch das Zink an der Luft sehr rasch eine harte Patina, die das bläulichsilbrige Metall als grauer Belag bedeckt und weitere Angriffe der Luftfeuchtigkeit verhindert. Diese Patina ist daher der eigentliche Korrosionsschutz. Die Bruchfläche des Zinks ist körnig. Zink läßt sich mit Weichlot löten.
Es ist vor allem in Legierungen, die noch Aluminium und Kupfer enthalten, ein vorzügliches Gußmetall. Im geschmolzenen Zustand verbindet es sich besonders gut mit Stahl, so daß man Stahlbleche damit überziehen kann. Derart »verzinkte Bleche« (für Zinkeimer, Zinkwannen u. a.) vereinigen in sich die Widerstandsfähigkeit

des Stahls und die Korrosionsbeständigkeit des Zinks (Rostschutz). Sie sind auch verhältnismäßig billig.
Zink ist sehr säureempfindlich, weshalb man es nicht mit Speisen in Berührung bringen darf. Die sich bildenden organischen Säuren würden das Zink auflösen und giftige Verbindungen ergeben. Wirft man ein Stückchen Zinkblech in verdünnte Salzsäure, so erfolgt eine chemische Umsetzung des Metalls: Aus Chlorwasserstoff (Salzsäure) und Zink bildet sich Chlor-Zink, wobei das Metall ziemlich schnell zerfressen wird und ein brennbares Gas (Wasserstoff) entweicht. Chlorzink ist wasserlöslich. Eine Chlorzinklösung löst Metalloxyde auf und wird daher beim Löten als »Lötwasser« benutzt, um die zu verbindenden Metalloberflächen metallisch rein zu beizen.

Zinn. Spezifisches Gewicht 7,28 (feste Form) und 5,75 (»graues Zinn«) – Schmelzpunkt 232° – Siedepunkt 2270°.
Wir kennen das silberhelle Zinn in erster Linie als Gießmetall sowie als Hauptbestandteil des Weichlots (Lötzinn, siehe auch Seite 353). Man verzinnt eine Metalloberfläche, um sie gegen Witterungseinflüsse zu schützen, oder wenn man eine vorbereitende Unterlage für das Zusammenlöten braucht. Auf der Oberfläche des Zinnschmelzflusses bildet sich rasch eine farbig schillernde Zinnoxydschicht, die sich als graue Asche (»Zinnasche«) herausschöpfen läßt und ein gutes Poliermittel ist. Zinn ist sehr weich und dehnbar, dabei außerordentlich schmiegsam. Als Stanniol läßt es sich bis zu 0,0025 mm Blattstärke auswalzen. Reiben wir ein Stanniolblatt mit dem Finger fest auf eine Münzoberfläche auf, so erhalten wir einen scharfen Abdruck, der sich mit Gipsbrei ausgießen läßt. Biegt man einen Zinnstab, dann reiben sich die Kristallflächen aneinander und erzeugen ein knirschendes Geräusch (»Zinngeschrei«). Die Schwingungen, in die die Kristallkörner dabei geraten, bewirken eine Erwärmung. Normalerweise pflegt ein Metall bei zunehmender Erhitzung weicher und formbarer zu werden. Anders das Zinn, das wenig unterhalb seines Schmelzpunktes (etwa bei 200 °) so spröde ist, daß man es in diesem Zustand pulverisieren könnte. Bei niedriger Temperatur (ab –18 °) nimmt es eine andere Kristallisationsform an. Bewahrt man Zinn längere Zeit in einem unterkühlten Raum auf, so bekommt es an der Oberfläche Ausblühungen, die sich wie eine ansteckende Krankheit (Zinnpest) immer weiter ausbreiten und vergrößern. Schließlich zerfällt das Metall in ein graues Pulver (graues Zinn). Die Erscheinung (Museumskrankheit) ist bei Sammlern alten Zinngeschirrs sehr gefürchtet und läßt sich vermeiden, wenn man Zinngegenstände nur in geheizten Räumen unterbringt. Zinn ist unempfindlich gegen organische Säuren (Fruchtsäuren), gegen kaltes und warmes Wasser, Seife, leichte Laugen und Lufteinflüsse und bildet auch keine giftigen Verbindungen wie etwa Zink oder Kupfer. Daraus erklärt sich seine frühere Verwendung zur Herstellung schönen Tafelgeschirrs. Metalle, die mit Lebensmitteln in Berührung gebracht werden sollen, pflegt man zu verzinnen. Beiderseitig verzinntes Stahlblech nennt man Weißblech (z. B. für Konservendosen).

Blei. Spezifisches Gewicht 11,34 – Schmelzpunkt 327 ° (zwischen Zinn und Zink!) – Siedepunkt 1740 °.
Das geschmeidige, bläulichweiße Blei ist das weichste aller Metalle. Sein hohes Gewicht ist auf seine große »Dich-

te« zurückzuführen (die Bleiatome liegen so dicht beieinander, daß schon eine dünne Schicht selbst für Röntgenstrahlen undurchdringlich ist). Während ein mit dem Hammer bearbeitetes Stück Kupfer hart wird und sich sein derart gespanntes Kristallgefüge erst beim Glühen wieder ausrichten kann, geht die Rekristallisation beim Blei schon bei Zimmertemperatur vor sich. Blei ist also kaltverformbar, ohne brüchig zu werden. Das handelsübliche Metall wird entweder in Blöcke oder in Formen gegossen. Bleiteile, Bleibleche und Bleirohre verbindet man durch Schweißen miteinander. Zur Not kann man auch mit Lötzinn löten. Bleistaub, Bleidämpfe und alle Bleiverbindungen sind giftig! Blei ist wie Kupfer und Zink außerordentlich korrosionsbeständig gegen Luftsauerstoff und Nässe und überzieht sich ebenfalls an der Luft mit einem dünnen schützenden Belag. Hinzu kommt die Unempfindlichkeit gegen Säuren, weshalb z. B. für Schwefelsäure Bleibehälter verwendet werden. Als Legierungsmetall tritt Blei in verschiedenen Verbindungen auf. Der Bleigehalt des Lötzinns (Weichlots) beträgt 10–76 %. Die sogenannten Schrift- und Klischeemetalle, die sich nicht nur leicht gießen (unter 100 °!), sondern auch gut bearbeiten lassen, enthalten neben Blei auch Zinn, Wismut und Antimon.

Aluminium. Spezifisches Gewicht 2,7 (fast dreimal so leicht wie Eisen) – Schmelzpunkt 658° – Siedepunkt 2400 °.

Das weiche, silberweiße und auch im Kaltzustand schmiedbare Leichtmetall ist eines der auf der Erde verbreitetsten Elemente. Es wird aus reiner Tonerde (Bauxit) auf elektrolytischem Wege gewonnen und kann daher sehr rein (bis 99,99 %) hergestellt werden. 1 kg Aluminium kostet heute etwa soviel wie 1 kg Messing, hat jedoch weniger als ein Drittel von dessen spezifischem Gewicht, ist daher verhältnismäßig billig. Reinaluminium ist weich und geschmeidig und ähnelt in seinen Eigenschaften dem Kupfer. Es läßt sich zu feinsten Drähten und (wie Zinn) zu dünnen Folien auswalzen (Silberpapier = Aluminiumfolie), leicht biegen, drücken und treiben. Wird es durch starke Bearbeitung hart, kann man es durch Glühen beliebig oft wieder geschmeidig machen. Das Gießen erfordert wegen der großen Erstarrungsschrumpfung von 7 % und Neigung zur Gasaufnahme größere Erfahrung und Sorgfalt als bei den Schwermetallen. Aluminium ist unempfindlich gegen organische Säuren, daher zur Geschirrherstellung geeignet. Zusätze von Kupfer und anderen Metallen ändern diese Korrosionsunempfindlichkeit. Von mineralischen Säuren (Salz- und Schwefelsäure) sowie von Laugen (Natronlauge, Soda) wird es im Reinzustand angegriffen, weshalb man es vielfach in Legierungen verwendet. Aluminium, das als Bau- und Konstruktionswerkstoff verwendet werden soll, versucht man durch geeignete Zusätze von Kupfer, Zink, Magnesium, Mangan größere Festigkeit, Härte und Korrosionsbeständigkeit zu geben. »Duralmin«, »Duralplat«, »Anticorodal« usw. sind fabrikeigene Bezeichnungen für solche Legierungen. Glüht man eine Aluminiumlegierung, die Kupfer, Magnesium und Silicium enthält, bei etwa 500 ° und schreckt sie hinterher in Wasser ab, so zeigt sie zunächst die Eigenschaften des reinen Aluminiums: Sie ist weich und geschmeidig. Innerhalb von etwa 12 Stunden »härtet sie aus«, d. h. sie wird ohne weiteres Hinzutun fest und hart wie Baustahl. Diese Entdeckung ist werktechnisch nutzbar.

An der Luft bekommt die Aluminiumoberfläche eine Oxydschicht, die das Metall gegen weitere Angriffe des Luftsauerstoffs schützt. Leider verhindert diese außerordentlich harte und schwer schmelzbare Oxydhaut auch die Verbindung mehrerer Werkteile durch Löten oder Schweißen. Nur wenn man das Oxyd durch chemische Mittel zerstört und Neubildungen laufend auflöst, kann eine haltbare Schweißnaht entstehen. Aluminiumlegierungen sind korrosionsgefährdet. Um sie zu schützen, wendet man ein elektrisches Oxydierungsverfahren an. Aus den Worten »elektrisch oxydieren« bildete man die Bezeichnung »eloxieren« oder den firmeneigenen Begriff »Eloxal-Verfahren«. Trotz der bekannten Schwierigkeiten kann Aluminium emailliert werden.

Eisen zeigt eine geradezu unwahrscheinlich große Verwandlungsfähigkeit in seinen Gebrauchseigenschaften. Wir begegnen ihm im weichen Bindedraht und leicht rostenden Nagel ebenso wie im harten Werkzeugstahl und dem gegen jeden Witterungsangriff, selbst gegen Seewasser, unempfindlichen »Nirosta« (nichtrostender Stahl). Das im Hochofen gewonnene kohlenstoffreiche Roheisen kann als »Gußeisen« direkt in bestimmte Formen gegossen werden. Es gibt verschiedene Sorten, die sich in Farbe und Eigenschaften unterscheiden: »Graues« Roheisen (siliziumhaltig) wird fast ausschließlich als Gußeisen verwendet, während man das manganhaltige »weiße« Roheisen hauptsächlich zu Stahl veredelt. Neuerdings bezeichnet man alles ohne Nachbehandlung schmiedbare Eisen als »Stahl«, doch ist der Kohlenstoffgehalt bei den einzelnen Sorten verschieden. Chemisch reines Eisen ist technisch unbrauchbar. Auf dem Kohlenstoffgehalt beruht die Möglichkeit des Härtens. Wir unterscheiden Gußeisen (Grauguß), schmiedbaren Stahl mit einem Kohlenstoffgehalt von über 1,7 % und veredelten Stahl. – Im Gußeisen befinden sich vom Schmelzprozeß her noch Graphit-(Kohle-)Teilchen lose eingelagert. Diese Einsprengsel stören den Zusammenhalt des Kristallgefüges und verursachen Bruch, sobald das Metall stärker belastet wird. Im Stahl ist der Kohlenstoff chemisch gebunden. Er bleibt bei Beanspruchung zäh und biegefähig, weil sich die Kristallkörner verformen, statt sich aus ihrer gegenseitigen Verbindung zu lösen. Stahl ist schmiedbar – Gußeisen nicht!

Die Normbezeichnungen der Eisen- und Stahlsorten sind für den Laien meist schwer verständlich. Es treten vier Bezeichnungsgruppen auf: Maschinenbaustähle (St-Gruppe), Kohlenstoffstähle (C-Gruppe) und zwei Formelgruppen für niedriglegierte und hochlegierte Stähle.

Diese unterschiedlichen Stahlsorten kommen als Draht oder auch Blech und in vielen Profilen in den Handel. Nehmen wir so ein Stück zur Hand, ist es nicht ohne weiteres ersichtlich, um was für einen Stahl es sich handelt. Der Schlosser macht daher eine Schleifprobe. Bei jedem Stahl entsteht nämlich an der Schleifmaschine eine Funkengarbe, deren Art nach Form und Farbe vom Werkstoff abhängt, der dabei zerspant wird (gleichgültig, ob die Schleifmaschine schnell oder langsam läuft). Die verschiedenen Funkenbilder lassen sich gut unterscheiden.

Wichtige Halbfabrikate

Im allgemeinen bedienen wir uns bei der Metallverarbeitung nicht des Rohmetalls, sondern des durch Walzen oder Ziehen schon vorgearbeiteten »Halbzeugs« – das sind Bleche, Bänder, Streifen, Drähte, Stangen, Rohre und Profile. Halbzeug gibt es aus allen gebräuchlicheren Metallen und Legierungen in so viel unterschiedlichen Sorten und Dimensionen, Härtezuständen und Oberflächenbeschaffenheiten, daß eine kurze Übersicht nicht möglich ist (Näheres steht in den DIN-Blättern).

Blech ist ein Walzerzeugnis und schon ab 0,2 mm Stärke erhältlich. Noch dünnere Bleche bezeichnet man als »Folien« (siehe Seite 142). In der Hauptsache verwenden wir weiche, mittelharte und harte Bleche aus Silber, Kupfer, Messing, Aluminium und Eisen. Eisenbleche gibt es auch verzinkt, verzinnt und verkupfert. Weißblech ist verzinntes Blech (z. B. Konservendosen).

Draht wird in der Ziehmaschine gezogen, wobei man stärkeres Material noch durch ein Zieheisen mit verjüngendem Durchgang hindurchführt, so daß es im Querschnitt abnimmt und dabei an Länge gewinnt. Durch diese Verformung wird das Material besonders an der Oberfläche hart und spröde und muß zwischen mehreren Arbeitsstufen immer wieder weich geglüht werden.
Draht gibt es ebenfalls in mehreren Härtezuständen (weich, mittelhart, hart), als Eisendraht verzinnt, verzinkt und verkupfert. Zur Wahl stehen Stärken von 0,2–4 mm. Geglühter Aluminiumdraht ist so weich, daß man ihn schon ohne Werkzeug mit der Hand formen kann. Für besondere Zwecke lassen sich auch nicht ummantelte Schweißelektroden (Messingschweißdrähte) in verschiedenen Stärken verwenden. Silberdraht ist ein verhältnismäßig preisgünstiges Werkmaterial zur Herstellung einfachen Kettenschmucks.

Metallbänder und Streifen lassen sich scharfkantig knicken sowie in Bögen formen, rollen, zur Spirale biegen, verflechten usw.

Werkzeuge für die Metallbearbeitung

Die Vielzahl der gerade in der Metallarbeit gebräuchlichen Werkzeuge muß uns nicht erschrecken. Wir kaufen nur das, was wir jeweils brauchen, getrennt nach grundlegenden und nebenläufigen Werkverfahren. Dazu sei auch gleich gesagt, daß die für einfache Metallbearbeitung nötigen Werkzeuge keineswegs so kostspielig und zahlreich sind, wie man sich das gewöhnlich vorstellt. Daß aber die Metallarbeit große Sorgfalt und Genauigkeit verlangt, müssen wir uns auch beim Werkzeugkauf vor Augen halten.
Zu den grundlegenden Arbeiten gehören zunächst das Maßnehmen und Zuschneiden (Anreißen, Sägen, Schneiden, Trennen), ferner die einfachen formverändernden Verfahrensweisen beim Biegen von Draht oder Blech sowie die spanabhebenden (Feilen, Bohren, Schleifen). Hinzu kommt dann noch das Schmieden und Treiben. Montagen dagegen sind nur mit Hilfe der Verbindungstechniken (Nieten, Löten und Schweißen) möglich.
Der für diese Arbeiten erforderliche Werkzeugpark wird hier nur in einer strengen Auswahl behandelt. Soweit später auf weitere Metallwerktechniken eingegangen wird, kommt die dafür erforderliche Ausrüstung dort zur Sprache.

Anreißen und Messen

Meistens werden wir auf vorgearbeitete Rohteile wie Drähte, Bleche, Bänder, Stangen usw. (das sogenannte Halbzeug) zurückgreifen müssen, wobei das gewünschte Metallstück von einem größeren Materialteil abzutrennen ist. Die Länge ist zuvor genau »anzureißen«, d. h. entsprechend den Angaben der Werkzeichnung mit Stahlmaß und Reißnadel sichtbar auf das Werkstück zu übertragen. Das Messen soll die Maßhaltigkeit des Werkstücks gewährleisten. In der Regel geht es dabei um bestimmte Abstände und Kantenlängen, doch müssen vielfach Materialstärken und Innendurchmesser geprüft werden.

Reißnadel und Körner. Die Reißnadel hat eine außerordentlich feine, gehärtete Spitze und ist, damit sie sicherer in der Hand liegt, am Griffende zum Ring oder Haken gebogen. Man führt sie schräg (wie einen Bleistift) über die Werkfläche. Beim Anreißkörner handelt es sich um einen spitz zulaufenden Stahlstift mit Schlagfläche. Mit ihm setzt man auf die Werkstückoberfläche Körnerpunkte, wenn zu befürchten ist, daß die Rißlinien während mehrerer Arbeitsgänge verlorengehen. In die mit dem Körner markierte Vertiefung wird zum Bohren die Bohrerspitze eingesetzt. Körnerpunkte längs der Rißlinie ergeben außerdem eine gute Kontrollmöglichkeit, wenn man die Fläche überfeilen will.

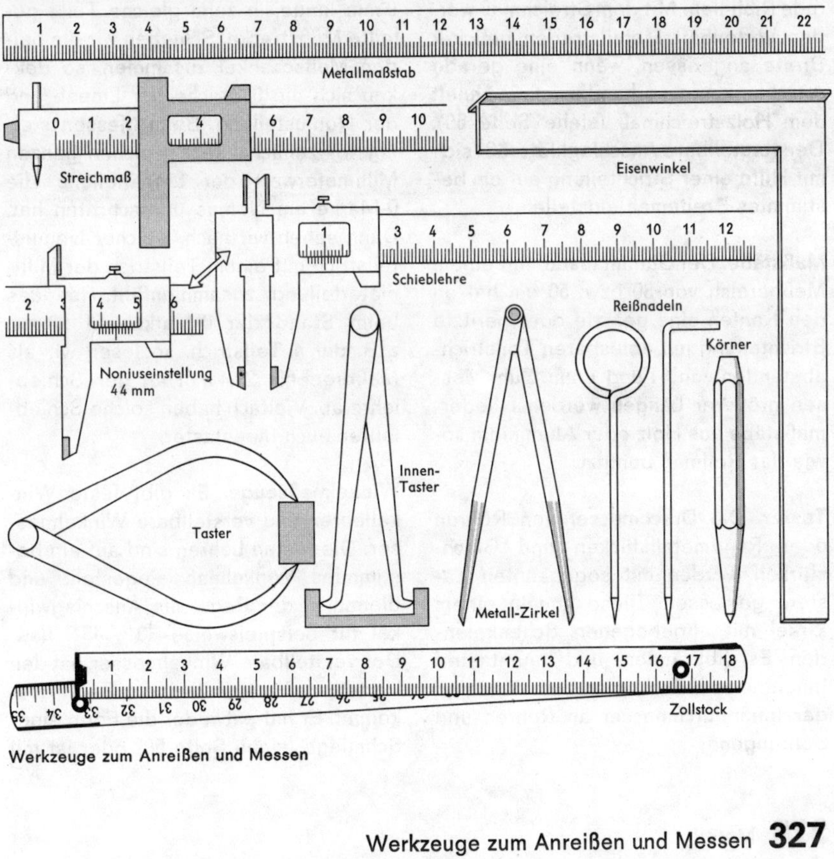

Werkzeuge zum Anreißen und Messen

Metallzirkel. Kreisförmige Kanten, Ausschnitte und Bohrungen werden mit dem Metallzirkel angerissen. Er hat zwei scharfe Spitzen, die bei richtigem Anschliff eng aneinanderliegen, und ist in besserer Ausführung durch eine Spannfeder mit Einstellschraube gegen unbeabsichtigtes Verstellen gesichert.
Weite Kreisbögen mit großem Radius reißt man mit dem Stangenzirkel an. Das ist eine lange Linealstange, an der sich eine der beiden Spitzen beliebig verschieben und feststellen läßt. So ein Zirkel wird selten gebraucht. Notfalls behilft man sich mit einem Fadenzirkel (Schnur, Dorn und Nadel).

Stahllineal und Stahlwinkel mit Anschlagkante dienen als Anlage für gerade Rißlinien. Mit dem Streichmaß werden vorteilhaft Metallstreifen gleicher Breite angerissen, wenn eine gerade Anschlagkante vorhanden ist. Es ähnelt dem Holzstreichmaß (siehe Seite 59). Der verstellbare Anschlagklotz läßt sich mit Hilfe einer Strichteilung auf ein bestimmtes Breitemaß einstellen.

Maßstäbe. Der Stahlmaßstab mit einem Meßbereich von 30 bzw. 50 cm hat an den Kanten eine geätzte oder geritzte Strichteilung mit ablesbaren Teilstrichabständen von ½ und 1 mm. Zum Messen größerer Längen werden Gliedermaßstäbe aus Holz oder Aluminium sowie das Rollmaß benutzt.

Taster. Die Durchmesser von Röhren oder Rundmetallstücken und Blechstärken werden mit sogenannten Tastern gemessen. Diese ähneln einem Zirkel mit abgebogenen Schenkelenden. Es gibt Außen- und Innentaster. Innentaster braucht man zum Abtasten der Innendurchmesser an Rohren und Bohrungen.

Schieblehren sind ausgesprochene Präzisionsinstrumente zum Abmessen geringerer Metallstärken und Außendurchmesser bis auf $^1/_{10}$ mm. Sie haben einen festen und einen verschiebbaren Meßschenkel. Der feste Schenkel ist mit dem Schieberlineal verbunden, der andere auf dem gleitenden Schieber montiert. Auf dem Lineal befindet sich eine Millimeter-Strichteilung, auf dem Schieber eine Noniusteilung (zum Ablesen der Zehntelmillimeterwerte). Nachdem man die zu messende Länge durch Anschieben der Meßschenkel gegen die Werkstückfläche auf die Schieblehre übertragen hat, kann das Ergebnis mit Hilfe der beiden aufeinander abgestimmten Strichteilungen abgelesen werden.
Auf dem Nonius befindet sich eine 9 mm lange, in zehn gleiche Teile geteilte Meßstrecke. Schieben wir die beiden Meßschenkel zusammen, so dekken sich die 0-Striche der Lineal- und der Noniusteilung. Beim Messen stellen wir zunächst fest, welchen ganzen Millimeterwert der Linealteilung die 0-Marke am Nonius überschritten hat. Dann sehen wir nach, welcher Noniusteilstrich mit einem Teilstrich der Millimeterteilung zusammenfällt. Ist das beim Stand der 0-Marke auf 23 mm z. B. der 4. Teilstrich, so lesen wir als Meßergebnis 23,4 mm an der Schieblehre ab. Vielfach haben solche Schieblehren auch Innentaster.

Winkelmeßzeuge. Es gibt feste Winkellehren und verstellbare Winkelmesser. Die festen Lehren sind auf ein bestimmtes Winkelmaß eingestellt und dienen in der Regel als Anschlagwinkel für beispielsweise 30°, 45° usw. Der verstellbare Winkelmesser hat den Vorteil, daß man mit einem Gerät auskommt. Er hat entweder die Form einer Schmiege (siehe Seite 59) oder ist mit einem Lineal verbunden. Außerdem ist er mit Gradeinteilung und einem Zeiger versehen, so daß man beliebige Winkel einstellen kann.

Trennen, Schneiden, Feilen, Bohren

Der Zuschnitt des Materials erfolgt in der Regel mit Hilfe einer Bügelsäge mit auswechselbarem, meist zweischneidigem Metallsägeblatt. Um Stabstahl abhauen und Späne in bestimmter Menge von einem Werkstück abheben zu können, benötigt man den Meißel, für die weitere Abspanung Feilen mit geeignetem Profil und Hieb.

Die Metallsäge arbeitet auf Stoß und hat im Gegensatz zur Tischlersäge (siehe Seite 56) eine sehr feine, meißelförmige Zahnung, die nicht nachgeschärft werden kann, weshalb wir stumpfe Blätter gegen neue auswechseln müssen. Unter der »Teilung« verstehen wir den Abstand von Zahnspitze zu Zahnspitze, der bei einer guten Säge in einem bestimmten Verhältnis zur Härte des Metalls und zur Länge der Schnittfuge steht. Es gibt Metallsägen mit grober, mittlerer und feiner Teilung (»fein« = 32 Zähne auf 2,5 cm Blattlänge, »grob« = 16 Zähne). Hat man ein ausgesprochen hartes Metall vor sich im Schraubstock und ist dieses obendrein dünn, so wird man mit einer feingezahnten Säge besser vorwärts kommen als mit einer grobgezahnten, die den besonders weichen Metallen bzw. starken Werkstücken (langen Schnittfugen) vorbehalten ist. Statt einer Schränkung (siehe Seite 56), die z. B. in Holz eine genügend breite Schnittfuge schafft, hat das Metallsägeblatt eine »gewellte« Zahnkante.
Gold- und Silberschmiede verwenden eine Art leichter Laubsäge mit verstellbarer Schnittlänge und gering ausladendem Bügel, wenn sie dünnes Blech sägen oder feingliedrige Teile ausschneiden wollen. Es gibt feine »Metallsägeblätter«, die sich auch in eine gewöhnliche Laubsäge einspannen lassen.

Meißel. Was dem Zimmermann die Axt und dem Tischler das Stecheisen bedeutet, das ist für den Metallarbeiter der Meißel, ein aus Schneide, Schaft und Kopf bestehendes Keilwerkzeug dessen Schneide gehärtet ist. Der Keilwinkel schwankt zwischen 40 und 60° und soll um so größer sein, je härter das zu bearbeitende Metall ist. Man spricht vom Trennen, Spanen und Scheren. Entsprechend diesen unterschiedlichen Arbeitsverfahren sind auch die Meißelformen verschieden. Mit dem langschneidigen »Flachmeißel« kann man kleinere Metallstücke abschlagen, Formteile aus ganzem Material heraushauen und ebene Metallflächen bemeißeln. Gekrümmte Trennfugen lassen sich besser mit einem »Aushaumeißel« herstellen, dessen Schneide im Querschnitt linsenförmig gewölbt ist. Das »Locheisen« hat eine ringförmige Schneide, der »Kreuzmeißel« ei-

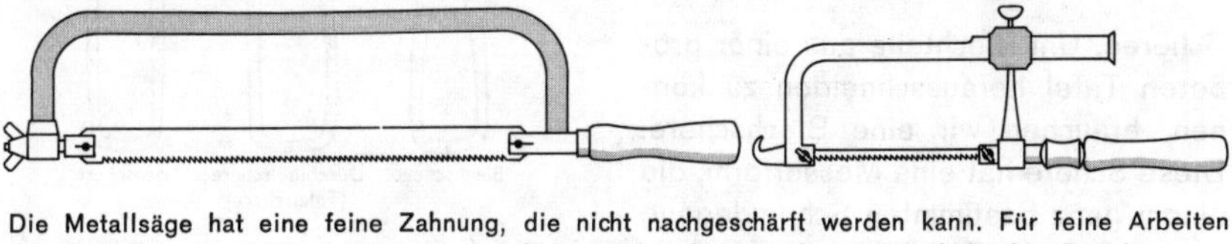

Die Metallsäge hat eine feine Zahnung, die nicht nachgeschärft werden kann. Für feine Arbeiten empfiehlt sich eine Art Laubsäge mit verstellbarer Schnittlänge und gering ausladendem Bügel

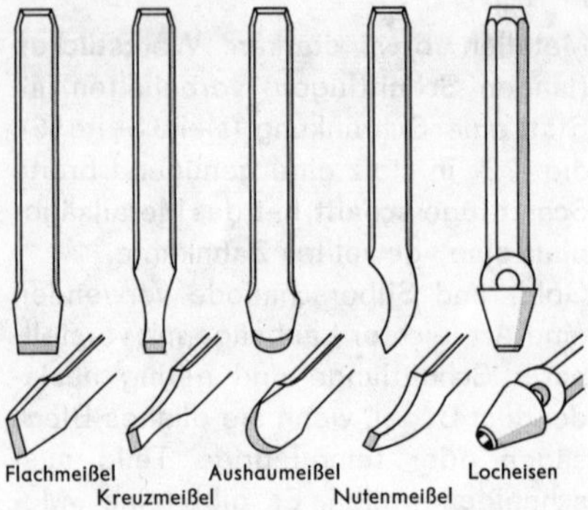

Die verschiedenen Meißelformen

ne kurze, gedrungene. Man benutzt ihn zum Aushauen gerade verlaufender Nuten. Zum Ausschlagen gewölbter Flächen gibt es den »Nutenmeißel« mit gebogener Gleitfläche (gekröpfte Form).

Zangen. Hierher gehört vor allem die »Beißzange«, die zum Durchbeißen dicken Drahtes oder stärkerer Nägel dient und dafür aus besonders hartem Stahl gefertigt sein muß. Wenn wir ihre Beißkraft übermäßig beanspruchen, stumpfen die Schneidebacken schnell ab. Eine ausgesprochene Schneidezange für dünnere bis mittlere Drähte ist der »Seitenschneider«. Er ist kleiner und handlicher als die Beißzange und daher für feinere Arbeiten unentbehrlich. Vielfach wird er mit einer stärkeren Flachzange (siehe Seite 333) kombiniert (Telefonzange, Kombinationszange), doch ist der einfache Seitenschneider wegen seiner Handlichkeit dem Kombinationswerkzeug vorzuziehen.

Scheren. Um Blechteile aus einer größeren Tafel herausschneiden zu können, brauchen wir eine Blechschere. Diese Schere hat eine Messerform, die einem ganz bestimmten Schneidegang angepaßt ist. Es gibt verschiedene Scheren. Längere Blechstreifen schneidet man mit einer »Tafelblechschere« (auch »Durchlaufschere«), deren gekröpfte Schneiden das Verbiegen und Aufrollen der Bleche verhindern. »Figurenscheren« eignen sich für unregelmäßig verlaufende Kurvenschnitte, »Lochscheren« zum Schneiden gekurvter Innenränder. Daneben gibt es die normalen Blechscheren in verschiedenen Größen (16–25 cm lang).

Feilen. Es gibt für die Metallarbeit weit mehr Feilenformen als in der Holzarbeit (siehe Seite 54). Der Schlosser arbeitet mit den bis zu 30 cm langen Schlosserfeilen mit grobem und feinem Hieb, auch »Dutzendfeilen« genannt (wegen der Vielzahl der Querschnitte: flach, rund, halbrund, dreikant, vier-

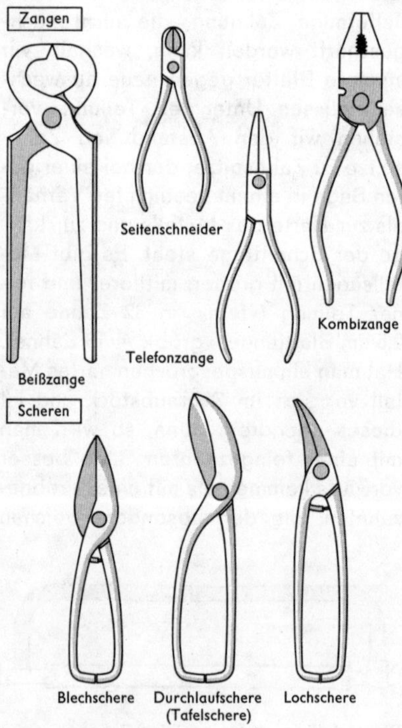

Zangen und Scheren

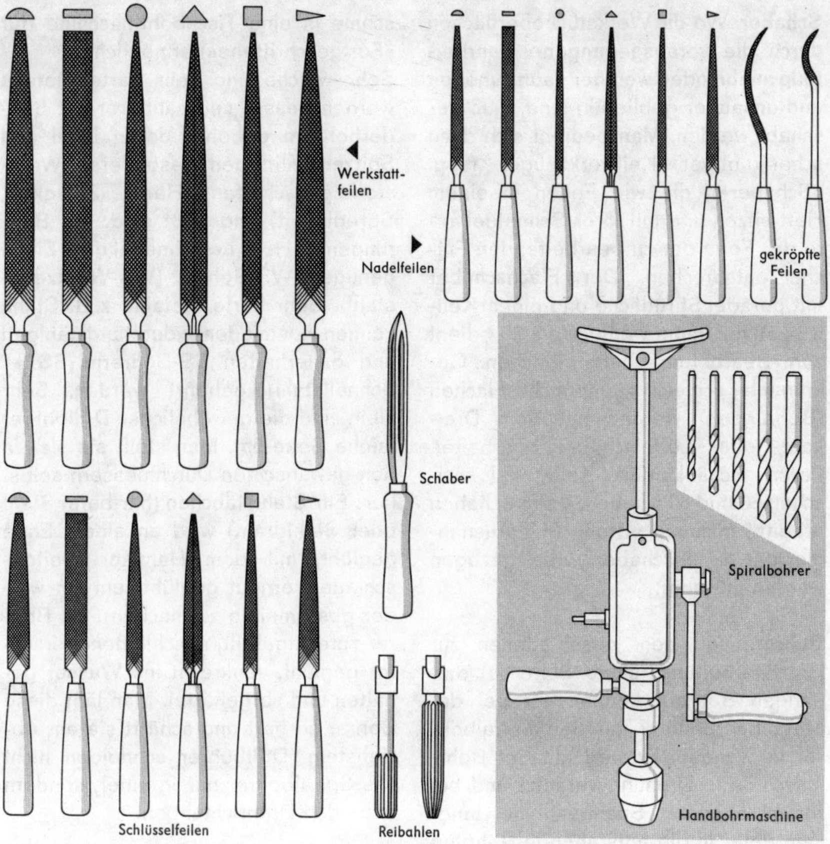

Feilen und Bohrer

kant, schwert-, barett-, herz-, vogelzungenförmig usw.). »Schlüsselfeilen« haben die gleichen Querschnitte, sie sind nur kleiner (etwa 10 cm lang). Neben diesen allgemeineren Feilenformen gibt es noch solche, die sich für feinere Arbeiten eignen. »Nadelfeilen« ähneln im wesentlichen den großen Werkzeugen. Dagegen gibt es die sogenannten »Riffelfeilen« in allen möglichen Formen und Querschnitten: sondenförmig, messerförmig, gebogen, gekröpft. Man braucht solche Feilen, für die verborgenen Innenstellen eines komplizierten Werkstücks.

Der Hieb der Feilen ist verschieden, je nachdem, ob man weicheres oder härteres Material bearbeiten, im Groben schruppen oder im Feinen schlichten will. Doppelhiebige Feilen lassen sich gut zum Bearbeiten härteren Materials verwenden (z. B. Stahl), einhiebige für weiche Metalle (Silber, Zinn, Aluminium). Je härter der Werkstoff ist, um so feiner muß der Hieb der Feile sein. Hiebart und Hiebweite sollen sowohl dem Werkstoff als auch der notwendigen Arbeit entsprechen. Zum Bearbeiten sehr weichen Materials (Blei, Zinn) nimmt man die Raspel (siehe Seite 54).

Schaber. Wo die Werkstückoberflächen durch die vorausgegangene Bearbeitung mehr oder weniger rauh, uneben und unsauber geblieben sind, muß geschabt werden. Man bedient sich dazu scharfkantiger Keilwerkzeuge, (sog. »Schaber«), die wie Feilen in einem Heft sitzen und mit ihrer Schneidekante der Form der zu bearbeitenden Fläche entsprechen. Der Flachschaber mit gerader Stirnfläche und einem Keilwinkel von kaum weniger als 90 ° dient zum Bearbeiten ebener Flächen. Gekrümmte, schlecht zugängliche Flächen (Bohrungen) werden mit dem Dreikant- oder Löffelschaber bearbeitet, deren Schabkanten Keilwinkel zwischen 60 und 80 ° haben. Beim Schaben arbeitet man auf »Stoß« (mit Ausnahme der »Ziehschaber«, die gezogen werden müssen).

Bohrer. Von den verschiedenen zur Holzbearbeitung (siehe Seite 55) dienenden Bohrern können wir bei der Metallbearbeitung nur den Spiralbohrer verwenden. Er wird mit der Bohrmaschine in Drehung versetzt und bei fortschreitender Spanabnahme langsam tiefer in die entstehende Bohrung vorgeschoben (Vorschub). Der Durchmesser ist im Schaft angegeben.
Bisweilen müssen Schrauben- und Nietköpfe in die Werkstückoberfläche »eingesenkt« werden. Zum Bohren der sich kegelförmig nach außen erweiternden Versenklöcher benötigt man »Spitz- und Zapfensenker«, das sind spiralbohrerähnliche Werkzeuge, die sich gleichfalls in die Bohrmaschine einsetzen lassen. Für den Hausgebrauch kommt nur die Handbohrmaschine (siehe Seite 56) in Frage, die mit einer Handkurbel oder elektrisch angetrieben werden kann. Es gibt preiswerte Stative, die die Umwandlung einer elektrischen Handbohrmaschine in eine Tischbohrmaschine (für »Fortgeschrittene«) ermöglichen.
Sehr weiche und sehr harte Metalle werden besser und sauberer mit Sonderbohrern gebohrt, deren Drall und Spitzenschliff den besonderen Werkstoffeigenschaften (Härte, Zähigkeit, Sprödigkeit) angepaßt sind. Für Bohrungen in Holz, Leichtmetall oder Eisen genügen WS-Bohrer (WS-Werkzeugstahl). Sehr harte Metalle, z. B. Stahl, können nur mit den widerstandsfähigen und dauerhaften SS-Bohrern (SS = Schnellstahl) gebohrt werden. Sehr klein sind die gewöhnlichen Drillbohrer (siehe Seite 55). Man stellt sie sich in den gewünschten Durchmessern selbst her: Ein Stahlstäbchen (härtbarer Stahl oder Stahldraht) wird an einem Ende geglüht, mit dem Hammer breitgeschlagen, erneut geglüht (um ihn wieder geschmeidig zu machen), als Bohrer zurechtgefeilt, anschließend kirschrot geglüht, senkrecht ins Wasser gehalten und so gehärtet. Man läßt diese Bohrer so hart und schärft sie am Abziehstein. Drillbohrer schneiden nicht wie Spiralbohrer nur in einer, sondern in beiden Drehrichtungen.

Reibahlen sind bohrerähnliche Werkzeuge, deren Schneiden nicht in Form einer Spirale, sondern senkrecht nebeneinander angeordnet sind. Mit ihrer Hilfe können Bohrlöcher geglättet und auf ein genaues Maß gebracht, nicht genau fluchtende Nietlöcher ausgeglichen und ähnliche Arbeiten an Innenflächen und Innenrändern von Bohrungen ausgeführt werden. Beim Reiben lösen sich kleinste Späne von der Lochwand. Man dreht die Reibahle mit einem doppelgriffigen Eisen, das mit einem quadratischen oder rechteckigen Mittelloch auf den Vierkantzapfen am oberen Ende des Werkzeugs aufgesteckt wird (Windeisen). Die Reibahle ist genau rechtwinkelig zur Werkstückoberfläche anzusetzen und langsam unter leichtem Druck (Vorschub) in die Bohrung einzudrehen. Durch weiteres Vorwärtsdrehen kann sie auch wieder herausgehoben werden.

Richten, Biegen, Schmieden, Treiben

Verbogene Bleche, Drähte oder durch die Bearbeitung krumm gewordene Werkstücke müssen »gerichtet« werden. Unter »Biegen« verstehen wir bereits eine Art beabsichtigter Verformung. »Schmieden« und »Treiben« sind Werktechniken, in denen die plastische Formfähigkeit des zähen Werkmaterials ausgenutzt wird.

Flach- und Rundzangen. Ihrer Konstruktion nach sind die »Flachzangen« ausgesprochene Halte- und Biegewerkzeuge. Es gibt sie in unterschiedlichen Größen und Formen: Mit kurzem oder langem Schnabel, schmalem und breitem Maul, auch als besondere Draht- oder Rundzange mit rundem Maul. Drähte lassen sich mit Flachzangen scharfkantig, mit Rundzangen kreisförmig biegen. Manche Flachzangen sind in der Höhe ihres Gelenks mit einem Drahtabschneider versehen. Sie leiten über zu den universelleren, aber für feinere Arbeiten weniger geeigneten Kombizangen, die den Vorteil haben, daß man mit ein und demselben Werkzeug verschiedene Arbeiten verrichten kann.

Richt- und Biegevorrichtungen. Grobe Arbeiten werden im Schraubstock (siehe Seite 337) ausgeführt. Die einfachste Unterlage zum Richten ist die »Richtplatte«, ein rechtwinkeliges Stahlstück in entsprechender Stärke (etwa 3 cm) und mit glatter und ebener Oberfläche,

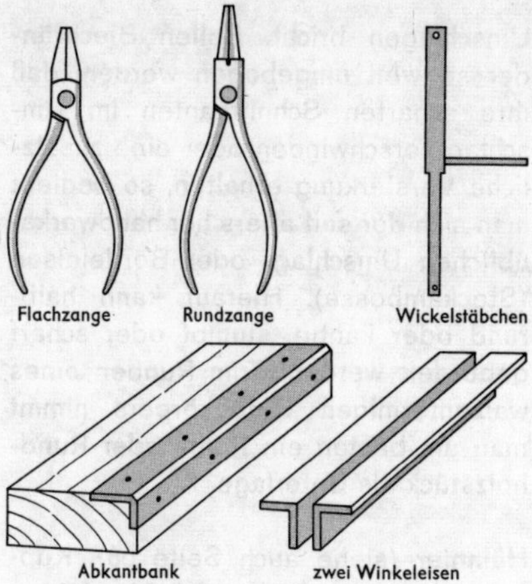

Werkzeuge zum Richten und Biegen

das in erster Linie zum Ausbeulen krumm gewordener Materialstücke dient. Draht winkeln wir zur Spirale am besten über ein geeignetes Stück Rundholz. Für geringere Durchmesser gibt es auch sogenannte »Wickelstäbchen« aus Stahl. Sie sind in der einen Hälfte etwa 5 mm, in der anderen 8 mm stark, an den Enden mit Lochbohrungen (zum Einklemmen der Drähte) und in der Mitte mit einem Griffdorn (zum Drehen) versehen. Wickeln wir den Draht um ein rechteckiges Profil, so bekommt die Spirale eine andere Grundform. Wellenlinien, geschlungene Drahtführungen usw. werden mit den sogenannten »Faulenzern« (siehe Seite 346) gebogen, die wir uns nach Bedarf selbst herstellen. Mit ihrer Hilfe lassen sich z. B. gleichmäßige Kettenglieder aus Silberdraht formen (siehe Seite 359).
Zum Abkanten längerer Blechstücke benötigt man die Abkantbank; praktisch eine Holzbohle mit eingelassenem Winkeleisen. Die Winkelkante muß ein wenig gebrochen werden, da sonst die Kantung im Blech zu scharf ausfällt und das Material bei weiterem

Umschlagen bricht. Sollen Blechränder so weit umgebogen werden, daß ihre scharfen Schnittkanten im Umschlag verschwinden oder eine zusätzliche Verstärkung erhalten, so bedient man sich der seit alters her handwerksüblichen Umschlag- oder Bördeleisen (Steckambosse). Hierauf kann halbrund oder kantig, stumpf oder scharf gebördelt werden. Zum Runden eines walzenförmigen Gefäßkörpers nimmt man am besten ein Rohr- oder Rundholzstück als Unterlage.

Hämmer (siehe auch Seite 58). Kupfer-, Messing-, Zink- und Aluminiumbleche werden mit dem »Holzhammer« gerichtet. Er hat einen tonnenförmigen Kopf und etwas stärker gewölbte Bahnen als ein gewöhnlicher Hammer. Für den gleichen Zweck sind auch Blei- und Kunststoffhämmer zu benutzen. Der übliche »Schlosserhammer« ist für alle Richt- und Schweifarbeiten an Werkstücken aus Stahl gebräuchlich. Er hat eine keilförmige Finne und besondere Härtung an Finne und Bahn. Es gibt diesen Hammer in verschiedenen Größen und Gewichten: Je stärker der Werkstoff ist, desto größer und schwerer muß der Hammer sein.
Die Hämmer zum Treiben lassen sich nach den Arbeitsstufen einteilen in »Treib- oder Tiefhämmer« und »Schlicht- oder Planierhämmer«. Die Bahnen der Treibhämmer sind den angestrebten Werkstückformen angepaßt, hoch- oder flachgewölbt (»Knopfhämmer«). Schlicht- und Planierhämmer haben runde oder viereckige, in der Regel flache oder nur wenig gewölbte Bahnen, die außerdem sauber geschliffen und poliert sind (»Polierhämmer«). Mit ihnen werden die beim Treiben im Werkstoff entstandenen Beulen beseitigt und die Werkstückoberfläche geglättet (»geschlichtet«). Wenn der Hammerschlag gleichmäßig über verschiedene Werkstückwölbungen verteilt werden soll, kommt es auf die feinen Unterschiede in den Bahnwölbungen an. Die blanke Bahnfläche des Polierhammers formt sich im Werkstück als spiegelblanker Abdruck ab. – Sowohl die Treibhämmer als auch die Schlichthämmer gibt es ein- und zwei-

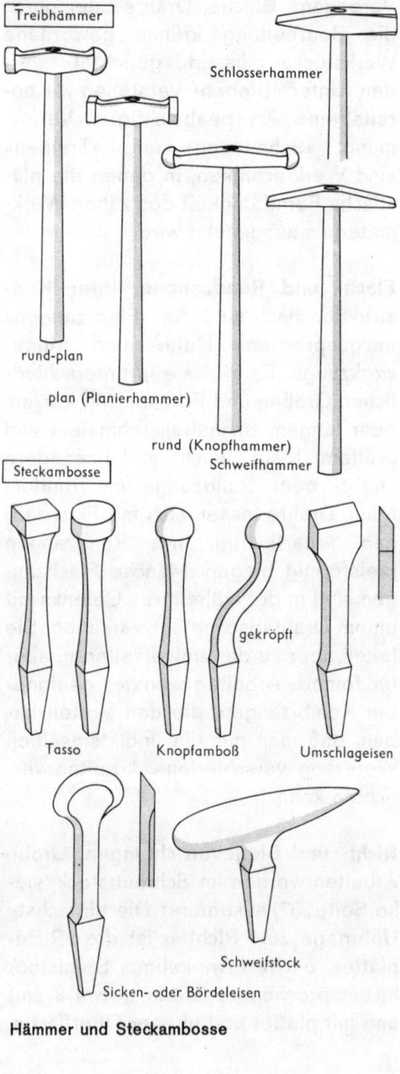

Hämmer und Steckambosse

bahnig, in leichterer und schwererer Form, länger und schmäler, kürzer und dicker. Der »Sickenhammer« ist ein besonderer Treibhammer mit schmaler Finne und sorgfältig abgerundeten Ecken.

Schlagunterlagen. Von der praktischen Richtplatte ist schon gesprochen worden (siehe Seite 333). Sie findet ihre notwendige Ergänzung im Amboß, dessen gehärtete Bahn bei vielen Schmiedearbeiten (Strecken, Stauchen, Absetzen usw.) als Unterlage dient. Der Amboß hat zwei »Hörner«. Auf dem Rundhorn können Drähte und Bänder gerundet werden. Das Vierkanthorn eignet sich als Schlagunterlage für schmal abgewinkelte Werkteile. In zwei Löcher in der Amboßbahn (vierkant und rund) lassen sich die entsprechenden Zapfen der Hilfswerkzeuge (Steckambosse) einstecken. Wer nicht gerade grobe Schmiedearbeiten in Stahl ausführen will, sollte sich einen mittleren Tischamboß anschaffen, der ähnlich wie ein Schraubstock an einer Werkbankkante festgeschraubt werden kann. Praktisch ist auch ein Brettamboß, der mit seiner quadratischen Bahn einer Richtplatte ähnelt. Ersatzweise läßt sich auch ein Stück Eisenbahnschiene als Amboß verwenden.
Die für das Kaltschmieden (Treiben) besonders geformten Steckambosse nennt man »Fäuste«, wenn sie wie die Treibhämmer, deren Ergänzung sie bilden, flach- oder hochgewölbt sind, »Hörner« oder »Haken«, wenn sie schmalen T-förmigen Spezialambossen mit leicht gewölbter Bahn (ovalem oder rundem Querschnitt) ähneln. Der »Sperrhaken« der Silberschmiede gleicht einem kleinen, zierlichen Amboß mit Rund- und Vierkanthorn. Fäuste können nach oben gerade oder gekröpft verlaufen. Flach, in der Um-

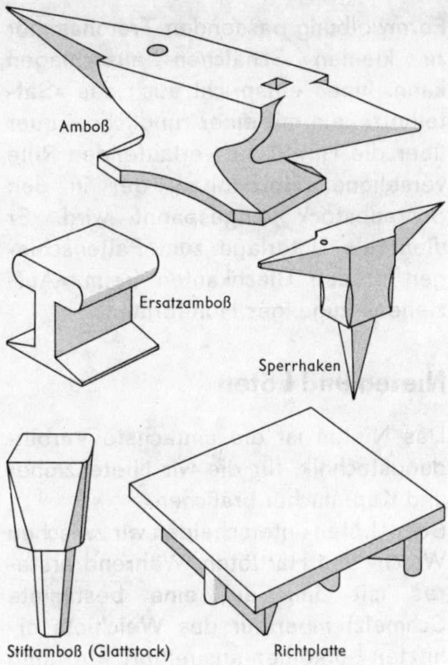

Schlagunterlagen

grenzung rund oder geradkantig und oberflächlich poliert (dem »Schlichthammer« entsprechend) ist der »Tasso«, ein Steckamboß zum Einebnen kleinerer Werkstücke. Besondere »Bördel- oder Umschlageisen« (zum Umschlagen und Falzen von Blechkanten) braucht man sowohl mit gerader als auch mit kurviger Bahn, spitz- und stumpfwinkelig. Der meistgebrauchte Steckamboß ist der »Glattstock« mit ebener, quadratischer Bahn. – Alle diese Spezialambosse, kurz »Eisen« genannt, steckt man zur Arbeit in einen genau auf Sitzhöhe berechneten Hartholzklotz oder in das Vierkantloch des Ambosses. Ihre hochpolierten Bahnen müssen sorgfältig gepflegt und vor Beschädigungen, Rost usw. geschützt werden. »Gesenke« oder »Anken« sind Hartholz- oder Stahlkloben mit schalenförmig (konkav) eingearbeiteten Vertiefungen, in denen man Silber- oder Kupferscheiben mit einem in die

Formwölbung passenden Treibhammer zu kleinen Schälchen ausschlagen kann. Ihnen entspricht auch das »Sattelholz«, ein mit einer rundlichen, quer über die Hirnfläche verlaufenden Rille versehener Holzkloben, der in den Schraubstock eingespannt wird. Er dient als Unterlage zum Faltenschlagen in den Blechkanten beim »Aufziehen« kugeliger Hohlformen.

Nieten und Löten

Das Nieten ist die einfachste Verbindungstechnik, für die wir Nietenzieher und Kopfmacher brauchen.
Beim Löten unterscheiden wir zwischen Weich- und Hartlöten. Während ersteres mit dem auf eine bestimmte Schmelztemperatur des Weichlots erhitzten Lötkolben ausgeführt wird, sind beim Hartlöten entsprechend den schwer schmelzbaren Hartloten sehr hohe Temperaturen nötig, die man nur mit der Lötpistole oder der Lötlampe hervorbringen kann. Für feinere und feinste Arbeiten wird die erforderliche Stichflamme mit einem Lötrohr erzeugt.

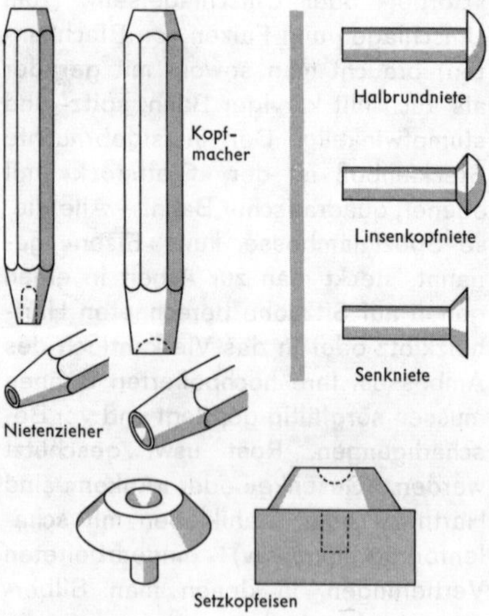

Nietwerkzeuge

Nietwerkzeuge. Beim Nieten (siehe Seite 350) wird die Niete mit ihrem Schaft von unten durch die beiden Löcher der zu verbindenden Werkteile gesteckt, ihr Kopf (»Setzkopf«) auf eine harte Unterlage aufgesetzt, von obenher gestaucht, angeformt und zum »Schließkopf« ausgeschlagen. Zuvor müssen die beiden bereits gelochten Werkteile fest aneinandergepreßt werden. Dazu bedient man sich des »Nietenziehers«, eines dem Durchschläger (siehe Seite 327) ähnlichen, aber an der Spitze dem Nietschaft entsprechend ausgebohrten Stauchwerkzeugs, mit dem sich das Blech, das beim Lochen an den Lochrändern oft aufgetrieben oder verbogen ist, rund um den emporstehenden Nietenschaft zusammenpressen läßt. Der erforderliche Druck wird mit dem Hammer erzeugt. Dem Nietenzieher in seiner Form verwandt ist der »Kopfmacher«, in dessen breiterer Grundfläche eine dem fertigen Nietenkopf entsprechende Hohlform eingearbeitet ist. Der zum Anformen des Schließkopfes geeignete Hammer muß je nach Größe der Niete ausgewählt werden. Zum Gegenhalten kann man jedes ebenflächige Stahlstück nehmen – die Amboßbahn, ein Schienenstück, einen untergelegten schweren Hammerkopf usw. Es gibt Setzkopfeisen, die oben eine dem Nietenkopf entsprechende Aushöhlung und unten einen Dorn zum Einstecken in ein Loch der Schlagunterlage haben.

Lötwerkzeuge. Der hammerförmige Kolben des einfachen Lötkolbens besteht aus Kupfer, einem Metall, das infolge seiner guten Wärmeleitfähigkeit Hitze schnell an die Lötstelle abgibt und auch bei dauerndem Wiedererhitzen nur wenig verzundert. Zum Anheizen kann man eine kleine, mit Spiritus betriebene Lötlampe verwen-

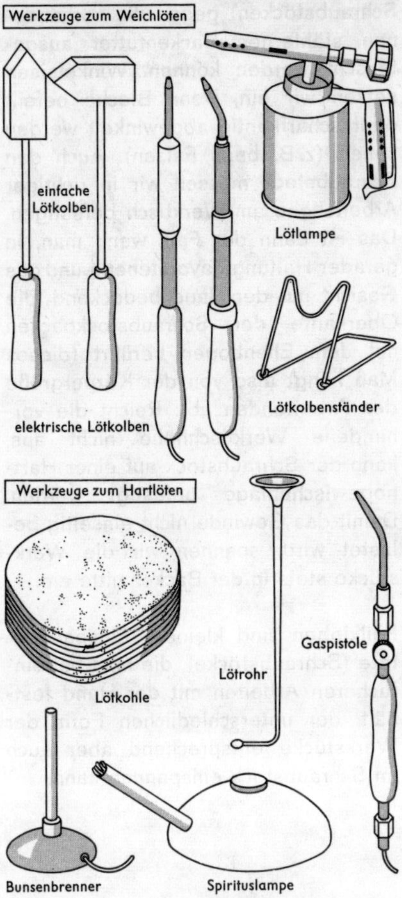

Werkzeuge zum Weich- und Hartlöten

den, aber auch die Gasflamme oder das Herdfeuer. Zu empfehlen sind diese Beheizungsmethoden heute nicht mehr. Brauchbare Elektro-Lötkolben kosten keine 20 DM und sind in verschiedenen Größen zu haben. Sie garantieren eine während der Arbeit gleichbleibende Temperatur, und auch ein Laie kann mit ihnen zügig und sauber arbeiten. Die Stichflamme der »Lötpistole« (einstellbar zwischen 150 bis 1 000°) wird durch Abbrennen eines aus einer Düse ausströmenden Leuchtgas-Luft-Gemisches erzeugt. Wo kein Gasanschluß vorhanden ist, kann mit Flaschengas gearbeitet werden, oder man bedient sich einer mit Benzin betriebenen »Lötlampe«. Beim Hartlöten muß das Werkstück auf einem Asbeststück oder Drahtnetz in einem »Holzkohlebecken« (niedrige, mit Holzkohle gefüllte Zinkwanne) liegen. Für sehr kleine Werkstücke genügt ein Stück Holzkohle, Asbest oder ein Schamottestein.

Der Goldschmied arbeitet mit einer einfachen Spiritusflamme, der er mit einem »Lötrohr« (Blasrohr) zusätzlichen Sauerstoff zuführt. Dabei richtet er eine kleine Stichflamme (unter Begrenzung der Hitzewirkung auf kleinstem Raum) seitlich gegen das Werkstück. Besser kann der erforderliche Luftstrom mit einem Blasebalg (Fußantrieb) erzeugt werden.

Einspanngeräte

Es dürfte selbstverständlich sein, daß wir Metallwerkstoffe nicht auf der für saubere Holzarbeiten bestimmten Werkbank bearbeiten, denn wo gearbeitet wird, fallen Späne! Metallstaub fliegt umher und setzt sich in den feinen Poren des Holzes fest. Die harten Werkzeuge und das rauhe Material verursachen Kratzer und Eindrücke in jeder weicheren Unterlage. Aus diesem Grunde dürfen wir Metallwerkstücke auch niemals in die druckempfindlichen Zangen der Hobelbank einspannen. Zur Metallbearbeitung ist ein eigener Werktisch erforderlich. Geeignete Einspannvorrichtungen sind der Schraubstock und Feilkloben.

Im Parallelschraubstock (mit parallel zueinander verschiebbaren Backen) können Werkstücke verschiedener Größe und Art eingespannt werden.

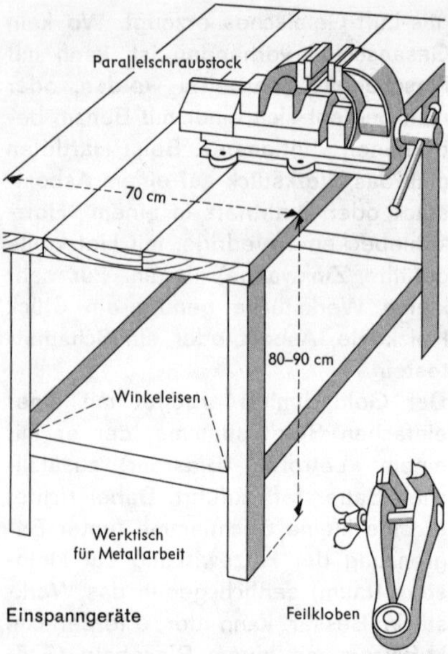

Wenn weichere Metallstücke vor dem harten Zugriff der normalen Stahlbakken (mit geriffelter Innenseite) geschützt werden sollen, stehen Schutzbacken aus Aluminium, Kupfer oder Kunststoff zur Verfügung, die zusätzlich mit eingespannt oder (bei guten Schraubstöcken) gegen die vorhandenen stählernen Backenfutter ausgetauscht werden können. Winkeleisen setzen wir ein, wenn Bleche befeilt oder scharfkantig abgewinkelt werden sollen (z. B. beim Falzen). Auch den Schraubstock müssen wir in richtiger Arbeitshöhe am Werktisch befestigen. Das ist dann der Fall, wenn man, in gerader Haltung davorstehend und das Gesicht mit der Hand bedeckend, die Oberkante der Schraubstockbacken mit dem Ellenbogen berührt (dieses Maß hängt also von der Körpergröße des Arbeitenden ab). Reicht die vorhandene Werktischhöhe nicht aus, kann der Schraubstock auf einer Hartholzzwischenlage befestigt werden. Damit das Gewinde nicht einseitig belastet wird, spannen wir die Werkstücke stets in der Backenmitte ein.

Feilkloben sind kleinere Einspanngeräte (Schraubstöcke), die man bei einfacheren Arbeiten mit der Hand festhält, der unterschiedlichen Form der Werkstücke entsprechend aber auch im Schraubstock einspannen kann.

Werktechniken in Metall

Die Ausgangsstufe der Formgestaltung in Metall ist das Biegen von Blech und Draht. Aus einfachen Elementen der körperhaften Linie (Draht) und der Fläche (Blech) entstehen Ketten, Bänder, Rollen, Zylinder, Kegel und Kegelstümpfe – spurhafte und flächige Gebilde. Mit den spanabhebenden Verfahren gewinnt die Metallarbeit ein gewisses Maß an Freizügigkeit. Wir sind nicht mehr auf die bestehende Materialform festgelegt, sondern greifen diese vielmehr in ihrer materiellen Substanz an. Die Wirkung liegt wie bei den abtragenden plastischen Verfahren in Holz und Stein im Wegnehmen. Solche Techniken müssen mit Vorsicht gehandhabt werden, denn eine Form ist schnell zerstückelt und ihrer Geschlossenheit beraubt, begangene Fehler sind nicht wiedergutzumachen.
Eine dritte Gruppe, das Schmieden und Treiben, gehört wieder der spanlosen Verformung an. Diese Techniken räumen uns formtechnisch die größten Freiheiten ein und gehören so gesehen zu den schwierigsten, obwohl sie werktechnisch nicht schwerer als die anderen auszuführen sind. Man kann auf diese Weise ein

geeignetes Metall in praktisch jede Richtung zwingen. Es läßt sich in der Flächenausdehnung vergrößern (austreiben) oder verkleinern (stauchen) und dabei wölben und runden. Es liegt an uns, ob die entstehende Form der schlichten Strenge des Werkstoffgefüges entspricht oder ihr entgegenwirkt.
Nicht jeder Werkgegenstand kann aus einem nahtlosen Stück gearbeitet werden. Wir müssen ihn zusammensetzen, verketten oder löten. Dabei ist zu beachten, daß das Montieren dort, wo es nicht gerade auf bewegliche Verbindungen (Kettenglieder) oder das Zusammenfügen verschieden gearbeiteter Werkteile, auch Werkstoffarten, abzielt, oft nicht mehr als eine technische Bequemlichkeit darstellt. Schon die sehr auf Rationalisierung ihrer Produktion bedachten Kupferschmiede früherer Jahrhunderte empfanden das Treiben eines runden Gefäßkörpers aus Blech als auf die Dauer zu umständlich und fugten oder löteten die aus einer Blechtafel herausgeschnittenen und formentsprechend zurechtgebogenen Mantel- und Teilflächen in »gebauten« Formen zusammen. – Abkanten, Bördeln und Verbinden durch Löten oder Schweißen gehören zu den Arbeitstechniken des reinen Blechhandwerkers (Klempner, Karosseriebauer) und sind in der »gestaltenden« Metallarbeit mit Vorsicht anzuwenden.
Wie in Holz lassen sich runde Formen auch in Metall durch Bearbeitung um die rotierende Achse erzeugen. Wird das volle Material mit einem scharfen Werkzeug abgespant, sprechen wir von »Drehen«. Auf ähnliche Weise läßt sich aber auch ein Stück Blech sehr schnell und exakt zu einer nahtlos runden Hohlkörperform »drücken«. Dabei muß das kreisende Blech mit einem stumpfen Werkzeug an eine rotierende Holz- oder Eisenform angepreßt werden (Drückarbeit). – Beim »Stanzen«, »Pressen« und »Prägen« zwingt man das Metall, sich der Form und Führung zweier Formteile anzupassen, die sich unter großem Druck aufeinander zu bewegen. Früher wurde Metall mit einem Formhammer »geschlagen« (Münzen). Heute bedient sich die Industrie verschieden konstruierter Pressen (Spindel-, Exzenter-, hydraulischer Pressen), die für die Werkarbeit keine Bedeutung haben, da sie auf Massenanfertigung eingestellt sind. – Ein Preßvorgang zur schnellen und billigen Herstellung zylindrischer Hohlkörper ist das Tiefziehen. Unter dem starken Druck einer hydraulischen Presse fügen sich die beiden Formwerkzeuge »Stempel« und »Matrize« bis auf einen auf die Stärke und den Durchmesser der zu verformenden Blechscheibe genau berechneten »Ziehspalt« ineinander und zwingen das Material, sich an die Innenwand der Matrize zu legen, ohne daß das Ziehstück dabei reißt oder sich faltet. Diese Schnellverfahren interessieren uns nur soweit, als wir eine maschinell »gezogene« Werkform von der handwerklich »gedrückten« oder »getriebenen« unterscheiden müssen. Alte handgearbeitete Formen werden durch solche Verfahren oft imitiert und als billige Massenprodukte in den Handel gebracht.

Grundlegende Arbeitsverfahren

Metall ist ein Werkstoff, der sich nicht gerade leicht bewältigen läßt.
Wenn selbst der Handwerker seine Zeit braucht, um sich mit der Führung der Werkzeuge so vertraut zu machen, daß er seiner Aufgabe ganz gerecht werden kann, wieviel mehr gilt dies dann für den Laien. Man muß z. B. wissen, wie eine Blechschere richtig gehandhabt wird, und wie Meißel und Feile anzusetzen sind. Die Kenntnis solcher Grundtechniken soll uns später

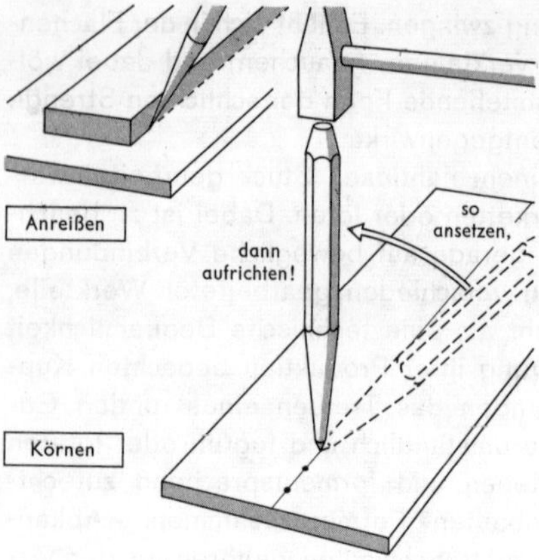

Beim Anreißen muß sorgfältig verfahren werden

helfen, die Wahl der Werkzeuge und Verfahren dem gewünschten Zweck entsprechend zu treffen.

Anreißen. Sorgfältiges Anreißen ist eine Grundbedingung für maßhaltige Werkarbeit. Schon der Anriß entscheidet, ob die Arbeit zum Ziele führt. Die Linealkante muß auf der Werkstückoberfläche aufliegen. Die Reißnadel ist leicht in die Zugrichtung zu neigen, und ihre Spitze wird dicht am Lineal entlanggeführt. Nicht immer empfiehlt sich dabei der Gebrauch der scharfen, eine vertiefte Kerblinie hinterlassenden Reißnadel. Bei feineren Arbeiten sollte das Ritzen des Werkstoffs überhaupt vermieden werden. Angekerbte Bleche aus Aluminium und Zink brechen leicht an der Biegekante. Da diese Metalle silberweiß sind, ist auch der Gebrauch eines spitzen, weichen Bleistifts möglich. Körnerpunkte werden, wenn sie nötig sind, genau auf die Rißlinie, vor allem auf die Kreuzungen mehrerer Rißlinien gesetzt. Beim Ansetzen neigen wir den Körner, damit wir die Spitzenlage genau beobachten können. Zum Schlagen wird er aufgerichtet.

Vielformige Entwürfe oder auch solche, die sich aus mehreren Teilen in gleicher Form und Größe wiederholen, werden mit einer Schablone aus der Entwurfszeichnung auf das Metall übertragen. Wir schneiden die Form aus einem festen Karton zu und umfahren die Konturen mit der Reißnadel oder dem Bleistift.

Blechschneiden. Dabei stellen wir uns zunächst so in den Raum, daß das Licht von rechts kommt. Der Riß muß deutlich sichtbar sein. Damit das Obermesser der Blechschere die Rißlinie nicht verdeckt, verfolgen wir den Schnitt (anders als beim Schneiden mit der Papierschere!) an der rechten (außenliegenden) Seite. Aus dem gleichen Grunde werden auch Rundungen stets in Richtung mit dem Uhrzeiger geschnitten. Beim Schließen der Schere gleiten die Messerenden aneinander vorbei. Das hat zur Folge, daß das Material unmittelbar vor der Scherenspitze zur Seite hin aufreißt. Die Schere darf beim Schneiden niemals ganz geschlossen werden. Bei richtiger Handhabung ver-

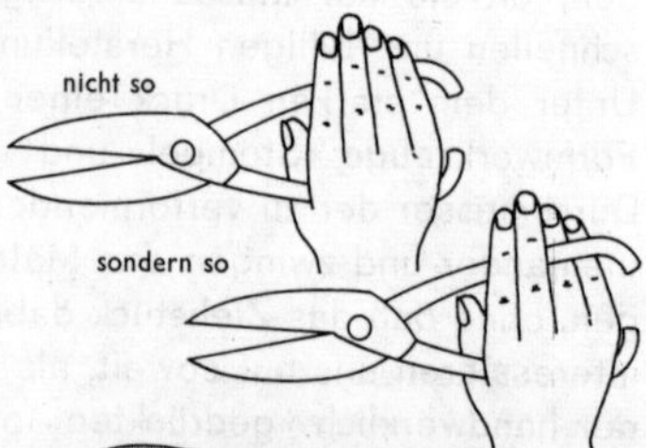

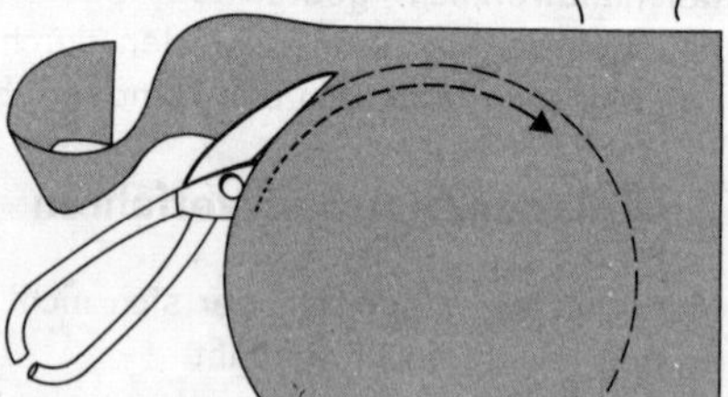
Beim Blechschneiden mit der Blechschere verfolgen wir den Riß an der Außenkante

läuft die Scherkante glatt, lediglich bei dünnen Blechen sind geringe Aufbiegungen der Schnittränder möglich. Sie müssen mit einem Holzhammer auf ebener Unterlage gerichtet werden. Der Schneidegrat wird abgefeilt.
Saubere Schnittkanten bekommen wir nur, wenn die Schermesser dicht aneinander vorbeigleiten. Ist das Schneidenspiel zu klein, klemmt die Schere. Andernfalls »kaut« sie (an der Schnittkante bildet sich ein starker Grat) und muß durch Anziehen der Scherenbolzenmutter nachgestellt werden. Die Schneidebacken können, weil sie einen Hohlschliff haben, nur vom Fachmann nachgeschliffen werden.
Mehr als 1,2 mm starke Bleche sind mit einer Handschere nicht mehr zu bewältigen (das hängt natürlich auch von der Härte des Materials ab!). Wir nehmen dann Säge oder Meißel.

Sägen (siehe auch Seite 370). Wenn wir ein neues Sägeblatt in den Bügel der Metallsäge einspannen, müssen wir darauf achten, daß die Zähne in Stoßrichtung (siehe Seite 328) zeigen. Bei der Laubsäge ist es umgekehrt, weil diese auf Zug arbeitet.
Zum Sägen spannen wir das Werkstück so in den Schraubstock ein, daß die Schnittstelle dicht an der Schraubstockbacke liegt. Sitzt das Werkstück nicht fest, können die Zähne der Säge ausbrechen. Dünne Blechstücke müssen über einer Beilage bearbeitet werden. Rohrstücke sind beim Durchsägen zu drehen. Beim Aussägen setzen wir die Säge ein wenig schräg nach vorn an, nach den ersten Schnitten richten wir sie dann waagerecht. Der Schnitt muß gleichmäßig mit ruhigem Tempo erfolgen. Sägen wir zu schnell, so wird nur das Sägeblatt warm, dehnt sich aus und klemmt. Beim Rückholen ist die Säge zu entlasten.

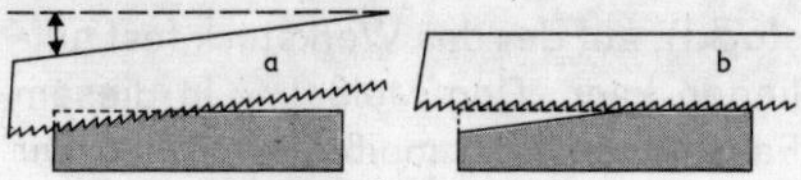

So wird angesägt

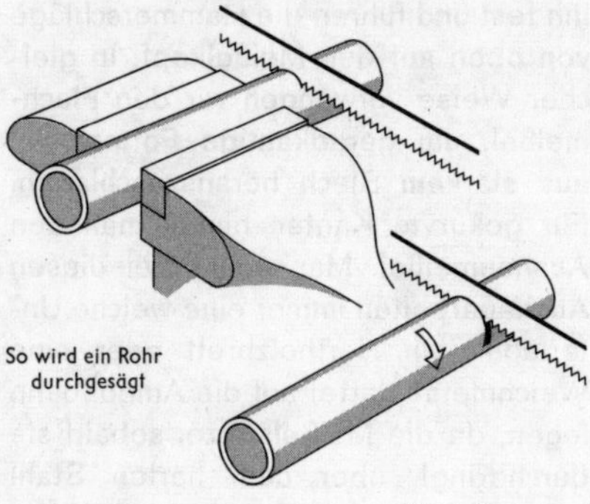
So wird ein Rohr durchgesägt

Auch beim Metallsägen müssen die Zähne »auf Stoß« stehen

Metallsägeblätter für Laubsägen haben eine besondere Zahnung. Wir verwenden sie zum Ausschneiden feinerer Formen aus Aluminium-, Kupfer- und Messingblech bis zu 2 mm Stärke. Die Arbeitsweise ist nicht anders als beim Laubsägen in Holz (siehe Seite 58). Die Sägeblätter schneiden besser, wenn wir uns die Mühe machen und die feinen Zähne zwischendurch immer wieder einmal mit einer kleinen Bürste reinigen.

Trennen, Spanen und Scheren mit dem Meißel. Mit diesen drei Gewaltmethoden, bei denen der Meißel seine Wirksamkeit als »Keil« an den Tag legt, setzen wir dort fort, wo wir mit der Blechschere nicht mehr zum Zuge kommen, z. B. beim Abtragen ebener Metallflächen (»Spanen«), beim Aushauen bestimmter Formteile aus starkem Blech, bzw. zum Trennen von Flach- und Rundmetall.
Nehmen wir an, wir wollten ein Stück Rundmessing von einer ganzen Stablänge abhauen. Wir suchen uns eine flache Unterlage (nicht den Schraub-

stock!), auf der das Werkstück fest aufliegen kann. Den Meißel – in diesem Falle einen Flachmeißel – stellen wir senkrecht auf die Trennstelle, halten ihn fest und führen die Hammerschläge von oben auf den Meißelkopf. In gleicher Weise verwenden wir den Flachmeißel, um geradkantige Formstücke aus starkem Blech herauszuschlagen. Für gekurvte Kanten nimmt man den Aushaumeißel. Man sollte bei diesen Aushauarbeiten immer eine weiche Unterlage (ein Hartholzbrett oder eine Weichmetallplatte) auf die Amboßbahn legen, da die Meißelspitze, sobald sie durchdringt, über dem harten Stahl stumpf wird. Geradelaufende Trennfugen beim Abhauen müssen nicht ganz durchgeschlagen werden. Es genügt, das Metall einzukerben und über der Amboßkante abzubrechen.
Beim Spanen sitzt das Werkstück waagerecht zwischen den Schraubstockbacken. Den Meißel halten wir schräg. Sobald die Schneide in den Werkstoff eindringt, staucht sich das Metall zusammen. Schließlich formt sich der Span und gleitet an der schrägen Keilfläche wie auf einer Rutschbahn nach oben. Der Meißel selbst schneidet nicht, sondern reißt das Metall durch seine Keilwirkung auseinander. Um diesen Riß waagerecht zu lenken dürfen wir den Meißel weder zu flach noch zu steil ansetzen.
Schließlich können wir den Meißel zum Scheren benutzen. Wir spannen das Werkstück so in den Schraubstock ein, daß die Trennlinie mit dem oberen Rand der Schraubstockbacken gleichläuft. Der Meißel wird schräg von vorn gegen die Werkstückkante gesetzt, und zwar so, daß Meißelschneide und Backenoberkante des Schraubstocks wie die Messer einer starken Schere dicht aneinander vorbeigleiten können. Auf diese Weise läßt sich z. B. ein zu breites Flachmetallstück in das gewünschte Maß bringen. Bei allen Meißelarbeiten richten wir den Blick auf die Meißelschneide, nicht auf den Meißelkopf. Da die mit dem Meißel geformten Kanten abgefeilt werden müssen, ist beim Anreißen eine Maßzugabe zu beachten.
Jeder Meißel muß immer wieder einmal geschärft werden. Wichtig ist der richtige Keilwinkel (für Weichmetall 40°, für Hartmetall 50°). Bei zu starkem Andrücken an die Schleifscheibe »läuft das Metall an« und wird weich.

Feilen. Wer bei grober Feilarbeit seinen Schraubstock schonen will, spannt das Werkstück zwischen zwei Winkeleisen ein. Zum groben Abspanen nehmen wir die Schruppfeile, zum feineren Schlichten die Schlichtfeile. Die Feilen müssen dem Material angepaßt sein (siehe Seite 330). Die Feilbewegung ist fest und auf Stoß gerichtet, wobei die rechte Hand das Heft hält und die linke mit dem Ballen auf dem vorderen Feilenende liegt. Bei der Rückführung wird die Feile vom Werkstück abgehoben. Feilen lassen sich nur dann gut

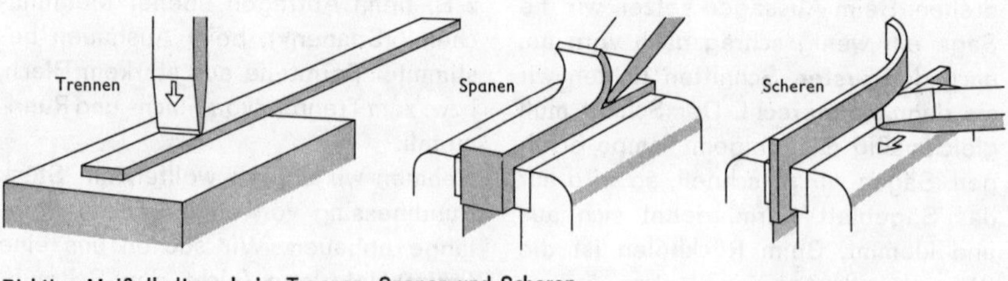

Richtige Meißelhaltung beim Trennen, Spanen und Scheren

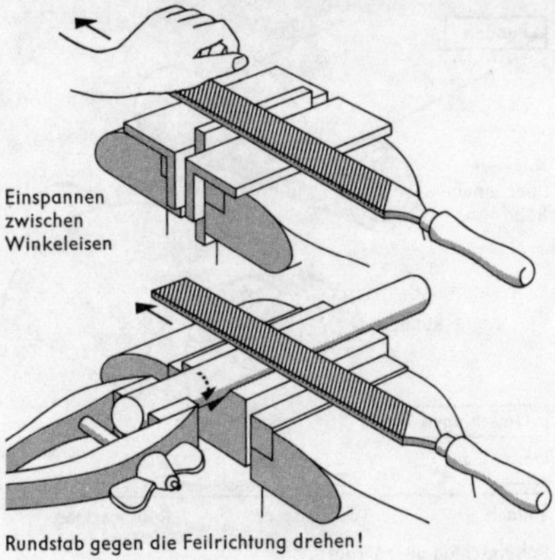

Die Feilbewegung ist auf Stoß gerichtet. Bei der Rückführung wird die Feile abgehoben

und sicher führen, wenn sie fest im Heft sitzen. Neue Hefte werden vorgebohrt, nicht vorgebrannt, weil hierbei das Heftholz verkohlen und seine Festigkeit verlieren würde. Die harten Feilzähne brechen leicht aus, daher dürfen wir die Feilen nicht durcheinanderwerfen. Beim Bearbeiten weichen Materials setzen sich die Rillen zwischen den Feilzähnen zu. Die Feile muß dann mit einer Feilenbürste (Messingbürste) gereinigt werden.

Das Bohren. Das Werkstück wird fest in den Schraubstock eingespannt. Wollen wir kleine, dünnere Blechstücke durchbohren, so legen wir sie auf ein Brett als Unterlage. Beim Bohren dringt zunächst die Bohrerspitze in den Werkstoff ein. Deshalb müssen wir dafür sorgen, daß sie beim Ansetzen ausreichend geführt wird. Geschieht das nicht, »verläuft« der Bohrer. Die angerissene Lochmitte wird daher kräftig »angekörnt«. Die entstehende Vertiefung gibt dem Bohrer die erste Führung. Bohrer mit großen Durchmessern verlaufen trotz Körnung leicht, weshalb man mit kleineren vorzubohren pflegt, was auch die Bohrerspitze entlastet.

Biegen von Blech und Draht

Wie das Papier (Laufrichtung siehe Seite 144), so hat auch das Blech eine Richtung, in der es bei der Herstellung durch die Walzenpresse gelaufen und in seinem inneren Gefüge gestreckt worden ist. In dieser Richtung läßt es sich nur schwer biegen und bricht auch leicht. Biegekanten werden daher immer quer zur Walzrichtung der Tafel angerissen. Benötigt man einen mehrteiligen Zuschnitt, der hinterher mit

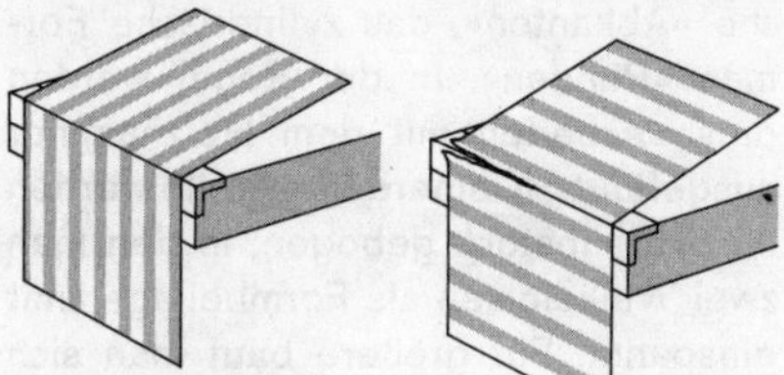

Beim Biegen von Blech Walzrichtung beachten!

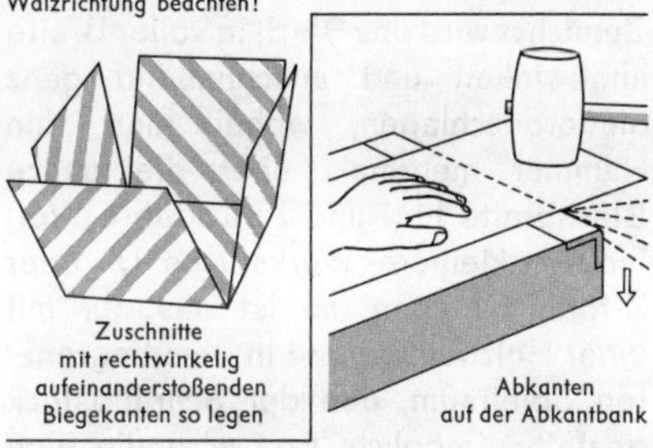

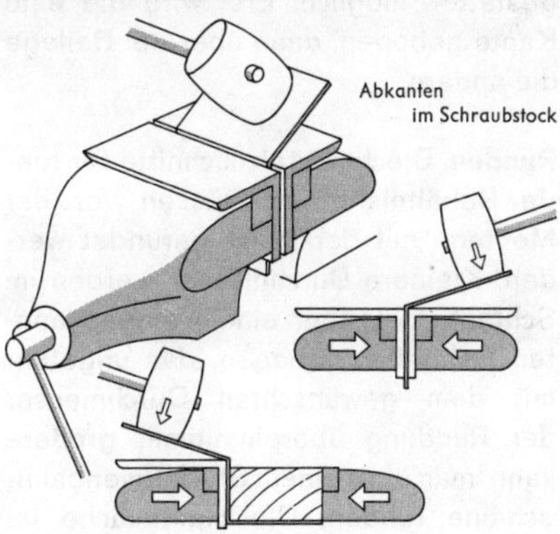

Blech abkanten. Beim scharfkantigen Biegen muß auf die Walzrichtung geachtet werden

rechtwinkelig aneinanderstoßenden Kanten gebogen werden muß, so legt man den Zuriß schräg, damit keine Kante mit der Walzrichtung gleichläuft. Immer ist der Biegeradius zu beachten, der sowohl von der Materialstärke als auch von der Dehnungsfähigkeit des Werkstoffs abhängt. Wird ein Material zu scharf gebogen (d.h. der Biegeradius zu klein gewählt), so bricht es an der Biegekante.

Abkanten. Das scharfkantige Biegen von Blech heißt in der Handwerkssprache »Abkanten«, das zylindrische Formen »Runden«. In der Regel werden diese Arbeiten mit dem Holzhammer ausgeführt. Kleinere Blechteile werden im Schraubstock gebogen, in den man zwei Winkeleisen als Formbeilagen mit einspannt. Für größere baut man sich eine Abkantbank (siehe Seite 333).
Zunächst wird das Blech in voller Breite angewinkelt und anschließend ganz niedergeschlagen, wobei man den Hammer mehrmals über die ganze Blechbreite hin- und zurückführt. Wollen wir kleinere Werkstücke U- oder Z-förmig biegen, so ist das nur mit einer Holzbeilage und in dem begrenzten Spielraum, den der Schraubstock gestattet, möglich. Erst wird die eine Kante gebogen, dann über der Beilage die andere.

Runden. Blechmantelzuschnitte für runde Behältnisformen müssen vor der Montage mit der Hand gerundet werden. Kleinere Durchmesser werden im Schraubstock über einem eingespannten Rohrstück gebogen, das ungefähr mit dem gewünschten Durchmesser der Rundung übereinstimmt, größere kann man über einem Stück Eisenbahnschiene runden. Die Hauptsache ist das richtige »Anrunden«, wobei zu beachten ist, daß das Blech bis an die Schnittkante rund wird. Danach ziehen wir das Werkstück langsam zum Zylinder zusammen. Ist die Seitennaht befestigt (gelötet oder gebördelt), wird der Mantel noch einmal über der Unterlage ausgerichtet (ausgebeult).

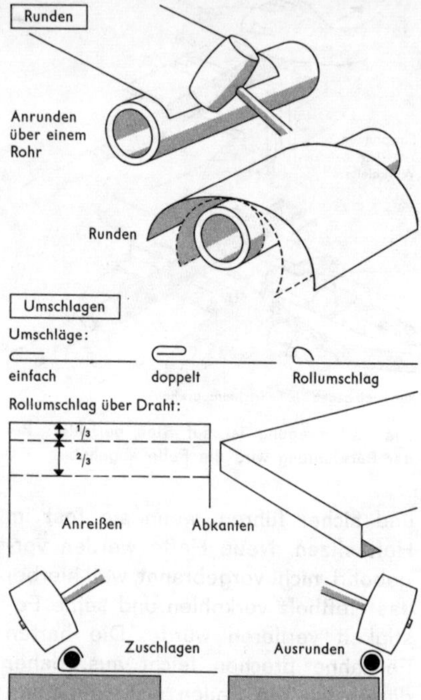

Blechmantelzuschnitte für runde Behältnisformen müssen vor der Montage gerundet werden. Das Umschlagen dient dem Verbergen der scharfen Schnittkanten

Umschlagen. Geschnittene Blechteile haben scharfe Schnittkanten. Durch Abfeilen werden sie zwar gerundet, eine gewisse Schärfe bleibt dennoch zurück. Daher versehen wir sie gern mit einem Umschlag, der das Werkstück obendrein noch stabilisiert. Auf der Abkantbank (siehe Seite 333) schlagen wir die Blechkante mit dem Holzhammer in ihrer ganzen Länge rechtwinkelig herunter. Dann legen wir das

Werkstück auf die glatte Bankfläche und schlagen es ganz um. Hat man ein Umschlageisen (siehe Seite 335), so läßt sich damit schon bei der ersten Blechbiegung ein spitzerer Winkel erzielen (das endgültige Umschlagen geht leichter). »Rollumschläge« werden über einer Drahteinlage ausgeführt. Man berechnet in diesem Fall eine Materialzugabe in der Breite der 2½fachen Drahtstärke, die man beim Biegen in ihrer Breite dreifach unterteilt. Zuerst wird das erste Drittel im Winkel von 90° abgekantet, dann das letzte. In diese U-förmige Kante legen wir den Draht ein und schlagen dann das Blech um ihn herum. Zuletzt wird die Blechkante ganz unter die Drahteinlage gedrückt und der Umschlag oberflächlich ausgerundet.

Bördeln. Man versteht darunter das Umbiegen runder Blechränder, um diesen die scharfen Kanten zu nehmen. Es ist in dieser Hinsicht mit dem Umschlagen verwandt. Man bördelt aber auch den ausgeschnittenen Boden eines Topfes oder einer Gießkanne, um ihn mit dem Mantel zu verbinden. Bördeln kann man sowohl nach außen als auch nach innen, wobei das Herumholen des Randes einer Dehnung oder Stauchung des Materials gleichkommt. Die Arbeit wird am besten mit dem Schweißhammer über einem entsprechend geformten Bördeleisen (siehe Seite 325) ausgeführt. Dabei muß langsam gearbeitet werden! Wird das Material durch die Beanspruchung beim Schlagen zu hart, glühen wir es zwischendurch aus.

Falzen. Legen wir eine gebördelte Kante in den entsprechend geformten Umschlag eines anderen Werkteils oder einer anderen Werkteilseite, so sprechen wir von einem Falz. Diese Verbindungstechnik kann sowohl bei Rundungen als auch linear langlaufend, einfach und doppelt ausgeführt werden. Bei Längsnähten greifen die umgeschlagenen Blechkanten wie breite Haken ineinander. Das Blech liegt an dieser Stelle vierfach – ein Grund, die Naht entweder nach innen oder

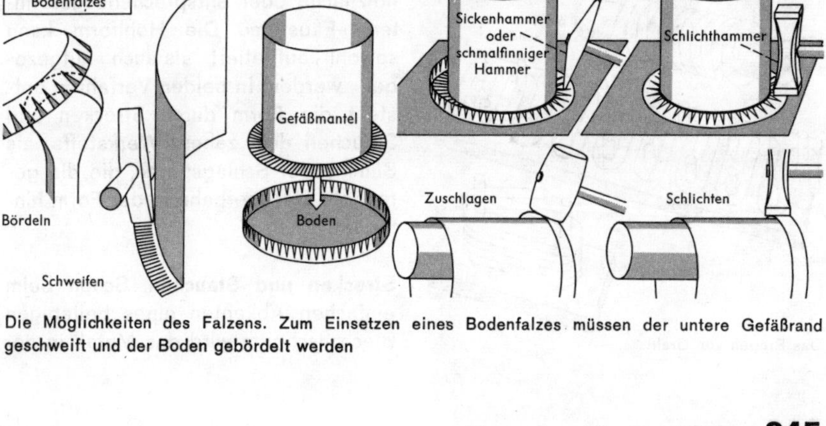

Die Möglichkeiten des Falzens. Zum Einsetzen eines Bodenfalzes müssen der untere Gefäßrand geschweift und der Boden gebördelt werden

nach außen abzusetzen. Die Falznaht ist, wenn sie gut gearbeitet worden ist, wasserdicht. Zur Sicherheit kann man noch ein Stück dünnes Papier mit in den Falz einlegen.

Andere Biegearbeiten. Drähte kann man mit der Flachzange scharfwinklig, mit der Rundzange kreisförmig biegen. Wellenbiegungen werden über dem sogenannten »Faulenzer« ausgeführt, den man sich entsprechend der gewünschten Kurvenzüge selbst bastelt (siehe Seite 363). Rohre füllt man, damit sie beim Biegen nicht einknicken, mit feinem Sand, verdichtet diesen

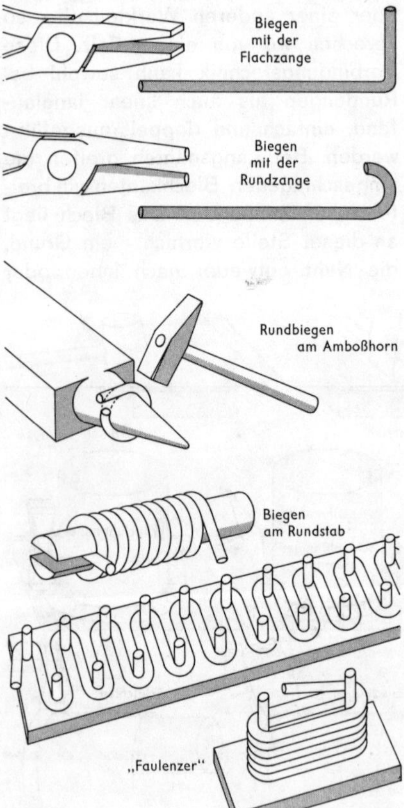

Das Biegen von Draht

durch mehrmaliges Aufstoßen und verschließt die Öffnungen mit Korken, die jedoch stramm sitzen müssen, damit sie dem Biegedruck nicht nachgeben.

Kaltschmieden oder Treiben

Schmiedearbeit wird im allgemeinen als schweres Hammerwerk am glühend gemachten »Schmiedeeisen« (schmiedbarer Stahl) angesehen. Das »Warmschmieden« ist aber nur ein Teil aller der unter der Bezeichnung »Schmieden« zusammengefaßten Werkverfahren. Ein zähes, schmiedbares Metall läßt sich auch im kalten Zustand zu einer vergrößerten Fläche auseinandertreiben und formen, ohne daß es seinen Zusammenhalt verliert. Man macht sich das praktisch schon beim »Schweifen« (d. h. in eine Kurve zwingen) flachliegender Metallbänder und beim »Spannen« (Richten) gewölbter oder verbeulter Bleche zunutze. Die eigentliche Formtechnik aber ist das »Kaltschmieden« oder »Treiben« starker oder mittelstarker Silber-, Kupfer-, Messing- oder Aluminiumbleche zu unterschiedlichen Hohlformen (Schalen, Schmuck- und Leuchterteile und andere flachschalige Gebilde; Becher- und Kelchformen sind ebenfalls möglich). – Man schlägt mit Treibhämmern (siehe Seite 334) über einer Hirnholzfläche oder entsprechend geformten »Fäusten«. Die Hohlform kann sowohl »aufgetieft« als auch »aufgezogen« werden. In beiden Verfahren entsteht die Form durch Strecken und Stauchen des zähen Werkstoffs als Summe der Schlagspuren, die die gerundete Hammerbahn in der Form hinterläßt.

Strecken und Stauchen. Schon beim einfachen Abkanten eines beliebigen Blechzuschnitts wird das Metall in der

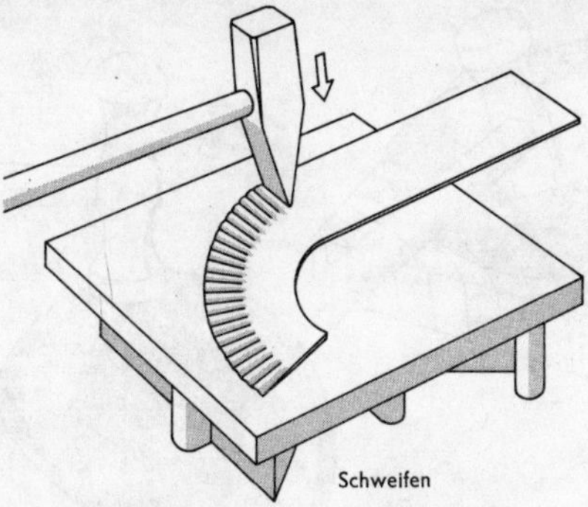

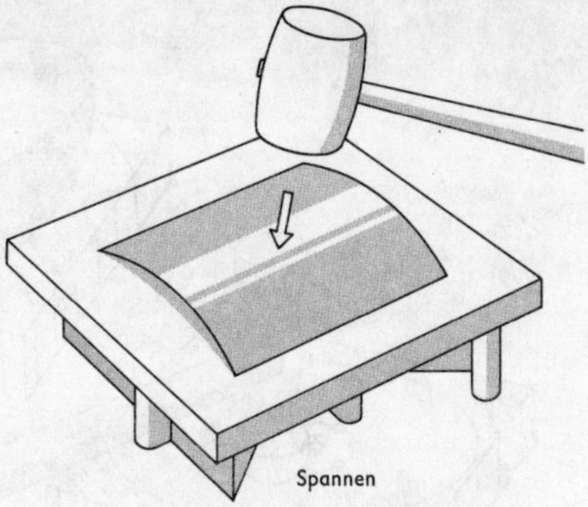

Beim Schweifen und Spannen wird das Metall in seinem inneren Zusammenhang verändert

Außenkurve der Biegung gestreckt, in der Innenkurve gestaucht. Welche Formveränderungen dabei im Werkstoff vor sich gehen, erkennen wir erst, wenn wir einmal die Außenkante eines Stücks Messingband über dem Amboß zu strecken versuchen. Durch die Wucht der Hammerschläge wird diese auseinandergetrieben (»breitgeschlagen«) und dabei der Streifen nach der anderen Seite in eine immer enger werdende Kurve gezwungen (»geschweift«). An der Innenkante dieser Biegung wird die Stauchung in einer Verdickung des Materialquerschnitts deutlich.
Strecken und Stauchen finden ihre Grenzen in der Dehnbarkeit des Werkstoffs, die bei den verschiedenen Metallen erheblich variiert. Außerdem macht sich während der Arbeit ein zunehmendes Härter- und Spröderwerden des Metalls bemerkbar, das daher zwischendurch wieder spannungsfrei geglüht werden muß (siehe Seite 349).

Spannen. Beim Zuschneiden mit der Schere wird das Blech oft an den Rändern verbogen oder in einzelnen Flächenteilen gewölbt. Das Geraderichten solcher Werkteile bezeichnet man als »Spannen«. Das Blech wird mit der Wölbung nach oben auf die Richtplatte gelegt und mit dem Holzhammer niedergeschlagen. Dabei bringt man die beiden »verspannten« Metallseiten wieder in ein ausgeglichenes Spannungsverhältnis. Bei dünnen, weichen Blechen mag schon ein Niederreiben der Schnittränder oder Wölbungen mit einem runden Holzstück (Feilenheft) genügen. Gerieben wird immer die nach oben gewölbte Seite. Zu starke Bearbeitung bewirkt eine Wölbungsumkehrung, was wiederum durch rückseitiges Bearbeiten behoben werden kann.

Auftiefen. Entsprechend der Beanspruchung des Materials in den gewölbten Partien muß das Ausgangsblech für diese Technik mittel bis kräftig (1–2 mm stark) gewählt werden. Zunächst wird mit der Blechschere eine kreisförmige Ausgangsform – die »Ronde« – zugeschnitten. Der Blechdurchmesser soll möglichst dem oberen Randdurchmesser des geplanten Gefäßkörpers entsprechen. Wir legen die Ronde flach auf die Hirnfläche eines Holzklotzes und treiben sie mit dem Treibhammer auseinander. Dabei beginnen wir in der Scheibenmitte und wandern beim Schlagen auf dem Weg einer Spirale langsam nach außen. Das Werkstück gewinnt an Oberfläche und wölbt sich

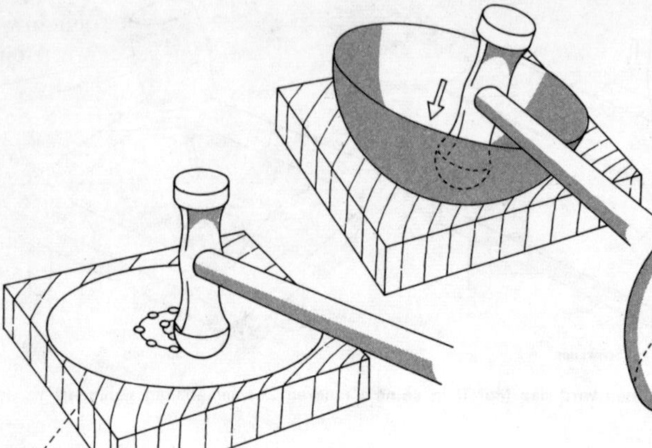

Auftiefen einer Schale

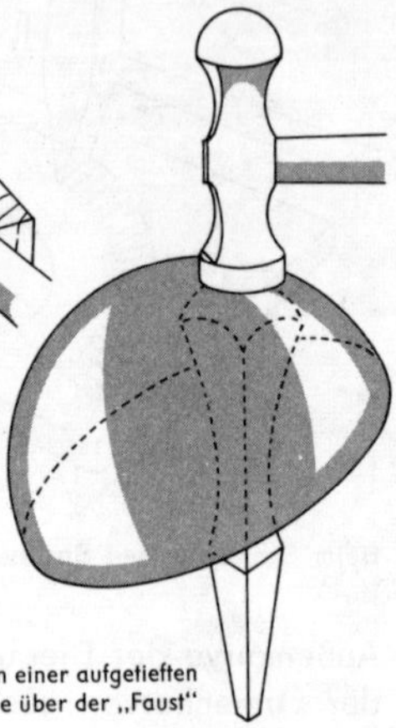

Planieren einer aufgetieften Schale über der „Faust"

– da das gestreckte Metall seitlich nicht ausweichen kann – zur Hohlform. Anfangs stellt sich nur eine leichte Mulde ein. Sobald wir am Blechrand angelangt sind, wird das Metall geglüht und gebeizt (siehe unten). Erst dann darf der Arbeitsgang wiederholt werden. Im Verlaufe mehrerer Umgänge vertieft sich die Wölbung mehr und mehr. Das Ausbeulen einer Hohlform durch Auftiefen erfolgt grundsätzlich von innen nach außen, auf Dehnung der Wand- und Bodenflächen abzielend, wobei der Rand des Werkstücks nur wenig oder gar nicht gestreckt wird. Später, wenn die zu eng gewordene Wölbung die Schlagfreiheit an der Werkstückinnenseite behindert, kann eine entsprechend gewölbte Faust eingelegt und die Werkform auch von außen bearbeitet werden. Das Kennzeichen eines aufgetieften Hohlkörpers ist der starke, gespannte Rand im Gegensatz zur dünneren Wandstärke in der Wölbungsmitte. Bei zu dünnem Ausschlagen besteht die Gefahr, daß der Werkstoff reißt.

Aufziehen. Das Aufziehen hat dem Auftiefen gegenüber den Vorteil, daß es das Ausformen des Hohlkörpers erleichtert und das Material nicht so einseitig (in der Wölbung) beansprucht. Die Formprägung kommt durch abwechselnd geführte Streck- und Stauchschläge zustande. Nicht die Mittelzonen des Blechs werden gestreckt, sondern die Randpartien mehr und mehr nach innen »gezogen«. Dabei wird das Material in der ganzen Fläche bearbeitet.

Wir benötigen zum Aufziehen ein »Sattelholz«, das ist ein Buchenholzstück, welches an der einen Hirnholzkante mit einer runden Kerbrille (zum Faltenschlagen!) versehen ist und in den Schraubstock eingespannt wird (a). Wenn man die übrige Hirnholzfläche entsprechend abrundet, können wir darauf auch »glattschlagen« (stauchen). Für beide Arten des Schlagens nimmt man den gleichen Schweifhammer (Treibhammer mit länglicher Finne). Das Aufziehen einer Hohlform aus der zugeschnittenen Blechronde beginnt mit dem Schlagen strahlenförmig vom Mittelpunkt des Kreises zur Peripherie verlaufender Streckfalten über dem

Sattelholz: Die Ronde wird – spätere Außenseite nach oben! – flach über das Holz gelegt und über der Sattelrille mit dem Schweifhammer rundum eingetieft (b). Das Werkstück sieht danach wie eine schlecht gepreßte Kuchenform aus und muß anschließend noch geglüht und gebeizt werden.
Der zweite Arbeitsgang besteht im wesentlichen darin, daß wir die soeben geschlagenen Falten durch quer zum Verlauf der Streckfalten geführte Stauchschläge wieder einebnen. Auch damit beginnen wir am Rande des Bodens. Die Ronde wird über eine runde Unterlage oder den waagerechten Arm eines kräftigen Schweifstocks (siehe Seite 334) gehalten. Beim Schlagen drehen wir das Werkstück (c, d). Sobald wir mit dem kreisenden Überhämmern bis an den Außenrand der Ronde gelangt sind, muß wieder geglüht

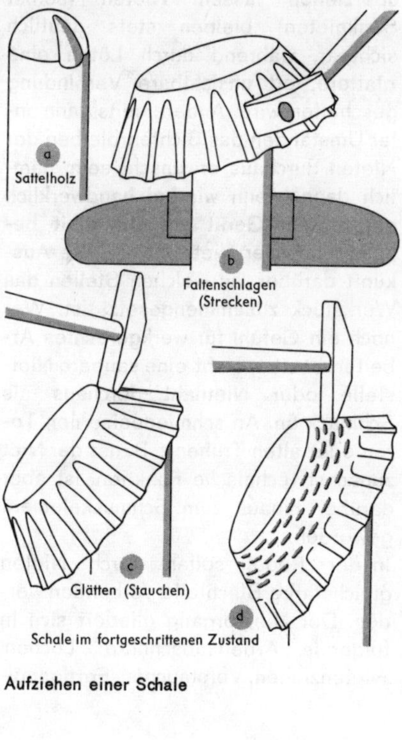

Aufziehen einer Schale

und gebeizt werden. Dann beginnen wir mit der Arbeit wieder von vorn. Beim Schlagen der zweiten Falten achten wir darauf, daß die Faltenrücken dort entstehen, wo vorher Faltentäler waren, damit die Gefäßwand möglichst überall die gleiche Stärke erhält. Je öfter wir die Folge des Faltenschlagens und Einebnens (Streckens und Stauchens) wiederholen, um so stärker wächst die Körperwandung der Hohlform in die Höhe. Dabei wird das Metall in den Wandteilen mehr und mehr gedehnt und zum Rand hin zusammengetrieben, so daß auch jetzt die Randpartien zunehmend stärker werden. Beim letzten Einziehen des Randes ist Vorsicht geboten, weil sich das Material hier leicht in Falten übereinanderlegt.

Zwischenglühen und Beizen. Wir wissen (siehe Seite 317), daß sich das Metall unter den erbarmungslosen Hammerschlägen in seiner Struktur ändert, daß es immer härter und spröder wird. Sobald wir merken, daß sein Widerstand gegen die Bearbeitung zu wachsen beginnt, müssen wir ihm seine ursprüngliche Geschmeidigkeit durch Erhitzen bis zur Rotglut zurückgeben. Am besten eignet sich dazu der Bunsenbrenner oder die Flamme am Gasherd. Aber auch eine Lötlampe läßt sich verwenden. Zu beachten ist, daß die Erhitzung, die das Werkstück immer nur partiell erfaßt, gleichmäßig über der gesamten Materialoberfläche durchgeführt wird. Die beste Glühtemperatur dürfte bei 600° (dunkelrote Glutfarbe) bei einer Glühdauer von 2 bis 3 Minuten liegen.
Nach jedem Zwischenglühen muß gebeizt werden, um die harte Zunderschicht zu entfernen, die sich beim Glühen auf der Werkstückoberfläche bildet. Jede Unsauberkeit, die auf der

Oberfläche verbleibt, wird nämlich vom Hammer so fest in das weiche Metall hineingetrieben, daß es durch kein Mittel mehr daraus zu entfernen ist. Man gießt daher verdünnte Schwefelsäure im Verhältnis 1 : 10 in eine genügend große Glasschüssel und hält das Werkstück mit einer Holzklammer hinein. Am Hellerwerden des Metalls erkennt man den Vorgang der Reinigung. Hinterher muß das Werkstück in sauberem Wasser gründlich abgebürstet und getrocknet werden.
Vorsicht beim Umgang mit Säure! Vor allem niemals Wasser in die konzentrierte Säure gießen, da es von der Schwefelsäure so heftig aufgenommen wird, daß diese dabei in alle Richtungen spritzt. Säurespritzer auf der Haut rufen schmerzhafte Verbrennungen hervor und dürfen nur mit Öl abgetupft werden. Spritzer von verdünnter Säure auf Kleidungsstücken sind sofort auszulaugen.

Planieren. Haben wir die Form im Groben fertiggestellt und auch alle Ecken und Beulen im rohen Werkkörper ausgeglichen, muß die Werkstückoberfläche »planiert« werden. Wir rücken ihr also jetzt, nach einer letzten Glut- und Beizprozedur, noch einmal von Grund auf zu Leibe, indem wir sie mit einem Planierhammer mit glatter, gerader oder nur schwach gerundeter Bahn über einer passend geformten Faust von außen vollständig überschlagen und glätten. Vor allem müssen die wulstnarbigen Hammerschläge der groben Arbeit beseitigt werden, wobei wir keineswegs darum besorgt zu sein brauchen, daß bei dieser Überarbeitung auch die Lebendigkeit der »gehämmerten Fläche« verlorengeht. Es wird uns auch bei ausgedehntem Planieren niemals gelingen, eine sozusagen »maschinenglatte« Oberfläche zu bekommen. In einer sauber ausgeführten Treibarbeit sollten jedoch Hammerspuren so wenig wie möglich in Erscheinung treten.

Das Nieten

Durch Niet und Lot können Metallteile miteinander verbunden werden. Genietet wird vor allem dort, wo ein Verlöten, Verschweißen oder Verschrauben nicht in Frage kommt. Die Verbindung etwa von Aluminiumblech mit Eisen durch Lot ist schlecht möglich; Schrauben sehen nicht überall gut aus, ragen hervor und können sich auch leichter lösen; schließlich verträgt auch nicht jedes Werkstück die Hitze einer Schweißflamme.
Genietete Werkstücke haben aber den Nachteil, daß sie sich nicht so gut versilbern oder mit einem anderen Metall überziehen lassen. Nieten (selbst Senknieten) bleiben stets deutlich sichtbar, während durch Löten eine glattere, oft unsichtbare Verbindung geschaffen wird. Andererseits kann unter Umständen das Sichtbarbleiben der Nieten durchaus erwünscht sein, nämlich dann, wenn wir bei handwerklich gefertigtem Gerät um Offenheit bemüht sind: Der Niet gibt ehrliche Auskunft darüber, an welchen Stellen das Werkstück zusammengesetzt ist. Wer noch ein Gefühl für werkgerechtes Arbeiten besitzt, sieht eine saubere Nietstelle oder Nietnaht durchaus als Schmuck an. An schmiedeeisernen Toren oder alten Truhen z. B. hat der Niet zunächst technische Funktion, ist aber darüber hinaus zum Schmuckelement geworden.
In der Regel sollen durch Nieten gleichstarke Blechteile verbunden werden. Der Nietvorgang gliedert sich in folgende Arbeitsabschnitte: Lochen, Nietenziehen, Vorstauchen, Fertigstau-

chen, Vorformen und Ausformen des Schließkopfes. – Der Niet wird mit seinem Schaft wie eine Schraube in die Bohrlöcher gesteckt und durch geeignete Werkzeuge (siehe Seite 336) gestaucht; das hervorstehende Ende des Nietschaftes wird zu einem zweiten Kopf, dem Schließkopf, breitgeschlagen. Die Blechteile werden also zwischen Nietkopf und Schließkopf eingeklemmt, wobei der Nietschaft auf Zug beansprucht wird. Sitzt der Niet nicht fest genug und lassen sich die Blechteile gegeneinander verschieben, so wirken scherende Kräfte von der Seite her auf den Nietschaft ein. Der Niet muß aus einem zähen, kaltschmiedbaren Material – Stahl, Kupfer, Messing oder Leichtmetall – bestehen (nur sehr große Nieten werden zum Einsetzen bis zur hellen Rotglut erhitzt). Erst durch das Stauchen wird der Niet gehärtet (Kaltverfestigung siehe Seite 316). Nach der Form des Kopfes unterscheidet man Senknieten (bei diesen wird der Kopf ins Blech versenkt), Linsenkopfnieten und Halbrundnieten. Form und Maße der Nieten sind nach DIN genormt.

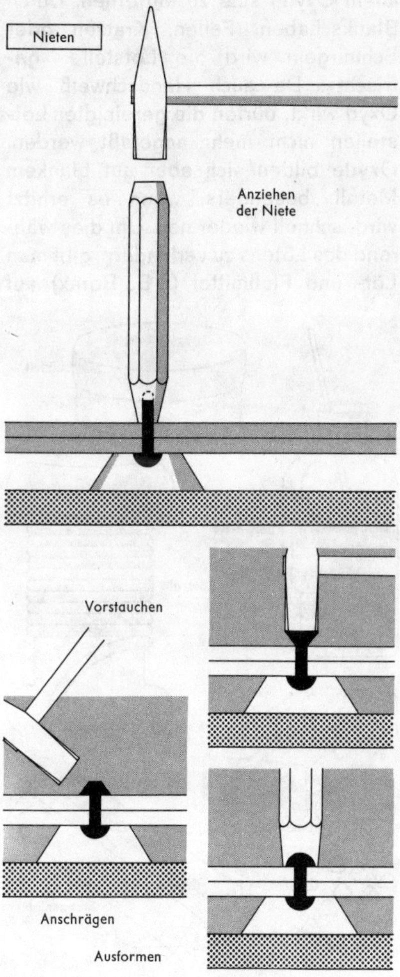

Die Werkvorgänge beim Nieten

Lochen und Nietenziehen. Zunächst werden die Nietlöcher angezeichnet. Entlang der Blechkante wird mit Hilfe eines Streichmaßes oder Stahllineals und einer Reißnadel eine Parallele angerissen, die einen gleichbleibenden Abstand der Nietlöcher vom Blechrand festlegt. Auf dieser Reißlinie werden die Mittelpunkte der Nietlöcher angekörnt. Die beiden Blechteile müssen genau ausgerichtet und fest miteinander verklammert werden. Nun kann man bohren oder lochen. Das Nietloch soll mindestens 0,1 mm weiter sein als der Nietdurchmesser. Schließlich säubert man die Lochränder durch Abfasen oder Ansenken. Löcher für Senknieten werden mit einem der Größe entsprechenden Spitzsenker eingesenkt. Löcher, die nicht genau deckend übereinanderliegen, müssen wir mit einer Rundfeile überarbeiten. Nun wird der Niet eingeführt und der Nietenzieher angesetzt. Der Niet ruht mit dem Kopf im Setzkopfeisen oder auf einer anderen festen Unterlage (Amboß, Eisenbahnschiene). Der unten hohle Nietenzieher wird über den Nietenschaft gesetzt und angeschlagen; dadurch pressen wir die Bleche um das Nietloch herum fest aufeinander.

Stauchen und Formen. Wir geben mit dem Niethammer einige kräftige Schläge senkrecht auf den Nietschaft, der dadurch gestaucht wird. Er verkürzt sich und dehnt sich gleichzeitig nach den Seiten hin aus, wobei sich sein Durchmesser nach oben hin konisch vergrößert. Der Nietschaft zieht auf diese Weise die Bleche fest zusammen.
Nun wird mit dem Niethammer schräg von oben weitergeschlagen und der Schließkopf kantig vorgeformt. Da sich das Metall bei jedem Hammerschlag kaltverfestigt, tut man gut daran, die Schläge zu beschränken. Der Niet darf nicht zu spröde werden. Endlich wird der Schließkopf mit einem passenden Kopfmacher (Döpper) fertiggeformt.
Soll ein Niet wieder gelöst werden, so muß der Nietkopf mit dem Nietenquetscher, einem meißelähnlichen Werkzeug, abgeschert werden. Bei Senknieten ist das allerdings nicht möglich.

Das Lötverfahren

Wir unterscheiden »weiches« und »hartes« Löten. Bei beiden Verfahren wird die Verbindung der Teile durch einen mehr oder weniger leicht schmelzenden metallischen Vermittler, das Lot, hergestellt. Weiches Lot (Zinnlot) schmilzt bei 185–260 Grad, hartes (Silberlot) bei 700–900 Grad. Nur beim Schweißen ist die Verbindung direkt; hier werden die Ränder der Teile selbst durch die sehr hohen Schweißtemperaturen (für Stahl etwa 1 500 Grad) schmelzflüssig gemacht und bei gleichzeitigem Einfügen eines Schweißdrahtes in die Schweißnaht miteinander verschmolzen. Beim Löten wird lediglich das leichter schmelzende Lot schmelzflüssig gemacht. Trotzdem geht auch dieses eine innige Verbindung mit den Oberflächen der zu lötenden Teile ein. Die Lotteilchen durchdringen hierbei die Werkstoffteilchen – je nach Güte der Lötung mehr oder minder tief –, bilden also eine oberflächliche Legierung. Das Lot kann in den Werkstoff nur eindringen, wenn die Oberflächen sauber sind. Vor allem Oxyde sind zu entfernen. Durch Blankschaben, Feilen, Kratzen oder Schmirgeln wird die Lotstelle »gefrischt«. Da auch Handschweiß wie Oxyd wirkt, dürfen die gereinigten Lötstellen nicht mehr angefaßt werden. Oxyde bilden sich aber auf blankem Metall, besonders, wenn es erhitzt wird, schnell wieder neu. Um dies während des Lötens zu verhindern, gibt man Löt- und Flußmittel (z. B. Borax) auf

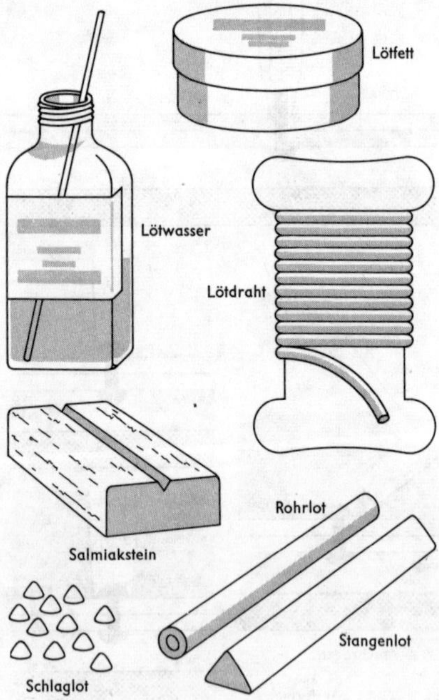

Material zum Weichlöten

die Lötstelle. Sie lösen die Oxyde auf und überziehen die Lötstelle mit einem Schutzfilm, halten also den Sauerstoff fern und bewirken gleichzeitig ein leichteres Fließen des Lotes.

Weichlöten. Als Werkzeug dient der Lötkolben (siehe Seite 336). Weichlot wird in Draht-, Rohr- oder Stangenform, bisweilen auch in Tropfenform (Schlaglot) bezogen. »LSn 40« bedeutet Lötzinn mit 40 % Zinngehalt, der Rest ist Blei. Wegen der giftigen Eigenschaften des Bleis darf zum Verlöten von Konservendosen nur LSn 98 verwendet werden. Als Lötmittel (Reinigungs- und Flußmittel) werden Lötwasser oder Lötfett gebraucht. Lötwasser kann man selbst herstellen, indem man in reiner Salzsäure Zink bis zur Sättigung löst und dann die Lösung filtriert. Lötfett enthält als wirksame Bestandteile Salmiak oder Kolophonium. Zur Vereinfachung des Arbeitsvorganges sind Lötpasten entwickelt worden, die feingeriebenes Lötzinn und Flußmittel gemischt enthalten, so daß allein mit dieser Paste gelötet werden kann. Die Lötmittel können in rohrförmigem Zinnlot aber auch als Füllung enthalten sein. – Ein Salmiakstein dient zum Reinigen des Lötkolbens.

Zunächst wird das Werkstück zum Löten vorbereitet: Beim Weichlöten müssen sich die Werkteile, also Blechkanten oder Drahtenden, grundsätzlich einige Millimeter überlappen. Nur beim Hartlöten (weil Hartlot viel stärker bindet) kann auch Kante gegen Kante (auf Stoß) gelötet werden (siehe Seite 355). Wir sorgen also für gute Lötnähte.

Die Redewendung »Viel hilft viel« trifft für das Löten nicht zu. Genauso schlecht, wie eine dicke Leimschicht Holzteile verbindet, hält dickes Lot Blechteile zusammen. Das Lot verschmilzt um so inniger mit den Oberflächenteilchen, je enger die Lotfuge zwischen der Blechnaht ist. Die Lötstellen müssen daher nach der mechanischen und chemischen Reinigung (durch Kratzen und Auftragen von Lötwasser) möglichst fest aufeinandergepreßt werden. Hohlformen, Rohre und Kästen werden von innen unterlegt, sodann mit Bindedraht umwickelt, geklammert oder mit einem Holzstück an der Lötstelle festgedrückt. Sehr lange Nähte können wir vor dem Löten mit Heftnieten versehen oder an einigen Punkten vorlöten. Nun wird der Lötkol-

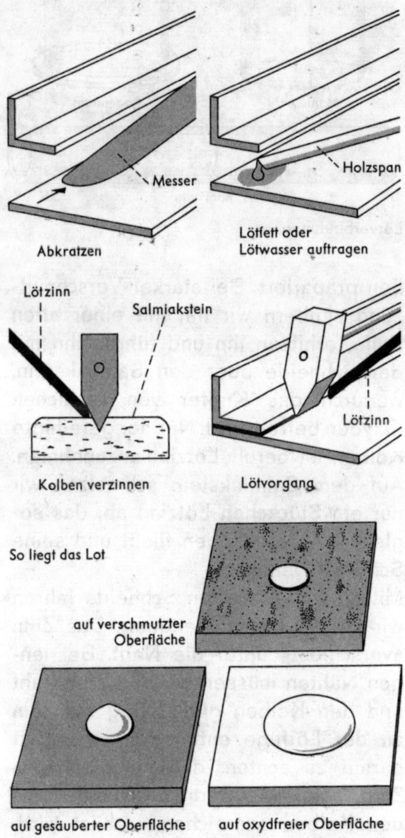

Die Lötstellen müssen mechanisch und chemisch gereinigt und zur Lötung möglichst fest aufeinandergepreßt werden

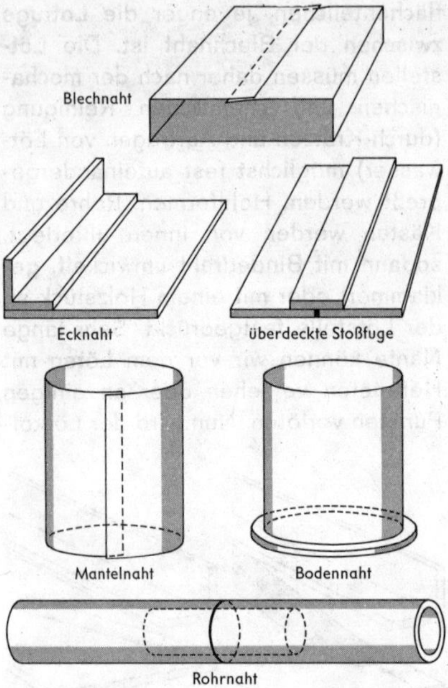

Lötverbindungen

ben präpariert. Bei starker Verschmutzung säubern wir ihn mit einer alten Feile, erhitzen ihn und führen ihn mit der Schneide über den Salmiakstein, wodurch das Kupfer von restlichen Oxyden befreit wird. Nur der gereinigte Kolben ist bereit, Lötzinn anzunehmen. Auf dem Salmiakstein schmelzen wir nur ein Stückchen Lötzinn ab, das sogleich an den Kolben fließt und seine Schneide verzinnt.

Mit dieser verzinnten Schneide fahren wir an der Lötnaht entlang. Das Zinn »verschießt« unter die Naht. Bei langen Nähten müssen wir den Zinndraht und den Kolben gleichzeitig langsam an der Lötfuge entlangführen. Es ist darauf zu achten, daß nicht nur das Zinn, sondern auch die Blechnaht durch den Kolben ausreichend erhitzt wird, da sonst keine dauerhafte Verbindung zustande kommt. Andererseits darf die Lötstelle nicht überhitzt werden, da sich dies ebenfalls nachteilig auf die Haltbarkeit der Lötverbindung auswirkt. Zu heißes Lot will auch nicht richtig fließen. Nach dem Löten säubern wir die Lötstelle mit Salmiaklösung oder Seifenwasser, um vor allem die schädlichen Säurereste (Lötwasser) zu entfernen. Soll Stahl weich gelötet werden, so empfiehlt es sich, die Lötstelle vorher zu verzinnen. – Aluminium wird nach Möglichkeit nur genietet, da Löten wegen der schnell und heftig auftretenden Oxydation sehr schwierig ist. In der Industrie lok-

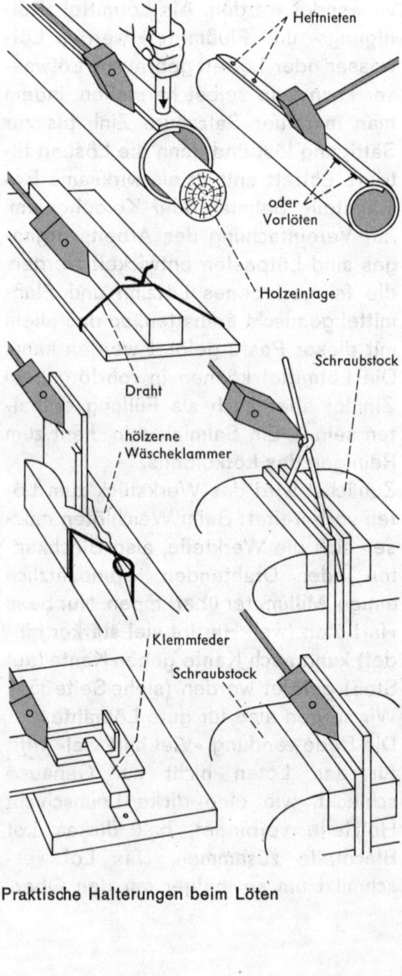

Praktische Halterungen beim Löten

kert man neuerdings hierbei die Oxyde durch Ultraschall auf.

Hartlöten. Derart gelötete Metallverbindungen zeichnen sich durch größere Festigkeit und Hitzebeständigkeit aus. Das Arbeitsverfahren ist nicht schwieriger als beim Weichlöten; es sind jedoch höhere Temperaturen, als sie der Lötkolben vermitteln könnte, erforderlich. Zum Hartlöten wird ein Brenner benötigt, der nach Art des Bunsenbrenners bei Luftzufuhr eine Stichflamme erzeugen kann. Zu gebrauchen sind ferner Lötpistolen, Flaschengasbrenner, auch Schweißbrenner mit weich eingestellter Flamme. Mit Hilfe des Lötrohres lassen sich feine Stichflammen gezielt auf die Lötstelle richten (siehe Seite 337). Für kleine Goldschmiedearbeiten genügen Spirituslampe und Lötrohr. Wird eine quaderförmige Holzkohle als Lötunterlage verwendet, so läßt sich ihre Lebensdauer wesentlich verlängern, wenn man sie ringsum einkerbt und mit Draht umschnürt. Die von der Flamme getroffene Holzkohle trägt wesentlich zur Erzeugung der erforderlichen hohen Schmelztemperaturen bei. Kleinere Werkstücke können auch auf einem Schamottestein oder Asbestdrahtnetz gelötet werden. Für größere Arbeiten nimmt man eine mit Holzkohle gefüllte Zinkwanne.

Hartlote sind Legierungen des Kupfers mit Zink und Silber. LMs 60 ist ein Messinglot mit 60 % Kupfergehalt, der Rest ist Zink. LAg 8 ist Silberlot mit 8 % Silber, Rest Kupfer. Für feinere Arbeiten wird Silberlot bevorzugt. Es eignet sich nicht nur für Silberarbeiten, sondern ebensogut für Kupfer, Messing, Tombak, Eisen. Zum Löten von Gold kann Goldlot verwendet werden. Die Scheideanstalt liefert Silberlot in Form von Blechen, die wir nach Bedarf in feine Streifen oder Plättchen (Paillons) zerschneiden. Es gibt leichtflüssige, mittlere und strengflüssige Silberlote. Alle drei Schmelzwerte sollten beim Löten stets bereitliegen. Im allgemeinen wird die erste Lötung mit dem strengflüssigen Lot vorgenommen. Nur wenn nachgelötet werden muß, ge-

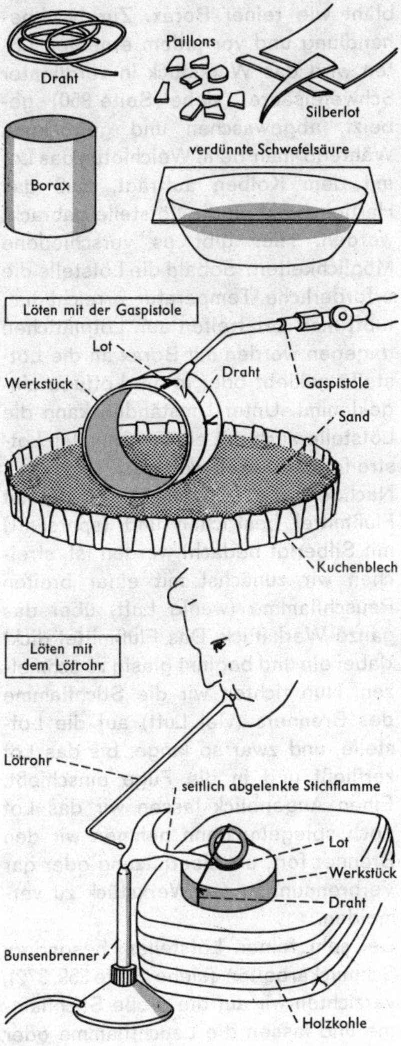

Hartlöten: Material und Arbeitsweise

hen wir auf das mittlere, notfalls auf das leichtflüssige Lot über.
Als Flußmittel verwenden wir Borax oder Fabrikate auf Boraxgrundlage. Streuborax besteht aus 2 Teilen Borax, 3 Teilen Kochsalz und 4 Teilen Pottasche (zusammengeschmolzen und unter Luftabschluß aufbewahrt). Er hat den Vorteil, daß er beim Löten nicht so bläht wie reiner Borax. Zur Nachbehandlung und vor jedem erneuten Löten wird das Werkstück in verdünnter Schwefelsäure (siehe Seite 350) gebeizt, abgewaschen und getrocknet.
Während man beim Weichlöten das Lot mit dem Kolben aufträgt, muß das Hartlot direkt an die Lötstelle gebracht werden. Hier gibt es verschiedene Möglichkeiten: Sobald die Lötstelle die erforderliche Temperatur erreicht hat, tupft man Lötstreifen auf. Lötplättchen dagegen werden mit Borax an die Lötstelle geklebt oder in die Lötfuge eingeklemmt. Unter Umständen kann die Lötstelle auch mit einem schmalen Lotstreifen umwickelt werden.
Nachdem die Lötstelle gereinigt, mit Flußmittel bestrichen und (sparsam!) mit Silberlot bedacht worden ist, streichen wir zunächst mit einer breiten Rauschflamme (wenig Luft) über das ganze Werkstück. Das Flußmittel dickt dabei ein und beginnt glasig zu schmelzen. Nun richten wir die Stichflamme des Brenners (viel Luft) auf die Lotstelle, und zwar so lange, bis das Lot zerfließt und in die Fuge einschießt. Einen Augenblick lassen wir das Lot noch spiegeln; dann nehmen wir den Brenner fort, um Überhitzung oder gar Verbrennungen am Werkstück zu vermeiden.
Bei sehr feinen Lötstellen, besonders Schmuckarbeiten (siehe Seite 359, 372), verzichten wir auf die große Stichflamme und lassen die Leuchtflamme oder die schwache Rauschflamme stehen. Mit Hilfe des Lötrohres wird nun eine feine, aber sehr heiße Stichflamme auf die Lötstelle zugetrieben. Dieses Verfahren gestattet ein viel feineres Abstimmen und Lenken der Temperatur. Die größte Hitze soll übrigens gar nicht auf dem Lot selbst liegen (das sich sonst leicht zu Kugeln zusammenballt, anstatt in die Fuge zu fließen), sondern dicht daneben, möglichst auf dem stärkeren der beiden zu verlötenden Metallteile. Das Lötrohr läßt sich mit dem Mund oder einem Blasebalg betreiben.
Hitzeempfindliche Stellen am Werkstück und bereits vorhandene Lotstellen können durch einen Tonaufstrich vor der Lötflamme geschützt werden.

Lötmontagen. Bei einfachen Treibarbeiten werden oft kleine Schalen mit rundem Boden gefertigt. Wünscht man für solche Gefäße einen standfesten Untersatz, so bieten sich u. a. folgende Möglichkeiten an: kurze Füße aus stärkeren Drahtenden, Gestelle aus Draht, Drahtringe oder Blechstreifen. Bei ihrer Montage kommt man durch Löten am besten zum Ziele. Schwierigkeiten bereitet oft die provisorische Halterung von Drähten und Stäben, bis man sie im gewünschten Winkel endgültig anlöten kann. Mit Bindedraht kommt man hier meist nicht zum gewünschten Erfolg. Wir stecken daher die zu lötenden Teile lieber in einen weichen Grund, in dem wir sie bequem richten können, bis sie sich in der vorgesehenen Weise im Lötpunkt berühren. Ein solcher Grund kann bei weicher Lötung aus Plastilin, bei Verwendung von Hartlot der größeren Hitze wegen aus einer Schüssel voll Sand oder einem Gipsblock bestehen. Für kleinere Arbeiten kann eine halbierte Kartoffel als Halterung nützlich sein.
Der gesamte Arbeitsvorgang bei Löt-

montagen läßt sich am besten durch ein Beispiel erläutern. So können wir etwa an eine aus Silberblech getriebene Schale mit rundem Boden einen Untersatz anlöten, der aus einem millimeterstarken Silberblechstreifen durch Hammerschlag über einem Rundeisen gebogen ist (siehe Seite 344). Seine Enden müssen zunächst hart miteinander verlötet werden, um dann durch Hartlot an die Schale montiert zu wer-
Der rundgebogene Streifen ist bei der Bearbeitung stark gespannt worden. In der Löthitze würde er sich entspannen und die Lötfuge auseinandertreiben. Wir entspannen ihn deshalb vorher in der rauschenden Bunsenbrennerflamme, bis er rundum schwach geglüht hat. Da sich dabei seine Oberfläche durch Oxyde schwärzt, lassen wir ihn nach dem Erkalten in verdünnter, heißer Schwefelsäure weißsieden (siehe Seite 392). Anschließend wird er mit einer Messingbürste gekratzt und abgespült. Nun kann man die Lötkanten feilen, bis sie fluchten und flächig aufeinanderstoßen. Der Reifen wird von Hand auf Rundung nachgebogen und mit einem weichen Eisendraht rundum umwickelt. Dies darf jedoch nicht zu fest geschehen, da sich Silber bei der Erwärmung stärker ausdehnt als Eisen, was zu unerwünschten Spannungen führen könnte. Die Lötstelle wird auf der Innenseite mit Flußmittel (Borax) eingerieben und der Reifen mit der Lötstelle nach unten auf die Kohle gesetzt. Ein schmales Streifchen strengfließendes Silberlot in der Länge der Lötfuge wird aufgelegt und die Umgebung der Lötstelle mit schwacher Rauschflamme vorsichtig bestrichen. Das Flußmittel verkocht. Sollte dabei das Lotstreifchen verschoben werden, so rücken wir es mit einem Stäbchen wieder an seinen Platz. Sobald das Flußmittel glasig wird, geben wir die volle Heizflamme auf die Lötstelle und die darunter liegende Kohle; oder wir blasen mit dem Lötrohr eine Stichflamme abwechselnd links und rechts neben das Lot, bis es in die Fuge einschießt. Nach dem Erkalten entfernt man den Bindedraht. Sollte ihn das Lot mit erfaßt haben, so kann man das festsitzende Drahtstück abfeilen. Anschließend wird das Werkstück wie vorher gebeizt.

Nun muß man den Reifen dem Schälchen genau anpassen. Die Berührungskante wird nach innen winklig angefeilt, bis die Schalenrundung überall möglichst voll aufliegt. Nachdem auch die Schale geglüht und gebeizt wurde, kann die eigentliche Montage beginnen. Der Reifen wird aufgelegt und seine richtige Lage im Innenrund angerissen, damit wir ein Verschieben während der Arbeit sofort bemerken und berichtigen können. Beide Teile werden mit Bindedraht wie ein Paket locker umschnürt. Befürchten wir ein Einschneiden des Drahtes in das Silber, das in der Hitze ja weich wird, so unterlegen wir die besonders gefährdeten Kanten mit Blechstreifen. Nun streicht man mit einem Holzspan rundum die Lötnaht mit Flußmittel ein. Wir legen einen sehr dünnen Lotstreifen, besser aber kleine Lotschnitzel in zentimeterweiten Abständen im Innenrund an die Lötnaht. Für das Löten selbst bietet sich hier eine besonders günstige Möglichkeit an: Wir legen die Schale (Öffnung nach unten) über zwei aufrechtstehende Schamottesteine und halten den Brenner einfach darunter. Sollte die Hitze (bei einer größeren Schale) für den Lotfluß nicht ausreichen, so nehmen wir einen zweiten Brenner zu Hilfe, mit dem wir von oben die Lötnaht befeuern.

Für diese Lötung kann auch mittleres oder leichtfließendes Lot verwendet

werden, da kein weiterer Lötprozeß notwendig ist. Dabei brauchen wir auch nicht so stark zu erhitzen.
Wir müssen immer darauf achten, daß die erste Lötstelle am Untersatz nicht wieder aufschmilzt. Um das zu verhindern, können wir den Reifen mit Draht umwinden und die erste Lötstelle durch einen Auftrag aus Tonbrei schützen. Etwas davon geben wir auch auf die Mitte der Schalenwölbung, damit diese Stelle nicht von unten her durchbrennt.
Abschließend wird gebeizt. Durch das bei dem Lötvorgang erforderliche mehrmalige Glühen und Beizen bildet sich ein Feinsilberbelag an der Oberfläche, der der fertigen Schale einen besonders reinen Silberton verleiht.
Auf ähnliche Weise lassen sich auch Ränder aus Blechstreifen um die Öffnung eines Metallgefäßes herummontieren. Man fertige den Rand etwas weiter als die Öffnung und feile nach dem Löten auf Maß.

Arbeitsvorschläge für Metallarbeiten

Das nötige Handgeschick sowie einen gewissen Formsinn vorausgesetzt, werden uns auch im Umgang mit den Metallwerkstoffen Arbeiten gelingen, die der schlichten Strenge dieses Materials entsprechen. Was uns oft beim Anschauen vieler Metallgegenstände in den Läden in äußerlich eleganter Form entgegenblitzt, folgt nicht immer dieser grundsätzlichen Forderung. Wer Anregungen sucht, sehe sich einfache und werkgetreue Dinge an, wie sie zu allen Zeiten von verständnisvollen und einfühlsamen Menschen geschaffen wurden und noch immer geschaffen werden.
Man muß sich auch darüber klar werden, wozu sich Metall am besten eignet, und ob ein wirkliches Bedürfnis vorliegt, gerade diesen Werkstoff zu wählen. Wir machen täglich die Erfahrung, daß Zwecke, denen die Metalle bisher als Werkstoff gedient haben, heute durch andere Materialien ebensogut oder sogar besser erfüllt werden. So wurde z. B. einst das Tafelzinn vom Porzellan abgelöst, und in unserer Zeit tritt vielfach der Kunststoff an dessen Stelle. Es besteht auch kein Zweifel, daß bei vielen Metallgegenständen nur die äußerlich sichtbare Kunstfertigkeit der Arbeit eigentlicher Anlaß ihrer Wertschätzung ist, oder daß aus festgefahrenen Gewohnheiten heraus Gegenstände aus Metall geformt werden, die in unserer Zeit gar nicht mehr gefragt sind. Ein Gerät wird wesentlich für einen praktischen Zweck geschaffen, dem sich Form und Zierat anpassen müssen, wenn es nicht nutz- und sinnlos werden soll.
Daneben gibt es aber Dinge, in denen sich ein nicht weniger wichtiges Bedürfnis als das nach praktischer Brauchbarkeit kundtut. Sie sind Ausdruck eines uns angeborenen Spiel- und Formsinns und unserer Freude am schmückenden Beiwerk. Obgleich in früheren Zeiten die Metalle besonders wertvoll waren, fertigte man derartige Arbeiten mit Vorliebe daraus. Die Faszination, die von dem funkelnden Material an sich ausging, verband sich dabei mit dem menschlichen Bedürfnis nach schöner Form. Beide steigerten sich gegenseitig in dem Streben, gerade aus diesem Werkstoff etwas Kostbares zu schaffen. Unbewußt spielt diese alte Bedeutung der Metalle auch heute noch eine Rolle.
Der angehende Metallhandwerker braucht Zeit, um sich mit der Führung der

Werkzeuge vertraut zu machen und naturgegebene Widerstände des Materials zu überwinden. Die folgenden Beispiele sollen zeigen, wie man die Arbeit praktisch anpacken kann. Auch der Anfänger wird auf diese Weise langsam zu befriedigenden Ergebnissen gelangen.

Einfache Biegearbeiten aus Draht

Zur Wahl stehen Silber-, Stahl- und Messingdrähte (Schweißdraht) in verschiedenen Stärken und Härtegraden. Das Formelement des Drahtes ist die »körperhafte« Linie, die – im Unterschied zur flächengebundenen Spur einer Zeichnung – auf der Unterlage plastisch aufliegt oder frei in den Raum hinausschwingt. Sie verliert aber sofort ihren Reiz, wenn ihr gespannter Verlauf durch irgendwelche Gewaltsamkeiten (Verbiegungen, von vorhergegangenen Biegeversuchen zurückgebliebene Knicks, schlenkerhafte Kurven) gestört wird. An solchen Stellen bleibt das Auge hängen, da der Bewegungszug stockt. Gequälter Draht erregt ebensolches Mißfallen wie gequältes Papier (siehe Seite 184), geknicktes

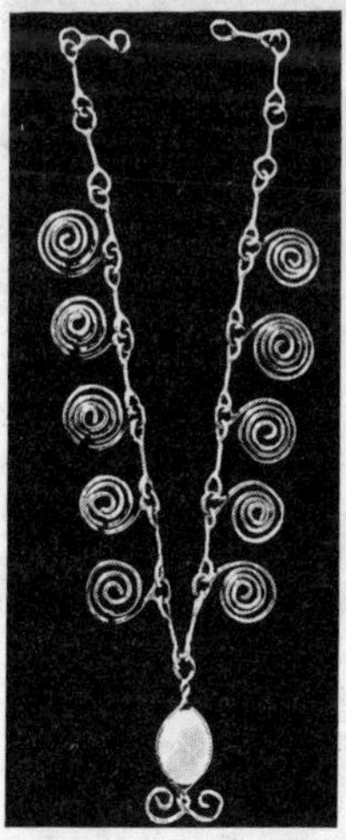

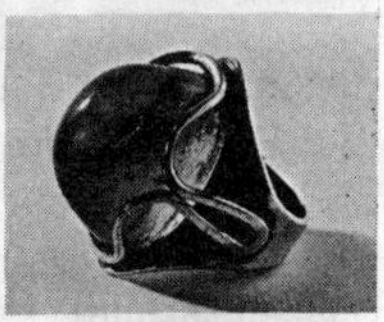

Links: Kette aus gehämmertem Silberdraht. Die Glieder sind hart gelötet. Rechts: Drei Ringe aus geschmiedetem Silberdraht, ebenfalls hart gelötet

Blech und andere in ihrer Oberflächenbeschaffenheit gestörte Werkstoffe. Es ist daher sehr wichtig, schon beim Einkauf auf unbeschädigtes Material zu achten und vor der Arbeit jeden Biegeakt in Draht genau zu überlegen. Verdorbenes Material kann kaum mehr tadellos gerichtet werden.

Die einfachste Art, Draht zu verarbeiten, ist die Formung eines Gegenstandes durch Biegen allein. Wo mehrere Drähte zusammenlaufen, ergibt sich ein formales Problem, da sich Drähte nicht wie Linien mit dem Zeichenstift ohne Verdickung zusammenführen lassen. Bei Endverbindungen behilft man sich mit spiraligem Umwickeln der übereinandergelegten Enden mit einem dünneren Draht, oder man steckt die Drahtenden in Rohrhülsen, deren innerer Durchmesser der Drahtstärke entspricht. Eckverbindungen müssen gelötet werden.

Kettenschmuck. Schmuck soll apart sein und die persönliche Note der Trägerin unterstreichen. Wir arbeiten ihn aus verschieden starkem Kupfer- oder Silberdraht und farbigen Perlen.

Für eine Kette ohne Perlen ist 1 mm starker Draht zu empfehlen, sollen dünne, lange Spiralglieder gedreht werden, dagegen 0,8 mm starker. Verwendet man große Perlen, so besorgt man sich 1,2 mm starken Draht. Holzperlen gibt es in verschiedenen Größen, unterschiedlichen Formen (rund, oval und eckig) und Farben (naturfarben, gebeizt und buntgefärbt, mit stumpfer oder mattierter Oberfläche). Helle naturfarbene Holzperlen können mit einer glühendgemachten Stricknа-

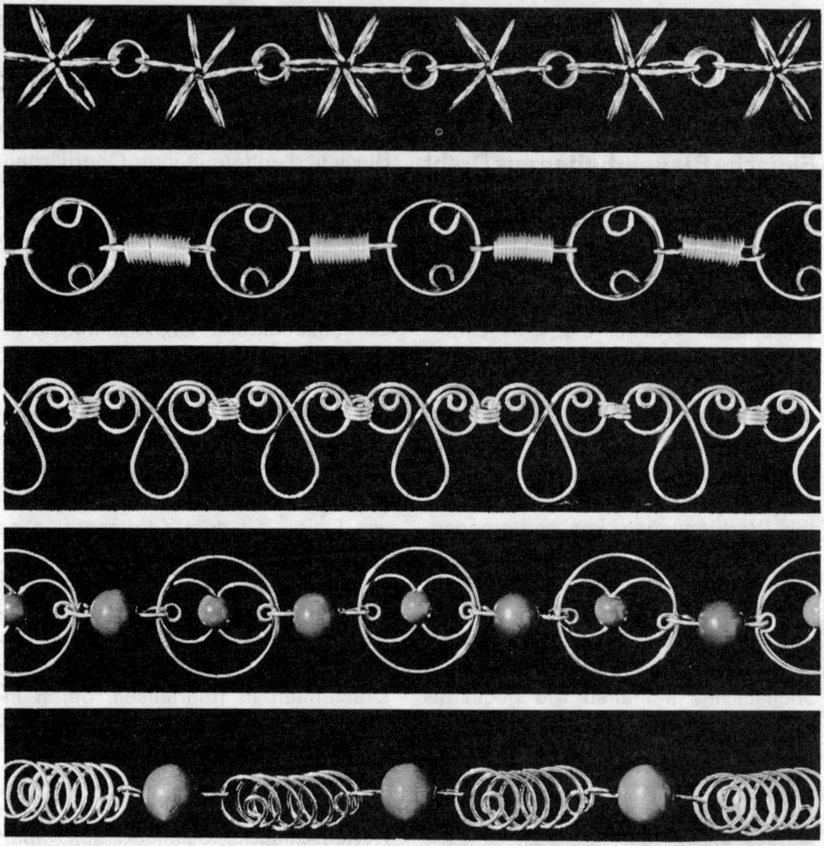

Diese Silberdrahtketten sind im einfachen Drahtbiegeverfahren hergestellt worden. Durch Kombination mit farbigen Holzperlen ergeben sich besonders reizvolle Möglichkeiten

del Randmuster erhalten. Kunstharzperlen, leicht an Gewicht, wirken sehr dekorativ. Beim Einkauf achte man darauf, daß die Bohrungen groß genug sind, damit man den Draht auch leicht hindurchführen kann.

Bei der Auswahl des Materials behalten wir den Verwendungszweck im Auge. Farbe und Form der Kette sollen zu dem Kleidungsstück, auf dem sie getragen wird, passen. So sieht z. B. eine rötliche Kupferdrahtkette mit blauen Holzperlen auf einem hellblauen Wollstoff gut aus. Wir können hierfür aber auch Silberdraht wählen, der die Farbkälte der blauen Perlen noch unterstreicht. Auf einem kragenlosen, grünen Pullover mit kleinem, rundem Halsausschnitt kommt dagegen eine kurze, halsnahe Kette aus reinem Silberdraht besonders zur Geltung, usw.

Wir arbeiten mit einer kleinen Rundzange, einer Flachzange und einem Seitenschneider. Rundhölzer verschiedener Stärke (4–20 mm Durchmesser) dienen als Wickelstäbe. Sie werden in 10 cm lange Abschnitte zersägt und erhalten an einem Ende einen Einschnitt, in den der Drahtanfang geschoben wird. Auch mittels kleiner Brettchen und geeigneter Rundholzabschnitte lassen sich brauchbare Biegeschablonen anfertigen. Einen Lötkolben brauchen wir nicht, weil wir zum Verbinden der Kettenglieder die »Schlüsselringmechanik« anwenden.

Die folgenden Arbeitsbeschreibungen mögen in die Technik einführen und als Anleitung und Anregung für weitere Entwürfe dienen:

1. Wir biegen von einem längeren Draht (1 mm stark) das Ende mit der Flachzange rechtwinklig ab und stekken es in den Schlitz eines 1,6 cm starken Rundholzes. Nun wickeln wir ihn zur Spirale, indem das Holz zweimal gedreht wird. Dabei halten wir den Draht in Spannung, so daß sich die Windungen eng aneinanderlegen. Dann streifen wir die Spirale ab und schneiden mit dem Seitenschneider den abgebogenen Drahtanfang sowie das überstehende Ende ab. – Die großen Kettenglieder, von denen wir eine ausreichende Menge anfertigen, sollen durch kleine Zwischenringe verbunden werden. Diese bestehen aus drei oder vier Spiralwicklungen mit einem Durchmesser von 4 bis 6 mm. Man hängt im Wechsel die großen und kleinen Spiralen ineinander ein und biegt alle Drahtenden so, daß sie mit ihren scharfen Kanten der Kleidung keinen Schaden zufügen können, aber gleichzeitig noch einen schmückenden Abschluß jedes Kettengliedes bilden. Am besten dreht man mit der Rundzange die Enden der großen Spiralen zu kleinen, einander gegenüberliegenden runden Ösen. Die Enden der kleinen Verbindungsstücke werden mit der Rundzange gefaßt und in die Spiralen hineingedrückt. Beim Zusammenfügen der Gesamtkette ist darauf zu achten, daß die aus der doppelten Drahtlage bestehende Hälfte der großen Ringe einheitlich nach einer Seite weist.

2. Werden Perlen verarbeitet, so probiere man vorher aus, wie lang das Verbindungsstück aus Draht sein muß. Jede Perle wird einzeln durchfahren und mit seitlich eng anliegenden Ösen

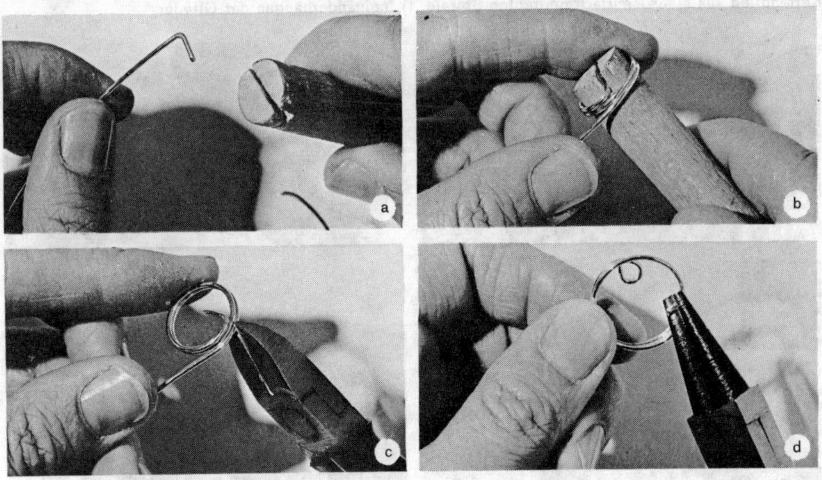

So wird ein einfaches Kettenglied gebogen: a) Das abgewinkelte Drahtende in den Schlitz des Rundholzes stecken, b) die Spirale drehen, c) abschneiden und d) mit runden Ösen versehen, in denen sich die scharfen Drahtenden verbergen

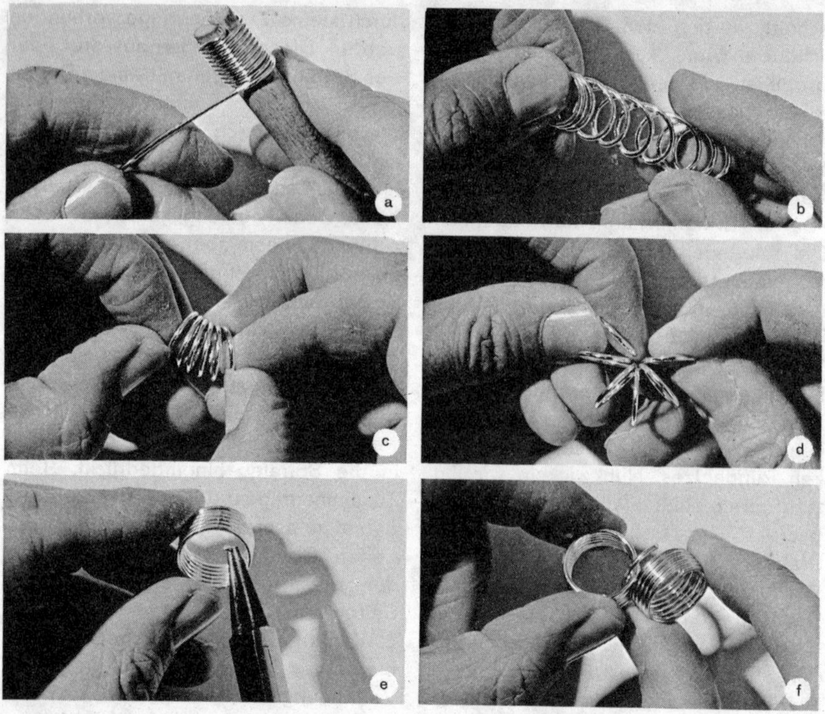

Verschiedene Spiralgliedformen: a) Drehen einer langen Spirale. b) Durch seitliches Auseinanderdrücken entstehen lange Gliedgebilde. c, d) So biegt man ein sternförmiges Glied. e) Ein stärkeres Kettenglied aus einer mehrfach gedrehten Spirale. f) Ineinanderhängen der Glieder

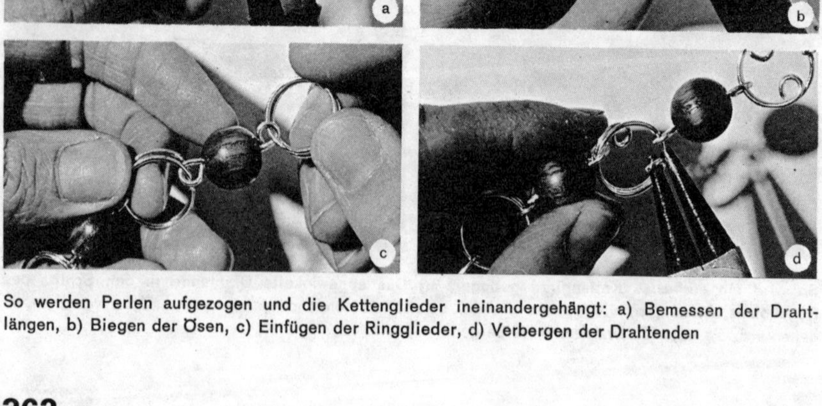

So werden Perlen aufgezogen und die Kettenglieder ineinandergehängt: a) Bemessen der Drahtlängen, b) Biegen der Ösen, c) Einfügen der Ringglieder, d) Verbergen der Drahtenden

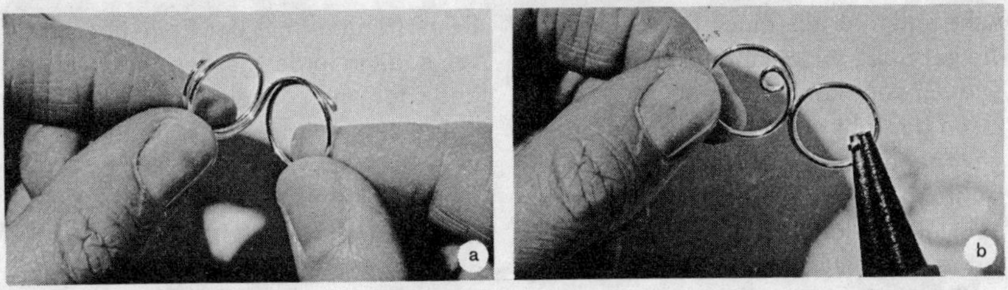

Das achtförmige Kettenglied entsteht aus einer Doppelspirale

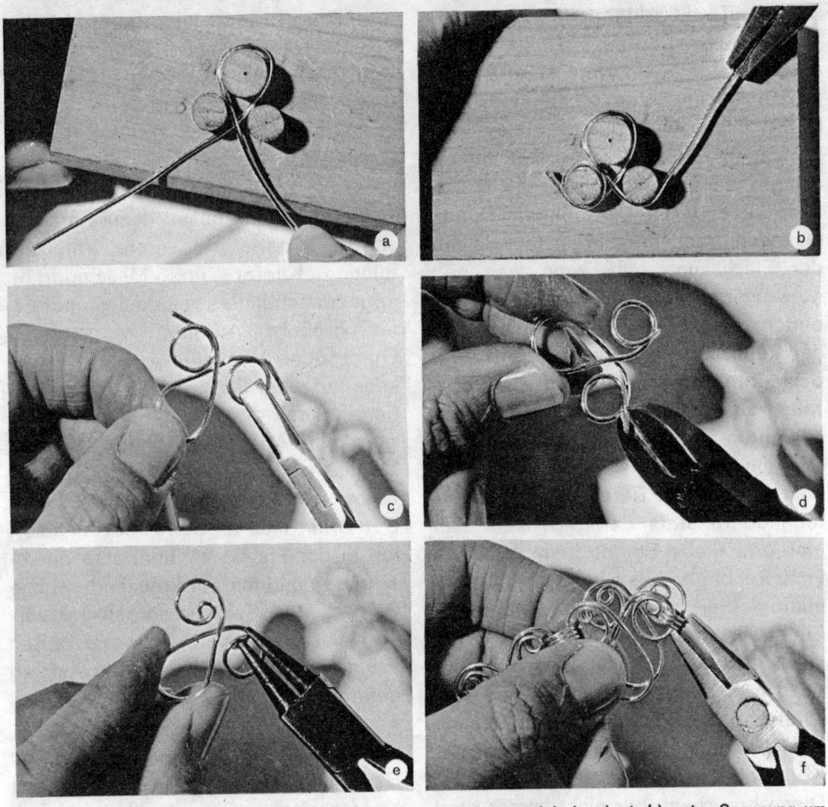

Arbeit mit der Biegeschablone: a) Der Draht wird um den Hauptdübel gelegt, b) unter Spannung um die anderen Dübel gezogen, c) abgeschnitten und ausgerichtet, d) von den überstehenden Enden befreit und e) schließlich mit Ösen versehen. f) So werden die Glieder ineinandergehängt

versehen. Die Arbeit floriert, wenn man gleich zu Beginn so viele Drahtstücke schneidet, wie man Perlen verarbeiten will. Im allgemeinen dreht man die Ösen an den Perlen so, daß beide in entgegengesetzte Richtungen weisen. Sie müssen vollständig geschlossen sein, damit kein Kettenglied herausgleiten kann.

Ein Verbindungsglied in Form einer

Acht entsteht aus einer Doppelspirale, die zur Seite auseinandergebogen wird. Die Enden können noch zu kleinen Ösen gedreht oder in eine kleine übergezogene Perle gesteckt werden. Die Bohrung der Perle muß groß genug sein, um beide Drahtenden zusätzlich aufnehmen zu können. Gleichzeitig muß die Perle aber möglichst klein sein, damit sie sich über den rundgebogenen Draht schieben läßt.

3. Eine Kette aus 1 mm starkem Silberdraht stellt man mit Hilfe einer Biegeschablone her. Vorher abgemessene Drahtstücke werden um Dübel geschlungen. Dabei beginnt man mit einer großen Öse und wickelt die Enden anschließend um die dünnen Dübel. Nur wenn man die Enden jeweils mit der Flachzange faßt, kann man den notwendigen Zug ausüben. Wiederum enden die Wicklungen in kleinen mit der Rundzange gebogenen Ösen. Alle Schlaufen werden mit mehrfachen Spiralen aneinandergekettet. Mit einem gekauften Federring läßt sich die Kette schließen.

Man muß bei der Berechnung von Kettengliedern stets daran denken, daß eine gewickelte Spirale beim Abheben vom Rundholz etwas von ihrer Spannung verliert und dabei größer wird. Ein vollständig geschlossener Ring verlangt aus diesem Grunde ungefähr 1¼ Umwindungen. Da kein Ende verlötet wird, müssen Spiralen mindestens zwei Windungen aufweisen, damit die Kettenglieder nicht auseinanderfallen. Diese brauchen aber nicht immer rund zu sein. Mit der Flachzange oder durch Umwickeln von Drei- oder Vierkantstäben lassen sich auch eckige Drahtformen herstellen.

Brezelhalter. Biegefähiger Messingdraht, 5 mm stark, wird nach eigenem Ermessen zur Form gebogen, an den Schnitträndern mit der Feile überarbeitet, sodann in der ganzen Form poliert, entfettet und mit einem in Zaponlack getränkten Wattebausch überstrichen.

Leuchter. Für einen einfachen Standleuchter (für Kugelkerzen) werden drei etwa 16 cm lange und 3,5 mm starke Drahtabschnitte in 9 cm Höhe gleichwinkelig geknickt und im Scheitelpunkt dreifußartig aneinandergelötet. Die Schnittflächen müssen befeilt werden. Kugelkerzen bekommt man in verschiedenen Größen in der Drogerie.

Drahtgrafik. Ein mit Bleistift gezeichneter Linienzug läßt sich auch in Draht nachbilden. Man nimmt dazu ein biegsames Material, für erste Versuche dünnen Kupfer- und Messingdraht, gegebenenfalls auch Aluminiumdraht, für größere Arbeiten vierkantigen Draht oder Vierkanteisen. Die Figur kann auf einer flächigen Unterlage aufliegen oder durch tragende Stifte in geringem Abstand gehalten werden. Möglich sind gegenständliche und lineare Darstellungen (z. B. Schrift). Der Draht muß an den Kreuzungsstellen in der Fläche bleiben, also durchschnitten und mit der kreuzenden Linie Seite gegen Seite verlötet oder verschweißt werden. Schweißarbeiten kann man einer Schlosserei in Auftrag geben.

Drahtplastik. In der Umschreibung von Raum bewirkt Draht den Eindruck des Körperhaften. Sinngemäß sprechen wir von »Drahtplastik«. Draht bildet jedoch nur »offene Räume«. Eine Kugel kann z. B. durch zwei ineinandergesteckte Ringe, die eine gemeinsame Achse haben, angedeutet werden. Er umschreibt hier also gleichsam einen Gegenstand, wobei das lineare Element des Drahtes, das in den Raum

Drahtplastik. Das »Spurmaterial« umschreibt Raum und ruft dadurch die Vorstellung eines körperhaften Gebildes hervor

eingreift, besondere Ausdruckskraft bekommt. Dies ist noch stärker der Fall bei der »gegenstandslosen« Drahtplastik, die den Raum in ausgewogenen, gekurvten Bewegungen durchmißt. Wichtig ist dabei, daß das Ganze als »Figur« überzeugt, daß wir also nicht versuchen, durch willkürliche Verbiegungen (spannungsloses Drahtgekurve) Formen zu erzeugen. Wenn wir die Drahtplastik drehen, müssen die verschiedenen Ansichtsebenen wohltuend ineinanderspielen.

Schneide- und Biegearbeiten aus Blech

Das flächige Blech steht in seiner Verwendbarkeit dem Papier nahe. Wie dieses läßt sich dünneres Material sogar mit der Schere schneiden, biegen, knicken, rollen usw. Vieles, was aus Papier gestaltet werden kann, ist also auch im beständigeren Blech möglich. Papier bleibt daher für Blecharbeiten ein ausgezeichnetes Versuchs- und Entwurfsmaterial. Wo Verbindungen auftreten, müssen wir Blech löten.

Ausstechformen. Die bekannten Kuchenformen aus Blech werden heute mehr und mehr von solchen aus Kunststoff ersetzt. Nur wenn es uns darum geht, persönliche Motive für häusliches Festgebäck zu schaffen, ist daher der Metallwerkstoff noch berechtigt. Wir nehmen das hygienische, verzinnte Weißblech glatter Konservendosen, schneiden daraus etwa 3 cm breite Streifen, falzen sie am oberen (Drück-) Rand etwa 5 mm breit um und biegen sie (Falzkante nach außen) mit der Flachzange zu einfachen, teiggerechten (breitgliedrigen) Formen. Es empfiehlt sich, nach einer aus Papier vorgeschnittenen Schablone zu arbeiten. Anfang und Ende des gebogenen Streifens müssen (möglichst in der Nähe einer scharfen Biegekante) miteinander verlötet werden.

Kästen aus Silberblech. Für Schmuck, Manschettenknöpfe usw. bauen wir einen kleinen viereckigen Kasten aus winkelrichtig zugeschnittenen Teilen zusammen. Mit der Schere geschnittene Kanten müssen mit dem Holzhammer gerichtet und anschließend befeilt werden. Gelötet wird im Hartlötevorgang mit Silberlot. Nach jedem Löten muß gebeizt werden (siehe Seite 357). Das Anreißen und Zuschneiden der »Zarge« (Formmantel) faßt am besten gleich alle vier Seiten in einem Band zusammen. Die Höhe der Zarge gilt für Unterteil und Deckel, die beide erst nach dem Verlöten mit Decke und Boden in einer allseitig geschlossenen Kastenform auseinandergesägt und voneinander getrennt werden. Die Trennungslinie ist mit anzureißen.

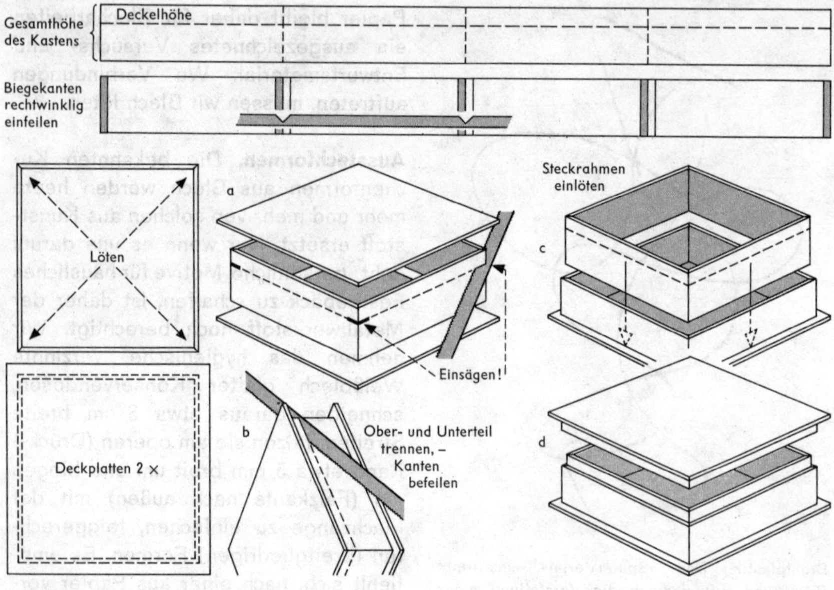

Kasten aus Silber- oder Kupferblech

Ist die Zarge zugerichtet, feilen wir innenseitig die Biegekanten der Ecken rechtwinkelig ein.. Anfang und Ende des Zargenstreifens werden gehrungsmäßig angeschrägt, so daß sie sich auch im rechten Winkel zusammenfügen lassen. Nun sind die Seiten zu kanten (zum rechteckigen Wandteil zusammenzufügen), mit Draht zu umwickeln und in den vier Kanten innen auszulöten. Boden und Deckel werden mit geringem Überstand zugeschnitten, gerichtet und dem rechteckigen Rahmenteil angepaßt. In Höhe der späteren Trennungslinie zwischen Unterteil und Deckel (siehe oben) sägen wir die Ecken leicht ein, damit Löcher entstehen, durch die die beim Zulöten des Kastens im Innern sich bildende Heißluft entweichen kann (a). Seitenrahmen, Boden und Deckel werden nun ebenfalls mit Bindedraht umwunden und in den Paßfugen von außen hart verlötet. Jetzt sind der seitliche Überstand an Deckel und Boden ringsum abzufeilen, Ober- und Unterteil an der Trennungslinie auseinanderzusägen (was mit der Laubsäge geschehen kann), die Schnittkanten mit der Feile zu ebnen und so zu richten, daß beide Kastenteile wieder glatt aufeinanderpassen (b). In den Rahmen wird von innen ein Steckrahmen eingelötet, der beim Schließen des Kastens in das Deckelinnere greift. Wir schneiden ihn ebenso zu wie den Außenrahmen, stellen ihn in diesen hinein und löten ihn von innen und von oben mit Paillons ein (c). Nach letztem Überfeilen und Schleifen der Kanten und der Flächen (mit Bimsstein, Kreide oder Polierpaste) ist der Kasten fertig. Der matte Glanz wirkt auf Silber angenehmer als eine polierte Oberfläche (d).

Dosen. Behältnisse mit gerundeter Wandung arbeitet man ebenso wie einen viereckigen Kasten, nur daß die

Zarge über einem Formholz gebogen (siehe Seite 344) und mit einer sauberen Längsnaht geschlossen werden muß. Falzen (siehe Seite 345) ist möglich. Der Steckrand kann auch an den Deckel angelötet werden (was uns das Auseinandersägen der geschlossenen Dose erspart) und greift dann von oben in das Doseninnere hinein. Der in diesem Falle auf dem oberen Dosenrand aufliegende Deckel sollte rundum gleichmäßig überstehen. Deckelflächen brauchen nicht unbedingt waagerecht liegen. Dosen mit schräger Deckelauflage bedingen einen anderen Zargenzuschnitt (mit Papier ausprobieren!), dem sich auch der Steckrand des Deckels anpassen muß.

Behälter aus Kupferblech. Größere Kästen, Dosen und Kannenformen aus Kupferblech sollte man sich probeweise vorher aus starkem Zeichenkarton bauen, damit man einen Überblick über die Formverhältnisse beim Zuschneiden der Zargen (die überlaschenden Lötränder inbegriffen), Boden und Deckelflächen erhält. Böden können gebördelt (siehe Seite 345), Deckelränder abgekantet (siehe Seite 344) und an den Ecken verlötet werden. Mit Hilfe der auf den Seiten 343 bis 346 beschriebenen Arbeitsweisen lassen sich unterschiedliche Formen entwickeln.

Gießkanne für das Blumenfenster aus hart verlötetem Messingblech und Messingrohr

Mobiles. Das Wort »Mobile« (= beweglich) prägte Marcel Duchamp im Jahre 1932 angesichts der plastischen Arbeiten des Amerikaners Alexander Calder. Mobiles sind bewegliche Plastiken, vielformige, aus Draht und beweglichen Blechscheiben bestehende, wohlausgewogene und ausbalancierte Gebilde einer künstlerischen Welt, die nach Übereinkünften und ausgewiesenen Formen nicht fragt. Am schönsten sind sie anzuschauen, wenn man sich wirklich mit ihnen »beschäftigt«, ihnen durch leichtes Anblasen oder Anstoßen mit der Hand immer neue Beziehungen und räumliche Entfaltungsmöglichkeiten gibt (kinetische Kunst).
Blech, Draht und Farbe sind die Materialien, aus denen Calder seine Mobiles schafft. Die Ausmaße können wechseln. Jenes 1953 entstandene »Zehn Scheiben ruhelos«, das vor wenigen Jahren auch in Europa Tausende von Ausstellungsbesuchern entzückte und als Foto durch zahlreiche Zeitungen und Zeitschriften ging, ist über 5 m hoch und am schönsten im Garten oder in einem Park aufzustellen. Andere Mobiles hat Calder für Wohnräume und Empfangshallen erdacht. Es sollte auch uns Spaß machen, uns in der Konstruktion solcher heiteren Luftspiele zu versuchen, z. B. als Zimmerschmuck oder als große Standplastik für den Garten.
Die Frage ist, ob wir uns ein trägerloses Mobile konstruieren wollen, das an einem Faden direkt an der Decke hängt und in sich ausbalanciert ist, oder uns für das bewährte »Trägermobile« entscheiden, für das wir außer dem Formenbehang auch noch die Träger (Balancierstangen) benötigen. Die Formen können wir aus Aluminiumblech, starker Metallfolie, Kupferblech usw. schneiden. Als Träger eignen sich elastische Drähte, Stahl- oder Mes-

Caldersches Mobile

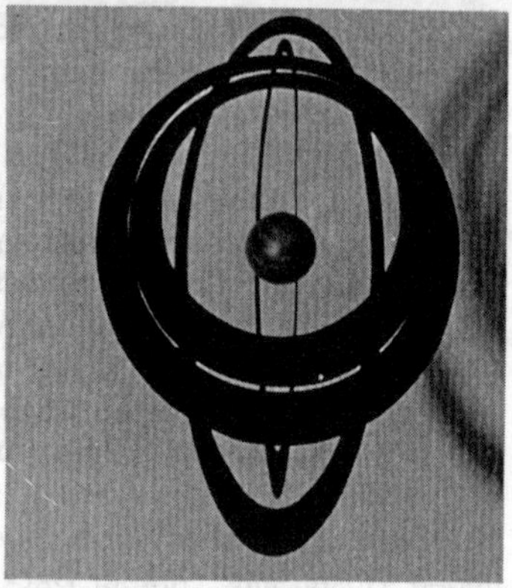

Befestigung zwischen Draht und Scheibe

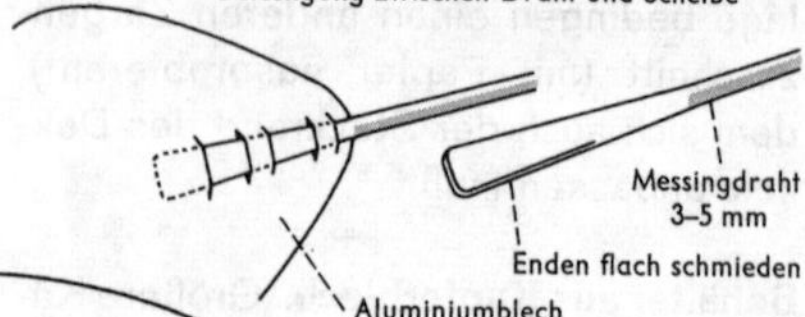

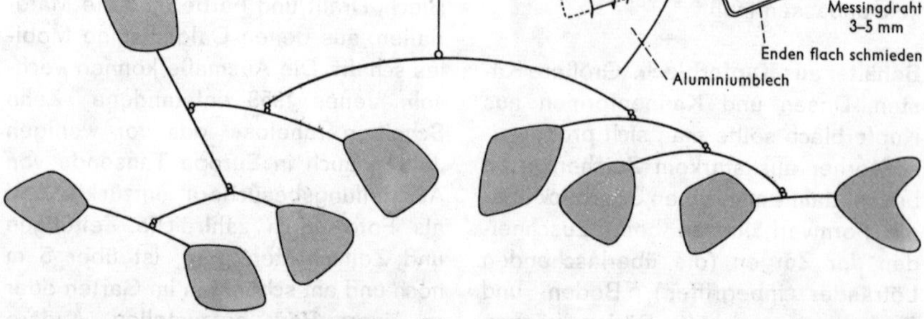

Oben: Trägerloses Mobile. Behangformen aus Aluminiumblech, schwarz, rot, blau und weiß gestrichen. Die Kugeln sind rotbemalte Tischtennisbälle. Unten: Trägermobile. Als Träger wurden Messingschweißdrähte verwendet. Die Verbindung erfolgte mittels angebogener Ösen. Farben: Schwarz, Rot, Weiß. Auch die Messingträger wurden schwarz gestrichen.

singschweißdrähte, die man in genügend langen und absolut geraden Stangen bekommt und – falls einem die Messingfarbe nicht zusagt – auch nachträglich mit Ofenschwärze oder oder Farblack einfärben kann.

Ein trägerloses Mobile kann man z. B. mit der Schere aus dünnem Aluminiumblech schneiden. Als gegensätzliche Effektform läßt sich ein mit Plakatfarbe rot eingefärbter Tischtennisball verwenden (Faden mit einem Tropfen Alleskleber befestigen!). Die Formen werden (ebenfalls mit Plakatfarbe) schwarz gestrichen.

Das gegenstandslose Mobile lebt von der wechselnden Zuordnung verschieden gestellter Farbflächen zu dunklen Raumlinien (Strichen). Das lineare Element bilden die Träger. Die Flächen werden je nach Größe aus dünnerem bis starkem Aluminiumblech geschnitten, durch eine einfache, mit dem Hammer fest zusammengeschlagene Lochfädelung (2 Löcher hintereinander) mit den Trägern verbunden und farbig gestrichen. Für Zimmermobiles genügt ein Anstrich mit Plakatfarben. Sie haften gut auf dem vorher entfetteten Metallgrund.

Vorbilder für ein gegenständliches Trägermobile findet man heute in jedem Kunstgewerbeladen. So lassen sich z. B. aus kräftiger Folie Behangformen für ein »Spiel der goldenen Fische« herstellen, deren Ränder mit der Schere eingeschnitten, reizvoll gebogen, gerollt usw. werden. Die Flächen lassen sich mit der Lochzange (siehe Seite 507) durch sanftes Andrücken »punzen«. Als Träger werden dünne Messingschweißdrähte in entsprechende Längen geschnitten und schwarz eingefärbt. Die weißen Hängefäden verschwinden vor einer hellen Wand und bringen die Tiere geheimnisvoll zum

Mobile. Die Behangformen sind aus Kupferblech geschnitten und an dünnen Stahldraht gehängt, dessen Enden zu Ösen gebogen und ineinandergehängt wurden. Jeder Spielteil muß genau ausgewogen werden. Der Zusammenbau beginnt von unten

Schweben. Ein Doppelohrring vom Karneval verkörpert den »versunkenen Schatz«, um den sich das Ganze sanft und lautlos bewegt.
Das Spiel wird auf einem Stück Papier entworfen und auf dem Fußboden bis zur Aufhängung ausgearbeitet. Für den Zusammenbau gilt: immer zuunterst beginnen, also den untersten Träger zuerst behängen, nun den Gleichgewichtspunkt suchen, weiter verknüpfen usw. Sorgfältiges Probieren ist nötig, denn schon eine Verschiebung des Aufhängepunktes um 0,5 mm bewirkt eine andere Raumlage. Haben wir die einmalig günstige Aufhängung eines Spielteils gefunden, so können wir ihn an der Bindestelle mit einem Tropfen Alleskleber befestigen. Meist wird die waagerechte Lage im Zusammenspiel der Teile am günstigsten sein. Wir können aber auch Schräglagen einzelner Teile einkalkulieren, nur wird dann der Schwankungsraum nach einer Seite hin begrenzt.

Stabiles. Die Bezeichnung »Stabile« wählte der Maler Hans Arp im Hinblick auf Calders feststehende Formgebilde aus verschweißtem Stahlblech, die formal die gleiche künstlerische Herkunft haben wie die Mobiles. Im Stabile durchdringen sich verschiedene charakteristische Ansichten eines Themas großflächig und umrißhaft, Achsenschnitten ähnlich und bilden so die Gesamtform. Versuche in dieser Richtung können wir mit geschwärzten Papier- und Kartonflächen vornehmen. Große Gartenplastiken jedoch müssen von einem Handwerker angefertigt werden.

Säge- und Feilarbeiten

Das Sägen von Blech und dünnen Holzplatten unterscheidet sich nicht wesentlich. Man kann für größere Arbeiten das gleiche Laubsägegerät (evtl. mit einem Metallsägeblatt) verwenden. Für kleinere Werkstücke empfiehlt sich die leichtere und handlichere Metalllaubsäge (siehe Seite 329). Da das harte Metall dem Sägeblatt außer in der geschaffenen Sägespur keinen zusätzlichen Spielraum gewährt, muß die Säge sehr ruhig geführt werden. Wo Eckschnitte nötig werden, ist es ratsam, in die wegfallenden Teile zuvor Löcher zu bohren, damit das Sägeblatt beim scharfen Drehen der Werkstücke Raum bekommt. Die Sägespur läßt sich auch durch mehrfaches Ansägen einer Spurwand verbreitern, wobei wir mit der Säge immer wieder etwas zurückgehen und neu ansetzen müssen. Beim Aussägen von Innenflächen wird das Sägeblatt durch ein mit dem Drillbohrer angebrachtes Loch geführt. Zum Schluß müssen die scharfen Schnittränder mit geeigneten Feilen (siehe Seite 330) überarbeitet werden.

Buchstützen sind einfache Metallwinkel, die mehrere Bücher oder eine lange Buchreihe in gerader Stellung zusammenhalten. Die jeweils ersten und letzten Bücher der Reihe werden auf die waagerechten Winkelarme gestellt und an die senkrechten Stützwände herangerückt. Da diese Wände den seitlichen Abschluß einer Buchreihe bilden, können sie als »Durchbrucharbeit« gestaltet werden.
Als Material verwenden wir Messingblech im Stärkebereich 0,8–1 mm. Wir schneiden zwei Blechstreifen im Format 11 x 23 cm rechtwinkelig zu, bearbeiten die scharfen Schnittkanten mit der Feile und markieren die Linie, an der die Bleche nachher gekantet werden sollen. Damit die stützende Wand ihre Funktion gut erfüllen kann, muß sie eine entsprechende Höhe (etwa 13 cm) haben, während der mit der Buchlast

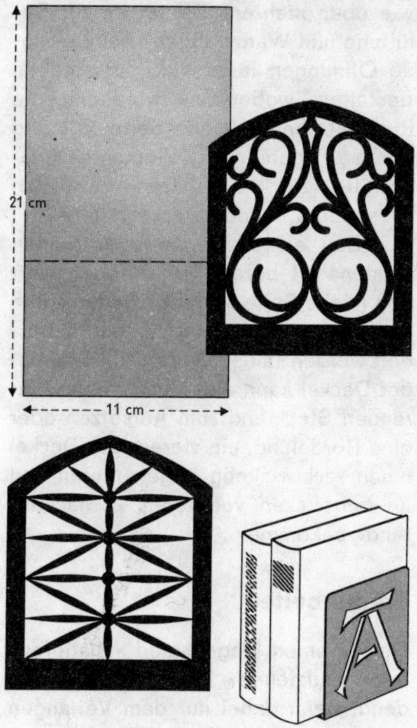

Buchstützen aus Messingblech

zu beschwerende waagerechte Teil kürzer (etwa 10 cm) sein kann.
Bei der Gestaltung der Stützwände empfiehlt es sich, von einem Scherenschnitt, eventuell einem Faltschnitt (siehe Seite 151) auszugehen. Er wird auf die Fläche gelegt, mit der Reißnadel umfahren und ausgesägt. Die Flächen werden poliert (siehe Seite 381) und durch einen Zaponlacküberstrich vor Oxydation geschützt.

Metallbuchstaben (oder Zahlen) braucht man zur Kennzeichnung von Fächern und Schrankteilen (in Betrieben), als Beschriftung (Namenszüge, Geschäftsangaben usw.), an Türen, Eingängen, Gartenmauern, Briefkästen usw. Wir können sie in jeder Größe arbeiten und direkt auf der in Frage kommenden Unterlage (Stein, Holz, Mauerwerk) anbringen.
Der geeignetste Werkstoff sind starke Bänder und Platten aus Aluminium. Am schönsten wirkt die lapidare, parallelkantige Großbuchstabenschrift, die, ohne zusätzliche Rundungen nach einer Vorzeichnung aus Papier geschnitten, auf die Metallfläche übertragen und dort noch einmal genau mit Winkelmaß und Zirkel nachgearbeitet wird. Beim Sägen in starkem Material müssen wir besonders sorgfältig auf senkrechte Sägehaltung achten. Scharfe Ecken sind vorzubohren. Unebenheiten werden hinterher abgefeilt. (Aluminium feilt sich besonders gut, wenn man die Fläche vorher mit Spiritus befeuchtet.)

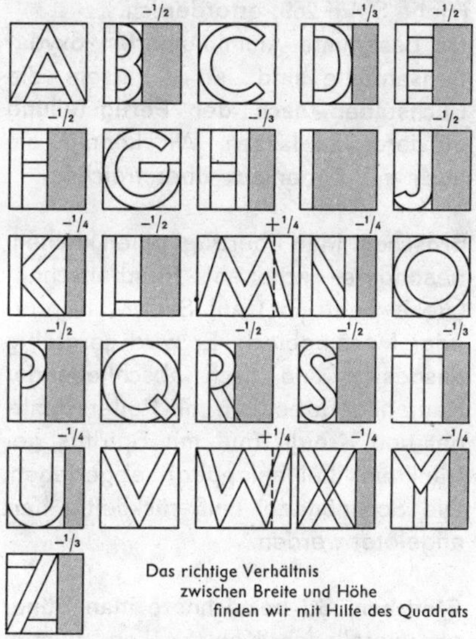

Das richtige Verhältnis zwischen Breite und Höhe finden wir mit Hilfe des Quadrats

Wechselnde Zwischenräume zwischen den Buchstaben ergeben ein ausgeglicheneres Schriftbild

Gesägte Metallbuchstaben. Wir müssen die unterschiedlichen Buchstabenbreiten beachten

In den Ecken halten wir die Feile so, daß die glatte, ungehauene Feilenkante in den Winkel kommt (damit nicht an falscher Stelle Spuren in das Material gefeilt werden).

Zum Ansetzen der Buchstaben dienen kleine Stifte (Nägel mit abgekniffenen Köpfen oder Aluminiumdrahtstücke), die wir, da Lötungen in Aluminium schwierig sind, möglichst stramm in knapp bemessene Bohrungen an der Buchstabenrückseite eintreiben. Man kann die Löcher zur Sicherheit mit einem Metallklebemittel (Spezialkleber) ausfüllen. Die Nagelspitzen feilen wir nach. An Holz können die Buchstaben leicht gefestigt werden. In Mauerwerk sind Bohrungen und Zementfüllungen (siehe Seite 269) erforderlich.

Da bestimmte Aluminiumarten oxydationsanfällig sind, ist es ratsam, die Buchstaben nach der Fertigstellung eloxieren zu lassen. Wir können sie auch mit Zaponlack überstreichen.

Broschen. Man überträgt einen kleinen, besonders schönen Rundfaltschnitt (siehe Seite 151) auf Silber-, Kupfer- oder Messingblech. Er wird sorgfältig ausgesägt und nach abschließender Kantenüberarbeitung mit Polierschmirgel und Kreide (auf mit Spiritus getränktem Leinenlappen) abgerieben. Die Schließnadel muß rückseitig hart angelötet werden.

Stövchen. So bezeichnete man früher ein metallenes Kohlebecken, das in den Bürgerwohnungen zum Warmhalten der Füße diente. Heute gibt es ähnliche Metallgefäße mit einem kleinen Teelicht, um Tee oder Kaffee warmzuhalten. Der Wärmebehälter kann sowohl als rundes Becken als auch in Kastenform gebaut werden. Er muß einen abnehmbaren Deckel (zum Einsetzen des Teelichts) und unten wie oben mehrere Öffnungen zur Belüftung und Wärmeabgabe haben. Diese Öffnungen lassen sich ornamental gestalten, wobei uns wiederum die Rundfaltschnitte (siehe Seite 151) und ebenso gefaltete Vierkantflächenschnitte zu brauchbaren Entwürfen (besonders für den Deckel) führen.

Der Bau eines eckigen oder runden Kastens ist bereits beschrieben worden (siehe Seite 365). Der Boden sollte der besseren Wirkung halber gebördelt werden (siehe Seite 345). Ein runder Deckel kann einen nach innen führenden Steckrand zum Aufsetzen oder eine Bördelung, ein viereckiger Deckel einen rechtwinkelig abgekanteten und an den Ecken verlöteten »Schachtelrand« bekommen.

Treibarbeiten

Ob wir einen Gegenstand »austiefen« oder »aufziehen« ist wenig entscheidend, wenn dabei nur dem Verlangen nach einer guten Form Genüge getan wird. Wichtig ist, daß die Lebendigkeit der beim Treiben gewonnenen Form

Armreif aus Silberblech. Der Dekor aus gehämmertem Silberdraht und Tropfen geschmolzenen Silbers ist hart gelötet

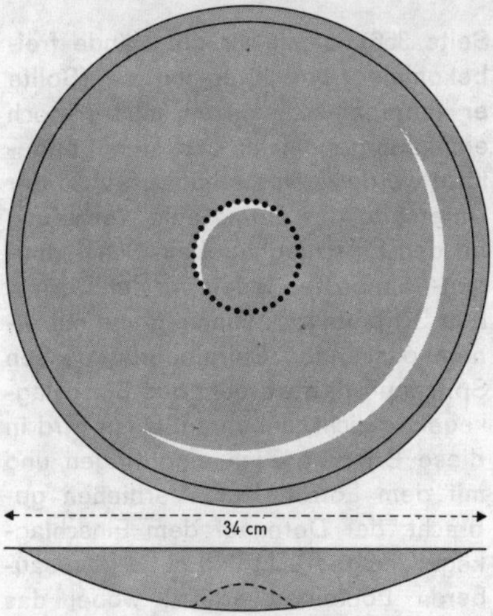

Werkzeichnung für eine in Messing getriebene Wandschale

beim nachfolgenden »Planieren« auf der dazu erforderlichen Faust nicht wieder verlorengeht. Leichte Schälchen (z. B. die Tropfschalen für Leuchter) werden am besten in Mulden, die in das Hirnholz trockener Holzklötze gegraben sind, aufgetieft. Das Einschlagen der vorgeschnittenen Ronde (runde Metallscheibe) in die Mulde mit dem erforderlichen Kugelhammer bewirkt ein Treiben und Stauchen zugleich, wobei sich die Formwölbung leichter und schneller einstellt. Planiert wird mit dem Kugelhammer von innen her, möglichst auf einem flachen Hirnholzabschnitt. Ein Hartholzklotz ist ein vielseitig verwendbarer Treibamboß. Selbst schmale Gefäßränder lassen sich an seiner Kante »abschlagen«. Aufgetieft werden alle kleineren Hohlformen, die nicht höher als breit sind. Das Aufziehen kommt für größere und vor allem höhere Arbeiten in Frage. Es ist noch einmal darauf hinzuweisen, daß der Hammer kein Dekorwerkzeug ist und nur die Spuren hinterlassen darf, die zur Form hinführen.

Messingschale. In der Mitte einer 1,5 bis 1,8 mm starken Messingronde (etwa 34 cm Durchmesser), wird von der Rückseite her ein kleiner, stark gewölbter Rundhügel aufgetieft. Dann wird das Werkstück gewendet und von der Schaleninnenseite her rund um den Hügel in die gewünschte Randwölbung getrieben. Ein Kreis runder Punzeneinschläge, der um den mittleren Schalenberg gelegt wird, schafft eine deutliche Abgrenzung zwischen äußerer und innerer Form.

Leuchter können verschieden gearbeitet werden. Zur Verwendung kommen alle treibbaren Messing- und Kupferbleche und für die Leuchterarme Drähte in Stärken von 5 und 6 mm.
Ein kleiner, in seiner Form sehr anspruchsvoller Kupferleuchter wird aus zwei Schalenformen gearbeitet, die man mit den Rundungen gegeneinanderstellt. Die Fußschale sollte klein und stark gewölbt, die Tropfschale größer und flach gewölbt sein. Den konisch zulaufenden Dorn feilt man aus einer längeren, in den Schraubstock eingespannten Kupferniete. Er wird von unten her, die beiden getriebenen Formteile verbindend, durch eine Lochbohrung gesteckt, die etwas weiter als der Nietendurchmesser sein muß und im Zwischenraum mit feinen Lötzinnspänen ausgefüllt wird. Mit dem Lötrohr bringen wir das Zinn zum Fließen, wobei alle Teile verbunden werden, ohne daß sich an der Lötstelle Klumpen bilden.
Bei mehrarmigen Leuchtern biegen wir Dorne und Arme aus Draht und verbinden sie folgendermaßen miteinander: Die Dorne feilen wir aus längeren in den Schraubstock gespannten Drahtstücken und sägen sie dann in der erforderlichen Länge ab. Nun körnen wir über einer rundlichen Holzunterlage die

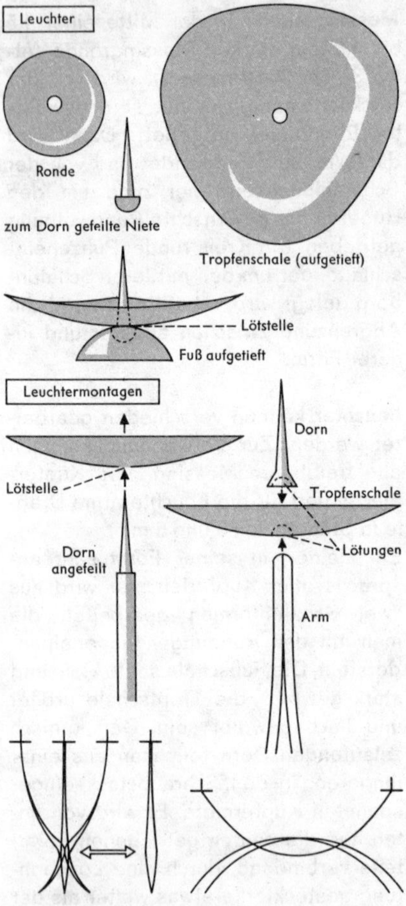

Verschiedene Leuchtermontagen

aus Blech getriebenen Tropfschalen von der Rückseite des Schalenbodens aus in ihrer Mitte so stark ein, daß sich im Schaleninnern ein kleiner Hügel bildet, über dem der Dorn festgelötet werden kann. In die Vertiefung am Schalenboden passen wir das rundlich gefeilte Ende des Leuchterarms hinein. Die Art der Montage wird nun verständlich. Zunächst legen wir die Schale umgekehrt auf ihren Rand, stellen den Leuchterarm senkrecht darüber, befestigen ihn auf irgendeine Weise (siehe Seite 356), damit wir die Hände freibekommen, und löten ihn an. (Sollte er hinterher schiefsitzen, muß er noch einmal abgenommen und erneut angelötet werden.) Nun schaffen wir an der Unterseite des Dorns eine Vertiefung für den Einschlaghügel am Schalenboden – am besten, indem wir den Dorn in den Schraubstock spannen und mit einem passenden Spiralbohrer, dessen Spitzenprofil etwa dem des Einschlagkegels gleicht, anbohren. Dann wird in diese Bohrung Zinn eingetragen und mit dem Lötrohr zum Verfließen gebracht, der Dorn auf dem Einschlagkegel festgedrückt und mit einem sauberen Lötkolben erhitzt, wobei das Zinn abermals zum Fließen kommt und Dorn und Schale verbindet.

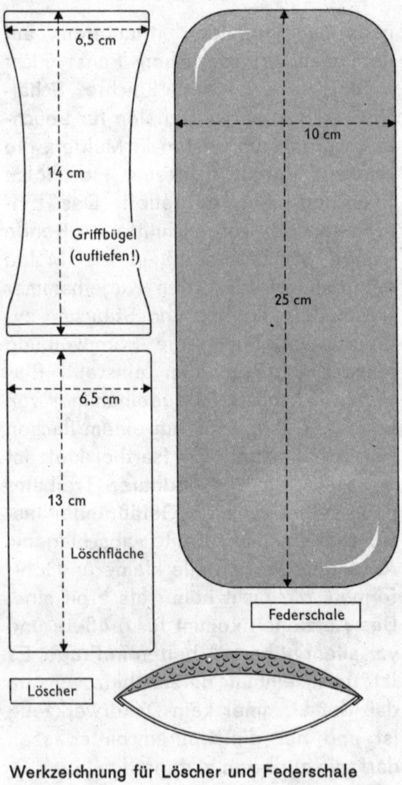

Werkzeichnung für Löscher und Federschale

Löscher und Federschale. Die Rückenzarge für den Löscher wird aus einem 14 x 6,5 cm großen und 1 mm starken Messingblechstück geschnitten und durch Treibschläge über dem Holzamboß sowohl in der Länge als auch in der Breite gewölbt. Dann kantet man die Schmalseite etwa 6 mm breit nach unten ab, so daß Winkel entstehen, in die sich die Fläche, um die das Löschblatt gelegt werden soll, in Form eines durch Biegen gerundeten Messingblechstückes (13 x 6,5 cm) einspannen läßt. Das Blech muß sich mit leichter Wölbung seitlich in den Winkel einschieben lassen.
Die Schreibschale wird aus einem 10 x 25 cm großen Blechstück, dessen Ecken sorgfältig zu runden sind, durch randbegleitende Treibschläge aufgetieft. Der Schalenboden selbst bleibt unbearbeitet. Bei beiden Werkteilen müssen die scharfen Kanten nach dem Zuschnitt geglättet werden.

Metallgießen

Beim Gießen nutzen wir die Eigenschaft des Metallwerkstoffs, bei großer Hitze in einen flüssigen Zustand zu geraten und bei Abkühlung in einer der Gießform entsprechenden Gestalt wieder zu erstarren. Die erforderlichen Schmelztemperaturen sind je nach Art des Metalls unterschiedlich und liegen bei Zinn um 230 °, bei Messing und Bronze um 1 100 °. Man gießt ein Werkstück, wenn seine Herstellung in anderer Technik (z. B. durch Schmieden oder Feilen) zu schwierig oder zeitraubend wäre. Zur Vervielfältigung einer in weichem Material (Ton oder Wachs) plastisch modellierten Arbeit (Medaillen, Plaketten, Plastiken) ist der Guß besonders geeignet und anderen Verfahrensweisen vorzuziehen.
Der Arbeitsvorgang des Gießens gliedert sich in drei voneinander völlig getrennte Teilverfahren: die Herstellung der Gußform, das Schmelzen des Gießmetalls und das Gießen selbst. – Vollgußformen lassen sich leichter herstellen als Hohlgußformen, bei denen ein zusätzlicher »Kern« den Hohlraum des Gußstücks ausfüllen muß (Glockenguß). Die richtige Lagerung und Befestigung des Kerns im Forminneren erfordert besondere Überlegungen und ist für die gleichmäßige Wandstärke des Gußstücks entscheidend. Als Gußmodell kann ein Negativschnitt (Gipshohlschnitt oder Schieferschnitt), eine Rundplastik oder eine rein technisch (z. B. durch Drechseln) hergestellte Körperform dienen.

Herstellung der Gießform

Plaketten, kleine Bronzereliefs und andere Arbeiten, bei denen sich die Darstellung nur auf einer »Schauseite« befindet, stellt man durch Ausgießen von Negativschnitten her. Bei Kleinplastiken erhält man durch positives Modellieren niemals so klare und eindeutige Formen wie durch den Negativschnitt (siehe Seite 248).
Messing und Bronze werden heute vorwiegend in Sandformen gegossen, die man nach einem vorhandenen Metall-, Holz- oder Gipsmodell in einem gußeisernen Formkasten mit Formsand herstellt. Für Gießformen, die künstlerischen Zwecken (z. B. zum Abgießen von Plastiken) dienen sollen, eignet sich besser das »Wachsausschmelzverfahren«. Es hat dem Gießen in der Sandform gegenüber den Vor-

teil, daß die Oberfläche der Gußstücke nicht überarbeitet werden muß, weil die zur Verfügung stehenden Einbettungsmassen in ihrer Struktur so fein sind, daß sich keine Körnung ergibt und selbst die letzten Feinheiten des Modells mit abgeformt werden. Da es sich um Formen aus einem Stück handelt, entstehen auch keine Gußnähte. Außerdem können ohne besondere Schwierigkeit auch die räumlich kompliziertesten Gebilde gegossen werden, was beim Sandguß oft nur mit großer Mühe möglich ist.

Das Wachsausschmelzverfahren kommt nur für den sogenannten »Guß in verlorener Form« in Frage, d. h., daß nur ein einziger Abguß angefertigt werden kann und bei einem Fehlguß auch das Modell zerstört ist (sofern man nicht vorher davon ein Negativ hergestellt hat, aus dem dann wieder das Modell für die Herstellung einer neuen Form abgegossen werden könnte). Wohl aus diesen Gründen vor allem ist das Wachsausschmelzverfahren, das den Metallguß vom frühen Mittelalter an beherrschte, seit dem 19. Jahrhundert fast vollständig vom Sandguß verdrängt worden. Für die neuen Produktionszweige der Gießereien in der Industrie reicht sowieso eine Oberfläche, wie sie der Sandguß aufweist, völlig aus, zumal einige Stücke doch häufig noch weiter bearbeitet werden müssen (z. B. Maschinenteile durch Abdrehen, Fräsen, Feilen, Schleifen oder Polieren).

Wo es sich aber um gestaltete Arbeiten handelt, sollte man auch heute nicht in Sand, sondern in verlorener Form gießen, weil jedes Überarbeiten der Gußhaut die lebendigen Spuren der formenden Hand und damit die ursprüngliche Schönheit der Gußstücke zerstört. (Vervielfältigungsgüsse siehe Seite 379.)

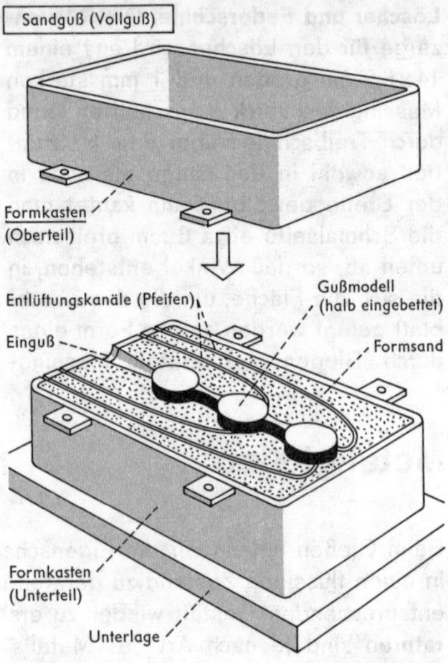

Formkasten und Abformung eines Modells für den Sandguß

Sandformen. In einem kleinen zweiteiligen Formkasten (Metallrahmen ohne Boden), der im Werkzeughandel erhältlich ist und auf eine ebene Grundfläche gestellt werden muß, wird eine Schicht frischer Modellsand (ein besonders feiner, aus Ton und Quarzteilchen bestehender und mit etwa 5% Wasser angemengter Sand) mit einem eisernen Stampfwerkzeug so fest eingestampft, daß sich die feinsten Formbewegungen des Modells darin abzeichnen können. Dann drückt man das Modell vorsichtig bis zur Hälfte seiner Dicke hinein und stäubt zum Zweck der Isolierung eine Talkumpulverschicht über die Sandfläche. Die zweite Formhälfte wird aufgesetzt, mit Sand ausgefüllt und dieser ebenfalls festgestampft, wobei sich die Modellrückseite (andere Modellhälfte) im Sand abformt. Nun können die beiden Formteile wieder auseinandergenommen

werden. Sie lösen sich leicht, weil das Talkum eine Verbindung der beiden Sandschichten verhindert hat.
Noch während das Modell in der Bettung liegt, gräbt man feine Kanäle, sogenannte Pfeifen, von der Kastenseite bis dicht an die Modellwand. Sie sollen den Rand der eingeprägten Hohlform mit dem Außenrand der Gußform verbinden und der Ableitung der durch das flüssige Metall verdrängten Luft dienen. Mit einem kleinen spachtelähnlichen Werkzeug muß ein breiter Einguß von der Seite des Metallkastens her zur Hohlform gegraben werden. Nun kann man das Modell herausnehmen. Damit das Gießmetall beim Gießen keine Berührung mit dem Sand bekommt, mit diesem verbackt oder durch chemische Vorgänge Gase bildet, schwärzt man die Oberfläche der beiden Formhälften mit Graphitstaub oder feinstem Kohlenstaub (»Schwärze«), wozu ein Pinsel verwendet werden kann. In die Formhöhlung gefallene Sandkörner werden vorsichtig herausgenommen. Der Sand soll möglichst trocken verarbeitet werden. In einem Trockenofen wird die Form bei etwa 250 ° vollständig ausgetrocknet.

Wachsausschmelzverfahren. Ein aus Wachs bestehender Formkörper (Wachsplastik) wird in Gips eingebettet und nach dem Erstarren der Masse durch die für den Guß erforderlichen

Vollgüsse aus dem Wachsausschmelzverfahren. Die in den Gips gebetteten Wachsmodelle gingen beim Ausglühen der Form verloren

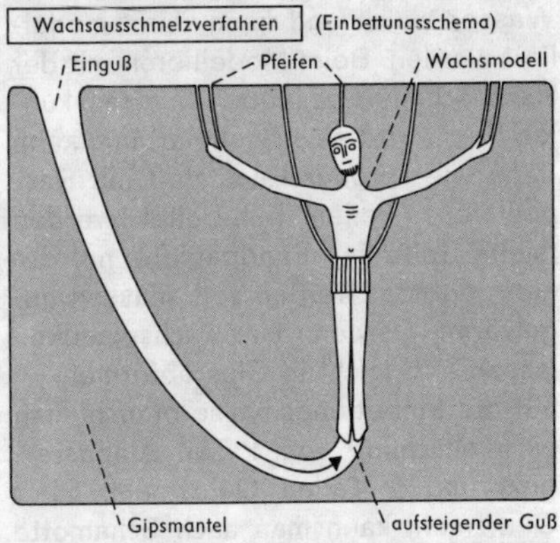

Formschema für das Wachsausschmelzverfahren

Kanäle herausgeschmolzen. Hierdurch wird der vorher eingenommene Raum im Forminnern frei und kann mit Metall ausgegossen werden. Alle bedeutenden Bronzegußkunstwerke vom frühen Mittelalter an sind so entstanden.
Das plastische Formmodell muß vorher aus Wachs modelliert oder, wenn es aus anderem Material besteht, über eine Formabnahme in Wachs umgegossen werden (siehe Seite 253). Zum Modellieren ist Bienenwachs besonders geeignet. Bei dem billigeren Modellierwachs, das man im Handel bekommt, ist das Bienenwachs zum Teil durch Erdwachs und Paraffin ersetzt worden. Paraffin setzt die Modellierfähigkeit nicht herab, Erdwachszusätze dagegen wirken härter. (Die besten Härtungsmittel sind Kolophonium und Mastix und werden nur dann zugesetzt, wenn die Wachsplastik erhalten bleiben soll.) Terpentin und Fettzusätze (»echtes« Terpentin, Hammeltalg usw.) erhöhen die Geschmeidigkeit. Das Zusammenschmelzen verschiedener Wachsbestandteile erfolgt im Wasserbad bei 60–80 °. – Vorteilhaft läßt sich für das Wachsausschmelzverfahren auch das sogenannte »Hartwachs« verwenden. Es wird im lauwarmen

Wasser weich und kann dann modelliert werden. Beim Modellieren mit der Hand schmiert es jedoch. In einem kühlen Raum wird es schnell hart und kann dann wie spröder Kunststoff mit Raspeln und Feilen bearbeitet werden (siehe Seite 54). Sandpapiere, mit denen geglättet werden soll, müssen angewärmt werden. Hartwachsplastiken lassen sich leicht in Gips abformen.

Für die Einbettungsmasse braucht man eine Mischung von 1 Teil Alabastergips und 2 Teilen Quarzmehl. Statt Quarzmehl kann man auch Schamotte und Asbest nehmen oder Mischungen herstellen. Wichtig ist, daß alle Bestandteile feinstgemahlen und gesiebt werden. Sie sind im Handel staubfein erhältlich. Sonst müssen sie mit Glasursieben ausgesiebt werden. Die gröberen Rückstände können wir vorteilhaft für den äußeren Einbettungsmantel verwerten. Fertige Einbettungsmassen, wie sie in der Zahntechnik zur Verwendung kommen (Dentalfachhandel), sind besonders fein abgestimmte Gipsgemische, die vorzügliche Oberflächen ergeben. Sie sind naturgemäß teurer als das selbsthergestellte Gemisch; sofern man sie aber nur für den ersten dünnen Überzug des Wachsmodells benutzt, ist der Verbrauch gering. Die selbsthergestellte Einbettungsmasse reicht aber für normale Ansprüche völlig aus. Das Gemisch wird wie üblich in Wasser angerührt. Eine verbesserte Oberfläche erzielt man durch destilliertes Wasser. Gips ohne Zusätze wird beim Ausglühen der Form zu weich!

Vor dem Einbetten muß das Wachsmodell, an dem auch die Pfeifen und der Einguß aus Wachs anmodelliert sein müssen, mit Spiritus (oder Prilwasser) entfettet werden. Dann taucht man es in Gipseinbettungsmasse, so daß es von einem dünnen Mantel umschlossen ist, oder trägt die Masse dünn mit einem Spachtel auf. Wenn der Gips abgebunden hat, kann weiter eingebettet werden, evtl. mit gröberer Masse. Schließlich ummanteln wir die Form mit einem Eisenring oder einer Konservenbüchse, damit sie nach dem Ausglühen nicht zerbricht. Zum Gießen stellt man sie am besten in ein Gefäß mit Sand.

Das Ausschmelzen des Wachsmodells aus der Form geschieht im Brennofen bei einer Temperatur nicht über 200°, damit das Wachs nicht verbrennt. Die Form wird auf den Kopf gestellt, das ausfließende Wachs in einer Schale aufgefangen. So erhält man sein Modellierwachs zum größten Teil zurück. Erst wenn die Schale mit dem Wachs aus dem Ofen entfernt ist, steigert man die Ofentemperatur auf etwa 900°, wobei alle in der Form verbliebenen Wachsreste restlos verbrennen. Das Ausglühen hat den Zweck, alle Feuchtigkeit, auch das chemisch gebundene Wasser, aus der Form zu vertreiben.

Beim Hohlguß wird über einen Kern (eine nicht ausgeglühte Gipsform) die spätere Metallwandung aus Wachs modelliert und dann, wie vorher beschrieben, eingebettet. Dabei ist zu beachten, daß zwischen Kern und Mantel Verbindungsstege erforderlich sind, die verhindern, daß sich nach dem Ausschmelzen des Wachses der Abstand zwischen beiden verändert.

Wachs (noch günstiger und auch wesentlich billiger ist Stearin) läßt sich vorzüglich an der Drehbank bearbeiten. Wie bei der Kerzenherstellung wird ein Eisenstab durch Eintauchen oder durch Eingießen von Stearin in Papp- oder Metallhülsen in gewünschter Stärke ummantelt. Die Enden dieses Eisens werden in die Drehbank eingespannt. Das Abdrehen des Wachses ist so leicht, daß es mit jedem beliebigen Werkzeug aus Stahl, Knochen oder Holz ausgeführt werden kann. – Eine Kernform für Gefäße, Schalen usw. wird an der Drehbank in Gips gedreht, die Gipsform durch Tauchen mit Wachs ummantelt, noch einmal in die Drehbank eingespannt und der Wachsmantel auf gleiche Weise abgedreht. Musterungen und Verzierungen können durch eingedrehte und frei eingeschnittene Linien oder durch plastisch aufgelegte Formen eingearbeitet werden. Die Einbettung erfolgt wie beim Hohlguß oder als zweiteilige Form. Dieses Verfahren fand früher vor allem auch in der Zinngießerei Verwendung, sofern man nicht für die handelsübliche Ware Sandsteinformen nahm. Zweiteilige Gußformen können auch mit Ocker ausgepinselt werden, wodurch sich die Gußstücke besonders leicht aus der Form lösen, so daß diese nicht beschädigt wird und mehrmals benutzt werden kann.

Das Metall wird durch den »Einguß« in die Form gefüllt. Durch das Gewicht des flüssigen Metalls, das sich beim Gießen über der Form in diesem Einguß befindet, wird ein Druck auf das bereits eingefüllte Metall ausgeübt und dieses fest an die Formwand gepreßt. Deshalb soll der Einguß möglichst groß sein! Ist er zu klein, wird außerdem das obere Ende des Gußstückes porös. Wichtig ist auch, dafür zu sorgen, daß beim Gießen die Luft genügend schnell aus der Form entweichen kann. Die Luftabzugskanäle werden aus Wachs modelliert, oder es werden Bindfäden in Wachs getaucht und in genügender Anzahl am Modell befestigt. Vielfach ist es günstig, im »steigenden Guß« zu gießen, d. h. den Einguß so zu legen, daß das flüssige Metall von unten in die Form eintreten und in ihr hochsteigen kann. Fehlstellen durch Lufteinschlüsse werden dabei sicherer vermieden. Außerdem übt der »verlorene« Kopf, in den das Metall schließlich aufsteigt, einen zusätzlichen Druck auf das Metall in der Gußform aus.

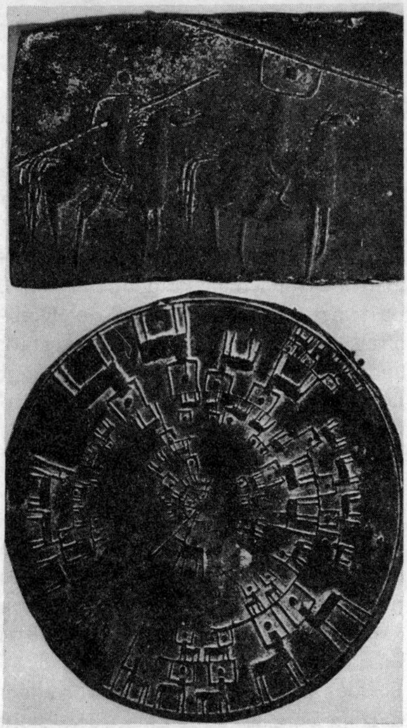

Bronzegüsse. Negativschnitte in Gips wurden mit Bronze ausgegossen

Gipshohlschnitte werden direkt ausgegossen. Wir berußen sie mit einer Kerzenflamme, damit sich durch die Einwirkung der Gießhitze auf der Gipsoberfläche keine Gasblasen bilden.

Formen für Vervielfältigungsgüsse. Mit zwei genau übereinanderpassenden Formhälften kann ein einfaches plastisches Gußmodell, das keine Unterschneidungen aufweist, auch mehrfach abgegossen werden. Die Formherstellung ist verhältnismäßig einfach (siehe Seite 255). Für den Metallguß empfiehlt sich die Einbettung in Gips. Einguß und Pfeifen müssen eingearbeitet werden.

Guß und Nachbehandlung

Für das Gießen kommen alle Metalle oder ihre Legierungen in Betracht, die man mit den zu Gebote stehenden Mitteln schmelzen kann. Die Gußformen müssen vollständig trocken sein, da sonst unter dem Einfluß der Gießhitze die Dampfentwicklung so stark und schnell ist, daß die Form zerspringt und das flüssige Metall in alle Richtungen spritzt (!). Gipsformen glüht man aus (siehe oben). Außerdem gießt man nur in angewärmte Formen.

Gußlegierungen. Eine gut ziselierbare Bronze von orangegelber Farbe, die für den Kunstguß verwendet werden kann, besteht aus 80 % Kupfer, 18 % Zinn und 2 % Zink.
Für den Zinnguß eignet sich vor allem Lötzinn Sn L 30 (30 % Zinn, 70 % Blei), Sn L 33 (33 % Zinn, 67 % Blei), Sn L 40 und Sn L 50. Die Schmelzpunkte liegen bei 25 (Sn L 30), 250, 235 und 213°.
Für Münzabgüsse eignen sich Legierungen mit sehr niedrigen Schmelzpunkten, z. B. 25 % Zinn, 25 % Blei, 50 % Wismut (Schmelzunkt 94 °). Das Zinn wird geschmolzen, das Blei und zuletzt das Wismut zugesetzt.

Schmelzen der Metalle. Zinn und Blei können schon mit einem Bunsenbrenner oder auf dem Gasherd (zur Not in einer Konservenbüchse, sonst in einem eisernen Gießlöffel) geschmolzen werden. Für Aluminium benötigt man eine Gebläsepistole, wie sie die Silberschmiede benutzen. Bei Kupfer, Kupferlegierungen und Silber reicht ein solches Gas-Luft-Gebläse nur aus, wenn es sich um kleine Metallmengen handelt, die in einem kleinen Ton- oder Graphittiegel geschmolzen werden (Knöpfe, Schmuck, kleine Beschläge usw.). Für größere Mengen ist ein Tiegelschmelzofen nötig, der in verschiedenen Ausführungen im Handel erhältlich ist. Brauchbar ist ein Ofen mit Gasgebläse, dessen Tiegel bis zu 3 kg Kupfer faßt und Temperaturen bis 1400, max. bis 1500° erreicht (man kann also auch Eisen darin schmelzen). Wer einen elektrischen Brennofen (siehe Seite 234) besitzt, kann darin natürlich nicht nur die Gipsformen ausglühen, sondern auch schmelzen. Vorteilhaft ist, daß man am Pyrometer die Temperaturen ablesen kann. Der Schmelzprozeß läßt sich dagegen nicht so gut beobachten wie im Tiegelofen.
Ist das Metall geschmolzen, wird die Schlacke entfernt und das flüssige Metall vor weiterer Oxydation geschützt, indem man zerkleinerte Glasstückchen auf das Schmelzgut streut. Sie schmelzen sofort und bilden eine Schwimmschicht, die das Metall von der Luft abschließt. Bei Blei, Zinn und Leichtmetallen ist dies jedoch nicht nötig.

Der Guß. Das Metall darf nicht überhitzt werden und soll beim Eingießen eine möglichst niedrige Temperatur haben. Ebenso ist es nicht vorteilhaft, in zu heiße Formen zu gießen. Die besten Messing- und Bronzegüsse bekommt man, wenn die Form nach dem Ausglühen schon stark abgekühlt ist (aber das ist von Fall zu Fall verschieden!).
Vorsichtshalber stellt man die Form in ein weites Sandbett oder in die Erde. Der Tiegel mit der flüssigen Gußspeise kann nur mit einer Spezialzange gehalten und in den Formeinguß entleert werden. Wenn die Tropfen überperlen, weiß man, daß die Form ausgegossen ist. Das Metall erstarrt sofort. Bei kleineren Stücken kann man die Form schon nach wenigen Augenblicken zerschlagen.

Überarbeiten der Gußhaut. Bei wertvolleren Gußarbeiten ist die Erhaltung der Oberfläche oberstes Gebot. Nicht zu vermeiden ist das »Putzen«, d. h. das Entfernen des Eingußpfropfens und der Pfeifenfüllungen mit einem feinen Messer oder einer Feile. Dies hat mit äußerster Vorsicht zu geschehen.

Bearbeitung der Metalloberfläche

Die Oberfläche ist letztlich das, was nach vollendeter Arbeit dem Auge sichtbar bleibt. Wir müssen ihr also nicht nur eine werkgerechte Behandlung während der Arbeit, sondern gegebenenfalls auch eine sorgfältige Nachbehandlung angedeihen lassen. Diese soll indessen nicht das Ziel verfolgen, aus der Oberfläche eine schöne Fassade zu machen, die dem Auge des Betrachters etwas vorgaukelt, was im Grunde nicht vorhanden ist. Wo hier die Grenzen liegen, muß von Fall zu Fall entschieden werden und ist zum Teil Frage des persönlichen Geschmacks.

Von der Oberflächenbehandlung unterscheiden wir die Oberflächengestaltung, die sich zum Ziel setzt, das Werkstück durch bildhafte oder ornamentale Darstellungen zu schmücken. Diese können in einzelnen Techniken (etwa bei Ätz- oder Emaillierarbeiten) sogar Eigenwert erlangen; das Werkstück ist dann gewissermaßen nur noch Träger der gestalteten Oberfläche.

Nachbehandlung der Oberfläche

Es gibt viele verschiedene Methoden der Nachbehandlung, aber nur zwei Zielsetzungen: die Oberfläche soll einmal schön aussehen und zum anderen möglichst dauerhaft sein. Als schön empfinden wir die Metallfläche, wenn sie einen gewissen Glanz aufweist, eine bestimmte Farbe und Struktur hat. Wir können also, wo es not tut oder angebracht erscheint, durch Polieren, Färben oder Beizen nachhelfen. Außerdem werden wir die schöne Oberfläche durch Lackieren, Emaillieren, Eloxieren usw. zu erhalten und gegen Verwitterung, mechanische und chemische Einflüsse zu schützen suchen. Die Vielzahl der zu Gebote stehenden Techniken und Rezepte – die hier nicht alle und oft nur andeutungsweise behandelt werden können – erklärt sich aus der Tatsache, daß fast jedes Metall spezieller Behandlungsweisen bedarf.

Schleifen und Polieren. Bevor wir das Werkstück auf Glanz oder Hochglanz polieren können, muß es geschliffen werden. Viele Metalle sehen mit einer nur matt geschliffenen Oberfläche besser aus als mit spiegelndem Hochglanz, so etwa Bronze und Kupfer. Man sollte sich vor Augen halten, daß Spiegelung die Oberfläche unruhig macht, was durchaus nicht immer erwünscht ist. Schmiedeeisen und Gußeisen werden nicht einmal geschliffen.

Beim Schleifen werden alle Erhöhungen der Metalloberfläche durch bestimmte Schleifmittel, deren Teilchen harte Kristallflächen und scharfe Kanten aufweisen, gewissermaßen auf spanabhebende Weise abgetragen. Auch die feineren Poliermittel greifen das Metall in geringerer, aber entsprechender Weise an. Wir arbeiten am Schleifbock mit elektrisch betriebenen, hochtourig drehenden Schleifscheiben und Bürsten. Zum Polieren werden sie

gegen sogenannte Schwabbelscheiben aus Nessel, Flanell oder Molton ausgetauscht.
Mit etwas Geduld und Feingefühl kommt man beim Polieren aber auch mit einer kleinen Handschleifmaschine zu recht guten Erfolgen. Folgendes Verfahren hat sich in der Praxis gut bewährt: Vor den Schleifstein wird eine größere Holzscheibe, vor diese ein passend zugeschnittenes, wasserfestes Schleifpapier geschraubt. Es gibt »Wasserschleifpapier« verschieden feiner Körnung, das sich für unseren Zweck gut eignet. Es muß aber während der Arbeit immer wieder benetzt werden. Wir beginnen stets mit grober Körnung und fahren dann mit der nächsten feineren Korngröße fort.
Mit dem feinsten Wasserschleifpapier läßt sich bereits eine Vorpolitur erzielen, denn bevor wir mit der eigentlichen Politur beginnen, muß jeder Kratzer herausgeschliffen sein, sonst tritt er nachher sehr störend zutage und ist durch Polieren auch nicht mehr wegzubringen. Wir können nun Schleifpulver direkt auf die Holzscheibe, besser aber auf eine Filz- oder Lederscheibe mit Wasser oder Öl auftragen.
Als Schleifmittel eignen sich Schlämmkreide, Bims, Trippel, Rubinpulver, Pariser Rot oder käufliche Spezialpasten. Schlämmkreide auf einer trockenen Filzscheibe erzielt bei guter Vorarbeit letzten Hochglanz. Bims ist besonders für Silber ein beliebtes Poliermittel.

Färben und Patinieren. Es ist bekannt, daß Metalle durch Legierung ihre Farbe ändern. So bekommt Gold durch Beimischung von Kupfer einen rötlichen Ton (Rotgold), durch Platin oder Palladium wird es weiß (Weißgold). Auf niederkarätigen Goldlegierungen wird durch mehrmaliges Ausglühen und anschließendes Beizen in heißer Salpeter- oder Schwefelsäure ein voller Goldton erzielt, da die unedlen Metalle aus der Oberfläche herausgelöst werden, so daß eine Schicht aus Feingold zurückbleibt (siehe auch Seite 393).
Wenn wir eine Färbung bzw. Patinierung der Metalloberfläche durch chemische Verbindungen erzielen wollen, muß das Werkstück vor der Behandlung geschliffen und poliert werden (sofern eine Politur erwünscht ist), weil jede nachträgliche mechanische Bearbeitung die oberflächliche Färbung wieder entfernen würde. Allerdings kann man durch nachträgliches Anschleifen die Oberflächenstruktur (z. B. bei gehämmerten Blechen) auch betonen; die erhabenen Stellen treten dabei metallisch rein hervor, während die Farbe in den Vertiefungen stehenbleibt. – Das Werkstück muß fett- und oxydfrei sein (Fingerspuren vermeiden!). Die Lösungen werden dünn und gleichmäßig aufgetragen, oder das Werkstück wird in die Lösung eingetaucht. Anschließend müssen alle chemisch behandelten Metalle gründlich gewässert werden. Zum Trocknen eignen sich besonders gut angewärmte harzfreie Sägespäne.
Silber überzieht sich mit allen Farben des Regenbogens, wenn es für kurze Zeit in eine Lösung von 50 g Schwefelleber in 1 Liter Wasser getaucht wird. Das Schwefelleberbad wird heiß angewendet. Nach Erreichung der gewünschten Färbung wird das Werkstück herausgenommen, sofort gründlich gewässert und dann getrocknet.
Schwefelleber dient außerdem zum Braunfärben (Altbronzefarbton) von Kupfer und Messing. Für Kupfer löst man 25 g Schwefelleber und 5 ccm Salmiakgeist in 1 l Wasser. Messing wird in kochende Schwefelleberlösung gehalten, gut gespült und sodann in verdünnte Salzsäure getaucht. Man wie-

derholt den Prozeß so lange, bis der gewünschte Farbton erreicht ist. Auch durch mehrmaliges Befeuchten mit schwacher Salmiaklösung läßt sich ein Braunton auf Kupfer, Messing und Bronze erzeugen.
Kupfer färbt sich zunächst grün, später schwarz, wenn man das Werkstück mit Salpetersäure bestreicht, die Säure einwirken läßt und danach erhitzt. Eine Grünfärbung erreicht man ferner durch Überpinseln des Gegenstandes mit einer Mischung von 2 g Salmiaksalz, 1 g Grünspan (essigsaures Kupfer) und 100 g Essig (an Stelle dieser Zutaten kann auch 8 g Kupfernitrat in den Essig gegeben werden). Eine richtige Patina, wie sie sich allmählich auf natürliche Weise, z. B. an Kupferdächern, bildet, läßt sich auch künstlich hervorrufen. Das Werkstück wird zunächst in einer dünnen Schwefelammoniumlösung gebräunt, sodann mehrmals mit einer Lösung aus 8 g Kochsalz, 8 g Salmiak, 4 g Kleesalz und 50 g konzentrierten Essig (Eisessig) in 1 Liter Wasser überrieben. Vor jeder erneuten Behandlung müssen die Chemikalien langsam auftrocknen.
Eisen- und Stahlbrünierungen erzielt man durch Aufreiben käuflicher Brünierflüssigkeiten. Der Ton läßt sich vom hellen Braun bis zur Schwarzfärbung steigern. Man kann auch den zu brünierenden Gegenstand nochmals mit einer Lösung aus 1 Teil Antimonchlorür und 3 Teilen Olivenöl überreiben, doch muß jeder Auftrag einen Tag lang einwirken. Er kann so oft wiederholt werden, bis der gewünschte Ton erreicht ist.
Vor solchen Behandlungen muß man grundsätzlich alle Metallgegenstände erst »dekapieren«, d. h. von anhaftendem Fett und Oberflächenoxyd befreien. Sehr gut entfettet man durch Eintauchen des Werkstückes in eine heiße Lösung aus 1 Teil Ätznatron (auch Ätzkali oder Soda) und 10 Teilen Wasser, wodurch das anhaftende Fett verseift und der Schmutz gelöst wird. Anschließend bürstet man den Gegenstand mit Ätzkalibrei (gebrannten Kalk solange mit Wasser befeuchten, bis er zerfällt), reinigt ihn gründlich durch mehrfaches Überspülen mit klarem Wasser und bringt ihn in ein oxydlösendes Säurebad (verdünnte Schwefelsäure 1 : 10; siehe auch Seite 350). Danach muß ohne Verzug, weil sich Oberflächenoxyde schnell wieder bilden, die Weiterbehandlung erfolgen. Fingerspuren und letzte Fettschichten lassen sich auch mit einfachen fettlösenden Flüssigkeiten (Benzin, Benzol) entfernen.

Konservieren und Lackieren. Die schöne, hochglanzpolierte, metallisch blanke oder gefärbte Oberfläche ist durch Witterungseinflüsse, Feuchtigkeit und Säuren (die sich etwa aus dem Schwefeldioxydgehalt der Industrieabgase bilden) ebenso gefährdet wie durch mechanische Beschädigung, Abnutzung usw. Messing wird mit der Zeit braun, Silber geht besonders leicht Schwefelverbindungen ein und »läuft an«. Geeignete Konservierungsmittel sind Zaponlacke, (Nitrozelluloselösungen, meist in Azeton), die man fertig kaufen kann. Das saubere, völlig trockene und fettfreie Werkstück wird in den dünnflüssigen Lack getaucht oder überpinselt. Es empfiehlt sich, vorher den Lack zu erhitzen (im Wasserbad) oder das Werkstück anzuwärmen. Nagellack ist ein besonders geschmeidiger Zelluloselack und kann für kleinere Stücke ausprobiert werden. Ein schadhaft gewordener Zaponlacküberzug läßt sich in einer heißen, aber nicht zu starken (!) Natronlauge (Natriumhydroxyd in Wasser gelöst) oder mit Ätheralkohol, Azeton usw. entfernen.

Oberflächengestaltung

Die meisten Techniken, die bei einer gestaltenden Veränderung der Metalloberfläche zur Anwendung kommen, zielen darauf ab, eine Musterung durch partielles Eintiefen oder Umfärben hervorzurufen. So wird etwa beim Punzieren und Ziselieren das Metall durch Punzen oder kleine Stempeleindrücke gestaucht; beim Gravieren werden Vertiefungen durch spanabhebende Werkzeuge (Stichel) ausgehoben; beim Ätzen wird die Oberfläche durch chemische Einwirkung stellenweise aufgelöst und eingetieft, beim Beizen umgefärbt.
Eine Strukturierung oder Zeichnung der Oberfläche ist aber auch durch Auflöten kleiner Metallkügelchen (Granulieren) oder feiner Drahtornamente (Filigranarbeiten) möglich. Schließlich kann die Oberfläche mit einem anderen Metall (Niello oder Email) überschmolzen und bildhaft gemustert werden.
Alle diese Techniken gestatten mannigfaltige Abwandlungen, Variationen und Kombinationen untereinander, so daß dem Gestaltenden eine Fülle von Möglichkeiten an die Hand gegeben sind, um seiner künstlerischen Idee, die vom einfachen Ornament bis zum großangelegten Bild reichen mag, Ausdruck zu verleihen. Es sei nur daran erinnert, daß man das Ätzverfahren zur Technik der Radierung, das Gravieren zur Kupferstichtechnik verfeinern kann.

Ätzen. Ornamente, Bilder und Schriftzeichen lassen sich leicht in unedle Metalle (Kupfer, Messing, Zink, Eisen) einätzen. Die Technik eignet sich besonders für Schmuckstücke, Broschen, Nadeln, Anhänger, Spangen. Aber auch auf einem selbstgefertigten Türschild können wir unseren Namen eintiefen oder erhaben hervortreten lassen.
Die Technik beruht auf der Tatsache, daß Säuren Metalle angreifen und bei längerer Einwirkung auflösen. Unserem Entwurf entsprechend können wir nun die Stellen, die erhaben stehenbleiben sollen, mit einem säurebeständigen Lacküberzug abdecken, so daß die Ätzflüssigkeit nur die ungeschützten Partien angreift und, je nach Behandlungsdauer, mehr oder weniger eintieft.
Als Überzug (Ätzgrund) hat sich handelsüblicher Asphaltlack bewährt. Als Ätzflüssigkeit wird verdünnte Salpetersäure (1:3) oder Salzsäure (1:1) verwendet. Mit der gebotenen Vorsicht gießen wir die Säure in das Wasser (nie umgekehrt! Siehe Seite 350). Da Fettspuren (Fingerabdrücke) das Eindringen der Säure verhindern, müssen die Werkstücke aber vorher entfettet werden (siehe Seite 391). Hier empfiehlt sich Trichloräthylen, da wir dieses Lösungsmittel abschließend auch zur Entfernung des Asphaltlacküberzugs benötigen.
Der Bildentwurf kann mit Bleistift auf das Werkstück gezeichnet werden (das Metall dabei nicht mehr mit den Fingern berühren!). Anschließend tragen wir den Lack, der gegebenenfalls mit Terpentin zu verdünnen ist, mit Hilfe eines Haarpinsels auf den abzudeckenden Stellen auf. Hierbei gibt es drei verschiedene Möglichkeiten: 1. Wir malen mit Lack die Darstellung auf, die dann später erhaben hervortritt, da die Säure nur den Hintergrund angreift (Hochätzung). 2. Wir malen nur den Hintergrund zu, so daß durch die Säure die Darstellung eingetieft wird (Tiefätzung). 3. Wir überlacken die gesamte Fläche, lassen sie etwas antrocknen und kratzen mit einer Nadel oder einem scharfen Messerchen die zu ätzenden Stellen aus dem noch weichen Lacküberzug heraus. Dieses Verfahren eignet sich vor allem für feinere Zeich-

nungen, muß aber schon in den nächsten 10–20 Minuten nach der Lackierung geschehen, da später der Lack zu spröde ist. – Da die Säure alle unbedeckten Stellen angreift und das Werkstück oft in das Säurebad getaucht wird, dürfen wir nicht vergessen, auch die Rückseiten und Ränder (diese sehr sorgfältig!) in Lack zu betten. Das Säurebad wird der giftigen Dämpfe wegen am besten im Freien in einer flachen Schale angesetzt. Die Werkstücke müssen im Bad hin und wieder bewegt und festsitzende Gasblasen mit einem weichen Pinsel entfernt werden.
Unser Bestreben geht dahin, möglichst tief und plastisch zu ätzen. Lassen wir die Säure jedoch zu lange einwirken, besteht die Gefahr, daß sie die Ränder der zugedeckten Flächen unterwandert und die Konturen zerfrißt. Danach müssen wir – wie nach jeder chemischen Behandlung der Metalloberfläche – gründlich wässern und die Lackreste mit Trichloräthylen entfernen.

Beizen und Patinieren. Schmuckmotive können auch durch partielles Umfärben der Metalloberfläche auf das Werkstück aufgebracht werden. Dabei gehen wir ähnlich wie beim Ätzen vor, decken entweder die Darstellung oder die umgebende Fläche nach einer gründlichen Entfettungsprozedur mit Asphaltlack ab und bringen den Gegenstand in eine geeignete Beiz- und Patinierlösung, in der sich die ungeschützten Teile nach und nach umfärben. Eine gute Messingbeize besteht aus 50 g Kupferkarbonat und 1 l Salmiakgeist. Kupfer muß patiniert werden (siehe Seite 383). Nun legen wir den Gegenstand etwa eine Viertelstunde in Ätzbad (siehe oben), spülen ihn unter fließendem Wasser gut ab und bringen ihn anschließend sofort in die Beizflüssigkeit, in der wir ihn von Zeit zu Zeit bewegen müssen, damit immer neue aktive Lösungsbestandteile an die zu beizenden Flächen herankommen können (Beizdauer 10–20 Minuten). Mit diesen rauchentwickelnden Flüssigkeiten sollte man möglichst im Freien arbeiten. Anschließend können wir spülen, polieren oder zaponieren.

Gravieren bedeutet soviel wie »Einschneiden«. Es handelt sich also um eine Bearbeitung der Metalloberfläche

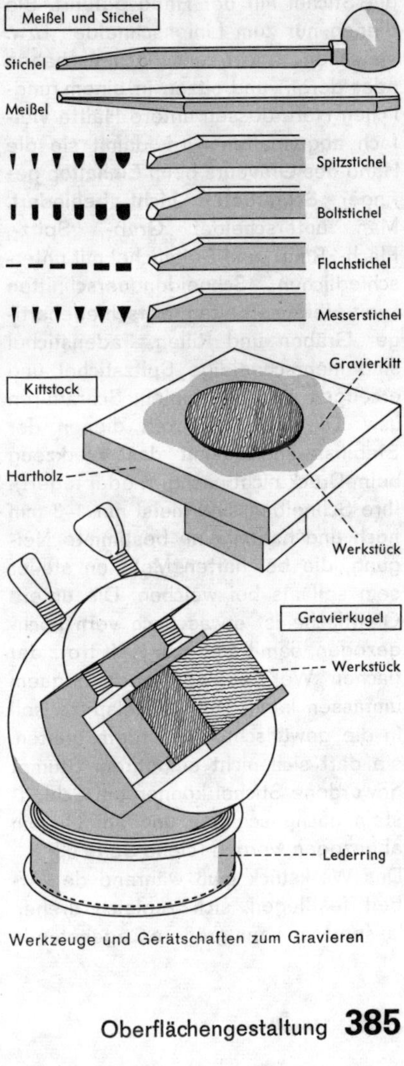

Werkzeuge und Gerätschaften zum Gravieren

mit Schneidewerkzeugen in spanabhebender Weise, z. B. um einen ornamentalen Linienzug oder geeignete Schriftzeichen in einen bestimmten Werkteil einzuarbeiten, z. B. um Bestecke oder Schmuckgegenstände mit Monogramminschriften zu versehen.
Als Werkzeuge brauchen wir Meißel und Stichel mit vierkantig-flachen, quadratischen, flachgewölbten und schildförmigen Querschnitten. Die Meißel werden (z. B. bei Stahlgravierungen) mit dem Hammer vorwärtsgetrieben, die Stichel mit der Hand geführt. Sie dienen nur zum Linienschneiden bzw. -»stechen« (nicht zum Flächenschaben oder dergl.) und sitzen in einem rundlichen Heft, dessen untere Hälfte vielfach abgespalten wird, damit sie die Hand des Graveurs beim Einhalten geringer Schnittiefen nicht behindert. Man unterscheidet Grab-, Spitz-, Flach-, Rund- und Boltstichel mit unterschiedlichen Schneidenquerschnitten zum Herausarbeiten verschiedenartiger Gräben und Rillen. Fadenstichel sind mehrschneidige Spitzstichel und erzeugen parallele Linien, Schraffuren usw. Die hohen Rücken dienen der Stabilisierung (damit das Werkzeug beim Druck nicht nachgibt oder federt). Ihre Schneiden sind meist nur 1–3 mm hoch und haben eine bestimmte Neigung, die bei harten Metallen steiler sein soll als bei weichen. Die untere Gleitfläche ist etwas nach vorn hochgezogen, damit man das Heft trotz der flachen Werkzeuglage noch bequem umfassen kann. Die Stichelspitze soll in die gewünschte Schnittiefe gleiten, sie darf sich nicht einbohren. Stumpf gewordene Stichel können am Schleifstein nachgeschliffen und am Ölstein abgezogen werden (siehe Seite 63).
Das Werkstück muß während der Arbeit festliegen, sich zugleich drehen lassen. Man kann größere Gegenstände auf einen stramm mit Sand gefüllten Leinenbeutel legen, für feinere Arbeiten dagegen benötigt man eine sichere Einspannvorrichtung. Die Gravierkugel hat kleine Schraubzwingen und liegt auf einem Lederring, auf dem sie mit der linken Hand, während die rechte das Werkzeug führt, in jede Neigung und Drehung gebracht werden kann. Gröbere Werkstücke spannt man direkt ein. Zartere Gebilde oder solche, die sich schwer fassen lassen, bettet man in Gravierkitt, den man auf einen Hartholzklotz (Kittstock) tropft, der sich seinerseits in die Kugel einspannen läßt. Eine einfache Kittmasse besteht aus 1 Teil schwarzem Pech und 2 Teilen Kolophonium. Notfalls kann man auch Siegellack nehmen.

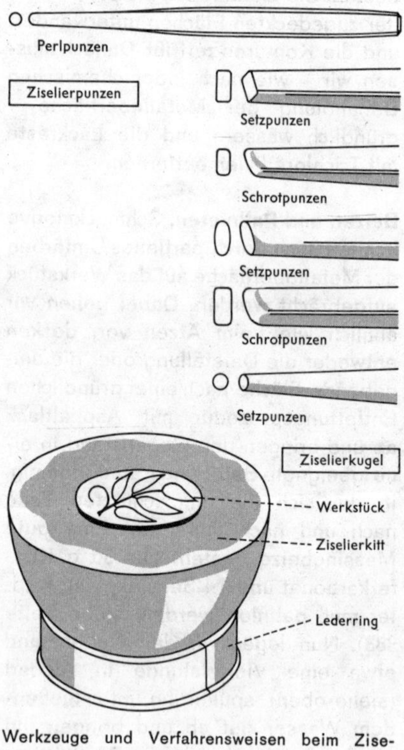

Werkzeuge und Verfahrensweisen beim Ziselieren

Zum Gravieren braucht man vor allem ein gutes Auge und eine ruhige Hand. Die Zeichnung kann im Großen entworfen und durch Umzeichnen auf das gewünschte Maß verkleinert werden. Da Bleistiftstriche auf blankem Metall nicht haften, überstreicht man die Arbeitsstelle mit Deckweiß, bei feineren Stücken mit in Spiritus gelöstem Gummigutt, auf dessen matter Schicht man weitaus besser zeichnen kann. Es ist ratsam, die Fläche vor dem Gravieren zu polieren, da anders die Schärfe der Gravur verlorengeht. Aluminium und Aluminiumlegierungen schmieren bei der Spanabnahme. Der Stich wird erst einwandfrei, wenn man den Stichel ab und zu mit Petroleum befeuchtet.

Ziselieren. Hierbei schneiden wir nicht, sondern »treiben« oder »drücken« das Metall über einer weichen Unterlage mit Hammer und Punzen, so daß Linien und reliefplastische Formen (ähnlich den Abgüssen negativer Hohlschnitte, jedoch mit weicheren Kanten) entstehen.

Als Unterlage dient Ziselierkitt, ein Gemenge aus gleichen Teilen schwarzem Pech und feinem Ziegelmehl, dem wir je nach der gewünschten Geschmeidigkeit etwas Rindertalg und zur Aushärtung Bienenwachs oder echtes Terpentin hinzufügen. Die Masse muß elastisch sein und sich nach Bedarf durch Erwärmung auch weicher und nachgiebiger machen lassen.

Der Ziselierhammer hat eine breite, runde Schlagfläche und auf der anderen Seite einen Treibknopf (siehe Seite 334), mit dem auch direkt getrieben werden kann. Die erforderlichen Punzen (Setz-, Schrot- und Modellierpunzen) feilen wir uns aus etwa 10 cm langen und 5–7 mm starken Vierkantstählen (Werkzeugstahl!) selbst zurecht. Die Bahnen sollten poliert werden. Schrotpunzen (mit kurzen oder langen, spitz- oder stumpfwinkeligen, geraden oder gebogenen Bahnen) dienen zum Linientreiben (»Schroten«) sowie zum Absetzen hart verlaufender Bildumrisse. Mit Setzpunzen (mit glatten oder mit der Feile aufgerauhten Setzflächen und harten Kanten) beleben wir einen Bildgrund oder größere Flächen. Mit Modellierpunzen, die stark abgerundete Kanten und unterschied-

Ziselierter Leuchter aus Messingblech

liche Querschnitte haben, lassen sich im Wechsel zwischen Höhlung und Wölbung weiche Übergänge erzielen. Zu den runden Modellierpunzen gehört auch der Perlpunzen mit kleiner kugeliger Schlagfläche und die negative Form desselben, die Hohlperle. Schließlich braucht man zum Treiben weicher und großflächiger Wölbungen auch ein paar Holzpunzen (Buchsbaumholz, siehe Seite 47), die jedoch nur über ausgesprochen weichem (erwärmtem!) Kitt angesetzt werden dürfen. Nach Bedarf fertigt man sich Bildpunzen mit einfachen Bildzeichen, Zahlen, Buchstaben usw.

Das Werkstück wird genau wie beim Gravieren auf ein Sandkissen gelegt oder in die »Ziselierkugel« eingebettet (eine flache Konservendose, die man mit Kitt ausgießt, tut ähnliche Dienste). Die Ziselierkugel ist eine hohle gußeiserne Halbkugel (20–30 cm Durchmesser) und kann ähnlich wie die Gravierkugel auf einem Lederring (es eignet sich auch ein dreieckiger Leistenrahmen) in jede Lage gedreht werden. Um Kitt zu sparen, legt man Ziegelbrokken oder Bleireste zur Beschwerung unten in die Kugel ein und gießt den Kitt darüber. Unter größeren Werkstücken, die aufgekittet werden sollen, dürfen sich keine Hohlräume (Luftblasen!) bilden, da sonst der Punzen das Metall durchschlägt.

Über das Ziselieren selbst ist wenig zu sagen, da sich der Gebrauch der Werkzeuge aus ihrer Form ergibt.

Punzieren. Während wir beim Ziselieren die Punzen nach ihrer besonderen Eignung innerhalb eines größeren reliefplastischen Formzusammenhangs auswählen, benutzen wir die gleichen Werkzeuge beim Punzieren als Zierstempel. Wir setzen in ständiger Wiederholung ein oder mehrere Motive

In Kupfer getriebene Schale mit gepunztem Ornamentschmuck

Einschlag neben Einschlag und erzeugen auf diese Weise langlaufende Linien (mit dem Schrotpunzen), Punktreihen (mit dem Perlpunzen) oder einfache Bildzeichen im Sinne ornamentaler Musterungen. Als Schlagunterlage dient der gleiche Kittstock wie beim Ziselieren.

Filigranarbeiten. Hierbei handelt es sich um feinste Drahtlötearbeit. Die Bezeichnung leitet sich von den lateinischen Wörtern »filum« (Faden) und »granum« (Korn) ab. Wahrscheinlich sind damit die feinen, für Filigranarbeiten schon früher gern verwendeten gekordelten (gedrehten), an der Oberfläche gekerbten oder auch mit einer Körnung versehenen Silberdrähte gemeint, die auch heute noch für solche Arbeiten gebraucht werden. Ursprünglich wurde damit eine Metalloberfläche (Silber oder Gold) belötet. Es sind aber auch schon aus alter Zeit durchbrochene Arbeiten (Gitterlötungen) bekannt. Bis ins 20. Jahrhundert hinein galt die Filigranarbeit als kärglich belohnte Heimarbeit, die vielfach von Kindern ausgeführt wurde.

Die käuflichen Drahtarten werden aus geeignetem Material in besonderen Kordel- oder Tordiermaschinen hergestellt. Flachen Draht (mit Vierkantquerschnitt) schneidet man sich aus 1 mm starkem Silberblech. Wir biegen ihn mit einer kleinen Rundzange zur Umrißform einer Brosche oder eines Anhängers und verlöten mit Hilfe eines Lötrohrs Anfang und Ende mit Silberlot (siehe Seite 355). Schwierige Formen, die aus mehreren Teilen zusammengesetzt werden müssen, lassen sich in Gips einbetten. Sie bleiben darin, bis auch die Teilstücke eingelötet sind (dazu muß die Gipsschicht innerhalb des Rahmens herausgeschabt werden).

Im nächsten Arbeitsgang schneiden wir mit einer gewöhnlichen Papierschere das feinere Blech (0,1 mm), das zum Formen des Innenwerks dienen soll, ebenfalls in 1 mm breite Streifen, biegen diese mit einer Pinzette in die gewünschten Wellenlinien oder Spiralen und legen sie in dem gipsgebetteten Rahmen zu einem ornamentalen Gefüge. Sie müssen sich stellenweise gegenseitig berühren, damit sie miteinander verlötet werden können. Hierzu benutzen wir feine Silberspänchen (Silberlot, siehe Seite 355), die vorher mit in Wasser angerührtem Borax gut umgeben werden müssen. Jedes Lotspänchen wird mit der Pinzette auf die entsprechende Lötstelle gelegt, mit der Lötrohrflamme erwärmt und zum Fließen gebracht. (Nicht das Lot fortblasen!) Wenn das Material sauber und fettfrei ist, geht die Lötung schnell vonstatten. Eine Öse zum Durchziehen der Kette oder die Schließnadel werden ebenfalls angelötet.

Silberfiligran: Feiner Silberdraht wird spiralig eingerollt oder zu Formen gebogen und an den Berührungsstellen hart verlötet

Abschließend muß das Werkstück mit feinen Nadelfeilen, Schabern und Schmirgelpapier sorgfältig überarbeitet und mit einem handelsüblichen Poliermittel poliert werden.

Emailarbeiten

Glasähnliche Überzüge auf Metallen bezeichnet man als Email (oder Emaille). Vom eigentlichen Glas unterscheiden sie sich vor allem durch ihren niedrigen Schmelzpunkt (etwa 800°) und die Fähigkeit, auf metallischer Grundlage zu haften. Diese physikalischen Besonderheiten werden durch Chemikalien erreicht, die dem Glaspulver beigefügt werden. Durch Zugabe von Metalloxyden gewinnt das Email außerdem seine Färbung. Als Träger dieser Überzüge eignen sich Eisenbleche, Aluminium, Kupfer, Emailliertombak und Edelmetalle. Ebenso wichtig wie die Zubereitung des Emailpulvers ist die sorgfältige Vorbehandlung der

Trägermetalle. Emailarbeiten sind ohne gründliche Kenntnis der Metalle und ihrer Verarbeitungsweisen kaum erfolgreich durchzuführen.
Email ist fester und dauerhafter als Lack; es besticht vor allem durch seine intensiven Farben und seinen lebhaften Glanz. Hinsichtlich des Verwendungszwecks unterscheidet man Schutzemail und Schmuckemail. Unedle Metalle werden vor allem gegen Säurefraß und Oxydierung geschützt. Verkehrs- und Reklameschilder z. B., die den Witterungseinflüssen ständig ausgesetzt sind, tragen meist einen Emailüberzug. Emaillierte Eimer und Wannen rosten nicht, solange der Emailüberzug intakt ist, und Töpfe und Pfannen nehmen keinen Geruch an. Mit farbigen Emails dagegen lassen sich ästhetische Wirkungen erzielen. Schalen, Metallkästen, Plaketten und Schmuckstücke sind geeignete Objekte für eine figürliche oder ornamentale Emaillierung. Auf kunstgewerblichen Gebrauchsgegenständen können sich die schützende und die schmückende Funktion des Emails vereinen.
Für den werkenden Liebhaber spielt vor allem das Schmuckemail auf kleineren Metallträgern eine Rolle. Metallplättchen lassen sich notfalls über der Flamme eines Bunsenbrenners werkgerecht emaillieren, während bei größeren Gebrauchsgegenständen (Schalen usw.) meist ein Brennofen erforderlich ist.

Die Zubereitung des Emails

Der Umgang mit Email und den zu emaillierenden Metallen hat mit größter Sorgfalt zu geschehen. Jede Verunreinigung durch Fette (Fingerabdrücke), Oxyde, Säuren oder andere Fremdstoffe, die etwa den verwendeten Gefäßen noch anhaften, kann die Arbeit unter Umständen vollständig verderben; zumindest können sich Flecken, Poren oder Farbumschläge im Email nach dem Brennen störend bemerkbar machen.

Farben und Sorten. Email begegnet uns in unendlich vielen verschiedenen Farbtönen. Durch Mischung lassen sich außerdem alle erdenklichen Zwischentöne erzielen. Wenn man transparente Emails in mehreren Schichten übereinanderschmilzt, ergibt sich die Farbmischung durch optische Addition der einzelnen Farbkomponenten. Auch die Farbe des Trägermetalls kann bei transparenten Emails die Emailfarbe stark abwandeln (so wird z. B. rotes, durchscheinendes Email auf Gold im Farbton wärmer, grünes Email auf Kupfer zum Grau hin gebrochen usw.). Die Emails unterscheiden sich aber nicht nur in bezug auf den Farbton, sondern auch hinsichtlich ihrer Dichte. Die transluziden oder transparenten Emails sind glasklar und lassen das Metall hindurchschimmern. Opake Emails dagegen sind undurchsichtig und ähneln in ihrer Wirkung eher dem Porzellan. Opalisierende Emails sind durchscheinend und schillernd. Außer den farbigen Emails wird noch weißes, graues und schwarzes Material verwendet sowie wasserklares, farbloses Email, das man oft zum Grundieren oder Überziehen benötigt. Email gelangt in Form von Brocken oder pulverisiert in den Handel. Einige Firmen bieten gängige Sorten in kleinen Probepackungen an, so daß eine größere Auswahl zu erschwinglichem Preis zum Ausprobieren zur Verfügung steht. Das Sortiment sollte neben verschiedenen Farbtönen und Farbdichten auch Emails unterschiedlicher Schmelzpunkte enthalten.
Email kann aus verschiedenen Grund-

stoffen bestehen – Glasbildnern, Flußmitteln und färbenden Metalloxyden –, deren Zusammenstellung weitgehend auf überlieferten alten Rezepten beruht. Die Anteile der Zutaten richten sich nach dem Verwendungszweck. Die Misch- und Schmelzverfahren sind oft Werkstattgeheimnis. Wenn wir Email von einem keramischen Betrieb beziehen, so erhalten wir es gebrockt oder pulverisiert in fertig zusammengeschmolzener Form.

Zerkleinern und Schlämmen. Vor allem opake Emails müssen fein zerrieben werden – meist auch dann noch, wenn sie bereits als feines Pulver geliefert wurden –, da sie sonst leicht körnig einbrennen. Transparente Emails zerreibt man nur griesfein mit dem Stößel in einer porzellanenen Reibschale (siehe Seite 238) unter Zusatz von reichlich destilliertem Wasser. Man rührt das Pulver mit leichtem Druck an der Wand des Mörsers entlang rundherum. Nach dem Reiben wird das Emailpulver durch Abschlämmen gründlich gereinigt. Vor allem müssen wir das Porzellanmehl, das von Mörser und Stößel unvermeidlich abgerieben wurde, herauswaschen. Transluzide Emails werden klarer, wenn man auch das allzufeine Emailmehl entfernt. Nachdem sich das Reibgut im Mörser gesetzt hat, gießt man das Wasser ab. Mit frischem, destilliertem Wasser spült man das Reibgut in einen Standzylinder, verrührt es kräftig und gießt nach dem abermaligen Absinken das trübe Schlämmwasser wieder ab. Es wird so lange weiter geschlämmt, bis das Waschwasser klar bleibt. Steht destilliertes Wasser nicht zur Verfügung, so läßt sich unter Umständen auch abgekochtes Leitungswasser verwenden. Hoher Chlorgehalt kann sich allerdings in einem Mattwerden des Emails auswirken (durch Abkochen wird der Chlorgehalt verringert). Das Schlämmwasser sammelt man in größeren (fettfreien!) Töpfen, wo sich nach längerer Zeit die feinsten Schwebstoffe absetzen. Diesen Bodensatz können wir immerhin noch als »Rückemail« verwenden, ebenso wie Reste von Emails, die wir etwa im Ansatz zu reichlich bemessen hatten. Wir überziehen damit die dem Betrachter nicht sichtbaren Rückseiten der Werkstücke; daher spielen Farbe und Glanz keine Rolle. Das geschlämmte Emailgut ist zum Auftrag fertig und kann sofort benutzt werden. Getrocknet oder im feuchten Zustand läßt es sich in weithalsigen Pulverflaschen aufbewahren. (Feucht gelagertes Emailgut zeigt oft günstigere physikalische Eigenschaften als ganz frisch zubereitetes.) Eine sorgfältige Beschriftung der Flaschen mit genauer Sortenbezeichnung erspart uns viel Verdruß!

Vorbereitung des Metallgrundes

Als Metallträger kommen vorwiegend Bleche zwischen 0,2 und 0,8 mm Stärke in Frage. Es wurde schon erwähnt, daß der Metallgrund chemisch sauber sein muß, wenn wir das zubereitete Emailgut auf die blanke, reine Metallfläche auftragen. Wäre das zu emaillierende Blech etwa angelaufen, befänden sich also Oxyde an der Oberfläche, so würden diese die Emaillefarbe, vor allem die klare Farbe eines transparenten Emails, verderben. Fettspuren auf der Metallfläche würden eine feste Verbindung zwischen Metall und Email stören, das Email würde sich abheben.
Es gibt verschiedene Verfahren, Oxyde und Fette vom Metallgrund zu entfernen. Zugleich muß das Metall spannungsfrei sein.

Ausglühen. Kalt geschmiedete, gehämmerte, gebogene, auch gefeilte und gesägte Metalle stehen nach der Bearbeitung unter Spannung, die dem Metall, bevor wir es mit Email überziehen, durch Ausglühen genommen werden muß (siehe Seite 317). Unterlassen wir diesen Arbeitsgang, so entspannt sich das Metall während des Emaillierungsprozesses, das aufgetragene Emailgut wird abgeworfen, Risse und abgeblätterte Ränder sind die Folge. Zugleich ist das Ausglühen das sicherste und schnellste Verfahren, um Fettspuren restlos zu entfernen. Von nun an darf das Werkstück nur noch mit Pinzetten oder Zangen angefaßt werden.

Ist das Werkstück nach dem Ausglühen versehentlich doch mit Fett oder den Fingern in Berührung gekommen, so kann es durch Kochen in einer starken Sodalösung oder in Ätzkalilauge nachgereinigt werden. Danach wird gründlich gewässert. Die Erfahrung lehrt allerdings, daß unedle Metalle, vor allem Kupfer, bei dieser Behandlung oft stark anlaufen. Eine 30prozentige Stenolatlösung, in der das Werkstück etwa 10 Minuten lang gespült wird, gilt als guter Kaltentfetter.

Beizen und Wässern. Nach dem Glühen ist das Metall zwar fettfrei, an seiner Oberfläche aber mehr oder weniger stark oxydiert. Auf Kupfer bilden sich richtige Zunderschichten. Es kommt nun darauf an, diese Oxyde möglichst vollständig zu beseitigen. Das wäre im Schleif- und Polierverfahren durchaus möglich, nur müßte das Werkstück nach dem Polieren wieder entfettet werden, da sich Fettspuren während der Arbeit kaum vermeiden lassen. In technischen Betrieben werden vor allem größere Waren durch Sandstrahlgebläse gereinigt.

Eine Reinigung auf chemischem Wege erfolgt im Säure- oder Beizbad (siehe Seite 349). Es werden Salzsäure, erhitzte Schwefelsäure, Salpetersäure und Säuremischungen verwendet. Die Säure löst die Oxyde auf, doch ist zu beachten, daß hierbei auch die Metalle selbst (vor allem Kupfer und Eisen) mit der Zeit erheblich angegriffen werden und an Substanz verlieren. Nach dem Beizen zeigen die Metalle an ihrer Oberfläche oft Niederschläge, die wir mit einer Borsten- oder Glasbürste unter Wasser abbürsten und abwaschen. Da aber auch Säure den Erfolg der Emaillierung in Frage stellen kann, werden Säurereste durch gründliches fließendes Wässern nach dem Beizen aus den Metallporen herausgelöst. Zur Sicherheit kann in schwachem Sodawasser neutralisiert und danach wieder gewässert werden. Um eine erneute Oxydierung möglichst zu vermeiden, trocknet man das Werkstück schnell zwischen Fließpapier oder in Sägemehl.

Der Umgang mit Säuren erfordert einige Sorgfalt (siehe auch Seite 350). Salpetersäure darf nur im Freien oder unter einem Abzug verwendet werden, da die Dämpfe stark gesundheitsschädigend sind. Das Beizbad setzt man in feuerfesten Porzellanschalen an und erhitzt es mit schwacher Bunsenbrennerflamme unter einem Asbestnetz. Die Schale wird mit einem Porzellan- oder Glasdeckel (notfalls tut es ein kleiner Unterteller) abgedeckt, um Spritzer zu vermeiden und lästige Dämpfe zurückzuhalten. (Schwefelsäure dickt bei der Erwärmung schnell ein; es kann zu Siedeverzug und plötzlichem Aufspritzen kommen.) Wir schützen die Kleidung durch eine Gummischürze und halten das Gesicht dem Beizbad möglichst fern. Eine Glasscheibe oder Brille schützt unsere Augen. Soll eine Säure verdünnt werden, so geben wir die Säure langsam in das Wasser – niemals umgekehrt! Die Werkstücke werden mit einer Messingpinzette, einem Silberdrahthaken, einem alten silbernen Löffel oder einer Holzklammer vorsichtig in das Beizbad gelegt, darin gewendet und nach bestimmter Zeit wieder herausgeholt.

Die verschiedenen Metalle bedürfen einer unterschiedlichen Behandlung und verhalten sich auch dem Email gegenüber verschieden:

Goldgrund (siehe Seite 319) eignet sich ganz besonders gut zum Emaillieren. Im Vergleich zu anderen Metallen dehnt es sich während des Brennvorganges wenig aus, so daß es nur zu geringen Spannungsdifferenzen zwischen Metallgrund und Emailüberzug kommt. Das Email haftet also besonders gut, und die Gefahr des Reißens oder Zerspringens vor allem während des Erkaltens scheidet weitgehend aus. Darüber hinaus verhält sich zumindest Feingold chemisch passiv gegenüber Säuren, und seine Oberfläche ist frei von Oxyden. Es brauchte daher vor dem Emaillieren nur geglüht (700–750°) und nach dem Erkalten unter Wasser mit Hilfe einer Borsten- oder Glasbürste gebürstet zu werden; das Beizbad könnte entfallen. Empfohlen wird aber dennoch ein Bad in heißer, verdünnter Schwefelsäure und Nachpolieren mit einer Messingbürste.

Niederkarätige Goldlegierungen oder Feingoldarbeiten mit Lötstellen werden geglüht und nach dem Erkalten in einer »Gelbbeize« (1 Teil Wasser, 1 Teil Salpetersäure und 1 Teil Schwefelsäure) drei Minuten gekocht (60 bis 70°). Anschließend muß das Werkstück in Sodalösung getaucht (neutralisiert) und dann mit einer Messingbürste gut gereinigt werden. Dann wird abermals geglüht, gebeizt, gereinigt und so fort. Dieser Prozeß ist um so öfter zu wiederholen, je geringer der Goldgehalt der Legierung ist (bei 33/1000 Goldblech bis zu sechsmal). Das wiederholte Glühen und Beizen bewirkt ein Herauslösen der unedlen Legierungsmetalle aus den oberen Zonen, so daß der Feingoldgehalt an der Oberfläche des Werkstückes erhöht wird. So vorbehandelte Goldlegierungen verhalten sich dem Email gegenüber auch sehr gut. Sollen Dubleebleche emailliert werden, so muß die Feingoldauflage mindestens 0,05 mm stark sein.

Transparente Emails in den warmen Farbtönen (Rot, Orange, Gelb) kommen auf Goldgründen besonders prächtig zur Geltung.

Silbergrund (siehe Seite 320). Alle transparenten Emails erscheinen auf Silbergrund klar und im Farbton ungebrochen. Allerdings reagiert Silber nicht so neutral wie Gold. So werden einige Emails von Silber im Farbton chemisch verändert. In vielen Fällen muß erst ein farbloses Silbergrundemail aufgeschmolzen werden, bevor das Farbemail aufgebrannt werden kann. Feinsilber wird wie Feingold vor dem Emaillieren nur ausgeglüht, also entspannt und entfettet und unter Wasser mit einer Borstenbürste gut gebürstet. Oxyde sind nicht zu befürchten. Legierungen müssen jedoch wie Goldlegierungen durch Beizen oder Sieden veredelt werden. Das ausgeglühte Werkstück belassen wir zu diesem Zwecke so lange in heißer (60 bis 70 °), verdünnter Schwefelsäure (7 Teile Wasser und 2 Teile Schwefelsäure), bis es sich mit einem weißen Sudbelag gleichmäßig überzogen hat. Dieser Belag wird wieder (siehe Gold) mit einer Messingbürste in einer Sodalösung abgekratzt. Die Schwefelsäure löst das in der Glut entstandene schwarzbraune Kupferoxyd auf, so daß eine Schicht reinen Silbers nach dem Kratzen zurückbleibt. Das Glühen und Sieden ist ein- oder zweimal zu wiederholen. Abschließend wird gründlich gewässert und getrocknet. Silber hat im Unterschied zu Gold einen sehr hohen Ausdehnungskoeffizienten. Die Gefahr, daß Email vom Silbergrund abplatzt, ist besonders bei dickeren Blechen gegeben. Hier muß durch einen Auftrag von Rückemail für einen Spannungsausgleich gesorgt werden. Am besten hält ein auf beiden Seiten angebrachter dicker Emailüberzug auf dünnem Blech.

Kupfergrund und Emailliertombak (siehe Seite 321) nehmen hinsichtlich ihrer physikalischen Eigenschaft der Ausdehnung eine Mittelstellung zwischen Gold und Silber ein. Man emailliere möglichst dünne Bleche (0,2 mm) oder trage Rückemail auf. Emailliertombak bringt durchsichtige Emails gut zur Wirkung, Kupfer läßt die Farben dunkler und weniger feurig erscheinen und muß vor dem eigentlichen Emaillieren oft mit einem farblosen Kupfergrundemail überschmolzen werden. Für opake Emails ist Kupfer jedoch sehr geeignet. Der Anfänger tut überhaupt gut daran, seine ersten Erfahrungen in der Kunst des Emaillierens mit opaken, undurchsichtigen Emails zu sammeln. Kupfer und Emailliertombak werden bei 700–750 ° geglüht und in lauwarmer verdünnter Schwefelsäure (9 : 1), die einen geringen Zusatz von Kochsalz (0,1–0,2 %) enthalten soll, glänzend gebeizt (giftige Dämpfe!). Wer den nicht ganz ungefährlichen Umgang mit der Säure vermeiden möchte, kann Kupfer- und Tombakbleche auch auf feinem Wasserschleifpapier blankschleifen. Etwaige Fingerspuren sind durch geeignete Entfetter wieder sorgfältig zu entfernen.

Auftragen des Emailgutes

Es wird ein gleichmäßig starker Auftrag erstrebt, der so fest haften muß, daß er auf dem Wege zum Brennofen und während der Erhitzung im Brennofen nicht abfällt. Dies zu erreichen ist bei kleinen und ebenen Werkstükken nicht schwierig. Eine gewisse Kunstfertigkeit gehört jedoch dazu, etwa eine Vase gleichmäßig und vollständig mit der Emailmasse zu überziehen. Wer schon einmal größere Stücke emailliert hat, wird sich unschwer vorstellen können, welche technischen Schwierigkeiten Emaillierwerke zu überwinden haben, um so große Waren wie Badewannen oder gar Brauereibottiche fehlerfrei zu emaillieren. Technische Betriebe arbeiten nach dem Tauch- und Spritzverfahren; in der Heimwerkstatt wird das Werkstück hauptsächlich bepinselt, bespachtelt oder besiebt.

Malen und Spachteln. Kleinere Werkstücke wie Broschen, Anhänger, Plaketten können bemalt werden. Am besten eignen sich Aquarellpinsel, die angefeuchtet eine feine Spitze bilden müssen. Es gibt zwei Möglichkeiten: 1. Wir rühren das feinkörnige Emailpulver mit so viel Wasser an, daß es einen streichfähigen Brei ergibt. Mit der Spitze des angefeuchteten Pinsels heben wir kleine Klümpchen heraus, übertragen sie auf den Metallgrund und verstreichen sie dort. Wir können auch mit dem feuchten Pinsel in das trockene Pulver tupfen und die haftenden Bröckchen auf das gut angefeuchtete Werkstück reiben. Ist der Auftrag zu trocken, so verteilt er sich nicht gleichmäßig; Hügel und Täler im Auf-

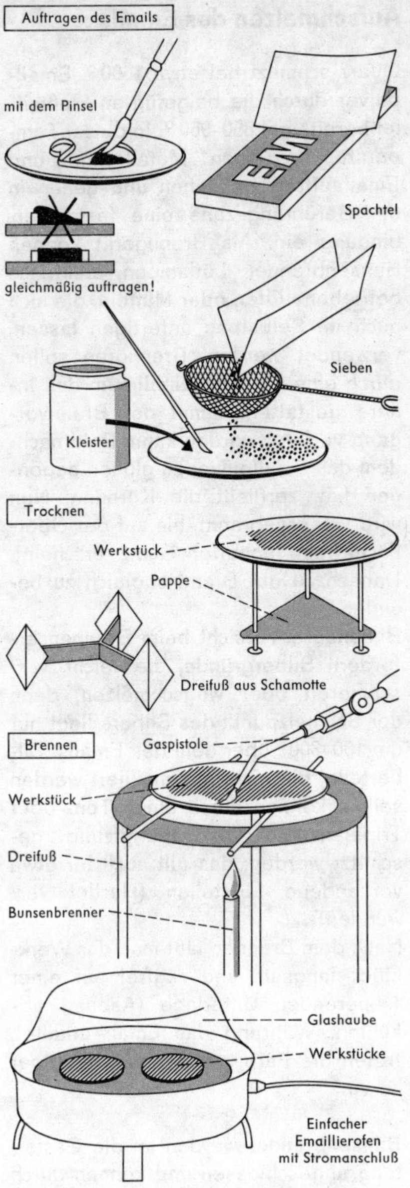

Wir rühren das feinkörnige Emailpulver mit so viel Wasser an, daß sich ein streichfähiger Brei ergibt und übertragen es mit großer Vorsicht auf den Metallgrund. Dabei können verschiedene Verfahren angewendet werden. Grundsätzlich ist ein gleichmäßig starker Auftrag anzustreben

trag müssen zerfließen können. Durch Anklopfen gegen die Unterseite kann der Verteilung behutsam nachgeholfen werden. Ist der Auftrag zu naß, wird überschüssiges Wasser mittels Löschpapier abgesaugt.

2. Größere Bleche, wie sie für Namensschilder oder Emailbilder verwendet werden, können bespachtelt werden. Der Spachtel muß neutral sein, darf also nicht etwa aus Eisen bestehen. Es empfiehlt sich, den Auftrag nach dem Bespachteln gut anzufeuchten und das Werkstück in alle Richtungen zu kippen, damit sich das Email auf der größeren Fläche einwandfrei verteilt. Zu dick geratene Farbe läßt man bei dieser Gelegenheit abtropfen.

Grundsätzlich sollte die Stärke des Emailauftrags beim ersten Mal nicht mehr als die Hälfte der Metallstärke betragen. Dünne Bleche werden auch rückseitig emailliert, damit sie sich beim Brand nicht einseitig verziehen und das Email von der Vorderseite abspringt.

Sieben. Ebene Werkstücke können ohne Schwierigkeiten besiebt werden. Das trockene Pulver muß möglichst fein und einheitlich gekörnt sein. Es wird durch feine Mehlsiebe oder in Rahmen gespannte Gaze (man erprobe auch einmal Kaffeesiebe mit Perlongitter!) auf das angefeuchtete Werkstück gestreut.

Damit beim Auftrag von Rückemail das Pulver nicht wieder herunterfällt, reiben wir das Werkstück vor dem Besieben mit geeigneten Klebemitteln ein, die ohne Rückstände verbrennen und von den Keramiklieferanten angeboten werden. Bewährt hat sich auch reines Terpentinöl, dem etwas Lärchenöl zugesetzt wird. Neuerdings empfiehlt man, zumindest für opake Emails, Glutolinkleister.

Ablegen und Trocknen. Das mit Email bedeckte Werkstück darf nicht gleich in die Glut des Brennofens gebracht werden. Der Auftrag enthält noch zuviel Wasser, das in der Hitze verkochen würde. Der entstehende Wasserdampf würde sich seinen Weg gewaltsam durch den Auftrag bahnen und Emailteilchen herausschleudern, die im Überzug Krater und Löcher entstehen ließen, die nicht mehr auszuflicken wären. Vor dem Brennen muß das Werkstück daher trocknen, was durch eine leichte Erwärmung beschleunigt werden kann. Wir legen dazu die Emailarbeit auf den Stubenofen oder auf eine Asbestplatte und heizen von unten mit dem Bunsenbrenner, den wir ganz am Rande der Asbestplatte aufstellen. Nimmt der Emailauftrag ein weißliches Aussehen an, so ist er zumindest an der Oberfläche getrocknet. Aber wir warten trotzdem noch einige Zeit, um den Erfolg unserer Arbeit zu sichern. Platzt doch einmal etwas vom Emailauftrag ab, so muß er restlos entfernt und erneuert werden.
Schwierigkeiten bereitet die Ablage beiderseits bestrichener oder besiebter Werkstücke. Hier wird man sich die Vorrichtungen von Fall zu Fall selbst schaffen müssen. Für die Ablage im Brennofen werden kleine Dreifüße aus Schamotte geliefert. Es kommt darauf an, für möglichst kleine und wenige Berührungspunkte zu sorgen. Bewährt hat sich folgendes Verfahren:
Vor Beginn der Arbeit wird der Umriß des Werkstücks auf festen Karton aufgezeichnet. Dann stößt man nahe der Umrißlinie drei Stecknadeln durch den Karton, auf deren Spitzen das Werkstück sicher ruhen kann. Die winzigen Löcher, die von den Nadeln in den feuchten Emailüberzug gedrückt werden, fließen während des Brennvorganges zu.

Aufschmelzen des Emails

Quarz schmilzt bei etwa 1500 °, Emailpulver durch die beigefügten Flußmittel bereits bei 850–950 °. In dieser Temperatur beginnen Metallgrund und Emailauftrag zu glühen und gehen in der Berührungszone eine feste Verbindung ein. Als Brenngerät können Bunsenbrenner, Lötlampen, elektrisch betriebene Öfen oder Muffeln, die sich auch im Selbstbau anfertigen lassen, verwendet werden. Brennöfen sollen durch eine Öffnung Einblick in das Innere gestatten, damit der Brennvorgang verfolgt werden kann. Bald nachdem das Emailpulver zu glühen begonnen hat, zerfließt die Körnung. Nun wird weitergebrannt, bis auf der Oberfläche ein lebhafter Glanz erscheint. Danach ist der Brand sogleich zu beenden.
Besondere Vorsicht beim Brennen erfordern Silbergründe, die leicht verschmoren oder wegschmelzen, denn der Schmelzpunkt des Silbers liegt nur um 100–300° über dem des Emails. Silberteile, die nicht mitemailliert werden sollen, können durch einen Ton- oder Tripelanstrich vor Überhitzung geschützt werden; das gilt auch für etwa vorhandene Lötstellen (Hartlot verwenden!).
Nach dem Brennen läßt man das Werkstück langsam und zugfrei auf einer isolierenden Unterlage (Asbest) abkühlen. Während das Email erkaltet, treten die Farben zusehends kräftiger hervor.

Bunsenbrenner werden an die Gasleitung angeschlossen und können durch regelbare Luftzufuhr die normale, verhältnismäßig kühle Leuchtflamme in eine sehr viel heißere Stichflamme verwandeln. Die Stichflamme erzeugt eine für kleinere Emaillierarbeiten ausreichende Temperatur (größte Hitze in der Spitze!). Im einfachsten Falle legen wir das vorbereitete Werkstück auf eine Drahtschlinge und halten es in die Flamme. Vom blauen Flammenkegel muß das Werkstück aber möglichst fernbleiben, weil das dort noch unverbrannte Gas reduzierend auf das Email einwirken und es verderben kann. Das Arbeiten mit der Drahtschlinge erfordert eine ruhige Hand. Besser bedienen wir uns eines kleinen Brenndreifußes aus Schamotte, auf dessen Kanten oder Spitzen das Stück ruhig liegen kann. Ein Ringständer, auf den drei sich überschneidende Eisenstäbe gelegt werden, leistet uns dabei gute Dienste, da der kleine Schamottedreifuß auf ihm in richtiger Höhe über dem Bunsenbrenner ruht. Die genannten Hilfsmittel sind besonders nützlich, wenn wir unser Werkstück mit Rückemail versehen haben, es muß dann ja mehr oder weniger »schwebend« über der Flamme getragen werden. Notfalls kann man auch zwei Schamottesteine aufrechtstellen, über die wir unsere Werkstücke wie Stege über den Abgrund legen. Der Brenner wird in diesem Falle am besten von Hand zwischen die Steine geführt. Reicht die Hitze für größere Werkstücke nicht aus, so kann mit mehreren Brennern gleichzeitig befeuert werden. Eine Steigerung der Temperatur erreicht man auch durch Überdecken der Brennvorrichtung mit einer feuerfesten Porzellanschale, da sich unter ihr die Hitze staut. Noch höhere Temperaturen, wie sie für die Emaillierung von Schalen und Gefäßen erforderlich sind, lassen sich mit einer Lötlampe oder einem Schweißbrenner (bis 3200 °) erzielen.

Brennöfen. Man kann zu erschwinglichen Preisen elektrisch betriebene kleine Öfen kaufen, darunter einen, der nach Angaben der Herstellerfirma eine Maximaltemperatur von 1100 ° erreicht. In ihm finden Werkstücke bis zur Größe eines kleinen Tellers Platz. Brennöfen haben der offenen Flamme gegenüber den Vorteil, daß sie einen gleichmäßigen Brand gewährleisten. Das Prinzip der Brennöfen beruht auf Wärmestauung und Wärmeisolation. Dabei werden Drahtspiralen höherer Widerstände durch elektrischen Strom (wie in der Heizsonne) zum Glühen gebracht, und dicke Schamottewände sorgen dafür, daß die Hitze im Brennofen gestaut und gehalten wird.

Schmuckemailtechniken

Man kann das Email einfarbig auftragen oder verschiedene Farben nebeneinanderstellen, übereinander aufschmelzen und ineinander zerfließen lassen. Es wird dabei entweder direkt auf den Metallgrund gebracht oder in Vertiefungen, Gruben und Zellen eingelassen. Man verwendet Email allein oder bereichert den Auftrag durch Drähte, Kügelchen und Metallplättchen (Folien). Aus diesen und anderen Möglichkeiten sind die verschiedenen Techniken entwickelt worden, von denen die folgenden hier teils erwähnt, teils näher beschrieben seien: Maleremail, Reliefemail, Oxydmalerei, Folienschnitt, Stegemail (Zellenschmelz), Grubenschmelz, Emaille à jour (Fensteremail), Emailgranulation, Metallgranulation, durchgebranntes Email, craqueliertes Email usw.

Emailmalerei. Mit einem feinen Pinsel wird das Email nach einem vorliegenden Bildentwurf auf den Metallgrund aufgemalt. Das Motiv kann zuvor mit einer Nadel aufgerissen werden. Man muß die Wirkung der verschiedenen Emailfarben kennen, um das Bild farb-

harmonisch richtig gestalten zu können. Daher ist es günstig, vorher Proben zu brennen, denn das Email hat als Pulver oft eine ganz andere Farbe (dunkelrotes Email sieht z. B. als Pulver fast weiß aus). Besonders apart ist das Nebeneinandersetzen von durchsichtigen und undurchsichtigen Emails.
Die Malerei kann mit einem vorher aufzubrennenden Emailgrund unterlegt sein. Er besteht entweder aus farblosem Grundemail, aus transparentem oder aus opakem Email. Umgekehrt ist es auch möglich, das fertige Emailbild mit einer Schicht aus transparentem Email zu überfangen. Unterlegen wir das Bild mit einem leichtfließenden Email (Email mit sehr niedrigem Schmelzpunkt), so sinkt die Übermalung bei scharfem Brand zum Teil in den Untergrund ein, wobei sich ein mehr zufallsbedingter, oft aber sehr reizvoller Farbverlauf ergibt. Wenn wir das Werkstück nach dem Brennen in nicht allzu kaltem Wasser abschrecken, bilden sich feine Sprünge und Risse in dem Email, die das Bild wie ein feines Netz überziehen (Craquelée). Danach wird noch einmal vorsichtig gebrannt. Bevor die Risse zusammenfließen, nehmen wir die Arbeit wieder aus dem Ofen. Die Wirkung dieser Sprünge läßt sich durch Überreiben mit einer Ölfarbe verstärken. Das Bild gewinnt durch diese Methode an Geschlossenheit.
An die Stelle des malenden Pinsels kann aber auch die Schablone (siehe Seite 127) treten. Ein Schild etwa, das eine Inschrift tragen soll, wird grundiert, gebrannt und danach mit einer Schrift-Schablone bedeckt, die man bemalen oder besieben kann. Auch einfache Bildmotive lassen sich mit Hilfe der Schablone gut und besonders klar in der Flächenbegrenzung auftragen. Nach dem Schablonieren wird ein zweites Mal gebrannt.

Die genannten Verfahren können wir auch miteinander kombinieren, so daß sich vielerlei Variationsmöglichkeiten ergeben. Dem Probieren und Studieren sind keine Grenzen gesetzt.

Stegemail (Zellenschmelz). Bei dieser Technik werden die Farbflächen durch Metallstege oder Drähte voneinander getrennt. Es lassen sich Drähte aus Kupfer, Silber oder Gold verwenden. Wir können sie mit rundem Querschnitt oder zu schmalen Streifen plattgeklopft verarbeiten. Die Stege werden wie die Metallgründe vorbereitet, also durch

Gestaltungsmöglichkeiten mit Gruben- und Stegemail

Glühen und Beizen von Fett, Oxyden und Spannung befreit. Wir legen sie zu Figuren oder ornamentalen Mustern und achten darauf, daß sich möglichst geschlossene Zellen bilden. Am besten probiert man einen zeichnerischen Entwurf zunächst einmal mit einem Stück Klingel- oder Blumendraht aus. Die Figur braucht nicht unbedingt aus einem Stück zu bestehen, mehrere Drahtenden können sich zum Bild ergänzen, dürfen sich dabei allerdings nicht überkreuzen. Müssen die Drähte aufgelötet werden (das ist bei sehr komplizierten Gebilden nötig), so darf dies nur mit Emaillierlot geschehen. In der Regel genügt es, die Stege einfach auf den feuchten oder mit einem Klebemittel (siehe oben) bestrichenen Metallgrund aufzulegen; sie werden beim Brennen durch das Email fest mit dem Untergrund verschmolzen. Das Email wird mit dem Pinsel in die Zellen eingebracht, bis sie ausgefüllt sind und Email und Stege eine Ebene bilden. Wird Grundemail verwendet, so legen wir die Stege behutsam auf den feuchten Auftrag, in den sie beim Brand durch ihr Gewicht etwas einsinken. Nach dem Erkalten wird das farbige Email in die Zellen gefüllt und eingebrannt.

Grubenschmelz. Hier werden die Zellen nicht durch erhöhte Stege, sondern durch Vertiefungen im Metallgrund gebildet und ebenfalls mit Email gefüllt. Die Gruben können eingraviert (siehe Seite 385), eingeschlagen, eingeätzt (siehe Seite 384) oder eingebohrt werden. Schließlich erhalten wir Gruben auch mit Hilfe von ausgesägten Blechen. Alle Durchbrüche der auf dem Metallgrund aufliegenden Sägearbeit werden mit Email ausgefüllt. Wird das Sägebild im Ganzen überemailliert, so ergeben sich reliefartige Wirkungen.

Nachbehandlung. Nur Werkstücke aus Feingold und Feinsilber kommen sauber, d. h. ohne Zunder- oder Oxydbelag aus dem Brennofen. Legierte Metalle, Kupfer und Tombak – sofern sie nicht gänzlich mit Email überzogen sind – müssen abschließend blankgebeizt werden. Dabei ist folgendes zu beachten: Schwefelsäure kann empfindliche Emailsorten beschädigen. Wir beizen möglichst in lauwarmer, verdünnter Salz- oder Salpetersäure, die wir langsam erhitzen, damit keine plötzlich auftretenden Wärmespannungen den Emailüberzug reißen lassen. Dann wird gut gewässert und in milder Seifenlauge gewaschen. Besonders säureempfindliches Email schützt man vor dem Beizen durch einen Lacküberzug. Unter Umständen kann man aber auch auf das Beizen verzichten und die freigebliebenen Metallteile (Ränder und Rückseite) durch Schleifen und Polieren säubern. Müssen die Ränder nachgefeilt werden, so dürfen wir die Feile nur an der Kante entlang, niemals gegen die Kante führen.

Das Email kommt mit hochglänzender und leicht gewellter Oberfläche aus dem Feuer. Dieser natürliche Emailbrandeffekt ist in den meisten Fällen erwünscht. Durch Schleifen läßt sich die Oberfläche auch glätten und mattieren. Vor allem Stegemail schleift man gern plan, damit Stege und Email eine einheitliche Fläche bilden. Geeignete Schleifwerkzeuge sind Karborundfeilen verschieden feiner Körnungen. Ist Mattglanz unerwünscht, so wird mit Bimspulver bis zum Hochglanz poliert. Steht eine hochtourige Poliermaschine nicht zur Verfügung, dann erprobe man eine Handschleifmaschine, vor die man eine Holzscheibe mit aufgeklebtem Wildlederbelag schraubt. Auf das benetzte Leder wird Rubinpulver gerieben. Hochglanz auf plangeschliffenen Emailflächen kann auch durch vorsichtiges Nachbrennen (Glanzbrennen) erzielt werden (Schleifreste vorher entfernen!).

Kette aus emaillierten Kupferplättchen

Die nachfolgend beschriebene Kette gelingt auch dem Anfänger. Sie gibt Gelegenheit, die verschiedenen Emailsorten und -farben zu erproben. Hat man hierbei einige Erfahrungen gesammelt, kann man sich auch an kleine Schalen, Aschbecher usw. wagen.

Aus Kupferblech von etwa 0,5 mm Stärke werden rechteckige Plättchen geschnitten und an den Rändern befeilt. Jedes Plättchen erhält an zwei gegenüberliegenden Seiten zwei Durchbohrungen, durch die wir die fertigen Kettenglieder später miteinander verbinden können. In der nicht zu heißen Flamme des Bunsenbrenners glühen wir die Plättchen aus, indem wir erst die eine Ecke mit der Zange fassen und danach die andere. Die Kupferplättchen dürfen von nun an nicht mehr mit den Fingern berührt werden.

In einem Nebenraum setzen wir bei geöffneten Fenstern Salpetersäure an, und zwar so, daß zunächst ein Teil Wasser in ein Porzellanschälchen gegossen und ein Teil Salpetersäure langsam und in dünnem Strahl dazugegeben wird. Die Plättchen legen wir mit einer Pinzette in die Säure, bis sie blank geworden sind. Wir fischen sie am besten mit einem gebogenen Silberdraht heraus und werfen sie in eine Wasserschüssel. Die Schüssel wird unter den brausenden Wasserhahn gestellt. Nach etwa 10 Minuten dürften die Plättchen genügend ausgewässert sein.

Das vorbereitete Email (siehe Seite 391) steht in kleinen Gefäßen (Uhr- oder kleine Arzneigläser) zum Auftrag bereit. Wir fischen die Plättchen aus dem Wasser und trocknen sie zwischen Fließpapier ab. Auf frischem Papier werden sie dann so ausgelegt, daß alle mit den Ösen nach oben zeigen. (Pinzette benutzen und möglichst nur die Ösen greifen!) Nun wird das feingekörnte, ausgeschlämmte und noch feuchte Emailpulver mit dem Pinsel oder einem kleinen Holzspachtel aufgetragen und glattgestrichen. Wir können entweder die ganze Fläche bestreichen oder die Ränder freilassen.

Um die Eigenschaften der verschiedenen Emails zu erproben, tragen wir auf jedes Plättchen möglichst eine andere Farbe und Sorte auf. Für die Kette, die einfach über den Kopf gestreift werden soll, also keinen Verschluß erhält, benötigen wir etwa 15 Blechglieder. Zur Übung, und weil wir im Anfang mit Ausschuß rechnen müssen, empfiehlt es sich, etwa doppelt so viele Glieder zu emaillieren. Wir wissen ja auch noch nicht, ob alle Farben der bunten Kette miteinander harmonieren werden. Wenn wir Glück haben, behalten wir genügend Plättchen für ein Armband übrig.

Ist der Emailauftrag ein wenig angetrocknet, so drehen wir alle Plättchen vorsichtig um und bestreichen die Rückseite mit Rückemail, damit das verhältnismäßig dünne Blech ausreichend versteift wird. Hierfür verwenden wir den Bodensatz aus dem gesammelten Schlämmwasser, dem wir Reste vom Auftrag der Vorderseite beimischen. Die Mischung wird ein mehr oder minder neutrales Grau ergeben. Wir können die Rückseiten natürlich auch mit einer bestimmten Farbe emaillieren, etwa weiß oder schwarz oder einheitlich rot. Mit sauberem Rückemail kann die Kette auch einmal anders herum zur Schau getragen werden. Die nun beiderseits möglichst gleich stark mit dem Auftrag versehenen Plättchen bleiben über Nacht liegen, damit das Wasser verdunsten kann.

Zum Brennen werden die Plättchen – Rückemail nach unten – mit den Bohrungen auf zwei feste Eisendrähte gesteckt. Dann führen wir den Bunsenbrenner zunächst mit leuchtender Flamme von unten an das Plättchen heran und drehen allmählich die Lüftung auf, bis die Flamme die für den Schmelzvorgang erforderliche Temperatur erreicht hat. Das Werkstück beginnt zu glühen, das Email wird glasig und bekommt schließlich einen lebhaften Glanz. Nun entfernen wir den Brenner und warten das Erkalten ab. Die Glut vergeht, die Emailfarbe tritt immer kräftiger hervor. Bleibt sie dagegen körnig oder glanzlos, so war die Hitze nicht stark genug, und wir brennen gleich noch einmal nach. Die Brennzeit umfaßt 1½–3 Minuten.

Sind alle Plättchen gebrannt, so werden sie auf Fehler untersucht (noch nicht anfassen!). Machen sich Risse, Löcher, Absprünge oder dünne Stellen bemerkbar, so versuchen wir den Schaden durch Aufbrennen eines zweiten Auftrags, der natürlich auch erst wieder gut trocknen muß, auszugleichen. Schließlich kommen alle Plättchen nochmals in die Beize, werden gewässert, gewaschen und getrocknet.

Nun kann die Kette zusammengestellt werden. Je nachdem, ob man verwandte oder kontrastierende Farben vereinigt, erhält man gedämpfte oder feurig wirkende Kombinationen.

Die Plättchen werden durch kupferne Sprengringe miteinander verbunden. Dafür verarbeiten wir stärkeren Kupferdraht, der für jeden Ring zweimal um einen Stab gewickelt und dann gekappt wird. Wenn sich die Enden überlappen, können die Ringe auch ohne Anwendung von Lot (das auf Kupfer schlecht aussieht) nicht aufgehen. Sie dürfen nicht zu eng sein, damit die Kettenglieder genügend Bewegungsfreiheit haben.

Flechten, Knoten, Knüpfen

Material und Werkzeuge

Der Mensch der Frühzeit schuf sich die Dinge des täglichen Bedarfs eigenhändig aus den Werkstoffen, die er in der Natur vorfand: Schilf, Stroh, Flachs, Wolle usw. Aus schmiegsamen Zweigen flocht er schützende Zäune und Hüttenwände, aus Rinde oder Binsen Körbe und Taschen, und er lernte auch schon bald, Fäden zusammenzudrehen und Fangnetze und andere Gegenstände herzustellen.
Er verfuhr dabei in der gleichen Technik, die wir heute noch anwenden, wenn wir einen kleinen Brotkorb oder eine Matte flechten, die Blumentopfbehälter oder ein Einkaufsnetz knüpfen oder eine Bespannung für den Lampenschirm fertigen. Denn wie das Formen in Ton gehören das Flechten und Knüpfen zu den Urtechniken, die sich durch die Jahrtausende hindurch erhalten haben und heute neben den modernen industriellen Verfahren fortleben. Gerade zu unserem modernen Wohnungsstil paßt der rustikale Charakter der handgearbeiteten Flecht- und Knüpfarbeit besonders gut, da er den häufig recht strengen Formen eine gewisse Lebendigkeit hinzufügt.

Das Material

Geeignet sind alle gestreckten Materialien, soweit es ihre Biegsamkeit und Festigkeit gestatten – feine, lange Kiefernwurzeln, Streifen aus Birkenrinde, Binsen, Stroh, Holzspäne, Bast. Wir machen heute keinen Unterschied mehr zwischen heimischen und importierten Werkstoffen, die Verwendung von Peddigrohr und Bast ist uns ebenso vertraut wie die der Weidenrute oder des seiner besonderen Körperhaftigkeit und seines Glanzes wegen bevorzugten Holzspans oder Strohhalms. Im folgenden werden nur diese natürlichen Werkstoffe nach Herkunft und Verwendungsart beschrieben. Aber auch unter den Kunststoffen und Plastikmaterialien ist manches zu finden, das sich in ähnlicher Weise zur Verarbeitung eignet.

Binsen. Als Flechtbinsen bezeichnen wir eine Menge verschiedener einander im Aussehen ähnlicher Pflanzenarten. Einige gehören zu den Liliengewächsen, die anderen zu den Riedgräsern. Am brauchbarsten ist die Teich- und Sumpfbinse (Scirpus lacustris), die wir, wie schon ihr Name verrät, an Teich- und Sumpfrändern und überall dort finden, wo es feucht und moorig ist. In einigen Gegenden, besonders an der holländischen Küste, wird die Sumpfbinse in Kulturen angebaut.

Die Pflanze treibt jedes Jahr aus ausdauerndem Wurzelstock 1–2 Meter lange knoten- und blattlose Stengel, die ein lufthaltiges, biegsames Mark haben und sich vielseitig verwenden lassen. Die Blütezeit liegt zwischen Mitte Juni und Anfang August. Danach verholzt der Stengel, er wird hart und als Flechtmaterial unbrauchbar. Am besten schneidet man die Binsen kurz vor der Blüte. Haben wir uns rechtzeitig einen genügenden Vorrat eingeholt, so breiten wir ihn eine Zeitlang in der Sonne aus (Binsen sind Sumpfpflanzen!). Es ist gut, sie während des Trocknens mehrfach zu wenden.

Während die Binsen in der Sonne liegen, wandelt sich ihr dunkles Grün in ein warmes Gelb bis Rostbraun. Das Material bekommt jetzt den Farbton, der so gut mit der natürlichen Färbung unserer heimischen Möbelhölzer harmoniert (Binsenstühle). Am besten bewahrt man den Materialvorrat auf dem Dachboden auf. In feuchten Räumen und eng gelagert faulen die Stengel, in der Ofenwärme trocknen sie zu stark aus und werden spröde. Unmittelbar vor dem Gebrauch übersprüht man sie mit Wasser, doch nicht zu stark, da nasse Binsen beim Trocknen zu sehr einschrumpfen (schwinden), wodurch sich das Geflecht lockern würde. Manchmal genügt es, das Material mit einem feuchten Sacktuch zu bedecken und eine Nacht über im Freien liegen zu lassen.

Die Binse ist ein vielseitig verwendbares Material, das aber seiner Stärke und Schmiegsamkeit entsprechend ausgewählt werden muß. Aus den feineren Wiesen- und Waldbinsen flicht man dünne Wandmatten, aus jeweils zwei starken Halmen gedrehte Schnüre eignen sich zum Ausflechten von Stuhlsitzen. Binsenzöpfe aber vernäht man zu Matten, Taschen, Schuhen usw.

Stroh. Die Zeit des Strohsammelns ist der Herbst, wenn auf den Feldern das Getreide geerntet wird. Dann finden wir unbeschädigte, auch ährenlose Halme, die, von den anhaftenden Blattresten befreit, aufgelesen und aufbewahrt werden. Roggenstroh hat den Vorteil, daß es besonders lang ist. Für feinere Flechtarbeiten ist dagegen das schmiegsamere Weizen- oder auch Haferstroh besser geeignet.

Stadtbewohner, die kaum Gelegenheit finden, ein Kornfeld zu besuchen, brauchen keineswegs auf Stroh zu verzichten. Wer nur wenig Material braucht, geht in eine Drogerie und kauft sich ein paar Packungen Trinkstrohhalme. Diese sind gebleicht, so daß sie sich durch einen besonders hellen Glanz vom dunkleren Naturstroh unterscheiden. Außerdem sind sie garantiert unversehrt und besonders zum Bortenflechten gut zu verwenden. Auch in Bastelläden (solche Geschäfte gibt es in verschiedenen Städten) kann man Werkstroh preiswert kaufen. Papierhandlungen und Spielwarengeschäfte führen mitunter ebenfalls geschnittene und gebündelte Werkstrohhalme.

Ein Strohhalm ist sehr trocken und spröde. Schon beim geringsten Versuch, ihn zu biegen, knickt er ein, spaltet sich oder platzt auseinander. Wollen wir Stroh verarbeiten, müssen wir es daher erst biegsam und geschmeidig machen. Dazu legen wir den ganzen Halmvorrat in heißes Wasser und lassen ihn einige Minuten quellen. Man kann das Stroh auch kalt einweichen, doch nicht zu lange, da es sonst zu faulen beginnt und eine häßliche Farbe annimmt.

Für viele Dinge ist Stroh das gegebene Werkmaterial, z. B. für kräftige Wickelarbeiten, bei denen ein dicker Strohwulst durch Bast oder Bindegarn fest umwunden und zusammengehalten wird. Hierfür läßt sich auch maschinengedroschenes Stroh in der ganzen Halmlänge verwenden. Für derbere Matten, große Untersetzer, Strohschuhe und dergleichen nähen wir kräftig geflochtene Zöpfe fest aneinander. Zum Flechten feinerer Strohborten kann man nur die knotenfreien, unbeschädigten Halmstücke verwenden. Gleiches gilt für die aus Stroh frei geschaffenen Gegenstände – Körbchen, Strohsterne, Strohfiguren usw. (siehe Seite 425).

Maisblatt. Die zähen Blätter, in die der Maiskolben von Natur aus eingehüllt ist, ergeben ein besonders schönes und trotz ihrer Kürze brauchbares Flecht- und Knotmaterial, das außerdem sehr widerstandsfähig ist. Die äußeren Blätter um den Kolben herum sind besonders fest, haben eine graugrüne Farbe und fallen ab, wenn der Mais geerntet wird. Die hellerfarbigen sogenannten »Federn«, die der Frucht am nächsten liegen, lösen sich erst nach dem Trocknen des Kolbens. Sie sind zäh und lassen sich am besten verarbeiten; die mittleren Umhüllungen nehmen in Widerstandsfähigkeit und Farbe eine Mittelstellung ein.
Wann das Material zu sammeln ist, ergibt sich aus dem eben Gesagten. Mais wird auch bei uns vom Bauern, vor allem aber von den Schrebergärtnern gern angebaut. Die gröberen Blätter können wir uns schon bei der Ernte erbeten. An die zarten Innenblätter kommt man erst, wenn der Mais ausgekörnt wird. Das gesammelte Material trocknen wir gut ausgebreitet und schnell in der Sonne, damit es seine schöne Farbe behält. Mit schwarzen Stockflecken verunzierte Blätter müssen sofort ausgeschieden werden. Die übrigen sortieren wir nach Stärke und Farbe. Sie sind bei trockener und luftiger Lagerung, am besten in Säcken, unbegrenzt haltbar.
Bevor wir mit dem Flechten beginnen, tauchen wir so viel Blättter in warmes Wasser, wie wir in etwa einer Stunde verarbeiten können. Sie werden schon nach kurzer Zeit wieder weich und biegsam. Wir drücken sie dann kräftig aus und decken sie bis zum Gebrauch mit einem feuchten Tuch ab. (Bleiben sie über Nacht abgedeckt liegen, werden sie gelb und stockig!) Restmaterial muß ausgebreitet abtrocknen.
Zum einfachen Verflechten eignen sich alle Maisblattsorten, zum Flechten mehrfacher Zöpfe besser die mittleren bis feinen. Die Ansatzstellen und Spitzen der Blätter werden kurz abgeschnitten und die Blattflächen der Länge nach in drei bis vier schmale Streifen zerrissen. Dickere Blatteile reißen wir schmäler als dünne. Die Schwierigkeit bei der Verwendung von Maisstroh liegt in der Kürze der verhältnismäßig breiten Blätter, die im Höchstfall 20–30 cm lang sind. Aus diesem Grunde wurde mit Maisblatt eine Knottechnik entwickelt, die auf »Fläche« abzielt (siehe Seite 409).

Bast. Darunter verstehen wir gemeinhin die zähe, weiche Faserschicht, die sich in den Bäumen zwischen Holz und Rinde befindet. Sie diente früher häufig als Gärtnerbast zur Baumveredelung, war als Werkmaterial jedoch wenig brauchbar. Der Bast der Raffiapalme dagegen, den wir heute fast ausschließlich verwenden, ist eine zähe Schutzschicht an der Oberseite der Palmblattrippen. Er wird von den Eingeborenen in einem einfachen Verfahren abgezogen, gebündelt und in die Verbrauchsländer exportiert. Die Heimat der Raffiapalme ist die Insel Madagaskar.

Bast ist weich und schmiegsam, sehr fest und in unterschiedlichen Sorten auch gebleicht oder gefärbt erhältlich. Die bessere Sorte ist heller, dabei breit und fest und besonders lang. Wir kaufen dies Material in einem Werkladen oder im Korbwarengeschäft. Die schlechtere Sorte ist etwas dunkler und als Gärtnerbast im Handel. Im allgemeinen werden wir den ungebleichten, naturfarbenen Bast dem gebleichten vorziehen.

Getrockneter Bast ist spröde und in sich zusammengekrillt. Doch wir brauchen ihn nur durch Wasser zu ziehen, dann wird er sofort geschmeidig und läßt sich glätten. Beim Trocknen schwindet er jedoch sehr stark, wobei das Geflecht an Festigkeit verliert und die Schönheit der Oberfläche leidet. Daher feuchten wir zur Verarbeitung nur die Hände ein wenig an, oder wir hängen den Bast vor Gebrauch in einen feuchten Raum, überdecken ihn mit einem feuchten Tuch usw., wonach er sich recht gut verarbeiten läßt.

Bast kann mit Stoffarben und mit Holzbeizen (siehe Seite 118 und 495) gefärbt werden. Wir lösen die Farbe nach Vorschrift in einem größeren Gefäß, erhitzen die Brühe bis zum Kochen und lassen die an einem Ende miteinander verknoteten und bereits in heißem Wasser vorgeweichten Bastfäden gut untergetaucht darin ziehen. Kräftiges Umrühren ist zu vermeiden, weil sich die langen Fäden dabei verwirren. Konzentration der Farbflüssigkeit und Dauer des Farbbades bestimmen die Stärke des Farbtons, der nicht zu dunkel werden darf. Ein Schimmer des ursprünglichen Naturtons sollte durch die Färbung hindurch spürbar bleiben. Nach dem Färbebad wird solange gespült, bis das Wasser klar bleibt. Man kann einen Bastfaden auch weicher und glänzender machen, wenn man ihn einige Stunden in eine kalte, einprozentige Glyzerinlösung einlegt.

Peddigrohr ist das Mark der malayischen Rotangpalme (Calamus rotang), einer lianenartigen Kletterpflanze, die aus einem buschigen Grund heraus bis zu 200 m lange dornige Kletterranken aussendet, deren kieselsäurehaltige glasige Oberschicht abgeschält, mit Maschinen abgeschliffen und als Stuhlflechtrohr in den Handel gebracht wird. Das Mark selbst, das eigentliche Peddigrohr, wird in 3–4 m lange Fäden geschnitten und maschinell in Stärken von 1–3 mm (Numerierung 1–8) gehobelt. Darüber hinaus gilt die Millimeterbezeichnung. Brauchbares Peddigrohr ist bis zu 5 mm Durchmesser zu haben, außerdem der Länge nach geteilt als »Peddigschiene« zum Umflechten stärkerer Wandteile. Das lange Material kann in Ringe gelegt aufbewahrt werden.

Infolge seiner gleichmäßigen Stärke und Biegsamkeit ist Peddigrohr ein sehr leicht zu verarbeitendes Flechtmaterial, das man schon Kindern in die Hand geben kann. Der Korbflechter arbeitet nicht gern damit, weil seine rauhe, in ihrer maschinell hergestellten Gleichförmigkeit ausdruckslose Oberfläche leicht schmutzt und im Geflecht bei weitem nicht die lebendige Wirkung erzielt, wie die in ihrer Materialwirkung reizvollere Weidenrute.

Der Flechtfaden muß, damit er beim Biegen nicht bricht, vor der Verwendung einige Zeit in lauwarmes Wasser gelegt werden. Vom Färben des Peddigrohrs ist insofern abzuraten, als die Flechtwirkung gefärbten Rohrs sehr leicht ins Kitschige spielt. Wenn es doch einmal nötig sein sollte, nimmt man die in Wasser löslichen Holzbeizen (siehe Seite 118). Die oft empfohlene Brauntönung mit Übermangansaurem Kali täuscht die Farbwirkung »gesottener« Weiden vor und ist daher nur in Ausnahmefällen erträglich. Die Chemikalie wird in heißem Wasser aufgelöst und die bis zu einer Stunde in warmem Wasser vorgeweichten Peddigfäden einige Minuten in die verdünnte Farbflüssigkeit gelegt (leicht wird die Färbung zu dunkel!). Durch Überlakken verliert Peddigrohr die letzte Spur an Lebendigkeit. Es wird dann einem Kunststoffaden ähnlich.

Weiden. Von den vielen Weidenarten eignen sich zum Flechten alle, die zäh und feinmarkig sind und lange, schlanke, gerade Ruten haben. Das ist z. B. bei der eigentlichen Korbweide (Salix viminalis) und der Mandelweide (Salix amygdalina) der Fall. Vorzügliches Flechtmaterial liefern auch die Purpurweiden (Salix purpurea) und einige Bastarde derselben. Die wertvollste Flechtweide ist die aus Amerika eingeführte Amerikanerweide (Salix americana). Vollmarkige, »brüchige« Weiden, meist Baumweiden, kommen für die Flechtarbeit nicht in Frage. Auch das Rutenmaterial der aus mancherlei Gründen jährlich beschnittenen »Kopfweiden« läßt sich nicht immer gut verwenden.

Für Korbflechtarbeiten wird heute das Rutenmaterial in besonderen Korbweidenkulturen herangezogen. Gute Flechtweiden findet man aber auch »wild« an den Flußufern, Gräben und Teichen, oft vom Bauern dort als Nutzweiden angepflanzt. Geerntet werden die Ruten zur Zeit der Saftruhe, zwischen Ende Oktober und Ende Februar.

Wenn wir die sommerfrischen, biegsamen Triebe verarbeiten, laufen wir Gefahr, daß das Geflecht beim Trocknen der Ruten schwindet und locker wird. Die in den Wintermonaten geschnittenen Zweige verlieren zwar ihre Biegsamkeit während des Trocknens beim Lagern, können aber vor der Verarbeitung in Wasser gelegt und wieder geschmeidig gemacht werden. Man rechnet für das Einweichen berindeten Materials 10–14 Tage, bei geschälten Weiden 3–5 Tage. Am besten legt man die Ruten in einen Wassergraben oder in ein Regenfaß. Kleinere Mengen umwickelt man mit einem nassen Tuch, das man von Zeit zu Zeit immer wieder anfeuchtet. Will man in den Wintermonaten geschnittene Weiden schälen, muß man sie kochen und mit kaltem Wasser abschrecken. Dann löst sich die Rinde, und die Weide bekommt den rötlichbraunen Farbton (»gedämpfte« oder »gesottene« Weide).

Beim Flechten unterscheidet man die dünnen und biegsamen Einjahrstriebe, »Spitzen« genannt, von den schon stärkeren zwei- oder dreijährigen »Stökken«. Der Korbflechter verarbeitet das Material berindet (»grün«) oder geschält, ganz oder gespalten, gehobelt und zu »Schienen« geschmälert. Aus den grünen, ungespaltenen Ruten werden hauptsächlich große Obstkörbe, Schwingen und ähnliche robuste Flechtarbeiten hergestellt, aus den geschälten Brot- und Wäschekörbe, Stühle und andere Gegenstände. Der schöne saubere Glanz des Weidengeflechts rührt von der Cambiumschicht des Holzes her, die durch das Entfernen der Rinde freigelegt worden ist. – Gespaltene und geschmälerte Weidenruten (»Weidenschienen«) sind das hauptsächlich verwendete Material der Feinflechterei.

Holzspan. Das vom Spanflechter zum Flechten von Körbchen, Schachteln und ähnlichen leichten Behältnissen benötigte dünne, biegsame Spanmaterial wird heute vielfach maschinell aus Pappel-, Linden-, Kiefern- oder Fichtenholz geschnitten. Mit einem guten Schlichthobel (mit einfachem Eisen, siehe Seite 52) kann man sich selbst brauchbare Holzspäne bereiten, wenn man das Holz vorher etwas anfeuchtet und den Hobel so führt, daß der Span in Richtung der Holzfaser abgetragen wird. Holzspäne müssen feucht verarbeitet werden. Man legt sie daher vor dem Gebrauch in feuchte Tücher.

Palmblätter ergeben einen besonders widerstandsfähigen Flechtwerkstoff, der sich sogar nach der Verarbeitung noch abwaschen läßt. Das flache Material wird spanartig verflochten. Ein Vorteil ist seine Biegsamkeit, wodurch es für ganz verschiedene Arbeiten geeignet ist. Befeuchten vor Gebrauch ist nicht nötig.

Andere Naturmaterialien. Außer den genannten Werkstoffen kommen für unsere Arbeiten noch Ginsterruten, Haselnußgerten, Birkenreiser, Seegras und Schilf in Frage. Die besonderen Eigenschaften und Materialwirkungen müssen von Fall zu Fall erprobt werden. Die Möglichkeiten ihrer Verwendung hängen von verschiedenen Faktoren ab, nicht zuletzt auch von ihrer Verfügbarkeit in größeren Mengen. Das gilt besonders für die Birkenrinde, die in den nordischen Ländern (Finnland, Schweden, Norwegen) mit ihrem unermeßlichen Waldreichtum ein vielgebrauchter und auch vielseitig verwendeter Werkstoff ist. Bei uns dagegen dürfte es selten vorkommen, daß einmal irgendwo eine Birke gefällt wird und wir zur Stelle sind, um die Rinde zu bergen. Von lebenden Bäumen dürfen wir die Rinde keinesfalls nehmen, da das Wachstum des Baumes darunter leidet.

Birkenrinde wird am besten im Frühjahr geerntet. Man löst sie, indem man sie an einer möglichst astfreien Stelle rund um den Stamm spiralig einschneidet, sodann den Streifenanfang spannt und den langen Streifen rund um den Stamm abzieht. Die Rinde soll wie Weidenmaterial in einem nicht zu trokkenen Raum aufbewahrt werden. Vor der Verarbeitung feuchtet man sie an.

Werkzeuge zum Flechten

Da das Flechten im wesentlichen Handarbeit ist, benötigt man hierfür nur ein paar Hilfswerkzeuge zum Einziehen und Abschneiden des Flechtmaterials sowie zum Spalten der Weiden und Herstellen von Schienen. – Die beim Knoten und Knüpfen erforderlichen Hilfsgeräte werden an entsprechender Stelle angeführt. Beim Flechten mit Peddigrohr, Weidenruten usw. brauchen wir unbedingt folgende Werkzeuge:

Das Messer soll eine im Griff feststehende Klinge haben (kein Taschenmesser!). Geeignet sind Buchbindermesser (siehe Seite 146) und Schnitzmesser (siehe Seite 51). Über das Schärfen siehe Seite 63.

Der Pfriem ist eine lange, runde Stahlspitze, die fest in einem handlichen Heft sitzt. Wir brauchen ihn zum Vorstechen beim Einstecken neuer Staken in das bereits fertige Geflecht sowie zum Andrücken des Flechtfadens, zum Gegendrücken beim scharfen Biegen usw. Gelegentlich wird auch das Arbeitsstück mit seiner Hilfe auf der Arbeitsplatte drehbar angeheftet.

Der Seitenschneider ist ein zangenartiges Werkzeug, das in seiner Funktion einer kurzen, stabilen Schere ähnelt. Es ist unentbehrlich zum Durchschneiden starker Ruten oder Flecht-

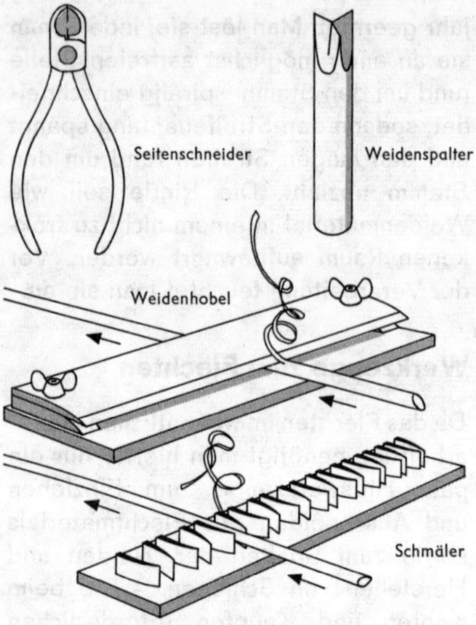

Werkzeuge zum Korbflechten

fäden. Nur dünneres Flechtmaterial kann notfalls mit einer starken Schere geschnitten werden.

Der Weidenspalter (Reißer), ein etwa 6 cm langes dornartiges Werkzeug aus Stahl oder Hartholz, hat an dem einen Ende eine radial (stern- oder kreuzförmig) angeordnete Schneide und wird folgendermaßen gehandhabt: Von der zu spaltenden Weide wird mit dem Messer das untere Ende abgeschnitten und der Spaltverlauf vorgespalten. Dann setzt man den Weidenspalter in die Einschnitte und spaltet die Rute, indem man sie gegen das Werkzeug drückt, in drei oder vier gleich starke Schienen auf. Ihre Gleichmäßigkeit hängt in erster Linie vom handwerklichen Geschick ab, aber auch von der Beschaffenheit des Materials.

Weidenhobel und Schmäler sind im Spezialhandel erhältlich. Man setzt die gespaltenen Drittel- oder Viertelweiden am Hobelmesser an, drückt sie mit dem durch ein Leder geschützten Daumen kurz vor der Schneide auf das Grundbrett und schiebt und zieht sie ohne Mühe durch den Hobel hindurch. Im Schmäler dagegen bekommt die Weidenschiene die von uns gewünschte Breite.

Werkverfahren beim Knoten und Knüpfen

Hauptsächlich haben die bekannten Knotenschläge einen praktischen Sinn. In alter Zeit waren es aber vor allem die Segelfahrer, die auf ihren langen Reisen nicht nur äußerst haltbare Knoten entwickelten, sondern über den täglichen Umgang mit dem Tauwerk hinaus auch zur Gestaltung reiner Zierknoten gelangten. Doch auch heute noch finden sich immer wieder Menschen, die sich mit Vergnügen kunstvollen Knüpfversuchen hingeben. Denn jeder Knoten scheint die Lösung eines Rätsels zu bergen, so daß wir nicht müde werden, seiner verzweigten Flechtung nachzuspüren.

Knoten mit Maisblättern

Geknotet werden Brot- und Obstschalen und ähnliche Behältnisse, Untersetzer, Matten, Schuhsohlen usw. Die Technik, die der Verwendung des kurzen Maisblattstreifens entgegenkommt, hat dem später beschriebenen Zopfflechten und -vernähen gegenüber den Vorteil, daß sie ohne zusätzliche Verbindungsfäden aus Garn oder Zwirn zur Fläche führt.

Material und Werkzeug. Nach der Vorbehandlung (siehe Seite 404) werden die Blätter nach Wunsch in 0,5–1,5 cm breite Streifen gerissen. Zum Einziehen in das Knotgeflecht nehmen wir eine starke spitze Flechtnadel mit langem Öhr (Pack- oder Sacknadel), einen Fingerhut und evtl. auch eine kleine Flachzange, wenn der Durchstich mit Fingerkraft nicht mehr zu schaffen ist.

Knotverfahren. Die Verbindung der einzelnen Streifen kommt dadurch zustande, daß die überstehenden Enden jedes aus einem Blattstreifen gebundenen Knotens umgelegt und zur Verstärkung der Einlage für den nächsten Knoten benutzt werden.
In das stärkere Ende eines beliebigen Streifens wird ein lockerer Knoten geschlagen (a), dann das kurze Ende über das lange gelegt (b) und ein neuer Maisblattstreifen durch den Knotenring gezogen, der aber nun sehr fest verknotet werden muß (c). Wir beachten, daß außer dem ersten Knoten, der eine gewisse Weite braucht, alle übrigen so fest wie nur möglich angezogen werden müssen (weil sonst die Fläche zu locker wird) und auch die Knotenenden straff übereinander kommen (d). Zunächst arbeiten wir uns, indem wir weiter neue Streifen durch den mittleren Knotenring hindurchziehen und außen verknüpfen, zweimal um die Runde herum. Erst bei der dritten Umführung werden die Streifen durch die Schlingen zwischen den Knoten der ersten Runde gezogen (e). Jetzt arbeiten wir so weiter (f), wobei wir uns aber den Knüpfgang insofern etwas erleichtern können, als wir die Streifen zunächst in der ganzen Runde lose einhängen. Dann können wir sie in einem gesonderten Arbeitsgang der Reihe nach verknüpfen. Wir knoten stets auf dem äußeren Rand der entstehenden Fläche, damit die Knoten immer wieder durch die nachfolgende Runde überdeckt werden können. Übergänge zur Seitenwand sowie Wölbungen sind durch mehr oder weniger schräges Auflegen der Knoten auf den jeweils letzten Rundgang möglich.
Da das Werkstück während der Arbeit in seinem Durchmesser immer größer wird und dabei auch die Abstände zwischen den Knoten wachsen, müssen wir ab und zu zusätzliche Knoten dazwischenlegen, d. h. an geeigneter Stelle die Knotenschlinge des vorher-

Knoten mit Maisblättern

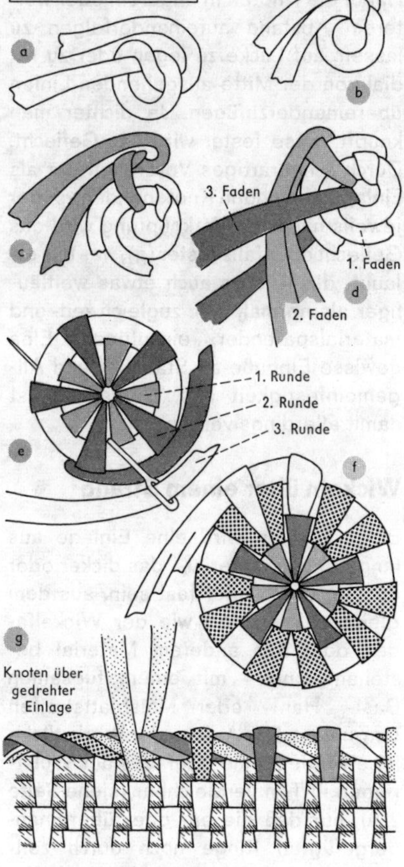

Knoten mit Maisblättern

gehenden Rundgangs zweimal durchstechen, so daß die Zahl der Knoten im umlaufenden Rund zunimmt und die Abstände wieder ausgeglichen werden. Das Ende der Arbeit soll allmählich auslaufen. Zunächst lassen wir die Einlageschicht mit den umgelegten Knotenenden dünner werden (evtl. schneiden wir ein paar Streifen heraus), dann nehmen wir dünneres Material. Die Enden des letzten verknoteten Maisblattstreifens werden in die darunterliegende Runde eingezogen.

Knotenmuster. Man hat es nun in der Hand, die Knoten in engerem oder weiterem Abstand aufeinanderfolgen zu lassen, auf Lücke zu legen oder zu radial von der Mitte ausgehenden Linien übereinanderzufügen. Je dichter man knüpft, umso fester wird das Geflecht. Durch schnurartiges Verdrehen der als Einlage dienenden Knotenenden vor der jeweils nächsten Verknüpfung wird das Geflecht ebenfalls fester (g), was uns erlaubt, die Knoten auch etwas weitläufiger als normal, d. h. zugleich zeit- und materialsparender, einzufügen. Eine gewisse Einbuße an Stabilität und Allgemeinfestigkeit des Werkstücks ist damit allerdings verbunden.

Wickeln über einem Strang

Beim Wickeln wird eine Einlage aus langfädigem Material – das dicker oder dünner, weich oder fest sein, aus dem gleichen Werkstoff wie der Wickelfaden oder aus anderem Material bestehen kann – mit einem fügsamen Bast-, Hanf- oder Maisblattstreifen umwunden. Der Aufbau der Werkstücke ist etwa dem eines Gefäßes aus Wulstringen in Ton vergleichbar (siehe Seite 220), nur daß die an- oder übereinandergefügten Ringe noch durch zeitweiliges Vernähen mit dem Wickelfaden oder Leinengarn miteinander verbunden werden müssen. Unter ähnlichen Bedingungen wie beim Gefäßaufbau aus Ton wandeln sich auch die Formen.
Die Wickeltechnik eignet sich am besten für Werkstücke, die an und für sich schon eine gewisse Stabilität haben müssen – starke Untersetzer, Brotkörbe, Matten, Papierkörbe, große Wäschebehälter usw.

Mit sichtbarer Einlage. Zum Einlegen nehmen wir Binsen oder Strohhalme. Man bündelt sie in gewünschter Menge und ungleich lang und zieht sie durch eine passende Lederhülse, den sogenannten Hut (a), damit der Strang während der Arbeit bis zum Schluß gleichmäßig stark bleibt. Neue Halme werden laufend, wenn der Strang dünner zu werden droht, in die Strangmitte eingelegt. – Dann fädeln wir den langen Wickelfaden (z. B. Bast) durch eine starke Nadel und umwickeln den Strang stramm damit, so daß sich Abstände von etwa 1–2 cm ergeben (b). Für runde Werkstücke muß der Strang gleich beim Wickeln zur Spirale gelegt werden. Zur Erleichterung stecken wir das umwundene Ende in heißes Wasser, wodurch besonders Stroh schnell weich wird und sich besser legen läßt. Die Strangspirale wird dann in regelmäßigen Abständen durch sogenannte »Umführungsstiche« mit dem Wickelfaden zusammengehalten (c).
Bei dieser einfachen Art der Wickelbindung fällt es auf, daß die Einlage durch die Wicklung hindurch (weil diese nur in weiten Abständen erfolgt) sichtbar bleibt. Das kann seinen eigenen Reiz haben, besonders dann, wenn wir die Umführungsstiche so übereinander ausführen, daß sie im Werkstück wie ein Muster wirken. Beim Zierstich (f) wird immer zweimal durch das

Runde Werkform

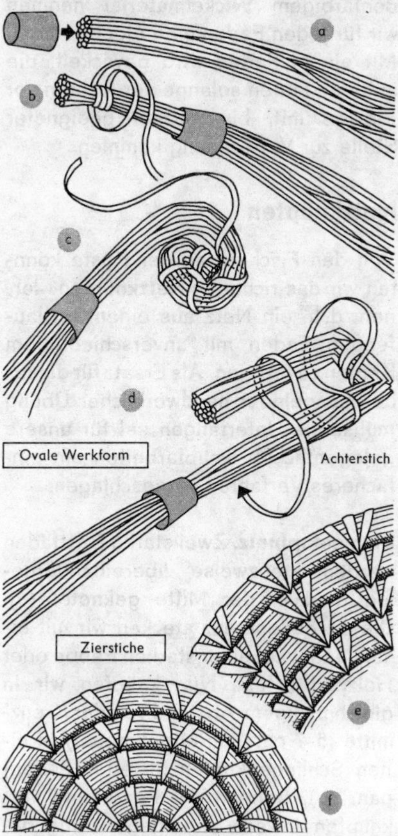

Wickeln mit sichtbarer Einlage

gleiche Loch gestochen, und zwar jeweils in die Mitte des darunterliegenden Doppelstichs. Nach einem Zwischenraum von 1–2 cm sticht man wieder ein, so weiter, bis die ganze Runde bewältigt ist. Da mit wachsendem Durchmesser z. B. einer Schale auch die Zwischenräume zwischen den Stichen immer größer werden, sind wir genötigt, nach einigen Runden neue Stiche einzufügen, was etwa nach jedem zweiten oder dritten Doppelstich zu geschehen hat, wodurch die Gleichmäßigkeit der Abstände zwischen den Stichen innerhalb des ganzen Schalenrundes optisch gewahrt bleibt. Die radial verlaufenden Stichreihen wirken nun im Werkstück wie ein schönes Sonnenrad, dessen Strahlen von der Mitte des Schalenbodens aus zum Rand hinführen. In gleicher Weise wie die Doppelstiche sind auch dreifache Schmuckstiche (e) möglich.

Für eine ovale Schalenform biegen wir den Stranganfang gerade um und beginnen mit der Umwicklung über der Bruchkurve. Die nebeneinanderliegenden Strangbahnen verbinden wir am besten mit dem sogenannten »Achterstich«, der so geführt wird, wie man eine »8« schreibt (d).

Mit verdeckter Einlage. Es kann verschiedene Gründe haben, weshalb das Einlegematerial des Stranges im Werkstück verdeckt werden soll. Wenn es aus unansehnlichen Werkstoffen besteht, gibt ihm die volle Umwicklung mit einem schönen breiten Bastfaden Gleichmäßigkeit und Farbe. Das Muster der Bindung drängt sich dabei nicht mehr so stark in den Vordergrund. Peddigrohreinlagen jedoch, die sich gut mit farbigem Bast umwickeln lassen, können wir auch mit ornamentalen Gliederungen bereichern.

Ein rundes Werkstück mit weicher Einlage (Stroh, Binsen und dergleichen) beginnen wir wieder mit dem Umwickeln des Stranganfangs. Nun nähen wir die erste Runde spiralenartig zusammen, stecken aber dabei jedesmal mit dem Wickelfaden wieder in die Spiralenmitte zurück. Für den weiteren Arbeitsgang gibt es verschiedene Verbindungsmöglichkeiten. Wir können z. B. den Strang in regelmäßigen Abständen mehrmals umwickeln und dann durch den Achterstich mit der vorhergehenden Runde verbinden. Diese Verbindungsart ist in der Wand des

Wickelarbeiten mit verdeckter Einlage. Oben: Wicklung mit wechselnd übergreifenden Verbindungsstichen. Unten: Gleichmäßige Wicklung. Jede Umführung durchfährt zugleich den oberen Rand der vorausgegangenen Spirale

Werkstücks völlig unsichtbar und besonders bei harter Einlage (Peddigrohr), die nicht durchstochen werden kann, praktisch. Wir haben aber auch die Möglichkeit, den Stich so über die vorhergegangene Runde hinwegzuziehen, daß er diese ganz umfaßt und wie ein »Treppenstich« aussieht, dessen voller Effekt natürlich erst durch die gleichmäßige Ausführung innerhalb der ganzen Wandfläche wirksam wird. Eine andere Stichart ist der »Knotenstich«, der sich wiederum vorzüglich zur Verbindung dünner Peddigrohreinlagen eignet.
Nur gut vorgeweichtes Peddigrohr läßt sich einwandfrei zur Spirale legen. Der Anfang für die innerste Windung muß angeschnitten werden. Bei verschiedenfarbigem Wickelmaterial nehmen wir für jeden Faden eine eigene Nadel. Mit einem Faden wird gewickelt, die anderen laufen solange verdeckt in der Einlage mit, bis sie an geeigneter Stelle zur Verwendung kommen.

Netzknüpfen

Von den Fischern an der Küste könnten wir das richtige »Netzknüpfen« lernen, d. h. ein Netz aus einem fortlaufenden Faden mit unverschiebbarem Knoten zu fertigen. Als Ersatz für dieses bei mangelnder handwerklicher Übung mühselige Unterfangen sei für unsere gelegentlichen Knüpfarbeiten ein einfacheres Verfahren vorgeschlagen.

Blumentopfnetz. Zwei starke Bastfäden werden kreuzweise übereinandergelegt und in der Mitte geknotet (a). Dieses Fadenkreuz stecken wir mit einer Nadel auf einer starken Pappe oder Holzplatte fest. Nun knüpfen wir in gleichmäßigem Abstand von der Kreuzmitte (5–7 cm vom Mittelknoten) je einen Schlingenknoten in jedes Fadenpaar (b), trennen die Paare und verknüpfen jeweils zwei gegenseitig benachbarte Fäden miteinander (c). Falls erforderlich (es hängt von der Höhe des Blumentopfes ab), machen wir das nach abermaligem Fadenwechsel noch einmal. Nun stellen wir den bepflanzten Blumentopf in die Netzmitte, führen die losen Fadenenden über der Topfmitte zusammen und verbinden sie gemeinsam mit einem festen Knoten. Die Enden werden zur Schlinge gebunden und das Ganze wird über einem kräftigen Nagel an die Wand gehängt.

Einkaufsnetz. Wir binden Anfang und Ende einer kräftigen Schnur (am besten einer gekordelten Hanfschnur) zum obe-

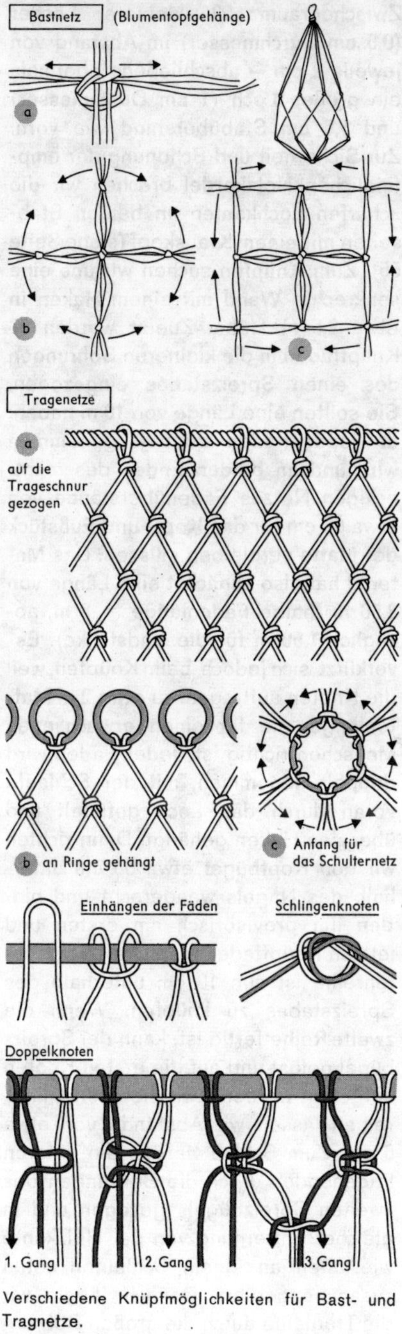

Verschiedene Knüpfmöglichkeiten für Bast- und Tragnetze.

ren Tragerand des Netzes zusammen. Nun legen wir rundum so viele Netzfäden darüber, wie wir dem Durchmesser des Netzes entsprechend für nötig halten. Diese Fäden lassen wir gleichmäßig überhängen, dann befestigen wir sie dicht unter der Tragschnur mit einem einfachen Schlingenknoten, jedoch mit soviel Weite, daß sich die Fadenschlingen über der Schnur noch leicht verschieben lassen. In der Folge knoten wir wieder – wie beim Bastgehänge – je zwei benachbarte Fäden im entsprechenden Abstand mit Schlingenknoten zusammen (a). Damit das Netz Weite bekommt, vergrößern wir die Maschen nach unten zulaufend um einige Millimeter. Entgegengesetzt kann der Netzboden eingezogen werden. Die Fadenenden verknoten wir miteinander oder binden sie um einen Ring. Überstehende Enden schneiden wir ab. Damit sich die Fadenschlingen an der Tragschnur leichter verschieben lassen, kann man sie auch einzeln an kleine Ringe binden und diese über die Tragschnur schieben (b).

Schulternetz. Für dieses Netz brauchen wir einen 3–4 cm großen Metallring und soviel kleinere Ringe, wie wir Fadenpaare verarbeiten, dazu das Fadenmaterial. Das Netz wird vom Boden aus begonnen, indem wir der gewünschten Maschenzahl entsprechend Fäden an den großen Metallring binden (c) und diese ebenso miteinander verknüpfen, wie es bereits beim Einholenetz beschrieben wurde. Hat das Netz die gewünschte Länge, knoten wir jede Endschlinge an einen kleinen Ring (b). Durch die Ringe ziehen wir eine Trageschnur, die doppelt so lang wie das Netz sein muß und mit ihren beiden Enden am Bodenring befestigt wird.

Hängematte. Wir brauchen hierfür eine

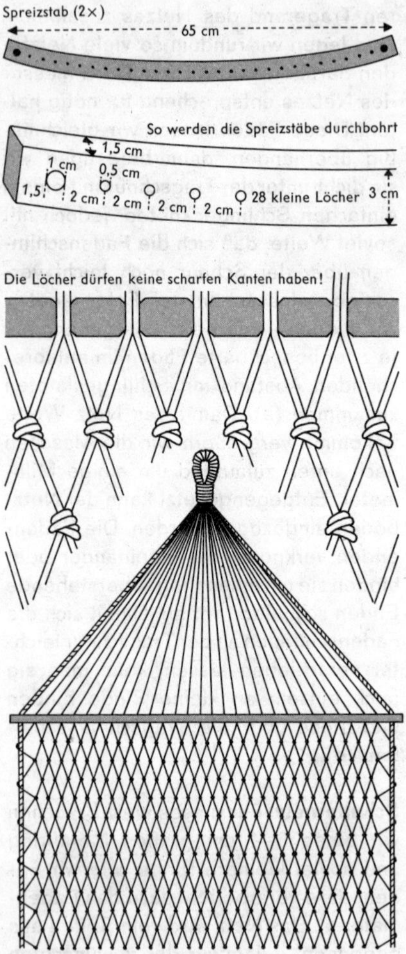

Knüpfen einer Hängematte

stärkere Leinenschnur (z. B. Wäscheleinenstärke) und die übliche Netzkordel. Zwei feste Bügel schneiden wir uns nach der in der obigen Zeichnung angegebenen Form aus Holzleisten zu (0,65 cm lang, 1,5 mal 3 cm stark). Zunächst durchbohren wir die Bügel zum Durchführen der Randleinen und der Netzenden mehrmals in gerader Reihe: Randabstand 1,5 cm – großes Loch (1 cm Durchmesser) – nach 2 cm Zwischenraum 28 kleinere Löcher (0,5 cm Durchmesser) im Abstand von jeweils 2 cm – abschließend abermals ein großes Loch (1 cm Durchmesser) und 1,5 cm Stabüberstand wie vorn. Zur Sicherheit und Schonung der empfindlichen Netzkordel brechen wir die scharfen Lochkanten an beiden Stabseiten mit einem Krauskopf (siehe Seite 55). Zum Knüpfen suchen wir uns eine senkrechte Wand mit einem Haken in etwa 2,5 m Höhe. Zuerst werden 28 Knüpffäden in die kleineren Bohrungen des einen Spreizstabes eingezogen. Sie sollten eine Länge von 10 m haben, da jeder Faden doppelt genommen wird und an beiden Enden des rechteckigen Netzes Fadenüberstände von etwa 60 cm für das Kopf- und Fußstück der Matte verbleiben müssen. Das Material hat also zunächst eine Länge von 3,50 m (halbe Fadenlänge = 5 m, abzüglich 1,50 m für die Endstücke). Es verkürzt sich jedoch beim Knüpfen, weil die Knoten auftragen, zu etwa 2 m Mattenlänge, die für einen erwachsenen Menschen richtig ist. Jeder Faden wird doppelt genommen, mit der Schlaufe voran durch das Loch gefädelt und über den Haken gehängt. Dann richten wir den Kopfbügel etwa 50 cm unterhalb des Nagels waagerecht und binden ihn provisorisch am ersten und letzten Knüpffaden fest. Die erste Knotenreihe ist nun 10 cm unterhalb des Spreizstabes zu knüpfen. Wenn die zweite Reihe fertig ist, kann der Spreizbügel gelöst und auf die ersten Knoten aufgelegt werden. Zwischen den Knüpfreihen lassen wir Abstände von etwa 6 cm. Zum Schluß werden die unteren Fadenenden durch die Bohrungen des zweiten Spreizbügels gezogen und in gleicher Entfernung von der Holzkante wie oben an einem Schlaufenknoten zusammengeführt. Danach fädeln wir die Tragleine durch die großen Bohrun-

gen in den Spreizbügelenden, wobei wir auch die Randschlingen des Netzes mit aufnehmen.
Die Schlaufen der Tragleine und der Netzschnüre müssen dann noch zu starken Halbschlaufen vereinigt und umwickelt werden.

Knoten und Spleißen

Unter einem Knoten verstehen wir die fachmännische, jederzeit wieder lösbare Verschlingung von Bindfäden, Schnüren, Leinen, Seilen, Tauen, Trossen usw. – unter Spleißen dagegen eine bleibende Verbindung etwa beim Zusammenfügen gerissenen (»gebrochenen«) Tauwerks oder beim Bilden eines »Auges« am Ende einer Leine. »Taklinge« werden auf einen »Tampen« aufgesetzt, um das Ende gegen das Aufdröseln zu sichern.
Ein guter Gebrauchsknoten muß sich leicht knüpfen und im Gegensatz zum Spleißen auch jederzeit wieder leicht lösen lassen. Er darf nicht von selbst auffahren und muß großen Beanspruchungen im gleichen Maße wie das laufende Material standhalten. Nicht jeder Knoten ist für jeden Zweck geeignet! Da man im täglichen Leben ständig mit knot- und spleißbarem Material zu tun hat, sollte man wenigstens die wichtigsten Gebrauchsknoten und Spleiße kennen. Das Handwerk bedient sich ihrer seit ältesten Zeiten. Am vielseitigsten ist die praktische Knotenkunst von den Seeleuten entwickelt worden, was noch aus manchen seemännischen Bezeichnungen hervorgeht.

Material und Begriffe. Die Herstellung von Tauen, Seilen, Schnüren, Leinen usw. ist Sache des Seilers (Reepschlägers), der auf der Seiler- oder Reepbahn arbeitet. Zunächst befestigt er ein Bündel Spinngut (Hanf- oder andere Fasern, die er in seiner Schürze trägt) an einem freien Spindelhaken am großen Spinnrad (Seilerrad). Rückwärtsschreitend ordnet er dann die Fäden zum Strang, der sich durch Drehung zum Faden rundet.
Aus dem Fasermaterial werden zunächst nur dünne Fäden gedreht, die man als »Litzen« oder seemännisch als »Kabelgarne« bezeichnet. Werden drei oder vier solche Litzen in gegenläufiger Drehung zusammengeschlagen, so entsteht das »Seil« (Seilschlag). Drei oder vier Seile können schließlich als »Kardeele« im Kabelschlag zum Tau vereinigt werden. Bekannt ist drei-, vier- oder mehrkadeeliges Tauwerk, dessen Drehrichtung im Sinn der Uhr nach rechts oder auch gegen diese nach links verlaufen kann. Es gibt auch geflochtenes Tauwerk (z. B. Wäscheleine), das aber nicht gespleißt werden kann. Beim Knotenschlagen legen wir zunächst das Tauwerk als »Bucht«, »Auge« oder »Rundtörn« (siehe unten). Ein Knoten entsteht erst dann, wenn sich die Teile eines Tauendes so miteinander verschlingen, daß sie sich gegenseitig festhalten und nicht ohne weiteres voneinander lösen.

Verbindung zweier Enden. Der häufig angewandte »Schlingenknoten« (1) hat den Nachteil, daß er sich sehr zusammenzieht und nur schwer wieder lösen

Knoten-Grundbegriffe

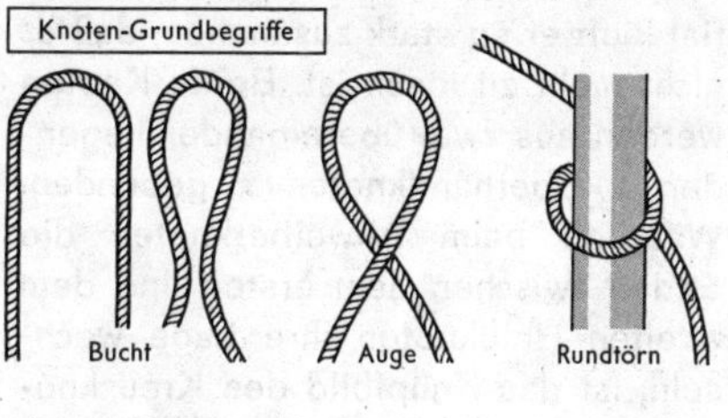

Abc des Knotenschlagens

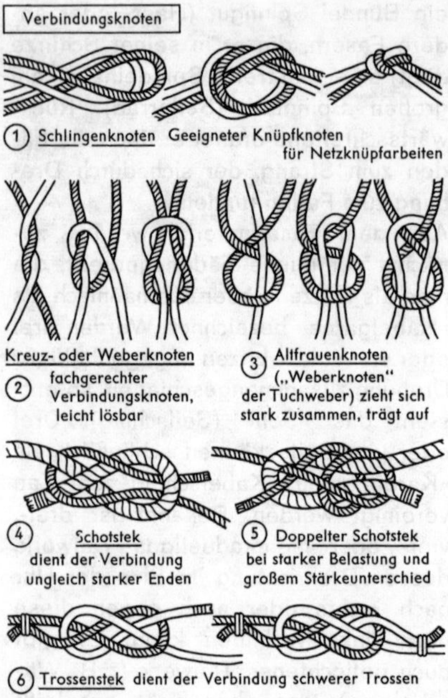

Verbindungsknoten

läßt. Da er stark aufsitzt, behindert er den Fadenlauf. Am besten ist er als Knüpfknoten (siehe Seite 414) für Netzknüpfarbeiten verwendbar.

Der bekannteste fachgerechte Knoten ist der »Kreuz- oder Weberknoten« (2), der jedoch nicht mit dem »Altweiberknoten« (3) verwechselt werden darf. Während der Kreuzknoten beim Verbinden gleich starker Enden eine sichere Verbindung schafft, zieht sich der Altweiberknoten bei starkem Material und starker Belastung auseinander (»Rauschknoten«). Bei dünnem Material läuft er so stark zusammen, daß er nicht mehr zu lösen ist. Beide Knoten werden aus zwei übereinander liegenden »Überhandknoten« gebunden. Während beim Altweiberknoten die Enden zwischen dem ersten und dem zweiten Halbknoten ihre Lage wechseln, ist das Knüpfbild des Kreuzknotens symmetrisch, d.h. die durchfahrenden Tampen liegen gemeinsam oben oder unten.

Der »Schotstek« (Stek = seemännisch Knoten) dient der Verbindung ungleich starker Enden. Er kann einfach (4), bei starker Belastung oder großem Stärkeunterschied auch doppelt (5) gebunden werden. Der »Trossenstek« (6) wird nur zur Verbindung schwerer Trossen verwendet.

Befestigungsknoten. Der einfachste Knoten zum lockeren Befestigen eines Endes an einer Stange oder an einem Haken ist der »halbe Schlag« (7). Bei stärkerer Beanspruchung sind »zwei halbe Schläge« (8) nötig. Dieser Knoten läßt sich noch durch einen »Rundtörn« (9) verstärken.

Der »Slipstek« (10) ist eine besonders leicht lösbare Seilbefestigung, bei der das Ende mit einer kurzen Bucht durch die Schlinge gesteckt wird. Ein Ruck

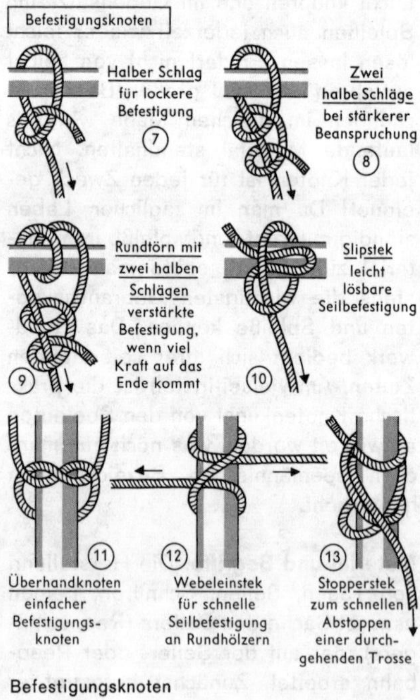

Befestigungsknoten

genügt, um diesen Knoten zu lösen. Einfache Befestigungsknoten sind ferner der einfache »Überhandknoten« (11) und der »Webleinenstek« (12) zur Seilbefestigung an Rundhölzern oder Pollern. Der »Stopperstek« (13) dient zum schnellen Abstoppen einer durchgehenden Trosse.

Besondere Knoten. Mit dem »Zimmermannsknoten« (14) können schwere Lasten, Balken, Bretter usw. gehievt werden, ebenso mit dem »Stellingstek« (15). Eine Stelling ist ein an Tauen hängendes Arbeitsgerüst am Außenbord eines Schiffes. Praktisch kann es auch für Außenarbeiten an Hauswänden verwendet werden. Die leicht lösbaren »Palsteke« (16) haben eine nicht zulaufende Schlinge (»Auge«), mit der sie über einen Pfahl (»Pal«) oder Poller zum Festmachen gelegt werden. Der einfache Palstek zieht sich bei Belastung nicht zusammen, ist daher der ideale Leitknoten für Bergsteiger, Gerüstmonteure, Fensterputzer usw. Ferner gibt es die Lassoschlinge, einen »laufenden Palstek« (17), den »Pützenstek« (18) zum Aufhängen und Hieven von Wassereimern, Fässern usw., sowie ein zum Ring geknotetes Seilende, den »Stropp« (19), mit dem man ebenfalls Balken, Kisten, Fässer usw. anheben kann.

Zum Verkürzen eines zu langen Seilendes eignet sich der nur bei Zug haltende »Verkürzungsstek« (20), die »lange« und »kurze« (21) »Trompete«, mit der man eine Last an Haken befestigt. Der einfache »Hakenschlag« (22) hält nur bei Zug und wenn der Seilhaken entsprechend ausgeformt ist, ebenfalls der »Nackenschlag« (23). Um einen Mann an einer steilen Wand aufzuentern, knotet man den »Bootsmannsstuhl« (24). Der »Wurfleinenknoten« (25) dient der Endbeschwerung eines

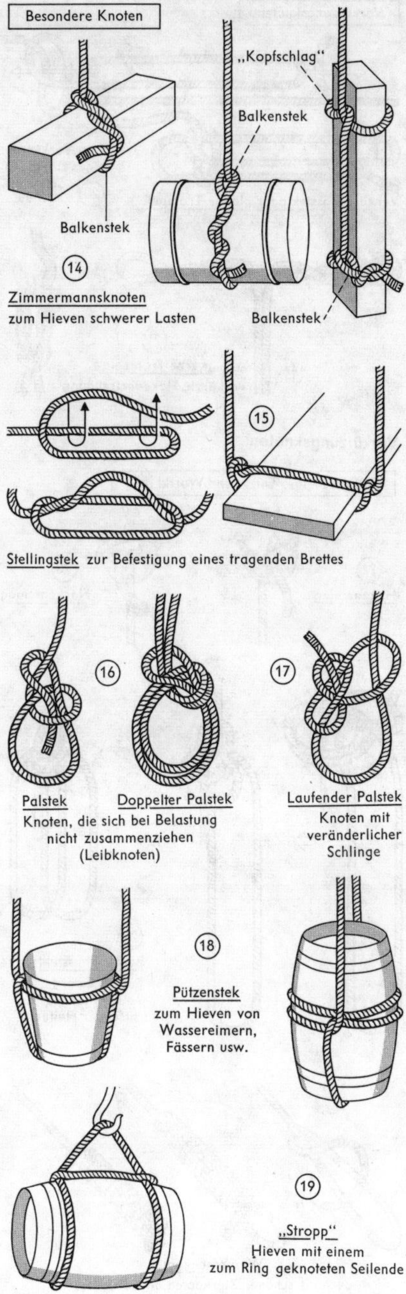

Besondere Gebrauchsknoten

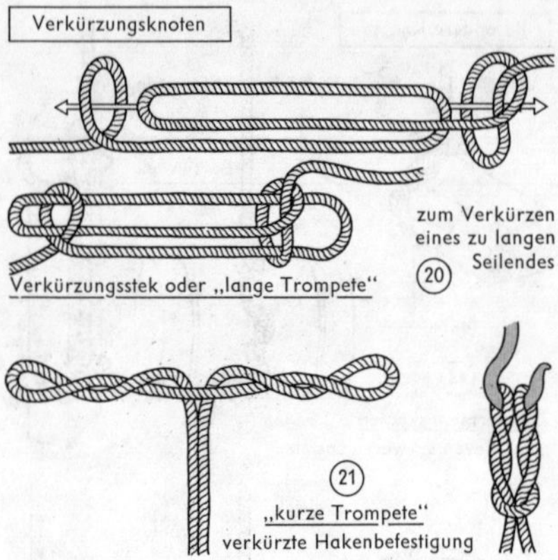

Verkürzungsknoten

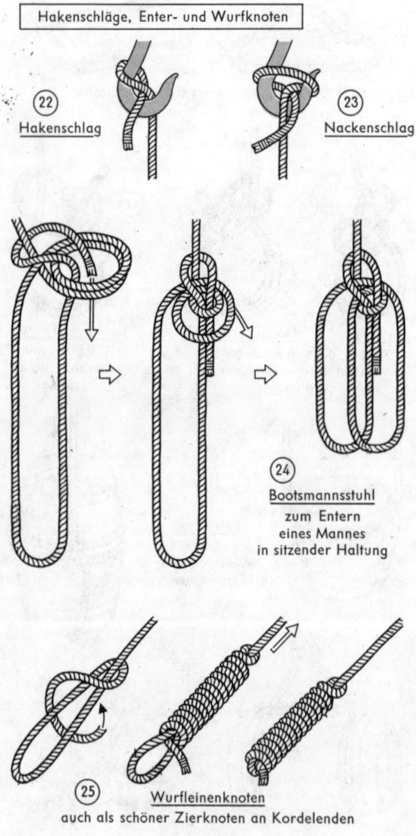

Hakenschläge, Enter- und Wurfknoten

Tampens, ist aber auch als Zierknoten an Kordelenden verwendbar.

Taklinge. Das Ende des zu takelnden Tampens wird in Richtung der Taudre-

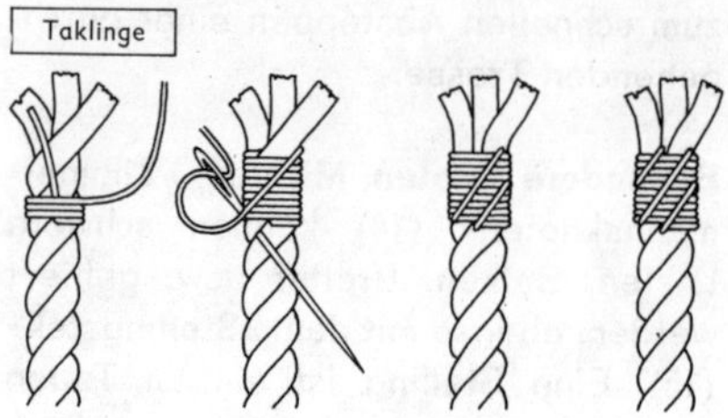

So wird getakelt

hung mit einfachem Bindegarn umwunden. Die Länge der Wicklung soll mindestens der Weite des Tampendurchmessers entsprechen. Dünnere Leinen sind länger zu umwickeln. Das Ende kann einfach oder mehrfach vernäht werden.

Spleiße geben im Unterschied zu den Knoten dauernde Tauverbindungen. Bekannt ist das Anspleißen eines »Auges« an eine Leine (z. B. um die Seile einer Kinderschaukel an den oberen Ringen zu befestigen) oder das gegenseitige Verspleißen der Enden eines gerissenen Taus. Beim Spleißen spielen die Kardeele und Kabelgarne eine Rolle.
Um an einen mehrkardeeligen Tampen ein »Auge« (eine ringförmige Schlinge am Tauende) zu spleißen, werden zunächst einige Windungen vom Ende her »aufgedröselt« (aufgedreht) und gegen den Tampen mit einem behelfsmäßigen Takling abgebunden. Nun legen wir das Auge und markieren die Stelle, an der die Kardeele verflochten werden sollen. Dort drehen wir das Ende mit Kraft gegen die Schlagrichtung, bis sich die Kardeele lösen und Augen entstehen, durch die die losen Kardee-

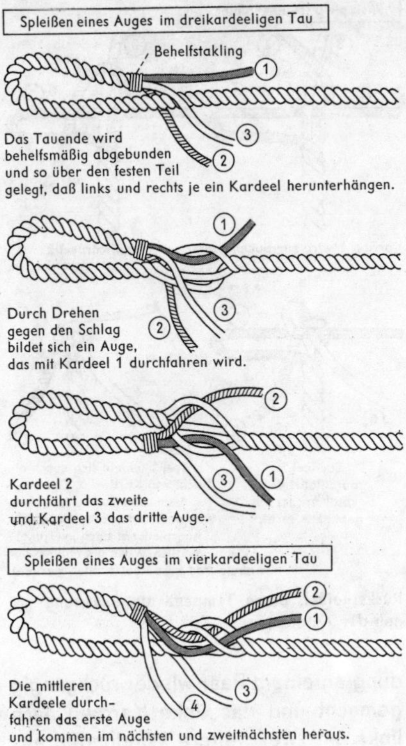

Spleißen eines Auges in drei- und vierkardeeligem Tau

lenenden mit den Kardeelen des festen Materials verflochten werden. Bei einem dreikardeeligen Ende beginnen wir mit dem mittleren Kardeel (1), das wir zunächst auf den Tampen auflegen. Die beiden anderen (2 und 3) hängen links und rechts herunter. Nun wird Kardeel 1 »gegen den Schlag« durch das Auge unter das obere Kardeel des aufgedrehten Tampens gesteckt, dann der Tampen gedreht, bis das nächste Auge (aus dem das Ende von Kardeel 1 herauskommt) waagerecht liegt und dieses mit Kardeel 2 durchfahren. Schließlich drehen wir das Ende noch einmal und stecken Kardeel 3 in das noch verfügbare dritte Auge.
Der Takling am Drüselende wird entfernt. Jedes Kardeelende muß sich jetzt leicht in je einen der Zwischenräume zwischen den gedrehten Kardeelen einfügen lassen. Wichtig ist, daß wir dabei vorsichtig verfahren und die Kardeele langsam nach und nach in die neue Lage bringen, da sie sich sonst leicht weiter aufdrehen. Die Kardeele des Rücklaufs müssen rechtwinkelig zu den Zwischenräumen der Taudrehung angesetzt werden, andernfalls wird der Spleiß zu dick oder zu lang. Nun sollen die lose hängenden Kardeelenden verflochten werden. Dabei führen wir ein beliebiges Kardeel gegen die Schlagrichtung über das nächste feste hinweg, und unter das übernächste hindurch. Ebenso verfahren wir mit dem zweiten und dritten Ende. Dabei drehen wir den Tampen und beginnen nach jeder Runde wieder von vorn. Abschließend walken wir den Spleiß zwischen den Handflächen, damit sich die Teile ineinanderfügen. Die Überstände schneiden wir ab.
Der Augspleiß im vierkardeeligen Ende unterscheidet sich von dem vorhergegangenen nur im Anfang: Wir durchfahren das erste und zweite Auge mit den beiden mittleren Kardeelen, holen aber das erste schon im nächsten, das zweite erst im übernächsten Auge heraus. Das dritte Kardeel geht durch das Auge, aus dem das zweite herausgekommen ist, usw.
Der »Langspleiß« dient der Verbindung zweier Enden, ohne daß an der Spleißstelle eine Verdickung entsteht. Nehmen wir an, zwei dreikardeelige Tauenden sollen miteinander verbunden werden. Wir drehen zunächst eine größere Zahl von Windungen an beiden Enden auf (wobei aber der Drall in den Kardeelen selbst erhalten bleiben muß). Dann stoßen wir die beiden Tauenden so gegeneinander, daß sich die Enden

der festen Teile beinahe berühren und die losen Kardeelen der einen Seite zwischen die der anderen legen. Nun werden immer zwei nebeneinanderliegende Kardeele (eines des einen und eines des anderen Endes) ihrem Drall folgend lose zusammengedreht. Diese Etappe dient sozusagen der Sicherung, so daß wir nun einer bestimmten Ordnung folgend weiter verfahren können. Zunächst wird die vorläufige Verbindung an einem Paar wieder rückgängig gemacht und das linke Kardeel nach links um zwei weitere Windungen aus dem festen Tau herausgedreht. Die beiden Tampenenden werden noch einmal fest gegeneinandergestoßen – nun kann das rechte einzelne Kardeel des geöffneten Paares sorgfältig in das freigewordene Bett des linken eingefügt werden. Das geschieht zugleich mit leichter Rechtsdrehung, damit der beim Arbeiten etwas verlorengegangene Drall des Kardeelschlags wieder gefangen wird. Auf diese Weise ersetzen wir etwa zehn Windungen des linken Kardeels mit dem rechten. Schließlich verdrehen wir die restlichen Enden wieder miteinander. Gleiches geschieht nun mit dem zweiten Kardeelpaar nach der rechten Seite. Das dritte Kardeelpaar, das in der Mitte steht, bleibt an Ort und Stelle. – Die einzelnen Kardeele werden ausein-

Langspleiß

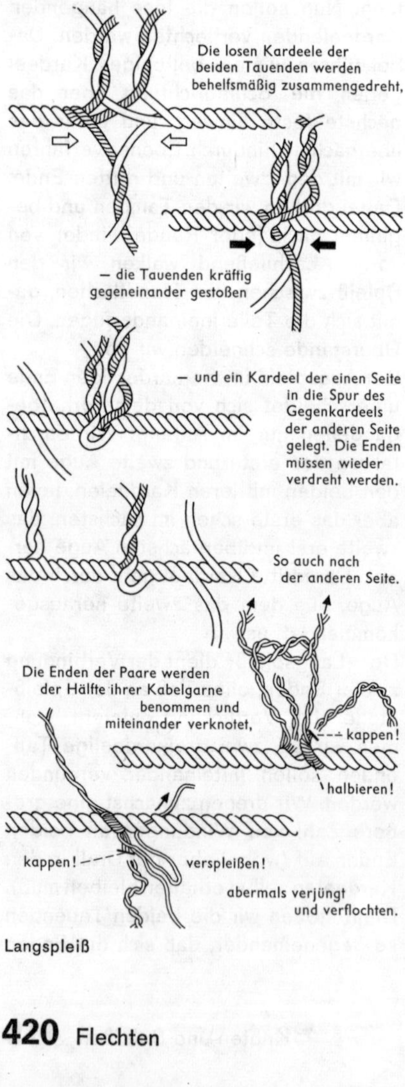

Langspleiß

Rückspleiß (Hahnenpfote)

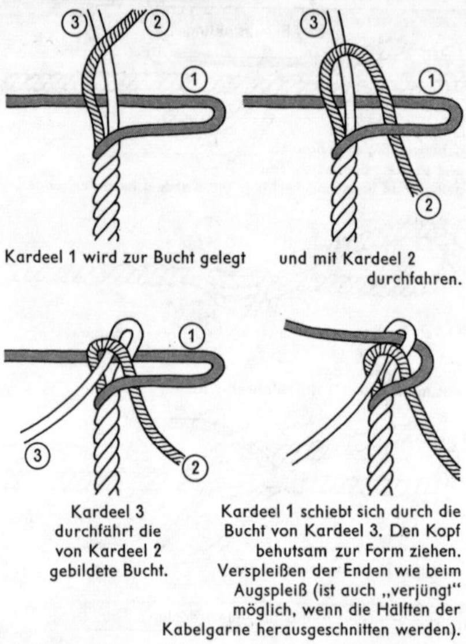

Rückspleißen eines Tampens als Sicherung gegen das Aufdrüseln

andergedreht und um die Hälfte ihrer Kabelgarne verjüngt (dicht am festen Tau abschneiden!). Die Reste verknoten wir so, daß der Knoten die Schnittstellen überdeckt und in das feste Tau hineindrückt. Allerdings sollen hinterher die Knotenenden in Richtung des Tauschlags verlaufen, sonst muß der Knoten nach der anderen Seite geknüpft werden. Was hier mit dem mittleren Kardeelpaar geschehen ist, machen wir nun auch mit den anderen Kardeelenden.
Bei vierkardeeligem Material drehen wir die Enden anfangs etwas weiter auseinander (etwa 20 Windungen). Beim Eindrehen gehen wir dann mit dem ersten Kardeelpaar 15, mit dem zweiten 5 bis 10 Windungen nach links, mit dem dritten und vierten ebenso viele Windungen nach rechts. Sonst verfahren wir wie oben!
Der »Rückspleiß« (Hahnenpfote) verhindert an Stelle eines Taklings das Ausdröseln des Tampens. 5 Windungen werden aufgedreht, die Kardeele glattgestrichen und gegen den Uhrzeigersinn verflochten, so daß sich am Ende die »Hahnenpfote« bildet. Die Enden werden versplissen.

Werkverfahren beim Flechten

Das Flechten und Verknüpfen langfädiger Materialien scheint dem Menschen angeboren zu sein. Dabei spielen ordnende Momente und Empfindungen beim Berühren des Werkstoffs mit der Hand, wie es z. B. beim Kämmen und Ordnen wirren Haars der Fall ist, eine Rolle. Beim Umgang mit Flechtmaterial wird aber auch unsere Freude am Tun selbst wirksam. Das Sinnvolle des technischen Vorgangs, bei dem aus einem Faden etwas gänzlich Neues – die »Fläche« – entsteht, verschmilzt in unserem Gefühl mit dem Eindruck des Rhythmischen. In keinem anderen Werkvorgang ist die werdende Formgestalt so eng mit dem Prozeß ihrer Herstellung verbunden wie hier. Diese Übereinstimmung, die auch in der regelmäßigen Wiederholung kleinerer Formeinheiten, im »Muster«, deutlich wird, ist die Ursache dafür, daß wir seit jeher Flecht- und Webwerk mit besonderer Freude betrachten.
Beim Flechten und dem im Werkvorgang gleichartigen Weben werden Werkstoffe mit linear-bewegtem Charakter durch Überkreuzung oder gegenseitige Verknüpfung zusammengeführt. Das Prinzip der Überkreuzung ist die Grundlage aller damit verbundenen Musterungen. Im Kreuzgeflecht, in dem sich gleichartige Materialien mit gleicher formaler Energie begegnen, nimmt die eine Richtung durch einen Querschuß der anderen ihre Dynamik. Dadurch wird der Gegensatz beider in sich verknüpft und ausgeglichen, es tritt ein Moment der Ruhe und Befriedigung ein, während durch unterschiedliche Materialstärken, Farben und Lagen bereicherte Musterungen im Gegensatz dazu eher ein rhythmisches Schwingen zeigen.

Zöpfe flechten

Man kann alles fügsamere Material zu Zöpfen flechten: Binsen, Stroh, Bast, Maisblatt, sogar den aus Fasern gesponnenen fingerdicken Kokosfaden. Der geflochtene Zopf ist nur ein Halbfabrikat, das später zu allerlei flächigen

Gebrauchsgegenständen wie Matten, Platten, Taschen, Untersetzern, Schuhen, Schuhsohlen usw. vernäht werden kann. Es kommt dabei nicht nur auf saubere Flechtarbeit an, sondern auch auf die Führung von Nadel und Faden.

Grundregeln (Vorbehandlung der einzelnen Werkstoffe siehe Seite 402 f.). Im allgemeinen beginnt man damit, daß man die Strähnen bzw. Halme oder Streifen bündelt, am oberen Ende verknotet oder mit einem festen Faden abbindet und mit einer Schlinge an einem Nagel, einem Tür- oder Fenstergriff befestigt. Später klemmt man den größer werdenden Zopf zwischen Tischkante und Knie fest und kann so beliebige Längen flechten. Es ist wichtig, daß man zum Flechten beide Hände frei hat und die einzelnen Strähnen während der Arbeit stets so fest wie möglich anziehen kann. Manchmal, besonders bei einfädigem Material, läßt sich der Anfang auch aus einem Umschlag heraus arbeiten. Er wird dann gleich sauber und brauchbar und muß nicht erst abgebunden werden.
Geflochten wird stets mit verschieden langen Strähnen, damit die Ansatzstellen neu hinzugesetzten Materials nicht übereinanderliegen und den Zopf an dieser Stelle verdicken. Sobald er während des Flechtens dünner zu werden droht, müssen immer wieder ein paar neue Fäden oder Halme hinzugefügt werden. Dabei nehmen wir grundsätzlich das dickere Materialende vorweg, weil dieses einen guten Ausgleich gegen andere dünn auslaufende Faden- oder Halmenden innerhalb der Flechtsträhne bildet.
Beim Flechten muß außerdem ständig die gleichmäßige Breite des Zopfes kontrolliert werden. Man flicht so fest wie nur irgend möglich. Mehrfädige Strähnen (Binsen, Bast, Maisblatt –

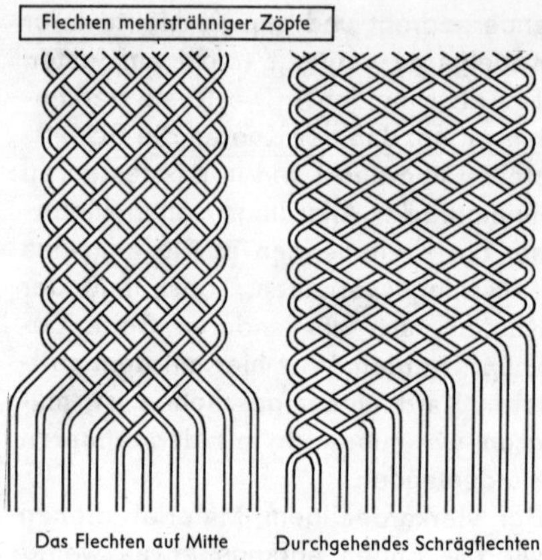

Flechten mehrsträhniger Zöpfe »durchgehend schräg« und »auf Mitte«

mit Ausnahme von Stroh!) verdreht man vor jedem Flechtschlag schnurartig nach der einen oder anderen Richtung. Auf saubere Kantenführung ist besonderer Wert zu legen.
Der vom Haarflechten her bekannte dreisträhnige Zopf wird stets im rechten Winkel geflochten. Mehrsträhnige Zöpfe kann man auf zwei verschiedene Weisen flechten, entweder »durchlaufend schräg« oder »auf die Mitte zu«, wobei sich jedoch im Endeffekt das gleiche Flechtmuster bildet. Beim durchlaufenden Schrägflechten wird der Faden jeweils vom gleichen Rand aus zur anderen Seite hinübergeflochten, während man beim »Flechten auf Mitte« mit beiden Randfäden gleichzeitig arbeitet und sie in der Mitte kreuzt. Im Prinzip kehren diese beiden Flechtweisen auch in den Strohbortenflechtungen (siehe Seite 426) wieder, so daß wir die Bortenbreiten beliebig variieren können.
Enden und Neuanfänge (an Stellen neu hinzugeführten Materials) läßt man zunächst einfach aus dem Geflecht herausstehen. Der Zopf wird abschließend »geschoren«, wobei man ihn an

der betreffenden Stelle ein wenig biegt, die abstehenden Enden mit der Schere abschneidet und den Zopf anschließend im ganzen etwas dehnt, damit die Enden vollständig im Geflecht verschwinden können.

Zöpfe aus Maisblättern. Grundsätzlich wird kein Maisblatt ungeteilt verarbeitet, sondern man reißt es nach vorheriger Befeuchtung in 0,5–1,5 cm breite Streifen. Da das Material sehr kurz ist, müssen wir fortwährend neue Streifen einlegen, stärkeres Ende zuerst – wie beschrieben! Die Enden läßt man beim Einlegen ein wenig überstehen, bevor man sie mit dem ersten Flechtschlag überdeckt. Um zeitweilige Verdickungen zu vermeiden und eine gleichmäßige Breite des Zopfes zu wahren, verflicht man Maisblattstreifen nie einzeln, sondern mindestens zu 6, besser zu 9, bei dicken Zöpfen zu 12 ungleich langen Streifen gebündelt (Anfang fest zusammenbinden!). Dann spreizt man die Streifen fächerförmig auseinander, teilt sie in drei oder mehr gleich starke Strähnen auf und beginnt zu flechten. Mit den Fingern muß der Zopf ständig auf gleichbleibende Stärke geprüft werden. Beim Überschlagen ist jede Strähne zunächst einmal um sich selbst zu verdrehen, dann so zu legen, daß möglichst breite und lange Streifen nach außen kommen und die oft unsauberen und gespaltenen Enden ausgehender Streifen überdecken. Wegen der Materialkürze ist jede Strähne beim Umlegen besonders fest anzuziehen.
Der aus den feuchten Streifen geflochtene Zopf muß vor der Weiterverarbeitung austrocknen. Damit er während des Trocknens seine Form behält, wickelt man ihn auf der Tischplatte unter leichtem Dehnen fest in eine Spirale zusammen.

Zöpfe aus Binsen sollen ebenfalls besonders fest geflochten werden, weil sie sich nach dem Trocknen wieder lockern. Dicke Binsen ritzen wir mit dem Daumennagel ein, damit die im Mark enthaltene Luft entweichen kann. Mehrfädige Strähnen sind vor jedem Flechtschlag zu verdrehen. Beim Vernähen wird der vorher getrocknete Binsenzopf flach oder – wenn das Werkstück besonders strapazierfähig sein soll – hochkant aneinandergelegt.

Zöpfe aus Bast. Im allgemeinen sollten wir Bast trocken verflechten, bestenfalls mit angefeuchteten Händen (siehe Seite 404), da sonst die Gefahr besteht, daß das Material beim Trocknen stark einläuft und das Geflecht locker wird. Besonders schöne, feste und gleichmäßige Zöpfe bekommen wir, wenn wir die einzelnen Strähnen vor dem Umschlagen schnurartig verdrehen. Beim Zulegen neuen Materials muß wiederum das stärkere Ende zuerst genommen werden. Bastzöpfe sind geschmeidiger als Binsenzöpfe, sonst aber in gleicher Weise zu verwenden.

Zöpfe aus Stroh. Für gröbere Arbeiten aus dem dicken Dreierzopf (Fußmatten, Schuhe usw.) ist jede Art Stroh in ganzer Halmlänge geeignet. Für feinere Arbeiten nehmen wir nur die ungeknickten Halmstücke zwischen den Knoten (siehe Seite 403).
Zunächst müssen die Halme von den ansitzenden Blattresten gereinigt und durch vorheriges Einweichen geschmeidig gemacht werden (siehe Seite 403).
Wieviel Halme wir zum Flechten bündeln, hängt von der gewünschten Zopfstärke und dem Gegenstand, den wir arbeiten wollen, ab. Für das weitere gelten die schon oben genannten

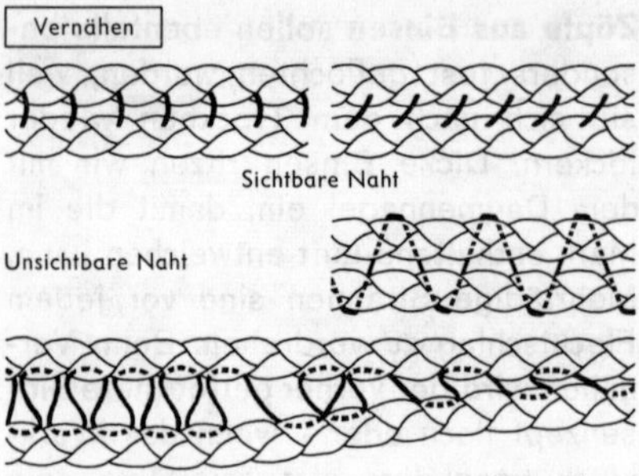

So können Zöpfe sichtbar und unsichtbar aneinandergenäht werden

Flechtregeln: fest flechten, auf scharfe und saubere Kanten achten, rechtzeitig neue Halme zulegen (stärkeres Ende voran) usw. Erst nach dem Trocknen wird der Zopf weiterverarbeitet.

Verwendungsmöglichkeiten. Welchen Gebrauchsgegenstand wir auch immer aus den geflochtenen Zöpfen schaffen wollen, für die Führung derselben beim Vernähen gibt es nur zwei mögliche Grundformen: Spirale und Mäander. In bescheidenem Maße können wir diese Formen abwandeln und miteinander kombinieren. Bei größeren Flächen ist das Zusammensetzen aus einzelnen Teilen selbstverständlich.
Zum Zusammennähen nehmen wir festes Hanfgarn und eine starke Sacknadel. Wir führen den Faden abwechselnd durch ein Glied des einen und des anderen Zopfes. Der Fadenverlauf kann sichtbar oder unsichtbar erfolgen.
Derbe Zopfmatten eignen sich gut als wärmende Teppiche auf Steinfußböden, als Wandmatten vor Außenwänden, zur Tür- und Fensterbekleidung im Winter usw. Beim Vernähen können wir den Zopf sowohl flach (mit sichtbarem Flechtmuster!) als auch hochkantig verwenden. Eine besonders schöne Wandmatte, die sich auch zusammenrollen läßt, erhalten wir, wenn wir gleichlange Stroh- oder Bastzöpfe senkrecht aneinanderreihen.
Für Strohschuhe schneiden wir zunächst dem Fußumriß entsprechend eine Sohlenschablone aus, nach der die Sohle aus einem hochkantig gestellten Zopf genäht wird. Um größere Festigkeit zu erzielen, können wir den Zopf jedesmal ganz durchstechen. Wer höherhackige Schuhe vorzieht, fügt zwischen Sohle und Innensohle noch einen Keil aus Zopfgeflecht ein. Für das Oberteil vernähen wir den Zopf über einem passenden Leisten.
Der möglichen Formenvielfalt bei der Herstellung von Taschen sind keine Grenzen gesetzt. Daher werden geflochtene Zöpfe gerade für sie besonders gern verwendet.

Strohborten

Das Flechten von Strohborten ist sozusagen die schulmäßig saubere Feinarbeit des Zopfflechtens. Die flachen Borten haben bandartigen Charakter. Vernäht wirken sie wie ein Gewebe, das sich zu Taschen, Behältnissen, Hü-

Mattenformen

Links: Der lustige Strandhut wurde aus einer langen Dreierborte zusammengenäht. Rechts: In der Weihnachtszeit flechten wir Strohsterne, Engelfiguren, Unruhen usw.

ten, Buchhüllen usw. verarbeiten läßt. Es ist verständlich, daß das Material sorgfältig ausgewählt und behandelt werden muß.

Material. Am besten eignen sich die mittelstarken Halmstücke, die zwischen dem vorletzten und letzten Knoten unterhalb der Ähre sitzen. Aber auch die unteren und oberen dünnen Enden können wir gebrauchen. Die Halme werden nach Stärke sortiert. Auf gleiche Länge der einzelnen Stücke kommt es nicht an, aber beschädigte oder gebrochene Enden müssen ausgeschieden werden.

Das Flechten. Da die Halmstücke nur kurz sind, beginnen wir jede Arbeit mit ungleich langen Enden, damit nicht beim gleichzeitigen Anlegen neuer Halme eine unschöne Verdickung in der Borte entsteht. Ein neuer Halm ist immer so zeitig anzulegen, daß er mit dem zu Ende gehenden Halmstück noch zwei bis drei Überschläge gemeinsam durch das Geflecht laufen kann.

Wir flechten eine Strohborte stets von unten nach oben, also von uns fort (nicht wie beim gewöhnlichen Zopfflechten auf uns zu!), drücken nach jedem Flechtschlag den umgelegten Halm mit dem Daumen nieder, achten auf schnurgerade Flechtkanten, auf gleiche Bortenbreite und gute Winkelhaltung zwischen den Flechthalmen. Die Borten werden in bestimmten Winkeln geflochten, wobei die Halme so eng wie möglich aneinanderzulegen sind. Beim Trocknen läuft das Geflecht ja wieder etwas ein, d.h. es wird lokkerer.

Die überstehenden Enden werden mit einer spitzen Schere erst vor dem Vernähen abgeschnitten; der Zopf wird also wiederum im ganzen geschoren. Dehnen wir ihn hinterher, so verkriechen sich die restlichen Enden unsichtbar im Geflecht. Die Halmenden fertig geflochtener Zöpfe umwickeln wir hinter dem letzten Flechtumschlag mit einem festen Faden.

Verschiedene Borten. Der Flechtgang für die »Dreierborte« ist schon vom Haarzopfflechten her bekannt, nur daß wir jetzt nicht auf uns zu, sondern von uns fort flechten müssen. Außerdem können wir bei der Dreierborte auch »um die Ecke« flechten, was vor allem bei Herstellung viereckiger Stroharbeiten wichtig ist.

Bei der »Fünferborte« handelt es sich um eine sehr breite Strohborte, die beim Vernähen Zeit und Garn spart, sich aber schlecht in enge Biegungen legen läßt. Allerdings kann man mit Geschick auch diese Borte »um die Ecke« flechten.

Die »Schwabenborte« ist eine ausgesprochene Zierborte, ein altes Volkskunstmuster, das schon mit seinem Namen Heimat und Herkunft verrät.

Es gibt natürlich noch andere Flechtmöglichkeiten, so die »Viererborte«, die leicht aus der Dreier- oder Fünferborte entwickelt werden kann und gewissermaßen nur eine Zwischenbreite dieser beiden ist. »Mehrfachzöpfe« aus sechs, sieben und acht Halmen können wir mit ein wenig Nachdenken ebenfalls aus den gezeigten Flechtungen entwickeln. Wenn wir in so breiten Flechtbändern abwechselnd einen oder mehrere Halme überspringen, erhalten wir köper- und satinartige Flechtbindungen. Weitere Volkskunstmuster, auf die zumindest hingewiesen werden soll, sind die »Tiroler Borte«, die »Zwillingsflechtung« usw.

Vernähen und Formgebung. Die geflochtene Borte ist wie der oben genannte Flechtzopf nur ein Halbfabrikat. Für das Vernähen gilt folgendes: Wir nehmen grauen, naturfarbenen Lei-

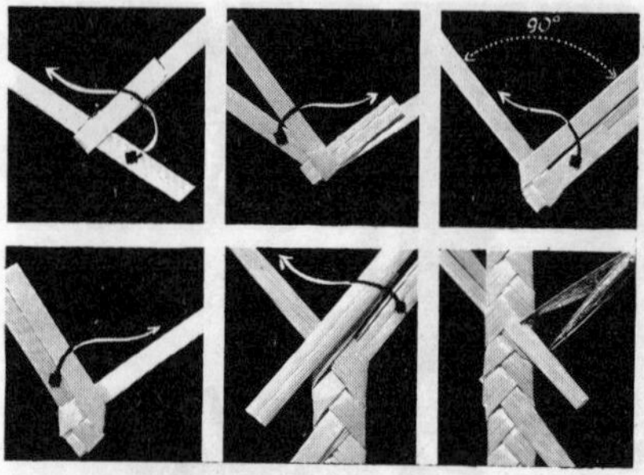

So wird die »Dreierborte« geflochten

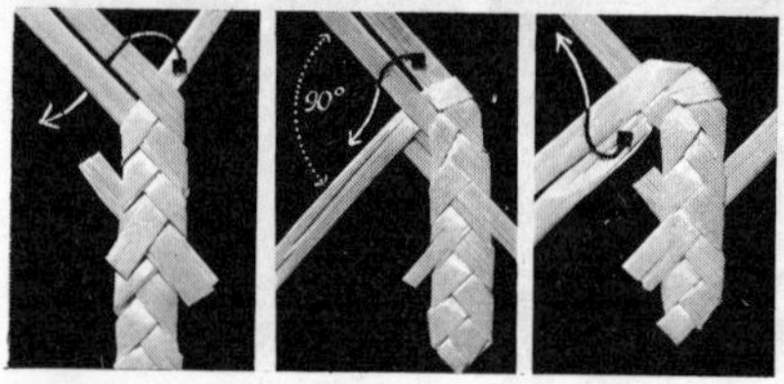

»Um die Ecke« flechten

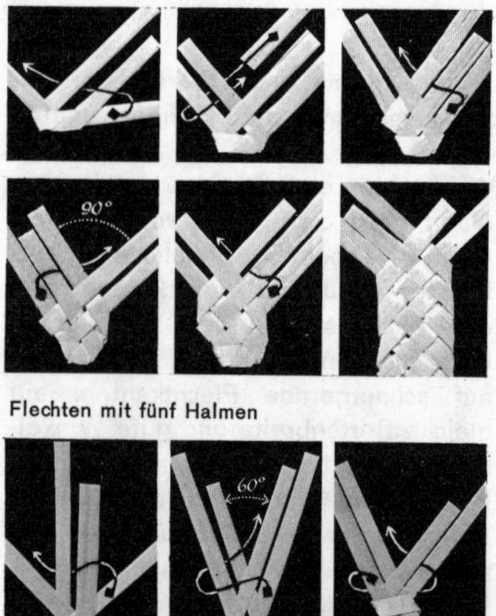

Flechten mit fünf Halmen

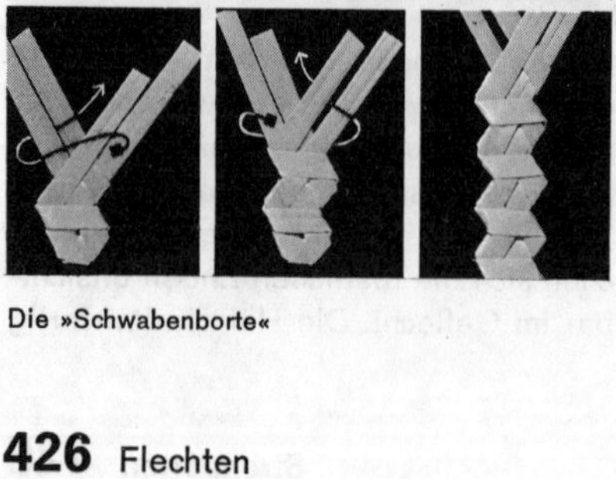

Die »Schwabenborte«

nenzwirn, je nach Zweck in den Stärken 6–10, Stopfnadel und Fingerhut. Damit der Faden gut gleitet, glättet man ihn über einem Stückchen Wachs. Wichtig ist, daß wir das Stroh feucht vernähen. Trockenes Stroh ist spröde und reißt. Da wir die Borte schon naß geflochten haben, warten wir also nicht erst, bis sie wieder gänzlich trocken ist, sondern vernähen eine anfallende Flechtlänge immer gleich. Anschließend flechten wir weiter. Die festen Stiche greifen überwendlich in das Strohgeflecht. Leider sieht man sie. Da wir großen Wert darauf legen, die Schönheit des Strohs und das Bild der schönen Flechtstruktur rein zu erhalten, nähen wir besser mit verborgenen Durchführungs- und Hinterstichen.
Da der Strohzopf beim Trocknen einläuft, stauchen wir ihn beim Vernähen. Durch dieses Zusammenschieben nehmen wir dem Geflecht auch von vornherein alle falschen Spannungen (ansonsten neigt das Geflecht dazu, sich zu verziehen). Mitunter kann es natürlich auch sinnvoll sein, in die Werkform eine leichte Wölbung oder Rundung hineinzubringen, was wir wiederum durch leichtes Dehnen der Borte beim Vernähen erreichen. Gut näht es sich über einer dem Werkstück angepaßten Form aus Holz, Pappe, Blech u. dgl., die wir wie einen Leisten handhaben können.

Bügeln und Füttern. Abschließend (ebenfalls noch feucht!) wird der fertige Gegenstand gebügelt. Sollte das Material inzwischen zu trocken geworden sein, so können wir es noch einmal kurz ins Wasser tauchen. Das warme Bügeleisen drückt die Halme vollends glatt und gibt dem Stroh erhöhten Glanz.
Zum Füttern eignen sich kräftig gewebte, derbe Stoffe mit klaren Farben.

Kordelflechten

Strohkordeln sind wichtige Zugaben zu den aus Stroh geflochtenen Werkstükken in Fällen, wo fremdartige Werkstoffe stören würden. Wir flechten auf die beschriebenen Weisen Taschengriffe, Körbchenhenkel, Schmuckkordeln für Strohhüte usw. Auch frei aus Stroh geflochtene Figuren können damit in ihren Formen bereichert werden. Stärkerer Beanspruchung halten diese Kordeln natürlich nicht stand – mit Ausnahme einiger Kettenmuster für Griffe.

Material. Am besten eignet sich das weichere Weizen- oder Haferstroh. Die knotenfreien Halmabschnitte müssen wie beim Bortenflechten gleich stark sein. Ob man dickeres oder dünneres Material bevorzugt, hängt vom Verwendungszweck ab. Einige Kordeln können auch aus dünnen Binsen (Waldbinsen) geflochten werden.

Flechten. Wir bündeln Halme von möglichst verschiedener Länge in der erforderlichen Zahl, binden sie am Ende mit einem Faden fest zusammen und spreizen sie sternartig flach auseinander, wobei zu beachten ist, daß zwischen der Strahlenfolge stets eine Lücke bleibt, in die beim ersten Flechtschlag der Halm gelegt werden kann. Das Flechten erfolgt durch fortfahrendes Überschlagen der Halme nach einem bestimmten, der Halmzahl entsprechenden Rhythmus, wobei die nach jedem Umschlagen freiwerdende Lükke durch den nachfolgenden Flechtschlag sofort wieder geschlossen wird. Es ist nicht ratsam, die Kordel während des Flechtens ständig zu drehen. Besonders beim Flechten vielhalmiger Kordeln bringt das Drehen Verwirrung in den Arbeitstakt. Beim Umschlagen der Halme müssen wir sorgfältig und genau verfahren, der Flechtwinkel ist genau einzuhalten, auf saubere Kanten und möglichst feste Flechtung ist Wert zu legen. Da die Halme beim Trocknen etwas einlaufen, wird das Geflecht an sich schon lockerer. – An Stelle des An- und Einflechtens neuer Halme empfiehlt es sich, beim Zulegen von Stroh die aus- und anlaufenden Enden ineinander zu schieben.

Kordelarten. Unterschiede ergeben sich durch die Zahl der Halme und dem »Eck«, in dem geflochten wird. Man kann die Halme im Vier-, Fünf-, Sechseck usw. flechten, das Ergebnis ist jeweils anders. Schöne Kettenkordeln mit wendelartigem Drall flicht man z. B. mit vier Halmen im Fünf- und Siebeneck, mit acht Halmen im Neun- und Zehneck. Ebensogut kann man auch mit neun Halmen im Zehneck, mit elf Halmen im Zwölfeck usw. flechten.

Flechten mit Peddigrohr

Peddigrohr ist ein geeignetes Anfängermaterial. Der Faden ist biegsam, lang und gleichmäßig stark, nach Nummern zu haben (siehe Seite 405), leicht zu beschaffen und außerdem billig. Dem Vorteil seiner leichten Verwendbarkeit stehen jedoch auch Nachteile gegenüber (siehe Seite 405). Schon der ein fache Untersetzer, eine beliebte Anfängerflechtung, ist in seiner Materialnatur für empfindliche Möbeloberflächen zu hart und dem weichen Bastgewebe (siehe Seite 454) unterlegen. Für manche Peddigrohrarbeiten (Brotkörbchen für den Frühstückstisch, Obstschalen usw.) möchte man sich einen zweckmäßigeren und weniger leicht schmutzenden Werkstoff mit lebendigerer Materialwirkung und wärmerer Tönung wünschen. Peddigrohr muß ausgesprochen »reizvoll« verflochten werden, wenn es ausdrucksvolleren Flechtwerkstoffen gegenüber bestehen soll. Vorgearbeitete Holzböden mit Einbohrungen zum Einstecken der Staken sind für kleinere Arbeiten abzulehnen.

Man weicht den Peddigfaden vor dem Gebrauch nur kurz ein (etwa 30 Minuten). Trotz der erhöhten Biegsamkeit, die er dadurch gewinnt, muß er vorsichtig gehandhabt werden. Vor allem dürfen wir ihn nicht zu scharf abknicken. Stärkere Fäden brechen leicht!

Flechten. Als Ursprung allen Flechtens wird der schon eingangs erwähnte bäuerliche Schutzzaun angesehen, bestehend aus mehreren in gleichmäßigen Abständen in den Boden gerammten Pfählen, den »Stöcken«, und einem schmiegsamen, festliegenden Zweig- und Rutengewinde. Im Prinzip bildet dieser Zaun eine schützende »Wand«, deren Zusammenhalt auf die Spannung zurückzuführen ist, mit der das Flechtmaterial zwischen den Stöcken liegt.

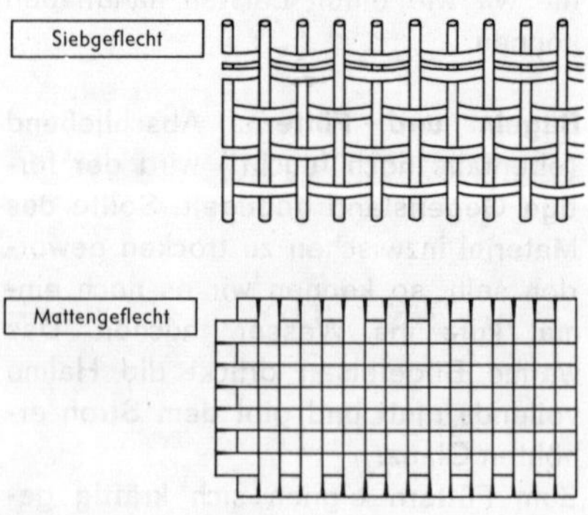

Geflechtarten

Mit Lehm beworfen diente so ein Geflecht früher auch als Hauswand.
Noch heute bedient sich der Korbflechter der alten, von der Errichtung eines Schutzzauns herrührenden Vokabeln. Er nennt die weniger biegsamen Teile des Korbgerippes »Staken« (Stecken) und die dazwischen fest eingeflochtenen Ruten den »Einschlag« (da man sie, damit das Geflecht möglichst dicht wird, zwischen den Stöcken »einschlägt«). Im »Zaun- oder Zäunergeflecht« kehrt das Bild der geflochtenen Zaunwand am deutlichsten wieder. Die Staken stehen in gleichen Abständen voneinander, während die Einschlagruten dicht übereinander liegen. Im »Siebgeflecht« sind die Abstände der Staken und Flechtruten nahezu gleich. Im »Mattengeflecht« liegt Streifenmaterial (Holzspan, Schiene) gleichmäßig dicht beieinander, so daß sich die senkrechten und waagerechten Geflechtsteile mit ihren Kanten berühren.
In der Beschreibung der Flechtvorgänge beschränken wir uns zunächst auf das Flechten einer kleinen korbähnlichen Behältnisform aus Peddigrohr, an der sich alle Flechtmöglichkeiten üben lassen. Die Flechtweise hat mit der Größe nichts zu tun.

Bodenkreuz. Ein Untersetzer wird genauso geflochten wie ein runder Korbboden. Für den Anfang besorgen wir uns Peddigrohr der Stärken 1 und 3 oder 3 und 5, je nachdem, ob wir ein feineres oder kräftigeres Geflecht haben wollen. Wir arbeiten mit zweierlei Material: Für das Gerippe – die »Staken« – brauchen wir das stärkere, zum Umbinden des Kreuzes das feinere, das nach den ersten Umführungen auch mit stärkerem ausgetauscht werden kann. Die Länge der Staken hängt von der Größe und Höhe des Werkstücks ab, das geflochten werden soll. Dabei müssen wir auch einen genügenden Überstand zum Verflechten der Abschlußkante bedenken.
Schwierig ist nur das Stakenlegen und der Anfang des Flechtbeginns. Dabei gibt es unterschiedliche Kreuzlagen. Bei größeren Korbböden kommt es darauf an, möglichst viele Einzelstaken zu haben, die sich beim Größerwerden der Flechtung sternförmig auseinanderspreizen lassen. Für kleinere Flechtarbeiten genügen je vier Staken, die einfach übereinanderliegen und mit dem Flechtfaden verbunden werden. Bei einem »Durchdringungsverband« spaltet man die Staken der einen Lage

Flechten mit Peddigrohr: Kreuzverband eines Korbbodens und Umflechten mit einem Flechtfaden (links); Stakenspreizung und Einführung eines neuen Halmpaares von rechts (Mitte); ein neues Halmpaar wird in das Geflecht eingeschoben und zugleich das Bodenkreuz »aufgebrochen«. Wir haben nun eine ungerade Stakenzahl, die wechselnd umflochten werden kann (rechts)

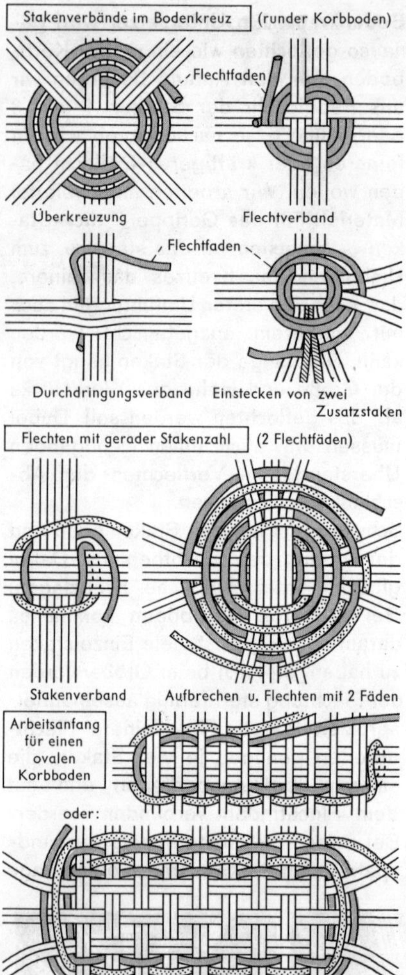

Arbeitsanfänge für runde und ovale Korbböden

in der Mitte auf (»Spaltlage«) und durchfährt sie mit den vier Staken der andern Lage (»Durchdringungslage«). So ein Verband hält bereits locker zusammen und erleichtert die ersten Flechtgänge.
Durch die Überkreuzung bekommen wir stets eine gerade Stakenzahl. Da wir aber zum spiraligen Umflechten mit dem Flechtfaden im wechselnden Auf und Ab eine ungerade Anzahl nötig haben, muß dem Verband gleich nach den ersten Flechtschlägen eine zusätzliche halbe Stake (die auch doppelt liegen kann) hinzugeführt werden. Bei einfacherer Stakenlage kann man auch gleich eine ungerade Stakenzahl nehmen, z. B. vier auf vier über kreuz und eine halbe Stake, die als fünfte neben einem Viererbündel bis zur Kreuzungsmitte geht, was dann ein 17strahliges Bodenkreuz ergibt. Anfangs liegen die Staken dicht beisammen. Beim Weiterflechten wird das Kreuz »aufgebrochen«, d. h. im Geflecht strahlenförmig auseinandergelegt. Unter Umständen muß man die Staken dabei mit dem Pfriem oder einer Stricknadel zurechtschieben.

Ovaler Boden. Hierfür empfiehlt sich von vornherein ein Durchdringungsverband. Die längeren Staken (etwa 4 bis 8) werden durch die Spaltschlitze der kürzeren (etwa 10 bis 14) gesteckt. Die Seitenstaken verteilt man gleichmäßig über die Bodenlänge, die erste und letzte sollen doppelt liegen. Längliche Körbe werden im allgemeinen mit zwei Fäden (siehe unten) oder bei ungerader Stakenzahl mit einem Faden geflochten. Nach zwei Runden können die langen Staken paarig und nach weiteren Runden einfach aufgebrochen werden. Mit Überlegung gelingt es, die Staken der Kopf- und Langseite in gleiche Abstände zueinander zu bringen. Nötigenfalls lassen sich an den Kopfseiten symmetrisch noch ein paar Staken einfügen.

Flechten des Bodens. Das Flechtmaterial ist gut durchfeuchtet, das Bodenkreuz zusammengesteckt und muß nun abgebunden werden. Wir setzen den Flechtfaden an einer möglichst günstigen Stelle an, indem wir ihn einfach um ein Stakenbündel schlingen, darüberlegen oder mit in den Spalt der Durchdringungslage einstecken. Zunächst führen wir ihn dreimal im Flechtgang rundum gegen den Uhrzeigersinn, wobei sich die Windungen nebeneinanderlegen. Nach der dritten Umwindung wenden wir und wandern, dabei die Flechtlage wechselnd, in die andere Richtung. Nun kann die zusätzliche Stake (siehe oben) hinzugeführt und bei gleichmäßigem Aufbrechen des Kreuzes (zunächst in Paarteilung) mit dem Umflechten begonnen werden. Der Flechtfaden wird locker eingelegt, da wir sonst eine gewölbte Fläche bekommen. Damit die Flechtschläge dennoch fest übereinanderliegen, drücken wir den Faden nach jeder Stakenumflechtung mit dem Finger oder dem Pfriem kräftig an jede vorhergehende Runde an. Bei einer gewissen Größe läßt sich das Rundgeflecht mit dem Pfriem auf das Arbeitsbrett aufheften und zum besseren Einlegen des Fadens drehen, wobei wir aber diesen ständig gegen die Mitte der Flechtung spannen, damit sich die Windungen fest aufeinanderlegen.

Beim Ansetzen eines neuen Fadens kreuzen wir das Ende des alten mit dem Anfang des neuen hinter einer Stake. Die überstehenden Enden schneiden wir später ab, wenn die Arbeit fertig und das Rohr wieder trocken ist. Rundgeflechte mit geringer Stakenzahl sollten nicht größer als bis zu 12 cm im Durchmesser geflochten werden, da sie darüber hinaus ihre Festigkeit verlieren. Für größere Böden sind mehr Staken nötig. Manchmal ist man gezwungen, ein paar zusätzlich hinzuzufügen, wenn die Abstände zu weit werden. Aber auch eine zu dichte Stakenlage ist nicht günstig, weil sich dann der Flechtfaden nicht leicht genug winden kann.

Flechtwände. Der Übergang vom Boden zur Korbwand muß allmählich erfolgen. Die Wölbungen eines flachen Körbchens ergeben sich von selbst, wenn man den Flechtfaden ein wenig spannt. Bei größeren Biegungsunterschieden sollten die Staken gut durchfeuchtet sein, daher ist es ratsam, das gesamte Bodengeflecht noch einmal gründlich einzuweichen. Die Staken werden hart am Bodenrand hochgebogen. Bricht dabei eine Stake, wird sie dicht am Rand des Bodens abgeschnitten und durch eine neue, ebenfalls gut durchfeuchtete, ersetzt, die man direkt neben der abgeschnittenen Stake in das Geflecht einschiebt.

Die Formung geschweifter Korbwände erfordert einige Übung. Entweder biegen wir die Staken während des Flechtens sanft nach außen und legen den Flechtfaden locker ein, oder wir drükken nach innen und ziehen den Flechtfaden stärker an, je nachdem, welche Form wir erzielen wollen.

Verschiedene Flechtarten. Beim ein-

Einfaches Zäunergeflecht (ungerade Stakenzahl)

Flechten mit 2 Fäden bei gerader Stakenzahl

Flechten mit doppelten Flechtfäden

Anlegen eines neuen Flechtfadens

Verschiedene Wandflechtungen

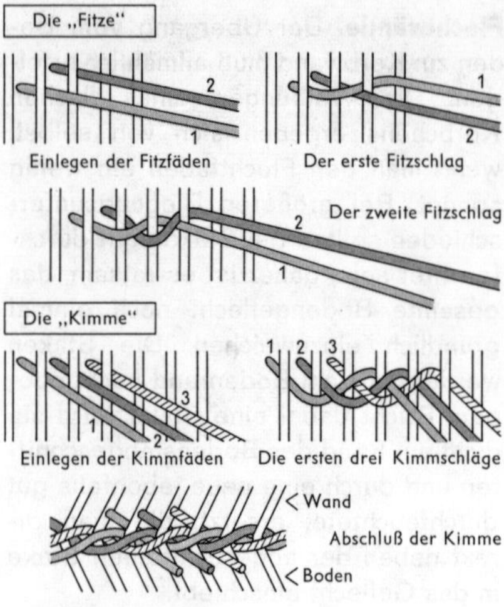

Verstärkungsrunden

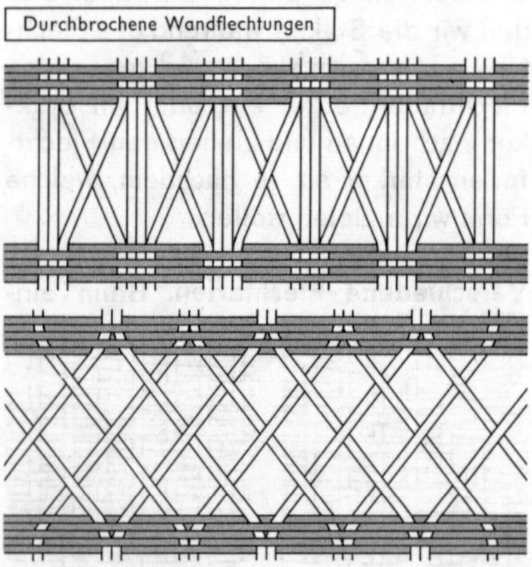

Möglichkeiten lockerer Wandführung

fachen »Zäunergeflecht« werden die Staken vom Flechtfaden regelmäßig über- und unterlaufen. Dieses Geflecht kann auch mit doppeltem Faden und bei gerader Stakenzahl mit zwei Fäden ausgeführt werden. Bei dünnerem Peddigrohr und nahezu gleicher Stärke von Staken und Einschlag lassen sich auch Stakenpaare verwenden, die dann die Festigkeit stärkeren Peddigrohrs erreichen.

Elemente der Musterung sind die sogenannten Verstärkungsrunden, die hauptsächlich an Bodenrändern und vor Randabschlüssen oder zwischen den Schichtlagen in der Korbwand eingefügt werden, wo sie das normale Zäunergeflecht in angenehmer Weise gliedern und unterbrechen. Die »Fitze« umgreift jede Stake mit einem Doppelfaden, man kann sie sowohl bei gerader als auch bei ungerader Stakenzahl flechten. Wir legen die Anfänge hinter zwei nebeneinander liegende Staken und wechseln die Fäden in jedem Zwischenraum. – Zur stärker auftragenden »Kimme« gehören drei Flechtfäden, die mit ihren Anfängen hinter drei nebeneinanderliegende Staken gesteckt werden. Die Fäden führen wir in jeder Reihe wechselnd jeweils vor zwei Staken, hinter der dritten und wieder nach vorn vor zwei. Am Schluß legt sich zuerst der Faden, der zuletzt eingeführt wurde, neben Faden 1, das Ende des zweiten neben Anfang 2 usw.

Randabschlüsse. Für einen guten Randabschluß muß noch genügend Stakenüberstand vorhanden sein. Die Staken sind noch einmal anzufeuchten, da ihre Biegefähigkeit stark in Anspruch genommen wird (s. Seite 434). Die einfachste Form eines Randabschlusses ist der sogenannte »Bogenrand«, der einfach oder doppelt gesteckt werden kann. Wir erproben zunächst die gewünschte Bogenweite mit einer einzelnen Stake und schneiden alle anderen auf das gefundene Maß zu. Die Enden spitzen wir leicht an. Dann biegen wir das Rohr vorsichtig und stecken es neben die nächste oder übernächste Stake so tief wie möglich in das Geflecht zurück. Die Öffnungen können auch mit dem Pfriem vorgebohrt werden.

Flechtungen aus Peddigrohr. Links: Flache Schalen und Untersetzer. Rechts: Das Körbchen ist besonders reizvoll durch seine lockere Wandführung

Vorausgesetzt, daß wir noch genügend lange Stakenenden verfügbar haben, können wir einen Randabschluß auch flechten. Überstände werden einfach verflochten. Wir biegen ein beliebiges Stakenende dicht über dem obersten Flechtgang nach rechts um und legen es hinter die nächste, vor die zweite und evtl. noch hinter die dritte Stake. Das wiederholt sich der Reihe nach mit allen Staken von links nach rechts. Die drei letzten Enden werden zwischen die schon umgeknickten Staken des Anfangs gezogen. Sie müssen gut durchfeuchtet sein, damit sie nicht brechen.

Beim »Zöpfchen« wird jede Stake hinter die nebenstehende und vor die übernächste gelegt und von unten in einem zweiten Arbeitsgang unter 1, über 2 und unter 3 verflochten.

In der Art des einfachen Zöpfchens wird auch der »Madeira-Rand« in schönem weiten Bogen geflochten, und zwar möglichst aus zwei oder drei parallel nebeneinander liegenden Staken. Diese steckt man hinter dem nächsten, vor dem übernächsten und hinter dem drittnächsten Stakenbündel nach vorn zurück. Dann flicht man weiter wie beim Zöpfchen, nur müssen jetzt die Staken schön nebeneinander liegen.

Der Zopf ist ein dem Peddigmaterial besonders gemäßer und fester Abschlußrand für einen Korb oder eine flache Korbschale. Die Technik ist jedoch etwas schwierig. Da der Zopf waagerecht aufliegt, betrachten wir ihn auch beim Flechten von oben und legen die Stakenenden nach innen (rechts) bzw. nach außen (links).

Der Flechtgang: Die 1. und 2. Stake sind nach innen zu biegen (a), dann die Stake 1 über Stake 2 zwischen 3 und 4 nach außen (b). Jetzt wird die Stake 3, die eben eingelegte Stake überkreuzend, ebenfalls nach innen geholt (c), Stake 2 geht zwischen 4 und 5 nach außen (d). – Wir holen Stake 1, die nach außen weisende 2. Stake überkreuzend, nach innen (e) und legen die davorstehende Stake 4 daneben (f). Stake 3 geht wie schon 1 und 2 ebenfalls nach außen (g) – die zuvor nach links geführte Stake 2, die 3. Stake überkreuzend, nach innen (h). – Nun ist die Stake 5 nach einwärts umzu-

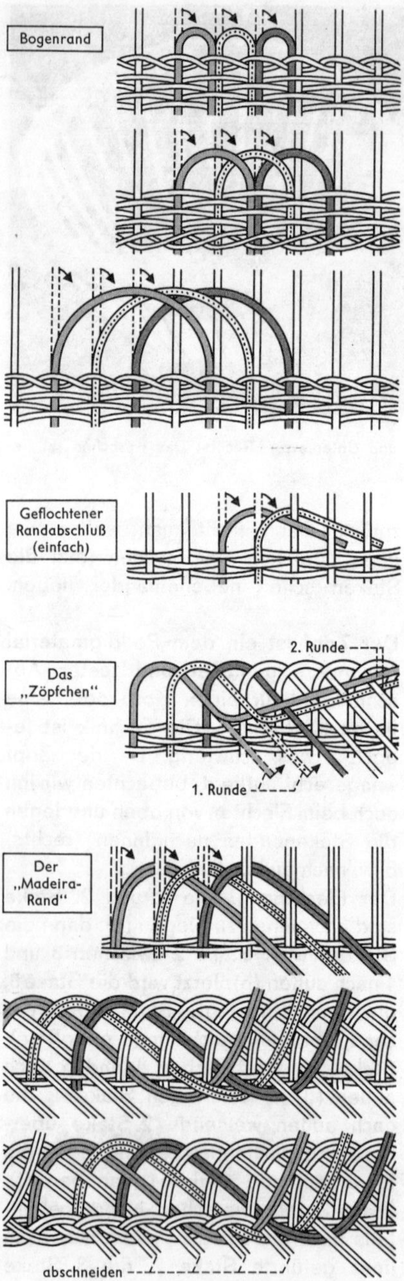

Geflochtene Randabschlüsse: Bogenrand, einfacher Rand, Zöpfchen, Madeirarand

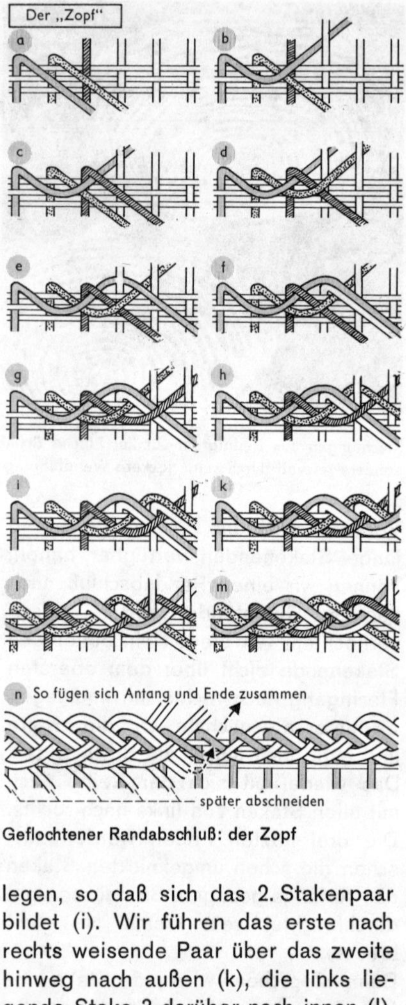

Geflochtener Randabschluß: der Zopf

legen, so daß sich das 2. Stakenpaar bildet (i). Wir führen das erste nach rechts weisende Paar über das zweite hinweg nach außen (k), die links liegende Stake 3 darüber nach innen (l), die davorstehende Stake 6 dazu (m) – drittes Paar!. – Nun flechten wir mit den drei Stakenpaaren weiter, als ob es einzelne Staken wären. Die nächste stehende Stake 7 kommt neben Paar 1 und bildet mit diesem eine Dreiersträhne, deren kürzerer Faden (Stake 1) beim Weiterflechten außen liegenbleibt. Auch die Paare 2 und 3 nehmen jeweils eine neue Stake auf und entledigen sich bei der Linkswendung der

jeweils kürzeren nach außen. Auf diese Weise bekommt der Zopf in der inneren (linken) Strähne stets drei und in der äußeren zwei Flechtfäden. Am Schluß muß das Ende in die Lücken des Anfangs passen. Die Fadenenden werden verzogen (n).
Man kann auch einen beiderseits dreifädigen Zopf flechten, wenn man den rechts liegenbleibenden Ausgangsfaden jeweils noch einen Flechtschlag nach links mitnimmt und unter der sich darüberlegenden Dreiersträhne abschneidet.

Flechten mit Weide

Das Flechten mit Weidenruten unterscheidet sich nicht wesentlich vom Peddigrohrflechten, weshalb im Folgenden auf die Wiederholung der oben beschriebenen grundsätzlichen Dinge verzichtet werden kann.
Während das lange Peddigrohr in seiner Gleichmäßigkeit, Biegsamkeit usw. fast einem Kunststoff-Faden gleichkommt, ist die normale Flechtweide (siehe Seite 406) kürzer, der Materialwiderstand beim Flechten weitaus größer, aber die Oberflächenwirkung ungleich lebendiger und reizvoller. Mit der äußeren Erscheinung eines Weidengeflechts kann die Peddigrohrflechtung nicht konkurrieren, aber feine Weiden sind schwerer zu beschaffen, und das Flechten größerer Körbe erfordert die Kraft starker Hände. Auch das Befeuchten des Materials zur Verarbeitung ist umständlicher als bei Peddigrohr (siehe Seite 405). Feine geschälte Weiden legt man im allgemeinen 1–3 Stunden in eine Wanne mit Wasser und schlägt sie danach bis zur Verarbeitung in ein nasses Tuch ein.
Der Korbflechter unterscheidet »grob geschlagene Arbeiten« (weil das stärkere Geflecht mit dem »Schlageisen« eingeschlagen werden muß), »klein geschlagene Arbeiten« (aus dünneren Ruten bis etwa 1 m Länge) und »Feinflechtwerk« (aus gespaltenen und geschmälerten Weiden). Je feiner und dünner die Schienen sind, um so feiner wird das Geflecht.

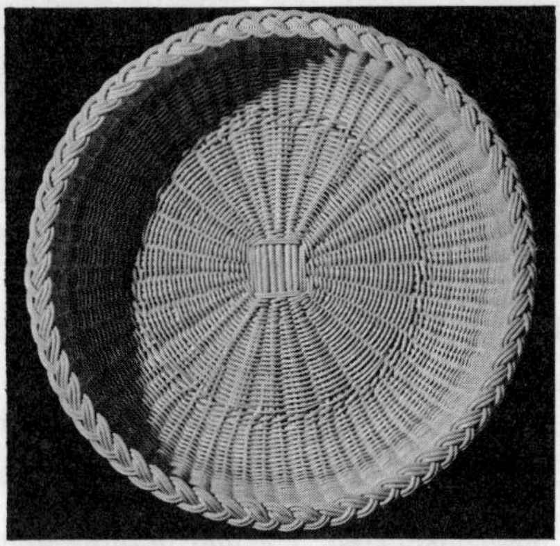

Eine besonders sauber und gleichmäßig geflochtene Korbschale mit Zopfrand

Weidenkorb. Für mancherlei Zwecke flicht man aus grüner oder geschälter Weide größere Körbe. Zum Einschlagen des Geflechts nimmt der Korbmacher das Schlageisen zu Hilfe. Das Bodenkreuz aus 6 oder 8 Staken in der Länge des Korbbodendurchmessers wird im Durchdringungsverband zusammengesteckt und mit zwei dünnen, zähen Bindeweiden gebunden, indem man die Spitzen an der Unterseite von links nach rechts in die Schlitze zwischen die runden Durchdringungsstaken steckt. Dann biegt man das am nächsten liegende Ende der einen Bindeweide nach oben und führt es zwischen dem linken waagerechten und dem oberen senkrechten Stakenbündel nach vorne, über den senkrechten Arm hinweg und im Winkel hinter der Durchdringungslage nach unten. Die zweite Binderute wird entgegengesetzt geführt, rückseitig schräg über die Kreuzungsmitte hinweg und in dem Winkel zwischen dem oberen und rechten Arm nach vorn. Sie liegt jetzt im gleichen Winkel, in dem die erste Flechtrute rückseitig abwärts geführt worden ist, und wir verstehen nun, wie wir weiterarbeiten müssen. Die beiden Flechtfäden umfassen jeweils ein Stakenbündel vorder- und rückseitig und überkreuzen sich in jeder Stakenlücke. Nach zwei bis vier mit diesen Bindeweiden ausgeführten Flechtrunden brechen wir das Stakenkreuz auf und flechten den Boden aus, entweder mit geeigneten Verstärkungsrunden (siehe »Fitze«, Seite 432) oder mit dem Zäunergeflecht. Da wir noch immer eine gerade Stakenzahl haben, sind zum Flechten zwei Ruten erforderlich. Die Anfänge neuer Flechtruten werden hinter zwei nebeneinanderliegende Staken gesteckt, und zwar immer der Stärke des Endes entsprechend, mit dem die alte Rute ausläuft, also »dick an dick« oder »dünn an dünn«. Dabei muß die neue Rute mit der alten noch über zwei bis drei Staken gemeinsam verflochten werden. Beide Enden kreuzen sich dabei hinter einer Stake.

Ist der Boden groß genug, flicht man zum Abschluß von der Bodenunterseite aus eine Kimmrunde. Dann bringt man das Rundgeflecht wieder in die richtige Lage und schneidet die überstehenden Stakenenden rundum gleichmäßig ab. – Bodenstaken werden bei Weidenflechtungen nicht zur Wand hochgebogen. Man steckt dafür links und rechts von jedem abgeschnittenen Ende neue, gut durchfeuchtete Staken mit dem dikkeren, vorher angespitzten Ende möglichst tief in das Bodengeflecht ein. Bei einem 16strahligen Bodenkreuz benötigt man 32 Stück, deren Länge sich nach der gewünschten Korbhöhe und dem benötigten Überstand für den Randabschluß richtet. Sie werden über dem hintergelegten Messer oder Pfriem (als Gegendruck) vorsichtig nach oben gebogen und an der Spitze zusammengebunden. Damit man senkrechte Wände bekommt, ist es günstig, in einigem Abstand vom Boden eine Pappscheibe in der Größe des Korbdurchmessers dazwischenzuklemmen. Die vorher geflochtene Kimmrunde liegt nun außen. Mit einem durch die Mitte gebohrten Pfriem kann man den Korbboden auf dem Arbeitsbrett festnageln und beim Weiterflechten drehen.

Nun flicht man, um der Korbwand Festigkeit zu geben, zunächst wieder drei Kimmrunden, dann weiter in der für die Weidenflechtung typischen Weise in »Schichten«: Hinter jede Stake wird mit dem stärkeren Ende voran eine neue Flechtrute gelegt und – damit sie nicht herausfällt – zunächst nur über die beiden nachfolgenden Staken hinweggeflochten. Die Rutenenden zeigen nach außen. Erst wenn alle Ruten eingelegt sind, verflicht man sie der Reihe nach im Rhythmus »übereins, untereins« usw. Auf die erste »Schicht« wird eine zweite gelegt, darüber evtl. noch eine dritte und so fort bis zum oberen Korbrand, wo nach zwei gekimmten Runden alle Staken im Randabschluß verflochten werden. Viele Korbflechter fügen, damit die Korbwand eine schmuckhafte Unterteilung bekommt, zwischen die Schichten jeweils eine Fitzrunde ein. Während des Flechtens ist der »Einschlag« fest zusammenzuschieben oder einzuschlagen.

Zuschlag ist die Bezeichnung für den bei Korbflechtarbeiten typischen Randabschluß, in dem die Stakenenden zu einem festen und auch das Auge befriedigenden Rand verflochten werden. Er wird wie der Peddigrohrzopf waagerecht auf die Korbwand aufgelegt.

Man feuchtet die oberen Stakenenden noch einmal gut an und knickt sie in der gleichen Weise wie am Rand des Korbbodens mit Hilfe eines hintergelegten Pfriems nach rechts ab. Die weitere Arbeit wird in zwei Arbeitsgängen ausgeführt: 1. Drei nebeneinanderliegende Staken werden am Flechtrand umgeknickt und von links nach rechts hinter den beiden Nachbarstaken und vor der dritten nach vorn (hinter 2 vor 1) geführt. 2. Die Staken werden nun weiter vor die beiden nachfolgenden Staken, hinter die nächstfolgende (vor 2 und hinter 1) und wieder zurück nach vorn geflochten. – In der Folge müssen abwechselnd alle noch stehenden Staken den ersten Arbeitsgang und die liegenden den zweiten Arbeitsgang durchlaufen, wobei stets zwei Staken zu einem Paar nebeneinander geraten und immer drei Paare nach vorn heraushängen müssen. Die Stake, die bereits beide Arbeitsgänge hinter sich hat, bleibt seitlich hängen und wird später abgeschnitten. Die jeweils längere macht, wenn die Reihe an ihr ist, noch den zweiten Arbeitsgang durch. Zuletzt werden Ende und Anfang des Zuschlags ineinander verflochten. Wie das zu geschehen hat, erkennt man schnell, wenn man sich den Flechtanfang ansieht.

Henkel. Zunächst wird ein stärkeres Stück Weidenrute mit seinen beiden Enden an zwei gegenüberliegenden Punkten in die Korbwand eingesteckt, dazu an beiden Seiten je zwei feinere Bindeweiden. Dann windet man diese von der einen Seite aus um den Henkelbogen herum hinüber zur anderen Korbseite und steckt sie dort mit Hilfe des Pfriems von innen nach außen durch die Wand. Ebenso verfährt man mit den an der andern Korbseite eingefügten Bindeweiden, wobei sich diese in die frei gebliebene Windungslücke der ersten Umwindung legen. Zur endgültigen Befestigung schlingt man an jeder Korbseite zuerst eine einzelne heraushängende Bindeweide noch einmal um den Henkel herum, verflicht sie mit der Korbwand und dann abschließend die zweite.

Griffe. Zwei Ruten spitzt man an den Enden zu. Eine davon wird neben einer Stake durch den Korbrand gezo-

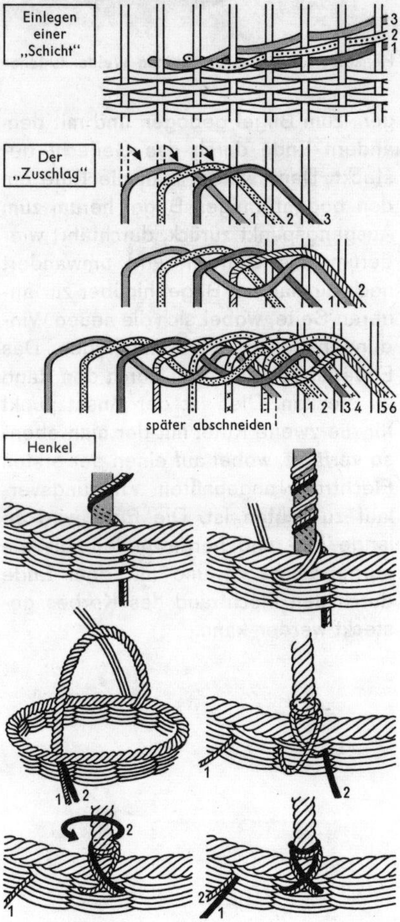

Arbeitsgänge beim Korbflechten

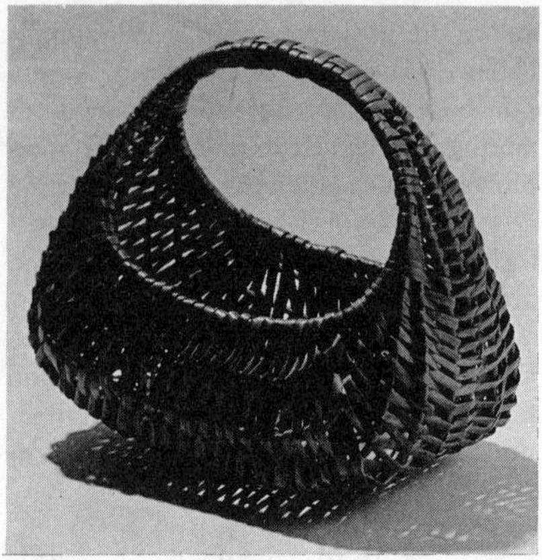

Henkelkörbchen aus gesottenen Weidenschienen

gen, zum Bügel gebogen und mit dem andern Ende durch das Geflecht gesteckt. Dann windet man die Rute um den bogenförmigen Bügel herum zum Ausgangspunkt zurück, durchfährt wiederum das Geflecht und umwandert noch einmal den Bügel hinüber zur anderen Seite, wobei sich die neuen Windungen neben die ersten legen. Das Ende ist von oben her durch den Rand zu stecken. Dies ist der Ansatzpunkt für die zweite Rute, mit der man ebenso verfährt, wobei auf einen der ersten Flechtrute angepaßten Windungsverlauf zu achten ist. Die Rute wird so lange hin- und hergewunden, bis sie aufgebraucht ist und mit dem Ende durch den Flechtrand des Korbes gesteckt werden kann.

Schwingenkörbe werden am besten mit geschälten und gespaltenen Ruten über ein Gestell aus Weidenstöcken geflochten. Grüne Ruten lassen sich am einfachsten mit einer hölzernen Wäscheklammer schälen. Volle Ruten kann man mit dem Taschenmesser aufspalten. Für eine henkellose flache Schwinge braucht man einen, für eine Henkelschwinge zwei stärkere Reifen, außerdem Bügel, die im Geflecht an Stelle der Staken das Korbgerippe bilden. Die Reifenenden werden schräg angeschnitten, aneinandergesetzt und mit Draht umwickelt. Die Verbindung zwischen dem Rand und dem Henkelreifen oder dem mittleren Bodenbügel wird mit Flechtweiden ausgeführt.
Zunächst umflicht man die Kreuzungsstellen mit sehr zähen Bindeweiden, die wir korkenzieherartig verdrehen, damit sie nicht brechen. Sind die Flechtbogen der Schwingenform entsprechend größer geworden, werden weitere an den Enden zugespitzte Bodenstaken eingesteckt. Sie müssen so lang sein, daß sie mit Spannung zwischen der Flechtung sitzen und dem Boden Form geben. Die weitere Ausflechtung ergibt sich von selbst. Zur besseren Verfestigung und um Schlaufenbildungen am Rand zu vermeiden, sollte man den oberen Korbrand stets zweimal mit der Flechtrute umfahren, bevor diese ihren Weg durch die Staken zurücknimmt.

Das Weben

Das Material

Oft wird beim Betrachten einer schönen Webarbeit vom »Sinn für den handgearbeiteten Gegenstand« gesprochen. Es gibt diesen Begriff erst, seit neben dem handwerklichen Erzeugnis auch das Industrieprodukt besteht. Die Bevorzugung des Handwerklichen entsprang romantischen Empfindungen kurz nach der Jahrhundertwende, als das Maschinenwesen überhand nahm und der Mensch sich von der Gefahr einer bis ins letzte mechanisierten Lebensweise bedroht fühlte. Man glaubte, daß es eine Rückkehr zum Handwerk gäbe. Besonders die bäuerlichen Techniken, die von der »kranken Zeit« noch am wenigsten infiziert zu sein schienen, wurden idealisiert – das, was man auf dem Lande beim Tischlern, Töpfern, Weben hervorbrachte, als ein kostbarer Restbestand und Zeichen des ursprünglichen Lebens nach Hause getragen. Es gibt auch heute noch Menschen, die eine starke Vorliebe für Bauernmöbel, Bauernteppiche usw. zeigen (obwohl diese Mode in unserer Zeit gerade abklingt). Mittlerweile wissen wir, daß der Mensch Qualitätsarbeit sowohl mit der Hand als auch mit der Maschine schaffen kann. Handwerk wie Maschinenwerk können, auch ihrer Form nach, in gleichem Maße gut oder schlecht sein, je nachdem, ob sie die entsprechenden Formqualitäten haben oder vermissen lassen.
Das Bewußtsein einer klaren Trennung zwischen handwerklicher und maschineller Werkform und der Tatsache, daß das Handwerkliche durch die Gegenwart der Maschine keineswegs in Frage gestellt zu sein braucht, enthebt uns heute jeder Notwendigkeit, frühere Lebensstile, in denen »Handarbeit« noch von sich aus selbstverständlich war, zu romantisieren und in unsere Zeit zu übertragen. Es geht uns heute vielmehr darum, die Qualitätsmerkmale des Handwerklichen in den Werktechniken selbst ins Auge zu fassen, in der Ausführung eigene schöpferische Wege zu gehen und neben dem praktischen Ergebnis auch den eigenen persönlichen Ausdruck zu suchen. Die Bevorzugung der Naturwerkstoffe beim Flechten und Weben kommt diesem Bemühen entgegen, einerseits, weil die natürlichen, gewachsenen Materialien die lebendigste Verbindung mit der handwerklichen Werkform eingehen, andererseits, weil sie heute ein gutes Gegengewicht gegen das starke Auftreten der Kunststoffe in unserem engeren Lebensumkreis bilden. Unter all den verschiedenen Werktechniken werden vor allem die Frauen besonders gern diese alte Kunst wählen, die in früheren Zeiten über ihre ureigenste Domäne war.

Die Spinnstoffe

Maisblatt, Bast, Stroh und ähnliche Materialien kehren als Werkstoffe auch für die Techniken wieder, die ihrem Charakter nach zwischen dem Flechten und dem Weben stehen. Für das eigentliche Weben dagegen kommt nur das »Garn« in Frage, ein Faden also, der durch Zusammendrehen (»Spinnen«) textiler Fasern (»Spinnstoffe«) erzeugt wird. Versponnen werden Pflanzenfasern (Flachs, Hanf, Jute, Sisal, Baumwolle), tierische Fasern (Schafwolle, Ziegenhaare, Kamelhaar, Angorawolle usw., Naturseide), künstliche Fasern (Kunstseide, Zellwolle) und die vollsynthetischen Fäden (Nylon, Perlon). Abfallfasern werden aus Ersparnisgründen hinzugenommen. Dem Handweben entspricht vor allem die Verwendung des natürlichen Materials.

Leinen wird aus dem Flachs gesponnen, der in den gemäßigteren Zonen angebaut werden kann. Die besten Qualitäten liefern Irland, Belgien und Holland.
Vor der Samenreife wird der Flachs geerntet, der Stengel von Blütenresten und Trieben gereinigt, geröstet und gebrochen, so daß beim Hecheln (Durchkämmen mit einem großen Kamm) die äußeren Teile des Stengels abfallen. Übrig bleiben die Fasern, die gut gekämmt und dann zusammengedreht, d.h. gesponnen werden.
Da rohes Leinen eine gelblichgraue Farbe hat, wird es vielfach gebleicht. Leinen verarbeitet man als reines Leinen oder auch mit Baumwolle vermischt (Halbleinen) zu Tischwäsche, Handtüchern, Bettzeug usw.

Baumwolle gewinnt man aus den Fruchtkapseln der in wärmeren Gegenden gedeihenden Baumwollpflanze. Wenn die Frucht reif ist, springt sie auf, und aus der Kapsel quellen weiße Fasern, an denen kleine Samenkörner (Linters) hängen. Man pflückt die Kapseln, entfernt durch Kämmen die Samen und preßt die Baumwolle in große Ballen. In dieser Form gelangen sie in die Spinnereien. Nach den Sorten unterscheidet man: ägyptische (Mako), ostindische und amerikanische Baumwolle. Die Herkunftsländer liefern vielerlei Qualitäten, deren Preis nach Ausfall und Anfall verschieden notiert wird. Zur Beurteilung der Baumwolle spielen der »Griff« der Faser, Färbung, Reinheitsgrad, vor allem aber ihr »Stapel« (Faserlänge) eine entscheidende Rolle. Langstapelige Baumwolle eignet sich besonders für feine Garne (Baumwolle aus Westindien, Ägypten, dem Sudan und Peru), mittelstapelige für den gehobenen Massenbedarf (amerikanische Baumwolle), kurzstapelige meist nur für den nichteuropäischen Verbrauch (chinesische, indische Baumwolle). Rohbaumwolle ist gelblichweiß, matt, weich und im Griff stumpf. Baumwollgarne kommen roh, gebleicht, gefärbt und merzerisiert (mit einem waschbeständigen Glanz versehen) in den Handel. Wegen seiner Festigkeit nimmt man Baumwollgarn beim Weben vielfach als Kettgarn. Heute werden unter der Sammelbezeichnung Baumwolle auch Garne angeboten, die außer Baumwollfasern noch andere Fasern (z.B. Zellwolle) enthalten. Garne, die nach dem Baumwollspinnverfahren hergestellt werden, aber nur Zellwolle (die aus Zellulose hergestellt wird) enthalten, werden als Zellwollgarne bezeichnet. Reine Baumwolle brennt leicht, nahezu geruchlos, und hinterläßt außerdem keine Asche (Probe!).

Wolle. Schafe, die Hauptlieferanten der Wolle, können dank ihrer Genügsamkeit überall gezüchtet werden. Allerdings wirkt sich das Klima auf die Qualität der Wolle aus. Es gibt sehr viele verschiedene Wollarten, je nach der Rasse, dem Alter und Geschlecht des Schafes, und im Wollkleid des Tieres wiederum verschieden nach der Körperstelle. Die Güte der Wolle richtet sich nach der Kräuselung der Faser, deren Feinheit und gleichmäßiger Länge. Früher wurden die ungleichmäßigeren und gröberen Fasern beim Handspinnen bevorzugt.
Bei den Wollgarnen müssen wir zwei Hauptgruppen – Kammgarn und Streichgarn – unterscheiden. Wertvoller ist das Kammgarn, zu dem nur die ausgekämmten, gleichmäßig langen Fasern versponnen werden. Beim Kämmen legen sich auch die Einzelfasern der Wolle gleichmäßig nebeneinander, so daß das Garn eine glatte Oberfläche und gleichmäßige Fadenstärke bekommt. Streichgarn dagegen enthält sehr unterschiedlich lange Fasern, die vor dem Verspinnen nicht gekämmt, sondern in verschiedene Richtungen verwirkt werden. Das Krempeln trennt die Wollhärchen soweit voneinander, daß sie schließlich als schleierartige Flocke der Spinnmaschine zugeführt werden können. Streichgarn ist billiger als Kammgarn, nicht so glänzend und glatt, aber auch sehr strapazierfähig und zum Handweben ebenfalls gut geeignet.
Naturwolle kann auch mit Zellwolle vermischt werden. Schafwolle nimmt durch ihren natürlichen Fettgehalt den Farbstoff schlecht an; sie läßt sich darum auch nicht wie Leinen indanthren, sondern nur »hochlichtecht« färben (wobei die blaue Farbe am wenigsten lichtecht ist). Zellwolle dagegen nimmt jede Farbe sofort an. Wenn das Garngemisch viel Zellwolle enthält, besteht die Gefahr, daß der Stoff beim Waschen verfärbt.

Seide. Die Seidenraupe sondert aus ihren beiden Drüsen einen klaren Saft ab, der an der Luft sofort erstarrt und einen etwa 3000 m langen Doppelfaden bildet, mit dem sich die Raupe umwikkelt (Kokon), um darin die Zeit der Umwandlung zum fertigen Insekt zu überstehen. Nach dem Abtöten der Puppe (in starker Hitze) kann der Seidenfaden abgespult werden.
Man unterscheidet Haspelseiden, für die man die langen Fäden der Kokons zugleich abwickelt (haspelt) und verdreht, und Chappe- oder Bourette-Seiden, die aus Seidenabfällen (die Enden der Kokons, die sich nicht abhaspeln lassen) gesponnen werden.

Kunstseide wird zum größten Teil aus Zellulose hergestellt. Sie ist billiger als Naturseide, glänzt stärker, ist aber nicht immer knitterfrei.

Die Herstellung der Garne

Früher wurde das Garn nur mit der Hand gesponnen, heute übernimmt durchweg die Industrie diese Arbeit. Es läßt sich aber nicht leugnen, daß handgesponnenes Garn dem Gewebe einen werkhafteren Charakter gibt als das maschinengesponnene und daß die Verwendungsmöglichkeiten des handgesponnenen Materials wesentlich vielseitiger sind als man gemeinhin glaubt. Der besondere Reiz eines solchen Fadens kommt in seiner unregelmäßigen Struktur beim handgewebten Stoff voll zur Geltung. Die Zufälligkeiten, die ein maschinengesponnener Faden nie aufweist, lassen sich durch Zusammenspinnen verschiedenartiger oder verschiedenfarbiger Fasern, durch Einstreuen andersfarbiger Noppen oder durch Drehungseffekte noch steigern. Beim Spinnen kann man die Farbe und Stärke des Fadens selbst bestimmen (was z. B. für das Knüpfen von Bildteppichen wichtig ist).

Das Spinnen. Das Handspinnrad besteht aus einem großen Schwungrad und der drehbaren Spindel. Das Schwungrad ist nach unten mit dem Trittbrett und nach oben mit einem kleinen Treibrad verbunden, welches auf der Spindel vor der Spinnspule sitzt. Eine Treibschnur verbindet und überträgt die Drehung des großen Rades auf die Spindel, an der sich zwei mit kleinen Leithäkchen besetzte Führungsbogen befinden. Die Spindel selbst hat eine Öse, durch die die Fasern über die Häkchen auf die Spule geführt werden können, wobei sie durch die Drehung der Spindel zum Faden gedreht werden.

Zum Spinnanfang wird an der Spulenachse ein dünnes Bindfadenstück befestigt, einige Male um diese gewikkelt, durch die Öse der Spindel gezogen und mit dem Spinnmaterial verschlungen und verdreht. Nun tritt man gleichmäßig das Schwungrad und läßt ebenso gleichmäßig die Fasern durch die Öse über die Häkchen der Spindel in die Spule laufen. Beim Wollespinnen hat man die Rohwolle auf dem Schoß. Beim Flachs werden die Fasern vom links seitlich angebrachten »Wocken« mit Daumen und Zeigefinger der rechten Hand in immer gleichmäßiger Menge abgenommen und der Spindel zugeführt. Ist die Spule voll, wird das Garn (das eine Rechtsdrehung hat) abgewickelt.

Die Stärke des gesponnenen Fadens läßt sich durch sparsame oder reichlichere Materialzuführung regulieren. Aber durch hartes oder lockeres Einführen, schnelles oder langsames Drehen kann auch unbeabsichtigt der Faden zu fest oder zu lose gesponnen werden. Ein zu fest gedrehter zwirbelt beim Abwickeln von der Spindelspule. Man kann ihn nun noch einmal in entgegengesetzter Richtung schnell in die Spule zurücklaufen lassen, wobei er sich wieder aufdreht. Wenn er zu lokker ist und fester werden soll, wird er angefeuchtet über eine Haspel gespannt. Wollen wir das Garn zwirnen, müssen wir das Schwungrad linksherum drehen und zwei oder drei Fäden gemeinsam zuführen.

Soll das Material gefärbt werden, so ist es ratsam, die Rohfaser bereits vor dem Spinnen einzufärben. Ungleiche Einfärbung gleichen wir beim Spinnen aus. Gefärbt wird mit den handelsüblichen Textilfarben unter Beachtung der gegebenen Färbevorschriften.

Das Kämmen muß dem Spinnen ebenfalls vorausgehen. Man benutzt dazu eine Art Drahtbürste, mit deren Hilfe das Fasermaterial aufgelockert wird. Auch ungleichmäßige Färbungen können schon dabei völlig ausgeglichen werden. Durch das Zusammenkämmen verschiedener Farben lassen sich außerdem Mischtöne erzielen, wie man sie durch direktes Färben niemals erreicht (Methode des Farbmischens beim Bildweben!).

Garndrehung. Einfach gedrehtes Garn (Eindraht) ist nicht sehr haltbar. Einen Faden mit besonderer Reißfestigkeit, den »Zwirn« oder die »Kordel«, erhält man erst durch das Zusammendrehen mehrerer einfacher Garne. Einige Garne werden nach rechts gedreht (S-Draht), andere nach links (Z-Draht). Je nach seiner Verwendung erhält der Faden eine »weiche« oder eine »scharfe« Drehung (Weichdraht oder Scharfdraht).

Feste Stoffe webt man vorwiegend mit Scharfdraht. Auch Kettgarne, die beim Weben stark beansprucht werden, sollen immer eine scharfe Drehung haben. Für weniger beanspruchte Gewebe nimmt man Weichdraht, in vielen Fällen auch für den Schußfaden.

Garnnumerierung. Man bekommt das Garn in der Regel in Strängen oder Lagen geliefert. Die Numerierung verrät die Länge des Fadens im Verhältnis zu seiner Stärke. Das stärkste Garn hat die kleinste Nummer. Üblicherweise wird die Wolle metrisch berechnet, Baumwolle englisch, Leinen ebenfalls englisch, jedoch mit besonderer Berechnung. (Es gibt auch noch eine französische Garnberechnung.)
Nach der metrischen Berechnung, die am häufigsten in Frage kommt, gehen 1000 m Wollgarn der Nr. 1 auf 1 kg (oder 1 m auf 1 g). 12 g Wolle der Nr. 12 müssen also 12 m lang sein usw. – Einfach gesponnene Garne werden mit 1/1, 12/1, 30/1, 60/1 usw. bezeichnet. Bei mehrfach gesponnenen, d. h. »gezwirnten« Garnen ändert sich das Verhältnis von Fadenlänge und Gewicht zur Anzahl der zusammengedrehten Einzelfäden: 24/1 zweifach gezwirnt trägt die Nr. 24/2, die gewichts- und längenmäßig der Stärke 12/1 entspricht, weil durch die Doppellage des Fadens nur die halbe Länge auf 1 g kommt. 30/2 = 15 m auf 1 g, – 36/3 = 12 m auf 1 g, – 24/4 = 6 m auf 1 g usw. An Hand der Garnnummer läßt sich der gewichtsmäßige Bedarf an Webmaterial für eine bestimmte Gewebelänge errechnen. Die englische Baumwollnummer gibt an, wieviel Stränge von 768 m auf 1 englisches Pfund (453,6 g) gehen. In Nordfrankreich und Belgien ist auch für feinere Garne die halbgrammmetrische Numerierung in Gebrauch. Sie gibt an, wieviel km Garn 0,5 kg oder wieviel Meter 0,5 g wiegen. Nach der englischen Leinenberechnung ist die Leinennummer gleich der Zahl der Gebinde (je 274 m), die in einem englischen Pfund (453,6 g) Leinengarn liegen. Da beim Zwirnen und Färben ein Teil der Länge verlorengeht, muß man bei allen Numerierungen etwas abziehen. (Schwund 2 bis 10 Prozent.)

Die Webgeräte

Vom Flechtweben, das auf dem »Flechtwebrahmen« oder einer ähnlichen einfachen Vorrichtung, die sich zum Spannen der Kettfäden eignet, ausgeführt wird, unterscheidet sich das eigentliche Weben durch die Benutzung eines »Webkamms«. Mit ihm kann man durch einen einfachen Handgriff jeweils alle zweiten Kettfäden gemeinsam heben und senken und dadurch das »Fach« bilden, durch das der Schußfaden in einem Zug hindurchgeführt wird. Alle sogenannten Webrahmen oder Webapparate sowie die weiterentwickelten Webgeräte sind mit einem solchen Kamm kombiniert. Dadurch entfällt das mühselige Auf und Ab des Stopfens mit der Flechtnadel, von dem noch das Flechtweben bestimmt wird, und die gegenseitige Durchkreuzung der Fäden geht wesentlich schneller.
Im Webstuhl wird die Funktion der Fachteilung von den sogenannten »Schäften« übernommen, die, mehrfach hintereinander angeordnet und durch eine praktische Trittvorrichtung in Bewegung gesetzt, die Kettfäden je nach Einzug auch in Gruppen und unterschiedlichem Rhythmus heben und senken. Durch solche Vorrich-

tungen kann beim Weben auch die Art der Bindung gewechselt und die Zahl der möglichen Webmuster gesteigert werden.
Auf dem Webrahmen oder Webapparat lassen sich Kissenplatten, Schals und verschiedene kleinere Bezugsstoffe weben. Man arbeitet damit aber nicht so schnell wie mit einem Trittwebstuhl, auf dem auch Kleider- und Möbelstoffe, Gardinen, Teppiche, Handtücher, Decken usw. gewebt werden können. Die Kettlängen sind bei den einfachen Webrahmen bedeutend kürzer als bei einem Webstuhl. Viele Weber benutzen aber den Webrahmen noch zusätzlich zum Musterweben.

Geräte zum Flechtweben

Die einfachste Form des Webens ist das Flecht- oder Stopfweben. Es beruht im Prinzip auf einer Anordnung gespannter Fäden (»Kette«), die einzeln oder in Gruppen nach oben oder nach unten gezogen werden, so daß zwischen ihnen das »Fach« entsteht, durch das der Querfaden (»Schuß«) geführt wird. Webverfahren sind ohne entsprechendes Gerät nicht denkbar. Beim Flechtwebrahmen wie beim Stopfen mit der Flechtnadel werden die Kettfäden wechselnd durchfahren.

Der Flechtwebrahmen ist ein einfacher Leistenrahmen mit zwei parallel angeordneten Nagelreihen, über die die Kettfäden gespannt werden. Man baut sich das Gerät am besten selbst (entweder gleich in der gewünschten Gewebegröße oder auch verstellbar) aus Kiefernleisten, 2 x 5 cm stark, an den Kopfseiten etwa 75 cm breit, an den Langseiten beliebig. Die Ecken werden überplattet (siehe Seite 75), die eine Kopfleiste kann durch Flügelmuttern in vorgebohrten Löchern verstellbar befestigt werden. Die Nägel (kleine rundköpfige Messingnägel), die zum Spannen der Kettfäden dienen, schlägt man in zwei Reihen ein, wobei die der zweiten Reihe genau hinter den Lücken der vorderen stehen. Bei einem Nagelabstand von 8 mm in einer Reihe ergibt sich, wenn man beide Reihen bespannt, ein Fadenabstand von 4 mm.

Das Lesestäbchen sieht aus wie ein sorgfältig geglättetes Lineal mit breiter Spitze und dient zum »Auflesen« der jeweils zweiten Kettfäden am Flechtwebrahmen. Sind die Fäden aufgenommen, stellt man das Stäbchen hochkant, so daß sich ein Fach bildet, das mit der »Webnadel« durchfahren werden kann. Mit der Kante des Lesestäbchens wird der eingetragene Schußfaden »angeschlagen« (d. h. dicht an den vorigen geschoben).

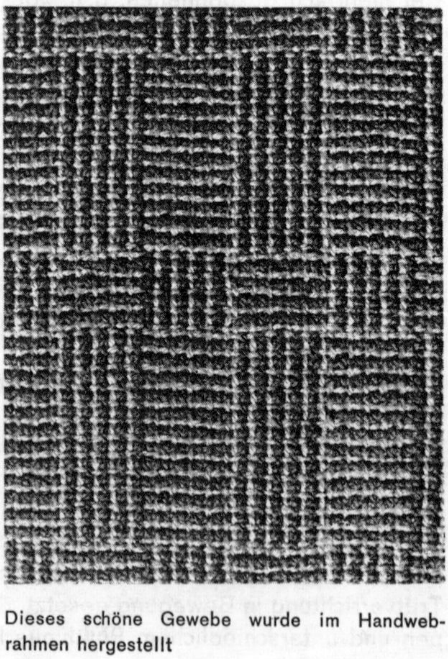

Dieses schöne Gewebe wurde im Handwebrahmen hergestellt

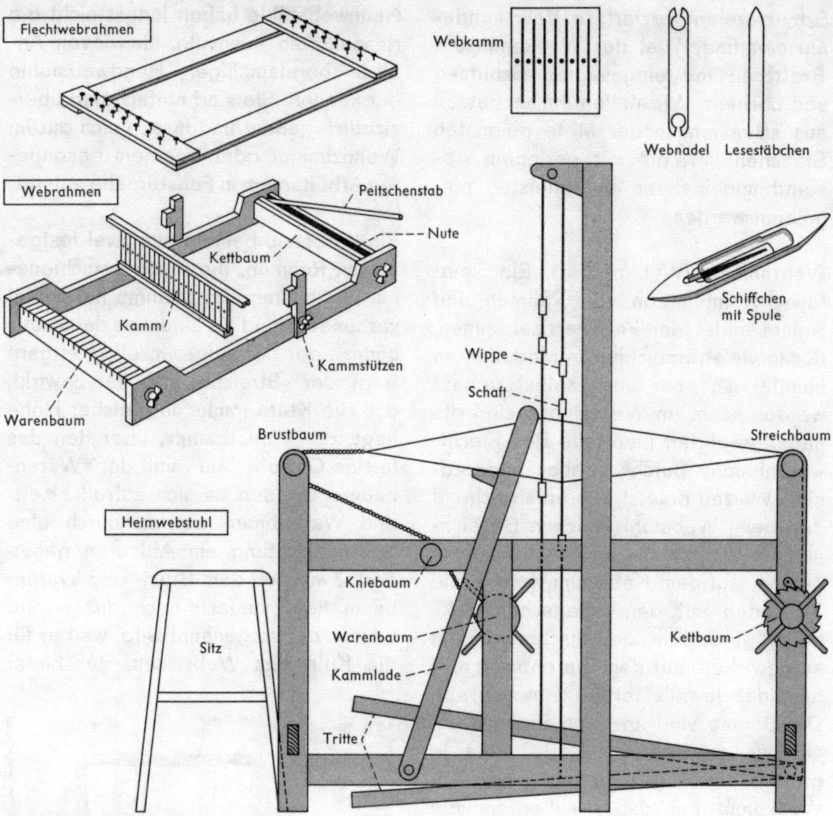

Webgeräte: Flechtwebrahmen, Webrahmen, Trittwebstuhl

Die Webnadel, vielfach auch »Schiffchen« genannt, brauchen wir zum Durchziehen des Schußfadens am Flechtwebrahmen und Rahmengerät. Sie muß genügend lang sein (Breite des Webrahmens), eine scharfe Längskante – evtl. zum Anschlagen des Gewebes – und an den Enden offene Ösen haben, damit der Schußfaden in der Länge der Nadel aufgewickelt werden kann. Man sägt sie sich aus einer Hartholzleiste in unterschiedlicher Länge (auch für Streifen und Gürtelgewebe). Leistenstärke etwa 4 mm. Die Oberfläche muß mit Sandpapier sorgfältig geglättet werden.

Webrahmen und Webstuhl

Die eigentlichen Webgeräte unterscheiden sich vom Flechtwebrahmen durch eine sinnvoll konstruierte Fachwechselvorrichtung sowie zahlreiche Verbesserungen, die den Webvorgang beschleunigen und verschiedene Bindungsmöglichkeiten gestatten.

Der Webkamm gibt die Möglichkeit, das Fach mit einem einzigen Handgriff zu wechseln, d. h. so zu führen, daß vor jedem neuen Schuß eine andere Kettenlage oben ist. In seiner ältesten Form (wie man ihn noch häufig, mit

Schnitzereien verziert, in Volkskundemuseen findet) ist der Webkamm ein Brettchen mit eingesägten Schlitzen und Löchern. Wir stellen ihn am besten aus schmalen, in der Mitte gelochten Stäbchen her, die mit geringem Abstand voneinander in Nutleisten eingeleimt werden.

Webrahmen (Webapparat). Eine einfache Kombination von Rahmen und Kamm bildet der Fachwechselrahmen, der in vielen brauchbaren Modellen im Handel ist, aber auch selbst gebaut werden kann. Im Webrahmen sind die nagelbewehrten Querteile des Flechtwebrahmens durch drehbar angeordnete Walzen ersetzt, die entsprechend den beim Webstuhl üblichen Bezeichnungen »Kettbaum« und »Warenbaum« heißen. Auf dem Kettbaum werden die Kettfäden mit dem »Peitschenstock« befestigt und in gewünschter Länge aufgewickelt, auf dem Warenbaum rollt man das jeweils fertige Gewebe auf. Die Bäume sind an ihren Enden feststellbar, so daß die Kette stets in guter Spannung gehalten wird. Der Webkamm hat dabei außerdem die Aufgabe, die Kettfäden in gleichem Abstand zu halten.

Zu jedem Rahmen gibt es verschiedene Kämme mit unterschiedlicher »Fadenteilung«, wie man die Zahl der Kettfäden bezeichnet, die auf je 10 cm Webbreite durch Löcher und Schlitze gezogen werden können. Üblich sind 20, 40, 50 oder 60 Fäden. – 20 Fäden (10 durch die Löcher, 10 durch die Schlitze) entsprechen einem groben Gewebe. Je feiner die Teilung ist, um so feiner müssen auch die verwendeten Kett- und Schußmaterialien sein und um so feiner wird das Gewebe.

Auch im Webrahmen wird das Schußmaterial mit Webnadeln (siehe oben) eingetragen.

Heimwebstühle haben längst nicht die riesenhaften Ausmaße, die wir vom Anblick berufsmäßiger Handwebstühle her kennen. Sie sind einfach und übersichtlich gebaut und lassen sich gut im Wohnzimmer oder in einem besonderen Arbeitsraum in Fensternähe aufstellen.

Ein Webstuhl besteht aus zwei festgefügten Rahmen, die durch verschiedene Querbalken und Stämme horizontal verbunden sind. Es sind dies der »Kettbaum«, der das aufgewickelte Kettgarn trägt, der »Streichbaum«, der bewirkt, daß die Kette immer in gleicher Höhe liegt, der »Brustbaum«, über den das fertige Gewebe läuft, und der »Warenbaum«, auf den es sich aufrollt. Kett- und Warenbaum werden durch eine Sperrvorrichtung am Ablaufen gehindert. Zwischen dem Brust- und Warenbaum liegt vielfach noch der »Kniebaum«, der so genannt wird, weil er für die Knie des Webenden, der hinter

Kleiner Trittwebstuhl mit vier Schäften (an Wippen hängend). Unten die an Querschemel gebundenen Tritte

dem Brust- und Warenbaum auf einer erhöhten Bank sitzt, den nötigen Platz schafft. In der Reichweite des Webenden und in gleicher Höhe wie der Brustbaum befindet sich die »Lade«, ein beweglicher Leistenbügel, der den Webkamm trägt. Dieser Kamm heißt im Webstuhl »Webeblatt« und reicht über die ganze Stuhlbreite hinweg. Er kann in der Lade vor- und rückwärts bewegt werden. Im Webeblatt sitzen dicht an dicht Stäbchen (Stahlblättchen), durch deren Zwischenräume die Kettfäden in vorbestimmter Dichte eingezogen werden können. Man nennt sie auch Riete. (Riet oder Reth heißt in Norddeutschland ein Schilfrohr, mit dem die Bauern sich früher die Webeblätter selbst zähnten.) Anders als beim Weben am Webrahmen dient der Kamm nun nicht mehr der Fachbildung, sondern dem Anschlagen des jeweils neu eingeworfenen Schußfadens, um die Festigkeit, Breite, Gleichmäßigkeit und Dichte des Stoffes zu regulieren. Je nach Feinheit des Gewebes benutzt man gröbere oder feinere Webblätter. Man richtet sich nach der Anzahl der Riete. 50/10 bedeutet 50 Rieten auf 10 cm.

Die Arbeit der Fachbildung ist im Webstuhl den »Schäften« übertragen worden. Sie bestehen aus je zwei Leisten (Schaftstäben), die miteinander durch Litzen aus Stahl oder Zwirn in gleichmäßiger Verteilung verbunden sind. Normale Litzen sind 25–30 cm lang und tragen in der Mitte eine Öse, das »Litzenauge«, in das jeder Faden beim Beschicken des Webstuhls mit der Hand oder einem Häkchen eingefädelt werden muß. Die verschiedenen Gewebe verlangen eine unterschiedliche Zahl solcher Litzen, die man daher einzeln abnehmen und aufziehen kann.

Je 2 Schäfte sind miteinander durch Gurte verbunden, die über eine in den oberen Querhölzern angebrachte Bewegungsvorrichtung – den »Zug« – laufen. Die unteren Schaftleisten sind an Trittbretter geschnürt, deren Enden entweder vorn unter der Sitzbank oder

a) Blick auf die gespannte Kette von vorn. Wir sehen den Gewebeanfang, die Lade mit dem Kamm, dahinter die Schäfte. Vorn ist die Kette am Anlängertuch befestigt, das um den Brustbaum herum zum tiefer liegenden Warenbaum führt. In gleicher Höhe ist hinten der Kettbaum sichtbar. b) Blick auf die gespannte Kette von hinten. Dicht hinter dem Bugbaum die beiden Geleseleisten mit den sich kreuzenden Kettfäden (Fadenkreuz). Die Kette durchfährt die an Baumwollfäden zwischen den Schaftfäden hängenden Litzenaugen (Litzeneinzug) und weiter nach vorn die Kammriete. c) Gewebeanfang und Kamm. Befestigung am Anlängertuch mit Hilfe des Anbindestabes

hinten unter dem Kettbaum drehbar lagern. Durch Treten dieser Bretter können die Schäfte und mit ihnen die Kettfäden in verschiedenen Rhythmen gehoben und gesenkt werden. »Wellenzug«, »Rollenzug«, »Kontermarsch« (Gegenzug) sind die Bezeichnungen dieser das »Geschirr« umfassenden technischen Einrichtung, die den Kettverlauf und die Fachbildung des Webstuhls durch Fußkraft regelt.
Die Kette läuft im Webstuhl vom Kettbaum über den Streichbaum durch die Schaftösen nach vorn – durch die Blattzwischenräume und über den Brustbaum zum Warenbaum, an dem vielfach, damit Kettmaterial gespart und der Zwischenraum vom Warenbaum bis zur Arbeitsstelle beim Webanfang überwunden wird, ein »Anlängertuch« befestigt ist. Da der Zug bei der Fachbildung nach oben und unten von je einem Schaft ausgeführt wird, kann man mit weniger als zwei Schäften nicht weben. Für den Anfänger eignet sich am besten ein vierschäftiger Webstuhl, der den normalen Bedürfnissen weitgehend entspricht.

Hilfsgeräte zum Weben

Bevor die Arbeit mit dem Webstuhl beginnen kann, muß die Kette gespannt und das Schußmaterial vorbereitet werden. Dazu benötigt man noch einige Hilfsgeräte. Wer mit einem einfachen Webrahmen arbeitet, kommt mit einem geringen Gerätebestand aus.

Garnwinde. Bekommt man das Garn in Lagen, so muß es, damit man die Kette »schären« (d. h. in mehrfache Lage bringen und ordnen) oder das Schußgarn aufspulen kann, abgewickelt werden. Man nimmt dazu die Garnwinde – ein verschiebbares, aus verkreuzten Stäben bestehendes, drehbares Trom-

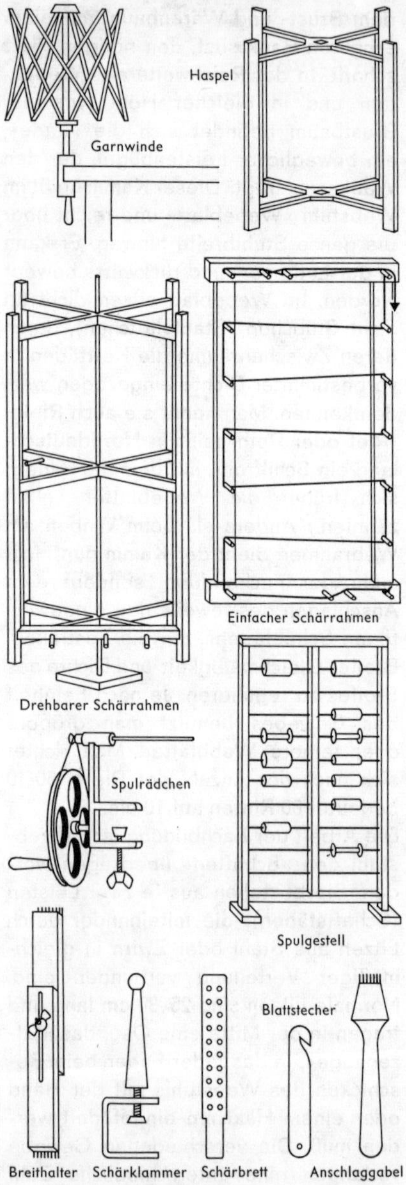

Jeder, der sich mit dem Weben befaßt, wird sich für einige dieser Geräte zu entscheiden haben. Der umfangreiche Schärrahmen kann auch durch eine einfache Vorrichtung ersetzt werden. Ketten für Webrahmengeräte schärt man mit einfachen Schärklammern

melgerüst, das sich dem Durchmesser der jeweiligen Garnlage anpassen läßt und dafür sorgt, daß der Faden gut abläuft.

Haspeln braucht man unter Umständen zum Beschicken des Schärrahmens. Es sind etwa 30 cm breite Kreuztrommeln, am oberen Ende etwas schmäler als am unteren, die waagerecht in ein Kurbelgestell eingelegt und durch Drehen bewickelt werden. Um die Kette eines großen Webstuhls schären zu können, braucht man mindestens vier Haspeln. Man stellt sie senkrecht und führt die Fäden nach oben, wo sie durch hoch angebrachte Ösen zum Schärrahmen laufen.

Schärgeräte. Das Schären bringt die einzelnen Kettfäden in die gewünschte Länge und erforderliche Ordnung, in der sie durch das Fadenkreuz bis zum Auflegen auf den Webstuhl gehalten werden. Der eigentliche Schärrahmen ist eine aufrecht stehende vier- oder mehrarmige, 1,5–2 m hohe Haspel mit einem Umfang von 2–4 m. Sie dreht sich leicht um ihre senkrechte Achse, nimmt aber im engen Raum viel Platz weg, was bei der Anschaffung zu berücksichtigen ist. Es gibt zusammenklappbare Schärrahmen mit festem Fuß und solche ohne Fuß, die sich z. B. in einen Türrahmen einsetzen lassen. Kurze Ketten schärt man besser über mehreren Stuhlbeinen oder sogenannten »Schärklammern«, die man an der Tischkante anschraubt. Verschiedene Heimwebstühle haben Löcher im Stuhlgestell, in die Pflöcke gesteckt werden, über denen durch sinnvolle Fadenführung geschärt werden kann, wodurch sich die Anschaffung eines Schärrahmens erübrigt.
Das Schärbrett besteht aus einer pritschenartigen Holzfläche mit Ösen, durch die die Schärfäden laufen und zu einem Bündel gesammelt werden, und einem Griff, mit dem man sie in richtiger Ordnung beim Schären an jeden beliebigen Ort des Schärrahmens hinleiten kann.

Schützen. Im Webrahmen wird der Schußfaden mit der Webnadel eingeführt. Im Webstuhl bedient man sich dagegen der sogenannten »Schützen«, das sind schiffchenähnliche Gehäuse, die in ihrem Innern eine bewegliche Abrollspule aufnehmen können und beim Weben durch das Fach geworfen – »geschossen« – werden, wobei sich das Garn abwickelt. Solche Schützen sind in verschiedenen Größen erhältlich (die kleineren sind am gebräuchlichsten).

Der Spulapparat wird an einer Tischkante angeschraubt. Er besteht aus dem Treibrad, das man mit einer Handkurbel in Bewegung setzt, und der Spindel, auf deren Dorn Papierhülsen zum Bespulen aufgesteckt werden. Haben wir das Garn bereits auf Spulen bekommen, so wird es über das Spulgestell (siehe unten) direkt umgespult. Lagen führt man über die Garnwinde zum Spulrad.

Das Spulgestell ist ein einfaches Leistengestell mit dazwischenliegenden Sprossen, auf die man die Spulen zum Umspulen, Abhaspeln oder Schären aufsteckt und ablaufen läßt. Zum Schärrahmen werden die Fäden durch Ösen geführt. Man braucht das Spulgestell besonders zum Schären farbiger Kettgarne, die in verschiedener Ordnung auf den Webstuhl aufgelegt werden sollen.

Weitere Hilfsgeräte zum Weben sind der »Blattstecher«, ein Häkchen aus

Kunststoff, der beim Einziehen der Fäden durch die Rietzwischenräume des Webeblatts gute Dienste leistet, der »Breithalter«, ein in der Länge verschiebbarer Stab, der die Aufgabe hat, das Gewebe in ständig gleicher Breite zu halten – und die »Anschlaggabel«, die wir zum Anschlagen gröberer Schußwerkstoffe bei Fußbodenbelägen, Flickenteppichen usw. verwenden.

Die Werkverfahren

Wir sprechen zweckmäßig in Abstufungen von Webflechten (das dem Flechten nahesteht), Flechtweben und Weben. Zum Webflechten (Mattenflechten) braucht man kein Gerät. Es werden dazu Materialien verwendet, die von sich aus in der Geraden verharren oder so elastisch sind, daß sie in diese zurückfedern (siehe Seite 402 ff.). Das eigentliche Webmaterial ist der biegsame, weiche Faden (Bast, Garn usw.).
Eine grundsätzliche Unterscheidung zwischen Flechtweben und Weben ist schwer zu treffen. Beide Techniken zielen auf einen festen Flächenzusammenhang ab und finden sich obendrein im gleichen Prinzip der »Bindung« (durch wechselndes, rechtwinkeliges Überkreuzen der Fäden) zusammen. Das Weben dürfte sich aus dem ursprünglicheren Flechten entwickelt haben.

Grundbegriffe des Webens

Spannt man eine Anzahl parallellaufender Fäden (Kette) über ein Brett oder einen Rahmen und zieht quer dazu von links nach rechts mit einer Nadel einen weiteren (endlosen) Faden (Schuß) so hindurch, daß jeder 1., 3., 5. usw. Längsfaden oben und die 2., 4., 6. usw. Fäden unten liegen, und verfährt dann von rechts nach links in umgekehrter Folge, so hat man die Technik des Flecht- oder Stopfwebens vor Augen, die zugleich die primitivste Art des Webens ist.
Auf die Dauer ist das Flechtweben jedoch zu mühevoll und unzureichend, lediglich ein gröberes Material, das sich nicht anders verweben läßt, muß in dieser Form verarbeitet werden (siehe Seite 454). Wollen wir textile Stoffe weben, so kommen wir besser voran mit einer Vorrichtung, die es ermöglicht, die beim Stopfen obenaufliegenden Kettfäden mit einem Griff gemeinsam anzuheben oder zu senken – so weit, daß ein genügend großer Zwischenraum, das »Fach«, entsteht, durch das man den Schußfaden bequem hindurchführen kann.

Fachbildung. Die einfachste Vorrichtung, die diesen Zweck erfüllt, ist der Webkamm (siehe Seite 445), durch dessen wechselnde Löcher und Schlitze die Kettfäden gezogen werden. Durch Heben und Senken des Kamms lassen sich die »geraden« Fadenlagen abwechselnd gegen die »ungeraden« nach oben und unten verschieben. Es entstehen das »Ober-« und »Unterfach« – das Verschieben bezeichnet man als den »Fachwechsel«. Der Webkamm hat einen gewissen Nachteil, weil mit seiner Hilfe immer nur ein halbes Fach gebildet werden kann, d. h. nur eine Fadengruppe (je nach Einzug die »gerade« oder die »ungerade«) bewegt wird, während die andere in ihrer Lage verharrt.

Flecht- oder Stopfweben

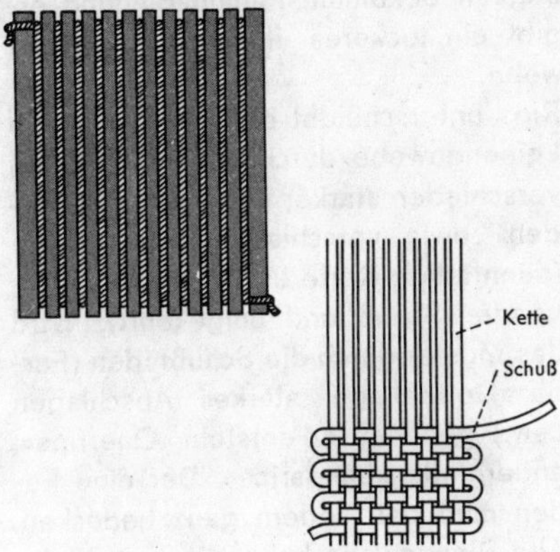

Fachteilung mit Hilfe des Kamms

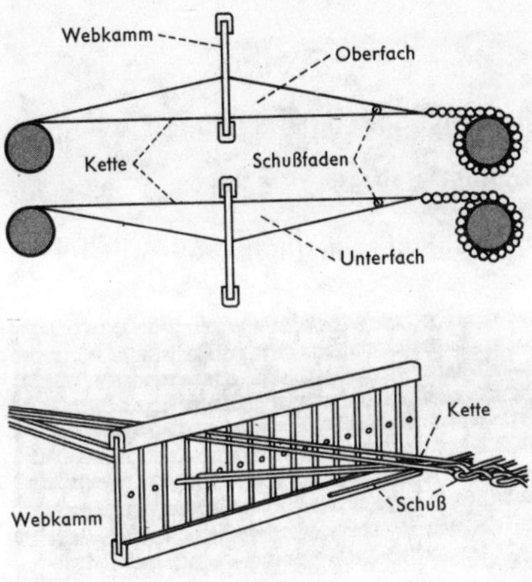

Die Grundbegriffe des Webens

Vorteilhafter, aber auch komplizierter, geschieht der Fachwechsel durch Schäfte (siehe Seite 447), die in der Regel mit dem Fuß betätigt werden, so daß beide Hände zum Weben frei bleiben. Durch Treten der Fußleiste senkt sich der eine Schaft, während sich der andere hebt. Da sich auf diese Weise eine geräumige Fachöffnung bildet, geht das Eintragen des Schußfadens bequem und störungsfrei vonstatten. Das Schaftgerät hat auch den Vorteil, daß mehrere Schäfte hintereinander benutzt und die Fadenlagen beim Wechseln variiert werden können (Bindungsmöglichkeiten).

Bindung bezeichnet die Art der Verkreuzung zwischen den senkrecht gespannten Kettfäden und den waagerechten Schußfäden. Die Kreuzungsstellen, an denen die Fäden einander unter- oder überlaufen und in Teilen an der Gewebeoberfläche sichtbar sind, heißen »Bindungspunkte«. Durch die Wahl des Fadens kann man ein Gewebe griffig, schmiegsam, körnig oder glatt machen. Starke Kettfäden und feine Schußfäden ergeben eine gerippte Oberfläche, ebenso wenn man jeweils zwei Kettfäden gleichzeitig mit einem Schuß bindet. Das Gewebe hält auch dann noch zusammen, wenn der Schuß, ehe er bindet, in bestimmter Ordnung jeweils über mehrere Kettfäden hinwegstreicht. Die dadurch entstehenden Muster kennzeichnen die verschiedenen Bindungsarten:

Leinenbindung. In die gespannte Kette wird, am Rande beginnend, der auf Holz gewickelte oder durch eine Nadel gezogene Schußfaden eingetragen, und zwar im steten Auf und Ab über den 1., unter den 2., über den 3., unter den 4. Kettfaden usw. bis zum Randfaden, hinter dem er umwendet und im gleichen Auf und Ab zurückläuft, wobei er sich aber jetzt über bzw. unter die Kettfäden legt, die er auf dem Hinweg unter- bzw. überfahren hat. Am Ausgangspunkt angekommen, legt er sich wieder um den Randfaden und läuft den gleichen Weg wie beim ersten Mal. Der Arbeitsgang wiederholt sich,

bis eine zusammenhängende (»gebundene«) Stofffläche entstanden ist, die vom Rahmen abgenommen werden kann und nach Verknoten der oben und unten aus der Stoffbahn heraushängenden Fadenenden fest zusammenhält.
Diese einfachste Art von Gewebebindung hat die meisten Fadenkreuzungen, ist daher auch die festeste und haltbarste. Dadurch, daß Kette und Schuß regelmäßig wechseln, wird das Gewebe auf der Ober- und Unterseite gleich.

Abarten der Leinenbindung sind die »Panamabindung« und die verschiedenen »Ripsbindungen«. In der Panamabindung werden jeweils zwei Kettfäden durch zwei Schußfäden miteinander verbunden. Sie muß an den Rändern mit 4–6 Gängen in Leinenbindung abgeschlossen werden, damit das Gewebe an den »Selfkanten« die nötige Festigkeit bekommt. Panamabindung ergibt ein lockeres, fließendes Stoffgewebe.
Rips unterscheidet sich vom normalen Leinengewebe durch die Verwendung verschieden starker Kett- und Schußfäden sowie verschiedenartiger Garne (dünnfädige Kette und weicher, auftragender Schuß und umgekehrt). Wird das Muster durch die Schußfäden (Farbe, Doppellage, starkes Anschlagen usw.) gebildet, so entsteht »Querrips«, andernfalls »Längsrips«. Der eine Faden muß den andern ganz bedecken. Alle Ripsgewebe haben eine geriffelte Oberfläche. Bei Längsrips liegt die Riffelung in Richtung der Kettfäden, bei Querrips in der Richtung der Schußfäden.

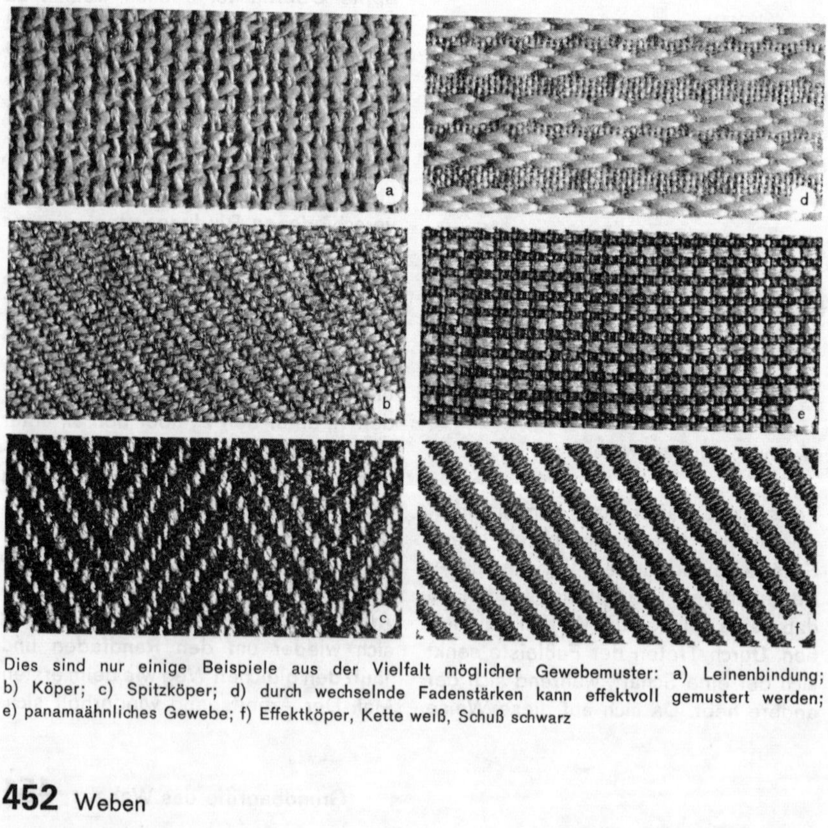

Dies sind nur einige Beispiele aus der Vielfalt möglicher Gewebemuster: a) Leinenbindung; b) Köper; c) Spitzköper; d) durch wechselnde Fadenstärken kann effektvoll gemustert werden; e) panamaähnliches Gewebe; f) Effektköper, Kette weiß, Schuß schwarz

Köperbindung entsteht, wenn ein Schuß, anstatt jeden Kettfaden einzeln zu binden, in bestimmter Ordnung jeweils mehrere überspringt oder unterfährt. Da dabei der Fadenverlauf von Schußreihe zu Schußreihe immer um einen Kettfaden weiter versetzt wird, zeichnen die an den Kreuzungsstellen an der Gewebeoberfläche sichtbar werdenden Fadenrücken (die »Bindungspunkte«) im Gewebe einen schräglaufenden Grat (das Merkmal des Köpers). Je nachdem, ob die Grate von den Rücken der Kettfäden oder des Schußfadens gebildet werden, spricht man von »Kett-« oder »Schußköper«. In einem dreibindigen Köper ist jeder dritte Kettfaden gebunden. Mit genügender Schaftzahl lassen sich auch vier-, fünf- und mehrbindige Köper weben, wobei dann auch die Entfernung zwischen den Graten wächst. Als Köper webt man hauptsächlich Stoffe, die sich durch eine gewisse Geschmeidigkeit auszeichnen sollen.

Atlasbindung hat mit dem Köper die schräglaufenden Bindungspunkte gemeinsam, nur sind sie einer glatteren Oberfläche wegen von Schuß zu Schuß um mehrere Kettfäden versetzt, so daß sie sich an keiner Stelle berühren. Außerdem werden sie vom nächstfolgenden Schuß- oder Kettfaden so verdeckt, daß sie auf der Schauseite nicht mehr zu sehen sind. Beim »Schußatlas« liegen die Schußfäden auf der Ober- und die Kettfäden auf der Unterseite, beim »Kettatlas« ist es umgekehrt. Atlasgewebe ist für Wäsche, Futter- und feine Kleiderstoffe vorteilhaft.

Flechtweben

Für kleinere Webarbeiten, z. B. Deckchen, Tischmatten (Sets), Topflappen, Lesezeichen, Teppiche und Wandmatten für das Puppenhaus, Bast- und Maisblattgewebe für Buchhüllen, Schreibmappendecken und Taschen, Lampenschirmbespannungen usw., braucht man keinen besonderen Webapparat. Wenn man die Kettfäden auf eine Papptafel, ein Brettchen oder über einen einfachen Flechtwebrahmen (siehe Seite 444) spannt, so daß sie in geringen Abständen parallel zueinander liegen, kann man sie mit einer Webnadel (siehe Seite 445) wie beim Stopfen wechselnd hin und zurück durchfahren. Das Flecht- oder Stopfweben ist die einfachste Webtechnik (siehe Seite 454). Rund- und Formgewebe lassen sich nur so herstellen.
Die Länge der Stoffbahn hängt von der Länge der Kettfäden ab, die Breite von deren Zahl und Abstand. Die Zahl der Fäden, die auf 1 cm entfallen, bestimmt auch die Materialdicke. Sollen Maisblattstreifen als Schußmaterial verwebt werden, so wählt man je nach Gewebeart Abstände zwischen 3 und 12 mm. Bei stärkerer Wolle dürfte man mit 2-mm-Abständen auskommen, bei dünner Baumwolle können wir bis zu 12 Fäden auf 1 cm spannen. Das Kettmaterial sollte zur Farbe und zum Charakter des Schußmaterials passen. Damit bei der Verarbeitung später die feste Gewebekante nicht abgeschnitten werden muß, ist es ratsam, von vornherein die benötigte Größe zu weben.

Flechtwebtafeln aus Pappe werden folgendermaßen eingerichtet: Etwa 2 cm vom Rand entfernt zieht man parallel zu den beiden Kurzseiten Linien und markiert darauf, einander genau gegenüberliegend, die Abstände der Kettfäden. Dann durchbohrt man an diesen Punkten die Pappe mit einem Pfriem oder Spitzbohrer (a) und zieht durch diese Löcher im Auf- und Abgang hin und zurück einen starken Fa-

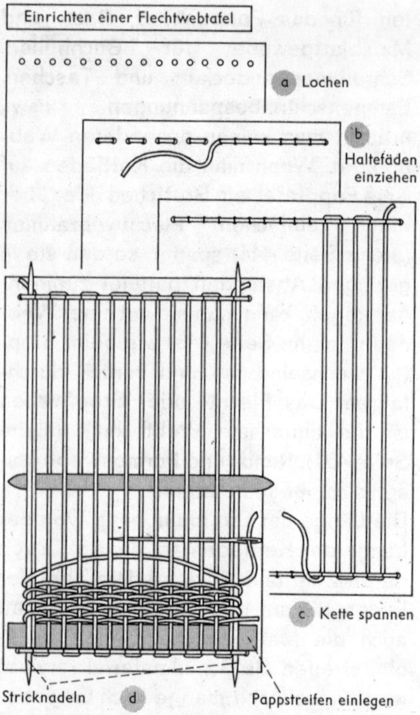

Flechtwebtafel zum Anfertigen kleiner Arbeiten aus Wolle, Bast, Maisblatt usw.

den (b), um den man die Kettfäden beim Hin- und Herspannen befestigt. Diese Befestigungsfäden haben den Vorteil, daß man sie hinterher durchschneiden kann, wodurch das Gewebe beim Abnehmen auch an den Kettenenden seinen festen Rand behält (c).
Statt der Papptafel kann auch ein Brett Verwendung finden, in das man an den entsprechenden Markierungspunkten (wie auf dem Flechtwebrahmen) Nägel einschlägt. Auch hier lassen sich durch das Versetzen der Nägel in zwei Reihen enge Fadenabstände erzielen. Beim Abnehmen des Flechtgewebes vom Nagelbrett müssen allerdings die Kettfadenschlingen einzeln durchschnitten und die Enden zu zweien miteinander verknotet werden. Um genügend lange Enden zu erzielen, legt man vor Webbeginn unten einen schmalen Pappstreifen in die Kette ein (d) und hört mit dem Weben einige Zentimeter unterhalb der Oberkante auf. Der Mehrverbrauch an Fadenmaterial muß beim Bespannen des Brettes von vornherein mit bedacht werden. Vielfach können die abgeknüpften Enden als Fransen am Gewebrand hängenbleiben.

Maisblattgewebe. Nach der Vorbehandlung (siehe Seite 404) schneidet man die nach Güte und Farbe ausgewählten Maisblätter an den Spitzen und Enden ein wenig zurück und reißt sie je nach Zweck und Feinheit des zu fertigenden Flechtgewebes in 0,5–2 cm breite Streifen. Dabei ist zu beachten, daß die beiden Randstreifen, die von Natur etwas dünner als die Mittelstreifen sind, ein wenig breiter ausfallen müssen. Bis zur Verarbeitung wird das Material in einem nassen Tuch feucht gehalten. Beim Weben legt man die Maisblattstreifen mit der Hand ein. In der Regel sind sie kürzer als die Kette breit ist, dazu an der Ansatzstelle dick und hart, an der Spitze dünn und zart. Beim Ansetzen überdeckt man das Ende des auslaufenden Streifens mit dem Anfang des neuen und läßt beide etwa 3–4 cm gemeinsam durch das Gewebe laufen. Stärkeunterschiede werden ausgeglichen, indem man jeweils zwei oder mehrere Streifen entgegengesetzt übereinanderlegt (bündelt) und gemeinsam verflicht. Der Schußstreifen darf nie an der Gewebekante aufhören, sondern muß dort geknickt und noch ein Stück in die nächste Reihe hineingeführt werden. Mit einem groben Haarkamm »schlägt« man jede Reihe fest an die vorhergehende an, damit das Gewebe genügend dicht wird.

Bastgewebe. Bastfäden sind länger als

Maisblattstreifen. Der Schuß kann mit der Webnadel eingezogen werden. Man erleichtert sich die Arbeit, wenn man etwa in der Mitte der gespannten Kettfäden ein schmales Lineal (»Lesestäbchen«, siehe Seite 444) so durch die Kette führt, daß die geradzahligen Fäden oben und die ungeradzahligen unten liegen. Stellt man das Lineal auf seine schmale Kante, so bildet sich ein Fach, durch das die Flechtnadel hindurchgeschoben werden kann. Der Rückschuß muß allerdings nach wie vor gestopft werden.

Wenn wir die Bastfäden nicht locker einlegen, zieht sich die Webkante bogenförmig ein. Dieses »Einweben« ist der häufigste Anfängerfehler, der bei kleineren Werkstücken dadurch vermieden wird, daß man zwei Stricknadeln an die äußeren Kettfäden legt und mit umbindet. Sie werden nach Fertigstellung der Arbeit herausgezogen. Auch bei Bast muß jeder Schuß fest an den vorhergegangenen angeschlagen werden, am besten mit der Kante des flachliegenden Lineals, das auch zur Fachteilung benutzt wird.

Wollgewebe. Zum Flechtweben mit Wolle empfiehlt es sich, den Flechtwebrahmen (siehe Seite 444) zu nehmen und festes Kettgarn aufzuspannen. Der Anfang wird um eine Querleiste gewickelt, um den ersten Nagel geschlungen und zum gegenüberliegenden auf der anderen Querleiste geführt. Er läuft dort über den zweiten Nagel wieder zurück, vom zweiten über den dritten Nagel usw., bis die Kette in der gewünschten Breite gespannt ist. Das Ende wird wieder festgebunden. Der Arbeitsvorgang weicht nicht wesentlich von dem vorher beschriebenen ab. Um unten einen geraden Anfang zu bekommen, legt man zunächst einen schmalen Pappstreifen in die Kette ein. Die Schußwolle wird über die Webnadel gewickelt, die mindestens so lang wie die Breite des Rahmens oder des zu webenden Stücks sein soll, und locker (ohne Spannen!) eingelegt, wobei man den Flechtfaden am äußeren Kettenrand zunächst als Schlinge heraushängen läßt und erst nach dem Einlegen des folgenden Schusses vorsichtig nachzieht. Hinter-

Rundweben mit verschiedenfarbigen Schußfäden bei gerader Kettfadenzahl

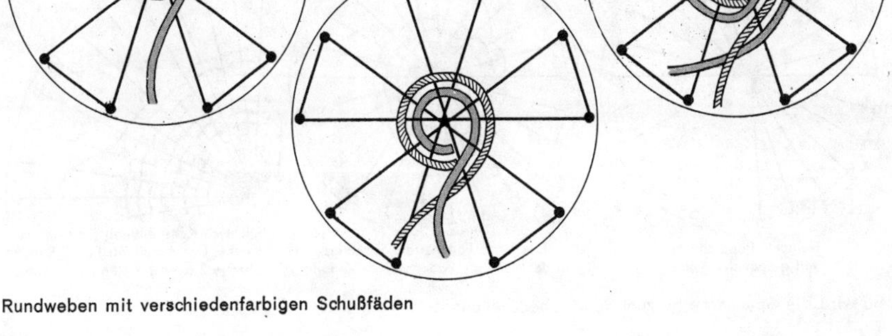

Rundweben mit verschiedenfarbigen Schußfäden

her drückt man wieder den noch leicht im Bogen liegenden Schußfaden mit der Kante des Lesestäbchens an die vorhergegangene Arbeit an. Vor jedem Schuß wird eine weitere Fadenlänge von der Nadel abgewickelt. Neuanfänge werden einfach in die Kette eingelegt, Verknoten von Anfang und Ende ist nicht nötig. Ist man mit der Arbeit fertig, schneidet man die Schlingen auf und verzieht die Enden mit einer Stopfnadel rückseitig sauber in das Gewebe. Sie können aber auch verknotet als Fransen hängenbleiben.

Rundweben. Scheibenförmige Flechtgewebe von Untersetzer- bis Mattengröße erhält man auf einer runden Spannvorrichtung aus Pappe oder Holz. Zuerst wird ein Kreis im Durchmesser der gewünschten Gewebegröße gezogen. Auf seinem Rand verteilt man in gleichmäßigen Abständen Löcher oder Nägel in ungerader Zahl. Die Befestigung des Haltefadens erfolgt wie beim rechteckigen Flechtgewebe, die Kette wird so geführt, daß der letzte Fadenstrahl die Fäden in der Mitte durch eine Bindung vereinigt.
Für Bastgewebe eignen sich Kettfäden aus Bast, für Woll- und andere Gewebe aus festem Garn. Plastikmaterial kann von der Kettenumführung aus gleich in den Schuß übergeleitet werden. Muster entstehen, indem man die Schußfarben ändert. Man kann mit zwei verschieden bespannten Nadeln arbeiten und die Farben nacheinander einlegen (siehe Abb. S. 455). Größere Rundgeflechte brauchen besonders am Außenrand mehr Kettfäden als kleine, wobei aber eine allzu dichte Kettlage in der Scheibenmitte vermieden werden kann. Am besten verwendet man dazu das Nagelbrett und spannt die Kette in mehreren Zwickelumführungen. In der Scheibenmitte kann die Kettlage durch Zusammenbinden jeweils zweier benachbarter Kettfäden gelichtet werden.

Formweben. Flechtgewebe in bestimmten Formen braucht man für Schuh- und Pantoffeloberteile, Rundtaschen usw. Man zeichnet sich die gewünschte Form nach einer vorher ausprobierten Papierschablone auf Pappe auf und spannt die Kettfäden strahlenförmig vom weiteren Außenkreis zum engeren Innenkreis. Damit die Fläche gleichmäßig erfüllt wird, müssen wir die Partien, die größere Weite haben, noch mehrfach für sich allein durchflechten.

Weben mit dem Kamm

Die bisher beschriebenen Webverfahren waren gewissermaßen nur Vorstu-

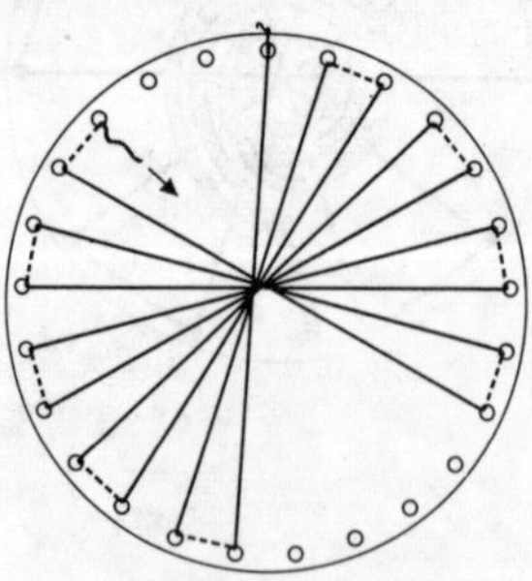

Gelochte Pappscheibe
mit gespannter Kette

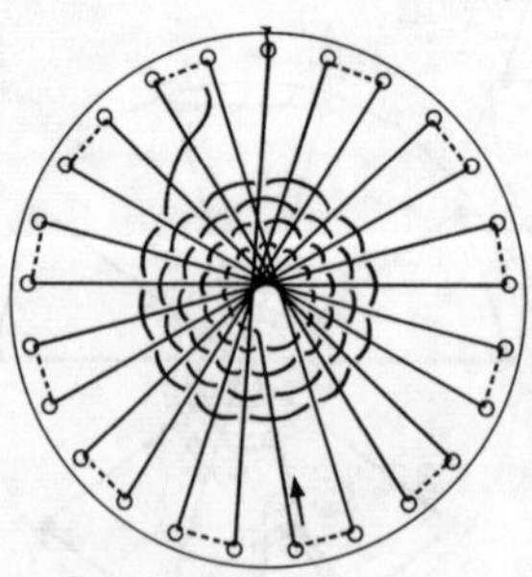

Der letzte Fadenstrahl vereinigt
in der Mitte die Fäden durch Bindung

Dichtere Kettspannung für größere
Gewebe. Der Schuß wird 5 - 8 Runden
über je 2 oder 3 Kettfäden gewebt.

So wird die Spannscheibe zum Rundweben bespannt

fen zum richtigen Weben, das mit einer Fachwechselvorrichtung, die sowohl nach unten als auch nach oben wirken kann (der Fachwechsel durch Hochstellen des Lesestäbchens ging nur nach oben!), ausgeführt wird. Die einfachste Vorrichtung dieser Art ist der Webkamm (siehe Seite 445), mit dem wir sowohl schmale Bänder als auch breitere Flächen (z. B. Schals) weben können, ohne einen besonderen Rahmen dabei zu benötigen. Das Weben mit dem Kamm (Rost, Gatter, Bandwebe) ist eine sehr alte Technik, die in den nordischen Ländern und im Orient noch heute volkstümlich ist. Besonders gut ist der Kamm zum Bastweben verwendbar.

Die Kettfäden werden in gleichmäßige Längen geschnitten (Gewebelänge plus ein Drittel als Zugabe, weil die Kette nicht ganz ausgewebt werden kann), dann abwechselnd mit Hilfe einer Häkelnadel durch die Schlitze und Löcher des Kamms gezogen und an beiden Enden entweder verknotet (für schmale Bandwebarbeiten) oder so über zwei Spannstäbchen gehängt, daß sie parallel liegen (Flächengewebe). Das hintere Kettenende befestigt man an einem festen Haken in Tischhöhe (z. B. an einem Türgriff), das andere (beim Bandweben) an einem Gürtel, den man sich um die Taille bindet – oder (beim Flächenweben) an einem anderen festen Punkt, der leicht verschiebbar sein muß, damit man die Kette in Spannung bringen kann.

Nun hebt man den Kamm, bis die Schlitzfäden an die unteren Ränder anstoßen und führt die Webnadel mit dem abgewickelten Ende des Schußfadens von rechts nach links durch das entstandene Oberfach. Dann drückt man den locker eingelegten Faden mit der scharfen Flechtnadelkante oder mit dem Webkamm selbst fest in den Fadenwinkel, senkt den Kamm, so daß die oberen Schlitzränder auf den Kettfäden aufliegen, und durchfährt das nun gebildete Unterfach mit dem Schußfaden in anderer Richtung. Beim Bandweben wird der Schußfaden fest eingezogen, beim Flächenweben – damit man nicht »einwebt«! – so locker wie möglich und in leichten Bögen. Nach jedem Fachwechsel muß der Schuß mit dem Webkamm fest angeschlagen werden.

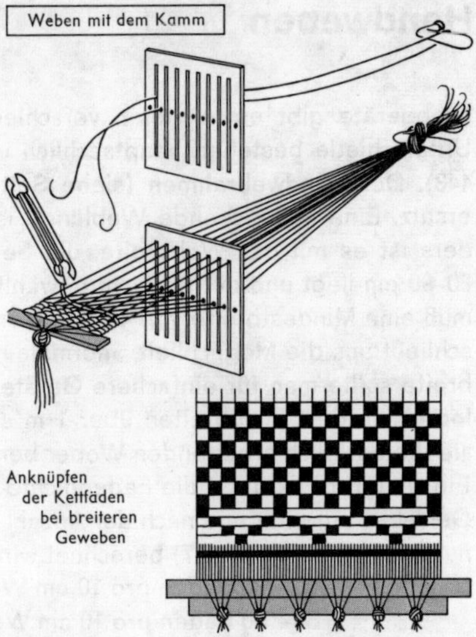

Wir können mit dem Kamm sowohl schmale Bänder als auch breitere Flächen, z. B. Schals, weben

Mit dem Kamm kann man Leinengewebe (besonders mit Bast) und Rips in verschiedenen Mustern weben. Kettripsmuster entstehen z. B., wenn man Fäden jeweils gleicher Farbe durch die Löcher und die Schlitze des Webkamms zieht (Querstreifen) oder die Farben symmetrisch auf zwei oder mehrere nebeneinanderliegende Kettfäden verteilt (Längsstreifen). Schußripsmuster entstehen ebenso durch verschiedenfarbiges Schußmaterial.

Handweben

Webgeräte gibt es in vielen verschiedenen Konstruktionen. Die wesentlichen Unterschiede bestehen hauptsächlich in der Art des Fachwechsels (siehe Seite 443). Der Handwebrahmen (siehe Seite 446) bietet einen einfachen Webstuhlersatz. Eine ausreichende Weblänge ist auch auf so einem Gerät möglich. Anders ist es mit der Webbreite, die bei 20–30 cm (Webgeräte für Kinder) bzw. 80–90 cm liegt und mit Bedacht gewählt werden sollte. Ein richtiges Arbeitsgerät muß eine Mindestbreite von 40 bis 60 cm haben. Der 75–80 cm große Rahmen erschließt uns die Möglichkeit, »normale« Stoffbreiten zu weben. Über 80 cm Webbreite sollte man für einfachere Geräte nicht anstreben, da dann die Gewebe zu locker werden. Webbreiten über 1 m sind nur auf großen Handwebstühlen, wie sie die beruflich arbeitenden Weber benutzen, möglich.
Ein weiterer Faktor ist die Fadendichte in der Kette, die sich auf die Feinheit des Gewebes auswirkt und nach der Anzahl der Fäden pro 10 cm Webbreite (= Blattnummer, siehe Seite 447) berechnet wird. Allgemein gelten:

20– 30 Fäden pro 10 cm Webbreite für gröbste Gewebe
30– 50 Fäden pro 10 cm Webbreite für grobe Gewebe
50– 60 Fäden pro 10 cm Webbreite für mittlere Gewebe
60– 80 Fäden pro 10 cm Webbreite für feine Gewebe
80–100 Fäden pro 10 cm Webbreite für feinste Gewebe

Bei den einfachsten Rahmengeräten wird die Fadendichte durch den Loch-Schlitz-Abstand des verwendeten Webkamms festgelegt. Da man mit unterschiedlichen Kämmen arbeiten kann, sind Teilungen von 20/10, 40/10 und 60/10 möglich. Feinere Teilungen erreichen wir nur mit Schaftgeräten (siehe Seite 447), bei denen sich die Gewebedichte durch das Aufziehen beliebig vieler Litzen auf die Schäfte und durch die Teilung des verwendeten Webblatts regulieren läßt.

Die Vorarbeiten zum Weben

Eine Reihe mühevoller und zeitraubender Arbeiten sind nötig, ehe wir uns dem eigentlichen Weben widmen können. Das Material muß besorgt, gespult und in genauer Ordnung auf das Webgerät gebracht werden. Für den Anfänger ist das Schären (siehe unten) und Aufbäumen der Kette der schwierigste Teil dieser Arbeiten, wobei es auf äußerste Sorgfalt ankommt. Das gilt sowohl für die einfachen Webrahmen als auch für die komplizierteren Schaftgeräte.
Weitere Vorarbeiten, die sich mit dem Aufbringen der Kette auf das Webgerät befassen – wie das Einziehen der Fäden in den Kamm (bei Webrahmen) bzw. in die Litzenaugen der Schäfte und die Riete des Webblattes (bei Webstühlen), das Verschnüren der Schäfte mit den Tritten usw. – werden im engen Zusammenhang mit der gewünschten Bindung bzw. Musterung des Gewebes ausgeführt. Erst wenn die Kette auch am Warenbaum befestigt worden ist und in gleichmäßiger Spannung liegt, können wir mit dem Weben beginnen.

Was soll gewebt werden? Von der Beantwortung dieser Frage hängt die Länge des zu webenden Stoffes ab. Wir können, wie gesagt, mit einfachem Gerät keine breiteren Stoffbahnen als 80 bzw. 90 cm weben, bei der Länge jedoch haben wir bessere Möglichkeiten. Auf Rahmengeräten lassen sich Kettlängen zwischen 6 und 8 m erreichen, auf einfachen Webstühlen sogar bis zu 20 m. Da das Aufbringen der Kette besonders auf ein Schaftgerät unsäglich viel Mühe und Sorgfalt erfordert, ist es ratsam, die Kette gleich für mehrere hintereinander zu webende Stücke (mit Zwischenräumen von 10 bis 15 cm) vorzusehen, wodurch man sich nicht nur viel Arbeit, sondern auch Kettmaterial erspart, da der im Geschirr verbleibende Kettenrest (der »Schweif«) nur einmal berechnet werden muß.

Materialberechnung. Der Materialverbrauch hängt von der Garnsorte (Numerierung!), der Fadendichte in Kette und Schuß, Gewebelänge, Gewebebreite und dem Schwund ab, der durch das Einweben und Binden entsteht (weil sich im Gewebe stets ein Faden in Windungen um den anderen legt. Es gibt »kett-« und »schußbündige« Gewebe, je nachdem, welche Fadenlage (Kette oder Schuß) straffer geführt wird. Allgemein gilt die Regel: Je stärker der eine Faden gespannt ist, desto mehr Länge verliert der andere beim Einweben.

Die Länge der benötigten Kette errechnet sich aus mehreren Faktoren: 1. der gewünschten Gewebelänge; 2. dem »Schweif«, das ist beim Webrahmen ein Rest von 10 bis 15 cm, beim Webstuhl von 60 bis 70 cm, der als Kettenbefestigung im Geschirr bleibt und nicht verwebt werden kann; 3. dem »Schwund«. Der Längenschwund beim Einweben beträgt je nach der Stärke des Schußfadens 5–15 %. Eine Kette für 4 m Stofflänge muß demnach bei 10 % Längenschwund und 60 cm Endabfall 5 m lang sein.

Die Zahl der für eine gewünschte Stoffbreite benötigten Kettfäden wird durch die Kammteilung des Webrahmens bzw. die Teilung des im Webstuhl verwendeten Webblattes bestimmt, die der Fadendichte, Fadenstärke, Bindung usw. entsprechend auszuwählen sind. Hat z. B. das Blatt 80 Rietzwischenräume auf 10 cm (Kamm Nr. 80/10), so können bei einer Blattbreite von 90 cm (= Webbreite) 720 Fäden eingezogen werden. Auf Webstühlen zieht man vielfach (für dichtere Ketten!) auch zwei oder mehrere Fäden durch jedes Riet, was man dann bei der Fadenberechnung ebenfalls mit beachten muß. Ferner ist zu berücksichtigen, daß auch die Gewebebreite durch das Einweben im Laufe der Arbeit (trotz der Maßhaltigkeit des Webeblattes) um 5–10 % schwindet, daß wir also, wenn es auf eine genaue Breite des Gewebes ankommt, die Kette um einige Zentimeter breiter auflegen müssen. Um den Webekanten größere Festigkeit zu verleihen, sollten die äußeren Begrenzungsfäden der Kette doppelt gelegt werden.

Das Produkt aus Fadenzahl und Kettenlänge ergibt schließlich die Gesamtfadenlänge der Kette, die zu der bekannten Garnnummer (siehe Seite 443) in Beziehung gesetzt wird, um die benötigte Garngewichtsmenge errechnen zu können.

Die Berechnung des Garnverbrauchs für den Schuß ist etwas schwieriger, weil die Fadenlage außer von Gewebebreite und Bindungsschwund, also den berechenbaren Faktoren, auch von Unwägbarem (z. B. der Anschlagstärke) abhängt.

Zur Vorausberechnung mögen folgende Anhaltspunkte dienen: Die gewünschte Breite des Stoffes wird am Kamm bzw. am Webeblatt bestimmt. Soll der Stoff 80 cm breit werden, so benötigen wir für jeden Schuß 80 cm

Garnlänge zuzüglich eines Mehrverbrauchs, der jeweils durch das Binden (siehe oben »schußbündiges« Gewebe) entsteht. Doch dieser sogenannte »Schwund« ist leider je nach Art und Stärke des Garns verschieden, weshalb sich keine verbindlichen Angaben machen lassen. Anfänger sollten von vornherein mit einem Mehrverbrauch von 20% (besser mehr als zuwenig!) rechnen. Leichter ist es, den Verbrauch zu bestimmen, wenn eine Stoffprobe vorliegt. Wir schneiden uns aus einem entsprechenden Gewebe ein Quadrat von genau 10 cm Seitenlänge heraus, lösen aus diesem einen normal liegenden Schußfaden und ziehen ihn auseinander. Mißt der Längenzuwachs 1,5 cm (ist der Faden also nach dem Dehnen 11,5 cm lang geworden), so beträgt der Bindungsschwund des Schußgarns in diesem Gewebe 15%. Auf gleiche Weise läßt sich auch der Schwund in der Kette bestimmen.

Nun ist zu überschlagen, wieviel Schußfäden in 1 Gewebe-cm liegen. Auch hierbei helfen Vergleiche mit einem ähnlichen Gewebestück ähnlicher Garnstärke. Liegen darin z. B. in 1 cm sechs Schußfäden, so beträgt der Garnverbrauch bei beispielsweise 92 cm Fadenlänge pro Schuß (das entspricht einem 80 cm breiten Gewebe mit 15% Bindungsschwund) 5,52 m, das sind 552 m für 1 m und 3312 m für 6 m Gewebelänge.

Wenn keine Stoffprobe vorhanden ist, ist es ratsam, probeweise ein paar Zentimeter Stoff mit dem vorbestimmten Schußgarn zu weben und daraufhin erst den endgültigen Materialverbrauch zu berechnen.

Vorrichtearbeiten. Das Garn kommt zu uns in Lagen (Strängen, Weifen) oder auf Kops und Kreuzspulen und muß zum Gebrauch abgewickelt werden. Kopse und Kreuzspulen kann man sofort auf das Spulgestell aufstecken. Lagen müssen wir zuvor spulen. Wir spannen sie zu diesem Zweck auf die Garnwinde, lösen die Gebindefitzschnur (die die Lagen abbindet) und wickeln den Garnanfang um eine leere Spulhülse, die ihrerseits wieder auf den Dorn des Spulapparates (siehe Seite 449) aufgesteckt und durch Drehen des Handrädchens vollgespult wird. Dabei muß der Faden reibungslos von der Garnwinde ablaufen.

Dem Spulgestell, das unseren gesamten Garnvorrat auch nach Farben schön geordnet zusammenhält, entnehmen wir nun unseren weiteren Garnbedarf. Für Webrahmenarbeiten wird das Schußgarn einfach um eine Webnadel (siehe Seite 445) gewickelt. Am Webstuhl arbeitet man mit Schützen, wofür man das Schußgarn auf »Schußhülsen« aufspulen muß – das sind dünne Papphülsen, die man entweder kaufen oder auch selbst aus einem stärkeren Papier um den Dorn des Spulapparates drehen kann. Ihre Länge entspricht der des Schützen, in den man sie später beim Weben einlegt. Man beginnt mit dem Spulen an einem Hülsenende, leitet den Faden mit der Hand zum anderen Ende hinüber, wieder zurück usw., wobei jede folgende Garnschicht etwas kürzer gelegt wird, so daß sich die Spulenmitte gegenüber den Spulenrändern etwas stärker auffüllt. Auf diese Weise verhindert man, daß das Garn beim Ablaufen von den Spulenenden abrutscht. Leinen- und Baumwollgarne sind wenig elastisch und müssen beim Spulen straff geführt werden. Wolle läßt man locker durch die Finger gleiten. Man darf das Garn aber nur so stark aufwickeln, daß man die Spule noch bequem in den Handschützen einsetzen kann.

Das Vorrichten des Kettgarns beginnt

mit dem Umspulen der Garnlagen auf große Scheibenrollen bzw. auf Haspeln, auf welchen größere Garnlängen angelegt werden können. Ist das Garn bereits auf Spulen geliefert worden, so kann man diese direkt auf das Spulgestell aufstecken. Wenn man Fäden aneinanderknotet, sollte man sich von vornherein des fachgerechten »Weberknotens« (siehe Seite 417) bedienen.

Schären der Kette. Um z. B. 2000 m Kettgarn in 400 Fäden von je 5 m Länge aufzuteilen und die Fäden in richtiger und gleichmäßiger Folge nebeneinanderzulegen, bedarf es einer Hilfstechnik – des Schärens, was soviel wie in einer Schar zusammenfassen heißt. Am einfachsten lassen sich kurze Ketten (für Webrahmenarbeiten) schären. Wir brauchen dazu drei Schärklammern, von denen zwei (in etwa 10 cm Abstand) an einer Tischkante angeschraubt werden. Zwischen ihnen wird das Fadenkreuz gelegt, das später das Abnehmen der einzelnen Kettfäden in richtiger Reihenfolge ermöglicht. Die dritte Klammer, die dem Ablängen dient, steht, der Kettenlänge entsprechend, etwas weiter von den beiden anderen entfernt. An dieser Klammer befestigen wir den Garnanfang. Dann führen wir den Faden, dem in der nebenstehenden Zeichnung wiedergegebenen Schema entsprechend, so um die beiden ersten Klammern herum, daß sich zwischen ihnen jede Fadenlage mit der vorhergegangenen (die Fadenhinführung mit der Fadenrückführung) kreuzt – wieder zur dritten (der entfernteren) Klammer zurück usw. Durch diese Kreuzführung können wir später genau sehen, welches der 1., 2., 3., 4. usw. Faden ist. – Sind wir das erste Mal wieder bei Klammer 3 angekommen, so haben wir bereits die doppelte Kettenlänge zurückgelegt. Nun überschlagen wir, wieviele solcher Umführungen nötig sind, um die gesamte Kettenlänge in guter Ordnung aufzubringen. Zu unserer Arbeitserleichterung und damit man nun auch gleich mit einem Blick übersehen kann, wieviel an Kette gewickelt oder später beim Einziehen in das Webgerät bereits abgenommen worden ist, binden wir laufend alle 10, 20 oder 30 Fadenumgänge mit einem Stück bunter Wolle zusammen. Auch das Fadenkreuz wird ab-

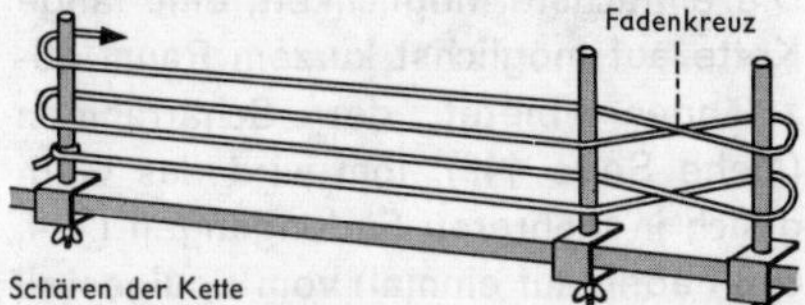

Schären der Kette

Lauf und Befestigung der Kette auf dem Webrahmen

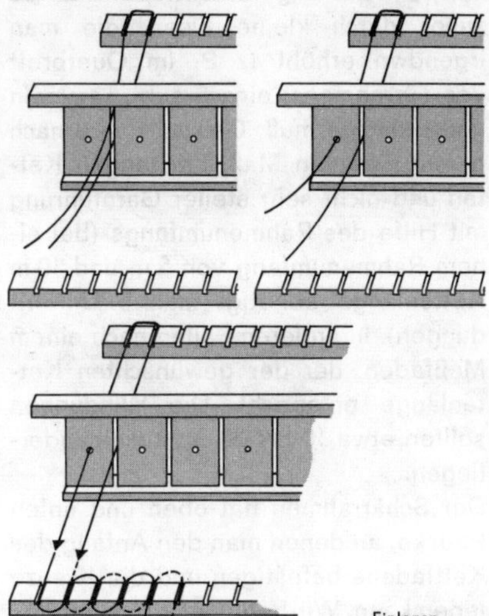

Einlegen des Peitschenstocks in den Kettbaum

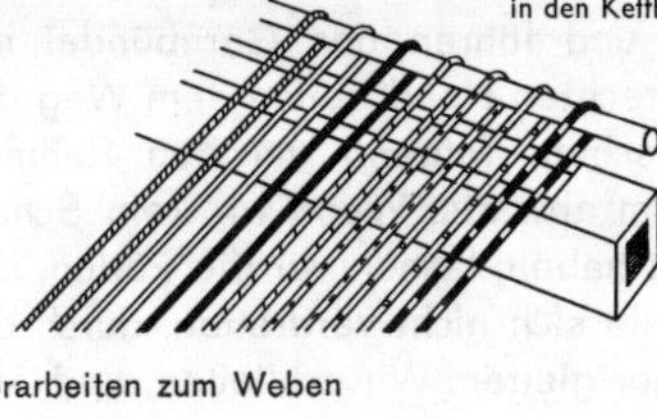

Vorarbeiten zum Weben

schließend mit einem starken Faden, der möglichst die doppelte Länge der Webbreite haben soll und den wir lokker durch die beiden Fadenwinkel (in der Längsrichtung der Kette) legen, abgebunden.

Zum Bespannen einfacher Kammgeräte (Webrahmen) kommt man mit dieser einfachen Schärmethode aus. Ketten für Schaftgeräte (Webstühle) müssen sich zweimal überkreuzen, wobei man das Fadenkreuz vom Gangkreuz unterscheidet.

Die einfachste Möglichkeit, eine lange Kette auf möglichst kurzem Raum abzulängen, bietet der Schärrahmen (siehe Seite 449). Ihm wird das Garn gleich in mehreren Fadengängen (2, 4, 6, 8 Fäden auf einmal) vom Spulgestell oder von den senkrecht gestellten Haspeln aus zugeführt, wobei man es zuvor durch kleine Ösen, die man irgendwo erhöht (z. B. im Querbrett des Türrahmens) einschraubt, sammeln und bremsen muß. Geschärt wird nach einem genauen Maß, bei langen Ketten und nicht sehr steiler Garnführung mit Hilfe des Rahmenumfangs (bei einem Rahmenumfang von 2 m und 10 m Kettenlänge benötigt man 5 Umwindungen), in anderen Fällen nach einem Meßfaden, der der gewünschten Kettenlänge entspricht. Die Windungen sollten etwa 10 bis 20 cm auseinanderliegen.

Der Schärrahmen hat oben und unten Pflöcke, an denen man den Anfang des Kettfadens befestigen und die Kreuze legen kann. Wir beginnen oben, binden den Kettenanfang am äußersten Pflock fest und führen das Garnbündel mit der rechten Hand genau dem Weg der Maßschnur folgend um den Rahmen herum abwärts. Wenn wir kein Schärbrett haben, lassen wir die Fäden, damit sie sich nicht verdrehen, durch die Finger gleiten. Wir schließen die Hand ein wenig und fassen das Fadenbündel, bevor es die Hand verläßt, mit Daumen und Zeigefinger zusammen. Oben wird Faden für Faden mit der linken Hand das Fadenkreuz eingelesen. An den drei unteren Rahmenpflöcken legen wir das Gangkreuz ein, das später für das Einziehen der Fäden in das Webeblatt (das wir beim Aufbäumen als »Vorkamm« benutzen) wichtig ist. Dabei werden die Fäden aber nicht wie oben einzeln, sondern in Gängen (zu zweien, vieren oder sechsen) eingelesen, wie es am besten im Verhältnis zur Riet(kamm)zahl oder zu den Zwischenräumen im Webeblatt steht.

Beim Aufwinden ist darauf zu achten, daß sich die Fäden genau unter die vorhergehenden legen (bei längeren Ketten wird jeder Umlauf leicht gekreuzt über den vorherigen gelegt). Auch am Schärrahmen werden die Fäden zu mehreren in gleicher Zahl gebündelt und mit farbiger Wolle abgebunden. Und selbstverständlich müssen auch die beiden Kreuzungsstellen der Kette vor dem Abnehmen, wie es schon auf Seite 461 beschrieben wurde, durch Abbinden gesichert werden.

Für das Abnehmen, das stets vom obersten Pflock aus erfolgt, gibt es verschiedene Methoden: Am einfachsten wickelt man die Kette um die Faust, so daß ein großes Knäuel entsteht. Schwere Wollketten legt man spiralenförmig auf die Erde. Am besten aber »häkelt« man die Kette ab. Dabei muß sie straff gehalten und der Schärrahmen mit dem Fuß gebremst werden, sonst kann es passieren, daß sämtliche Lagen auf einmal herunterrutschen. Man legt den Kettenanfang zur Schlinge, holt mit der linken Hand eine neue Schlinge hindurch, nun eine mit der rechten Hand, dann wieder links, dann rechts usw. Wenn wir so mit beiden

Händen abwechselnd arbeiten, verdreht sich die Kette nicht. Wir hören etwa 50 cm vor dem Gangkreuz mit einer großen Schlinge auf und nehmen die Kette auch von den unteren Pflökken ab.

Aufbäumen auf Webrahmen. Beim Aufbäumen der geschärten Kette auf das einfache Webkammgerät (Webrahmen) sind vier Arbeitsgänge zu beachten: der Einzug in den Kamm, die Befestigung am Kettbaum, das Aufwickeln und die Befestigung der Kette am Warenbaum.
Wir legen den Webkamm so über die Tischkante, daß uns seine Schlitze und Löcher gleichermaßen von oben wie von unten zugänglich sind (am besten schräg über den Winkel, der von der Tischkante und einer beschwerten Leiste gebildet wird). Nun stecken wir den Daumen der linken Hand so durch die Fadenkreuzschlinge der gebündelten Kette, daß das Fadenkreuz auf dem Zeigefinger liegt und die beiden Ketthälften an beiden Seiten der Hand herunterhängen. So können wir die Fäden in der Reihenfolge ihrer Kreuzlage bequem abheben, von unten nach oben mit einer kleinen Schlinge durch die Kammschlitze stecken und oberhalb des Kamms mit dem Peitschenstock, den wir zu diesem Zwecke aus der Nute des Kettbaumes herausgenommen haben, aufnehmen. Bei feinen Kämmen oder stärkerem Garn kann man die Fäden auch mit einer Häkelnadel durch die Schlitze ziehen. Grundsätzlich wird die Kette immer so in den Kamm eingezogen, daß die Gewebemitte später mit der Kamm-Mitte übereinstimmt, daß wir also bei schmalen Gewebestücken links und rechts den gleichen Raum frei haben.
Sind alle Fäden eingezogen, so verteilen wir sie auf der anderen Seite des

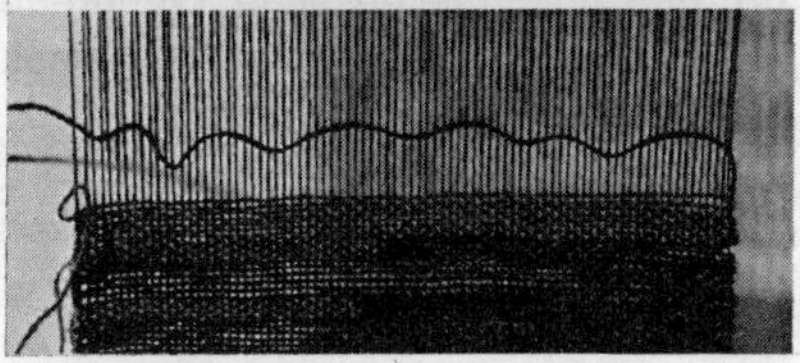

Oben: So sieht eine gut aufgetragene Kette aus. Unten: Der Schußfaden darf stets nur locker eingelegt werden

Kammes gleichmäßig über den Peitschenstock, legen diesen in den Kettbaum zurück und binden ihn fest. Das Aufbäumen beginnt. Eine Hilfsperson hält die Kette an der Vorderseite des Webkamms mit beiden Händen straff gespannt. Wir selbst drehen den Kettbaum von hinten langsam auf uns zu, wobei wir darauf achten, daß sich die Fäden, die bereits vom Webkamm geordnet werden, gleichmäßig aufwickeln. Es muß sich auf dem Kettbaum eine glatte, geschlossene Walze bilden. Auf keinen Fall darf die Kette in Wülsten nebeneinander liegen. Ob eine Kette gut oder schlecht aufgewickelt ist, erkennt man auch an der Gleichmäßigkeit der Zwischenräume zwischen den einzelnen Kettfäden, die etwa der Breite der Webkammstege entsprechen sollen. Auf die Ränder der Kettwalze ist besondere Aufmerksamkeit zu richten, weil dort die Kettfäden leicht abrutschen.
Ist die Kette so weit aufgewickelt, daß ihr unteres Ende schon dicht vor dem Warenbaum oder vor dem Webkamm steht, so werden die Kettfadenschlingen aufgeschnitten. Wir ziehen dann jeweils einen der beiden durch die

Schlitze führenden Fäden nach hinten durch und stecken ihn durch das jeweils benachbarte Loch des Webkamms wieder nach vorn zurück. Die Befestigung der Enden am Warenbaum ist je nach Konstruktion verschieden. Es ist wichtig, daß über die gesamte Webbreite hinweg in der Kette eine vollkommen gleichmäßige Spannung herrscht.

Aufbäumen auf den Webstuhl. Damit wir auch auf einem Schaftgerät eine gute Verteilung der Kette in der vorher errechneten Breite bekommen, nehmen wir zum Aufbäumen einen Reedekamm oder das Webeblatt, das wir später auch zum Weben verwenden, als eine Art »Vorkamm« zu Hilfe.
Zunächst wird der im Kettbaum liegende Peitschenstock herausgeholt und durch die Endschlingen der Kette, die durch das Gangkreuz gebildet werden, gesteckt. Nun vertauscht man den Faden, der das Gangkreuz bisher zusammengehalten hat, mit einer stärkeren Schnur, führt sie parallel zum Peitschenstock durch den anderen Fadenwinkel und knotet sie an die beiden Stockenden an. Jetzt kann man die einzelnen Gänge, die sich in der Garnlage genau abzeichnen, gleichmäßig und in der richtigen Reihenfolge zwischen die Zinken des Kamms, dessen obere Leiste man zu diesem Zweck abnimmt, einlegen. Die Fäden werden also nicht einzeln durch jedes Riet gezogen (wie das später nötig sein wird), sondern bündelweise durch jedes zweite, vierte oder achte (je nachdem, wie groß die Rietzwischenräume sind und wie stark die Gänge liegen) – mit soviel leeren Rieten dazwischen, als man brauchen würde, um die Kette fadenweise einzuziehen. Auf diese Weise ersparen wir uns Arbeit und bekommen doch eine gleichmäßige Fadenverteilung über die gesamte Kettbreite hinweg, was allein wichtig ist. Nach dem Einlegen der Gänge in den Kamm setzt man die Blattleiste wieder auf, bindet den Kamm fest zusammen (so daß er sich nicht durch den Druck beim Bäumen selbst öffnen kann) und verteilt auch die Kettengänge auf den Peitschenstock gleichmäßig entsprechend ihrer Lage im Kamm. Nun kann der Peitschenstock in den Kettbaum zurückgelegt und die Kette aufgebäumt werden.
Das Bäumen erfordert einige Hilfspersonen. Eine hält den Kamm dicht über dem Kettbaum fest. Eine andere dreht den Kettbaum. Eine dritte muß die Kette stramm halten. Um diese »hart« auf den Baum zu bringen, wird sie um alle verfügbaren Hindernisse (Knie-, Brust- und Warenbaum) herumgeführt. Das Holz muß natürlich vollkommen glatt sein, so daß die Kette dabei nicht beschädigt wird. – Nach einigen Umdrehungen wird der Kamm ein wenig schräg über den Webstuhl gehalten, damit die Kettenränder um ein geringes Maß zur Mitte hin ansteigen. Sind Randscheiben vorhanden, so stellen wir diese sofort auf die gewünschte Gewebebreite dem Webblatt entsprechend ein. Zwischen diesen Scheiben muß die Kette dann als gerade Walze liegen. Für den Anfänger empfiehlt es sich, ab und zu (alle 4–5 Kettmeter) einen dünnen Holzstab parallel zum Baum mit einzurollen oder – besonders bei Woll- und Leinenketten, die leicht in die Walze einschneiden und dann unregelmäßige Fadenspannungen bekommen – einen festen Papierbogen in der Kette mitlaufen zu lassen. Solche Mühen lohnen sich, denn eine ungenau gespannte Kette ist später kaum wieder in Ordnung zu bringen.
Ist die Kette soweit aufgebäumt, daß das Fadenkreuz, das die Fäden am anderen Ende der Kette in Teilung hält,

nur noch etwa einen Meter vom Kettbaum entfernt ist, schiebt man die sogenannten »Geleseleisten« (kettbaumlange Leisten, die mit zum Webstuhl gehören und die Führung des Fadenkreuzes dicht hinter dem Kettbaum übernehmen) in die Fadenwinkel ein. Die Leistenenden werden zusammengebunden, der Faden, der das Fadenkreuz zusammenhielt, wird entfernt, so daß sich die Fäden nun zwischen den Leisten kreuzen. Jetzt können auch die unteren Kettschlingen aufgeschnitten werden. Der Reedekamm hat seine Aufgabe als Vorkamm erfüllt und wird beiseite gestellt. Der Einzug der einzelnen Fäden in die Litzen bzw. Schäfte muß mit besonderer Aufmerksamkeit je nach der gewünschten Bindung im Gewebe vorgenommen werden.

Litzeneinzug. Unter Einzug verstehen wir die Art der Verteilung, in der die Fäden in die Schäfte des Webstuhls eingefädelt werden. Wieviel Schäfte man benötigt und in welcher Reihenfolge diese von den Kettfäden durchfahren werden müssen, hängt vom Bindungsmuster (siehe unten) des beabsichtigten Gewebes ab. Für eine Leinenbindung wären nur zwei Schäfte erforderlich, es ist aber vorteilhafter, mit vieren zu weben.
Der Webrahmen hat an Stelle der Schäfte nur einen einfachen Webkamm mit abwechselnd je einem Loch und einem Zwischenraum. Sind hier die Fäden der Reihe nach eingezogen (Loch–Schlitz–Loch usw.), so kann man den Kamm heben und senken und auf diese Weise Ober- und Unterfach bilden. In den Schaftgeräten dagegen können die Kettfäden in verschiedener Reihenfolge gehoben und gesenkt werden, so daß sich zahlreiche Möglichkeiten für die Art der Verkreuzung von Kette und Schuß (Bindung) ergeben. Daher ist es erforderlich, die gewünschte Bindung zunächst zeichnerisch in einer sogenannten Bindungspatrone (siehe Seite 467) darzustellen und danach den Litzeneinzug vorzunehmen.
Beim Einfädeln der Fäden in die Litzenaugen der Schäfte arbeiten zwei Personen. Die eine sitzt hinter den Schäften, die andere davor. Das beim Schären gebildete Fadenkreuz ist zwischen den Gelesestäbchen zu sehen. Man kann also genau erkennen, welches der erste, der zweite, der dritte Faden usw. ist. Die Fäden werden von hinten in der richtigen Reihenfolge durch die in Frage kommenden Litzenaugen bzw. Litzenzwischenräume nach vorn durchgesteckt und hier zunächst einmal bündelweise (am besten rapportweise) zusammengebunden.

Blattstechen. Sind alle Fäden in die Litzen eingezogen, so müssen sie noch durch das Webeblatt geführt werden. Am besten hängt man sich das Blatt waagerecht vor die Litzen und Schäfte und führt die Fäden der Reihe nach von oben nach unten hindurch. Man erleichtert sich die Arbeit durch die Verwendung eines »Blattstechers«, mit dem man die Fäden durch die Riete hindurch erfassen und nach unten ziehen kann.
Zuweilen ist es vorteilhaft, die Fäden mehrfach durch je eine Blattlücke zu stechen (ein Zuviel beeinträchtigt jedoch die Schönheit des Stoffes). Haben wir für eine Webbreite von 90 cm 360 Fäden eingezogen, so könnten wir ein Webblatt mit der Teilung 40/10 (die Lückenanzahl ist immer auf den Kämmen angegeben) benutzen. Besser nimmt man aber einen Kamm mit der Nummer 20/10 (20 Fäden auf 10 cm) weil in diesem weiteren Blatt die Fäden beim Weben nicht so stark beansprucht werden und auch die Fachbil-

dung wesentlich leichter geht. Man muß beim Einstechen der Fäden aufpassen und den Rapport im Kamm genau einhalten.

Anbinden. Um am Webstuhl die Kettfäden zum Warenbaum zu führen und dort zu befestigen, nimmt man ein »Anlängertuch«, das ist ein Stück Stoff von etwa 1 m Länge, welches oben und unten an je einem Stab befestigt ist. Der untere Stab wird in die Nut des Warenbaums gedrückt, dann das Tuch einmal um den Baum gewikkelt und um alle weiteren Bäume herum dem Kettenanfang entgegengeführt. Am anderen Ende des Tuches befestigen wir in Abständen von etwa 10 cm an dem zweiten Stab Bänder, an die wir noch eine Leiste (auch in Webbreitenlänge) knoten. An dieser können schließlich die Kettfäden bündelweise befestigt werden. Wir nehmen ein Bündel, legen es von oben über den Stab, teilen es in zwei Hälften, führen die eine Hälfte links, die andere rechts um den Stab herum und knoten sie über dem Kettenstrang wieder zusammen. Damit die Fadenspannung gleichmäßig wird, beginnt man in der Mitte des Webgeräts. Eventuell muß man hinterher die mittleren Kettfäden noch ein wenig nachspannen.

Anschnüren. Die letzte Vorarbeit, die geleistet werden muß, bevor man mit dem Weben beginnen kann, ist das Anschnüren, d. h. das Verbinden der Schäfte mit dem Zug (oben) und über die Querhölzer, die seitlich unten am Webstuhl an einer Achse sitzen, mit den Tritten (unten). Diese Verbindungen ermöglichen es erst, die Kettfäden im gewünschten Rhythmus zu heben und zu senken.
Die einfachste Zugvorrichtung zum Weben mit zwei Schäften dürfte eine drehbare Welle sein, über der Riemen, Gurte oder Schnüre hängen, die an jeder Seite einen Schaft tragen. Unten schnürt man die Schäfte an die Querbalken, die beim Weben abwechselnd durch das Treten herunter- und durch den Gegenzug über die Welle wieder hochgezogen werden.
Vielfach ist ein Webstuhl auch mit Rollenzügen ausgerüstet. Über die Welle oder eine große Rolle wird ein Band gelegt und mit einem Ende am Achspunkt der Rolle befestigt. Am anderen Ende hängt Schaft 1. In die entstehende Schlaufe hängt man eine Doppel-

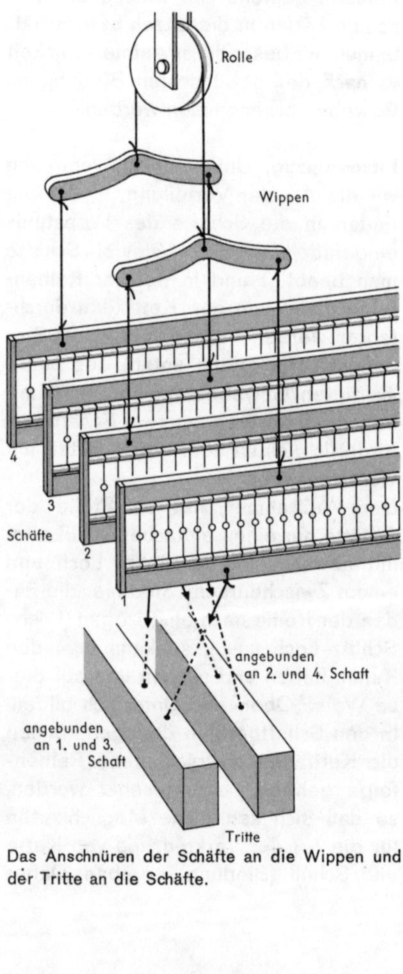

Das Anschnüren der Schäfte an die Wippen und der Tritte an die Schäfte.

rolle, über deren unteres Rad ein Band läuft, dessen Enden zu Schaft 2 und 3 führen. Unten werden die Schäfte wieder an die Querhölzer und über diese an die Tritte geschnürt. Zieht der erste Tritt den Schaft 1 herunter, so hebt sich die Doppelrolle und automatisch mit dieser Schaft 2 und 3. Beim Senken des Schaftes 2 hebt sich Schaft 3 und durch die entstehende Zugspannung auch Schaft 1. In ähnlicher Weise lassen sich vier Schäfte über zwei angesetzte Rollen bewegen. – Vielfach werden in der oberen Zugvorrichtung »Wippen« verwendet, gleicharmige Hebel, die zu Paaren im Gleichgewichtspunkt an eine starke Schnur gebunden und mit dieser über den Wellenbalken des Stuhls oder eine Rolle gehängt werden. Jedes Wippende wird an einen Schaft geschnürt. Man kann die Wippen sowohl mit 2, 3 als auch 4 Schäften verbinden, wobei die Schäfte mit ihren Litzenaugen genau in Höhe der Kettfäden hängen müssen.

Zum Anschnüren der Schäfte an die Tritte nimmt man einen guten, starken Bindfaden und sorgt für Knoten, die während des Webens nicht nachgeben. Die Schnürung mehrerer Schäfte an jeweils einen Tritt und deren Reihenfolge ist aus der Bindungspatrone ersichtlich. Das einfachste wäre, die Schäfte direkt an die Tritte zu binden. Man verwendet jedoch in der Regel Querhölzer, die seitlich unter dem Webstuhl parallel zu den Schäften sitzen. Die unteren Schaftstäbe haben in der Mitte ein Loch, in das die Schnur geknotet werden kann. Wichtig ist, daß die Schnüre senkrecht laufen, sonst hängen die Schäfte schief und müssen an der Zugaufhängung korrigiert werden. Wir binden die Tritte gleichmäßig auf und müssen sie dabei so hochhängen, daß sie beim Niedertreten den Boden nicht berühren können.

Bindungspatrone und Litzenberechnung

Als Bindungspatrone bezeichnet man die vereinfachte Darstellung eines Gewebebildes, die zugleich alle webtechnischen Angaben über die notwendige Einrichtung des Webstuhls wie Geschirreinzug, Anschnürung der Tritte, Trittfolge usw. enthält.

Musterzeichnen. Wir benötigen »Patronenpapier« oder kariertes Schreibpapier mit genügend großer quadratischer Teilung (Millimeterpapier ist unzweckmäßig). Zuerst zeichnen wir das Gewebemuster. Die waagerechten Quadratreihen entsprechen den Schußfäden, die senkrechten den Kettfäden. Der erste Kettfaden liegt links, der erste Schußfaden unten (entsprechend seiner Lage im Stoff, wenn man diesen von oben betrachtet). Soll zum Einführen des Schusses ein Tritt niedergetreten werden, so senkt sich ein Teil der Kettfäden und ergibt in der Patrone Bindungspunkte, die wir weiß zeichnen. Beim zweiten Schuß liegen die

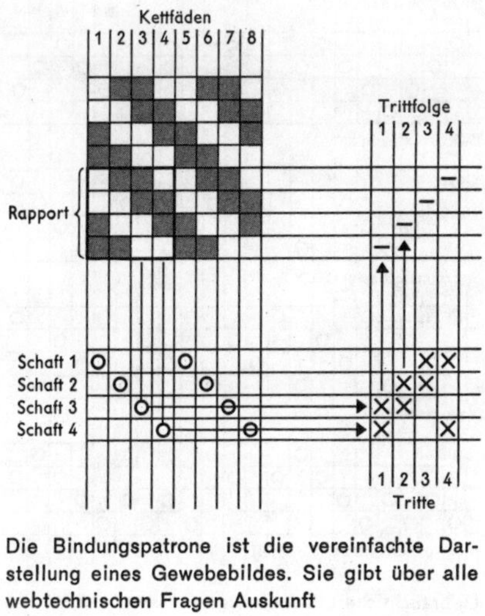

Die Bindungspatrone ist die vereinfachte Darstellung eines Gewebebildes. Sie gibt über alle webtechnischen Fragen Auskunft

Fäden über dem Schußfaden. Diese zeichnen wir schwarz. Jedes helle Viereck stellt also das im Gewebe sichtbare Stück Schußfaden dar, jedes dunkle den Teil des obenaufliegenden Kettfadens. So verfolgen wir im Bindungsmuster Hell und Dunkel so lange, bis es nach einer bestimmten Fadenzahl in Kette- und Schußrichtung wiederkehrt. Die Gesamtheit so eines Musterteils, der sich im Gewebe ständig wiederholt, heißt »Bindungsrapport«.

Litzeneinzüge. Nach dem Gewebemuster läßt sich der Einzug der Kettfäden durch die Schaftlitzen festlegen. Wir denken uns dazu auf dem gleichen Quadratpapier ober- oder unterhalb der Musterzeichnung im gleichen Kettfadenverlauf waagerecht die Querreihen als Schäfte, von oben nach unten (das entspricht ihrer Lage im Webstuhl von hinten nach vorn) bezeichnet

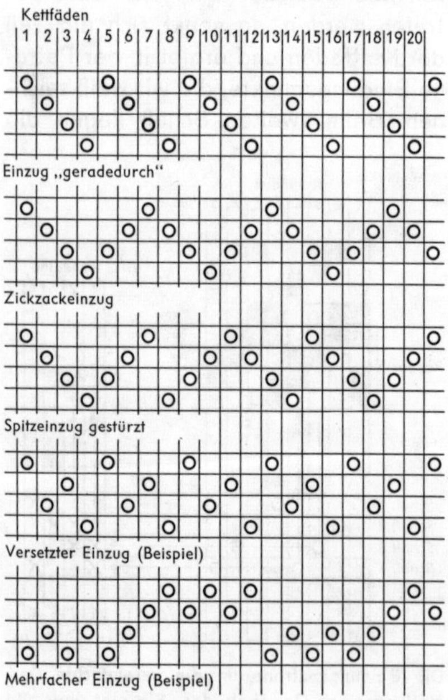

Gebräuchliche Litzeneinzüge (in vier Schäfte)

als Schaft 1, 2 usw. Jeder Kettfaden, der im Geweberapport anders als der vorhergehende bindet, muß einen Schaft für sich haben. Daran können wir auch sehen, wieviel Schäfte wir brauchen. Solange wir nur zwei Schäfte verwenden, ist praktisch nur ein zweischüssiger Rapport möglich (nach jeweils zwei Schüssen wiederholt sich die Bindung). So kehrt z. B. bei der Leinenbindung der Rapport schon nach zwei Kett- und zwei Schußfäden wieder – d. h. es binden alle geraden und ungeraden Fäden gleich. Daraus ergibt sich auch, daß alle geraden auf den einen Schaft und alle ungeraden auf den anderen gezogen werden müssen. Beim dreischüssigen Köper (der mit drei Schäften gewebt wird) haben wir als neuen Effekt den schräglaufenden Grat, der (vom ersten Schuß aus berechnet) nach rechts oder links verlaufen kann. Eine größere Auswahl an Bindungen steht uns zur Verfügung, wenn wir die Kette auf vier Schäfte verteilen.

Es gibt einen gewissen Grundbestand verschiedener Einzugsarten (Köpereinzug, Spitzeinzug, gebrochener Einzug usw.). Die Kettfäden müssen also nach einer dem Muster gemäßen Einzugsart durch das erste Litzenauge des ersten Schaftes gezogen werden. Wir bezeichnen dieses Auge in der Patrone mit einem kleinen Kreis. Nun zeichnen wir den zweiten Faden, der durch den zweiten Schaft, den dritten, der durch Schaft 3 gezogen wird, usw. Jeder Kettfaden darf jeweils nur ein Litzenauge durchfahren. Er durchläuft die übrigen Schäfte in den Litzenzwischenräumen. Hat man den letzten Kettfaden innerhalb eines Rapports in der Zeichnung vermerkt, so beginnen wir mit dem nächsten Faden wieder bei Schaft 1. Der Wechsel ist auch im Bindungsmuster ersichtlich.

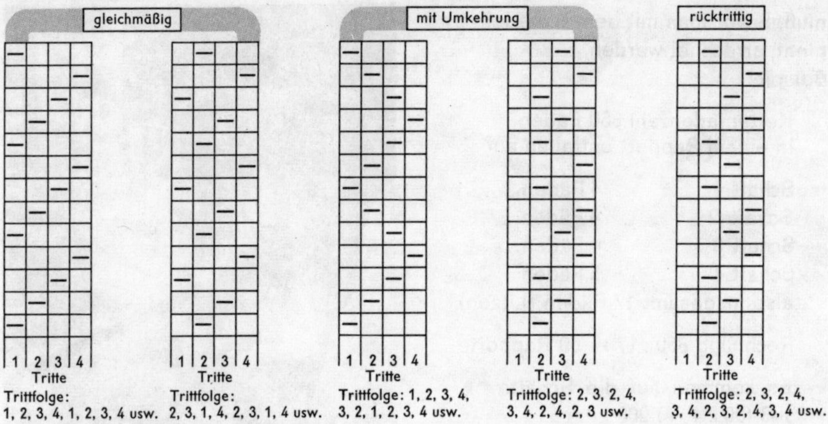

Grundsätzlich schnüren wir die Tritte so, daß ohne Überkreuzen der Beine gearbeitet werden kann

Schnürung. In der Zeichnung tragen wir rechts neben den Schäften die »Tritte« ein, die das Heben und Senken der Kettfäden bewirken und die wir zu diesem Zweck am Webstuhl mit den Schäften verschnüren müssen. Die im Gewebemuster weiß gezeichneten Felder sind die Stellen, an denen Kettfäden durch den Tritt nach unten gezogen werden. Die Reihenfolge bei der Lesung beginnt wie beim Weben mit der ersten Schußreihe (unten):
Schuß 1: Die sich senkenden (weißen) Kettfäden 3 und 4 durchfahren die Litzenaugen der Schäfte 3 und 4. Dem Einführen des ersten Schusses soll Tritt 1 dienen. Folglich müssen Schaft 3 und 4 an diesen Tritt gebunden werden, was wir an den Stellen der sich kreuzenden Schaft- und Trittlinien mit einem Zeichen vermerken.
Schuß 2: Es senken sich die Kettfäden 2 und 3, gebunden an die Schäfte 2 und 3 – die Schnürung erfolgt am 2. Tritt.
Schuß 3: Die mit den Schäften 1 und 2 verbundenen Kettfäden 1 und 2 werden gesenkt. – Schnürung dieser Schäfte an Tritt 3.
Schuß 4: Nun sind die Kettfäden 1 und 2 an der Reihe. Da sie die Litzenaugen der Schäfte 1 und 4 durchfahren, müssen wir diese mit Tritt 4 koppeln.

Trittfolge. Haben wir so innerhalb eines Bindungsrapports die Schnürung festgelegt, richten wir unsere Aufmerksamkeit auch gleich auf die Trittfolge (die Reihenfolge, in der die Tritte gesenkt werden sollen). Da sie von der Schnürung abhängig ist, zeichnen wir sie unter diese ein. Jeder Schußfaden im Gewebemuster bekommt in der Höhe desselben über dem Tritt, der gesenkt werden soll, einen Strich.
Wir schnüren die Tritte so, daß wir beim Weben ungestört (ohne Überkreuzen der Beine) arbeiten können. Grundsätzlich tritt der linke Fuß immer auf die Tritte links, der rechte auf die Tritte rechts der Mitte. Die Trittweise kann gleichmäßig (a), mit Umkehrung (b) und rückläufig (c) angeordnet werden, was natürlich schon bei der Schnürung zu beachten ist.

Litzenberechnung. Das Bindungsmuster bestimmt auch die für jeden Schaft erforderliche Litzenanzahl. Sie kann von Schaft zu Schaft wechseln und

muß, bevor man mit dem Einfädeln beginnt, errechnet werden.
Beispiel:

Kettenfadenzahl 850 Fäden
In einem Rapport entfallen auf

Schaft 1	4 Fäden
Schaft 2	4 Fäden
Schaft 3	4 Fäden
Schaft 4	5 Fäden

also insgesamt 17 Fäden (Litzen)

Rechnung 850 : 17 = 50 Rapporte

Es kommen auf die Schäfte
1–3 (50 x 4 =) 200 Litzen
auf Schaft 4 (50 x 5 =) 250 Litzen

Die Arbeitsweise beim Weben

Gleichgültig, ob wir mit einem einfachen Webrahmen oder mit dem Webstuhl arbeiten, wir lernen unser Gerät am besten kennen, wenn wir mit der einfachsten Webart, der Leinenbindung beginnen. Dabei beobachten wir zunächst, wie der Kamm oder die Schäfte arbeiten, wie sich die Kette teilt und das Fach bildet, durch das wir die Webnadel oder den Schützen hindurchführen müssen. Die Gleichmäßigkeit des gewebten Stoffes hängt sehr von der exakten Bedienung des Webgeräts ab. Das Weben ist wie das Spinnen oder Nähen mit der Maschine eine rhythmische Verrichtung, die uns bald in Fleisch und Blut übergeht, wenn wir die wesentlichen Handgriffe kennen.

Weben auf Webrahmengeräten. Beim Beschicken der Webnadel wickeln wir den Garnanfang zunächst um eine der seitlichen Gabelzinken und erst dann über die Nadellänge, so daß uns das evtl. heraushängende zweite Fadenende beim Weben nicht behindern kann. Es soll nie zuviel Garn aufgetragen werden, da sonst die Nadel in der

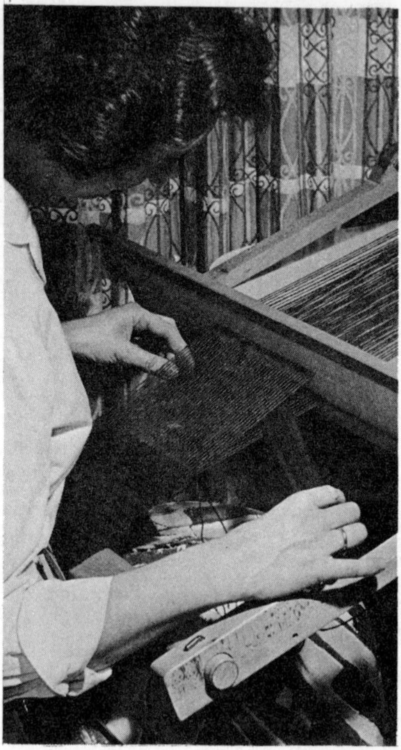

Weben mit dem Handwebrahmen: Das Gerät wird schräg gegen eine Tischkante gelegt, so daß das Fach durch Heben und Senken des Kamms nach oben und unten gebildet werden kann

Kette hängen bleibt. Für jede einzutragende Schußfarbe brauchen wir eine besondere Nadel.
Die Arbeitsgänge wiederholen sich in ständig gleicher Reihenfolge:
1. Der Kamm wird angehoben und auf die Kammstützen des Rahmens aufgesetzt.
2. Durch das entstandene Oberfach ist die Nadel so hindurchzuführen, daß das schon im voraus abgewickelte Fadenende lose nachhängt.
3. Nun muß die Nadel abgelegt und der vorerst locker eingeführte Schußfaden mit den Fingern so geordnet werden,

daß er in mehreren kleinen Bögen durch das Gewebe läuft.
Es ist falsch, den Schuß geradlinig durch das Gewebe zu ziehen, etwa weil er auch im Stoff als eine gerade Linie sichtbar ist. Der Schußfaden braucht, um sich in ständigem Auf und Ab um die Kette schlängeln zu können, zusätzliche Länge. Ein zu straff hindurchgeführter Schuß erzeugt Spannungen, die sich auf den Geweberand auswirken (einweben!). Liegt der Schuß zu locker, so bildet er im Gewebe Schlaufen. Nach einiger Übung hat man die gute Mitte herausgefunden. Der Schuß soll um so lockerer liegen, je weicher das Schußgarn (Wolle!) und je stärker das Kettenmaterial ist. Ständiges Einweben kann schließlich sogar dahin führen, daß der Anschlag mit dem Kamm, dessen Teilung ja den Kettabständen entspricht, unmöglich wird. Mit einem »Breithalter«, den man in die Ränder des Gewebes einsetzt, kann man sich die Arbeit erleichtern, doch sollte man versuchen, auch ohne diesen auszukommen.

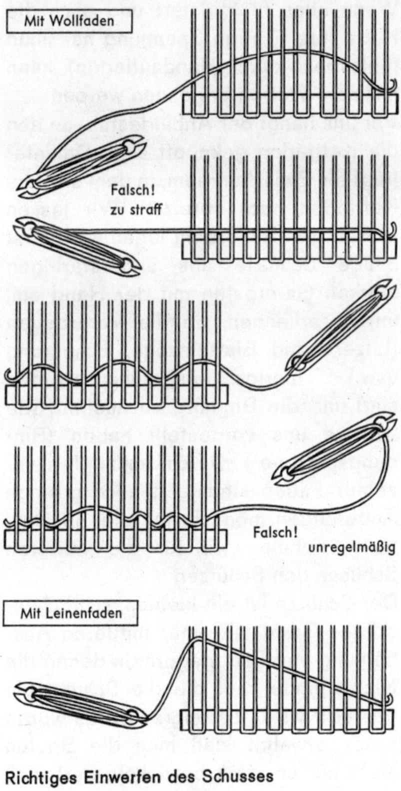

Richtiges Einwerfen des Schusses

4. Nun wechseln wir das Fach, indem wir den Kamm von seiner Auflage herunternehmen und auf die seitlichen Rahmenleisten auflegen. Erst wenn sich die Kettfäden hinter dem eingelegten Schuß gekreuzt haben (also das Unterfach gebildet ist), kann der Schuß leicht und gleichmäßig angeschlagen werden. Besonders bei der Leinenbindung ist darauf zu achten, daß das Fadenbild der Kette dem des Schusses entspricht, weil ja beide gleichermaßen am Bindungsmuster mitwirken. Schlägt man zu hart an, so verringern sich die Fadenabstände im Schuß. Schlägt man zu locker an, finden die Fäden nicht in die Gerade. Bei einer empfindlichen Kette besteht Gefahr, daß das Material durch das Hin- und Herschieben des Kamms aufscheuert. Man schlägt dann besser nicht mit dem Kamm, sondern mit der glatten Webnadelkante an.
5. Erst nach dem Anschlagen wird der Schuß durch das Unterfach geführt. Man sollte in jedem Gewebe die ersten 10–20 Schußlagen mit einem dünneren und möglichst farbigen Faden einwerfen. Hierdurch ordnen sich zunächst einmal die Kettfäden, die von der Befestigung am Warenbaum kommen, wonach das Gewebe bald gleichmäßiger wird. Später kann man diesen Rand zum Umnähen oder Umschlagen verwenden. Schließlich bekommt man den geraden Anschlag aber auch dadurch, daß man einen Kartonstreifen in die untere Kette einlegt und den Schuß an

die Oberkante desselben anschlägt. Durch so einen Streifen läßt sich auch gut die Länge stehenbleibender Kettfransen bestimmen. Hinterher müssen allerdings immer zwei Fransen dicht unter dem ersten Schußfaden miteinander verknotet werden, weil sonst das Gewebe nach unten aufgeht.

Lockern sich während der Arbeit einige Kettfäden, so werden sie durch Unterschieben kleiner gefalteter Papierstückchen am Kettbaum nachgespannt. Wenn ein Kettfaden reißt, verknüpfen wir ihn dicht über dem Kettbaum mit einem anderen Faden, der dann durch den Kamm gefädelt und über der entstandenen Lücke über das fertige Gewebe gespannt wird (Befestigung am Warenbaum). Nach Fertigstellung der Arbeit ziehen wir das heraushängende Fadenende mit der Stopfnadel noch ein Stück tiefer in das Gewebe ein.

Schußanfänge und -enden sollte man grundsätzlich nie am Rande einlegen oder auslaufen lassen, weil dadurch die Gleichmäßigkeit des Randes gestört wird. Die Enden können etwas aus dem Gewebe heraushängen, sie werden nach Fertigstellung der Arbeit abgeschnitten.

Wenn die Länge des fertigen Gewebes zunimmt, verstellen wir die Kammstützen mehr und mehr nach hinten. Erst wenn sich kein ordentliches Fach mehr bildet, löst man die Arretierungen an Kett- und Warenbaum und rollt das Gewebe vorsichtig nach vorn auf. Danach werden die Kammstützen wieder nach vorn geholt, die Kettspannung erneut geregelt und die Arretierungen der Bäume wieder angezogen.

Webt man mehrere Arbeiten auf einer Kette, so schiebt man, damit man genügend Abstand und jeweils eine neue Anschlagkante bekommt, wieder ein entsprechend breites Kartonstück in die Kette ein. Abschließend wird der Stoff vom Rahmen heruntergenommen und der Nachbehandlung (siehe Seite 474) unterzogen.

Weben auf Schaftgeräten. Wir setzen uns aufrecht vor den Webstuhl, so daß wir die Webfläche gut überblicken können, führen die Lade, in der das Webblatt hängt, zurück und bewegen mit dem Fuß den ersten Tritt nach unten. Der erste Schaft, der eine bestimmte Kettfadengruppe trägt, wird dadurch heruntergezogen, während sich die anderen Schäfte mit ihren Fäden heben. Durch das entstandene Fach soll nun der Schütze, der den Schußfaden trägt, geworfen werden. Die Trittfolge ist durch das Bindungsmuster festgelegt. Wenn alles funktioniert und auch die Kette ihre richtige Spannung hat (man fühlt diese durch Handauflegen), kann mit dem Weben begonnen werden.

Vor uns hängt der Anbindestab, an den die Kettfäden geknüpft sind. Dahinter liegt ein Zwischenraum, in dem sich die Kettfäden noch spreizen. Wir lassen diesen frei. Außerdem legen wir zuerst einige Schüsse aus andersfarbigen starken Garnresten mit der Hand ein, um zu erkennen, ob die Vorarbeiten (Litzen- und Blatteinzüge, Schnürung usw.) fehlerlos ausgeführt worden sind und die Bindung so ausfällt, wie wir sie uns vorgestellt haben (Bindungspatrone!). Durch Umknüpfen einzelner Fäden sind jetzt noch geringe Änderungen möglich. Ist alles in Ordnung, nehmen wir für die weiteren Schüsse den Schützen.

Der Schütze ist ein kleines, schiffchenartiges Gerät mit einer mittleren Aushöhlung und Federlagern, in denen die Klappspindel, auf die die Schußspule gesteckt wird, fest einrastet. Es wurde schon erwähnt, daß man die Spulen stets nur so stark bewickeln darf, daß sie sich noch gut im Schützen drehen lassen. Der Faden soll stets in Richtung nach unten (nicht nach oben) um die Spule ablaufen. Wir verhindern damit, daß die Spindel aus ihrem Lager herausspringt. Durch eine seitliche Öffnung im Schützen – das »Schützenauge« – findet der Faden seinen Ausgang.

Wie der Schütze durch das Fach gegeben wird, hängt von der Konstruktion des Webstuhls ab. In einfachen Geräten muß das Schiffchen auf der unteren Fadenlage laufen. Wirft man schräg, so schießt es durch die oberen Fäden hinaus oder fällt zu Boden. Die Seite mit dem Auge, durch das der Faden läuft, soll stets dem Webenden zugewendet sein. Der Faden muß (siehe Seite 471) locker in der Kette liegen.

Mancher Webstuhl ist mit einer Schnellvorrichtung ausgerüstet. Indem man die Treiberschnur mit leichter Hand nach rechts oder links zieht, stößt ein Treiber den Schützen aus dem seitlich an der Lade angebrachten Schützenkasten durch das Fach. Der Treiber im anderen Schützenkasten fängt ihn auf. Diese Treiber müssen leicht in ihren Nuten laufen (Bahn mit Seife glätten) und der Schütze soll ebenso leicht in den gegenüberliegenden Kasten hineingleiten. Treibt man ihn aber zu stark, so prallt er wieder zurück und fällt in das Fach. Nach kurzer Übung haben wir die richtige Schlagstärke herausgefunden.

Es kann vorkommen, daß auch der mit dem Treiber eingetragene Schuß keine feste Webkante bildet. Schlingen sind ein Zeichen dafür, daß der Schuß zu leicht abläuft und daher abgebremst werden muß. Am besten klebt man dann ein Streifchen Plüsch an der inneren Schützenwand vor das Auge, so daß der Faden vor dem Verlassen des Schützen darüber hinweggleitet. – Je mehr die Schußspule abläuft und je kleiner der Spulendurchmesser wird, um so mehr nimmt die Fadenspannung zu. Gleiches ist der Fall, wenn die Spule mit schlechten Wicklungen durchsetzt ist. Die zu große Fadenspannung erkennt man daran, daß der Schütze nach der Seite hin, wo das Fadenauge liegt, aus der Bahn gerät, den gegenüberliegenden Treiberkasten verfehlt usw. Hier hilft dann nur, eine neue Spule einzusetzen und das restliche Garn für andere Arbeiten zu verwenden.

Bei dieser schon fast halbmechanischen Webweise mit der Schnellvorrichtung empfiehlt es sich von vornherein, mit einem Breithalter zu arbeiten. Man setzt ihn schon nach den ersten Schüssen ein, wobei man (besonders bei festen Stoffen) die Kettspannung ein wenig lockert und hinterher wieder anzieht. Nach jeweils 5–6 cm Neugewebe muß der Breithalter nachgeführt werden. Größere Zwischenräume wirken sich bereits auf die Webkante aus.

Die Lade schlägt nach jedem Schuß und vorherigem Fachwechsel mit Hilfe des eingelegten Webblattes die eingeworfenen Schußfäden zusammen. Wir fassen sie möglichst leicht und ohne Muskelkraft in der Deckelmitte, damit wir einen gleichmäßigen Anschlag über die ganze Gewebebreite erzielen. Durch mehr oder weniger hartes Anschlagen kann die Schußdichte geregelt werden. Um den ganzen Stoff gleichmäßig dicht zu weben, zählt man die Schußfäden, die in 1 cm fertigen Gewebes liegen, bei stärkerer Schußlage auch in 2 oder 5 cm, und prüft während des Webens immer wieder, ob die so gefundene Schußdichte noch eingehalten wird.

Den Faden kann man 1-, 2- oder 3-mal anschlagen. Lockere Gewebe (z. B.

Schals oder Gardinen), bei denen die Schußfäden weit auseinanderliegen sollen, drückt man nur sanft an. Zwei Anschläge sind für mittelfeste Stoffe richtig, wobei wir den ersten Anschlag noch bei offenem Fach, den zweiten nach dem Fachwechsel ausführen. Drei Anschläge (ein Schlag in das offene, zwei in das nächste Fach) braucht man für besonders feste Stoffe wie Teppiche, Leinen, Tischtücher. Bei kleinen Webstühlen und geringem Kraftaufwand muß man Teppichgewebe mehrfach anschlagen. – Je stärker die Kette gespannt ist, um so dichter kann der Stoff gewebt werden.
Sobald sich, weil wir immer näher an die Schäfte herangewebt haben, das Fach zu verengen droht, besteht die Gefahr, daß die Schußreihen unregelmäßig ausfallen oder sich streifig legen. Wir müssen daher die Arretierungen lockern und das fertige Gewebe nach vorn auf den Warenbaum aufwikkeln. Hinterher werden die Gelesestäbe, die das Fadenkreuz halten, wieder an den Streichbaum zurückgeschoben, und die Kette wird neu gespannt. Vorher schauen wir nach, ob kein Kettfaden gerissen ist und auch alle Knoten durch die Litzenaugen der Schäfte gelangt sind.
Hat man die Kette nahezu abgewebt, so umsticht man die obere Gewebekante, damit die Schußfäden nicht herausfahren, mit einem Faden – oder webt wie anfangs noch eine schmale Kante mit andersfarbigem Schußgarn ein. Dann wird der Stoff abgeschnitten und abgenommen. Die Reste der Kettfäden können wir nach hinten aus den Litzen ziehen oder, falls wir uns die langwierige Arbeit des Einzuges einer neuen Kette in das Geschirr ersparen wollen, mit den Kettenanfängen einer neuen Kette verknüpfen. Beim Aufbäumen durchfahren wir die Litzen mit.
Will man von einer langen Kette ein gewebtes Stück vorzeitig abnehmen, so löst man die Kettspannung und schneidet die Kette vor dem Webblatt durch. Dabei hält man die Kettfäden fest und verknotet sie sofort wieder, damit sie nicht nach hinten durch das Blatt rutschen. Es ist ratsam, zu diesem Zweck auch die Schäfte durch irgendwelche Querstangen festzustellen oder anzubinden. Beim Neuanbinden der Kette an den Anlängerstab wird einfach eine Schnur durch jeden Knoten und jeweils auch um den Stab herum gewunden, so daß die Schlingen nicht vom Stab, sondern von der Schnur gehalten werden. Auf diese Weise bekommt man die Kette fest, ohne daß man die Knoten noch einmal aufmachen und neu knüpfen muß. Dann nehmen wir die Schäfte aus ihrer Ruhestellung, spannen die Kette neu und setzen die Arbeit fort.

Nachbehandlung des fertigen Stoffes. Manches, was beim Weben fehlgelaufen ist, können wir noch nachträglich ausgleichen. Verzogene oder eingewebte Stoffe werden angefeuchtet und zum Trocknen auf ein Brett gespannt. Die weitere Sorge hat den durch gerissene Kettfäden entstandenen Löchern zu gelten, die, ebenso wie die Fadenenden von Neuanfängen, verstopft werden müssen. Leinen- und Baumwollstoffe sollte man schon jetzt in warmes Wasser tauchen, damit sie einlaufen, bevor sie weiterverarbeitet werden. Abschließend bügeln wir die Stoffe zwischen feuchten Tüchern auf beiden Seiten.
Wollstoffe sind schon durch ihre natürliche Kräuselung rauh. Damit sich solche Gewebe schließen (die Wolle etwas verfilzt), müssen sie »gewalkt« werden. Größere Stoffbahnen bringt man in eine Färberei, die über eine

maschinelle Walkeinrichtung verfügt. Kleinere Stücke können auch durch feuchtes Bügeln gedämpft werden. Sie werden zunächst, ohne daß man sie drückt, in lauwarmem Seifenwasser gewaschen (hin- und hergezogen), dann bei gleicher Temperatur gründlich gespült und noch feucht durch eine mäßig heiß eingestellte Heißmangel getrieben oder zwischen Leinentüchern mehrmals beidseitig gebügelt. Größere Stücke können statt dessen auch auf eine hölzerne Trockenrolle gespannt und der Luft ausgesetzt werden.

Verschiedene Webmuster

Bevor wir unser Webgerät dem praktischen Gebrauch zuführen, orientieren wir uns noch einmal über die elementaren Bindungsmöglichkeiten (siehe Seite 451 ff.) und die Möglichkeiten der Musterungen, die sich daraus ableiten lassen.

Die Leinenbindung, an sich zweibindig, webt sich besser mit vier Schäften und wird am schönsten, wenn man Kette und Schuß in gleicher Stärke nimmt. Man mustert, indem man den Schuß verschiedenfarbig und in Streifen einwebt oder indem man die Kette mit verschiedenfarbigen Garnen schärt und einen einfarbigen Schuß einlegt. Am besten macht man sich, nachdem man Länge und Breite der Kette errechnet hat, eine Musterskizze, in die man die verschiedenen, für den zu webenden Gegenstand in Aussicht genommenen Farben einzeichnet, nach Fadengruppen auszählt und so für das ganze Gewebe festlegt. Aus einem solchen »Webebrief« muß ersichtlich sein, wie viele Fäden der Farbe 1 auf soundso viele der Farbe 2 in der Länge und

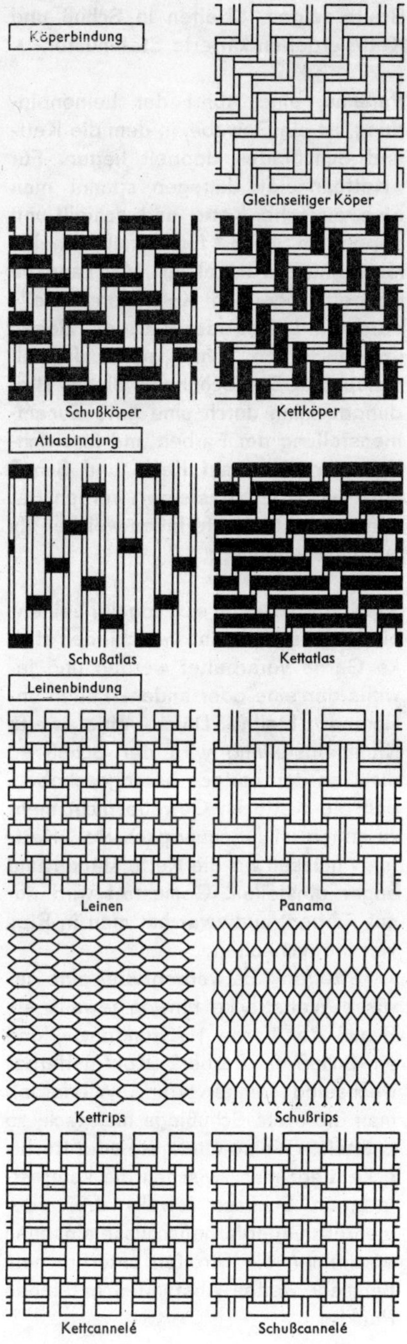

Grundbindungen ▶

Breite folgen. Streifen in Schuß und Kette ergeben karierte Stoffmuster.

Panama, eine Abart der Leinenbindung, ist ein Gewebe, in dem die Kett- und Schußfäden doppelt liegen. Für »Kettcannelé« dagegen spannt man eine einfache Kette und schießt mit doppeltem Schuß – für »Schußcannelé« macht man es umgekehrt. Man kann die doppelt liegenden Kettfäden jeweils durch die Litzen oder Blattriete ziehen und auch den Schuß gleich doppelt ausspulen. Die Schönheit dieser Bindungen kann durch eine gute Zusammenstellung der Farben und ihre richtige Verteilung auf Kette und Schuß noch wesentlich gesteigert werden. Panamagewebte Stoffe fallen weicher als leinengebundene.

Rips unterscheidet sich von der Leinenbindung dadurch, daß verschieden starke Garne verarbeitet werden und jeweils der eine oder andere Faden unsichtbar bleibt. Durch eine weite Kammeinstellung wird der Schuß so dicht an den vorigen herangeschoben, daß die Kette im Gewebe nicht mehr zu sehen ist (»Schußrips«). Bei »Kettrips« müssen wir die Kette stärker und enger einstellen. Gemustert wird nur mit Farben, und zwar hat man in Rips vier Möglichkeiten:
1. »Streifen«. Es werden über eine gewisse Webstrecke hinweg jeweils ein Schuß der Farbe 1 (Grundfarbe) und ein Schuß der Farbe 2 (Kontrastfarbe) wechselnd eingeworfen. Wiederholt man die erste Schußlage mehrfach, so entstehen kleine Quadrate oder Rechtecke. Legt man zwischen die kontrastfarbigen Schüsse jeweils drei oder mehrere Grundfarbenschüsse ein, dann erscheinen die Streifen unterbrochen, bei sehr weiten Abständen entstehen Punkte.
2. »Versetzte Linien«. Hier handelt es sich um einen sehr schmalen Kontrast-Streifen, der dadurch entsteht, daß man in das einfarbige Gewebe zwei Schuß der Farbe 2 einwirft. Die Linie läßt sich zu einem Muster erweitern, wenn auf die beiden Kontrastfarbenschüsse (Farbe 2) noch jeweils zwei Schüsse der Farbe 3 folgen, dann zwei Schüsse Grundfarbe, zwei Schuß der Farbe 4, wieder zwei Grundfarbenschüsse und dann eine Doppellinie in den Farben 3 und 2 oder ähnlich.
3. Versetzte Punkte. – Mehrere (4, 6, 8 usw.) Grundfarbenschüsse wechseln mit jeweils einem Schuß einer anderen Farbe.
4. »Zacken«. Es werden zwei verschiedenfarbige Schußfäden in dasselbe Fach gelegt. Wechsel ist möglich, wenn man auf die Doppellage der Fäden in den Kontrastfarben 1 und 2 einen Doppelschuß Grundfarbe und auf diesen einen Doppelschuß mit den Farben 2 und 2 folgen läßt.
Grundsätzlich müssen farbige Schußfäden die äußeren Kettenfäden umschlingen, was nur dadurch zu erreichen ist, daß man den neuen Schußfaden am Rand immer noch ein Stück mit dem der alten Schußfarbe gemeinsam durch das Gewebe laufen läßt.

Die Köperbindungen erkennt man an den schräglaufenden Bindungspunkten. Kette und Schuß haben in einem solchen Gewebe weniger Kreuzungsstellen als im Leinengewebe, es hebt sich jeweils ein beliebiger Teil der Fäden, der sich dann bei jedem Schuß um die gleiche Fadenzahl nach rechts oder links in ansteigender Richtung verschiebt. Zum Köperweben benötigt man wenigstens 3, besser jedoch 4 Schäfte. Einseitige Köperbindungen zeigen mehr Schuß oder mehr Kette, d. h. der Schußfaden überkreuzt zwei

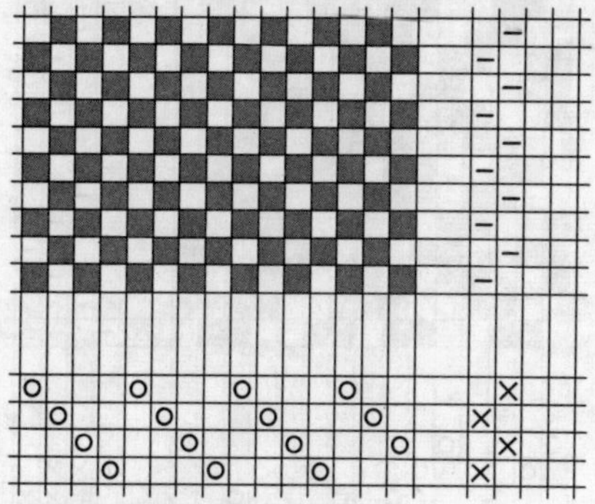

Leinenbindung

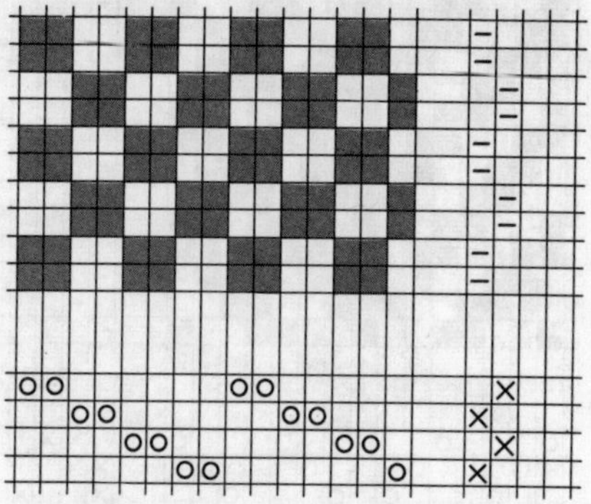

Panama

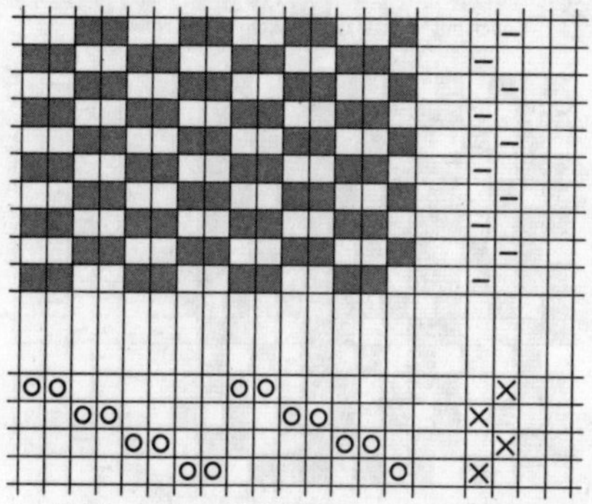

Schußcannelé

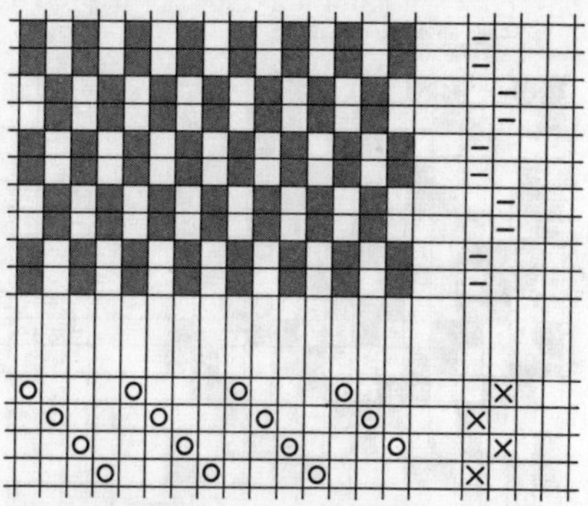

Kettcannelé

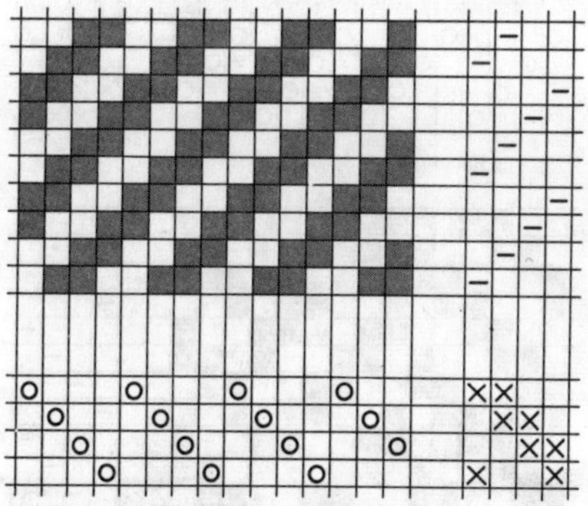

Gleichgratiger Köper

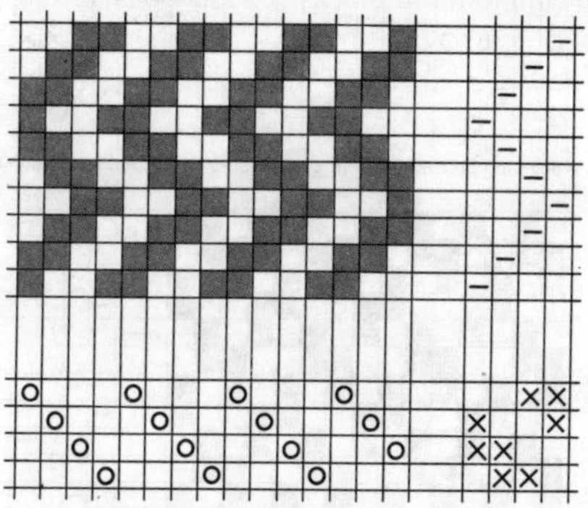

Zickzackköper (umkehrende Trittweise)

Verschiedene Webmuster: Panama, Schußcannelé und Kettencannelé sind Abarten der Leinenverbindung, die dadurch entstehen, daß man die Schuß- oder Kettfäden doppelt legt. Die Köper gehören einer anderen Bindungsart an. Wie diese Bindungspatronen zu lesen sind, ist auf Seite 467 nachzulesen

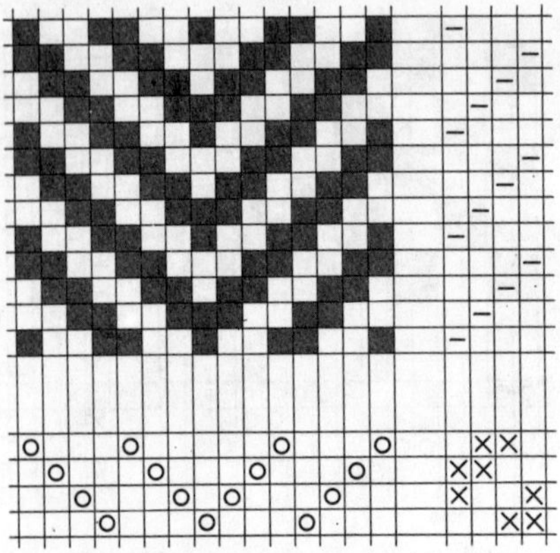

Köper mit Spitzeinzug

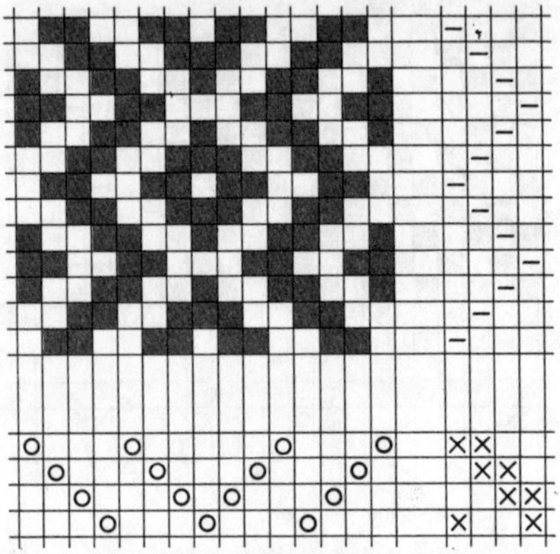

Köper mit Spitzeinzug (umkehrende Trittweise)

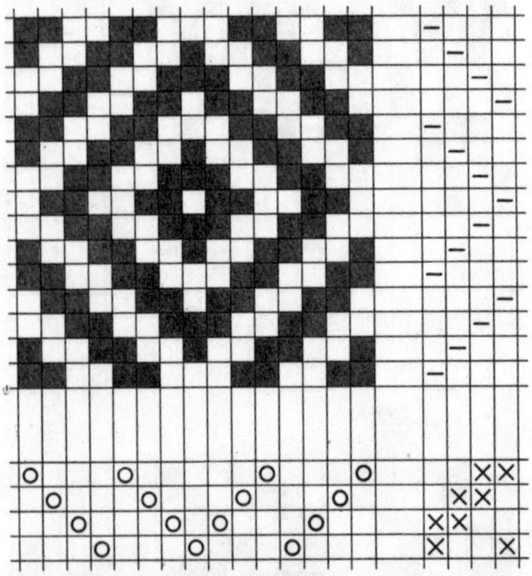

Köper mit Spitzeinzug und gleichmäßig umkehrender Trittweise

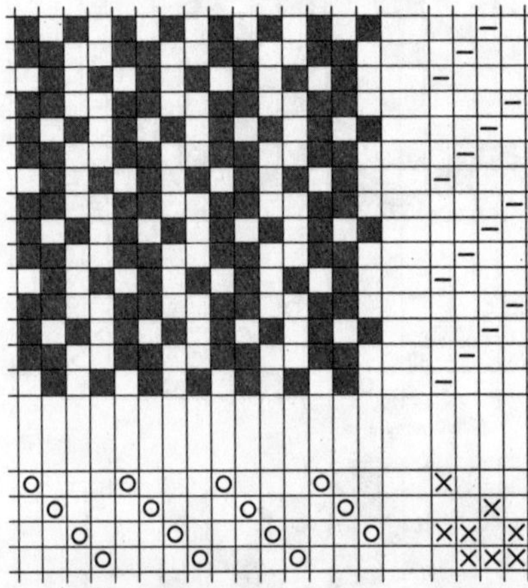

Mischbindung

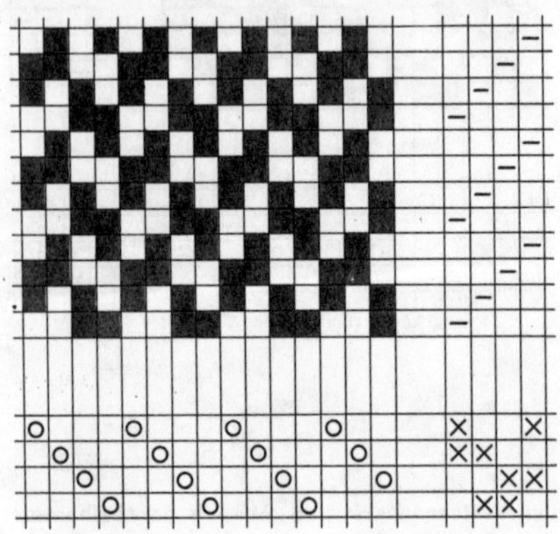

Mischbindung

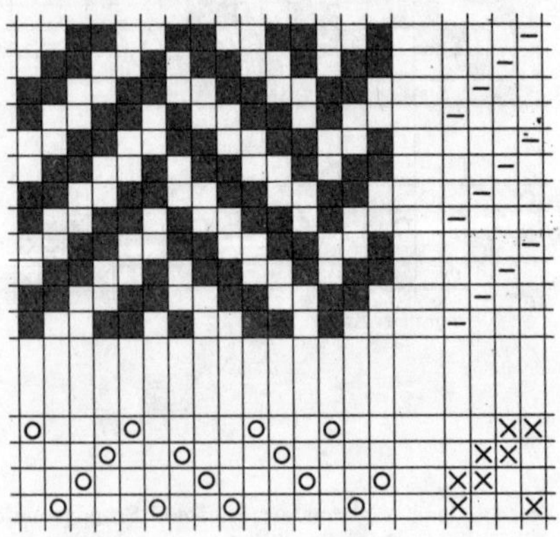

Bindung mit versetztem Einzug

Verschiedene Webmuster

Fäden, legt sich dann unter einen usw. oder umgekehrt. Bei 4schäftigem Köper werden drei Schäfte gesenkt, während sich der vierte hebt. Aus der Köperbindung gehen viele Abarten hervor, wofür man auch den »Spitzeinzug« und »gruppenweise Einzüge« verwenden kann. Die Bindung läßt sich durch Wechsel in der Trittfolge variieren.

Atlasbindungen müssen mindestens von 5 Schäften gewebt werden. Die Bindung wird kaum benutzt, ist uns aber z. B. von Bettinletts her bekannt.

Teppichweben und -knüpfen

Das Wort Teppich leitet sich aus dem lateinischen »tapetum« her. Das Gewebe diente ursprünglich nur als Wandverkleidung. Seine Vorläufer mögen die groben Wollmatten gewesen sein, die sich nomadisierende Hirten vor die Eingänge ihrer Zelte hängten, um ungehindert hindurchgehen zu können und dennoch einen Schutz gegen Wind und Regen zu haben. In den weiträumigen Palästen der altorientalischen Herrscher dienten Teppiche als bewegliche Trennwände zwischen den Gemächern. Die im alten Rom übliche Sitte, Wände mit Teppichen zu behängen, wurde von der Kirche übernommen und gelangte über diese in die Paläste der fränkischen Könige und in die Adels- und Bürgerhäuser.
Die ersten orientalischen Knüpfteppiche wurden durch die Kreuzfahrer im Abendland bekannt. Von ihrer Beliebtheit zeugen die häufigen Darstellungen auf Gemälden des 15. und 16. Jahrhunderts. Die Wertschätzung, die der orientalische Teppich heute genießt, verdankt er den großen Weltausstellungen in den Jahren 1867 (Paris) und 1873 (Wien), wo man ihn der Welt erstmalig als Kunstware vorstellte. Vorher galt das Teppichknüpfen in den orientalischen Ländern mehr als schöner und nützlicher Zeitvertreib, während die Werkstücke von nun an wichtiges Handelsobjekt wurden.
Webtechnisch unterscheidet man drei Möglichkeiten der Teppichherstellung: Gobelin, Kelim und Smyrna. Gobelins und Kelimteppiche werden gewebt (»gewirkt«), der Smyrnateppich wird geknüpft. Alle Arbeiten erfordern genaue Entwürfe und Musterberechnungen, damit Fehler vermieden werden. Ansonsten sind sie leicht auszuführen.

Gobelinweberei

Im »Gobelin« werden figürliche Muster und Ornamente in verschiedenfarbigen Flächen aneinandergewebt. Nach jedem Schuß, d. h. wenn man im Aneinanderreihen der Farbfäden zu einer Geraden gelangt ist, wird »angeschlagen« und dabei das Gewebe festgerückt. Der Gobelin ist der eigentliche »Bildteppich«, der seinen Platz an der Wand bis heute behalten hat, während die anderen Teppicharten auf den Fußboden wanderten.
Bindungstechnisch handelt es sich beim Gobelin um einen verschiedenfarbigen Schußrips, in dem der Farbwechsel sowohl in der Kettrichtung als auch in der Webbreite an jedem beliebigen Punkt stattfinden kann. Die »echten« Gobelins werden auf (senkrecht stehenden) Hochwebstühlen hergestellt, und zwar durch mustergemäßes »Einstopfen« kurzer farbiger Schuß-

Gobelin

fadenstücke in die senkrecht gespannte Baumwoll- oder Leinenzwirnkette, hinter der zum ständigen Vergleich die Bildvorlage mit den Farbkonturen in originaler Größe liegt. »Unechte« Gobelins werden maschinell gewebt. Wir können Gobelins auch auf dem Webrahmen oder einem großen Flechtwebrahmen (siehe Seite 444) weben.
Da die Formen des Bildmusters infolge der Fadenverbindung beim Umschlingen des Grenzfadens im Schußwechsel leicht eine stufenartige Wirkung bekommen, sollten sie nur in großen und einfachen Linien gehalten werden. Bei fortschreitender Übung im Gobelinweben kann man die Formen mehr und mehr verfeinern.

Material. Für einen Bildteppich in der Größe 120 x 80 cm spannen wir die Kette aus Hanfgarn entsprechend der Webblattdichte 36–40/10. Als Schußmaterial läßt sich farbige Baumwolle verwenden.

Entwurf. Die Webvorlage wird zunächst auf Millimeterpapier entworfen und danach in Originalgröße auf ein Papier, dessen Quadratteilung in einem zur gewünschten Teppichgröße entsprechenden Verhältnis steht, übertragen. Für den Anfang empfiehlt sich die Beschränkung auf einige großflächige Formen, an denen man die Arbeitsweise mit mehreren Schiffchen und der mehrfachen Bindung in einer Webbreite üben kann. Nach und nach wagen wir uns auch an schwierigere Vorwürfe.

Bindungstechnik. Man arbeitet wegen der auf schmaler Fläche vielgestaltigen Muster mit möglichst kurzen (etwa 10 cm langen) Webnadeln oder sogenannten Puscheln, die man aus einem größeren Materialende rasch über zwei Fingern zurechtwickeln kann (a). Der Einschlag beginnt von der einen Webkante aus mit der dort benötigten Farbe und wird so weit durch die Kette geführt, als das Muster die betreffende Farbe verlangt. Für das Verschlingen der Fäden an den Farbgrenzen gibt es zwei Verfahren: Die Umschlingung des Grenzkettfadens durch den Schuß

Links: Gobelinweben am Hochwebstuhl. Die Fäden werden mit der Hand – bei längeren Partien mit der Webnadel – in das geöffnete Fach eingetragen. Rechts: Das Durchstecken eines Puschels

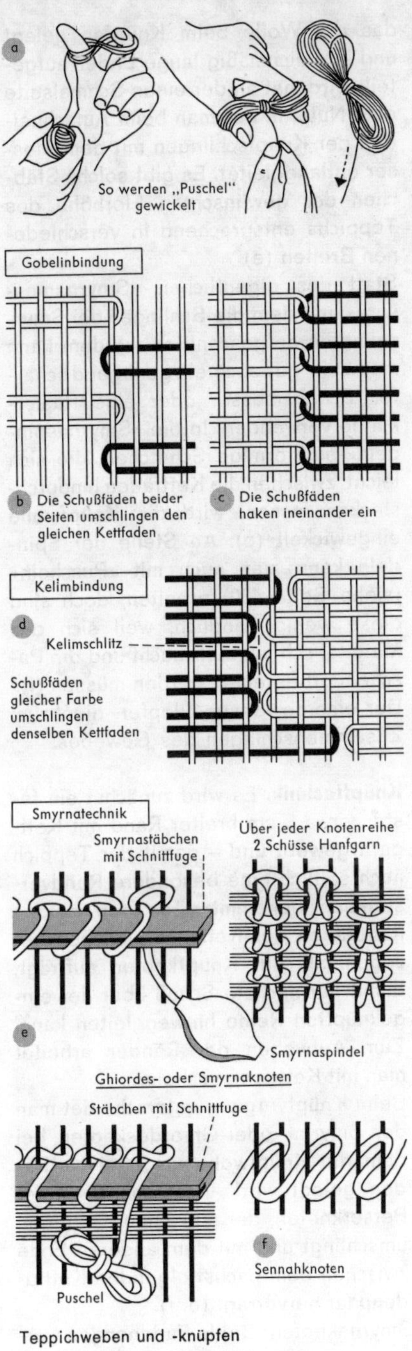

Teppichweben und -knüpfen

(b) oder das Einhaken der Schußfäden zwischen zwei Kettfäden ineinander (c). In beiden Fällen lassen wir nach eingelegtem Schuß das Schußgarn nach vorn herauskommen. Bei b wird einfach zurückgewebt, bei c umschlingen wir den Einschlag der einen mit dem Einschlag der nächstfolgenden Farbe. Sind alle Schußfäden in der ganzen Webbreite locker eingetragen, so werden sie nach dem Fachwechsel mit dem Kamm oder mit Hilfe eines »Klopfers« angeschlagen.

Kelimtechnik

Ähnlich wie beim Gobelin werden auch beim »Kelim« Schußteile verschiedenfarbig aneinandergereiht, doch so, daß sie in mehreren Schußlagen immer um den gleichen Kettfaden wenden, wodurch an den Konturen der Farbflächen die typischen »Kelimschlitze« entstehen, die nachträglich von der Geweberückseite aus zugenäht werden können. Vielfach weist das Muster, nach dem der Kelim geflochten wird, treppenartig verlaufende Konturen der Farbflächen auf. Auf diese Weise werden längere Schlitze im Teppich vermieden (d).
Die Arbeitsweise ist die gleiche wie beim Gobelin. Man kann ein Kelimmuster aber auch weben, indem man bei den senkrecht aufsteigenden Musterkonturen die Schußfäden nach jeweils 1 cm Webhöhe wie beim Gobelinschlag b einmal miteinander verschlingt, um Zusammenhalt in die ansonsten getrennt nebeneinanderliegenden Farbflächen zu bekommen.

Smyrnatechnik

Beim Teppichknüpfen handelt es sich sozusagen nur um ein Einknüpfen, also um eine Zutat zum Grundgewebe, das

Knüpfteppich (Smyrnaarbeit)

mit Kette und Schuß auf dem Webstuhl ausgeführt wird. Um so große Teppiche knüpfen zu können, wie sie uns als »Perser« bekannt sind, bedarf es eines großen Hochwebstuhls und unendlichen Fleißes. Wir arbeiten am besten mit einem selbstgebauten und hochgestellten Flechtwebrahmen (siehe Seite 444), an dem wir die Fachteilung durch eines der bekannten Primitivverfahren vornehmen. Die Anzahl der eingeknüpften Fäden bestimmt die Dicke bzw. den »Flor« des Teppichs. Nach guter Einarbeit kann man in einer Stunde bestenfalls bis zu 1000 Knoten knüpfen, das bedeutet, daß man 6–9 Monate für einen größeren Teppich mit 2 Millionen Knoten benötigt. Kleinere Vorleger und Brücken lassen sich schneller bewältigen.

Material und Werkzeug. Als Kette eignet sich stärkeres Hanfgarn (Teppichgarn), als Schuß stärkere Wolle, wie sie unter der Bezeichnung »Smyrna-Wolle« im Handel ist. Eine gute Teppichwolle muß trittfest, elastisch und kräftig sein, das sind Eigenschaften, die nur eine reine Schaf-Schurwolle besitzt.

Außerdem sind zum Knüpfen einige Werkzeuge nötig: Das linealartige »Smyrnastäbchen« (Smyrnarute), um das die Wolle beim Knüpfen gelegt und in gleichmäßig lange Enden aufgeteilt wird, hat an der einen Schmalseite eine Nute, in der man beim Aufschneiden der Knüpfschlingen mit dem Messer entlanggleitet. Es gibt solche Stäbchen der gewünschten Florhöhe des Teppichs entsprechend in verschiedenen Breiten (e).

Statt des eigentlichen »Smyrnamessers«, mit dem die Schlingen der Smyrnaknoten aufgeschnitten werden, kann man sehr gut auch ein genügend scharfes Schnitzmesser oder eine Rasierklinge verwenden. In die »Smyrnaspindeln«, nußförmige Schiffchen, die sich leicht zwischen die Kettfäden hindurchstecken lassen, wird die Knüpfwolle eingewickelt (e). An Stelle der Spindeln kann man auch mit »Puscheln« (siehe Seite 480) arbeiten, doch sind diese wenig handlich, weil sich das Material schnell aufbraucht und die Puscheln oft erneuert werden müssen (f).

Der eiserne »Smyrnaklopfer« dient zum Zusammenschlagen des Gewebes.

Knüpftechnik. Es wird zunächst ein fester, etwa 3 cm breiter Rand mit Kettgarn gewebt und – damit der Teppich auch seitlich eine besondere Randverstärkung bekommt – an den beiden Randfäden der Kette so weit hochgezogen, als der Knüpfknoten aufträgt, damit der nächste Schuß über der eingeknüpften Reihe hinweggleiten kann. Zum Aufweben der Ränder arbeitet man mit Kettgarnpuscheln.

Beim Knüpfvorgang unterscheidet man den Smyrna- oder Ghiordesknoten, bei dem die Knüpfwolle um zwei Kettfäden gelegt wird, vom Sennah- oder Perserknoten, der nur einen Kettfaden umschlingt und mit dem anderen Ende zwischen dem nächstfolgenden Kettfadenpaar hervorragt (e, f).

Smyrnaknoten: Beide Fadenenden werden mit der Mitte der zu verknotenden Wollänge über zwei Kettfäden gelegt, nach hinten geführt, zwischen den Kettfäden nach vorn geholt und fest angezogen. Ist der erste Knoten geschlungen, bringt man das Stäbchen mit der Schnittkante nach oben in einen waagerechten Winkel zur Kette an die gewünschte Stelle unterhalb des Knotens, umfährt es mit der Wolle (weder zu locker, noch zu fest, sondern bei normaler Spannung) und knüpft den zweiten Knoten. Der Faden wird wiederum nach hinten und um das Stäbchen geschlungen, dann der nächste Knoten geknüpft usw. Das Stäbchen liegt also nicht in den Knoten selbst, sondern in den Schlingen, die die Knoten gegenseitig verbinden. So knüpft man – des Randes wegen vom 3. und 4. Faden beginnend – eine ganze Kettbreite hindurch von links nach rechts. Will man eine neue Farbe einlegen, so wird der alte Faden in Schlingenhöhe abgeschnitten und mit der neuen Farbe zunächst wie am Anfang ein Knoten ohne Stäbchen geknüpft, dann das Stäbchen eingelegt usw. Entsprechend der linken Randseite läßt man auch rechts die nötigen Kettfäden frei und webt diese mit Kettgarn auf. Ist die erste Reihe fertig, werden – um die am stärksten gefährdeten Randknoten zu sichern – zunächst die Randpuscheln mehrmals auch über die dritten bis fünften Kettfäden hinweggeflochten. Dann wird die gesamte Gewebebreite zweimal mit Hanfgarn durchschossen. Jetzt können wir die Knüpfschlingen über der Nute des Knüpfstäbchens aufschneiden und das Ganze mit dem Smyrnaklopfer fest anschlagen, wobei uns das Eigengewicht des Eisens zu Hilfe kommt. Nur ein fest zusammengeschlagenes Gewebe, in dem die Knoten zwischen den längs- und querlaufenden Fäden der Bindung eingeklemmt liegen, bietet uns die Gewähr, daß der Teppich allen Beanspruchungen standhält.

Die Höhe des Flors entspricht in allen Fällen der Breite des Smyrnastäbchens und hängt auch von der Kettfaden- und Knüpfdichte ab. Man sollte sich immer für eine engere Fadenteilung entscheiden, obwohl dabei erhöhter Materialverbrauch und längere Arbeitszeit in Kauf genommen werden müssen. Je dichter geknüpft wird, desto fester und besser wird der Teppich – desto kürzer kann auch der Flor geschnitten werden (Stäbchenbreite). Die Florlänge hält sich zwischen 10 und 20 mm.

Abschließend muß das fertige Gewebe rückseitig mit sehr flüssigem heißem Tischlerleim überstrichen werden.

Textile Schmucktechniken

Die verschiedenen Techniken

Das Bedürfnis, Gewebe zu verzieren, ist so alt wie die Kunst des Webens selbst. Eine der bedeutendsten Stoffarben des Altertums war der Purpur, der aus den Ausscheidungen einer Stachelschnecke gewonnen wurde. Er erscheint zunächst grünlichgelb und entwickelt sich später unter dem Einfluß des Sonnenlichtes und der Oxydation zu dem prächtigen Purpurrot, das lange als kostbarste Farbe nur Königen und Priestern vorbehalten war. Auf Kreta soll Purpur schon um 1600 v. Chr. gewonnen worden sein. Die Wurzel der Krapp-Pflanze, einer Abart des Waldmeisters, schenkte das leuchtende Krapprot. Das wichtigste Blau lieferte der Waid. Römischen Schriften zufolge bemalten die Britannier im Kriege damit ihre Gesichter, um sich ein schreckliches Aussehen zu geben. Aus dem Altertum sind noch eine Reihe anderer Pflanzenfarben bekannt, die jedoch alle in unserer Zeit weitgehend durch die unübertroffen lichtechten, wasch- und wetterfesten Teerfarben, die Indanthrene, verdrängt und abgelöst wurden.
Der Zeugdruck geht auf die schon früh aus dem Orient in Europa eingeführten kostbaren Damaste und Brokate zurück, deren gewebte Muster zunächst mit Hilfe hölzerner Stempel farbig nachgedruckt wurden. Er erlebte seine Blütezeit im 17. Jahrhundert durch die Anregungen der aus Ostindien kommenden Chintze und Kattune. Der damals aufkommende »Blaudruck« war das Verfahren, in dem auch die indischen Kattune hergestellt wurden. Die Bezeichnung »Druck« ist im Grunde unzutreffend, da mit der blauen Farbe nicht gedruckt, sondern gefärbt wird. Es ist ein »Reserve«-Druckverfahren, wobei man die Motive mittels eines Holzmodels nicht mit Farbe, sondern mit einer farbabweisenden Masse, die in der Hauptsache aus einer Mischung von weißem Pfeifenton, Unschlitt und Gummiarabikum besteht, auf den Stoff druckt. Hinterher wird der Stoff blau (Indigo) gefärbt, während die gedruckten Motive weiß und ungefärbt stehenbleiben.
In unserer Zeit hat sich der Stoffdruck technisch ungeheuer entwickelt. Für den Handstoffdruck gelten jedoch noch immer die alten Grundlagen: der Gebrauch der aus Holz, Gummi oder Linoleum geschnittenen Druckstempel (Model) und das »Reserve«-Druckverfahren, das in einem Abdecken verschiedener Stellen des Stoffes mit einer farbabweisenden Masse und anschließendem Färben des Gewebes besteht. – Batik ist eine Schmucktechnik, bei der die Stellen, die ungefärbt bleiben sollen, vor dem Einfärben des Stoffes mit Wachs abgedeckt werden. Dieses Färbeverfahren ist in der Form, wie es heute ausgeübt wird, in

Ostindien beheimatet, war aber in alter Zeit auch in Ägypten, Amerika usw. bekannt. Das malayische Wort »Batik« bedeutet »gesprenkelt« oder in anderer Form (ambatik) soviel wie »schreiben« oder »zeichnen«, wie es der Technik ja auch entspricht. Im 5. Jahrhundert v. Chr. sollen am Kaspischen Meer Volksstämme gewohnt haben, die ihre Gewänder in einer Art Batik schmückten. In Koptengräbern des 4. und 5. Jahrhunderts fand man runde Holzstempel mit geschnittenen Motiven für den ägyptischen Reserve-Druck und damit bedruckte Kleiderreste.
Bereits von den Pfahlbauern der Jungsteinzeit sind Netze bekannt, die zeigen, wie aus einem endlosen Flachsfaden in einer Schlingtechnik Masche neben Masche in die vorherige Maschenreihe geknüpft wurde. Über das Flechten von Zäunen und Matten kam man später zum Weben, wobei zwei Fadenschichten rechtwinklig ineinander verkreuzt wurden, so daß sie eine feste Fläche ergaben. Erste Verzierungen dieser Gewebe wurden durch Versetzen des endlosen Fadens über zwei oder mehrere Gegenfäden erzielt, je nachdem, wie es das Muster erforderte. Dann folgte das Schmücken mit mehreren verschiedenfarbigen Fäden und das Verzieren der fertigen Gewebefläche mit Stickereien oder Aufnäharbeiten (Applikation).
Die Technik der Applikation entwickelte sich im Mittelalter aus der Arbeit an großen Decken und Wandbehängen, wobei man figürliche Darstellungen aus ausgeschnittenen, verschiedenfarbigen Stoffstücken mit zierenden Stichen auf einen Stoffgrund heftete. Später (besonders im 16. und 17. Jahrhundert) wurden auf solchen »Fleckendecken« in bilderreicher Erzählweise von unübertroffener Unmittelbarkeit Darstellungen religiöser Inhalte und weltlicher Begebenheiten wiedergegeben.

Der Stoffdruck

Wir verlangen von einem textilgerecht bedruckten Stoff, daß der Charakter der gewebten Fläche trotz des Dekors sichtbar ist und die Stofffläche als ein zusammenhängendes Ganzes erkennbar bleibt. Durch den Druck soll der Stoff zwar bedeckt werden, doch nicht so, daß das gedruckte »Bild« zum Selbstzweck wird und das Gewebe gewissermaßen nur dazu benutzt, um sich zu zeigen. Was wir ihm an Form und Farbe mitgeben, soll den Stoff beleben und schmücken. Dem auf Wiederholung und Regelmäßigkeit aufgebauten Gewebe entspricht daher die regelmäßige Aneinanderreihung der Formen und Farben zu Reihen und Flächen und reizvollen Hell–Dunkel-Wirkungen, wobei es nicht so sehr auf die Art des Einzelmotivs als auf seine Wirkung in der Wiederholung (»Rapport«) ankommt. Ausgesprochen bildhafte Malereien, die durch ihren illustrativen Gehalt die Aufmerksamkeit des Betrachters auf sich ziehen, sind als Druckformen ungeeignet. Auf die Möglichkeiten der Motivfindung und Anwendung wird bei der Beschreibung der verschiedenen Druckmodel hingewiesen. Allgemeine Regeln, von deren Beachtung der Erfolg beim Stoffdruck weitgehend abhängt, betreffen Wahl und Vorbehandlung der Stoffe, Druckverfahren und Nachbehandlung der Stoffe.

Druckfarben. Für den Stoffdruck stehen besondere »Stoffdruckfarben« in Dosen oder Tuben zur Verfügung. Die dickflüssigen Pigmentfarben können mit einem dazugehörigen Lösungsmittel oder allgemein mit Testbenzin (Terpentin) verdünnt werden. Der Auftrag auf den Stempel erfolgt bei kleinen Modelformen über ein Stempelkissen, bei größeren über eine Glasplatte mit der vom Linoldruck (siehe Seite 551) her bekannten Gummiwalze. Bei richtiger Behandlung sind diese Farben waschecht und können, wenn man sie nach dem Trocknen heiß in den Stoff einbügelt, sogar gekocht werden.

Stoffe. Bedrucken lassen sich alle glatten, dichtfädigen Stoffe – mittelfeine Baumwollstoffe, Fahnentuche, Leinen, Nessel, in gewissen Grenzen auch Kunst- und Rohseiden. Als idealster Druckstoff hat sich das appreturlose (ungestärkte), oberflächenglatte Gminder Halblinnen erwiesen, das außerdem nicht einläuft. Ob sich eine Seide zum Bedrucken eignet, muß erst eine Druckprobe erweisen. Feine Seide verliert oft durch den Druckauftrag ihren geschmeidigen Fall. Ungeeignet sind Stoffe grober Webart oder solche, die so dünn sind, daß die Druckfarbe durchläuft.

Die Farben kommen besonders auf einem hellen Stoffgrund gut zu Geltung, während sie auf dunklem oft blaß wirken. Der Ton der Druckfarbe wird vom durchscheinenden oder umgebenden Farbton des Stoffes stark beeinflußt (Gelb wirkt z. B. auf blauem Grund grünlich). Es ist daher zweckmäßig, die Druckwirkung auf dem jeweiligen Stoff vorher auszuprobieren.

Vorbehandlung der Stoffe. Neue Stoffe nehmen die Druckfarbe besser an als gebrauchte. Leider werden sie oft, damit sie Griffestigkeit und den Anschein größerer Dichte bekommen, mit einem Appreturmittel gestärkt. Dies verhindert das tiefere Eindringen der Druckfarbe in das Gewebe, so daß die Stärke vor dem Druck gründlich entfernt werden muß. Kochen allein hat wenig Sinn, da sich dabei die Appretur zu einer zähen Masse verdickt und im Stoff verfängt. Die sicherste Art, den Stoff zu »entschlichten«, ist ein Gärverfahren mit Malzextrakt, durch das die Stärke zersetzt wird. Wir weichen das Gewebe einige Stunden gut ein, legen es dann etwa eine Stunde lang in anfangs 50° warmes Wasser, dem wir je Liter einen gestrichenen Teelöffel (1/2 g) Malzextrakt hinzufügen, spülen gründlich nach und kochen anschließend die noch im Stoff haftenden Wachsbestandteile der Appretur heraus. Nach dem Trocknen und Bügeln kann der Stoff bedruckt werden.

Druckverfahren. Zunächst bedecken wir den möglichst langen, ebenen Arbeitstisch mit einer weichen Unterlage (Wolldecke, Filztuch, mehrere Lagen Flanell oder auch nur Zeitungs- und Fließpapier), die bewirkt, daß sich der Stoff beim Drucken weich an die Druckfläche des Models anschmiegt. Filz oder Flanell sollte man zum Schutz vor der möglicherweise durch den Stoff hindurchdringenden Farbe mit Zeitung abdecken. Darüber spannen wir den zu bedruckenden Stoff mit Reißzwekken oder Stecknadeln. Wir erleichtern uns die Arbeit außerdem, wenn wir die Stellen, die bedruckt werden sollen, mit einem weichen, nicht zu spitzen Bleistift, Schneiderkreide oder durch einen darübergespannten Faden markieren.

Zum Aufbringen der Farbe auf den Druckstock kann man sich aus einem Brettchen mit Polsterfüllung und einem weichen Stoffüberzug (Filz) eine Art Stempelkissen machen, auf dem man die Farbe ausstreicht und die Druckfläche des Models andrückt. Diese Art der Farbaufnahme ist nur für kleinere Druckstöcke (z. B. Kartoffelstempel)

geeignet, bei größeren muß man die Druckfläche mit der Gummiwalze einfärben. Wir drücken ein wenig Stoffdruckfarbe aus der Tube auf eine Glasplatte, verteilen sie durch Auswalzen nach allen Richtungen zu einem dünnen Film und übertragen sie von diesem mit der Walze auf die Druckfläche des Models, bis auch diese gleichmäßig eingefärbt ist. Nun wird der Stempel von oben auf den kurz vorher mit einem Schwamm angefeuchteten (nicht zu nassen) Stoff gesetzt und mit kräftigem Druck abgepreßt. Man läßt den Stempel eine Weile auf den Stoff einwirken, wobei ein Schlag mit der Faust oder mit dem Holzhammer die Gleichmäßigkeit des Abdrucks sehr fördert. Die aufzuwendende Kraft ist je nach der Art des Gewebes und der Beschaffenheit der Druckfarbe verschieden, danach entscheidet sich auch, wie oft (ob ein- oder mehrmals) wir auf die Modelfläche schlagen müssen. Die Farbe darf weder zu dünn noch zu dick auf den Druckstock kommen. Sie soll kräftig auf dem Stoff stehen, aber an den Rändern der Druckformen nicht zu fett und plastisch hervortreten. Zu dünn aufgetragen, wird der Druck flau, ist sie zu dick, verklebt die Farbe die Negativformen, so daß die Zeichnung verkleckst und verschmiert erscheint.
Es ist selbstverständlich, daß wir zunächst an Hand von Probedrucken die günstigsten Bedingungen schaffen müssen, wobei wir auch das Ansetzen des Rapports usw. üben. Fällt der Probedruck zur Zufriedenheit aus, dann kann die Arbeit beginnen. – Vor jedem Abdruck wird die Modelfläche neu eingefärbt, wobei die Farbgabe möglichst der des vorherigen Abdrucks gleichwertig sein soll. Der Stempel darf auch beim Drucken niemals verschoben werden. Ist ein Abdruck einmal nicht ganz gelungen, nicht gleichmäßig oder kräftig genug geworden, setzen wir den Model nicht etwa noch einmal darauf. Man bekommt ihn kaum je wieder genau auf dieselbe Stelle, und ein verschobener Druck sieht noch schlechter aus. Kleine Fehler, die sicher nicht ganz zu vermeiden sind, werden vorsichtig mit einem Pinsel und verdünnter Stoffdruckfarbe ausgebessert. Zum Reinigen der Arbeitsgeräte dient ebenfalls Testbenzin.

Kartoffelstempel sind am einfachsten und billigsten, dafür aber auch recht kurzlebig. Sie trocknen leicht aus, was zu schnellerem Arbeiten zwingt und sie für größere, umfangreichere Vorhaben nicht geeignet erscheinen läßt. Zur Herstellung benötigt man keine besonderen Materialien oder Werkzeuge: Einige große, rohe Kartoffeln und ein spitzes Küchen- oder Taschenmesser genügen. Außerdem wäre noch ein kleines, 1–2 mm starkes Stückchen Filz als Stempelkissen zu beschaffen. Diese Dinge sind alle leicht zur Hand. Wir sollten möglichst mehlige Kartoffeln auswählen, da speckige die Farbe nicht so gut annehmen. (Schnittechnik siehe Seite 206.)
Mit den naturgemäß nicht sehr großen Kartoffelstempeln können wir nur kleinere, feinere Arbeiten anfertigen. Für Wandbehänge oder Kleiderstoffe sollten wir uns möglichst anderer Stempelarten bedienen. Grobe Stoffe vermeide man ebenso wie allzu feine (Batist und feine Seide), da durch diese die Farbe zu leicht durchdringt. Verwendbar sind: feine Baumwolle, Kunstseide, Rayon, Halbleinen, Nessel, reine Seide usw.
Wir bedrucken Bänder, kleine Decken, Sets oder Tischläufer, Schals und Dreiecktücher. Der Stoff wird der geplanten Arbeit entsprechend ausgesucht: Bänder, Schals und Dreieck-

tücher aus Seide oder Kunstseide, Sets, Tischläufer oder Decken aus Halbleinen oder Gminder Halblinnen, kleine Deckchen aus Nessel, Seide, Kunstseide oder Rayon.
Übliche Maße für diese Arbeiten:

Deckchen aus Nessel	40/40 cm
Deckchen aus Seide	30/30 cm
Sets aus Halbleinen	45/20 cm
Tischläufer aus Halbleinen	30/100 cm
Decken aus Baumwolle	50/50 cm
Schals aus Seide oder feiner Baumwolle	25/100 cm
Vierecktücher aus Seide oder Baumwolle	70/70 cm

Der weiche Stempel ist für komplizierte Motive wenig günstig. Er wird in großzügigen und einfachen Formen mit dem Messer geschnitten und gekerbt. Die naturgegebene Größe der Kartoffel zwingt schon von sich aus zu begrenzten Einzelmotiven. So sind die rein geometrischen Formen hier am besten geeignet, dem schöpferischen Impuls freien Lauf zu geben. Der besondere Reiz des Kartoffeldrucks besteht gerade darin, daß schon mit einer ganz einfachen Form der Phantasie große Möglichkeiten offenstehen. Ein einzelnes kleines Motiv (Stab, Dreieck, dreifacher Stab oder Würfel, Kreis, Halbkreis, Stern), für sich zu einer Gruppe geordnet oder als laufendes Randmotiv gesetzt, genügt bereits.
Flächen werden rhythmisch belebt durch Streumotive, ein mittefüllendes Motiv gibt der zu belebenden Fläche Bedeutung, ein randbegleitendes faßt sie zusammen, während verstärkende Eckmotive zu ihrer Betonung beitragen.
Zunächst ist es ratsam, den Entwurf auf einem Stück Papier zu probieren. Man arbeitet auch sicherer, wenn man sich, wie oben erwähnt, kleine Anhaltspunkte auf dem Stoff vermerkt. Dann wird ein Filzstückchen, etwa zweimal so groß wie der Stempel, auf ein größeres Stück Pappe, Glas oder Blech gelegt und mit einem Pinsel mit Farbe bestrichen, die gut einziehen muß. Der Kartoffelstempel soll auf seiner Stempelfläche möglichst trocken sein, damit die Druckfarbe besser daran haftet. Nun wird der Stempel auf das farbdurchtränkte Filzstück gedrückt und senkrecht kräftig auf den Stoff gepreßt. Nach einer Weile heben wir den Stempel wieder vorsichtig senkrecht hoch. Wollen wir mit mehreren Farben drukken, warten wir, bis die eine vollkommen trocken ist, da sich die zweite sonst mit ihr vermischen würde.

Kork- und Gummistempel sind haltbarer und langlebiger als Kartoffelstempel. Kork ist jedoch spröde und brüchig und läßt sich daher schwieriger schneiden, weshalb man an einfachste Motive gebunden ist. Am besten nutzt man ihn für runde Druckformen, die, wenn man einen fertigen Pfropfen nimmt, gar nicht erst geschnitten werden müssen. Oder man halbiert den Pfropfen zur Halbmondform. Die verschiedenen Größen der Korken erlauben eine Fülle von Variationsmöglichkeiten, die, trotz der Einfachheit der einzelnen Stempelform, aneinandergereiht vielfältige und ansprechende Musterungen ergeben.
Ein Beispiel für ein wechselvolles Motiv zum Rand- oder Flächendruck: Man schneidet einen großen Korken mit einem scharfen Messer zweimal nebeneinander der Länge nach durch. Auf diese Weise entstehen drei neue Druckstempel, zwei Halbkreis- und ein Stabstempel, mit denen sich zahlreiche Kombinationen entwerfen lassen. Fügt man noch einen größeren und einen kleineren Korken unbeschnitten als

Rundformen hinzu, so ist das Bild schon sehr bewegt und munter.
Gummistempel lassen sich wesentlich leichter und feiner schneiden als Kork. Man kann z. B. einen großen Radiergummi oder andere, nicht zu harte Gummistücke nehmen. Beim Schneiden sollten wir lineare, eckige und spitze Formen bevorzugen, weil runde in Gummi schlechter zu schneiden sind. Einen dünnen Gummistempel klebt man auf ein Holzklötzchen, damit er sich beim Drucken besser handhaben läßt.
Auch die Kork- oder Gummistempel eignen sich nur für kleinere Druckflächen – Bänder, Tücher, Sets und dergleichen. An Stoffen wählen wir wieder Seide, Kunstseide, Rayon, Baumwolle feinerer Art, feine Leinen und Gminder Halblinnen. Die Druckstellen werden wie oben mit einigen Hilfslinien oder -punkten gekennzeichnet.
Sollte der Kork- oder Gummistempel die Farbe einmal nicht ausreichend annehmen, so wird etwas Farbe auf eine Glasscheibe gedrückt und mit der Gummiwalze gleichmäßig und dünn verteilt. Dann färben wir den Stempel ein, indem wir ihn mit seiner Motivseite vorsichtig und kurz auf die farbtragende Platte auftupfen. Um die richtige Einfärbung in ihrer Wirkung auf dem Stoff zu erproben, macht man einige Probedrucke auf Stoffresten.

Linolstempel. Linoleum ist eine auf Jute oder groben Stoff aufgetragene, präparierte, später festgewordene Masse aus Leinöl und Korkholzpulver, ein Material, das als dauerhaft bekannt ist. Es schneidet sich angenehm und leicht mit Linolschneidefedern (siehe Seite 534), die wir in einen Spezialhalter oder auch in einen gewöhnlichen Federhalter stecken. In Linol lassen sich sehr viel feinere Motive ausführen, auch können weitaus größere Druckstempel

Mit Linolstempeln farbig bedrucktes Set

hergestellt werden, die sich hervorragend zum Flächendruck (Rapport- oder Mehrfachdruck) auf einer größeren Fläche eignen. Damit wandeln sich die Arbeitsgebiete und Druckmotive.

Die schon genannten kleineren Arbeiten lassen sich mit Linoleummodel leichter als mit Kartoffel- oder Gummistempeln bedrucken. Der Rapport-, Mehrfach- und Flächendruck ermuntert aber darüber hinaus nun auch zum Bedrucken von Kleiderstoffen, Kissenplatten, Wandbehängen, Vorhängen usw. Gut eignen sich hierfür neben den Kunst- und Rohseiden auch die mittelfeinen Stoffarten wie Baumwolle, Fahnentuch, mittleres Leinen. Auf die besondere Tauglichkeit des Gminder Halblinnens ist schon mehrfach hingewiesen worden. Neue Stoffe sind von Appretur zu befreien (siehe Seite 486). Bei feineren Geweben, vor allem bei Seide, zeigt erst eine Druckprobe, ob sich der Stoff wirklich zum Bedrucken eignet. Feinere Seiden verlieren oft ihren geschmeidigen Fall, wenn sie stark bedruckt werden. In solchen Fällen, besonders bei Kleiderstoffen, muß man den Entwurf bzw. die Motive zart halten. Maßangaben sind nicht erforderlich, da sich die zu bedruckenden Stoffgrößen nach den Gegebenheiten des Verwendungszwecks richten.

Zur Herstellung des Linolstempels nimmt man möglichst einfarbiges und nicht gerade stark gekörntes Linoleum in einer Stärke von 3 bis 4 mm. Ist nur gemustertes Linoleum zur Verfügung, so streicht man es einfach mit Plakat- oder Temperafarbe hell über. Die Stempelformen lassen sich dann gut darauf aufzeichnen. Vor dem Drucken ist diese Farbe jedoch wieder abzuwaschen. – Zunächst wird das Motiv für den Stempel entworfen und spiegelverkehrt mit Pauspapier auf das Linoleumstück übertragen (siehe Seite 550). In einer zweiten Zeichnung legt man dann in einem Gesamtentwurf die Verteilung der Motive über die vorhandene Druckfläche fest.

Da Vorhänge, Wandbehänge, Stoffe usw. – anders als kleine Deckchen, Sets und Tücher, die man vor sich liegen hat — durchweg aus der Ferne betrachtet werden, sollten sie in möglichst großflächiger und großzügiger Weise bedruckt werden. Zwar waren die Einzelformen der bisher zur Anwendung gekommenen kleineren Druckmuster in ihrer Einfachheit ebenfalls den geometrischen Grundformen eng verbunden, das ergab sich aber auch notwendig aus der Tatsache, daß der gesamte Stempel in seiner Art klein war und keine Möglichkeit zu vielfältiger Unterformung bot. Aus Linoleum dagegen können ohne weiteres handscheibengroße Druckflächen geschnitten werden, die – damit sie nicht allzu flächig erscheinen — jedoch einer weiteren Unterteilung bedürfen. Man kann in einen großen Stempel ein Einzelmotiv schneiden oder die ganze Stempelfläche in zwei oder vier gleiche Felder aufteilen. Beim Flächendruck arbeitet es sich mit einem großen Stempel schneller, da man nicht so oft ansetzen muß.

Es gibt so viele Möglichkeiten zur Formfindung, daß hier nur einige grundsätzliche Ratschläge gegeben werden können. Schneidet man die Druckform so aus dem Linoleum heraus, daß sie aus der umgebenden Fläche erhaben emporsteht, so sprechen wir von einer Positivform. Bei einer Negativform dagegen wird das Druckmotiv weggeschnitten und die umgebende Fläche bleibt erhaben stehen. Auf die beim Linolschnitt gültigen Bezeichnungen »Schwarz-« und »Weißfigurenschnitt« (siehe Seite 549) sei hingewiesen. Zum Drucken benutzen wir sowohl positive als auch negative Stempelformen einzeln oder miteinander im Rand- und Flächendruck. Lebhaft und interessant wirkt das Nebeneinander ein und derselben Motivform in Positiv und Negativ. Zum Auffinden solcher Kontrastwirkungen bedient man sich zweckmäßig des Scherenschnitts in seinen verschiedenen Anwendungsformen als Einzel-, Falt-, Verschiebungs- und Ausklappschnitt (Siehe Seite 151 und 153). Die Formen werden so aus dem Linoleum geschnitten, daß stets das zu Druckende stehenbleibt.

Das Schneiden der Modelform mit Hilfe der Linolschneidefedern ist an anderer Stelle beschrieben (siehe Seite 547). Hinzugefügt sei noch, daß wir positive Linien nicht zu schmal stehenlassen, weil sie beim wiederholten Abdrucken leicht ausbrechen. Wir schneiden sie dammartig, d. h. zum Linoleumgrund etwas breiter verlaufend. Den fertigen Linolschnitt kleben wir auf ein gleich großes, 2–4 cm starkes Hartholzbrett. Die Handhabung beim Drucken ist schon beschrieben worden (siehe Seite 486).

Jetzt müssen die Motive auf dem Stoff verteilt werden. Das ist bei Rand- und Streumotiven besonders nötig. Bei unserer Entwurfszeichnung erleichtert es die Arbeit, wenn wir die Stempel vorher geschnitten und einige Probedrucke auf Papier angefertigt haben. Diese können wir ausschneiden und auf der Zeichnung hin und her schieben.

Holzmodel. Letzten Endes sind die Kartoffel-, Gummi- und sogar die Linolstempel nur Hilfslösungen. Wer ein geeignetes Schnittgerät (siehe Seite 534) im Hause hat, legt das Ersatzmaterial beiseite und fertigt stabile Model aus dem leistungsfähigeren harten Holzstock. Weichholz ist wegen seiner Langfaserigkeit und leichten Spaltbarkeit nicht verwendbar. Die Schnittkanten würden beim Drucken schnell abgenutzt und die Fläche geriete beim Anschlagen mit dem Hammer ständig in die Gefahr zu zerspringen. Am besten eignen sich Birne, Ahorn, Buche in Stärken zwischen 2 und 4 cm. Haben wir durch Vorversuche mit Kartoffeln oder Linoleum ein interessantes Motiv gefunden, so drücken wir es einfach auf dem Holzstock ab und schneiden seinen Umriß mit den Holzschnittmessern heraus. Die kernige Schnittkontur in Holz gibt dem Druck obendrein eine zusätzliche Lebendigkeit und Frische.

Mehrfarbendruck. Hierfür fertigt man auch bei gleichen Motiven möglichst mehrere Stempel an – für jede Farbe und für jeden Motivteil einen. Werden mehrere Farben übereinandergedruckt, so beginnt man mit der hellsten Farbe, läßt sie gut trocknen und druckt erst einige Tage später mit der nächstdunkleren weiter.

Für Übereinanderdrucke müssen sehr genaue Zeichnungen angefertigt werden, die man ebenso wie die späteren Teilstempel übereinanderpaßt. Die Zeichnungen werden auf die Druckstöcke übertragen und geschnitten. Der zweite und dann folgende Stempel muß genaue Kennpunkte, Anlagepunkte oder Kerbungen zum Aufsetzen auf den vorhergegangenen Druck aufweisen. Am einfachsten ist es, die zwei oder drei Druckstempel in ihrer Grundfläche gleich groß zu wählen und diese Größe auf dem Stoff mit leichten Hilfslinien oder Punkten zu vermerken. Wenn die Zeichnung genau und richtig übertragen wurde, so müßten die Drucke genau übereinanderliegen.

Nachbehandlung. Den bedruckten Stoff

hängen wir einige Tage zum Trocknen lose über eine Leine. Dann wird er von der Rückseite her mit einem heißen Eisen intensiv gebügelt. Durch die Bügelhitze werden die Farbpigmente auf der Gewebefaser fixiert – erst dann ist der Stoff wirklich farbecht und waschecht. Wir stellen das Eisen jeweils ein paar Sekunden auf die gleiche Stelle, dann ein Stück daneben usw. Um eventuelles Abfärben zu verhindern, legt man weißes Seidenpapier darunter.

Nach 4–6 Wochen kann der Stoff mit einer handwarmen Feinwaschmittellösung erstmalig gewaschen werden. Dabei dürfen wir den Stoff weder reiben noch zerren, sondern nur vorsichtig ausdrücken. Stoffe, die nach dem Bedrucken etwas zu hart und wenig gefällig erscheinen, werden nach mehrmaligem Waschen lockerer und geschmeidiger.

Die Stoffmalerei

Für das freie Bemalen des Stoffs mit dem Pinsel gelten die gleichen formalen Grundsätze wie für den Stoffdruck. Einfache und klare Motive wirken besser als komplizierte, bildhafte und zeichnerische Darstellungen dagegen kommen schlecht zur Geltung. Die größten Möglichkeiten stoffgerechter Bemusterung, einfarbig oder mehrfarbig, bietet die Schablonentechnik (siehe Seite 127), die im Grunde kein Malverfahren ist, sondern ein Tönen mit Stoffdruckfarben durch die ausgeschnittenen Stellen in der Schablone hindurch. Grundsätzlich beschränken wir uns auch hierbei auf einfache, schlichte Formen, vereinfachte Tier- oder Pflanzenumrisse, flächige und ornamentale Figuren usw. Der Anwendungsbereich der Schablonenmalerei umfaßt Tücher, Sets und großflächige Motivarbeiten in der Art des Rapportdruckes. Wandbehänge lassen sich ebenfalls phantasievoll damit gestalten. Dementsprechend müssen wir auch die Stoffe auswählen. Es können duftige Leinen, Straminarten und sogar Wachstuch und Plastikstoffe verwendet werden.

Werkzeuge und Material. Zum Schneiden der Schablone dienen eine kleine spitze Schere, ein scharfes Messer oder die Schneidefeder (siehe Seite 150). Es gibt im Handel einen beiderseitig lackierten Spezial-Schablonenkarton, doch genügt auch ein glatter Aktendeckel oder Heftumschlag. Als Schneideunterlage ist ein Stück Hartfaserpappe oder stärkere Pappe brauchbar.

Zum Auftragen der Farben auf den Stoff braucht man runde Borstenpinsel mit kurzem Griff in zwei oder drei Stärken sowie ein Spritzsieb. Verwendet werden die schon vom Stoffdruck her bekannten Farben oder spezielle Textilfarben für Stoffmalerei mit den entsprechenden Verdünnungsmitteln (Spezialverdünner oder Testbenzin). Weitere Utensilien siehe Seite 128.

Entwurf. Hier sei zunächst auf die schon an anderer Stelle (siehe Seite 128) getroffene Unterscheidung zwischen positiven und negativen Schablonenformen hingewiesen. Wir können das Motiv entweder direkt auf dem Schablonenkarton entwerfen oder auch hier wie bei den für den Stoffdruck benötigten Modelentwürfen vorgehen. Gute Hilfen bieten wieder die verschiedenen Papier- und Faltschnitttechniken (siehe Seite 151 ff.). Das gefundene Motiv wird dann auf den Schablonenkarton übertragen und ausgeschnitten. Dabei ist darauf zu achten, daß die Schablone immer einen gewissen Zusammenhang behält, sie darf also nicht in mehrere Teile auseinanderfallen (siehe Seite 128). Ist der Entwurf mehrfarbig, brauchen wir für jede Farbe eine eigene Schablone, die durch Markierung oder Kerbung auf die anderen abgestimmt werden muß. Die hellste Farbe wird zuerst gedruckt, danach die nächst dunklere – doch erst, wenn die vorige gut getrocknet ist. Motiv- und Gesamtentwurf sind wie beim Stoffdruck zeichnerisch festzulegen. Der letztere wird später entweder ganz oder nur in Anhaltspunkten auf den Stoff übertragen. Bei mehrfarbiger Schablonenarbeit legen wir schon im Entwurf die verschiedenen Farben genau fest.

Schneiden der Schablone. Das Stück Schablonenkarton muß rundum 5–7 cm größer als das zu druckende Motiv zugeschnitten werden. Dieser stehenbleibende Rand schützt nachher beim Bestoßen mit dem Pinsel die umgebende Stofffläche, dient als Abdeckung für den Pinsel und hält auch eventuelle Farbspritzer ab. Einfache Schablonen können mit der Schere geschnitten werden. Geradlinige Schnitte führt man besser mit dem Messer über der Unterlage aus. Die vorgezeichneten Linien werden genau nachgeschnitten. Die Schnittkanten des Kartons müssen scharf sein. Mit dem Messer zieht man zügig und ohne öfteres Absetzen zwei- bis dreimal durch dieselbe Linie, bis der Karton durchgeschnitten ist.

Bestoßen mit dem Pinsel. Auf einem Stoffrest wird die Malweise erst einmal geübt. Wir bedecken die Arbeitsflächen mit Zeitungspapier, spannen den Stoff glatt darüber mit Stecknadeln oder Reißzwecken und markieren die Anhaltspunkte für die zu bedruckenden Stellen. Wichtig ist, daß die Schablone fest aufliegt. An gefährdeten Stellen kann sie ebenfalls mit einigen Stecknadeln niedergehalten werden. Gröberer Stoff muß etwas mehr Farbe bekommen. Sehr feine Stoffe werden nicht direkt mit dem Pinsel bestoßen, sondern durch das Reibsieb bespritzt (siehe unten). Damit der Stoff durch das oberflächlich aufgetragene Farbpigment nicht hart wird, darf zum Bestoßen der Schablone nur sehr wenig Farbe in den Pinsel genommen werden. Am besten verteilen wir sie mit einem Spachtel oder Pinsel auf einer Glasplatte. Sehr dickflüssige Farben sind zu verdünnen, im allgemeinen wird es aber nicht erforderlich sein.

Man hält den Pinsel so, daß die Borsten nach unten zeigen und wir sie senkrecht auf den Schablonenausschnitt aufstoßen können. Die Schablone selbst wird dabei zusätzlich mit einem Griffel oder Hölzchen gut angedrückt, um zu verhindern, daß Pinselborsten unter den Schablonenrand dringen und die Konturen verwischen. Zu dünne Farbe verläuft und gibt ebenfalls unsaubere Ränder. Der Schablonenrand und feine Linien müssen besonders sorgfältig bestoßen werden, damit das Motiv im ganzen klar erscheint. Wollen wir die Wirkung der Farbe prüfen, so können wir die Schablone auch während der Arbeit einmal abnehmen – die scharfen Konturen erleichtern das genaue Wiederaufsetzen. Der durch das Schablonenfenster freigelegte Stoff kann mehrere Male bestoßen werden, bis er die gewünschte Farbkraft erreicht hat. Durch das mehrfache Bestoßen der Schablone mit pastoser Farbe bei geringer Pinselfüllung erhalten wir im Farbauftrag eine feinkörnige Struktur. Viel dicke Farbe im Pinsel erzeugt auf dem Stoff eine grobkörnige Farboberfläche.

Spritzen durch ein Sieb. Das Verfah-

ren eignet sich besonders für sehr feine Stoffe (feine Seide, Chiffon, Batist), aber auch, wenn nur eine zarte Farbgebung angestrebt wird. Entsprechend sollten wir auch das Motiv wählen. Die Methode läßt sich auch mit der des Pinselstoßens kombinieren. Das erforderliche Spritzsieb bekommen wir im Fachgeschäft.
Wir verdünnen die Farbe in einem kleinen, flachen Gefäß, bis sie flüssig ist (bei zu dünner Farbe besteht die Gefahr, daß sie durch das Sieb hindurchläuft und kleckst!). Der Stoff wird ausgespannt und die Schablone darauf festgesetzt. Um sie herum muß der Stoff mit Papier vollkommen abgedeckt werden, denn Spritzer sind bei dieser Arbeit nicht zu vermeiden.
Das Spritzsieb halten wir etwa 15–20 cm über die zu bespritzende Schablone. Der runde Borstenpinsel wird in die flüssige Farbe getaucht – er darf aber nicht zu viel aufnehmen, damit sie nicht tropft – und bei senkrechter Haltung langsam und gleichmäßig über dem Sieb hin- und hergestrichen. Die Farbe reibt sich dabei ab und verteilt sich in winzigen Spritztröpfchen über die durch den Schablonenausschnitt sichtbare Stofffläche. Man versuche eine möglichst feine, gleichmäßige Struktur des Farbauftrags zu erzielen. Wird das Sieb zu hoch gehalten, so ist die Färbung nur schwach – wird es zu niedrig gehalten, ist der Farbauftrag oftmals zu stark.
Auch das Spritzen negativ erscheinender Motive ist sehr einfach, muß aber sorgfältig ausgeführt werden. Wir heften die geschnittene Motivform mit Stecknadeln an den vorbestimmten Platz, decken die umgebende Fläche aber nicht ab, da diese ja nun die Farbe aufnehmen soll. Gespritzt wird wie oben. Anschließend hebt man den Karton ab und das Motiv tritt nun im Grundton des Stoffes aus der bespritzten farbigen Fläche heraus.

Nachbehandlung. Da der Farbauftrag bei schablonierten Arbeiten (besonders der mit dem Pinsel bestoßenen) stärker als beim Stoffdruck ist, benötigt er etwas längere Zeit zum Trocknen. Dann werden die Gewebe wie üblich behandelt, also ausgelegt oder lose über eine Leine gehängt, heiß gebügelt und gewaschen (siehe Seite 492).

Die Batik

Der Reiz der Batik liegt in den typischen sichtbaren Spuren der Handarbeit und in den charakteristischen feinen Äderungen, die durch das Brechen des aufgetragenen Wachses im Färbebad entstehen. Heute werden zwei Färbemethoden angewendet: die Originaltechnik und ein vereinfachtes Verfahren. In der eigentlichen Batik wird der Stoff mehrfach gefärbt, und zwar mit jeder Farbe einzeln. Nach einem vorliegenden Entwurf wird zunächst die hellste Farbe in den Stoff gebracht, dann die nächstdunklere und so fort – ein bei größeren Werkstücken langwieriges Verfahren, das Wochen dauern kann. Einfacher ist die Malmethode, bei der einzelne Flächen mit dem Pinsel eingefärbt werden und das Färbebad nur eine Grundfärbung bewirkt. Danach wird der zwischendurch erfolgte Wachsauftrag entfernt, worauf Zeichnung und farbige Musterungen unbeschadet hervortreten.
Die Technik der Batik läßt der Hand viel Freiheit, zeichnerische und malerische Impulse völlig ungebunden zu entfalten. Die Starrheit des Druckmodels weicht hier momentaner Inspiration. Unvorhersehbare Zufälle bei der Pinselführung und Überraschungen im Färbebad beleben das Gesamtbild oft

Ausschnitt aus einem gebatikten Wandbehang

sehr reizvoll. Tücher, Schals, Decken, Kleiderstoffe, Wandbehänge, Wandbilder usw. sind ein wirklich umfassendes Arbeitsgebiet.

Stoffe. Die zum Batiken bestimmten Stoffe sollen ein feines, dichtes Gewebe und eine glatte Oberfläche haben. Besonders gut eignen sich Seide (Natur- und Kunstseide), sehr feine Baumwolle, Batist, Nessel und feines Leinen. Der naturfarbenen Seide ist unbedingt der Vorzug zu geben. Sie benötigt auch keinerlei Vorbehandlung, das heißt kein Entfernen von Appretur, worauf bei vielen Stoffen geachtet werden muß (siehe Seite 486). Außerdem läßt sie sich besonders gleichmäßig einfärben. Wolle, Samt und dergleichen sind für Batik ungeeignet.

Werkzeuge und Material. Für kleinere Stoffstücke schafft man sich einen passenden Holzrahmen an. Größere Arbeiten müssen auf den Werktisch oder eine Holzplatte geheftet und aufgespannt werden. Der Stoff soll hohl liegen, damit das Wachs nicht bis zur Unterlage durchdringt und beide Ebenen miteinander verklebt. Am besten befestigen wir ihn nicht zu stramm mit Ober- und Unterrand an der Werkplatte und schieben eine glatte Holzleiste dazwischen, die ihn von der Unterlage abhebt und gleichzeitig fester spannt, was bei der Mal- und Zeichenarbeit angenehm ist. – Man kann auch die Leiste selbst an der Platte anbringen, den Stoff daranheften und dann zur unteren Kante hin spannen. Durch die so entstehende schräge Lage läßt sich das Werkstück gut und übersichtlich bearbeiten. Für das Färbebad (die Küpe oder Farbflotte) benutzt man eine Waschschüssel aus Plastik, Steingut oder Email (keinesfalls darf Metall verwendet werden!). Der Handel bietet spezielle Batikfarben in Pulver- und Tablettenform an, die nach Gebrauchsanweisung in einer bestimmten Wassermenge aufgelöst werden und die man noch untereinander vermischen kann.
Zum Abdecken der nicht zu färbenden Stellen brauchen wir Bienenwachs und Paraffin. Die Menge richtet sich nach der Größe der Arbeit. Linienzüge werden mit dem feinen runden Haarpinsel und reinem Bienenwachs gezeichnet, da dieses besser in das Stoffgewebe einfließt. Zum Abdecken größerer, flä-

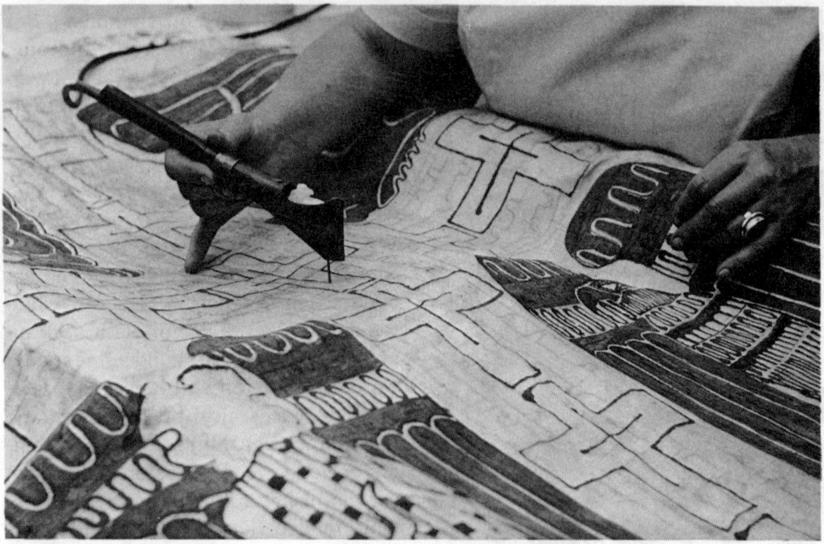

Hier wird gebatikt. Das abgebildete Gießkännchen ist eine selbsterdachte Konstruktion, in der das Wachs durch elektrische Erwärmung stets im richtigen Schmelzzustand gehalten wird. Das flüssige Wachs wird in Mustern auf den Stoff aufgetragen

chiger Teile nimmt man eine Mischung von Bienenwachs und Paraffin und einen flachen Borstenpinsel. Noch besser als mit Pinseln arbeitet es sich mit dem im Handel erhältlichen und dem javanischen »Tjanting« nachgebildeten Wachskännchen, das an einer Art Griffel festsitzt und ein winziges Abflußrohr hat, aus dem das flüssige Wachs herausfließen kann. Der Tjanting muß über einer Kerze oder Spritflamme, am besten über einer elektrischen Kochplatte erwärmt werden. – Aus größeren Arbeiten entfernen wir stark aufgetragene Wachsschichten in einem Benzinbad (Feuergefahr!). Die Arbeit verrichtet man vorsichtshalber im Freien und schützt die Hände, da nicht jede Haut Benzin vertragen kann, mit Gummihandschuhen.

Entwurf. Da beim Batiken gezeichnet oder gemalt wird, kann recht locker und frei verfahren werden. Die Grundlage ist weitgehend eine Linienzeichnung. Dafür wählt man ornamentale oder gegenständliche, nicht zu kleinteilige, sondern möglichst vereinfachte Formen mit dekorativer Wirkung. Der Entwurf soll flächig gehalten werden, ohne komplizierte perspektivische, räumliche Elemente.

Für größere Arbeiten wird ein Entwurf angefertigt, der, wenn man geschickt genug ist, mit einer spitzen Kohle frei, aber nur dünn und kaum sichtbar auf den Stoff gezeichnet werden kann. Vielfach ist es aber ratsamer, die Vorlage in Originalgröße und mit Angaben der Farben auf Papier genau festzulegen. Sie wird mittels Durchpauspapier (aus dem Handarbeitsgeschäft) auf den Stoff übertragen. Bei dünnen, durchscheinenden Stoffen kann man sie auch unterlegen. Oder man schwärzt die Rückseite der Zeichnung mit Kohle und drückt die Linien von der Vorderseite her ab.

Es ist ungemein reizvoll, eine Arbeit in verschiedenen Farbtönen zu entwerfen, doch soll der Umgang mit den vielen Möglichkeiten nicht zu allzu farbreichen Entwürfen verleiten. Die Zeichnung, das Lineare, soll bei der Batik gleichwertig zu seinem Recht kommen. Es unterstützt, umfaßt und ordnet die Farbenkomplexe, läßt sie klarer und bestimmter hervortreten.

Arbeitsprobe und Wachsauftrag. Für den Anfang sollte man sich eine kleine Probearbeit vornehmen. Wir spannen ein Stück Stoff auf den Rahmen und zeichnen mit einer spitzen Kohle Linien, Kreuze, Kreise, Dreiecke, Wellenlinien, Spirallinien und Pünktchen darauf. Das geriebene Wachs wird erhitzt, bis es heiß und flüssig ist. Dann tauchen wir den Pinsel ein oder setzen das Ausflußrohr des Tjanting auf den Stoff und ziehen die dort vorgezeichneten Linien gleichmäßig und schnell nach. Zuerst versuchen wir uns an den geraden Linien, dann an den anderen Formen. Sobald das Wachs undurchsichtig (milchig) zu werden beginnt, setzen wir ab. Es ist jetzt zu kalt und muß erneut erwärmt werden. Wenn das Wachs sehr heiß und flüssig ist, kann es genügend in den Stoff eindringen und die bedeckten Stellen vor der Einfärbung schützen. Es soll bis auf die Rückseite des Stoffes durchdringen. Bei stärkeren Stoffen ist es oft notwendig, die Abdeckung auch von der Rückseite her vorzunehmen.

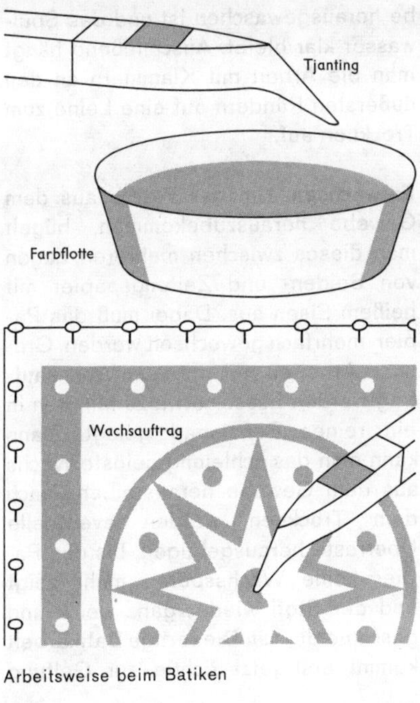

Arbeitsweise beim Batiken

Danach erwärmen wir eine größere Menge mit Paraffin vermischtes Bienenwachs (1 Teil Bienenwachs und 2 Teile Paraffin) in einer Blechdose und versuchen uns im Abdecken größerer Flächenteile mit dem Borstenpinsel. Er wird in das flüssige Wachsgemisch getaucht und zügig über die abzudeckende Stoffstelle hinweggestrichen. Zu bemerken ist, daß mit einem zu hohen Bienenwachsanteil nicht so gut die charakteristischen Wachsbrüche erzielt werden können. Verwendet man dagegen zuviel Paraffin, wird die Abdekkung zu spröde und die Rißbildung zu intensiv. Die Mischung soll flüssig, aber nicht zu heiß sein, sonst verliert das Wachs seine Klebkraft. Beginnt das Wachs zu rauchen, ist die Temperatur bereits zu hoch. Sollten beim Wachsauftragen kleine Spritzer auf den umgebenden Stoffgrund geraten, so schadet das nichts. Diese kleinen Schönheitsfehler machen das fertige Stück später nur noch reizvoller. Bei Batikarbeiten muß ohnehin mit einigen Zufällen gerechnet werden. Ist der Wachsauftrag beendet, so prüfen wir von der Unterseite des Stoffes her, ob das Wachs den Stoff auch ganz durchdrungen hat. Fehlerhafte Stellen müssen von der linken Seite aus nachgewachst werden, sofern der Fehler nicht von der rechten Seite zu beheben ist.

Färben. Beim Anrühren der Textilfarben beachte man die Gebrauchsanweisung der Herstellerfirma. Die Farben werden meist in etwas kochendem Wasser aufgelöst und durch ein Tuch in eine Email- oder Plastikschüssel gegossen. Dann fügt man so viel lauwarmes Wasser hinzu, daß der Stoff darin schwimmen kann. Die Temperatur des Farbbades soll etwa 40° betragen. Empfehlenswert ist auch ein Zusatz von einem Eßlöffel Kochsalz je 100 g Stoffgewicht zur Farblösung. Vor dem Eintauchen des Stoffes in das Farbbad muß das Gewebe gut angefeuchtet werden.
Bei einfarbigen Batikarbeiten verwendet man zum Färben am besten eine satte, dunklere Farbe, durch die sich die helle Zeichnung gegensätzlich abhebt (in feuchtem Zustand wirkt die Farbe auf dem Stoff stets etwas dunkler!). Bei mehrfarbigen Arbeiten bringt man immer nur eine Farbe zur Zeit in den Stoff ein, und zwar beginnt man mit der im Entwurf hellsten Farbe, färbt dann die nächstdunklere usw. Vor jedem neuen Färbegang muß der Stoff entwachst (siehe unten) und gut getrocknet werden. Auch bügelt man ihn aus, damit er wieder glatt wird. Jeder Arbeitsgang beginnt von vorn – der Stoff wird also für den nächsten Färbegang wieder aufgespannt und mit einer neuen Wachszeichnung versehen. Stellen und Flächen, die nicht in der Farbe des nächsten Färbebades erscheinen sollen, werden mit Wachs gut abgedeckt; auch die schon mit einer anderen Farbe gefärbten Stellen müssen überdeckt werden, da sonst unerwünschte Mischtöne entstehen. Diese Arbeiten wiederholen sich bis zur letzten und dunkelsten Tönung, was unter Umständen viel Zeit kostet. Das Färbebad darf auf keinen Fall zu heiß sein, da das Wachs sonst schmelzen könnte und die Zeichnung übergefärbt und verloren wäre. Der Stoff wird je nach dem gewünschten Farbgrad 15–20 Minuten lang hineingelegt. Durch intensives Umrühren erzielt man gleichmäßigere Färbung, aber auch stärkere Äderung. Wünscht man ein besonders starkes marmorartiges Craquelé, so knittert man den Stoff etwas stärker, bevor man ihn in das letzte und dunkelste Färbebad bringt. Ansonsten genügen die bei der Arbeit von selbst entstehenden Risse und Brüche im Wachsauftrag.

Spülen. Ist der gewünschte Farbton erreicht, legt man den Stoff 5 Minuten in ein Wasserbad, dem etwas Essig zugefügt wird. Dann wird er mit kaltem Wasser so lange gespült, bis die nicht aufgenommene Farbe aus dem Gewebe herausgewaschen ist und das Spülwasser klar bleibt. Anschließend hängt man die Arbeit mit Klammern an den äußersten Rändern auf eine Leine zum Trocknen auf.

Entwachsen. Um das Wachs aus dem Gewebe herauszubekommen, bügelt man dieses zwischen mehreren Lagen von Seiden- und Zeitungspapier mit heißem Eisen aus. Dabei muß das Papier mehrfach gewechselt werden. Größere Arbeiten mit starkem Wachsauftrag werden besser etwa 20 Minuten in ein reines Benzinbad gelegt. Dann kann man das schleimig gelöste Wachs aus dem Gewebe herausreiben. Nach dem Trocknen werden eventuelle Überreste herausgebügelt, bis das Papier keine Wachsspuren mehr zeigt und der Stoff wieder ganz weich und geschmeidig ist. Die fertige Batikarbeit kommt erst jetzt richtig zur Geltung und erfreut mit all ihren kleinen Zufälligkeiten und Überraschungen.

Vereinfachtes Batikverfahren. Zunächst verläuft die Arbeit bis zum Auftragen der Wachszeichnung wie oben. Um jedoch bei nur einmaliger Grundfärbung ein mehrfarbiges Bild zu erzielen, werden die Felder, die nach dem Entwurf eine andere Farbe erhalten sollen, mit dem Haarpinsel farbig ausgemalt. Diese Stellen ordnen wir möglichst so im Muster ein, daß sie wie kleine umgrenzte Felder allseitig von Wachslinien umgeben sind. Die Pinselfarbe rührt man sich in einem Porzellannäpfchen gesondert an, indem man ein wenig Farbpulver mit etwas heißem Wasser übergießt. Diese kleinen Farbmengen können konzentrierter als die der Färbebäder verwendet werden. Wenn die Farben trocken sind, tragen wir darauf heißes Wachs mit dem Borstenpinsel auf, das den Stoff besonders gut durchdringen muß. Dann wird die Arbeit wie vorher in das Färbebad (mit der gewünschten Grundfarbe) gebracht, anschließend entwachst und wie oben nachbehandelt.
Mit diesem Verfahren lassen sich durchaus vollwertige Batiken in gleich lebendiger Wirkung wie mit der Originaltechnik herstellen. Die Freude am gelungenen Stück ist bei jeder Arbeit letztlich das Wichtigste.

Applikation

Unter den Laienarbeiten erfreut sich die »Applikation« besonderer Beliebtheit. Hierbei werden auf den Stoffgrund andersfarbige, meist aus Stoffresten ausgeschnittene Teilformen aufgelegt und rings um den Rand mit einfachen oder zierenden Nadelstichen festgehalten. Die aufgenähten Stoffstücke beleben kontrastreich durch ihre verschiedenartigen Gewebestrukturen, Stoffmusterungen und Farben den Stoffgrund.

Stoffapplikation. Die Katze entstand aus schwarzem Tüll, die Zweige aus verschiedenfarbigen Stoffarten

Ein Wandbehang ist eine besonders dankbare Applikationsarbeit. Als Grundfläche dient ein möglichst glattes, gut hängendes Gewebe ohne besondere Struktur, von dem sich die zugeordneten Bildteile kontrastreich abheben. Den besten Eindruck erwecken großflächige Arbeiten, die in der Regel, damit man Überblick gewinnt, aus einer bestimmten Schrittentfernung betrachtet werden. Kleinere Arbeiten wie Kissenplatten, Schmuckteile an Kleidungsstücken oder Buchhüllen sind ebenfalls möglich.

Werkstoffe. Nach der vorhandenen Stoffgrundfläche und dem vorliegenden Entwurf (siehe unten) entscheidet es sich, welche Stoffreste wir verarbeiten können. So vielfältig die Auswahl der Stoffe zum Aufsetzen auch sein

mag, es wird sehr bald zur Gewißheit, daß nur ein ganz bestimmtes Stückchen jeweils dem Anspruch des Darzustellenden genügt. Eine reichhaltige Auswahl an Flicken in unterschiedlicher Gewebestruktur und Farbe soll deshalb immer zur Hand sein.
Wir können zwischen zarten und kräftigen, verhaltenen und leuchtenden Farben, Samtresten mit mattem Glanz und blanker, schillernder Seide, stumpfem Wollgewebe, Stoff mit dicken Rippen oder eingestickten Tupfen, Tüll, Sacktuch usw. wählen. Wesentlich ist die charakterisierende Zuordnung der Stoffe zu den darzustellenden Bildinhalten. Ob Wolle oder Tüll, jede Stoffart bringt durch ihren Materialcharakter eine besondere Erscheinungsform zum Ausdruck, so, wie es die Idee des Entwurfs vorgesehen hat und es der gesamten Stoffkombination entspricht. Etwas in seiner Wesensart sehr Zartes (z. B. eine Blume) wird auch durch eine zartere Stoffart dargestellt werden müssen. Gepunktete oder gestreifte Stücke nimmt man für solche Teile, zu deren Wesen diese Musterungen passen. Ornamentale Darstellungen überlassen es der Phantasie des Schaffenden, die Stoffe mit gutem Geschmack auszuwählen. Sollte die Möglichkeit bestehen, so kann auch im Sinne der alten »Fleckendeckenstickerei« mit einer einzigen Stoffart in unterschiedlichen Farben gearbeitet werden. Früher wählte man durchweg Tuche, die sich gut schneiden ließen und nicht so leicht fransten. In jedem Fall ist zu beachten, daß die Stoffe farbecht sind. Leder, Wachstuch und Filze können verwendet werden, ebenso Perlen, Pailletten und anderes Posamentenmaterial. Es empfiehlt sich, nur appreturfreie (gewaschene) oder nur neue (nicht gewaschene) Stoffstücke zu verarbeiten.

Der Untergrund, auf dem appliziert werden soll, darf keine besonders betonte Struktur haben. Geeignet sind einfarbige Popeline, Wollgewebe, Samt, auch Rupfen und Jute, möglichst in einer neutralen Grundfarbe – Weiß, Schwarz oder Grau. Diese Tönungen legen uns bei der Auswahl der Applizierfarben nicht fest. Weiß mildert, Schwarz und Grau erhöhen die Leuchtkraft der Buntfarben (siehe Seite 34). Der Stoff soll nicht zu leicht sein, damit er gut fällt.

Entwurf. Der Entwurf für eine kleine schmückende Applikation ist leicht gefunden, indem man der Grundfläche einfache ornamentale oder gegenständliche Formen nach Geschmack zuordnet. Der Wandbehang verlangt ein Thema. Soll er z. B. im Kinderzimmer hängen, findet man es in der Welt des Märchens oder in den Begebenheiten aus der Welt des Kindes. Karikaturen oder Formverzerrungen sind nicht angebracht, ebensowenig bilderbuchartige Wiedergaben. Farbenfreudig und urtümlich wie die Empfindungswelt des Kindes nun einmal ist, entwirft man großförmig, flächig und übersichtlich. – Für den Wohnraum eignen sich Themen, die gebunden oder frei formal gestaltet werden können. Das indirekte Darstellen mit dem Hilfsmittel eines schon für sich durchgestalteten Materials, wie es die Stoff-Flicken sind, erübrigt den Versuch, naturalistische Bilder zu entwickeln. Die Phantasie ist bereits in eine irreale Welt eingedrungen und bewegt sich zwischen malerischen Farbflächen, Kontrasten, Form- und Flächenaufteilungen. Die wahre Gestalt des Gegenstandes bleibt untergeordnet.
Genaue Entwürfe haben wenig Zweck, denn so, wie wir zeichnen, können wir den Stoff doch nicht schneiden. Die

Flicken müssen flächig auf den Grund gesetzt werden. Wir dürfen sie auch nicht in zu schmale Kleinformen zerschneiden, sonst fällt das Gewebe auseinander. Eine bessere Möglichkeit besteht darin, die zu applizierenden Teile vorerst aus Papier zu reißen, wobei man die kleinen Formen, die für den Stoff nicht brauchbar sind, von vornherein vermeidet. Das Papier muß nicht farbig sein, es kommt zunächst nur darauf an, Formen zu finden und auf der Fläche einander zuzuordnen. Einfaches Packpapier in der Größe des Wandbehangs ergibt die Grundfläche, auf der wir nun Versuche machen. Alles wird so lange hin- und hergeschoben, bis es im rechten Gleichgewicht zueinander liegt. Wichtig ist, daß nicht zu viele Einzelheiten auf das Bild gebracht werden und die Formen nicht über die Bildränder hinausdrängen. Haben wir die gewünschte Wirkung erreicht, dann werden alle die Einzelteile auf der Grundfläche festgeklebt und im Umriß ausgeschnitten. So dienen sie uns als Schnittmuster.

Applizieren. Alle Stoffstücke, die für die Arbeit in Frage kommen, werden aus dem Flickenbestand herausgesucht, ausgebügelt und bereitgelegt. Der Grundstoff wird gesäumt. Nun können wir die Flicken so darauf verteilen, wie es der Anordnung des Papierentwurfs entspricht. Dabei probieren wir zunächst nur, wie die Stoffe in ihren Farben und mit ihrem verschiedenartigen Glanz am schönsten nebeneinander wirken – ob dieses helle Rot oder jenes dunkle besser mit dem Grün zusammenklingt, ob der rauhere Stoff neben der glatten Seide auch nicht zu derb erscheint usw. Mancher vorgesehene Stoffteil erweist sich jetzt vielleicht als überflüssig.
Alle Formen werden ohne Nahtzugabe nach den Papiermustern zugeschnitten und auf den Grundstoff aufgesteckt. Nur bei feineren Stoffen oder solchen, die leicht fransen, geben wir einen kleinen Umschlag hinzu. Bevor die Näharbeit beginnt, hängen wir den Wandbehang zur Probe senkrecht und betrachten ihn aus normaler Entfernung. Es ist erstaunlich, wie verändert er plötzlich wirkt. Jetzt läßt sich noch manches daran verbessern. Auch können wir noch hinzufügen, was im Papierentwurf nicht ausgeführt werden konnte: ein Geäst aus dicken Wollfäden, kreisförmige und lineare Zusatzformen usw. Sind wir zufrieden, so werden die Flicken mit einem Reihfaden vorgeheftet. Beim Aufnähen der Formen haben wir noch viele Möglichkeiten, die Arbeit wirksam auszugestalten.

Sticharten. Die Art des Stiches sowie die Farbe und Stärke des Fadens richten sich danach, ob eine Form vom umgebenden Grund abgegrenzt oder mit diesem verbunden werden soll. Wir merken, daß sich das Bild verändert, wenn wir das Stickgarn in der Farbe des Stoffes oder davon abweichend wählen. Die einfachste Stichart, besonders für umgelegte Stoffe, ist der

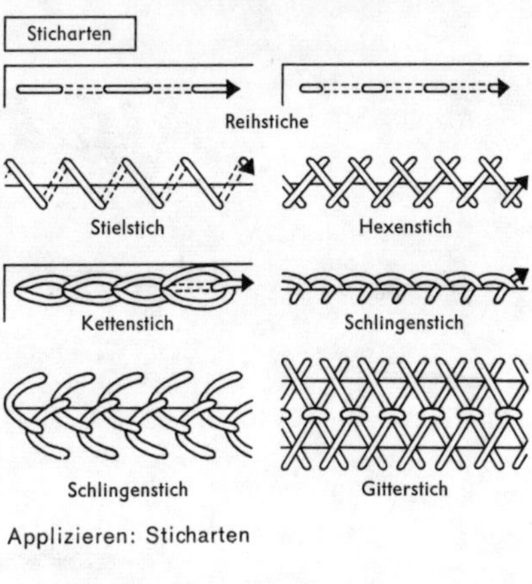

Applizieren: Sticharten

Saumstich in einfacher, einseitiger Richtung oder verbunden mit einem Rückwärtsstich als Kreuzstich. Gut eignet sich auch der Hexenstich, den man so anbringt, daß er teils auf dem Flikken, teils auf dem Grundstoff steht. Die Stiche können abwechselnd eng und weit geführt werden. Dadurch werden die Umrisse aufgelockert und den Übergängen vom Flicken zu Grundstoff die Härte genommen. Mit dem Schling- oder Langettenstich müssen wir vorsichtig verfahren, weil er die Formumrisse sehr betont. Spann- und Blattstiche, Fischgrätenstiche usw. haben ihre eigene formale Wirkung und müssen jeweils den Erfordernissen der Darstellung angepaßt werden. Das Spiel mit Nadel und Faden und den verschiedenen Sticharten, mit denen wir Übergänge schaffen, Fehlendes ergänzen oder Hervorzuhebendes betonen können, machen die Applikationsarbeit zu einer Art Stickerei von künstlerischem Wert.

Abschluß. Die fertige Arbeit wird von der Rückseite gebügelt und durch einen Umschlag oder breite Schlaufen am oberen Rand der Grundfläche eine schmale Holzleiste oder ein Bambusrohr gesteckt. Dieser Wandbehang ist ein lebendiges, persönlich geschaffenes Schmuckstück.

Werkstoff Leder

Material und Werkzeuge

Seit den frühesten Menschheitstagen ist Leder als Werkstoff in Gebrauch. Die urzeitlichen Jäger, die dem erlegten Wild den Balg abzogen, nutzten bereits das wärmende Pelzwerk für Kleidungsstücke und Decken. Die kräftige, zähe Tierhaut wurde als Leder zu einfachem Schuhwerk verarbeitet. Riemen und Lederbehälter gestatteten dem Menschen, Waffen und Beute mit sich zu führen, Vorräte unterzubringen und später auch Haus- und Zugtiere anzuschirren.
Unbearbeitet läßt sich das Tierfell freilich nicht verwenden. Als Teil eines lebenden Organismus ist es sehr spürbar dem Gesetz der Verwesung unterworfen. Sein hoher Wassergehalt, seine Eiweiß- und Fettbestandteile bieten den Fäulnisbakterien beste Lebensbedingungen. Suchte man es in ausgespanntem Zustand auf Zweigen in der Sonne oder vor dem Feuer zu trocknen, so ließ es sich zwar vor dem Verfaulen bewahren, doch es wurde hart, steif und brüchig. Durch lange, gewiß mühselige Erfahrungen sind die Menschen in allen Erdteilen bereits früh auf ein Verfahren gekommen, das tierische Häute und Felle weich, elastisch und fäulnisresistent machte: das Gerben. Instinkt, Beobachtung und Zufallskunst mögen ihm dazu verholfen haben.
Zur Ledergewinnung werden die Tierhäute gesalzen, gewässert, mit Asche behandelt, enthaart, gebeizt und dann längere Zeit in Gruben mit einer Gerbstofflösung gehängt. Die Gerbstoffe liefern vornehmlich Bäume, in deren Rinde Gerbsäure reichlich enthalten ist: in Europa Eiche und Edelkastanie, in Amerika der Quebrachobaum, in Afrika einige Akazien-Arten (Mimosarinde; ferner der Sumachstrauch u. a.). Heute gibt es auch synthetische Gerbstoffe.
Durch das Gerbverfahren wird verhindert, daß die feinen eiweißhaltigen Hautfasern beim Trocknen pergamentartig miteinander verkleben und dadurch spröde und steif werden. Die Gerbstoffe sind wie eine Art Schmierstoff zwischen den Fasern gelagert und halten sie fest zusammen, wobei sie aber gleichzeitg beweglich und dehnbar bleiben.
Neben dem rein pflanzlichen Lohgerbverfahren gab es in alter Zeit schon andere: Wahrscheinlich bereits bei den Ägyptern Alaungerbung, bei den Indianern Räuchergerbung, bei den Eskimos Trangerbung. Heute noch findet man verschiedene urtümliche Gerbverfahren bei den Naturvölkern.
Auch die moderne maschinelle Gerberei basiert noch auf uralten Grundrezepten. Im Grubengerbverfahren wird die Roh- oder Lohgerberei heute noch für Sohl-

und Treibriemenleder angewendet; nachfolgende Walzprozesse erhöhen die Härte und Festigkeit des Leders. In wenigen langdauernden Verfahren werden auch Möbel-, Sattler-, Täschner- und Buchbinderleder mit pflanzlichen Stoffen gegerbt. Daneben gibt es die mineralischen Gerbverfahren: die Chromgerbung für Schuhoberleder, Bekleidungs- und Putzleder, die Alaungerbung für feine Ledersorten wie z. B. Glacé, die Sämischgerberei mit Seetiertranen sowie verschiedene Kombinationsverfahren. – Leder für technische und sportliche Zwecke werden stark gefettet. Wenn es dagegen ästhetischen Ansprüchen genügen soll, wird es nach den Prozessen des Weichens, Enthaarens und eigentlichen Gerbens noch gefärbt, satiniert (geglättet), lackiert oder mit Narbenpressung versehen.

Der Gerber ist heutzutage ein Fachmann, der eine dreijährige Lehrzeit durchgemacht hat. Er unterscheidet sich vom Rauchwarenzurichter (Pelzgerber), der bei der Fellbehandlung auf die Erhaltung der Haare bedacht sein muß. Pelzfelle werden vom Kürschner weiterverarbeitet; Lederhäute hingegen vom Schuster, Sattler, Täschner, Buchbinder sowie der lederverarbeitenden Industrie.

Die Vorzüge, die das Leder auch heute, im Zeitalter der Kunststoffe, so beliebt machen, sind einmal seine Geschmeidigkeit, Strapazierfähigkeit und Dauerhaftigkeit und zum anderen seine individuelle Schönheit und Eigenart. Boxin und Plastik, Skai und andere »Kunstleder« mögen vieles für sich haben (leichtes Gewicht, Abwaschbarkeit, Unverwüstlichkeit); sie können mit dem lebendigen Charakter echten Leders jedoch nicht konkurrieren.

Die Lederarten

Die heute im Handel befindlichen Ledersorten sind außerordentlich zahlreich; teils durch die Vielfalt der Tierarten, deren Häute sich zur Verarbeitung eignen, teils durch die Verschiedenheit der modernen Lederbearbeitungsmethoden, die durch Oberflächenbehandlung (z.B. Narbenpressung, Schrumpfung, Farb- und Lackschichten) immer neue Möglichkeiten schaffen.

Die »Lieferanten« des Leders sind größtenteils unsere Haustiere, Schaf, Rind, Ziege, Kalb und Schwein sowie der Wildbestand der Wälder und Berge. – Es gibt jedoch auch »Ausländer«, wie etwa Büffel, Antilope, Strauß, Krokodil, Schlange und Eidechse, Eisbär, Robbe und Ren. Sogar Fische liefern uns Leder, z. B. der Lachs und der Haifisch (von letzterem ist auch der Magen zu gebrauchen). Für die Zwecke der Laienarbeit kommt vorwiegend Ziegen-, Schaf-, Wild-, Schweins- und Kalbleder sowie Fischleder in Betracht. Am besten verwenden wir es in seiner natürlichen Beschaffenheit, ohne künstliche Narbung (gepreßt oder in der Art von Schweinsleder »gestochen«), denn wir wollen ja nichts vortäuschen. Auch Lackschichten, die das eigentliche Leder verdecken, vermeiden wir möglichst. Farbiges Leder sollte durchgefärbt sein.

Ziegenleder ist schmiegsam und zäh, die Oberfläche meist feingenarbt oder glatt. Ist es sehr weich gegerbt, wird es Chevreau genannt (besonders für Handschuhe geeignet). In festerer Gerbart wird es gern für kleine Taschen und Hüllen verwendet.

Schafleder nimmt man im allgemeinen für Futterleder, da es lockerer in der Struktur ist und allein verarbeitet leicht einreißen kann. Bei guter Qualität ist es jedoch auch für kleine Lederarbeiten gut zu verwenden (wildlederartige Gerbung nennt man »Veloursleder«).

Wildleder (Hirsch, Reh, Gemse) hat keine narbige, glatte Oberfläche, sondern fühlt sich samtähnlich an. Wegen seiner Elastizität und Weichheit dient es zur Herstellung von kleinen Hüllen, Behältern und Taschen usw. An Stelle echten Wildleders gibt es Ersatz aus dem Unterteil gespaltener Lederhäute, denen die narbige Oberseite fehlt.

Schweinsleder ist besonders beliebt wegen seiner Weichheit, Leichtigkeit und schönen natürlichen Porennarbung. Man fertigt daraus Handschuhe, Buchbinderarbeiten und kleine Taschen an. Leider ist es nicht billig!

Kalbleder verwendet man für Taschen und größere Hüllen; leichtere chromgegerbte Felle eignen sich auch für Handschuhe. Das eigentliche Rindleder ist für Laienarbeiten zu fest und zu steif.

Echsen- und Fischleder kommt für kleine Gegenstände und zum Beziehen von Kästen und kleinen Behältern in Frage.

Lederbeschaffung und Verarbeitung. Am besten gehen wir in ein Lederfachgeschäft, wo wir – oft zu billigem Preis – Reste aller Arten und Farben bekommen können. Für größere Lederarbeiten kaufen wir eventuell eine ganze Haut. Es empfiehlt sich, das Schnittmuster zum Einkauf mitzunehmen, um auszuprobieren, ob alle Teile auf der verfügbaren Lederfläche Platz haben. – Die Preise werden nach Quadratmetern (bzw. qdm) berechnet, bei Lederabfällen nach Gewicht.

Häufig können wir das Material für unsere Lederarbeiten aber auch zu Hause finden: Alte Taschen, Mappen, Buchhüllen, Gürtel usw. ergeben oft noch brauchbare Stücke für kleinere Ledergegenstände. Eventuell waschen wir das alte Leder mit einem käuflichen Lederwaschmittel oder reinigen es mit Benzin. Falten entfernen wir durch Aufspannen des Leders mit Reißnägeln auf ein Holzbrett. Das Leder wird auf der obenliegenden Unterseite angefeuchtet und zieht sich beim Trocknen glatt zusammen. Ist es hart geworden, so machen es einige Tropfen Glyzerin wieder elastisch. Die Ränder müssen neu geschnitten werden. Wir können das Leder gegebenenfalls auch färben (Gebrauchsanweisung des Lederfärbemittels genau beachten!).

Zum Verbinden von Lederstücken sowie zum Umschnüren von Kanten werden häufig fertige Riemchen genommen. In Leder- wie in Werkmaterialgeschäften bekommt man sie in beliebiger Länge als Meterware – freilich nicht aus echtem Leder, sondern aus Kunststoff. Doch kann man sie wegen ihrer praktischen Brauchbarkeit mit gutem Gewissen verwenden. Schöner ist es natürlich, eine Lederarbeit auch mit echten Lederriemchen zu umschnüren. Man kann sie aus graden Stücken mit einem scharfen Buchbindermesser am Eisenlineal auf einer Pappunterlage schneiden. Längere Riemen erhalten wir aus einer kreisrunden Lederscheibe. Sie wird seitlich etwas eingeschnitten, so daß ein kleiner Schwanz in der gewünschten Riemchenbreite außen beginnt. In eine Holzunterlage stecken wir ein scharfes Schnitzmesser mit der Spitze ein und halten ein Holzleistenstück, dessen eine Ecke wir vorher 1 cm breiter als die gewünschte Riemchenbreite ausgesägt haben, mit der linken Hand so gegen das Messer, daß zwischen seiner Schneide und dem Rand der Aussägung gerade der angeschnittene Riemchenanfang Platz hat. Die linke Hand drückt das Leistenstück schräg auf das Leder, die rechte Hand ergreift den Riemchenanfang und zieht ihn zwischen Messerklinge und Holzkante hindurch. Allmählich spult sich das Lederstück zu einem langen Riemchen ab. Durch die Dehnung beim Ziehen wird der Unterschied zwischen seiner Innen- und Außenrundung ausgeglichen. Notfalls ziehen wir das Riemchen noch über die Tischkante. Bei dieser Methode dürfen die Lederstreifen nicht zu breit sein, und das Leder muß eine gewisse Dicke und Festigkeit haben.

Die Werkzeuge

Lederarbeiten haben den Vorteil, daß man – jedenfalls am Anfang – kein großes und teures Instrumentarium braucht. Manches besitzen wir vielleicht auch schon. Voraussetzung ist aber hier wie bei allen handwerklichen Arbeiten, daß das Werkzeug scharf gehalten, gut gepflegt und sorgsam aufbewahrt wird.

Messer. Als wichtigstes Werkzeug brauchen wir das Ledermesser, das aber auch durch ein sehr scharf geschliffenes Pappmesser oder notfalls sogar durch ein gutes im Griff festsitzendes Taschenmesser ersetzt werden kann. Die Schneide muß nach der Spitze hin gerundet sein. Das Messer dient sowohl zum Zuschneiden des Leders (am Eisenwinkel oder Eisenlineal auf einer Pappunterlage oder einem Buchenholzbrett; Messerhaltung wie beim Schreiben mit dem Federhalter) als auch zum Abflachen der Lederkanten (»Schärfen«), wenn Leder gegeneinander geklebt oder, z. B. beim Beziehen von Buchdeckeln, um Pappkanten herumgezogen wird.

Führungslineale. Holzlineale oder Winkel liegen nicht fest genug auf dem Werkstoff auf und werden überdies leicht vom Messer eingeschnitten, kommen also nicht in Betracht. Wir benötigen daher ein Eisenlineal, besser

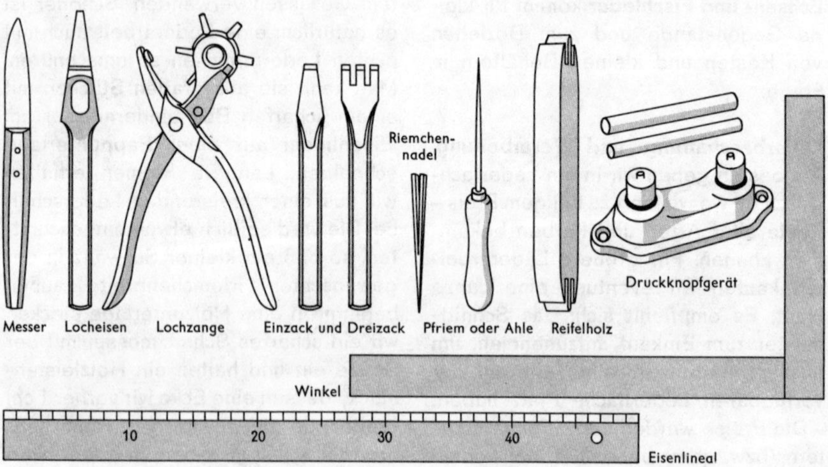

Werkzeuge für die Lederarbeit

noch einen Eisenwinkel. Sein kurzer Schenkel muß immer links oben liegen. Es wird nur entlang der senkrechten langen Kante geschnitten, niemals quer.

Das Stahlbandmaß liegt flacher auf dem Leder als ein Lineal mit Zentimetereinteilung und ermöglicht ein genaueres Arbeiten. Es kann aber notfalls durch ein hölzernes Lineal ersetzt werden.

Schere. Runde oder geschwungene Formen schneiden wir mit einer scharfen größeren Schere. Sie darf beim Zuschneiden nie bis ganz zur Spitze geschlossen werden, da das Scherenende das weiche Material immer auch seitlich etwas eindrückt. Wer das beherzigt, bekommt beim Schneiden übergangslos glatte Ränder.
Ist die Schere nicht ganz scharf, lohnt es sich unbedingt, sie vor Beginn der Lederarbeit schärfen zu lassen.

Locheisen. Zum Lochen des Leders benötigen wir ein oder mehrere Locheisen in den gebräuchlichsten Lochdurchmessern. Als Schlagunterlage dient eine kräftige Pappe (nicht die Schneidunterlage!) oder ein Stück Buchenkernholz. Zum Schlagen nehmen wir einen Holzhammer.

Lochzange. Wollen wir häufiger Lederarbeiten machen, so lohnt sich die Anschaffung einer Lochzange, am besten einer Sechslochzange, deren »Pfeifen« verschiedene Durchmesser haben. Damit die Schnittkanten der Lochpfeifen nicht durch den Gegendruck der gegenüberliegenden Metallplatte abgestumpft werden, kann man auf die Metallplatte mit Alleskleber ein stärkeres Pappstück kleben, das ab und zu erneuert werden muß. So schneiden die Pfeifen besser durch das Leder hindurch.

Einzack und Dreizack. Bei feinem, weichem Leder empfiehlt es sich, statt runder Löcher schmale Schlitze einzustemmen. Diese Arbeit erledigen wir mit dem »Dreizack«, der wie ein Locheisen über einer Unterlage aus starker Pappe mit dem Holzhammer eingeschlagen wird. Durch Einsetzen der ersten Zacke ins letzte Loch erzielt man immer gleiche Abstände, ohne vorher die Entfernungen wie bei der Lochzange anzeichnen zu müssen. Lediglich die Entfernung vom Rand der Arbeit gibt man mit dünner Bleistiftlinie auf der Innenseite des Werkstücks an.
Als Ergänzung braucht man den »Einzack«, um die Schlitzreihe um Rundungen herumführen oder Schlitze an schwer erreichbaren oder sehr schmalen Stellen anbringen zu können. Für quadratische, rautenförmige, runde und andere Lochformen gibt es verschiedene auswechselbare Stanzeinsätze, die man in ein Heft mit Backenfutter einsetzen kann.

Riemchennadeln dienen zum Durchziehen der Riemchen. Sie bestehen aus zwei aneinandergeschweißten federnden Stabbändchen, zwischen die das Riemchen eingeklemmt wird. Man kann auch den Riemchenanfang mit hart trocknendem Alleskleber bestreichen und nach Antrocknen ohne Nadel durch die Löcher oder Schlitze ziehen. Eine Nadel erleichtert jedoch die Arbeit, namentlich bei kräftigem Leder.

Pfriem oder Ahle. Zum Vorstechen kleiner Löcher, durch die wir z. B. nur mit Nadel und Faden gehen wollen, sowie zum Vorzeichnen und Anreißen auf dem Leder besorgen wir uns einen Pfriem (auch »Ahle« genannt).

Abziehstein. Zum dauernden Scharfhalten des Messers ist es gut, einen Abziehstein zur Hand zu haben. Entweder nimmt man einen sogenannten »belgischen Brocken«, der mit Wasser befeuchtet wird, oder einen feinkörnigen Karborundum-Abziehstein, der mit einem Gemisch von Maschinenöl und Petroleum (2 : 1) zu befeuchten ist. Das Messer wird in flacher Lage in kreisenden Bewegungen über den Stein gezogen (siehe Seite 63). Fester Druck auf die Schneide bewirkt das Abreiben der Eisenpartikel an der Schneide. Der Andruckwinkel muß jedoch sehr spitz sein, sonst hält die Schärfe nicht lange vor. Das Abziehen muß von beiden Seiten des Messers erfolgen. Ist die Schneide von oben gesehen praktisch »unsichtbar« (weil sie dann so schmal ist, daß sie kein Licht mehr reflektiert), haben wir den erforderlichen Schärfegrad erreicht.

Das Reifelholz dient zum Eindrücken von Schmuckstreifen in das Leder. Diese werden parallel zu den Kanten geführt, indem man das Reifelholz fest in die Faust nimmt und am Lederrand entlangzieht.

Druckknopfgerät. Hat man nur selten einmal einen Druckknopf in einer Lederarbeit anzubringen, so besorgt einem dieses der Schuster oder Sattler. Kommt es jedoch häufiger vor, so ist es praktischer, unabhängig zu sein und Druckknöpfe selber einschlagen zu können. Bei diesem Gerät verbindet ein Schlageisen die große Öse des Druckknopfes mit der Zelluloidkappe. Die Kappe liegt auf der Messingunterlage, das gelochte Leder darüber. Die große Öse wird durch das Stanzloch auf die Zelluloidkappe gesteckt und das Schlageisen, dessen dünner Fortsatz alles zusammenhält, mit dem Holzhammer angeschlagen. Ähnlich verbindet man mit dem zweiten Schlageisen, dessen Loch auf die Druckknopfkrone paßt, das Druckknopfunterteil mit dem Leder. Diesmal liegt die kleine Öse unten. Das Loch im Leder muß in seiner Größe jedesmal dem Ösenschaft entsprechen. Um dünnes Leder vor dem Ausreißen zu schützen, klebt man vor dem Befestigen der Druckknöpfe kreisförmige Verstärkungsscheiben auf die Lederinnenseite.

Die Ösenzange, die eine Lochvorrichtung und eine Öseneinschlagvorrichtung hat, verstärkt Löcher für die Riemen in Schuhen, Sandalen, Beuteln, Fotoalben usw. durch Ösenringe, damit sie beim Binden nicht einreißen oder ausweiten. – Besitzen wir keine Ösenzange, übernehmen wiederum Schuster oder Sattler diese Arbeit.

Das Falzbein (siehe Seite 147) tut gute Dienste beim Umlegen von Faltkanten. Man kann es sich mit Feile und Sandpapier aus Rinderknochen herstellen.

Klebstoffe. Soweit es sich um das Kleben kleinerer Flächen und Kanten handelt, genügt einer der gebräuchlichen Alleskleber. Für große Flächen kaufen wir im Lederfachgeschäft einen Lederleim (sogenannten »Innenkleber«).

Ledernadeln und Nähmaterial. Für Näharbeiten gibt es dreikantig zugeschliffene Ledernadeln, die das Leder besser durchdringen als gewöhnliche Nadeln.
Als Nähmaterial nehmen wir ungebleichten Zwirn, der durch ein Wachsstück gezogen wird, um ihn haltbarer zu machen. Handschuhe nähen wir mit Knopflochseide, die gleichfalls durch Wachs gezogen werden muß. Auch sehr dünnes Perlgarn ist geeignet.

Praktische Lederarbeiten

Im folgenden lernen wir die wichtigsten Arbeitsverfahren kennen. Wir sollten sie erst an kleineren Gegenständen aus Lederresten erproben, ehe wir, durch Übung und Erfahrung mit dem Werkstoff Leder vertrauter geworden, zur Herstellung größerer und schwierigerer Arbeiten übergehen.
Die Voschläge, die anschließend gemacht werden, sollen keine genau nachzuahmenden »Rezepte« sein, sondern als Beispiele dazu anregen, sich selbst mit den Möglichkeiten des Materials auseinanderzusetzen und die handwerklichen Vorgänge zu üben.

Die Arbeitsvorgänge

Lederarbeit erfordert keine zu schwierigen Fachkenntnisse und gibt auch dem Laien Gelegenheit, schöne und brauchbare Dinge zu schaffen. Allerdings müssen sie äußerst sorgfältig gearbeitet sein und in ihrem Stil der Großzügigkeit des Materials entsprechen, wenn nicht die Bezeichnung »Laienarbeit« einen abwertenden Charakter erhalten soll.

Das Schnittmuster herzustellen ist die erste Arbeit. Nach Verwendungszweck, Größe und Lederart will die Form gut überlegt sein. Am besten zeichnen wir den Entwurf als Faltschnitt (siehe Seite 151) auf festes Zeichenpapier und schneiden ihn mit scharfer Schere aus. So haben wir die symmetrische Verdoppelung (z. B. bei der Schlüsselglocke). Komplizierte Formen mit mehreren Einzelteilen (z. B. Geldbörsen) probieren wir am besten zuerst mit Zeitungs- oder Packpapier aus, damit alle Teile in bezug auf gute Proportionen und Zweckmäßigkeit gut aufeinander abgestimmt sind.
Vor dem Aufzeichnen auf das Leder schneiden wir alle Schnittmusterteile sorgfältig mit genau übereinstimmenden Umrissen und Kantenlängen aus Zeichenkarton zu und verteilen sie dann so auf dem Leder, daß nur gute Lederstücke auf die Außenseite unseres Werkstücks kommen, aber auch keine unnötigen Verschnittstücke übrigbleiben. Durch sparsames und überlegtes Zuschneiden läßt sich aus einem Lederstück oft noch manches kleine »Nebenprodukt« herausholen und zu kleinen Geschenken verarbeiten.
Zum Aufzeichnen gibt es zwei Möglichkeiten: 1. Wir legen die Schnittmusterteile auf die Außenseite des Leders (meist die blanke Seite, nur bei Schafveloursleder die matte) und umranden sie mit der spitzen Ahle (Pfriem); 2. Wir legen die Schnittmusterteile auf die Innenseite des Leders und umranden sie mit einem gut gespitzten Bleistift. Dies empfiehlt sich aber nur bei gerundeten Teilen, die man mit der Schere ausschneiden will.
Große Schnittmusterteile spießen wir mit dünnen Stecknadeln auf das auf einer Pappunterlage liegende Leder. Haben wir lange, rechteckige Teile, so genügt es, sie am Eisenwinkel zuzuschneiden.

Das Zuschneiden erfolgt mit dem Leder- oder Pappmesser am Eisenwinkel oder Eisenlineal (Sauberkeit des Eisens beachten!) auf einer glatten, festen Pappunterlage oder einem Buchenholzbrett. Wir schneiden immer von der glatten Seite des Leders her. Diese liegt also oben (bei Schafve-

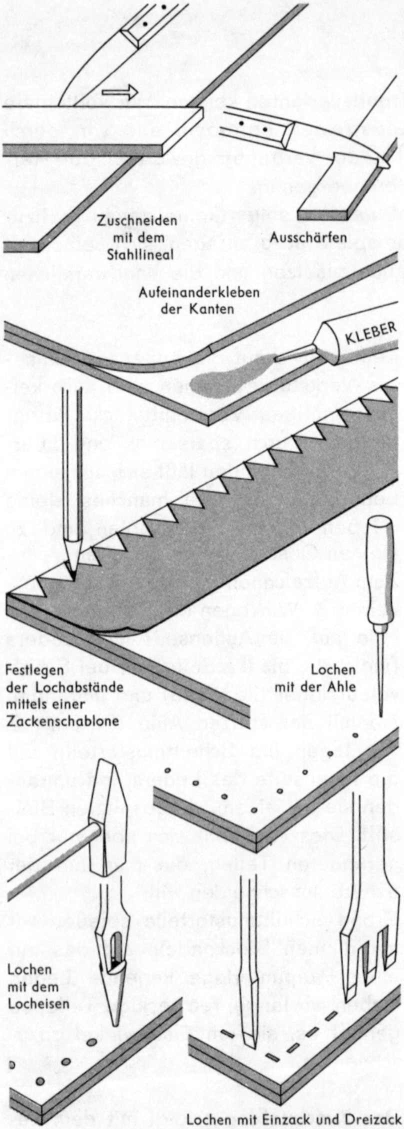

Lederarbeit: grundsätzliche Arbeitsvorgänge

loursleder ist es die Rückseite). Kurven lassen sich entweder mit der Schere schneiden (nicht bis zur Spitze schließen, sonst ergeben sich Stufen bis zur Lederkante!) oder, mit etwas Mut, freihändig mit dem scharfen Messer. Dabei muß das Leder mit der linken Hand auf beiden Seiten des Schnittes gut festgehalten, d. h. auf die Pappunterlage gedrückt werden. Die rechte Hand führt das Messer wie einen Federhalter. Geschnitten wird zum Schneidenden hin. Bei starken Kurven werden Pappe und Leder – nicht das Messer – leicht gedreht.

»Schärfen« des Leders. Manchmal sind uns die Kanten des Leders zu dick; z. B. wenn wir sie aufeinanderkleben müssen, Streifen oder Riemchen aneinandersetzen müssen oder Schachteln, Kästen, Buchdeckel oder dergleichen mit Leder beziehen und dabei die Kanten um die Pappfläche herumziehen wollen.
Wir schneiden dann das Leder an den Kanten dünner, d. h. wir »schärfen« es oder »schärfen es aus«, wie die Fachausdrücke lauten. Das ist nicht ganz einfach. Wir üben es vorsichtshalber erst an einem Abfallstück. Das Leder wird (Rückseite nach oben) mit seiner zu schärfenden Kante genau an die Kante des Schneidbrettes oder der Pappunterlage gelegt und festgehalten. Dann führen wir das (besonders gut geschärfte) Messer flach über die Kante von uns weg, wobei ganz dünne Lederschnitzel abfallen. Wir müssen so vorsichtig wie möglich schneiden, damit wir nicht die Lederkante »annagen«.

Das Anbringen von Futter ist bei größeren Arbeiten (Schreibmappen, Taschen u. ä.) manchmal nötig, um dem Werkstück mehr Festigkeit zu verleihen oder um eine vielleicht nicht so schöne Lederinnenseite zu bedecken. Schafleder eignet sich für diesen Zweck besonders gut oder aber spezielles Futterleder. Damit Deck- und

Futterleder größengleich aufeinanderpassen, ist es praktisch, beim Zuschneiden des Außenleders ringsum 1 mm zuzugeben und auch das Futter etwas größer zuzuschneiden, da es beim Aufkleben leicht ein wenig verrutschen kann. Wird dann das an den Rändern zusammengeklebte Leder mit Messer und Winkel noch einmal nachgeschnitten, so erzielen wir saubere und tadellos aufeinanderliegende Kanten. Bei bestimmten Arbeiten (Schreibmappen usw.) können wir auch Pappen als Verstärkung der Wände zwischen Oberleder und Futter einlegen. Sie werden ringsum etwa 8 mm kleiner zugeschnitten.

Faltkanten, die wir manchmal bei Handtaschen, Mappen mit Einsätzen, Geldtaschen usw. haben, lassen sich am besten legen, wenn sie von innen angefeuchtet sind. Wir müssen aber darauf achten, daß das Wasser nicht auf die Außenseite durchschlägt, weil sonst bleibende Wasserränder in der Oberfläche des Leders entstehen. Also nur wenig Feuchtigkeit – oder das ganze Lederstück von beiden Seiten gleichmäßig anfeuchten! Die umgeschlagenen Lederstellen reiben wir mit dem Falzbein an und pressen sie zwischen zwei Holzbrettern, damit die Kniffe besser halten.

Das Aufeinanderkleben der Kanten ist nötig, wenn wir aufeinandergehörige Teile durch Nähstiche oder Riemchen-Umschnürung so verbinden wollen, daß Stich oder Lochung in beiden Teilen einander genau entsprechen. Andernfalls verrutscht die Lochung, die Kanten dehnen sich, werfen Wellen, oder die Lochabstände werden ungenau. Zum Kleben nehmen wir Lederleim aus der Tube (in Ledergeschäften erhältlich) oder Alleskleber. Wir können auch mit Gummilösung arbeiten. Die Teile werden nach dem Kleben kurz aufeinandergedrückt oder gepreßt, bis kein Verrutschen mehr möglich ist. Vorsicht, daß keine Flecken entstehen! Wo das, besonders auf Veloursleder, doch einmal vorkommen sollte, helfen Abschaben und Aufrauhen mit Sandpapier.

Lochen und Vernähen. Zunächst müssen die Abstände für Stich oder Lochung vorgezeichnet werden. Für das Nähen mit ungebleichtem Zwirn im sogenannten Sattlerstich rechnen wir etwa 3 mm Abstand, für das Umnähen mit Riemchen etwa 5–6 mm. Am besten läßt sich das Maß mit einer sehr sorgfältig zugeschnittenen Zackenschablone, die gleichermaßen den Abstand vom Rande wie den Abstand von Loch zu Loch gewährleistet, antragen. Wir geben die Markierungspunkte mit einem sehr spitzen Bleistift an oder mit einer Stricknadel, die wir fest eindrükken. Gelocht wird auf verschiedene Weise. Zum Nähen mit Zwirn stechen wir mit der Ahle die Löcher vor. Das Leder muß hierzu auf einer kräftigen Pappunterlage ruhen, sonst können wir leicht den Tisch beschädigen. Für die Riemchenschnürung benutzen wir entweder das Locheisen oder die verschiedenen Stanzensätze, die mit dem Holzhammer auf einer kräftigen Pappunterlage eingeschlagen werden. Bestenfalls nehmen wir die Lochzange. Die Lochgröße richtet sich nach der Riemchenbreite und soll eine Spur geringer als diese sein, bei Kunststoffriemchen größengleich, keinesfalls aber größer. Für einfaches Umnähen mit schmalen Riemchen können wir auch Schlitze mit dem Dreizack (bzw. zusätzlich mit dem Einzack) schlagen. Scharfe Ecken des Leders werden mit dreimal dicht nebeneinander aufgesetztem Messer abgerundet.

Wir nähen entweder in schlichter, unauffälliger Weise mit dem Sattlerstich, der etwa wie ein vergrößerter Maschinenstich aussieht, oder betont durch Riemchenumschnürung; außerdem gibt es noch ganz besondere Ziernähte. Je nach Größe des zu arbeitenden Gegenstandes, nach Zweckbestimmung und persönlichem Geschmack entscheiden wir uns für diese oder jene Art der Randverbindung.

Der Sattlerstich. Wie schon erwähnt, werden mit der Ahle die Löcher vorgestochen. Zwirnsfaden wird durch Wachsreste gezogen, um ihn haltbarer zu machen. Der Faden wird an beiden Enden in kräftige Nadeln eingefädelt, um einmal von oben, einmal von unten durch das gleiche Loch gezogen werden zu können.

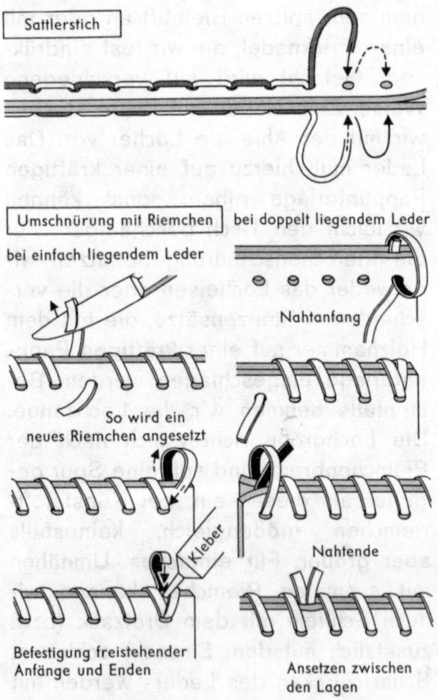

Der Sattlerstich und das Umschnüren mit Riemchen bei einfach und doppelt liegendem Leder

Durch strammes Anziehen der Fäden erhalten wir schöne, gleichmäßige Nähte. Die Fadenbefestigung beim Ansetzen geschieht zwischen den aufeinandergenähten Lederschichten.
Der Sattler verrichtet diese Näharbeit bei senkrecht eingespannter Lage des Werkstücks. Er hat dafür ein hölzernes Gerät, den Nähkloben, der mit den Beinen zusammengehalten wird, so daß ihm beide Hände zum Nähen frei bleiben. Wir können unsere Arbeit evtl. in die Vorderzange der Hobelbank einspannen, wenn uns eine solche zur Verfügung steht. Allerdings ist dann zu empfehlen, kräftige, glatte Schonpappen zu beiden Seiten des Werkstücks mit einzuspannen, um eventuelle Preßstellen auf der empfindlichen Lederoberfläche zu vermeiden.

Umnähen mit Riemchen. Zum Durchziehen von Loch zu Loch fädeln wir das Riemchen in eine Riemchennadel oder verfestigen seinen zugespitzten Anfang mit Alleskleber. Wir verfahren wie beim Nähen »überwendlicher« Nähte. Dabei ziehen wir das Riemchen von hinten nach vorn durch die beiden genau aufeinanderpassenden Löcher, führen es über den Rand hinweg und stechen es wieder von hinten ein. Das Riemchen sollte nicht zu lang sein, weil das Durchziehen sonst zu mühsam ist.
Beim Umschnüren einer einfach liegenden Lederschicht schärfen wir beim Ansetzen eines neuen Riemchens das Ende des alten wie des neuen knapp 1 cm weit aus, kleben beide aneinander (evtl. auch noch an die Lederschicht) und ziehen das neue Riemchen schon durch das nächste Loch. Es wird jedoch erst strammgezogen und weitergeführt, wenn die Klebestelle trocken ist. Zur Befestigung von freistehenden Anfängen und Enden wird

der letzte Stich verdoppelt und das abgeschärfte Riemchenende an der Innenseite festgeklebt. Treffen Anfang und Ende zusammen, so kleben wir die abgeschärften Enden an der Innenseite stichgerecht übereinander. Liegt, wie in den meisten Fällen, das Leder doppelt aufeinander, so verbleibt am freistehenden Nahtanfang und Nahtende das Riemchen zwischen den vorsichtig voneinander gelösten Lederschichten. Beim Ansetzen eines zu Ende gehenden Riemchens können hierbei die beiden Enden gleichfalls zwischen den beiden Lederschichten liegen.
Außer dem einfachen Umstechen kann man auch die Riemchen sich kreuzen lassen (Hin- und Rückweg wie beim Kreuzstich). Läßt man auf dem Hinweg je ein Loch frei und geht man mit dem Riemchen ins jeweils übernächste, während man auf dem Rückweg die freigelassenen Löcher benutzt, so bilden sich Kreuze auf den Randflächen.

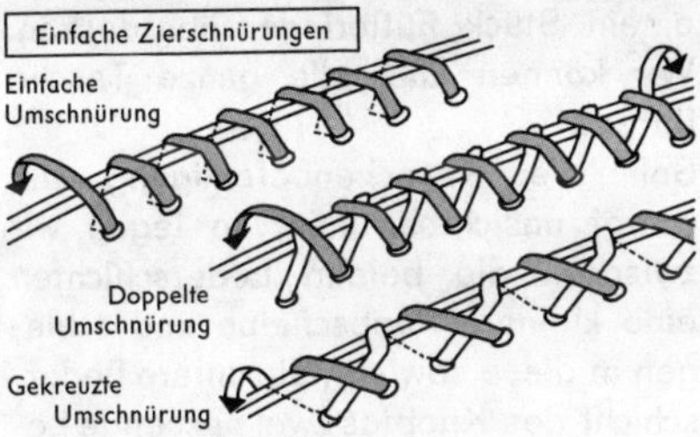

Einfache Zierschnürungen

Ferner kann ein andersfarbiges Riemchen unter der Umschnürung mitlaufen und die Kante bereichern. Durch Zweifarbigkeit beim kreuzweisen Umstechen oder durch Zweifarbigkeit beim einfachen Umstechen, jedoch in zwei verschiedenen Abständen vom Rande, ergeben sich gleichfalls reichere Wirkungen. Am besten macht man an Reststücken einige Arbeitsproben, um die endgültige Wirkung vor Augen zu haben (Kompliziertere Ziernähte siehe Seite 531). Zum Schluß kann man die Riemchennähte, unter Karton gelegt, durch leichte Schläge mit dem Holzhammer flach und glatt klopfen.

Verschlüsse. In vielen Fällen ist ein Druckknopf der günstigste Verschluß. Wir können aber auch eine Lasche durch eine Schlaufe ziehen, die aus einem miteingenähten Streifen oder Zöpfchen besteht (z. B. bei Behältern für Füller und Bleistift, Bürsten, Fotos, Streichholzmäppchen). Bei Beuteln fädeln wir ein Lederband oder eine geflochtene Kordel (einfach oder mit doppelten Zugschlaufen auf jeder Seite) durch entsprechende Löcher.
Bei Handtaschen lassen sich allerlei individuelle Verschlüsse finden mit Riemen oder Traggurten, die durch einen Ring oder eine Schlaufe gezogen werden. Auch aparte Knopfverschlüsse mit Holz- oder Lederknöpfen sind möglich. Hierbei wird es sehr auf Phantasie und Geschmack des Arbeitenden ankommen. Verschlüsse müssen vor allem ihre Funktion erfüllen; sie dürfen nicht spielerisch und aufgesetzt erscheinen.
Sachlich und zweckmäßig ist der Reißverschluß. Er paßt nicht überall hin, aber wo er sich mit dem Charakter und Zweck unserer Lederarbeit verträgt, können wir ihn ruhig anwenden. Die einfachste Art der Anbringung besteht darin, die Kanten der in Frage kommenden Öffnung umzulegen, den gewebten Rand des Reißverschlusses darunterzulegen, mit Alleskleber festzukleben und im Sattlerstich festzunähen. Der Rand kann gegebenenfalls auch durch innen eingesetztes Futterleder verdeckt werden. Um den Reißverschluß beim Einnähen gut erreichen zu können, müssen wir ihn rechtzeitig vor dem Zusammennähen der Gesamt-

arbeit einsetzen. Das gilt vor allem dann, wenn er nicht an einer Kante entlangführt, sondern innerhalb einer Fläche angebracht werden soll. In diesem Fall nähen wir ihn in geschlossenem Zustand im Sattlerstich in einen entsprechend langen, schmalrechteckigen Schlitz ein, der mit Messer und Eisenwinkel aus der Lederfläche herausgeschnitten wurde. Leichtes Ankleben mit Alleskleber verhindert das Verrutschen beim Nähen. Ist das Leder zu dünn, um der Beanspruchung durch den Zug am Reißverschluß standhalten zu können, wird kein Rechteckstreifen aus der Fläche herausgeschnitten, sondern nur ein Mittelschnitt gemacht, an dessen Enden sich je ein etwa 2 cm breiter Querschnitt befindet. Die Ränder werden dann, ähnlich wie bei der ersten Beschreibung, umgebogen, und der Reißverschluß wird mit Sattlerstichen angesäumt. Die Schmalseiten des Schlitzes können zur Verstärkung mit Lederstücken unterklebt werden.

Knöpfe aus Leder fertigen wir folgendermaßen an: Wir schneiden aus dikkem, festem Leder zwei gleichgroße runde Scheiben, kleben sie aufeinander, lochen sie ringsum mit der Ahle und nähen die Ränder mit dem Sattlerstich zusammen. Zwei größere Löcher, mit dem Loch- oder Stanzeisen geschlagen, nehmen ein Riemchen auf, das aus zwei aufeinandergeklebten flachen Einzelriemchen besteht. Unterseitig machen wir einen einfachen Knoten und ziehen die Riemchenenden durch zwei Löcher, die in etwa 1,5 cm Entfernung voneinander ins Taschenleder geschlagen wurden. Bei dünnem Leder muß diese Stelle vorher von innen durch ein aufgeklebtes Lederstück verstärkt werden. Die aufeinandergeklebten Riemchenenden trennen wir vorsichtig, verknoten je zwei zu einem Doppelknoten und klopfen diesen so flach wie möglich. Oder wir verkleben die vier Enden statt der Verknotung strahlenförmig auf der Tascheninnenseite. Die Knoten oder die Verklebungsstelle kann man von innen mit einem Stück Futterleder überdecken. Wir können auch die ganze Tasche füttern.

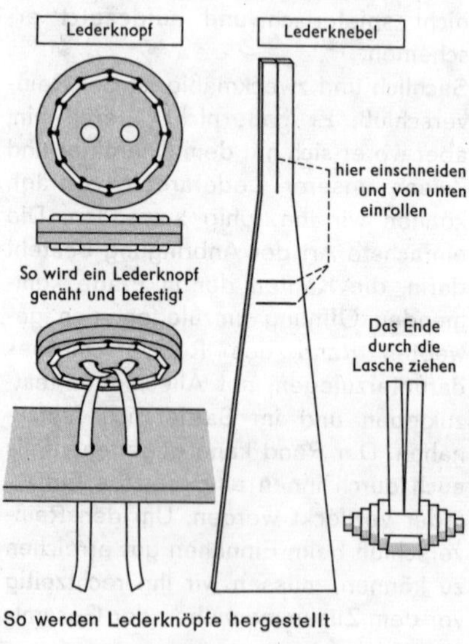

So werden Lederknöpfe hergestellt

Soll die Riemchenbefestigung am Knopf unsichtbar sein, so legen wir zwischen die beiden Lederschichten eine kleinere Pappscheibe und schlagen in diese sowie in die untere Lederschicht des Knopfes zwei passende Löcher, ziehen die Lederbändchen hindurch und kleben die obere Lederplatte darauf. Bei nicht genügend stabilem Leder können wir auch bei der erstgenannten Machart ein Pappscheibchen einlegen.

Ein knebelförmiger Knopf läßt sich aus einem langen, schmalen dreiecksähnlichen Streifen rollen. Sein langes Ende wird durch einen Doppelschlitz gezogen. Durch Strammziehen hält er auch ohne Klebung zusammen. Das lange Befestigungsstück ziehen wir durch einen Schlitz in die Taschenwand und befestigen es durch Annähen, Ankleben und Hinterkleben mit Futterleder. Auch schlichte Holzknöpfe vertragen sich mit Lederarbeiten. Achten wir aber darauf, daß wir Knöpfe nur da verwenden, wo sie sinnvoll und notwendig sind (keine »Zierknöpfe«!).

Griffe und Henkel. Für Tragriemen nehmen wir am zweckmäßigsten einfache, feste Lederstreifen, ungeriemt, eventuell mit Futterleder unterlegt und mit Sattlerstichen gesäumt. Für Traggriffe können wir zwei feste, kräftige Lederstreifen im Sattlerstich aufeinandernähen oder einen breiteren der Länge nach falten und ein- oder zweimal absteppen. Haben wir weicheres Leder, so brauchen wir der größeren Haltbarkeit wegen Wäscheleinen oder sehr dicke Bindfäden als Einlagen.

Für einen runden Henkel können wir einen Lederstreifen, vorher passend mit der Ahle gelocht, um eine Wäscheleine herumlegen und eine seitliche Naht im Sattlerstich anbringen. Er läßt sich auch mit Lederriemchen zusammenschnüren. Die Löcher dafür müssen wir mit dem Dreizack schlagen. Wir führen das Riemchen zunächst locker ein und ziehen es dann mit Hilfe der Ahle Stück für Stück fester an, bis die Lederumhüllung die Wäscheleine fest umschließt.

Eine flache Henkelform liegt noch griffiger in der Hand. Hierfür verwenden wir zwei kräftige Schnüre oder Leinen, leimen sie im gewünschten Abstand auf den Lederstreifen und schlagen die Ränder so über ihnen zusammen, daß sie sich in der Mitte überschneiden. Dann kleben wir sie mit Alleskleber zusammen, damit sie beim weiteren Arbeitsgang nicht verrutschen. Nun wird eine Mittelnaht mit dem Locheisen gelocht und – diesmal mit Riemchen – im Sattlerstich zusammengenäht. Bei kleinerem Format können wir auch mit Zwirn nähen.

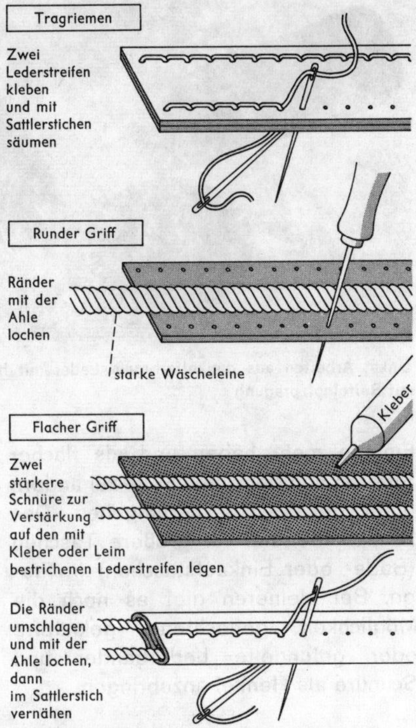

Verschiedene Ledergriffe

Das Aufsetzen oder Einsetzen der Griffe und Henkel muß stabil und geschickt ausgeführt werden, damit das Werkstück nicht plump erscheint. Beim Tragen darf sich das Taschenleder auch nicht ausbeulen oder Falten werfen. Eventuell müssen wir, um ein Aufreißen zu verhindern, die Ansatzstelle von innen verstärken. Die Wäscheleine wird unterhalb der breit werdenden Lederansatzstelle an den Enden des Griffes fächerartig aufgefasert, damit sie sich der Flächenverbindung anpaßt. Sichtbar werden darf die Einlage natürlich nicht. Besondere Haltbarkeit wird erreicht, wenn die Henkel, sobald sie auf der Tasche aufliegen, keine

Links: Arbeiten aus dunkelfarbigem Leder mit hellerer Riemchenumschnürung. Rechts: Lederbeutel mit Reifelholzprägung

Einlage mehr haben und als flacher Streifen von der einen Seite zur andern unter der Tasche herumgehen. Das kommt aber nur für größere Taschen (Bade- oder Einkaufstaschen) in Frage. Bei kleineren gibt es noch die Möglichkeit, geflochtene, geknüpfte oder getundelte Lederbänder und Schnüre als Henkel anzubringen.

Verschiedene Lederarbeiten

Als leichte Anfangsarbeiten sind kleine Etuis für verschiedene Gegenstände des täglichen Bedarfs geeignet, die sonst in Hand- und Aktentaschen schwer zu finden sind oder beschädigt würden. Später können wir uns dann auch an größere und kompliziertere Dinge wagen.

Kleine Taschen und Hüllen. Ein Brillenfutteral besteht aus zwei gleichen Teilen. Es bleibt ohne Verschluß. Das Leder darf nicht zu hart, aber auch nicht zu weich sein. Eventuell füttern wir es mit ganz feinem, weichem Futterleder. Anfangs- und Endstich der Naht werden doppelt gemacht, das Faden- oder Riemchenende wird zwischen den Lederschichten gut befestigt.
Auch ein Täschchen fürs Taschentuch bleibt offen. Wir füttern es aus hygienischen Gründen mit abwaschbarer Plastik. Die Öffnung wird erst auf der einen Seite umriemt, dann umschlingt das Riemchen die verbundenen Strekken und umfaßt schließlich die zweite Öffnungskante.
Die Form einer Scherenhülle richtet sich nach der der Schere. Um diese bequemer ergreifen zu können, wird die eine Hüllenhälfte etwas kürzer gehalten. Das Etui läßt sich aber auch mit Klappenverschluß arbeiten oder zu einem Nähzeugtäschchen erweitern, dem wir einen Taschenteil für den Fingerhut

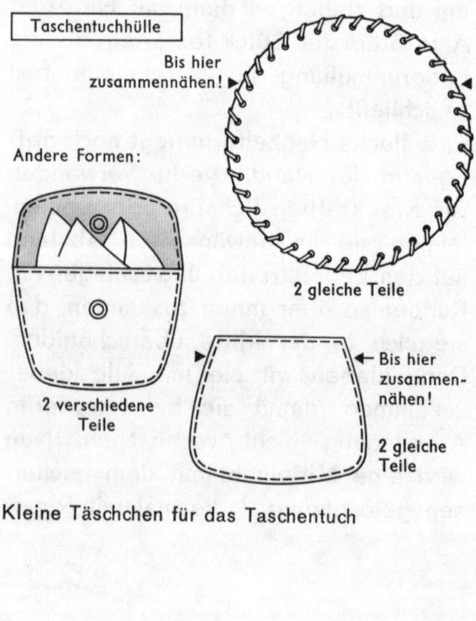

Kleine Täschchen für das Taschentuch

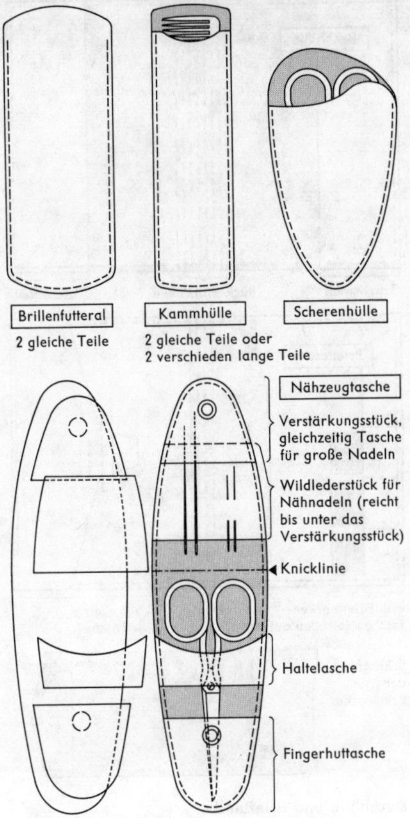

Taschen und Hüllen für den täglichen Gebrauch

sowie ein weiches Wildlederstück, in das die Nähnadeln eingesteckt werden, hinzufügen.

Die Füllertasche hat ein längliches Format und einen Durchsteckverschluß. Wir nähen oder umriemen sie nur bis zur Kappe, die zum besseren Einstekken einseitig oder beidseitig abgeschrägt wird. Die letzten Stiche werden der Haltbarkeit halber verdoppelt; Faden oder Riemchen müssen sorgfältig befestigt werden. Den Riegel nähen wir an den Seiten mit ein. Quer herüber bleibt er ungesäumt.

Die Briefmarkentasche wird am Rücken feucht gepreßt oder bekommt kräftige Falzrillen mit der Stricknadel oder dem Falzbein. Der Riegel für den Druckknopfverschluß wird entweder zusammenhängend mit dem Taschenteil zugeschnitten oder auch einzeln. In diesem Fall müssen wir ihn auf der einen Seite ausschärfen, ihn mit dieser Stelle unter das Innenteil (Innenseite auf Innenseite) kleben und beim Säumen mit einnähen. Des kleinen Formats wegen wählen wir am besten den Sattler-

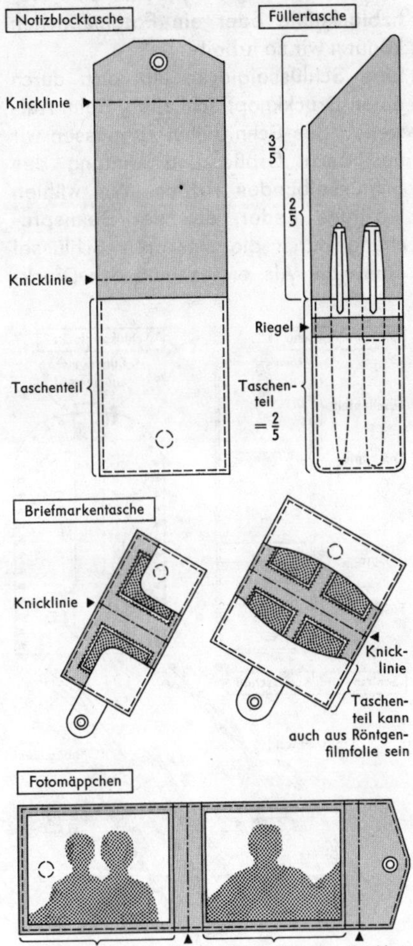

Verschiedene Mäppchen

stich. Die Druckknopfhälften müssen rechtzeitig vor dem Zusammennähen eingesetzt werden.

Ähnlich gearbeitet und auch mit Druckknopfverschluß versehen wird die Streichholztasche. In den doppelt liegenden Klappenteilen ist Platz zum Einschieben des Pappmäppchens. Statt des Druckknopfs kann auch ein Riegelverschluß gearbeitet werden. Wieder empfiehlt sich der Sattlerstich (oder sehr feine Riemchen). Auch eine Notizblockhülle oder ein Fotomäppchen können wir so arbeiten.

Eine Schlüsselglocke läßt sich durch einen Druckknopf schließen. Beim Aufziehen des Schnittmusters müssen wir uns nach Größe und Umfang des Schlüsselbundes richten. Wir wählen kräftiges Leder, das der Beanspruchung durch die schweren Schlüssel standhält. Als erstes muß der Druckknopf eingeschlagen werden. Die Naht am unteren Schlüsselriemenende zur Befestigung des Schlüsselrings nähen wir besonders fest. – Wenn wir die beiden Hälften im Sattlerstich zusammennähen, gehen wir auf jeder Seite nur von der unteren Öffnung bis zum oberen Schlitz für den Schlüsselriemen. Arbeiten wir mit Riemchen, so können wir nach Belieben auch die untere Öffnungskante mit einbeziehen. In diesem Fall umriemen wir zuerst eine Unterkante, machen den Eckstich doppelt, verbinden dann eine Seitennaht bis zur oberen Öffnung, machen wieder einen Doppelstich, umriemen die Vorderseite des Schlitzes, verdoppeln

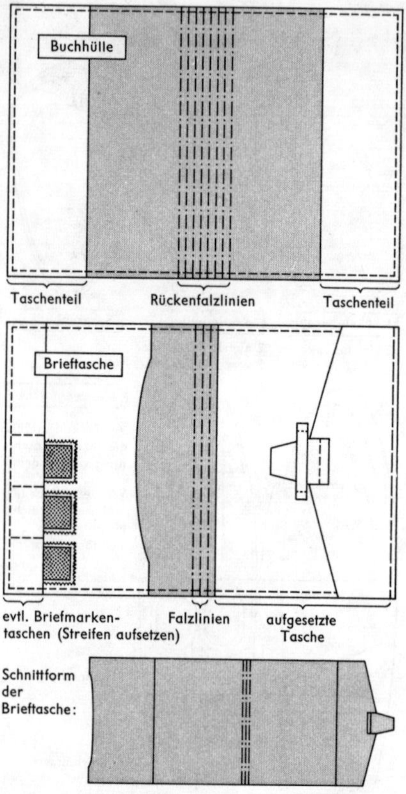

Buchhülle und Brieftasche

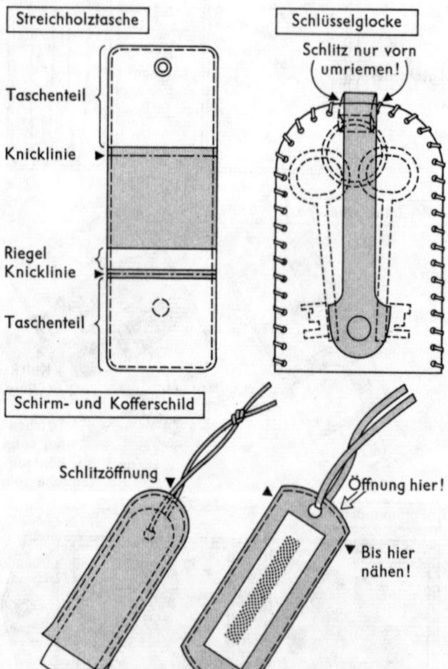

Streichholzetui, Schlüsselglocke und Kofferanhänger

einen Stich, schließen die andere Seitennaht, machen einen Doppelstich an ihrem Ende und umriemen den anderen Öffnungsrand.
Anhängeschilder für Koffer usw. sind schnell aus kleinen Reststückchen anzufertigen. Das Leder soll dünn, aber nicht weich sein. (Auch festes Fischleder eignet sich.) Aus dem einen der gleich großen Teile läßt sich ein »Fenster« herausschneiden (mit dem Messer von den Ecken jeweils zur Streckenmitte schneiden). Der Name kann aber auch verdeckt (»unsichtbar«) bleiben. Das Schildchen, von starkem Zellophan, Röntgenfilm, Tesafilm oder Plastik geschützt, ist dann ähnlich wie das Schlüsselbund herausziehbar, und die Seitennähte werden nicht ganz bis zur vorderen Öffnung geschlossen, damit es besser zu ergreifen ist. Angehängt wird das Schildchen mit einem schmalen Lederband oder Riemchen, das wir am Koffergriff festknoten.

Buchhülle und Brieftasche. Wir wählen ein nicht zu weiches Leder. Das Format der Buchhülle muß so groß sein, daß auch größere Bücher hineinpassen. Daher darf auch der Rücken nicht zu schmal berechnet werden. Gegebenenfalls falzen wir das Leder an dieser Stelle mehrmals von innen. Wenn die Innenteile breit genug sind, lassen sich auch kleinere Bücher unterbringen.
Die Brieftasche ist der Buchhülle ähnlich. Sie erhält auf der einen Seite eine Innentasche mit einem kleinen Riegelverschluß. Unter dieser Tasche, die nur an den Seitenrändern und am oberen Rand aufgenäht wird, entsteht so ein weiteres Taschenfach. Die andere Taschenseite kann noch ein Briefmarkenfach erhalten.

Schreibmappen. Da das Leder bei dem großen Format zuwenig Festigkeit besitzt, muß die Mappe gefüttert werden. Zwischen Außen- und Futterleder beider Mappendeckel fügen wir Pappen ein, die zwischen den Nähten bzw. Riemchenkanten bequem Platz haben. Damit sie nicht beim Schließen der Mappe verrutschen und den Rücken blockieren, kleben wir sie mit Alleskleber leicht am Außenleder fest.

Schreibmappe

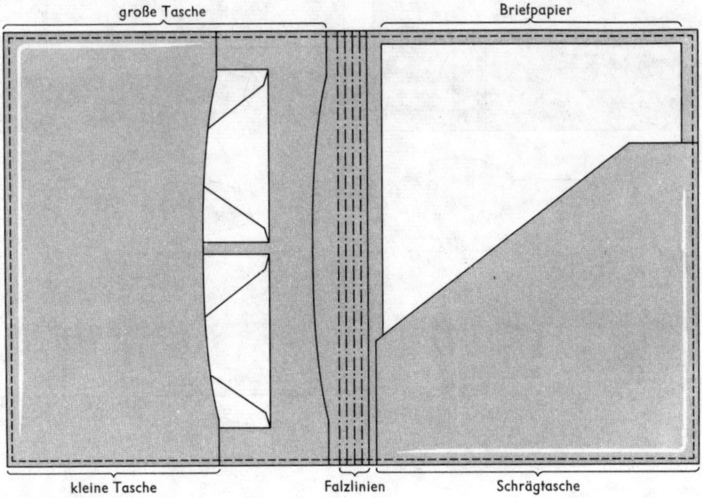

Eine große Schreibmappe

Geldtaschen lassen sich auf viele Arten herstellen. Vier Beispiele seien hier gezeigt. Haben sie nur ein Fach, sind sie leicht zu arbeiten. Wir können sie entweder aus zwei Teilen zusammensetzen oder noch seitliche Zwischenteile hinzufügen. Diese müssen rückseitig angefeuchtet und bis zum Trocknen gepreßt werden. Zum Schluß setzen wir die Druckknöpfe ein.
Wünschen wir mehrere Fächer, so schneiden wir ein zweites Taschenstück zu, das mit seitlichen Einsatzstücken zu einer selbständigen Tasche verklebt und dann mit dem eigentlichen Taschenteil verleimt wird. Hierbei sowie beim Lochen und Nähen müssen wir sehr exakt verfahren, damit die Ränder der verschiedenen Lederschichten gleichmäßig abschließen und sich nicht verziehen. Am besten eignet sich weiches Leder, das an den Rändern nicht zu dick aufträgt und woraus sich auch die Seitenteile gut falten lassen. Umschlingen mit Riemchen ist nur dann praktisch, wenn diese sehr fein und fest sind und die Löcher oder Schlitze ganz klein gehalten werden. Besser ist das Vernähen mit dem Sattlerstich. Die Klappe der Geldtasche kann, ähnlich wie bei Brieftasche und Schreibmappe, durch ein bis zwei aufgesetzte Taschenteile bereichert und zugleich verstärkt werden.
Komplizierter ist eine Form mit Zwischenfach und Seitenklappen. Die Grundform wird (siehe Abb.) aus einem Stück hergestellt. Die gestrichelten Linien knickt man nach innen, die punktierten nach außen. Das Leder muß vor dem Knicken angefeuchtet und anschließend gepreßt werden.

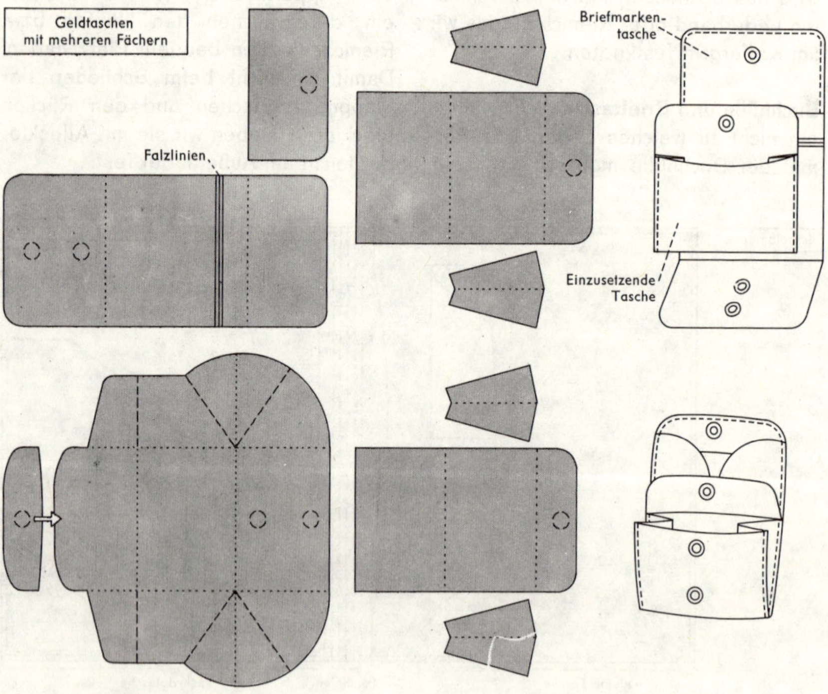

Geldbörsen mit mehreren Fächern

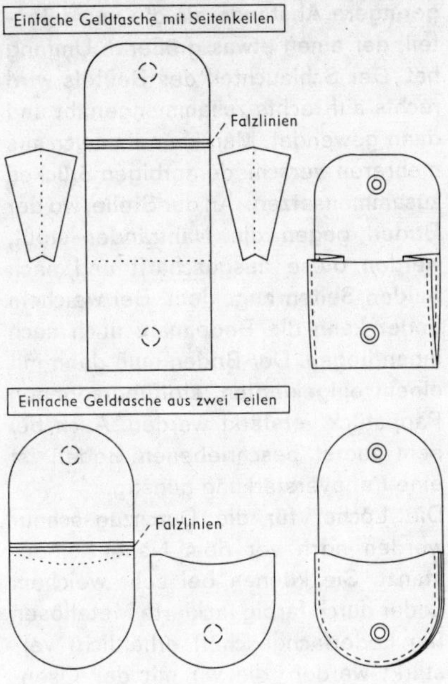

Einfache Geldbörsen

Nach dem Trocknen wird vorsichtig und genau die Innentasche in den Faltenteil eingepaßt und festgeklebt. Das Nähen (Sattlerstich) muß sehr sorgfältig geschehen. Der Klappenteil wird von innen verstärkt; hier entsteht noch ein Briefmarkenfach. Die Druckknöpfe setzt man zum Schluß ein, um sie genau aufeinander abstimmen zu können.

Die Kastentasche für ein Kartenspiel oder eine Zigarettenpackung machen wir aus festerem Leder. Wir brauchen ein langes Taschenstück und zwei Seitenwände, deren Ränder sich beim Zusammennähen so umbiegen, daß sie sich der Lage des Haupttaschenteils angleichen. Dadurch kommen die Seitenwände etwas weiter nach innen. dies müssen wir bei der Größenberechnung berücksichtigen und daher etwa 6 mm zur Breite des Innenraumes zugeben. Die Lochung für den Sattlerstich geschieht diesmal an den noch nicht miteinander verklebten Einzelteilen. An den Ecken, an denen der lange Taschenteil zum Boden hin umbiegt, müssen die Stichabstände etwas weiter erfolgen als an dem seitlichen Einsatzstück, weil das Außenleder hierbei eine größere Kurve zu machen hat. Wir können einen Druckknopf oder einen Durchsteckverschluß wählen. Bei letzterem schneiden wir die Lasche an beiden Seiten entsprechend schmaler. So läßt sie sich bequem durch den Riegel schieben.

Hat die Kartentasche ein größeres Format, können wir sie mit stoffüberzogenen Pappstreifen füttern (entsprechende Zugabe bei der Größenberechnung nicht vergessen!). Der Stoff wird um die Streifen geschlagen, die Ränder klebt man rückseitig an. Die Streifen werden vor dem Zusammennähen auf die entsprechenden Flächen geklebt. Sie dürfen selbstverständlich nicht die Nähte überdecken.

Beutel und größere Taschen. Bei einem Lederbeutel können wir das kreisförmige oder schwach ovale Bodenstück in den vorher schlauchförmig zusammengenähten Beutelteil einsetzen. Dabei bekommt die Lochung im Boden

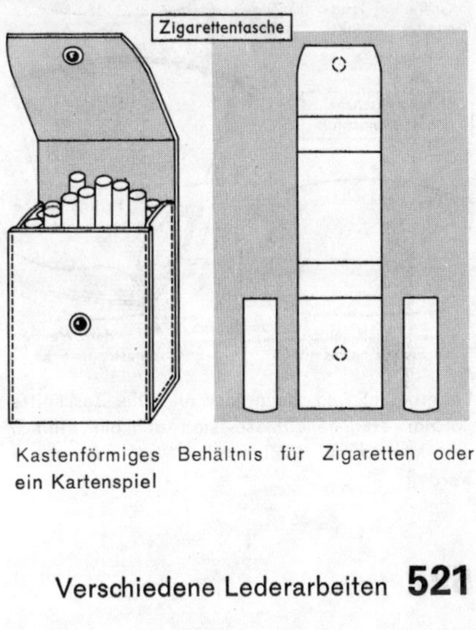

Kastenförmiges Behältnis für Zigaretten oder ein Kartenspiel

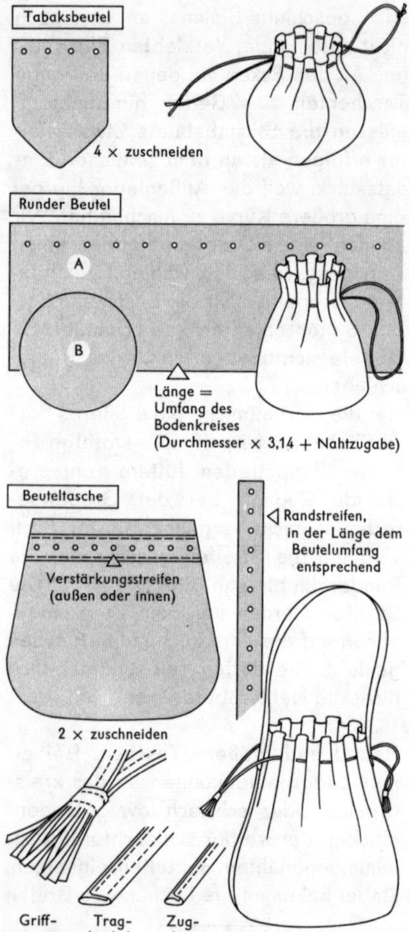

Lederbeutel und Beuteltaschen. Die Zuschnitte solcher Tragebehältnisse sind denkbar einfach und können mit Papier oder Stoff ausprobiert werden

geringere Abstände als die im Außenteil, der einen etwas größeren Umfang hat. Der Schlauchteil des Beutels wird rechts auf rechts zusammengenäht und dann gewendet. Man kann ihn auch aus mehreren verschiedenfarbigen Stücken zusammensetzen. An der Stelle, wo der Boden gegen die Nahtränder stößt, werden diese ausgeschärft und nach beiden Seiten angeklebt. Bei weichem Leder kann die Bodennaht auch nach innen liegen. Der Boden muß dann mit einem eingeklebten, stoffüberzogenen Pappstück verstärkt werden. Auch bei dem zuerst beschriebenen Boden ist eine Pappverstärkung günstig.

Die Löcher für die Durchzugsschnur werden noch vor dem Nähen eingestanzt. Sie können bei sehr weichem Leder durch farbig lackierte Metallösen (im Lederfachgeschäft erhältlich) verstärkt werden, die wir mit der Ösenzange eindrücken. Als Schnur dient ein einfaches Lederbändchen oder eine feingeflochtene Lederkordel.

Ein Tabaksbeutel läßt sich aus vier, eventuell auch fünf oder sechs Teilstücken zusammensetzen, deren untere Winkel so aufeinander abgestimmt werden, daß sie zusammen einen Kreis ergeben. Am besten eignet sich weiches, feines Leder, z. B. Wildleder. Die Nähte können, falls sie nach innen liegen, eventuell mit der Maschine genäht werden. Die Nahtüberstände müssen recht schmal sein. Riemchenschnürung wäre hier ungeeignet, da durch die Lücken Tabakskrümel fallen könnten. Zum Schließen benutzen wir zwei dünne Riemchen, die gleichlaufend innerhalb und außerhalb des Beutels liegen. Über die Nähte müssen sie, damit man den Beutel besser zusammenziehen kann, außen entlanggeführt werden und enden dann rechts und links in je einer Zugschlaufe.

Ein größerer Beutel aus festem, aber

nicht zu dickem Leder entsteht aus zwei Seitenteilen und einem langen Zwischenstreifen. In Höhe der Löcher für die Schnur wird ein Verstärkungsstreifen aufgesetzt, entweder aus Futterleder von innen oder – als Schmuckelement – aus dünnem, andersfarbigem Leder von außen. Er wird vor dem Zusammennähen aufgeklebt und aufgenäht. Wenn die Seitennähte nach innen liegen sollen, also rechts auf rechts genäht wird, schärfen wir die Seiten des Verstärkungsstreifens, die in die Seitennähte kommen, vorher dünn aus. Sollen die Seitennähte nach außen zeigen, ist es nicht unbedingt nötig. Den Tragriemen leimen und nähen wir am Verstärkungsstreifen besonders gut fest. Erscheint uns das für den Beutel verwendete Leder als Material für den Tragriemen nicht strapazierfähig genug, nehmen wir das dünnere Verstärkungsleder und legen es dreifach aufeinander. Die nach innen kommende Kante schärfen wir aus und biegen sie um, die andere falten wir darüber (evtl. anfeuchten und pressen bis zum Trocknen). An beiden Längskanten wird entlanggenäht. Am unteren Ende durchfahren wir zusätzlich noch einmal die gleichen Löcher beim Befestigen des Riemens am Beutel. Zum Zusammenziehen nehmen wir – wie beim Tabaksbeutel – zwei Schnüre; entweder aus dem Leder, aus dem auch der Beutel besteht, oder aus dem dünneren Verstärkungsleder. Dann müssen wir sie ebenso wie den Tragriemen arbeiten, jedoch genügt, weil sie schmaler sind, nur eine einzige Naht. Die Enden kleben und nähen wir gegeneinander. Wir machen sie griffiger, indem wir einen quastenartig eingeschnittenen Lederstreifen herumkleben und nähen (zwei Nähte; sehr gut nähen und befestigen!).

Täschchen mit Reißverschluß werden aus feinem, schmiegsamem Leder gearbeitet. Die Seitenteile näht man rechts auf rechts im Sattlerstich (oder mit der Nähmaschine in großer Stichstellung) aufeinander. Vor dem Wenden müssen die Ecken quer (etwa 3 cm breit) abgenäht werden. Damit der entstehende Zipfel nach dem Umwenden nicht störend dick an dem Boden der Tasche sitzt, schneiden wir ihn ab. Die Nahtränder und Fadenenden verkleben wir sorgfältig. Am oberen Rand nähen wir, ohne Kantenumschlag, den Reißverschluß fest. Die Kantenlänge des Reißverschlusses muß bereits bei der Anfertigung des Schnittmusters berücksichtigt werden.

Eine Kollegmappe wird aus einem einzigen glatten, festen Lederstück ge-

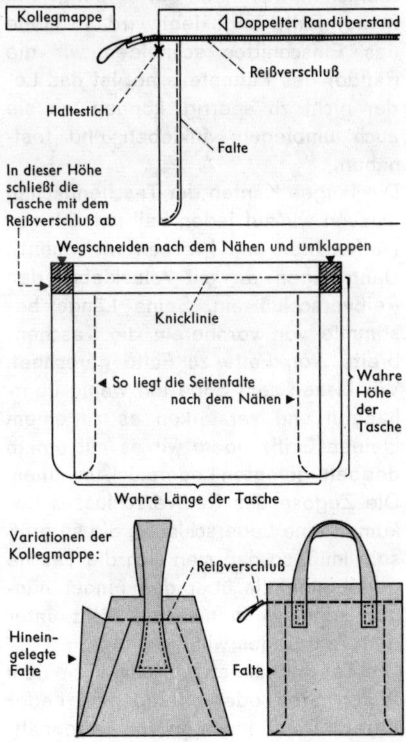

Kollegmappen

arbeitet, doch darf es nicht zu hart sein. Wir legen die rechte Seite aufeinander und nähen im Sattlerstich die Seitennähte zusammen. Oben lassen wir an jeder Seite ein Stück frei, um den Reißverschluß einfügen zu können. Dann wenden wir die Tasche um und schlagen die Seitennähte so weit nach innen, daß die unteren Ecken rechtwinklig werden. Am besten feuchten wir die so entstehenden Faltkanten von innen vorsichtig an und pressen sie so lange, bis sie trocken sind und von selbst halten. Dann schneiden wir die Faltkanten vom oberen Rand her bis zum Beginn der Seitennähte ein und machen kurz unter dem Einschnitt einen kräftigen, mehrfachen Haltestich mit Zwirn oder kreuzweise mit einem Riemchen, das innen gut befestigt und in der Falte angeklebt wird. In Höhe des Einschnittes schneiden wir die Ränder des Faltenteils ab. Ist das Leder nicht zu sperrig, können wir sie auch umbiegen, ankleben und festnähen.

Die langen Kanten der Taschenflächen müssen wir auf jeden Fall umschlagen (Anfeuchten und Pressen wie oben!). Dann fügen wir mit Alleskleber den Reißverschluß ein. Seine Länge bestimmte von vornherein die Taschenbreite, von Falte zu Falte gerechnet. Wir lassen sein Ende ein wenig überhängen und verstärken es zu einem kleinen Griff, indem wir es mit einem doppelt gelegten Lederstück umnähen. Die Zugöse des Reißverschlusses bekommt eine Lederschlaufe, die so groß sein muß, so daß man sich die Tasche gegebenenfalls über den Finger hängen kann, wenn man sie nicht unter dem Arm tragen will.

Die Tasche können wir auch mit einem festen Stoff oder mit dünnem Leder füttern. Damit innen an den Seitennähten keine Falten entstehen, muß das

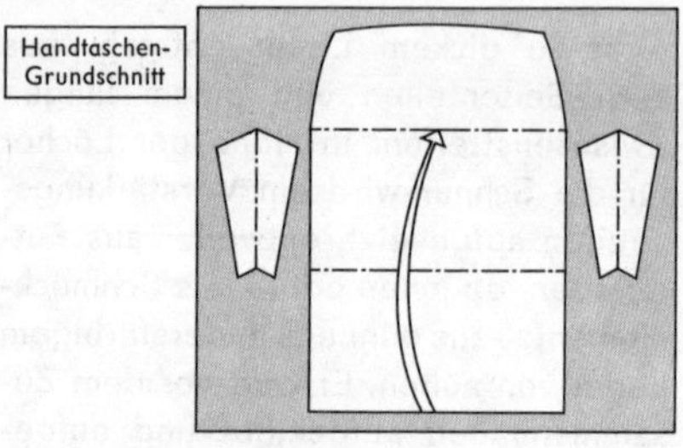

Der Handtaschengrundschnitt

Futter straff aufgeklebt werden. An den oben umzuschlagenden Kanten schneiden wir das Futter so weit zurück, daß es nicht mit umgebogen wird. Die beiden innen sichtbaren Seitennähte können gleich nach dem Nähen (vor dem Wenden) von innen mit einem dünnen Futterlederstreifen eingefaßt werden.

In gleicher Weise, nur mit veränderten Proportionen, läßt sich eine Handtasche arbeiten. Wir wählen vielleicht eine etwas breitere Seitenrundung, damit eine tiefere Falte der Tasche mehr Fassungsvermögen gibt, oder wir schlagen statt dessen die seitlichen Falten etwas schräg nach innen. Dann müssen wir aber darauf achten, daß die obere Abschlußkante des Faltenteils, die wir niedriger schneiden, wieder waagerecht erscheint und daß wir den Reißverschluß nur so weit annähen, wie die umgeschlagene innere Kante reicht (sie geht in diesem Falle nicht ganz bis nach außen).

Die Tragriemen nähen wir am besten noch vor Ausführung der Seitennähte an. Eventuell kleben wir ein Verstärkungsstück aus Futterleder von innen gegen die Ansatzstellen. Dieses müßte dann aber durch Futter überdeckt werden. Wir können auch nur einen Tragriemen nehmen, der dann jedoch etwas breiter sein müßte und in seinen aufzunähenden Ansatzstellen vielleicht die etwas nach unten verbreiterte Ta-

schenform wiederholen könnte. Die zweite Ansatzstelle kann erst nach dem Zusammenfügen der Tasche genäht werden.
Ein anderer Handtaschentyp wird durch eine Klappe geschlossen. Hier gibt es viele Möglichkeiten des Zuschnitts. Meist wird ein Keil auf beiden Seiten eingesetzt, damit die Tasche das nötige Volumen erhält. Der Verschluß kann durch einen Knopf erfolgen oder durch einen »unsichtbaren« Druckknopf, dessen einen Hälfte in einem Lederstück sitzt, das sich als Verstärkung unter der Klappe befindet und ein Extrafach der Tasche bildet. Wir können aber auch einen Durchsteckverschluß arbeiten oder einen Lederknebel kopfartig durch eine Öse schieben. Eine weitere Möglichkeit: ein am Vorderteil befestigter Riemen mit einem Metallring wird von rückwärts von einer Lederschlaufe gehalten, die über den Arm gehängt wird. Schließlich können wir als Griff auch einen Lederriemen an den Einsatzkeilen festnähen.
Beim Thema »Handtaschen« ist der Erfindungsgabe freier Raum gelassen. Wichtig ist, daß die Form großzügig bleibt, keine unnötigen Verzierungen bekommt und die ruhige Schönheit des Leders zur Wirkung bringt. Die Handtasche muß handwerklich einwandfrei gearbeitet sein, sie darf nicht »selbstgebastelt« aussehen. Die Stärke des verwendeten Leders muß im richtigen Verhältnis zur Größe der Flächen und zur Schwere des Inhalts stehen. Allzu modische Formen überleben sich schnell; unsere Tasche sollte von zeitloser, schlichter Schönheit sein.

Lederhandschuhe. Die Selbstherstellung von Lederhandschuhen ist weniger schwierig, als häufig angenommen wird, außerdem wesentlich billiger als der Kauf fertiger Handschuhe. Wir be-

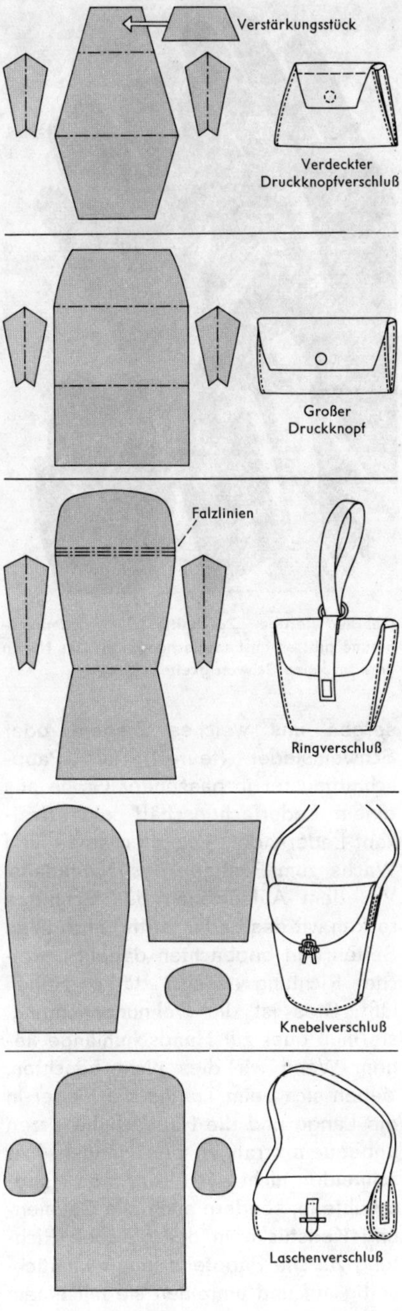

Verschiedene Handtaschen

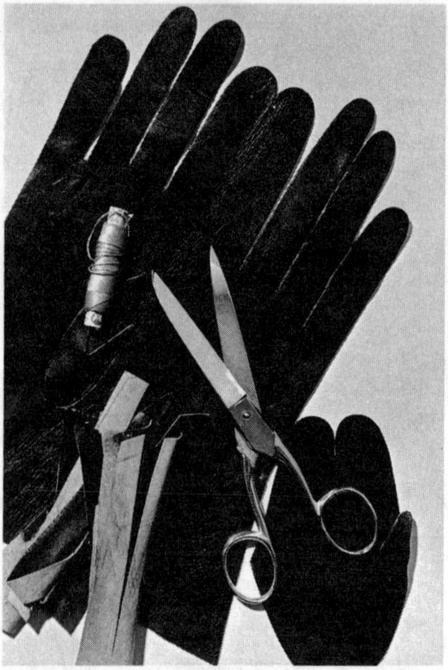

Gebrauchsfertige Zuschnitte für Lederhandschuhe gibt es im Lederfachgeschäft. Das Nähen bereitet keine Schwierigkeiten

sorgen uns weiches Ziegen- oder Schweinsleder (teurer!), ein Pappschnittmuster in passender Größe aus einem Lederfachgeschäft, eine Dreikant-Ledernadel, Knopflochseide und Wachs zum Festigen des Nähfadens. Vor dem Aufzeichnen des Schnittes recken wir das Leder kräftig nach allen Seiten und beobachten dabei, in welcher Richtung es sich stärker ziehen läßt. Dies ist die Dehnungsrichtung, sie muß quer zur Handschuhlänge liegen. Wenn wir dies nicht beachten, ziehen sich beim Tragen die Finger in die Länge und die Handschuhe sitzen unbequem straff an den Händen. Wir schneiden nicht nur die großen Handschuhteile, sondern auch alle Daumen- und Keilstücke in der gleichen Richtung zu. Die Pappteile legen wir rückseitig auf und umreißen sie mit einem spitzen Bleistift. Bei schwarzem Leder nehmen wir einen Buntstift. Handschuhe werden mit der Schere zugeschnitten.

Zuerst wird der Daumen genäht, von der Spitze bis zum Einschnitt. Ist die Nadel hier angelangt, so faßt sie den untersten Punkt des Zipfels, der in das Daumenloch im großen Handschuhteil hineinragt. Seine Kante wird in Richtung des eingeschnittenen Schlitzes gegen den Einschnitt im Daumenteil genäht. Von der Ecke geht es weiter: Man näht den Rand des eingeschnittenen Schlitzes im Handschuhteil gegen den anderen Schlitzrand des Daumenteils, dann weiter abwärts um die ganze Kurve herum bis zum Ausgangspunkt der Einsetznaht. Zur Vorsicht, damit nicht durch ungleichmäßiges Ziehen Verschiebungen im Umfang hervorgerufen werden, haben wir uns den untersten Punkt des Daumenloches und des Daumenteils angezeichnet und achten beim Zusammennähen auf genaue Übereinstimmung.

Soll der Handschuh »Raupen« oder sonstige Schmucknähte auf dem Handrücken bekommen, so nähen wir diese (»Raupen« mit Vorstichen) jetzt. Auch Schmucklöcher, evtl. andersfarbig unterlegt, sind möglich. Dann folgt das Einsetzen der Keile zwischen den Fingern. Wir nähen einen rechten und einen linken Keil mit dichten, überwendlichen Stichen zusammen und gehen mit dem gleichen Faden an der Handflächenseite des Fingers hoch, an der Handrückenseite wieder hinunter, am nächsten Finger wieder hoch und an seiner Handflächenseite wieder hinunter. An der Fingerspitze müssen wir jedesmal den Keil für diesen Finger passend ablängen und rundlich zuspitzen. An der Stelle, wo die Keilnaht unten die Handfläche berührt, können zwei bis drei Stiche verdoppelt werden. Damit beugen wir der Gefahr des Einrei-

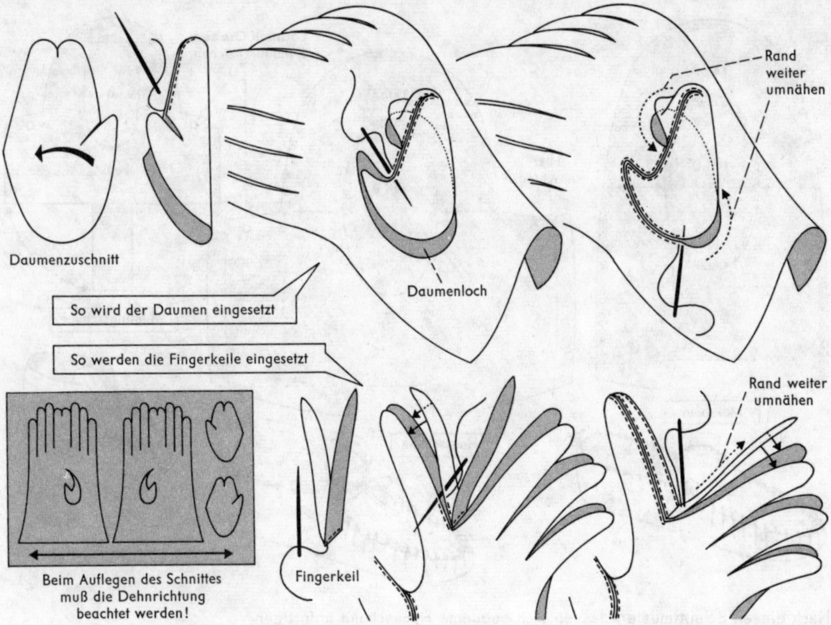

So werden Lederhandschuhe genäht

ßens vor. Nach dem Einsetzen aller drei Keilpaare nähen wir die Außennaht am kleinen Finger zusammen. Der unterste Teil dieser Naht kann einige Zentimeter offenbleiben. Wir schlagen den unteren Handschuhrand einschließlich des offenen Nahtteils um und säumen mit Vorstichen, oder wir paspeln ihn, z. B. mit einer anderen Farbe.

Hausschuhe. Wir wählen am besten die Form der Mokassins. Dabei richten wir uns nach einer Einlegesohle, zu deren Länge und Breite wir etwa 2 cm zugeben (bei Schaffell entsprechend mehr). Der rechte und der linke Schuh werden völlig gleich zugeschnitten. Außerdem brauchen wir noch eine Lasche. Wild-, Ziegen- und Schafleder oder »Möbel-Vachette« eignen sich besonders gut für Hausschuhe. – Die Lochabstände im Schuhteil sind etwa doppelt so groß wie im Laschenteil, dadurch ergeben sich die Falten. Die Lasche wird zuerst gelocht. Die Zahl der Löcher verteilen wir gleichmäßig auf das entsprechende Stück des Schuhrandes. Der rückwärtige Schuhteil wird (in gleichem Lochabstand wie die Lasche) umschnürt.

Mit dem Nähen beginnen wir vorn an der Schuhspitze, und zwar von der Mitte des Lederriemens aus abwechselnd nach beiden Seiten, damit die Falten gleichmäßig fest zusammengezogen werden. Hinten am Schuh treffen sich die Lederriemchen und schließen ihn im Kreuzstich. Die Enden werden sorgfältig verstochen und die Kreuznaht klopft man weich und flach. Die obere Laschenkante muß gesondert umnäht werden. Eine weiche Einlegesohle (evtl. Fell) ist zu empfehlen.

Den gleichen Schnitt, nur mit höherem Rand am hinteren Schuhteil, können

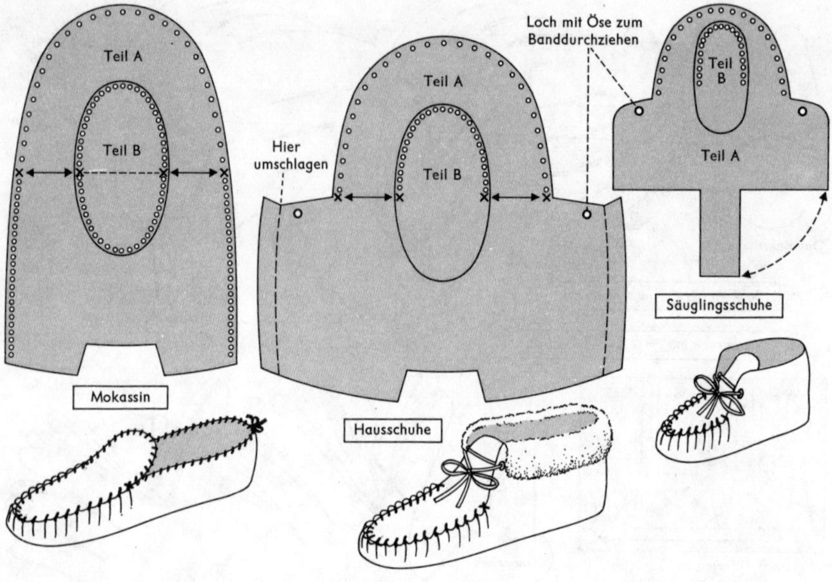

Nach diesen Schnittmustern lassen sich bequeme Hausschuhe anfertigen

wir auch für Pelzhausschuhe verwenden. Statt der Löcher schlagen wir dann Ritze für die Riemchen. Geriemt wird nur an der Kante, die Vorderteil und Lasche verbindet, und an der hinteren Naht. Die Pelzränder des hinteren Schuhteils lassen wir hochstehen oder schlagen sie nach außen. Die Lasche machen wir so lang, daß sie mit der Höhe der leicht umgelegten Pelzränder abschließt. Nach Belieben bringen wir noch einen beidseitig aufgeknöpften Lederriegel (Knöpfe aus Holzperlen) oder ein Lederbändchen als Verschluß an. Der Pelz darf nicht zu dick sein; evtl. wird er noch etwas geschoren, besonders am Vorderteil, wo Falten und Riemchenschnürung sitzen. Die umzuschlagende Kante bleibt ungeschoren.
Beim Zuschneiden von Schafpelz nehmen wir keine Schere, sondern halten das Fell straff und schneiden von der Lederseite mit dem Messer. Schaffell kann lauwarm mit Feinwaschmitteln gewaschen werden. Da die Waschlauge das Fell weich macht, brauchen wir nur wenig spülen. Am besten trocknet man das Fell zwischen Frottiertüchern durch kräftiges Klopfen vor und läßt es langsam nachtrocknen, keinesfalls in Wärme, Hitze oder Zug. Durch Glitzerineinreibungen während des Trocknens sowie durch Kneten und Dehnen wird es schmiegsam.
Eine weitere Veränderung macht den Mokassinschnitt zum Säuglingsschuh. Hierfür nehmen wir feines, weiches Leder, das wir evtl. noch mit weichem Stoff oder Futterleder füttern können. Der Schuh wird hinten rechts auf rechts zusammengenäht, dann gewendet und an den Rändern abgesteppt. Vorn drücken wir rechts und links je eine Öse in die oberen Randteile des Schuhs und ziehen ein weiches Bändchen hindurch. Zum Nähen nehmen wir diesmal, des kleinen Schuhformats we-

gen, kräftiges Perlgarn oder allerfeinste Riemchen und nähen damit nur die eigentlichen Verbindungsnähte. – Eine Abwandlung mit hinten hochgezogener Sohlenverlängerung ist möglich.

Links: Ein Täschchen aus weichem Wildleder mit einem Klemmverschluß. In die oberen Kanten wurden zwei Stahlbandstreifen eingelegt. Drückt man die Kanten des Täschchens aufeinander zu, so biegen sich die Metallstreifen in ihren mittleren Partien nach außen, wobei sich das Täschchen öffnet. Rechts: Eine mit hellem und dunklem Leder bezogene Pappdose

Bezug von Papparbeiten. Dünnes Leder eignet sich vorzüglich zum Beziehen von Papparbeiten, z. B. für Serviettenringe aus Abschnitten von Papphröhren, für runde Schachteln und offene becherförmige Behälter, für Kästen, Mappen, Alben und Bucheinbände (siehe Seite 195 ff.). Das Leder wird in jedem Fall an den umzuklappenden Rändern gut geschärft. Wir kleben es mit dünnem, heißem Tischlerleim oder mit Papp-Kaltleim auf, wobei wir nach Möglichkeit nur die Pappe bestreichen, um ein Ausdehnen durch Feuchtigkeit, was nach dem Trocknen ein starkes Zusammenziehen zur Folge hätte, zu unterbinden.

Umzuschlagende Ränder müssen wir allerdings direkt einstreichen. Treffen zwei Lederkanten gegeneinander, wie zum Beispiel beim Umkleben einer runden Schachtel, so lassen wir sie – ungeschärft – stumpf gegeneinander stoßen. Hat sich das Leder gedehnt, so schneiden wir über dem Werkstück mit dem scharfen Pappmesser an der Kante des oberen Lederstücks entlang, heben es vorsichtig an und entfernen das abgeschnittene darunterliegende Stück. Beim Anreiben und Glätten umgeschlagener Kanten (besonders bei runden Schachteln) brauchen wir das Falzbein.

Materialgerechte Schmuckverfahren

Obgleich wir im allgemeinen beim Leder gerade die großzügige, flächige Materialschönheit schätzen, die eigentlich gar keiner Steigerung bedarf, wollen wir doch einige schmückende Möglichkeiten kennenlernen. Sparsame und wohlüberlegte Anwendung solcher Zierate kann – nach vorherigem Erproben auf Reststücken – zu schönen Ergebnissen führen. Keinesfalls aber darf man wahllos »Verzierungen« anbringen wollen!

Applikation. Wollen wir eine Lederarbeit farbig reicher ausgestalten, so können wir verschiedenfarbige Lederstücke (möglichst aus dünnem Leder) mit Alleskleber oder Lederleim aufkleben. Es ist darauf zu achten, daß die einzelnen Motive ganzflächig mit Klebstoff versehen werden. Der Alleskleber wird mit Pappstreifen vorsichtig breitgestrichen. Flecken auf dem Leder sind streng zu vermeiden. Von glattem Leder läßt sich übergequollener Alleskleber nach dem Antrocknen als elastische Haut abziehen, von rauher Le-

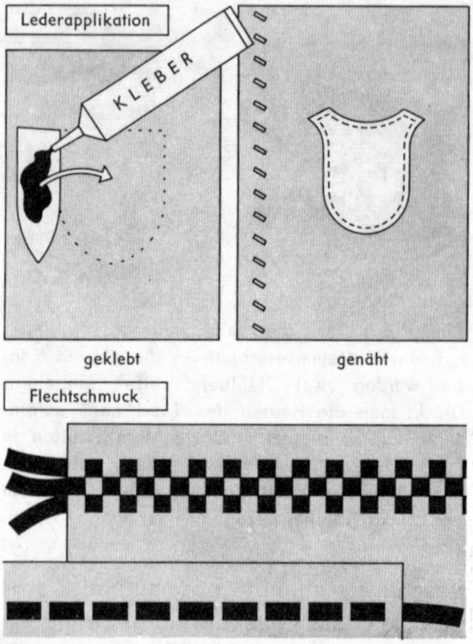

Lederapplikation und Riemchenflechtschmuck

deroberfläche ist er vorsichtig abzuschaben. Es empfiehlt sich, vor dem Beginn der Arbeit einen Entwurf aus farbigem Papier (eventuell Faltschnitt) zu machen, damit man die Wirkungsweise auf dem Leder ausprobieren kann. Nicht zu kleine und keine feingliedrigen Motive wählen! Leder verlangt schlichte Formen. Aufgeklebte Lederbuchstaben (zum Beispiel auf Taschen und Mappen) sind unschön und wenig haltbar.

In der Volkskunst finden sich Lederapplikationen auch in Form von Aufnäharbeiten (Längsstich mit Nähseide). Beim Aufkleben und Aufnähen lassen sich gegebenenfalls auch zwei oder drei Lederteile aufeinandersetzen und dadurch reichere Wirkungen erzielen. Doch sollte Applikation immer nur dort angewendet werden, wo der Gebrauchszweck eine derartige Ausschmückungsweise zuläßt.

Flechten und Sticken mit Riemchen. Durch Einschnitte im Leder, die in regelmäßigen Abständen sorgfältig mit Messer und Winkel gemacht werden, können wir webartige Riemchen in unterschiedlicher Farbe und Breite sowie in verschiedener Webebindung hindurchflechten. Am besten nehmen wir dazu die Riemchennadel. Die Schlitze dienen uns dabei gleichsam als »Kettfäden«.

Eine andere Schmuckbindung entsteht, wenn wir diese »Kettfäden« in der Mitte umdrehen und entweder durch Nähstiche auf eine andersfarbige Lederunterlage oder durch feinfädiges Durchweben mit weiteren Riemchen festhalten. Bei dieser durchbruchähnlichen Arbeitsweise ist es ratsam, die Arbeit andersfarbig zu unterfüttern, damit die Haltbarkeit erhöht wird. In Betracht kommen Gürtel, Hutbänder für »Salzburger Hüte«, Fausthandschuhe, Hausschuhoberteile, kleine Taschen, Behälter usw.

Zum Sticken schlagen wir Löcher in die Lederoberfläche und ziehen weiche, flache und ganz dünne Riemchen hindurch, ähnlich wie beim Umschnüren von Kanten, nur diesmal in der Fläche bleibend. Es lassen sich fortlaufende Muster arbeiten (Hexenstich und andere Sticharten) und auch freie Formen bilden. Die Stiche sollen nicht zu lang sein, damit sie keine Angriffsmöglichkeit zum Hinterhaken bieten. Das Leder darf nicht zu weich sein, damit es durch die Stickerei nicht zusammengezogen wird.

Zierschnürungen. Das Betonen der Kantenverbindung durch besondere Zierschnürungen ist eine einwandfreie Schmuckform.

Die Wiener Naht, auch Zopfstich genannt (a), sieht sehr gut aus, wenn man die Riemchen durch dicht nebeneinanderliegende Schlitze führt, die dicht am Rand liegen, und sorgfältig anzieht.

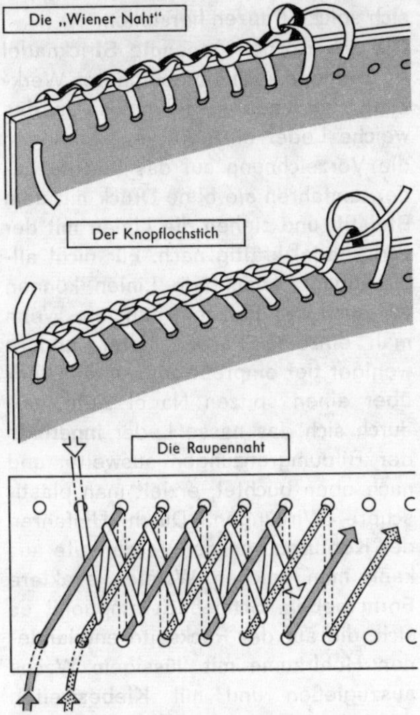

Besondere Zierschnürungen

Ähnlichkeit mit der Wiener Naht hat der Knopflochstich (b). Auch hier ist es wichtig, enge Abstände zu wählen und die Riemchen fest anzuziehen. Vor der Anwendung am Werkstück machen wir eine Arbeitsprobe, bei der wir Riemchenbreite, Lochabstände und Randabstand gut aufeinander abstimmen.

Bei einer Lederarbeit mit betonter Außenseite (z.B. Mokassins) können wir auch eine plastisch aufliegende Kantenziernaht, die »Raupennaht«, anbringen (c). Sie muß zweifarbig ausgeführt werden. Zuerst wird ein Riemchen in die Randlöcher eingezogen, wobei man jeweils ein Loch überschlägt. In dieses kommt ein zweites Riemchen der gleichen Farbe. Beidé liegen auf diese Weise sehr schräg und werden anschließend mit einem andersfarbigen dritten durchflochten.

Prägemuster (Preßschmuck). Darunter verstehen wir das Anbringen vertiefter Linien und Flächen in glattem, am besten pflanzlich gegerbtem Leder. Mit Punzen (stählernen Schlagstempeln) prägen wir durch Hammerschläge kleine flächige Vertiefungen (Vierecke, Dreiecke, Kreise, Punkte) ein, während die Linien mit dem Reifelholz oder einer starken Stricknadel am Lineal entlang eingedrückt werden. Das Leder muß vorher angefeuchtet werden. Zu beachten ist, daß es im feuchten Zustand während der Arbeit nicht beschmutzt wird.

Am zweckmäßigsten verfahren wir folgendermaßen: Wir legen das der Technik entsprechend vorbereitete Entwurfsblatt auf das Leder, befestigen es mit Tesafilm ringsum auf einer Hartholzunterlage und ziehen das Muster mit einer nicht zu spitzen Stricknadel nach, so daß es sich leicht in das feuchte Leder einprägt. Dann nehmen wir das Musterblatt ab und drücken, wie oben erwähnt, die Linien und kleinen Stempelformen in das Leder ein. Aus Sauberkeitsgründen ist ein Stück Per-

Buchhülle aus rotem Leder mit Reifelholz- und Punzeindrücken (in Metallplatten geätzte Prägemuster). Die Ränder sind mit hellen Riemchen durchflochten

gamentpapier unter den Eisenwinkel zu legen. Das Werkstück darf natürlich noch nicht zusammengenäht sein.
Es ist auch in diesem Falle wieder günstig, die Technik zuvor an Hand einiger Arbeitsproben kennenzulernen. Einfache Muster genügen. Auch später muß nicht unbedingt die ganze Lederfläche mit Musterungen bedeckt werden. Es genügt z. B., parallel zu den Lederkanten ein Reihenmuster aus einfachen Elementen einzuprägen.
Hat man keine Punzen, so kann man sie sich ersatzweise aus kurzen Rundeisenstäben zurechtfeilen. Unter Umständen eignen sich auch bartlose Hohlschlüssel (Kreisöffnung), kleine Holzschrauben oder sonstige Metallstücke, in die sich mit der Feile ein kreuzweiser Schlitz einfeilen läßt. Damit der Hammer nicht beschädigt wird, müssen wir Holzschrauben in ein Stück Hartholz einschrauben.
Auch Holz- und Metallmodel, wie wir sie für den Stoffdruck brauchen, eignen sich zum Lederpressen. Man kann sich solche Punzen im Faltschnittverfahren entwerfen und mit der Laubsäge aus dünnen Brettchen oder Metallplatten aussägen, schließlich an einem Druckstock befestigen und abpressen. Auch im Ätzverfahren lassen sich solche Punzen herstellen.
Die schon oben genannte Stricknadel ist übrigens auch ein geeignetes Werkzeug, um lineare Bildumrisse in das weiche Leder einzudrücken: wir legen die Vorzeichnung auf das feuchte Leder, umfahren sie ohne Druck mit dem Bleistift und ziehen die Linien mit der Stricknadel kräftig nach. Für nicht allzu kurvig verlaufende Linien können wir auch das Falzbein nehmen. Wenn man einzelne Partien tiefer, andere weniger tief einpreßt oder unter Druck über einen spitzen Nagel zieht, wodurch sich das nasse Leder innerhalb der Bildumgrenzungen ausweitet und nach oben buchtet, erzielt man plastischere Wirkungen. Durch Umfahren der Konturen von der Vorderseite aus kann man solchen Wülsten exaktere Form geben. Schließlich empfiehlt es sich, die auf der Rückseite entstandenen Hohlräume mit flüssigem Wachs auszugießen und mit Klebestreifen oder einem anderen geeigneten Material zu überkleben. Die so behandelte Lederfläche muß hinterrücks weich gefüttert werden. Die Technik eignet sich vor allem für Bildteile, die aus der umgebenden Fläche stark hervortreten sollen (Buchstaben, Jahreszahlen auf Bucheinbänden usw.).

Grafische Techniken

Vorstufen und Zwischentechniken

Das Wort Grafik bedeutet eigentlich »Schreibkunst«, und folglich gehören die Schrift und auch die Zeichnung in erster Linie in diesen Bereich. Heute faßt man jedoch unter dem Begriff »Grafische Künste« vor allem die Arten der Zeichen- und Schriftkunst zusammen, die zur Vervielfältigung durch die verschiedenen Drucktechniken bestimmt sind. Dabei kann es sich sowohl um Werke der reinen als auch der angewandten Kunst (Gebrauchsgrafik) handeln.
Gemeinsam ist allen derartigen Darstellungen das Gewicht, das – bedingt durch die Druckverfahren – der abstrahierenden Linie zukommt. Häufig verwendet man überdies nur eine Farbe, so daß Teile des Bildgrundes unbedruckt bleiben und sich starke Kontraste ergeben. Die so entstehenden Schwarz-Weiß-Bilder können noch durch graue Zwischenstufen bereichert werden. Aber auch die Anwendung von Buntfarben ist bei klarer Trennung der Tonwerte möglich.
In den Grafischen Künsten kommt es darauf an, die Flächen in harmonischer Weise aufzuteilen und die Kontraste richtig zu setzen, damit sich Hell und Dunkel die Waage halten. Man betrachte einmal eine Buchseite, die mit den gebrochenen Buchstaben unserer »Frakturschrift« bedruckt ist, oder nehme eine chinesische Pinselschrift. Immer wird im Verhältnis der schwarzen Buchstaben untereinander und zu ihren weißen Innenräumen eine rhythmische Gliederung deutlich, die an einer Stelle Konzentration, an anderer Lockerung zeigt.
Aus diesem Grunde werden im folgenden zunächst Techniken beschrieben, die zwar nicht im eigentlichen Sinne zur Grafik gehören, uns aber in leichter und mitunter fast spielerischer Weise zum Wesen der Grafischen Gestaltung führen können. Die Produkte dieser Vorstufen und Zwischentechniken lassen sich zumeist nur einmal abdrucken, sind also nicht zur Vervielfältigung geeignet. Man sollte sich jedoch in ihnen üben, da sie den Geschmack schulen, mit dem Material vertraut machen und ganz allgemein Freude am grafischen Werken erwecken. Außerdem kann man eine gelungene Arbeit als Entwurf benutzen und sie auf Holz, Linoleum oder Stein übertragen. Hat man in ihnen einige Handfertigkeit erlangt, so wird man auch die schwieriger anzuwendende Druckgrafik beherrschen lernen und hier ansprechende Leistungen erreichen. Es handelt sich also im Grunde mehr oder minder um ein zweckfreies Spiel mit den grafischen Mitteln. Nach dem eigentlichen Nutzen darf man zunächst nicht fragen, denn erst später wird man einsehen, wie lehrreich diese Übungen waren.

chenblattes eindringen. Will man sie entfernen, so genügt kein Radiergummi, sondern man braucht einen Knetgummi, der durch seine Klebfähigkeit die kleinen Partikel vom Papier abhebt. Er besteht übrigens nicht aus Gummi, sondern aus Tonerde und Vaseline (ein ähnlicher Stoff ist Plastilin).
Kreidezeichnungen verwischen leicht, da ihnen das Bindemittel fehlt. Will man sie fixieren, so muß ein Klebemittel (sog. Fixativ, eine 2prozentige Lösung von Schellack in Alkohol) über das Blatt gesprüht werden. Dazu braucht man ein Blasröhrchen (eine »Fixativspritze«) oder einen Zerstäuber mit Gummiball.
Die Kreide wird (in 3 cm langen Stükken) sowohl spitz als auch breitliegend (quer) verwendet. Je nach aufgewandtem Druck entstehen hellere oder dunklere Striche und Flächen. Als einfachste Aufgabe versuche man zunächst

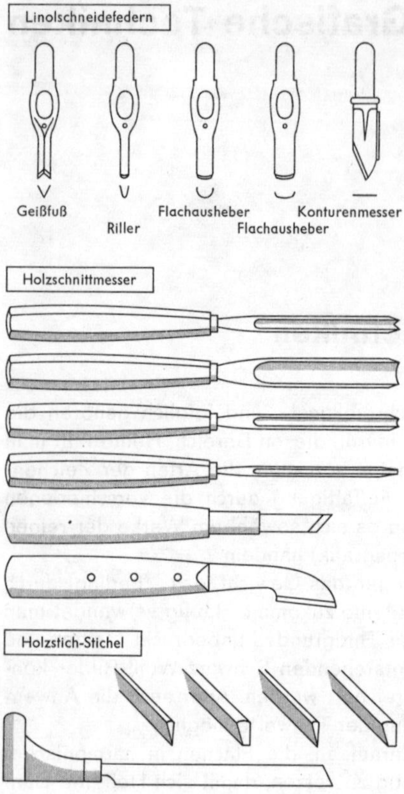

Linol-, Holzschnitt- und Holzstichwerkzeuge

Kreidezeichnungen

Für erste grafische Versuche eignet sich die Kreide, die sich durch einen stumpfen, satten Auftrag auszeichnet, besonders gut. Man braucht dazu Pittkreide, die es in verschiedenen Härtegraden in Sepia (hellbraun) und Schwarz gibt und bequem anzuwenden ist, da sie die Finger nicht färbt. Ähnlich kann man natürlich mit dem Rötelstift, mit Graphit oder Wachskreiden arbeiten.
Die Farbkörperchen werden lose auf die Oberfläche des Papiers gebracht, wobei die kleinen abgeriebenen Teilchen des Stiftes in die Poren des Zei-

Kreidezeichnung aus schwarzer Pittkreide auf weißem Grund. Die lose haftenden Farbkörperchen wurden durch Übersprühen mit Fixativ an die Papieroberfläche gebunden.

Papierkollage. Verschiedenfarbige und bemusterte Papierzuschnitte und Rißformen wurden in einer grafisch reizvollen Weise kombiniert

einmal, das Blatt mit Linien zu füllen und dabei auf die richtige Verteilung von Hell und Dunkel zu achten. Wir beginnen mit senkrechten Linien, die man später auch strahlenförmig bündeln kann. Fortlaufende Linien lassen sich unterbrechen, so daß Löcher entstehen. Wenn wir uns sicherer fühlen, bauen wir Bogen- und Kreisformen mit ein.

Sehr viele Anregungen geben Strukturen in der Natur, z. B. die Maserung eines Holzes, ein knorriges Wurzelstück usw. Der Übergang zu Gegenständen und Figuren ist dann nicht mehr weit, als Beispiel sei eine Umrißzeichnung verschiedener Flaschenformen genannt, die neben-, vor- oder hintereinander stehen.

Papierschnitte

Mit Hilfe des Papiers können wir — in fast spielerischer Weise — unseren Formsinn besonders gut schulen. Im Gegensatz zu der freien Gestaltung der Kollagen erzwingt dabei der Papierschnitt ein strengeres Gefüge.

Kollagen. Nach der Art einer Stoffapplikation (siehe Seite 499) können wir aus verschiedenfarbigem Papier Klebebilder zusammensetzen (sogenannte Kollagen, auch Papierapplikation oder Tapetenkollage genannt). Die Formen, die man dabei verwendet, verlangen eine starke Vereinfachung. Ohne Vorzeichnung werden die Figuren aus dem Papier herausgeschnitten oder gerissen. Das bringt uns dazu, auf alles Unwesentliche im Umriß und auf alles Kleinfigürliche zu verzichten. Das Material besteht aus schwarzem Papier, Packpapier in verschiedenen Farbtönungen, Tapetenresten, die leicht aus alten Musterbüchern zu bekommen sind, weißem Papier als Untergrund, Kleister und Schere.

Am einfachsten ist es, schwarzes Papier in Streifen auf einen weißen Grund zu setzen. Man kann phantastische Kombinationen zusammenstellen, aber auch streng geometrische Formen wie Kreise und Dreiecke hinzunehmen. Bevor man das Papier auf dem Untergrund festklebt, wird die Wirkung ausprobiert und durch Verschieben der einzelnen Teile die günstigste Lage ausgewählt. Gebraucht man Tapetenreste, so geben die farbigen Muster auf den Tapeten durch die Art ihrer Verwendung eine anregende Bereicherung, auch wenn die Motive selbst künstlerisch uninteressant sein sollten. Die Themen sind recht großförmig zu wählen. Man achte darauf, daß auch der Untergrund in das Bild einbezogen wird, denn die nichtbeklebten »Negativformen« sind für die Wirkung des Ganzen wichtig (es darf aber keine Hintergrundsgestaltung im Sinne einer Landschaft werden!). Spannung erhält das Bild durch kontrastreiche Farbpunkte. Gerissene Papierstücke wirken weniger streng, und das Bild erhält eine mehr »malerische« Wirkung.

Transparente. Als Material wird transparentes Pergamin oder farbiges Seidenpapier (siehe Seite 141) verwendet. Außerdem brauchen wir eine Schere, ein Rasiermesser und ein durchsichtiges Klebemittel (Uhu, Alleskleber). Die Technik ist ähnlich wie bei Kollagen (siehe Seite 535), nur wird die Arbeit durchsichtig, d. h. sie muß auf Transparentwirkung (vor einer Lichtquelle, Fenster) berechnet werden. (Seidenpapier kann man aber auch auf schwarzes Papier kleben, wo es dann eine besonders zarte, schleierartige Wirkung entfaltet.)
Auf einer Glasplatte werden mit der Rasierklinge die gewünschten Formen (z. B. Dreiecke, Vierecke) herausgeschnitten, umgeklappt und auf dem gleichen Papier festgeklebt. Die Form erscheint nun einmal hell als Loch und einmal dunkler, da das umgeklappte Papier doppelt liegt. Will man das Bild noch reicher durchgliedern, legt man die Formen so, daß sie sich überschneiden, oder es werden mehrere Schichten durchsichtigen Papiers genommen, wodurch sich verschiedene Graustreifen erzielen lassen, deren Wirkung noch gesteigert wird, wenn man farbiges Papier hinzunimmt. Beschränkt man sich auf eine Form (z. B. nur Dreiecke), die über das ganze Blatt verteilt wird, so entstehen sehr klare Gliederungen, die sich als Entwürfe für Textil- oder Einlegearbeiten eignen. Zum Abschluß wird eine Milchglasscheibe oder ein Transparentpapier als Deckschicht darübergelegt.

Scherenschnitte (siehe Seite 149) können ebenfalls manche Anregung zu grafischen Arbeiten geben. Die Technik zwingt zu einer klaren, bestimmten Flächenform, bei der einfache Gebilde meist besser wirken als eine überfeinerte Gestaltung. Der Natur des Scherenschnitts widersprechen alle perspektivischen und räumlichen Darstellungen. Man beschränke sich auf einen klaren Umriß und verzichte möglichst auch auf jede Art von Innenzeichnung. Als eine Vorübung für die Druckgrafik eignet sich besonders folgende Arbeit: Eine geschlossene Fläche wird durch einfaches Schneiden in mehrere Teile zerlegt. Durch Verschieben oder Herausklappen der einzelnen Elemente entstehen wiederum positive und negative Formen, die sich kontrastreich zu einem rhythmisch gegliederten Ganzen zusammenfügen lassen. In ihrer Schwarz-Weiß-Wirkung sind derartige Arbeiten als Entwürfe für Plakat- oder Stoffdruck sehr geeignet. Es darf aber von den zerschnittenen Teilen weder etwas fortgenommen noch hinzugetan werden!

Tuschtechniken

Ein Material darf neben allen anderen nicht vergessen werden, welches bei grafischen Techniken und Entwurfszeichnungen immer wieder gebraucht wird: die Tusche. Darunter versteht man entweder Ausziehtusche, chinesische Tusche, Perltusche oder Scribtol. Letzteres ist für unsere Zwecke am leichtesten zu bekommen und auch am billigsten.
Die Ostasiaten sind Meister im Gebrauch der Tusche. Ihre Arbeiten zeigen eine innige Verbindung von Schreiben, Malen und Zeichnen. Der Tuschestrich mit dem Pinsel wirkt besonders kontrastreich und lebendig. Da man ihn nicht verbessern kann, zwingt er dazu, sich eindeutig zu äußern.
Über das Zeichnen mit Feder und Pinsel braucht nicht viel gesagt zu werden. Fast immer entstehen Arbeiten, die mehr als bei jeder anderen Technik einem Druck ähneln. Man kann aber die einfache Tuschezeichnung noch in mannigfacher Form abwandeln und andere Techniken hinzunehmen, so daß mit geringem Mittel erstaunliche Ergebnisse erreicht werden.

Feuchter Auftrag. Wird die Tusche auf einen feuchten Grund aufgetragen, so entstehen Bilder mit weichen Grenzen. Der Strich verläuft und es ergibt sich eine schleierartige Wirkung.

Abtönungen. Die Tusche wird auf mehrere Gefäße verteilt und verschieden stark mit Wasser verdünnt. Auf diese Weise erhält man mehrere graue Farbtöne und kann zum Schluß der Zeichnung noch Kontraste in sattem Schwarz zufügen.

Wachsbilder. Statt der Tusche wird

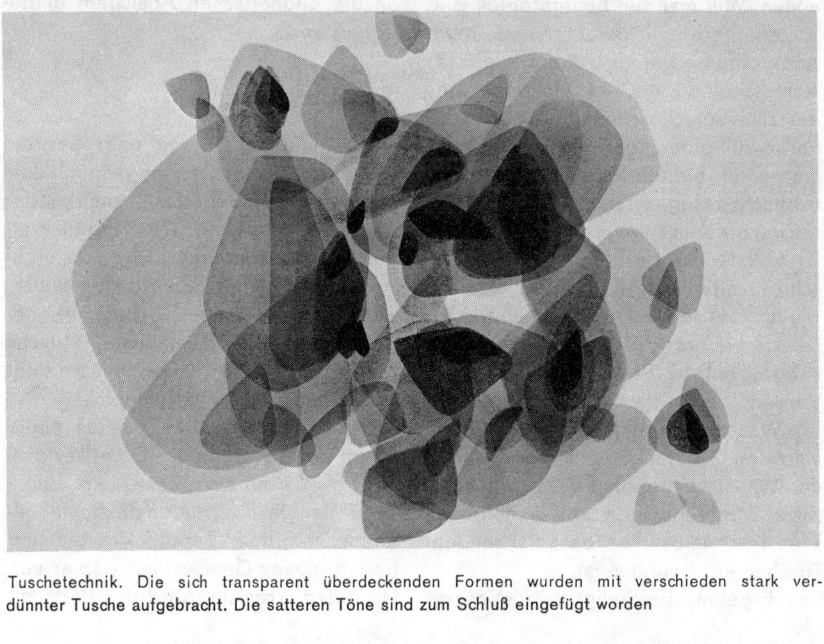

Tuschetechnik. Die sich transparent überdeckenden Formen wurden mit verschieden stark verdünnter Tusche aufgebracht. Die satteren Töne sind zum Schluß eingefügt worden

das Bild mit Wachs (Kerze) auf den Zeichenbogen gemalt. Anschließend bestreicht man ihn mit einem Borstenpinsel und schwarzer Tusche. Dort, wo Wachs ist, perlt die Tusche herunter, und die Zeichnung tritt geheimnisvoll hervor. Erst mehrmaliges Einstreichen mit Tusche ermöglicht dem Papier eine stärkere Farbaufnahme. Das ergibt Bilder von verblüffender Wirkung (Stoffbatik siehe Seite 494).

Absprengtechnik. Ein ähnliches Verfahren beruht auf der Beobachtung, daß Tusche zwar auf Papier haftet, nicht aber auf einer darunterliegenden Farbschicht. Auf dieser bröckelt sie ab, besonders wenn die Farbe mit Wasser wieder weggeschwemmt wird. Auf einem Bogen trägt man (evtl. nach vorangegangener Bleistiftvorzeichnung) Deckweiß mit der Schreibfeder oder dem harten Borstenpinsel auf, und zwar bemalt man alle Linien und Flächen, die nachher weiß erscheinen sollen. Will man ein buntgetöntes Bild schaffen, so kann darunter noch helle Aquarellfarbe gelegt werden, die nach Abwaschen der weißen Deckfarbe wieder zum Vorschein kommt. Sobald die Farbe völlig durchgetrocknet ist, nimmt man einen breiten Haarpinsel, streicht in raschen Zügen das ganze Blatt mit schwarzer Ausziehtusche ein und läßt es vollständig trocknen. Wo die Tusche unmittelbar auf dem Papier sitzt, bleibt sie schwarz haften, über der Deckfarbe bröckelt sie ab oder wird »abgesprengt«. Schneller geht dieser Vorgang, wenn das Blatt flach in kaltes Wasser gelegt wird. Danach kann man den Zeichenbogen unter fließendes Wasser halten und mit einem weichen Borstenpinsel nachwaschen, bis alles Deckweiß mit der daraufsitzenden Tusche verschwunden ist.
Das Ergebnis befriedigt sehr, besonders bestechen viele Zufallswirkungen, die durch die Strichführung des Pinsels hervorgerufen wurden. Will man besondere Strukturen erzielen, so bestreiche man ein Geflecht (ein Netz, ein Stück Sacktuch oder ein Gewebe aus Gardinenstoff) mit weißer Deckfarbe und drücke es auf das Papier. Es entstehen recht eigenartige Strukturen, die man mit dem Pinsel nie erreicht hätte. Weitere Abwandlungen sind möglich, indem man farbig getöntes Packpapier oder andere farbige Bögen verwendet. Auch kann man wasserunlösliche Farben (Plakatfarben) darunterlegen, darauf dann den Anstrich der weißen Deckfarbe geben und zuletzt das Blatt mit Tusche bestreichen. Man erhält dann ein farbiges Absprengbild, da sich die Plakatfarbe in Wasser nicht auflöst, das Deckweiß aber abgewaschen wird. Vieles ist hier vom Zufall abhängig. Je mehr Experimente durchgeführt werden, um so besser können die Ergebnisse später in die bildnerischen Absichten einbezogen werden.

Schabblattechnik

Aus einem mit Tusche oder Scribtol eingefärbten Karton kann man mit dem Messer, der Nadel oder Schneidefeder Linien, Punkte und Flächen herauskratzen. Als Material braucht man dazu gut geleimtes, gegen das Kratzen widerstandsfähiges Papier, Schlemm- oder Tafelkreide, Tapetenkleister, Tusche oder Scribtol, ein Taschenmesser oder ein anderes Schabinstrument.
In den Fachgeschäften gibt es heute schon hervorragende Schabkartons, aber man kann sich diese auch selbst herstellen. Wir verrühren die Schlemmkreide mit dem Tapetenkleister und tragen dieses Gemisch auf Papier auf. Nach dem Trocknen wird das Blatt mit

Scribtol überzogen und läßt sich nun mit der Nadel oder dem Messer bearbeiten. Selbst wenn man feinste Linien und Flächen hineinritzt, wird der schneeweiße Untergrund sichtbar. Die Wirkung kommt einem feinen Holzschnitt oder einer Radierung nahe.
Außer mit Kreide kann man den Untergrund aber auch mit Plakatfarbe bestreichen (auf unserer normalen Deckfarbe haftet Scribtol nicht). Das Papier muß recht dick eingestrichen werden, und man warte so lange, bis die Farbe völlig aufgetrocknet ist. Danach setzt man Scribtol in einem Anstrich darüber. Jetzt können Ritzungen vorgenommen werden, bei denen der farbige Untergrund reizvolle Kontraste ergibt.

Wachsradierung

Eine ähnliche Schabtechnik ist mit dem im Handel erhältlichen Wachskreidestiften ausführbar. Die erste Wachsschicht wird mit verschiedenen hellen Farben und in beliebiger Verteilung auf das Papier gebracht. Es ist wichtig, daß wir das Papier voll mit Wachskreide decken und keine Stelle freilassen! Auf diese Untermalung wird eine zweite Wachsschicht in recht dunklen Farben (besonders geeignet ist Schwarz) aufgebracht, wieder volldeckend, so daß nichts von der ursprünglichen Farbe sichtbar bleibt. In Ausnahmefällen könnte man noch Gold- oder Silberbronzepulver über die schwarze Schicht streuen und mit einem Lappen leicht verreiben. Die Wachsfarben der hellen Untermalung haften fest auf dem Untergrund, sie sind in die Poren des Papiers eingedrungen, während sich die darübergesetzte Wachsschicht leicht wegkratzen läßt. Dabei werden an den radierten Stellen die hellen Unterfarben freigelegt. So entsteht ein Bild, welches sich durch seine Leuchtkraft auszeichnet. Es ist sogar möglich, zwei, drei oder mehr Wachsschichten übereinanderzulegen und die Kratzspuren verschieden tief auszuführen.

Sandsgraffito

Ebenso wie die an anderer Stelle beschriebenen Techniken des Mosaiklegens (siehe Seite 281) und der Gipsradierung (siehe Seite 251) gehört auch das Sgraffito (siehe Seite 274) in das Gebiet der Grafik. Die großformatigen Wandsgraffitos können wir bei unseren Vorübungen außer acht lassen. Es gibt aber eine Technik, die besonders für kleine Arbeiten geeignet ist.
Statt Gips nehmen wir Sand, der nicht in Zement oder Mörtel, sondern in Tapetenkleister gebunden wird. So ein feuchter Brei braucht wesentlich mehr Zeit zum Trocknen als Mörtel, was das Verfahren sehr vereinfacht. Vor allem ist es jetzt möglich, den Entwurf langsamer auszuarbeiten, als wenn man seine Skizze auf eine schnell trocknende Zementputzschicht übertragen muß. Der zusammengeklebte Sand bildet eine durch und durch feste Schicht mit sauberer Oberfläche.
Zunächst braucht man eine transportable Schalung, die man sich auf einer Hartfaserplatte mit Hilfe von Holzleisten baut. Der angerührte Kleister wird unter den noch trockenen Quarzsand gerührt, so daß ein zähflüssiger Brei entsteht. Diesem fügt man mit wenig Wasser angemischte Pulverfarbe hinzu, die eine höhere Leuchtkraft durch Zusatz von Weiß-Lithopone erhält. Man stellt getrennt verschiedene Farb-Sandgemische her und streicht sie nicht zu dick nacheinander in die Form. Diese Sandkleisterschichten benötigen mitunter Tage, um durchzutrocknen, können aber bereits im feuchten Zu-

stand bearbeitet werden. Hierbei sollte man flächigen Formen den Vorzug geben und nicht zu viel Linien hineinkratzen. Nach dem Erhärten können wir das Material wie beim normalen Putzmörtelsgraffito weiterbearbeiten.

Spritztechnik

Beim Spritzverfahren verwendet man Scribtol und spritzt es mit einem Fixativröhrchen auf den Zeichenbogen. Man sollte dabei recht großformatig arbeiten. Neben dem Pusteröhrchen kann man auch ein Drahtsieb benutzen, welches mit einer in Tusche getauchten Zahnbürste überstrichen wird. Der fein hindurchstäubende Sprühregen färbt das Blatt grau ein. Je länger man sprüht, um so schwärzer wird das darunterliegende Blatt. Flächen, die mit Papierschablonen abgedeckt werden, bleiben weiß. Verschiebt man die Schablone, so entstehen neue Grautöne oder Überschleierungen. Liegen die Ränder der Schablone dem Papier eng an, so erhalten wir klare und scharfe Grenzen, stehen sie weiter ab, ergeben sich weiche, verschwimmende Ränder. In dieser Spritztechnik sind Landschaften, räumliche Gegebenheiten, Lichteffekte, aber auch Figürliches, Masken u. a. darstellbar. Zur Verstärkung der Bildwirkung kann man mit dem Pinsel und unverdünnter Tusche scharfe Akzente in das Bild bringen. Auch Deckfarben lassen sich für diesen Zweck verwerten.

Walzendruck

Eine Gummiwalze, die es in allen möglichen Größen gibt, kann schon für billiges Geld angeschafft werden. Sehr

Farbige Spritzzeichnungen auf schwarzem Karton. Verwendet wurden verdünnte Plakatfarbe und zwei positive und negative Schablonen. Die schwarzen Partien sind beim Spritzen direkt abgedeckt, die hellen Formen durch Lochausschnitte gespritzt worden

häufig zieht man die kleine Walze einer größeren vor. Außerdem benötigen wir noch eine Glasplatte und Farbe. Am besten und billigsten ist gewöhnliche Druckerschwärze, die wir in jeder Druckerei erhalten. Ihr Nachteil ist nur, daß sie alles intensiv einfärbt. Sehr viel Zeitungspapier und eine Menge Lappen sind nötig, um Walze und Glasplatte nach Gebrauch wieder zu säubern. Da die Farbe ölhaltig ist, kann sie nur mit Terpentinersatz oder Walzenwaschmittel gelöst werden. Bequemer in der Anwendung ist Japanaqua oder Linoldruckfarbe, die es in verschiedenen Farbtönen gibt. Sie sind entsprechend teurer, aber wasserlöslich. Das Bild bekommt damit einen angenehm matten Ton.

Man kann mit der Druckwalze direkt auf das Papier drucken. Zunächst wird ein Farbklecks auf die Glasplatte gebracht und die Walze unter häufiger Drehung so lange über die Platte gerollt, bis sie gleichmäßig eingefärbt ist. Das merkt man an dem saugenden Geräusch, mit welchem sich die Farbe von der Walze löst. Ist die Farbe zu dick, so kann Druckerschwärze mit einem Tropfen Terpentinersatz, Japanaqua auch mit wenig Wasser verdünnt werden (aber nicht so stark, daß die Walze über die Glasplatte rutscht!). Nun versuche man mit der Walze Spuren auf ein großformatiges Blatt Papier zu setzen. Der Druck der Hand braucht dabei nicht gleichmäßig stark zu sein, so daß Grautöne mit sattem Farbaufträgen wechseln. Die Walze kann mehrmals abgedrückt werden, ehe sie mit Farbe wieder eingerollt werden muß. Ihre Spur hinterläßt rechteckige Formen, die sich abwandeln lassen, indem man die Walze um sich selbst dreht, während des Druckens an einer Seite abhebt und wieder aufsetzt, Kreisbögen mit ihr vollführt usw. Stets wird man jedoch die formalen Gesetze einer grafischen Arbeit beachten müssen: Die rhythmische Gliederung und gleichgewichtige Verteilung von Schwarz, Weiß und Grau.

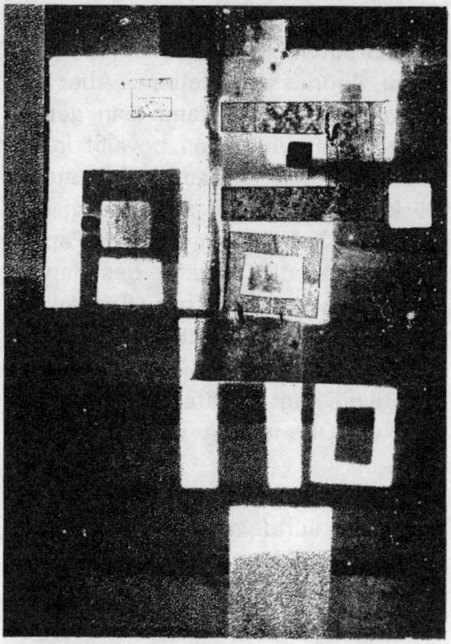

Walzendruck. Die mit Druckfarbe eingeschwärzte Walze wurde mehrfach auf das Papier aufgesetzt und verschieden stark abgerollt. Die weißen Partien entstanden durch Schablonenauflagen

Monotypie

Bevor man seine bei den vorigen Versuchen gut mit Farbe eingewalzte Glasplatte abwäscht, sollte man noch eine andere Technik ausprobieren. Wir stellen die Platte senkrecht und legen an der oberen Kante ein recht saugfähiges Papier (am besten Seidenpapier) an, so daß es locker an der Platte herunterhängt. Mit dem Pinselstiel oder dem Bleistift zeichnet man nun auf die Papierrückseite, die dabei auf die Glasplatte gepreßt wird, so daß sich ein farbiger Abdruck ergibt. Man kann das Papier mit der Hand oder dem Ballen auch noch leicht andrücken und erhält dann Grautöne, die natürlich sehr dem Zufall überlassen bleiben. Aber bei größerer Erfahrung kann man gerade diese Zufallswirkungen bewußt in die Gestaltung mit einbauen. Der aufgedrückte Strich selbst zeigt weich ausfließende Grenzen. Auch jedes Papierfältchen und die Struktur des Papiers werden deutlich sichtbar. Ein solcher Abdruck läßt sich nicht mehr korrigieren. Er ist einmalig – wie der Name Monotypie sagt –, gerade deshalb verlangt er Überlegung und Konzentration

Die für den positiven Abdruck (die Zeichnung auf dem Papier ist schwarz) verwendete Glasplatte ist aber noch für einen sogenannten Negativdruck verwertbar. Die abgedruckten Linienzüge haben ihre Farbe ja bereits an das Papier abgegeben. Wenn nun ein neuer Bogen auf die Platte gelegt und mit der ganzen Hand oder einem Stoffballen angepreßt wird, so entsteht ein Negativbild, bei dem jetzt die Linien weiß auf schwarzem Grund erscheinen. Diesen Abdruck kann man so belassen oder noch einmal auflegen und neue positive, d. h. schwarze Linien über die weißen drucken.

Für die Monotypie ist auch noch anderes Material als eine Glasplatte geeignet, z. B. Preßspan, Linoleum, Metallplatten und glatter Karton. Die Malweise kann ganz verschiedenartig sein. Von der einfachen Schwarz-Weiß-Zeichnung führt die Technik über einen flächigen Auftrag bis zur Anwendung vieler Farben. Man kann mit ihnen ein regelrechtes Bild direkt auf die Platte malen, wobei ein unter das Glas gelegter Entwurf einen Anhalt für die Darstellung gibt. Mißlungene Striche lassen sich jederzeit wieder mit Farbe überstreichen und korrigieren.

Der Abdruck dieser gezeichneten Monotypien, die nun schon ein Übergang zur Malerei sein können, erfolgt mittels einer Presse, es genügt aber auch ein einfacher Reibeabdruck, eine sogenannte Frottage. Ein Buchbinderfalzbein oder eine Löffelkelle werden auf der Rückseite des Blattes hin- und hergerieben. Damit das Papier nicht leidet, kann ein zweites Deckblatt dazwischengelegt werden, den Löffel sollte man hin und wieder mit etwas feuchter Seife benetzen. Es lassen sich mehrere Monotypen übereinanderdrukken, so daß sich die Form- und Farbgrenzen überspielen. Die Wirkung ist in jedem Fall eine ganz andere als bei einem gemalten Bild. Die Farbgrenzen laufen etwas ineinander, und das Papier nimmt bei der Pressung die Farbe intensiver an als bei einem Pinselstrich.

Schablonendruck

Aus Karton oder festem Papier werden mit der Schere Figuren ausgeschnitten. Dann legt man sich Zeitungspapier zurecht und walzt auf dieser Unterlage die Schablonen mit Farbe ein. Mit einer zweiten, aber sauberen Walze drückt man dann die eingefärbten Schablonen in der gewünschten Folge auf den Zeichenbogen. Natürlich kann man zum Andrücken auch die Hand nehmen, nur lege man immer ein Stück Zeitungspapier auf die Schablone und wechsle oft damit, sonst gibt es unerwünschte Flecke auf der Arbeit. Druckt man mit einer eingefärbten Schablone mehrmals hintereinander, so werden die Farbtöne immer schwächer und vermitteln eine Schattenwirkung. Partien, die sich überschneiden, ergeben Verschleierungen und Additionen des Tonwertes. Zusätzlich können zu den Schablonendrucken auch Materialabdrücke (siehe Seite 543) tre-

Schablonendruck (Programmumschlag für die Entlassungsfeier einer Schule). Die Figuren wurden mit der Schere einzeln aus Schreibmaschinenpapier geschnitten und mit Alleskleber spiegelbildlich auf ein Pappstück montiert. Die so entstandene Druckplatte, die nur geringe Erhebungen aufwies, wurde zart eingewalzt, mit dem Druckpapier überdeckt und durch leichtes Überwalzen mit einer zweiten (sauberen) Gummiwalze zum Abdruck gebracht. Auf diese Weise konnten über 100 brauchbare Abzüge hergestellt werden

ten. Verschiedene Fischformen z. B. lassen sich mit Netzstrukturen kombinieren, indem man ein Einkaufsnetz oder grobes Sackleinen (auch Tüllgardinen eignen sich) mit Farbe einwalzt und darüberdruckt. Bei den Schablonen sollte man sich auf einfachste Motive beschränken, denn es kommt weniger auf die Form an als auf ihre geschmackvolle Verteilung. Auch für den Stoffdruck (siehe Seite 485) ist eine Schablone in einfachsten geometrischen Figuren (Dreiecken, Kreisen, u. a.) durch ihre ornamentale Ausdruckskraft geeignet. Nur wird man hier als Stempel keinen Karton, sondern Linoleum oder Holz nehmen.

Materialdruck

Zum Drucken kann man jedes Material verwenden, das sich einwalzen läßt, gleichmäßig eben und nicht zu dick ist. Es ist z. B. besonders reizvoll, die Blätter verschiedener Bäume mit Farbe einzuwalzen und abzudrucken. Feinste Filigranblätter sind ebenso zu gebrauchen wie große, grobe Formen. Alle Strukturen werden deutlich sichtbar und lassen sich im Wechsel von heller und dunkler Farbgebung zu üppigsten Sträußen oder zu strenger ornamentaler Reihung zusammenstellen. Man kann auch einmal den Versuch machen, ein Blatt beim Einrollen an der Druckwalze festhalten zu lassen. Zieht man es dann herunter, so ergibt der abgerollte Druck ein Negativbild, also helle Blattflächen und weiße Adern. Wird die Walze in der ganzen Länge des Druckbogens abgerollt, so erscheint das Blatt mehrmals in immer schwächer werdenden Farbtönen.

Auch hier wieder liegt die Leistung, die man dabei vollbringen muß, in der richtigen Zuordnung und Verteilung der Dinge. Sackleinen, Tüllgardinen, Netze und Holzstückchen mit starker Maserung können zu abstrakten oder mehr gegenständlichen Bildern zusammengestellt werden. Die Technik des Druckens ist immer die gleiche, wie sie oben beschrieben wurde. Die verschiedenen Versuche werden zu mancher überraschenden Anregung verhelfen.

Kordeldruck

Mit dieser Arbeitsweise nähern wir uns schon den eigentlichen Drucktechniken, zumal der Kordeldruckstock länger haltbar als eine Papierschablone ist. Man braucht dazu feste Kordel in allen möglichen Stärken, Bindfaden, ein nicht zu dünnes Stück Holz oder

Materialdruck. Zum Drucken kann jedes Material verwendet werden, das Druckfarbe annimmt. Hier wurden Blätter und Zweige verschiedener Pflanzen einander zugeordnet

Pappe, außerdem Alleskleber und das übliche Druckwerkzeug.
Die Kordel wird zu einem Muster gelegt und auf Holz oder Pappe geklebt. Auf einem Stempel kann man nur eine einheitliche Stärke verwenden. Das Kordelmuster darf keine Überschneidungen aufweisen, weil dann die gleichmäßige Höhe des Druckstockes verlorengeht. Sind sie nicht zu umgehen, so muß man an dieser Stelle den Faden auseinanderschneiden und die Enden an die Kreuzung kleben. Am besten macht man sich die Eigenart des Materials zunutze und legt die Kordel in Schlingen und Kurven. Man kann auch figürliche Motive (Mensch, Tier und Pflanze) wählen, wird dabei aber auf eine vereinfachte und mehr ornamentale Zeichnung achten. Doch lassen sich dabei Überschneidungen nicht mehr vermeiden, so daß die Figur aus mehreren Fadenteilen zusammengesetzt werden muß. Das Aufkleben der Kordel ist etwas schwierig, weil man den widerspenstigen Faden so lange andrücken muß, bis er auf der Unterlage festhaftet. Die Arbeit geht leichter mit den neuartigen Holzklebern (Pattex, Nobelux, Bostik), da diese schnell trocknen und den Faden bereits nach einmaligem Anpressen festhalten.
Ist der Druckstock fertig, so rollt man die Farbe mit der Gummiwalze auf. Dabei werden nur die Erhebungen des Fadens berührt und eingeschwärzt. Anschließend preßt man den Stempel mit einem kurzen Schlag der Hand oder einem Holzhammer auf das zu bedrukkende Papier. Wenn man darunter mehrere Lagen Zeitung oder eine Wolldecke legt, werden die Abdrucke besser. Besonders wirkungsvoll ist es, in rhythmischer Reihung Abdruck neben Abdruck zu setzen (»Rapportdruck«).

Natürlich kann der Stempel auch um seine eigene Achse gedreht werden, so daß das gleiche Muster sich mehrmals auf einer Stelle wiederholt und eine ganz neuartige Form ergibt. Auch Überschneidungen sind möglich. Kordeldrucke wirken sehr lebendig, ähnlich einer groben Strichätzung, weil die Fadenspur Unregelmäßigkeiten aufweist, der Strich also nicht gleichmäßig dick verläuft und daher niemals langweilig wirkt. Diese recht einfache Drucktechnik läßt sich in ganz verschiedener Weise verwenden, für Stoffmuster, zur Ausschmückung von Einladungen, für Plakate usw.

Vervielfältigende Drucktechniken

In das engere Gebiet der Grafik fallen die von Hand hergestellten Bilder, Ornamente, Muster und Schriften, die durch Druck wiederholbar sind. Man nennt diesen Bereich »Manuelle Bildgrafik«. Durch die Vielfalt des Materials und seine Eigenart erzielt man auch bei einfachen Versuchen immer wieder überraschende Ergebnisse.

Der Anwendungsbereich der Grafik ist ungemein vielseitig. In Haus und Beruf, bei Feier und Spiel wird eine grafische Arbeit stets dankbare Aufnahme finden. Dabei müssen wir drei verschiedene Verfahrensweisen unterscheiden: Hochdruck, Tiefdruck und Flachdruck.

Beim Hochdruck wird ein sogenannter »Druckstock« hergestellt. Aus Kartoffeln, Linoleum und Holz (aber auch aus Schiefer, verschiedenen Metallplatten, Gum-

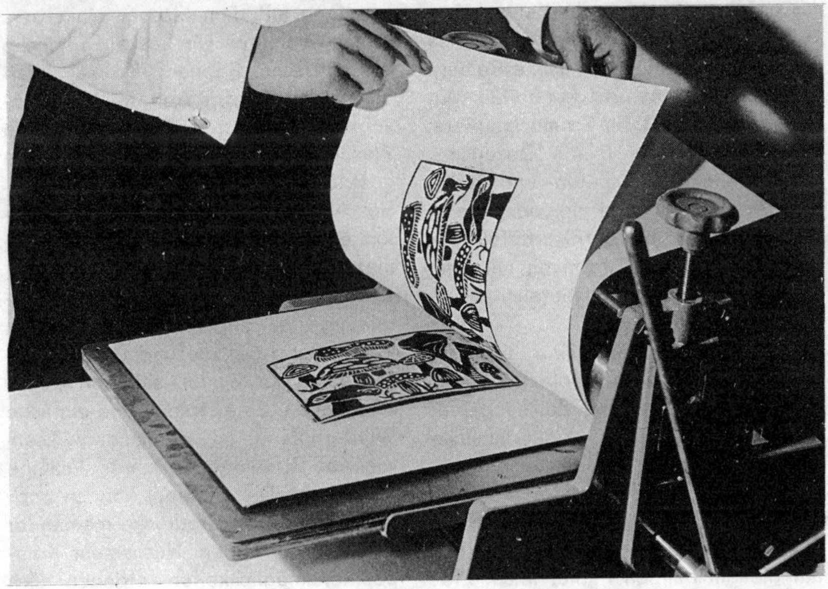

Mit einer Walzenpresse können grafische Drucke jeder Art schnell und einfach hergestellt werden

mi, Gips oder Ziegelstein) schneidet man Schraffuren, Flächen und Linien heraus. Die hochstehenden Teile werden mit einer Walze oder einem Pinsel eingefärbt und auf Papier (oder auch Stoff) abgedruckt. Da wir ganz verschiedenartiges Material verwenden können, ist diese Technik für Laienarbeiten besonders interessant und vielseitig, zumal die Beschaffung der Werkstoffe meist keine großen Schwierigkeiten bereitet.
Beim Tiefdruck handelt es sich um das genau entgegengesetzte Verfahren. Die Zeichnung wird in eine Metallplatte eingegraben und die Farbe in die Vertiefungen gebracht. Von den hochstehenden Teilen muß sie also nach dem Einfärben sorgfältig wieder heruntergewischt werden. Preßt man nun ein angefeuchtetes Papier mit erheblichem Druck auf die Platte, so saugt es die Druckfarbe aus den Vertiefungen heraus. Wir müssen bei unseren Entwürfen also bedenken, daß alle hochstehenden Teile farblos bleiben, Striche, Punkte und vertiefte Flächen dagegen im Druckbild erscheinen. Im Tiefdruck werden Kupferstiche und Radierungen hergestellt.
Die jüngste, um 1798 von Aloys Senefelder erfundene Technik ist der Flachdruck. Sie heißt auch Steindruck (oder Lithographie), weil man mit fetthaltiger Tusche oder Kreide unmittelbar auf eine Schieferplatte zeichnet. Diese wird anschließend mit einer die Druckerschwärze abstoßenden Säure geätzt, so daß nur die Zeichnung Farbe annimmt. Diese Technik ermöglicht eine vollkommen getreue Wiedergabe der handschriftlichen Darstellung, und derartige Drucke zeichnen sich daher durch besondere Unmittelbarkeit aus.

Kartoffeldruck

Mit einer zurechtgeschnittenen Kartoffel lassen sich in einfacher Weise Musterungen und rhythmische Reihungen verschiedener Art herstellen. Wir verwerten sie z. B. für Schmuckpapiere, für Bucheinbände (siehe Bezugspapiere, Seite 203), Tapeten- und Textilentwürfe. Wir können ein- oder mehrfarbig drucken und den Kartoffeldruck auch mit anderen Techniken mischen, so daß der Anwendungsbereich außerordentlich groß wird.
Die benötigten Mittel sind leicht zu beschaffen: Rohe Kartoffeln, ein scharfes Messer, Pinsel und Zeichenpapier sowie Deck-, Aquarell- oder ähnliche wasserlösliche Farbe oder Japanaqua. Unbedrucktes Zeitungspapier eignet sich für Entwürfe sehr gut (auch für alle anderen Druckverfahren), da man auf diesem billigen Papier leicht Probeabzüge herstellen kann. Die Kartoffel wird an einer Seite zu einer glatten Stempelfläche zurechtgeschnitten, die wir dann mit dem Messer einkerben. Zunächst sollten wir uns auf einfache geometrische Formen (Kreise, Dreiecke usw.) beschränken. Mit dem Pinsel wird die recht trocken angeriebene Wasserfarbe über die Stempelfläche gestrichen und abgedrückt.
Bei Anordnung der Ornamente, Zierleisten usw. achte man darauf, daß die einzelnen Motive nicht zu weit auseinanderliegen. Die durch die Aneinanderreihung neu entstehenden negativen Teilflächen (also die unbedruckten Innenräume der Muster) sind von großer Wichtigkeit. Eine strenge und einfache Wiederholung ist genauso wirksam wie eine Streuung oder unregelmäßige Verteilung. Die Stempel können auch gedreht oder die Abdrücke ineinander verschoben werden. Noch mehr Kompositionsmöglichkeiten ergeben sich bei Verwendung zweier verschiedener

Stempel im Wechsel und mehreren Farben. Natürlich ist es auch möglich, zusätzliche Stempel aus ähnlichem Material anzufertigen (z. B. aus einem Radiergummi) oder andere Techniken, Untermalungen usw. mit dem Druck zu koppeln.
Um den fertiggedruckten Bogen für seine verschiedenen Verwendungszwecke unempfindlich und dauerhaft zu machen, empfiehlt es sich, ihn mit etwas Wachs (Bienen-, Kerzen-, Bohnerwachs) einzureiben und mit einer weichen Bürste nachzupolieren.

Linolschnitt

Das einfachste Verfahren zur Herstellung einer Hochdruckplatte ist der Linolschnitt. Er gehört seinem Wesen nach zum Holzschnitt und trat nach Erfindung des Linoleums 1860 bald als künstlerisches Ausdrucksmittel neben diesen. Beim Linolschnitt wird eine klare und eindeutige Bildaussage verlangt. Man sollte sich daher auf einfache Formen beschränken und auf das Wesentliche konzentrieren. Die Linie ist die wichtigste Schnittspur. Der Linolschneider muß ein Gefühl für Rhythmus entwickeln und einen Blick für richtigstehende Kontraste haben. In technischer Hinsicht stößt die Anfertigung des Linolschnittes auf keine großen Schwierigkeiten.

Material und Werkzeuge. Wir besorgen uns Linoleum in Resten, wie es beim Verlegen von Fußbödenbelägen anfällt. Es kann von beliebiger Farbe sein, muß aber eine gewisse Dicke (etwa 3 mm) haben. Außerdem benötigen wir einige Spezialwerkzeuge. Es gibt verschiedene Arten von Schneidemessern, die alle besondere Schnittspuren hinterlassen: das Konturenmesser, der kleine und große Geißfuß, der U-förmige Flachausheber und der Riller. Diese Messer kann man in einen keulenförmigen Hartholzgriff stecken und jederzeit auswechseln. Für den häufigen Gebrauch wählt man aber besser solche, deren Schneide fest auf einem Stiel angebracht ist.
Für den Druck brauchen wir Druckfarbe auf Ölbasis oder wasserlösliche Japanaquafarbe, eine Farbwalze, eine Glasplatte, ein Falzbein oder eine Löffelkelle und gut saugendes Papier (siehe Seite 550). Damit keine Unregelmäßigkeiten entstehen, müssen Walze und Glasplatte nach jedem Gebrauch gesäubert werden, bei Verwendung von Druckerschwärze mit Terpentinersatz, Waschbenzin oder Walzenwaschmittel.

Die Schneidetechnik. Zunächst empfiehlt es sich, einige Schneideversuche mit den verschiedenen Werkzeugen zu machen und so die Wirkungsweise der Messer kennenzulernen. Ein Probeabzug zeigt dann deutlich die Wechselwirkung der druckenden Fläche zu den herausgeschnittenen Linien, die ja weiß bleiben, während die hochstehenden Teile sich schwärzen.
Einfache Blattformen, Stengel und Zweige, Blüten und Pflanzen eignen sich am besten für den Anfang. Die Stengel werden mit dem Geißfuß geschnitten, die Blätter mit dem Konturenmesser. Dieses halten wir leicht schräg und schneiden zunächst die rechte Seite des Blattes aus. Noch fällt kein Linoleum heraus, es entsteht nur ein schräger Einschnitt. Die Kontur läuft dabei auf uns zu, das Blatt liegt also senkrecht vor uns. Dann drehen wir die Linolplatte um 180° herum und schneiden wieder mit schräger Messerhaltung die andere Seite des Blattes heraus. Die eigentlich linke Kontur wird also auf der rechten Seite ge-

schnitten, da das Konturenmesser vorwiegend nur nach rechts schneiden kann. Die schräge Messerhaltung bedingt, daß sich der Blattumriß heraushebt und als Kerbe zu sehen ist. Diese Arbeitsweise bezeichnet man als »Schnitt und Gegenschnitt«.

Beim Schneiden aller Formen muß man darauf achten, daß das Messer nicht schräg nach innen in das Linoleum hineingreift und überstehende Kanten hervorruft, die beim Druck ausbrechen würden. Außerdem darf keine hochstehende Linie zu schmal sein, da sie sonst ebenfalls abbrechen kann. Die Schnittspur führt in einem Winkel von etwa 60 Grad auf den Grund der Linolplatte.

Der zweite Versuch sollte sich mit den technischen Möglichkeiten des kleinen und großen Geißfußes befassen. Man kann gerade und runde Linien (Halbkreise und Dreiecke) im Wechsel in die Platte schneiden, bis die Fläche in rhythmischer Verteilung schwarze Flächen und weiße Linien aufweist. Bewußt sollte man nicht gleiche Abstände wählen, weil Schwarzverdichtungen ebenso wie weiße Linienkonzentration die Bildwirkung steigern. Schwieriger ist es, nur runde Formen zu schneiden: Spiralen, Kreise und ovale Blattformen. Beim Schneiden achte man darauf, daß das Gewebe des Linoleums nicht verletzt wird, weil dann diese Stelle beim Druck ohne Halt wäre. Die Tiefe des Schnittes ergibt sich aus der Praxis und hängt mit der Wahl des Druckpapiers zusammen. Es kann durchaus reizvoll sein, bei größeren herausgehobenen Flächen Schnittspuren infolge einer geringeren Schnittiefe sichtbar werden zu lassen.

Drittens versuchen wir einmal, die Fläche abzutragen. Linien und Formen, die stehenbleiben sollen, umschneiden wir zunächst mit einer Geißfußkerbe. Die Form erhält dadurch eine glatte Konturlinie, die auch die Kante schützt, da wir beim Abtragen der Fläche die Schneidefeder nicht mehr so nahe an sie heranbringen müssen. Die umgebenden Flächen schneidet man mit einer U-förmigen Feder möglichst von der Mitte zum Rande hin, also von den stehenbleibenden Teilen weg. Sind hinterher noch kleine Unsauberkeiten am Umriß sichtbar, so werden diese mit dem Konturenmesser vorsichtig entfernt.

Die Schnittweisen. Beim Linolschnitt muß man sich vor allem über die künstlerische Wirkung der einzelnen Schnittspuren im klaren sein. Deshalb sollen hier die einzelnen Möglichkeiten zusammengestellt werden:

1. Weißlinienschnitt. Man schneidet mit dem Messer eine Darstellung in das Linoleum, als ob man mit einem Pinsel auf Karton zeichnen würde. Der Abdruck zeigt dann eine weiße Zeichnung auf schwarzem Grund. Es ist die leichteste Art des Schneidens. Man benutzt dazu vorwiegend den kleinen Geißfuß und erhält Drucke von ausgezeichneter dekorativer Wirkung.

2. Schwarzlinienschnitt. Diese Art des Schneidens ist schon bedeutend schwieriger. Es entsteht das genaue Gegenteil des Weißlinienschnittes. Alle Linien der Zeichnung bleiben stehen, während das übrige weggeschnitten wird. Diese Arbeit gelingt erst, wenn man schon größere Erfahrung im Schneiden gesammelt hat. Als Werkzeug verwendet man vor allem das Konturenmesser, mit dem die Linienzüge doppelt umfahren werden und als schmale Spur stehenbleiben. Mit dem Flachausheber und Riller werden dann alle übrigen Teile der Druckplatte, auch der Hintergrund des Bildes, weggeschnitten. Dabei befindet sich die ste-

henbleibende Linie immer rechts vom Messer (»Schnitt«), dann dreht man das Bild herum und schneidet die andere Seite heraus (»Gegenschnitt«).
3. Schwarzfigurenschnitt. Beginnt man wieder wie beim Weißlinienschnitt mit dem Umfahren der Figur mittels des Geißfußes und hebt dann mit dem Flachausheber oder Riller nur den Bildhintergrund weg, so erhält man schwarze Figuren auf weißem Grund, die aber auch noch mit einer Binnenzeichnung versehen werden können.
4. Weißfigurenschnitt. Hierbei entsteht die Negativform zur Schwarzfigur, d. h. die Figuren selbst werden ausgeschnitten und erscheinen weiß. Natürlich kann man im Innern der weißen Figur einen Schwarzlinienschnitt anwenden, um Linien und Strukturen anzubringen. Dazu bedarf es wieder des Konturenmessers. Der Bildhintergrund wird bei dieser Technik nicht weggeschnitten und bleibt schwarz. Das entstehende Bild hat eine äußerst starke Ausdruckskraft, besonders wenn der schwarze Hintergrund bewußt als bildnerisches Mittel angewandt wird.
Selbstverständlich können diese vier Arten des Schneidens miteinander in beliebiger Mischung verbunden werden. Doch sollte man zunächst alle Techniken einzeln durchprobieren.

Der Entwurf. Nach diesen Vorübungen, die uns mit Material und Werkzeug vertraut gemacht haben und in freier Eingebung direkt auf das Linoleum geschnitten worden sind, muß man sich mit der genauen Entwurfsarbeit beschäftigen. Ohne sie sollte nur schneiden, wer bereits große Sicherheit im Gebrauch der Messer besitzt und seine künstlerische Eingebung temperamentvoll und sicher auf die Linolplatte zu bringen vermag. Ein genau geplanter Entwurf, mit dem man schon im voraus die zu erwartende Wirkung des Druckes beurteilen und noch rechtzeitig beeinflussen kann, führt uns weitaus besser zum Erfolg.
Zunächst entwirft man eine Skizze mit Pinsel oder Bleistift auf einem Bogen Papier. Dabei kann man schon alle Einzelheiten berücksichtigen. In jedem Fall sollten allzuviel Überschneidungen, Tiefenwirkungen und Perspektiven vermieden werden, die der Stilform des Linolschnittes nicht entsprechen. Die Darstellung muß flächig und dekorativ sein. Linien, die auf die Form oder ihre Struktur keine Rücksicht nehmen, sind gedankenlose Spielerei. Will man z. B. die Oberfläche eines Fisches gestalten, so muß eine den Schuppen angemessene Struktur herausgeschnitten werden. Der Hintergrund kann oft ungestaltet bleiben, dadurch wird der dekorative Wert der Darstellung nur gesteigert.
Dann wird dieser Entwurf auf transparentes Zeichenpapier (wie es die tech-

Linolschnitt. Durch den Kontrastwechsel in den einzelnen Schnittpartien erhält die Arbeit eine starke Belebung

nischen Büros zum Zeichnen verwenden) umgepaust. Die Linoleumplatte muß sauber, vor allem fettfrei sein. Wir können sie mit einer warmen Geschirrspüllösung reinigen – besser überreiben wir sie aber mit feinem Scheuersand (ebenfalls aus der Küche), der nicht nur sämtliche Unsauberkeiten von der Oberfläche hinwegnimmt, sondern diese auch noch leicht aufrauht, was für die Haftung der Farbe beim Drucken später vorteilhaft ist.

Danach streicht man die so vorbereitete Platte dünn mit Plakatweiß ein und paust mit einem Stück Kohlepapier die auf dem Transparentpapier befindliche Zeichnung darauf. Es ist wichtig, daß das Transparentpapier mit der oberen Seite nach unten aufgelegt wird, denn auf dem Druckstock muß das Bild seitenverkehrt herausgeschnitten werden. Dies ist besonders zu beachten, wenn Schrift auf der Zeichnung erscheint!

Beim Durchpausen brauchen zunächst nur die Umrisse umfahren werden. Damit Skizze und Pauspapier nicht verrutschen, kann man sie an den Rändern mit Tesafilm festkleben. Auf der weiß eingefärbten Linolplatte erscheint dann die seitenverkehrte Zeichnung, die man mit schwarzer Tusche und Pinsel nacharbeitet. Mit Scribtol werden die Linien nachgezogen, damit sie für den Schnitt nicht zu dünn werden. Sollten Korrekturen nötig sein, so streicht man einfach wieder weiße Farbe darüber.

Nun kann die Schneidarbeit beginnen. Je nachdem, welche von den obengenannten Schnittweisen angewendet werden soll, schneidet man die weißen Flächen oder die schwarzen Linien der Zeichnung weg.

Ein zweites Verfahren, einen Entwurf auf das Linoleum zu übertragen, sei hier noch genannt, weil es besonders einfach ist. Die Linolplatte wird mit schwarzer Ausziehtusche bestrichen. Unsere Entwurfszeichnung wird mit Pinsel oder Feder und Scribtol auf festes Transparentpapier gebracht, das ganze Blatt mit weißer Kreide eingerieben und mit seiner Vorderseite auf das Linoleum gelegt. Die Zeichnung, die durch das Papier durchscheint, liegt also seitenverkehrt auf der Platte. Nun werden die Konturen nachgefahren, und es entsteht auf dem schwarzen Linolgrund ein Kreidebild, das man mit weißer Tusche noch korrigieren kann und anschließend ausschneidet. Der Vorteil ist, daß man schon vor dem Schneiden den richtigen Bildeindruck bekommt, da die herauszuschneidenden Linien auch später auf dem Druckbild weiß erscheinen werden.

Der Druck. Alle gut saugfähigen Papiere (siehe Seite 141) eignen sich zum Drucken. Die ersten Probeabzüge (sogenannte Zustandsdrucke) werden auf billigem Ausschußpapier (unbedrucktes Zeitungspapier) gemacht, welches in jeder Zeitungsdruckerei erhältlich ist. Für den endgültigen Druck nimmt man ein besseres Papier. Am leichtesten lassen sich die sehr zähen und festen Japanpapiere bedrucken, die aber etwas teurer als das weiche, glatte Bütten sind. Auch Kupferdruckpapier oder dickeres Seidenpapier läßt sich verwenden. Eine Steigerung der Wirkung erlangt man durch eine feine Tönung des Papiers (z. B. in Elfenbein). Mit Ingrespapier erreicht man eine rasterartige Strukturierung der Schwarzflächen.

Als Druckfarbe wählt man wasserlösliches Japanaqua in verschiedenen Farbtönen. Damit das Papier die Farbe besser aufnimmt, bedarf es noch einer Vorbehandlung. Der Bogen wird mit Wasser angefeuchtet – am besten macht man das mit einem Schwamm über einer sauberen Papierunterlage! – und bis zum Gebrauch zwischen Zei-

Abdruck eines Linolschnittes: a) Auswalzen der Farbe auf der Glasscheibe. b) Einfärben der Druckplatte. c) Das Druckpapier wird über einer Schutzzwischenlage mit dem Falzbein angerieben. d) Abheben des Druckes

tungspapier gelegt (das die Feuchtigkeit eine Zeitlang festhält). Hat man nur bedruckte Zeitungen zur Hand, so sollte man den Bogen vorher mit reinen Schutzblättern abdecken. Bei Gebrauch von Druckerschwärze entfällt das Anfeuchten. Mit Japanaqua arbeitet es sich jedoch bequemer.

Nun wird nicht zu viel Farbe mit einem Stock auf einen alten Lithostein oder eine Glasplatte getupft und mit einer Gummiwalze sehr fein verteilt. Man achte darauf, daß sich die Walze überall einfärbt (es ist dabei ein saugendes Geräusch zu hören)! In allen Richtungen rollt man sie nun auf dem Linolschnitt hin und her (als Unterlage dienen alte Zeitungen!). Es empfiehlt sich, die Farbe nicht zu dick aufzutragen und besser mehrmals über den Schnitt zu rollen, weil sonst die feinen Schnittlinien zuschmieren und einen unsauberen Druck ergeben. Ist die Farbe zu dick, so kann man bei Druckerschwärze einen Tropfen Terpentinersatz, bei Japanaqua etwas Wasser auf der Glasplatte verreiben, doch ist hierbei Vorsicht angebracht, weil zu dünne Farbe über die Figurenränder fließt.

Anschließend wird der Druckbogen mit Daumen und Zeigefinger an zwei diagonal gegenüberliegenden Ecken gefaßt und auf den eingefärbten Druckstock gelegt. Er darf nun nicht mehr verrutschen. Mit der ganzen Handfläche wird er leicht angepreßt. Ein Falzbein oder eine Löffelkelle dienen zum weiteren Andrücken. Man kann sich auch einen Druckerballen (Tampon) herstellen und damit den Reibedruck durchführen (ein rundes Stückchen Holz von etwa 8 cm Durchmesser mit einem Bausch Schafwolle belegen und darüber ein Stück Handschuhleder binden). Um feuchtes Druckpapier nicht durchzureiben, ist es besser, eine

Lage Pergamentpapier dazwischenzulegen.
Gleichmäßiger, bequemer, dafür aber nicht so individuell abstimmbar ist der Druck mit einer Pflanzen-, Kopier- oder Buchbinderpresse. Hier übt eine Holz- oder Eisenplatte, die an Spindeln heruntergeschraubt oder mit einem Hebelarm heruntergedrückt wird, den Druck aus. Natürlich ist es auch möglich, sogenannte Walzenpressen (ähnlich einer Rotationsmaschine) zu verwenden.

Bronzedruck. Der Linoldruck ist sehr wandelbar und kann durch verschiedene Mittel, auch durch Anwendung von Farbe, noch bereichert werden. Ein Beispiel bietet der Lindbronzedruck, den wir vielleicht einmal bei festlichen Gelegenheiten (Glückwünsche, Einladungen, Anzeigen) verwenden können. Zunächst wird mit heller Buchdruckfarbe (es geht auch schwarze, nur muß es ölhaltige Farbe sein) ein Abdruck hergestellt. Dann taucht man einen Leinenballen in Gold- oder Silberbronzepulver (es gibt davon sehr verschiedene Farbtönungen), das an der Druckfarbe haften bleibt, wenn man leicht darüber tupft. Nach dem Trocknen wird mit einem feinen Haarpinsel überschüssiges Pulver entfernt.

Der Tonplattenschnitt ist eine Übergangsstufe zum farbigen Linolschnitt und kam im Mittelalter durch den Maler Hans Baldung-Grien zu besonderer Blüte. Man braucht dazu zwei Linolplatten. Die eine kann ein wenig größer sein, und aus ihr werden nur die Partien herausgehoben, die später als weiße Zeichnung erscheinen sollen. Sie wird mit einer hellen Farbe eingewalzt (hellbraun, hellgrau, blaugrau u. a.) und zuerst gedruckt. Für den weiteren Druckgang wird der eigentliche Linolschnitt (vorwiegend als Schwarzlinienschnitt) auf der zweiten Platte angebracht und schwarz oder jedenfalls dunkler eingefärbt. Man erhält so einen farbig getönten Untergrund, der mit den weißen Linien und Flächen der eigentlichen Zeichnung versehen ist.

Farbiger Linoldruck. Einen ganz einfachen Farbdruck kann man herstellen, wenn der Schnitt nebeneinander mit verschiedenen Farben (Braun, Rot, Schwarz u. a.) eingewalzt und abgedrückt wird. Die Walze muß aber zwischen den Arbeitsgängen jedesmal gereinigt werden. Es entstehen bei dieser Technik farbige Übergänge, die sehr wirkungsvoll sein können.
Für das teilweise Einfärben eines Linolschnittes eignen sich hervorragend Japanaquafarben. Die Druckplatte wird hierfür nicht mit der Walze, sondern mit einem Pinsel eingefärbt. Die Farbe muß ziemlich deckend auf die dafür vorgesehenen Stellen aufgetragen werden. Man darf auch schattieren und die Farben ineinanderlaufen lassen. Sollte der Farbauftrag vorzeitig eintrocknen, muß er unbedingt vor dem Druck wieder angefeuchtet werden. Das kann auf zweierlei Weise geschehen. Ist eine Druckpresse vorhanden, so genügt es, das Papier in der üblichen Weise (siehe Seite 550) anzufeuchten und durch feste Pressung den Abdruck herzustellen. Beim Reibedruck ist es dagegen nötig, die eingetrocknete Druckfarbe selbst mit einem Zerstäuber (Fixativröhren) wieder anzufeuchten. Man kann auch einen feinen Haarpinsel nehmen, nur muß man damit die Linolplatte sehr behutsam überstreichen. Auf diese Weise wischt man mitunter sehr eigenartige Farbübergänge heraus. Die Japaner bedienen sich dieser Technik bei ihren Holzschnitten.
Es soll nur noch erwähnt werden, daß man auch mit zwei, drei und vier ver-

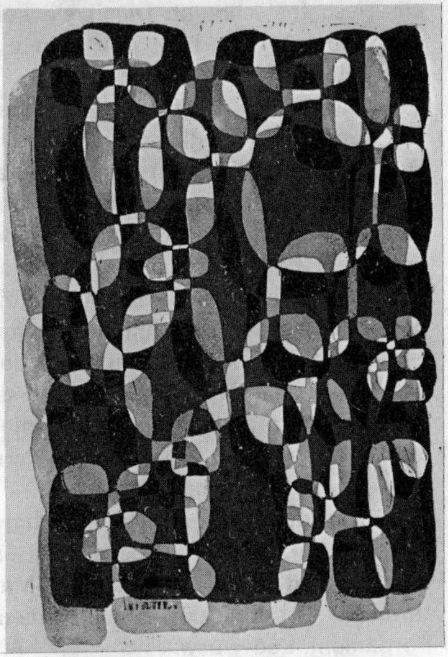

Zweifarbiger Linolschnitt. Die gleiche Druckplatte wurde mit leichter Verschiebung zweimal übereinandergedruckt. Farben: helles und dunkles Schieferblau

schieden bemusterten und gefärbten Druckplatten zu recht eigenwilligen Farblinolschnitten kommen kann. Will man das Ergebnis nicht völlig dem Zufall überlassen, so ist hierfür jedoch viel Überlegung notwendig. Farben und Formen müssen zusammenstimmen, und auch wenn alle Platten übereinandergedruckt sind, soll ihre Verteilung innerhalb der Fläche noch ein harmonisches Ganzes ergeben.

Stoffdruck. Unter den vielfältigen Anwendungsmöglichkeiten des Linolschnittes (Glückwunschkarten, Einladungen, Programme, Plakate) ist ein Gebiet besonders beliebt: der Stoffdruck (siehe Seite 485). Die Formen müssen hierfür sehr sorgfältig und tief herausgeschnitten werden, damit ein sauberer Druck entsteht und feine Linien nicht so leicht zuschmieren. Das fertige Linoleum sollte am Schluß auf ein Stück Holz geleimt werden, damit es länger und leichter gebrauchsfähig ist. Als Farbe benutzt man Spezialstoffdruckfarben, die wasch- und lichtecht sind. Besonders geeignet ist als Stoffart das Gminder Linnen, ein Leinenstoff, der in sehr zarten Pastelltönen vorliegt und keine Appretur enthält, die nach mehrmaligem Waschen ausgelöst wird und damit auch den Stempeldruck zum Verschwinden bringt. Nimmt man ein anderes Material, so muß vor dem Druck die Appretur aus dem Stoff entfernt werden (siehe Seite 486).
Der Druckvorgang wird erleichtert, wenn man eine Wolldecke unter den Stoff legt und diesen darauf mit Heftzwecken oder Tesafilm befestigt. Um die Stempel sauber anbringen zu können, sollte man mit Bleistift Linien auf dem Stoff ziehen oder dünne Fäden darüberspannen. Während beim Linoldruck auf Papier der Bogen auf den Druckstock gelegt wurde, ist es hier umgekehrt: Der Stempel (Druckmodel) wird auf den Stoff gedrückt. Damit ein recht klarer Abdruck erfolgt, sollte man einen kurzen Schlag mit einem Holzhammer auf die Rückseite des Stempels geben. Nach Trocknen der Farbe wird der bedruckte Stoff auf der Rückseite gebügelt und ist nun waschecht.

Holzschnitt

Vieles, was über den Linolschnitt gesagt wurde, gilt auch für den Holzschnitt. Er entsteht im Prinzip genauso wie jener, doch sind ein größeres handwerkliches Geschick und viel Übung erforderlich. Das Holz verlangt mehr Einfühlung, man muß sich nach seiner Härte, dem Verlauf der Fasern und der Maserung richten. Dafür wirkt ein Holzschnitt eigenwilliger und kann auch feiner ausgestaltet werden. Die Linolschneidemesser können auch für den Holzschnitt gebraucht werden, besonders diejenigen, die fest in einem Heft sitzen. Sie müssen aber recht scharf sein und werden daher ständig auf einem Karborundum- oder Ölstein nachgeschliffen. Natürlich kann man auch die Werkzeuge eines Holzbildhauers verwenden.

Beim Schneiden muß stets auf die Richtung der Fasern geachtet werden. Arbeitet man gegen sie, so reißen leicht Splitter heraus. Daher sollte auch das Brett völlig glatt gehobelt sein und darf, wenn man einen Entwurf vorzeichnen will, nicht mit wässeriger Farbe bedeckt werden; die Holzporen und Fasern würden hochquellen und das Brett rauh machen.

Weiche Hölzer sind meist schwerer zu schnitzen als härtere. Man kann nur grobe Formen herausarbeiten, da das Holz leicht einreißt und ausfasert. Lindenholz läßt sich leicht schneiden, jedoch fehlen ihm Struktur und Maserung. Besonders gut verarbeiten sich die Obstholzarten Kirsche, Birne und Apfelbaum. Am meisten verwendet man Langholz, aber man kann auch einmal Schnittversuche auf einem einfachen Sperrholzbrett machen. Für besonders feine Schnitte nimmt man Hirnholz, da hier keine Langfasern herausbrechen können. Geeignet ist das sehr zähe und harte Buchsbaumholz. Die Platte leimt man dabei aus mehreren Stücken zusammen, was den Vorteil hat, daß sie sich nicht verwerfen kann.

Damit man beim Schneiden nicht abrutscht, wird die Holzplatte auf einen alten Tisch genagelt, oder man schlägt die Nägel an den Kanten des Holzes ein, daß sich die Platte nicht hin und her bewegen kann. Auch eine Schraubzwinge genügt, mit der man das Holz am Tisch festschraubt. Damit sie keinen Abdruck hinterläßt, legt man ein Stück Holz oder Pappe dazwischen.

Den Handabzug stellt man im Reibeverfahren her, möglichst mit einem Druckerballen (Tampon). Man benutzt ein starksaugendes, nur schwach geleimtes Papier, das aber auch große Festigkeit besitzen muß (Japanpapiere, handgeschöpftes Bütten- und Seidenpapier). Beim Maschinendruck mit einer Kopier- oder Walzenpresse dagegen sind alle Papiersorten verwendbar. Gerade mit stark geleimten Papieren erreichen wir hier eine klare Schwarz-Weiß-Wirkung.

Natürlich kann man auch mehrfarbige Holzschnitte drucken. Ebenso ist es möglich, statt Papier auch andere Materialien zu bedrucken, z. B. Textilien, Pergament, Leder usw.

Holzstich

Diese Technik verlangt eine feinere Zeichnung als der Linol- oder Holzschnitt. Wir verwenden daher ausschließlich Hirnholz (Ahorn, Birnbaum, Buchsbaum). Hier besteht keine Gefahr, daß Fasern ausbrechen, das Holz ist sehr fein in seiner Struktur, dazu gleichmäßig und hart, so daß wir nun auch feinere Linien, Punkte und Schraffuren anbringen können.

Unter Umständen müssen einige Stükke fest aneinandergeleimt werden, weil die Holzabschnitte besonders bei Buchsbaum sehr klein sind. Die Verleimung erfolgt am schnellsten mit den neuartigen Kunstharzklebstoffen und muß völlig fugendicht ausgeführt werden (siehe Seite 70). Dann sägt man die Holzklötze in gleichmäßig dikke Scheiben von 2 bis 3 cm Stärke auseinander. Diese Scheiben müssen nun auf immer feinerem Schleifpapier abgezogen werden, bis sie vollkommen glatt sind. Die geringste Kratzspur zeichnet sich beim Druck als störende weiße Linie ab. Anfeuchten und nochmaliges Schleifen macht die Holzplatte besonders glatt (siehe Seite 115). An den Kanten bricht ein Hirnholzstück leicht aus, deshalb sollte man sie abschrägen. Übrigens sind fertige Hirnholzplatten auch in den Fachgeschäften erhältlich.

Als Werkzeug brauchen wir einen Stichel (siehe Seite 534), den es in verschiedenen Profilen gibt. Der Griff des Werkzeugs wird stets flach geführt. Die Spitze dringt in das Holz ein, die Spur verbreitert sich, und es löst sich ein feiner Span aus dem Holz. Nicht nur Punkte und kurze Einstiche lassen sich so erzeugen, sondern auch Musterungen, Körperschraffuren, Strichelungen und Kurven. Die Technik ist der Arbeit des Graveurs verwandt und besonders für kleinformatige Illustrationen geeignet. Ist die Arbeit einigermaßen weit fortgeschritten, macht man immer wieder Probeabzüge, denn wir dürfen nicht vergessen, daß ein negatives Bild herausgearbeitet werden soll. Mit dem Stichel wird nur das herausgestochen, was später im Druck weiß erscheinen soll.

An Stelle des Holzes hat man sich in neuerer Zeit auch etwas dickerer Klarsichtfolie (Zelluloid) bedient. Für erste Versuche kann man alte Ausweishüllen nehmen, dazu einen spitzen Nagel oder eine feine Nadel. Natürlich eignen sich auch noch andere Materialien zu einem holzstichartigen Verfahren, z. B. Blei, Stein (besonders Schiefer), auch Ziegelton oder Gips. Vom Gummischnitt war schon beim Kartoffeldruck die Rede. Es gelten bei allen diesen Stoffen ähnliche Gesetze, die nur durch die Eigenart des Materials einige Einschränkungen oder Abwandlungen erfahren müssen.

Kupferstich

Die Arbeit des Kupferstechers ist so schwierig, daß sie richtig eigentlich nur unter schulmäßiger Anleitung gelingt. Deshalb soll hier lediglich eine kurze Information über diese Technik gegeben werden.

Eine Metallplatte, meist ist es eine spiegelblank geschliffene und polierte Kupferplatte, wird mit einem ähnlichen Instrument wie beim Holzstich, dem Grabstichel, geritzt oder »gestochen«. Er besteht aus Stahl und ist vierkantig zugeschliffen. Je stärker die Hand drückt, um so tiefer dringt der Stichel ein und dementsprechend wird die Linie breiter. Man muß die Linien sehr genau und streng parallel eingraben. Durch weitere Abstände und durch dikkere Linienführung erhält man besondere Schattierungen. Auch eine Quadratschraffur für stärkere Schatten ist dem Kupferstich eigentümlich. Durch das Eingraben des Stichels wird aus der Kupferplatte ein Grat herausgekratzt, den man mit einem Schaber entfernen muß. Selbst dies gelingt nur nach langer Übung.

Ein einfacher Handabzug (Reibedruck siehe Seite 551) ist nur beim Hochdruck möglich. Es bedarf also einer Kupferpresse, doch kann man den Abzug auch in einer kleineren Druckerei herstellen lassen.

Radierung

Kaltnadelradierung heißt das Verfahren deshalb, weil man zum Eingraben der Formen in die Metallplatte eine »kalte« Schneidenadel nimmt (im Gegensatz zu dem »warmen« Verfahren des Ätzens mit einer Ätzflüssigkeit). Bei einer Radierung verursacht die Nadel, die senkrecht geführt wird, feinere Striche als beim Kupferstich, sie kann leichter unregelmäßige Übergänge schaffen und wirkt daher lebendiger. Der entstehende Grat auf der Metallplatte wird nicht weggenommen. Beim Abzug entstehen weiche Übergänge, weil die Farbe an solchen Stellen breiter druckt. Je tiefer die Nadel eindringt, um so stärker wird der Grat, der die Druckfarbe zum Auslaufen bringt und einen klecksigen Strich beim Drucken erzeugt. Farbig getönte Flächen erhält man, wenn die Platte mit Drahtbürsten, Sandpapier oder anderem Werkzeug bearbeitet wird, welches man kreuz und quer über die Platte führt, wobei es Kratzspuren hinterläßt.

Strichätzung. Man überzieht die Metallplatte mit einer hauchdünnen Schicht Wachs oder fertig käuflichem »Ätzgrund« (Asphalt, Pech und Wachs). In diesen dunklen Untergrund wird mit der Radiernadel hineingekratzt, so daß die helle Kupferfarbe wieder hervortritt. Am Schluß der Arbeit erhält die Platte einen hochstehenden Rand von Wachs, so daß eine flache Wanne entsteht. In diese wird Salpetersäure (Eisenchlorid oder auch Salzsäure) gegossen, die Vertiefungen in das freiliegende Metall frißt. Je länger die Platte im Säurebad liegt, um so tiefer und breiter werden die Linienkanäle ausgefressen. Will man verschieden dicke Linien erzielen, so deckt man die feinsten Striche mit Ätzgrund wieder ab. Nach einer gewissen Zeit gießt man die Säure herunter, spült nach und entfernt den Ätzgrund durch einfaches Wegschmelzen.
Anschließend reiben wir dann die geätzte Kupferplatte mit einem Ballen und Kupfertiefdruckfarbe ein. Die hochstehenden Teile werden mit dem Handballen wieder blank gewischt, so daß die Druckerschwärze nur in den Vertiefungen sitzen bleibt. Dann kommt die Platte in eine mit Eisenwalzen versehene Tiefdruckpresse. Der Abzug erfolgt auf Kupferdruckkarton, der die Farbe aus den Vertiefungen heraussaugt. Charakteristisch ist bei einer Ätzung, daß der einzelne Strich keine ganz glatten Ränder hat, sondern weiche Übergänge zeigt, da sich die Säure in feinsten Verästelungen in das Metall eingefressen hat.

Behelfsmaterial. Es soll nicht vergessen werden, daß man statt aus einer Metallplatte auch Radierungen aus einem weicheren Behelfsmaterial herstellen kann. So glückt es, Plexiglas oder Zelluloid (vielleicht auch Wachstuch) einzukratzen. Im Handel gibt es für diese behelfsmäßige Arbeit ein kleines Radierbesteck. Wichtig für das Gelingen eines Handabdruckes ist ein gutes Papier (am besten Kupfertiefdruckkarton oder -papier). Das Abreiben mit einem Falzbein oder dem Reiballen erfordert sehr viel Sorgfalt. Der Druckkarton wird angefeuchtet. Zum Schutz des Bogens muß ein trocknes, festes Papier darübergelegt werden.

Steindruck

Dieses Druckverfahren beruht auf der Erscheinung, daß sich Wasser und Fett abstoßen. Man verwendet dazu eine Steinplatte aus Solnhofener Schiefer, dessen Oberfläche geschliffen und gekörnt wird. Man zeichnet mit einem Fettstift (Kreide) oder lithographischer Tusche unmittelbar auf den Stein. Anschließend wird die Platte mit Salpetersäure geätzt. Dadurch schließen sich die nicht mit Kreide bedeckten offenen Poren des Steins und nehmen kein Fett mehr auf. Kreide oder Tusche aber werden bei diesem Verfahren wasserunlöslich, sie »verseifen« in den

Stein. Nachdem die Ätzlösung getrocknet ist, wird die Platte mit Wasser abgewaschen.
Da die Druckerschwärze ölhaltig ist, nehmen die mit der Ätzlösung und Wasser behandelten – unbezeichneten – Stellen der Platte keine Farbe an. Sie haftet nur auf der fetthaltigen Zeichnung. Diese erfährt vor dem Druck noch eine Sonderbehandlung: Durch Terpentinöl bringt man die Zeichnung völlig zum Verschwinden, führt ihr jedoch anschließend mit einer Auswaschtinktur erneut Fett zu, wodurch sie überraschend wieder zum Vorschein kommt. Nun ist die Platte für den Druck fertig, muß aber immer feucht gehalten werden.
Dies Grundverfahren läßt sich natürlich noch abwandeln. So kann man z. B. mehrere Farbplatten übereinanderdrucken (Chromolithographie) oder statt Schiefer Metallplatten verwenden. Einerseits ist die Arbeitsweise beim Steindruck einfacher, da man die Zeichnung unmittelbar auf die Platte bringt, also fast wie mit dem Stift auf Papier vorgehen kann. Der Druck gibt unsere Darstellung vollkommen getreu wieder, während bei allen anderen Techniken durch den Widerstand der Materie, in die wir unseren Entwurf eingraben oder herausschneiden, stets Veränderungen oder Vergröberungen eintreten. Andererseits sind jedoch die Vorkehrungen und technischen Erfahrungen, deren wir beim Steindruck ebenso wie bei Kupferstichen und Radierungen bedürfen, größer als bei allen Arbeitsmethoden des Hochdrucks.

Register

Die in **Fettdruck** erscheinenden Stichwörter und Seitenzahlen verweisen auf die Hauptkapitel

A

Abbinden (Gips) 244
Abformungen (Gips) 253
Abgüsse (Gips) 249, 253
– (Metall) 250
– (Wachs) 250
Abgußformen 249
Abkantbank 333
Abkanten 344
Absprengtechnik 538
Abstechen (Holz) 110
Abziehstein 63, 508
Ahle (Leder) 507
– (Papier) 147
Aktendeckelkarton 143
Alabaster 258
Alabastergips 244
Alleskleber 70, 134, 192, 508
Alpaka 321
Altweiberknoten 417
Aluminium 324
Amboß 335
Anbinden der Kettfäden 466
Anken 335
Anlängertuch 448, 466
Anreißen (Holz) 66
– (Metall) 340
Anreißkörner 327
Ansatzfalz 201
Anschnüren der Schäfte 466
Antikglas 300
Applikation (Leder) 529
– (Stoff) 499
Appretur 486
Aquarellfarben 127
Arbeitsbrett (Ton) 214
Arbeitsplatte (Holz) 62
Asphaltlack 384
Atlasbindung 453, 479
Ätzen (Metall) 384
– (Radierung) 556
– (Steindruck) 556
Ätzflüssigkeit (Grafik) 556
– (Metall) 384
Ätzgrund (Grafik) 556
– (Metall) 384
Aufbäumen der Kette 463
– auf Webrahmen 463
– auf den Webstuhl 464
Aufglasurfarben 238
Auftiefen 347
Aufziehen (Metall) 348
Auge (Tauwerk) 418
Augspleiß 418
Ausformungen (Gips) 249
Aushaumeißel 329
Außentaster 328
Ausstechformen (Metall) 365
Ausziehtusche 537

B

Balken 41
Basalt 260
Bast 404
–, Zöpfe flechten 423
Bastardfeilen 54
Bastardraspeln 54
Bastgewebe 454
Batik 494

–, vereinfachtes Verfahren 499
Batikfarben 495
Baukasten 96
Baum- und Astholz 42
Baumwolle 440
Befestigungsknoten 416
Begußmalerei 238
Beißzange 330
Beitel 51
Beizen, chemische 119
–, farbige 127
– (Holz) 118, 119, 127
– (Metall) 349, 385
Bemalen (Glas) 306
– (Holz) 127
– (Ton) 238
Bestoßen (Holz) 66
Betonplatten 271
Betonwerkstein 273
Beutel aus Leder 521
Bezugspapiere, farbige 203
Biegearbeiten (Blech) 343, 365
– (Draht) 343, 359
Biegevorrichtungen 333
Bilderrahmen 90
Bildhauerarbeiten (Gips) 253
– (Holz) 100
– (Stein) 263
–, Zurichten des Holzes 101
Bildhauerwerkzeuge (Holz) 101
– (Stein) 261
Bildteppich 479
Bimssteinmehl 117
Bindung (Weben) 451, 465
–, japanische (Papier) 197
Bindungspatrone 467
Binsen 402
–, Zöpfe flechten 423
Birkenreiser 407
Birkenrinde 407
Blasen von Glas 309
Blattstecher 449
Blattstechen 465
Blattstich 502
Blech 326
– biegen 343, 365
–, plastische Arbeiten 370
– schneiden 340
Blechschere 330
Blei 323
Bleiverglasungen 305
Blumentopfnetz 412
Boden flechten (Peddig) 430
Bodeneisen (Holz) 109
Bodenkreuz (Peddig) 429
Bogenrand (Peddig) 432
Bogenschnitt (Holz) 131
Bohlen 41
Bohren (Glas) 303
– (Holz) 54, 68
– (Metall) 343
Bohrer (Glas) 303
– (Holz) 54
– (Metall) 332
Bohrgeräte (Holz) 55
Bootsmannsstuhl 418
Bord, freistehendes 88
Bördeleisen 334, 335
Bördeln 345
Borten flechten 426
Breitenschnittholz 41
Breithalter 450, 471
Brennapparate (Holzbrandmalerei) 129
Brennen (Ton) 210, 234
Brennkontrolle (Ton) 235
Brennofen (Email) 397
– (Ton) 234
Brettamboß 335
Bretter verleimen 70
Brettsägefiguren 93
Brezelhalter 364
Briefmarkentasche 517
Brieftasche 519
Brillenfutteral 516
Brocken, belgischer 508
Bronze 322
Bronzedruck 552
Brustbaum 446
Brustzapfen 75
Buchbinden, Einbanddecke 202
Buchbindermesser 146
Buchblock 200
Bucheinband 200
Buchhülle 519
Buchrücken abpressen 202
– leimen 202
– rundklopfen 202
Buchstützen 370
Bucht (Tauwerk) 415
Bünde 200
Bunsenbrenner (Email) 396
– (Metall) 349, 355
Buntfarben 34
Buntpapier 142

C

Christbaumschmuck (Glas) 312
– (Papier) 180 ff.
Couchtisch 87

D

Deckfarben (Holz) 127
Deckfarbenanstrich (Holz) 120
Dehnrichtung (Papier) 193
Dezimalsystem 32
Diabas 260
Dickten 41
Dielen 41
DIN-Formate (Papier) 33, 145
Doppelhobel 53
Doppelleimtopf 69, 192
Döpper 352
Dosen (Blech) 366
Draht 326
– biegen 343, 359
–, plastische Arbeiten 364
Drahtglas 300
Drahtgrafik 364
Drahtplastik 364
Drahtschlingen 214
Drechseln 107
Drechslermeißel 109
Drehbank 108
Drehmeißel 109
Drehwerkzeuge 109
Dreierborte 426
Dreikantbohrer (Glas) 304
Dreikantfeile 62
Dreikantschaber 332
Dreischnitt (Holz) 131
Dreizack 507
Drillbohrer 332
Druckerschwärze 541, 547, 556, 557
Druckfarben (Stoff) 485, 553
Druckknopfgerät 508
Druckpapier 141
Druckstock (Grafik) 545
– (Textilien) 486
Drucktechniken, vervielfältigende 545
Druckwalze 541, 547
Dübeln 72
Durchdringungslage 430
Durchdringungsverband 429
Durchlaufschere 330
Dutzendfeilen 330

E

Echsenleder 505
Einbanddecke (Bucheinband) 202
– (Fotoalbum) 195
– mit geschlossenem Rücken 196
– mit offenem Rücken 196
Einbandgewebe (Papier) 142
Einbauschränke 83
Einkaufsnetz 412
Einlassen mit Leinöl (Holz) 116
Einrahmen von Bildern 90
Einschlag (Flechten) 429
Einwickelpapier 141
Einzack 507
Eisen (Metall) 325
– (Amboß) 335
Eisenhammer 262
Eisenlineal 147, 506
Eisenwinkel 507
Elektro-Lötkolben 337
Email 389
–, Aufbereitung 390
– aufschmelzen 396
– auftragen 395
–, Schmucktechniken 397
Emailfarben 390
Emailgrund 392
–, Vorbereitung 391
Emaillack 121
Emailmalerei
Emailliertombak 394
Emailmalerei 397
Emailsorten 390
Ende (Tauwerk) 415
Engoben 238
Ente falten 163
Estrichgips 244

F

Fachbildung (Weben) 450
Fächerfaltung 152
Fachwechsel 450

Fadenkreuz 461
Faltampeln 179
Faltarbeiten, weihnachtliche 180
Faltbegriffe 156
Faltbehälter 173
Faltdrachen 170
Faltkanten (Leder) 511
Faltkasten 173
Faltlaterne 178
Faltpapier 142, 156
Faltschiffchen 159
Faltschirm 176
Faltschnitte 151
Faltspielzeuge 157
Faltsterne 182
Falttechniken 156
Falttüte 175
Falzbein (Leder) 508
– (Linol) 547
– (Papier) 147
Fälzchen (Bucheinband) 201
Falzen (Holz) 77
– (Metall) 345
– (Papier) 193
Farbbeizen 118
Farben (Holz) 120, 127
– (Ton) 237
–, kalte 34
–, neutrale 34
–, warme 34
Färben (Metall) 382
– (Stoff) 495
Farbenkreis 33
Farbgebung 33
Farbkontraste 33
Farbwalze (Grafik) 547
Fase schleifen 63
Faulenzer (Metall) 333, 346
Fäuste (Amboß) 335
Federschale (Metall) 375
Feilarbeiten (Metall) 370
Feilen (Papier) 147
– (Holz) 54
– (Metall) 330, 342
Feilkolben 338
Feinsäge 57
Fensterbilder (Papier) 188
Fensterkitt 304
Fensterscheibe einsetzen 304
Fensterschreibtisch 87
Figuren blasen (Glas) 312
Figurenscheren 330
Filigranarbeiten 388
Filzseite 144
Finne 58
Fischgrätenstich 502
Fischleder 505
Fitzbünde 202
Fitze 432
Fixativspritze 534
Flachausheber 547
Flachdruck 546
Fläche als Formelement 29
Flächengliederung (Papier) 153
Flachkopfschrauben (Holz) 69
Flachmeißel 329
Flachschaber 332
Flachzangen 330, 333
Flaschen bemalen 307
Flaschengasbrenner 355
Flechten, Knoten, Knüpfen 402–438
Flechten (Peddigrohr) 428, 431
– (Weide) 435
– mit Riemchen 530
–, Strohborten 424
–, Strohkordeln 427
–, Werkverfahren 421
–, Zöpfe 421
Flechtmaterial 402
Flechtnadel 409
Flechtschirm (Papier) 184
Flechtwände (Peddig) 431
Flechtweben 453
–, Geräte 444
Flechtwebrahmen 444
Flechtwebtafel 453
Flechtwerkzeuge 407
Fledermausdrachen 169
Flußmittel 352, 356
Flußsäure 314
Folien (Papier) 142
Folio 145
Formbildung, Stufen der 22
Formelemente 26
–, Fläche 29
–, Körper 31
–, Ornament 30
–, Punkt und Linie 28
Formen von Nieten 352
Formendrehen 112
Formkasten (Metall) 376
Formqualität, objektive 23
Formröhre 109
Formsand (Metall) 376

Formstufen 22
Formweben 456
Fotoalbum 195
Fotomäppchen (Leder) 518
Frittbohrer 54
Fuchsschwanz 57
Füllertasche 517
Fünferborte 426
Furniere 41, 44, 121
Furnieren 121
Furnierintarsie 133, 135, 136
Furnierschneidemesser 133
Futter (Drehbank) 108

G

Gangkreuz 462
Garne, Herstellung 441
–, Vorrichtearbeiten zum Weben 460
Garndrehung 442
Garnnumerierung 443
Garnwinde 448
Ganzleinenband 200
Gasbeton 261
Gefäße aus Tonbändern 222
– aus Tonplatten 222
– aus Tonwülsten 220
Gefäßformen (Ton) 223
Gefäßkeramik 219
Gehrung 71
– mit Feder 71
Geißfußfeder (Gips) 248
– (Linol) 547
Gelbguß 321
Gelbsilber 306
Geldtaschen 520
Geleseleisten 465
Geschenkkörbchen 175
Geschirr (Weben) 448
Gesenke 335
Gewebemuster zeichnen 467
Ghiordesknoten 482
Gießen (Metall) 250, 375
Gießform (Gips) 249, 253
– (Metall) 375
Gießwachs 250
Ginsterruten 407
Gips 243–256
(Naturstein) 258
–, Abbinden des 244
– anrühren 245
–, Aufbereitung 243
–, farbiger 245
–, gebrannter 243
–, Härtezusätze 245
–, Verzögerungszusätze 244
–, weißer 245
–, Werkweisen 246
Gipsabformungen 253
Gipsabgüsse 249, 253
Gipsarten 244
Gipsausformungen 249
Gipsblöcke 247
Gipshohlschnitte 232
Gipskalkmörtel 252, 270
Gipsplastiken 253
Gipsplatten 247
Gipsradierung 251
Gipssgraffitos 250
Gipsstein 247, 258
Gipswerkzeuge 246
Glas 297–314
bohren 303
–, Dickenbezeichnungen 300
–, Handelsformen 299
– als Mosaikmaterial 281
–, physikalische Eigenschaften 298
– schleifen 303
–, Schmelzverformung 309
– schneiden 302
–, unzerbrechliches 299
Glasarten 299
Glaserkitt 304
Glasfarben 306
Glasfenster, farbige 305
Glasmalerei 306
Glasperlen 300
Glasschneider 301
Glasur (Ton) 240
Glasurbrand 211, 237
Glasurkeramik 233
Glaswerkzeuge 301
Glattbrand 211, 237
Glätten (Holz) 66
Glattstock 335
Gliedermaßstab (Metall) 328
Gminder Linnen 486
Gobelinweberei 479
Gold 319
Goldener Schnitt 32, 106
Goldgrund (Email) 393
Goldlot 355

Grabstichel 555
Grafische Techniken 533–557
Granit 259
Graten 76
Grathobel 76
Graupappe 143
Graveurstichel (Stein) 266
Gravieren 385
Gravierkitt 386
Gravierkugel 386
Griffe (Leder) 515
– (Weiden) 437
Grubenschmelz 399
Gründeln 99
Grundfarben 33
Grundhobel 53
Grundierung (Holz) 116
Gummistempel (Stoff) 488
Gummiwalze (Grafik) 540
– (Stoff) 486
Gußbeton 273
Gußglas 300
Gußlegierungen 380

H

Hahnenpfote 421
Haken (Amboß) 335
Hakenschlag 418
Hakenstahl 109
Halblederband 200
Halbleinenband 200
Halbschlichtfeilen 54
Halbschlichtraspeln 54
Hämmer (Holz) 58
– (Metall) 334
– (Stein) 262 265
Handbohrmaschine (Metall) 332
Handpuppenköpfe (Holz) 98
– (Papiermaché) 189
Handspinnrad 442
Handtaschen 524
Handweben 458
Hanfgarn 480, 482
Hängematte 413
Hartfaserplatten 45
Hartlote 355
Hartlöten 355
Harznester entfernen 102
Haselnußgerten 407
Haspeln 449
Häuser falten 161
Hausschuhe (Leder) 527
Heften der Buchlagen 201
Heftlade 202
Henkel (Leder) 515
– (Weiden) 437
Herzbrett 42
Hexentreppe falten 157
Hieb bei Schabwerkzeugen 54
Hobel 52, 66
–, Arbeiten mit dem 53
– einstellen 53
Hobelbank 60
Hochdruck 545
Hohleisen 51
Hohlformen drechseln 114
– schnitzen 98
Hohlkehlenstahl 109
Hohlplastiken 229
Hohlschnitte 248
Holz 36–138
–, bemalen 127
–, Eigenschaften 38
–, Formveränderungen 40
–, Jahresringe 38
–, lagern 46
–, Maserung 43
–, Natur und Charakter 37
–, Quellen 40
–, Schmucktechniken 125
–, Schneiden 41
–, Schwinden 40
–, Verwerfen 41
–, Werfen 40
–, Werkstoff 36 ff.
Holzarbeit, konstruktive 64
Holzarten 47
Holzbaukasten 96
Holzbrandtechnik 128
Holzbreiten 44
Hölzer, ausländische 49
–, einheimische 47
Holzfiguren 96
Holzhammer (Metall) 334
Holzkloben (Metall) 335
Holzkohlebecken 337, 355
Holzmodel (Stoff) 491
Holznagelverbindung 72
Holzoberfläche, Behandlung 114
Holzplastiken 104
Holzreliefs 104

Holzschalen schnitzen 98
– drechseln 113
Holzschliffpappe 143
Holzschnitt 553
Holzschrauben 68
Holzspan 406
Holzstärken 44
Holzstich 554
Holzstoffplatten 41, 45
Holzverbindungen 67
Holzwerkzeuge 50, 54, 109
– schleifen und schärfen 62
Hörner (Amboß) 335

I

Innentaster 328
Intarsien 132
Irdenware 219

J

Japanaqua 541, 543

K

Kabelgarn 415, 418
Kabelschlag 415
Kabinettfeilen 54
Kabinettraspeln 54
Kalbleder 505
Kalk 269
–, gelöschter 269
Kalkmörtel 269
Kalksandstein 260
Kalkstein 259
Kalkzementmörtel 270
Kaltleim 69
Kaltmalerei (Ton) 242
Kaltnadelradierung 555
Kaltschmieden 346
Kamm (Weben) 445, 456
Kantenzange 285
Kantholz 41
Kantstäbe (Ton) 215
Kanzleiformat 145
Kaoline 211
Kapitelbändchen 203
Karborundumscheiben 62
Kardeel 415, 418
Kartoffeldruck (Grafik) 546
Kartoffelstempel (Stoff) 487
Karton 143
Kaschierarbeiten 189
Kaseinleim 69
Kästen aus Blech 365
– aus Pappe 197
Kastentasche (Leder) 521
Kathedralglas 300
Kauritleim 70, 123
Keil (Mosaik) 284
–, Zapfen und 74
Kelimschlitze 481
Kelimtechnik 481
Keramik, Geschichte 216
Keramik, Platten 231
Keramik, Schmuck 231
Keramik, Werkstoffe (Mosaik) 282
Kerbschnitt, farbiger 131
Kerbschnittmesser 130
Kerbschnitzen 129
–, Bogenschnitt 131
–, Dreischnitt 131
–, Rillenschnitt 131
Kernholz 37
Kettbaum 446
Kette aufbäumen (Weben) 463
– schären (Weben) 461
Ketten (Email) 400
– (Draht) 359
Kettenkordeln 428
Kettfäden 444, 450 f.
– anbinden 466
–, Garnverbrauch 459
Kimme 432
Kitt (Glas) 304
– (Gravierkitt) 386
Kittstock 386
Klarlack 121
Klebewerkzeuge (Papier) 148
Klebstoffe (Papier) 192
Kleisterpapier 204
Kloben (Metall) 335
Kneifzange 58
Knicken von Papier 193
Kniebaum 446
Knöpfe aus Leder 514
Knopfhammer 334

Knoten 402 ff., 415
–, besondere 417
–, Werkverfahren 408
– mit Maisblättern 410
Knüpfen 402 ff.
–, Werkverfahren 408
Knüppel (Holz) 58, 101
– (Stein) 262
Kofferanhänger 519
Kollagen 535
Kollegmappe 523
Kombizangen 333
Komplementärfarben 33
Konservieren (Metall) 383
Kontaktkleber 70, 123, 134
Kontraste 33
Kontrastschnitte 149
Konturenmesser 547
Köperbindung 453, 476
Kopfmacher 336, 352
Körbe aus Peddig 429
– aus Weide 435
Kordelarten 428
Kordeldruck 543
Kordelflechten 427
Korkstempel (Stoff) 488
Körner 327
Körnerpunkte 327
Körper als Formelement 31
Kratztechnik 239
Krauskopf 55
Kreidezeichnungen 534
Kreisschneider (Glas) 304
Kreppapier 142
Kreuzknoten 416
Kreuzmeißel 329
Kreuzstich 502
Kristallspiegelglas 300
Krummstahl 109
Kunstharzlacke 121
Kunstseide 441
Kunststein 260
– (Mosaik) 283
Kunststeinplatten 271
Kunststoffbelag 124
Kunststoffplatten 124
Kupfer 320
Kupfergrund (Email) 394
Kupferlegierungen 321
Kupferstich 555
Kupfertiefdruckfarbe 556
Kupfertiefdruckkarton 556

L

Lackanstrich (Holz) 116, 120
– (Metall) 383
Lade (Weben) 447
Lagen (Bucheinband) 200
– heften 201
– pressen 201
Lampenschirme 175
Lampenschirmpapier 142
Langdrehen 109
Langettenstich 502
Langspleiß 419
Lasurfarben 127
Laternen falten 178
–, transparente 187
Laubsäge (Holz) 57, 133
Laubsäge (Metall) 370
Laufrichtung (Papier) 144, 193
Leder 503–532
– füttern 510
– nähen 511
– schärfen 510
–, Werkzeuge 503
– zuschneiden 509
Lederarbeiten 509
Lederarten 504
Lederbeutel 521
Ledergriffe 515
Lederhandschuhe 525
Lederhenkel 515
Lederknöpfe 514
Lederleim 508
Ledernadeln 508
Lederpappe 143
Lederschmuckverfahren 529
Ledertäschchen 523
Lederverschlüsse 513
Legierungen 316
Lehmton 211
Leichtbeton 260
Leimen, Buchrücken 202
–, Furniere 122
–, Holz 69
–, Kunststoffplatten 124
–, Papier 193
Leinen 440
Leinenbindung 451, 475
Leinöl 116
Leisten 44
Leiterregal 84

Lesestäbchen 444
Leuchter (Metall) 364, 373
Leuchtflamme 356
Linie als Formelement 28
Liniengitter 32
Linoldruck, farbiger 552
Linoldruckfarbe 541
Linolschneidemesser 547
Linolschnitt 547
–, Schneidetechnik 547
–, Schnittweisen 548
Linolstempel (Stoff) 489
Linsenkopfschrauben 69
Lithographie 546, 556
Litzen (Knoten) 415
– (Weben) 447
Litzenauge 447
Litzenberechnung 469
Litzeneinzug 456, 468
Locheisen (Holz) 51
– (Leder) 507
– (Metall) 329
– (Papier) 147
Lochen (Leder) 511
– (Metall) 351
– (Papier) 147
Lochscheren 330
Lochzange 507
Lochzapfen 75
Löffelschaber 332
Löscher (Metall) 375
Lötfett 353
Lötkolben 336, 353
Lötlampe 337
Lötmittel 353
Lötmontagen 356
Lötpasten 353
Lötpistole 337, 355
Lötplättchen 356
Lötrohr 337, 355
Lötstreifen 356
Lötwasser 353
Lötwerkzeuge 336
Lötverfahren 352
Lötzinn 353

M

Madeira-Rand (Peddig) 433
Maisblätter 404
–, knoten 408
–, Zöpfe flechten 423
Maisblattgewebe 454
Maisblattmatten 429
Majolikatechnik 241
Make-up-Platten 273
Malen (Email) 394
– (Glas) 306
– (Holz) 127
– (Ton) 237
Malhorn 239
Mappen 199
– mit Geweberücken 200
– mit Klappen 200
– mit Zugband 199
Markstrahlen 38
Marmorgips 244
Maschinendruck 554
Maserung 43
Masken schnitzen 102
Massiv-Einlagen (Intarsien) 132, 134
Maßordnungen 32
Materialberechnung (Weben) 459
Materialdruck 543
Matten aus Maisblatt 429
– aus Strohzöpfen 425
Mattengeflecht 429
Mattieren (Holz) 116
Mattine 116
Mehrfachzöpfe 426
Mehrfarbendruck (Stoff) 491
Meißel (Holz) 109
– (Metall) 386
– (Stein) 262, 265
Mergelton 211
Messer (Flechten) 407
– (Holz) 51
– (Leder) 506
– (Papier) 146
Messing 421
Messinglot 355
Messingschale 373
Meßwerkzeuge (Holz) 59
– (Metall) 328
Metall 315–401
–, kristallischer Aufbau 316
–, Oberflächengestaltung 384
–, physikalische Daten 319
–, plastische Eigenschaften 317
–, Werktechniken 338
–, Werkzeuge 326
Metallabgüsse 250

Metallarbeiten 315, 358
Metallbänder 326
Metallbearbeitungswerkzeuge 326
Metallbuchstaben 371
Metallfolie 142
Metallguß 375
Metallaubsäge 370
Metalloberfläche, Bearbeitung 381
Metallsäge 329, 341
Metallsägeblätter 329
Metallschalen 373
Metallsorten 319
Metallverformung 316
Metallzirkel 328
Mischfarben 33
Mittelbretter 42
Möbel, Gebrauchsmaße 89
Möbelbau 80
Mobiles 35, 367
Model (Gips) 249
– (Stoffdruck) 486 ff.
Modellgips 244
Modellierbeton 271
Modellieren (Gips) 253
– (Ton) 242
Modellierscheibe 215
Modellierstäbe (Ton) 214
Modellsand (Metall) 376
Monotypie 541
Mörtel 269–280
–, Werkverfahren 270
–, Zusammensetzung 269
Mörtel- und Putzsgraffito 274
Mosaik einrahmen 295
–, Entwurfstechnik 288
–, Formcharakter 286
–, Setzverfahren 289
–, Spalten des Werkmaterials 283
–, Werkzeuge 283
Mosaiktechnik 281–296
Mosaikwerkstoffe 281
Münzmetall 321
Musterzeichnen (Weben) 467

N

Nackenschlag 418
Nadelfeilen 331
Nagelbohrer 54
Nageln 68
Nähzeugtäschchen 516
Naturabguß 256
Naturmaße 32
Naturmaterial, verschiedenes (Flechten) 407
Naturstein (Mosaik) 283
Natur- und Kunststein 257–268
Netze knüpfen 412
Neusilber 321
Niete 336
Nieten 336, 350
Nietenquetscher 352
Nietenzieher 336, 351
Niethammer 352
Nitrolack 116
Nuten 75
Nutenmeißel 330
Nuthobel 53, 76
Nutholz 285

O

Oberfach 450
Oberflächenbehandlung (Holz) 114
– (Metall) 381
Oberflächenbelebung (Holz) 98
– (Ton) 224
Oberflächengestaltung (Metall) 384
Oberflächenschutz (Holz) 115
Ölfarbenanstrich (Holz) 121, 127
Öllacke 121
Ornament als Formelement 30
Ornamentales Schnitzen 103
Ösenzange 508

P

Packpapier 141
Palmblätter 407
Palstek 418
Panama 476
Panamabindung 452
Papier 139–206
–, durchscheinendes 141
–, fachhandwerkliche Verarbeitung 191
–, Sorten 140
Papierarbeiten 139
Papierformate 145
Papiermaché 189

–, Abformungen 250
Papiermosaik 289
Papierplastiken 184
Papierschneidefedern 146, 150
Papierschnitte (Grafik) 535
Papierstärken 145
Papierwerkstoffe, Eigenschaften 144
Papierwerkzeuge 146
Papparbeiten, Bezug von (Leder) 529
Pappband 200
Pappe 143
–, fachhandwerkliche Verarbeitung 191
Pappkästen 197
Pappschere 146
Parallelschraubstock 337
Passepartout 90
Patinieren (Metall) 382, 385
Patronenpapier 467
Pauspapier 141
Peddigrohr 405
–, flechten 428
–, Randabschluß 432
Pergamentpapier 142
Pergamin 142
Perltusche 537
Perserknoten 482
Pfeifenton 211
Pfeil falten 158
Pferd falten 163
Pfriem (Flechten) 407
– (Leder) 507
Pigmentfarben 33
Pittkreide 534
Pla-Farben (Glas) 307
Plakatfarben (Holz) 127
Plakatkarton 143
Plandrehen 110
Planieren 350
Planierhammer 334
Plastische Arbeiten (Blech) 370
– – (Draht) 364
– –, Formcharakter 34
– – (Gips) 253
– – (Holz) 92
– – (Stein) 263
– – (Ton) 227, 242
Plastizität (Ton) 209
Platten (Beton) 271
– (Gips) 247
– (Holz) 45
–, keramische 231
– (Kunststein) 271
– (Kunststoff) 124
Polieren (Holz) 116
– (Metall) 381
Polierballen 117
Polierhammer 334
Polieröl 117
Politur 117
Porenbeton 260
Porphyr 260
Porzellanerden 211
Prägemuster (Leder) 531
Prägestempel (Gips) 249
Pressen der Buchlagen 201
Preßgeräte (Papier) 148
Preßplatten 45
Preßschmuck (Leder) 531
Primärfarben 33
Punkt als Formelement 28
Punzen (Leder) 531
– (Metall) 387
Punzieren (Leder) 531
– (Metall) 388
Puschel (Weben) 480
Putzen (Holz) 66
Pützenstek 418
Putzgips 244
Putzhobel 53
Putzschichten 275, 277
Putzsgraffito, Mörtel- und 274

Q

Querholzdrehen 112
Querrichtung (Papier) 144

R

Rädchenschneider 301
Radialschnitt 38
Radierung 555
– (Gips) 251
Randabschluß (Peddig) 432
– (Weide) 436
Rapport 485
Raspel (Holz) 54
– (Papier) 147
Raster 32
Räuchern (Holz) 120

Rauhbank 53
Rauschflamme 356
Rauschknoten 417
Reibahlen 332
Reibeverfahren (Holzschnitt) 554
Reifelholz 508
Reifholz 37
Reißer (Flechten) 408
Reißnadeln 327
Reiter falten 164
Reliefs (Holz) 104
– (Stein) 263
– (Ton) 232
Richtplatte 333
Riete (Weben) 447
Riemchennadeln 507
Riemchenumschnürung 512, 530
Riffelfeilen 331
Rillenschnitt (Gips) 248
– (Holz) 131
Riller 547
Rips 476
Ripsbindung 452
Ritzahle 248
Ritzer (Papier) 146
Ritzschnitte (Gips) 248
Rohglas 300
Röhren 109
Rohrglas blasen 309
Rollmaß (Metall) 328
Rollstäbe (Ton) 215
Rollumschläge (Metall) 345
Ronde 347
Rückspleiß 421
Runden (Metall) 344
Rundholzstäbe 44
Rundhorn 335
Rundtörn 415, 417
Rundweben 456
Rundzangen 333
Rundzapfenverbindung 74

S

Sägen (Holz) 56
– (Metall) 341
– schärfen 64
– schränken 64
–, Umgang mit (Holz) 57
Sägearbeiten (Metall) 370
Sägeblatt 56
Sägeschnittintarsie 136
Salpetersäure 384, 556
Sandform (Metall) 376
Sandguß 376
Sandpapier 54
Sandsack 263, 265
Sandsgraffito 539
Sandstein 259
Sattelholz 336, 348
Sattlerstich 512
Säuglingsschuhe (Leder) 528
Saumstich 502
Säure, Umgang mit 350
Schabblattechnik 538
Schabeisen 262
Schaber 332
Schablonendruck (Grafik) 542
Schablonenkarton 492
Schablonenmalerei (Holz) 127
– (Stoff) 492
Schachbrettmuster (Intarsien) 135
Schafleder 504
Schäfte 447, 451
– anschnüren 466
Schaftgeräte, Weben auf 472
Schaftstäbe 447
Schalen drechseln 114
– flechten 408, 411
– schnitzen 98
– treiben 373
Schärfen von Leder 510
Schärbrett 449
Schären der Kette 461
Schärgeräte 449
Schärklammer 449, 461
Schärrahmen 462
Schattenbilder 149
Schattenspielfiguren 154
Schellackmattine 116
Schere (Leder) 507
– (Metall) 330, 342
– (Papier) 146
Scheren von Metall 342
Scherenhülle 516
Scherenschnitte 149, 536
Scherenschnittpapier 150
Scherenschnittschere 146, 150
Schichtensgraffito 251
Schieblehren 328
Schieferplatte (Steindruck) 556
Schieferschnitte 265

Schilf 407
Schirtingstreifen 201
Schlag, halber (Knoten) 417
Schlageisen 435
Schlägel 262
Schlagunterlagen (Metall) 335
Schlange falten 165
Schlangenbohrer 55
Schleifen (Holz) 115
– (Metall) 381
– der Werkzeuge (Holz) 62
Schleifmaschine 62
Schlichten 110
Schlichthammer 334
Schlichthobel 53
Schlichtröhre 109
Schlichtwerkzeug 54
Schlickermalerei 238
Schließkopf 336, 352
Schlingenknoten 416
Schlingstich 502
Schlitz und Zapfen 75
Schlosserfeilen 330
Schlosserhammer 334
Schlüsselfeilen 331
Schlüsselglocke 518
Schmäler 408
Schmelzen (Ton) 210
Schmelzverformung, Glas 309
Schmieden 346
Schmirgelscheiben 62
Schmuck (Blech) 372
— (Draht) 359
— (Filigran) 388
— (Metall) 400
— (Ton) 231
Schmuckemailtechniken 397
Schmucktechniken (Holz) 125
— (Leder) 529
—, textile 484 ff.
Schnapper falten 166
Schneckenbohrer 54
Schneideeisen 262
Schneidelade 59
Schneidemesser (Linol) 547
Schneiden von Blech 340
Schneidenadel (Radierung) 555
Schneideunterlagen (Papier) 147
Schnellvorrichtung (Weben) 473
Schnittholz 42
Schnittmuster (Leder) 509
Schnittreliefs 232
Schnitzeisen 101
Schnitzen, Hohlformen 98
—, ornamentales 103
—, Reliefs 104
—, Vollplastiken 104
Schnitzmesser (Holz) 51
Schnürung (Weben) 469
Schnürungen (Fotomappen) 197
Scholle falten 163
Schönseite (Papier) 144
Schotstek 416
Schränkeisen 64
Schränkung der Sägen 56
Schraubenzieher 59
Schraubstock 333, 338
Schreibmappe 519
Schreibpapier 141
Schropphobel 53
Schroten (Metall) 387
Schrühbrand 211, 236
Schruppen 110
Schrupphröhre 109
Schuhsohlen aus Maisblatt 408
Schulternetz 413
Schußfaden 44, 450, 451
—, Garnverbrauch 459
Schützen 449, 472
Schutzüberzug (Glasätzung) 314
Schwabenborte 426
Schwalbe falten 158
Schwalbenschwanzzinkung 78
Schwarten 41
Schwarzfigurenschnitt 549
Schwarzlinienschnitt 548
Schwarzlot 306
Schweifen 347
Schweifhammer 348
Schwein falten 162
Schweinsleder 505
Schweißbrenner 355
Schweißdraht 352
Schweißen 352
Schwindung (Ton) 209
Schwingen 438
Schwund (Holz) 40
Scribtol 537
Seegras 407
Segelwagen 172
Seger-Kegel 235
Seide 441
Seidenpapier 142
Seil 415

Seilschlag 415
Seitenbretter 42
Seitenschneider (Flechten) 407
— (Metall) 330
Sekundärfarben 33
Selbstklebefolien 143
Senknieten 351
Sennahknoten 482
Serpentin 259
Setzkopf 336
Setzkopfeisen 336
Setzverfahren (Mosaik) 289
Sgraffito (Gips) 250
— (Mörtel) 274
— (Grafik) 539
Sickenhammer 335
Sieben von Email 395
Siebgeflecht 429
Siebseite (Papier) 144
Silber 320
Silbergrund (Email) 393
Silberlot 352, 355
Silhouetten 149
Silhouettenpapier 150
Simshobel 53, 76
Sinterung (Ton) 210
Slipstek 417
Smalten 299
Smyrnaklopfer 482
Smyrnaknoten 482
Smyrnamesser 482
Smyrnarute 482
Smyrnaspindel 482
Smyrnastäbchen 482, 483
Smyrnatechnik 481
Smyrnawolle 482
Spachteln von Email 394
Spachtelmasse (Holz) 120
Spaltlage 430
Spanen (Metall) 342
Spanplatten 41, 45
Spannen (Metall) 347
Spannsäge 56
Spannstich 502
Speckstein 258
Spektralfarben 33
Sperrhaken 335
Sperrholz 44
Spezialambosse 335
Spiegel (Holz) 38
— (Papier) 193
Spielmöbel 83
Spielzeug 93
—, zusammensetzbares 95
Spindel (Drehbank) 108
— (Spinnrad) 442
Spinnen 442
Spinnstoffe 440
Spiralbohrer (Holz) 55
— (Metall) 332
Spitzeisen 262
Spitzsenker 332, 351
Spleiße 418
Splintholz 37
Spritztechnik (Grafik) 540
Spulapparat 449
Spulgestell 449
SS-Bohrer 332
Stabiles 35, 370
Stadtbausteine 95
Stahlbandmaß 507
Stahlkloben 335
Stahllineal 328
Stahlmaßstab 328
Stahlwinkel 328
Staken 429
Standregale 81
Stangenzirkel 328
Stauchen 346, 352
Stecheisen (Holz) 51
— (Papier) 147
Steckambosse 334, 335
Stegemail 398
Stegkeramik 233
Stein glätten 263
—, Vollplastik 265
—, Werkverfahren 263
Steinarten, natürliche 257
Steinbearbeitungswerkzeuge 261
Steindruck 546, 556
Steingut 219
Steinrelief 263
Steinzeug 219
Stellingstek 418
Stemmeisen 51
Stempeldekor (Ton) 232
Stempelpapier 205
Sterne falten 182
Sternrosen falten 181
Sticharten (Applikation) 501
Stichel (Grafik) 555
— (Metall) 386
Stichflamme 356
Stichsäge 57

Stichstahl 109
Stoff für Stoffdruck 486
– –, Nachbehandlung 491
– –, Vorbehandlung 486
Stoffapplikation 499
Stoffdruck 485, 553
Stoffdruckfarben 485, 553
Stoffmalerei 492
—, Siebspritzverfahren 493
—, Bestoßen mit dem Pinsel 493
—, Nachbehandlung 494
Stopperstek 417
Stoßlade 60
Stövchen (Metall) 372
Strahlen falten 157
Strang, Wickeln über einem 410
Strecken (Metall) 346
Streichbaum 446
Streichholztasche 518
Streichmaß (Holz) 59
— (Metall) 328
Strichätzung 556
Stroh 403
Strohborten 424
–, Verwendung 426
Strohkordeln 427
Strohpappen 143
Strohschuhe 425
Strohzöpfe flechten 423
Stropp 418
Stuckgips 244
Stückholz 41, 42
Stückliste 65

T

Tabaksbeutel 522
Tabellentafel 194
Tafelblechschere 330
Tafelglas 299
Taklinge 415, 418
Taschentuchetui 516
Tasso (Amboß) 335
Taster 328
Tastspielzeug 97
Tauwerk 415
Teilung bei Metallsägen 329
Temperafarben (Holz) 127
Teppichflor 482
Teppichgarn 482
Teppichknüpfen 481
Teppichweben 479
Textile Schmucktechniken 484-502
Tiefdruck 546
Tiefdruckpresse 555, 556
Tiefhammer 334
Tiere aus Leistenholz 94
Tierfaltungen 161
Tiroler Borte 426
Tischamboß 335
Tischbohrmaschine 332
Tische 85
Tischhobelbank 61
Tischlerhammer 58
Tischlerleim 122, 134
Tischlerplatten 45
Tjanting 496
Tombak 321
Ton 209-242
—, Brennen 210, 234
—, Eigenschaften 208
—, Oberflächenbelebung 224
—, Schwindung 209
—, Sinterung 210 —
—, Trockengrade 210
—, Trocknen 234
—, Werkstoff 207
—, Werkzeuge 214
Tonabschneider 214
Tonarbeit 207 ff.
—, Hilfswerkzeuge 216
—, Werkzeuge 214
Tonbänder, Gefäße aus 222
Tonmaterial, Aufbereitung 212
Tonpapier 142
Tonplastiken, hohle 229
—, massive 228
—, zusammengesetzte 231
Tonplatten, Gefäße aus 222
Tonplattenschnitt (Linol) 552
Tonschiefer 259
Tonsorten 211
Tonwülste, Gefäße aus 220
Töpferfarben 237
Töpferglasur 240
Töpferton 211
Trägermobile 367
Transparente (Papier) 187
— (Grafik) 536
Transparentpapier 142
Treibarbeiten 372
Treiben 346

Treiber (Weben) 473
Treibhammer 334, 347
Trennen (Metall) 341
Treppen falten 152
Trittfolge (Weben) 469
Trompete (Knoten) 418
Trossenstek 416
Tusche, chinesische 537
— (Holz) 127
— (Grafik) 537
Tuschtechniken 537

U

Überhandknoten 416
Überplatten 75
Überzugsmaterialien (Papier) 142
Umkehrverfahren (Mosaik) 293
Umschlageisen 334
Umschlagen (Metall) 344
Unterfach 450
Unterglasurfarben 240

V

Verglasungsarbeiten 304
Verkürzungsstek 418
Verleimen von Brettern 70
Verschrauben von Brettern 68
Versenkschrauben (Holz) 69
Versenkstift 59
Versilbern (Glas) 313
Vervielfältigungsguß (Gips) 255
— (Metall) 379
Viererborte 426
Vierkanthorn 335
Vollplastiken (Holz) 104
Vorbrand 211
Vorsatz (Bucheinband) 201
Vorsatzpapier 141, 201

W

Wachsabgüsse 250
Wachsausschmelzverfahren 377
Wachsbeize 120
Wachsbilder 537
Wachsen (Holz) 115
Wachskännchen (Batik) 496
Wachskreide 539
Wachsmusterpapiere 206
Wachsradierung 539
Walzendruck 540
Warenbaum 446
Warmleim (Holz) 69
— (Papier) 192
Warmschmieden 346
Wandklapptisch 88
Wandregale 82
Webebrief 475
Weben 439-483
—, Grundbegriffe 450
—, Hilfsgeräte 448
— mit dem Kamm 456
—, Materialberechnung 459
— auf Schaftgeräten 472
— auf Webrahmengeräten 470
—, Werkverfahren 450
Weberknoten 416
Webgeräte 443
Webkamm 445, 450
Webleinstek 417
Webmaterial 439
Webmuster 475
Webnadel 445, 480
Webrahmen 446
—, Aufbäumen auf 463
—, Weben auf 470
Webstuhl 446
—, Aufbäumen auf den 464
Wegeplatten 271
Weichlot 353
Weichlöten 353
Weide 406
— flechten 435
Weidengriffe 437
Weidenhenkel 437
Weidenhobel 408
Weidenkorb flechten 435
— Randabschluß 436
Weidenspalter 408
Weihnachtssonnen falten 181
Weißfigurenschnitt 549
Weißguß 321
Weißlinienschnitt 548
Werkform, gute 22
— schöne 24
Werkhaftes Gestalten 21-35

Werkzeichnung 65
Werkzeuge: siehe unter den Werkstoffen
Wickeln über einem Strang 410
Wickelstäbchen 333
Wildleder 505
Windeisen 332
Windkugel 168
Windmühle 169
Windrad 168
Windspielzeuge 167
Winkelmeßzeuge (Metall) 328
Wippen 467
Wolle 441
Wollgewebe 455
WS-Bohrer 332
Wurfleinenknoten 418

Z

Zahneisen 262
Zangen (Holz) 58
— (Metall) 330
Zapfen und Keil 74
Zapfen, Schlitz und 75
Zapfensenker 332
Zäunergeflecht 429, 432
Zaungeflecht 429
Zeichenpapier 141
—, transparentes 141
Zellenschmelz 398
Zement 269
Zementmörtel 270
Zentrumsbohrer 55
Ziegelton 211
Ziegenleder 504
Ziehklingen 54
Ziehschaber 332
Zierborte 426
Zimmermannsknoten 417
Zink 322
Zinken 78
Zinn 323
Zinnglasur 241
Zinnlot 352
Zirkel 147
Ziselieren 387
Ziselierhammer 387
Ziselierkitt 387
Ziselierkugel 388
Zollstock 59
Zöpfe flechten 421
—, Verwendungsmöglichkeiten 424
Zöpfchen-Rand 433
Zopfmatten 425
Zopfrand 433
Zuschlag (Flechten) 436
Zuschneiden (Holz) 66
Zweitbrand 211
Zwillingsflechtung 426
Zwischenglühen 349

FOTONACHWEIS

Studienrat Heinrich Dose, Lübeck, S. 377; Studienrat Hans Herzberg, Hameln, S. 275; Friedrich Meyer, Leinfelden, S. 108, 111, 112; Potz-Foto, München, (Edith Müller-Orloff, Mersburg, mit selbstkonstruiertem Tjanting), S. 496; Ingeborg Sello, Hamburg, (Arbeit von Tatjana Ahlers-Hestermann), S. 499; Staatliche Hochschule für Bildende Künste, Hamburg, (Werkklasse Wilhelm Bredis), S. 85, 138; (Werkklasse Hedwig Fischer), S. 480, 482; Staatliche Akademie der Bildenden Künste, Stuttgart, (Prof. Christoff Schellenberger), S. 35 oben und Mitte, 190, 379; Werken und Freizeit GmbH, Darmstadt, (Foto und Modell), S. 82. Alle anderen Fotos sind eigene Aufnahmen des Verfassers.

Reinhard Manfeldt.

Ludger Hillenkötter

Holtwiesche

Michael Schracht

Christa Wessels

Susanne Borsch

Ute Gassner

Christina Lichtenstein

Beate Vietze

Inge Kuhlmann

Karin Steinert

Annette Feldhaus

Helga Pulina

Dagmar Röhrich

Beatrise Kuti

Gisela Kofoth

Anke Kaß

Manfred Wessels

Peter Glaw

Karin Weber

Rolf Bertsch

Jürgen Kindermann

Hermann-Josef Mahlkemper

Petra Fritzsche

Birgit Plümpe

Hanne Haß